C000055786

1,000,000 Books

are available to read at

---◆---

www.ForgottenBooks.com

---◆---

Read online
Download PDF
Purchase in print

ISBN 978-1-5282-5560-8
PIBN 10924750

This book is a reproduction of an important historical work. Forgotten Books uses
state-of-the-art technology to digitally reconstruct the work, preserving the original format
whilst repairing imperfections present in the aged copy. In rare cases, an imperfection in
the original, such as a blemish or missing page, may be replicated in our edition. We do,
however, repair the vast majority of imperfections successfully; any imperfections that
remain are intentionally left to preserve the state of such historical works.

Forgotten Books is a registered trademark of FB &c Ltd.
Copyright © 2018 FB &c Ltd.
FB &c Ltd, Dalton House, 60 Windsor Avenue, London, SW19 2RR.
Company number 08720141. Registered in England and Wales.

For support please visit www.forgottenbooks.com

1 MONTH OF
FREE
READING

at

www.ForgottenBooks.com

By purchasing this book you are eligible for one month membership to ForgottenBooks.com, giving you unlimited access to our entire collection of over 1,000,000 titles via our web site and mobile apps.

To claim your free month visit:

www.forgottenbooks.com/free924750

* Offer is valid for 45 days from date of purchase. Terms and conditions apply.

English
Français
Deutsche
Italiano
Español
Português

www.forgottenbooks.com

Mythology Photography **Fiction**
Fishing Christianity **Art** Cooking
Essays Buddhism Freemasonry
Medicine **Biology** Music **Ancient**
Egypt Evolution Carpentry Physics
Dance Geology **Mathematics** Fitness
Shakespeare **Folklore** Yoga Marketing
Confidence Immortality Biographies
Poetry **Psychology** Witchcraft
Electronics Chemistry History **Law**
Accounting **Philosophy** Anthropology
Alchemy Drama Quantum Mechanics
Atheism Sexual Health **Ancient History**
Entrepreneurship Languages Sport
Paleontology Needlework Islam
Metaphysics Investment Archaeology
Parenting Statistics Criminology
Motivational

REVUE HEBDOMADAIRE

DES

COURS ET CONFÉRENCES

Dix-huitième Année — Deuxième Série

(Mars 1910 — Juillet 1910)

REVUE DES COURS

ET
CONFÉRENCES

DIRECTEUR : N. FILOZ

ABONNEMENT, UN AN
{
France . . . . **20 fr.**
payables **10 francs** comptant et le surplus par **5 francs** les *15 février et 15 mai 1910.*
Étranger . . . . **23 fr.**
}

LE NUMÉRO : **60 centimes**

Après *dix-sept années* d'un succès qui n'a fait que s'affirmer en France et à l'étranger, nous allons reprendre la publication de notre très *estimée* **Revue des Cours et Conférences** : *estimée*, disons-nous, et cela se comprend aisément. D'abord, elle est *unique* en son genre : il n'existe point, à notre connaissance, de revue en Europe donnant un ensemble de cours aussi complet et aussi varié que celui que nous offrons, chaque année, à nos lecteurs. C'est avec le plus grand soin que nous choisissons, pour chaque Faculté, *lettres, philosophie, histoire,* etc., les leçons les plus originales des maîtres éminents de nos Universités et les conférences les plus appréciées de nos orateurs parisiens. Nous allons même jusqu'à recueillir dans les Universités des pays voisins ce qui peut y être dit et enseigné d'intéressant pour le public lettré auquel nous nous adressons.

De plus, la **Revue des Cours et Conférences** est à *bon marché* : il suffira, pour s'en convaincre, de réfléchir à ce que peuvent coûter, chaque semaine, la sténographie, la rédaction et l'impression de *quarante-huit* pages de texte composées avec des caractères aussi serrés que ceux de la *Revue.* Sous ce rapport, comme sous tous les autres, nous ne craignons aucune concurrence : il est impossible de publier une pareille série de cours, *sérieusement rédigés,* à des prix plus réduits. La plupart des professeurs dont nous sténographions la parole nous ont du reste réservé d'une façon exclusive ce privilège ; quelques-uns même, et non des moins éminents, ont poussé l'obligeance à notre égard jusqu'à nous prêter gracieusement leur bienveillant concours ; toute reproduction analogue à la nôtre ne serait donc qu'une vulgaire contrefaçon, désapprouvée d'avance par les maîtres dont on aurait inévitablement travesti la pensée.

Enfin, la **Revue des Cours et Conférences** est *indispensable* : indispensable à tous ceux qui s'occupent de littérature, de philosophie, d'histoire, par goût ou par profession. Elle est indispensable aux élèves des lycées et collèges, des écoles normales, des écoles primaires supérieures et des établissements libres, qui préparent un *examen quelconque,* et qui peuvent ainsi suivre l'enseignement de leurs futurs examinateurs. Elle est indispensable aux élèves des Universités et aux professeurs des collèges qui, licenciés ou agrégés de demain, trouvent dans la *Revue,* avec les cours auxquels, trop souvent, ils ne peuvent assister, une série de sujets et de plans de devoirs et de leçons orales, les mettant au courant de tout ce qui se fait à la Faculté. Elle est indispensable aux professeurs des lycées qui cherchent des documents pour leurs thèses de doctorat ou qui désirent seulement rester en relations intellectuelles avec leurs anciens maîtres. Elle est indispensable enfin à tous les gens du monde, fonctionnaires, magistrats, officiers, artistes, qui trouvent, dans la lecture de la **Revue des Cours et Conférences,** un délassement à la fois sérieux et agréable, qui les distrait de leurs travaux quotidiens, tout en les initiant au mouvement littéraire de leur temps.

Comme par le passé, la **Revue des Cours et Conférences** donnera les conférences faites au théâtre national de l'Odéon, et dont le programme, qui vient de paraître, semble des plus attrayants. Nous continuerons et achèverons la publication des Cours professés au *Collège de France,* à la *Sorbonne* et dans les *Universités* de province, par MM. Émile Faguet, Alfred Croiset, Debidour, Abel Lefranc, M. Puech, Gustave Lanson, Émile Legouis, Pfister, Charles Seignobos, A. Gazier, D. du Dezert, M. Souriau, W. Thomas, E. Cavaignac, etc. etc. — ces noms suffisent, pensons-nous, à rassurer nos lecteurs, — en attendant la réouverture des cours de la nouvelle année scolaire. De plus, chaque semaine, nous publierons des sujets de devoirs et de compositions, des plans de dissertations et de leçons pour les candidats aux divers examens, des articles bibliographiques, des comptes rendus des soutenances de thèses.

DIX-HUITIÈME ANNÉE. — DEUXIEME SERIE.

Année scolaire 1909-1910

REVUE DES COURS

ET

CONFÉRENCES

LA REVUE PARAIT TOUS LES JEUDIS

DIRECTEUR : N. FILOZ

LA REVUE A PUBLIÉ CETTE ANNÉE :

LITTÉRATURE FRANÇAISE.. .	Cours de MM. Émile Faguet, Abel Lefranc, Gustave Lanson, Augustin Gazier ; leçons de MM. Emmanuel des Essarts et Maurice Souriau
LITTÉRATURE GRECQUE. . .	Cours de MM. Alfred Croiset et Puech
LITTÉRATURE ANGLAISE. .	Cours de M. Émile Legouis ; leçons de M. W. Thomas.
LITTÉRATURE ALLEMANDE .	Cours de M. Henri Lichtenberger.
PHILOSOPHIE.	Leçons de M. E Bréhier.
HISTOIRE DE LA PHILOSOPHIE	Leçons de MM. G. Milhaud et E. Joyau
HISTOIRE.	Cours de MM. Debidour, Charles Seignobos et J. Calmette ; leçons de MM. Pfister, Desdevises du Dezert et E. Cavaignac.
CONFÉRENCES.	Conférences de M. N -M. Bernardin et de Mlle S. Zemlak.
BIBLIOGRAPHIE.	Auteurs de l'agrégation : MM. René Basset et W. Thomas.
	Bibliographie générale : MM. Gustave Allais et Gustave Michaut.

SOUTENANCES DE THÈSES — SUJETS DE DEVOIRS, LEÇONS ET COMPOSITIONS.

PROGRAMMES DES COURS ET DES EXAMENS.

LISTES D'AUTEURS. — OUVRAGES SIGNALÉS — RENSEIGNEMENTS DIVERS

PARIS

SOCIÉTE FRANÇAISE D'IMPRIMERIE ET DE LIBRAIRIE

ANCIENNE LIBRAIRIE LECÈNE, OUDIN ET Cⁱᵉ

15, RUE DE CLUNY, 15

1910

Tout droit de reproduction réserve

DIX-HUITIÈME ANNÉE (2ᵉ Série)   N° 18   17 MARS 1910

REVUE HEBDOMADAIRE

DES

COURS ET CONFÉRENCES

DIRECTEUR : N. FILOZ

La France et la papauté
de 1814 à 1870

Cours de M. A. DEBIDOUR,
Professeur à l'Université de Paris.

Le règne de Charles X.

Charles X, dont la politique religieuse devait contribuer à la chute de la monarchie restaurée, était un vieillard de façons aimables, mais léger, d'intelligence étroite et de culture nulle ; il avait aimé les plaisirs dans sa jeunesse et maintenant n'avait plus qu'une préoccupation, celle de faire son salut. Il était le type de l'émigré qui n'avait « rien appris ni rien oublié », selon l'expression courante ; d'ailleurs, il avait toujours été le chef des émigrés. En politique, il s'abandonna sans réserve à la Congrégation et aux Jésuites. A l'ouverture de la session législative, il déclara bien haut qu'il voulait *fermer les dernières plaies de la Révolution* et qu'il irait sous peu renouveler au pied des autels, par la cérémonie du sacre, l'alliance traditionnelle de ses aïeux et de l'Eglise. La *Chambre retrouvée* acclama ce langage avec enthousiasme, et sa réponse, dans l'adresse, ne fut pas en retard sur les déclarations du roi : « La religion, y était-il dit, est le fondement de la société ; —sans elle, les nations n'ont ni durée ni gloire ; —les lois doivent en porter l'impérissable empreinte. » On ne pouvait annoncer plus clairement des lois de réaction.

Ce fut, d'une part, le 27 avril 1825, la mesure si longtemps réclamée par les ultras, le vote de l'indemnité du milliard pour les émigrés. Ce fut, d'autre part, une loi qui introduisit dans nos codes un crime renouvelé des temps de l'Inquisition, le crime de *sacrilège,* qui punissait en réalité l'outrage fait à un *simple dogme,* celui de la *présence réelle,* et l'assimilait au parricide : le condamné devait être conduit au supplice la tête couverte d'un voile noir, et faire, avant la décapitation, amende honorable à l'Eglise. Cette peine devait punir la profanation des vases sacrés et des hosties, lorsqu'elle aurait été commise par mépris de la religion ; quant au simple vol sacrilège, il était puni, suivant les circonstances, de la mort, des travaux forcés à perpétuité ou de la reclusion. La loi fut d'abord discutée à la Chambre des pairs ; de vieux royalistes, le duc de Broglie, Lally, Pasquier, la combattirent avec énergie ; ils démontrèrent que c'était outrager le Dieu tout-puissant que de prétendre prendre sa défense par des lois humaines. D'autre part, le sacrilège, selon sa définition même, ne pouvait exister que pour qui croyait à la présence réelle de Dieu dans l'hostie consacrée ; quiconque n'y croyait pas et se livrait aux actes visés par la loi ne pouvait donc être poursuivi que pour outrage au culte, délit facile à établir ; quant au croyant, un tel acte de sa part était évidemment un signe de folie ; il n'était plus justiciable des tribunaux. De plus, si l'on poursuivait, il faudrait ou avoir recours à une juridiction spéciale, ce qui était ressusciter l'Inquisition, ou se contenter des tribunaux ordinaires, des cours d'assises, et alors on demanderait à des jurés qui pouvaient être calvinistes, israélites ou libres-penseurs, de condamner pour un crime qui à leurs yeux n'existerait pas, de proclamer la vérité d'une croyance qui n'était pas la leur. Condamner pour sacrilège, c'était anticiper sur l'enfer.

Les partisans du projet, Labourdonnaye-Blossac, Fitz-James, de Bonald, répondirent que la religion catholique, étant une religion d'Etat, avait droit à une protection spéciale, et que, d'ailleurs, la vérité absolue avait le droit de s'imposer. Le philosophe du parti, de Bonald, osa même dire que la peine de mort, pour délit d'opinion, était parfaitement légitime ; car, en tuant un criminel, et en particulier un sacrilège, la société ne faisait que l'*envoyer devant son juge naturel.* Il admettait simplement qu'on remplaçât la peine (d'abord proposée) du poing coupé avant la mort par une amende honorable à l'Eglise.

La loi passa difficilement aux Pairs, mais passa grâce à la pression personnelle du roi et au vote des membres ecclésiastiques. A la Chambre, la loi, attaquée par Benjamin Constant et Royer-Collard, fut soutenue par Peyronnet et Frayssinous. Quelques ultras déclarèrent même qu'ils trouvaient trop douces les peines contre le *déicide ;* l'un d'eux, Duplessis-Grénédan, profita de l'occasion pour protester contre la liberté religieuse, contre la protection que la loi accordait aux cultes non catholiques, à leurs ministres et à leurs *ustensiles.* Pour lui, la tolérance n'était que de l'athéisme. Le catholicisme, possédant seul la vérité, devait seul avoir droit à la liberté, et ses préceptes avoir force de loi. La loi passa, malgré ces excès de langage ; du reste, elle ne devait jamais être appliquée ; mais il suffisait qu'elle eût été votée pour qu'on s'en souvînt.

Outre ces lois, le ministre des affaires ecclésiastiques en proposa une autre qui donnait au roi le droit d'autoriser, par simple ordonnance, toutes les congrégations de femmes non encore reconnues par la loi, c'est-à-dire d'en faire des personnes morales, de leur donner licence de posséder, d'acquérir, d'aliéner, de transiger ; les religieuses auraient le droit de disposer d'un quart de leur avoir en faveur de leur ordre. Enfin aucun établissement reconnu ne serait dissous par l'Etat qu'avec le consentement de l'évêque du diocèse. L'opposition put seulement obtenir que cette loi n'aurait d'effet que pour les congrégations existant avant le 1ᵉʳ janvier 1825.

Après le vote de ces trois lois, Charles X pouvait aller à Reims. La cérémonie du sacre eut lieu le 29 mai 1825 ; on y reproduisit scrupuleusement les rites d'un cérémonial gothique et suranné ; on y put voir les hérauts d'armes, les douze pairs, la main de justice, le globe, la sainte Ampoule, qu'on assurait cependant avoir été brisée en 93 par un conventionnel, mais qui n'en fut pas moins retrouvée tout à point comme par un miracle ; au moment où la couronne fut posée sur la tête du roi, on lâcha sous les voûtes de la cathédrale une volée de pigeons et de moineaux, qui parurent peut-être aux fidèles le retour du Saint-Esprit ; comme ses ancêtres, le roi nouvellement oint alla toucher les écrouelles. La fête avait coûté six millions. Lamartine et Victor Hugo, alors légitimistes, la célébrèrent par de très beaux vers, qui leur valurent des pensions et la Légion d'honneur. Elle fut célébrée aussi, mais d'une façon différente, par Béranger, dans la chanson intitulée le *Sacre de Charles le Simple* : à lui on ne donna rien pour le moment ; plus tard, il devait avoir neuf mois de prison ; mais le public était de son côté.

Voici quelques couplets de cette chanson :

> Français, que Reims a réunis,
> Criez : Montjoie et Saint-Denis !

On a refait la sainte Ampoule,
Et, comme au temps de nos aïeux,
Des passereaux lâchés en foule
Dans l'église volent joyeux.
D'un joug brisé ces vains présages
Font sourire Sa Majesté.
Oiseaux, plus que nous soyez sages :
Gardez bien votre liberté.

. . . .

Chamarré de vieux oripeaux,
Ce roi, grand avaleur d'impôts,
Marche entouré de ses fidèles,
Qui tous, en des temps moins heureux,
Ont suivi les drapeaux rebelles
D'un usurpateur généreux.
Un milliard les met en haleine ;
C'est peu pour la fidélité.

. . . .

Aux pieds de prélats cousus d'or,
Charles dit son *Confiteor*.
On l'habille, on le baise, on l'huile ;
Puis, au bruit des hymnes sacrés,
Il met la main sur l'Evangile.
Son confesseur lui dit : « Jurez!
Rome, que l'article concerne,
Relève d'un serment prêté. »

. . . .

De Charlemagne, en vrai luron,
Dès qu'il a pris le ceinturon,
Charles s'étend sur la poussière.
« Roi ! crie un soldat, levez-vous !
— Non, dit l'évêque ; et, par saint Pierre,
Je te couronne : enrichis-nous.
Ce qui vient de Dieu vient des prêtres.
Vive la légitimité ! »
Oiseaux, notre maître a des maîtres ;
Gardez bien votre liberté.

Si le public rit de la cérémonie, celle-ci détermina chez les ultras une surexcitation d'orgueil monarchique ; n'avait-on pas vu le cardinal de La Fare attaquer avec violence, du haut de la chaire et en présence du roi lui-même, cette Charte qu'il venait de jurer d'observer ? Le cardinal de Clermont-Tonnerre n'avait-il pas été décoré en pleine église de l'ordre du Saint-Esprit ? Aussi l'audace du parti n'avait-elle plus de bornes : des prêtres refusaient la sépulture religieuse à des catholiques non ultramontains ; l'archevêque de Bourg invitait les curés à lui dénoncer ceux de leurs paroissiens qui ne pratiquaient pas, à afficher à la porte de l'église les gens qui ne communiaient pas une fois l'an, et à tenir registre des *concubinaires*, c'est-à-dire des époux non mariés à l'église ; car le mariage légal était appelé concubinat. Une censure vraiment religieuse s'exerçait sur les pièces de théâtre : *Tartuffe*, de Molière, *Mahomet*, de Voltaire, étaient interdits, et *Athalie* elle-même, l'innocente *Athalie*, était expurgée. Un historien déjà cité, M. de Viel-Castel (*Hist. de la Restauration*, t. XIV, p. 29), s'exprime en ces termes : « Les partisans des Jésuites ne se donnaient plus la peine de nier leur résurrection. Les refus de sépulture se multipliaient quelquefois pour cause de jansénisme ou de gallicanisme. Des parents, dont les enfants concouraient pour être admis à l'Ecole Polytechnique, étaient mandés par la police et interrogés sur leurs principes politiques et religieux. Des tendances inquisitoriales s'introduisaient peu à peu dans l'administration. Un savant illustre, le géomètre Legendre, alors âgé de soixante-douze ans, touchait depuis longtemps sur les fonds du ministère de l'intérieur une pension de 3.000 francs, que la médiocrité de sa fortune lui rendait presque nécessaire ; elle lui fut retirée, parce qu'il s'était permis, dans une élection de l'Académie des sciences, de voter contre un candidat de la Congrégation, malgré l'injonction d'un chef de division de ce ministère. » Ainsi les meneurs de la réaction religieuse disposaient des services publics et terrorisaient les fonctionnaires. On poursuivit bien un curé fanatique qui avait dit en chaire que Charles X n'était pas chrétien, puisqu'il avait juré de maintenir la Charte qui tolérait l'hérésie et qui était « un acte contraire à la religion » ; mais, au même moment, Lamennais pouvait écrire impunément dans le *Mémorial catholique* que les récentes lois sur les communautés et le sacrilège étaient des lois *hérétiques* et *athées*, la dernière notamment, parce qu'elle ne protégeait pas exclusivement le culte catholique. Dans un livre publié à cette époque (*De la religion considérée dans ses rapports avec l'ordre politique et civil*, 1825-1826), le même polémiste jetait l'anathème à la société envahie par un matérialisme abject ; au système représentatif, triste assemblage de toutes les corruptions ; à la législation française, mélange hideux d'impiété et d'anarchie ; au gouvernement, hypocrite dans son langage, athée dans ses actes ; à la majorité royaliste, dont le trône et l'autel venaient quelquefois orner les pieuses harangues, mais dont les votes contredisaient les paroles. Le gouvernement actuel n'était, d'après lui, qu'une république démocratique fondée sur l'athéisme. L'État ne redeviendrait chrétien qu'en cessant de salarier différents cultes et en traitant l'Église comme la première des institutions publiques ; en lui rendant le contrôle de la société par les registres de l'enseignement public, le monopole de l'enseignement. Si on reprochait à l'auteur de subordonner le pouvoir temporel au spirituel, il répondait qu'entre ces deux pouvoirs il y avait autant de distance qu'entre la terre et le ciel.

Charles X, de son côté, n'avait d'oreilles que pour les chefs du parti, Maillé, Rivière, Doudeauville, Polignac ; il multipliait les actes publics de piété, suivait à pied les processions ; en 1826, lors de la cérémonie du jubilé du pape, il assista à la procession avec toute la famille royale ; peut-être croyait-il se rendre populaire en se montrant ainsi en public ; mais, s'il avait pu connaître les sentiments du peuple de Paris, il aurait compris que celui-ci était humilié de voir son roi suivre les prêtres, se prosterner devant eux, se faire leur serviteur.

Les journaux de l'opposition n'étaient, d'ailleurs, pas en reste de railleries et de sarcasmes ; le *Constitutionnel* et le *Courrier français* ne cessaient de signaler au public l'existence de la Société de Jésus. Leurs attaques restaient maintenant impunies ; la cour royale, en majorité gallicane, les acquittait, et leur acquittement était motivé par des attendus qui étaient un véritable camouflet au pouvoir des ultras : « Considérant, disait l'arrêt du 3 décembre 1825, que l'esprit résultant de l'ensemble de ces articles n'est pas de nature à porter atteinte au respect dû à la religion de l'Etat ; que ce n'est ni manquer à ce respect ni abuser de la liberté de la presse que de discuter et combattre l'introduction et l'établissement dans le royaume de toute association non autorisée par la loi, que de signaler soit des actes notoirement constants qui offensent la religion et même les mœurs, soit les dangers et les excès non moins certains d'une doctrine qui menacerait tout à fait l'indépendance de la monarchie, la souveraineté du roi et les libertés publiques garanties par la Charte constitutionnelle et par la déclaration du clergé de France de 1682, déclaration toujours reconnue et proclamée loi de l'Etat... »

Le duc de Doudeauville lui-même, voyant la mainmise du clergé sur le roi et l'état de l'opinion publique, prenait peur et écrivait à Charles X : « Le jour où l'on dira que le roi est mené par le clergé, rien ne sera plus possible : on le perdra et on se perdra soi-même. » — Villèle, au sujet d'une procession, a écrit de son côté : « Nous suivions le roi et pouvions bien en juger. On aurait lu dans tous les yeux que la population souffrait de voir son roi suivre humblement les prêtres. » — Un autre royaliste qui avait fait ses preuves, le comte de Montlosier, ancien député de la noblesse en 1789, qui avait soutenu les privilèges, qui avait émigré, et qui, après avoir servi l'Empire, s'était rallié de nouveau à la monarchie, dont il avait soutenu la cause par un livre récent (*De la monarchie française au 1ᵉʳ janvier 1824),* publia en août 1825, dans le *Drapeau blanc,* plusieurs articles pour mettre en garde les ministres : « L'attention, y disait-il, doit s'arrêter sur trois sortes de scandale : d'un côté, l'existence d'une société mystérieuse sous le nom de *Congrégation* ; d'un autre côté, le rétablissement, tantôt avoué, tantôt dissimulé, d'une ancienne société monastique abolie par nos rois et nos lois ; enfin la non-exécution des ordonnances relatives à l'enseignement de la déclaration de l'Eglise de France en 1682. » Quelque temps après il écrivait, en février 1826, un *Mémoire à consulter sur l'existence d'un système religieux tendant à renverser la religion, la société et le trône.* Il y représentait la société de la rue du Bac comme un véritable gouvernement occulte : « La France, disait-il, est imbue de l'opinion qu'elle est gouvernée par des Jésuites et par des Congrégations ; nous avons connu beaucoup de hontes ; nous n'avons pas encore eu celle d'un tribunal de l'Inquisition ». L'Eglise, disait-il ailleurs, doit se tenir à l'écart de la politique, si elle veut conserver le respect des fidèles : « Les prêtres sont des vases saints ; les employer aux usages du monde, c'est les profaner ». — Lamennais, le grand champion de l'ultramontanisme, riposta par la seconde partie de sa *Religion considérée dans ses rapports avec l'ordre politique et civil,* où il redoubla encore d'intransigeance : sans religion, il ne pouvait y avoir de société, et il n'y avait pas de religion en dehors de l'autorité du pape. — Celle-ci était temporelle aussi bien que spirituelle ; l'autorité des rois était subordonnée à celle du Saint-Siège. Les libertés de l'Eglise gallicane n'étaient que mensonges ; la déclaration de 1682 était criminelle, et ses adhérents étaient des schismatiques. La violence de ce livre était telle, que le gouvernement crut devoir le poursuivre ; il se fit défendre par Berryer, l'éloquent porte-parole du royalisme et de la religion ; il fut condamné seulement à trente francs d'amende et déclara bien haut qu'il n'en tiendrait aucun compte ; ses amis lui firent un triomphe. Le ministère, voyant que ces idées trouvaient des approbateurs dans le clergé, essaya de provoquer une déclaration des évêques en faveur des quatre articles de 1682. Il ne put même pas donner cette mince satisfaction à l'opinion publique ; ce fut un refus sur toute la ligne : quatorze seulement signèrent le premier article, mais atténuèrent encore cette adhésion par une protestation contre toute atteinte *à la primauté de saint Pierre et des pontifes.*

L'opposition libérale ne pouvait que gagner à cette intransigeance du clergé. En effet, à la Chambre des députés, se formait alors, même dans les rangs de la droite, un groupe de *défection-*

naires, dont le chef était Agier, qui pensait que le meilleur moyen de servir le roi était de renverser le ministère. Il posa nettement à Frayssinous la question : « Les Jésuites existent-ils ? La Congrégation existe-t-elle ? »

Le ministre ne put nier. Il essaya d'expliquer que la Congrégation n'avait pour but que des exercices de piété et de bonnes œuvres. Quant aux Jésuites, ils ne dirigeaient pas un seul collège, pas un seul séminaire diocésain, seulement quelques écoles secondaires ; c'étaient d'excellents éducateurs et de bons chrétiens ; ni les uns ni les autres n'exerçaient la moindre pression sur le gouvernement.

Les aveux du ministre furent une défaite pour le gouvernement. Toute l'opposition prit acte de ce qu'une congrégation interdite par la loi était tolérée, et Montlosier, faisant un pas de plus, adressa aux cours royales une dénonciation de l'existence des Jésuites, véritable réquisitoire contre les empiétements du clergé. Elle fut examinée sans retard par la Cour royale de Paris, qui se déclara incompétente, parce que l'affaire rentrait à son sens dans les attributions du gouvernement ; mais les considérants de cette décision constituaient, à eux seuls, une condamnation de l'ordre et du pouvoir qui le tolérait : « Il résulte, disaient-ils, de l'ensemble et des dispositions des arrêts du Parlement de Paris des 6 août 1762, 1er décembre 1764 et 9 mai 1767, des arrêts conformes des autres parlements du royaume, de l'édit de Louis XV du mois de novembre 1764, de l'édit de Louis XVI du mois de mai 1777, de la loi du 18 août 1892 et du décret du 3 messidor an XII, que l'état actuel de la législation s'oppose formellement au rétablissement de la Société dite de Jésus, sous quelque dénomination qu'elle se présente, ces arrêts et édits étant principalement fondés sur l'incompatibilité reconnue entre les principes professés par cette société et l'indépendance de tous les gouvernements, principes bien plus incompatibles encore avec la Charte constitutionnelle qui fait aujourd'hui le droit public des Français. »

Alors Montlosier adressa à la Chambre des pairs une pétition par laquelle il réclamait l'exécution des lois contre la Congrégation et les Jésuites. Après un débat très vif (décembre 1826-janvier 1827), la Chambre des pairs, à une forte majorité, renvoya la pétition au gouvernement après l'avoir approuvée. Le gouvernement n'en tint aucun compte. Il en résulta une recrudescence de l'opposition libérale ; la Chambre des pairs, qui avait déjà repoussé la loi du droit d'aînesse proposée par le gouvernement, se montra particulièrement hostile à son projet de loi sur la presse. En présence des nombreux amendements que l'on prépa-

rait à celle-ci, le ministère préféra la retirer : c'était une reculade.
A cette nouvelle, l'enthousiasme fut énorme ; Paris illumina. La
garde nationale, que le roi passa en revue, le 29 avril 1827, l'accueillit par les cris de « Vive la Charte ! Vive la liberté de la
presse ! A bas les ministres ! » Elle fut dissoute. On n'était même
plus sûr de la Chambre des députés, depuis la formation du parti
des défectionnaires. On voulut profiter des vacances pour la dis-
soudre : le 5 novembre, parurent deux ordonnances : une qui dis-
solvait la Chambre des députés, une autre qui créait une « four-
née » de soixante-seize pairs nouveaux.

Mais était-on sûr de la nouvelle Chambre des députés ? En face
de la pression administrative et cléricale, se dressa la propagande
de sociétés libérales, telles que la *Société des amis de la liberté de
la presse*, la *Société Aide-toi, le ciel t'aidera*. Le résultat fut le triomphe de l'opposition. La considération seule de ce résultat força
Villèle à démissionner. Charles X comprenait si peu la situation et
les règles d'une monarchie parlementaire, que, s'il eût été laissé
libre, il eût formé un cabinet plus rétrograde encore, en appelant
au pouvoir le prince de Polignac ; mais son entourage en trembla.
En janvier 1828, il se résigna à former un ministère du centre.
Son chef, Martignac, était un politique avisé ; mais il n'eut jamais
la confiance de Charles X, qui consultait en secret les ultras.

Le ministère Martignac fut un ministère de détente. Le nouveau
ministre des affaires ecclésiastiques, Feutrier, évêque de Beauvais,
montrait un loyal attachement aux doctrines gallicanes ; un des
premiers soins du nouveau gouvernement fut d'affranchir relativement l'enseignement primaire de l'autorité ecclésiastique ; par
l'ordonnance du 21 avril 1828, les écoles furent placées sous l'autorité de comités de surveillance, dont trois membres seulement
sur neuf furent nommés par l'évêque. Ensuite il publia deux
ordonnances depuis longtemps attendues par l'opinion libérale :
la première réglait l'organisation des petits séminaires : le nombre de leurs élèves serait limité, en tout, à vingt mille ; on n'y
admettrait pas d'externes ; les élèves devraient au bout de deux
ans porter l'habit ecclésiastique ; ils pourraient au bout de leurs
études obtenir un diplôme, mais celui-ci ne pourrait tenir lieu du
baccalauréat que s'ils entraient dans les ordres. La seconde déclarait que les huit écoles secondaires des Jésuites seraient ramenées
au régime de l'Université, et que les membres de toute congrégation non autorisée par la loi ne pourraient prendre part ni à la
direction ni à l'enseignement, soit dans une maison dépendant de
l'Université, soit dans une école secondaire ecclésiastique.

Accueillies avec joie par les libéraux, ces mesures provoquèrent

dans le parti catholique une explosion de fureur et de malédictions. On entendit de nouveau à la tribune les diatribes ordinaires
contre l'Université. Clermont-Tonnerre, invité par le ministre à
donner des renseignements sur les séminaires de son diocèse, fit
une réponse insolente. Lamennais, plus violent que jamais, se
montrait dégoûté d'une monarchie qui ne satisfaisait pas son
ultramontanisme : « Feutrier, disait-il, n'a autour de lui que des
hommes perdus, des prêtres déshonorés... et quelques jacobins. »
Dans un livre qu'il publiait alors (*Du progrès de la Révolution et
de la guerre contre l'Eglise*), il annonçait déjà l'évolution qui allait
le mettre du côté des peuples contre les puissances établies, et lui
faire réclamer pour l'Eglise le bénéfice des libertés modernes :
« Nous demandons, disait-il, pour l'Eglise catholique la liberté
promise par la Charte à toutes les religions, la liberté dont jouissent les protestants, les juifs, dont jouiraient les sectateurs de
Mahomet et de Bouddha, s'il en existait en France. Nous demandons la liberté de conscience, la liberté de la presse, la liberté de
l'éducation ». Et dans une de ses lettres : « Il faut que tout se
fasse par les peuples, c'est-à-dire par un peuple nouveau, formé
peu à peu sous l'influence du christianisme mieux conçu, au milieu
des nations en ruine ». Ailleurs encore, il soutenait que le peuple
avait le droit d'user de la force contre un gouvernement qui se
mettait en révolte contre Dieu.

Les ultras criaient à la persécution ; mais, bien que le ministère
eût été changé, Charles X était resté ultra. Aussi les deux ordonnances furent-elles appliquées très modérément ; il n'y eut ni persécutions ni expulsions. La Congrégation ne fit que quitter la rue
du Bac. Les missions recommencèrent bientôt leurs menées ; de
nouveaux couvents de femmes s'installèrent. M. de Kératry, à la
tribune de la Chambre, dénonça les agissements des uns et des
autres dans un discours très vif.

Bientôt il n'y eut plus moyen de nier que la royauté minait par-
dessous l'œuvre du ministère. A la suite d'un échec à la Chambre,
Martignac fut renvoyé et remplacé par qui ? Par l'homme qui
avait toujours été aux côtés du comte d'Artois dans les rangs des
émigrés, qui incarnait à lui tout seul l'ancien régime, la Congrégation et l'ultramontanisme, le prince Jules de Polignac, qui eût
été depuis longtemps ministre, si Charles X n'eût consulté que ses
sentiments, et avec qui le parti prêtre pensait exercer le pouvoir
sans contrôle.

Un tel défi à l'opinion publique, qui s'était si clairement mani-
festée par les élections précédentes, mit toute la France en effervescence. Le gouvernement se prépara à un coup d'Etat ; le peuple

à la révolution. Les événements qui suivent appartiennent plutôt
à l'histoire politique. Néanmoins une des causes de l'agitation fut
la crainte des Français de retomber sous le joug du parti ultra-
catholique. Cette crainte, les journaux ultras ne se faisaient pas
faute de l'entretenir, en annonçant l'abolition prochaine de ce
monument d'athéisme qu'était la Charte. Il se fonde des sociétés
pour le refus de l'impôt ; des journaux nouveaux, comme le
National, prennent à tâche de pousser le gouvernement aux extrémités. A la rentrée des Chambres (2 mars 1830), les événements se
précipitent. Dans son discours du trône, Charles X annonce que
le moment est enfin venu d'accomplir les *mesures réparatrices* qui
fermeront les dernières plaies de la Révolution ; si de coupables
manœuvres, dit-il, lui suscitent des obstacles, il trouvera dans
son dévouement à la monarchie et à la religion le courage de les
surmonter. La Chambre riposte par l'adresse des 221 : « La
Charte a fait du concours permanent des vues politiques de votre
gouvernement avec les vœux de votre peuple la condition indispensable de la marche régulière des affaires publiques. Sire, notre
loyauté, notre dévouement, nous condamnent à vous dire que *ce
concours n'existe pas.* » La réponse, le lendemain, fut la prorogation
de la Chambre ; bientôt après, elle était déclarée dissoute : « *Ce
n'est pas une question de ministres,* disait le roi ; *c'est une question
de monarchie.* » Peyronnet est nommé ministre de l'intérieur,
pour faire les élections. Préfets, évêques, curés se mirent en
campagne ; mais rien n'y fit : les 221 revinrent 270 ; les députés
du gouvernement n'étaient plus que 145. Il ne restait plus
qu'à faire un coup d'Etat. On prépara les fameuses *Ordonnances.*

On attendit quelques jours avant de les promulguer ; mais on
crut pouvoir profiter de la nouvelle de la prise d'Alger par les
troupes françaises. Les évêques ultramontains, d'autre part, ne
cessaient de presser le roi : dès le 13 juillet, l'archevêque de Paris,
célébrant la victoire de nos soldats sur les musulmans, s'écriait :
« Ainsi seront traités partout et toujours les ennemis de notre
seigneur et roi ; ainsi seront confondus tous ceux qui oseront se
soulever contre lui. » Le lendemain, au *Te Deum*, le même prélat
dit à Charles X : « Votre confiance ne sera pas vaine. Puisse Votre
Majesté en recevoir bientôt *une autre récompense* ! puisse-t-elle
bientôt remercier le Seigneur *d'autres victoires*, non moins douces
et non moins éclatantes ! » Au même moment, l'évêque de Nancy,
Forbin-Janson, appelait la vengeance du ciel, non seulement sur
les ennemis du dehors, « mais, au sein de la patrie, sur tous les
cœurs égarés ou coupables, qui ne pouvaient demeurer ennemis

du roi sans être aussi les ennemis de Dieu, de la gloire et de la grandeur de la France ».

A la dernière heure, il semble qu'il y ait eu quelque terreur dans l'âme des ministres ; à Saint-Cloud, où ils étaient assemblés auprès du roi, d'Haussez demanda au président du Conseil s'il était en mesure de réprimer une insurrection : il n'y avait que 7.000 soldats à Paris. Alors se passa une scène extraordinaire, qui est racontée dans les *Souvenirs littéraires* de Maxime du Camp (*Revue des Deux Mondes*, 1881). Le prince de Polignac répliqua qu'il n'y avait aucun doute ; qu'il était résolu à tenter la fortune, même s'il n'y avait pas eu un seul soldat à Paris, car la réussite lui était assurée par des circonstances qui étaient au-dessus des raisonnements humains. Il refusa d'en dire plus. Or, si peu croyable que cela paraisse, voici le fait auquel il faisait allusion : dans les premiers jours de juillet, la Vierge était apparue en songe à Polignac, et lui avait dit : « Va ! ton œuvre est bonne ; accomplis-la ! » Le fait fut raconté à Maxime du Camp par Berryer, qui le tenait du prince de Polignac lui-même.

Ainsi, sur la foi d'un songe, le premier ministre de France lançait la monarchie dans l'aventure d'un coup d'Etat. Le 26 juillet paraissaient les Ordonnances, qui dissolvaient la nouvelle Chambre, supprimaient la liberté de la presse et restreignaient le corps électoral. Aussitôt Paris se soulevait : en trois jours de bataille, le gouvernement était renversé. Le secours espéré d'en haut ne vint pas, et, trompé jusqu'au bout par son imperturbable confiance, le vieux roi reprit tristement le chemin de l'exil.

La comédie en France après Molière

Cours de M. AUGUSTIN GAZIER,

Professeur à l'Université de Paris.

Regnard.

Nous avons vu, dans les précédentes leçons, comment, depuis la mort de Molière, la comédie avait vécu, comment — si je puis employer une expression aussi familière — elle avait « vivoté ». Ce sont des noms qui restent : Hauteroche, Poisson, Brueys, Palaprat, Dufresny ; ce ne sont pas des œuvres. Il est, en effet, difficile, sinon impossible, de trouver dans les pièces de ces auteurs des types éternels comme dans Molière. Sans doute, ces personnages nous intéressent ; mais c'est au seul point de vue de l'histoire littéraire : ces pièces sont des documents, elles ne sont à aucun degré des chefs-d'œuvre.

Cependant, de proche en proche, nous sommes peu à peu arrivés au XVIIIe siècle. Dans l'histoire de la littérature comme dans toutes les histoires, il n'y a point d'interruption. Insensiblement nous passons d'un règne à un autre. Les œuvres que nous avons étudiées sont intéressantes à ce point de vue. Dancourt et Dufresny, que l'on rattache d'ordinaire au XVIIe siècle, sont morts bien avant Regnard, que l'on place à tort, le plus souvent, parmi les écrivains du XVIIIe siècle.

Regnard a eu, de tout temps, les honneurs de la critique. Voltaire disait de lui : « Il faut commencer à se plaire à l'étude de Regnard, si l'on veut vraiment aimer Molière. » Rousseau, au contraire, mais pour des raisons morales, attaqua furieusement l'œuvre de notre auteur. C'est que, de quelque façon qu'on l'envisage, Regnard est un écrivain de première importance. Comme pour ses prédécesseurs, nous étudierons d'abord sa vie, afin de pouvoir porter ensuite sur ses œuvres un jugement motivé.

Sans doute, il y a des auteurs qui jouent un rôle, qui se travestissent dans leurs pièces, et dont la vie ne correspond aucunement à l'œuvre : Salluste et Sénèque sont de ce nombre ; La Rochefoucauld et aussi le cardinal de Retz. Pour les tragiques, on peut s'attendre à ne rien trouver de leur personnalité dans leurs pièces. Ils sont, comme dit Molière, obligés de « se guinder dans les grands sentiments ». Mais les comiques mettent beaucoup plus d'eux-mêmes dans leurs œuvres. Il y a, dans leur façon d'agir, quelque chose de bon enfant, pour ainsi dire, qui n'existe pas chez les autres ; on voit avec plus de clarté transparaître leur personnalité dans leurs comédies.

La biographie de Regnard est peu connue. Après sa mort, on a publié sur son compte des documents suspects. Le premier des biographes auquel il ne faut accorder qu'une confiance limitée, n'est autre que Regnard lui-même. Sous forme de lettres, comme Chapelle et Bachaumont, ou sous forme de roman, comme Scarron, il a écrit sa vie, imprimée vingt ans après sa mort. Ces documents n'ont pas grande valeur : il semble, dès lors, que l'érudition puisse intervenir d'une façon précise : une thèse de doctorat est en préparation sur Regnard.

Jean-François Regnard naquit à Paris. Comment prononcer son nom ? Je ne puis vous le dire avec certitude. Ses contemporains écrivent Renard ou Raynard, indifféremment. D'ailleurs, à cette époque, les questions d'orthographe sont sans importance. Le cardinal de Retz ne signe-t-il pas parfois Raitz ? Regnard naquit donc à Paris en 1655, dans le même quartier que Molière, sur la paroisse Saint-Eustache, près des Halles. A cette époque, Molière faisait encore sa tournée en province.

Comme Molière, Regnard était fils de négociant. Son père, marchand de salaisons, s'était enrichi, comme font souvent les épiciers, en vendant des harengs et de la morue. Regnard aura donc à son service, dès son enfance, la langue imagée et forte de la halle, langue qui convient admirablement à la comédie.

Il fit d'excellentes études, on ne sait trop où. En tout cas, il n'apprit ni le grec ni l'hébreu ; mais il connaissait admirablement le latin. Il était rompu à l'exercice si utile du vers latin, et dans ses voyages, lorsqu'il parviendra près des glaces du pôle, c'est par un vers latin qu'il célébrera ses exploits.

Molière fut, sans doute, le premier maître de son adolescence. En 1673, date à laquelle meurt Molière, Regnard a 18 ans. Il a donc dû voir, dans leur nouveauté, les *Femmes savantes* et le *Malade imaginaire*. En 1678, il voit paraître cinq livres de fables de La Fontaine (de VI à XI) et aussi quelques contes, que le bonhomme continue à faire, en dépit de ses promesses. Il a lu, lorsqu'ils ont paru, l'*Art poétique* et le *Lutrin*, les pièces de Racine de *Mithridate* à *Phèdre*, les opéras de Quinault. C'est peut-être ce qui explique un caractère particulier qu'on rencontre dans toutes ses œuvres : Regnard est un pasticheur incorrigible. A tout moment, on rencontre des hémistiches, des vers entiers même de Boileau, de La Fontaine, de Molière surtout. Il est à remarquer qu'on n'en trouve aucun de Racine ; du moins, je n'en ai pas rencontré.

Parti de Paris, il mena une vie errante. Il alla d'abord en Italie. Il y passa son temps non point à admirer les sites et les monuments, mais à jouer dans les tripots. Il en revint enrichi. Tous frais payés, il rapportait à Paris la somme rondelette de 10.000 écus.

Il rentre chez lui pour voir mourir son père. L'héritage paternelle lui laisse 40.000 écus. Il repart bientôt. Ce second voyage nous est connu par son récit de la *Provençale*, où les exagérations abondent. Il nous conte comment il visita Alger et Constantinople. Ce qui est bien vrai, c'est qu'il fut vendu par des pirates pour 1.500 livres; mais il était alors cuisinier, et non peintre, comme il le prétend. Sa famille le racheta 12.000 livres. Il dut alors songer à Molière et s'écrier : « Que diable allais-je faire dans cette galère ! »

En 1681, il voyage en Hollande, Suède, Laponie, Pologne, Hongrie, Allemagne. Il est de retour à Paris en décembre 1683. Le roi lui donne une charge dans les finances, à Paris même. Très riche, il possède une maison superbe, sans doute rue Richelieu. A la campagne, il a une belle installation, près de Dourdan. Cette maison, il l'a payée 18.000 livres dont 8.000 comptant. A sa mort, on la revendra 21.000 livres. Plus tard, c'est Lebrun, un des trois consuls, qui la possédera. Ce fut dans cette maison de campagne que Regnard mourut. On l'enterra à Dourdan, dans la chapelle de la Vierge. Le registre de l'église porte : « Regnard, garçon, fameux poète. » Il mourut en 1709, des suites d'une indigestion et d'une violente purgation.

Regnard mena donc une vie d'épicurien, comme Régnier. Voyez son portrait peint par Rigault; il n'est en rien majestueux. Comme La Fontaine, il a une grosse physionomie, avec des yeux à fleur de tête; c'est un homme de plaisir, qui cherche avant tout la vie facile. Jamais il ne se maria ; pour de tels hommes, une femme est un embarras. Mais il recevait et jouait beaucoup. Néanmoins il n'eut jamais de dettes. Puis, ce qui l'excuse, comme Horace et Régnier, c'est que, s'il était épicurien, il était aussi homme de lettres.

Ce ne fut que vers trente ans qu'il commença à écrire. Comme Boileau, il publia des épîtres, des satires : ce sont de pâles copies, des imitations, souvent des pastiches. Au début, il professe un profond mépris pour Boileau. Il avait à cela plus de mérite que nos rhétoriciens, puisque Boileau vivait encore. Il écrit alors la

Satire contre les maris, en réponse à celle de Boileau contre les femmes. Dans une pièce en vers, l'*Enterrement de Boileau,* il montre comment notre satirique est mort de rage, parce que le public lui a préféré un débutant qui s'appelle... Regnard. Boileau ne répondit point à ces attaques ; ce fut d'ailleurs lui qui enterra Regnard.

Plus tard, Boileau et Regnard se réconcilièrent, et ce dernier dédia à celui qu'il attaquait naguère sa comédie des *Ménechmes.* Il le qualifie d'ailleurs, comme il avait fait pour Quinault, de « favori des neuf Sœurs ».

Mais Regnard ne s'en tient pas là. Dès 1688, il travaille pour le théâtre. Il se déclare alors disciple de Boileau. Or ce disciple débute, non sur le Théâtre-Français, mais sur la scène des Italiens de Guérardi. Il donne là un nombre assez considérable de pièces. Ce sont : le *Divorce* (trois actes et un prologue, en prose, mars 1688) ; la *Descente de Mezzetin aux Enfers* (3 actes, prose, mars 1689), *Arlequin, homme à bonnes fortunes* (3 actes, prose, janvier 1690) ; la *Critique d'Arlequin, homme à bonnes fortunes* (1 acte, prose, mars 1690) ; les *Filles errantes* (3 actes, prose, août 1690) ; la *Coquette ou l'Académie des Dames* (3 actes, prose, janvier 1691) ; la *Naissance d'Amadis* (1 acte, prose et vers, février 1694).

Nous avons vu, dans notre dernière leçon, qu'il écrivit aussi pour les Italiens quelques pièces en collaboration avec Dufresny : le *Chinois* (4 actes, en prose, avec prologue, 1692) ; la *Baguette de Vulcain* (1 acte, prose et vers, 1693) ; la *Foire Saint-Germain* (3 actes, prose, 1695) ; les *Momies d'Egypte* (1 acte, prose, 1696). Toutes ces pièces sont imprimées dans le *Théâtre Italien* de Guérardi (6 volumes in-12, Paris, chez Briasson).

Comment un lettré aussi délicat que Regnard va-t-il ainsi tout droit aux Italiens ? Est-ce par modestie, par manque d'audace, qu'il n'aborde pas le Théâtre-Français? C'est invraisemblable, quand on connaît son caractère. Est-ce dépit d'auteur rebuté ? Mais, à ses débuts, il ne propose aucune pièce au Français. S'il se tourne ainsi vers les Italiens, c'est sans doute à cause de ses deux voyages en Italie ; il lui est beaucoup plus facile de réussir là : ses souvenirs sont encore tout frais. Et surtout, il a le goût du travail facile. Il a horreur de la contrainte, aime le décousu, parfois même le débraillé. Il lui faut toujours donner libre cours à sa gaîté folle. Le théâtre des Italiens lui convenait mieux.

D'ordinaire, on dédaigne assez les pièces que Regnard donna aux Italiens ; elles ne figurent pas dans l'édition de 1670, que j'ai sous les yeux ; pourtant le véritable Regnard est là tout entier, il date de là. Ses chefs-d'œuvre sont inintelligibles, si on n'étudie pas ses premières pièces. On ne trouve en elles aucune composition : c'est une intrigue quelconque, presque toujours la même ; pas de caractères, mais une entente merveilleuse du dialogue, de jolis détails, qui remplissent toute la scène de vie et de gaité. Et surtout Regnard a l'art de développer, de faire sur un thème déterminé de brillantes variations.

On pourrait donner beaucoup d'exemples de cette virtuosité. Je ne citerai que la scène II du *Divorce*. La pièce se trouve dans le tome II du théâtre italien de Guérardi. — Arlequin raconte à Mezzetin son histoire.

ARLEQUIN. — Je n'eus pas plus tôt quitté la rame (des galères), que je me jetai malheureusement dans les médailles.

MEZZETIN. — Comment, dans les médailles ?... dans les antiques ?

ARLEQUIN. — Non, dans les médailles. C'est-à-dire que, quand je n'avais rien à faire, pour me désennuyer, je m'amusais à mettre le portrait du roi sur des pièces de cuivre que je couvrais d'argent et que je donnais à mes amis pour du pain, du vin, de la viande et autres choses nécessaires. Mais comme il y a toujours des envieux dans le monde (voyez, je vous prie, comme on empoisonne les plus belles actions de la vie !), on fut dire à la justice que je me mêlais de faire de la fausse monnaie.

MEZZETIN. — Quelle apparence !

ARLEQUIN. — D'abord la justice m'envoya prier de lui aller parler.

MEZZETIN. — Qui envoya-t-elle ? Des pages ?

ARLEQUIN. — Nenny ! diable, c'était des gens de distinction et qualifiés. Ils avaient des épées, des plumets bleus, des mousquetons.

MEZZETIN. — Je vous entends ; poursuivez.

ARLEQUIN. — Ces messieurs montèrent donc dans ma chambre, et le plus honnêtement du monde me prièrent, de la part de la justice, de lui aller parler tout à l'heure ; qu'il y avait un carrosse à la porte qui m'attendait.

MEZZETIN. — Je vous entends, poursuivez.

ARLEQUIN. — Et moi, j'eus beau dire que j'avais affaire, que je ne pouvais pas sortir, que j'irais une autre fois, il me fut impossible de résister aux honnêtetés et aux empressements de ces messieurs-là.

MEZZETIN (*à part*). — Aux honnêtetés des pousse-culs !

ARLEQUIN. — Oh ! pour cela, rien n'est plus vrai. Je n'ai jamais vu de gens plus honnêtes. L'un m'avait pris par un bras; aussi m'avait fait l'autre, en me disant le plus obligeamment du monde : « Oh ! puisque nous avons été assez heureux que de vous trou-

ver, vous ne nous échapperez pas, et nous aurons le plaisir de
vous amener avec nous. » Et, à force de civilités, ils m'entraînè-
rent dans le carrosse et me conduisirent à la justice. D'abord que
je fus arrivé, on me présenta à cinq ou six visages vénérables, qui
étaient assis sur des fleurs de lis.

MEZZETIN. — Fort bien. Et ces messieurs ne vous prièrent-ils
pas aussi de vous asseoir ?

ARLEQUIN. — Assurément. Celui qui était au milieu d'eux me
dit : « N'est-ce point vous, Monsieur, qui vous mêlez des médailles ? » A quoi je répondis fort modestement : « Oui, Monsieur,
pour vous rendre mes très humbles services. » — « Vous êtes un
honnête homme, ajouta-t-il ; tout à l'heure, nous allons parler à
vous. Asseyez-vous toujours en attendant.

MEZZETIN. — Et où t'asseoir ? Dans un fauteuil ?

ARLEQUIN. — Bon ! Sur une petite chaise de bois, qu'on avait
mise à côté de moi. Ces messieurs, donc, après s'être parlé à l'o-
reille, me demandèrent encore si véritablement c'était moi qui
avais un si heureux talent. Je leur répliquai qu'oui, que je leur
demandais excuse si je ne faisais pas aussi bien que je l'aurais
souhaité, mais que j'avais grande envie de travailler et que, avec
le temps, j'espérais devenir plus habile.

MEZZETIN. — Fort bien. Et eux parurent fort contents de votre
déclaration ?

ARLEQUIN. — Vous l'avez dit. Je remarquai que mon discours
les avait réjouis ; mais cela n'empêcha pas qu'ils ne me condam-
nassent sur l'heure à être pendu et étranglé à la Croix-du-Tiroir.

MEZZETIN. — Quel malheur !

ARLEQUIN. — Quand j'entendis qu'on m'allait pendre, je com-
mençai à crier : « Mais, Messieurs, vous n'y pensez pas ! Me
pendre, moi ! Je ne suis qu'un jeune homme qui ne fais que
d'entrer dans le monde ; et, d'ailleurs, je n'ai pas l'âge compétent
pour être pendu. »

MEZZETIN. — C'était une bonne raison celle-là.

ARLEQUIN. — Aussi y eurent-ils beaucoup d'égards. Et, pour
faire les choses dans l'ordre, ils me firent expédier une dispense
d'âge. Me voilà donc dans ma charrette. Je ne disais mot ; mais
j'enrageais comme tous les diables. Nous arrivons enfin à la Croix-
du-Tiroir, au pied de cette fatale colonne qui devait être le *non
plus ultra* de ma vie, et qu'on appelle vulgairement la potence.
Comme j'étais fort fatigué du voyage, j'avais soif, je demandai
à boire. On me proposa si je voulais de la bière. Je dis que non, et
que cela pourrait par la suite me donner la gravelle. Je priai seu-

lement les archers de me laisser boire à la fontaine. Je donne un
coup d'œil autour de moi, et, zeste! je m'élance la tête en avant
dans le robinet de la fontaine. Les archers surpris courent à moi
et me tirent par les pieds. Et moi je m'enfonce toujours avec les
mains, de manière que j'entrai tout entier dans le tuyau de la fontaine et il ne resta aux archers que mes souliers pour les pendre.
Du robinet de la fontaine, je descendis dans la Seine ; de là je fus
à la nage jusqu'au Havre-de-Grâce ; au Havre de Grâce, je m'em-
barquai pour les Indes, d'où me voilà présentement de retour. Et
voici mon histoire achevée.

MEZZETIN. — Il ne me reste qu'une difficulté, qui est de savoir
comment, gros comme tu es, tu as pu te fourrer dans le robinet
de la fontaine.

ARLEQUIN. —Va, va, mon ami : quand on est prêt d'être pendu,
on est diablement mince.

En 1693, Regnard aborda le Théâtre-Français. Il débuta par une
comédie en un acte et en prose : *Attendez-moi sous l'orme*, que
nous avons vu qu'il fallait attribuer à Dufresny. Ce fut donc sans
doute Dufresny qui introduisit Regnard au Théâtre-Français ;
mais ils se brouillèrent bientôt : Dufresny accusa Regnard de lui
avoir volé le sujet de sa pièce *Le Joueur*.

Flegnard fit jouer ensuite au Français : la *Sérénade* (comédie
en prose et en 1 acte, avec divertissement, 3 juillet 1694) ; le
Bourgeois de Falaise, ou le *Bal* (1 acte, en vers, avec un divertissement, 14 juin 1696) ; *Le Joueur* (5 actes, en vers, décembre
1696) ; *Le Distrait* (5 actes, en vers, décembre 1697) ; *Démocrite*
(5 actes, en vers, janvier 1700) ; le *Retour imprévu* (1 acte, en
prose, février 1700), les *Folies amoureuses* (3 actes, en vers, avec
prologue en vers libres), suivies du *Mariage de la Folie* (divertissement en 1 acte et en vers libres, janvier 1704) ; les *Ménechmes* (5 actes, en vers, avec prologue en vers libres, décembre
1705) ; *Le Légataire* (5 actes, en vers, janvier 1708) ; la *Critique
du Légataire* (février 1708).

De ces dix pièces, il en est beaucoup qui n'ont aucune importance : par exemple, la *Sérénade*, le *Bal*, le *Retour imprévu*.
Remarquons que ce ne sont plus des bluettes et que la plupart
sont écrites en vers. Ces pièces ont la prétention de se rapprocher de celles de Molière.

Parmi les erreurs de Regnard, il faut compter *Le Distrait*, où
les caractères sont exagérés. Le distrait, épris d'une jeune fille,
lui écrit ; et savez-vous ce que contient cette lettre ? Trois lignes
d'amour, à côté d'une lettre de change pour un banquier ; et
l'adresse est celle de la rivale de la jeune fille à qui cette

lettre est adressée. Mais je dois avouer que la comédie est plaisante, en dépit des invraisemblances qu'elle renferme.

Les *Folies amoureuses* sont, aussi, très amusantes : une jeune
fille veut échapper à un vieux barbon ; elle feint la folie ; et,
pendant qu'on va chercher un médecin, elle se fait enlever par
son amoureux.

Démocrite est une pièce peu plaisante ; elle rappelle l'*Esope à
la cour* de Boursault.

Dans toutes ces pièces, le sujet est simple, l'intrigue bien conduite, les dénouements sont d'ordinaire vraisemblables, plus vraisemblables même que ceux de Molière. Si la bonne comédie est
celle qui fait rire, ces pièces sont de bonnes comédies. Mais
aucune de celles que nous avons étudiées jusqu'ici n'est un chef-
d'œuvre. Il faut, pour trouver des comédies vraiment supérieures, examiner *Le Légataire* et *Le Joueur* : c'est ce que nous
ferons dans notre prochaine leçon.

J. F.

La vie et les œuvres d'Euripide

Cours de M. PUECH,

Professeur à l'Université de Paris.

La critique littéraire dans les drames d'Euripide.

Nous avons déjà suffisamment étudié Euripide pour savoir que c'est un écrivain audacieux, épris de nouveauté, détaché de la tradition. Il est intéressant de se demander quels jugements il a portés sur ses prédécesseurs et ses contemporains, par quels points il a eu conscience de différer d'eux, et ce que, dans la forme ou l'esprit de leur art, il a considéré comme critiquable. Aristophane prétendait qu'Euripide était jaloux de ses rivaux ; nous ne croyons pas qu'il ait obéi à un sentiment aussi mesquin : tout simplement sa poétique s'opposait à celles d'Eschyle et de Sophocle. Esprit essentiellement critique, Euripide a réfléchi sur son art et recueilli tous les éléments d'un jugement motivé sur ses deux grands rivaux. Il n'a pas composé d'ouvrage théorique, comme Sophocle l'avait fait en écrivant un traité sur l'emploi du chœur. Euripide, conformément à un de ses procédés familiers, a trouvé moyen, au risque de gâter l'harmonie, de faire pénétrer dans le poème dramatique la critique littéraire.

Assez souvent, l'inspiration même d'Euripide trouve sa source dans son esprit critique. Son drame est alors l'antithèse d'une des pièces de ses devanciers. Les tragiques grecs se sont fait une loi de prendre leurs sujets dans les légendes héroïques. Il en résulte que, quoique nombreux, les sujets n'étaient pas illimités ; d'autant plus qu'on s'était, d'assez bonne heure, rendu compte que tous ne se prêtaient pas également bien au développement dramatique. Les poètes choisissent donc un certain nombre de sujets qu'ils reprennent et renouvellent, sans se soucier de l'originalité du choix de la matière. Cela frappe, quand on passe en revue les titres des tragédies grecques. Il en résulte que chaque poète, qui abordait ainsi un sujet déjà traité, était amené à faire l'examen des œuvres de ses devanciers. De cet examen, généralement, il ne reste pas de traces. Ce ne serait que si nous avions gardé à la fois les originaux et les œuvres postérieures que nous pourrions constater des changements. Chez Euripide, il en va autrement : quand il fait une modification, il la souligne. Decharme a fait la statistique des pièces où Euripide a repris des sujets déjà traités par Eschyle; il y en a 13, sur lesquelles 6 nous ont été conservées : ce sont les *Héraklides*, *Electre*, *Iphigénie en Aulide*, les *Phéniciennes*, *Oreste*, les *Bacchantes*. Pour deux de ces œuvres, nous avons les drames d'Eschyle correspondants : les *Sept contre Thèbes*, qui se rapprochent des *Phéniciennes*, et les *Choéphores*, qui rappellent *Electre*. Nous sommes donc dans les meilleures conditions pour examiner quelles sont les critiques d'Euripide et quelle en est la valeur.

D'une façon générale, les objections viennent du souci qu'a Euripide de serrer de plus près la réalité, et du besoin de substituer à des artifices simples et gauches des conventions plus spécieuses. En lisant les *Sept contre Thèbes*, Euripide ne put pas n'être pas frappé par la grandeur épique et l'émotion profonde de cette tragédie. Il s'est intéressé à cette peinture de l'état d'esprit qui règne dans une ville assiégée, de l'angoisse et de la détresse. Mais Euripide a jugé qu'Eschyle se laissait trop dominer par des sentiments qui sont plutôt épiques que dramatiques. Les personnages ne parlent pas toujours selon la vraisemblance ; ils perdent souvent un temps précieux. Il y a, par exemple, une scène où Etéocle énumère les sept chefs argiens qui mènent l'assaut, et les sept chefs thébains qu'il leur opposera : c'est évidemment une scène de poésie imagée et puissante ; mais c'est un hors-d'œuvre. Euripide ne supprime pas cette scène ; car le public l'attend : c'est un morceau de rigueur. Mais il place ces paroles dans la bouche d'un autre personnage et à un autre moment de l'action, au début de la pièce et non au moment de l'assaut. Ce n'est pas Etéocle, sur qui repose le salut de Thèbes, mais une femme, curieuse par nature et destinée à rester à l'écart des combattants, qui fait cette énumération des sept chefs. Antigone monte sur la terrasse du palais avec un pédagogue, et, comme dans la scène de l'*Iliade* où, du haut des murs de Troie, Hélène désigne aux vieillards troyens les principaux chefs grecs, Antigone demande au pédagogue de lui montrer les sept chefs. Euripide prend soin de nous apprendre comment il se fait que le pédagogue soit si savant : c'est qu'il a été un des envoyés chargés par Jocaste de proposer à Polynice une entrevue avec Etéocle. Il a donc vu de près les chefs argiens et il les connaît bien. Non seulement Euripide a ainsi refait la scène ; mais encore, de peur que tout le monde ne comprît pas ses intentions,

il les signale clairement un peu plus loin. Dans la scène qui correspond au moment de l'action où Eschyle plaçait le dénombre-
ment des chefs, Euripide fait dire à Etéocle :

« Je placerai les chefs auprès des portes, en opposant aux ennemis forces égales à forces égales. Dire les noms de chacun d'eux,
ce serait perdre beaucoup de temps au moment où les ennemis
sont devant nos murs. Mais j'irai, pour ne pas rester inactif... »
Le trait porte contre Eschyle.

Dans une pièce perdue, mais connue par une analyse de Dion
Chrysostome, *Philoctète*, Euripide corrigeait certaines invraisemblances de l'action qu'avait commises Eschyle. Euripide trouve
inadmissible que, Ulysse étant l'ambassadeur envoyé par les
Grecs auprès de Philoctète, celui-ci ne l'ait pas tout d'abord
reconnu ; il est vrai que Philoctète n'a pas vu Ulysse depuis
nombre d'années ; mais peut-il oublier si vite son plus cruel
ennemi, celui qui a été accusé de son abandon ? Euripide imagine
qu'Ulysse a été rendu méconnaissable par Athéna. — Euripide
trouvait également invraisemblable que le chœur parût voir pour
la première fois Philoctète, qui était depuis plusieurs années à
Lemnos; c'est pourquoi il faisait paraître un nouveau personnage, Actor, qu'il présentait comme étant depuis longtemps en
relations avec Philoctète.

Mais la scène la plus curieuse où la critique d'Euripide se fasse
jour, est assurément une scène d'*Electre*. Dans les *Choéphores*,
on sait qu'Eschyle avait placé une reconnaissance d'Electre et
d'Oreste. Euripide, qui, nous l'avons vu, a beaucoup perfectionné
le mécanisme des reconnaissances, a trouvé que les moyens employés par Eschyle étaient artificiels et invraisemblables. Il en a
fait dans sa pièce une vive critique. Un pédagogue va trouver Electre
et lui raconte ce qu'il a vu près du tombeau d'Agamemnon :

« J'ai vu sur un bûcher une brebis noire égorgée, dont le sang
venait d'être récemment répandu, et j'ai vu des boucles de cheveux
blonds. Et je me suis demandé, ô mon enfant, qui avait bien pu
aller près du tombeau. Car ce n'est pas un Argien. Mais peut-être
ton frère est-il venu en cachette et a-t-il honoré de ces offrandes
le tombeau de son père. Regarde cette boucle; rapproche-la de ta
chevelure, et vois si la couleur est la même. Car ceux qui sont
nés du même père ont des caractères physiques qui sont semblables. »

Dans les *Choéphores*, la boucle de cheveux était un des indices
qui provoquaient la reconnaissance. Voici en quels termes Electre
critique la valeur de cet indice :

« Ce que tu dis là, vieillard, n'est pas digne d'un homme sage,

si tu penses que mon frère si courageux est venu dans ce pays en
secret par crainte d'Égisthe. (Cela se retourne contre Euripide,
puisqu'en effet Oreste est arrivé en cachette.) Ensuite comment
nos chevelures pourraient-elles se ressembler? L'une est celle
d'un homme élevé dans la palestre, comme il sied à un homme de
noble naissance; l'autre, souvent peignée, est une douce chevelure
de femme. Il est impossible de les comparer. Et de plus, on peut
trouver, vieillard, beaucoup de gens qui ont des cheveux semblables, sans être pourtant nés du même sang. »

Le vieillard donne, maintenant, un autre des indices qui servent à Eschyle :

— « Eh ! bien, va mettre le pied dans la trace des pas, et vois
si ton pied a la même mesure, ô mon enfant.

— « Comment, répond Electre, un sol rocailleux pourrait-il garder des traces de pas ? Et, même s'il y en avait, le pied d'un homme
et celui d'une femme ne sont pas égaux : celui de l'homme est
plus grand. »

Enfin Eschyle se servait d'un vêtement qui avait appartenu à
Oreste et qu'Electre reconnaissait. Euripide critique encore cette
preuve :

LE VIEILLARD. — Si ton frère est revenu, n'y a-t-il pas un tissu
fait de ta main, auquel tu puisses le reconnaître, celui dans lequel
je l'ai arraché à la mort ?

Ici, la critique n'est pas exacte ; car Eschyle ne dit pas que le
vêtement soit le même que celui que portait Oreste lors du meurtre d'Agamemnon.

ELECTRE. — Ne sais-tu pas que, lorsque Oreste a quitté ce pays,
j'étais encore toute jeune? Et si j'avais tissé ce vêtement, comment
lui, qui était alors un enfant, le porterait-il encore, a moins que
ce vêtement n'ait grandi en même temps que son corps? »

Cette scène bizarre a été souvent étudiée au cours de ces dernières années, et on en a parfois contesté l'authenticité, soit en
entier, soit en partie. On a constaté qu'abandonnant Sophocle,
Euripide avait plutôt suivi Eschyle, et on a conclu qu'il est invraisemblable d'admettre que, dans une pièce où il a dû surtout viser
Sophocle, Euripide ait critiqué Eschyle. Mais, en réalité, c'est le
fait de l'esprit critique de choisir et de distinguer, et de distinguer
dans ce qu'on imite les parties bonnes et les parties mauvaises.

— M. Radermacher se borne à supprimer toute la partie qui a
rapport aux pas et aux vêtements. Dans la pièce d'Euripide, dit-il,
le tombeau d'Agamemnon n'est pas sur la scène, comme il l'est
dans la pièce d'Eschyle et de Sophocle. La scène se passe à la
campagne, non à Mycènes : le tombeau d'Agamemnon est donc

éloigné. Comment alors le vieillard engage-t-il Electre à mesurer les traces de pas? Mais l'argument n'est pas décisif, puisque la seule logique empêche Electre de suivre le conseil du pédagogue. La remarque de M. Radermacher sur le troisième indice est celle que je faisais tout à l'heure. Il trouve inadmissible que, pour critiquer Eschyle, Euripide ait dénaturé sa pensée et se soit fait ainsi la tâche trop facile. Cet argument encore n'est pas convaincant, car il est bien difficile à celui qui combat un adversaire de ne pas fausser parfois sa pensée. M. Radermacher ajoute qu'au début de la scène, dans la première tirade du vieillard, et à la fin de la scène, il n'est question que de la boucle ; mais au début, c'est parce que le vieillard n'a pu apporter que les cheveux, et à la fin, parce que, si les autres arguments ont été anéantis, la boucle subsiste au moins à titre d'argument matériel. Il n'est pas certain qu'Oreste soit venu ; il est certain du moins que quelqu'un est venu. Donc l'authenticité de la scène entière n'est guère douteuse ; il serait, d'ailleurs, surprenant qu'Euripide se soit arrêté à mi-chemin et n'ait critiqué qu'un seul des indices d'Eschyle

Il nous paraît surprenant à nous, modernes, qu'Euripide ait fait de personnages de son théâtre des interprètes de ses idées littéraires et de ses critiques. Mais alors les ouvrages n'étaient pas très répandus, et c'etait surtout à la scène qu'on pouvait émettre et répandre ses idées. Quand on se rappelle les difficultés qu'Euripide a éprouvées pour faire accepter ses innovations, on trouve assez naturel qu'il ait ainsi bataillé contre ses adversaires, d'autant plus que ses critiques ne sont que des répliques ; on sait, en effet, qu'il a souffert des attaques des poètes comiques, au point qu'il faut sans doute voir là une des causes de son départ pour la Macédoine. Dans un fragment, Euripide dit qu'il n'aime pas les bouffons railleurs qui rient de tout. Certaines scènes de ses tragédies, qui semblent d'abord fort bizarres, deviendront plus compréhensibles, si l'on tient compte du désir qu'avait Euripide d'exprimer ses idées et de répondre aux attaques de ses adversaires.

On a quelquefois pensé que la scène d'Iolaos, que nous avons étudiée déjà, paraîtrait moins bizarre, si l'on avait conservé les *Héraklides* d'Eschyle. Mais c'est là une simple hypothèse, et nous devons nous en tenir à ce qui est certain.

Revenons à *Electre*. Cette tragédie se prête à une étude inépuisable, si on veut y chercher la trace des procédés de création qu'emploie Euripide. Nous essaierons, en gros, de la ramener à ses origines.

Sophocle a fait une *Electre*. Euripide la connaissait-il et l'a-t-il

visée ? Il faudrait, pour le dire, être sûr que la pièce de Sophocle
a paru avant celle d'Euripide. Or nous ne pouvons pas, par des
témoignages intrinsèques, résoudre cette question ; nous ne
pouvons former que des conjectures. On se demande, étant donné
que l'*Electre* d'Euripide est notoirement inférieure à celle de Sophocle, comment il est possible que notre poète ait opposé une
pièce médiocre à un chef-d'œuvre accompli. Schlegel était de cet
avis et M. de Wilamowitz se prononça d'abord pour la priorité de
l'*Electre* d'Euripide. Mais on se rallie presque unanimement, de
nos jours, à l'autre opinion, et même M. de Wilamowitz a fini
par abandonner sa première thèse. L'*Electre* d'Euripide a été
manifestement composée par comparaison avec les deux drames
d'Eschyle et de Sophocle, dans l'intention de les corriger. Mais
Euripide a critiqué les deux poètes dans un sens différent : ce qui
le choque dans Eschyle, ce sont les invraisemblances de l'action ;
ce qui le frappe dans Sophocle, c'est l'esprit dans lequel celui-ci a
traité la légende, c'est-à-dire l'esprit religieux.

Voyons, par un examen d'ensemble, comment Euripide veut
corriger à la fois les *Choéphores* d'Eschyle et l'*Electre* de
Sophocle. Il a constaté d'abord chez ses devanciers une invraisemblance fondamentale. La scène est à Mycènes. Comment le
palais peut-il être si mal gardé ? Comment Oreste et Pylade arri-
vent-ils si facilement auprès de Clytemnestre et d'Egisthe ?
Comment ceux-ci ont-ils supporté si longtemps les malédictions
et la plainte d'Electre ? C'est pour cela qu'Euripide place l'action,
non à Mycènes, mais à la campagne. Mais il lui fallait justifier le
séjour d'Electre et l'accomplissement du meurtre hors de la ville.
Une anecdote d'Hérodote sur Mandane, mariée par Astyage à
quelqu'un d'une condition inférieure, a peut-être inspiré Euripide. Cette combinaison était faite pour séduire son esprit
romanesque et lui permettre de créer le rôle curieux du laboureur époux d'Electre, qui a une grande âme dans sa modeste
situation. C'était, pour Euripide, une occasion de réhabiliter les
humbles. Ainsi d'une simple remarque sur un point de ressemblance est sortie toute une transformation.

Il y a, chez Sophocle, autre chose qui frappe Euripide : l'intérêt
est concentré sur Électre, non sur Oreste. Sophocle s'intéresse
surtout à créer des personnages résolus ; c'est le poète de la volonté. Il néglige donc Oreste, qui se laisse guider par un oracle, et
il prend Electre pour protagoniste. De plus, Sophocle a voulu atténuer l'horreur de la vengeance en intervertissant l'ordre des
meurtres, tel qu'il se trouvait chez Eschyle. Il place le meurtre
d'Egisthe après celui de Clytemnestre et le décrit plus longue-

ment, pour que notre dernière impression soit la moins violente.
Il ne faut pas croire cependant que, s'il a voulu atténuer ainsi
l'horreur du parricide, c'était pour critiquer la légende ; Sophocle,
en effet, dans un fragment de *Thyeste*, dit qu'il faut toujours suivre
les volontés des dieux, même si elles paraissent sortir de la justice, car rien de ce que les dieux ordonnent ne peut être honteux.
C'est justement l'opinion opposée à celle d'Euripide qui soutient
que, si les dieux commandent quelque chose de mal, ils ne sont
pas des dieux. Sophocle accepte donc la légende avec foi et sérénité. La fin de sa tragédie indique qu'Oreste n'aura rien à expier.
Il a accompli un oracle, il n'a pas de remords, il ne sera pas poursuivi par les Furies. Les dernières paroles du chœur ne laissent
pas de doute sur les intentions du poète : il indique que la race
d'Atrée, après avoir souffert maints malheurs, a été délivrée par
l'acte d'Oreste. Cette conclusion indigne Euripide ; il veut protester contre Sophocle, plus encore que contre Eschyle.

Pour cela, surtout dans la deuxième partie de sa tragédie, il a
modifié les trois caractères essentiels, Clytemnestre, Electre,
Oreste. Dans le drame de Sophocle, Electre accomplit sa vengeance par une volonté toujours tendue et quelque peu barbare ;
mais, malgré tout, elle est sympathique. Celle d'Euripide est
plus barbare, parce que le poète veut inspirer l'horreur et faire
condamner le meurtre. Cela se voit par l'excès de cruauté qu'il
attribue à Electre. Oreste vient de tuer Egisthe et paraît sur la
scène avec la tête sanglante de son ennemi. Après avoir un peu
hésité et souligné elle-même la honte qu'il y a à outrager un
adversaire mort, Electre se répand en invectives contre Egisthe.
Cette férocité apparaît encore davantage dans la scène finale.
Avec un sang-froid odieux, elle prépare la machination perfide
qui amènera le meurtre de Clytemnestre. Elle fait croire à sa mère
qu'elle a eu un enfant et qu'elle va célébrer ses relevailles.
Elle attire ainsi Clytemnestre chez elle, et lui adresse ces paroles
ironiques :

« Entre dans ma pauvre demeure, lui dit-elle ; prends garde
de salir ta belle robe, car tu sacrifieras aux Dieux comme il te
convient de leur sacrifier... »

Non seulement, dans la suite, Electre excite son frère à frapper
Clytemnestre ; mais elle frappe elle-même. Cet excès d'horreur
pourrait s'expliquer par d'autres causes, notamment par le goût
d'Euripide pour le mélodrame et les détails horribles ; il y en a
d'autres exemples dans son œuvre. Mais il faut, ici, renoncer à
cette interprétation ; car les vraies intentions du poète ne sont
pas indiquées seulement dans le caractère d'Electre.

Certes Euripide n'a pas réhabilité Clytemnestre ; mais il lui a du moins accordé des circonstances atténuantes. Elle avoue sa faute et dit à Electre : « O ma fille, la nature t'a destinée à aimer toujours ton père. Cela est ainsi : les uns aiment mieux leur père, les autres préfèrent leur mère. Je te pardonne ; car, mon enfant, ce que j'ai fait, je n'en éprouve pas tant de joie. » Voilà un aveu qu'on ne trouverait pas chez Sophocle. Euripide l'a mis dans la bouche de Clytemnestre pour lui mériter quelque pitié et augmenter ainsi l'horreur du parricide.

Ce qui est plus significatif encore et ne laisse aucun doute sur les véritables intentions d'Euripide, c'est le rôle et le caractère d'Oreste. Dans la tragédie de Sophocle, Oreste n'a pas d'hésitations ; il obéit à un oracle, il n'a pas de doutes sur sa valeur. L'Oreste d'Eschyle n'a qu'un moment d'hésitation : « Oserai-je tuer ma mère ? » dit-il. Chez Euripide, au contraire, les hésitations sont autrement marquées ; il faut qu'Electre pousse son frère au meurtre :

Oreste. — Que ferons-nous de notre mère ? La tuerons-nous ?

Electre. — Te laisseras-tu aller à la pitié en voyant ta mère ?

Oreste. — Hélas ! comment pourrai-je tuer celle qui m'a enfanté et qui m'a nourri ?

Electre. — Comme elle a tué ton père et le mien.

Oreste. — O Phœbus, comme ton oracle est insensé !

Electre. — Si Apollon est insensé, qui donc est sage ?

Oreste. — C'est toi qui m'as dit de tuer ma mère contre tout droit.

Electre. — Quel mal fais-tu en vengeant ton père ?

Oreste. — On m'accusera d'être parricide, moi qui étais pur auparavant.

Electre. — Si tu ne venges pas ton père, tu seras impie.

Oreste. — Mais, si je tue ma mère, j'en devrai subir la peine.

Electre. — Tu la subiras, si tu négliges la vengeance de ton père.

Oreste. — Si c'était un mauvais génie qui m'ait répondu sous l'apparence d'un dieu ?

Enfin, dans la dernière scène, Euripide fait condamner Apollon par des divinités, les Dioscures : « Phébus, Phébus, disent-ils, mais il est mon maître, je me tais. Cependant, bien qu'il soit sage sa réponse ne l'est pas. » Le chœur, lui aussi, condamne le parricide. Electre et Oreste, au lieu de chanter leur triomphe, se désespèrent ; Electre sent qu'elle est maudite, et les Furies vont s'emparer d'Oreste.

Pourquoi donc a-t-on souvent refusé de croire que Sophocle était visé autant qu'Eschyle par l'*Electre* d'Euripide ? Pourquoi

Decharme dit-il que les *Choéphores* ont uniquement inspiré notre
poète ? C'est que ses critiques portent plus haut que Sophocle,
pour atteindre les croyances dont Sophocle s'est fait l'interprète.
Cela nous conduit à étudier l'attitude d'Euripide à l'égard de la
religion et des croyances populaires. Mais, une fois admise la
priorité de l'*Electre* de Sophocle, il est difficile de ne pas croire
qu'Euripide l'a visée aussi bien que les *Choéphores*, tout en la
dépassant. Nous avons donc trouvé un excellent exemple de ce
que nous cherchions. Nous avons vu qu'Euripide a eu la conscience la plus nette des points par où il diffère de ses devanciers,
et qu'il a tenu à nous le faire savoir. Son esprit critique a été
souvent la source de son inspiration. A côté du poète, on trouve
le raisonneur ; et il est intéressant d'observer comment ils ont
collaboré dans l'œuvre de la création dramatique.

M . G .

Le théâtre de Shakespeare

Cours de M. ÉMILE LEGOUIS,

Professeur à l'Université de Paris.

« Hamlet » (*suite*).

Nous nous sommes arrêtés, dans l'étude du caractère de Hamlet, à la scène 1 de l'acte III, quand il vient de rompre avec Ophélie. J'ai préféré, au lieu de présenter une simplification du personnage, le montrer dans toute sa complexité, et faire ressortir combien il est difficile d'unifier, de rassembler en une formule simple les éléments disparates et contradictoires que présente ce caractère, quand il est analysé scène par scène. Rappelons rapidement les principaux traits déjà relevés : préalablement à l'apparition du fantôme, le dégoût de vivre ; puis, quand le fantôme a parlé, nous avons entendu Hamlet formuler le vœu solennel de venger son père, et en même temps de renoncer à tout autre objet, pour arriver plus sûrement à son but. Ne pouvant pas tuer le roi sur-le-champ sans s'exposer à passer pour un assassin, il lui a fallu se donner du temps et chercher une occasion. Pour cela, il a simulé la folie, et cette folie simulée est difficile souvent à distinguer de l'exaltation véritable qui est son cas, exaltation due à sa nature et aux circonstances. Ces deux éléments se combinent en lui au point de ne pouvoir être entièrement séparés. D'autre part, pour mieux exécuter sa vengeance, il a décidé de rompre avec la jeune fille qu'il aimait, Ophélie. Tout cela se lie assez bien ; mais d'autres éléments interviennent, certains indices de vacillation. Quoique d'abord convaincu par l'apparition, il veut maintenant la vérifier par une représentation dramatique, où le meurtre de son père sera mis en action. Il s'est donné par là un motif de temporiser. Il éprouve le besoin de se dérober à l'acte immédiat. Cette pensée se marque à son premier entretien avec les acteurs qu'il prolonge avec joie et à ses méditations sur lui-même et sur la vie, et s'affirme plus particulièrement dans le monologue central où nous avons vu cet homme assoiffé de vengeance parler de suicide. Un autre trait capital de ce caractère se marque encore dans le même monologue : c'est une tendance à la généralisation.

Sans cesse, à l'idée de la situation spéciale où il se trouve, se substitue une méditation sur la vie et l'humanité ; et l'obsession de la vengeance, qu'il lui serait nécessaire de garder pour aboutir à une action décisive, disparaît alors. On voit continuellement sa pensée s'élargir, et du meurtre de son père s'étendre à la perversité humaine, à la misère de vivre. Ce trait, qui devient évident dans le monologue *to be orn ot to be*, avait été marqué dès le début, dans son entretien avec les courtisans Rosencranz et Guildenstern, apostés par le roi pour surprendre son secret. Hamlet les a percés à jour ; mais ce n'est pas en simulant la folie qu'il détourne leurs soupçons : c'est en montrant le caractère d'universalité de sa mélancolie, comme si elle provenait d'une philosophie de la vie. Le passage est curieux : les méditations du prince dont le père a été tué en arrivent à ressembler aux pensées d'un philosophe, de Pascal, par exemple :

« J'ai, dernièrement, — mais pourquoi ? je n'en sais rien, — perdu toute ma gaieté, renoncé à toutes mes habitudes d'exercice ; et, en fait, il en va si tristement de mon humeur que cette merveilleuse machine, la terre, ne me semble qu'un stérile promontoire ; que ce dais magnifique, l'air (voyez-vous), ce splendide firmament qui nous domine, ce toit majestueux pailleté de feux d'or, eh ! bien, cela ne me paraît qu'un impur et pestilentiel amas de vapeurs. Quel chef-d'œuvre que l'homme ! Qu'il est noble en raison ! qu'il est infini dans ses facultés, dans sa forme et ses mouvements ! qu'il est adapté et admirable ! par son aspect, comme il ressemble à l'ange ! par son intelligence, à un dieu ! C'est la beauté du monde, le parangon des animaux ! Et cependant, pour moi, qu'est-ce que cette quintessence de poussière ? L'homme ne me donne pas de joie, non, ni la femme non plus, bien que vous sembliez l'insinuer par votre sourire. »

La tirade se termine par une ironie, provoquée par l'attitude de Rosencranz et de Guildenstern. Mais on en voit la tournure et la généralité. Cette tendance à sortir du cas particulier pour atteindre le général et même l'universel n'empêche pas Hamlet de se souvenir par accès qu'il doit agir dans son cas spécial. Mais, peu à peu, avec de nouvelles scènes surgissent de nouveaux motifs d'atermoiement ; et alors, peu à peu, Hamlet découvre qu'il est affligé d'une sorte de paralysie de la volonté ; que sa répugnance a agir n'est pas du moment, mais dans sa nature même.

Que va-t-il faire après avoir rejeté Ophélie, ce qui rentrait bien dans son plan d'action ? Nous sommes surpris de le voir, une deuxième fois, céder la place à Shakespeare. La substitution avait commencé dans le monologue central ; ici, pour prendre un

caractère nouveau, elle n'en est pas moins évidente. Il se met
à donner d'admirables conseils de diction aux acteurs : cela avec
tant de précision qu'il est certain que Shakespeare a dû conseiller
ainsi ses camarades. Il n'y a plus rien, ici, de l'exaltation d'Hamlet ; celui qui parle est un homme de sang-froid, qui connaît à
fond le métier : il prêche le naturel dans le jeu et dans la diction.
Chaque fois qu'il se retrouve avec les acteurs, Hamlet s'attarde
avec joie à ces entretiens ; c'est encore un délai, et il s'en réjouit.
C'est seulement après cette interruption qu'il reprend la pensée
de son dessein. Il s'agit, cette fois, de la révélation du criminel
que doit provoquer la pièce. Il aposte Horatio pour surveiller le
roi. Quand celui-ci fait son entrée avec la reine, Hamlet reprend
devant eux son rôle de fou. Il pousse très loin l'extravagance dans
cette scène curieuse, où il a le rôle principal. Son attitude est
étrange : il met sa tête sur les genoux d'Ophélie ; il lui tient des
propos libertins. Il semble n'avoir conservé aucun souvenir de
la scène violente qu'il a eue avec elle tout à l'heure. Est-ce
pour mieux jouer son rôle de fou, ou a-t-il réellement oublié
ce qui s'est passé ? Toujours est-il que, pendant que la pièce
se déroule, il en fait le commentaire. Le sujet en est le meurtre
d'un certain Gonzago par Lucianus, meurtre accompli dans les
mêmes conditions que celui du père de Hamlet par Claudius.
Celui-ci ne peut pas supporter ce spectacle qui lui rappelle son
crime ; il se démasque en quittant la salle de représentation. La
parole du fantôme est confirmée ; il faut punir l'assassin : c'est ce
qui ressort de l'entretien d'Hamlet avec son ami Horatio.

Il semble donc qu'il n'ait plus qu'à agir ; mais, comme toujours,
un rien suffit à le distraire de l'exécution. Voici revenir Rosencranz et Guildenstern, qui demandent à Hamlet de venir parler
à la reine : c'est un nouveau piège préparé par le roi, qui veut
savoir par la reine ce que pense Hamlet ; il croit que la mère
pourra mieux lui arracher son secret. Cependant, comme il se
méfie aussi un peu de la reine, qui pourrait ne pas vouloir trahir
son fils, il cache Polonius dans la même salle, pour lui rapporter
les propos échangés. Rosencranz et Guildenstern, en venant
s'acquitter de leur message, se déclarent froissés, attristés dans
leur amitié pour Hamlet, parce qu'il ne fait pas d'eux ses confidents comme autrefois. Hamlet, qui les a devinés, les bafoue
en les éconduisant, et d'une manière où se révèle sa possession
de lui-même et le plaisir qu'il prend au jeu de sa propre invention. Des joueurs de flageolet traversent la scène. Hamlet prend
un de leurs instruments et demande à Guildenstern :

HAMLET. — Voulez-vous jouer de ce pipeau ?

GUILDENSTERN. — Monseigneur, je ne sais.

HAMLET. — Je vous en prie.

GUILDENSTERN. — Croyez-moi, je ne sais pas.

HAMLET. — Je vous en conjure.

GUILDENSTERN. — J'ignore même comment on en touche, Monseigneur.

HAMLET. — C'est facile comme de mentir ! Gouvernez ces soupapes avec les doigts et le pouce ; donnez le souffle à ce tube avec votre bouche, et il va débiter la plus éloquente musique. Regardez, voici les touches.

GUILDENSTERN. — Oui ; mais ces touches, je ne puis les forcer à rendre aucune harmonie · je n'ai pas le savoir-faire.

HAMLET. — Eh ! bien, alors, voyez un peu quel piètre sire vous faites de moi ! Vous voudriez jouer de moi ; vous voudriez laisser croire que vous connaissez mes touches ; vous voudriez arracher le cœur de mon mystère ; vous voudriez me faire résonner de la note la plus basse jusqu'à la plus haute de ma gamme ; car il y a la musique la plus variée, la voix la plus exquise dans ce petit tuyau, et pourtant vous êtes incapable de le faire parler. Palsambleu ! croyez-vous qu'il soit plus facile de jouer de moi que de la flûte ? Appelez-moi du nom d'instrument qu'il vous plaît, si vous êtes capable de taquiner mes touches, vous êtes incapable d'en jouer. »

Il est évident qu'il se complaît à cette manière spirituelle et imaginative de déconcerter les deux courtisans. Il oublie pour ce plaisir son véritable intérêt. L'homme qui se garde prudemment ne donne pas à entendre qu'il a un mystère et qu'il est trop habile pour se le laisser extorquer ; car il fournit ainsi des armes contre lui-même.

Mais arrive Polonius. La verve d'Hamlet s'exerce aussi contre lui, tout en simulant plus d'extravagance.

POLONIUS. — Monseigneur, la reine voudrait vous parler, et cela immédiatement.

HAMLET, *le conduisant vers la fenêtre.* — Voyez-vous là-bas ce nuage qui a presque la forme d'un chameau ?

POLONIUS. — Eh ! oui, par la messe, il a l'air d'un chameau, ma foi !

HAMLET. — Il me semble qu'il est comme une belette.

POLONIUS. — Il a le dos comme une belette.

HAMLET. — Ou comme une baleine ?

POLONIUS. — Tout à fait comme une baleine.

HAMLET. — Alors, je vais aller trouver ma mère à l'instant.

(*A part.*) Ils sont prêts à me suivre jusqu'aux dernières limites de
l'extravagance. (*Haut.*), J'y vais à l'instant ».

Dans ces deux parties de scène se révèle de nouveau la tendance d'Hamlet à se divertir aux dépens des autres personnages
en faisant jouer sa fantaisie et son imagination. Il faut tenir
compte de cette verve irrépressible, quand on cherche les raisons pour lesquelles Hamlet se laisse détourner d'agir.

Cependant il va se rendre auprès de sa mère. Chemin faisant,
passant par un cabinet, il aperçoit le roi, seul et en prière. Le
poète nous fait entendre d'abord la prière de Claudius ; le criminel sent que ses lèvres disent des mots qui ne correspondent pas
aux pensées de son cœur. Le monologue du roi est impressionnant. Puis il y a un autre monologue d'Hamlet, qui de la porte
aperçoit le roi et se dit que c'est l'occasion de le tuer. Cependant
il ne va pas la prendre, et cela pour une raison surprenante : la
vengeance, se dit-il, ne serait pas suffisante. Claudius vient peut-
être de purifier son âme par la prière, de se laver de son crime ;
s'il mourait à ce moment-là, il irait au ciel ; et, alors, où serait la
vengeance ? Son père, au contraire, a été tué à l'improviste,
peut-être en état de péché ; le meurtrier ne saurait être sauvé
éternellement ? Il faut donc qu'il remette sa vengeance à un
moment où Claudius sera en état de péché. Ce monologue a souvent surpris et embarrassé, car le prince y formule des pensées
de vengeance atroce, cadrant mal avec un caractère aussi civilisé
et idéal que le sien. Peut-être le poète veut-il marquer en lui un
retour passager à la barbarie primitive : certainement cette pensée qu'il ne faut pas tuer pour envoyer au ciel a dû venir souvent
aux premiers barbares convertis ; mais comment ranger parmi
eux l'étudiant de Wittenberg ? Peut-être aussi est-ce la seule raison qui se présente à l'esprit d'Hamlet, sur le moment, pour ne
pas accomplir l'acte immédiat que la circonstance favorise : la
raison alors ne serait plus déterminante, mais serait seulement
un prétexte pour s'arrêter avant l'action.

La scène suivante met en présence Hamlet et sa mère : c'est
peut-être la plus dramatique du drame. Elle est si célèbre qu'il
est inutile de l'analyser. Rappelons seulement que, quand Hamlet
dans sa colère pousse des cris et prononce des paroles menaçantes contre sa mère, Polonius, caché derrière la tapisserie, et
croyant à un meurtre, crie au secours. Hamlet se précipite
l'épée haute, persuadé que c'est le roi, et en criant : « Un rat, un
rat ! » il transperce le vieillard. Ici, évidemment, l'acte a été fou-
droyant ; aucune hésitation n'est intervenue. Mais cela se concilie
très bien avec une volonté aussi vacillante qu'est la sienne ; il est

capable d'avancer brusquement le bras, mais non d'accomplir un
acte réfléchi. L'impulsion a été souveraine. Hamlet regrette ensuite
de n'avoir pas tué le roi au lieu du chambellan ; et, sans s'émouvoir
du cadavre, il reproche à sa mère son nouveau mariage. Il compare
les deux frères ; lui montre son crime ; ses paroles sont véhé-
mentes ; il s'exalte, il tempête. A ce moment, le fantôme reparaît,
pour lui rappeler son injonction : « Venge-moi de Claudius, mais
ne fais pas de mal à ta mère. » Notons ici un trait curieux et une
contradiction avec ce qui a précédé. Nous avons vu au début l'authenticité indiscutable de la première apparition, qui s'est faite
devant plusieurs témoins, tous de sang-froid. Cette fois, c'est d'une
hallucination qu'il s'agit : c'est le même fantôme ; mais il est visible pour Hamlet seulement. La reine, qui voit les cheveux hérissés, l'air égaré de son fils, sans en apercevoir la cause, se convainc
qu'il est fou. Il est étrange que Shakespeare ait présenté deux fois
le même fantôme et de façons si différentes. L'explication est difficile à donner. Je me contente de signaler le fait. Hamlet, après
l'apparition du fantôme et conformément à son injonction, adou-
cit un peu son ton. Il conjure sa mère de cesser cette vie inces-
tueuse ; mais, sentant sa mollesse, ayant la perception de ce qu'il
y a d'incurable dans le cœur et la nature de cette femme, Hamlet
comprend que ses conseils et ses prières seront vains.

Lui-même, à l'issue de cette scène où le fantôme lui a rappelé
son devoir de le venger, va, nous l'apprenons avec surprise, quitter le Danemark pour l'Angleterre où le roi l'envoie. Il partira
docilement, sans avoir rien tenté contre le meurtrier, et quoiqu'il
soupçonne qu'on veut se défaire de lui pendant ce voyage. Il se
contente de constater que le meurtre de Polonius rend son départ
inévitable. Avant qu'il s'embarque, il nous est présenté encore une
fois, dans un tableau isolé et intéressant : il se trouve sur le
passage de troupes qui défilent. Fortinbras, roi de Norwège, a
demandé la permission de traverser le territoire du Danemark
pour aller guerroyer en Pologne avec son armée. Hamlet, qui les
voit passer, s'informe des causes de l'expédition. On lui dit qu'il
ne s'agit que d'un lopin de terre ; mais l'honneur du pays y est
engagé, et c'est pourquoi tous ces jeunes gens vont gaiement à la
mort. De là un monologue caractéristique d'Hamlet :

« Comme toutes les circonstances s'entendent pour m'accuser
et pour éperonner ma lente vengeance ! Qu'est-ce que l'homme,
si son bien suprême et l'emploi principal de son temps consistent
à dormir et à manger ? Une brute, pas autre chose. Assurément
celui qui nous forma avec une si vaste raison, capable de voir
devant soi et derrière, ne nous a pas donné cette puissante et

divine faculté pour qu'elle moisît en nous inemployée. Or est-ce oubli bestial ? Est-ce lâche scrupule venu de réfléchir trop minutieusement aux conséquences, réflexion où il n'entre qu'un quart de sagesse contre trois de couardise ? — Je ne sais pas pourquoi j'en suis encore à dire : cette chose est à faire. Des exemples gros comme la terre m'exhortent : témoin cette armée immense et ruineuse, conduite par un tout jeune prince délicat, dont l'âme gonflée d'une divine ambition fait la nique à l'invisible issue et expose ce qui est mortel et fragile à tous les assauts de la fortune, de la mort et du danger... le tout pour une coquille d'œuf. Pour être vraiment grand, il faut ne pas s'émouvoir sans de grands motifs, mais aussi trouver grande cause de querelle dans un brin de paille si l'honneur est en jeu... Comment suis-je donc fait, moi qui ai un père tué, une mère déshonorée, tous les stimulants de la raison et du sang, et qui laisse tout dormir ? Alors qu'à ma honte je vois la mort imminente de vingt mille hommes qui, pour une chimère et un mensonge de gloire, vont à la tombe comme à leur lit, se battent pour un morceau de terre sur lequel leur multitude n'a pas seulement la place de décider du sort de leur cause, qui n'est même pas une tombe assez vaste pour contenir et cacher les tués. Oh ! qu'à partir de cette heure mes pensées soient de sang ou ne soient rien ! »

Conclusion énergique ; mais, hélas ! nous en avons déjà ouï de semblables dans la bouche d'Hamlet, et rien ne venait ensuite. Celle-ci est encore plus étrange que les autres ; car, au moment même où il se dit : *Que mes pensées soient de sang ou ne soient rien,* il s'en va ; et sa vengeance est remise à une date inconnue.

Il disparaît pour un long temps de nos yeux. La scène reste vide de lui. Pendant ce temps, le poète nous représente Ophélie devenue folle, soit à cause de l'abandon d'Hamlet, soit à cause du meurtre de son père par le prince ; rien n'est précisé. Elle apparaît chantant des chansons impudiques et, enfin, se noie sous le saule, tandis que Laërte revient pour venger son père : sa décision à lui, qui contraste avec celle d'Hamlet, a été rapide, et il est encore excité par le roi à tuer le prince. Cependant celui-ci est ballotté sur les flots. A bord du navire, il lui arrive des aventures dont nous n'avons que le récit. Il surprend des lettres remises à Rosencranz et à Guildenstern pour le roi d'Angleterre, où ce roi est prié de mettre à mort Hamlet dès qu'il arrivera. Hamlet en change la teneur et y demande, au nom du roi de Danemark, la mort des émissaires. Cependant un pirate attaque le vaisseau : Hamlet, plein de bravoure, saute à bord le premier, et se trouve seul de son parti sur le vaisseau pirate. Mais, quoique prisonnier, il obtient d'être débarqué sur la côte du Danemark.

Hamlet fait savoir son retour à son ami Horatio, et nous le voyons dans un cimetière, où il s'épanche en réflexions mélancoliques sur des ossements déterrés par un fossoyeur qui creuse une tombe. Il s'attendrit sur le crâne de Yorick, le bouffon du feu roi, et médite sur la destinée de César et d'Alexandre, qui, malgré leur gloire passée, ne sont plus aujourd'hui que poussière. Selon l'usage, sa pensée va en s'élargissant, pour atteindre le grand lieu commun de la mort. Mais cette tombe, que creuse le fossoyeur, est celle d'Ophélie. Arrive le cortège funèbre : au moment où le cercueil est descendu, Laërte se jette dans la fosse, et, au paroxysme de la douleur, demande à être enseveli avec sa sœur. Hamlet, qui jusque-là était resté à distance, s'avance, saute aussi dans la tombe, et lutte de rodomontades avec Laërte, déclarant son amour plus grand que celui de quarante mille frères et arrivant aux dernières limites de l'emphase déclamatoire. C'est peut-être l'endroit de la pièce où l'on peut se demander avec le plus de raison si Hamlet n'est pas vraiment fou, et si sa folie vient du meurtre de son père ou de son amour pour Ophélie, qui aurait été plus puissant qu'on ne l'avait d'abord soupçonné. Mais cette fièvre tombe bientôt. Resté seul avec Horatio, dont le calme exerce sur lui une action bienfaisante, il se reproche les paroles prononcées. C'est alors qu'il raconte à son ami la perfidie de Claudius et ses aventures sur mer. Puis arrive, en un intermède semi-comique, le courtisan Osric, avec son beau langage, ses manières recherchées, qui vient provoquer Hamlet à un assaut d'escrime de la part de Laërte, Hamlet, toujours sans hâte, le bafoue en le parodiant. Il va cependant au combat proposé, sans bien savoir ce qu'il y fera, et avec un pressentiment vague, un trouble étrange. Et, comme Horatio lui dit qu'il ferait mieux de s'abstenir, dans ces conditions, Hamlet en arrive à un fatalisme absolu :

« Non, il y a une providence dans la chute d'un moineau. Si c'est maintenant, ce n'est pas à venir ; si ce n'est pas à venir, ce sera maintenant ; si ce n'est pas maintenant, cela viendra néanmoins ; être préparé est tout, puisque l'homme n'emporte rien en partant. Qu'importe de partir de bonne heure ? Laissons faire. »

C'est parler en homme qui va à la mort, non en vengeur qui va tuer. Nous avons l'impression que sa volonté est toute désagrégée. En fait, la dernière scène — celle de la tuerie générale — le prend au dépourvu. Claudius a tout machiné, lui, pour faire disparaître Hamlet sans être accusé de sa mort ; il a préparé des

fleurets empoisonnés, dont Laërte et Hamlet se blesseront tous
les deux, et une coupe de poison, destinée à Hamlet, mais que
boit la reine. Hamlet, lui, n'a rien préparé : il va au hasard. Et
cependant c'est dans cette scène qu'il va enfin accomplir l'acte
auquel il a consacré sa vie ; mais ce sera sans l'avoir médité et
pour d'autres raisons que celles du début. En effet, il tue le roi
d'un coup d'épée, quand il s'aperçoit que celui-ci a voulu l'em-
poisonner, et non parce que Claudius a assassiné son père : son
geste procède d'un élan vif de colère, non pas de son plan de vengeance. Hamlet meurt lui-même, atteint par le fleuret de Laërte,
après avoir donné sa voix à Fortimbras qui sera roi, et, vaillant
et décidé, pourra peut-être rétablir la paix dans le malheureux
Danemark.   `

Le ressort de la tragédie est donc l'impuissance dans l'action.
Le héros est un homme privé de la faculté d'agir. Son cas est
unique au théâtre. Par la situation où il se trouve, il offre sans
doute de fortes analogies avec d'autres personnages illustres :
cette situation est à peu près celle d'Oreste qui doit venger son
père contre sa mère ; mais, différence essentielle, le héros de
Sophocle et d'Euripide est animé d'une résolution implacable,
et sa sœur Electre encore davantage. Cependant l'action pour
eux est plus difficile, puisque le devoir leur impose de tuer
leur propre mère. Hamlet, lui, a une tâche moins contre nature ;
et, néanmoins, il ne peut l'accomplir s'il l'exécute enfin, c'est
par hasard. Dans ce drame, on voit reculer sans cesse, et se
dissiper en paroles, un acte de vengeance qui paraissait au
début nécessaire et imminent.

Toutefois, à travers les contradictions du rôle principal, deux
traits se dessinent nettement, qui donnent au personnage son
unité. C'est d'abord son caractère d'*universalité*. Hamlet a des sentiments si généraux, qu'ils se confondent parfois avec ceux du
poète, souvent avec ceux de tous les hommes. Il atteint ainsi
un fonds de pensée commun à tous, ce qu'on a appelé les *lieux
communs*. Ce n'est pas, à proprement parler, un philosophe : ses
sujets de méditations peuvent se présenter à tous les esprits ;
leur caractère poignant vient justement de ce que tout homme
peut en retrouver en lui les éléments, moins, bien entendu, la
beauté et la force du langage. Ses thèmes sont, en effet, l'injustice
du sort et de la société, les cruautés de l'existence, le néant de
l'homme, la brièveté de la vie, et notre destinée après la mort :
tous lieux communs mille fois traités. Mais, par l'appel que ces
lieux communs font à tous les esprits, le personnage en arrive à
prendre ce caractère d'universalité si marqué dans tout le

drame. Parfois le héros cesse d'être le prince Hamlet pour devenir un homme qui gémit de l'oppression, un sujet broyé par les lois et méprisé. Ainsi il agit sans cesser pourtant d'être vraisemblable ; car tout peut s'expliquer par le jeu de la réflexion. D'autre part, les contradictions d'Hamlet sur des points de spéculation sont possibles chez tout homme : il peut tantôt croire, tantôt ne pas croire aux fantômes ; déclarer qu'il veut se venger, ou penser au suicide. Ces indécisions, ces vacillations, sont peut-être ce qui rend plus vrai et le plus humain. Il représente alors l'homme dans ce qu'il a de changeant, d'indécis, dans son impossibilité de s'en tenir toujours à une idée unique sur les problèmes insolubles.

Toutefois ce trait rendrait le caractère assez inconsistant : ses fréquentes généralisations feraient de lui un simple porte-paroles mais il a une *individualité* bien marquée, une physionomie à part, malgré notre incertitude sur son aspect physique et son âge. Cela se voit à sa manière de sentir et de s'exprimer, qui est bien à lui. Il a une éloquence incisive et véhémente, des boutades saccadées et bizarres où s'allient la colère et la mélancolie. Son langage ne ressemble tout à fait à celui d'aucun autre personnage au théâtre, ni chez Shakespeare, ni ailleurs ; sa voix a un timbre spécial : c'est ce qui fait que, dans cette pièce, destinée à présenter un personnage fugace, impossible à identifier, on a au contraire une impression de vie et d'unité,

On pourrait faire sur la tragédie d'*Hamlet* des études d'un autre genre : examiner par exemple non pas les caractères qui s'y expriment, mais la succession des tableaux. Les spectacles y sont grandioses : d'abord la terrasse d'Elseneur et le fantôme ; puis l'entrevue d'Hamlet et d'Ophélie ; la représentation dramatique, la pièce dans la pièce, avec l'intérêt que nous prenons aux spectateurs, ou encore la scène tragique qui nous montre Claudius en prière et Hamlet délibérant pour le tuer ; l'entrevue du prince avec sa mère et le meurtre de Polonius. Les derniers tableaux sont encore plus curieux : d'abord la folie d'Ophélie, arrivant couronnée de fleurs sauvages et chantant des airs qui détonnent si tristement ; enfin cette étonnante scène du cimetière où, avant qu'Hamlet n'apparaisse, des *clowns* habillés en fossoyeurs échangent des quolibets parmi les tombes. Il y a donc dans ce drame, un appel très fort aux sens et à l'imagination ; et par là un sujet possible d'étude.

Il y a aussi l'aspect dramatique proprement dit. Il faut noter, à ce point de vue le mouvement rapide, la variété surprenante des scènes au cours des trois premiers actes, quand nous avons

encore l'espoir de voir Hamlet agir, quand sa présence continue
fait le lien entre les tableaux. Puis l'intérêt se detend ; le quatrième acte est lent, le cinquième faible et confus, si ce n'est
dans la scène du cimetière, avec la tuerie générale de la fin.

Mais ce qui explique peut-être le charme mystérieux de ce
grand drame, c'est que Shakespeare y a mis plus de lui-même
que partout ailleurs. On a vu qu'il n'avait pas toujours su déguiser son intervention ; qu'il a au moins glissé de son cru, un
monologue fameux dans le rôle d'Hamlet, et que ce monologue
semble être une expression lyrique directe écrite dans une heure
sombre. Shakespeare n'est pas Hamlet : il a, lui, accompli sa
tâche sans vaciller. Mais Hamlet est parfois Shakespeare, souffrant de la vie et révolté contre le mal.

R. A.

Auteurs de l'agrégation d'arabe

Par M. RENÉ BASSET

Membre de l'Institut.

III

Ibn Jubayr (éd. de Goeje), p. 45-65.

Texte. — La première édition du voyage d'Ibn Djobaïr (Ibn Jubayr), par Wright (Leyde, 1852, in-8°), est épuisée depuis longtemps. Le texte indiqué est la seconde édition par De Goeje, *The Travels of Ibn Jubayr*, dans la collection du *Gibb Memorial Series*, t. V, Leyde, Brill ; Londres, Luzac, 1907, in-8°, 6 shellings (7 fr. 50).

Traduction. — Une traduction française annoncée n'a pas paru, mais il en existe une excellente en italien par C. Schiaparelli : *Ibn Gubayr Viaggio in Ispagna, Sicilia*, etc., Rome, Casa editrice italiana, 1906, in-8°, 10 fr. (Les chiffres en marge indiquent l'édition de Wright ; le passage indiqué au programme occupe les pages 14-36.)

Biographie de l'auteur et ouvrages à consulter :

1° Ibn el'Abbâr,, *Kitab el Tekmilah*, éd. Codera dans sa *Biblioteca arabo-hispana*, t. V, Madrid, 1886, p. 312-313.

2° Lisân eddin Ibn el Khat'ib, *Ih'ât'ah*, t. II. Le Qaire, 1319 hég., p. 168-174.

3° Maqrizi, *El Moqaffa* (ms. de Leyde).

4° Al Maqqari, *Analectes sur l'histoire des Arabes d'Espagne*, éd. Dozy, t. I, Leyde, 1855, in-4°, p. 714 et suivantes.

Les trois derniers textes ont été publiés par Wright dans son édition p. 1-28 et reproduits dans celle de De Goeje p. 1-32. Un court résumé du n° 4 se trouve dans les notes de P. de Gayangos, *The history of dynasties of Spain*, Londres, 1843, in-4°, t. II, p. 400-401. Cf. aussi Pons Boigues, *Ensayo bio-bibliographico sobre los historiadores y geografos arabigo-españoles*. Madrid, 1898, in-4°, p. 225-272.

On consultera aussi la préface de Wright, reproduite dans l'édition de Goeje, p. 13-22 ; celle de Schiaparelli, p. VII-XXII de sa traduction ; l'avant-propos placé par Amari en tête de sa traduction d'un extrait de la relation : *Voyage en Sicile de Mohammed ebn*

Jobaïr, p. III-VII, Paris, 1846, in-8°, extraite du *Journal asiatique*, n° 19 de l'année 1846.

Sur l'histoire de la géographie chez les Arabes, il n'existe encore que l'ouvrage déjà ancien de Reinaud qu'on lira avec profit : *Géographie d'Aboulféda*, t. II, *Introduction générale à la géographie des Orientaux*, Paris, 1848, in-4°. Le passage relatif à Ibn Djobaïr occupe les pages CXXIV-CXXV.

Hariri, **XXXIX**ᵉ séance (*El ʻOmanyya*).

Textes. — Cette séance de Hariri n'a pas été éditée séparément. On la trouvera dans l'édition complète. La meilleure est celle de De Sacy avec son commentaire : *Les séances de Hariri*, 2ᵉ édition revue par Reinaud et J. Derenbourg, Paris, 1847-1853, 2 vol. in-4°, Hachette. La XXXIXᵉ séance est dans le tome II, p. 494-510.

A défaut, on se servira avec avantage de l'édition publiée avec le commentaire d'Ech Cherichi, Boulaq, 1300 hég., 2 vol. in-4° (réimprimée au Qaire en 1306), t. II, p. 211-220.

On trouvera la bibliographie des manuscrits et des ouvrages de Hariri dans R. Basset, *Les manuscrits arabes des zaouïas de Aïn Madhi et Temacin, de Ouargla et de Adjadja* (*Bulletin de correspondance africaine*, Alger, Fontana, 1885, fasc. III-IV, p. 217-219) ; Brockelmann, *Geschichte der arabischen Litteratur*, t. I, 2ᵉ fasc. Weimar, Felber, 1898, in-8°, p. 276-278 ; Chauvin, *Bibliographie des ouvrages arabes*, t. IV, Liège, Vaillant-Carmane, 1905, in-8° (4 fr.), p. 99-130.

Traductions. — En laissant de côté les traductions en persan, en turc et en hébreu, on peut mentionner les suivantes dans lesquelles se trouve la XXXIXᵉ séance :

En latin, Peiper. *Hariri Bazrensis narrationum... pars maxima*, Cervimonti, 1832, in-4°, p. 92-96. La version suit servilement le texte arabe et n'est pas exempte de fautes.

En anglais : Steingass, *The assemblies of Hariri*, Londres, 1898, in-8° (*Oriental Translation found*, new series, t. III), p. 93-101.

Celle de Rückert, *Die Verwandlungen des Abu Seid von Sarug* (4ᵉ éd., Stuttgart, Cotta, 1864, in-8°) est plutôt une élégante imitation. La XXXIXᵉ séance devient la XXXIIᵉ (p. 226-233).

Elle est simplement analysée dans Preston, *Makamat or rhetorical anecdotes*, Londres, 1850, in-8°, Madden, p. 492.

Renseignements sur Hariri. Sa biographie est donnée par Ibn Khallikân, *Ouafayât el Aydn*, Boulaq, 1299 hég. 2 vol. in-4°, t. I, p. 530-533. Cf. aussi l'introduction de Reinaud et Derenbourg à la seconde édition des *Séances*, t. II, p. 1-73 ; celle de Preston à sa traduction, p. 1-22; la préface d'Ech Charichi à son commentaire, t. I, p. 1-16 ; Rosenmuller, *Ueber einen arabischen Roman des Hariri* (Leipzig, Dyck, 1801, in-8°) ; un article de Renan, *Les séances de Hariri* dans ses *Essais de morale et de critique* (Paris, Michel Lévy, 1859), p. 287-302 ; Nicholson, *A literary History of the Arabs* (Londres, Unwin, 1907, in-8°), p. 329-336. Les notices de Huart (*Histoire de la littérature arabe*, p. 135-136), d'Arbuthnot (*Arabic authors*, p. 87-88) et de Pizzi (*Litteratura araba*), p. 264-265) sont trop sommaires.

RENÉ BASSET,
Doyen de la Faculté des Lettres d'Alger,
Correspondant de l'Institut.

Auteurs de l'agrégation d'anglais

Par M. W. THOMAS,

Professeur à l'Université de Lyon.

18° **Keats**, *Endymion*, book I, 1. 232-306 ; *Ode to Psyche ;*
To Autumn; To Melancholy.

Éditions que l'on peut consulter :

J. Keats, *Poetical Works*, ed. with Memoir, explanatory notes,
etc., London, J. Warne, 1887, 2 sh.

H. B. Forman, *The Complete Works of Keats*, London, R. Johnson, 1901, 5 vol. à 6 sh.

Études critiques et littéraires :

En anglais :

Lord Houghton, *The Life of Keats*, London, Moxon, 1867,
7 sh. 6.

C. W. Dilke, *Papers of a Critic*, London, Murray, 1875, 24 sh.

J. W. Owen, *J. Keats, a Study*, London, K. Paul, 1880, 16 sh.

Matt. Arnold, *Essays in Criticism* (2nd series), London, Macmillan, 1888, 7 sh. 6.

Sidney Colvin, *Keats* (dans *The English Men of Letters Series*),
London, Macmillan, 1887, 1 sh. 6.

Sidney Colvin, *Letters of J. Keats to his Family and Friends*,
London, Macmillan, 1891, 6 sh.

Keats's Poetical Works, ed. by W. T. Arnold (introduction intéressante), London, K. Paul, 1883, 12 sh.

B. R. Haydon, *Correspondence and Table Talk*, London, Chatto,
1875, 2 vol., 36 sh.

W. M. Rossetti, *The Life of J. Keats* (with a Bibliography by
J. P. Anderson), London, Ward, 1887, 5 sh.

A. C. Swinburne, *Miscellanies*, London, Chatto, 1886, 12 sh.

Read, *Keats and Spenser*, Heidelberg, 1897, Diss.

En allemand :

M. Gothein, *J. Keats's Leben und Werke*, Halle, Niemeyer, 1897,
10 Mk.

M. Gothein, *Zum Gedächtnis Keats's*, dans *Anglia*, vol. XVIII,
p. 101.

En français :

G. Sarrazin, *Les Poètes modernes de l'Angleterre*, Paris, Ollendorff, 1885, 3 fr. 50.

Phil. Chasles, art. sur *J. Keats, sa vie et sa correspondance*, dans la *Revue des Deux Mondes* du 15 nov. 1848.

T. de Wyzewa, art. sur *Trois Poètes* : *Collins, Keats, Beddoes*, dans la *Revue des Deux Mondes* du 15 août 1894.

L. Wolff, *John Keats, sa Vie et son Œuvre (1795-1820)*, thèse française, Paris, Hachette, 1910, 10 fr.

19° **Shelley,** *Ode to the West Wind* ; *Prometheus Unbound,* act. IV, v. 319 jusqu'à la fin ; etc.

Editions dont on peut se servir :

P. B. Shelley, *Poetical Works*, London, F. Warne, 1 sh. 6.

The Works of P. B. Shelley, ed. by H. Buxton Forman, London, Reeves, 1876-80, 4 vol., 50 sh.

P. B. Shelley, *Poetical Works*, ed. by W. M. Rossetti, London, Gibbings, 1894, 21 sh.

Etudes critiques et littéraires :
En anglais :

Mrs Shelley, *Essays, Letters from abroad, Translations and Fragments*, London, Moxon, 1852, 2 vol., 9 sh.

Lady Shelley, *Memorials*, London, Moxon, 1862, 5 sh.

D. F. Mac Carthy, *The Early Life of Shelley*, London, Hotten, 1872, 12 sh. 6.

Dav. Masson, *Wordsworth, Shelley, Keats and other Essays*, London, Macmillan, 1874, 5 sh.

Dav. Masson, *The Life of Shelley*, London, Kegan Paul, 1886, 2 vol., 36 sh.

R. H. Stoddard, *Anecdote Bibliography of Shelley*, New-York, 1877, 7 sh. 6.

T. Hall Caine, *The Cobwebs of Criticism* (Byron, Shelley, etc.), London, Stock, 1885, 5 sh.

J. C. Jeaffreson, *The Real Shelley*, London, Hurst and Blackett, 1885, 2 vol., 30 sh.

H. Buxton Forman, *A Shelley Library, Essay in Bibliography*, London, Reeves, 1886, 3 sh. 6.

J. A. Symonds, *Shelley* (dans *The English Men of Letters Series*), London, Macmillan, 1887, 1 sh. 6.

W. Sharp, *Shelley* (dans *The Great Writers Series*), London, W. Scott, 1887, 1 sh.

Elton, *Shelley's Visits to France, Switzerland and Savoy*, London, Bliss, 1894, 10 sh. 6.

Ed. Dowden, *The Life of Shelley*, London, Kegan Paul, 1896, 12 sh.

G. Saintsbury, *A History of 19th Century Literature*, London, Macmillan, 1896, 7 sh. 6.

A. Clutton-Brock, *Shelley, the Man and the Poet*, London, Methuen, 1909.

Voir un art. de Lilian Winstanley sur *Shelley as Nature Poet*, dans les *Englische Studien*, 1904, et un art. sur *The Character of Shelley* dans la *Quarterly Review* d'avril 1887, p. 17-51.

En allemand :

F. Richter, *Zu Shelley's Philosophie und Weltanschauung*, art. dans les *Englische Studien*, 1902 (vol. XXX), p. 224-65 et 383-435.

G. Brandes, *Der Naturalismus in England*, Berlin, F. Duncker, 1876.

En français :

F. Rabbe, *Shelley, sa vie et ses œuvres*, Paris, Savine, 1887, 4 fr.

F. Rabbe, *Œuvres poétiques complètes de P. B. Shelley*, traduites par F. R., précédées d'une étude historique et critique, Paris, Savine, 1886-7, 3 vol., 10 fr. 50.

A. Chevrillon, *Etudes anglaises*, Paris, Hachette, 1901, 3 fr. 50.

E. Forgues, *P. B. Shelley*, art. dans la *Revue des Deux Mondes* du 15 janvier 1848.

Ed. de Guerle, art. sur *Byron, Shelley et la littérature anglaise*, dans la *Revue des Deux Mondes* du 1er janvier 1859.

Ed. Schuré, *Le Poète panthéiste de l'Angleterre*, dans la *Revue des Deux Mondes* : I. *Vie de Shelley* (1er février 1877); II. *Œuvre de Shelley* (15 février 1877).

T. de Wyzewa, *Byron et Shelley*, art. dans la *Revue des Deux Mondes* du 15 janvier 1893.

W. THOMAS,
Professeur à l'Université de Lyon.

Sujets de devoirs

UNIVERSITÉ DE BESANÇON

LICENCE ÈS LETTRES.

Composition française.

Etudier cette définition de Proudhon (*Correspondance*, IX, 33, 14 mars 1855) : « Le génie français, grave, supérieur à l'amour (à l'idéalisme) et à l'enthousiasme, sobre, justicier, et qui n'admet la poésie et l'éloquence que pénétrées d'une forte dose de sens commun, de malice, de sang-froid et d'esprit. Le génie français, c'est la liberté, laquelle n'existe plus, dès que les affections de la sensibilité ou les entraînements de l'imagination deviennent dominants. »

Philosophie.

Examen critique de la théorie de Stuart Mill sur l'induction.

Histoire ancienne.

La civilisation étrusque.

Histoire du Moyen Age.

Les origines chrétiennes de l'Allemagne avant Charlemagne.

Histoire contemporaine.

L'impérialisme américain.

Version allemande.

Lessing, *Minna de Barnhelm*, acte I, scène VIII.

Thème allemand.

Flaubert, *Pages choisies*, par Lanson, page 17 : « La légende de saint Julien l'Hospitalier, » 50 lignes, à partir de : « Il s'engagea dans une troupe d'aventuriers... »

REVUE HEBDC IADAIRE

DES

COURS ET COMFÉRENCES

DIRECTEUR : N. LOZ

La « République » de Platon

Cours de M. ALFR. CROISET,

Doyen de la Faculté des Lettres l'Université de Paris.

La nature du juste et de l in ste d'apres Socrate.

Nous abordons aujourd'hui, ave deuxième livre de la *République*, le fond même de la discussion la conversation précéden te, avec Polémarque et Thrasymaque, n était que le prélude, le *proœmium*. Dans cet entretien, les di ses définitions de la justice ont été examinées, les plus courante omme les plus paradoxales, et Socrate les a tour à tour élimin s en montrant combien la question était mal définie, restait claire, aboutissait tout au moins à des contradictions évidente l a établi, en outre, que, contrairement a l'opinion des sophistes qui la font, nous l'avons vu, reposer sur la force), la justice se su sait à elle-même. La discussion maintenant s'engage sur deux velles objections ; elles sont présentées par deux vrais disciple non pas des disciples d'occasion ou de simples contradicteurs mais par des hommes épris de la vérité, qui veulent être persu és profondément, et qui, ne contentant pas d'une apparence démonstration, cherchent la ri é dans sa réalité entière ; des s, enfin, qui possèdent au haut degré ce que nous appelo la probité scientifique. La ière de ces objections est déve ppée par Glaucon ; il n'a du qu'un désir, c'est de la reconn re mal fondée ; mais, comme

4

Composition allemande.

Rousseau's Einflüss auf Schiller.

Version latine.

Licence ès lettres.

César, *Commentaires*, VII, 20.

Licence d'histoire.

Tite-Live, XXXII, 11.

Licence de philosophie.

Sénèque, *De Otio sapientis*, XXX : « Duæ maximæ inter se dissident sectæ... »

Version grecque.

Xénophon, *Hell.* I, 7, 4-7.

Thème.

Fénelon, *Education des filles* (Edition Bibl. Nat., p. 37): « Ne permettez jamais aux enfants... pour animer les enfants sans les enivrer. »

Thème latin.

Fustel de Coulanges, *La Cité antique*, depuis : « On propose de montrer... »

Le Gérant : FRANCK GAUTRON.

POITIERS. — SOCIETE FRANÇAISE D'IMPRIMERIE.

DIX-HUITIÈME ANNÉE (2ᵉ Série)   N° 19   24 MARS 1910

REVUE HEBDOMADAIRE

DES

COURS ET CONFÉRENCES

DIRECTEUR : N. FILOZ

La « République » de Platon

Cours de M. ALFRED CROISET,

Doyen de la Faculté des Lettres de l'Université de Paris.

La nature du juste et de l'injuste d'après Socrate.

Nous abordons aujourd'hui, avec le deuxième livre de la *République*, le fond même de la discussion ; la conversation précédente, avec Polémarque et Thrasymaque, n'en était que le prélude, le *prooemium*. Dans cet entretien, les diverses définitions de la justice ont été examinées, les plus courantes comme les plus paradoxales, et Socrate les a tour à tour éliminées en montrant combien la question était mal définie, restait peu claire, aboutissait tout au moins à des contradictions évidentes. Il a établi, en outre, que, contrairement à l'opinion des sophistes (qui la font, nous l'avons vu, reposer sur la force), la justice se suffisait à elle-même. La discussion maintenant s'engage sur deux nouvelles objections ; elles sont présentées par deux vrais disciples, non pas des disciples d'occasion ou de simples contradicteurs, mais par des hommes épris de la vérité, qui veulent être persuadés profondément, et qui, ne se contentant pas d'une apparence de démonstration, cherchent la vérité dans sa réalité entière ; des gens, enfin, qui possèdent au plus haut degré ce que nous appelons la probité scientifique. La première de ces objections est développée par Glaucon ; il n'a du reste qu'un désir, c'est de la reconnaître mal fondée ; mais, comme

il est, avant tout, sincère, il veut qu'on lui réponde, afin de ne conserver aucun doute dans son esprit. La seconde objection, présentée
par son frère Adimante, consiste à dire que ce que Glaucon vient
de tirer de la définition même de la justice se trouve confirmé par
tous les enseignements que les hommes reçoivent de leurs divers
maîtres, poètes, prêtres ou devins ; tous sont d'accord pour dire
que la justice est quelque chose de pénible, à quoi l'on se résigne,
mais qui, en soi, n'a rien d'aimable. Voilà donc deux objections
très graves, qui vont au fond des choses et qui préparent les grandes théories de la *République*, l'une sur le fond même de la
justice, l'autre sur l'éducation que reçoivent les hommes relativement à la justice ; elles expliquent par avance ces longues discussions sur l'enseignement de tous les éducateurs, poètes,
ou chresmologues, et ce fameux passage où Platon, appelé à
s'expliquer sur Homère, le chasse de sa république idéale, en le
couronnant de fleurs.

Ces deux objections valent la peine qu'on les regarde d'un peu
près ; elles sont exposées avec cette sincérité, cette ardeur
étonnante à exprimer les sentiments d'autrui, qui sont une
des grandes caractéristiques de Platon. Nous avons déjà constaté qu'il y a, dans le procédé dialectique lui-même, quelque
chose qui ne satisfait pas notre esprit ; mais ce qu'on ne saurait
nier, c'est la force avec laquelle Platon a toujours soin de présenter toutes les objections. Cette éloquence ardente, cette imitation
des personnages qu'il met en scène est tellement forte, que l'on a
pu se demander, qu'on a pu croire même que certains de ces discours étaient authentiques et avaient dû être prononcés par les
personnages en question. On l'a dit, en particulier, du discours
de Lysias sur l'Amour, dans le *Phèdre* ; mais nous ne croyons pas
que cela soit. Cependant, avec quelle vigueur, avec quelle conviction, Platon ne présente-t-il pas des opinions qui ne sont pas
les siennes, et fait-il parler des gens dont il ne partage pas la
façon de penser !

Au point où nous en sommes arrivés, il s'agit donc d'aller au
fond de la question, de déterminer si la justice est un bien en soi
ou si on la pratique seulement pour ses avantages extérieurs, pour
les biens ou les récompenses qu'elle procure, autrement dit, par
pure hypocrisie. L'objection de Glaucon est présentée de la manière que voici : il convient que la justice est conforme à l'intérêt,
qu'on la recherche à cause des biens accidentels qui viennent à sa
suite, des avantages tout extérieurs qui s'ajoutent à elle ; mais,
pour un véritable philosophe, il s'agit de savoir si, dépouillée de
ces avantages extérieurs, la justice resterait encore un bien dési-

ᴛable en elle-même. Or il ne paraît pas en être ainsi ; car la plupart des hommes, selon Glaucon, recherchent la justice pour les
avantages qu'elle donne ; en quoi, du reste, ils n'ont pas tort, car on
peut imaginer telle situation où un homme, foncièrement injuste
et hypocrite, retirera tous les avantages de la justice. Tels sont les
deux points que Glaucon développe avec force. Et d'abord, presque tous ceux qui pratiquent la justice ne la pratiquent pas pour
elle-même, comme une chose bonne en soi, mais comme une chose
nécessaire, une chose que l'on accomplit par pure nécessité, qui
n'est pas bonne par essence, mais par réputation ou convention.
S'il en est ainsi, qu'est-ce donc que la justice ? Remarquez cette
opposition dans le discours de Glaucon entre la *phusis*, la nature,
et le *nomos*, la loi de l'homme, la convention artificielle. Cette
manière de poser la question a été introduite au vᵉ siècle par
l'école sophistique ; cette distinction profonde entre la *phusis* et
le *nomos* a été mise à la mode par les grands sophistes de cette
époque. Glaucon prétend donc que les hommes observent la justice pour obéir au *nomos*, comme une nécessité, et non pas comme
une chose aimable en elle-même, et il est naturel qu'il en soit
ainsi :

« Car, dit-il, pour comprendre mieux encore que l'on n'em-
« brasse la justice que malgré soi, faisons une supposition. Don-
« nons au juste et à l'homme injuste le pouvoir de faire tout ce
« qui leur plaira. Suivons-les ensuite, et voyons où la passion les
« conduira l'un et l'autre. Nous ne tarderons pas à voir le juste
« marcher sur les traces de l'homme injuste, entraîné comme
« lui par le désir d'avoir plus que les autres : désir dont la nature
« poursuit l'accomplissement, comme d'une chose bonne en soi,
« mais que la loi réprime par force et réduit au respect de l'éga-
« lité. »

Platon fait alors raconter par Glaucon la fameuse légende de
l'anneau de Gygès rapportée déjà par Hérodote, mais qui prend
chez lui un charme nouveau. Eh ! bien, dit Glaucon, après ce
récit, supposons que des hommes puissent retrouver le secret
merveilleux de l'anneau de Gygès, qu'est-ce qui les empêchera
de commettre des injustices, de satisfaire toutes leurs passions,
puisqu'ils seront sûrs de l'impunité ? Aussi, pour savoir vraiment
ce que vaut la justice en soi, il n'est que de forcer un peu les
choses, de considérer le juste et l'injuste au plus haut degré de
justice et d'injustice... Et nous allons rencontrer ici un très beau
passage, qui annonce déjà une partie du ixᵉ livre. Pour résoudre
la question, il suffit donc de pousser les choses à l'extrême, de
poser les deux hypothèses d'un homme foncièrement juste, mais

qui est regardé comme injuste et traité en infâme, et d'un homme
profondément injuste qui ne cherche que le mal, mais qui réussit
à passer pour juste et triomphe, alors que toute estime est refusée
à l'autre; voilà l'hypothèse extrême, le point de vue auquel il faut
nous placer, et nous verrons alors ce qui vaut le mieux :

« Le chef-d'œuvre de l'injustice est de paraître juste sans l'être.
« Ainsi donnons à l'homme parfaitement injuste l'injustice la plus
« parfaite, au lieu de la lui enlever ; qu'il commette les plus
« grands crimes et qu'il se fasse la plus grande réputation de
« justice; que, par son courage et sa force, ou par le concours de
« ses amis ou par ses richesses, il sache emporter violemment
« ce qu'il ne peut avoir d'une autre manière. En face de ce per-
« sonnage, plaçons le juste, homme simple et généreux, qui, selon
« l'expression d'Eschyle, veut être bon et non le paraître. Aussi
« ôtons-lui cette apparence, qui lui vaudra des récompenses et
« des honneurs ; alors on ne saura plus s'il est juste pour la justice
« elle-même ou pour ces honneurs et ces récompenses. Il faut le
« dépouiller de tout, excepté de la justice, et en faire tout à fait
« l'opposé de l'autre. Sans commettre l'injustice, qu'il ait la plus
« grande réputation d'injustice, afin que son attachement à la
« justice soit mis à l'épreuve de l'infamie et de ses conséquences ;
« que, jusqu'à la mort, il marche d'un pas ferme, passant toute sa
« vie pour un homme injuste, quelque juste qu'il soit, afin qu'une
« fois qu'ils seront arrivés tous deux au dernier degré, l'un de la
« justice, l'autre de l'injustice, on puisse juger lequel des deux est
« le plus heureux. »

Et Socrate de répondre : « Parfait! Glaucon, quelle admirable
statue de chacun de ces deux hommes tu viens de nous tracer ! »
— Glaucon lui demande pardon d'avoir parlé avec cette rudesse
un peu rustique, et il prie Socrate de ne pas penser que c'est lui qui
parle ainsi, en ce moment; car sa conscience proteste contre l'hypothèse dont il s'est fait le défenseur: « Ce n'est pas moi qui parle,
« mais ceux qui préfèrent l'injustice à la justice. Dans ce cas, le
« juste ainsi représenté sera fouetté, mis à la torture, chargé de
« fers ; on lui brûlera les yeux, et, après avoir enduré tous ces
« maux, il sera mis en croix : alors il verra bien qu'il ne s'agit pas
« d'être juste, mais de le paraître. Et c'est à l'homme injuste qu'il
« vaudrait mieux appliquer ces paroles d'Eschyle :

« Son esprit est un profond sillon, fertile, où les sages desseins
germent en foule. »

Dans la bouche de Glaucon, cette citation poétique est très naturelle ; du reste, nous l'avons remarqué déjà, ces citations des
poètes sont une parure toute naturelle du discours pour ces Athé-

niens élevés à leur école. Glaucon continue sa démonstration oratoire et termine en approuvant l'opinion des partisans de l'injustice, qui prétendent que l'homme injuste, par rapport aux dieux et aux hommes, se fait un sort plus heureux que le juste.

Quand Glaucon s'est tu, Adimante intervient ; il présente une nouvelle objection, ou plutôt la même, mais sous une forme nouvelle. Non seulement, dit-il, il en est ainsi; mais, de plus, on n'enseigne pas d'autre doctrine aux hommes ! Ce qu'ils entendent depuis l'enfance jusqu'à la vieillesse, c'est toujours la même chose : la justice est mise au rang des vertus pénibles ; elle devient, aux yeux des hommes ainsi élevés, une sorte de résignation, dont on peut tirer des avantages. Et Adimante cite des vers d'Homère et d'Hésiode, les deux vieux poètes qui sont aussi les grands maîtres de la théologie et de la morale grecques ; or ces vers montrent bien que la justice et l'injustice s'apprécient surtout par leurs résultats :

« Pour les justes, dit Hésiode, la cime des chênes porte des glands et leurs troncs, des abeilles : et les brebis succombent sous le poids de leur toison. »

Et Homère :

« Lorsqu'un roi sans reproche, pareil aux dieux, se résigne à éviter l'injustice, sous lui la terre noire porte en abondance les moissons, les arbres sont chargés de fruits, les troupeaux fournissent continuellement de nouvelles recrues et la mer donne en abondance les poissons. »

Voilà comment les poètes, et les plus grands, nous prêchent la justice. Quant à Musée (poète apocryphe qui passait pour être le père d'Orphée), le poète par excellence des mystères, que dit-il ? Et que dit Orphée ? Ils nous disent des choses encore plus puériles pour nous exhorter à la justice : ils promettent aux justes les plus grandes récompenses : ils les conduisent après leur mort dans les Champs-Elysées ; les font asseoir, couronnés de fleurs, au banquet des hommes vertueux, et là ils passent leur temps à s'enivrer, comme si la plus belle récompense de la vertu était une ivresse éternelle ! Et il y en a même qui, non contents de ces récompenses, les prolongent encore : ainsi le juste laissera après lui une descendance nombreuse, tandis que l'injuste est éteint dans sa postérité ; d'autres inventent encore d'autres niaiseries et montrent les injustes plongés, aux Enfers, dans la boue, ou condamnés à porter sans cesse de l'eau dans un crible. Mais, dans tout cela, où est donc la justice ? Ce ne sont que ses avantages extérieurs. Et pourquoi nous disent-ils, en abordant la question elle-même, que la tempérance est

dure au lieu que le vice est aimable ; que la route est facile qui
mène au vice, tandis que, pour la vertu, les dieux ont mis en
avant un obstacle pénible ? Hésiode n'a-t-il pas écrit :

« On peut aisément suivre la foule dans le chemin du vice ; la
voie en est unie et près de chacun de nous. Au contraire, les dieux
ont placé devant la vertu les travaux et les sueurs. » Le sentier
qui y conduit est long et escarpé.

Mais il y a aussi les charlatans qui persuadent aux hommes que,
grâce à leurs libéralités, ils peuvent se concilier la faveur des
dieux, se faire remettre les fautes qu'ils ont commises, eux ou
leurs ancêtres ; car Homère dit :

« Les dieux eux-mêmes se laissent fléchir ; avec des sacrifices,
des prières agréables, des offrandes, des libations, la fumée des
victimes, les hommes les apaisent, quand ils ont transgressé la
loi et commis quelque injustice. »

Ainsi ces poètes, qui nous montrent les avantages extérieurs de
la justice, ne nous parlent d'elle que pour nous dire qu'elle est
dure et pénible. Et Adimante se demande ce qu'il faut conclure de
tout cela. L'homme, selon lui, se trouvera dans un grand embarras, se disant à lui-même, avec Pindare :

« Est-ce que je monterai vers le palais trop élevé que la justice
habite, ou bien suivrai-je des sentiers à côté et tortueux, pour
assurer ainsi le bonheur de ma vie ? »

La grande affaire, pour l'homme, sera donc de s'assurer les
avantages extérieurs, de se ménager l'impunité, en s'enveloppant
des dehors de la vertu ; il se jettera alors dans la vie politique,
dans toutes les subtilités de l'éloquence politique ou judiciaire,
comptant sur des secours artificiels pour obtenir les avantages
acordés à la justice. Il aura des conjurés et des amis, et aussi des
maîtres qui lui apprendront l'art de tromper le peuple et les juges ;
et il emploiera tantôt la persuasion, tantôt la violence pour se
soustraire à la vengeance des lois. Quant aux dieux, li ne sera pas
embarrassé pour apaiser leur courroux par des sacrifices qu'il
leur fera avec le fruit même de ses injustices :

« Il n'est pas possible, dira-t-on, de tromper les dieux ni de
« leur opposer la force. Mais, s'il n'y a point de dieux ou s'ils ne
« s'occupent point des choses humaines, qu'ai-je besoin de me
« soucier de me cacher ? S'il y en a et s'ils prennent quelque souci
« de mes affaires, je ne le sais que par ouï-dire et par les récits
« des poètes qui ont fait la généalogie des dieux. Or ces mêmes
« poètes disent qu'on peut fléchir les dieux et détourner leur co-
« lère par des sacrifices, des prières, des offrandes. Il faut les
« croire en tout, ou bien ne les croire en rien. S'il faut les croire,

« je commettrai l'injustice et ferai des sacrifices avec le produit
« de mes injustices. Et, étant juste au contraire, c'est seulement
« des dieux que je n'aurai rien à craindre, mais je me priverai des
« profits de l'injustice; injuste, j'ai un profit assuré... Pour quelle
« raison m'attacherais-je encore à la justice de préférence à l'in-
« justice ? Si nous couvrons celle-ci des apparences de la vertu,
« nous réussirons auprès des dieux et auprès des hommes pen-
« dant la vie et après la mort, comme le disent si bien et le
« peuple et les sages ... »

Que résulte-t-il de tout cela ? C'est que la justice n'est pratiquée
pour elle-même que par quelques bonnes natures, des naïfs,
âmes vraiment douées par les dieux, alors que l'immense majorité des hommes ne s'occupe que de ce qu'on peut appeler l'hypocrisie de la justice.

Telle est l'objection d'Adimante, dans toute sa force ; elle est
intéressante et pose le grand problème de l'éducation, aussi bien
des enfants que des adultes, puisque tous sont également nourris
des poètes. On peut se demander jusqu'où va la hardiesse de
Platon dans ses attaques contre les poètes, jusqu'à quel point sa
méthode est en opposition avec les idées religieuses de son temps,
à propos de pages comme celles-ci. Il est évident que tout cela est
d'une très grande hardiesse, au IVe et au Ve siècle. Sans doute, il n'y
a pas alors, à proprement parler, de livre sacré qui soit inspiré
par la Divinité ; mais les dieux passaient pour avoir directement
inspiré certains poètes (cf. aussi les mystères auxquels un certain
nombre de Grecs étaient seuls initiés). Ajoutons que, même pour
Homère et Hésiode, s'il est tout à fait excessif de dire qu'à cette
époque ils passaient pour sacrés, il ne faut pas se dissimuler
que l'immense majorité des Grecs croyait religieusement ce qu'enseignaient ces vénérables poètes. Au temps de Thucydide, c'était
une hardiesse que de traiter ainsi les poètes et l'opinion générale ; les attaquer comme fait Platon, c'est donc, à coup sûr, une
grande audace. Si lui-même n'en souffrit pas, son successeur
Aristote eut, on le sait, maille à partir avec l'opinion publique.
Socrate, enfin, tout le premier, en mourut ; puisque le principal
grief qu'on formulât contre lui, était que ses idées nouvelles ren-
versaient les anciennes croyances.

Voilà donc les deux objections présentées par Glaucon et Adimante. Avant d'y répondre, Socrate, selon l'usage, commence par
des compliments très joliment tournés à l'adresse de ses interlocuteurs, qui descendent d'un certain Glaucon, ami de
Solon :

« Enfants d'un tel père, dit-il, ce n'est pas sans raison que l'ami

« de Glaucon a commencé ainsi l'élégie qu'il composa pour vous,
« quand vous vous fûtes distingués à la journée de Mégare :

    Fils d'Ariston, couple divin issu d'un illustre héros....

« Cet éloge semble vous convenir parfaitement, ô mes amis ;
« car il faut qu'il y ait en vous quelque chose de vraiment divin,
« pour que vous ne soyez pas persuadés que l'injustice vaut
« mieux que la justice, lorsque vous avez si bien parlé sur cette
« question. »

Socrate insiste sur ce fait, qu'ils sont de race divine, d'un *theion
gênos*. Platon emploie souvent ces mots de *theion gênos,* la race
divine ; car, pour lui, il y a chez les âmes bien nées une espèce
de prescience, d'origine supérieure, qui fait qu'elles résistent aux
discours les plus persuasifs ; il faut avoir ce sens mystérieux
pour être vraiment digne d'aborder la philosophie, pour pouvoir, au milieu de la diversité des questions et des problèmes,
marcher toujours vers la vérité ; Glaucon et Adimante ont tous
deux ce caractère.

Et maintenant avant, d'exposer sa propre opinion sur la nature
du juste et de l'injuste, Socrate se sert d'une comparaison, qui va
nous conduire directement à la description de la cité idéale :

« Puisqu'il me semble que nous ne sommes pas capables de
« faire nous-mêmes cette recherche, voici comment il faut s'y
« prendre. Si l'on ordonnait à des personnes qui n'ont pas la vue
« très perçante de lire de loin des lettres écrites en petit carac-
« tère, et qu'une d'elles eût remarqué que ces mêmes lettres se
« trouvent écrites ailleurs en gros caractères sur une plus grande
« surface, il leur serait, je crois, très avantageux d'aller lire
« d'abord les grosses lettres et de les comparer ensuite avec les
« petites, pour voir si ce sont bien les mêmes...— C'est vrai, répond
« Adimante ; mais quel rapport vois-tu là avec notre recherche
« sur la nature de la justice ? — Je vais te le dire. La justice ne
« se rencontre-t-elle pas dans un homme et dans un État? — Oui ;
« mais un Etat est plus grand qu'un seul homme. — Sans doute.
« — Par conséquent, mon cher Adimante, la justice pourrait
« bien s'y trouver en caractères plus grands et plus faciles à dis-
« cerner. Ainsi nous chercherons d'abord, si vous le trouvez bon,
« quelle est la nature de la justice dans les Etats ; ensuite nous
« l'observerons dans chaque individu, et, comparant ces deux
« espèces de justice, nous verrons la ressemblance de la petite à
« la grande. »

Aussitôt après ce préambule, Socrate entreprend tout de suite la formation de sa cité idéale ; nous en examinerons, la prochaine fois, les caractères principaux.

M. D. C.

La civilisation intellectuelle en France à l'époque de la Renaissance

Cours de M. ABEL LEFRANC,

Professeur au Collège de France.

Etat des études sur la Renaissance.

En commençant la dernière leçon, j'ai fait un pressant appel à votre sympathie et à votre bienveillance ; car je vous laissais entrevoir les difficultés que je craignais de rencontrer sur mon chemin. Puis j'ai jeté un rapide coup d'œil sur le cours précédent, et ce me fut une occasion de dégager et de proclamer quelques-unes des tendances actuelles de l'histoire littéraire : à ce propos, je vous ai fourni des exemples nouveaux, qui confirment nos conclusions antérieures. Après quoi, j'ai fait la revue de nos leçons de l'an dernier, qui ont eu pour sujet Molière, depuis *Pourceaugnac* jusqu'au *Malade imaginaire*.

Vous trouverez l'énumération et le résumé de ces leçons dans l'*Annuaire* (1). Vous vous rappelez que nous avons conclu de cette étude que la puissance d'illusion était le principal caractère des personnages comiques de Molière : c'est là, je crois, un nouveau point de vue duquel on peut examiner l'œuvre de notre grand comique. — Enfin nous avons abordé le nouveau cours, en vous disant que c'était une charpente provisoire, une sorte de synthèse préparatoire. Vous avez entendu évoquer les souvenirs des scènes magnifiques de la Renaissance, son cadre splendide, ses décors grandioses. A cette vision pleine d'éclat, nous avons joint la conception d'une époque pleine de contrastes dramatiques. Vous avez constaté aussi, au passage, que la littérature tenait une place essentielle dans l'histoire de la Renaissance, qu'elle y exerçait une influence telle qu'elle n'en eut jamais peut-être de plus grande depuis lors. Enfin, nous avons exposé les motifs qui pouvaient, à l'heure actuelle, déterminer un professeur a entreprendre une étude sur le XVIᵉ siècle et surtout une étude générale. C'est

(1) Et le compte rendu *in extenso* dans la *Revue des Cours et Conférences*, 1908-1909.

d'abord l'utilité, la nécessité d'une synthèse qui réunisse et coor-
donne les résultats des dernières recherches. En second lieu, il
existe un lien très étroit entre le xvıᵉ et le xvııᵉ siècle français,
et ce lien, si nous le retrouvons, nous permettra de reconstituer l'histoire du génie français dans les temps modernes. Le
xvııᵉ siècle, en effet, s'éloigne beaucoup moins du xvıᵉ qu'on
ne le croit généralement ; on a trop fait de lui un siècle classique, une époque à part ; on a trop multiplié les divisions
rigoureuses et les caractères incompatibles. En réalité, l'étude
de la Renaissance nous permettra de comprendre beaucoup
mieux les contemporains de Louis XIV. Le troisième motif, c'est
l'opportunité véritable d'un tel travail. Le xvıᵉ siècle a été longtemps l'objet de suspicions ; on le laissait volontairement dans
l'oubli. Vous avez constaté que beaucoup d'ouvrages de cette
époque ne nous sont connus que par un exemplaire unique.
Nous n'avons pas non plus, pour étudier les écrivains et les
personnages de cette période, les instruments habituels de
travail : bibliographies, biographies, dictionnaires nous font
défaut, alors que, pour les autres époques, pour le Moyen Age
par exemple, nous en sommes abondamment pourvus. Nous
n'avons rien qui ressemble au répertoire de l'abbé Ulysse Chevalier. Beaucoup de personnages qui figureraient certainement en
bonne place dans un dictionnaire, s'ils avaient vécu au xvııᵉ siècle,
restent dans l'oubli, parce qu'ils ont eu la malchance de vivre
sous François Iᵉʳ ou sous Henri II. — En outre, l'extrême dispersion des sources a contribué à cet éloignement relatif. A partir
du xvıᵉ siècle, tout se disperse dans le monde, et qui veut entreprendre une étude et la mener à bien, est obligé de courir de
ville en ville à la recherche des documents.

Néanmoins, on assiste avec joie à une sorte de résurrection du
xvıᵉ siècle, à un considérable accroissement des travaux qui nous
le font mieux connaître. La dernière fois, j'ai commencé l'énumération rapide de ces travaux ; je me propose, aujourd'hui, de la
continuer. Après quoi, j'établirai les principales divisions que je
compte observer dans mon cours.

Je vous ai déjà signalé le catalogue des actes de François Iᵉʳ,
l'histoire des sources de M. Hauser, enfin les grands travaux consacrés à l'histoire de l'imprimerie, tels que ceux de Claudin, de
M. Baudrier. On ne saurait trop remercier tous ceux qui se sont
voués à cette tâche ; car elle est d'une utilité essentielle pour
l'histoire de la littérature. Je ne dirai qu'un mot d'une histoire
qui reste encore à faire : celle de la propagation de l'imprimerie. Il y a là vraiment une question d'un intérêt palpitant,

une histoire dramatique, dont malheureusement nous n'avons encore que les éléments. Elle nous montrerait l'activité provinciale, les presses s'établissant dans les villes et augmentant de jour en jour le domaine de l'humanisme.

Nous avons énuméré, la fois précédente, les ouvrages généraux, récemment publiés et qui manquaient totalement, il y a quelques années. Ajoutons-y une publication périodique qui a contribué pour sa part à susciter et à favoriser de nouvelles recherches. Vous trouverez, en effet, de nombreux articles publiés dans la *Revue d'histoire littéraire de la France*, depuis 1894, sur les sujets les plus variés (théâtre, école de Marot, platonisme, poésies de Ronsard, etc.). Il faut mentionner aussi la *Revue de la Renaissance*. L'excellente *Bibliographie* de Lanson vous fournira un instrument de recherches des plus commodes.

Si l'on en arrive aux principaux courants intellectuels ou aux grandes figures littéraires, on peut dire sans exagération qu'un bon nombre des sujets que comportent les uns et les autres ont été, depuis une vingtaine d'années, complètement renouvelés ou tout au moins remarquablement explorés et étudiés. A ce point de vue, les gains scientifiques ont été aussi nombreux que décisifs : la Réforme, ses origines, ses rapports avec la Renaissance et avec la littérature, ont profité au premier chef de cet heureux mouvement : les travaux d'Herminjard, de N. Weiss, Dufour, de Ferdinand Buisson, de Borgeaud, d'Hauser, Renaudet, etc., y ont contribué pour une part sensible. Des travaux récents ont été consacrés à Erasme, à Lefèvre d'Etaples ; on a pu rendre à Lefèvre d'Etaples la place à laquelle il avait droit, grâce à l'inestimable édition des œuvres complètes de Calvin (*Opera Calvini*, 58 volumes in-quarto), du *Corpus Reformatorum*, grâce à la monumentale biographie, œuvre de M. E. Doumergue : *Jean Calvin, les hommes et les choses de son temps*, la figure puissante du chef de la Réforme française apparaît maintenant avec le relief étonnant qui lui convient. A cette liste on pourrait encore ajouter la biographie de Calvin, récemment parue chez Fischbacher, et qui est l'œuvre d'un professeur américain, W. Walker. Permettez-moi de mentionner la *Jeunesse de Calvin*. C'est le moment de citer aussi les ouvrages qui ont trait à la contre-réformation, en particulier le livre si intéressant de M. Strowski sur François de Sales et son *Histoire du sentiment religieux au XVIIe siècle*. On s'intéresse de plus en plus aux problèmes jadis réservés aux philosophes ou aux théologiens : le problème de la destinée humaine a attiré les esprits du xvie siècle; de même, le problème de la liberté, car la question de la grâce a rempli, en somme, l'histoire du xvie et du xviiᵉ siècle : on pourrait en alléguer de nombreuses preuves. Toutes ces réflexions, qui passionnent les penseurs de la Renaissance, sont inspirées souvent des enseignements de l'Antiquité ; le fatalisme antique, le stoïcisme, l'épicurisme, sont l'objet d'une sorte de résurrection, et leur influence est manifeste. Il y a là de grands courants, que nous commençons à apercevoir ; pourtant l'influence des anciens reste encore à étudier d'une façon plus précise. Il faudrait déterminer le plus exactement possible la part, certainement considérable, d'un Lucien par exemple, ou de Plutarque, de Pline, de Sénèque et surtout de Platon : l'antiquité fait concurrence au christianisme ; une sorte de lutte s'engage, dont il faudrait distinguer les phases diverses.

Cette activité, qui a pour objet une connaissance plus grande de la Réforme et de la Renaissance, s'étend de toutes parts. Une reproduction de l'édition originale française de l'*Institution chrétienne*, de 1541, le premier chef-d'œuvre en date de l'éloquence française, qui lui doit ses origines, est actuellement en cours d'impression. Certains grands courants philosophiques, tels que le platonisme, dont l'action a été si notable et d'une efficacité si intéressante sur le développement de la pensée des humanistes et des poètes, ont été l'objet de recherches approfondies, que j'ai eu l'occasion d'énumérer précédemment.

Mais, parmi les domaines les plus importants qui ont été davantage explorés, et dont l'aspect s'est trouvé pour ainsi dire entièrement transformé sous nos yeux, nous devons en nommer trois, que l'érudition contemporaine s'occupe avec ardeur, presque avec enthousiasme, de mettre en belle lumière.

D'abord celui qui a trait à Marguerite d'Angoulême, reine de Navarre, sœur de François Iᵉʳ, la Muse incomparable, généreuse et bienfaisante par excellence, de la Renaissance française : après de nouvelles éditions de l'*Heptaméron* et des *Marguerites,* on a découvert tout un ensemble considérable de poésies composées par elle et demeurées totalement inconnues et inédites ; les données réelles de ses contes sont maintenant connues ; son platonisme, sa pensée religieuse, sa cour, asile charmant des lettres et des artistes, ont été étudiés avec une prédilection reconnaissante.

Voici maintenant Rabelais, le créateur de notre prose littéraire, le génie-mère, comme l'appelait Chateaubriand, qui vient à nous, raconté, scruté, interprété avec une tendresse et une admiration inlassables. La composition et l'invention dans ses ouvrages, ses sources, les éléments réels de son œuvre, ses origines, les faits obscurs de sa vie aventureuse et vagabonde, et

bien d'autres aspects. encore de cet écrivain, le plus grand sans
doute de notre littérature, nous-sont présentement restitués et
révélés. Chaque jour apporte à ce domaine magnifique un résultat
nouveau, souvent inattendu. Me permettrez-vous de dire que la
Société des Etudes rabelaisiennes,. avec ses 400 membres dispersés dans le monde entier, avec les sept volumes de sa *Revue*,
ses éditions, a pu contribuer pour quelque chose à cet épanouissement ? Vous savez, enfin, qu'actuellement une édition complète
des œuvres de Rabelais est en préparation.

Pour Montaigne, nous assistons pareillement à une véritable résurrection. Il suffira de vous rappeler l'édition en cours des *Essais*,
donnée sous les auspices de la municipalité de Bordeaux, les
brillants travaux, à bien des égards décisifs, de MM F. Strowski
et Pierre Villey, et les publications qu'on nous annonce comme
imminentes (fac-simile de l'exemplaire de Bordeaux, etc.) pour
vous mettre à même d'apprécier l'immense progrès réalisé depuis
quatre ou cinq ans. On a reconstitué enfin la chronologie, si
j'ose ainsi parler, de la pensée de Montaigne ; on a su montrer
l'évolution des *Essais*. On comprend beaucoup mieux le commencement et le dénouement de la Renaissance en assistant à ces
travaux, et, pour mon compte, j'ai trouvé, dans l'histoire de l'esprit de Montaigne telle qu'on la conçoit maintenant, des jalons
qui permettent de reconstituer l'unité de l'évolution intellectuelle
du xvie siècle.

Un autre domaine, cette fois plus général, va subir bientôt une
sorte de transformation : il s'agit de la période si curieuse et si
vivante qui précède immédiatement l'apparition de la Pléiade et
qui va de 1540 à 1550 environ. Sans parler de l'édition critique de
la *Parfaicte Amye* d'Antoine Héroët, qui doit bientôt paraître,
nous possédons ou attendons, d'autre part, toute une série d'études sur Maurice Scève et sur l'Ecole littéraire lyonnaise, dont
certaines œuvres ont parfois des accents tout modernes.

Quant à la Pléiade elle-même, on doit reconnaître que son
étoile n'a pas pâli et que le vaste labeur scientifique que nous
esquissons en a, au contraire, singulièrement avivé l'éclat. Jugez-
en plutôt : nous attendons, en ce moment, deux éditions critiques
de Ronsard ; une biographie détaillée de ce poète va bientôt voir
le jour, sans oublier l'étude remarquable sur *Ronsard poète
lyrique* de M. Laumonier. Joachim du Bellay, le poète exquis des
Jeux rustiques et des *Regrets*, a été l'objet d'une biographie
critique; sa *Défense* a été publiée à nouveau en 1904 et, grâce à
M. Chamard, une édition complète de ses œuvres poétiques a
commencé à paraître il y a quelques mois. Il serait injuste de ne

pas citer à ce propos les recherches pénétrantes et d'un imprévu
si piquant de M. Vianey, sur les sources italiennes utilisées par
les poètes de la Pléiade et par du Bellay en particulier. Ces trou-
vailles précieuses, auxquelles M. Villey vient d'ajouter un appoint
de valeur, ont modifié très sensiblement les idées qu'on pouvait
concevoir touchant les sources de l'inspiration chez les membres de la Pléiade et leurs procédés de composition.

Puisque nous parlons des poètes, ne convient-il pas de formuler le vœu de voir entreprendre sur le bon poète Marot et sur
l'école marotique les biographies définitives et les éditions si dési-
rables qui nous manquent encore, puisque le travail de Guiffrey
est resté inachevé ? Nous aurons, d'ailleurs, à signaler par la
suite plus d'une autre lacune non moins gênante. Avis aux bons
ouvriers... Même remarque à propos de l'école des rhétoriqueurs : la thèse de M. Hamon sur Jean Bouchet, l'ami de
Rabelais, devrait bien inciter d'autres travailleurs à creuser
pareillement les sillons voisins ; la récolte serait plus fructueuse
qu'on ne le croit.

Si nous regardons maintenant du côté de l'humanisme, si longtemps dédaigné, nous apercevrons, à côté de diverses investigations sur Erasme, plusieurs monographies de valeur, notamment
celles de Christie sur Dolet, de l'abbé Paquier sur Aleandro, de
Delaruelle sur Guillaume Budé, de Jovy sur Tissard, de Potez
sur Lambin, de Jugé sur Denisot, de Becker sur Louis le Roy.
Permettez-moi d'insister, en passant, sur ce dernier écrivain :
c'était un homme qui, par l'originalité de sa pensée, méritait de
trouver la gloire ; mais il est du nombre de ceux qui sont restés
obscurs, on ne sait pour quelles raisons. Un précurseur, Robert
Gaguin, nous est beaucoup mieux connu, depuis que M. Thuasne
a publié une savante édition de ses œuvres. Notons aussi, au passage, les catalogues des manuscrits grecs d'Henri Omont, de la Bibliothèque nationale, ses recherches bibliographiques, et les travaux si admirés de M. Léopold Delisle. Enfin me pardonnerez-vous
de joindre à cette énumération l'*Histoire du Collège de France*?

. Il nous manque, en revanche, sur les traductions d'auteurs de
l'antiquité, dont l'action fut si efficace au moment de la Renaissance, et même sur la diffusion progressive des auteurs eux-
mêmes, quantité de travaux que l'on ne saurait trop souhaiter de
voir paraître. Les traductions ont été, en effet, le grand canal
par lequel l'esprit de l'antiquité est entré dans les têtes françaises.
Il y a donc là une grosse lacune ; nous ne pouvons guère saluer
que peu de travaux du genre de celui de M. Hauvette sur Le
Maçon, de M. Sturel sur Jacques Amyot.

Sur l'italianisme et les rapports intellectuels de la France avec sa voisine d'au delà des Alpes, on peut mentionner les belles récherches de M. Emile Picot, qui a eu la bonne idée de faire une histoire de la pénétration réciproque de l'Italie et de la France par les individus, les deux gros volumes de Farinelli sur Dante en France, les deux solides thèses de M. Hauvette sur Alamanni et de M. Clément sur Henri Estienne.

Mais, vous ne l'ignorez pas, aucune littérature n'occupe une place isolée chez un peuple : le gouvernement politique, la diplomatie, la vie économique, les mœurs, la science, les grandes découvertes, les voyages, exercent sur les lettres une influence parfois difficile à démêler avec exactitude, mais toujours appréciable et souvent décisive. Vous ne serez donc pas surpris de m'entendre saluer avec une satisfaction non moins vive les publications de de Crue sur le connétable de Montmorency, de Bourrilly sur Guillaume du Bellay et son frère le cardinal, de Courtault sur Monluc, les recueils des « Nonciatures en France », édités par les *Archives de l'Histoire religieuse,* les travaux de L. G. Pelissier de Montpellier, de Fleury-Vindry, de Zeller et de Tausserat-Radel sur Guillaume Pelicier, l'évêque humaniste, fervent collectionneur de manuscrits grecs et correspondant de l'auteur du *Pantagruel.* Une étude développée sur le Concordat conclu entre François Ier et Léon X fera l'objet d'un volume préparé par M. Pierre Bourdon, ancien élève de l'Ecole des Hautes Etudes : il est inutile, je crois, que j'attire votre attention sur ce sujet, d'un intérêt, pour ainsi dire, d'actualité.

Au nombre des ouvrages qui traitent plus directement de l'histoire économique et sociale, il y a lieu de citer celui de M. Imbart de la Tour, les *Origines de la Réforme ; la France moderne.* M. Imbart de la Tour s'est occupé de reconstituer l'ambiance de la Renaissance, à l'aide d'un immense et scrupuleux labeur. Je ne partage pas, tant s'en faut, toutes ses théories ; j'ai pu constater chez lui des doctrines contestables, des contradictions ; le second volume ne concorde pas avec le premier sur certaines questions essentielles. Cependant nous devons reconnaitre l'utilité et la valeur de cet effort considérable. Je ne veux pas passer sous silence les deux volumes de M. Boissonnade sur le travail en Poitou, les mémoires d'Hauser.

Enfin, si nous regardons l'ensemble de la civilisation et l'histoire des mœurs, il faut citer le livre élégant et délicat de Bourciez : *Les mœurs polies et la littérature de Cour sous Henri II ;* celui de M. Reynier sur le *Roman sentimental avant l'Astrée,* puis la série de mes articles sur la « Querelle des Femmes et de l'Amour » au xvıe siècle. On se rend compte maintenant de l'influence de la conversation sur les origines des mouvements et des grands courants. Sauf peut-être au xvıııe siècle, jamais on n'a causé avec tant de plaisir, de politesse et de délicatesse qu'au temps de Marguerite d'Angoulême.

Et voici, pour terminer, le noble aspect, par moment si grandiose, de l'activité scientifique des contemporains de Fernel et de Paré qui s'offre à notre attention. Ici, comme dans le champ de l'humanisme et de l'histoire de la diffusion de la pensée antique, il reste encore bien des sillons à creuser ; évoquons seulement les monographies consacrées à Fernel, à Ambroise Paré et à Oronce Finé. Signalons enfin, au sujet des grandes découvertes géographiques et des explorations maritimes, le tome III de l'*Histoire de la Marine française* de Charles de La Roncière (1906), les doctes volumes de M. Harrisse, les *Navigations de Pantagruel* et les récentes recherches poursuivies sur Jacques Cartier et la découverte du Canada.

Nous ne devons même pas négliger les découvertes géographiques, l'étude des grands voyages qui nous ont donné le sens de l'exotisme, dont nous pouvons voir une première manifestation dans les voyages de Pantagruel.

J'aurais bien voulu aborder, ici, l'aspect artistique de la civilisation de la Renaissance, car il est difficile de séparer absolument l'histoire de l'art de l'histoire de la littérature.

Mais, en étendant notre enquête aux splendeurs artistiques de cette époque privilégiée, nous risquerions d'être entraînés trop loin. Et cependant, je tiens à vous dire en quelques mots combien ce domaine superbe, que le seul mot de Renaissance évoque invinciblement à l'esprit, s'est trouvé, lui aussi, enrichi depuis une vingtaine d'années, surtout en ce qui touche les origines et ce qu'on appelle l'époque des Primitifs. La vitalité et l'action persistante des traditions françaises démontrées, la part de l'Italie réduite et les effets trop souvent fâcheux de son influence constatés, la fécondité inlassable du génie français mise en pleine lumière, notamment en architecture civile, en sculpture et dans les arts mineurs : voilà, pour ramener le bilan de l'histoire artistique de notre Renaissance à quelques brèves formules, plusieurs des résultats décidément conquis, et dont les conséquences ne doivent pas rester indifférentes à l'histoire des lettres. Il est bon de faire remarquer, avec une certaine insistance, que ces résultats ont complètement changé la conception qu'on avait de l'art français du xve siècle. On considérait cet art comme un art de décadence, appauvri, épuisé. Maintenant, on a adopté une théorie sensible-

ment opposée : on considère que la France a eu, à cette époque,
une floraison remarquable de monuments. Nous voyons mieux les
origines artistiques de la Renaissance, depuis que nous connaissons le rôle du réalisme au xvᵉ siècle ; assurément il était
facile de parler de Renaissance complète, quand on supposait le
néant avant le xvⁱᵉ siècle. Il y a une histoire qui nous montre
d'une façon saisissante la valeur du xvᵉ siècle et l'évolution de
l'art au xvⁱᵉ : c'est l'histoire de la sculpture en Champagne.
Vivace au xvᵉ siècle, l'art s'étiole peu à peu à partir du moment
où triomphe l'influence italienne : grande monotonie et pauvreté
d'invention, voilà alors son principal caractère. On ne regarde
plus les questions du même angle. Il y a là, comme vous le
voyez, une matière très riche ; mais vous en apercevez aussi les
écueils. Heureusement, nous sommes guidés dans nos recherches
par les travaux de MM. Montaiglon, Courajod, Bouchot, Vitry,
Koechlin, Enlart, Mâle et André Michel, qui vient d'entreprendre une nouvelle histoire de l'art.

Il faudrait signaler, enfin, les progrès réalisés dans l'étude de la
Renaissance à l'étranger ; il y a des noms qu'il faut prononcer
avec gratitude, ceux de Burckhardt, de Voigt, de Muntz, de Marc
Monnier, de Gebhart, de Nolhac.

Nous arrivons donc, Messieurs, au bout de cet inventaire sommaire, qu'il était indispensable de vous présenter. Veuillez reconnaître qu'il nous a fourni l'occasion de dénombrer des richesses
multiples et attirantes, et d'établir, par la seule éloquence des
faits, que jamais le moment n'a été plus favorable pour risquer
une synthèse de tant d'efforts et de résultats magnifiques, avec
l'espoir peut-être d'en provoquer d'autres. Notre promenade,
certes, n'a pas été inutile.

Maintenant, nous nous trouvons en présence de ce monde en
grande partie inconnu qui s'appelle la Renaissance. Comment
l'aborderons-nous ? Je crois, pour ma part, qu'il faut éviter les
groupements arbitraires : nous risquerions d'éparpiller par trop
l'attention ; et mon avis est qu'il faut suivre l'ordre chronologique. Nous devons donc nous attacher tout d'abord à distinguer
des périodes : c'est là un travail essentiel. Mais l'entreprise, pour
passionnante qu'elle soit, est très difficile. Le terme de Renaissance, en effet, peut s'appliquer à une foule d'objets, et l'époque
qu'il embrasse se caractérise par des mouvements très divers.

Il s'applique aux questions religieuses et morales, à la littérature, à l'art, à la science, à la politique, aux mœurs. Certes, on ne
pourrait souhaiter faire promenade plus belle ni plus séduisante
à travers l'histoire. Mais comment grouper tous ces éléments

hétérogènes de façon à distinguer des périodes ? En traçant les périodes secondaires, ne risque-t-on pas de les rendre imparfaites sur certains points ? Non. Je crois qu'il y a dans l'histoire de la Renaissance un véritable rythme général.

Le siècle peut se couper en deux d'une façon très naturelle :

1° La première partie va de 1495 à 1550 ;

2° La seconde, de 1550 à 1600.

Le xviie siècle, en effet, commence à peu près en 1600. M. Gabriel Hanotaux présentait jadis cette date comme celle qui mettait fin à la Renaissance et qui ouvrait notre grand siècle classique : vingt-cinq ans d'études m'ont amené à faire la même conclusion. Quant à la grande coupure, elle est bien vers 1550, à l'époque où paraissaient les Odes de Ronsard.

Maintenant traçons à l'intérieur du siècle les divisions secondaires, les sous-périodes. Quand commence la Renaissance ? On ne peut nier que ce soit vers 1495, au moment où Charles VIII revenait d'Italie ; il y a là deux ou trois dates importantes : 1498, l'année de l'avènement de Louis XII ; 1499, la date de l'entrée des Français à Milan. Sans doute, on a exagéré l'influence des expéditions d'Italie. Néanmoins, c'est un fait marquant : un certain nombre de seigneurs éclairés ont contemplé les monuments de l'Italie et rapporté de leurs voyages un goût nouveau avec une intelligence élargie. Quelles seraient les dates des premières périodes ? De 1495 à 1510, je crois que nous sommes dans une époque d'attente. Remarquez qu'une des plus belles œuvres de la sculpture française est de 1496 : c'est le sépulcre de Solesmes. Quelques années plus tard, des ouvriers italiens viennent construire le château de Gaillon. C'est l'époque des rhétoriqueurs. En 1508 apparaissent les *Annotationes in Pandectas* de Guillaume Budé. Commines finit ses *Mémoires* vers 1511. Je pourrais citer beaucoup d'autres faits ; mais, pour l'instant, je ne veux pas trop allonger cette énumération.

Pendant cette période, les questions religieuses et morales dominent ; la littérature n'est que leur servante. Une des plus grandes préoccupations de ce moment-là, c'est l'éducation : il ne faut pas oublier de mentionner les Frères de la Vie commune, qui ont joué un rôle considérable. Ainsi un certain nombre de ferments commencent à exercer leur action, que nous allons discerner plus nettement dans les années suivantes.

La seconde période s'étend à peu près de 1510 à 1530 (la paix de Cambrai de 1529 pourrait être la date finale).

A partir de 1510, paraissent trois œuvres capitales.

En premier lieu, de 1509 à 1510, les *Illustrations des Gaules* de

Jean Lemaire de Belges ; je n'oserais pas employer pour ce livre le
mot chef-d'œuvre, et pourtant il est certain qu'il a une très
grande valeur, au moins historique.

Puis nous voyons apparaître, en 1512, le commentaire de
Lefèvre d'Etaples sur les Epîtres de saint Paul : la Réforme est
fondée.

Deux ans plus tard, Budé donne son *De Asse*, qui est un véritable ouvrage scientifique, un travail d'érudition. Chose singulière : il y a quelques années, j'avais l'occasion de demander à
mon éminent collègue, M. Bergson, quel était à son avis le caractère dominant des temps modernes ; il me répondit : le sentiment, la conception de la mesure. Eh ! bien, remarquez, Messieurs,
qu'à l'aurore de la Renaissance nous trouvons un livre consacré
à la mesure. Budé montre, en effet, toute l'importance qu'il y a à
bien connaître les mesures d'un peuple pour bien connaître sa
civilisation. Son livre a paru en 1515 : le point est aujourd'hui
définitivement établi ; la préface elle-même nous avertit que
François Ier vient de monter sur le trône.

La vie et les œuvres d'Euripide

Cours de M. PUECH,

Professeur à l'Université de Paris.

Les idées religieuses d'Euripide.

Nous arrivons maintenant à la partie de notre tâche la plus
délicate, mais aussi la plus intéressante. Nous savons déjà
qu'Euripide n'est pas un Olympien impassible, et qu'il a sans
cesse traduit dans ses drames l'impression toute fraîche que
faisait sur lui la réalité contemporaine. Or l'époque où il vivait
est marquée par une profonde révolution intellectuelle. Sous
l'influence de la philosophie et de la sophistique, les idées, les
croyances, les coutumes, sont soumises à l'examen, et remises
en question. Il est important de savoir quelle fut l'attitude d'Euripide entre les défenseurs de la tradition et ceux qui attaquèrent
hardiment et énergiquement le passé. Euripide a-t-il collaboré
à cette œuvre de rénovation ? Nous le connaissons assez pour
répondre sans hésitation. Mais une réponse générale ne suffit
pas. Peut-on déterminer avec précision les opinions auxquelles il
paraît s'être rallié ?

La question est difficile. Il est clair, en effet, que, chez un poète
dramatique, la pensée reste enveloppée du voile de la fiction ; et
l'on n'arrive pas sans peine à découvrir ses opinions personnelles.
Les nuances surtout ne se laissent distinguer que très difficilement. Dans ces dernières années, la question a suscité des
enquêtes approfondies. — Decharme, dans son livre sur *Euripide et l'esprit de son théâtre*, a fait preuve d'une méthode pru-
dente et s'est gardé d'affirmer quoi que ce soit qui ne fût clairement prouvé. Sur la fin de sa vie, il est revenu sur ce sujet
en étudiant la critique des opinions religieuses en Grèce. —
M. Verrall s'est occupé aussi de cette question dans deux livres
dont nous avons déjà parlé : l'un est intitulé *Euripide le rationaliste*, et l'autre *Quatre pièces d'Euripide*. La méthode de
M. Verrall est opposée à celle de Decharme : ses vues sont
aussi hardies, sa curiosité aussi indiscrète, que l'examen de
Decharme était prudent. Certaines de ses interprétations, par
exemple sur *Ion, Andromaque*, etc.., sont ingénieuses, mais in-

génieuses dans le sens défavorable que prend parfois ce mot,
c'est-à-dire qu'elles ne sont guère acceptables. M. Verrall est, du
reste, un excellent helléniste, et il a fait une foule de remarques
intéressantes pour le sujet qui nous occupe. — Un Allemand,
M. Nestle, a composé un livre sur *Euripide, le poète de la libre
pensée grecque* (1), dans lequel il a recueilli de la façon la plus
complète tous les textes qui peuvent éclairer la pensée d'Euripide. Il a classé ces textes, et les a rapprochés des textes
antérieurs ou contemporains qui pouvaient en expliquer la
signification et la provenance. Le défaut de cet ouvrage est
d'isoler trop souvent du texte complet les morceaux détachés
qui en forment la trame, et de trop systématiser les vues
éparses d'Euripide. — M. Masqueray, professeur à l'Université de
Bordeaux, dans un livre d'une forme très heureuse, parfois même
coquette, a repris le sujet et évité le défaut de Nestle. Il n'oublie
pas qu'Euripide est un poète dramatique avant tout, et qu'il n'a
pas prétendu exposer une doctrine cohérente. Ce qu'on trouve
chez lui, ce sont moins des doctrines que des tendances. Ce qu'il
faut étudier, c'est, comme l'avait vu Decharme, l'*esprit* de son
théâtre, plutôt que de risquer des précisions qui peuvent être dangereuses. — M. Verrall trouve que cette méthode est trop timide
et qu'il faut aller plus loin ; il prétend que les anciens étaient
très éloignés de la théorie de l'art pour l'art, qu'ils regardaient la
poésie comme éducatrice, et qu'en particulier la tragédie, liée au
culte de Dionysos, n'a jamais perdu de vue cette mission que s'attribuait la poésie. De même que Sophocle et Eschyle ont chanté les
vieilles croyances en les épurant et en les ennoblissant, de même
Euripide a voulu donner au théâtre une mission d'instruction ;
mais, a l'inverse de ses devanciers, il s'est proposé de détruire
ce qu'ils défendaient. S'il nous arrive parfois d'être surpris par
les disparates et les défauts de composition chez Euripide, c'est
que nous ne pénétrons pas bien ses intentions. Tout s'éclaire, au
contraire, quand nous avons découvert sa thèse ; car il y a toujours une thèse dans ses œuvres.

Il y a, dans cette théorie, une part de vérité. Euripide a toujours
l'intention d'instruire ; il y a même dans son théâtre de véritables
pièces à thèse. Mais il ne faut pas croire que toutes ses tragédies soient également inspirées par des préoccupations de propagande, et que, même dans les pièces à thèse, le poète dramatique

---

(1) Je traduis approximativement le mot *Auferklärung*, qui n'a pas d'équi-
valent absolument exact en français et signifie quelque chose comme le fait
d'éveiller les lumières.

s'efface et disparaisse. Parmi les pièces de Voltaire, surtout les dernières, comme les *Guèbres*, beaucoup n'ont d'intérêt que par cette intention de propagande. Ce ne sont d'ailleurs pas celles qu'on lit volontiers, ou, si on les lit, ce n'est que par curiosité et pour cet intérêt spécial. Mais il n'y a pas dans le théâtre d'Euripide une seule pièce qu'on puisse comparer a celles-là. Toutes sont également intéressantes, parce qu'elles sont des œuvres dramatiques.

Nous devons nous demander si, pendant toutes les périodes de sa vie, Euripide a, avec le même zèle, poursuivi cet apostolat, ou s'il est permis de, faire des distinctions, et si, du début à la fin de sa carrière, son zèle s'est augmenté ou atténué. Comme nous avons gardé un nombre de pièces relativement assez considérable, on peut faire a cette question une réponse sinon certaine, du moins vraisemblable. On est toutefois gêné par ce fait, qu'on ne connaît aucun drame antérieur à *Alceste*. On a, en effet, perdu toutes les pièces de 455 (*les Péliades*) jusqu'à 438 (*Alceste*). Quelques fragments se rapportent vraisemblablement à cette période ; mais on ne peut en tirer rien de certain. J'éviterai d'ailleurs, en général, de faire appel a des fragments ; ils sont certes intéressants, parce que les faiseurs d'anthologies qui nous les ont conservés aiment à citer les vers qui se détachent aisément du texte et résument une opinion religieuse, philosophique ou morale. Mais nous ne savons pas dans quelle situation dramatique et par la bouche de quel personnage ces fragments étaient prononcés ; nous ignorons aussi quel texte les accompagnait. Dans ces conditions, il est difficile de reconnaître avec certitudes s'ils expriment réellement une opinion personnelle du poète.

La période inconnue dont nous parlions est si longue, qu'il est difficile d'imaginer que les idées d'Euripide ne s'y soient pas déjà manifestées. Peut-être n'y tenaient-elles pas autant de place que dans les drames postérieurs. En effet, les premières pièces datées que nous avons examinées à part, ne portent pas fortement la marque de l'esprit philosophique. Cet esprit est presque entièrement absent d'*Alceste*. Si déjà le moraliste et le rhéteur apparaissent dans *Médée*, la critique de la légende n'y est pas très marquée. Avec *Hippolyte* commence une nouvelle période. Nous trouvons dans cette pièce les traces de préoccupations relatives aux problèmes moraux et religieux, qui dureront jusqu'aux dernières années de la vie d'Euripide. Durant cette dernière période peut-être faudra-t-il distinguer un moment où il écrit des pièces, comme les *Suppliantes* et les *Héraklides*, qui traitent des sujets patriotiques et relatifs à Athènes. Mais l'ensemble des œuvres d'Euripide de 428, date d'*Hippolyte*, jusqu'à 406, date du départ en Macédoine, porte les traces de la lutte. La fin de sa vie nous montre-t-elle Euripide modifiant ses idées, atténuant sa polémique ?, Quelques-unes des. pièces composées à Athènes, les *Phéniciennes* par exemple, sont. moins agressives ; mais la question se pose surtout pour les pièces. composées en Macédoine, notamment pour les *Bacchantes*, où l'on a vu parfois une négation des idées chères à Euripide, et un retour à la foi traditionnelle. Je réserverai, d'ailleurs, cette dernière question pour la leçon où j'étudierai les *Bacchantes*.

C'est pendant la période de 428 à 406 que nous .allons examiner les idées d'Euripide. Quand Euripide se trouve en présence de la mythologie populaire, il lui est évidemment facile de faire deux sortes d'objections, que déjà des esprits élevés avaient faites avant lui. Xénophane avait attaqué la mythologie, parce qu'elle était absurde et immorale. L'absurdité de la. mythologie paraît évidente à Euripide, et il y. fait souvent allusion, dans une tirade ou de préférence dans un chant du chœur. C'est ainsi qu'il raille l'histoire du cygne de Léda et de l'œuf miraculeux d'où sortirent Hélène et les Dioscures ; il raille l'anecdote du soleil rebroussant chemin au lendemain du crime de Thyeste. Mais ce qui le frappe surtout, c'est l'immoralité des légendes. Les dieux sont conçus à l'image de.l'homme, dont ils ont toutes les passions ; ils aiment la vengeance, comme l'homme ; ils sont débauchés et violents. Cette critique était .déjà sensible dans *Hippolyte*, la première pièce où apparaît nettement l'esprit d'Euripide. Nous savons quel rôle il a donné àux deux divinités qui prennent part à l'action : Aphrodite non seulement se venge d'une façon odieuse d'Hippolyte contre lequel elle a des griefs ; mais encore elle entraîne Phèdre, qui est innocente, dans les plus grands malheurs. Elle l'indique froidement dans le prologue, et déclare qu'elle passe là-dessus. Artemis a un rôle .plus noble ; mais elle a la même âpreté de vengeance ; elle tient avec le même égoïsme à ses honneurs. Elle dit qu'elle se vengera sur Adonis, autre victime innocente, de la mort d'Hippolyte et de Phèdre. Tout cela, dans la.pièce d'Euripide, n'est pas souligné par des observations qui s'adressent directement aux spectateurs ; il s'en remet à l'impression. Très rarement, il place un mot de commentaire. Ainsi le pédagogue dit : « Les dieux devraient être plus sages que les mortels. » Hippolyte se plaint d'avoir été mal récompensé de sa vertu. En somme, nous assistons là à une évolution. Si la conduite des divinités ne peut manquer de paraître odieuse dans certaines scènes, la scène finale laisse une impression élevée et re-

ligieuse. Dans le dialogue entre Hippolyte et Artémis, il y a bien
quelques mots durs pour Artémis. Mais celle-ci console Hippolyte,
le relève ; et cette scène est remarquable par un mélange curieux
d'angoisse, de sérénité et d'élévation. On est tenté de comparer
cette scène à une œuvre bien différente, à la *Tétralogie* de Wagner, qui renferme aussi une scène où la Walkyrie annonce à
Sigmund sa mort prochaine.

Dans les œuvres suivantes, les intentions d'Euripide se révèlent
avec plus de clarté. Dans *Héraklès furieux*, il y a une scène où
Lyssa apparaît comme émissaire d'Héra, et elle est accompagnée d'Iris. Lyssa doit inspirer à Héraklès un délire furieux : c'est
malgré elle qu'elle accomplit cette mission ; il faut qu'Iris la con-
traigne. Elle déclare que la conduite d'Héra est odieuse et condamne elle-même le rôle dont on l'a chargée.

L'esprit critique d'Euripide apparaît plus nettement encore
dans une série de pièces dirigées contre Apollon. C'est contre cette
divinité qu'Euripide a dirigé les plus violentes de ses attaques.
Cela se comprend, parce qu'Apollon est le dieu de la divination.
Les oracles de Delphes étaient, en quelque sorte, la norme sur laquelle se réglait la morale ancienne ; pour Euripide, ces oracles
représentent au contraire l'immoralité. Il ne faut donc pas s'é-
tonner de la violente campagne qu'il a menée contre ce culte dans
Electre, *Oreste*, *Ion*, qui sont de véritables pamphlets. Nous ne
reviendrons pas sur deux de ces pièces ; car, en les étudiant à un
autre point de vue, nous en avons donné une analyse qui montre
suffisamment les intentions d'Euripide. Dans *Electre*, l'oracle d'A-
pollon, qui a prescrit le meurtre d'Egisthe et de Clytemnestre, est
jugé comme le plus immoral. Nous avons vu que les critiques
adressées par Euripide à Sophocle atteignaient plus haut et touchaient l'oracle du dieu de Delphes. Il en est de même dans *Oreste*.
Quant à *Ion*, sur lequel je reviendrai plus longuement, c'est une
des pièces d'Euripide qu'on peut, le plus justement, appeler une
pièce à thèse. Sans doute, cette tragédie n'a pas été uniquement
conçue avec l'idée de ruiner la légende qui en forme le sujet.
Avec Euripide, dont l'esprit est très complexe et l'art très savant,
il faut se garder de trop simplifier ; c'est ainsi que nous avons vu
que l'intérêt d'*Electre* était le résultat d'une foule d'éléments très
divers. Il en est de même pour *Ion*. Cette pièce est intéressante
comme le spécimen d'un mélodrame où Euripide s'applique a faire
une intrigue plus nourrie et chargée de complications, qu'il noue
et dénoue avec art. Un autre intérêt de la pièce, c'est qu'Euripide
y ruine la croyance des Athéniens en leur *autochtonie*. Nous
avons vu, en étudiant les sentiments patriotiques d'Euripide, que

tout en sentant la noblesse de cette légende et en comprenant ce
qu'elle ajoutait de respectable au patriotisme, il ne pouvait
l'adopter pour son compte. Tout cela est déjà assez compliqué ;
nous allons voir qu'il y a même dans·*Ion* des effets contradictoires. Il faut s'habituer à ces surprises, quand on étudie un
raffiné comme Euripide. Quelle impression produit sur nous cette
tragédie ? Il est impossible d'écrire des scènes plus imprégnées
de l'esprit religieux, que certaines scènes du début. Cela est si
vrai, que Racine y a trouvé les éléments dont il a fait le rôle de
Joas. Quand le jeune néocore paraît sur les degrés du temple et
salue le soleil levant, il pourrait presque dire, comme le personnage de Racine :

> Le jour n'est pas plus pur que le fond de mon cœur.

Avec une délicatesse merveilleuse, Euripide a peint la candeur
et l'innocence du jeune homme sanctifié par le voisinage constant
de la divinité. Pourtant, dans la même pièce, il fait la critique
la plus violente de ce culte dont il vient de peindre un représentant sous des traits si touchants.

Apollon a séduit Créuse, dont il a eu un fils. Euripide s'applique à montrer qu'il n'y croit pas ; nous le voyons par l'entretien de Créuse avec le néocore. Créuse emploie un stratagème
et feint de parler au nom d'une amie. Que lui répond Ion ? Que
personne ne la croira ; car toutes les femmes cherchent à excuser
leurs fautes en les attribuant à un dieu. Euripide insinue que la
légende est absurde. Cependant il feint de l'accepter pour en
montrer surtout l'immoralité. Il la fait ressortir de différentes
façons. C'est d'abord par une protestation, non plus voilée et
dissimulée, mais passionnée de Créuse. Quand Apollon a déclaré
à Xouthos que la première personne qu'il rencontrera en sortant
du temple sera son fils, et que Xouthos a rencontré Ion, Créuse
ne songe qu'a se venger. Mais, avant d'envoyer l'esclave chargé
d'empoisoner Ion, elle se plaint au dieu dans une monodie qui est
un beau morceau lyrique et, en même temps, une amère critique
de la mythologie. C'est une des pages les plus hardies qu'Euripide
ait écrites :

« O mon âme, dit-elle, comment me tairais-je ? laisserai-je la
pudeur et révélerai-je mes amours secrètes ? Qui est-ce qui pourrait, maintenant, m'en empêcher ? A quoi bon faire parade de
vertu ? Mon mari ne m'a-t-il pas trahie ? Privée de famille, privée
d'enfants, j'ai vu s'évanouir mes espérances ; c'est en vain que
j'ai caché mes amours et mon triste enfantement. Mais, par la
demeure étoilée de Zeus et par la déesse qui veille sur nos

rochers, je ne cacherai pas plus longtemps mes amours ; je respirerai quand ma poitrine sera délivrée de ce fardeau. Mes paupières ruissellent de larmes ; mon âme est affligée, victime des pièges des hommes et des dieux ; je montrerai l'ingratitude des immortels pour les objets de leurs amours. O toi qui fais résonner la cithare aux sept cordes et retentir sur la lyre ornée de cornes des hymnes harmonieux, ô fils de Latone, c'est à toi que s'adressent mes reproches sous la clarté du soleil. Tu es venu vers moi resplendissant de l'or de ta chevelure, alors que je recueillais des fleurs jaunes à l'éclat doré dans les plis de mes voiles. Tu me pris par la main, tu m'entraînas dans l'antre et, malgré mes cris, tu me ravis l'honneur avec impudence. Et j'ai mis au monde un fils, infortunée que je suis, et par crainte de ma mère, je l'ai exposé dans ton antre, où tu m'as contrainte à subir ton misérable amour. Hélas ! maintenant ton enfant infortuné a été la proie des oiseaux. Et toi, tu chantes des péans sur la cithare. Oui, fils de Latone, c'est à toi que je parle, à toi qui, assis sur un trône doré, dispenses les oracles ; je crierai mes plaintes à ton oreille. Lâche séducteur, tu mènes un fils dans la maison de mon époux dont tu n'as reçu aucun bienfait ; et cependant mon fils, qui est aussi le tien, a péri enlevé par les oiseaux, qui l'ont enlevé des langes où sa mère l'avait enveloppé. Tu es une honte pour Délos, et les lauriers qui s'élèvent près des palmiers au souple feuillage, auprès desquels t'enfanta Latone, ô fils de Zeus ! »

Il est impossible d'imaginer une accusation plus passionnée ; il est vrai que Créuse ignore alors les intentions d'Apollon, qui agit pour son bien et celui de son fils. Il cherche à assurer l'avenir d'Ion et à lui rendre le trône auquel il a droit. Un apologiste complaisant pourrait donc défendre le dieu ; mais Euripide s'en garde bien. Quelles que puissent être les intentions du dieu, l'oracle a menti, et menti sciemment ; il a trompé Xouthos. C'est à l'oracle de Delphes que le poète veut s'attaquer. Et, par un procédé de polémiste habile, il place sa condamnation précisément dans la bouche du jeune homme qu'il a présenté comme le type de la plus noble piété. Quand Ion a entendu l'histoire que Créuse a inventée, il répond que c'est une impiété de consulter le dieu sur de tels sujets.

Il faut connaître aussi le dialogue curieux entre Créuse et Ion, après la reconnaissance produite par l'intermédiaire de la Pythie :

« *Créuse*. — Par Athéna, qui lutta jadis sur son char pour Zeus contre les géants fils de la terre, tu n'as pas un mortel pour père, ô mon fils. Ton père, c'est celui qui t'a élevé, c'est le souverain Loxias.

Ion. — Comment, si j'étais son fils, m'a-t-il donné à un autre ? comment a-t-il dit que j'étais né de Xouthos ?

Créuse. — Il ne dit pas que tu es né de celui-ci ; mais il te donne à lui. C'est ainsi qu'un ami donne son fils à un ami pour lui succéder.

Ion. — Les oracles du dieu sont-ils véritables ou menteurs ? Voilà, ô ma mère, la question qui trouble ma pensée, et non sans cause.

Créuse. — Ecoute donc, ô mon fils, ce qui m'est venu à l'esprit. C'est dans ton propre intérêt que Loxias t'établit dans une maison noble. Si tu avais passé pour le fils d'un dieu, tu n'aurais pas eu d'héritage ni de père ; comment cela aurait-il pu t'échoir, puisque moi-même je cachais mes amours et j'avais essayé de te faire mourir ? C'est pour ton bien qu'Apollon te donne à un autre père.

Ion. — Ma mère, la question n'est pas si simple. Je veux entrer dans le temple et demander au dieu si je suis fils de Phœbus ou d'un mortel ».

Il n'y a pas d'autre moyen de dénouer la situation que de faire intervenir une divinité. Athéna confirme à Ion la divinité de son origine. Apollon est trop honteux pour intervenir en personne et lever les doutes de son fils. Athéna promet à Ion un brillant avenir : il sera l'origine de la race ionienne. Mais cette fin conventionnelle ne fait pas oublier la violence des critiques adressées à Apollon dans le cours de la pièce.

Ainsi Euripide condamne les oracles et la divination sous toutes ses formes, qu'elle se fasse par le vol des oiseaux ou les entrailles des victimes. Les oracles et la divination supposent la croyance aux prodiges, et Euripide reste attaché à l'idée que les lois naturelles ne souffrent pas d'exceptions. C'est cette idée qui fait l'intérêt de *Mélanippe Philosophe*. Nous avons déjà parlé de *Mélanippe Prisonnière*. La première de ces pièces est une œuvre de polémique. Poseidon a séduit Mélanippe, qui enfante deux jumeaux ; elle les expose, et ils sont allaités par des vaches. Les bouviers trouvent les enfants, qui sont regardés comme des monstres, et qui sont condamnés pour ce motif par Æolos à être brûlés vifs. C'est alors que Mélanippe, pour sauver ses enfants, défend cette idée, qu'il n'y a pas de prodiges et que tout s'explique pas des lois naturelles. Il y a, dans cette théorie, un point de contact entre Euripide et Anaxagore. En effet, dans la *Vie de Périclès*, Plutarque raconte qu'il y eut un conflit entre le devin Lampon et Anaxagore, à propos d'une brebis à une seule corne envoyée à Périclès. Lampon y voyait un prodige, dont on pouvait tirer des présages. Anaxagore répondait non seulement par une théorie, mais encore en disséquant l'animal et en montrant, à l'aide d'une particularité de la conformation du cerveau, que le phénomène s'expliquait par une raison physiologique, et non par la volonté de la Divinité de faire un prodige d'où il soit possible de tirer des indications divinatoires.

J'ai tâché de vous montrer le sens de la polémique d'Euripide contre les croyances populaires. Il y aura lieu de se demander s'il a gardé ces idées jusqu'à ses dernières années. Mais, vers le milieu de sa carrière, ses intentions ne peuvent laisser aucun doute. Il reste aussi une question plus difficile. Une fois qu'il a fait table rase des croyances populaires, Euripide a-t-il quelque chose à mettre à la place ? Son action est-elle purement destructrice et n'a-t-elle pas aussi un sens positif ? Peut-on retrouver la trace sûre ou vraisemblable de certaines influences exercées sur l'esprit d'Euripide par de grands philosophes ? Je dirai dans la prochaine leçon quelques mots de ces problèmes, et, sans chercher à atteindre des précisions impossibles, je tâcherai d'indiquer une solution générale et vraisemblable.

M. G.

Histoire intérieure de la France depuis 1870.

Cours de M. CHARLES SEIGNOBOS,

Professeur à l'Université de Paris.

La population industrielle ; sa répartition.

Nous avons étudié les transformations survenues dans les conditions générales de vie de la population industrielle en France
depuis 1870, dans leur condition légale, leur organisation. Nous
allons essayer d'analyser cette masse, de distinguer les différentes espèces de travailleurs, de dire comment elles se répartissent sur le territoire, d'indiquer les transformations particulières à chaque catégorie. Nous ne pouvons pas faire cette étude
dans le détail : ce serait un travail infini. Nous n'indiquerons que
des traits généraux, les transformations essentielles des principales industries et la répartition des industries les plus importantes ou les plus caractéristiques.

Nous avons vu déjà quelles étaient les principales espèces de
documents. Les plus importants sont les recensements officiels
et les enquêtes. Il n'y a pas de recensement sûr des professions
avant 1896 ; il n'y en a encore que deux publiés. Le plus détaillé
est celui de 1901 ; il en existe un résumé dans l'*Album de Statistique graphique*. Les enquêtes sont l'œuvre de l'Office du travail ;
elles concernent les salaires et la durée du travail (réponses des
syndicats patronaux et ouvriers), la petite industrie, l'alimentation, le travail à domicile, la lingerie. Sur l'état des affaires
dans chaque industrie, on peut consulter les *Annales du Commerce
extérieur*, et, sur les progrès techniques, les rapports des Expositions de 1878, 1889, 1900. En 1900, à propos de l'exposition,
voir A. Picard : *Le Bilan d'un Siècle*.

Il faut tenir compte encore des descriptions privées : celles de
Barberet, Jacquemart (*Professions et Métiers*, fait dans un but
pratique).

Nous avons mentionné déjà, à propos des classes agricoles, les
descriptions géographiques ; nous avons nommé aussi les principaux périodiques. Le meilleur exposé d'ensemble est de Levas-

seur : *Questions ouvrières et industrielles sous la troisième République* (1907).

I. — Pour bien étudier la population industrielle et pouvoir en donner la répartition, il faudrait distinguer les différentes industries et les différents métiers : c'est là une opération très difficile ; car la division du travail a morcelé les anciens métiers en un nombre considérable de travaux spéciaux qui ont tous donné naissance à une profession nouvelle. Pour se rendre compte du nombre énorme des métiers, a l'heure actuelle, il suffit de consulter la liste alphabétique des professions dans les *Résultats statistiques du recensement général de la population* de 1901 (tome I). On y voit que le morcellement est extrême, surtout dans la grande industrie. Aussi, quand on veut donner une vue d'ensemble, on se heurte à une grande difficulté pour classer : on ne trouve pas de principe de groupement. On peut faire un classement suivant le but de l'opération accomplie, en se plaçant par conséquent au point de vue de la clientèle ; on peut considérer aussi la matière travaillée, d'où dépend la localisation de l'industrie et quelquefois le mode de travail, l'espèce d'opération. En pratique, on emploie une classification mixte ; mais il reste toujours des industries difficiles a classer.

A) On peut réunir dans un premier groupe les *industries préparatoires,* qui comprennent les industries extractives, métallurgiques et chimiques.

Les mines de houille constituent l'industrie la plus concentrée ; l'accroissement a porté surtout sur la région du Nord, tandis que la région du Centre restait stationnaire. Les départements du Nord et du Pas-de-Calais, qui ne représentaient en 1869 que 32 % de la production totale, en représentaient en 1903 63 %. Le nombre total des personnes actives employées dans les mines de houille était en 1901 de 170.000, dont 62.000 pour le Pas-de-Calais, 30.000 pour le Nord, 20.000 pour la Loire, 13.000 pour le Gard, 10.000 pour la Saône-et-Loire, etc. La production a passé de 13 millions de tonnes en 1869 à 33 millions en 1904. Les procédés d'extraction sont beaucoup plus actifs qu'autrefois ; l'organisation des mines a été renouvelée.

Les mines de fer les plus importantes sont nouvelles. En Meurthe-et-Moselle, il s'est créé toute une région minière qui fournit la plus grande partie du minerai. Sur 9.629 personnes actives employées dans les mines de fer, 6.232 résident en Meurthe-et-Moselle. La production du minerai a augmenté beaucoup : en 1883, elle était de 2.318.000 tonnes ; en 1904, elle était de 7.023.000 tonnes, dont 5.934.000 pour la Meurthe-et-Moselle.

Les ardoisières occupent 12.000 personnes dans toute la France, dont 5.000 dans le Maine-et-Loire, 2.000 dans les Ardennes, 1.300 dans la Mayenne, etc. Les centres d'exploitation n'ont pas changé.

Les industries métallurgiques sont surtout représentées par la métallurgie du fer et de l'acier. Le nombre des hauts fourneaux a diminué depuis 1869 (290 en 1869, 116 en 1904) ; mais le rendement moyen annuel d'un haut fourneau, qui était de 4.760 tonnes de fonte en 1869, s'est élevé en 1904 à 28.600 tonnes. Aussi, malgré la diminution du nombre des hauts fourneaux, la production annuelle de la fonte est-elle montée de 1.381.000 tonnes en 1869 à 2.974 000 tonnes en 1904. La métallurgie est une industrie très concentrée ; en dehors de trois grandes régions : Meurthe-et-Moselle, Nord et Centre (Loire et Allier), il n'existe que de petits centres peu importants. Le nombre des personnes qu'elle occupait en 1901 était voisin de 130.000. Aux industries métallurgiques il faut joindre celles de la cuivrerie (57.000 personnes), de la chaudronnerie, fonderie et construction mécanique (242.000 personnes).

Les industries chimiques, très peu développées en France avant 1870, ont pris beaucoup d'extension, moins qu'en Allemagne cependant. De grands établissements se sont fondés avec chacun une spécialité. Ces industries sont moins que les industries métallurgiques attachées au sol. Elles se sont installées surtout à Paris et dans sa banlieue, à Lyon, à Marseille, à Lille. Elles opèrent sur des substances d'espèces différentes ; à chacune correspond une industrie : gaz d'éclairage, carbures, parfums, engrais et soude, savons, stéarine, celluloïd, caoutchouc, dynamite. Ces industries sont concentrées dans de grands établissements, mais occupent au total peu de monde.

B) On peut réunir dans un deuxième groupe les industries textiles et celles du vêtement.

Les changements survenus dans la technique des industries textiles sont considérables. Le métier continu s'est substitué au *self-acting*. Une nouvelle amélioration, le métier Northrop, permet à un seul ouvrier de conduire une douzaine de métiers. La filature s'est entièrement concentrée ; dans toutes ses branches (laine, fil, coton, soie), elle est devenue entièrement mécanique et beaucoup plus rapide. Le tissage à bras à domicile a reculé rapidement ; il a disparu entièrement pour le coton et presque complètement de l'industrie de la laine ; son importance a beaucoup diminué pour la toile :

	Métiers mécaniques	Métiers à bras
1873 :	17.000	60.000
1885 :	18.000	22.800

Pour la soie, le tissage à bras s'est maintenu, mais avec une crise permanente, et grâce au transfert des tisseurs de Lyon dans les villages environnants. A Saint-Etienne, la rubanerie est en transformation. Par suite, les ouvriers se sont concentrés dans les grands établissements et ont cessé de travailler à domicile.

Dans l'industrie cotonnière, une révolution a été amenée par la perte de l'Alsace. Les filatures se sont transportées en partie dans les Vosges et dans le Doubs. La production a diminué, puis s'est relevée : le nombre des broches, qui était approximativement de 6 millions en 1869 est tombé à 4.500.000 en 1875 ; en 1904, on avait de nouveau atteint le chiffre de 6 millions. En outre, les progrès techniques ont beaucoup accru la production. Si on laisse de côté l'Alsace, on voit que l'industrie cotonnière est restée localisée dans les mêmes régions : région de l'Est (Vosges, Haute-Saône, Doubs, Meurthe-et-Moselle), région de l'Ouest (Seine-Inférieure, Calvados, Eure, Eure-et-Loir, Orne, Mayenne), région du Nord (Nord, Aisne, Somme), région lyonnaise (Rhône, Loire). Elle occupait, en 1901, un total de 166.000 personnes.

L'industrie de la laine (en 1901, 161.000 personnes actives) est concentrée dans un petit nombre de régions : Nord, Champagne, Normandie, et, au Midi, dans le département du Tarn.

L'industrie du lin (46.000 personnes actives) a son centre dans la région du Nord (départements du Nord et de la Somme) et dans l'Ouest (Maine-et-Loire et Côtes-du-Nord).

Les fabriques de toiles (66.000 personnes actives) se trouvent surtout dans le Nord (Somme, Nord, Seine-Inférieure), dans l'Ouest (Maine-et-Loire, Sarthe et Vendée) et dans le département des Vosges.

Quant à l'industrie de la soie (134.000 personnes actives), elle est tout entière concentrée dans le bassin du Rhône.

Les transformations qui se sont produites dans l'industrie textile ont été principalement amenées par les grands progrès survenus dans la technique de l'industrie cotonnière ; la consommation du coton a doublé. Ces transformations ont réagi sur les autres textiles, surtout sur la toile et la soie. Une crise s'est produite dans l'industrie des toiles ; cette industrie s'est un peu relevée ; mais les fabricants ont été obligés d'accepter le métissage. La crise est surtout grande pour la soie : les étoffes de grand

luxe ont été abandonnées ; elles ont été remplacées par les étoffes
de demi-luxe, mélangées de coton.

La mégisserie (5.000 personnes actives) a été, elle aussi, transformée. Elle a abandonné le tan ; mais elle est restée installée au
bord des rivières, surtout dans les régions de montagnes. C'est
une des industries les plus dispersées.

Tandis que la tendance générale pour la préparation des
étoffes était la concentration mécanique, les industries du vêtement sont restées dominées par la nécessité de rester en contact
avec la clientèle et d'utiliser le travail isolé. Elles sont dispersées
sur tout le territoire. Le travail à la main ou à la machine à coudre
est encore, en grande partie, un travail exécuté à domicile, un
travail accessoire fait par des femmes occupées par un ménage.
Ce caractère est commun à toutes les industries du vêtement :
couture, lingerie, dentelle, modes, chapeaux, blanchissage, bonneterie et même chaussures.

Mais, déjà, ont commencé des transformations partielles, qui
montrent une tendance à la concentration. Grâce à des inventions
mécaniques, la fabrication des chaussures se concentre en fabriques ; elle occupe 214.000 personnes. Les principaux centres en
sont : l'Ille-et-Vilaine, la Drôme, la Meurthe-et-Moselle, l'Oise, la
Somme. Le même phénomène se remarque dans la bonneterie
(55.000 personnes actives), concentrée dans l'Aube et surtout dans
la Somme. La blanchisserie est localisée dans les grandes villes.
La concentration commence aussi pour la dentelle ; mais celle-ci
reste néanmoins surtout un ouvrage à la main localisé dans les
régions où la main-d'œuvre féminine est à bas prix (Massif
central, Vosges, et une région ancienne : Bayeux).

Plus intense que la concentration industrielle a été pour le
vêtement la concentration commerciale ; les travailleurs sont pour
la plupart des travailleurs à domicile, surtout des femmes, qui
ne sont pas en rapport direct avec le client, mais travaillent pour
un entrepreneur : c'est ce qui se passe dans la lingerie, la ganterie, la confection de vêtements. Le résultat, c'est une baisse des
prix amenée par la concurrence entre femmes qui ne sont pas
organisées pour résister. C'est là, d'ailleurs, un phénomène
général dans tous les pays civilisés ; il a reçu dans les pays anglais
le nom de *sweating-system*. On a composé sur ce sujet un grand
nombre de livres de circonstance ; on a créé des ligues pour faire
intervenir les consommateurs. L'enquête entreprise par l'Office
du travail sur la lingerie a montré que, en fait, il était impossible de considérer le travail à domicile par les femmes comme
un véritable moyen d'existence : savoir coudre, pour les femmes,

constitue une ressource équivalente à celle que peut procurer à un homme le fait de savoir écrire.

Ce qui reste de la petite industrie, c'est surtout l'industrie des tailleurs et couturières (très nombreux : 810.000, 2 0/0 de la population totale) et des modistes (49.000). Une transformation s'est toutefois produite dans le costume féminin : l'adoption du costume tailleur et du chapeau de feutre a déplacé un peu l'industrie ; il y a, à l'heure actuelle, des couturiers et chapeliers pour dames. Mais la proportion des ouvriers salariés augmente ; celle des artisans travaillant à leur compte diminue ; ils sont devenus notamment de plus en plus rares dans les grandes villes. Les tailleurs, couturières et modistes, sont naturellement plus nombreux dans les villes et dans les pays de villégiature que partout ailleurs.

C) Les industries de l'alimentation peuvent se diviser en deux catégories opposées : celles où la préparation des aliments se fait en grand à l'avance et celles où la préparation se fait immédiatement avant la vente et est jointe au commerce de détail.

La préparation à l'avance se fait en gros dans de grands établissements localisés sur quelques points, surtout à Paris. L'industrie sucrière s'est de plus en plus concentrée dans la région de production de la betterave : elle occupe 14.000 personnes, vivant surtout dans les départements de l'Aisne, du Nord, de la Somme, du Pas-de-Calais. La raffinerie et la casserie du sucre occupent près de 9.000 personnes (Seine et Bouches-du-Rhône). La production de l'alcool et celle des liqueurs, qui occupent 22.000 personnes, ont leurs principaux centres dans la Seine et le département du Nord ; celle des vins mousseux (6.000 personnes) dans la Marne, la confiserie (13.000 personnes) dans la Seine et dans la Seine-et-Marne, les conserves de légumes (6.000 personnes) dans la Seine, les conserves de poissons (4.000 personnes) en Bretagne, la brasserie (23.000 personnes) dans le Nord et le Pas-de-Calais. La meunerie a été révolutionnée ; les moulins locaux ne subsistent plus que dans les pays arriérés : ailleurs, ils ont été remplacés par les minoteries (105.000 personnes réparties sur tout le territoire). L'industrie des pâtes alimentaires est également très concentrée.

Au contraire, les opérations qui précèdent immédiatement la vente au client sont dispersées dans tout le pays et restent dans le domaine de la petite industrie, liée au commerce de détail. Dans la boulangerie, malgré les essais faits pour introduire des machines, c'est toujours le travail de bras qui domine ; c'est une des industries qui ont le moins changé. La pâtisserie est restée dans le domaine des artisans ; mais elle tend à se concentrer en entreprises. La boulangerie et la pâtisserie occupent un total de 183.000 personnes. La charcuterie (39.000 personnes actives) est surtout localisée dans la région parisienne. Les bouchers tendent de plus en plus à devenir de simples marchands de viande ; la proportion des salariés augmente.

D) On peut former un quatrième groupe d'industries, en y faisant rentrer la fabrication des instruments, outils ou mobiliers.

Ces industries ont, comme les autres, été transformées par les machines-outils. C'est ainsi qu'une partie du travail du fer est devenue le domaine de la grande industrie. Ce travail est concentré dans quelques régions, surtout la quincaillerie et la tôlerie des Ardennes, la clouterie de Lille et de Saint-Etienne. L'armurerie (22.000 personnes actives, surtout dans la Loire, le Cher, la Vienne) n'est pas encore une industrie complètement mécanique. La serrurerie de la Somme est en voie de transformation. La coutellerie est localisée en trois endroits : à Thiers, sous la forme de petits ateliers, à Nogent (travail à domicile), à Châtellerault.

Le travail du bois, sauf le sciage (scieries mécaniques), est resté localisé dans les pays de forêts. L'ébénisterie est surtout localisée à Paris ; la tonnellerie et la saboterie, dans les pays de consommation. Les travaux qui exigent des rapports constants avec la clientèle ont donné naissance à des entreprises très dispersées : charronnage, charpente, menuiserie.

L'industrie de la poterie (10.000 personnes) est très dispersée ; mais la faïencerie a achevé de se concentrer en grands établissements localisés sur quelques points (Meurthe-et-Moselle, Nord, Loiret, Saône-et-Loire) : en tout, elle occupe 12.000 personnes. L'industrie de la porcelaine (15.000 personnes actives) est également concentrée dans un petit nombre d'endroits (Haute-Vienne, Cher, Seine).

La fabrication des petits objets : tabletterie, brosserie, éventails (57.000 personnes actives), s'est localisée dans quelques régions, surtout dans l'Oise et le Jura ; le travail a d'abord été fait à domicile ; il commence à se concentrer en ateliers.

La verrerie s'est concentrée en grands établissements ; elle occupe 43.000 personnes. Les ouvriers se déplacent.

La ferblanterie et le zingage (40.000 personnes) sont localisés surtout dans les grandes villes.

L'horlogerie a subi de grandes modifications par suite de l'introduction des machines-outils ; le travail de l'horlogerie reste néanmoins en très grande partie un travail à la main ; il s'exécute à domicile ou dans de petits ateliers ; il est localisé dans la région du Jura et en Savoie. La bijouterie reste un travail à la main, exécuté surtout dans la région parisienne ; le travail des pierres précieuses est localisé dans le Jura ; la fabrication des instruments de précision, à Paris et dans le Jura.

Une industrie qui s'est beaucoup développée est celle de la photographie. Il faut y joindre celle des cinématographes.

L'imprimerie, les industries du livre et de la gravure, sont devenues plus mécaniques ; elles sont concentrées à Paris et dans quelques villes.

Des créations ont été faites. Une des plus importantes est l'industrie électrique ; elle exige des ouvriers ayant des connaissances techniques ; elle a transformé les conditions de l'éclairage et de la force motrice ; elle est située surtout dans les grandes villes et les régions de chutes d'eau.

La fabrication des bicyclettes et automobiles exige, elle aussi, beaucoup de travail soigné fait à la main ; elle a son centre à Paris.

E) Industries du bâtiment. — Elles ont éprouvé quelques changements par suite de l'emploi du fer dans les charpentes et du ciment armé. Il y a également une plus grande concentration des entreprises ; mais les industries restent forcément dispersées. Il y a beaucoup de petits patrons et un très grand nombre d'ouvriers (en tout 480.000 personnes actives). La localisation n'est pas très marquée, sauf en ce qui concerne la taille des pierres (Ille-et-Vilaine, Hautes-Pyrénées, Nord), la briqueterie, la chaufournerie et plâtrerie, qui comptent de grands établissements. Dans l'ensemble, les industries du bâtiment sont parmi celles qui ont le moins changé.

F) Transports. — Les chemins de fer et tramways ont beaucoup augmenté leur personnel (295.000 personnes actives). En se répandant partout, ils ont beaucoup réduit le roulage (126.000 personnes actives), qui n'existe plus que dans les grandes villes et en Corse, où il y a peu de chemins de fer.

La manutention et le déchargement (23.000 personnes actives) sont localisés dans les grandes villes et dans les ports.

G) Restent les industries d'Etat. — Elles ont été considérablement accrues. Les postes et télégraphes occupent 86.000 employés : les arsenaux et ateliers militaires, 50.000 ouvriers ; les fabriques d'allumettes, 1.700.

Dans l'ensemble, les artisans à la main ont été éliminés entièrement des industries extractives et des textiles ; ils ont beaucoup perdu dans le travail des métaux. Ils restent nombreux dans les industries du vêtement, de l'alimentation, la fabrication des outils et les industries du bâtiment. Le travail à domicile n'est guère pratiqué que par les femmes ; de plus en plus, il tombe dans la dépendance des entrepreneurs ; le travailleur à domicile perd contact avec la clientèle. L'industrie est de plus en plus séparée du commerce ; la production, de la vente. Les artisans deviennent des salariés.

II. — La répartition par région n'a pas beaucoup changé depuis 1870. Sauf en ce qui concerne les mines de fer et l'industrie cotonnière (déplacement des Alsaciens), chaque industrie est restée là où elle se trouvait déjà, s'est transformée sur place et est devenue mécanique, en augmentant sa production.

1° Paris et ses environs restent la région des industries de luxe et du vêtement (couture, modes, fleurs, bijoux). Il y existe encore un grand nombre d'ouvriers à la main, groupés en petits ateliers. C'est le centre aussi des industries chimiques et des industries de l'automobile.

2° La région la plus industrielle reste la région du Nord : c'est la grande région houillère (départements du Nord et du Pas-de-Calais); c'est la plus importante région textile (laine, toiles) ; c'est également une région de métallurgie (département du Nord). La sérrurerie est concentrée au Vimeu, la tabletterie dans l'Oise. C'est enfin la région du sucre, de l'alcool, de la brasserie.

3° La Normandie a gardé ses anciennes industries. Ce sont surtout les filatures et la fabrication des tissus de coton (Rouen) ; celle des draps a un peu diminué. La ferronnerie y a son centre dans la vallée de la Rille. La fabrication des dentelles est également une industrie normande. Le tissage à domicile de la région sud et du pays d'Yvetot a été remplacé par le travail mécanique.

4°) La région du Nord-Est a été complètement transformée et est devenue beaucoup plus industrielle. La Meurthe-et-Moselle est le principal centre de production du fer. Les Ardennes sont un des centres de la cuivrerie, de la verrerie, de la quincaillerie ; c'est une région de grande industrie. Les Vosges sont devenues depuis 1870 une région de grande industrie cotonnière ; Belfort est un centre pour la fonderie, la chaudronnerie, la construction en métal. Deux industries à domicile ont subsisté, celle des dentelles et celle des luthiers de Mirecourt. La Champagne est restée une région d'industrie drapière dans l'Est et de bonneterie dans l'Aube.

5° La région de l'Est, du Jura, du Doubs, de la Savoie, reste une région d'industrie à la main : horlogerie, objets en bois, taille des pierres précieuses. La Bourgogne n'a presque pas d'industries spéciales.

6° La région lyonnaise, qui déborde sur les départements de Saône-et-Loire et de la Nièvre, est un ancien pays industriel. Il est resté à la fois un pays de grande industrie et un pays d'industrie à la main. La grande industrie est représentée par les mines de la Loire et la métallurgie de Rive-de-Gier ; dans la Saône-et-Loire se trouvent des bassins houillers isolés, avec d'énormes établissements industriels comme le Creusot. L'industrie à la main est représentée par le tissage de la soie (dans le Lyonnais), l'industrie des rubans et celle des armes (Loire).

7°) Le Sud-Est a très peu de grande industrie, sauf à Marseille (savonnerie). Il y a surtout des industries locales : ganterie, chaussures, parfumerie (Alpes-Maritimes), confiserie. L'Isère commence à se transformer par l'emploi de la force électrique et l'introduction de la grande industrie textile. C'est dans cette région du Sud-Est que se sont enfin localisés la filature et le moulinage de la soie dans des établissements moyens, employant surtout des femmes.

8° Le Midi, au sens large (Languedoc et Sud-Ouest), a très peu de grandes industries. On trouve quelques établissements à Bordeaux, des industries locales dans les régions de montagnes : laines du Tarn et bonneterie du Gard (très éprouvée). Le sciage du bois est localisé dans les Landes.

9° Le Massif central possède une région industrielle au nord : grande métallurgie dans le Cher et l'Allier ; et, en outre, des industries locales sur les versants : tannerie, mégisserie, papeterie dans l'Ardèche ; mines de houille dans le Gard ; tanneries, mines, verreries dans l'Aveyron. A Limoges, grande ville isolée dans un pays agricole, les industries principales sont celles de la porcelaine et des chaussures. La région du Massif central est surtout une région agricole ; c'est là que la proportion de la population industrielle est la moins forte. Elle est caractérisée par une industrie locale, la saboterie, et par le bas prix de la main-d'œuvre ; aussi le travail des femmes à domicile y est-il exploité par des entrepreneurs : lingerie dans le Berry, dentelle partout ailleurs.

10° L'Ouest est surtout une région agricole, avec quelques îlots d'industrie spéciale. En Touraine, couture, lingerie ; en Anjou, tuiles, ardoisières ; à Fougères, chaussures ; dans le Finistère, conserves de poissons ; à Nantes, chantiers de construction. Les salaires sont en décadence. Plus au sud, Angoulême est un centre d'industrie pour la papeterie.

La répartition, en définitive, reste très inégale. Le Nord est la région la plus industrielle et celle où se trouvent les plus grandes industries. Le Sud et l'Ouest sont les régions les plus agricoles.

L'Est est devenu industriel dans la partie nord ; dans sa partie
sud, il n'y a qu'une région industrielle, la région lyonnaise, qui
traverse une crise très pénible. Le centre n'a que quelques centres houillers et métallurgiques. Dans l'ensemble, l'inégalité
entre les différentes régions s'est accrue depuis 1870.

E. M.

Sujets de devoirs.

proposés par M. RENÉ BASSET,

Membre de l'Institut

I

UNIVERSITÉ D'ALGER

AGRÉGATION D'ARABE

Composition en français.

1° Motanabbi, ses talents, ses défauts

2° Abou'l Faradj al Isbahâni et le *Kitâb el aghâni*.

3° Mas'oudi et les *Prairies d'or*.

Leçons en français.

1° La cour de Baghdad sous le khalife El Qâher billah.

2° 'Omar ben El Faridh et sa poésie.

3° Les principaux mystiques de l'époque d'Ibn el Faridh. Es Sohrawardi, Ibn el 'Arabi et son *Diwân*.

Composition en arabe.

1° Le Mahdisme au Moyen Age et dans l'Afrique mineure. Rôle d'Ibn Toumert : causes, conséquences politiques et religieuses.

2° Des croyances orthodoxes relatives au Mahdi ; montrez comment elles ont été utilisées par 'Obaid Allah le fatimite.

3° L'éducation des enfants dans l'Afrique mineure

Leçons en arabe.

1° L'influence française sur le nomadisme dans l'Afrique mineure.

2° Organisation de la famille dans l'Afrique mineure : conséquences de cette organisation sur l'état social.

3° Rôle dévolu à la femme dans les différentes classes de la
société indigène dans l'Afrique mineure.

Thèmes.

Lorsque les habitants de l'occident de l'Espagne marchèren
contre le nouvel émir Abd-er-Rahman, dont ils refusèrent de reconnaître le pouvoir, il leur opposa Abd-el-Melik qui, ayant réuni
une forte armée, donna un commandement à son fils Omayyah.
Celui-ci s'avança contre l'ennemi ; mais, ayant rencontré une certaine résistance, il craignit le déshonneur de la défaite et s'enfuit
vers son père : « Si tu as fui la mort, lui dit Abd-el-Melik, tu as
couru vers elle. » Et il ordonna de lui trancher la tête. Ayant
réuni les gens de sa maison et ses proches, il leur dit : « Nous
avons été chassés de l'Orient vers ces contrées lointaines ; on
nous envie une bouchée de pain qui soutient le souffle de la vie ;
brisez les fourreaux de vos sabres ; la mort ou la victoire ! » Les
fourreaux étant brisés, ils s'élancèrent contre les ennemis et les
mirent en fuite. Dans cette journée, les Yamanites furent presque tous détruits ; trente mille hommes périrent des deux partis.
Abd-el-Melik fut blessé grièvement ; le sang coulait de sa blessure et sa main étreignait la poignée de son sabre ruisselant.

*
* *

La matière poétique des Arabes d'Espagne embrasse la nature,
l'amour et des pensées morales, philosophiques. Ils ont décrit la
mer, des flottes, les voiles, le ciel, les étoiles, et particulièrement
les pléiades, le soleil, un effet de lune sur un fleuve ; parmi les
fleurs, le narcisse, la rose, le lis, la fleur de lin, le nénuphar, la
violette ; parmi les fruits, l'orange, la grenade, la pomme, la
cerise, le raisin ; parmi les animaux, un chien de chasse, un cheval, un coq, un vol d'oiseaux ; puis les saisons, le printemps,
l'hiver, un jour de nuage. Ils feront des vers sur un qalam, un
encrier d'ébène incrusté de pierreries, un arc, des palais, des
bains, des jardins, une noria, un bassin de marbre, un lion de
cuivre qui lance l'eau, enfin sur tout sujet que nous appellerions
sujet de genre.
Sur l'amour, ils ont des poésies innombrables ; rapprochement

ou éloignement de deux amoureux, nuits d'amour, entremet-
teuses, jeunes garçons, idhâr (léger duvet de la joue), chanteuses ;
un garçon qui mord une rose et qui la rejette après, un autre
mordu à la joue par un chien, le danger de regarder les femmes,
l'amour du vieillard, etc.

Leurs réflexions morales, philosophiques, portent sur l'éternité
de la vie future, la brièveté d'un jour, la rapidité de l'existence,
l'amitié, la mort, le monde, la science, la richesse, l'éloquence, la
fatalité, le paradis et l'enfer. Enfin c'est la gamme parcourue par
tous les poètes, sauf quelques sentiments particuliers au musul-
man.

**

Le prince des musulmans Yoûsof ne cessa pas de rechercher la
guerre contre les infidèles, d'accabler les rois chrétiens et de
poursuivre tout ce qui pourrait être utile à l'Espagne, jusqu'au
moment de sa mort, survenue dans le cours de l'an quatre cent
quatre-vingt-treize. Il eut pour successeur son fils, Ali ben Yoûsof ben Tâchfîn, qui prit comme son père le titre de prince des
musulmans et nomma ses partisans Almoravides. A l'exemple
de son père, il s'occupa surtout de faire la guerre sainte, de
terrifier l'ennemi et de protéger son propre territoire. Sa manière
de faire était bonne et ses pensées élevées ; ami de la continence
et ennemi de l'injustice, il méritait plus de figurer parmi les
ascètes et les ermites que parmi les princes et les conquérants,
et accordait toutes ses préférences à ceux qui s'occupaient de
l'étude des lois et de la religion. Pendant tout son règne, il ne
trancha pas une affaire sans en référer aux hommes de loi ; quand
il investissait un juge, il ne manquait pas de lui recommander
de ne rien décider, de ne rendre aucune sentence, qu'il s'agit
d'affaire importante ou non, en dehors de la présence de quatre
faqih. Aussi cette dernière classe d'hommes acquit-elle, de son
temps, une importance beaucoup plus grande que dans la période
écoulée depuis la conquête de l'Espagne ; les affaires des musulmans dépendaient d'eux, et les jugements, qu'il s'agit de choses
importantes ou minimes, étaient rendus par eux.

**

Règne d'Abou Yousof Ya 'qoub.

Ce prince, appelé Ya 'qoûb ben 'Abd-el-Mou'min ben 'Ali, et
portant le surnom d'Aboû Yoûsof, était fils d'une esclave chré-

tienne du nom de Sâh'ir, et fut reconnu comme héritier présomptif du vivant et par l'ordre de son père. Il monta sur le trône à
l'âge de trente-deux ans et mourut en çafar cinq cent quatre-vingt-
quinze, âgé de quarante-huit ans et alors que ses cheveux commençaient à grisonner, après avoir régné seize ans huit mois et
quelques jours depuis la mort de son père. Il était d'un teint clair,
plutôt grand, beau de figure, et avait les yeux et la bouche grande,
le nez aquilin, les sourcils très noirs, la barbe arrondie, les
membres forts, la voix sonore, la parole abondante, des plus précises et des plus élégantes ; ses prévisions étaient d'une rare justesse et se réalisaient presque toujours. Il avait l'expérience des
affaires et connaissait aussi bien les causes que les effets du bien
et du mal. La pratique du vizirat, qu'il avait exercé du vivant de
son père, l'avait mis à même de rechercher et de connaître la
manière d'être des précepteurs, des gouverneurs, des qâd'is et
autres détenteurs de l'autorité, et ainsi de connaître les détails
de l'administration. Ses principes de gouvernement étaient inspirés par cette connaissance, ce qui lui permit d'être aussi droit
et équitable que l'exigeaient l'époque et le bien.

Avril 1910.

Hichâm envoyait dans les divers districts des hommes intègres
chargés de s'enquérir auprès du peuple des procédés des fonctionnaires et de lui rapporter les résultats de leurs investigations,
après quoi il prenait les mesures nécessaires pour faire disparaître les abus révélés par cette épreuve. Un jour que quelqu'un se présenta pour réclamer contre un acte d'injustice commis
par un gouverneur, le prince, se précipitant vers le plaignant, lui
dit : « Atteste par serment les actes d'arbitraire dont tu te dis victime, et alors s'il t'a frappé tu le frapperas ; s'il a nui à ton honneur, tu nuiras au sien, mais à la condition qu'il ne t'ait pas infligé une des peines ordonnées par la loi divine ! » Et la peine du
talion fut infligée pour chacun des faits que le plaignant affirma
sous la foi du serment. C'était ainsi que Hichâm refrénait ses
gouverneurs mieux qu'en employant les châtiments et les corrections. Il était magnanime, juste, vertueux, modeste et sage ; on
ne connaît de lui aucune faute ni aucune chute d'enfance ou de
jeunesse.

Mai 1910.

Les rues, formées du sol battu et sans pavé d'aucune espèce,
offrent à un haut degré les inconvénients de cette négligence si

commune en Orient. Elles sont, en été, recouvertes d'une poussière fine qui s'élève en nuages épais au moindre souffle de l'air,
et, dans la saison des pluies, elles deviennent de vrais cloaques
dans lesquels le piéton ne peut s'aventurer qu'au risque évident
d'y laisser ses chaussures. Il va sans dire qu'il faut joindre à ces
ennuis tous ceux qui sont, dans le Levant, la conséquence indispensable du défaut de police : les rues restent toute la nuit dans
une obscurité complète, ce qui est d'autant plus défavorable à
celui qui doit alors les parcourir que chacun y dépose dans la
journée toutes les immondices dont il veut nettoyer sa maison.
Un autre inconvénient, qui n'est pas moins grave, est la rareté
de l'eau, dont la qualité est loin de compenser ce désavantage. La
meilleure, qui vient des environs du mont Arafa, situé à quelques
heures de la ville, est amenée par un aqueduc que fit, dit-on,
élever à grands frais la belle Zobéide, l'épouse préférée du héros
des *Mille et une Nuits*, Haroun-er-Rachid. Quelques quartiers
possèdent des bazars élégants, pourvus des objets les plus précieux, surtout à l'époque du pèlerinage. C'est alors que les productions de tous les pays soumis à la loi du prophète viennent
s'échanger les unes entre les autres et font de la Mekke, pendant
quelques mois, le marché peut-être le plus riche, et certainement
le plus varié de tout l'Orient.

Sujets de devoirs.

UNIVERSITÉ DE PARIS.

AGRÉGATION DE PHILOSOPHIE.

Dissertation.

Nature des règles de la perfection dans Leibniz.

AGRÉGATION DES LETTRES.

Composition française.

Peut-on déjà découvrir dans le *Dialogue des Orateurs* les qualités de l'historien et du peintre ?

Thème latin.

J.-J. Rousseau, *Gouvernement de Pologne*, XI (*Pages choisies*, éd.
Rocheblave, p. 363), depuis : « Est-il sûr que l'argent soit le nerf
de la guerre... », jusqu'à : «... le plus fort et le plus sûr pour l'en
détourner. »

Version latine.

Quintilien, *Inst. Orator.*, lib. V, x, 23-31, depuis : « In primis
igitur argumenta... », jusqu'à : «... rationem quæsituris osten-
dere. »

Thème grec.

G. Boissier, *La Fin du Paganisme*, t. I, *l'Empereur Julien*, p. 91,
depuis : « Quand il eut grandi et qu'on lui laissa suivre les cours
des professeurs en renom... », jusqu'à : «... elle osait parler légèrement de ses vainqueurs. »

Version grecque.

Platon, *Phèdre*, 278 B-279 C.

AGRÉGATION DE GRAMMAIRE.

Composition française.

La phrase de Bossuet étudiée dans les deux textes inscrits au programme.

Thème latin.

BERNARDIN DE SAINT-PIERRE, *Études de la Nature*, XIII, depuis : « Un tombeau est un monument placé sur les limites de deux mondes », jusqu'à : «... avec les attributs de la vertu qu'avec ceux de la puissance. »

Version latine.

LUCAIN, *Pharsale*, IV, v. 799-824.

Thème grec.

CHATEAUBRIAND, *Les Martyrs*, livre XXI, depuis : « Nourrie dans les riantes idées de la mythologie... », jusqu'à : «... celles qui doivent accabler son père et son époux. »

AGRÉGATION D'HISTOIRE ET DE GÉOGRAPHIE.

I. — La Grande Charte.
II. — Politique extérieure de la Convention.
III. — L'archipel du Japon.

Bibliographie

Rationalisme et Tradition. *Recherche des conditions d'efficacité d'une morale laïque,* par J. DELVOVE, Maître de conférences à l'Université de Montpellier, 1 vol. in-16 de la *Bibliothèque de Philosophie contemporaine,* 2 fr. 50 (Félix Alcan, éditeur).

Le type de doctrine morale défini par les programmes de notre enseignement public, utilisé dans nos établissements laïques d'enseignement, est-il capable d'efficacité pratique ? Sinon, à quelles conditions la morale laïque acquerra-t-elle cette efficacité ?

Pour répondre à cette double question, l'auteur se livre à une analyse critique des deux types essentiels de doctrine morale actuellement en présence dans notre société française : la morale laïque d'une part, de l'autre la morale religieuse traditionnelle. Il compare les deux doctrines, au point de vue de l'efficacité pratique, en les confrontant respectivement aux données fournies par la psychologie de l'action, et il conclut en indiquant les caractères essentiels qui s'imposent, comme conditions d'efficacité, à toute doctrine morale étrangère à l'autorité traditionnelle.

Le Gérant : FRANCK GAUTRON.

POITIERS. — SOCIÉTÉ FRANÇAISE D'IMPRIMERIE.

DIX-HUITIÈME ANNÉE (*2e Série*)　N° 20　31 MARS 1910

REVUE HEBDOMADAIRE

DES

COURS ET CONFÉRENCES

DIRECTEUR : **N. FILOZ**

La France et la papauté
de 1814 à 1870

Cours de **M. A. DEBIDOUR,**

Professeur à l'Université de Paris.

Lamennais et le parti néo-catholique.

Au lendemain de la Révolution de 1830, on pouvait croire que l'Eglise, qui était vaincue avec Charles X, subirait les représailles des vainqueurs : il n'en fut rien. Tout se borna à des manifestations, à des criailleries : le clergé en fut quitte pour la peur et s'estima heureux de s'en tirer à si bon compte. Quelques évêques furent conspués, quelques croix abattues ; mais la nation, satisfaite d'avoir brisé le trône, ne songea pas à briser l'autel. La seule manifestation importante, le sac de l'archevêché, fut plutôt une réponse à une provocation légitimiste qu'une manifestation antireligieuse. Le culte catholique lui-même ne souffrit nullement.

Le premier acte de Louis-Philippe fut, en effet, d'assurer les représentants de l'Eglise de son respect et de sa sympathie. Les parlementaires non plus ne pensèrent pas à la persécution ; c'étaient en majorité des bourgeois voltairiens, qui ne voulaient pas qu'on les forçât à aller à la messe, mais qui étaient d'avis qu'*il faut une religion pour le peuple.* Puisque le Concordat fonctionnait passablement, il était inutile de lui substituer une

nouveauté qui pouvait être dangereuse ; pourvu qu'il n'y eût pas
de théocratie, ils étaient décidés à ne rien changer. Ils enlevèrent
simplement à la religion catholique le titre de religion d'Etat,
et, par l'article 69, promirent qu'il serait pourvu prochainement
par une loi à l'organisation de l'instruction publique et à celle
de la *liberté de l'enseignement*, liberté dont, seul, le clergé pouvait
tirer des avantages sérieux. On abolit, par la loi du 11 octobre
1830, la loi sur le sacrilège, et on retira l'autorisation accordée
en 1816 à la fameuse Société des Missions de France. Mais de
timides propositions de séparation des Eglises et de l'Etat furent
écartées, presque sans débat, par les Chambres.

Ce fut dans le clergé que se développa l'idée de la séparation ;
non pas dans l'état-major du clergé. Les grands dignitaires
criaient bien à la persécution ; ils avaient vu avec douleur monter
sur le trône un prince qui avait porté le bonnet rouge, un protégé
de La Fayette ; mais ils se rendaient compte qu'en somme le
Concordat était profitable à l'Eglise ; il lui assurait un rang
officiel, quelque chose comme le caractère d'une institution
d'Etat, et faisait d'eux les dépositaires d'une partie de l'autorité
nationale. Mais, à côté d'eux, ou plutôt en dessous d'eux, vivaient
des prêtres ardents, catholiques passionnés, à la foi presque
violente, moins habitués à ménager les gouvernements et à tenir
compte des circonstances politiques. Accoutumés à regarder
l'Eglise comme la reine du monde, à mettre, entre elle et les
puissances temporelles, autant de distance qu'entre le ciel et la
terre, ils rêvaient pour elle une suprématie sans limites, une
autorité morale qui lui permît de gouverner tout le genre humain.
Loin de s'effrayer des idées de 1789 et de l'esprit de liberté qui
recommençait à soulever les peuples, ils les acceptaient, et
disaient que la liberté était la condition de l'établissement de
cette suprématie de l'Eglise : il fallait que, tournant le dos aux
monarchies, elle s'adressât directement aux peuples. Le promoteur de ces idées si nouvelles était un polémiste que nous
avons déjà rencontré, qui s'était signalé par son ultramontanisme intransigeant et autoritaire, et dont les violences de langage
avaient effarouché jusqu'à l'épiscopat français et la cour de Rome
elle-même, dont il défendait la cause : l'abbé de Lamennais.
Prêtre sans peur et sans reproche, il vivait au milieu des idées et
non des contingences politiques ; la politique l'avait écœuré ; il
avait tout attendu de la royauté légitime, et s'était aperçu que, au
lieu de servir l'Eglise, les gouvernements se servaient d'elle ;
nous avons déjà vu, dans le dernier de ses écrits ultramontains,
l'annonce de sa conversion aux idées démocratiques. Les néces-

sités politiques, disait-il, ne devaient pas exister aux yeux de
l'Eglise ; si Rome y avait quelquefois cédé, elle avait eu tort.

On se rappelle qu'il avait toujours combattu le gallicanisme
avec la dernière énergie : le gallicanisme avait été, selon lui,
oppressif pour l'Eglise, parce qu'il mettait le clergé français aux
pieds de la royauté. François Ier avait mis la main sur les
bénéfices ecclésiastiques ; Louis XIV avait voulu courber l'Eglise
sous son joug par les quatre articles de 1682 ; Napoléon avait fait
du clergé un corps de fonctionnaires, avait emprisonné le pape ;
il aurait pu faire le bien de l'Eglise, mais ne l'avait pas voulu ; les
Bourbons l'avaient voulu, mais ne l'avaient pas pu ; Louis-Philippe ne le pouvait ni ne le voulait, car il était le serviteur d'une
majorité voltairienne.

Pourquoi la majorité actuelle était-elle voltairienne ? Parce que
l'Eglise avait semblé confondre sa cause avec celle d'une dynastie
impopulaire et maladroite ; parce que le clergé, croyant servir sa
propre cause, avait servi celle d'un parti odieux à la nation, et
que ses préférences allaient encore à ce parti. L'Eglise devait donc
résolument cesser de s'inféoder à un gouvernement, c'est-à-dire
à un parti politique ; elle devait garder, temporellement comme
spirituellement, une indépendance absolue ; à cette condition,
mais à cette condition seulement, son autorité morale ne tarderait
pas à renaître et à grandir. La seule solution était donc la séparation de l'Eglise et de l'Etat.

Mais l'Eglise, profitant ainsi des principes de la Révolution,
devait en accepter loyalement toutes les conséquences, sans
arrière-pensée ni réserve. Elle devait donc accepter l'égalité, la
liberté civile, la liberté de la presse, la liberté des cultes, la
liberté de l'enseignement. Cessant de les condamner, elle devait
même les défendre, les inscrire sur sa bannière. Liberté, égalité,
fraternité, c'était l'esprit de l'Evangile, c'était ce que Jésus-Christ
était venu prêcher sur la terre. Le pape devait se faire le champion de ces idées ; partout où les peuples étaient opprimés,
partout où le droit était méconnu, le pape devait intervenir,
prêcher la justice, se faire l'avocat des libertés, des nationalités,
en Belgique, en Irlande, en Allemagne, en Pologne, en Italie
même ; il y perdrait sans doute les quelques provinces que le
traité de Vienne lui avait rendues ; mais il y gagnerait une popularité et une puissance extraordinaires, lorsqu'on le verrait
prendre résolument en main, au nom du ciel, en face des puissants de la terre, la cause des faibles et des opprimés. Qu'était-ce
que la perte de quelques centaines de lieues carrées, auprès
de l'empire moral de l'humanité ?

Lamennais n'était pas le seul à professer ces généreuses idées ;
il y avait autour de lui une petite phalange également résolue :
c'étaient des prêtres, Gerbet, Salinis, Rohrbacher, Lacordaire ;
des laïques pieux et éloquents comme Montalembert, tous disposés
à s'élever au-dessus des calculs mesquins de la politique et à
combattre pour la foi en dehors des partis. Dès la fin de 1830, ils
fondèrent, pour exposer leur doctrine, le journal l'*Avenir* ; et, pour
mener leur propagande non seulement par des paroles, mais par
des actes, ils fondèrent, à la même époque, l'*Agence générale pour
la défense de la liberté religieuse.* Cette association, dirigée par un
comité de neuf membres sous la présidence de Lamennais, avait
pour but, d'après ses statuts : 1° de poursuivre devant les tribunaux tout acte contre la liberté de la religion et du culte ; — 2° de
propager, d'établir et de défendre la liberté de l'enseignement
primaire, secondaire et supérieur ; — 3° de maintenir et de
défendre la liberté d'association. La société se mit aussitôt à
l'œuvre, organisa des souscriptions publiques et provoqua dans
toute la France, en faveur de la liberté de l'enseignement, des
pétitions qui furent couvertes en quelques semaines de quinze
mille signatures. Quelque temps après, en avril 1837, pour attaquer ouvertement le monopole universitaire, elle ouvrit à Paris,
sans aucune autorisation, une école libre, primaire et secondaire,
dont Lacordaire et Montalembert furent les professeurs.

Cette propagande ne pouvait manquer d'inquiéter le gouvernement ; mais il fit d'abord semblant d'ignorer. Louis-Philippe
n'aimait pas à se mêler d'affaires religieuses : « Il ne faut jamais,
disait-il, mettre son doigt dans les affaires de l'Eglise ; on ne l'en
retire pas : il y reste. » Néanmoins les ministres firent traduire
l'*Avenir* en cour d'assises pour une série d'articles qui attaquaient
violemment le principe du budget des cultes et la nomination des
évêques par l'Etat, et demandaient la dénonciation du Concordat.
Mais ce procès ne fournit aux accusés qu'un moyen d'affirmer
leurs doctrines d'une façon plus éclatante ; ils furent acquittés
(janvier 1831). L'école libre fut fermée et ses fondateurs poursuivis ; mais, Montalembert étant pair de France, ils ne pouvaient être
jugés que par les pairs. Ils furent condamnés à 100 francs d'amende,
c'est-à-dire à une peine insignifiante, après des débats retentissants qui furent pour leur œuvre la meilleure des propagandes.

L'opposition, de la part du gouvernement, fut donc molle et
loin de ressembler à une persécution. Mais ce n'est pas seulement de lui qu'elle vint : elle vint de l'Eglise elle-même, qui se
refusa à tenter l'aventure où voulait l'entraîner Lamennais. Les
évêques français se rattachaient au monde légitimiste ; ils ne'

pouvaient pardonner à Lamennais d'avoir rompu avec ce parti,
et ne voulaient pas le suivre dans sa campagne contre le Concordat, ni surtout dans sa volte-face démocratique. Aussi la
plupart d'entre eux interdirent-ils à leur clergé la lecture de
l'*Avenir* ; quelques-uns même dénoncèrent Lamennais soit au
nonce du pape à Paris, soit au pape lui-même.

Mais celui-ci n'était pas, pour le moment, disposé à se prononcer
catégoriquement ; c'était un ancien moine, Mauro Capellani,
devenu pape en février 1831 sous le nom de Grégoire XVI, extrêmement conservateur, incapable d'admettre les idées libérales. Il
eût certainement condamné les doctrines de l'*Avenir*, s'il avait
eu les mains libres ; mais les circonstances politiques ne lui
permettaient pas de prendre une attitude aussi nette. L'Italie était,
à ce moment, travaillée par les idées révolutionnaires, particulièrement en Romagne, dans les Etats pontificaux ; les Autrichiens
étaient intervenus pour maintenir l'absolutisme, et on s'en
inquiétait en France ; aussi le pape craignait-il, en condamnant
trop ouvertement les idées libérales, de provoquer une intervention française en faveur des patriotes italiens. D'autre part, il
avait encore une certaine déférence pour Lamennais ; on se
souvenait à Rome de ses énergiques campagnes en faveur de
l'ultramontanisme ; on ne pouvait méconnaître sa bonne foi, et
on craignait, en le condamnant, de le pousser à une révolte
ouverte. On évita donc de se prononcer catégoriquement ; mais
on s'efforça de lui faire parvenir indirectement des avis pour lui
faire comprendre que sa ligne de conduite n'était pas approuvée
par le Saint-Père.

Or Lamennais s'obstinait à ne pas comprendre, et voulait
que le pape le jugeât au grand jour. Il lui envoyait, dès février
1831, l'*Exposition de ses principes*, demandant une réponse, qui
d'ailleurs ne vint pas. Ses collaborateurs, Montalembert, Lacordaire, se sentant désapprouvés par Rome, commençaient à fléchir.
Lui seul ne voulait pas céder ; il pensa qu'une démarche personnelle auprès du Souverain Pontife lèverait tous les obstacles ;
que celui-ci était mal renseigné et qu'en l'écoutant il le comprendrait mieux. En attendant, il crut devoir suspendre provisoirement la publication de l'*Avenir* (novembre 1831), annonçant qu'il
se soumettrait à la sentence du Saint-Père, quelle qu'elle fût.
Puis, accompagné de Montalembert et de Lacordaire, il partit
pour Rome.

A Rome ne l'attendaient que des déceptions ; il faut en lire le
récit découragé dans les *Affaires de Rome*, publiées en 1837.
Partout l'accueil fut froid ; nulle part, dans l'entourage du Saint-

Père, il ne put trouver un appui pour ses demandes d'audience : tout le monde lui faisait comprendre que l'opinion du pape était irrévocablement fixée et qu'il ne devait pas s'obstiner. Un second mémoire, qu'il lui fit parvenir, demeura, comme le premier, sans réponse ; le pape y fit à peine attention ; on représenta à Lamennais qu'il valait mieux retourner en France et, là, cesser sa propagande.

Ainsi s'écroulaient tous les espoirs qu'il avait fondés sur le voyage de Rome. La mort dans l'âme, il insista encore ; et, s'il arriva enfin à obtenir une audience du Saint-Père, ce fut à la condition expresse qu'il ne dirait pas un mot du motif qui l'avait amené, et qu'il ne tenterait pas d'exposer la moindre parcelle de son programme. Une audience, dans ces conditions était encore plus désespérante qu'un refus d'audience. Elle eut lieu, terne, quelconque ; le pape ne parla que de banalités ; comme il avait été convenu, aucun mot ne fut prononcé de l'affaire qui tenait tant à cœur à Lamennais ; il se retira sans qu'aucune question lui eût été posée, aucune explication demandée, aucune objection faite. Il espéra encore, contre toute espérance, et resta, dans l'espoir d'une seconde audience plus décisive. Les semaines s'écoulaient. Lacordaire tâcha vainement de le persuader de partir, et quitta Rome, en mars 1832. Lamennais resta jusqu'en juillet ; alors, de guerre lasse, il se décida à partir, mais ce fut en déclarant que, puisque le pape n'avait pas condamné son œuvre, il allait la poursuivre.

Pour regagner la France, il passa par l'Allemagne ; à peine était-il en Bavière qu'il apprenait sa condamnation, ou plutôt celle de ses idées. Il semblait qu'on eût attendu que Lamennais ne fût plus là pour se défendre. Pourquoi le pape, qui avait si longtemps hésité devant une condamnation, la prononçait-il cette fois d'une façon catégorique ? C'est que sa situation politique s'était quelque peu modifiée. Les mouvements de la Romagne avaient amené une nouvelle intervention autrichienne, suivie bientôt par une contre-intervention française : l'occupation d'Ancône. Le pape craignait l'ambition des Autrichiens, bien qu'ils le secourussent mais il craignait encore plus l'intervention française, la France de Juillet représentant pour lui la Révolution. Pour se sauver de ces deux périls, il avait cru bon de recourir à un monarque qu'il croyait puissant, le tzar, et avait acheté son appui en invitant les catholiques polonais, alors insurgés, à la soumission à la Russie (1). En retour, le tzar avait promis au

(1) Bref aux évêques de Pologne (juillet 1832).

pape son appui, s'il le fallait, contre l'Autriche et contre la
France. Voyant ainsi sa position assurée, le pape avait cru que le
moment était venu de parler net.

Il le fit par l'encyclique du 15 août 1832, connue sous le nom
de l'encyclique *Mirari* ; celle-ci, qui était un anathème radical et
définitif contre les principes de 1789, réprouvait solennellement,
comme perverses et funestes pour la religion, les doctrines les
plus chères à Lamennais. L'Eglise, dans son état actuel, était
parfaite ; elle n'avait besoin d'être ni *restaurée* ni *régénérée* ;
c'était lui faire injure que d'admettre qu'elle fût exposée à la
défaillance : jamais elle n'avait failli à sa mission. En tout cas, en
admettant qu'elle eût besoin de réformes, c'était au pape seul à
en prendre l'initiative ; les évêques et les *simples prêtres* n'avaient
qu'à obéir. Ensuite Grégoire XVI condamnait l'*indifférentisme*,
c'est-à-dire la doctrine d'après laquelle *on pouvait acquérir le
salut éternel, par quelque profession de foi que ce fût, pourvu que
les mœurs fussent droites et honnêtes* : c'était enlever à la religion
catholique le privilège qu'elle devait tirer de sa vérité absolue ;
et il ajoutait : « De cette *source infecte* de l'indifférentisme découle
cette *maxime absurde et erronée, ou plutôt ce délire* (1), qu'il faut
garantir et assurer à qui que ce soit la *liberté de conscience*. »
Cette liberté était aussi la conséquence d'une autre erreur, la
liberté d'opinion. — « A cela se rapporte, dit encore l'encyclique,
cette *liberté funeste et dont on ne peut avoir assez d'horreur, la
liberté de la librairie* pour publier quelque écrit que ce soit,
liberté que quelques-uns osent solliciter et étendre avec tant de
bruit et d'ardeur... Il est assez évident combien est fausse, téméraire, injurieuse au Saint-Siège et féconde en maux pour le
peuple chrétien la doctrine de ceux qui non seulement rejettent
la censure des livres, mais... osent refuser à l'Eglise le droit de
l'ordonner et de l'exercer... » — Quant à la liberté politique, le
pape la condamnait en rappelant l'ancienne doctrine du *droit
divin :* la puissance des princes émanant de Dieu, c'était résister
à Dieu que de résister aux princes. La séparation de l'Eglise et
de l'Etat était repoussée comme dangereuse pour la puissance
spirituelle ; seuls, les partisans d'une *liberté effrénée* et, par suite
les ennemis de la religion, pouvaient la demander. Enfin la
société de l'*Avenir*, sans être nommée, était implicitement
condamnée : Grégoire XVI proscrivait « toute association où,
feignant le respect de la religion, mais vraiment *par soif de la
nouveauté et pour exciter partout des séditions*, on préconisait

(1) L'encyclique *Quanta cura* devait reprendre cette expression.

toute espèce de liberté, on excitait des troubles contre le bien de l'Eglise, et on détruisait l'autorité la plus respectable ».

Lamennais n'était pas nommé, mais ne pouvait manquer de comprendre ; d'ailleurs, de peur qu'il prit prétexte de l'omission de son nom pour continuer sa campagne, il reçut en même temps une lettre du cardinal Pacca lui faisant savoir que c'était bien lui et les doctrines de l'*Avenir* qui étaient visées, et l'invitant formellement à la soumission.

Lamennais était trop respectueux de la discipline ecclésiastique pour ne pas se soumettre ; il l'avait, d'ailleurs, promis avant son départ. Dès le 10 septembre 1832, il annonça la suppression de l'*Avenir* et la dissolution de l'*Agence générale*. Mais, s'il obéissait strictement, il n'approuvait pas et, dans ses paroles comme dans sa correspondance, ne dissimulait pas son sentiment sur la doctrine de l'encyclique. Aussi ses ennemis le dénoncèrent-ils de nouveau en cour de Rome, à la suite de quoi on essaya d'obtenir de lui une adhésion explicite au manifeste pontifical. D'abord il refusa :

« Je déclare, dit-il dans sa lettre au pape du 5 novembre 1832, 1° qu'en tant que l'encyclique proclame la tradition apostolique, j'y adhère uniquement et absolument, me reconnaissant obligé, comme tout catholique, à ne rien écrire ou approuver qui y soit contraire ; 2° qu'en tant qu'elle décide et règle différents points d'administration et de discipline ecclésiastiques, j'y suis également soumis sans réserve. Mais, afin que, dans l'état actuel des esprits, particulièrement en France, des personnes passionnées et malveillantes ne puissent donner à la déclaration que je dépose aux pieds de Votre Sainteté de fausses interprétations qui tendraient à rendre peut-être ma sincérité suspecte, ma conscience me fait un devoir de déclarer en même temps que, selon ma ferme persuasion, si, dans l'ordre religieux, le chrétien ne sait qu'écouter et obéir, *il demeure, à l'égard de la puissance spirituelle, entièrement libre de ses opinions, de ses paroles et de ses actes dans l'ordre purement temporel...* »

« N'était-il pas clair, écrivait-il plus tard dans les *Affaires de Rome* (I, 161), que l'obéissance dont Rome exigeait la promesse s'étendait, dans sa vague généralité, aux choses temporelles au moins autant qu'aux choses spirituelles ? Un pareil engagement répugnait souverainement à ma conscience. Si la profession de catholicisme en impliquait le principe, *je n'avais jamais été catholique*, car jamais je ne l'avais admis, jamais je n'aurais pu l'admettre. »

Il s'était ainsi débattu plus d'un an. Mais, enfin, les instances du pape et de ses représentants ne lui permirent pas de se dérober plus longtemps ; à ce moment, il reculait encore devant une rupture avec l'Eglise. L'archevêque de Paris lui présenta, de la part du Saint-Siège, une formule d'adhésion à l'encyclique qu'il signa, *pour avoir la paix* (11 décembre 1833). Mais cela ne suffit pas à ses adversaires. On voulait, à tout prix, que Lamennais se rétractât et s'engageât à concourir, au moins par son silence, à la politique du pape. Cela, il le refusa net. Il déclara à l'archevêque qu'*il n'entendait pas renoncer à ses devoirs envers son pays et l'humanité, dont nulle puissance au monde ne pouvait ni exiger le sacrifice ni le dispenser*. — « Cet·engagement, écrivait-il au même personnage le 29 mars 1833, je ne puis le prendre ; ma conscience me le défend ; je ne promettrai jamais ce que je ne suis pas résolu à tenir. » Enfin, pour couper court à toutes les obsessions, il publia peu après les *Paroles d'un croyant* : c'était un réquisitoire violent contre les rois, contre les puissances du passé, et une ardente apologie des droits populaires, au nom du christianisme. Le succès du livre fut immense.

C'était la rupture. Aussi Rome ne garda-t-elle plus aucun ménagement ; le 25 juin 1834, une nouvelle encyclique condamna, en le nommant cette fois, Lamennais et son livre : « L'esprit a vraiment horreur, disait l'encyclique connue sous le nom de *Singulari*, de lire seulement les pages de ce livre, où l'auteur s'efforce de briser tous les liens de soumission envers les princes, et, lançant de toutes parts les torches de la sédition et de la révolte, d'etendre partout la destruction de l'ordre public, le mépris des magistrats, la violation des lois, et d'arracher presque de leurs fondements tout pouvoir religieux et tout pouvoir civil. Puis, dans une suite d'assertions aussi injustes qu'inouies, il représente, par un·prodige de calomnies, la puissance des princes comme contraire à la loi divine, bien plus, comme l'œuvre du péché, comme le pouvoir de Satan lui-même, et il flétrit des mêmes notes d'infamie ceux qui président aux choses divines aussi bien que les chefs des Etats, à cause d'une alliance de crimes et de complots qu'il imagine avoir eté conclue entre eux contre les droits des peuples.... Il veut, de plus, faire établir par la violence la liberté des opinions, de discours et de conscience ; il appelle tous les biens et tous les succès sur les soldats qui combattront pour la délivrer de la tyrannie (c'est le mot qu'il emploie); dans les transports de sa fureur, il provoque les peuples à se réunir et à s'associer de toutes les parties du monde... » Ce qui exaspérait le pape, c'est que Lamennais appuyait ses opinions sur les paroles de l'Ecriture sainte et les enseignements de Jésus-Christ : « Pour affranchir les peuples dès lois de l'obéissance, comme s'il était envoyé et inspiré de Dieu, après avoir commencé au nom de l'Auguste et très sainte Trinité, il met partout en avant les Ecritures saintes, et, détournant leurs paroles, qui sont les paroles de Dieu, de leur vrai sens, il les emploie avec autant d'astuce que d'audace à inculquer dans les esprits les funestes délires de son imagination... » Lamennais était donc désigné personnellement à tous les catholiques par le Saint-Père comme un fauteur d'anarchie, un ennemi de l'Eglise, un hérétique. Aucun rapprochement n'était plus possible. Fort de sa conscience, il rompit pour toujours avec l'Eglise et la papauté, après avoir passé toute sa vie à lutter pour elles ; vingt ans après, il devait mourir sans sacrements, en demandant que ses obsèques fussent purement civiles. Mais, en attendant, il se consacra tout entier à la cause de l'émancipation des peuples ; il répandit l'idée que les principes de la République avaient leur source dans l'Evangile. La révolution de 1848 dut beaucoup à Lamennais ; dans les discours et les écrits des chefs démocrates et socialistes, on remarque un mélange de générosité et de religiosité qui avait sa source dans les écrits de Lamennais.

Qu'étaient devenus ses amis dans cette crise ? Ils ne l'avaient pas suivi ; effrayés par les menaces des évêques et du pape, ils n'avaient pas attendu que leur chef rompît avec l'Eglise pour se séparer de lui. Presque tous avaient donné, dès 1832 et 1833, leur adhésion à l'encyclique *Mirari*. Lacordaire, continua sa propagande pour les idées catholiques, mais cette fois sous le contrôle de ses chefs et dans la mesure où ils le lui permirent. Montalembert fut le dernier fidèle ; mais, à la fin, poussé par Lacordaire et par Mme Swetchine, il se détacha de son maître après l'encyclique *Singulari* et fit sa soumission à Rome.

Ils n'avaient cependant pas entièrement renoncé à leur propagande. Peu de temps après, quelques-uns d'entre eux, ceux qu'on devait appeler les *néo-catholiques*, recommençaient une nouvelle campagne au nom de l'Eglise et de la liberté. Cette fois, aucune sommation ne vint de Rome. On se demande pourquoi ce qui avait été interdit à Lamennais fut permis aux Montalembert et aux Lacordaire. Sans doute que, voyant les disciples plus traitables et moins compromettants que le maître, et distinguant en eux une force, la papauté crut bon de les mettre de son côté et d'assurer à l'Eglise un concours qui pouvait avoir pour elle de sérieux résultats politiques. Il faut dire, d'ailleurs, que la nouvelle école se montrait bien moins acharnée, bien moins intransigeante que l'ancienne, et n'attaquait en face ni les papes ni les rois ; elle ne prêchait pas l'insurrection, ne montrait aucune préférence pour une forme quelconque de gouvernement, abandonnait le programme démocratique ; quant à la séparation, il n'en était plus question. Des libertés modernes, ils n'en revendiquaient résolument que deux : la *liberté de l'enseignement* et la *liberté d'association* ; sur ces deux points, il est vrai, ils se montraient intraitables. Ainsi réduit, leur programme était acceptable par l'Eglise. Non seulement il était acceptable, mais l'Eglise devait souhaiter sa réalisation : le droit d'enseigner, c'était pour elle le moyen de reconquérir la jeunesse française ; la liberté lui permettrait de se passer de la faveur compromettante d'un gouvernement et de subsister malgré les fluctuations de la politique. Ne rien réclamer que le droit commun, c'est une force. Aussi la nouvelle école mena-t-elle avec énergie une propagande qui, grâce à la complaisance des pouvoirs publics, donna de tels résultats qu'on ne peut dire que la monarchie de Juillet ait été un mauvais régime pour l'Eglise.

La comédie en France après Molière

Cours de M. AUGUSTIN GAZIER,

Professeur à l'Université de Paris.

Regnard (*suite*).

Nous avons vu, dans notre dernière leçon, que Regnard n'avait jamais essayé de traiter de grands sujets. Une fois seulement, avec le *Distrait*, il a tenté d'écrire une comédie de caractères. Cela ne lui réussit point; il s'égara. Mais il ne s'en tint pas, comme beaucoup de ses prédécesseurs, aux pièces en un acte. Avec lui, nous n'avons point affaire, comme avec Dancourt, à un simple amuseur de parterre. Il est vraiment poète et, si l'on ne peut prétendre qu'il fut l'héritier de Molière, il en a été au moins le disciple. C'est peut-être là ce qui l'a fait juger avec tant de faveur par la critique.

Nous avions laissé de côté, pour les examiner plus à loisir, deux pièces : le *Joueur* (1696) et le *Légataire universel* (1708). L'examen de ces comédies modifiera-t-il l'idée que nous nous étions faite de Regnard ? Que vaut le *Joueur* ? Le *Légataire universel* est-il digne des foudres que lui a lancées Jean-Jacques Rousseau ?

Considérons d'abord le *Joueur*, son action, ses caractères, les détails de l'exécution. Le sujet, est en somme, très simple. Un joueur enragé, nommé Valère, est aimé par une ingénue, qui à sa beauté et à sa jeunesse a l'avantage de joindre une immense fortune. Notre amoureuse a pour nom Angélique, et Valère veut l'épouser. Mais Dorante, un jeune oncle de Valère, est pour lui un rival redoutable. Nérine, soubrette intelligente et avisée, se vante, elle aussi, d'évincer Valère. Géronte, enfin, père du jeune premier, est d'abord grondeur comme Don Luis, le fameux père de Don Juan ; puis, pour faire une niche à son frère, il change de dispositions et prend le parti de son fils contre Dorante.

Vous voyez que l'exposition est très simple et claire, et qu'elle n'est chargée d'aucune complication inutile. Bientôt l'affaire s'embrouille. Angélique ne veut pas, tout d'abord, épouser notre joueur, dont le vice lui répugne. Mais Valère a le caractère violent, et il déclare tout net à l'ingénue qu'il va se tuer. Angélique a pitié de lui ; elle a, d'ailleurs, pour lui des sentiments très vifs, mais qu'elle n'ose pas trop avouer. Bref, elle donne à Valère son portrait, un portrait superbe enrichi de diamants ; mais le jeune homme est repris par sa folie : il joue, il joue toujours. La chance tourne et, à bout d'expédients, il met le portrait de la trop crédule Angélique entre les mains d'un usurier.

Vous devinez peut-être la conclusion. Le secret est éventé. Angélique met Valère à la porte de chez elle. Mais, ce que vous n'eussiez peut-être pas deviné, c'est qu'elle épouse Dorante.

L'exposition est vive ; le dénouement est bien amené et naturel. Mais la simplicité même de cette trame devait servir de borne aux ambitions de Regnard. Il y avait là de quoi faire un acte, trois peut-être ; il était impossible, sans danger, d'en faire cinq.

Mais Regnard voulait écrire, comme Molière, une comédie en cinq actes : c'est de cette ambition que découlent les principaux défauts de la pièce. Regnard a introduit, en effet, un certain nombre de personnages postiches. Nous trouvons, outre les personnages que nous avons déjà vus et qui seuls sont nécessaires à l'action : une comtesse, sœur d'Angélique, et qui voudrait bien épouser Valère ; le marquis, rival ridicule des deux amoureux ; M. Toutabas, maître de tric-trac et surtout de tricheries ; M. Galonier, tailleur ; Mme La Ressource, revendeuse à la toilette ; Mme Adam, sellière ; un laquais d'Angélique ; trois laquais du marquis. Tous ces personnages n'ont d'autre raison d'être que d'animer la pièce, et surtout de l'allonger.

Aussi pourrait-on, dans une comédie qui, au premier abord, parait si simple, supprimer des scènes entières ; le quatrième acte tout entier est, ou peu s'en faut, inutile. Au troisième acte, sur quatorze scènes, Valère joue dans neuf. Angélique est vite oubliée par Valère, par le poète aussi, et, ce qui est plus grave, par le public.

Le *Joueur* est donc une pièce inégale. A côté de scènes qui prouvent une grande habileté théâtrale, on trouve de véritables fautes d'écolier. L'exposition surtout est un chef-d'œuvre ; elle est vite complète, exactement après la scène IX. Tous les personnages principaux ont été présentés, avec leur nom, au spectateur. Je vous prie de les noter au passage, à mesure qu'ils paraîtront. Hector, valet du joueur, est assis dans un fauteuil, près d'une toilette :

« Il est parbleu grand jour. Déjà, de leur ramage,
Les coqs ont éveillé tout notre voisinage.
Que servir un joueur est un maudit métier !
Ne serai-je jamais laquais d'un sous-fermier ?

Je ronflerais mon saoul la grasse matinée,
Et je m'enivrerais le long de la journée ;
Je ferais mon chemin ; j'aurais un bon emploi ;
Je serais, dans la suite, un conseiller du roi,
Rat de cave ou commis ; et que sait-on ? Peut-être,
Je deviendrais un jour aussi gras que mon maître.
J'aurais un beau carrosse à ressorts bien liants ;
De ma rotondité j'emplirais le dedans :
Il n'est que ce métier pour brusquer la fortune ;
Et tel change de meuble et d'habit chaque lune,
Qui, Jasmin autrefois, d'un drap de Sceaux couvert,
Bornait sa garde-robe à son justaucorps vert...
Quelqu'un vient...
                    Si matin, Nérine, qui t'envoie ?

NÉRINE

Que fait Valère ?

HECTOR.

    Il dort.

NÉRINE.

                    Il faut que je le voie.

HECTOR.

Va, mon maître ne voit personne quand il dort.

NÉRINE.

Je veux lui parler.

HECTOR.

            Paix ! Ne parle pas si fort !

NÉRINE.

Oh ! j'entrerai, te dis-je.

HECTOR.

                Ici, je suis de garde
Et je ne puis t'ouvrir que la porte bâtarde.

NÉRINE.

Tes sots raisonnements sont pour moi superflus.

HECTOR.

Voudrais-tu voir mon maître *in naturalibus* ?

NÉRINE.

Quand se lèvera-t-il ?

HECTOR.

Mais, avant qu'il se lève,
Il faudra qu'il se couche ; et franchement...

NÉRINE.

Achève.

HECTOR.

Je ne dis mot.

NÉRINE.

Oh ! parle ! ou de force ou de gré.

HECTOR.

Mon maître, en ce moment, n'est pas encor rentré.

NÉRINE.

Il n'est pas rentré !

HECTOR.

Non, il ne tardera guère.
Nous n'ouvrons pas matin. Il a plus d'une affaire,
Ce garçon-là...

NÉRINE.

J'entends ! Autour d'un tapis vert,
Dans un maudit brelan, ton maître joue et perd ;
Ou bien, réduit à sec, d'une âme familière,
Peut-être il parle au ciel d'une étrange manière.
Par ordre très exprès d'Angélique, aujourd'hui,
Je viens pour rompre ici tout commerce avec lui.
Des serments les plus forts appuyant sa tendresse,
Tu sais qu'il a cent fois promis à ma maîtresse
De ne toucher jamais cornet, carte ni dé,
Par quelque espoir de gain que son cœur fût guidé.
Cependant...

HECTOR.

Je vois bien qu'un rival domestique
Consigne entre tes mains pour avoir Angélique.

NÉRINE.

Et, quand cela serait, n'aurais-je pas raison ?
Mon cœur ne peut souffrir la lâche trahison.
Angélique, entre nous, serait extravagante
De rejeter l'amour qu'a pour elle Dorante ;
Lui, c'est un homme d'ordre et qui vit congrûment

HECTOR.

L'amour se plaît un peu dans le dérèglement.

NÉRINE.

Un amant fait et mûr...

HECTOR.

                    Les filles, d'ordinaire,
Aiment mieux le fruit vert.

NÉRINE.

                    D'un fort bon caractère ,
Qui ne sut, de ses jours, ce que c'est que le jeu.

HECTOR.

Mais mon maître est aimé.

NÉRINE.

                    Dont j'enrage, morbleu !
Ne verrai-je jamais les femmes détrompées
De ces colifichets, de ces fades poupées,
Qui n'ont, pour imposer, qu'un grand air débraillé,
Un nez de tous côtés de tabac barbouillé,
Une lèvre qu'on mord pour rendre plus vermeille,
Un chapeau chiffonné qui tombe sur l'oreille,
Une longue stinkerque à replis tortueux,
Un haut-de-chausse bas prêt à tomber sur eux ;
Qui, faisant le gros dos, la main dans la ceinture,
Viennent, pour tout mérite, étaler leur figure ?

HECTOR.

C'est le goût d'à présent ; tes cris sont superflus,
Mon enfant.

NÉRINE.

                    Je veux, moi, réformer cet abus,
Je ne souffrirai pas qu'on trompe ma maîtresse,
Et qu'on profite ainsi d'une tendre faiblesse ;
Qu'elle épouse un joueur, un petit brelandier,

Un franc dissipateur, et dont tout le métier
Est d'aller de cent lieux faire la découverte,
Où de jeux et d'amour on tient boutique ouverte,
Et qui le conduiront tout droit à l'hôpital.

HECTOR. •

Ton sermon me parait un tant soit peu brutal ;
Mais, tant que tu voudras, parle, prêche, tempête,
Ta maîtresse est coiffée.

NÉRINE.

                    Et crois-tu, dans ta tête,
Que l'amour sur son cœur ait un si grand pouvoir ?
Elle est fille d'esprit ; peut-être, dès ce soir,
Dorante, par mes soins, l'épousera.

HECTOR.

                              Tarare !
Elle est dans nos filets.

NÉRINE.

                         Et moi, je te déclare
Que je l'en tirerai dès aujourd'hui...

HECTOR.

                              Bon, bon !

NÉRINE.

Que Dorante a pour lui Nérine et la raison.

HECTOR.

Et nous avons l'Amour. Tu sais que, d'ordinaire,
Quand l'amour veut parler, la raison doit se taire ;
Dans les femmes, s'entend.

NÉRINE.

                         Tu verras que, chez nous,
Quand la raison agit, l'amour a le dessous.
Ton maître est un amant d'une espèce plaisante !
Son amour peut passer pour fièvre intermittente ;
Son feu pour Angélique est un flux et reflux.

HECTOR.

Elle est, après le jeu, ce qu'il aime le plus.

NÉRINE.

Oui, c'est la passion qui seule le dévore.
Dès qu'il a de l'argent, son amour s'évapore.

HECTOR.

Mais, en revanche aussi, quand il n'a pas un sou,
Tu m'avoueras qu'il est amoureux comme un fou... »

Et la scène continue ainsi, déterminant d'une façon de plus en plus précise les divers traits du caractère de Valère.

Le dénouement est aussi des plus heureux. Il commence à la quatrième scène de l'acte V, qui comprend douze scènes. Il est formé par une série d'éliminations successives des divers personnages : c'est d'abord le marquis ridicule, puis la comtesse, puis le vieux Geronte, qui s'en va furieux en déshéritant son fils. Enfin Angélique sort avec Dorante.

Avec une telle entrée en matière et un tel dénouement, on oublie bien des imperfections. D'ailleurs, les scènes du milieu, qui sont mal agencées, ne laissent pas d'être amusantes.

Nous avons vu quelle était l'action ; il nous faut examiner maintenant ce que valent les caractères. Certes, après Molière, il est difficile de demander à un auteur d'atteindre la perfection ; mais les caractères de Regnard sont vraiment insuffisants.

Angélique est une petite sotte, fort inconsciente, et dont les variations nous intéressent, en somme, assez peu ; elle n'est en rien comparable aux ingénues de Molière.

Dorante est un benêt, très faiblement épris. Lorsque Angélique s'éloigne de lui, il se console avec facilité ; lorsqu'elle l'accepte pour mari, il l'épouse sans enthousiasme.

Géronte est un vieux niais ; son rôle est invraisemblable. Au début, il enfle la voix comme Don Louis, puis il change d'avis, pour faire une niche à son frère.

Valère, enfin, est vraiment fou ; il est amoureux ; mais on ne sait trop pourquoi ni comment. A côté de la douce Angélique, il entretient des amours vulgaires.

Ces gens-là s'agitent, en somme, beaucoup ; mais nul n'a, si vous me passez cette expression vulgaire, « de cœur au ventre ». On ne trouve en eux aucun sentiment vrai. Un seul caractère est bien dessiné ; c'est celui de Nérine. Comme les soubrettes de Molière, la Nicole du *Bourgeois Gentilhomme* ou la Dorine du *Tartuffe*, elle sait ce qu'elle veut et elle suit toujours la ligne de conduite qu'elle s'est tracée. Les autres personnages ne sont que des marionnettes.

Et surtout on trouve, dans le *Joueur*, de continuelles imitations; c'est un plagiat de tous les instants. Pourtant rappelons-nous les vers que Regnard lui-même avait écrits contre Boileau :

> A le chercher bien loin, lecteur, ne t'embarrasse,
> Tu le retrouveras tout entier dans Horace.

Ne pourrait-on pas dire de lui qu'on le retrouverait tout entier dans Molière et dans Boileau lui-même? Molière prenait son bien partout où il le trouvait. Or le bien de Molière, Regnard se l'adjuge sans scrupules d'aucune sorte. Nous constatons en lui une véritable manie du vol, ce qu'on appelle aujourd'hui d'un nom scientifique la kleptomanie. Regnard a, en effet, volé à Dufresny le sujet du *Joueur*, aussi bien les grandes lignes de la comédie que de nombreux détails.

Pour bien nous en rendre compte, il nous faudrait comparer de près les deux comédies, le *Joueur* de Regnard et le *Chevalier Joueur* de Dufresny; mais cela nous entraînerait trop loin. Ce fut, pour Regnard, une mauvaise action, mais une bonne affaire.

On trouve dans les deux pièces les mêmes personnages, sauf le père et Mᵐᵉ La Ressource, qui n'existent pas chez Dufresny. Mais ce sont les mêmes incidents et les mêmes plaisanteries. Valère est aussi un amoureux au thermomètre ; sa passion est variable comme lui. Nous revoyons chez Dufresny la même histoire du portrait engagé et perdu au jeu. Angélique est dans les deux pièces aussi sotte.

Mais la comédie de Regnard a plus de vivacité et de gaieté; elle vaut beaucoup plus par le charme du détail et par les agréments du style.

Enfin la pièce de Regnard est morale, s'il est vrai que la moralité d'une pièce se puisse mesurer à celle du dénouement : Valère est puni, puisqu'il est privé d'Angélique et de sa fortune.

Il n'en est pas de même pour le *Légataire universel*. Ici, la friponnerie triomphe sur toute la ligne. Le sujet est aussi très simple. Eraste veut épouser Isabelle, fille d'Argante ; mais la mère désire un gendre riche et Eraste est pauvre. Géronte, vieil oncle d'Eraste (il a 68 ans à peine), se propose, lui aussi, d'épouser Isabelle ; il a de l'argent. Alors tout le monde se met à l'œuvre pour détourner Géronte de ce mariage et pour l'engager à faire d'Eraste son légataire universel. Bref, le vieillard est rebuté. Crispin, valet d'Eraste, fait à ce bon oncle des scènes épouvantables. Il lui fait tellement peur que le vieillard tombe frappé d'apoplexie, sans avoir eu le temps de faire de testament. Qu'à cela ne tienne : Crispin se fait passer pour Géronte, fait appeler un notaire et dicte un testament en faveur d'Eraste. Vous pensez bien qu'il ne s'oublie pas lui-même. Mais, à peine le testament est-il terminé, que le vieux Géronte ressuscite ! Que faire ? On essaie de convaincre Géronte qu'il a perdu la mémoire, qu'il a fait un testament en faveur de son neveu. Bref, on l'embrouille si bien, qu'il consent à tout, au mariage et au testament.

Comme vous le voyez, le titre pourrait être *Les Fourberies de Crispin*. La pièce est sans portée philosophique ni morale. C'est une farce à la Molière, dans le genre des *Fourberies de Scapin* ou de *Monsieur de Pourceaugnac*. Tous les personnages sont des drôles ou des imbéciles. C'est une comédie dans le goût de celles qu'on jouait aux Italiens, une de ces bonnes farces que Boileau n'eût pas manqué de louer, parce que, en vérité, elle était plaisante. On y trouve de la facilité et de l'entrain. C'est, en somme, une pièce bien « troussée ».

Je ne vous citerai comme exemple que la scène II de l'acte III :

CRISPIN (*dehors, heurtant*)

« Holà. quelqu'un, holà !
Tout est-il mort ici, laquais, valet, servante ?
J'ai beau heurter, crier, aucun ne se présente.
Le diable puisse-t-il emporter la maison !

LISETTE.

Et qui diantre, chez nous, heurte de la façon ?

(*Elle ouvre*)

Que voulez-vous, Monsieur, quel démon vous agite ?
Vient-on chez un malade ainsi rendre visite ?

(*Bas.*)

Dieu me pardonne, c'est Crispin, c'est lui, ma foi.

CRISPIN.
(*Bas à Lisette.*)

Tu ne te trompes pas, ma chère enfant, c'est moi.

(*Haut.*)

Bonjour, bonjour, la fille. On m'a dit, par la ville,
Qu'un Géronte en ce lieu tenait son domicile.
Pourrait-on lui parler ?

LISETTE

Pourquoi non ? Le voilà.

CRISPIN

(lui secouant le bras).

Parbleu, j'en suis bien aise. Ah ! Monsieur, touchez là.
Je suis votre valet ou le diable m'emporte.
Touchez là derechef Le plaisir me transporte
Au point que je ne puis assez vous le montrer.

GÉRONTE.

Cet homme, assurément, prétend me démembrer.

CRISPIN.

Vous paraissez surpris autant qu'on le peut être.
Je vois que vous avez peine à me reconnaître.
Mes traits vous sont nouveaux. Savez-vous bien pourquoi ?
C'est que vous ne m'avez jamais vu.

GÉRONTE.

                                        Je le crois...

CRISPIN.

Je suis votre neveu, quoi qu'en dise l'envie ;
De plus, votre héritier, venant de Normandie
Exprès pour recueillir votre succession.

GÉRONTE.

C'est bien fait et je loue assez l'intention.
Quand vous en allez-vous ?

CRISPIN.

                              Voudriez-vous me suivre ?
Cela dépend du temps que vous avez à vivre.
Mon oncle, soyez sûr que je ne partirai
Qu'après vous avoir vu bien cloué, bien muré,
Dans quatre ais de sapin reposer à votre aise.

LISETTE

(Bas, à Géronte.)

Vous avez un neveu, Monsieur, ne vous déplaise,
Qui dit ses sentiments en toute liberté.

GÉRONTE.

(Bas à Lisette.)

A te dire le vrai, j'en suis épouvanté.

CRISPIN.

Je suis persuadé, de l'humeur que vous êtes,
Que la succession sera des plus complètes,
Que je vais manier de l'or à pleine main,
Car vous êtes, dit-on, un avare, un vilain ;
Je sais que, pour un sou, d'une ardeur héroïque,
Vous vous feriez fesser sur la place publique.
Vous avez, dit-on même, acquis, en plus d'un lieu,
Le titre d'usurier et de fesse-mathieu.

GÉRONTE.

Savez-vous, mon neveu, qui tenez ce langage,
Que, si de mes deux bras j'avais encor l'usage,
Je vous ferais sortir par la fenêtre ?

CRISPIN.

Moi ?

GÉRONTE.

Oui, vous ; et dans l'instant sortez !

CRISPIN

Ah ! par ma foi,
Je vous trouve plaisant de parler de la sorte !
C'est à vous de sortir et de passer la porte.
La maison m'appartient : ce que je puis souffrir
C'est de vous y laisser encor vivre et mourir... »

Je vous ai déjà dit que J.-J. Rousseau avait furieusement attaqué le *Légataire*. Examinons un peu ces attaques ; elles se trouvent dans la *Lettre à d'Alembert* sur les spectacles. Rousseau
s'exprime ainsi :

« Regnard, un des moins libres (des successeurs de Molière),
n'est pas le moins dangereux ; c'est une chose incroyable qu'avec
l'agrément de la police on joue publiquement, au milieu de Paris,
une comédie où, dans l'appartement d'un oncle qu'on vient de
voir expirer, son neveu, l'honnête homme de la pièce, s'occupe,
avec son digne cortège, des soins que les lois payent de la corde ;
et qu'au lieu des larmes que l'humanité fait verser en pareil cas
aux indifférents même, on égaie à l'envi de plaisanteries barbares le triste appareil de la mort. Les droits les plus sacrés, les
plus touchants sentiments de la nature, sont joués dans cette
odieuse scène. Les tours les plus punissables y sont rassemblés
comme à plaisir, avec un enjouement qui fait passer tout cela pour

des gentillesses. Faux acte, supposition, vol, fourberie, mensonge, inhumanité, tout y est, et tout y est applaudi. Le mort s'étant avisé de renaître, au grand déplaisir de son cher neveu, et ne voulant point ratifier ce qui s'est fait en son nom, on trouve le moyen d'arracher son consentement de force, et tout se termine au gré des acteurs et des spectateurs, qui, s'intéressant, malgré eux, à ces misérables, sortent de la pièce avec cet édifiant souvenir, d'avoir été, dans le fond de leur cœur, complices des crimes qu'ils ont vu commettre.

« Osons le dire sans détour : qui de nous est assez sûr de lui pour supporter la représentation d'une pareille comédie, sans être de-moitié des tours qui s'y jouent? Qui ne serait pas un peu fâché, si le filou venait à être surpris ou à manquer son coup? Qui ne devient pas, un moment, filou soi-même en s'intéressant pour lui? Car s'intéresser pour quelqu'un, qu'est-ce autre chose que de se mettre à sa place? Belle instruction pour la jeunesse que celle où les hommes faits ont bien de la peine à se garantir de la séduction du vice ! Est-ce à dire qu'il ne soit jamais permis d'exposer au théâtre des actions blâmables ? Non ; mais, en vérité, pour savoir mettre un fripon sur la scène, il faut un auteur bien honnête homme. »

Au début du xviiie siècle, le *Journal de Trévoux* avait fait la critique du *Légataire*, et les Pères jésuites n'avaient rien trouvé à redire à la morale.

Geoffroy, au siècle dernier, a fait du jugement de Rousseau une critique précise et profonde :

« Si l'on craint au théâtre, dit-il, qu'un fourbe manque son coup, c'est parce que l'on ne considère, dans le moment, que l'industrie, la finesse, le talent du fourbe : on est bien éloigné d'approuver son action. On s'intéresse si peu à lui, on se met si peu à sa place que, dans le *Légataire*, on se divertit beaucoup de l'embarras et des angoisses des fabricateurs du faux testament, quand la résurrection du bonhomme Géronte déconcerte toutes les machines.

« S'intéresser à quelqu'un, demande Rousseau, qu'est-ce autre chose que de se mettre à sa place? Question sophistique, vaine subtilité. On rit souvent de gens qu'on méprise ; on veut voir le succès d'une ruse qui paraît bien ourdie, sans pour cela se mettre à la place de l'intrigant ; c'est un pur intérêt de curiosité, car on jouit de la disgrâce d'un fripon pris dans ses propres filets plus qu'on n'aurait fait de la réussite de ses artifices. »

Regnard est bien tel, en somme, que nous le montre sa biographie : un épicurien qui cherche à s'amuser en amusant les autres. Tant que les Italiens furent à Paris, il fit des pièces pour eux ; quand il passa au Théâtre-Français, il ne changea pas sa manière. Bien que ses pièces soient en cinq actes et en vers, il ne fit jamais de grandes comédies. Il voulait amuser son public ; il y parvint. Boileau disait de lui : « Cet homme-là n'est pas médiocrement gai ». C'est par ces mots que nous pouvons le mieux le caractériser.

J. F.

La « République » de Platon

Cours de M. ALFRED CROISET,

Doyen de la Faculté des Lettres de l'Université de Paris.

La cité platonicienne.

Socrate va entreprendre de constituer en imagination une cité
idéale. Il ne s'agit pas, pour lui, de légiférer à proprement parler,
c'est-à-dire d'appliquer des lois à une cité réellement existante;
ce qu'il se propose, ne l'oublions pas, c'est de trouver une
définition de la justice.

Cette définition, il l'a d'abord cherchée dans l'individu même,
en s'appuyant soit sur la définition de Polémarque, soit sur
celle de Thrasymaque ; mais, par ces procédés, il n'est arrivé à
rien qui le satisfasse. Alors, après les deux graves objections de
Glaucon et d'Adimante, Socrate conclut que, pour trouver une
définition de la justice, il faut avoir recours à ce qu'il appelle,
par une comparaison familière, les lettres en gros caractères, qui
nous permettront de lire plus aisément ; ainsi, au lieu d'examiner les seuls individus, étudions la cité : nous y verrons en
plus gros, en plus net, cette définition de la justice que nous
cherchons et n'avons pas, jusqu'à présent, trouvée :

« Si l'on ordonnait à des personnes qui n'ont pas la vue très
« perçante de lire de loin des lettres écrites en petits caractères,
« et qu'elles aient remarqué que ces mêmes lettres se trouvent
« écrites ailleurs en gros caractères sur une plus grande surface,
« il leur serait, je crois, très avantageux d'aller lire d'abord les
« grandes lettres et de les comparer ensuite avec les petites pour
« voir si ce sont bien les mêmes...

« Ainsi, comme la justice se rencontre à la fois dans un homme
« et dans un Etat, et qu'un Etat est plus grand qu'un homme, la
« justice pourrait bien s'y trouver en caractères plus grands et
« plus faciles à discerner... »

Comment Socrate s'y prendra-t-il pour construire sa cité juste ?
Il va procéder par une série d'observations de détails et d'organi-
sations particulières, dont chacune lui paraîtra répondre à l'idéal
de justice que l'homme porte en lui. Ainsi apparaîtra, peu à peu,
l'image de la cité d'où l'on pourra dégager cet idéal.

Ce procédé est une sorte d'induction ; c'est une série d'observations, d'hypothèses, de constructions, dont chacune, tour à tour, est examinée par Socrate et ses interlocuteurs, afin d'obtenir l'approbation de tous. De cette série d'observations, d'opinions vraies, sortira la nouvelle cité. Car Socrate ne part pas d'un principe *à priori* ; il s'appuie sur des opinions jugées vraies et qui deviendront des faits scientifiques, lorsqu'elles auront obtenu, au cours de la discussion dialectique, l'approbation générale ; c'est cependant de lui-même, et par une espèce d'intuition, qu'il tire l'image qu'il va soumettre à ses interlocuteurs. Comment expliquer cette méthode ? Elle s'explique tout naturellement par ce que nous savons des idées mêmes de Socrate. Les esprits philosophiques, nous avons eu l'occasion de le voir, sont déjà, selon ses propres termes, gros de la vérité ; ils la contiennent en eux, et il s'agit seulement, par une série d'opérations dialectiques, de mettre au jour et de contrôler cette vérité. En même temps se dégageront tous les traits, dont l'ensemble va constituer la cité idéale. Socrate aura ainsi tiré de ces opinions vraies une image d'où il pourra, par une sorte d'analyse dialectique, extraire enfin l'idée qui y est contenue. En un mot, de faits conçus par intuition, analysés ensuite et vérifiés, se dégage, par une manière d'induction, l'idée générale qui les explique. Voilà la méthode socratique, telle que nous la trouvons ici.

Vous savez en gros quels sont les traits principaux de la cité platonicienne. Rappelons-les brièvement ; cela est nécessaire pour bien apprécier chaque détail, pour comprendre la valeur de ces différents détails, leur importance, leur signification exacte, le but enfin vers lequel nous sommes conduits. Ce but, il est bien évident que Socrate ne peut lui-même l'indiquer d'avance ; ce serait contraire à sa méthode, car « ce que je sais le mieux, a-t-il « dit lui-même, c'est que je ne sais rien ». Mais c'est la marche dialectique qui doit peu à peu le mener jusqu'à la conclusion, qu'il ne pressent pas encore. Pour nous qui la connaissons, cette conclusion éclaire la route et nous permet de mieux juger l'importance des détails que nous avons à étudier. Cette cité de Platon est essentiellement paradoxale, et l'on a pu dire que, si la cité athénienne était démocratique jusqu'au paradoxe, la cité platonicienne, à l'inverse, était paradoxalement aristocratique.

En quoi consiste donc son organisation ? Il y a, dans la cité comme dans l'individu, deux ordres de besoins : les uns sont des besoins inférieurs, par exemple la nourriture, le vêtement, etc., ou, pour garder le langage de la philosophie platonicienne, les besoins qui se rattachent à cette partie inférieure de l'âme qui

s'appelle l'*épithvmia*, concupiscence ou désirs inférieurs. Puis il
y a d'autres besoins, d'un ordre supérieur, qui correspondent dans
l'individu à ce qu'on nomme le *thumos*, le courage, et le *noûs*, la
raison, c'est-à-dire, pour la cité, les fonctions de défense militaire,
de direction, de gouvernement. De même qu'il y a deux classes
de besoins, il y aura deux classes d'hommes : les uns occupés à
satisfaire les besoins inférieurs, les autres ayant pour mission de
satisfaire les besoins supérieurs de la cité. C'est là un système
très aristocratique, dans lequel la division du travail est absolue.
Il y a séparation complète entre les deux ordres de besoins, séparation aussi entre les deux classes de ceux qui ont pour tâche de
satisfaire à l'un ou l'autre de ces besoins. La cité platonicienne
repose donc sur l'aristocratie.

Il ne s'agit pas là d'une aristocratie de jouissance, égoïste,
mais d'une aristocratie toute morale et intellectuelle, qui se propose uniquement le bien de la cité, qui implique une vie de
sacrifice et de devoir ; c'est une aristocratie spirituelle, ce mot
ayant le sens que lui donnait Auguste Comte lorsqu'il parlait du
pouvoir spirituel de sa cité idéale. N'oublions pas, en outre,
que cette aristocratie platonicienne n'est pas une caste, pas plus
d'ailleurs que la classe inférieure. Car, comme cette aristocratie
essentiellement spirituelle doit reposer sur des qualités intellectuelles et morales très nobles et très hautes, il est indispensable que ceux qui la composent possèdent les qualités requises ;
de même, si un homme des classes inférieures se trouve
posséder ces qualités éminentes, il est digne de s'élever au rang
supérieur ; il n'y a de barrière ni pour les uns ni pour les
autres : « Et surtout, dit Platon, pas de vaine pitié, si quelque
« homme de la classe des grands, des *archontes*, se montre
« inférieur par l'insuffisance de son intelligence ou de ses
« qualités morales, il faut le précipiter. » De même il faut
élever au rang des chefs l'homme bien doué qui se trouverait
dans les classes d'artisans. Combien tout cela est animé d'un
esprit élevé, d'un amour de la vérité et du bien, jusque dans les
moindres détails, jusque dans les déductions qui peuvent paraître
les plus rigoureuses ! Ainsi voici un trait qui a surtout fait scandale, à toutes les époques : la communauté des femmes et des
enfants, et la communauté des biens, imposées par Platon à cette
aristocratie supérieure. Mais, s'il édicte qu'il n'y aura point de
biens qui ne soient en commun, ce n'est point pour en rendre la
jouissance plus facile, mais parce que cette aristocratie spirituelle
ne doit pas être riche, et qu'elle ne peut songer à s'enrichir si elle
n'a pas d'intérêts personnels à faire valoir ; les biens seront en-

commun afin d'assurer le nécessaire a tous. De même, si la
famille se trouve supprimée dans le système platonicien, c'est à
cause de l'égoïsme familial, qui, avec l'égoïsme individuel, tend
le plus à dissocier l'unité de la cité. Voilà comment, même dans
ce paradoxe qui peut sembler colossal et qui, dès les premiers
lecteurs, dès Aristote, fit grand scandale, c'est l'idée morale la
plus haute dans ses intentions qui inspira Platon.

Revenons à notre division. Il y aura donc deux grandes classes
de citoyens nettement distinctes : une aristocratie formée d'hommes choisis et perfectionnés par l'éducation, éducation d'ailleurs
toute philosophique, la plus complète, la plus haute, pour ceux
qui sont à la tête, moins complète, mais élevée encore pour
ceux qui sont au second rang ; puis la masse des artisans, des
travailleurs. Seule, la classe supérieure subit la loi rigoureuse
qui interdit la famille et la propriété.

Comment Socrate, ou plutôt Platon, est-il arrivé à une conception qui choque tellement le sens commun ? Comment est-il
parti de la réalité au milieu de laquelle il vivait pour aboutir
à cette conception paradoxale ? Il s'est servi, à coup sûr, d'un
certain nombre d'observations vraies, qu'il a pu tirer de la réalité
existante et d'où il a dégagé des principes qui se trouvent
être opposés à cette réalité même ; puis, avec cet esprit géométrique que nous lui connaissons (« Nul n'entre ici s'il n'est
géomètre », était-il écrit sur la porte de l'Académie), Platon a tiré
de ces principes toutes leurs conséquences. Ce n'est pas qu'il
ignore les objections et les critiques qu'on pourra lui adresser ;
il en parle quelque part lui-même, avec cette grâce qui lui est si
particulière ; il voit des vagues se dresser, qui renverseront tous
ses échafaudages ; il voit ce *kuma*, le flot qui se précipite à l'assaut de ses constructions, mais peu lui importe.

Quelles sont donc ces observations vraies qui ont servi à Platon
de point de départ? Elles sont de deux sortes : les unes portant sur
la démocratie athénienne elle-même; les autres sur certains faits,
un peu exceptionnels dans le monde grec, mais qui l'orientent
cependant dans sa marche. Il y a, tout d'abord, un fait frappant
et lamentable, que Platon rappelle à maintes reprises et déplore
en termes admirables : c'est la division qui ne cesse de régner
dans les cités grecques et la violence des haines politiques. Il dit,
au début du quatrième livre de la *République* : « Il n'y a pas une
« cité en Grèce qui ne se compose en réalité de deux cités : la cité
« des riches et celle des pauvres », et nulle part on ne trouverait
l'unité, l'harmonie si indispensable à ses yeux. Il a donc vu le
mal, il a vu dans l'intérieur d'une même cité deux cités hostiles

par suite de l'individualisme égoïste de chacun, aussi bien parmi
les riches que parmi les pauvres ; il a vu ce conflit, cette opposition perpétuelle dans l'intérieur de chacune de ces deux cités,
dont l'antinomie constitue ce qu'on appelle une cité grecque. Ce
que Platon remarque encore (il le note aussi dans les *Lois*),
c'est l'incompétence universelle ; à Athènes, tout le monde est
bon à tout ; tel devient aisément magistrat ou général, comme tel
autre, dans la vie privée, embrasse un peu tous les métiers. Cette
variété et cette instabilité constituent un des principaux caractères
de l'Athénien. Et nous noterons, en passant, une différence de point
de vue assez curieuse. à ce sujet ; car c'est tout justement cette
diversité dans les aptitudes, les occupations, que loue le Périclès
de Thucydide dans la célèbre oraison funèbre ; il y voit une qualité remarquable et particulière à l'Athénien : « Ce qui est admi-
« rable dans notre cité, dit-il, c'est qu'on voie un même homme
« s'occuper avec intelligence des affaires publiques et veiller avec
« non moins d'habileté à ses intérêts privés. » Voilà donc un
même fait indéniable, noté par deux obervateurs différents et
dont chacun tire des conséquences diamétralement opposées. La
chose en elle-même était indiscutable et pouvait fort bien servir
de point de départ à la pensée platonicienne. Voilà les maux que
Platon a observés, et qui le choquent tout particulièrement ;
il est profondément troublé dans son instinct d'ordre et de belle
harmonie. Mais il y a d'autres constatations qui ont encore
servi à orienter sa pensée. N'y a-t-il pas Sparte, par exemple ?
Sparte, si différente d'Athènes à tant d'égards et qui a toutes
les apparences de l'ordre ; Sparte, avec ses deux rois-magis-
trats, son peuple plus restreint et mieux organisé que celui
d'Athènes, et composé de citoyens d'un ordre plus relevé,
tandis que les basses fonctions sont laissées aux ilotes. Est-ce à
dire que Platon l'admire sans réserve ? Non ; les partisans de
Sparte, vous le savez, étaient nombreux à Athènes ; ils y formaient un parti, les laconisants ; mais ils ne fermaient pas les
yeux sur les défauts de Lacédémone. « Sparte, a dit Aristote,
était une cité qui ne préparait que la guerre et qui n'avait fait
aucun progrès dans les arts de la paix. » De sorte qu'une fois
maîtresse, après la guerre du Péloponnèse, elle provoqua une
réaction violente un peu partout. On trouva ces Spartiates grossier, durs, impérieux et incapables de comprendre toute civilisation plus relevée que la leur. Tous ces reproches, nous les trouvons exprimés par un des plus fameux laconisants, par Xénophon
lui-même. Isocrate non plus ne manque pas d'insister sur les
énormes défauts de Lacédémone. Néanmoins Sparte était restée,

dans le monde grec, comme entourée d'une espèce d'auréole ; elle avait longtemps été la puissance dominante de la Grèce, une puissance où les institutions étaient très anciennes. Or ces Grecs, si mobiles, eurent toujours une sorte de respect pour les choses qui ne changeaient pas, et ils admiraient Sparte d'avoir encore sa dynastie de rois, plus ancienne que les Doriens eux-mêmes, dynastie autochtone, issue de la race achéenne ; ils l'admiraient d'avoir gardé ses institutions. Ajoutez les habitudes de discipline rigoureuse, de bel ordre, qui semblaient régner à Sparte et qui contribuaient encore à inspirer un profond respect aux Grecs. La réalité se montra, il est vrai, assez différente ; et Thucydide constate que ce bel ordre apparent, qu'on admirait, avait caché des désordres nombreux et durables. Mais, au ve siècle, Sparte jouit du calme et de cette réputation tradition-nelle qui lui donnait aux yeux de tous un aspect de grandeur.

Outre ces considérations, il y avait dans le monde grec autre chose à quoi Platon put songer et qui dut contribuer aussi à l'écarter de la démocratie athénienne : c'est le souvenir des Pythagoriciens. Le pythagorisme, en effet, ne fut pas uniquement une école de philosophie spéculative ; ses adeptes entreprirent de transporter leurs principes politiques dans la réalité, et, à la fin du vi^e siècle, au début du ve, on sait qu'ils réalisèrent leurs idées dans certaines cités nouvelles. Or, pour les Pythago-riciens, tout reposait sur l'harmonie, l'harmonie universelle ou Kosmos, et Platon s'en souvint.

De tout cela il va se dégager pour Platon un certain ensemble de principes. Le premier caractère que doit présenter une cité, c'est l'unité, unité non seulement matérielle, mais morale et intellectuelle ; il faut, avant tout, dans une cité, la concorde, l'*homonoïa*. Cette idée de la nécessité de l'*homonoïa* était si sen-sible pour des peuples perpétuellement en discorde, qu'elle avait frappé, avant Platon, un certain nombre d'écrivains, et que de nombreux traités avaient déjà été consacrés à la question ; l'*homonoïa* leur paraissait quelque chose d'admirable, et ils cher-chaient le moyen de la réaliser. L'orateur Antiphon et plusieurs autres écrivirent sur ce sujet. Donc la cité doit être une, profon-dément une ; c'est une condition d'existence pour elle, comme pour un être vivant, d'être harmonieuse.

Un autre principe, qui découle naturellement de ces observa-tions, c'est le principe de la compétence nécessaire, par conséquent de la division du travail, dans les fonctions de la cité. Lorsqu'on étudie un art et qu'on veut s'y rendre tout à fait maître, ne faut-il pas se spécialiser dans cet art ? Cette idée non plus n'est pas par-

ticulière à Platon ; nous la trouvons chez quelques écrivains
·avant luı et surtout, après lui, chez Aristote, au début de la *Polı-
tique*. Mais, si l'idée n'est pas absolument neuve, ce qui est
nouveau, ce qui est bien propre à Platon, c'est la rigueur géométrique avec laquelle, une fois ces principes dégagés de l'observation, il va les pousser jusqu'à l'extrême ; sans s'arrêter à faire
aucune concession à la réalité, il tirera d'eux toutes les conclusions qu'on en peut logiquement déduire, et nous avons vu plus
haut qu'il en arrivait à la suppression de la famille et de la
propriété. De même, la compétence étant absolument nécessaire,
la division du travail sera rigoureuse, et l'éducation ne se fera
plus au hasard par la lecture des poètes ou par des traditions plus
ou moins assimilées ; mais elle sera, pour les chefs, essentiellement phılosophique et morale, et, pour le reste des citoyens,
débarrassée de tous les éléments impurs de l'éducation ordinaire :
« Les cités ne seront heureuses que quand les rois seront
philosophes ou quand les philosophes seront rois », c'est-à-dire
que ceux qui sont appelés à gouverner doivent non seulement
être des hommes instruits, maıs aussi des esprits philosophiques,
au sens platonicien du mot, esprits rompus à la science, à la dialectique, qui, de degré en degré, mène à l'idée suprême du bien,
soleil du monde intelligible.

Voilà comment Platon arrive à cette conception étrange et volontairement paradoxale de sa cité.

Avant d'aller plus loin, deux questions se posent. Tout d'abord,
on peut se demander ce que pensait Platon lui-même de cette
conception d'une cité idéale, quelle espèce de valeur il lui attri-
huait? A-t-il eu l'espoir de faire régner ces institutions dans une
cité de son temps ? Nullement ; Platon n'a pas eu la naıveté de
croire que cette cité idéale pouvait se réaliser : il se rend très bien
compte qu'il est aux antipodes, si l'on peut dire, de la réalité
moderne. Mais s'ensuit-il que ce soit pour lui une simple utopie,
quelque chose qui ne puisse jamais se faire ? Nous ne le croyons
pas, car il paraît peu vraisemblable qu'un philosophe se donne la
peine de construire si longuement une cité idéale, s'il a l'idée
arrêtée qu'en aucun temps, en aucune circonstance, son idéal ne
pourra se réaliser. De plus, il faut tenir compte de certaines
tendances d'esprit générales, qui ne permettent pas de croire
que Platon voyait là une utopie. Les Grecs, beaucoup plus
que nous, étaient convaincus de la toute-puissance du législateur, sans pour cela nier absolument la force de la réalité existante. Nous voyons les plus grands esprits incliner vers cette
puissance quasi divine du législateur; nous trouvons même cette

tendance chez un homme aussi positif qu'Aristote. Cela s'explique très bien par la nature même de l'esprit grec, esprit encore jeune, et se trouve en quelque sorte justifié par la réalité qui offrait, alors plus qu'aujourd'hui, des exemples de cette puissance législatrice. Des colonies nombreuses sont fondées au cours des vie, ve, ive siècles, où le législateur construisait de toutes pièces la cité nouvelle ; il travaillait dans des circonstances exceptionnelles, organisant son petit monde avec une liberté qu'on ne trouvait pas dans les cités anciennes ; et il est naturel que les nombreux exemples de ces cités, ainsi improvisées, aient encouragé encore la pensée grecque dans cette voie de spéculation un peu abstraite. Ajoutons aussi que certaines cités des plus illustres, comme Sparte, la Crète, semblaient avoir été organisées de cette façon. La législation de Lycurgue à Sparte et celle de Minos en Crète, par exemple, fortifiaient les Grecs dans cette croyance de la toute-puissance du législateur.

Platon ne se faisait donc pas illusion sur la valeur immédiate, pratique, de ses constructions; mais c'était un modèle à proposer aux hommes. Un jour viendrait où l'humanité réaliserait peut-être cet idéal; c'était enfin, pour lui, un modèle divin, dont on devait tâcher de se rapprocher le plus possible.

Nous-mêmes, que pensons-nous de cette œuvre d'imagination ? Quelle impression d'ensemble se dégage pour nous de ce premier aperçu ? Il est facile de voir tout ce qu'il y a de chimérique dans une pareille conception, tout ce qu'il y a de trop géométrique, de trop abstrait. On est tenté, non sans raison, de dire de la théorie platonicienne ce que l'on peut dire de toutes les théories politiques qui sont trop rigoureusement construites : elle n'est pas réalisable. La réalité, en effet, est infiniment plus complexe et changeante ; et, par cela seul que nous faisons une construction géométrique admirable, nous bâtissons en l'air, nous élevons la cité des oiseaux d'Aristophane ! Mais, à côté de ce qui nous choque, il faut reconnaître aussi et ne pas oublier tout ce qu'il y a d'admirable dans la cité platonicienne. C'est tout d'abord le sentiment moral, même dans les parties qui nous paraissent, avec nos idées modernes, si peu morales, par exemple celle suppression de la famille, audace qui provoqua un tel scandale et qui est pourtant inspirée par l'intention la plus admirable : le détachement, le désintéressement de tout ce qui n'est pas le bien public. Il y a, en outre, des idées de détail, nombreuses, qui sont des plus belles ; la construction est chimérique, mais les pierres qui la composent sont admirables. Comment ne pas être saisi de l'extrême beauté artistique d'un ensemble comme celui-là, beauté qui persiste jusque dans les détails infimes les plus aventureux et les plus hardis ? Comment, enfin, ne pas reconnaître tout le sérieux, toute la probité morale et la valeur esthétique des moindres conceptions de Platon ?

Nous verrons cela de plus près, dès la prochaine leçon, lorsque nous entrerons dans l'étude détaillée de la cité platonicienne.

M. D. C.

La vie et les œuvres d'Euripide

Cours de M. PUECH,

Professeur à l'Université de Paris.

Les idées philosophiques d'Euripide.

Nous avons vu ce qu'Euripide pensait des croyances populaires en matière de religion ; nous avons essayé, autant qu'il est possible de le faire en une matière aussi délicate, d'apporter un peu de clarté dans cette question difficile. Souvent, en effet, il arrive à Euripide de parler en oubliant, un instant, ses propres idées et en se plaçant au point de vue des opinions vulgaires ; plus d'une fois, il paraît ainsi se rallier aux croyances qu'il combat ailleurs avec acharnement, et il semble qu'il fasse taire sa critique pour les accepter aveuglément. Mais il ne faut pas s'y laisser prendre : si Euripide a agi ainsi, c'est qu'il ne pouvait faire autrement. Donnant ses tragédies au théâtre de Dionysos, devant le public athénien, il lui était difficile d'attaquer sans ménagement la religion officielle et les croyances populaires. D'ailleurs, pour peu qu'on veuille lire attentivement ses principales œuvres, on verra qu'il n'y manque pas de digressions et de hors-d'œuvre, qui expriment la vraie pensée du poète et montrent que ses opinions différaient profondément de celles du vulgaire. Même un certain nombre de pièces, datant de la période du départ et du séjour d'Euripide en Macédoine, vers 415, quoiqu'on ait voulu parfois y voir une rétractation du poète vieilli et découragé dans sa polémique, sont en réalité dirigées encore contre les croyances populaires.

Nous abordons, maintenant, un autre problème : que faut-il penser des opinions d'Euripide quand il s'écarte des croyances du peuple, plus encore, nous l'avons montré, à cause de leur immoralité que de leur absurdité ? On peut en trouver le résumé dans ce vers du poète : «Si les dieux font quelque chose de mal, ils ne sont pas des dieux. » Nous avons eu déjà l'occasion de signaler que c'était le point de vue inverse de Sophocle. Celui-ci disait, dans un fragment de sa tragédie perdue de *Thyeste* : « Ce que les dieux ordonnent, il faut toujours l'accomplir ; car rien de ce qu'ils commandent ne peut être mauvais ». Sophocle prend pour point de

départ la divinité ; Euripide, la moralité, et c'est sur ce principe
qu'il règle l'idéal de la divinité. Toute conception de la divinité
qui ne répondra pas à cette moralité ne saurait être vraie aux
yeux d'Euripide.

Quand il s'agit de rechercher dans le détail quelles opinions
personnelles Euripide adoptait au lieu des traditions populaires,
la tâche est plus difficile. Car, si déjà c'est au détriment de la
vraisemblance dramatique que notre poète a introduit dans ses
tragédies ses critiques et ses objections, il était plus difficile
encore, sans violer cette vraisemblance, d'y mêler un exposé
d'idées philosophiques ou de doctrines empruntées plus ou
moins directement à des philosophes contemporains ou antérieurs. De plus, il n'est pas certain qu'Euripide soit arrivé de
lui-même à se faire une opinion précise. Sans doute, Euripide a
été intéressé et passionné par ces questions, mais peut-être, au
lieu de s'arrêter à une doctrine solide, a-t-il eu seulement certaines tendances qu'il se croyait libre de modifier, le cas échéant.

Pour nous assurer de tous les éléments qui sont de nature à
nous faciliter la solution de cette question, nous nous demande-
rons d'abord si l'antiquité nous a donné quelques renseignements
à ce sujet. Les traditions anciennes mettent Euripide en rapport
avec Anaxagore, avec Archelaos, son disciple, avec Socrate, et,
selon des sources moins autorisées, avec Heraclite. Laissons de
côté pour le moment Socrate, dont l'influence ne pourrait s'être
exercée qu'à propos de questions morales. Pouvons-nous retrouver dans l'œuvre d'Euripide la trace des philosophies mentionnées
par les critiques anciens ou de quelques autres qu'ils n'ont pas
citées? Ce qui frappe d'abord, dans la plupart des vers ou des
tirades que nous pouvons considérer comme exprimant les idées
personnelles d'Euripide, c'est la grande réserve, je dirai même le
scepticisme qui s'y rencontre. Euripide prend partout le ton de
quelqu'un qui réfléchit, qui cherche, qui croit qu'on ne peut
atteindre la certitude, et qui se comporte avec la « sage méfiance »
dont il est question dans *Electre*. Les exemples de ce scepticisme
sont faciles à recueillir dans les tragédies d'Euripide. C'est ainsi
qu'il avait fait commencer le prologue de *Mélanippe la philosophe* par ce vers : « Zeus, quel que soit Zeus, car je ne le connais
que par ouï-dire... » La tradition raconte que, ce vers ayant
comme de juste scandalisé le public, Euripide le modifia ainsi :
« Zeus, comme la vérité nous l'affirme... » Il est vrai que cette
anecdote a été parfois contestée, notamment par M. de Wila-
movitz-Moellendorff; elle est cependant appuyée sur des témoignages solides et dignes de foi. Mais, même si le fait n'est pas

authentique, il ne manque pas d'autres endroits, comme dans *Héraklès furieux*, où se trouve exprimée la même idée : « Rien de ce qui touche les choses divines ne peut être connu par l'homme. » Ce point de vue n'est guère différent, on le voit, de celui du sophiste Protagoras, qui faisait débuter son ouvrage sur les dieux par cette phrase célèbre : « Au sujet des dieux, je ne puis rien dire de certain ; car beaucoup de choses empêchent de les connaître : l'obscurité de la question d'abord, et ensuite la brièveté de la vie humaine. »

Voyons cependant où ses tendances le portaient, bien qu'il ne se flattât pas d'arriver à la certitude. Pour cela, il faut examiner quelques textes. Les critiques de l'antiquité citent souvent, comme exprimant l'essentiel de la doctrine et de la cosmogonie d'Euripide, des vers d'une tragédie perdue, *Chrysippe*, où étaient traitées des légendes relatives à Laïus et à Œdipe. Cette tragédie est une de celles dont la perte paraît particulièrement regrettable. Euripide, dans un morceau lyrique anapestique, disait :

« Il y a la terre immense et l'éther divin : l'un a engendré les hommes et les dieux ; l'autre, fécondée par les gouttes humides de la pluie, produit la nourriture et les races animales ; c'est avec raison qu'on l'appelle la mère de toutes choses.

« Ce qui vient de la terre revient à la terre, et ce qui est issu d'une semence éthérée retourne aux espaces célestes. Rien de ce qui naît ne meurt ; mais chaque chose se dissout dans ses éléments. »

Ce morceau est, dans le texte, d'une belle poésie, d'un style ferme, d'une langue brillante et forte, et a inspiré Lucrèce. Au point de vue littéraire et poétique, c'est donc un très beau passage. On y a vu l'exposé du système d'Anaxagore. Vitruve l'a dit formellement ; il se conformait sans doute à cette opinion si commune, qui considérait comme très vraisemblables des relations entre Euripide et Anaxagore. Il semble même que, dans ses tragédies, le poète ait fait à Anaxagore des allusions directes et personnelles, qui prouvaient en quelle estime il le tenait. C'est ainsi que, dans *Alceste*, le chœur rapporte, en l'attribuant à l'un de ses parents, un trait du courage moral dont Anaxagore avait fait preuve :

« J'avais un parent, dit le chœur, dont le fils unique mourut ; c'était un jeune homme digne d'être pleuré. Cependant le père supporta ce malheur avec courage, bien qu'il fût désormais sans enfant et tout près d'avoir des cheveux blancs, et très avancé en âge. »

Euripide faisait ainsi allusion à un mot d'Anaxagore sur la mort de son fils ; et ces paroles du chœur constituaient un compliment à l'adresse du philosophe qu'admirait Euripide.

La pièce de *Mélanippe la philosophe*, dont nous citions tout à l'heure un vers caractéristique, traduit manifestement l'influence d'Anaxagore sur Euripide. Cette tragédie montre, en effet, que les prodiges ne sont pas possibles, et renferme une tirade qui rappelle l'anecdote rapportée par Plutarque, où Anaxagore, par des raisons analogues, démontrait à Périclès contre le devin Lampon que la divination, reposant sur des prodiges prétendus, n'avait pas de fondements raisonnables.

Mais cela veut-il dire que le passage cité du *Chrysippe* soit l'exposé du système d'Anaxagore ? Vitruve l'affirme. Mais on n'y trouve ni le νοῦς, qui est à l'origine des choses et qui constitue l'originalité de la cosmogonie d'Anaxagore, ni des principes de toutes choses qu'il appelle *homéoméries*. Il n'est question dans le texte d'Euripide que de deux éléments, l'éther et la terre, dont la réunion, l'action réciproque, produit toutes choses. Or ces idées sont assez répandues dans la poésie grecque, pour qu'il ne soit pas nécessaire de faire appel à une doctrine particulière afin d'en expliquer la présence dans Euripide. Déjà Hésiode voyait dans l'union d'Ouranos et de Gê l'origine de toutes choses. Dans le deuxième couplet du fragment lyrique d'Euripide, on retrouve davantage, sinon les théories, du moins l'accent d'Anaxagore. L'idée que la vie est le résultat d'une série de transformations des éléments, est une idée développée par Anaxagore, qui insiste souvent sur le terme, très fréquemment employé par lui, de διαγενέσθαι. Ainsi donc Euripide s'est inspiré d'une certaine façon des idées d'Anaxagore ; mais il serait exagéré de croire qu'il y ait là un exposé de doctrine fait par un disciple. Il ne faut pas voir en Euripide un élève d'Anaxagore qu'on doive rattacher étroitement à son système.

Cette idée que toutes les choses teinnent leur origine de ces deux principes, la terre et l'éther, se retrouve dans plusieurs passages moins importants des œuvres d'Euripide. Dans la pièce perdue d'*Antiope*, Amphion prononçait ces paroles, rappelées par Cicéron : « Vois-tu cet éther sublime et infini, qui embrasse la terre de ses bras humides ? Crois que c'est lui Zeus ; crois que c'est lui la divinité. » Cette opinion est chère à Euripide. Dans un fragment (je suis amené à citer souvent des fragments, car les anciens ont naturellement été conduits à rappeler et à sauver ainsi de l'oubli les passages remarquables par quelque idée intéressante), dans un fragment d'une pièce incertaine, mais qu'il faut peut-être rattacher à la première version d'*Hippolyte*, à l'*Hippolyte voilé*,

Euripide développe ainsi des idées qui expriment en partie les idées déjà signalées, mais en y ajoutant quelque chose de nouveau; c'est une tirade sur Aphrodite :

« Ne vois-tu pas quelle puissante divinité est Aphrodite ? On ne pourrait ni dire ni mesurer jusqu'où vont sa grandeur et sa puissance : c'est elle qui te donne la vie, ainsi qu'à moi et à tous les mortels. En veux-tu la preuve ? Ce n'est pas par le raisonnement, mais par des faits que je te montrerai la puissance de la déesse. La terre aime la pluie, quand le sol stérilisé par l'aridité a besoin d'eau ; et le ciel auguste gonflé de pluie aime a verser ses eaux sur la terre. Quand tous deux sont unis, ils produisent et perpétuent tout ce qui fait vivre et prospérer la race des mortels. »

On trouve encore dans ce passage les deux éléments déjà indiqués dans le *Chrysippe* ; mais il s'y ajoute, comme principe de l'origine des choses, une force naturelle qui rapproche les deux éléments. Euripide laissea cette force son nom mythologique traditionnel d'Aphrodite, de même qu'il continuait à donner à l'éther le nom de Zeus consacré par la croyance religieuse. Il y a donc dans ce passage l'intervention d'un principe nouveau. On a cherché s'il ne fallait pas voir ici la trace d'une influence différente de celle d'Anaxagore, et on a souvent attribué à Empédocle l'inspiration de cette tirade. On peut trouver chez Euripide, comme chez Lucrèce, des éléments qui peuvent provenir de la doctrine d'Empédocle. Mais ce serait forcer le sens que d'y voir l'intention d'exposer et de prêcher ce système en particulier. Il manque d'ailleurs dans ce passage bien des choses, pour qu'il puisse passer pour un exposé philosophique des doctrines d'Empédocle. Celui-ci reconnaissait quatre principes des choses, le feu, l'air, la terre et l'eau. Ces quatre éléments se combinaient, d'après lui, sous l'influence de deux principes : l'un était l'amour (φιλία), qu'Euripide appelle Aphrodite ; mais Empédocle lui opposait un second principe, la discorde ou νεῖκος, dont il n'est nullement question dans la tirade d'Euripide. On voit donc combien il s'en faut que les vers que nous avons cités représentent exactement et complètement le système du philosophe d'Agrigente.

Le troisième texte que nous citerons est emprunté à *Mélanippe la philosophe* ; c'était une des tirades les plus célèbres d'Euripide. Nous n'en avons gardé que le début :

« Ce discours n'est pas de moi ; je le tiens de ma mère. — (Mélanippe était fille d'Hippone, fille elle-même du centaure Chiron, un des types de la sagesse et de la science. C'est donc à lui que, par ce préambule, Euripide voulait faire remonter sa théorie ; cela lui donnait plus de solennité et plus d'autorité, et c'était, en outre, un procédé commode pour attirer l'attention du public, et lui indiquer, au moyen de ce déguisement fabuleux, qu'il allait exprimer sa propre pensée à lui, Euripide.) — Le ciel et la terre ne formèrent d'abord qu'un tout ; puis, quand ils se furent séparés, ils enfantèrent toutes choses et firent paraître au jour les arbres, les oiseaux, les poissons de la mer et la race des mortels. »

Ce passage est rapporté par Denys d'Halicarnasse dans un morceau où il cite *Mélanippe* comme le type des œuvres philosophiques dans le théâtre d'Euripide, et il continue en disant qu'il faut voir, dans ce discours, un exposé de la doctrine d'Anaxagore. Nous devons nous demander s'il est plus autorisé à le penser à propos de ce morceau que ne l'était Vitruve à propos du fragment de *Chrysis* que nous citions au début de cette leçon ? Ici, il faut tenir compte de l'affirmation de Denys d'Halicarnasse, qui avait lu la tirade entière, dont nous n'avons gardé que le début tel qu'il est cité ci-dessus. Il peut se faire que, dans la suite, il se soit trouvé des développements et des précisions qui aient autorisé Denys à émettre son jugement. Le fragment de Chrysippe, au contraire, forme un tout, et nous le connaissons dans toute l'étendue de ses deux couplets. D'ailleurs, même si les précisions que nous supposons n'existaient pas dans la suite du discours de Mélanippe, le morceau présente, tel qu'il est maintenant, des analogies avec la doctrine d'Anaxagore beaucoup plus étroites que la tirade du *Chrysippe*.

Euripide dit, en effet, que le ciel et la terre, à l'origine, ne formaient qu'un tout ; les deux éléments primitifs ne sont pas présentés tout d'abord comme distincts. L'origine des choses proviendrait donc, non pas de leur réunion, mais au contraire de leur séparation. Cela rappelle la phrase célèbre d'Anaxagore : « Toutes choses, à l'origine, étaient mêlées et confondues ; l'esprit vint et les ordonna. » Anaxagore partait d'un chaos primitif, dont les éléments se distinguaient et se séparaient. La marche suivie par la pensée d'Euripide se rapproche très nettement de cette conception.

D'autre part, on est frappé de ceci : il manque dans ce morceau, qui est incomplet il est vrai, mais qui cependant traite le thème dans son ensemble, l'intervention du νοῦς et certains détails accessoires propres au système d'Anaxagore. Nous pouvons donc conclure que, quoiqu'il soit très vraisemblable d'admettre des relations entre Anaxagore et Euripide, celui-ci n'est cependant pas allé jusqu'à exposer dans ses tragédies certaines parties du système du philosophe. Il a pu s'en inspirer, et en

retenir quelque traits ; mais on ne peut l'appeler véritablement
le disciple d'Anaxagore.

Dans la tragédie des *Troyennes*, Hécube, désolée, s'adresse à
Ménélas sous une forme qui marque l'intention où est le poète
d'exprimer des idées personnelles et de parler directement au
public ; elle invoque les dieux en ces termes :

« O toi qui soutiens la terre et qui es soutenu par elle, qui que
tu sois, toi qu'il est difficile de connaître, Zeus, que tu sois la
nécessité de la nature ou l'intelligence des mortels, je t'adresse
mes prières ; car, par un chemin mystérieux, tu conduis, comme
le veut la justice, les choses humaines.

— « Qu'est-ce là ? répond Ménélas ; les prières que tu adresses
aux dieux sont bien nouvelles ! »

Ces mots de Ménélas sont encore une façon de souligner l'intention d'Euripide et d'avertir le public qu'il y a là un trait
philosophique et non dramatique, qui s'adresse au spectateur
qui réfléchit.

Ce passage est difficile à interpréter. D'abord Euripide garde
le ton de réserve et de prudence de l'homme qui aime à faire des
conjectures, à indiquer ses tendances et ses préférences, mais
qui n'affirme pas. Cela est visible par l'ensemble, qui est moins
une profession de foi qu'une énumération d'opinions philosophiques. Quoiqu'elles soient, certes, choisies par Euripide parmi
celles qui lui semblent le plus vraisemblables, il ne fait que les
énoncer, sans donner son adhésion formelle à aucune d'elles,
comme étant la vérité absolue.

Reprenons maintenant ces diverses formules ; voyons ce qui
s'y cache et cherchons quelle peut en être l'origine. Cela n'est
pas toujours facile, et ces quelques vers ont donné lieu à bien des
interprétations divergentes :

« O toi qui soutiens la terre et qui es soutenu par elle... »

Il s'agit ici de l'éther, qui, nous l'avons déjà vu, est pour Euripide l'élément essentiel de toutes choses, et représente le principe de force et d'intelligence dans la nature. Mais Euripide se sert
de mots qui sont plus caractéristiques : γῆς ὄχημα, *véhicule de la
terre*. On a beaucoup insisté sur ce mot précis. Diels a rendu vraisemblable l'opinion que c'était là un terme technique de la doctrine
de Diogène d'Apollonie, philosophe plus jeune qu'Anaxagore, et
qui méla à la philosophie des Ioniens et d'Anaxagore la philosophie plus ancienne d'Anaximène. Pour Diogène d'Apollonie,
l'éther est le principe de toutes choses ; c'est une force douée
d'intelligence, un principe intellectuel et moral. Le terme ne se
trouve pas employé malheureusement dans les fragments que

nous avons conservés de Diogène d'Apollonie. Mais Diels, par l'examen d'un des traités du *Corpus* pseudo-hippocratique, semble avoir établi que ce terme remontait à la philosophie de Diogène d'Apollonie. Cependant il ne faut pas pousser les relations trop loin, puisque nous avons vu qu'Euripide a coutume d'admettre deux éléments, l'éther et la terre. Diogène d'Apollonie, au contraire, insiste beaucoup sur l'unité du principe qui est la base de sa cosmogonie. Un des fragments que nous avons gardés de ce philosophe est consacré à développer l'idée suivante : l'unité de la matière peut seule rendre intelligible l'action des forces les unes sur les autres. Donc, s'il y a relation entre Diogène d'Apollonie et Euripide, il n'y a pas dépendance.

« Zeus, que tu sois la nécessité de la nature ou l'intelligence des mortels... »

Il n'est pas indispensable de chercher l'origine de cette idée de nécessité dans un système particulier ; cette idée d'une loi nécessaire se trouve, en effet, au fond de toutes les philosophies ioniennes. On peut donc penser qu'Euripide ne fait que résumer l'esprit de toutes ces philosophies. Quel que soit le principe auquel il faille rattacher l'origine des choses, il y a une loi, il y a une nécessité dans la nature. Que signifie l'intelligence des mortels ? Faut-il voir là simplement deux formules faites pour s'opposer ? Je ne crois pas qu'Euripide ait pensé à identifier Zeus à l'intelligence des mortels, et qu'il ait voulu faire, en quelque sorte, la divinisation de la raison humaine. Cette idée n'est pas du tout une idée antique. Le philosophe stoïcien Chrysippe donnait cet argument comme preuve de l'existence de la divinité : « Si Dieu n'existait pas, nous serions obligés de dire que ce qu'il y a de plus excellent dans la nature, c'est l'homme, la raison humaine, ce qui est une opinion absurde. » Il semble donc que la formule employée par Euripide ne puisse être qu'une allusion à Anaxagore. Euripide opposerait ainsi les philosophies antérieures à Anaxagore, où tout s'explique par le développement aveugle et nécessaire de principes et de forces, au système d'Anaxagore, qui fait apparaître l'idée du νοῦς conçu à l'image de l'esprit des mortels. Il semble donc qu'Euripide veuille opposer ces deux systèmes comme deux hypothèses incertaines, entre lesquelles il hésite à faire un choix.

« ... Car, par un chemin mystérieux, tu conduis, comme le veut la justice, les choses humaines. »

S'il énumère, dans le début de cette tirade d'Hécube, une série d'hypothèses diverses sur la nature de la divinité, sans se déclarer formellement en faveur d'aucune d'elles, il est cependant un point sur lequel il insiste : il affirme que la force quelconque qui régit les choses humaines, les administre conformément à la justice. Cette dernière idée est essentielle chez Euripide ; c'est à elle qu'on a souvent voulu ramener l'ensemble de ses opinions, avec quelque peu d'exagération, mais non sans raison : je pense à MM. Nestle et Masqueray. Ce qui angoisse le plus Euripide, c'est le spectacle du mal physique et du mal moral. Nous touchons par là à un côté très intéressant de la pensée du poète.

Nous examinerons, dans la prochaine leçon, ce qu'il a pensé de ce problème du mal et de la justice, et à quelles croyances il a prétendu se rallier.

M. G.

Sujets de devoirs

AGRÉGATION D'ALLEMAND.

Thème.

J. HURET, *Rhin et Westphalie*, p. 175, depuis : « Montez... »,
jusqu'à p. 176 : « ...vous revenez. »

Version.

SPIELHAGEN, *In Reih und Glied*, pp. 257 et 258 de la 2ᵉ partie,
jusqu'à « Oder wäre ».

Dissertation française.

Le roman historique de Th. Fontane.

Dissertation allemande

Die politischen und kirchlichen Uberzeugungen Steins.

AGRÉGATION D'ANGLAIS.

Version.

THACKERAY, *Henry Esmond*, Bk. III, ch. III, depuis : « Jocasta
is known as a woman of learning .. », jusqu'à : « ... that would
becom a duke. »

Thème.

TAINE, *Littérature anglaise.*, V, depuis : « Mais le chef-d'œuvre
du livre... », jusqu'à : « ... c'était de l'adoration » (pp. 131-133).

Dissertation anglaise.

Tennyson as a teacher of ethics.

Dissertation française.

Le type du *gentleman* sous le règne de Victoria.

.*.

Psychologie.

La notion d'« humanité ». En quoi elle se différencie de la charité. A travers quelles fluctuations des mœurs et des siècles elle semble devenir, aujourd'hui, la dominatrice idéale de notre société d'individualistes et de lutteurs.

Littérature.

La couleur épique dans les *Burgraves*.

.*.

Thème

J. HURET, *Rhin et Westphalie*, p. 33, depuis : « Que ne dirait-on pas... », jusqu'à p. 34 : «... et ventilé. »

Version.

SPIELHAGEN, *In Reih und Glied*, 2e partie, pp. 457 et 458, depuis : « Leo hatte... », jusqu'à : « Es ist ein Herr. »

Dissertation française.

Pourquoi Gœthe a-t-il imité les poètes orientaux ?

Dissertation allemande.

Die Vaterlandsliebe in der deutschen Lyrik zur *Zeit der Freiheitskriege*.

.*.

Version.

SHAKESPEARE, *Merch. of Venice*, A. II, sc. VII, depuis : « Some God direct my judgment... », jusqu'à : «.,. and thrive I as I may ».

Thème.

Voltaire, *Lettres,* A un premier commis, 20 juin 1733, jusqu'à :
«... qui les fréquentent avec quelque assiduité. »

Composition française.

Les caractères de femmes dans *Henry Esmond.*

Rédaction anglaise.

Study Shakespeare's use of metaphors in *Merch. of Venice,* A.
II, sc. VII.

⁎

CERTIFICAT D'APTITUDE DES JEUNES FILLES.

Psychologie.

« C'est non par la réflexion et l'intelligence, mais bien par le
sentiment qu'on atteint les vérités les plus hautes et les plus
pures. Aussi les femmes, qui d'ordinaire sont moins réfléchies
mais plus sensibles que les hommes, s'élèvent-elles plus facilement à la connaissance des choses divines. » (Anatole France.)
Cette foi dans l'intuition sentimentale ne vous paraît-elle pas
exagérée, et la source justement des erreurs et des injustices
féminines?

Littérature.

L'idéal féminin dans le drame romantique d'après Doña Sol et
Maria de Neubourg. En quoi il est une véritable réaction contre
celui des XVIIe et XVIIIe siècles en France, mais semble répondre
moins bien que lui au caractère national, en même temps qu'il
synthétise de façon assez superficielle le caractère espagnol ou
allemand.

Psychologie.

Du pessimisme littéraire. En quoi il est plus une souffrance et
une infirmité de l'esprit que du cœur, qui y prend, en général,
une très faible part.

Littérature.

Les raisons du discrédit où tomba la poésie et, en particulier, la poésie dramatique au xviiie siècle, malgré les efforts sincères de Voltaire, surtout en faveur de la dernière.

*
* *

AGRÉGATION DE PHILOSOPHIE.

Dissertation.

Identité psychique et mémoire.

AGRÉGATION DES LETTRES.

Composition française.

Les procédés et l'art du dialogue dans le *Barbier de Séville* et le *Mariage de Figaro*.

Thème latin.

Rousseau, *Nouvelle Héloïse*, V, ii, depuis : « Ce qui me plaît le plus dans les soins qu'on prend ici du bonheur d'autrui... », jusqu'à : «... ne cherche pas à se délivrer d'eux, mais à leur être utile. »

Version latine.

Cicéron, *De Oratore*, XIII, 54-61, depuis : « Est, inquit Catulus... », jusqu'à : «... familiares. »

Thème grec.

Prévost-Paradol, *Moralistes français* : *De la Mort*, depuis : « Que ce soit une grande affaire pour l'homme... », jusqu'à : « ... des horreurs qu'ils ne soupçonnent point ».

Version grecque.

Isocrate, *Sur l'échange*, XV, 274-282.

AGRÉGATION DE GRAMMAIRE.

Composition française.

Que pensez-vous de cette opinion de Montesquieu : « J'ai du regret de voir Tite-Live jeter ses fleurs sur ces énormes colosses de l'antiquité. Je voudrais qu'il eût fait comme Homère, qui néglige de les parer et qui sait si bien les faire mouvoir. » (*Grandeur et Décadence*, ch. v.)

Thème latin

BOSSUET, *Sermon sur l'impénitence* finale, *ad finem*, depuis : « Je ne m'en étonne pas, chrétiens ; d'autres pauvres plus pressants et plus affamés... », jusqu'à : «... De ce que votre prodigalité répand ou de ce que votre avarice ménage. »

Version latine.

QUINTILIEN, *Inst. Orat.*, lib. II, XIII, depuis : « Nemo autem a me exigat », jusqu'à : «... hanc relictis magistrorum auctoritatibus sequemur. »

AGRÉGATION DES LETTRES.

Composition française.

La critique de la prédication chrétienne dans Fénelon (*Dialogues sur l'éloquence* et *Lettre à l'Académie*) et dans La Bruyère (Ch. *de la Chaire*).

Thème latin.

BOSSUET, *Traité de la concupiscence*, ch. XVIII, depuis : « Parlons d'une autre espèce d'orgueil, c'est-à-dire d'une autre espèce de faiblesse... », jusqu'à : « O tromperie ! O aveuglement ! O vain triomphe de l'orgueil ! »

Version latine.

De Oratore, II, 48-49 : depuis : « Omnium seditionum genera... », jusqu'à : «... pro me ipso deprecatum. »

Thème grec.

C. Martha, *Les Moralistes sous l'Empire Romain* : La morale pratique dans les *Lettres* de Sénèque, depuis : « Souvent le philosophe, comme le prêtre chrétien, assistait les mourants et les condamnés... », jusqu'à : «... *sapientum placitis.* »

AGRÉGATION DE PHILOSOPHIE.

Dissertation.

L'idée de nécessité.

L'idée de substance dans les doctrines de Loke, de Berkeley et de Hume.

Le gérant : Franck Gautron.

POITIERS. — SOCIÉTÉ FRANÇAISE D'IMPRIMERIE

DIX-HUITIÈME ANNÉE (2ᵉ série)   Nᵒ 21   7 AVRIL 1910.

REVUE HEBDOMADAIRE

DES

COURS ET CONFÉRENCES

DIRECTEUR : N. FILOZ

La civilisation intellectuelle en France à l'époque de la Renaissance

Cours de M. ABEL LEFRANC,

Professeur au Collège de France.

Les divisions du XVIᵉ siècle.

La dernière leçon a été consacrée à établir le bilan de l'érudition moderne en ce qui concerne le xviᵉ siècle. Ce bilan nous est apparu comme singulièrement favorable. Nous avons remarqué que le centenaire de Calvin avait attiré l'attention des chercheurs sur la Réforme. On a voulu savoir quel était au juste, à cette époque, l'état des grands problèmes de la destinée humaine et de la liberté ; on a tenté de démêler les influences diverses qui ont pesé sur les contemporains de Rabelais et de Ronsard. Mais cette activité de l'érudition s'est appliquée principalement, pour la période antérieure à 1550, à trois écrivains : je veux dire Marguerite d'Angoulême, Rabelais et Montaigne. Vous vous rappelez aussi que nous avons signalé les récents travaux sur la poésie avant la Pléiade, les études nouvelles sur la Pléiade elle-même : à ce sujet, permettez-moi de vous annoncer la nouvelle édition des œuvres de Ronsard par M. Vaganay : j'en ai reçu le premier volume depuis mercredi dernier ; il est précédé d'une préface de M. Vianey, dans laquelle celui-ci groupe les variantes que l'ouvrage relève, pour en tirer des conclusions très intéressantes et très solides touchant le goût et la composition de

10

Ronsard. En même temps, M. Paul Laumonier annonce de son
côté la prochaine apparition d'une autre édition de Ronsard. Puis
nous avons regretté le défaut d'ouvrages définitifs sur Clément
Marot, sur les rhétoriqueurs, sur les traductions : ces domaines
ne nous sont guère connus que par quelques monographies trop
rares.

Nous n'avons pas négligé non plus les travaux relatifs à la
politique, à la vie économique, aux mœurs, à la marine même.
Nous avons dit quelques mots de l'art, en proclamant la vitalité
du génie français au xve siècle.

De cette rapide enquête, nous avons tiré l'assurance que nul
moment ne saurait être plus propice à la synthèse que l'on prépare ici : ce qui nous a permis d'arriver à la seconde partie de
notre leçon, à la détermination des périodes. Cette détermination,
avons-nous dit, est essentielle ; sans elle, une synthèse de ce genre
est absolument incompréhensible.

En réalité, les dates, dont on tenait trop de compte autrefois,
n'occupent plus assez de place aujourd'hui ; et pourtant c'est
elles seules qui nous aident à éclaircir les contrastes qui obscur-
cissent le xvie siècle. Le xvie siècle, vous vous le rappelez, se
partage en deux parties très nettes ; la grande coupure est en
1550. En faisant partir la Renaissance de l'année 1495, nous
aurons donc les deux grandes périodes : 1495-1550 et 1550-1600,
ou environ.

A l'intérieur de ces grandes périodes, nous avons introduit des
divisions secondaires et nous avons obtenu tout d'abord un premier moment très facile à caractériser, qui s'étendrait de 1495 à
1510. On peut noter déjà les curieux synchronismes qui autorisent
cette division : 1495, c'est le temps des expéditions d'Italie ; en
1496, on commence le sépulcre de Solesmes ; les ouvriers italiens
arrivent en France ; les rhétoriqueurs préparent pour leurs successeurs des moules très utiles qu'il ne faut pas dédaigner. C'est
à tort que l'on ne tient aucun compte de l'activité intellectuelle
du Moyen Age et de ses survivances ; l'outil que la dialectique
médiéale a façonné a été un secours inappréciable pour les
gens de la Renaissance ; sans cette préparation, on peut le dire,
un homme comme Calvin n'aurait jamais pu composer l'*Institution chrétienne*. En 1497, apparaît l'*Histoire de France* de Gaguin.
En 1508, paraissent les *Annotationes in Pandectas* de G. Budé.
Vers le même temps, Commines termine ses *Mémoires*. Seyssel
et Lefèvre d'Etaples affirment leur activité. Les esprits sont
tournés de préférence vers les questions morales et religieuses,
mais la science commence à recruter des dévots.

Pendant cette période, on s'occupe assez peu de la littérature. On commence à recourir à deux intermédiaires qui ont engagé la France dans des voies nouvelles : en premier lieu, l'Italie, et d'autre part, les Pays-Bas, les Flandres, la Bourgogne et l'Allemagne. D'ordinaire, on ne fait pas la part assez large à ces influences du Nord, et cependant un Erasme ou un Reuchlin ne sont pas des noms que l'on puisse oublier ; ces pays du Nord ont de bonne heure une civilisation forte et originale ; leurs imprimeries, les chefs-d'œuvre de la peinture à l'huile, de la gravure ou de l'architecture qui s'y trouvent, leur musique enfin, en témoignent. A la fin du xvᵉ siècle, il est évident que la pensée française est un peu pauvre, étriquée, si on la compare à la pensée italienne ou même à la pensée allemande. La littérature a quelque chose de vieillot à côté de l'art qui est, au contraire, tout vibrant de jeunesse et charmant de fraîcheur.

Mais, si la littérature subit alors une crise maladive, par contre les tendances morales sont vivaces et le principal caractère de cette période est bien moral : il est essentiel de le reconnaître. Dans le premier volume de son œuvre, un historien dont j'ai cité le nom la dernière fois avait méconnu l'importance des idées morales à l'origine de notre Renaissance ; mais son second volume répare cette omission ou cette erreur.

Nous passons maintenant à la seconde période, qui va de 1510 à 1530 environ. La date de la paix de Cambrai (1529) peut nous servir à nous orienter dans cette partie du siècle. Coup sur coup, pendant cette période, sont publiées trois œuvres capitales dans l'histoire de la Renaissance française : en 1512, le commentaire des Epîtres de saint Paul par Lefèvre d'Etaples, qui donne le signal de la Réforme ; en 1515, le livre de Budé sur les mesures, *De Asse* ; de 1509 à 1512, les *Illustrations de Gaule* de Lemaire de Belges.

Ce dernier livre est certainement une belle œuvre, qui n'a pas laissé d'exercer une grande influence jusque sur Rabelais. C'est pendant cette période de 1510 à 1530 que se précise, à proprement parler, la Renaissance : un fait essentiel se produit, en effet ; on revient vers l'antiquité, qu'elle soit profane ou religieuse et chrétienne. Je ne vous rappellerai pas toutes les considérations que j'ai faites, la dernière fois, sur le *De Asse* ; remarquez seulement que le Moyen Age n'a pas ignoré l'antiquité classique, mais qu'il l'a mal vue, qu'il l'a travestie ; quand les gens du Moyen Age voulaient représenter les guerriers qui combattaient autour des murs de Troie, ils dessinaient des chevaliers ; les gens de la Renaissance ne commettront plus cette erreur ; leur sens critique est éveillé ; ils sont avertis des différences que les civilisations et les pays présentaient.

Avec l'année 1530, nous arrivons à l'épanouissement de la Renaissance. De 1530 à 1541, c'est la période de l'humanisme ; c'est le grand réveil ; tout le monde se sent joyeux, allègre ; il y a là plusieurs années heureuses, brillantes, où tous les hommes se sentent expansifs, curieux de parler, d'entendre, d'apprendre et de jouir. Tous croient à la valeur, à l'efficacité de la science. Jusque-là, on avait étudié un peu au hasard, à l'aventure, sans méthode.

Durant ces années pleines de fraîcheur et d'enthousiasme, le travail s'organise sous les auspices de la Cour et du Roi. C'est à ce moment que François Ier fonde la maison où nous nous trouvons actuellement réunis : le Collège des Trois Langues ou Collège des Lecteurs royaux. Un auditoire bigarré et nombreux s'assemble, dans lequel Calvin, Rabelais et Ignace de Loyola ont pu se rencontrer ; jamais professeur n'a eu semblable assistance. Budé écrit ses *Commentaires* ; les éditions se multiplient à l'infini ; si l'on faisait le compte des éditions parues de 1529 à 1531, on serait stupéfait du total. C'est dans cette période que paraissent, en 1532, les *Premières poésies* de Clément Marot, en 1533 une partie des œuvres de Marguerite, en 1532 le *Pantagruel*, en 1534 le *Gargantua* de Rabelais, en 1536 l'*Institution chrétienne* de Calvin, en 1541 la traduction française du même ouvrage. De telles dates en disent plus que de longs discours.

Dans aucune de ces œuvres, on ne relève d'inspiration directe, étroite de l'antiquité ou de l'Italie ; on vit encore sur le vieux fonds national. En 1539, l'ordonnance royale de Villers-Cotterets autorise et recommande même l'emploi du français ; c'est une mesure d'une importance capitale : la langue française n'est plus considérée comme une langue sinon ennemie, du moins vulgaire et basse. Les écrivains qui en usent prennent confiance.

C'est à ce moment-là que se forment par toute la France quantité de petits cénacles, à Toulouse, à Bordeaux, à Lyon surtout. Entre la Renaissance et la Réforme, il existe alors une concorde relative ; c'est ainsi que certains partisans de l'ancien état de choses, les champions de l'esprit réactionnaire, pourrions-nous dire, clament partout que la plupart des savants sont gagnés à la Réforme, et en particulier les Lecteurs royaux. C'est à ce moment qu'éclate le procès de 1533.

Deux grands partis se forment : celui des défenseurs du passé, comprenant l'Université, la Sorbonne et le peuple, et celui de la Renaissance, renfermant les savants, les érudits, les lettrés de

toutes sortes et la bourgeoisie. L'année 1540 voit la mort de Budé,
et aussi le commencement des missions royales (Belon, Postel),
organisées pour la recherche des manuscrits. Certains Italiens,
comme le Primatice, entrent en France et y exercent une influence
de plus en plus marquée. Jusque-là la France ne doit pas autre
chose à l'antiquité, à l'Italie et aux pays du Nord qu'une influence
générale, un élargissement de la pensée, plus de souplesse et
de variété. Seule, l'influence du *Décaméron* pourrait sembler
démentir cette idée.

Après 1541, on assiste à une transformation complète des formes littéraires. Marot, Rabelais, avaient gardé les anciens moules.
Rabelais se sert d'une foule d'expressions héritées du Moyen Age,
de provincialismes qui ne sont guère que des archaïsmes ; sa
langue, c'est l'ancien français. Le vrai changement décisif pour la
littérature se place vers 1540. Jusque-là il n'avait été que préparé ; jusque-là le travail, quoique intense, avait été lent. Quand
vous lisez un ouvrage de Rabelais, vous ne dites pas : « On n'aurait
pas pu écrire cela dix ans plus tôt » ; la langue de Rabelais, nòus
venons de le dire, ne se distingue nullement du parler ancien ; la
forme même du roman rabelaisien est une survivance.

Durant les premières périodes, le travail des influences est
latent et sourd ; l'érudition a le plus grand rôle ; elle assimile les
matériaux qui serviront plus tard. A cette longue assimilation va
succéder brusquement, vers 1540, la germination, puis plus tard la
floraison magnifique. Si l'on ne distingue pas, comme nous le
faisons, ces différents moments, il est impossible de trouver
une unité dans ce siècle si vital et, par suite, si multiple d'aspects;
pour rendre cette histoire un peu claire, à toute force, il faut
y introduire des démarcations, y faire des différences.

En 1541, Calvin donne la traduction de l'*Institution chrétienne*.
Cette œuvre a joué un rôle considérable : c'est elle qui annonce
le divorce qui va se consommer entre la Réforme et la Renaissance. Calvin vise autant les philosophes que les catholiques ; il
dirige ses attaques contre les platonisants et contre l'antiquité en
général. Il voit bien que l'antiquité est, en effet, la grande ennemie
de la Réforme. Cependant le désaccord n'est pas encore complet;
la scission n'est qu'annoncée. En attendant, les deux partis
s'unissent pour réaliser de grands progrès ; de concert, ils luttent
contre les maux de toutes sortes, devant lesquels l'humanité est
courbée. Par exemple, on s'efforce de ruiner la superstition ; Calvin et Rabelais se déclarent contre l'astrologie. Vers 1540, la sorcellerie reçoit le coup le plus violent qu'elle ait jamais reçu.

De 1541 à 1550, un travail énorme s'accomplit : la doctrine

esthétique se fixe. Cette doctrine aux yeux des premiers partisans
de la Renaissance paraissait chose méprisable, de peu de valeur ;
un Budé ne comprenait pas l'importance de la forme ; un tel
homme manquait d'ordre, ne se rendait aucun compte de la nécessité de la méthode en littérature. Il faut arriver au milieu du
xvi⁰ siècle pour trouver des écrivains et des artistes véritablement
soucieux de la Beauté. C'est pendant la période d'attente que les
précurseurs de la Pléiade se montrent. Le mouvement du platonisme s'accentue ; le procès de Ramus s'y rattache en 1544. Il y a
aussi une recrudescence du Pétrarquisme. Enfin, de 1540 à 1548,
les huit premiers livres des *Amadis* voient le jour : ce n'est plus,
à dire vrai, du platonisme ni du pétrarquisme qu'ils expriment ;
mais, du moins, ils renferment des sentiments très voisins de ces
tendances ; ils proclament comme un idéal l'élégance dans la
passion ; ils soutiennent que la passion est légitime, et ces
théories sont essentielles dans la philosophie de la Renaissance.

Cette période apporte, révèle à l'esprit un grand nombre d'éléments nouveaux. A ce moment, commence le rôle visible des
Italiens. Au début de la Renaissance, ce rôle n'avait pas été prépondérant ; les Italiens avaient peu agi sur les Français. Jusqu'a
1540, la France ne doit à l'antiquité, à l'Italie, aux pays germaniques, qu'une influence générale. Durant la période bénie de 1541 à
1550, voici venir les œuvres polies, l'*Heptaméron* par exemple, qui
s'élabore vers 1544 ou 1545 et dont chaque conte reflète les sentiments et les idées du temps. Ces sentiments et ces idées se révèlent surtout dans une disposition très forte à la vie de société,
dans un goût profond de la conversation et de la discussion. La
royauté et la cour encouragent ce mouvement social, le continuent jusque dans les choses de la littérature et de l'art. L'art
devient moins livresque, moins savant ; on tire maintenant la
quintessence de tout ce qu'on a accumulé dans les années précédentes, et cette quintessence, on l'offre à tous les hommes qui
vivent réunis à la cour des princes ou dans les villes. Chose
considérable : vers 1550 se produit un changement de génération ; Marot meurt en 1544 ; François Iᵉʳ en 1547 ; Marguerite en
1549 ; Rabelais en 1553. Des hommes nouveaux les remplacent :
c'est Henri II qui est né en 1519 ; Du Bellay, né en 1522 ; Ronsard,
né en 1524. Un exemple frappant vous montrera, je l'espère,
comment s'est traduit dans la littérature ce changement ce tournant du siècle, pour ainsi dire : je veux, parler du tiers livre
du *Pantagruel* paru en 1546.

L'œuvre de Rabelais présente dans cette partie un caractère

tout nouveau. Le sujet est maintenant le mariage ; il se rattache étroitement à la grande querelle des femmes. Ainsi Rabelais lui-même se préoccupe des questions contemporaines ; je vois là un indice de sociabilité. Son livre est le livre d'un humaniste ; il relègue très loin le romanesque des aventures, les bons géants qui avaient fait le succès du *Gargantua* et du début du *Pantagruel*. Le cadre change. Le fond de l'œuvre ne consiste plus que dans des conversations d'hommes cultivés présentées sous les formes qui conviennent à une œuvre d'imagination. En 1546, Rabelais ne peut donc plus donner une suite normale à ses deux premiers livres. Pourquoi ce brusque changement ? C'est que tout l'exige, tout, c'est-à-dire les mœurs, la cour, l'influence de l'étranger, le mouvement enfin de l'esprit qui passe d'une curiosité à une autre et qui change, déplace, élève à tout instant son idéal.

Mais, en même temps, se produit le désaccord entre la Réforme et la Renaissance. Il éclate surtout à la faveur du succès croissant des préoccupations artistiques, et quand la vie en société permet l'établissement définitif de diverses morales. Calvin et Rabelais sont les champions de deux écoles qui opposent leurs philosophies. Lisez l'*Excuse aux Nicodémites*.

Certains avaient cru d'abord à la possibilité d'une fusion ; ils durent renoncer bientôt à cette espérance. Tel d'entre eux constata la rupture en termes empreints d'un profond regret.

La science, elle aussi, se transforme à cette époque. Le goût de l'observation se développe ; les hommes, au lieu de s'instruire uniquement dans les livres, se décident à porter leurs regards sur les choses elles-mêmes. Cet essor de l'esprit scientifique se manifeste dans trois ouvrages : en 1545, le livre de Copernic sur les Révolutions du globe ; en 1545 encore, la première œuvre d'Ambroise Paré ; enfin, en 1543, le livre de Vésale.

Beaucoup d'ouvrages novateurs sont publiés d'abord chez des imprimeurs parisiens. C'est que l'influence de Paris commence à s'affirmer dans tous les domaines. Paris et toute la société polie qui se rattache à la cour dominent et exercent une action centralisatrice. Le rôle de la cour devient considérable ; les princes, les grands seigneurs, encouragent les lettres et les arts. François Ier, Henri II, Charles IX, Henri III, Marguerite de Navarre, Marguerite de France, Diane de Poitiers, Catherine de Médicis, les Montmorency, etc., se déclarent les protecteurs attentifs des savants, des écrivains et des artistes. Cet intérêt qu'ils témoignent aux travaux de la Renaissance est chose nouvelle.

Nous avons fini d'examiner en gros les sous-divisions de la première moitié du XVIe siècle. Les périodes d'attente sont closes ;

le travail de préparation terminé. On a patiemment assimilé les éléments que l'antiquité et l'étranger joignaient au vieux fonds national.

Nous allons assister maintenant à l'épanouissement décisif de la Renaissance. Dans l'ensemble, avant 1550, le côté sérieux, moral, a prévalu dans la littérature. Presque personne ne se préoccupe de la forme. A partir de 1550, tout change ; un contraste parfait survient ; un esprit révolutionnaire se manifeste, qui proclame le culte de la Beauté. Nous venons de remarquer que cette révolution coïncidait curieusement avec la venue d'une nouvelle génération. Toute une série d'œuvres lui donne un retentissement et l'autorité de leurs succès : la *Défense et Illustration* en 1549, l'*Art poétique* de Thomas Sibilet en 1548, les odes de Ronsard en 1550. Jusque-là les genres n'avaient pas changé. Marot, Rabelais, Des Périers, Marguerite, conservaient les moules traditionnels ; d'ailleurs leurs soucis allaient de préférence aux idées ; un Marot n'est pas exempt de préoccupations morales et religieuses, et certainement les graves questions intéressent plus tous ces esprits que les petits problèmes de goût, de composition ou de versification. Au contraire, après 1550, on voit apparaître des genres nouveaux, des formes jusque-là inconnues : l'ode, le sonnet, par exemple. Les préoccupations morales sont mises au second plan. La véritable influence de l'antiquité se manifeste, l'emporte, triomphe. Cette année 1550 marque la victoire de l'humanisme et la rentrée du paganisme sur la scène du monde.

A partir de ce moment, le principe de l'imitation des anciens est adopté par les écrivains. Un Mellin de Saint-Gelais lui-même est obligé de s'y soumettre. Cette imitation commence par être systématique et souvent exagérée. Certaines œuvres nous aideront à justifier la vue que nous venons de vous présenter : rappelez-vous qu'on entreprend la construction du Louvre en 1546, que Ronsard donne ses odes en 1550, que la première tragédie française, *Cléopâtre*, est de 1552. La Pléiade se constitue. Estienne prépare le *Thesaurus linguæ græcæ* : l'hellénisme accroît son champ d'étude ; on découvre Anacréon. Nous pouvons dire que nous sommes arrivés alors à la vraie Renaissance, selon le sens que les définitions ordinaires attachent à ce mot. La tragédie apparaît sur la scène française ; l'histoire se constitue ; la science politique prend naissance et intéresse à son sort les lettrés et les savants.

A ce moment-là aussi, un des plus grands écrivains de l'antiquité, Plutarque, est traduit d'une façon merveilleuse par Amyot ; cette traduction vient bien à son heure ; elle marque comme l'avènement d'un ordre nouveau. Grâce à elle, on va enfin pou-

voir comprendre véritablement l'antiquité ; on va pouvoir pénétrer son esprit, sa philosophie.

Mais le divorce que nous avons annoncé, que nous avons vu
se préparer, s'accentuer de plus en plus, apparaît maintenant à
tous les yeux. Le triomphe de l'antiquité montre à la Réforme où
se trouve son plus dangereux ennemi. La lutte s'engage résolument contre le Paganisme, contre les mœurs très libres qu'il avait
fait revivre, contre l'indépendance des instincts et des passions.
La victoire de la philosophie et de la littérature antique n'avait
pas été, en effet, sans exercer une action sur les mœurs. Les poètes
ne craignent pas de chanter leurs amours comme les Catulle, les
Properce et les Tibulle. « Chacun, dit Pasquier, avait sa maîtresse,
qu'il magnifiait. » Ce qui eût été considéré auparavant comme un
manque de délicatesse passe désormais pour une distinction. Les
poètes du nouveau paganisme disent tout haut leurs tendresses,
leur passion, leurs regrets. C'est un immense mouvement qui
affranchit les cœurs et les chants, et qui fait de ce temps une
période presque unique dans notre littérature, ou du moins une
période très différente de celle qui la précéda et de celle qui
suivit. C'est le moment où Jean Goujon élève sa Fontaine vouée
« aux nymphes des eaux ». Lisez le récit de l'entrée de Henri II à
Lyon.

On revient donc au naturalisme antique et on s'écarte le plus
qu'on peut du surnaturalisme chrétien. Les Italiens retrouvent la
faveur ; le Primatice est accueilli avec plus d'enthousiasme que
jamais ; l'art antique s'implante chez nous. En 1550, Goujon
commence les sculptures du Louvre contemporaines de la Fontaine des Innocents. Les traités sur l'art se multiplient. Et partout
on glorifie la nature et l'humanité en les opposant à l'ancien idéal
ascétique du christianisme.

On étudie le droit avec plus de clairvoyance et d'audace sous la
direction de Cujas (1547) et de Dumoulin (1552). Dumoulin n'hésite
pas à traiter avec désinvolture les exigences de la cour romaine.

Cependant tout n'est pas parfait, et, à quelques égards, on peut
parler d'un recul qui se produirait après 1550. On a une conception plus égoïste, moins spontanée de l'art. L'art des foules disparaît. L'art devient une récréation des grands ; ceux-ci désirent
surtout enrichir leurs collections et orner leurs châteaux. Cependant la science et les lettres n'en continuent pas moins leurs
progrès.

Mais nous venons d'énumérer les caractères les plus généraux,
les grands aspects de la seconde moitié de la Renaissance.
Essayons donc d'établir des divisions plus précises dans cette

seconde période. Ce travail, je n'hésite pas à le dire, me semble très difficile, et, pour l'instant, je craindrais de vous présenter mes solutions comme définitives. Néanmoins, devant la nécessité de nous décider à une division, je crois que nous pouvons adopter les démarcations suivantes : une période allant de 1550 à 1564, à la mort de Calvin, et une autre de 1564 à 1600.

Pendant ce demi-siècle, s'accomplit donc la véritable Renaissance. La civilisation française, libérée d'un certain nombre d'éléments, se manifeste sous un aspect nouveau. Un travail d'absorption définitif se produit, dont Montaigne peut nous donner le sens. Je viens de prononcer le mot de paganisme ; il est certain que l'élément chrétien recule alors. Pourtant il résiste avant de céder du terrain. Il se produit de la sorte un grand nombre d'engagements entre les deux partis ; il en est résulté une doctrine générale, aux tendances moyennes, qui adopte la plupart des idées de l'antiquité et quelques sentiments du christianisme, tout juste ce qui était décent. Cette doctrine, elle se symbolise, elle prend une forme vivante dans l' « honnête homme » du xviie siècle. On a dit souvent que la Renaissance a avorté ; mais non. Il ne faut pas se prendre à certaines apparences trompeuses. Ne parle-t-on pas de même du christianisme chez Montaigne ? C'est la même erreur. Il n'y a pas de christianisme chez Montaigne ; son œuvre entière est inspirée par la pensée libre de l'antiquité ; chez lui, comme chez d'autres, l'élément chrétien n'est qu'une couverture, un masque.

Pourtant, dans cette évolution commencée sous l'influence de l'antiquité, de l'Italie et des Pays germaniques, la Renaissance reste française et nationale. Ce résultat assez inattendu est des plus curieux à noter.

La prochaine fois, nous tenterons d'établir une définition de la Renaissance, en nous servant des témoignages et des considérations formulés par les gens du xvie siècle, ainsi que des essais de définition que nos contemporains ont pu écrire. Après quoi, nous passerons à l'étude des origines ; puis nous arriverons le plus tôt possible aux périodes vitales, si l'on ose dire, c'est-à-dire à celles qui commencent vers 1530.

La France et la papauté de 1814 à 1870.

Cours de M. A. DEBIDOUR,

Professeur à l'Université de Paris.

L'Eglise et l'Université sous la monarchie de Juillet.

Avant même d'attendre la rupture de Lamennais avec Rome, les chefs du mouvement néo-catholique s'étaient mis à l'œuvre, et les résultats ne s'étaient point fait attendre. C'est en 1833 qu'un étudiant de Paris, Frédéric Ozanam, avait eu l'idée de fonder la *Société de Saint-Vincent-de-Paul*, société essentiellement laïque, gouvernée par des laïques, dégagée de toute compromission avec les partis réactionnaires ou légitimistes, et s'occupant non plus de politique, mais de charité. Ainsi, débarrassée de tout ce qui avait fait l'impopularité de la Congrégation, elle n'en était pas moins dévouée aux intérêts de l'Eglise, et toutes ses conquêtes étaient des victoires de celle-ci. Elle progressa rapidement et établit bientôt ses *conférences* dans les principales villes de France et même à Rome ; avec ses œuvres de charité, avec les patronages d'orphelins, d'apprentis, d'écoliers, ses asiles de vieillards, ses cours d'adultes, ses avocats des pauvres, ses consultations juridiques gratuites, elle avait une clientèle considérable et était un puissant instrument de propagande au service de l'Eglise.

Associations religieuses et congrégations voyaient grandir leur richesse et leur influence : l'*Association pour la propagation de la foi* comprenait, vers 1840, sept à huit cent mille adhérents, et grossissait chaque année son capital de plusieurs millions. Les dons affluaient dans les caisses des couvents et des fabriques. Les congrégations autorisées possédaient un capital de cent millions de francs en immeubles ; les Lazaristes avaient en France quatre cents établissements et possédaient, à eux seuls, vingt millions de capitaux. Les *Frères des Écoles chrétiennes* multipliaient leurs établissements avec l'approbation de l'administration. Enfin l'enseignement primaire des jeunes filles était presque entièrement accaparé par les communautés religieuses.

Grâce à la complaisance du gouvernement, les congrégations non autorisées faisaient également de grands progrès : les trap-

pistes rentraient et recommençaient à vivre paisiblement dans
leurs maisons ; les capucins, les chartreux, fondaient sans obstacle
de nouveaux monastères ; les bénédictins se reconstituaient à
Solesmes par la volonté du pape. Enfin, grâce aux efforts de
Lacordaire, on ne devait pas tarder à voir reparaître les dominicains.

Mais aucun ordre n'avait regagné tant de terrain que la redoutable Compagnie de Jésus, qui, sous la monarchie de Juillet, ne
rencontrait pas beaucoup plus d'obstacles que sous la Restauration. En 1830, ils avaient tâché de se faire oublier, mais, le
danger passé, reparaissaient plus actifs que jamais. Ils reparaissaient même dans l'enseignement, d'où une ordonnance les avait
cependant exclus en 1828 : à la suite de celle-ci, d'ailleurs, ils
s'étaient hâtés de fonder des collèges dans les pays limitrophes
de la France, en Espagne, en Belgique, en Suisse, afin que les
familles de la noblesse et de la haute bourgeoisie française
pussent leur envoyer leurs enfants ; et depuis, grâce à la complaisance des évêques, ils pouvaient reprendre en France, dans
les séminaires par exemple, une place importante dans l'éducation de la jeunesse ; l'épiscopat leur était, en effet, presque
entièrement dévoué. En 1838, l'évêque de Clermont refusa les
prières de l'Eglise au comte de Montlosier, qui était mort en bon
catholique, mais à qui les Jésuites ne pardonnaient pas sa campagne de 1826 ; d'autre part, l'archevêque de Paris, Mgr de Quélen,
permettait à l'un d'eux, le Père de Ravignan, de prêcher publiquement à Notre-Dame. Grâce à cette protection, les doctrines
des jésuites régnaient souverainement dans toutes les écoles ou
institutions ecclésiastiques ; leurs livres étaient particulièrement
en honneur dans les grands séminaires ; dans les petits, les élèves
continuaient à étudier l'histoire de France dans des livres comme
celui du P. Loriquet, qui leur apprenaient à admirer les dragon-
nades, à ne voir dans la Révolution qu'un colossal brigandage et
à se réjouir au souvenir de Waterloo. Dans les *Instructions chrétiennes* du P. Humbert, ils trouvaient des préceptes comme celui-
ci : « Quand même un prêtre ne serait pas saint et qu'il serait
aussi indigne que Judas,... si vous touchez à son honneur, à ses
droits légitimes, à son ministère ou à sa personne, Dieu est sensiblement offensé. » Les *Institutiones philosophicæ* de l'évêque du
Mans, Mgr Bouvier, leur enseignaient que le peuple ne doit pas
être trop instruit : savoir lire, écrire, compter, cela suffit. « Ce
qu'il saurait au delà, disait l'auteur, serait superflu et souvent
nuisible. » Les opinions du même auteur touchant certaines autres
questions méritent d'être rapportées : « L'esclavage considéré en

soi; déclare-t-il, est une chose absolument licite. Il ne serait illicite qu'autant qu'il ' répugnerait que l'homme soit éternellement privé de sa liberté. Or il ne répugne pas que l'homme soit éternellement privé de sa liberté. » Ailleurs, il soutient la doctrine du droit divin, c'est-à-dire la supériorité des rois sur les lois ; il condamne l'idée de la souveraineté du peuple, de l'égalité civile et politique, de la résistance à l'oppression : « Il n'est jamais permis de s'insurger contre l'autorité suprême, quand même ceux qui l'exercent traitent leurs sujets avec rigueur et dureté. » Le principe de la légitimité est hautement soutenu, et tout est permis contre l'usurpateur ; ici l'auteur faisait allusion à des événements trop récents pour que son langage ne fût pas clair : « A la voix du prince légitime, les sujets doivent prendre les armes contre l'usurpateur, l'assiéger, le vaincre et le chasser, si faire se peut. Il y a plus : si le prince légitime l'ordonne en termes exprès, ils peuvent assassiner en secret l'usurpateur comme un malfaiteur public... » Ceux qui acceptent des emplois sous un usurpateur à bonne intention, c'est-à-dire dans le dessein de le trahir secrètement, loin d'agir contre la volonté présumable du prince légitime, lui font plaisir et le servent mieux que si, rentrés dans la vie privée, ils quittaient la place aux méchants et partisans de l'usurpateur. Ils peuvent même prêter serment à l'usurpateur. Mais, sitôt que le prince légitime remonte sur son trône, le lien du serment prêté à l'usurpateur se rompt de lui-même ; car, alors, il aurait un résultat illicite. Si l'usurpateur donne des ordres contre le prince légitime, par exemple pour combattre ses soldats, il n'est pas permis de lui obéir, tant que la cause de la légitimité n'est pas désespérée. Néanmoins le soldat contraint de servir sous peine de mort ne pécherait pas en prenant ses armes et en restant dans les rangs jusqu'au moment de déserter. Enfin une apologie révoltante de l'intervention des Alliés en 1814 et 1815 : « Il ne faut pas regarder comme ennemies de la patrie les armées étrangères qui, pour la cause du prince légitime, se battent contre des sujets rebelles ; ce sont plutôt *des amis et des protecteurs*. Leur secours, à vrai dire, est *onéreux* ; mais il faut s'en prendre aux seuls rebelles des maux qu'ils causent. » Voilà ce qu'on avait écrit, après que la France avait été rançonnée par un million de soldats étrangers, et ce qu'on enseignait encore dans des écoles françaises, après la Révolution de Juillet !

On voit, par ces détails, quelle influence l'Eglise avait reconquise dans le pays, et dans l'Eglise l'ordre des jésuites, grâce à ce régime de liberté relative. Cette première expérience de la liberté ayant été heureuse, le parti catholique va consacrer tous ses efforts à en conquérir une encore plus grande, et diriger toutes ses attaques contre le monopole de l'Université.

Après la rupture de Lamennais avec le Saint-Siège, Montalembert et Lacordaire avaient recommencé la campagne pour la liberté de l'enseignement, et, cette fois, sans rencontrer les résistances contre lesquelles leur ancien chef s'était brisé ; c'est qu'on avait maintenant compris à Rome qu'ils voulaient, non pas partager avec l'Université, mais accaparer l'enseignement pour eux seuls et enlever à l'Etat l'éducation de la jeunesse française ; ils étaient donc une force qu'il eût été impolitique de s'aliéner ; et leurs triomphes seraient des victoires pour l'Eglise catholique.

Forts de cette approbation, ils se remirent à l'œuvre. La campagne fut d'abord modérée ; mais, comme les concessions du gouvernement paraissaient trop modérées au parti, elle devint violente. Elle prit ce caractère à partir de 1842 et de 1843, surtout avec Louis Veuillot, frais converti, qui venait d'entrer au journal l'*Univers*, et mettait son ardeur de néophyte et sa fougue de polémiste au service de la cause ultramontaine. Une foule de livres, de pamphlets, attestent l'ardeur de la lutte contre l'Université ; parmi eux nous pouvons citer : dès 1840, le livre de l'abbé Garot, le *Monopole universitaire dévoilé à la France libérale et à la France catholique* ; en 1843, ceux de l'abbé Desgarets, le *Monopole universitaire, destructeur de la religion et des lois ;* les pamphlets de Védrine, *Simple coup d'œil sur les douleurs et les espérances de l'Eglise aux prises avec les tyrans des consciences et les vices du XIX*e *siècle* ; de l'abbé Carle, la *Liberté d'enseignement est-elle une nécessité religieuse et sociale ?* de Montalembert, *Du devoir des catholiques dans la question de la liberté de l'enseignement.* Et il faut voir le langage d'un certain nombre d'entre eux ! Sous prétexte de polémiques, beaucoup étaient remplis de citations tronquées, d'allégations monstrueuses, telles celles que l'on peut trouver dans le *Monopole universitaire* de l'abbé Desgarets, chanoine de Lyon. A la page 527, il y était dit que *les infâmes ouvrages du marquis de Sade n'étaient que des églogues auprès de ce qui se passait dans l'Université.* D'après l'auteur, les conséquences naturelles de l'enseignement de l'État étaient « le suicide, le parricide, l'homicide, l'infanticide, le duel, le viol, le rapt, la séduction, l'inceste, l'adultère, toutes les plus monstrueuses impudicités, les vols, les spoliations, les dilapidations, les concussions, les impôts et les lois injustes, les faux témoignages, les faux serments et les calomnies, la violation de tout ce que l'on nomme loi, les insurrections, les tyrannies, les révolutions, la mort, etc., etc., et il n'y a pas plus de vice, ajoutait-il ironiquement, d'injustice, de mal à faire toutes ces choses, qu'il n'y en a pour le feu de brûler, pour l'eau de submerger, pour le lion de rugir, pour les boucs et les chèvres de Théocrite de servir de modèle à leurs frères du Collège de France et de l'Ecole Normale et à leurs nombreux petits (p. 478).... »

L'Université, d'ailleurs, ne laissait pas passer de telles attaques sans riposter, et bon nombre de ses membres se livraient, de leur côté, à une campagne violente contre ce qui, pour eux, représentait dans toute sa puissance l'esprit clérical, les jésuites ; ceux-ci, en effet, oubliaient toute prudence et se montraient au grand jour ; ils ne craignaient même pas d'attirer l'attention sur eux par des ouvrages comme ceux du P. de Ravignan (*De l'Existence et de l'Institut des Jésuites*, 1844), qui faisait l'apologie de l'ordre, et de Vatimesnil, qui soutenait que, autorisée ou non, la Compagnie n'en avait pas moins le droit de vivre, et qu'elle avait eu raison de se reconstituer en France (lettre au R. P. de Ravignan sur l'état légal en France des associations religieuses non autorisées, 1844). Aussi les publications que suscita cet ordre furent-elles nombreuses pendant cette période. L'opinion publique le rendait responsable de toutes les manifestations cléricales de l'époque. Michelet publiait en 1843 les *Jésuites*, en 1845 *le Prêtre, la Femme, la Famille* ; le professeur Génin, dans un livre qui avait un grand succès, les *Jésuites et l'Université*, dévoilait leur enseignement et leurs agissements politiques (1844) ; le gallican Dupin, homme politique et juriste, rééditait la même année son *Manuel du droit public ecclésiastique français*, où il combattait l'ultramontanisme. A côté de ces ouvrages, paraissaient une multitude de pamphlets, de libelles, dirigés dans le même sens ; la presse quotidienne avancée, et même des journaux modérés comme le *Journal des Débats*, attaquaient l'existence de la Compagnie comme un monument d'illégalité ; la polémique était popularisée même par un roman que publiait alors le *Constitutionnel*, et pour lequel se passionnait la foule : c'était le *Juif errant*, d'Eugène Sue, où le jésuite Rodin incarnait la perfidie et le génie du mal.

Pour être moins violentes dans la forme que celles du parti adverse, ces attaques n'en comportaient pas moins une part très grande d'exagération, notamment sur le rôle réel des jésuites : « L'esprit de mort, écrivait par exemple Michelet, appelons-le de son vrai nom, le jésuitisme, autrefois neutralisé par la vie diverse des ordres, des corporations, des partis religieux, est l'esprit commun que le clergé reçoit maintenant par une éducation spéciale et que ses chefs ne font pas difficulté d'avouer. Un évêque a dit : « Nous sommes jésuites, tous jésuites. » Aucun ne l'a dé-

menti. La plupart cependant ont moins de franchise ; le jésuitisme
agit puissamment par ceux qu'on lui croit étrangers, par les
sulpiciens qui élèvent le clergé, par les ignorantins qui élèvent
le peuple, par les lazaristes qui dirigent six mille sœurs de Charité, ont la main dans les hôpitaux, les écoles, les bureaux de
bienfaisance, etc. Tant d'établissements, tant d'argent, tant de
chaires pour parler haut, tant de confessionnaux pour parler bas ;
l'éducation de deux cent mille garçons, de six cent mille filles,
la direction de plusieurs millions de femmes, voilà une grande
machine. L'unité qu'elle a aujourd'hui pouvait, ce semble, alarmer
l'Etat. Loin de là, l'Etat, en défendant l'association aux laïques,
l'a encouragée chez les ecclésiastiques. Il les a laissés prendre
près des classes pauvres la plus dangereuse initiative : réunions
d'ouvriers, maisons d'apprentis, associations de domestiques qui
rendent compte aux prêtres, etc. etc. »

Quelle était, en présence de ce conflit, l'attitude des pouvoirs
publics ? Le gouvernement, étant obligé de compter, d'une part
avec l'opinion, hostile aux jésuites, d'autre part avec les amis du
clergé, montrait le plus grand embarras. De fait, aucun changement à la législation existante, sur le clergé, les congrégations ou
l'enseignement, ne fut apporté jusqu'à la fin de la monarchie.
De 1840 à 1845, le gouvernement déposa divers projets, qui ten-
daient à établir une liberté d'enseignement relative (par exemple
le projet Villemain en 1844), mais qui ne satisfirent ni l'un ni
l'autre des deux partis ; car la droite les considérait comme insuffisants et la gauche comme excessifs. En 1845, le gouvernement,
à la suite du mouvement d'opinion provoqué par les jésuites, fut
mis en demeure par Thiers d'appliquer la législation existante
aux congrégations non autorisées ; placé entre deux oppositions,
il s'arrangea pour que les jésuites eussent l'air de se soumettre :
il entama avec Rome des négociations secrètes, pour obtenir que
le Saint-Siège conseillât aux jésuites un semblant de soumission ;
le pape comprit, les jésuites s'y prêtèrent, et quelques-unes de
leurs maisons furent fermées. Ainsi le clergé avait quelque raison
d'être content de Louis-Philippe, et l'opinion croyait avoir eu
gain de cause. En réalité, il n'y avait gain ni d'un côté ni de l'autre :
les deux partis piétinaient sur place et gardaient leurs positions.

Il y eut même, pendant les dernières années du règne, un apai-
sement relatif. Il était dû à trois causes : 1° l'approche des élections de 1846, qui obligeait le parti catholique et le gouvernement
à se ménager l'un l'autre : ni l'un ni l'autre n'étaient assez forts
pour triompher seuls ; la majorité du gouvernement n'était pas
assez forte pour qu'il pût se passer des catholiques, et dans beau-

coup de circonscriptions ses candidats avaient besoin des voix
catholiques pour être élus ; d'autre part, étant donné surtout
l'état de l'opinion publique, hostile aux jésuites, la droite avait
besoin, pour faire aboutir ses projets, du concours du gouvernement. De cet accord tacite résulta un adoucissement de polémiques de la part de l'opposition, et un redoublement de complaisances de la part du ministère.

2º L'attitude de l'opposition de gauche, qui, désespérant du
régime actuel, consacrait toute son énergie à la réforme électorale ;
l'opinion cessait peu à peu de se passionner pour ou contre les
jésuites ; la question de l'enseignement et des congrégations passait au second plan. La campagne des banquets, qui devait amener la révolution de Février, était commencée.

3º L'impression favorable que causa parmi les adversaires de
l'Eglise l'avènement au trône pontifical d'un pape qu'on disait et
qui se disait libéral. En effet, le vieux Grégoire XVI, l'auteur de
l'encyclique *Mirari* et l'adversaire acharné du libéralisme et de
Lamennais, était mort le 1er juin 1846, et avait été remplacé par le
cardinal Mastaï, qui avait pris le nom de Pie IX. C'était un pape
dans la force de l'âge, affable et bon ; il avait le sentiment du
devoir social de la papauté dans le monde, de l'influence bienfaisante et moralisatrice qu'elle pouvait, qu'elle devait exercer sur
les peuples. Le seul fait qu'il n'avait pas commencé par anathé-
matiser l'esprit de la Révolution, lui avait, en peu de temps, conquis une popularité immense. Un certain nombre de mesures
qu'il avait prises à son avènement (une amnistie politique, la
constitution d'une garde nationale, quelques promesses de réformes, le droit donné aux Romains d'élire certains fonctionnaires
administratifs) avaient suscité un immense enthousiasme, et
avaient suffi pour lui faire la réputation d'un homme de progrès,
d'un démocrate, d'un émancipateur. Comme il semblait voir d'un
mauvais œil que les Autrichiens fissent, malgré lui, la police
dans ses Etats, il passait pour un patriote italien, pour un partisan de l'expulsion totale des Autrichiens hors de la péninsule.
Les Italiens saluaient en lui un rédempteur, un champion de
l'unité ; de l'autre côté, Metternich le suspectait. Et comme le gouvernement autrichien passait pour l'appui de la contre-révolution
en Europe, être adversaire de l'Autriche, c'était être libéral : on
croyait le pape prêt à se rallier aux principes de 89. Chaque fois
qu'il sortait, il était acclamé par un peuple en délire ; et, comme
il se laissait faire, on concluait que ces acclamations lui plaisaient.
De Rome, l'enthousiasme et l'admiration gagnaient toute l'Europe; tout le monde attendait de lui l'émancipation des peuples.

En France, en particulier, les sentiments étaient aussi vifs qu'en Italie ; tous les partis s'accordaient pour le louer : d'abord les néo-catholiques, qui le proclamaient un des leurs, et qui citaient les paroles encourageantes qu'il leur avait adressées pour leur campagne ; Montalembert le proclamait à la tribune d'idole de l'Europe. Ensuite Guizot lui-même, qui se félicitait de l'avènement d'un pape qui devait « accomplir la réconciliation de l'Eglise catholique et de la société moderne ». Les Chambres, dans leurs adresses au roi, félicitaient le pontife d'avoir ouvert au monde « une ère nouvelle de civilisation et de liberté ». Les chefs de l'opposition parlementaire rivalisaient eux-mêmes de louanges avec le président du conseil. Thiers s'écriait : « Un sàint Pontife a formé ce projet si noble de conjurer les révolutions en accordant aux peuples la satisfaction de leurs justes besoins. Courage, Saint-Père, courage !... » Enfin le parti radical lui-même tenait un langage analogue et n'hésitait pas à voir en Pie IX un disciple de Lamennais sur le trône pontifical.

L'Eglise et la Révolution de 1848.

Cet état d'esprit se manifesta d'une façon plus visible encore après la révolution de Février. En effet, les hommes qui l'avaient faite se réclamaient de Jean-Jacques Rousseau et de Lamennais, et par-dessus tout de l'Evangile ; selon eux, c'était Jésus-Christ qui avait lancé le premier dans le monde les idées de liberté, d'égalité, de fraternité, qui constituaient le programme de la nouvelle république ; s'ils ne croyaient pas tous à la divinité du Christ, du moins ils croyaient à celle de ses idées : les réformateurs les plus audacieux, les constructeurs de systèmes socialistes, les nouveaux organisateurs du travail, les ennemis de la propriété, disaient tirer leur inspiration de sa parole. Il y avait d'ailleurs parmi eux beaucoup de catholiques sincères, comme Buchez, comme Arnauld de l'Ariège, pour lesquels la République mettait d'accord la foi politique et la foi religieuse, et qui souhaitaient depuis longtemps la réconciliation de l'Eglise et de la liberté. Ceux-là en croyaient enfin l'heure venue.

Cette croyance, d'ailleurs, ne pouvait être que fortifiée par le langage des amis de l'Eglise après le 24 février. Ils n'aimaient pas Louis-Philippe, ils n'avaient pas perdu de temps à le regretter ; ils s'étaient aussitôt ralliés au nouveau régime. Si le régime précédent avait quelquefois servi l'Eglise, c'était par crainte, par politique ; il l'avait servie sans l'aimer, et elle n'avait guère pu en tirer que des promesses. Au contraire, on pouvait tout attendre du régime nouveau, qui mettait le mot de liberté en tête de son programme ; il y avait intérêt, par une prompte adhésion, à le gagner, dès le début, à la cause catholique. Une fois sa confiance acquise, on pourrait guider le suffrage universel.

Aussi, dès le lendemain de la révolution, le parti catholique d'une part, le clergé de l'autre, accablèrent-ils le gouvernement de leurs protestations de fidélité à la république. Le fougueux et intraitable Louis Veuillot, l'irréductible adversaire de l'Université, déclarait dans l'*Univers* que la révolution de Février était une *notification de la Providence,* que la France, qui s'était crue monarchique, était déjà républicaine, et qu'*il n'y aurait pas de plus sincères républicains que les catholiques français*. L'épiscopat, de son côté, surtout en province où l'on n'avait pas l'habitude de la politique, comprenait quel profit il tirerait du suffrage universel en s'en faisant le guide. Aussi, en mars et avril 1848, les évêques publièrent-ils des mandements retentissants où ils donnaient avec allégresse leur adhésion à la république et proclamaient en termes lyriques que ses principes avaient été proclamés par le Christ du haut du Golgotha. Dans un de ces mandements, l'archevêque de Bourges disait : « Les principes dont le triomphe doit commencer une ère nouvelle, sont ceux que l'Eglise a toujours proclamés à la face du monde entier par la bouche de son auguste chef, l'immortel Pie IX. » — L'archevêque de Cambrai : « La première Eglise a proclamé dans le monde les idées de liberté, de justice, d'humanité, de fraternité universelle. Elle les proclame de nouveau en présence de tous les peuples.. » — L'évêque de Gap : « Les institutions qu'on nous donne aujourd'hui ne sont pas des institutions nouvelles : elles ont été publiées sur le Golgotha ; les apôtres et les martyrs les ont cimentées de leur sang.. » — L'archevêque d'Aix : « Prions Dieu de faire triompher partout les principes d'ordre, de liberté, de justice, de charité, de fraternité universelle, que Jésus-Christ a le premier proclamés dans le monde...» — L'évêque de Châlons ; « Notre drapeau porte maintenant pour devise : Liberté, Egalité, Fraternité ; c'est tout l'Evangile dans sa plus simple expression...» — L'évêque de Séez : « Pour l'Eglise, le meilleur gouvernement est celui où les grands principes de liberté, d'égalité, de fraternité, qu'elle a reçus de son divin Fondateur, sont le mieux compris et le plus franchement mis en pratique. » — L'évêque d'Ajaccio : «Il s'agit d'assurer le triomphe des grands principes promulgués par l'Evangile il y a dix-huit siècles... » — L'évêque de Nancy : « Il ne s'agit de rien moins que d'établir un gouvernement vraiment national, qui réalise parmi nous le programme renfermé dans ces mots évangéliques que la République a pris pour devise : Liberté, Egalité, Fraternité... » — L'évêque de Langres : « Rien de plus profondément, que dis-je ? de plus exclusivement chrétien que ces trois mots inscrits sur le drapeau national : Liberté, Egalité, Fraternité. Loin de répudier ces mots sublimes, le christianisme les revendique comme son ouvrage, comme sa création. C'est lui, c'est lui seul qui les a introduits, qui les a conservés, qui les a fait pratiquer dans le monde... »

Si les grands dignitaires parlaient ainsi, à plus forte raison le personnel inférieur du clergé devait-il proclamer bien haut sa fidélité aux principes républicains. Il ne s'en fit pas faute : les moines, et Lacordaire en tête, célébrèrent avec confiance les bienfaits à venir du nouveau régime ; les quarante mille curés de France les annoncèrent en chaire avec attendrissement, et donnèrent les preuves les plus ostensibles de leur ardent républicanisme ; beaucoup chantaient la messe en place publique, pour mieux attester l'alliance du peuple et de l'Église ; beaucoup conduisaient des processions pour remercier le ciel d'avoir permis l'etablissement de la République ; les arbres de la liberté, qu'on plantait par milliers dans les villes et les campagnes, étaient bénits par les curés. La volonté nationale devenait, à leurs yeux, la volonté divine. Aussi le clergé, à l'encontre de ce qui s'était passé après les journées de Juillet, était-il très populaire, entouré de vénération et de respect ; et ces sentiments ne furent pas peu augmentés, lors des sanglantes journées de Juin, lorsqu'on eut vu Mgr Affre, achevêque de Paris, se faire tuer dans le faubourg Saint-Antoine en essayant de faire cesser une lutte fratricide.

Le gouvernement montra donc les plus grands égards au clergé. Le gouvernement provisoire tout d'abord, bien que les hommes qui le composaient ne fussent pas des croyants, au sens que l'Eglise attache à ce mot, prit à tâche d'eviter toutes les causes de froissements, tout ce qui aurait pu passer pour une provocation ; jamais il ne fut question de diminuer les droits ou les privilèges de l'Eglise. Il en fut de même après les élections du 23 avril 1848, d'où était sortie l'Assemblée constituante ; à ce moment la situation de l'Eglise s'améliora encore, car ces élections mêmes furent en grande partie l'œuvre de l'Eglise ; son influence fut prépondérante surtout dans les campagnes, où les paysans, sans éducation politique, sans raisons souvent pour se décider entre les candidats, se laissèrent guider par le clergé ; en bien des endroits, on vit les curés conduire les électeurs au vote après la messe. Aussi la constitution, pour la rédaction de laquelle cette Assemblée avait été nommée, fît-elle preuve envers l'Eglise du respect le plus parfait ; la journée du 15 mai et surtout les sanglantes journées de Juin, en inspirant à la majorité l'horreur des idées avancées, accentuèrent encore cette déférence. La constitution fut placée sous l'invocation de Dieu, et son préambule porta qu'*il existait des droits et des devoirs antérieurs aux lois positives*, et que le citoyen doit être protégé dans sa religion. La liberté d'association, de pétitionnement, la liberté de la presse, furent assurées largement à tous (art. 8), sans qu'il vînt à l'esprit de personne de les restreindre au préjudice des catholiques, par des mesures contre les congrégations, par exemple. Si elle crut devoir subordonner la liberté de l'enseignement aux « conditions de capacité et de moralité déterminées par les lois et à la surveillance de l'Etat », du moins proclama-t-elle formellement cette liberté. Par contre, l'Assemblée constituante écarta la séparation de l'Eglise et de l'Etat, qui était proposée par Lamennais, Pierre Leroux et quelques autres ; elle écarta également presque sans discussion le projet de rétablissement du divorce, présenté par le ministre de la justice Crémieux. Lorsqu'elle institua, pour régler les rapports de l'Eglise et de l'Etat, et pour examiner s'il y avait lieu de les modifier dans les circonstances actuelles, un comité des cultes, elle y nomma en majorité des catholiques convaincus, dont plusieurs ecclésiastiques. Comme des propositions avaient été faites de changer le mode de nomination des évêques, le comité repoussa toute participation, même indirecte, du peuple dans le choix des candidats ; on ne donna aucune suite au projet de les faire présenter au chef de l'Etat par le clergé de leur diocèse. On présenta également un projet tendant à affranchir les desservants de la sujétion des évêques ; car, si le concordat assurait l'inamovibilité aux curés titulaires, la grande majorité des paroisses de campagne avaient à leur tête des *desservants*, révocables à volonté par les évêques, et par conséquent privés de toute indépendance ; on demanda qu'au bout de cinq ans ils fussent assimilés aux curés. Après de longues discussions, le *statu quo* fut maintenu. Bref, toutes les tentatives faites pour démocratiser l'Eglise, pour donner au clergé un peu plus de liberté vis-à-vis de ses chefs hiérarchiques, échouaient misérablement. Loin d'être affaiblie par la Révolution, l'Eglise conservait sa force, gardait les positions acquises et gagnait en plus la popularité.

La comédie en France après Molière

Cours de M. AUGUSTIN GAZIER,

Professeur à l'Université de Paris.

Lesage.

Regnard est mort prématurément, en septembre 1709. Il a donc pu voir, au mois de février de la même année, le *Turcaret* de Lesage. Cette pièce dut, à la fois, le satisfaire et le mécontenter. Il en fut mécontent, parce qu'on y représentait, avec beaucoup de force et d'esprit, cette classe des financiers dont il faisait partie ; il en fut satisfait, parce qu'il y découvrit, sans aucun doute, un grand talent. Certes, Lesage n'a fait que passer au Théâtre-Français, et les trente-cinq dernières années de sa vie ont été occupées à un autre ouvrage ; mais c'est pour les comédiens français qu'il a écrit *Crispin rival de son maître* et *Turcaret* : c'est à ce titre qu'il mérite que nous l'étudions.

La vie de Lesage n'est pas comme celle de Regnard : elle ne peut, à aucun degré, nous servir pour comprendre la nature de son talent. Né en Bretagne, à Sarzeau, près de Vannes, il était fils d'une famille aisée (1658). Orphelin à quatorze ans, il fut élevé d'abord chez les jésuites de Vannes. Dépouillé par son tuteur, qui était son oncle, de presque toute la succession paternelle, il se trouva encore jeune aux prises avec les nécessités de la vie. Ce fait n'a pas grande signification pour expliquer son œuvre. Démosthène n'avait-il pas, lui aussi, été ruiné par son oncle ? A vingt-quatre ans, il vint à Paris pour terminer ses études, qui, sans doute, n'étaient pas encore fort avancées, puisqu'il fait alors sa philosophie. Bientôt il se marie avec la fille d'un maître menuisier aisé. La fortune de sa femme ne lui permet pas cependant de vivre sans rien faire. Il est bientôt père de quatre enfants. Lesage sera, toute sa vie, aux gages des libraires et des entrepreneurs de spectacles.

Longtemps il cherche sa voie. Il traduit d'abord les lettres galantes d'Aristénète, puis des pièces espagnoles. Sur ce dernier terrain, il a été devancé par Scarron et par Thomas Corneille. En

1700, il fait imprimer deux pièces, qui ne furent jamais jouées.
Enfin, en 1702, il donna au Théâtre-Français le *Point d'honneur* :
la recette fut de 163 livres ; il eut de quoi payer les moucheurs de
chandelles. Ainsi s'écoulent dix ou douze années, sans gloire ni
profit pour notre auteur.

En 1707, il se révèle avec un roman, le *Diable boiteux*. Asmodée,
e diable boiteux, a été enfermé par un magicien dans une bouteille. Il est délivré par un jeune étudiant, qu'il emmène avec lui à
travers le monde. Le diable a le pouvoir d'enlever aux maisons
leurs toitures. Ainsi son compagnon peut voir et s'instruire ; c'est
ce qu'il fait dans une suite de tableaux et de récits dans le genre
de ceux qu'on trouve dans les *Amusements sérieux et comiques*,
lorsque Dufresny nous raconte les aventures de son sauvage.
C'est un roman dont les auteurs comiques pourraient faire leur
profit. En 1707, Dancourt en tira le sujet de deux comédies
médiocres, mais qui eurent un grand succès.

En 1708, Lesage écrit une comédie, la *Tontine*, qui a été reprise,
il y a quelques années, sur la scène de l'Odéon. Lorsqu'elle
parut, elle fut empêchée par ordre au Français et donnée seu-
ment en 1732.

En 1709, parut enfin *Turcaret*, comédie en cinq actes, dont
nous parlerons plus longuement.

Il semblait, dès lors, que Lesage fût inféodé au Théâtre-Français. Or, au lendemain même de *Turcaret*, il l'abandonnait pour
n'y plus revenir. Et cependant, de 1712 à 174č, il a fait représenter
plus de cent pièces sur le théâtre de la foire : que s'était-il passé
entre Lesage et le Français ? Il est impossible de le savoir. Il est
probable que notre auteur eut à se plaindre des procédés de l'administration à son égard. On peut le conjecturer d'après les attaques
contre les comédiens dont ses pièces et son *Gil Blas* sont remplis.

Voyez, par exemple, le chapitre xi du livre III de *Gil Blas*. Il s'intitule : « Comment les comédiens vivaient ensemble et de quelle
façon ils traitaient les auteurs ». On finit de dîner chez les comé-
diennes, lorsque l'auteur apparait : « Notre petit laquais vint dire
tout haut à ma maîtresse : « Madame, un homme en linge sale,
crotté jusqu'à l'échine, et qui, sauf votre respect, à tout l'air d'un
poète, demande à vous parler. » — « Qu'on le fasse monter,
répondit Arsénie. Ne bougeons, Messieurs, c'est un auteur. »
Effectivement, c'en était un, dont on avait accepté une tragédie et
qui apportait un rôle à ma maîtresse. Il s'appelait Pedro de Moya.
Il fit, en entrant, cinq ou six profondes révérences à la compagnie, qui ne se leva ni même ne le salua point. Arsénie répondit
par une simple inclinaison de tête aux civilités dont il l'accablait.

Il s'avança dans la chambre d'un air tremblant et embarrassé. Il laissa tomber ses gants et son chapeau. Il les ramassa, s'approcha de ma maîtresse, et, lui présentant un papier plus respectueusement qu'un plaideur ne présente un placet à son juge : « Madame, lui dit-il, agréez, de grâce, le rôle que je prends la permission de vous offrir. » Elle le reçut d'une manière froide et méprisante, et ne daigna pas même répondre au compliment.

« Cela ne rebuta point notre auteur, qui, se servant de l'occasion pour distribuer d'autres personnages, en donna un à Rosimoro et un autre à Florimonde, qui n'en usèrent pas plus honnêtement avec lui qu'Arsénie. Au contraire, le comédien, fort obligeant de son naturel, comme ces messieurs sont pour la plupart, l'insulta par de piquantes railleries. Pedro de Moya les sentit. Il n'osa toutefois les relever de peur que sa pièce n'en pâtît. Il se retira sans rien dire, mais vivement touché, à ce qu'il me parut, de la réception qu'on venait de lui faire. Je crois que, dans son dépit, il ne manqua pas d'apostropher en lui-même les comédiens comme ils le méritaient ; et les comédiens de leur côté, quand il fut sorti, commencèrent à parler des auteurs avec beaucoup de respect. »

Bref, tous les comédiens tombent d'accord pour estimer que les auteurs ne sont pas dignes de leur attention. « Il se trouva que les auteurs, malgré les mauvais traitements qu'ils recevaient des comédiens, leur en devaient encore de reste ; ces histrions les mettaient au-dessous d'eux, et certes ils ne pouvaient les mépriser davantage. »

Dans le chapitre suivant, Lesage n'est pas plus tendre pour les comédiens : « Je n'oublierai jamais, dit Gil Blas, ce qui arriva un jour qu'on représentait une comédie nouvelle pour la première fois. Les comédiens l'avaient trouvée froide et ennuyeuse ; ils avaient même jugé qu'on ne l'achèverait pas. Dans cette pensée, ils en jouèrent le premier acte, qui fut fort applaudi. Cela les étonna. Ils jouent le second acte ; le public le reçoit encore mieux que le premier. Voilà les acteurs déconcertés ! « Comment diable ! dit Rosimoro, cette comédie prend ! » Enfin ils jouent le troisième acte, qui plut encore davantage. « Je n'y comprends rien, dit Ricardo ; nous avons cru que cette pièce ne serait pas goûtée : voyez le plaisir qu'elle fait à tout le monde ! » — « Messieurs, dit alors un comédien fort naïvement, c'est qu'il y a dedans mille traits d'esprit que nous n'avons pas remarqués. »

Il est permis de penser qu'on trouve dans ces passages comme un écho du ressentiment de Lesage contre les comédiens. Peut-on préciser davantage ? Je l'essaierai, mais en vous avertissant que

nous sommes ici en pleine hypothèse. Peut-être l'auteur de la
retraite de Lesage n'est-il autre que Dancourt. Nous avons déjà
vu qu'il avait tiré deux comédies du *Diable boiteux*. Fut-il jaloux
du succès de Lesage, lui qui était comme un fournisseur attitré
du Théâtre-Français ? Nous n'en savons rien précisément. Les
·riches archives de la Comédie-Française ne nous fournissent
aucun renseignement à ce sujet.

De 1709 à 1712, Lesage ne produit rien. Il travaille pour des
« histrions », comme il dit, de plus bas étage. En 1715, il fait
paraître la première partie de son *Gil Blas*.

Il a quatre enfants : l'un d'eux est chanoine à Boulogne-sur-
Mer ; deux autres sont acteurs. A l'âge de 75 ans, Lesage se retire
chez le chanoine, gai et bon garçon ; il accueillit avec joie son
père devenu sourd qui, depuis 1768, ne travaillait plus.

L'existence de Lesage est, en somme, tout unie ; c'est un travail
constant, une aisance honnête. Jamais il ne fut de l'Académie :
on n'était pas allé le chercher ; il ne se dérangea pas pour aller
frapper à la porte. Sa réputation n'a jamais été sérieusement
atteinte, bien que Voltaire ne lui ait consacré que quelques
lignes, pour l'accuser, à tort d'ailleurs, de plagiat. Son épitaphe
portait ces deux vers :

> S'il ne fut pas ami de la fortune,
> Il fut toujours ami de la vertu.

Nous n'avons pas, ici, à nous occuper de toutes ses œuvres. Et
d'abord nous ne parlerons pas de ses romans, si ce n'est pour
faire remarquer qu'ils offrent une analogie frappante avec des
œuvres dramatiques. On pourrait, par exemple, presque toujours,
transformer en pièces de théâtre les plus belles scènes de *Gil
Blas*.

Nous ne parlerons pas davantage de ses pièces pour le théâtre
de la foire. Nous y reviendrons plus tard, pour trouver la l'origine
de l'opéra comique, qui fera fureur plus tard. Constatons seulement combien le Théâtre-Italien avait jeté des racines profondes
à Paris. Pour le moment, les Italiens sont exilés ; mais, comme le
public réclame des pièces dans leur goût, Lesage va porter ses
productions au théâtre de la foire.

Les pièces données au Français ont plus de valeur. Les principales sont : le *Traître puni*, *Don Félix*, le *Point d'honneur*, la
Tontine, *Crispin rival de son maître*, *Turcaret*, la *Critique de
Turcaret*. Les deux premières ne furent probablement jamais
jouées. Le *Point d'honneur* eut deux représentations. Le *Traître
puni* fut versifié et joué par Dancourt. Les seules pièces qui ont

pour nous quelque intérêt sont *Crispin rival de son maître* et *Turcaret*.

Crispin fut.représenté le 15 mars 1707. Remarquez que cette date est antérieure au *Légataire universel* de Regnard, qui est, comme *Crispin*, l'histoire amusante des fourberies d'un laquais. La donnée est des plus simples : Valère, l'éternel amant des comédies, voudrait épouser la douce Angélique, fille de M. et de Mme Oronte, bourgeois riches et bornés. Angélique aime Valère ; mais elle est promise à Damis, fils de M. Orgon, ami de M. Oronte. Les valets entrent alors en scène. Ce sont Crispin, valet de Valère, et Labranche, valet de Damis. Les deux coquins s'entendent bien, et leur dessein est de tromper leur maître avec tout le monde. C'est ainsi que Crispin se fait passer pour Damis, que personne n'a encore vu, et qu'il fait tout son possible pour épouser Angélique. La dot est rondelette et, à défaut de la fille, le laquais s'en contenterait. Tout est prêt pour le mariage. Crispin a à sa disposition des chevaux qui vont l'emporter vers les Flandres, lorsqu'il aura touché la dot... Mais tout à coup Orgon, le père de Damis, du vrai Damis, survient, et tout se découvre. Vous prévoyez peut-être le dénouement. Angélique aime Valère, c'est donc Valère qu'elle épousera ; car Damis s'est marié secrètement. Que deviendront les deux laquais ? Ils se jettent à genoux. On leur accorde leur pardon et même quelque petite place lucrative, dans les finances, où ils seront à l'aise pour exercer leur esprit d'astuce. La dernière scène de cette petite comédie en un acte est peut-être un chef-d'œuvre :

CRISPIN. — Eh! bien, Monsieur Oronte, tout est-il prêt? Notre mariage... Ouf! qu'est-ce que je vois !

LABRANCHE (*à Crispin*). — Ahi ! nous sommes découverts; sauvons-nous.

(*Labranch̃ et Crispin veulent se retirer.*)

VALÈRE (*les arrêtant*). — Oh ! vous ne nous échapperez pas, Messieurs les marauds, et vous serez traités comme vous le méritez.

(*Valère met la main sur l'épaule de Crispin. M. Oronte et M. Orgon se saisissent de Labranche.*)

M. ORONTE. — Ah ! ah ! nous vous tenons, fourbes !

M. ORGON (*à Labranche*). — Dis-nous, méchant, qui est cet autre fripon, que tu as fait passer pour Damis ?

VALÈRE (*à M. Orgon*). — C'est mon valet.

Mme ORONTE. — Un valet ! juste ciel ! un valet !

VALÈRE. — Un perfide qui me fait accroire qu'il est dans mes intérêts, pendant qu'il emploie, pour me tromper, le plus noir de tous les artifices !

CRISPIN (*à Valère*). — Doucement, Monsieur, doucement ; ne jugeons point sur les apparences.

M. ORGON (*à Labranche*). — Et toi, coquin, voilà comme tu fais les commissions que je te donne !

LABRANCHE (*à M. Orgon*). — Allons, Monsieur, allons bride en main, s'il vous plaît ; ne condamnons point les gens sans les entendre.

M. ORGON. — Quoi ! tu voudrais soutenir que tu n'es pas un maître fripon ?

LABRANCHE (*d'un ton pleureur*). — Je suis un fripon ; fort bien ! Voyez les douceurs qu'on s'attire en servant avec affection !

VALÈRE (*à Crispin*). — Tu ne demeureras pas d'accord, toi non plus, que tu es un fourbe, un scélérat ?

CRISPIN (*d'un ton emporté*). — Scélérat, fourbe !... Que diable, Monsieur, vous me prodiguez des épithètes qui ne me conviennent pas du tout.

VALÈRE. — Nous aurons encore tort de soupçonner votre fidélité, traîtres !

M. ORONTE (*à Labranche et à Crispin*). — Que direz-vous pour vous justifier, misérables ?

LABRANCHE (*à M. Oronte*). — Tenez, voilà Crispin qui va vous tirer d'erreur.

CRISPIN. — Labranche vous expliquera la chose en deux mots.

LABRANCHE. — Parle, Crispin ; fais-leur voir notre innocence.

CRISPIN. — Parle toi-même, Labranche ; tu les auras bientôt désabusés.

LABRANCHE. — Non, non, tu débrouilleras mieux le fait.

CRISPIN. — Eh ! bien, Messieurs, je vais vous dire la chose tout naturellement. J'ai pris le nom de Damis pour dégoûter, par mon air ridicule, M. et Mᵐᵉ Oronte de l'alliance de M. Orgon, et les mettre par là dans une disposition favorable pour mon maître ; mais, au lieu de les rebuter par mes manières impertinentes, j'ai eu le malheur de leur plaire : ce n'est pas ma faute une fois.

M. ORONTE (*à Crispin*). — Cependant, si on t'avait laissé faire, tu aurais poussé la feinte jusqu'à épouser ma fille.

CRISPIN (*à M. Oronte*). — Non, Monsieur, demandez à Labranche : nous venions ici vous découvrir tout.

VALÈRE. — Vous ne sauriez donner à votre perfidie des couleurs qui puissent nous éblouir ; puisque Damis est marié, il était inutile que Crispin fît le personnage qu'il a fait.

CRISPIN. — He ! bien, Messieurs, puisque vous ne voulez pas

nous absoudre comme innocents, faites-nous donc grâce comme à des coupables. Nous implorons votre bonté. (*Il se met à genoux devant M. Oronte.*)

LABRANCHE (*se mettant aussi à genoux*). — Oui, nous avons recours à votre clémence.

CRISPIN. — Franchement, la dot nous a tentés. Nous sommes accoutumés à faire des fourberies ; pardonnez-nous celle-ci, à cause de l'habitude.

M. ORONTE. — Non, non ; votre audace ne demeurera point impunie.

LABRANCHE (*à M. Oronte*). — Eh ! Monsieur, laissez-vous toucher ! Nous vous en conjurons par les beaux yeux de Mme Oronte.

CRISPIN. — Par la tendresse que vous devez avoir pour une femme si charmante.

Mme ORONTE. — Ces pauvres gens me font pitié. Je demande grâce pour eux.

LISETTE. (*Bas à part*). — Les habiles fripons que voilà !

M. ORGON. — Vous êtes bien heureux, pendards, que Mme Oronte intercède pour vous.

M. ORONTE. — J'avais grande envie de vous faire punir ; mais, puisque ma femme le veut, oublions le passé : aussi bien je donne aujourd'hui ma fille à Valère. Il ne faut songer qu'à se réjouir. (*Aux valets.*) On vous pardonne donc. Et même si vous voulez me promettre que vous vous corrigerez, je serai encore assez bon pour me charger de votre fortune.

CRISPIN (*se relevant*). — Oh ! Monsieur, nous vous le promettons.

LABRANCHE (*se relevant*). — Oui, Monsieur, nous sommes si mortifiés de n'avoir pas réussi dans notre entreprise, que nous renonçons à toutes les fourberies.

M. ORONTE. — Vous avez de l'esprit; mais il en faut faire un meilleur usage. Et, pour vous rendre honnêtes gens, je veux vous mettre tous deux dans les affaires. J'obtiendrai pour toi, Labranche, une bonne commission.

LABRANCHE. — Je vous réponds, Monsieur, de ma bonne volonté.

M. ORONTE. — Et pour le valet de mon gendre, je lui ferai épouser la filleule d'un sous-fermier de mes amis.

CRISPIN. — Je tâcherai, Monsieur, par ma complaisance, de mériter toutes les bontés du parrain.

M. ORONTE. — Ne demeurons pas ici plus longtemps. Entrons. — J'espère que M. Orgon voudra bien honorer de sa présence les noces de ma fille.

M. ORGON. — Je veux danser avec Mme Oronte.

La pièce est vive et gaie, mais sans profondeur, tout près de la farce. Est-elle morale ? A une époque où l'on pendait une femme pour un pain volé chez un boulanger, on riait, comme de nos jours, en voyant sur le théâtre des tours pendables. Les vices de ces personnages sont trop plaisants pour qu'on les prenne au sérieux ; on sent que l'on est dans le domaine de la fantaisie. Les tours sont bien joués ; les gestes sont drôles, cela nous suffit.

Turcaret eut un succès plus éclatant, mais moins durable. Vous savez que le principal personnage de la pièce est un traitant. On prétend que les financiers firent leur possible pour empêcher la représentation. D'après la légende, ils offrirent cent mille livres à Lesage pour qu'il retirât sa pièce. Cette histoire est suspecte. Les financiers eussent été vraiment naïfs de s'adresser à l'auteur, dont tout le monde connaissait la probité. Ils eussent dû faire appel aux comédiens. La vérité est que les acteurs firent des difficultés pour jouer la pièce. *Turcaret* ne fut joué que sur une intervention directe et un ordre exprès du dauphin.

La première représentation fut donnée le 14 juillet 1709. La pièce eut sept représentations de suite. La série en fut interrompue à cause de la rigueur de l'hiver. L'auteur avait touché 600 livres pour ces débuts.

On a donné à *Turcaret* une portée politique qui me semble un peu exagérée. On y a vu la revanche du peuple sur la grosse finance. En réalité, à cette date, les traitants n'étaient pas inviolables. Les satires de Boileau sont pleines d'attaques contre les financiers :

> Je l'ai connu laquais avant qu'il fût commis...

dit un personnage d'une satire, ce qui est précisément le cas de M. Turcaret. Et, dans une autre pièce :

> J'estime autant Patru, même dans l'indigence,
> Qu'un commis engraissé des malheurs de la France.

Vous vous rappelez aussi le financier ridicule de la *Comtesse d'Escarbagnas*, dans Molière.

Comme Molière dans *Tartuffe*, Lesage se défendit d'avoir attaqué le corps tout entier des financiers. C'est un reproche qu'il repousse dans la *Critique de M. Turcaret* :

« Il y a, dit Asmodée, de fort honnêtes gens dans les affaires ; j'avoue qu'il n'y en a pas un très grand nombre ; mais il y en a qui, sans s'écarter des principes de l'honneur et de la probité, ont fait ou font actuellement leur chemin, et dont la robe et l'épée ne dédaignent pas l'alliance... Cette comédie n'offense point les honnêtes gens qui sont dans les affaires, comme le *Tartuffe*, que vous avez lu, n'offense pas les vrais dévots. »

Quoi qu'il en soit, c'est la meilleure pièce qui ait paru depuis la mort de Molière. Nous l'étudierons de plus près dans notre prochaine leçon.

J. F.

Histoire intérieure de la France depuis 1870

Cours de M. CHARLES SEIGNOBOS,

Professeur à l'Université de Paris.

Le commerce.

Nous avons vu quelles étaient la condition et la répartition de la
population agricole et de la population industrielle, qui forment
les deux tiers de la population active de la France. Il nous reste à
parler de la partie de la population qui exerce une profession
commerciale ou libérale, des fonctionnaires et des gens vivant de
leurs revenus : c'est la partie la moins nombreuse de la population,
mais c'est la plus importante. Les professions qu'ils exercent
sont des professions de direction ; leurs membres forment ce qu'on
appelle les classes dirigeantes. Cette partie de la population forme
un ensemble très complexe et très varié. On peut y distinguer
trois groupes :

a) Les professions libérales au sens large (commerce et
banque) ;

b) Les professions libérales au sens large, en y faisant rentrer
les rentiers et les fonctionnaires ;

c) Le clergé.

Nous allons étudier la partie de la population qui s'occupe plus
spécialement de commerce.

Les documents à consulter sont à peu près les mêmes que ceux
que nous avons mentionnés pour la population industrielle : les
recensements, l'*Album de statistique graphique*, les rapports parlementaires. Les périodiques à dépouiller sont les mêmes également que ceux qui ont été déjà cités : *Journal des Economistes,
Economistes français, Journal des Chambres de commerce* (depuis
1882), etc.

Les exposés les plus utiles à consulter sont : Neymarck, *Finances contemporaines* (1902-05) ; Levasseur, *Questions ouvrières et
industrielles en France sous la troisième République*, dont quelques
chapitres peuvent servir à notre étude. Le dépouillement des
périodiques spéciaux, qui serait très important pour notre étude,
a été fait d'une manière très insuffisante.

I. — Les professions commerciales ne sont pas nettement et facilement distinguées des professions industrielles. On les réduit dans les statistiques aux occupations qui ne comportent aucune production ni aucun transport de produits. Mais il est certain néanmoins que plusieurs, classées parmi les professions industrielles, sont en grande partie des professions commerciales, notamment un certain nombre de celles qui touchent à l'alimentation : la boucherie et la charcuterie, par exemple.

Le fait dominant, depuis 1870, c'est l'augmentation du nombre et de la proportion des gens classés parmi les professions commerciales. Cette augmentation coïncide avec l'accroissement de la population urbaine et de la richesse générale.

Depuis 1870, il s'est produit de grandes transformations dans les conditions générales au milieu desquelles se développe la vie commerciale. Il s'est produit une véritable révolution, grâce à la création des chemins de fer et des grands établissements de crédit, aux grandes émissions de valeurs et à l'augmentation du numéraire. L'exploitation des mines d'or et d'argent, déjà commencée sous l'Empire, continue après 1870, et ses effets sont plus étendus.

La longueur des lignes de chemins de fer a beaucoup augmenté ; elle a plus que doublé : elle était de 16.943 kilomètres en 1869, et, au 31 décembre 1904, de 39.300 kilomètres ; il y avait en outre, à ce moment, 12.750 kilomètres de chemins de fer d'intérêt local et, de tramways. La longueur des routes a également beaucoup augmenté, surtout en ce qui concerne les chemins vicinaux qui permettent le transport des denrées agricoles. La longueur des routes nationales, qui était de 37.000 kilomètres en 1871, mesurait 38.100 kilomètres en 1903. Elles sont donc restées à peu près stationnaires ; il n'en est pas de même pour les autres routes ou chemins :

	1871-72	1902
Routes départementales.	46.760	15.517
Chemins de grande communication. .	80.014	165.033
Chemins d'intérêt commun.	63.055	73.120
Chemins ordinaires.	183.035	277.130
Total.	372.864	530.820

D'autre part, les routes ont été améliorées. La France est le pays du monde qui a les meilleures routes.

Il en résulte un accroissement dans le transport des voyageurs et des marchandises. Le nombre des voyageurs kilométriques en chemin de fer est monté de 4,1 milliards en 1869 à 13,7 milliards en 1904 ; le nombre des tonnes kilométriques s'est accru à peu près dans la même proportion : il est passé de 6,3 milliards en 1869 à 16, 5 en 1904. Cet accroissement a amené une augmentation dans les recettes, qui étaient, en 1906, de 1.515 millions. L'accroissement a surtout été rapide pour les voyageurs, après la réduction des tarifs de 1892. Les envois au détail ont été facilités par la création des colis postaux ; mais, à ce point de vue, la France est en retard sur les pays de l'Europe centrale. Le service des colis postaux est resté en dehors de la poste. Le tarif moyen kilométrique a baissé : il était en 1869 de 5,63 centimes pour les voyageurs et de 6,17 centimes pour les marchandises ; en 1906, il a été de 3,70 pour les voyageurs et de 4,60 pour les marchandises.

Les envois par la poste ont aussi considérablement augmenté ; en 1869, elle avait transporté 358 millions de lettres et 334 millions d'imprimés, papiers d'affaires, échantillons. En 1903, les chiffres étaient de 1.062 et 1.368 millions. Il faut ajouter 196 millions de cartes postales. Après la guerre, la taxe des lettres avait été élevée de 20 à 25 centimes ; elle a été réduite successivement à 15 centimes et à 10 centimes (loi du 6 mars 1906). En 1872, a été créée la carte postale dont le taux est de 10 centimes et même de 5 pour la carte illustrée assimilable à la carte de visite.

Les lignes télégraphiques, commencées avant 1870, ont été multipliées. Les lignes téléphoniques ont été créées ; leur longueur est passée de 6.193 kilomètres, en 1889, à 33.700 kilomètres en 1903. Le nombre des communications par télégraphe et par téléphone a énormément augmenté : en 1869, on comptait 14.085.000 télégrammes intérieurs et 669.000 télégrammes internationaux. En 1903, les chiffres étaient de 37.430.000 pour les télégrammes intérieurs et de 3.321.000 pour les télégrammes internationaux. Les recettes des téléphones étaient de 1.134.000 francs en 1889 et de 22.071.000 en 1903. Cet accroissement a surtout profité au commerce en facilitant les échanges.

L'accroissement des transports par eau à l'intérieur a triplé depuis 1870. Le tonnage kilométrique, qui était de 1 milliard 1/2 de tonnes en 1871, était, en 1903, de 4.954 millions. En 1880, le péage a été supprimé. La longueur des canaux a un peu augmenté : 4.160 kilomètres en 1871, 4.850 kilomètres en 1903. Les transports par eau sont presque exclusivement concentrés dans le Nord et le Nord-Est ; ils sont presque nuls dans l'Ouest et le Sud.

Même sur les routes la circulation a augmenté, malgré la con-

12

currence des chemins de fer. Le nombre des colliers réduits
(c'est-à-dire le nombre des voitures ramenées à un étalon unique
passant par jour) était de 160 en 1876 et de 193 en 1894. En 1903,
il était de 251 (en outre, il y avait 37 automobiles, bicyclettes
ou motocycles). La circulation sur les routes est plus grande en
France que partout ailleurs. La France est devenue le pays de
l'automobile et de l'automobilisme. Ce fait a eu des conséquences
imprévues, notamment celle de rendre la vie à l'industrie hôte-
lière de beaucoup de petites villes.

L'accroissement de la production des métaux précieux, continu
après 1870, a augmenté beaucoup la quantité de numéraire en circulation. En 1904, on a évalué à 7 milliards la quantité du capital
monétaire. Cette abondance croissante facilite les opérations de
commerce. Mais par contre, en même temps, la valeur de l'or et
de l'argent se renverse. Sous l'Empire, l'accroissement dans la
production de l'or avait été plus rapide que celui de la production de l'argent. Il en était résulté une petite crise de plus-value
de l'argent. On parlait d'établir un étalon unique d'argent. Depuis
1870, l'exploitation intense des mines d'argent a amené une sur-
production. Dès 1873, le cours de l'argent descend au-dessous de
15,5, rapport légal avec l'or. En 1882, la perte est de 15 0/0 ; en
1898, elle monte à 54 0/0. Il y a donc eu une crise de plus-value
de l'or ; mais la crise a été durable. La valeur de l'argent a
diminué de moitié.

La conséquence de ce fait est une crise monétaire. L'Angleterre
et l'Allemagne ont adopté l'étalon d'or unique. Aux Etats-Unis, la
question du bimétallisme devient la principale question politique. La France est liée au double étalon d'or et d'argent par la
convention de l'Union latine. Elle hésite ; mais, par mesure de
prudence, elle suspend la frappe libre de l'argent et fait pratiquement de l'or la véritable monnaie, réduisant l'argent au rôle
d'auxiliaire. La Banque diminue la proportion de l'argent dans
son encaisse et augmente son encaisse d'or : la proportion des
deux métaux y était la suivante, en 1880 et en 1909 :

	or	argent	total
1880 :	605 millions	1.229 millions	1.834 millions
1909 :	2.854 —	1.102 —	3.956 —

Ainsi, sans devenir officiellement monométalliste, la France a
évité la crise. Des tentatives ont été faites pour amener un retour
au double étalon. Les bimétallistes affirmaient que, l'or étant
désormais la seule monnaie véritable, le numéraire était insuffi-

sant, ce qui provoquait la baisse des produits agricoles. Le retour au double étalon ferait de nouveau hausser les prix. Des démarches ont été faites auprès du gouvernement anglais par la France et les Etats-Unis ; elles n'ont pas abouti.

L'accroissement du numéraire a facilité l'épargne et a agi ainsi sur les placements en valeurs et sur l'abondance des capitaux mis à la disposition du commerce. Il s'est créé une grande quantité de valeurs mobilières, emprunts d'Etats ou de villes, chemins de fer, entreprises par sociétés anonymes ; et ces créations ont augmenté beaucoup l'activité de la Bourse. Mais ces valeurs nouvelles, bien que très nombreuses, ne suffisent plus à absorber l'excédent des capitaux de l'épargne ; le résultat, c'est qu'il se produit un reflux des placements de premier ordre, les plus sûrs (grands Etats riches), vers les placements de deuxième et troisième ordre. L'offre d'argent augmente ; le loyer des capitaux diminue. La baisse du taux de l'intérêt a été constante ; Elle a été très apparente dans le cours de valeurs comme la rente. Le 5 0/0, émis à 82 fr. 50 en 1871, atteint le pair en 1874 ; le 3 0/0, dont le cours le plus bas a été 50 fr., atteint le pair en 1892 ; il l'a ensuite dépassé. Depuis 1900, pour des raisons politiques, il reste aux environs de 100 francs, et même un peu au-dessous.

La même baisse se constate dans l'intérêt commercial ; elle est mesurée par la réduction de l'escompte. De 6 0/0 il est descendu à 2,5 0/0. La baisse a été plus forte qu'en aucun autre pays ; elle facilite beaucoup les opérations commerciales. Mais, en fait, l'activité du commerce français n'a pas augmenté dans la même proportion que les capitaux français. Par suite, ceux-ci se sont portés sur les valeurs étrangères. Ce mouvement a été accéléré par des craintes d'ordre politique (impôt sur le revenu).

II. — Le recensement de 1901 (cf. *Album de statistique graphique*, pp. 151-155) donne la répartition entre les différentes professions commerciales, et, pour chacune d'elles, la distribution par département.

A) Les commerces d'origine agricole sont surtout localisés dans les régions de production et dans les centres de consommation, comme les grandes villes. Seulement les statistiques ne distinguent pas entre les expéditeurs et les commerçants, qui reçoivent les marchandises dans les centres. Le recensement de 1901 distingue entre le commerce des produits agricoles, le commerce des liquides, les débits de boissons et le commerce des comestibles.

Pour la France entière, le nombre des personnes actives em-

ployées au commerce des produits agricoles est de 53.000, soit
14 pour 10.000 habitants. Les départements dans lesquels la proportion est la plus élevée sont :

Eure-et-Loir. . . .	26 personnes pour 10.000 habitants.
Tarn-et-Garonne . .	25 —	—
Seine-et-Marne. . .	25 —	—
Maine-et-Loire. . .	23 —	—
Bouches-du-Rhône.	22 —	—

Le commerce des produits agricoles est surtout intense dans
trois régions : la région au sud de Paris jusqu'à la Vendée, la
région toulousaine et la région marseillaise.

Le commerce des liquides se fait surtout sur place et se trouve
localisé dans les régions de production. Le nombre de personnes
actives qu'il occupe dans la France entière est de 89.000, soit
23 pour 10.000 habitants. Les départements où la proportion est
le plus élevée sont naturellement les départements producteurs
de vins :

Gironde.	101 personnes pour 10.000 habitants.
Hérault.	96 —	—
Charente.	74 —	—
Bouches-du-Rhône .	61 —	—
Pyrénées-Orientales	59 —	—
Alpes-Maritimes. .	55 —	—
Aude.	54 —	—
Gard.	53 —	—
Côte-d'Or. . . .	42 —	—

Le commerce des comestibles et des débitants de boissons est
surtout localisé dans les centres de consommation. Les départements où les débitants de boissons sont le plus nombreux sont le
Nord, le Pas-de-Calais, l'Ille-et-Vilaine, la Somme, la Seine, la
Mayenne (249.000 personnes actives pour toute la France, 64 pour
10.000 habitants). Les personnes employées au commerce des
comestibles sont surtout nombreuses dans les départements de la
Seine, de la Seine-Inférieure, de l'Eure, de la Seine-et-Oise, du
Rhône, du Calvados, des Bouches-du-Rhône, de Seine-et-Marne,
de l'Hérault (en tout 449.000 personnes pour toute la France,
115 pour 10.000 habitants).

Les commerces d'origine industrielle sont naturellement sous
la dépendance naturelle de la production et se trouvent à peu près
dans les mêmes régions. Le commerce des matières premières

pour l'industrie (55.000 personnes actives pour la France entière, 14 pour 10.000 habitants) est surtout concentré dans les départements de la Seine, du Rhône, de la Seine-Inférieure, du Nord, de la Marne, des Bouches-du-Rhône, de la Haute-Garonne.

Le commerce des produits chimiques, qui occupe en tout 60.000 personnes (15 pour 10.000 habitants), atteint les proportions les plus élevées dans la Seine, le Rhône, les Bouches-du-Rhône, la Seine-Inférieure, le Nord.

Le commerce du papier et des livres (33.000 personnes, 9 pour 10.000 habitants) est concentré dans la Seine, le Rhône, les Alpes-Maritimes, les Bouches-du-Rhône.

Le commerce des objets pour l'habillement (195.000 personnes actives, soit 50 pour 10.000 habitants) et celui des objets pour l'usage domestique (79.000 personnes actives, soit 20 pour 10.000 habitants) sont les plus dispersés. Les départements dans lesquels le nombre des personnes qu'ils occupent est le plus élevé sont la Seine, le Rhône, les Alpes-Maritimes, etc.

Il faut mentionner à part trois catégories spéciales : les hôtels et restaurants, les commerces forains et spectacles, la location d'objets divers. Les personnes occupées dans les restaurants et hôtels sont particulièrement nombreuses dans les Alpes-Maritimes, la Seine, les Basses-Pyrénées, le Territoire de Belfort, le Rhône, les Hautes-Pyrénées. Les commerces forains et spectacles ont leurs centres principaux dans l'Oise, l'Aube, la Seine, les Bouches-du-Rhône, les Alpes-Maritimes ; la location d'objets, dans les Bouches-du-Rhône, la Seine, la Seine-Inférieure, le Rhône, le Nord.

Les agences, qui occupent 17.000 personnes, sont actives surtout dans la Seine, Seine-et-Marne, Seine-et-Oise, Rhône. Les Banques et Compagnies d'assurances (64.000 personnes actives le sont surtout dans la Seine, les Bouches-du-Rhône, le Rhône.

Les professions commerciales sont celles où le nombre de femmes employées est le plus considérable ; il atteint le chiffre de 38 0/0. Le rôle des femmes dans le commerce français a déjà été souvent remarqué : elles passent pour habiles dans le commerce de détail ; elles y exercent une grande influence sur les hommes (sauf à la Bourse et dans la Banque). C'est à cette particularité qu'on a, en grande partie, attribué la timidité du commerce français.

B) Des changements sont survenus dans le commerce français depuis 1870 ; mais ce changement a été inégal dans les diverses branches.

Partout on remarque une tendance à la concentration ; elle a cependant été moins forte dans les commerces agricoles que partout ailleurs. Ces commerces continuent à se faire par des intermédiaires, qui sont des gens du peuple vivant largement, mais menant le même genre de vie que les paysans : ce sont les maquignons, les coquetiers, les revendeurs. Elle n'a pas non plus été très intense dans les commerces où le commerçant reste en relation directe avec son client : dans la librairie, pour les débits de boissons, etc.

La concentration s'est surtout réalisée dans le commerce des objets qu'on peut réunir en grands magasins. Le petit commerce français est resté très inerte ; il attend le client, vend peu et cher, connaît mal les articles, reste passif, attend le voyageur de commerce, qui lui suggère ses achats et dirige son approvisionnement ; il s'inquiète très peu des goûts de sa clientèle. Déjà, sous l'Empire, on avait commencé à créer de grands magasins et des bazars, opérant avec des principes diamétralement opposés à ceux du petit commerce : ils offrent au client une grande variété de produits, l'attirent par l'étalage qui est une exposition permanente, par l'entrée libre, les soldes, les occasions, qui poussent le client à acheter ; ils font beaucoup de publicité par les catalogues, les annonces ; le petit commerçant vendait à crédit, ils ne vendent qu'au comptant. Leur principe est de vendre beaucoup et à petit bénéfice. Ils offrent des avantages, comme celui de reprendre les objets que le client désire changer.

La principale transformation du commerce est produite par l'accroissement des grands magasins. Cet accroissement se produit surtout à Paris, qui devient le centre d'approvisionnement non seulement pour la population parisienne, mais aussi pour les départements. L'augmentation a été très rapide de 1891 à 1900 : en 1891, les 12 plus grands magasins de Paris occupaient en tout 1.700 employés ; en 1901, ils en occupaient près de 10.000. La concentration a surtout été très marquée pour le commerce de l'épicerie et pour les bazars. Cet exemple a été suivi dans un certain nombre de grandes villes, où des bazars ont été créés par des gens étrangers à la ville. La proportion des petits commerçants reste cependant beaucoup plus forte dans le commerce de l'épicerie que pour les bazars.

Dans le grand commerce, il ne s'est pas produit de concentration comparable aux *trusts* des Etats-Unis, ni même aux *cartells* d'Allemagne. Dans un très petit nombre d'industries chimiques, la concentration s'est faite sur quelques maisons (raffineries du sucre, du pétrole, produits chimiques) ; mais il n'y a pas eu coalition de production. On ne peut signaler que quelques ententes entre des établissements de métallurgie, surtout le Comptoir de vente de Longwy, fondé en 1876, constitué à l'heure actuelle entre onze sociétés métallurgiques. L'association a pour but l'achat aux associés et la revente en France et dans les colonies de toutes les fontes brutes produites par les hauts fourneaux des associés, dans les départements de Meurthe-et-Moselle et de la Meuse. Les associés conservent le droit d'exporter leur fonte à l'étranger.

Le commerce maritime et le commerce étranger ont moins changé ; leur accroissement a été retardé par la concurrence étrangère et la politique économique, et aussi par la lenteur dans la transformation de l'outillage maritime français.

Le nombre des navires français s'est très peu accru :

1872   15.574 navires, ayant un tonnage de 1.089.000 tonneaux.
1902   16.021   —   1.207.000   —

Les amateurs, habitués à des bénéfices énormes et à la protection, ont hésité à adopter les nouveaux navires en fer et à vapeur. Ils ont obtenu, en 1893, des primes pour maintenir les navires en bois et à voile. Aussi la transformation de la marine française a-t-elle été très lente à s'accomplir :

a) Navires à voiles :

1872   15.062 navires, ayant un tonnage de 911.613 tonneaux.
1903   14.910   —   650.209   —

b) Navires à vapeur :

1872   512   —   177.462   —
1903   1.383   —   585.134   —

Les ports français étant très nombreux, l'argent employé à les améliorer a été éparpillé ; sauf à la Pallice, il n'y a pas eu de grande création comparable aux grands ports de l'Europe centrale, comme Hambourg ou Anvers. L'aménagement est défectueux. Il y a eu surtout accroissement dans la proportion des navires étrangers fréquentant les ports français :

a) Total des entrées et des sorties :

1869   53.806 navires, dont plus de   30.000   étrangers.
1880   59.549   —   40.000   —
1903   46.769   —   30.000   —

Le tonnage a augmenté beaucoup plus : il est passé de 10,9 millions de tonneaux en 1868 (pour les navires chargés) à 21,2 en 1880, à 33,6 en 1903. Mais, sur ce total, le tonnage des navires français n'entrait que pour les 3/10 environ. Peu de ports français sont en progrès.

Les chiffres du commerce extérieur ont été influencés, depuis 1870, par les crises économiques et les variations de la politique économique de la France. En 1869, le chiffre du commerce extérieur était de 8.000 millions au commerce général et de 6.230 millions au commerce spécial. En 1881, les chiffres étaient de 10.720 millions au commerce général et de 8.425 millions au commerce spécial, c'est une période de grande activité économique et de politique libérale. Avec les tarifs du 7 mai 1881, la France marque une tendance à revenir à la politique protectionniste. Ce même temps commence une crise très grave et très longue : en 1885, le chiffre du commerce extérieur était tombé à 8.880 au commerce général et à 7.180 millions au commerce spécial. A partir de 1885, le commerce se releva et, en 1891, les chiffres étaient presque égaux à ceux de 1881 (10.670 millions au commerce général et 8.340 millions au commerce spécial). Après l'adoption des tarifs protecteurs de 1892, le commerce a de nouveau baissé (en 1892, 9.690 millions au commerce général et 7.650 millions au commerce spécial) jusqu'en 1895 ; à partir de 1896, il s'est relevé de nouveau et était, en 1905, de 11.466 millions au commerce général et de 8.950 millions au commerce spécial.

Comment se répartit ce commerce ? Jusqu'en 1904, les importations ont toujours été plus élevées que les exportations ; en 1905 seulement, les secondes ont dépassé les premières. L'importation des objets d'alimentation a beaucoup baissé, ainsi que celle des vins ; l'importation des matières textiles a, au contraire, a augmenté. L'exportation des vins est stationnaire depuis 1892 ; celle des fils et tissus a une tendance à augmenter. Les pays avec lesquels la France fait le plus de commerce sont l'Angleterre, l'Allemagne, la Belgique, les Etats-Unis, la Suisse.

E. M.

Auteurs de l'agrégation d'arabe

Par M. RENÉ BASSET,

Doyen de la Faculté des Lettres d'Alger,
Correspondant de l'Institut.

Maçoudi, Moroudj ed Dhahab.
Ch. XLIV, XLV, XLVI.

Éditions.

Le programme ne mentionne que l'édition de Boulaq (1283 hég.) qui est épuisée. Il en existe d'autres, au Qaire, 1303 hég., en marge d'Ibn el Athir (Boulaq, 1303) et d'El Maqqari, t. I et II (le Qaire, 1304), mais les candidats feront mieux de se servir de l'édition publiée avec traduction française et notes par Barbier de Meynard et Pavet de Courteille : *Les Prairies d'or de Maçoudi* ; les chapitres en question se trouvent dans le tome III (Paris, E. Leroux, 7 fr. 50), p. 181-256.

Biographie.

De Sacy, *Chrestomathie arabe,* 2ᵉ éd. (Paris, 1826, 3 v.), t. I, p. 352-353 ; Quatremère, *Notice sur la vie et les ouvrages de Maçoudi, Journal asiatique,* IIIᵉ série, t. VII ; Wüstenfeld, *Die Geschichtschreiber der Araber,* Göttingen, 1882, p. 38-40 ; la préface de l'édition de Barbier de Meynard et Pavet de Courteille, t. I, p. I-XII ; Renan, *Les Prairies d'or de Maçoudi,* dans ses *Mélanges d'histoire et de voyages* (Paris, 1878, C. Lévy), p. 253-275 ; Brockelmann, *Geschichte der arabischen Litteratur,* t. I, 1ʳᵉ partie. (Weimar, Felber, 1897), p. 143-145 ; Nicholson, *A Literary History of the Arabs* (Londres, 1907, Fisher Unwin), p. 352-354. Les notices d'Arbuthnot, de Pizzi et de Huart sont trop sommaires.

Ouvrages à consulter.

· Les chapitres portés au programme traitent de la civilisation à la cour des rois de Hirah et des rois de Ghassân, ainsi que des Arabes nomades avant l'Islam, On consultera, en dehors des sources orientales mentionnées dans les ouvrages qui suivent : Caussin de Perceval, *Essai sur l'histoire des Arabes avant l'islamisme,* 2ᵉ éd. (Paris, Welter, 1902, 3 vol.), t. II, livres IV, V, VI, rectifiée par Nœldeke, *Die Ghassanischen Fürsten aus dem Hause Gafna's*, Berlin, 1887, et Rothstein, *Die Dynastie der Lahmiden in al Hira*, Berlin, 1899 ; Fresnel, *Lettres sur l'histoire des Arabes avant l'islamisme*, lettre I, Paris, 1836, (Barrois), et les suivantes dans le *Journal asiatique*, IIIe série, 1838 ; Desvergers, *Arabie* (Paris, Didot, 1847), p. 1-136 ; Perron, *Femmes arabes avant et après l'islamisme* (Paris et Alger, 1858), p. 1-293 ; Freytag, *Einleitung in das Studium der arabischen Sprache* (Bonn, 1861, Marcus); Abkarious Iskender Agha, *Tezyyin nihayat el Arab* (Beyrout, 1867) ; Lenormant, *Manuel d'histoire ancienne de l'Orient*, 6e éd. (Paris, Lévy, 1889, 3 v.), t. III, p. 231-387 ; A. Müller, *Der Islam im Morgen-und Abendland* (Berlin, Grote, 2 v. s. d.), livre I, ch. I ; Jacob, *Das Leben der vorislamischen Beduinen* (fasc. III des *Studi en in arabischen Dichtern*, Berlin, Mayer et Müller, 1895) ; Dussaud, *Les Arabes en Syrie avant l'Islam* (Paris, Leroux, 1907) ; Nicholson, *A Literary history of thé Arabs*, p. 1-140.

VI

Ibn el Moqaffa, Kitâb Kalilah wa Dimnah.
(éd. de Boulaq, p. 1-30)

Editions.

Le programme mentionne l'édition de Boulaq, mais il en existe trois qui sont épuisées : il en est de même de l'édition de S. de Sacy, *Calila et Dimna ou fables de Bidpai*, Paris, I. R., 1816 (p. 1-77). Les chapitres indiqués désignent sans doute les Prolégomènes qui sont spéciaux à la version arabe. A défaut des éditions de Boulaq, on se servira soit de l'une des éditions du Qaire, 1297 ou 1305 hég. (sans parler de celle qui a été publiée en marge du *Fakihat el Kholafa*, le Qaire, 1307), soit de l'une de celles de Beyrout, s. d., chez Ahmed Hasan Tabbara (avec des gravures), p. 1-99 ; ou celle de Khalil el Khouri, 1899, p. 10-107; soit de celle de Mossoul, chez les missionnaires dominicains (1883, *Kalila el Dimna*), p. 6-117.

Un autre texte qui paraît plus authentique a été publié par le P. Cheikho : *La version arabe de Kalilah et Dimnah* (Beyrout, 1905), p. 5-52. Un remaniement en vers, intitulé *Natâidj el fatna fi nazhm Kalilah wa Dimnah* a été édité par Faizullah a Bombay en 1317 hég. Les prolégomènes, très abrégés, vont de la page 9 à la page 25.

Il a existé aussi un autre remaniement arabe de cette version, et nous ne le connaissons que par une ancienne traduction espa-

· gnole, publiée d'abord par P. de Gayangos (*Escritores en prosa anteriores al siglo XV*, t. LI de la *Biblioteca Rivadeneyra*, Madrid, 1859 ; prolégomènes, p. 11-19) et réimprimée d'une façon critique par Clifford G. Allen : *L'ancienne version espagnole de Kalila et Digna* (Mâcon, 1901 ; prolégomènes, p. 1-16).

On consultera avec profit, pour la critique du texte, l'ouvrage de Guidi, *Studii sul testo arabo del libro di Calila e Dimna* (Rome, Spithöver, 1873), p. 1-21.

Traductions.

La meilleure traduction est celle qui a été faite en russe par Attaï et Riabnine : *Kniga Kâlilah i Dimnah* (Moscou, 1889), p. 1-55. C'est la seule avec celle de Knatchbull, en anglais (*Kalila and Dimna*, Oxford, 1819, p. 11-82) qui contienne intégralement les prolégomènes ; ils ont été résumés dans celle de Holmboe (*Calila und Dimna*, Christiania 1832, p. i-xi) et supprimés dans celle de Wolf (*Bidpaï's Buch des Weisen*, Stuttgart, 1839, 2 vol.

Biographie.

El Baghdâdi, *Khizânat el Adab* (Boulaq, 1293, 4 vol.), t. III, p. 459-460 ; Brockelmann, *Geschichte der arabischen Litteratur* t. I, fasc. I p. 151-152 ; Huart, *Histoire de la Littérature arabe*, p. 211-12.

Ouvrages à consulter.

Il ne saurait être question de mentionner toutes les versions de ce livre en Orient et en Occident : on trouvera une bibliographie suffisamment détaillée dans Chauvin, *Bibliographie des ouvrages arabes*, t. II, *Kalilah* (Liège, Vaillant Carmane, 1897, 7 fr. 50). Cf. pour les prolégomènes spécialement p. 80-83. Pour l'histoire générale du livre, depuis sa forme la plus ancienne connue, le *Pantchatantra,* on est toujours réduit, comme travail d'ensemble, d'ailleurs très consciencieux, au tome I du *Pantschatontra* de Benfey (Lepzig, 1859, Brockhaus, 2 vol.), à l'introduction mise par le même en tête de l'édition de la version syriaque par Bickell : *Kalilag und Damnag* (Leipzig, ·Brockhaus, 1876, p. v-cxlviii), et à celle de Jacob, *The earliest english version of the Fables of Bidpai* (Londres, Nutt, 1888), p. vii-lxxx. Mais les découvertes de Chavannes (*Fables et contes de l'Inde*, extr. du *Tripitaka chinois*, Paris, Leroux, 1905) et de Hertel (*Tantrâkhyidnika*, Leipzig, Teubner, 2 v., 1909) amèneront certainement des modifica-

tions dans l'histoire des origines et des plus ancienne versions.
Pour l'histoire de celles qui ont pour point de départ le texte
arabe, on consultera l'introduction mise par de Sacy en tête de
son édition (p. 2-53) et celle de Keith Falconer, en tête de la traduction d'une recension syriaque, *Kalilah and Dimnah* (Cam-
bridge, 1885), p. I-LXIV.

René **Basset**,
Doyen de la Faculté des Lettres d'Alger.
Correspondant de l'Institut.

Sujets de devoirs

UNIVERSITÉ DE PARIS

AGRÉGATION DE GRAMMAIRE.

Thème grec.

Si, en l'amitié, l'un pouvait donner à l'autre, ce serait celui qui recevrait le bienfait qui obligerait son compagnon : car, cherchant l'un et l'autre, plus que toute autre chose, de s'entre-bienfaire, celui qui en prête la matière et l'occasion est celui-là qui fait le libéral, donnant ce contentement à son ami d'effectuer en son endroit ce qu'il désire le plus. Quand le philosophe Diogénès avait faute d'argent, il disait qu'il le redemandait à ses amis, non qu'il le demandait. Et pour montrer comment cela se pratique par effet, j'en citerai un ancien exemple singulier. Eudamidas, Corinthien, avait deux amis, Charixenus, Sicyonien, et Areteus, Corinthien : venant à mourir, étant pauvre et ses deux amis riches, il fit ainsi son testament : « Je lègue à Areteus de nourrir ma mère et de l'entretenir en sa vieillesse ; à Charixenus de marier ma fille et lui donner le douaire le plus grand qu'il pourra : et, au cas que l'un d'eux vienne à défaillir, je substitue en sa part celui qui survivra. » Ceux qui premiers virent ce testament, s'en moquèrent ; mais ses héritiers, en ayant été avertis, l'acceptèrent avec un singulier contentement : et l'un d'eux, Charixenus, étant trépassé cinq jours après, la substitution étant ouverte en faveur d'Areteus, il nourrit curieusement cette mère ; et de cinq talents qu'il avait en ses biens, il en donna les deux et demi en mariage à une sienne fille unique, et deux et demi pour le mariage de la fille d'Eudamidas, desquelles il fit les noces en même jour.

AGRÉGATION D'HISTOIRE ET DE GÉOGRAPHIE.

Histoire ancienne.

Athènes au temps de Périclès.

Histoire du Moyen Age.

Innocent III ; sa politique orientale.

Histoire moderne.

La question d'Irlande au XIXᵉ siècle.

Géographie.

La plaine de l'Allemagne du Nord.
La Sicile.

*
* *

AGRÉGATION DE GRAMMAIRE.

Composition française.

L'esprit conservateur dans le VIᵉ livre de Tite-Live.

Thème latin.

DIDEROT, *De la poésie dramatique*, XVIII, depuis : « En général,
plus un peuple est civilisé... », jusqu'à : «... au profane qui se
rencontre sur leur passage. »

Version latine.

SÉNÈQUE, *De Vita beata*, XX, 1-5, depuis : « Non præstant phi-
losophi... », jusqu'à : « ... magnis tamen excidet ausis. »

Thème grec.

Mᵐᵉ DE STAEL, *De l'Allemagne*, IIᵉ partie, ch. XI, depuis : « On ne
faisait en Grèce, dans le commencement de l'art, que des statues
isolées... », jusqu'à : « ... l'habitude de se replier continuellement sur eux-mêmes. »

*
* *

AGRÉGATION DES JEUNES FILLES.

Composition de morale.

Dans quelle mesure est-il vrai de dire que, pour enseigner la
pratique du devoir, on peut se passer d'une théorie philosophique
sur le fondement de la morale ?

Composition de littérature.

Esquisser, d'après ce qu'il en a dit lui-même et d'après ses œuvres, la théorie de la comédie telle que Molière l'a conçue.

Composition d'histoire.

Le régime napoléonien en France de 1804 à 1811 ; ses caractères et ses résultats.

AGRÉGATION DES LANGUES VIVANTES.

Allemand.

Dissertation française.

Naturalisme et symbolisme dans le théâtre allemand contemporain.

Dissertation allemande.

Weimar als Kulturstäte am Ende des xviii^{ten} Jahrhunderts.

Anglais.

Dissertation française.

Le déclin du théâtre de la Renaissance, ses causes, ses caractères.

Dissertation anglaise.

The main principles and motives of Burke's opposition to the Revolution in France.

Espagnol.

Dissertation française.

La peinture des mœurs dans le théâtre de Bretón de los Herreros et, en particulier, dans *Muérete y verás*.

Dissertation espagnole.

Explicar cómo y hasta qué punto la leyenda y la poesia, en la Edad Media y en la literatura clásica, han transformado el tipo historico del Cid.

Italien.

Dissertation française.

A. Cesari écrit au comte Francesco Amalteo : « Io poi sono fermo di credere la lingua nostra essere cosi ricca, varia e copiosa, che del solo materiale lasciato da Trecentisti si puo trarre il necessario a spiegar qualemque concetto dell' animo di qualunque materia si voglia. »

Commenter ce jugement, en précisant la pensée de l'auteur, et montrer dans quelle mesure et pourquoi les faits lui ont donné tort ou raison.

Dissertation italienne.

In qual maniera si ando svolgendo, attraverso le vicendo della civiltà italiana, il sentimento nazionale dall' Alighieri al Machiavelli ?

Le Gérant : FRANCK GAUTRON.

POITIERS. — SOCIÉTÉ FRANÇAISE D'IMPRIMERIE.

DIX-HUITIÈME ANNÉE (2ᵉ Série)   N° 22   14 AVRIL 1910.

REVUE HEBDOMADAIRE

DES

COURS ET CONFÉRENCES

DIRECTEUR : N. FILOZ

La « République » de Platon

Cours de M. ALFRED CROISET,

Doyen de la Faculté des Lettres de l'Université de Paris

La cité platonicienne. — Premières questions d'éducation.

Nous avons vu quels étaient les traits généraux de la cité platonicienne, nous allons entrer aujourd'hui dans le détail ; cependant nous n'étudierons pas tous les détails de l'exposition, au fur et à mesure qu'ils se présenteront, mais seulement ceux qui offrent un intérêt particulier soit pour la connaissance de l'esprit antique, soit pour celle de Platon lui-même. Et d'abord sur quel principe initial Socrate va-t-il s'appuyer ? Il le dit très nettement dès les premiers mots de sa conversation : ce qui fait qu'une cité est nécessaire, c'est que chacun de nous a des besoins multiples ; or, l'individu ne peut rien seul, il est indispensable qu'il ait recours aux autres ; ce qui fondera la cité, dit en propres termes Socrate, c'est notre besoin. Donc, à l'origine d'une cité, point de mythes, point de légendes, point de ces récits fabuleux comme celui de la fondation de Thèbes par Amphion, de la fondation de Troie, ou de telle autre ville, par l'intervention de dieux ou de héros ; Platon fait reposer la naissance de toute cité sur des fondements réalistes et positifs. Ce fut donc le besoin qui créa la cité. Mais quelle sorte de besoin ? Socrate examine alors les différents besoins de l'individu, qui ne peuvent se satisfaire sans le concours des autres hommes ; le plus impérieux est

13

d'abord la nourriture, puis l'habitation, enfin, en troisième lieu, le vêtement et ce qui s'y rapporte ; voilà les besoins primordiaux.

On pourrait, sans doute, imaginer un homme qui se suffise, à la grande rigueur, tout seul ; mais il le ferait d'une manière très médiocre, car chacune des occupations qui répondent à ces besoins primordiaux exige, pour ceux qui la pratiquent, du temps et de l'application ; un homme ne fait bien que ce qu'il a l'habitude de faire, et la division de travail est indispensable, si l'on veut arriver a de bons résultats. Cette loi si importante de la division du travail apparaît chez les écrivains, à partir du ive siècle, avec Platon et Aristote ; on ne la trouve guère avant. Au début de sa *Politique*, Aristote insiste sur cette nécessité de la division du travail, qui est pour lui la première loi, la plus indispensable de toute organisation sage ; sans cela, pense-t-il, on procède comme avec le couteau de Delphes, couteau qui, dit-on, servait à tous les usages. Or, ajoute le philosophe, n'est-il pas évident qu'une série d'outils, adaptés chacun à un usage déterminé, est infiniment préférable et supérieure à ce couteau unique ? La première conséquence de ce fait qu'un homme doit s'adonner exclusivement à l'agriculture, un second à la construction des habitations, un autre enfin à la fabrication des vêtements, est que la cité comportera, dès le début, un minimum de trois personnes. Pourquoi Socrate fait-il cette remarque, qui nous paraît singulière, que trois hommes peuvent suffire à constituer une cité ? Pour la première fois dans cette étude, en effet, nous voyons apparaître un point de vue curieux et particulier aux anciens concernant la population des villes. Platon, et, avec lui, les philosophes et les politiques de l'antiquité, s'inquiètent toujours du nombre des habitants d'une cite ; ils craignent toujours de le voir s'accroître outre mesure. Ces préoccupations sont tout à fait opposées aux idées modernes. Il ne faut pas, sans doute, qu'une cité soit trop petite, et « si dix hommes, dit Aristote dans sa *Politique*, ne constituent pas une cité, cent mille ne la constituent pas davantage : c'est un chaos ». Une façon de voir si contraire à nos idées actuelles vaut d'être signalée ; au reste, cette crainte était imposée aux esprits d'alors par les faits eux-mêmes et l'expérience des choses : la vie grecque est essentiellement morcelée, la Grèce est composée d'une quantité innombrable de petits Etats. Nous ne nous rendons pas très bien compte, aujourd'hui, du nombre invraisemblable des petites villes libres de la Grèce ancienne ; ainsi, rien que pour l'empire maritime d'Athènes, on ne comptait pas moins de deux cents cités indépendantes,

minuscules pour la plupart, mais ayant toutes une autonomie
complète. Ajoutez à cela une centaine de cités qui gravitent autour
de Sparte, plus celles de la Grande Grèce, les colonies, les villes
qui de près ou de loin tiennent à quelque ligue athénienne ou
spartiate, et vous trouverez bien un millier de petits Etats constituant cette fourmilière politique qu'est la Grèce ancienne.

Cela nous explique que les philosophes considèrent la petitesse
de la cité comme un fait naturel. Il y a, il est vrai, de grandes mé-
tropoles, Athènes, Corinthe à un certain moment, Sparte, Egine ;
mais c'est précisément cet état de choses qui paraît en quelque
sorte monstrueux aux philosophes. Lorsqu'ils se trouvent en présence du mouvement, de l'agitation tumultueuse d'une grande cité
dans toute son activité, ils sont profondément frappés de ce
désordre si contraire à la belle eurythmie ; or, d'où vient ce
désordre, sinon de la trop grande foule des citoyens entassés
entre les murs d'Athènes ou de Corinthe. Voilà pourquoi Socrate
s'arrête à cette remarque initiale que trois hommes, à la rigueur,
suffiraient pour constituer une cité ; mais, petit à petit, nous allons
voir les artisans venir augmenter le nombre des premiers citoyens.
Ceux-ci, enfin, ne trouveront pas toujours chez eux de quoi subvenir à leurs besoins individuels, et il leur faudra faire venir
certaines choses du dehors. Les gens qui serviront ainsi d'intermédiaires, seront les *emporoi*, c'est-à-dire ceux qui importent ou
exportent : c'est donc une nouvelle catégorie d'individus nécessaires. A côté d'eux encore, il faudra compter ceux qui revendront,
qui feront le commerce de détail ; ces petits marchands s'appellent les *kapèloi*. Cette distinction entre les *emporoi* et les *kapèloi*
est partout dans le monde grec ; elle est courante, et personne ne
confondra les uns avec les autres. Platon cependant les fait tous
entrer dans la même catégorie de ceux qui pourvoient aux besoins
matériels des autres citoyens ; il convient que les *emporoi* ont
besoin de plus d'intelligence que les autres, mais il n'a pas grand
respect pour le commerce, sous quelque forme qu'il se présente.
Il n'en était pas de même dans le monde grec, où les *emporoi*
jouaient un tout autre rôle.

Tout de suite Platon se préoccupe de voir comment on choisira
les *kapèloi*, les marchands. Il y a dans cette façon de procéder quelque chose d'artificiel, quelque chose de cet artifice
que nous verrons régner d'un bout à l'autre de la constitution de
la cité platonicienne. Tout est réglé à l'avance en vertu d'une
sélection fondée sur les aptitudes, vraies ou présumées, des individus. La manière dont le choix des *kapèloi* doit se faire est tout
à fait instructive : il faut, dit Platon, que ce soient les plus faibles

de corps et ceux qui ne sont bons à rien en dehors de cela ; il est
difficile d'être plus dédaigneux ! C'est un peu, au fond, l'opinion
qu'exprimait La Bruyère sur le commerce de détail : « Il y a des
gens qui ouvrent leur boutique le matin, trompent plus ou moins
toute la journée et ferment leur boutique le soir. » Platon ajoute
quelques indications, nécessaires pour faciliter les échanges indispensables, sur le rôle de la monnaie, etc... Mais passons.

Il y a encore d'autres individus qui n'ont à offrir à la cité que
leurs muscles, leur force matérielle ; on les occupera, ceux-là, en
leur donnant des salaires : ce seront les *misthôtoi*, les salariés.
Voilà le premier pas fait dans l'organisation de la cité ; résu-
mons-le : division du travail et dédain du commerce.

A ce moment, Glaucon interrompt Socrate et lui fait quelques
objections : « Tu ne parles que des besoins inférieurs de l'homme,
lui dit-il, et, si tu formais une cité de pourceaux, les engraisse-
rais-tu autrement ? » N'y a-t-il pas d'autres besoins ? est-il excessif
de demander des tables pour manger, des lits pour se coucher
aux repas, des meubles ? Pour tout cela, il faudra des ouvriers...
— Socrate veut bien entrer dans ces vues, mais en se plaignant que
la faiblesse humaine soit telle et qu'il la faille contenter. Il va donc
introduire le luxe dans sa cité, introduction qui est loin d'être
sans danger et dont on pourrait bien se repentir un jour ; mais il
faut s'y soumettre, il s'y soumet. Il énumère alors tous les métiers,
inutiles à ses propres yeux, mais que la faiblesse humaine le contraint d'introduire :

« Il faut donc agrandir la cité ; car cet état sain, dont nous avons
« parlé, n'est plus suffisant. Il faut donc la remplir d'une foule
« de gens que le luxe, et non plus le besoin, a introduits dans
« les Etats, comme les chasseurs de toute espèce et ceux dont
« l'art consiste à imiter par des figures, des couleurs, des sons,
« les musiciens, les peintres, les poètes avec leur cortège ordi-
« naire, rapsodes, acteurs, danseurs, entrepreneurs, les fabri-
« cants de meubles et tous les artisans qui s'occupent de la parure
« des femmes et tous les gens attachés à leur service.... » Voilà
toute une nouvelle et très importante catégorie de citoyens, qu'il
faut admettre : c'est une concession, c'est une faiblesse ; mais
acceptons-la, puisqu'il le faut, et nous voyons ainsi la cité sensiblement accrue. — Cette question du nombre des habitants préoccupe
toujours le philosophe.

Abordons maintenant un autre ordre d'idées. Il y a, dans
l'Etat, d'autres besoins indispensables : il faut que la ville
puisse se défendre et qu'elle soit gouvernée ; il faut un chef,
qui mette de l'ordre dans cette multitude. Ainsi, après s'être

occupé des besoins primordiaux, il faut songer aux besoins
collectifs : la cité doit avoir la possibilité de se défendre, et, chose
assez singulière dans la bouche d'un philosophe, la possibilité
d'attaquer. Platon ne croit pas pouvoir passer sous silence l'idée
de la guerre offensive, celle qui permet de conquérir des territoires, quand on se trouve à l'étroit et qu'on étouffe dans le sien.
Ce n'est pas qu'il accepte de plain-pied cette idée : car il fait
une réserve ; mais il y a tout au moins un point indiscutable, c'est
qu'il faut se défendre. Il est curieux cependant que Platon ait cru
nécessaire, même en passant, même en faisant certaines restrictions,
de parler de cette possibilité de guerres suscitées par la convoitise de territoires étrangers. Le fait nous paraîtra peut-être moins
surprenant, si nous nous rappelons quelles étaient les idées
des Grecs à ce sujet : ils considéraient la guerre comme un
moyen normal de s'enrichir. Cette idée est des plus anciennes,
et elle avait encore assez de force du temps de Platon, pour que
celui-ci se crût obligé d'y faire allusion. Thucydide nous dit
aussi qu'autrefois, quand on demandait à un étranger d'où il
venait, on ne croyait pas lui faire injure en lui demandant, en outre,
s'il venait, par hasard, en pirate. A l'époque où nous sommes
arrivés, cette idée commence, il est vrai, à s'atténuer, pas assez
cependant pour empêcher que dans les *Lois*, qui sont, comme on
le sait, une sorte de complément ultérieur à la *République*, Platon
ne consacre encore tout un livre à exposer pourquoi le premier
besoin d'une cité est de se préparer à la guerre. Platon fait d'ailleurs
ajouter, par celui qui est son porte-parole, que les arts de la paix
ne sont pas moins négligeables. Aristote, de même, remarque,
dans sa *Politique*, que le grand défaut de la cité lacédémo-
nienne fut de n'avoir préparé que la guerre, par quoi s'explique
sa décadence, conséquence rapide et presque immédiate de ses
succès mêmes. L'idée de la guerre nécessaire, de la guerre
offensive, est donc battue en brèche par les philosophes du
v⁰ siècle ; mais elle n'est pas encore morte, puisque nous en
trouvons l'expression dans la *République*. Platon, d'ailleurs,
l'écarte vite pour montrer l'utilité des *phulakès*, gardiens de la
cité, contre les ennemis du dehors.

    Et toujours la même question se pose : puisqu'on procède,
dans la cité platonicienne par choix, comment choisira-t-on ces
gardiens ? Ils devront naturellement réunir certaines qualités
physiques indispensables : être forts, rapides, avoir la vue perçante, tel un bon chasseur :

    « Ne crois-tu pas, dit Socrate, qu'il y a quelque ressemblance
« entre les qualités d'un chien de bonne race et celles d'un jeune

« et vaillant guerrier... ; ils doivent avoir, l'un et l'autre, de la
« sagacité pour découvrir l'ennemi, de la vitesse pour le pour-
« suivre, de la force pour l'attaquer, s'il le faut, quand ils
« l'auront atteint... et du courage, enfin, pour bien combattre. »

Il faut donc que ces gardiens aient du cœur ; mais ce n'est pas
tout, — et, ici, nous voyons la pensée platonicienne s'élever
d'une manière très sensible au-dessus de la pensée ordinaire et
courante : — il ne suffit pas qu'ils aient les qualités du corps
et le courage ; il faut qu'ils aient de la mansuétude, qu'ils soient
aussi doux envers leurs amis que rudes envers leurs ennemis.
Socrate les compare aux chiens de garde qui doivent distinguer
les familiers de la maison des étrangers ou des ennemis. Cela ne
se peut que parce que le chien est doux malgré son courage ; c'est
aussi qu'il connaît les amis de la maison. Or connaître, n'est-ce
pas faire acte de philosophie, puisque ce qui distingue avant tout
le philosophe c'est son amour de la science, de la connaissance ?
Il faut donc que nos *phulakès*, nos gardiens, sachent bien à
qui ils ont affaire. Et comment donner cette connaissance à ces
hommes, que nous avons choisis pour leurs qualités physiques ? Par l'éducation. Platon arrive ainsi à la question de l'éducation des gardiens.

La distinction des divers ordres d'enseignement n'existait
pas, chez les anciens, comme chez nous, du moins officiellement ;
mais il y avait quelques analogies avec nos méthodes. Ainsi
l'éducation primaire comprenait la lecture, l'écriture, le chant,
la danse ; elle conduisait l'enfant jusque vers 11 ou 12 ans.
Celui-ci restait à l'école jusqu'à 18 ans, et, dans cette deuxième
période, on lui faisait connaître les poètes ; il les apprenait par
cœur, on le pénétrait à son insu de tout ce passé, de tous ces
sentiments, qui ont formé la vie morale de la nation ; voilà l'éducation secondaire, celle que Platon réclame pour ses gardiens.
— Il y a de plus une autre éducation, plus récente celle-là et non
encore entièrement organisée ; elle est apparue en Grèce avec la
sophistique et la philosophie et s'adresse non plus aux enfants
mais aux jeunes gens, aux éphèbes ; elle se continue indéfiniment, puisque les disciples d'un Protagoras sont des hommes et
ceux de Socrate aussi. A cette école nouvelle, ils apprennent la
philosophie, la dialectique et la rhétorique, tout ce qui constitue
la science du temps et permet à des esprits déjà formés
d'aller plus loin dans la recherche de la vérité ; c'est l'enseignement supérieur. De ce haut enseignement Platon dispense ses
guerriers ; ils n'en ont nul besoin, en vertu même du principe
de la division du travail. Leur métier est de faire la guerre ; il

faut des spécialistes, et là il y a une critique mal déguisée à
l'égard d'Athènes, qui n'avait point d'armée permanente ; c'est
par contre un éloge de Sparte, où tous les soldats sont des professionnels de l'art militaire. L'enseignement supérieur dont nous
avons parlé sera réservé à l'élite de la classe des gardiens, qui
constitue la classe des magistrats ; ce n'est pas une classe distincte,
mais seulement un groupe à part dans l'ensemble des *phulakès*.

C'est donc seulement d'enseigner qu'il s'agit maintenant, et nous
allons trouver ici, sur l'éducation, quelques-unes des idées de
Platon les plus originales, les plus intéressantes. Il commence
par parler des divers moyens dont on se servira pour l'éducation
des gardiens. On forme les enfants par l'étude de la musique,
mousiké, c'est-à-dire de la poésie, de la musique et de la danse,
indissolublement unies, et par la gymnastique. Socrate se demande s'il est possible de trouver une meilleure éducation pour
former ces jeunes gardiens de la cité, que celle-là, qui est en
usage depuis longtemps, la gymnastique s'adressant au corps, la
musique formant l'âme.

Mais voyons comment procéder ? Commençons par la poésie,
et d'abord par le langage, le discours. Il y a deux sortes de
discours, les uns vrais, les autres mensongers, ceux-ci sont des
muthoi, contes ou récits fabuleux, ceux-là sont des *logoi*, discours
qui visent essentiellement à la réalité, à la vérité, tandis que le
muthos n'est guère que mensonge. Par lesquels commencer ?
Tout naturellement par le récit mythique et fabuleux, car c'est
lui qui est le plus à la portée de l'imagination de l'enfant, chez qui
la raison est encore peu développée. Il y a un grand intérêt à faire
cette distinction, selon Platon, entre les mythes qui s'adressent
à l'imagination et qui sont en partie faux, et les discours qui sont
toute vérité et qui s'adressent à la raison. La question importante est maintenant de savoir s'il faut laisser les enfants s'at-
tarder sur des contes de fées. — Chez nous, il y a des théoriciens
qui ont combattu l'usage des *Contes* de Perrault pour les enfants,
trouvant ces fictions dangereuses. — Platon ne pense pas ainsi,
puisqu'il convient qu'il faut s'adresser d'abord à l'imagination
des enfants par les *muthoi* ; mais de quelles espèces de mythes
user ? Voilà le point auquel il attache une très grande importance.
Il faut soigneusement éviter les contes qui seraient de nature à
gâter, à altérer de quelque façon l'esprit de l'enfant. Platon examine donc les mythes qui sont à la connaissance de tous et que
l'on trouve répétés chez Homère, Hésiode et les poètes, lyriques
ou tragiques, qui forment la nourriture ordinaire de l'enfant. Dès
les premiers mots, Platon adresse une grave critique à toute la

poésie grecque : c'est que tous les poètes, autant qu'ils sont, nous
présentent, des héros et des dieux, des vices et des vertus, des
images fausses et mensongères. Le danger est d'autant plus
grand, que l'enfant, par la facilité avec laquelle son jeune esprit
reçoit ces empreintes, en aura sa pensée gâtée pour toujours. Mais
nous entrerons dans le détail de certains de ces reproches après
une observation préliminaire : comment se fait-il que Platon se
trouve scandalisé de toutes ces histoires de dieux et de héros, qui
ont nourri la pensée grecque pendant des siècles et auxquelles personne n'a trouvé à redire avant lui, théoriquement du moins ? Il y
avait eu, en effet, avant Platon quelques manifestations clairsemées
et timides ; ainsi, un siècle avant lui, et même au début du vi⁰ siècle, on voit quelques protestations s'élever contre la mythologie
d'Homère. Xénophane, fondateur de la philosophie éléatique,
au vi⁰ siècle, reproche à Homère et à Hésiode d'attribuer aux
dieux tous les plus grands crimes ; un peu plus tard, au début
du v⁰ siècle, nous trouvons chez Pindare non des protestations,
mais, ce qui revient tout à fait au même, des corrections. Ainsi,
dans la première *Olympiade,* Pindare se trouve en présence de la
fameuse légende du repas des dieux, origine de l'épaule d'ivoire
attribuée au jeune Pélops; mais le poète ne veut ni paraître croire
ni dire que les dieux soient de pareils gloutons : il modifie alors
la légende elle-même.

Tel est le genre de ces protestations, isolées encore, avant
Platon, mais qui, chez lui, devient un principe radical et absolu,
parce qu'il est philosophe. Au fond de tout cela, qu'est-ce
qui apparaît, sinon l'antinomie violente, non pas pour tout
le monde, mais pour certains esprits, entre les idées modernes et toutes ces vieilles légendes que l'on trouve maintenant
pleines de contes puérils et immoraux, après les avoir, d'une
façon générale, si longtemps acceptées ? Il y a là une révolution
morale, il y a un fait patent qui montre la réalité de l'évolution
des idées et qui fait que ce qui a pu être accueilli durant des siècles
par les plus honnêtes gens, si l'on s'avise de le confronter avec la
morale contemporaine, devient tout à coup et à jamais ridicule.
Le contraste, saisissant déjà dès Xénophane, s'affirme tout à fait
chez Platon.

C'est que le vieil Homère a représenté les mœurs de son temps,
c'est-à-dire du x⁰ ou du xi⁰ siècle avant Jésus-Christ, tandis que
Platon est un homme du iv⁰ siècle, un moderne. Sans doute, l'humanité homérique n'est ni primitive ni sauvage ; cependant c'est
une humanité violente, et, malgré certains sentiments élevés,
malgré quelques passages pleins de délicatesse, dans l'*Iliade* et

surtout dans l'*Odyssée*, c'est une humanité rude encore, où la violence se justifie toujours par son succès ; il faut, il est vrai, noter çà et là certaines protestations contre cette suprématie de la force ; mais elles sont vagues et comme noyées dans l'ensemble. L'idéal du héros homérique est de se tirer d'affaire par la force, ou par la ruse, s'il est assez intelligent pour cela. — Or toutes ces idées, qu'on appliquait à cette humanité rude et hardie, on les transporte dans l'Olympe ; car l'idée de la perfection divine n'est pas encore apparue, et n'apparaîtra que beaucoup plus tard en Grèce. A l'origine, les dieux ne sont, pour les Grecs, que des hommes plus forts et plus heureux, qui ne sont exposés ni à la faim ni à la mort, qui savourent dans leur palais céleste le nectar et l'ambroisie, assurés d'un bien-être perpétuel ; tandis que les malheureux mortels ne cessent de peiner pour assurer leur misérable vie. Aussi, quand nous lisons, par exemple, dans l'*Odyssée*, que tels prétendants ou tels héros buvaient comme des dieux, il ne faut voir là aucune ironie, mais l'expression d'une simple croyance.

L'idée d'une perfection divine est totalement étrangère à cette société, et, lorsque, avec Xénophane naît l'idée de l'unité immuable parmi le flux des choses, lorsque peu à peu cette idée se répand dans les écoles de philosophie, le contraste en devient trop fort avec tout ce que l'imagination d'Homère ou d'Hésiode avait représenté comme vrai. Ainsi s'expliquera la lutte de Platon contre ces mythes, sa haine pour la poésie, qu'il aimait en tant qu'artiste, mais qu'il condamnait en tant que philosophe. Dans leurs contes immoraux, les poètes enseignent des principes, exposent des idées contraires à ce que la conscience d'un penseur du IVe siècle considérait comme étant le bien moral.

M. D.-C.

La comédie en France après Molière

Cours de M. AUGUSTIN GAZIER,

Professeur à l'Université de Paris.

Lesage (*suite*). — J.-B. Rousseau.

Nous avons vu, dans une précédente leçon, que, si le *Turcaret* de Lesage eut un grand succès, c'est que la pièce était une des mieux faites, la mieux même qui eût paru depuis la mort de Molière.

Comme le comportait un tel sujet, les personnages y sont assez nombreux : c'est d'abord le ménage régulier : M. Turcaret, traitant, et sa femme. A côté d'eux, c'est l'intrigue en dehors du mariage : la baronne, jeune veuve, coquette, maîtresse de M. Turcaret; puis le chevalier, ami de cœur de la baronne, et le marquis, son camarade de jeu et de débauche ; M. Rafle, usurier au service de M. Turcaret ; Mme Jacob, revendeuse à la toilette et sœur de M. Turcaret. Enfin la collection des laquais : Frontin, valet du chevalier ; Flamand, valet de M. Turcaret ; Jasmin, petit laquais de la baronne ; Marine et Lisette, suivantes de la baronne.

L'exposition du sujet est très heureuse et d'une netteté parfaite; elle est complète dès la fin de la première scène du premier acte. Voyez avec quelle rapidité les principaux personnages nous sont présentés. Marine est en train de causer avec la baronne :

« MARINE. —Vous êtes veuve d'un colonel étranger qui a été tué en Flandre l'année passée ; vous aviez déjà mangé le petit douaire qu'il vous avait laissé en partant, et il ne vous restait plus que vos meubles que vous auriez été obligée de vendre, si la fortune propice ne vous eût fait faire la précieuse conquête de M. Turcaret le traitant. N'est-il pas vrai, Madame ?

LA BARONNE. — Je ne dis pas le contraire.

MARINE. — Or ce M. Turcaret, qui n'est pas un homme fort aimable et qu'aussi vous n'aimez guère, quoique vous ayez dessein de l'épouser, comme il vous l'a promis, M. Turcaret, dis-je, ne se presse pas de vous tenir parole, et vous attendez patiemment qu'il exécute sa promesse, parce qu'il vous fait tous les jours quelque présent considérable : je n'ai rien à dire à cela ; mais ce que je ne puis souffrir, c'est que vous vous soyez coiffée

d'un petit chevalier joueur, qui va mettre à la réjouissance les
dépouilles du traitant. Hé ! que prétendez-vous faire de ce chevalier ?

La Baronne. — Le conserver pour ami. N'est-il pas permis
d'avoir des amis ?

Marine. — Sans doute, et de certains amis encore, dont on peut
faire son pis-aller. Celui-ci, par exemple, vous pourriez fort bien
l'épouser, au cas que M. Turcaret vînt à vous manquer ; car il
n'est pas de ces chevaliers qui sont consacrés au célibat, et
obligés de courir au secours de Malte : c'est un chevalier de Paris ;
il fait ses caravanes dans les lansquenets.

La Baronne. — Oh ! Je le crois un fort honnête homme.

Marine. — J'en juge autrement. Avec ses airs passionnés, son
ton radouci, sa face minaudière, je le crois un grand comédien ;
et ce qui me confirme dans mon opinion, c'est que Frontin, son
valet Frontin, n'en a pas dit le moindre mal.

La Baronne. — Le préjugé est admirable! Et tu conclus de là...?

Marine. — Que le maître et le valet sont deux fourbes, qui
s'entendent pour vous duper ; et vous vous laissez surprendre à
leurs artifices, quoiqu'il y ait déjà du temps que vous les con-
naissiez. Il est vrai que, depuis votre veuvage, il a été le premier à
vous offrir brusquement sa foi ; et cette façon de sincérité l'a tellement établi chez vous, qu'il dispose de votre bourse comme de
la sienne... »

— Ainsi, tous les personnages nous ont été présentés l'un après
l'autre : la baronne, M. Turcaret, le chevalier, Frontin. Nous
allons maintenant savoir de quoi il s'agit ; c'est toujours dans
la première scène que Lesage nous l'expose :

« Marine. — M. Turcaret saura que vous voulez conserver le
chevalier pour ami ; et il ne croit pas, lui, qu'il soit permis d'avoir
des amis. Il cessera de vous faire des présents, il ne vous épousera
point : et, si vous êtes réduite à épouser le chevalier, ce sera un
fort mauvais mariage pour l'un et pour l'autre.

La Baronne. — Ces réflexions sont judicieuses, Marine ; je
veux songer à en profiter.

Marine. — Vous ferez bien ; il faut prévoir l'avenir. Envisagez,
dès à présent, un établissement solide ; profitez des prodigalités
de M. Turcaret, en attendant qu'il vous épouse. S'il y manque,
on en parlera un peu dans le monde : mais vous aurez, pour vous
en dédommager, de bons effets, de l'argent comptant, des bijoux,
de bons billets au porteur, des contrats de rente ; et vous trouverez alors quelque gentilhomme capricieux ou malaisé, qui réha-
bilitera votre réputation par un bon mariage.

La Baronne. — Je cède à tes raisons, Marine : je veux me détacher du chevalier, avec qui je sens bien que je me ruinerais à la fin.

Marine. — Vous commencez à entendre raison : c'est là le bon parti. Il faut s'attacher à M. Turcaret pour l'épouser ou pour le ruiner. Vous tirerez du moins, des débris de sa fortune, de quoi soutenir dans le monde une figure brillante ; et, quoi que l'on puisse dire, vous lasserez les caquets, vous fatiguerez la médisance, et l'on s'accoutumera insensiblement à vous confondre avec les femmes de qualité.

La Baronne. — Ma résolution est prise. Je veux bannir de mon cœur le chevalier : c'en est fait, je ne prends plus de part à sa fortune, je ne réparerai plus ses pertes ; il ne recevra plus rien de moi.

Marine. — Son valet vient ; faites-lui un accueil glacé : commencez par là ce grand ouvrage que vous méditez.

La Baronne. — Laisse-moi faire... »

— Vous entendez bien que la baronne ne persiste pas longtemps dans ses résolutions. Les péripéties se succèdent rapidement. M. Turcaret est bafoué par tout le monde ; il est enfin « exécuté » et emmené en prison : il s'est complètement ruiné pour la baronne.

Tel est le dénouement, accompagné, il est vrai, du mariage de Lisette avec Frontin : ces deux coquins, enrichis aux dépens d'autrui, sont décidés à faire souche d'honnêtes gens. Par la *Turcaret* tient à l'ancienne comédie. Si Frontin arrive à supplanter son maître, ce n'est pas seulement parce que cela se passait ainsi dans la réalité. Lesage se souvient ici non seulement de Boileau, que j'ai cité dans ma dernière leçon, mais encore de Scarron et de Boisrobert ; son Frontin rappelle les Scapin, les Jodelet, les Mascarille, dont les tours plaisants égayaient la comédie même avant le temps de Molière.

En somme, *Turcaret* se recommande non seulement par son style, qui est du meilleur style comique, mais encore par sa facilité, sa verve, son entrain, son esprit. Ce sont là, un peu avant Voltaire, toutes les qualités de Voltaire même.

*
* *

Turcaret nous a conduits sur les extrêmes limites du xviie siècle ; et, par fin du xviie siècle, je n'entends pas la date de 1700, mais bien celle de 1715, de la mort de Louis XIV. Lesage est du xviie siècle et aussi, à la rigueur, Dancourt et Dufresny. En littérature, il n'est point d'interrègne. On passe, en fait, d'un siècle à l'autre, d'une école à l'autre, sans secousses. Une période finit ; l'autre est déjà commencée. « Le roi est mort, vive le roi ! »

Au cours de notre étude, nous ne nous sommes arrêtés qu'aux œuvres les plus célèbres. Il en est beaucoup d'autres, de second ordre, qui ne sont pas dignes d'attirer notre attention. Au Théâtre-Français, on joue à cette époque des pièces d'auteurs peu connus ; il en est même quelques-unes d'anonymes, faites par des gens d'église, comme le père Delarue, ou par des gens de qualité qui ne veulent pas signer leurs œuvres.

Parmi les auteurs peu connus, nous citerons Lafont, Lachapelle, Legrand, Boindin ; et, parmi ceux qui sont connus pour d'autres œuvres que pour des comédies, Lamothe-Houdart, Campistron, Jean-Baptiste Rousseau.

Fils d'un procureur du roi, Lafont était né en 1686 ; il mourut en 1725. Entre 1707 et 1713, il donna quatre pièces en un acte : *Danae* (1707) ; le *Naufrage ou la Pompe funèbre de Crispin* (1710) ; les *Trois Frères rivaux* (1713) ; l'*Amour vengé*. Il est surtout connu pour ses livrets d'opéra. En ce genre, on peut le considérer comme le successeur immédiat de Quinault.

Legrand (1673-1728) est peut-être plus intéressant. Ses œuvres sont, en tout cas, plus nombreuses (quatre volumes). Il était fils d'un chirurgien-major des Invalides ; il naquit le jour même de la mort de Molière. On possède de lui une vingtaine de comédies. Il en fit jouer une à Lyon ; les autres à Paris, de 1707 à 1727. Elles sont en général médiocres ; d'ordinaire en un acte, rarement en trois, jamais en cinq. L'intrigue est faible, le comique peu réjouissant. Legrand réagit contre l'invasion des valets dans la comédie : les laquais ne tiennent, dans son théâtre, qu'un rôle tout à fait secondaire. En 1724, il fit jouer le *Philanthrope* ; c'est une misérable contre-partie du *Misanthrope* de Molière. La plus connue de ses pièces est peut-être *Cartouche* (1726), comédie analogue à la *Devineresse*, que nous avons étudiée avec le théâtre de Thomas Corneille et de De Visé. Elle fut jouée pendant que le Parlement instruisait le procès du fameux Cartouche et est remplie d'allusions à des faits contemporains. Malgré tout, Legrand reste un auteur de second ordre, sans importance ni valeur.

Boindin (1676-1751) fut membre de l'Académie des Inscriptions et Belles-Lettres ; s'il n'eût été athée, on lui eût ouvert les portes de l'Académie française. Il écrivit quelques pièces, de 1701 à 1704, soit seul, soit en la collaboration avec Lamothe-Houdart : les *Trois Garçons*, le *Bal d'Auteuil*, le *Petit Maître de robe*, la *Matrone d'Ephèse*. Une de ces comédies eut un certain succès : le

Bal d'Auteuil. Nous assistons, dans cette pièce, à un bal de guinguette du plus bas étage, à Auteuil ; dans cette compagnie crapuleuse, deux époux se rencontrent et se reconnaissent sous leur déguisement. La pièce est si scabreuse que Louis XIV se fâcha et défendit de la jouer ; ce fut à cette occasion, dit-on, qu'on établit la censure.

Il est curieux de voir que, en 1705, la comédie de Boindin intitulée le *Port de mer* fut vivement critiquée, parce que le rôle de femme le plus important, celui de Benjamine, y est attribué à une Juive. Les *Trois Garçons* sont un replâtrage d'une pièce jouée sous Richelieu, les *Trois Orontes* de Boisrobert. Enfin la *Matrone d'Ephèse* est l'adaptation à la scène du fameux conte de La Fontaine. Cette pièce fut, d'ailleurs, publiée dans les œuvres de Lamothe, du vivant même de Boindin.

Lamothe-Houdart commença et termina sa carrière par des comédies. Son ambition était d'adapter au théâtre les contes de La Fontaine. La *Matrone d'Ephèse* est sa pièce la plus connue.

Jean-Baptiste Rousseau, sur lequel je voudrais insister davantage, eut une singulière destinée. De son vivant, tout le monde, même ses ennemis (et ils étaient nombreux), s'accordait à trouver en lui un grand génie poétique ; mais tous aussi s'accordaient pour dire que sa vie était des moins honorables :

> Il fut trente ans digne d'envie
> Et trente ans digne de pitié...

disent des vers à son adresse. Aujourd'hui, on considère sa vie avec plus de bienveillance, et on se souvient que sa fin fut digne ; mais personne ne se rappelle ses œuvres. De son vivant, on l'estimait supérieur à Pindare. De nos jours, on ne lit encore de lui, parfois, que quelques épigrammes ; ses comédies sont complètement oubliées.

Pourtant J.-B. Rousseau se crut toujours un grand poète comique. Il joignit à ses comédies des préfaces copieuses et des justifications dans lesquelles il bâtit tout un système de littérature et de critique. Il poussa la naïveté jusqu'à refaire le *Tartufe* de Molière, qu'il jugeait détestable.

En 1694, il fit jouer au Français le *Café*, qui eut neuf représentations : c'est une pièce insipide, qui valut à Rousseau de nombreuses épigrammes. Dans l'une, entre autres, on le louait d'avoir trouvé le secret, avec le café qui d'ordinaire éveille l'esprit, de faire dormir tout le monde. La pièce nous montre cependant le grand rôle que jouaient les cafés à Paris, dès cette époque.

En 1701, il donne la *Ceinture magique*. Deux tuteurs veulent empêcher deux jeunes gens d'épouser leurs pupilles. Ils font tout leur possible, en multipliant les obstacles, pour atteindre ce résultat. Heureusement l'adroit laquais veille ; il se change, pour la circonstance, en magicien. Il attache dos à dos les deux tuteurs par une ceinture d'acier fermée par un solide cadenas, dont il a la clef. Pendant ce temps, nos jeunes amoureux amènent leurs amoureuses. Les deux barbons se trouvent finalement obligés de signer un contrat, qui donne les pupilles à leurs jeunes amants. Rousseau semble s'excuser de la pauvreté de cette pièce, en disant qu'il l'a écrite en douze heures. L'idée, nous dit-il, en était venue au Dauphin, fils de Louis XIV. Rousseau versifia sur le thème donné, et la comédie fut jouée devant le roi par les princes du sang eux-mêmes ; elle eut, dit-on, beaucoup de succès.

J.-B. Rousseau ne fut pas plus heureux, lorsqu'il fit des pièces en cinq actes et en vers. Le *Capricieux*, malgré ses neuf représentations, est très faible. Le principal personnage, Albert, est un grondeur, un capricieux, toujours prêt à contredire à tout. Nous avons déjà vu que le caractère du grondeur ne saurait, en aucune façon, servir de sujet à une bonne comédie de caractère.

En 1696, il fit jouer le *Flatteur*, écrit d'abord en prose, puis eu vers. Cette comédie se rattache directement à Molière, à La Bruyère aussi (voyez le caractère d'Onuphre), à Boileau et à Brossette. Comme ces derniers, Rousseau estimait qu'il était utile de corriger le *Tartufe*, qu'il fallait à la pièce un dénouement plus naturel et surtout plus comique. Un fourbe, nommé Philinte, flatte Chrysante, vieux gentilhomme fort riche. Son but est d'épouser la jeune Angélique, fille de Chrysante, qui est déjà promise à Damon. Le flatteur enjôle si bien le vieillard, que celui-ci consent à lui accorder la main de sa fille. Il dupe tout le monde. Angélique s'éloigne même de Damon, qui n'en continue pas moins à être amoureux d'elle. Mais Justine, la suivante d'Angélique, s'aperçoit de tout et découvre le jeu de Philinte. Celui-ci essaie de de payer d'audace ; mais il est bientôt obligé de disparaître.

Telle est la pièce par laquelle J.-B. Rousseau voulait remplacer *Tartufe*.

Le vieux Chrysante est Orgon, un Orgon sans femme et sans beau-frère. Le Laurent de Molière est ici Francisque, valet de Philinte. C'est, à la vérité, un laquais qui ne se contente pas, comme dans Molière, de serrer « la discipline » de son maître ; il

parle baut et souvent, et réclame vivement ses gages quand ‹
oublie de les lui payer. Quant à Philinte, c'est un Tartufe de ca
ton, dont la bétise est assez grande.

La pièce finit, d'ailleurs, assez mal. La dernière scène, seul
vaut la peine d'être citée :

CHRYSANTE (à Damon).

Oui, oui ; nous vous verrons quand il sera présent !

(A Philinte.)

Vous venez à propos pour m'aider à combattre
Des gens qui contre vous font les diables à quatre,
Qui disent qu'eux et moi vous nous avez séduits,
Eux par de faux soupçons, moi par de mauvais bruits ;
Que c'est pour m'attraper que vous m'avez fait faire
Un dédit, qui n'était rien moins que nécessaire ;
Et que, si je venais à le redemander,
Vous crèveriez, plutôt que de me le céder.
Que sais-je ? Ils font de vous une image si noire,
Que j'en deviendrais fou, si je les voulais croire.

PHILINTE.

J'entends, Monsieur, j'entends. Ces mots sont spécieux ;
Et je vois bien d'où part ce détour captieux.
Mais je ne suis pas homme à m'y laisser surprendre ;
Et d'un panneau si doux nous saurons nous défendre.

CHRYSANTE.

Comment donc ? Je ne fais que parler d'après eux,
Et, bien loin de donner dans tous leurs contes bleus,
Je crois précisément le contraire, vous dis-je.

PHILINTE.

Fort bien. De ce discours je connais le prestige,
Et je vois ceux qu'ici j'en dois remercier.
Mais croyez-moi, Monsieur : l'appât est trop grossier.
Je suis simple, il est vrai ; mais, quoique sans malice,
Je sais de certains traits démêler l'artifice.

CHRYSANTE.

Ouais ! Je vous dis encor que je ne pense rien...

PHILINTE.

Non, Monsieur, finissons un fâcheux entretien.
Et puisque vous croyez tout ce qu'on vous rapporte...

s bien hardi de parler de la sorte.
.us ....?

                    Brisons là, s'il vous plaît
hacun de nous demeure comme il est.
.eabons sur un pareil mystère
.u de mon goût ni de mon caractère.

            ISANTE

.s que penser de tout ce que j'entends.

        .. . ..

pas mon dessein de contraindre les gens,
.e suis pas fait pour souffrir des injures ;
.tre côté, nous prendrons nos mesures.

        .es-vous par là '

                    Je vous l'avais bien dit,
.laut contre vous employer cet écrit
.s avez signé mal à propos.

                        Qu'entends-je ?
.nes contre m i fait ce projet étrange '

            ..

.. s   mais on peut faire valoir ses droits

        .ù s mmes-nous et qu'est ce que je vous '
.'avoir marqué des tendresses si vives,

        PHILINT

        Tout beau, Monsieur, pas d'invectives :
.us verrons ailleurs : je suis votre valet.

parle haut et souvent, et réclame vivement ses gages quand on oublie de les lui payer. Quant à Philinte, c'est un Tartufe de carton, dont la bêtise est assez grande.

La pièce finit, d'ailleurs, assez mal. La dernière scène, seule, vaut la peine d'être citée :

CHRYSANTE (à *Damon*).

Oui, oui ; nous vous verrons quand il sera présent !

(*A Philinte.*)

Vous venez à propos pour m'aider à combattre
Des gens qui contre vous font les diables à quatre,
Qui disent qu'eux et moi vous nous avez séduits,
Eux par de faux soupçons, moi par de mauvais bruits ;
Que c'est pour m'attraper que vous m'avez fait faire
Un dédit, qui n'était rien moins que nécessaire ;
Et que, si je venais à le redemander,
Vous crèveriez, plutôt que de me le céder.
Que sais-je ? Ils font de vous une image si noire,
Que j'en deviendrais fou, si je les voulais croire.

PHILINTE.

J'entends, Monsieur, j'entends. Ces mots sont spécieux ;
Et je vois bien d'où part ce détour captieux.
Mais je ne suis pas homme à m'y laisser surprendre ;
Et d'un panneau si doux nous saurons nous défendre.

CHRYSANTE.

Comment donc ? Je ne fais que parler d'après eux,
Et, bien loin de donner dans tous leurs contes bleus,
Je crois précisément le contraire, vous dis-je.

PHILINTE.

Fort bien. De ce discours je connais le prestige,
Et je vois ceux qu'ici j'en dois remercier.
Mais croyez-moi, Monsieur : l'appât est trop grossier.
Je suis simple, il est vrai ; mais, quoique sans malice,
Je sais de certains traits démêler l'artifice.

CHRYSANTE.

Ouais ! Je vous dis encor que je ne pense rien...

PHILINTE.

Non, Monsieur, finissons un fâcheux entretien.
Et puisque vous croyez tout ce qu'on vous rapporte...

DAMON.

Vous êtes bien hardi de parler de la sorte.
Oseriez-vous nier... ?

PHILINTE.

                    Brisons là, s'il vous plaît ;
Et que chacun de nous demeure comme il est.
Les explications sur un pareil mystère
Ne sont ni de mon goût ni de mon caractère.

CHRYSANTE.

Je ne sais que penser de tout ce que j'entends.

PHILINTE.

Ce n'est pas mon dessein de contraindre les gens,
Mais je ne suis pas fait pour souffrir des injures ;
Et, de notre côté, nous prendrons nos mesures.

CHRYSANTE.

Qu'entendez-vous par là ?

AMBROISE.

                    Je vous l'avais bien dit,
Qu'il voulait contre vous employer cet écrit
Que vous avez signé mal à propos.

CHRYSANTE.

                              Qu'entends-je ?
Vous auriez contre moi fait ce projet étrange ?

PHILINTE.

Je ne sais ; mais on peut faire valoir ses droits.

CHRYSANTE.

O ciel, où sommes-nous et qu'est-ce que je vois ?
Après m'avoir marqué des tendresses si vives,
Un imposteur...

PHILINTE.

                    Tout beau, Monsieur, pas d'invectives ;
Nous nous verrons ailleurs ; je suis votre valet.

14

CHRYSANTE.

Traître, te voilà fier, et ton crime est complet !
Ce sont dix mille écus que j'y perdrai peut-être :
Mais, pour dix mille écus, on est trop heureux d'être
Détrompé pour jamais d'un scélérat maudit.

JUSTINE.

Vous le serez à moins. — Voilà votre dédit.

PHILINTE, *sortant avec précipitation.*

Je suis trahi

CHRYSANTE.

Voyóns ! Oui ! C'est là ma promesse.

AMBROISE.

Au bien de vous revoir, Monsieur !

CHRYSANTE

                              Par quelle adresse
As-tu pu rattraper ce billet souhaité ?

JUSTINE.

En flattant son valet, comme on vous a flatté.

CHRYSANTE.

Tu recevras le prix d'un service si rare.
Venez, Damon : je veux qu'un prompt hymen répare
Les maux que vous ont faits mes soupçons séducteurs.
Allons,' et désormais puissent tous les flatteurs,
Par l'exemple du nôtre, apprendre à reconnaître
Qu'enfin la trahison retombe sur le traître.

La versification n'est pas mauvaise ; mais il est facile de voir
quel abîme sépare Rousseau de Molière.

Après avoir étudié J.-B. Rousseau, l'ordre chronologique nous
amènerait à Destouches ; mais nous sommes ici en plein
XVIIIe siècle. Il nous faut, avant d'y entrer, jeter un regard en
arrière, et résumer en quelques mots la période que nous avons
déjà parcourue.

Avec Molière, grâce à l'appui et à la collaboration de Louis XIV,
nous avons assisté à l'âge d'or de la comédie. Une fois Molière
mort, ce fut un désarroi complet. Louis XIV, peu à peu, avait délaissé la comédie. Il s'intéressait à un autre genre de spectacle,

au ballet, à l'opéra. Les diverses troupes de comédie de Paris n'en formèrent bientôt qu'une et s'établirent sur la rive droite.

Les comédiens ne sont plus, dès lors, protégés que par Monseigneur le Dauphin, autant dire par personne ; car le Dauphin n'a aucune influence sur son père. Le théâtre est attaqué de tous côtés par les prédicateurs et les évêques. Louis XIV permet ces attaques ; il en est peut-être même content. Bossuet, en 1694, écrit ses *Maximes de la Comédie*, où il s'en prend vigoureusement à ce genre de spectacle.

Dès lors, il n'y a plus de bonnes pièces. Les acteurs se font auteurs. On travaille pour le gain ou pour le plaisir, pour s'enrichir ou pour passer un moment ; c'est une période de décadence qui commence. On ne rencontre aucun chef-d'œuvre ; à peine peut-on citer quelques œuvres remarquables.

Il faudra donc que la comédie s'habitue à voler de ses propres ailes, sans être protégée par personne. Les rois qui vont venir se soucieront assez peu des belles-lettres. La comédie sera obligée d'évoluer, et c'est cette évolution que nous étudierons dans une prochaine leçon.

J. F.

La philosophie de Renouvier

Cours de M. EMMANUEL JOYAU,

Professeur à l'Université de Clermont-Ferrand

Renouvier ; son influence sur la marche des idées philosophiques.

Le nom de Renouvier est presque inconnu du public ; c'est pourtant un des philosophes dont l'influence a été le plus considérable. M. Ravaisson, dans son rapport qui date de 1867, lui fait une grande place, et lui accorde une sérieuse attention ; beaucoup de ses ouvrages sont postérieurs à cette époque. Renouvier nous donne l'exemple d'une vie consacrée tout entière à la philosophie, sans que rien en vienne troubler l'unité ; Renouvier n'a rien été que philosophe.

Charles Renouvier naquit à Montpellier, en 1815. Il semblait appelé à la vie politique : son père avait été député de l'opposition sous la Restauration ; son frère ainé (qui fut un archéologue distingué) avait aussi fait partie de la Chambre avant 1830 ; il ne fut pas réélu pendant tout le règne de Louis-Philippe, prit une part active à la campagne des banquets et devint membre de l'Assemblée constituante.

Charles Renouvier ne suivit pas la même voie. Il fut reçu à l'Ecole polytechnique, mais donna sa démission dès la sortie et ne remplit aucune fonction publique. Alors qu'il était encore au collège, il avait lu avec passion les écrits des Saint-Simoniens. Désabusé bientôt sur leur compte, il eut, quelque temps, un goût très vif pour les théories de Fourier ; il resta toute sa vie attaché fermement aux idées démocratiques. Après la Révolution de 1848, Hippolyte Carnot, ministre de l'Instruction publique, l'attacha à son cabinet et le chargea de la rédaction d'un *Manuel républicain de l'Homme et du Citoyen*. qu'il avait l'intention de répandre dans toutes les écoles. Ce manuel (il était devenu presque introuvable et a été réimprimé, il y a quelques années, par les soins de M. Thomas ; il nous parait, aujourd'hui, très anodin) fut violemment attaqué par une certaine presse et dénoncé à la tribune par Bonjean, représentant de la Drôme (le même qui devait être fusillé comme otage à Paris en 1871, lors de l'insurrection de la

Caguinne. Le ministre eut le courage de prendre la défense de son subordonné, de se solidariser avec lui et paya cette attitude de son portefeuille. Depuis lors, Renouvier ne se mêla plus directement de politique et s'occupa exclusivement de philosophie. Il fit paraître successivement les *Essais de Critique générale*, la *Science de la morale*, l'*Esquisse d'une classification systématique des systèmes de philosophie*, la *Philosophie analytique de l'histoire*, la *Nouvelle Monadologie*, les *Dilemmes de la Métaphysique pure*, le *Personnalisme*.

En 1872, après la guerre, il entreprit la publication d'une revue périodique, la *Critique philosophique*, où il traitait aussi les questions d'actualité politiques et religieuses. Cette revue n'eut pas grand succès : d'hebdomadaire elle devint mensuelle et cessa de paraître en 1889. Enfin Renouvier donnait chaque année un volume, l'*Année philosophique*, où après quelques articles de fond, tous les ouvrages parus dans l'année étaient critiqués au point de vue de son système. Depuis la mort de Renouvier, la publication de l'*Année philosophique* est continuée dans le même esprit par ses amis, F. Pillon et L. Dauriac.

Ch. Renouvier mourut à Perpignan, le 1er septembre 1903, âgé de 88 ans. Jusqu'au dernier jour, il eut avec son fidèle ami L. Prat des entretiens, qui nous ont été conservés et qui méritaient de l'être, car il ne cessa de conserver sa fermeté d'âme et la lucidité de son esprit : « C'est si bon de penser, répétait-il ; j'en oublie que je suis malade. »

Il n'était pas astreint, pour vivre, à la nécessité d'exercer un métier, qui aurait pris une partie de son temps et de ses pensées ; il menait une existence simple et modeste : il n'enseigna jamais vraiment. La publication de ses livres coûtait gros et ne rapportait guère, car ils trouvaient peu de lecteurs et d'acheteurs. Renouvier, en effet, est un très mauvais écrivain : les phrases sont obscures, longues et embarrassées, les raisonnements subtils et difficiles à suivre. En 1841, il avait envoyé à l'Académie des sciences morales un mémoire sur la philosophie de Descartes. Le prix fut partagé, on le sait, entre F. Bouillier et Barchas Demoulin. Le rapporteur parle aussi d'un troisième mémoire, auquel il est d'avis d'accorder une mention honorable et qui lui paraît être l'œuvre d'un étranger : telle est l'impression qu'avait produite sur lui le style de Renouvier. Un jour, exaspéré par les railleries de Proudhon, Renouvier lui répondit : « Tous ceux qui ont su écrire n'ont pas été de vrais philosophes, et vice versa. » Cette boutade s'explique, si l'on considère l'ardeur avec laquelle il combattait V. Cousin et ses élèves, qui avaient tant d'admirateurs ; mais il ne

La philosophie de Renouvier

Cours de M. EMMANUEL JOYAU,

Professeur à l'Université de Clermont-Ferrand

Renouvier ; son influence sur la marche des idées philosophiques.

Le nom de Renouvier est presque inconnu du public ; c'est pourtant un des philosophes dont l'influence a été le plus considérable. M. Ravaisson, dans son rapport qui date de 1867, lui fait une grande place, et lui accorde une sérieuse attention ; beaucoup de ses ouvrages sont postérieurs à cette époque. Renouvier nous donne l'exemple d'une vie consacrée tout entière à la philosophie, sans que rien en vienne troubler l'unité ; Renouvier n'a rien été que philosophe.

Charles Renouvier naquit à Montpellier, en 1815. Il semblait appelé à la vie politique : son père avait été député de l'opposition sous la Restauration ; son frère aîné (qui fut un archéologue distingué) avait aussi fait partie de la Chambre avant 1830 ; il ne fut pas réélu pendant tout le règne de Louis-Philippe, prit une part active à la campagne des banquets et devint membre de l'Assemblée constituante.

Charles Renouvier ne suivit pas la même voie. Il fut reçu à l'Ecole polytechnique, mais donna sa démission dès la sortie et ne remplit aucune fonction publique. Alors qu'il était encore au collège, il avait lu avec passion les écrits des Saint-Simoniens. Désabusé bientôt sur leur compte, il eut, quelque temps, un goût très vif pour les théories de Fourier ; il resta toute sa vie attaché fermement aux idées démocratiques. Après la Révolution de 1848, Hippolyte Carnot, ministre de l'Instruction publique, l'attacha à son cabinet et le chargea de la rédaction d'un *Manuel républicain de l'Homme et du Citoyen*, qu'il avait l'intention de répandre dans toutes les écoles. Ce manuel (il était devenu presque introuvable et a été réimprimé, il y a quelques années, par les soins de M. Thomas ; il nous paraît, aujourd'hui, très anodin) fut violemment attaqué par une certaine presse et dénoncé à la tribune par Bonjean, représentant de la Drôme (le même qui devait être fusillé comme otage à Paris en 1871, lors de l'insurrection de la

Commune). Le ministre eut le courage de prendre la défense de son subordonné, de se solidariser avec lui et paya cette attitude de son portefeuille. Depuis lors, Renouvier ne se mêla plus directement de politique et s'occupa exclusivement de philosophie. Il fit paraître successivement les *Essais de Critique générale*, la *Science de la morale*, l'*Esquisse d'une classification systématique des systèmes de philosophie*, la *Philosophie analytique de l'histoire*, la *Nouvelle Monadologie*, les *Dilemmes de la Métaphysique pure*, le *Personnalisme*.

En 1872, après la guerre, il entreprit la publication d'une revue périodique, la *Critique philosophique*, où il traitait aussi les questions d'actualité politiques et religieuses. Cette revue n'eut pas grand succès ; d'hebdomadaire elle devint mensuelle et cessa de paraître en 1889. Enfin Renouvier donnait chaque année un volume, l'*Année philosophique*, où, après quelques articles de fond, tous les ouvrages parus dans l'année étaient critiqués au point de vue de son système. Depuis la mort de Renouvier, la publication de l'*Année philosophique* est continuée dans le même esprit par ses amis, F. Pillon et L. Dauriac.

Ch. Renouvier mourut à Perpignan, le 1er septembre 1903, âgé de 88 ans. Jusqu'au dernier jour, il eut avec son fidèle ami L. Prat des entretiens, qui nous ont été conservés et qui méritaient de l'être, car il ne cessa de conserver sa fermeté d'âme et la lucidité de son esprit : « C'est si bon de penser, répétait-il ; j'en oublie que je suis malade. »

Il n'était pas astreint, pour vivre, à la nécessité d'exercer un métier, qui aurait pris une partie de son temps et de ses pensées ; il menait une existence simple et modeste ; il n'enseigna jamais oralement. La publication de ses livres coûtait gros et ne rapportait guère, car ils trouvaient peu de lecteurs et d'acheteurs. Renouvier, en effet, est un très mauvais écrivain ; les phrases sont obscures, longues et embarrassées, les raisonnements subtils et difficiles à suivre. En 1841, il avait envoyé à l'Académie des sciences morales un mémoire sur la philosophie de Descartes. Le prix fut partagé, on le sait, entre F. Bouillier et Bordas Demoulin. Le rapporteur parle aussi d'un troisième mémoire, auquel il est d'avis d'accorder une mention honorable et qui lui paraît être l'œuvre d'un étranger : telle est l'impression qu'avait produite sur lui le style de Renouvier. Un jour, exaspéré par les railleries de Proudhon, Renouvier lui répondit : « Tous ceux qui ont su écrire n'ont pas été de vrais philosophes, et *vice versa*. » Cette boutade s'explique, si l'on considère l'ardeur avec laquelle il combattait V. Cousin et ses élèves, qui avaient tant d'admirateurs ; mais il ne faudrait pas la prendre à la lettre, car de très grands philosophes, comme Descartes et Malebranche, ont été des maîtres dans l'art d'écrire. Renouvier disait mieux, un autre jour : « Je veux être étudié (1) » ; en effet, si l'on se donne la peine de lire attentivement ses livres et d'y réfléchir, on y trouve une doctrine fort intéressante et un grand nombre de vérités nouvelles.

Sa première éducation, nous l'avons dit, avait été surtout mathématique ; sa vocation philosophique lui fut révélée par la lecture des *Principes* de Descartes (2) ; il étudia aussi avec soin D. Hume, dont il traduisit la *Psychologie* et dont il adopta en grande partie le phénoménisme. Il se pénétra surtout de la philosophie de Kant et donna à sa propre doctrine le nom de néo-criticisme. Cependant il ne suit pas servilement le philosophe de Kœnigsberg; il n'admet pas l'existence des noumènes : il n'y a pas, dit-il, deux mondes, l'un qui nous est connu, mais n'est pas réel, l'autre qui est réel, mais nous demeure toujours inconnu (3).

Renouvier s'attache tout d'abord à réfuter les systèmes métaphysiques édifiés sur des principes qui n'ont pas été préalablement critiqués ; il insiste sur le tort qu'ont fait aux discussions philosophiques certains mots dont on abuse et qui ne sauraient correspondre à aucune notion, comme ceux de substance et d'absolu. Il prétend surtout que nous ne pouvons avoir l'idée d'infini ; car, tous les objets que nous connaissons, nous les comptons, nous les mesurons, nous les représentons par des nombres ; or il est aussi contradictoire de parler de nombre infini que de cercle carré.

D'autre part, Renouvier est un adversaire résolu du positivisme. Il montre avec une pénétration et une rigueur fort remarquables

---

(1) Je veux être étudié. Sans doute la prétention est grande aujourd'hui que le temps est précieux, les livres nombreux et à peine lus, les auteurs occupés d'eux-mêmes, les lecteurs et jusqu'à ceux qui se disent philosophes, peu habitués à surmonter les difficultés d'un sujet, moins disposés encore à se laisser enseigner, les savants enfin plongés, et trop justement, dans leurs spécialités.

(2) Ce fut avec un véritable enchantement que je m'initiai, moi, si novice, à cette méthode mathématique appliquée aux idées, à cette pensée si ferme, à cette langue si belle et si simple, à ce système fortement construit dont les lacunes ou les défauts échappent facilement à qui n'en a pas suivi avec l'attention voulue le développement historique jusqu'au moment de l'apparition de la *Critique de la Raison pure*, qui, seule, a renversé définitivement les bases de la doctrine cartésienne.

(3) De 1839 à 1844, Renouvier collabora à l'*Encyclopédie nouvelle*, dirigée par P. Leroux et J. Raynaud, qui ne put atteindre le terme de sa publication. Les articles qu'il avait donnés sur Descartes et sur la Philosophie sont inachevés.

que cette prétendue exclusion de toute métaphysique est une
théorie métaphysique, négative sans doute, mais très réelle, que
c'est, comme dira M. Liard, « un dogmatisme sans critique (1). »
Ceux qui prétendent que la pensée n'est qu'une transformation des
mouvements cérébraux, abusent des termes équivoques, des mé-
taphores et ne disent rien d'intelligible (2).

Le point de départ du positivisme, c'est l'empirisme. Or nos
connaissances ne résultent pas uniquement de l'effet produit sur
nos sens par les objets extérieurs, mais des conditions mêmes de
l'exercice de l'esprit. Il nous est impossible de nous affranchir
des lois inhérentes à l'activité intellectuelle, de penser autrement
que selon certaines catégories. Sur ce point, la théorie de Renouvier s'écarte notablement de celle de Kant ; il propose un
tableau des catégories, très différent de celui de son maître. Cette
classification tient une très grande place dans son système ; il y
attache une extrême importance ; beaucoup de ses disciples sont
d'avis que c'est un point capital. M. Séailles, par exemple, consacre une grande partie de son livre sur la *Philosophie de Renouvier* à l'exposé et à la discussion de la théorie des catégories.
Pour nous, il nous semble que d'autres propositions sont plus
dignes d'intérêt.

(1) Enfin, demanderons-nous aux positivistes, êtes-vous en état de nous
démontrer, mieux que par de vaines remontrances, qu'il est plus sage et
meilleur pour nous de nous en tenir au savoir borné — bien plus borné au
fond que vous-mêmes vous ne le pensez — que de nous porter et de nous
confier d'esprit et de cœur à des croyances, avouées telles, sur des sujets
qui intéressent et passionnent en général les hommes, et touchant lesquels il
est très certain que ceci est vrai, que cela est faux, encore que nous n'en
ayons pas la preuve par expérience ou par raisonnement universellement
convaincant ? C'est une démonstration d'ordre moral que vous avez ici à
nous donner : où est-elle ? Vous ne sauriez vous élever à la certitude ni à
rien qui en approche et nous force de nous rendre, quand vous ne faites, en
somme, qu'opposer votre manière de sentir à la nôtre et que soutenir que
des deux c'est la nôtre qui est la mauvaise. Votre réduction prétendue ou
désirée de l'esprit humain à « la science » n'est pas une science ; c'est une
croyance, négative à la vérité, mais enfin une croyance. C'est une espèce de
religion, impie à notre avis, qui vous incline à regarder comme vos inférieurs en développement humanitaire les personnes attachées à des croyances
positives, philosophiques et religieuses, de préférence à votre croyance à
vous, qui est qu'il ne faut rien croire. Mais votre parti pris d'indifférence
et de négation à l'égard de tout ce que vous estimez n'être pas établi scien-
tifiquement n'a rien à démêler ni avec la science, ni avec la logique, ni surtout rien à apporter, rien à prétendre dans une théorie de la certitude.

(2) Qu'est-ce que l'engendrement d'une émotion par la métamorphose
d'une vibration ? Comment savez-vous qu'un mode de mouvement devient
un mode de sentir ? Qui vous a dit que le mouvement se dépense pour produire une idée ?

C'est, tout d'abord, l'étude de ce que Renouvier appelle le vertige mental. Nous sommes fermement attachés à telle ou telle
opinion, dont nous ne nous sommes jamais donné la peine de
contrôler l'exactitude ; notre parti est pris irrévocablement ;
nous sommes butés ; nous fermons l'oreille à toute autre considération ; nous dirigeons et nous maintenons exclusivement notre
attention d'un certain côté. Nous nous plaignons souvent de voir
les autres défendre obstinément des propositions dont la fausseté
nous paraît manifeste. *Credo quia absurdum*, dit Tertullien. Bien
des philosophes ont soutenu *à priori* qu'une telle attitude est
impossible ; ils ont eu tort ; cette forme de la croyance, quelque
étrange qu'elle nous paraisse, est réelle, et nous devons en chercher l'explication. On sait ce que c'est que le vertige : c'est une
impulsion irrésistible qui nous entraîne à faire un mouvement, à
exécuter une action dont il nous serait facile de nous abstenir et
que nous finissons par accomplir parce que nous ne cessons d'y
penser et que nous savons qu'il faut nous en garder. Notre intelligence est sujette à un vertige analogue (1).

Si Renouvier avait été catholique, au lieu d'être protestant, et
s'il avait connu l'*Imitation de Jésus-Christ,* dont Auguste Comte
faisait si grand cas, il n'aurait pas manqué de citer le chapitre
xiii du livre I, où l'auteur décrit le chemin effrayant que font en

---

(1) La plupart des hommes contractent des habitudes d'opinion et de
croyance par suite de la répétition et de l'imitation, soit que la réflexion y
ait ou non présidé à l'origine, ou y soit intervenue depuis. Un vertige qui
agit dès l'enfance devient souvent insurmontable ; et c'est ainsi qu'on est de
la religion de ses pères. Mais prenons l'homme fait, maître de sa raison et
capable de l'exercer. Toute représentation prolongée ou répétée devient une
tentation. Donc celui-là même qui réfléchit est naturellement conduit de la
pratique à la théorie dans chaque ordre de conception. L'imagination prend
peu à peu les formes appropriées aux objets dont on la frappe, et la pensée
s'exerce à découvrir des motifs de faire ce qu'on assure et à s'en persuader.
Il suffit de mentir un peu d'abord ; on est de bonne foi plus tard. Faites
comme si vous croyiez, pliez la machine, dit Pascal. La méthode est intail-
lible, surtout si l'on tient la raison bien soumise, à quoi l'on parviendra en
se la représentant ployable en tous sens, expression de ce même grand
génie qui unissait les dons de la raison la plus forte à ceux de l'imagination
la plus vertigineuse .. De même que l'imagination de l'acte possible conduit
à l'obsession, au vertige, et finalement à l'acte, ainsi l'imagination d'un
fait ou d'un système appelé à rendre raison de certains phénomènes conduit,
en se répétant et en se fixant de plus en plus, si bizarre qu'il soit souvent,
jusqu'à l'affirmation décidée de ce fait ou de ce système... La pensée constante du faux ou de l'absurde, d'abord retenue par une négation également
constante, mais jointe à quelque idée de possibilité, tend aux mêmes
effets que la représentation répétée d'un acte déplacé, ridicule ou criminel.

nous les mauvaises pensées et la puissance que leur apporte l'effort même que nous faisons pour les repousser.

La force de notre croyance n'est donc pas une garantie de sa valeur, et nous pouvons être attachés aussi fermement à l'erreur qu'à la vérité. D'où vient donc que nous avons le droit de regarder telles de nos opinions comme rigoureusement exactes ?

Quelle est la garantie de la certitude des sciences ? C'est, dit Renouvier, la liberté. Cette doctrine paraît d'abord bien paradoxale ; on croit communément, avec M. Brochard, que, « si l'homme est sujet à l'erreur, c'est parce qu'il est libre », parce qu'il peut refuser de s'incliner devant la vérité, s'insurger contre toute autorité.

Pas du tout, dit Renouvier. Les déterministes prétendent que nos opinions résultent toujours des diverses influences que nous avons subies, de notre caractère, de l'éducation qui nous a été donnée, du milieu dans lequel nous vivons, des livres que nous avons lus, des discours que nous avons entendus. Il peut se faire que nos croyances soient vraies, mais nous ne pouvons nous en assurers ; elles peuvent être fausses, mais nous n'en savons rien, et il ne dépend pas de nous de nous en défaire. Tandis que, si nous sommes libres, nous entreprenons la critique de toute doctrine qui se propose à notre esprit ; et alors de deux choses l'une : ou bien nous reconnaissons soit la fausseté de la théorie examinée, soit l'insuffisance des preuves qui l'appuient ; ou bien, au contraire, la lumière de la vérité inonde notre esprit et lui donne pleine satisfaction ; nous croyons parce que nous comprenons et qu'il nous est impossible d'en demander davantage. Ce qui manifeste l'impossibilité de révoquer en doute une proposition, c'est l'effort volontaire que nous avons fait en vain pour la rejeter. Il ne peut y avoir de certitude que pour un être libre. « Le signe radical de la volonté, la marque essentielle de ce développement achevé qui fait l'homme capable de spéculation sur toutes choses et l'élève à la dignité d'être indépendant et autonome, c'est la possibilité du doute ». Il nous faut donc contracter l'habitude rigoureuse de douter avant d'affirmer ; la qualité la plus précieuse pour réussir dans une étude quelle qu'elle soit, c'est l'esprit critique : « L'ignorant doute peu, le sot encore moins, le fou jamais. »

Renouvier ne recule pas devant cette conclusion, dont la hardiesse est plus apparente que réelle : il n'y a pas de vérités certaines, il y a des hommes certains. Nous n'avons le droit d'affirmer avec certitude les théorèmes de la géométrie, les lois des phénomènes physiques, les théories de Képler, de Copernic et de Newton, que si nous en avons nous-mêmes reconnu et compris la vérité : quant à toutes les propositions que nous avons admises sur l'autorité d'un maître ou d'un livre, nous pouvons avoir de sérieuses raisons de les considérer comme vraies, mais nous n'en sommes pas certains, à proprement parler. La certitude n'est pas un caractère inhérent aux propositions, c'est un état d'esprit où nous ne parvenons que si nous en prenons la peine.

Gardons-nous, en effet, de nous faire une idée fausse de la raison et de la liberté. Ce ne sont pas, comme on le dit ordinairement, des qualités naturelles et essentielles de l'homme, mais des facultés que nous ne possédons que si nous le voulons et si nous faisons effort pour les exercer. On a tort de définir l'homme un animal raisonnable ; cette définition n'est pas vraie de la plupart des individus, qui ne pensent, qui n'agissent jamais par eux-mêmes, dont l'esprit est uniquement façonné, dont la conduite est entièrement causée par les influences exterieures. La théorie des empiristes et des déterministes est exacte, si l'on ne tient compte que de ces gens ; c'est pour cela que les statistiques des actions humaines, des crimes et des suicides par exemple, présentent tant de régularité et de constance. L'homme ne naît pas raisonnable et libre, mais capable de le devenir, et c'est pour lui un devoir de le devenir. S'il ne l'est pas, c'est par sa faute, il est coupable. Ainsi que l'a dit Fichte; le premier de nos devoirs, avant même celui de faire bon usage de notre liberté, c'est cela même d'être libre. L'homme est, l'homme vaut ce qu'il veut; c'est là ce qui fait la dignité propre, le caractère moral de la personnalité.

Comme son maître Kant, Renouvier attache une importance primordiale aux questions de morale. Pour lui l'existence et le caractère absolument impératif du devoir sont des faits incontestables. Mais il ne faut pas nous faire d'illusions à ce sujet : la condition dans laquelle nous nous trouvons n'est pas un état de paix où la pratique de la vertu nous soit facile ; la vie sociale constitue au contraire un état de guerre, où il nous est toujours difficile et souvent impossible de faire notre devoir. Cela ne résulte pas seulement du conflit trop fréquent des différentes obligations auxquelles nous avons à faire face, mais il nous faut nous tenir sur nos gardes ; nous ne devons pas méconnaître, en effet, que les hommes au milieu desquels nous vivons sont loin de faire leur devoir, que nous sommes menacés sans cesse d'un grand nombre d'injustices et de crimes, de sorte que le droit de légitime défense nous impose de dures nécessités ; à la méchanceté, il nous faut répondre par une contre-méchanceté. D'autre part, la forme actuelle de la société, la situation dont nous jouissons ou contre laquelle nous nous débattons est le résultat de tout le passé, c'est-à-dire d'une foule d'iniquités et de violences que nous n'avons pas commises nous-mêmes, mais dont nous ne pouvons pas décliner les conséquences. Ne sommes-nous pas quelquefois acculés au mensonge, au suicide même, qui, dans certains cas, deviennent vertueux ou héroïques ? Lors de la guerre proprement dite, nous nous considérons comme obligés par notre devoir à tuer, à faire des prisonniers, à allumer des incendies, à saccager des propriétés, et tous ces actes nous feraient horreur en d'autres circonstances. Quelle peut être la conduite d'un sage dans une société où règne l'esclavage ? Il ne suffit donc pas de nous demander : que dois-je faire ? Il est une autre question, non moins importante et bien plus difficile : que puis-je faire ? Pour y répondre, nous ne devons donc pas tenir compte uniquement des enseignements de l'expérience, il faut avoir toujours les yeux fixés sur l'idéal, il faut respecter tous les droits de tous les hommes ; c'est à cette condition qu'il y aura dans le monde de plus en plus de liberté et de justice (1).

Il dépend de nous que le développement de l'humanité soit un progrès. On se trompe en effet quand on dit que les phénomènes sociaux sont régis comme tous les autres par des lois nécessaires : l'homme est capable de faire le mal tout comme le bien, et l'un a, tout comme l'autre, ses conséquences qui s'étendent fort loin.

(1) Gardez la pureté de votre idéal intacte, à quelque compromis que votre jugement pratique et votre conduite soient exposés. Que votre idéal soit celui de la raison même avec toute la force que vous pouvez mettre à le formuler. Dégagez-le, tenez-le constamment présent à votre pensée. Que nulle considération d'utilité ou même de nécessité, de celles qui dictent parfois vos actes, ne vienne vicier ou sophistiquer votre jugement moral. Si vous ne perdez jamais de vue la représentation sincère du Droit et du Juste, vous serez dans la situation la plus favorable possible pour votre réformation personnelle et pour celle d'autrui, en ce qui dépend de vous. A tout le moins, vous soutiendrez votre valeur d'être raisonnable à un niveau auquel il n'est plus possible de remonter à ceux qui altèrent leurs maximes et leurs théories dans la même mesure où leur vie se trouve pervertie... Dans tout ce qui concerne votre vie et vos intérêts propres, la conduite de vous-même et le régime des passions, conservez, exercez constamment votre pleine liberté ; employez-la de manière à soumettre vos attraits, vos répulsions, vos plaisirs à la loi du meilleur, tout compte fait des fins éloignées ou prochaines que vous prévoyez, et faites que vos actes, même en devenant habituels quand il le faut, restent encore volontaires et conformes à la raison. . Tenez-vous au plus près de la stricte observation de la loi morale et veuillez les conséquences du devoir accompli... Que ceux de vos actes dont le but est expressément défensif et qui en cela appartiennent à un état fondamental de guerre soient toujours les moins éloignés qui se puissent des actes de paix, les plus propres à ramener la paix.

S'il y a des hommes de génie, il y a de grands criminels dont l'influence sur le cours des choses est considérable. Rien de plus faux que le fatalisme historique dont les thèses hardies séduisent tant d'imaginations : la marche des événements aurait pu être toute différente. Renouvier s'est amusé à écrire une sorte de roman historique, *Uchronie* (οὐ χρόνος) ; il suppose qu'au temps des Antonins l'Empire romain s'est trouvé assez fort pour résister à l'invasion du christianisme ; il montre toutes les conséquences qui en seraient résultées au point de vue de la civilisation, des sciences et des arts. C'est à nous d'assurer le triomphe du bien sur le mal ; nous en serons capables, si nous tenons toujours nos yeux fixés sur l'idéal et si nous ne cessons de faire effort pour l'atteindre. Sans doute, il y a des problèmes, comme l'origine du mal, que nous ne pouvons résoudre ; « mais nous ne sommes pas obligés de le savoir, ni tenus de formuler sur ce sujet des hypo-thèses pour lesquelles trop de profondes données nous man-quent... Borner ainsi nos vues, comme nous le conseille notre position dans l'univers, puisque moralement non plus que physi-quement nous n'arrivons au fond de rien, ce sera nous occuper de notre affaire d'hommes et laisser à Dieu les affaires de Dieu. »

Cette conception si haute et si fière de la vie morale, que nous trouvons exposée dans tous les livres de Renouvier, il lui est demeuré fidèle pendant sa vie entière. « J'ai essayé de faire scru-puleusement mon examen de conscience. J'ai revécu le bon de ma vie et le mauvais. Hélas ! je me suis surtout félicité de n'avoir pas fait tout le mal que j'aurais pu faire. Et je me suis demandé si nous ne valons pas plus par le mal que nous ne faisons pas, que par le bien que nous croyons accomplir. Misère de nous ! Nous savons mieux ce qu'il ne nous faut pas faire que ce qu'il nous faut faire. »

Le 31 août 1903, il disait encore à L. Prat : « J'ai parlé plus longtemps que je ne voulais. Demain, si j'ai encore un peu de souffle, je te ferai part de quelques idées que je crois intéres-santes sur la nature de Dieu et sur l'immortalité. » Le lendemain matin, il mourait sans agonie et presque sans souffrance. Telle fut la fin vraiment digne d'envie d'une existence au terme de laquelle Renouvier pouvait dire : « J'ai toujours cherché la vérité sincère-ment, d'un cœur désintéressé ; je ne me souviens pas d'avoir écrit une seule ligne qui ne fût l'expression de ma pensée. »

E. JOYAU,
Professeur à l'Université de Clermont-Ferrand.

Le théâtre de Shakespeare

Cours de M. ÉMILE LEGOUIS,

Professeur à l'Université de Paris.

« Othello ».

Hamlet, dont nous nous sommes occupés la dernière fois, est daté de 1602. Les deux pièces se suivent donc de près : elles sont égales en gloire, mais très opposées par leur nature, et leurs mérites respectifs sont bien distincts. Le caractère de la tragédie d'*Hamlet* était l'expansion, qui est en contraste avec l'intensité, la compression du drame d'*Othello*. *Hamlet* sortait presque des conditions habituelles et nécessaires d'une œuvre dramatique. *Othello*, au contraire, est le chef-d'œuvre dramatique de Shakespeare. Tout en restant fidèle à sa conception, à savoir la présentation d'une histoire au moyen de tableaux (il y en a ici quatorze), l'auteur a construit une pièce dont le système est à peu près conforme à celui de la tragédie classique. Aussi est-ce, de toutes ses œuvres, celle dont la représentation est assurée de l'effet le plus puissant, le plus irrésistible.

Le sujet en est pris dans ces *Hecatomithi* ou *Cent histoires* de l'Italien Cinthio, où il puisait au même moment pour écrire sa comédie de *Measure for Measure*. Mais le thème n'avait rien de romanesque cette fois: c'était un fait divers brutal, un récit qu'on pourrait croire extrait d'une gazette des tribunaux du temps. Une jeune fille noble de Venise, Desdémone, a épousé contre le gré de sa famille le Maure Othello, général au service de Venise. L'enseigne du Maure aime Desdémone, qui le repousse et qui montre, en tout bien tout honneur, une préférence pour le lieutenant de son mari, Cassio. Le lieutenant ayant été dégradé pour avoir tué un soldat, Desdémone intercède pour lui auprès d'Othello. L'enseigne en profite pour assouvir sa haine : il excite les soupçons du Maure contre sa femme ; dérobe à celle-ci un mouchoir que lui a donné son mari, le laisse sur l'oreiller du lieutenant, l'y fait trouver par Othello. Celui-ci, convaincu de l'infidélité de Desdémone, charge l'enseigne de tuer le lieutenant, qui d'ailleurs est seulement blessé. Lui-même, aidé encore de l'enseigne, fracasse

le crâne de Desdémone en la frappant avec un bas rempli de
sable. Après le crime, les complices se querellent. L'enseigne
dénonce le Maure comme assassin. Celui-ci, mis sur le chevalet de
torture, est banni, puis, dans la suite, tué par un parent de Desdémone. Quant à l'enseigne, il est plus tard mis à la torture pour un
autre crime.

On voit que Shakespeare a fidèlement suivi l'original jusqu'au
meurtre de Desdémone inclusivement. Il ne s'en écarte qu'après
le meurtre, rassemblant alors en une scène immédiate les circonstances relatives à la mort d'Othello et au châtiment de l'enseigne.
A vrai dire, cependant, il a pris d'autres libertés. D'abord il a créé
deux personnages importants pour la suite des événements :
Roderigo, jeune Vénitien dissolu, soupirant éconduit de Desdémone, qui devient l'instrument et la dupe de l'enseigne Iago ; —
Emilie, femme de l'enseigne, confidente de Desdémone et qui a un
rôle important dans la conduite de la pièce. Surtout Shakespeare
se défait de la plate moralité par laquelle le nouvelliste terminait
son récit. L'histoire de Desdémone lui paraissait de nature à
détourner les jeunes filles de se marier à leur idée, et surtout avec
des étrangers. « J'ai peur, dit Desdémone, de servir d'exemple aux
« jeunes filles qui voudraient se marier contre le gré de leurs
« parents. Une italienne ne devrait pas épouser un homme que
« la nature, le ciel et le mode de vie ont séparé d'elle. » Cela
implique une morale terre à terre, et une représentation des
personnages assez différente de ce qu'elle sera dans l'auteur
anglais. Mais le plus grand changement apporté par Shakespeare
a consisté à donner aux personnages, seulement esquissés dans
l'original, une vie intense, en même temps qu'il répandait sur
toute l'aventure une passion et une poésie dont l'original n'offre
pas de traces. Sa dette véritable, c'est cette aventure même, dont
l'unité et le caractère tragique devaient lui inspirer son chef-
d'œuvre proprement dramatique.

Ici le triomphe de l'auteur consiste dans la marche sûre, rapide
et comme inévitable des événements. Entre le premier acte et le
dernier, une révolution se sera accomplie ; le bonheur initial se
sera changé en un affreux malheur, l'amour aura fait place à la
violence meurtrière ; et cependant l'enchaînement des scènes sera
si parfait, chacune constituera si bien un pas en avant vers la
catastrophe, que celle-ci paraîtra nécessaire, qu'une impitoyable
logique mènera tout vers le meurtre et la désolation. Le drame
entier peut se résumer en une question simple : par quel empoi-
sonnement graduel l'âme noble d'Othello passe-t-elle, en quelques
jours, en quelques heures, de l'amour entier et confiant pour

Desdémone à une jalousie féroce, qui le forcera à la tuer ? L'empoisonneur sera Iago ; le poison, la jalousie. Le changement présenté sera rapide et vraisemblable, comme si on observait la décomposition du visage d'un homme qui a bu une drogue meurtrière. Par la simplicité de cette donnée et la rapidité de l'action, la pièce est, encore une fois, toute classique. On pourrait, avec très peu de changements, la ramener aux règles essentielles de notre tragédie. L'action se passe bien dans des lieux variés ; mais les tableaux n'ont plus la même importance que dans les pièces voisines ; notre imagination ne s'y attache pas, et l'on pourrait très bien représenter les événements se déroulant dans un milieu abstrait, comme dans notre théâtre du xviie siècle. Au point de vue du temps, également, la pièce se rapproche beaucoup de l'unité.

Elle se termine en trois jours, coupés, il est vrai, par un voyage de Venise à Chypre, mais au cours duquel il ne se passe rien. A la représentation cependant, on a l'impression que le drame s'étend beaucoup plus longuement : on sent la jalousie opérer sur l'âme d'Othello d'une manière assez lente et assez sûre, pour amener le bouleversement complet de sa vie. Par l'analyse seulement, on se rend compte que vingt-quatre heures ont suffi pour changer l'amour le plus confiant en la résolution de tuer. Il y a donc un *temps dramatique*, différent du *temps historique* ou *réel*. L'un se calcule par jours et par heures, l'autre se mesure à l'effet psychologique : c'est la succession naturelle des états d'âme d'un personnage. Le spectateur ne peut pas distinguer entre ces deux temps ; il emporte seulement l'impression d'un écart plus ou moins grand, mais indéfini, entre les scènes. C'est l'art du poète d'avoir su nous donner ainsi l'illusion nécessaire à la vérité dramatique de ses peintures.

Tels sont les trois rapports que ce drame présente essentiellement avec notre théâtre classique. Il y a cependant une différence essentielle à retenir. On a tendu à faire du nom d'Othello le synonyme de jaloux : l'expression a même passé dans la langue. Il semble, par là, qu'on prenne le personnage d'Othello pour un *type* représentant, personnifiant le défaut en question. Cela est tout à fait conforme aux habitudes de notre scène classique, où l'on trouve bon nombre de personnages qu'on peut définir par la probité ou le défaut qu'ils représentent, autant que par leur nom propre : les noms mêmes, comme le Misanthrope, l'Avare, le disent assez. Il n'en est pas ainsi dans Shakespeare : la tragédie qui nous occupe n'est pas la peinture d'un jaloux : c'est l'étude effrayante d'un cas de jalousie. Othello n'est pas le jaloux ; ce n'est même pas un jaloux. Au début, il est le contraire de

la jalousie. Soldat dès l'enfance, aventurier, voyageur, il n'a pas
pu dans cette vie si active s'occuper d'amour. Il ignore tout de
l'esprit et du cœur féminins. Quand il aime Desdémone, c'est
d'un amour non cherché, non attendu : il s'y donne tout entier.
Franc lui-même, il ne peut soupçonner aucune trahison, ni d'elle
ni de ceux qui l'entourent. Il a toute confiance en Desdémone ; et
il l'exprime, au moment même où va éclater sa jalousie. Quand
il ne pouvait pas arriver lui-même auprès de celle qu'il aimait, il
employait pour ses confidents Iago et le beau lieutenant Cassio,
sans aucune crainte. Il n'a donc pas l'attribut propre du jaloux,
qui est la tendance à soupçonner. De là le pire de ses malheurs :
il ne pourra soupçonner la perfidie d'Iago, qui, pour lui, est au
cours de toute la pièce, l' « honnête » Iago. Sa simplicité ingénue
le laisse sans défense contre le mensonge : c'est à la fois noblesse
d'âme et manque de perspicacité. Naturellement sa nature sauvage rend la jalousie plus terrible une fois qu'elle y est entrée,
comme certains corps sont plus torturés que les autres par le
poison; mais ce n'est pas faute morale, vice préexistant. C'est
même de cette absence de jalousie innée, c'est de cette noblesse
d'âme que vient le caractère plus poignant, plus douloureux de
son crime et de son malheur : le spectateur en est bien autrement ému que s'il s'agissait d'un personnage qui serait victime de
son propre vice.

Il faut donc écarter la prévention qu'on va lire dans *Othello*
l'histoire d'un jaloux. Othello n'est pas un jaloux : c'est un
homme, digne entre tous du nom d'homme par son mâle courage et la générosité de son cœur, par la force de son amour. Il
parle un fier langage, sonore et concret, avec quelque chose d'o-
riental par ses vastes images. Cette noblesse de pensée et de parole se manifeste dès le début, quand, rencontrant le père de
Desdémone, Brabantio, dans la rue, à la tête d'hommes armés
pour tuer le ravisseur de la jeune fille, il lui dit, respectant son
âge : « Retenez vos brillantes épées, ou la rosée les rouillera.
« Bon seigneur, vous vous ferez mieux obéir par vos années que
« par vos armes. » Dans cette situation toute spéciale, il exprime
ainsi, à la fois, son intrépidité devant le danger et son respect pour
le vieillard. Il arrête aussi le bras de ses partisans : « Si c'était
« mon rôle de combattre, je l'aurais su sans avoir besoin d'un
« souffleur. » Et comme il est grand, digne, impressionnant devant le sénat de Venise où il comparaît au double titre d'accusé
pour avoir séduit Desdémone, et de général désigné pour combattre les Turcs ! Il réplique avec noblesse à Brabantio qui l'accuse
d'avoir employé des maléfices ; il montre comment il a gagné le

cœur de Desdémone, et la naissance spontanée de leur amour. Il y a quelque chose de charmant et d'inquiétant à la fois dans la peinture de cet attachement tout romanesque chez la jeune fille, et venu peut-être plus de l'imagination que du cœur. A côté de cela, on voit dans la même scène combien l'amour d'Othello lui-même est pur, sans mélange d'éléments grossiers. Après avoir prié les sénateurs d'accéder à la demande de Desdémone d'accompagner son mari à Chypre, il ajoute :

« J'en atteste le ciel : si je fais cette demande, ce n'est pas pour flatter le palais de mes appétits, ni pour complaire à la chaleur de ma passion — les désirs de la jeunesse sont morts en moi — ni pour chercher ma satisfaction personnelle ; c'est seulement pour combler les vœux formés par ma femme. Et que le ciel préserve vos esprits bienveillants de croire que je négligerai vos grandes et sérieuses affaires, parce qu'elle sera avec moi ! »

Il parle là selon la vérité même de sa nature. Le regard de confiance qu'il jette à Desdémone, quand Brabantio le met en garde contre son infidélité possible, est encore significatif : « Ma vie sur sa foi ! » A Chypre, il montre, avec l'amour et la bonté, les qualités qui l'ont fait choisir pour les hautes fonctions dont il est investi. Quand Cassio, qu'il aime, a commis une faute contre la discipline, il n'hésite pas à le châtier. Il a quitté à la hâte le lit nuptial pour venir réprimer le tapage ; c'est une douleur pour lui de sévir, mais il le fait sans hésitation. Plus tard, quand ce sera Desdémone qu'il lui faudra punir, ce barbare, dont la jalousie aura atteint la dernière violence, hanté par les images lubriques que lui présente Iago, sera assez noble pour agir en justicier. Il délivre la terre du monstre qui a pris la forme d'un ange pour mieux tromper les hommes. En résumé, c'est un grand honnête homme ; et il sait se tuer dignement, quand son erreur lui est révélée.

Il est victime de la fatalité, ou plutôt de la redoutable puissance du mal, incarnée dans Iago. Ce personnage, au contraire d'Othello, nous est donné comme tout fait dès le début. Il ne change pas ; il a quelque chose d'absolu. Au cours du drame, il alléguera bien quelques raisons de sa haine et de sa méchanceté. Ces raisons, Shakespeare les a en partie imaginées, en partie trouvées dans ses sources : Iago expliquera son désir de vengeance envers Othello en disant qu'il le soupçonne d'avoir naguère séduit sa femme. Il a les mêmes griefs, aussi peu fondés probablement, contre Cassio. Il prétend aussi, sans y croire lui-même, éprouver de l'amour pour Desdémone. Enfin et surtout, il est jaloux de Cassio, qu'Othello lui a préféré comme lieutenant : c'est l'envie du soldat sorti du rang pour le théoricien venu d'une école. Ces raisons peuvent, dans une certaine mesure, avoir contribué à former sa haine ; mais, outre qu'il en fait quelquefois bon marché lui-même, il faut chercher plus loin la cause véritable. Iago est un virtuose du crime. Il n'a pas besoin de vrais motifs pour agir et nuire. Par là il est sinon surhumain, du moins représentatif de quelque chose qui dépasse l'individu. C'est une sorte de démon ; et l'on reconnaît à certains de ses rictus ou ricanements l'esprit diabolique qui s'appelait le Vice dans les moralités : voyez, par exemple, l'*Ambidextre* (nom fait pour marquer que le vice, agissant des deux mains, est terriblement habile) dans *Cambyse*, une pièce qui fut écrite cinquante ans environ avant l'*Othello* de Shakespeare. Il est important de se souvenir des origines symboliques d'Iago, pour rétablir les proportions du personnage.

Mais ce démon a pris le plus trompeur des déguisements. C'est un homme de vingt-huit ans, à l'allure de soldat, au parler rude, sans politesse : il se targue de franchise brutale, il affecte le cynisme : il dit du mal de lui-même, parle de sa nature soupçonneuse : d'autre part, il a soin, en se dépréciant, de tracer les limites qu'il lui paraît interdit, même à un homme peu scrupuleux, de dépasser. « Ceci, mais pas cela ». Ajoutez que c'est un humaniste, un homme à boutades, à qui l'on passe ses vivacités et ses crudités. Le tout fait de lui le plus dangereux des fourbes ; car tout, en lui, proteste contre l'imputation de fourberie. On a loué Shakespeare d'avoir fait dans Iago une admirable peinture de la perfidie italienne, du machiavélisme ; mais est-ce bien là l'allure polie, subtile, caressante, de cette ruse si souvent décrite ? Il semble que ce soit une forme plus rare, mais plus achevée, plus anglaise, de la fourberie, dans laquelle la brutalité et l'excentricité des dehors paraissent garantir la probité du dedans.

Ce fourbe a à son service une force intellectuelle unique dans la pièce. Il excelle à dresser ses plans ; il ne néglige rien pour que l'exécution en soit parfaite. Il est servi par un admirable don de psychologue ; il sait scruter le cœur d'autrui, et déposer le venin à l'endroit sensible. Il joue de Raderigo, un niais, il est vrai ; d'Othello, un naïf, mais qui n'est pas dépourvu d'intelligence ; de Cassio, superficiel, mais qui a l'habitude du monde ; de Desdémone enfin, aveuglément confiante. Il excelle à présenter devant Othello un tissu de vraisemblances ; et le malheureux Maure, en son ignorance des hommes et des mœurs, est irrésistiblement amené à voir comme Iago, et impuissant à le réfuter : car il n'a aucune image du monde aussi cohérente et vraisemblable dans son esprit. De la rencontre de cette *candeur* qu'est Othello et de cette *fourberie* qu'est Iago naît le drame. Ainsi se fait-il que nous ayons au cœur même de la tragédie cette scène 3 de l'acte III, qui est, sans contredit, ce que le théâtre anglais a produit de plus fort comme combinaison de logique psychologique et de pathétique angoissant : scène où chaque mot porte un coup, où, à mesure que le visage d'Iago s'éclaire d'instant en instant d'un plus sinistre sourire, la noble et cordiale figure du Maure va s'assombrissant, se convulsant, exprimant de phrase en phrase une plus affreuse torture.

A la fin de la scène, son objet, qui était d'amener Othello de sa confiance première à la résolution de tuer, est atteint. C'est en bien peu de temps, semble-t-il, que s'est prise cette décision ; mais le poète ne l'a pas fait suivre d'exécution immédiate : un acte et demi s'écoulera avant le meurtre. Othello veut, en effet; vérifier les dires d'Iago ; et, malheureusement, tout va venir confirmer les premiers soupçons. C'est d'abord la scène du mouchoir égaré, et ramassé par Iago. Desdémone, usant d'un malheureux mensonge, n'avoue pas l'avoir perdu ; et, par son insistance à plaider pour Cassio, au moment même où Othello, déjà prévenu, lui réclame ce mouchoir, elle confirme tous ses soupçons. Un peu plus loin, le malheureux, dévoré par la jalousie, affaibli jusque dans son corps, a une crise d'épilepsie. Dès lors il est à la merci d'Iago ; son âme, son intelligence est atteinte. Par un jeu de scène habile, Iago, causant avec Cassio de la courtisane Bianca, fait croire à Othello caché qu'il s'agit de Desdémone. Puis arrive un envoyé de Venise, qui nomme Cassio gouverneur à la place d'Othello et rappelle celui-ci : Desdémone témoigne une joie imprudente, et Othello s'oublie jusqu'à la frapper devant l'envoyé et sa suite. Mais peut-être encore plus émouvants que tout le reste sont dans la même scène les cris de souffrance d'Othello comparant la beauté de la jeune femme à la noirceur de son crime prétendu :

> O thou meek,
> Who art so lovely fair and smellst so sweet,
> That the sense aches at thee, would thou hadst ne'er been born !

Enfin et surtout, il y a cette courte scène où Othello, convaincu, mais déchiré, laisse échapper de tels cris de passion et d'agonie devant Iago, qu'ils attendriraient tout autre que ce dernier. Il se remémore devant lui les dons, les charmes de Desdémone : « Si belle, si douce, si adroite avec son aiguille,.. admirable musicienne. Oh ! son chant !... » Et comme Iago lui rappelle le crime, la punition nécessaire : « Oui, c'est certain ; mais

cependant n'est-ce pas pitié, Iago ! O Iago, n'est-ce pas pitié;
Iago ! »

Ainsi, assez de temps s'est écoulé entre la première décision et
le meurtre, pour que celui-ci soit accepté comme inévitable et qu'il
ne paraisse plus un accès de rage. D'ailleurs ce meurtre, qui pouvait être un spectacle de pure brutalité, a été rendu par le poète,
tout en gardant son horreur, le plus pathétique peut-être qui soit
au théâtre. Desdémone, la victime, est noble et pure, innocente
et dupée, comme Othello : c'est une femme qui est toute fidélité et
amour, sans cette perspicacité qu'ont beaucoup d'autres héroïnes
de Shakespeare et qui ici eût peut-être tout sauvé. Par son manque d'énergie lucide, par sa destinée, qui est de souffrir et de
mourir, elle rappelle Ophélie. Elle a des accès d'entêtement enfantin, de femme aimante et gâtée, par exemple, quand elle insiste en faveur de Cassio. D'autre part, elle fait preuve d'une soumission touchante devant les injures et même les coups, dont elle
ne comprend pas la cause et ne sait pas parer le retour. C'est un
caractère intellectuellement imparfait, mais qui n'en est peut-être
que plus attachant. Le poète a eu l'idée, — que l'original ne donnait
pas, — de nous représenter, avant la scène du meurtre, Desdémone
déjà condamnée à mort et l'ignorant, s'entretenant avec Emilie,
tandis que celle-ci la déshabille. Il y a un contraste marqué entre
la pureté ignorante de la maîtresse et la sagesse vulgaire de la
suivante, avec leurs manières si différentes de considérer les devoirs de l'épouse. Puis Desdémone, avec une mélancolie annon-
ciatrice de sa fin, chante la romance du saule, qu'elle entendit
jadis chanter à une servante qui mourut d'amour. Dans l'ensemble,
rien de terrible comme cette simple scène, où rien ne se passe,
mais où nous entendons parler celle que nous savons condamnée
à mort, et qui n'en sait rien. Enfin Othello arrive : il fait devant
le lit de Desdémone une prière, où apparaît sa noblesse d'âme
même dans le crime. On sait comment les événements se déroulent :
Desdémone poussant un cri quand elle apprend que Cassio est
mort, et Othello l'étouffant sous les couvertures ; puis l'arrivée
d'Emilie, ses injures de femme du peuple à Othello, ses soupçons
des manœuvres d'Iago son mari, et la scène finale où tout se découvre : où Iago tue Emilie, Othello se frappe lui-même, et Iago
est saisi pour être livré au supplice.

Si intenses sont le mouvement et le pathétique de ce drame,
que, par exception, nous prêtons cette fois peu d'attention aux
tableaux. Deux seulement se gravent dans l'imagination : celui
du sénat à Venise où Othello plaide sa cause, et la scène du meurtre dans la chambre de Desdémone. Le reste, malgré de curieuses

indications scéniques, n'a pas le même intérêt pour nous : même la scène sur la terrasse à Chypre, devant la mer démontée, où arrivent tour à tour les nefs portant Desdémone et Othello, ne présente qu'un attrait secondaire et pourrait être supprimée. Les scènes capitales pourraient se passer n'importe où, dans une chambre quelconque, ou un jardin. De là une différence essentielle avec les grands drames qui ont précédé : *Roméo et Juliette*, ou *Hamlet*; différence plus grande encore avec le drame qui parut l'année suivante, celui du *Roi Lear*, où le spectacle, au sens propre, est la moitié de l'effet.

R. A.

Sujets de devoirs.

UNIVERSITÉ DE PARIS.

CERTIFICAT DES LANGUES VIVANTES.

Allemand.

Composition française.

« Il n'y a en poésie ni bons ni mauvais sujets, mais de bons et de mauvais poètes. D'ailleurs tout est sujet, tout relève de l'art, tout a droit de cité en poésie. »

(V. Hugo.)

Composition allemande.

« Minna von Barnhelm ist noch heute das beste Lustpiel, das wir in Deutschland haben. »

(J. Schmidt.)

Anglais.

Composition française.

Dites, en donnant vos raisons, si la lecture de *Lamia* vous a plu ou non.

Composition anglaise.

Write an appreciative account of B. Shaw's *You never can tell* so as to bring out its humour and purport.

Espagnol.

Composition française.

C'est une idée très répandue que la littérature espagnole est trop *particulariste* et que le goût du terroir en est trop prononcé. — Jusqu'à quel point les morceaux que vous en connaissez justifient-ils cette opinion ? La littérature espagnole vous paraît-elle manquer, plus que l'allemande ou l'anglaise, d'humanité générale ?

Composition espagnole.

¿ Entre los autores españoles cuyas obras habéis leido, cuáles son los tres que os parecen representar mejor y con mayor perfección literaria, el genio y el carácter español, y en qué motivos se funda vuestra elección ?

Italien.

Composition française.

On a dit et répété que les Français n'avaient pas la « tête épique ». Peut-on dire, et dans quelle mesure, que les Italiens l'aient eue davantage ?

Composition italienne.

Sotto forma di littera, che si suppone scritta da un Italiano ad un giovane studente francese, si esporrà con semplicità e chiarezza quali somiglianze e quali differenze si avvertano tra una tragedia di A. Manzoni, segnatamente *Il conte di Carmagnola*, e un dramma romantico francese (di V. Hugo, di A. Dumas o di A. de Vigny, a scelta).

* *

CERTIFICAT DES JEUNES FILLES.

Composition de psychologie.

Traitant la question du féminisme, Auguste Comte affirme que le progrès, pour la femme, ne consiste qu'à réaliser un type toujours « plus humainement féminin ». Quel sens et quelle valeur attribuez-vous à cette affirmation ?

Composition de littérature.

Au mois de janvier 1830, Alfred de Musset écrivait à son oncle Desherbiers, en lui offrant son premier volume de vers : « Tu verras des rimes faibles ; j'ai eu un but en les faisant, et sais à quoi m'en tenir sur leur compte ; mais il était important de se distinguer de cette école *rimeuse*, qui a voulu reconstruire et ne s'est adressée qu'à la forme, croyant rebâtir en replâtrant ». Et

dix-huit mois après, il écrivait à son frère : « Ce qu'il faut au poète, c'est l'émotion ; quand j'éprouve, en faisant un vers, un certain battement de cœur que je connais, je suis sûr que mon vers est de la meilleure qualité que je puisse pondre. »

Expliquer, d'après ces deux phrases, la poétique d'Alfred de Musset, montrer en quoi elle différait de celle de Victor Hugo, en faire voir enfin, d'après les poèmes de Musset inscrits au programme, les avantages et les dangers.

Composition d'histoire.

Versailles vers 1685 : le château, le roi et la cour.

AGRÉGATION DES LETTRES

Composition française.

L'invention dramatique et les sources du comique dans les *Acharniens.*

Thème latin.

PRÉVOST-PARADOL, *Moralistes français : De la tristesse,* depuis : « La jeunesse et la santé sont deux remparts... », jusqu'à « ... comme par le pied d'un passant ».

Version latine.

QUINTILIEN, *Inst. Orator., Proœmium,* depuis : « Post impetratam studiis meis quietem... », jusqu'à : « ... elaborata. »

Thème grec.

PRÉVOST-PARADOL, *Moralistes français :* étude sur Pascal, depuis: « Pascal a dit vrai... », jusqu'à la fin.

Version grecque.

ARISTOTE, *Rhétorique,* l, III, ch. X.

★
★ ★

AGRÉGATION DE PHILOSOPHIE.

Dissertation.

En quel sens Kant est-il idéaliste ?

★
★ ★

AGRÉGATION DES LETTRES.

Composition française.

On a dit des *Harmonies* de Lamartine que « partout la pensée y est nuancée par les reflets de la vie ». Montrer la vérité de cette opinion.

Thème latin.

Buffon, *Epoques de la Nature, Première époque*, depuis : « Comme, dans l'histoire civile, on consulte les titres, on recherche les médailles... » jusqu'à : «... et n'a d'autres limites que celles de l'univers. »

Version latine.

Sénèque, *Lettres à Lucilius*, Epist. VII, depuis : « Subducendus populo est tener animus... », jusqu'à la fin.

Thème grec.

Rousseau *Discours sur l'Origine de l'inégalité*, IIe partie, depuis : « Telle fut la condition de l'homme naissant... » jusqu'à : «... à préparer les viandes qu'auparavant ils dévoraient crues. »

Version grecque.

Thucydide, livre III, ch. LXXXIII et LXXXIV.

★
★ ★

AGRÉGATION DE GRAMMAIRE.

Composition française.

La théorie de l'éloquence religieuse dans le *Panégyrique de Saint Paul.*

Thème latin.

Diderot, *De la Poésie dramatique*, XVIII, depuis : « En général, plus un peuple est civilisé, poli, moins ses mœurs sont poétiques... », jusqu'à : « ... au profane qui se rencontre sur leur passage. »

Version latine.

Quintilien, *Inst. Orat.*, lib. XII, VIII (7-14), depuis : « Liberum igitur demus... », jusqu'à : ... « non promissa nocuissent »

Thème grec.

C. Martha, *Les Moralistes sous l'Empire romain*, *l'Examen de conscience d'un empereur romain*, p. 177, depuis : « La jeunesse de Marc-Aurèle fut celle d'un Romain... », jusqu'à : « ... voilà ce qu'ils lui ont appris ».

*
* *

AGRÉGATION DES LANGUES VIVANTES

ALLEMAND.

Thème.

Romain Rolland, *Les Amies*, depuis p. 79 : « Les écrivains d'aujourd'hui... », jusqu'au bas de la page 80.

Version

H. v. Hofmannsthal, *Der Tod des Tizian*, le rêve de Gianino, p. 87.

Dissertation française.

Comparez le style de G. Keller et celui de Theo Storm.

Dissertation allemande

Das « Urvolk » nach Fichtes Reden an die deutsche Nation.

Anglais.

Version.

Spenser, *Faery Queen*, Bk. II, canto XII, xx à xiv.

Thème.

Pascal, *Pensées*, *Misère de l'homme*, jusqu'à : « ... de l'obliger de se voir et d'être avec soi ».

Dissertation anglaise.

Platonism in the Elizabethan poets.

Dissertation française.

Quelle est, au juste, la valeur morale du *Spectator* ?

* * *

AGRÉGATION D'HISTOIRE ET DE GÉOGRAPHIE.

I. Grégoire de Tours.

II. L'entente franco-anglaise au temps de Louis-Philippe et de Napoléon III.

III. L'industrie et le commerce de la Chine proprement dite.

* * *

LICENCES ET CERTIFICATS D'APTITUDE A L'ENSEIGNEMENT DES LANGUES VIVANTES.

Allemand.

Thème.

R. Rolland, *Les Amies*, p. 78, depuis : « Christophe... », jusqu'à, p. 79 : « ... de Jean-Sébastien Bach et de Rameau ».

Version.

Gœthes Gedicht : *Wiederfinden* (West-östlicher Divan, Buch Suleika).

Disertation française.

Discuter, à propos de Fichte, le jugement de Mme de Staël : « L'éducation n'est rien à côté de l'influence des événements publics. »

Dissertation allemande.

Die Theorie der Sprache in den *Renden an die deutsche Nation*.

Anglais.

Version.

Tennyson, *Idyll of the King, Guinevere,* depuis : « So the stalely qu een abod... », jusqu'à : « ... ye cannot enter now ».

Thème.

Chateaubriand, *Les Martyrs,* IV, depuis : « Dans le flanc de la montagne... », jusqu'à : « ... les cœurs simples répétaient au Seigneur. »

Composition française.

Le caractère du roi Arthur dans Tennyson.

Rédaction anglaise.

Study the heroic line in Tennyson's *Guinevere.*

II

UNIVERSITÉ DE BESANÇON

LICENCE.

Composition française.

Description d'un site naturel ou d'un monument, vus pendant les vacances.

Description ou récit d'une scène de la vie humaine ou animale, vue pendant les vacances.

Analyse de votre caractère, ou de votre esprit.

Philosophie.

De l'idée de justice.

HISTOIRE.

Histoire ancienne.

La constitution de Carthage.

Histoire du Moyen Age.

Les Capitulaires de Charlemagne.

Histoire moderne.

La convention du Japon.

ALLEMAND.

Thème.

Flaubert, *Légende de saint Julien l'Hospitalier*, pages choisies, éd. Colin, p. 30 : « Il s'en alla mendiant... » 50 lignes.

Version.

Gœthe, *Poésie et Vérité*, livre II (première partie), jusqu'à la fin.

Composition allemande.

Chamisso als Romandichter.

LATIN

Version latine.

a) *Licence de philosophie.*

Lucrèce, livre V, vers 1239 : « Quod superest aes atque aurum... »

b) *Licence d'histoire.*

Pro Murena, XVII : « Quod fretum esse videatur... »

c) *Licence ès lettres.*

Salluste, *Jugurtha*, chapitre XXXI, Discours de Memmius : « Multa me dehortantur... jure factum sit. »

GREC

Version.

Lysias contre Eratosthène, du paragraphe 1 au paragraphe 4, on étudiera la syntaxe complète et la construction de la première phrase.

AGRÉGATION

Thème grec.

Bossuet, *Histoire universelle*, 3e partie, chapitre v : « Les villes grecques ne voulaient la domination ni de l'une ni de l'autre... d'un prince gâté par la flatterie. »

Thème latin.

Racine, *Britannicus*, 1re préface : « De tous les ouvrages que j'ai donnés... à lui faire. »

Bibliographie

Esquisse d'une science pédagogique, *les faits et les lois de l'éducation*, par L. CELLÉRIER, 1 vol. in-8° de la *Bibliothèque de philosophie contemporaine*, 7 fr. 50 (Félix Alcan, éditeur).

Le plus souvent, quand on parle d'éducation, c'est l'art pratique qu'on envisage. On en aborde successivement les divers problèmes dans un ordre très général, sans une considération précise de la nature des faits qui s'y rapportent. Il en résulte la plus grande confusion dans notre connaissance de ces faits. L'objet de cet ouvrage tente de réagir contre la coutume et d'établir une science positive des faits pédagogiques.

L'auteur étudie d'abord le donné de toute éducation : un sujet, un milieu, un éducateur (désignation abstraite de toute personne contribuant à l'œuvre pédagogique). De ce donné se déduit la science pédagogique entière. D'abord le but de l'éducation : l'adaptation du sujet au milieu selon l'idéal que l'éducateur se forme du but de la vie. Puis le mode d'action de l'éducateur sur l'enfant, mode déduit de tout le donné. Puis enfin l'objet de cette action, qui est, d'une part, la formation psychologique : le développement de l'intelligence, l'éducation des mouvements affectifs ; d'autre part, la formation logique (l'instruction), transmission à l'enfant des notions acquises par les générations précédentes (théorie du choix, de l'ordre des études, de la spécialisation, des programmes, etc.).

Cet ouvrage constitue ainsi un exposé méthodique des faits pédagogiques. Chacun d'eux vient occuper son rang dans l'ensemble et se trouve, par là, défini et expliqué, comme l'implique une science systématique de l'éducation.

*
**

L'Enseignement de l'arabe au Collège de France, par P. Casanova, *professeur de langue et de littérature arabe au Collège de France*, Paris, Geuthner, 1910.

*
**

La Démission de la morale, par EMILE FAGUET, de l'Académie française. Un volume in-18 jésus, broché, 3 fr. 50. Société française d'Imprimerie et de Librairie, *ancienne Maison Lecène, Oudin et Cie*, 15, rue de Cluny, Paris.

« J'aurais peut-être dû, dit M. Faguet en terminant son livre sur la *Démission de la morale*, ne pas écrire ce volume et me contenter de transcrire cette ligne d'Alfred de Vigny : « L'honneur, c'est la poésie du devoir. »

Tous ceux qui connaissent les puissantes qualités d'analyse
et de synthèse que possède M. Faguet ne regretteront pas, après
l'avoir lu, qu'il ait écrit ce nouvel ouvrage. Il y étudie successivement la morale avant Kant, la morale de Kant, le Néo-Kantisme,
puis en réaction contre Kant la morale sans obligation ni sanction.
Il analyse ensuite la morale de Nietzsche qui n'est, dit-il, « qu'un
stoïcisme dépassé ». Il indique enfin certains moralistes qui ont
voulu faire rentrer la morale dans la sociologie et ont imaginé la
morale science des mœurs.

Il arrive à cette conclusion que toutes ces conceptions ont
abouti à une sorte de démission de la morale.

Dans un dernier chapitre d'une pénétrante vigueur, M. Faguet
détermine comment il entend la position du problème, et il montre
la *morale de l'honneur* rejoignant toutes les autres avec lesquelles
elle semble être en contradiction, les absorbant toutes parce
qu'elle les contient et les faisant renaître plus pleines, plus consis-
tantes et plus vivantes.

*
* *

Alfred de Vigny, ses amitiés, son rôle littéraire. —
I. *Les Amitiés*, par Ernest Dupuy. Un volume in-18 jésus,
broché, 3 fr. 50. Société française d'Imprimerie et de Librairie,
ancienne Maison Lecène, Oudin et Cie, 15, rue de Cluny, Paris.

Une étude étendue et approfondie sur les *Amitiés* d'Alfred de
Vigny n'est-elle pas un des plus sûrs moyens d'arriver à la connaissance intime d'Alfred de Vigny lui-même ? C'est ce travail qu'a
entrepris M. Ernest Dupuy, et il lui a donné le caractère que
recherchent les lecteurs d'aujoud'hui, curieux, avant tout, de textes
inédits et d'enquêtes originales. En déterminant, à l'aide des fragments de *Mémoires* du poète et des lettres de ses correspondants,
ses rapports avec son père, sa mère, la sœur de sa mère et quelques
familiers de la maison, avec ses condisciples de la pension Hix et
ses camarades de régiment, avec ses distingués ou glorieux
confrères du Cénacle, les Deschamps, de Latouche, Charles Nodier,
Ancelot, Brifaut, Baour-Lormian, Soumet, Guiraud, Victor Hugo,
Alexandre Dumas, Alphonse de Lamartine, Sainte-Beuve, Gustave
Planche, Fontaney, Alfred de Musset, Théophile Gautier, l'auteur
du livre intitulé **Alfred de Vigny** — *ses Amitiés* — *son Rôle littéraire* ne se borne pas, comme il le dit, à « rassembler », à « façonner » les matériaux d'une monographie définitive, il la construit.
Ce livre sur les *Amitiés* en est la preuve.

Le Gérant : Franck Gautron.

POITIERS. — SOCIÉTÉ FRANÇAISE D'IMPRIMERIE.

REVUE HEBDOMADAIRE

DES

COURS ET CONFÉRENCES

Directeur : N. FILOZ

Formation et développement de l'esprit philosophique au XVIIIᵉ siècle

Cours de M. GUSTAVE LANSON,

Professeur à l'Université de Paris.

La critique historique. — Conclusion du cours.

Nous avons vu que l'esprit d'analyse, ce qu'on appelle, au début du XVIIIᵉ siècle, la méthode des géomètres, a trouvé des limites du côté de la critique littéraire, sentimentale et objective, et du côté de la méthode scientifique et expérimentale. — Il en trouve aussi du côté de la critique historique, érudite, qui étudie et groupe les faits. Les cartésiens étaient complètement indifférents à l'histoire : Descartes, Nicole, Malebranche, s'en sont désintéressés.

Un fait nouveau et important se produit, lorsque l'Académie des Inscriptions et Belles-Lettres décide de rappeler l'histoire du règne de Louis XIV avec des médailles et des légendes de médailles. Elle se différencie de l'Académie des Sciences, car les géomètres de l'Académie des Sciences faisaient table rase du passé et des opinions des hommes du passé ; ils ne s'attachaient qu'à trouver des vérités nouvelles. L'Académie des Inscriptions, au contraire, attachera une grande importance à établir ce que les hommes d'autrefois ont pensé, comment ils ont vécu. La méthode érudite entre en conflit avec la méthode scientifique, appliquée à découvrir des vérités insoupçonnées.

16

Nous trouvons une représentation assez exacte de l'esprit cartésien dans Charles Perrault : c'est le type du lettré cartésien, qui, au besoin, applique aux objets historiques la méthode de Descartes. Ce n'est pas de l'examen des faits qu'il induit le progrès. Il en pose le principe, et, avec une subtilité tantôt heureuse, tantôt maladroite, il cherche a y conformer les faits. Pour lui, il est nécessaire que l'architecture du xviie siècle soit supérieure à l'architecture antique, parce qu'elle vient après.

Mais, si les cartésiens sont très puissants, si, à un moment, les géomètres font la loi dans la littérature et dans les sciences, cependant, autour d'eux, d'autres groupes emploient d'autres méthodes. Tels sont les historiens. Il y a, au xviie siècle, deux publics pour qui l'histoire a un attrait inconnu des cartésiens. Ce sont d'abord les érudits. L'érudition n'a pas disparu en France : les chercheurs du xviiie siècle sont ainsi reliés à ceux du xviie. Parmi ces érudits, il y a d'abord les médecins ; mais ils commencent à aller aux sciences. Au contraire, des avocats, des magistrats, des ecclésiastiques, gardent un goût très vif pour l'érudition. Dans le monde ecclésiastique, elle apparaît comme une nécessité pour l'homme qui veut soutenir sa foi. C'est dans l'emploi de la critique historique que les catholiques cherchent le moyen de convaincre le protestantisme de n'être pas resté fidèle à la doctrine chrétienne. C'est ce que fait Bossuet dans son *Histoire des variations des églises protestantes*. De leur côté, les protestants recourent à la même tactique pour combattre ce reproche ; d'autre part, ils fouillent les origines et les différentes époques de l'histoire de l'Église, pour montrer à cette Église catholique qu'elle aussi elle est d'hier, qu'elle n'a plus rien de commun avec l'Église du Christ et des apôtres.

Dans le monde des politiques et des diplomates, on estime le labeur des érudits, car on en a besoin. C'est la Révolution française qui a ôté aux études d'érudition leur caractère politique : elle a créé un nouveau droit. Mais, au xviie siècle, c'est encore dans les chartes des siècles précédents que les prétentions des États et des couronnes cherchent leurs fondements. Aussi les érudits sont-ils constamment employés par les ministres et les diplomates. — De même les maisons nobles, dans leurs prétentions d'antiquité, ne se désintéressent pas du travail des érudits. Dans tout noble qui tient à sa noblesse, sommeille un archiviste. Des maisons comme les Bouillon et les Rohan échafaudent leurs prétentions actuelles, vis-à-vis de la couronne de France et des autres nobles, sur les vieux titres qu'elles possèdent. Les travaux d'un Baluze sont, pour ces familles, d'un intérêt primordial.

D'autre part, dans le grand public, existe un goût différent, mais très vif aussi, pour l'histoire. Ce qu'ils aiment, c'est la narration, les tableaux de la vie humaine. L'histoire est pour eux une matière morale, psychologique, dramatique. Elle leur offre quelque chose d'analogue à ce qu'ils aiment dans le roman, dans le théâtre. Ils lisent Tacite et Plutarque avec le même goût qu'ils applaudissent *Britannicus* et *Mithridate*. Pourvu qu'il y ait de la vie, un tissu d'événements et de péripéties, ils ne demandent pas autre chose. On s'intéresse surtout aux actions des grands hommes, aux événements fameux ; mais, plus généralement, on s'intéresse à toute l'histoire. Mme de Sévigné a pour l'histoire un goût intrépide. Le duc de Montausier est curieux des ouvrages historiques et géographiques des Espagnols, des relations et des histoires qui rapportent la découverte et la conquête des Indes occidentales. Pour ce public, l'histoire est à la fois quelque chose qui éclaire et qui applique les principes des moralistes, et qui double l'émotion des romans et du théâtre.

Pour répondre a ces deux catégories de public, il y a deux catégories d'historiens. Il y a les historiens critiques et érudits, qui souvent se bornent à la critique : Duchesne, des bénédictins comme Montfaucon, Mabillon. Quelquefois aussi, ils utilisent les matériaux et en font une narration diffuse, indigeste, mais exacte et soigneusement fondée sur des textes : Tillemont, par exemple, et l'abbé Fleury dans son *Histoire de l'Eglise*. Le grand public ignore ces travaux, quand ils ne sont qu'une collection de matériaux, et ne lit guère les narrations trop copieuses et indigestes.

Alors viennent des historiens pour le grand public. Ils ne se doutent pas et, en tout cas, ne tiennent pas compte des travaux des érudits. Impatients de succès littéraire, ils ne prennent pas le temps de recueillir les résultats du travail des érudits. Ils ne se soucient que de ce qui peut séduire le public. Ils multiplient les harangues et les portraits : c'est l'histoire telle que l'écrit Mézeray. Ils vont à une forme d'histoire modernisée, rapide et cursive, analogue à celle que prennent les romanciers à la fin du siècle. Dans la première moitié du XVIIe siècle, Sarrazin et Saint-Réal cultivent ce genre.

La séparation des deux groupes est à peu près complète. Cependant on rencontre entre eux quelques hommes. Quelques écrivains, qui avaient le don de la forme, ont pratiqué l'érudition. Le fait s'est produit quand le travail de ces historiens n'était pas désintéressé, et voilà qui nous montre combien, en histoire littéraire, toutes les lois sont relatives. Pour faire une bonne histoire, dit-on, il faut vouloir raconter, et non prouver : c'est vrai en général. Cependant il peut se faire qu'on raconte pour amuser. Il peut se faire aussi que, pour prouver, quand on a en face de soi des adversaires acharnés, on ait besoin de se surveiller, d'apporter des arguments sérieux. Ainsi, comme l'a montré M. Rebelliau, Bossuet n'a employé que de bons matériaux pour son *Histoire des Variations*. De même Racine, quand il voulut faire une apologie de Port-Royal, savait bien que les Pères de Port-Royal avaient de violents ennemis. Il se fit communiquer des matériaux, des documents originaux ; les jansénistes le guidèrent dans le dépouillement de leurs archives. Aussi l'*Abrégé du Port-Royal* est-il une œuvre sérieusement construite, inspirée par les sources auxquelles Sainte-Beuve aura recours plus tard.

Je n'insiste pas sur ce développement de l'histoire au xviie siècle ; j'ai voulu seulement vous montrer dans quel état était ce genre littéraire, au moment où se prépare la philosophie du xviiie siècle.

Je ferai encore deux remarques. L'une est relative au public : il a la curiosité des études historiques ; pour certains même, l'étude des sources offre un intérêt. Mais ce grand public a une culture générale littéraire, et non historique. Il en reste à l'histoire sainte. Il n'a pas une conception assez large de la marche de l'humanité, pour y reporter les connaissances qu'il acquerra. Il a dans l'esprit un cadre suffisant pour y loger les connaissances qui vont de Moïse à Jésus-Christ, mais qui exclut le monde oriental et l'ère moderne. Depuis Bossuet, ces hommes ont quelques idées générales sur le développement indépendant de certaines civilisations isolées de l'antiquité, de la Grèce et de Rome ; ils ont quelques notions générales sur la manière dont une cité passe du régime de liberté au régime monarchique. Mais ce cadre est imparfait : ils n'ont pas l'habitude de regarder les questions par le côté historique, et il les résolvent par l'abstraction, par l'analyse. Quant aux auteurs, il ne faut pas que la solidité de certaines œuvres nous fasse illusion sur leur degré de conscience dans la méthode historique. Bossuet n'a pas pour principe de construire l'*Histoire des Variations* d'après des sources absolument sûres, mais d'après des sources que les protestants ne contrediront pas : il se servira des protestants, des politiques, des tièdes. Il pouvait cependant se trouver, chez les catholiques, des sources sérieuses. C'est un parti pris qui n'est pas critique, mais oratoire et utilitaire. Dans la pratique, il a suffi : mais ce n'est pas encore une méthode critique. Racine a mis en œuvre et classé admirablement les matériaux de Port-Royal :

mais il n'a pas éprouvé le besoin de contrôler, de critiquer ces
matériaux de première main fournis par ses amis, et ce n'est
pas de sa faute si son histoire est solide. Il a laissé quelques
réflexions sur la méthode historique, écrites avant d'entreprendre l'histoire du règne de Louis XIV. Il s'est borné à lire, en
faisant des remarques, le traité de Lucien sur la manière
d'écrire l'histoire. Il a le respect des anciens, comme il a foi en
ses amis de Port-Royal. Il lui semble que la raison de Lucien a
réalisé tout ce que la raison humaine peut réaliser en fait de
méthode historique.

Entre ces deux ouvrages et le *Charles XII* de Voltaire, il y aura
tout un mouvement. Le goût du public se modifiera. Ce changement sera dû à une influence collective et à des influences individuelles. C'est d'abord le progrès du rationalisme. On croit moins
aisément à l'extraordinaire, on croit moins les gens sur parole.
D'abord, les doutes sont exagérés : on affiche un scepticisme radical. C'est ainsi que l'abbé Saint-Réal, qui écrit, en 1671, son
traité *de l'Usage de l'histoire* et, en 1691, son traité *de la Critique*,
professe théoriquement le scepticisme le plus complet. En dehors
de ce scepticisme, Saint-Réal et ses contemporains ne connaissent
guère qu'une règle historique, l'impartialité. On ressasse le mot
de Cicéron ; mais le progrès de l'esprit cosmopolite et humanitaire
fait qu'on donne à cette parole un sens nouveau.

Les journaux de Hollande contribuent à vulgariser des idées
plus fixes, plus exactes. Le Clerc, dans sa *Bibliothèque universelle* (1), rendant compte d'un ouvrage du Pufendorf, remarque
qu'il s'est trompé gravement sur des choses contemporaines
qu'il pouvait connaître, par exemple sur la Hollande. Il en tire
une leçon de philosophie : n'ayons pas tant de confiance dans les
historiens anciens, puisque les historiens contemporains se
trompent si facilement.

Bayle, ici encore, a joué un rôle capital : il a enfoncé dans les
esprits l'idée de la difficulté du travail historique. Son habitude
de citer, de confronter les textes, a montré au public les faiblesses, les erreurs des historiens les plus réputés. Il a habitué
les esprits à juger sur pièces, à aller aux sources. Il a appliqué à
tous les historiens, quelque fût l'autorité dont ils étaient investis,
le critérium du bon sens, de la conscience ; il a rejeté les faits
incroyables, qui répugnaient à sa raison ; il a dénoncé les mensonges, les contradictions ; relevé les partialités chauvines, les
satires, et cela avec citations à l'appui.

(1) T. VIII, p. 251.

Son scepticisme, son mépris un peu pessimiste des hommes, l'amenait à examiner les œuvres sans aucune présomption favorable. Nulle part, il n'est étonné d'être obligé d'arriver à une conclusion fâcheuse pour un homme ou pour l'humanité en général ; nulle part, il ne fait effort pour redresser un texte ; il lui est indifférent que les historiens les plus réputés aient dit une sottise ou un mensonge, il le relève paisiblement. Il n'est pas purement sceptique ; il établit, à l'occasion, des règles de critique : Il démontre que ni un témoignage antique, ni l'unanimité des historiens ne sont probants ; il faut voir si tous les témoignages subsistent, si on n'a pas supprimé ceux d'un parti, comme il est arrivé pour les manichéens. Il faut voir, quand on a affaire à des textes successifs, si les derniers venus ne sont pas des copies des précédents : on a alors une source unique.

Bayle aboutissait, en somme, à ruiner le respect de l'antiquité dans le domaine historique. Les anciens avaient bénéficié, dans le domaine historique, de l'admiration qu'on avait pour leur forme littéraire. Il fait apparaître des difficultés qu'on n'avait pas voulu voir, par superstition. Il traite l'histoire religieuse comme l'histoire profane. En second lieu, il fait de la critique historique non seulement une affaire d'intelligence, mais aussi de conscience : il demande à l'histoire l'exactitude et la probité. En outre, son habitude de contrôler les textes a habitué le public à l'idée que l'histoire est, avant tout, une discussion de témoignages. Enfin, une habitude qu'il n'a pas donnée, mais à laquelle il invitait, c'était de ne pas se contenter de poser les controverses *à priori*, dans l'abstrait : il demandait des enquêtes historiques. — Cet esprit critique, chez Bayle, se lie étroitement a l'esprit expérimental, dont il a été touché ; nous avons vu sa lettre à Minutoli : la liaison entre les deux mouvements est évidente.

C'est aussi par son intelligence de la vérité expérimentale que Fontenelle s'ouvrira à la vérité historique. Par sa forme d'esprit, il est peu disposé à estimer l'histoire. Non seulement il a le mépris des historiens, et croit qu'ils ont raconté beaucoup de calembredaines avec peu d'intelligence ; mais, ce qui est plus grave, il ne croit pas à l'utilité de l'histoire. A quoi aboutit-on, en effet ? Au même point où rapidement arrive un esprit qui raisonne bien, au point de vue cartésien. Par l'application du bon sens à la définition de la nature humaine, Fontenelle parvient à se représenter avec une vraisemblance suffisante ce qu'a pu faire l'homme. Il s'en tient à une définition de l'histoire déductive, *à priori*. C'est ainsi qu'il compose son *Traité de l'origine des fables*.

Comme il est dépourvu de toute prévention, il se trouve qu'il est trés clairvoyant, et que, de nos jours, les critiques, les historiens des religions, attachent une grande importance à ce traité. De même, dans son *Traité sur l'Histoire*, il montre les défauts de l'histoire telle qu'on l'écrit. — Cependant Fontenelle est un esprit si ouvert, qu'il n'a pas résisté aux exemples qu'il a trouvés de bonne méthode historique. Leibnitz l'a conduit à envisager la possibilité d'une histoire qui serait intelligente et utile, même pour un philosophe cartésien :

« Il mit à la tête de ce volume une grande préface bien écrite, et encore mieux pensée. Il y fait voir que les actes de la nature de ceux qu'il donne, sont les véritables sources de l'histoire autant qu'elle peut être connue, car il sait bien que tout le fin nous en échappe ; que ce qui a produit ces actes publics et mis les hommes en mouvement, ce sont une infinité de petits ressorts cachés, mais très puissants, quelquefois inconnus à ceux mêmes qu'ils font agir, et presque toujours si disproportionnés à leurs effets que les plus grands événements en seraient déshonorés. Il rassemble les traits d'histoire les plus singuliers que ses actes lui ont découverts, et il en tire des conjectures nouvelles et ingénieuses sur l'origine des électeurs de l'empire fixés à un nombre (1). »

Leibnitz a donc conduit Fontenelle à voir l'utilité que peut avoir l'histoire. Fontenelle a compris aussi, à l'aide de Leibnitz, l'histoire comme la comprendra Voltaire dans son *Essai sur les mœurs*. Il est possible même qu'il lui ait montré la voie :

« Un homme de la trempe de Leibnitz, qui est dans l'étude de l'histoire, en sait tirer de certaines réflexions générales, élevées au-dessus de l'histoire même ; et, dans cet amas confus et immense de faits, il y démêle un ordre et des liaisons délicates, qui n'y sont que pour lui. Ce qui l'intéresse le plus, ce sont les origines des nations, de leurs langues, de leurs mœurs, de leurs opinions, surtout l'*histoire de l'esprit humain* (2), et une succession de pensées qui naissent dans les peuples les unes après les autres, et dont l'enchaînement bien observé pourrait donner lieu à des espèces de prophéties (3). »

Nous voyons même indiqué chez Fontenelle ce qui n'est encore aujourd'hui qu'une chimère, mais qui pourrait être dans l'avenir la réalité de la science historique : l'histoire découvrant des lois, devenant capable de prédire. C'est le rêve des sociologues, qui

(1) *Eloge de Leibnitz*, éd. 1790, t. VI, p. 457.
(2) C'est l'expression même dont se servira Voltaire.
(3) *Ibid.*, p. 460.

font des constatations historiques permettant de prédire l'avenir.
Ainsi Fontenelle a découvert, à l'aide de Leibnitz, que l'histoire
peut servir à tirer des inductions, à établir des lois ; qu'on peut
lire dans l'histoire le développement de l'esprit humain: c'est une
vue qui commence à se répandre de divers côtés. Non seulement,
dans le *Journal des Savants*, on voit, à chaque instant, des rédacteurs insister sur la nécessité d'aller aux sources ; mais on voit
aussi se former dans les esprits l'idée que l'histoire peut avoir un
autre intérêt que celui qui consiste à raconter des événements
dramatiques, ou à être le récit cérémonieux et théâtral des actes
des rois ; on conçoit l'idée d'une histoire des institutions et des
mœurs. On trouve cette idée dans le *Journal de l'Académie du
Luxembourg* (c'était un cercle qui se réunissait chez Choisy), qui se
trouve dans les manuscrits de l'Arsenal. Le *Journal des Savants*,
en 1720, à propos d'une histoire de France, se plaint que « de
la manière dont écrivent plusieurs historiens, il semble que nous
n'aurions pas d'histoire, s'il n'y avait pas de guerres à décrire ».
Cette vue gagne du terrain : aussi, quand l'Académie des Inscriptions et Belles-Lettres se réorganise, c'est sous ces deux
formes, examen des sources et histoire des institutions, que
l'on comprend la documentation historique.

L'abbé Vertot — celui-là même qui, ayant à écrire une histoire
de Malte, s'écriait, au moment où les documents lui arrivaient :
« Il est trop tard : mon siège est fait », et ne s'en servait pas —
faisait preuve de bonne volonté. L'Académie des Inscriptions
était un centre d'études: elle offrait aux érudits un public spécial,
qui s'intéressait à leurs travaux. Les mémoires qu'elle publie sont
lus par les lettrés. Voltaire leur devra beaucoup. Les écrivains y
prendront l'habitude de s'élever au-dessus des questions de forme,
de style. Le progrès se voit dans la préface de l'*Histoire de France*
du P. Daniel (1713), dans les *Remarques critiques sur les méthodes
pour étudier l'histoire*, de Lenglet-Dufresnoy (1713), chez dom Calmette, le P. Honoré de Sainte-Marie, etc. Tous ces religieux n'osent
s'élever contre la critique : ils déclarent ne s'élever que contre
les abus de la critique.

Le point de vue d'où l'on envisage l'histoire change aussi
dans le grand public. Devenu moins religieux, il commence à ne
plus se contenter de l'histoire-Providence, qui fait tout tourner
autour de l'histoire du peuple juif ; il veut une histoire de la civilisation. On n'est plus seulement curieux de l'histoire des rois,
mais aussi de la vie des nations On aspire à connaître leur vie
intellectuelle, et non plus seulement les conquêtes faites au
dehors.

Mais il ne faut pas exagérer les progrès. Si le P. Daniel fait une belle préface, son zèle s'arrête là. Quand on le mena devant les 1.100 ou 1.200 volumes de la bibliothèque du roi, il passa une heure à les parcourir, et s'en déclara fort content. Lenglet-Dufresnoy, lui aussi, bronche fréquemment. Vertot se montre partial pour la royauté. Le pouvoir réagit : il fait menacer Lobineau de la Bastille pour une opinion irrévérencieuse sur l'histoire de la Bretagne au VIIIe et au IXe siècle. L'histoire est un terrain dangereux d'où se retirent les gens prudents. Des érudits y marchent seuls, car ils ne sont pas lus. Et encore certains sont menacés : c'est le cas de Lobineau, et aussi de Fréret. Il faudra un casse-cou comme Voltaire pour introduire l'histoire moderne dans une voie plus critique.

Enfin le succès même de l'histoire aura son danger. Les rationalistes, quand ils en verront les conséquences possibles, voudront aller tout de suite au terme, sans passer par les études à faire. De là des synthèses aventureuses, qui compromettent l'histoire au XVIIIe siècle. Il n'en est pas moins vrai qu'un progrès réel s'est accompli.

* *

Nous voici à la fin de la période de formation étudiée durant ces deux dernières années ; la période des grandes œuvres va arriver.

Nous avons, au cours de cette étude, rectifié certains préjugés, certaines définitions arbitraires de l'esprit philosophique. A la suite de Taine, on identifie souvent l'esprit philosophique à l'esprit de raisonnement *à priori*, oratoire, au goût de l'abstraction. Il me semble que deux points au moins ont apparu clairement.

En premier lieu, c'est que les doctrines politiques de la fin du XVIIIe siècle ont une base expérimentale, sont sorties des déceptions et des misères de la France à la fin du règne de Louis XIV. Les réformes de 89 ont été demandées un siècle plus tôt ; car on en sentait le besoin, abstraction faite de tout principe. C'est la pression du sentiment des misères du pays, le besoin de justice et d'humanité, qui ont amené à réfléchir sur la manière dont la royauté administrait, et à demander des retouches.

En second lieu, si la méthode des philosophes est, en grande partie, rationnelle, déductive, *à priori*, nous avons vu cette tendance limitée par trois formes d'une autre méthode : le sentiment, l'expérience, la critique historique. En réalité, une bonne partie des excès qu'on reproche à l'esprit *à priori* du XVIIIe siècle, tient

à des maladresses. De même que, dans les sciences, c'est le siècle où naissent les méthodes expérimentales ; de même, dans le
domaine de la littérature, de l'histoire et de la morale, le goût de
l'observation, de l'expérience, est à signaler. Souvent on pourrait
remarquer que l'à-priorisme est une faiblesse de l'auteur, qui croit
faire des inductions alors qu'il fait des déductions : c'est le cas de
J.-J. Rousseau parfois, et de quelques autres. Ils tiennent trop
vite les faits pour établis et aboutissent à prendre leurs fantaisies
pour des faits établis. Mais ce n'est pas par l'effet d'une méthode
à *priori*, qu'eux-mêmes, le plus souvent, ont voulu limiter

La France et la papauté de 1814 à 1870.

Cours de M. A. DEBIDOUR,

Professeur à l'Université de Paris.

L'expédition de Rome (1849).

Nous avons vu que, loin de perdre à la chute de la monarchie de Juillet, l'Eglise n'avait fait que gagner du terrain : elle avait su se rendre populaire, et le gouvernement lui témoignait ouvertement de la déférence. Mais elle voulait davantage : elle voulait que la République se mît ouvertement à son service. Il fallait : 1° que le gouvernement français se portât militairement au secours du pape alors aux prises avec la République romaine, c'est-à-dire étouffât par les armes, au mépris de la constitution, les droits d'un autre peuple libre ; 2° qu'il lui octroyât cette charte de liberté vainement attendue sous deux monarchies, qui lui permettrait d'étrangler l'Université et de mettre la main sur la jeunesse française, la liberté de l'enseignement.

Cette dernière mesure, les chefs du parti n'osaient, il est vrai, la proposer immédiatement ; leurs violences de langage et l'âpreté de leurs attaques sous le règne précédent pouvaient ne pas être oubliées ; la majorité de l'assemblée, très sincèrement républicaine, ne semblait pas devoir se prêter docilement à la réalisation de ce programme. Ils comptaient donc sur le temps pour préparer l'affaire ; ils comptaient aussi sur les élections. Nous avons vu, à propos de l'élection de la Constituante, quelle influence le clergé avait sur celle-ci ; d'autre part, une réaction s'annonçait : les « journées » de Paris, en particulier celles de juin, avaient effrayé la province ; le développement des doctrines socialistes et leur popularité chez les ouvriers avaient effrayé la bourgeoisie, et beaucoup de bourgeois, même des bourgeois voltairiens, par peur de la démagogie, se rejetaient du côté de l'Eglise et voyaient en elle le salut. Thiers était un de ceux-là, et le laissait entendre. Bref une réaction s'annonçait : le mieux était d'attendre. D'ailleurs, la question d'enseignement pouvait s'ajourner.

Il n'en était pas de même de l'autre question : il était urgent

pour les catholiques de porter secours au pape, s'ils voulaient
qu'il conservât son pouvoir temporel. En effet, Pie IX, après l'enthousiasme qu'il avait suscité dans toute l'Europe, n'avait pas
tardé à perdre, en Italie, toute sa popularité. Les Italiens voyaient
en lui un rédempteur, un libérateur de la péninsule ; or il avait
refusé de coopérer avec le Piémont et Venise à l'expulsion des
Autrichiens, et avait rappelé ses troupes déjà en marche. Aux
yeux des Italiens, c'était une trahison ; et, plus grandes avaient
été leurs espérances, plus grandes étaient leur déception et
leur colère. Dans ses Etats également, après avoir annoncé une
constitution parlementaire et des réformes libérales, il traînait en
longueur, se montrait indécis, essayait de gagner du temps par
des hésitations calculées, écoutait les conseils des cardinaux réactionnaires. Ne pouvant s'entendre avec son ministère, il appelait
aux affaires un ancien ambassadeur de France, ami de Guizot,
Rossi, adversaire du parti républicain et très impopulaire en
Italie. Alors la fureur ne connut plus de bornes. Le bruit courut
que le ministre faisait venir des troupes pour établir l'absolutisme ; une émeute éclata le 15 novembre 1848. Rossi fut tué ; les
républicains allèrent demander à Pie IX une constitution et la
guerre contre l'Autriche. Se sentant menacé, le pape s'enfuit à
Gaète, sur les terres du roi de Naples. Aussitôt la Révolution
éclata ; une Constituante proclama la république et donna le gouvernement à trois triumvirs. Le plus influent fut Mazzini, sous
l'impulsion duquel s'organisa la République romaine. De Gaète,
le pape lança l'excommunication sur ses sujets rebelles et invoqua
le secours des puissances catholiques. A en croire les catholiques
français, c'était un devoir pour la France, la « fille aînée de
l'Eglise », de répondre à cet appel.

Mais il était vain d'espérer qu'une assemblée, qui devait son
pouvoir à une révolution, consentît à attaquer un peuple coupable
seulement d'avoir suivi l'exemple de la France ; elle venait à
peine de voter le préambule de la constitution, dont l'article 5
portait que « la République française respecte les nationalités
étrangères comme elle entend faire respecter la sienne, n'entreprend aucune guerre dans des vues de conquête, et *n'emploie
jamais ses forces contre la liberté d'aucun peuple* ». Il ne fallait
donc pas compter que la majorité de l'assemblée, sincèrement
républicaine, consentît à violer délibérément ce qu'elle considérait
comme un des principes fondamentaux de la République. Ne
pouvant rien attendre du pouvoir législatif, ce fut au pouvoir exécutif que les chefs du parti résolurent de s'adresser.

La constitution de 1848 venait d'être achevée ; votée par

l'assemblée, elle avait été ratifiée par un plébiscite. Il s'agissait de la mettre en pratique : on sait qu'elle donnait le pouvoir exécutif à un président de la République, élu pour quatre ans au suffrage universel. On devait donc, le 10 décembre, proceder à l'élection de ce président. Les catholiques songèrent à mettre à profit cette circonstance ; on savait qu'ils avaient un grand pouvoir sur le suffrage universel : en faisant miroiter aux yeux d'un des candidats l'importance de leur appui, ils pourraient lui arracher la promesse de son concours dans l'affaire de Rome. Or, parmi les candidats, deux seulement avaient des chances : le premier était le général Cavaignac, qui en fait exerçait déjà le pouvoir exécutif depuis les journées de juin ; la répression de l'insurrection lui avait gagné la confiance de l'assemblée, et si c'eût été elle qui eût choisi le président, son élection était assurée. On avait vu, par sa conduite, qu'il n'était pas porté à des complaisances pour les partis extrêmes, surtout pour ceux de gauche ; mais, par contre, il était fermement attaché aux principes de la Révolution, et n'aurait pu souffrir que la République française détruisît une autre république ; d'autre part, il était partisan trop convaincu de la supériorité du pouvoir civil pour céder sur la question de l'enseignement et livrer l'école à l'Église. La seule chose qu'il fit pour le pape, ce fut de lui offrir un asile en France. Mais il opposa un refus formel aux sollicitations des chefs du parti catholique.

Le second candidat était Louis-Napoléon. Si son passé d'aventurier n'était pas fait pour inspirer confiance, il profitait du prestige qu'avait encore en France le nom de Bonaparte. Montalembert et, avec lui, Thiers, qui décidément se rapprochait de l'Église, allèrent le trouver et lui poser les conditions du parti catholique. Le prince n'était pas précisément partisan du pape : c'était un ancien *carbonaro* ; il avait pris part en Italie au soulèvement de 1831, il avait gardé beaucoup de sympathies pour le parti national italien, dans lequel il comptait de nombreux amis ; d'autre part, il était trop entiché des idées de toute-puissance napoléonienne pour se mettre volontiers sous la tutelle du clergé. Mais c'était avant tout un ambitieux, disposé à tout pour arriver au pouvoir d'abord, pour le conserver ensuite. Sa résistance fut molle (de Falloux a raconté les négociations dans ses *Mémoires*). En novembre 1848, l'accord fut conclu. Le prince s'engagea formellement à maintenir la souveraineté temporelle du pape, et, dans son manifeste électoral, donna pour le reste des garanties que le parti trouva suffisantes. Alors le mot d'ordre fut donné par les chefs aux évêques, par les évêques aux curés, et le résultat fut l'élection du prince Louis-Napoléon à une énorme majorité, par 5 millions et demi de suffrages ; son adversaire Cavaignac n'en obtenait que 1.500.000. Le président était engagé envers l'Eglise par une dette dont elle allait réclamer le paiement.

C'était donc le parti catholique qui avait fait élire Louis-Napoléon à la présidence de la République. A vrai dire, celui-ci ne semblait disposé qu'a contre-cœur à tenir ses engagements ; mais il comptait sans la ténacité de ses alliés, qui, à partir de ce jour, ne cessèrent de le harceler et de multiplier leurs exigences. Ils commencèrent par lui imposer un ministere où tous les partis réactionnaires étaient représentés, et d'où le parti républicain se trouva bientôt exclu : en effet, son chef, Odilon Barrot, était un ancien orléaniste ; les autres appartenaient tous aux « anciens partis », sauf un seul *républicain de la veille*, Bixio, qui devait d'ailleurs se retirer dès la fin de décembre. De plus, Odilon Barrot en fut plutôt le chef nominal que le chef réel : c'était un orateur pompeux et qui manquait d'énergie politique. La direction effective du ministère passa bientôt à un personnage beaucoup plus énergique, au ministre de l'instruction publique, le comte de Falloux. Catholique très sincère, il s'était déjà signalé parmi les plus ardents défenseurs de l'Église et des doctrines de conservation sociale ; on avait remarqué son éloquence nette et coupante, son coup d'œil politique, sa grande connaissance des affaires. Il devint bien vite, par toutes ces qualités, l'inspirateur de la politique gouvernementale, tâche qui lui fut facilitée par le fait que la majorité des ministres étaient des catholiques fervents; aussi nous voyons cette politique, dès le début de 1849, s'orienter vers la réalisation des deux objets que s'étaient proposés les catholiques avant l'élection présidentielle ; l'expédition de Rome et la liberté de l'enseignement.

En effet, le premier soin de Falloux, docile aux instructions de son parti, fut d'inviter le président à courir au plus pressé : le rétablissement de Pie IX dans ses États. A Rome, les révolutionnaires, avec Mazzini, venaient de proclamer la république et d'inviter les sujets du pape à élire des députés à une Coustituante. Le mouvement semblait devoir se propager aux autres parties de l'Italie. Quant au pape, il était toujours à Gaète, et de sa retraite, tout en excommuniant les rebelles, il réitérait ses appels au concours armé des puissances catholiques, la France, l'Autriche, l'Espagne, et le royaume des Deux-Siciles, sur les terres duquel il se trouvait et qui venait de triompher de la Révolution.

Le prince président aurait bien voulu pouvoir se dispenser d'intervenir directement dans cette affaire ; l'ancien *carbonaro* avait des sympathies pour le parti révolutionnaire de Rome, qui comptait dans ses rangs beaucoup de ses anciens compagnons : un de ses parents même, le prince de Canino (fils de Lucien Bonaparte), était un des membres les plus remuants de l'Assemblée constituante romaine. Aussi employa-t-il d'abord les subterfuges d'une diplomatie secrète, pour faire faire par un autre ce qu'on exigeait de lui. Il pensa à s'adresser au roi de Sardaigne, Charles-Albert, solution qui aurait eu pour l'Italie l'avantage de lui éviter une intervention étrangère. Mais son illusion fut de courte durée : bien loin de pouvoir combattre les révolutionnaires à l'extérieur, Charles-Albert était débordé dans ses propres Etats par eux et par le parti de l'indépendance italienne ; au point que, pour ne pas perdre sa popularité et peut-être sa couronne, il se crut obligé de reprendre l'offensive contre les Autrichiens, qui cependant, en juillet 1848, lui avaient infligé la retentissante défaite de Custozza. Comme on le voit, c'était un parti désespéré, et l'issue d'une lutte si disproportionnée ne pouvait être douteuse : l'armée piémontaise, fatiguée, démoralisée, fut défaite dès la première rencontre, à Novare (23 mars 1848), et Charles-Albert abdiqua pour ne pas signer une paix honteuse. Il n'y avait donc rien à attendre de ce côté.

Les instances de Falloux n'en devinrent que plus pressantes ; il mit le président en demeure d'agir directement, et les événements qu'on vient de voir lui fournissaient un argument d'une puissance singulière. Par leurs victoires les Autrichiens apparaissaient de plus en plus comme les restaurateurs de l'ordre en Italie ; si le prince continuait de s'abstenir, c'est par les Autrichiens, et non par les Français, qu'il serait ramené à Rome. Ce serait un déshonneur pour la France, un amoindrissement aux yeux de l'Europe, et la perte de toute influence française en Italie. Le prince, qui n'aimait pas les Autrichiens, fut décidé par cet argument. D'ailleurs, il ne pouvait faire autrement que de céder, prisonnier qu'il était du parti catholique auquel il devait le pouvoir, et à la veille d'élections qui semblaient devoir assurer le triomphe du même parti. Mais il fallait compter avec la Constituante, tant qu'elle ne serait pas dissoute ; comment faire accepter à cette assemblée sincèrement républicaine une politique qui aboutissait à la restauration dans un Etat voisin d'un pouvoir absolu ? Le ministère usa de ruse : reprenant, pour convaincre l'assemblée, l'argument qui avait réussi auprès du prince, il présenta l'intervention comme une mesure de précaution pour sauver notre influence en Italie contre les empiétements de l'Autriche. Comme la nouvelle de Novare, arrivée le 24 mars, avait vivement ému les esprits, le subterfuge eut un plein succès.

Dès le 30, l'assemblée votait un ordre du jour déclarant que, « *
pour mieux garantir l'intégrité du territoire piémontais et mieu
sauvegarder les intérêts et l'honneur de la France, le pouvo
exécutif croyait devoir appuyer ses négociations par l'occupatio'
partielle et temporaire d'un point quelconque de l'Italie, il trou
verait dans l'assemblée nationale le plus sincère et le plu
entier concours ». Comme on le voit, le ministère avait l'a
de vouloir défendre le Piémont, ce qui, après Novare, n'éta
pas invraisemblable ; il n'était pas question du rétablissemen
du pape à Rome, et rien n'indiquait que le débarquement dû
avoir lieu dans les Etats pontificaux.

C'est, cependant, de ce vote que, quelques jours après, le gou
vernement s'autorisa pour demander un crédit destiné à l'en
tretien d'un corps de troupes qui, sous le commandement dι
général Oudinot, allait s'embarquer pour Civita-Vecchia. L
crédit fut accordé ; mais le ministère dut déclarer « que la pensé‹
du gouvernement n'était pas de faire concourir la France au
renversement de la République, qui subsistait actuellement ι
Rome ». Quelle n'était pas, quelques jours après, la stupéfactioι
et la colère des constituants. lorsqu'ils apprenaient qu'Oudinot
débarqué à Civita-Vecchia, avait marché sur Rome en ennemi
et que son avant-garde, rencontrant les Romains, avait dû battrɩ
en retraite après avoir subi de fortes pertes (30 avril 1849)
L'assemblée, fort irritée, vota, le 7 mai, un ordre du jour invitant
le gouvernement « à prendre les mesures nécessaires pour qu‹
l'expédition d'Italie ne fût pas plus longtemps détournée du but
qui lui avait été assigné ». C'était un désaveu infligé au pouvoiɩ
exécutif ; mais celui-ci était si peu disposé à en tenir compte. que
dès le lendemain, Louis-Napoléon prenait sur lui d'écrire au
général Oudinot pour l'inviter à poursuivre son entreprise : « Nos
soldats ont été reçus en ennemis ; notre honneur militaire est
engagé : je ne souffrirai pas qu'il reçoive aucune atteinte. Les
renforts ne vous manqueront pas. Dites à vos soldats que j'apprécie leur bravoure, que je partage leurs peines, et qu'ils
pourront toujours compter sur mon appui et sur ma reconnaissance. »

Il semblait, maintenant, inutile de dissimuler : l'Assemblée
constituante n'avait plus que quelques jours à vivre, et les élections s'annonçaient comme devant être favorables à la droite, et
désastreuses pour le parti républicain. Mais, à tout prendre, le
contraire pouvait se produire : pour sauver les apparences, on
joua encore la comédie. On envoya à Rome un négociateur, un
diplomate, dont le nom et la carrière écartent l'idée qu'il se soit

Dès le 30, l'assemblée votait un ordre du jour déclarant que, « si, pour mieux garantir l'intégrité du territoire piémontais et mieux sauvegarder les intérêts et l'honneur de la France, le pouvoir exécutif croyait devoir appuyer ses négociations par l'occupation partielle et temporaire d'un point quelconque de l'Italie, il trouverait dans l'assemblée nationale le plus sincère et le plus entier concours ». Comme on le voit, le ministère avait l'air de vouloir défendre le Piémont, ce qui, après Novare, n'était pas invraisemblable ; il n'était pas question du rétablissement du pape à Rome, et rien n'indiquait que le débarquement dût avoir lieu dans les Etats pontificaux.

C'est, cependant, de ce vote que, quelques jours après, le gouvernement s'autorisa pour demander un crédit destiné à l'entretien d'un corps de troupes qui, sous le commandement du général Oudinot, allait s'embarquer pour Civita-Vecchia. Le crédit fut accordé ; mais le ministère dut déclarer « que la pensée du gouvernement n'était pas de faire concourir la France au renversement de la République, qui subsistait actuellement à Rome ». Quelle n'était pas, quelques jours après, la stupéfaction et la colère des constituants, lorsqu'ils apprenaient qu'Oudinot, débarqué à Civita-Vecchia, avait marché sur Rome en ennemi, et que son avant-garde, rencontrant les Romains, avait dû battre en retraite après avoir subi de fortes pertes (30 avril 1849). L'assemblée, fort irritée, vota, le 7 mai, un ordre du jour invitant le gouvernement « à prendre les mesures nécessaires pour que l'expédition d'Italie ne fût pas plus longtemps détournée du but qui lui avait été assigné ». C'était un désaveu infligé au pouvoir exécutif ; mais celui-ci était si peu disposé à en tenir compte, que dès le lendemain, Louis-Napoléon prenait sur lui d'écrire au général Oudinot pour l'inviter à poursuivre son entreprise : « Nos soldats ont été reçus en ennemis ; notre honneur militaire est engagé : je ne souffrirai pas qu'il reçoive aucune atteinte. Les renforts ne vous manqueront pas. Dites à vos soldats que j'apprécie leur bravoure, que je partage leurs peines, et qu'ils pourront toujours compter sur mon appui et sur ma reconnaissance. »

Il semblait, maintenant, inutile de dissimuler : l'Assemblée constituante n'avait plus que quelques jours à vivre, et les élections s'annonçaient comme devant être favorables à la droite, et désastreuses pour le parti républicain. Mais, à tout prendre, le contraire pouvait se produire : pour sauver les apparences, on joua encore la comédie. On envoya à Rome un négociateur, un diplomate, dont le nom et la carrière écartent l'idée qu'il se soit

prêté sciemment à une comédie, Ferdinand de Lesseps. Envoye,
en apparence, pour négocier avec le triumvirat, dont Mazzini
était le principal personnage, et avec la république romaine, il
ne se doutait pas qu'on le destinait à jouer un rôle de dupe. Ces
négociations avaient, en eflet, un double but : satisfaire l'assemblée par l'abandon apparent de l'attitude agressive vis-à-vis de la
république romaine, et permettre à Oudinot de recevoir des
renforts et de prendre toutes ses dispositions pour une attaque
décisive. Pendant ce temps, d'ailleurs, les Autrichiens, entrés sur
le territoire pontifical depuis la fin d'avril, arrivaient jusqu'à
Ancône, tandis qu'un corps espagnol et un corps napolitain pénétraient par le Sud dans les Etats de l'Eglise. Ferdinand de
Lesseps, cependant, négociait très loyalement avec Mazzini et la
Constituante romaine : il était arrivé, le 31 mai, à la rédaction
d'un arrangement très acceptable, ménageant les susceptibilités
des deux parties : la république romaine se mettait sous la pro-
lection des troupes françaises, qui la défendraient contre toute
intervention étrangère; les Français seraient reçus en amis à Rome,
sans cependant pouvoir occuper militairement la ville. Mais, le
jour même où il venait d'apposer sa signature à ce traité comme
plénipotentiaire officiel de la France, il était scandaleusement
désavoué par le ministère, qui lui signifiait son rappel immédiat;
en même temps, ordre était donné au général Oudinot de marcher
sur Rome, au mépris de la convention signée ; le lendemain,
1er juin, le siège de Rome était commencé.

C'est que l'événement attendu par le président et préparé par
les catholiques s'était produit ; on pouvait maintenant sans danger jeter le masque et cesser de jouer la comédie. Le résultat des
élections, qui avaient eu lieu le 18 mai, était connu : elles avaient
donné une forte majorité aux partis de réaction légitimistes, orléanistes, bonapartistes ; ceux-ci devaient en majorité leur élection
à l'Eglise, et par suite leur appui lui était acquis : sur 750 représentants, ils étaient 500, c'est-à-dire les deux tiers, tandis que les
républicains, qui avaient formé la majorité de la Constituante,
n'étaient plus que 250. La majorité était telle, qu'on n'avait plus
aucun ménagement à garder ; c'est pourquoi le premier acte
du pouvoir exécutif, après ces élections, fut de désavouer
Lesseps, qui représentait l'esprit de l'ancienne assemblée,
pour rendre sa liberté d'action à Oudinot dont Lesseps avait
eu peine à contenir l'ardeur belliqueuse. Dans les premiers
jours qui suivirent la reprise des hostilités, les Romains espérè-
rent encore et purent croire, un instant, que le siège allait être
suspendu : ils comptaient sur un revirement républicain en

17

France : les députés de la *Montagne,* avec leur chef Ledru-Rollin, faisaient retentir l'assemblée de vigoureuses protestations contre la « felonie » dont le gouvernement venait de se rendre coupable, en violant l'article 5 de la constitution : « La République française n'emploiera jamais ses forces contre la liberté d'aucun peuple. » Ils lançaient des proclamations dénonçant « la conspiration des royalistes contre la République ». Mazzini, averti de ce qui se passait, crut que Paris allait faire une nouvelle révolution ; mais son attente fut vaine : l'appel aux armes de Ledru-Rollin n'aboutit qu'à la ridicule échauffourée du 13 juin 1849 aux Arts-et-Métiers. Le résultat fut un affermissement du pouvoir exécutif et une nouvelle perte pour le parti republicain. Ledru-Rollin dut s'exiler pour échapper aux poursuites, de nombreux députés de la *Montagne* furent arrêtés. La cause de la république romaine etait perdue en France.

Les Romains comprirent qu'il n'y avait plus rien à attendre et, désormais, ne luttèrent plus que pour l'honneur ; le siège aboutit le 29 juin, à la suite de l'assaut heureux d'une des portes de la ville ; le 2 juillet, le triumvirat abdiquait. Le commandant en chef de l'armée romaine, Garibaldi, évacuait la ville avec les quelques milliers de soldats qui lui restaient encore. Le lendemain, Oudinot faisait son entrée, et, bien que le pape dût rester encore longtemps à Gaète, le régime pontifical était immédiatement rétabli dans toute sa rigueur.

Ainsi la République française, pour satisfaire le parti catholique, venait de détruire une république qui ne l'avait provoquée par aucun acte d'hostilité. Louis-Napoléon, d'ailleurs, n'en était pas lier ; il sentait si bien la fausseté de sa position, qu'il essayait de se faire pardonner cette invention, en tâchant d'obtenir du pape un goùvernement plus conforme aux idées modernes ; par là il eût dans une certaine mesure justifié sa politique, en montrant que c'étaient les excès des révolutionnaires qu'il était allé combattre, et non les principes de la Révolution. Mais le pape ne s'y prêtait pas ; ce n'était plus le Pie IX de 1847 qu'acclamait l'Europe libérale : la révolution romaine l'avait aigri ; autant il était libéral à son avènement, autant maintenant il était réactionnaire. Sous la protection des troupes françaises, son ministre, le cardinal Antonelli, travaillait à ramener les Etats de l'Eglise au régime odieux et suranné de Grégoire XVI ; et, en même temps qu'il rétablissait, dans ses biens temporels, la théocratie, il songeait déjà à faire reconnaître, dans son domaine spirituel, le dogme de l'infaillibilité pontificale. Aussi Louis-Napoléon, lorsqu'il lui demanda pour les Romains « des institutions libérales sérieuses », échoua-t-il contre le *Non possumus* des cardinaux. Redevenus les maîtres grâce aux armes de la France, ce fut avec dédain qu'ils accueillaient les vœux de son gouvernement. Bien plus, dans la proclamation où ils annonçaient la restauration du pouvoir pontifical, il n'était pas fait spécialement mention de la France : toutes les sympathies du pape semblaient aller à l'Autriche, dont les troupes occupaient la Romagne, et qui, comme le pape, pratiquait une politique franchement réactionnaire. Ce dernier trait d'ingratitude excita la mauvaise humeur du président, et, par un de ces coups de tête dont il était coutumier, il envoya au pape son aide de camp Edgard Ney, porteur d'une lettre bientôt rendue publique et depuis restée célèbre, où il exprimait son mécontentement : « La République française, y disait-il, n'a pas envoyé une armée à Rome pour y étouffer la liberté italienne, mais au contraire pour la régler... et pour lui donner une base solide en remettant sur le trône pontifical le prince qui, le premier, s'était placé hardiment à la tête de toutes les réformes utiles. J'apprends avec peine que les intentions bienveillantes du Saint-Père, comme notre propre action, restent stériles, en présence de passions et d'influences hostiles. On voudrait donner comme base à la rentrée du pape la prescription et la tyrannie. Dites de ma part au général Rostolan qu'il ne doit pas permettre qu'à l'ombre du drapeau tricolore on commette aucun acte qui puisse dénaturer le caractère de notre intervention. Je résume ainsi le rétablissement du pouvoir temporel du pape : *amnistie générale, sécularisation de l'administration, code Napoléon et gouvernement libéral*. J'ai été personnellement blessé, en lisant la proclamation des trois cardinaux, de voir qu'il n'était même pas fait mention du nom de la France, ni des souffrances de nos braves soldats. Toute insulte faite à notre drapeau et à notre uniforme me va droit au cœur, et je vous prie de bien faire savoir que, si la France ne vend pas ses services, elle exige au moins qu'on lui sache gré de ses sacrifices et de son abnégation. Lorsque nos armes firent le tour de l'Europe, elles laissèrent partout, comme trace de leur passage, la destruction des abus de la féodalité et les germes de la liberté : il ne sera pas dit qu'en 1849 une armée française ait pu agir dans un autre sens et amener d'autres résultats...» (18 août 1849).

C'étaient là des paroles énergiques, mais qu'il eût fallu prononcer plus tôt. D'ailleurs le prince persévérerait-il longtemps dans son énergie ? On sait qu'il cédait facilement aux pressions, et qu'il passa sa vie à se donner des démentis à lui-même : bientôt, sur les instances pressantes de M. de Falloux, le président désavoua sa lettre, ou plutôt exprima par une note au *Moniteur* le regret

qu'elle eût été publiée. Quant au pape, il ne s'en émut pas, malgré
le bruit qu'elle fit en Europe ; il répondit par le *Motu proprio* du
12 septembre : il se bornait à promettre des conseils municipaux
et provinciaux, un conseil d'Etat et une consulte des finances,
dont les membres seraient nommés par lui et qui auraient un
pouvoir uniquement consultatif ; mais il ne voulait ni sécula-
riser le gouvernement, ni accorder une amnistie sans réserve,
ni introduire dans ses Etats le code civil. Pour comble de mortification, le prince vit l'Assemblée législative, entraînée par
Montalembert, approuver sans réserve le *Motu proprio* du pape
(20 octobre). Le 31, à bout de patience, le président renvoya en bloc
son ministère ; mais cet acte n'eut pour résultat que de le brouiller
avec la majorité de l'assemblée. Ce fut un des premiers épisodes
de cette longue lutte, dont l'aboutissement fut le coup d'Etat du
Deux-Décembre.

   Quant à s'affranchir de l'alliance du pape, Napoléon n'en eut
jamais le courage ; ne voulant jamais le soutenir franchement,
mais n'osant jamais franchement l'abandonner, il va s'engager
dans une politique tortueuse, pleine de contradictions, qui
l'amènera à se faire un ennemi du pays, sans se faire un ami du
futur Etat italien. Jusqu'au bout, il persistera dans cette indécision, même au moment suprême ; et cette attitude, en le privant
au dernier moment d'un allié assuré, sera la cause de la
catastrophe de 1870, dans laquelle sombrera son empire.

Le théâtre de Shakespeare

Cours de M. ÉMILE LEGOUIS,

Professeur à l'Université de Paris.

« Le Roi Lear ».

La pièce intitulée *le Roi Lear*, et attribuée à l'année 1605, continue et aggrave le pessimisme dont on a déjà trouvé des exemples
notables dans *Hamlet* et *Othello* : c'est une histoire de crimes et de
malheurs, mais avec des proportions plus vastes que dans les
drames précédents. Une double intrigue nous représente l'aveuglement des parents et l'ingratitude filiale ; d'autre part, la nature est associée à la conspiration des méchants contre les bons ;
enfin il y a ici un cas de folie non plus feinte, mais réelle, et arrivant à être complète. Le mal et la souffrance s'étendent partout,
semblant couvrir l'humanité et la vie entières.

Le sujet est emprunté à l'histoire légendaire des Bretons, à
l'origine écrite par Geoffroy de Monmouth, mais insérée par
Holingshed en tête de ses fameuses *Chroniques*. Celui-ci raconte
que le grand roi des Bretons, Lear, étant très vieux, voulut répartir d'avance son royaume entre ses trois filles, Goneril, Régane et
Cordélie, le partage ne devant d'ailleurs être effectué qu'après
sa mort. Il leur demande successivement combien elles l'aiment :
les deux aînées protestent d'un amour sans borne. La troisième,
sa préférée, dit seulement qu'elle l'aime comme on doit aimer uu
père. Lear, irrité de cette froideur apparente, marie les deux
aînées aux ducs de Cornouailles et d'Allain et leur attribue par
avance ses Etats. Cordélie, déshéritée, est cependant épousée par
un des douze rois de la Gaule. Les deux ducs ne tardent d'ailleurs
pas à se soulever contre leur beau-père, lui prennent les Etats
qu'il s'était réservés de son vivant, et lui assignent une portion
qu'ils rognent de jour en jour, d'accord avec leurs femmes, les
propres filles du roi : si bien que Lear finit par n'avoir plus qu'un
seul serviteur. Indigné de tant d'ingratitude, il s'enfuit alors en
Gaule, où Cordélie lui fait grand accueil. Le roi de Gaule réunit
une armée pour rétablir son beau-père sur le trône, et Lear
promet de faire Cordélie sa seule héritière. L'armée de secours

est victorieuse ; les ducs rebelles sont tués. Lear reprend ses
états et vit encore deux années. Telle est la chronique. — Il existait en outre, depuis 1593, une vieille pièce sur le même sujet, intitulée : *The true Chronicle History of King Lear and his three dau-
ghters*. Mais la pièce, comme la chronique, n'ont fourni qu'une
assez mince partie des éléments de la tragédie shakespearienne.
Lear, dans Shakespeare, contrairement à l'histoire, partage en
effet ses Etats de son vivant, ne se réservant que le titre de roi.
D'autre part, il n'y a rien, dans la chronique, de la folie de Lear et
de la nuit de la tempête. Enfin la solution, d'abord optimiste, est
devenue, avec Shakespeare, aussi tragique que possible : l'armée
de secours est battue, Cordélie est mise à mort, et Lear expire
avec le corps de sa fille entre ses bras. Quant à la deuxième intrigue, l'auteur en trouva les éléments dans un roman alors en
vogue, l'*Arcadie* de sir Philip Sidney. C'est la partie de la tragédie
relative au duc de Glocester et à ses deux enfants, l'un légitime,
l'autre bâtard (dans le roman, il s'agit d'un roi de Paphlagonie).
Le père, trompé par le bâtard, croit que son autre fils veut le
tuer ; et il donne à ses serviteurs l'ordre de le faire périr. Le bâtard accapare la faveur de son père, gaspille ses biens, finit par
le déposséder et lui crève les yeux. C'est alors que le fils légitime, qui n'a pas été mis à mort, recueille et réconforte son
père. Celui-ci veut être conduit sur un rocher, du haut duquel
il se précipitera ; mais le bon fils s'y refuse. Shakespeare a
amalgamé ces deux intrigues : elles se font écho et prolongent indéfiniment une impression d'aberration, d'ingratitude et de malheur.

   C'est sur cette double donnée, avec ces changements et additions, que Shakespeare a construit un de ses quatre grands drames.
De ses chefs-d'œuvre, *The King Lear* est toutefois le plus diverse-
ment jugé. Il n'y a pas ici autant d'unanimité que pour *Othello*,
dont les incontestables qualités dramatiques sont admises par
tous ; pas même autant que pour *Hamlet* et *Macbeth*, malgré les
divergences dans l'interprétation de ces pièces. Ici aucune obscurité, aucune discussion possible : le caractère des personnages est
très net : la folie du roi Lear est évidente et jamais feinte. Ceux
qui l'entourent sont ou bons ou méchants, avec des couleurs très
tranchées et peu de nuances. Il n'y a donc aucune difficulté d'interprétation ; ce qui est débattu, c'est la valeur même du drame.

   D'abord on a dit quelquefois que la pièce n'était pas jouable :
ce serait un *poème* plutôt qu'un *drame*, et Shakespeare aurait
voulu le présenter à des lecteurs plutôt qu'à des spectateurs. Telle
est l'opinion de Charles Lamb, dans un essai où il se demande

s'il convient de jouer les tragédies de Shakespeare. Il déclare qu'il n'aime à en voir jouer aucune ; et, plus particulièrement, il n'admet pas *le Roi Lear* sur la scène : ce vieux roi, qui pousse des rugissements et s'en va fouetté par la tempête, est, dit-il, grotesque au théâtre, sublime à la lecture. C'est, évidemment, le paradoxe d'un esprit fin et délicat ; car Shakespeare écrivait pour la scène. Sans doute, le rôle du roi Lear est difficile à jouer ; mais le drame, dans son ensemble, est très scénique. Pour s'en rendre compte, il suffit de considérer la suite des tableaux présentés, dont l'étrangeté et la grandeur sont bien faites pour intéresser, indépendamment du décor. On se rappelle, au début, la grande scène d'apparat, où Lear distribue ses États : Shakespeare l'a voulue et l'a faite aussi majestueuse que possible, capable de frapper les regards et l'attention.

Puis c'est la cour du château de Gloucester, où Kent, le fidèle serviteur de Lear, a été mis aux ceps par ordre du duc de Cornouailles. Lear arrive, s'indigne de l'odieux traitement infligé à son envoyé. Après une longue attente, il voit sa fille Régane, qu'il croit encore fidèle. Mais sa fille aînée, Gonéril, avec qui il est déjà fâché, arrive sur ces entrefaites et est reçue courtoisement par sa sœur, à la colère du vieux roi. Enfin la tempête commence : la pluie tombe, le tonnerre gronde, et la porte du château se referme sur le duc et sa femme : le vieux roi, désormais sans abri, va errer au dehors. La scène de la tempête, qui suit, est très habilement, très scéniquement, pourrait-on dire, découpée en trois parties. Si cette scène, très longue, se déroulait toute au même endroit, le spectateur discernerait difficilement les étapes de la folie de Lear, qui va croissant ; mais le poète a voulu mettre une espèce d'ordonnance dans cette folie, de loi dans ce dérèglement. D'abord, nous voyons le roi sur la bruyère désolée, où rien ne vit que lui ; nous entendons son dialogue avec les éléments. Plus loin, il arrive à une hutte où s'est enfermé un faux démoniaque ; et sa folie réelle croît au spectacle de la folie simulée de ce dernier. Enfin il atteint une ferme attenante au château de Gloucester : ici sa déraison se marque mieux encore, dans le silence des éléments. Certains tableaux nous paraissent d'une violence outrée : ainsi la scène où le duc de Gloucester a les yeux arrachés, en punition de sa fidélité au roi Lear. Nous sommes, ensuite, transportés dans la campagne près de Douvres, par un temps calme : Lear, couronné de fleurs fantastiques, traverse ce paysage où le ciel n'est plus en harmonie avec sa douleur, mais semble au contraire la railler. Puis nous le voyons endormi sous une tente, dans le camp français, et Cordélie qui le veille : c'est un tableau plein de douceur, simple et saisissant par contraste avec les précédents et avec ceux qui suivent, c'est-à-dire le champ clos où luttent les deux fils de Gloucester, la procession du corps de Régane et de Goneril qui se sont entretuées, enfin Lear apparaissant avec Cordélie morte entre ses bras et mourant lui-même sur la scène. Le caractère vraiment scénique et théâtral de la pièce est suffisamment établi par des visions comme celles-là. Sans doute, elles sont difficiles à représenter, surtout pour des imaginations trop précises comme les nôtres ; mais elles étaient bien propres à frapper l'imagination, encore neuve et un peu primitive, des Élizabéthains.

Le grief le plus sérieux élevé contre *le Roi Lear* est celui une d'invraisemblance et d'extravagance. La pièce presente, en effet, apparence générale d'opéra, avec musique, tempête, etc. C'est à coup sûr le plus romantique des drames de Shakespeare, celui qui sacrifie le plus aux effets par lesquels les sens sont frappés. Il y a également, au moins au début, une scène difficile à admettre : c'est le partage, par Lear, de ses États, qu'il donne tout de suite à ses filles. La violence, la fureur continue du roi, paraît également assez peu pausible. Le soin que Shakespeare a pris de rassembler les trois fous, Lear, son bouffon et le démoniaque, dans la scène de la tempête, frappe aussi comme quelque chose d'étrange ; on est choqué des propos qu'ils échangent. A noter également la distinction, un peu enfantine, des personnages en bons et méchants : d'un côté, Cordélie, Kent, Edgar, qui sont toute justice et toute bonté ; de l'autre, Goneril, Régane, Cornouailles, Edmond, les extrêmes dans le mal. Tout cela donne à la pièce un air de légende, de pseudo-histoire, auquel contribue des d'allusions à des temps très lointains où l'on adorait les éléments de la nature, et aux mœurs plus récentes de la chevalerie, comme ce tournoi où Edgar tue Edmond.

Si romantique que soit ce drame dans ses apparences, ce n'en est pas moins une œuvre de vérité et de simplicité dans son fond. Le personnage principal, d'abord, présente une étude sérieuse et serrée d'un cas de folie. Cette folie est, en effet, indiquée dès son début, avant même qu'elle existe, pour ainsi dire : on en voit les germes, on assiste à son éclosion, puis à sa croissance, qui, par des degrés successifs, amène la ruine d'une nature violente, puissante, déséquilibrée, mais qui eut sa grandeur et sa noblesse. Les diverses phases de cette maladie mentale sont bien marquées. D'abord cette scène du début, qui choque souvent par son extravagance, et où nous voyons le roi tout régler d'après les manifestations extérieures d'attachement que lui font ses filles. Cette conduite n'apparaît plus si étrange, si absurde, si l'on admet que, dès le début, la raison du roi n'est pas parfaitement saine. Il a déjà donné des signes de dérangement mental, signes constatés, et que les personnages de sa suite nous font connaître. Il a des caprices subits d'homme habitué au pouvoir despotique ; c'est un despote d'affection : ainsi s'explique qu'il ait pu bannir Cordélie, parce qu'elle n'a pas voulu crier à haute voix son affection, tandis que les autres n'ont pas eu la même pudeur de sentiments. Tel est l'état d'esprit du roi dès le début.

On sait que, d'après les conventions faites avec ses deux filles aînées, il doit aller alternativement passer un mois chez l'une et l'autre. Avec Goneril, l'accord ne pourra pas aller longtemps : nous en sommes prévenus par le caractère froid de Goneril et le caractère despotique de Lear. Les choses se sont cependant arrangées, pour un temps, par la volonté de Lear de vivre dans l'illusion ; il ne sera pas le tout premier à s'apercevoir du refroidissement : c'est son fou, ou encore Kent, son fidèle serviteur, qui lui signaleront des petites tracasseries dont il est l'objet. D'où un premier choc avec Goneril, qui oppose aux violences du roi un langage calme et sensé : elle invoque de bonnes raisons pour justifier sa conduite, comme les désordres causés par les cent chevaliers de la suite du roi. Mais, de tout cela, ressort l'absence totale d'affection chez cette fille.

Le choc se produit tardivement, parce que Lear a voulu le retarder ; il est d'autant plus violent. Cela permet à Shakespeare de nous montrer, dans une scène unique, le père et la fille aux prises. Sommé de réduire le nombre de ses chevaliers, le vieux roi éclate en malédictions terribles, souhaitant la stérilité à sa fille ingrate, et part, tout de suite, plutôt que de céder. Cette fureur, cette violence extravagante, n'est pas encore de la folie ; et pourtant, au moment où il est en train de maudire, Lear pressent ce qui va suivre : il se frappe le front, il a peur pour sa raison. Mais quelque chose le sauve de la folie totale. Autant il a mis d'ardeur à maudire Goneril, autant il se plaît maintenant à s'imaginer Régane comme une créature de bonté, qui va lui faire oublier l'ingratitude de la première. Il a la certitude de trouver auprès d'elle un appui, un réconfort, des consolations. La scène d'arrivée chez Régane est admirable de psychologie. Dans toute cette peinture de la déraison, le poète a conservé le sens exact, scientifique, des progrès du mal. Regane d'abord se dérobe, fait savoir à son père qu'elle n'est pas chez elle, mais qu'elle part en visite chez le duc de Gloucester. Le roi

court après sa fille, arrive au château, où tout d'abord il trouve
son serviteur mis aux ceps ; d'où une première colère. Puis il
réclame sa fille ; il commande encore, oubliant qu'il n'est plus
roi. Régane et son mari ne se pressent pas de venir. Enfin,
après force de sommations, ils se présentent :

LE DUC DE CORNOUAILLES

Salut à votre grâce ! (*Kent est mis en liberté.*)

RÉGANE

Je suis heureux de voir Votre Altesse.

LEAR

Je le crois, Régane ; je sais quelle raison j'ai de le croire ; si tu
n'en étais pas heureuse, je divorcerais avec la tombe de ta mère,
sépulcre d'une adultère. (*A Kent*). Ah ! vous voilà libre !... De
cela nous parlerons dans un autre moment... Bien-aimée Régane,
ta sœur ne vaut rien ; elle a attaché l'ingratitude aux dents aigues
ici. (*Il met la main sur son cœur*)... Je puis à peine te parler ; tu
ne saurais croire quelle âme dénaturée !... O Régane !

RÉGANE

Je vous en prie, Sire, prenez patience : j'ai espoir qu'il y a
plutôt de votre part méconnaissance de ses mérites, que de la
sienne oubli de ses devoirs.

LEAR

Qu'est-ce à dire ?

RÉGANE

Je ne puis croire ma sœur capable de manquer en rien à ses
obligations ; si, par hasard, Sire, elle a réfréné les désordres de
vos suivants, c'est sur des motifs tels et pour un objet si salutaire qu'elle est pure de tout blâme.

LEAR

Mes malédictions sur elle !

RÉGANE

Oh ! Sire, vous êtes vieux ; la nature est arrivée chez vous sur
le bord extrême de ses confins ; il serait bon d'être gouverné et

conduit par un jugement sage, qui discernât votre condition mieux que vous-même. Je vous prie donc de retourner chez ma sœur ; dites-lui que vous reconnaissez vos torts envers elle, Sire.

LEAR

Lui demander pardon ? Vois donc un peu cette belle scène de famille (*il s'agenouille*) : « Chère fille, je confesse que je suis vieux, la vieillesse est inutile ; je vous implore à genoux de m'accorder le vêtement, le lit et la nourriture. »

RÉGANE

Bon seigneur, assez ! Ce sont là des comédies disgracieuses. Retournez chez ma sœur.

LEAR (*se relevant*)

Jamais, Bégane ; elle a réduit ma suite de moitié, m'a jeté des regards noirs, m'a blessé de sa langue de vipère au cœur même. Que toutes les vengeances amassées au ciel tombent sur sa tête ingrate ! Vapeurs malignes, frappez d'infirmités ses jeunes os.

LE DUC DE CORNOUAILLES

Fi, seigneur, fi !

LEAR

Rapides éclairs, dardez vos flammes aveuglantes dans ses yeux méprisants ! Empoisonnez sa beauté, brouillards pompés des marécages par le puissant soleil, pour abattre et flétrir son orgueil !

RÉCANE

'O dieux bénis ! C'est là ce que vous me souhaiterez à moi aussi, dans un de vos accès de fureur.

LEAR

Non, Régane ; toi, jamais tu n'auras ma malédiction ; avec ta tendre nature, il n'est pas à craindre d'endurcissement. Les yeux de Goneril sont farouches ; les tiens consolent et ne brûlent point. Ce n'est pas toi qui me reprocherais mes plaisirs, réduirais ma suite, me jetterais des mots insolents, rognerais sur mes

dépenses, et qui, pour conclure, opposerais les verrous à mon
entrée. Tu connais trop bien les devoirs naturels, le lien filial, les
règles de la courtoisie et les dettes de la gratitude ; tu n'as pas
oublié cette moitié du royaume dont je t'ai dotée.

RÉGANE

Bon seigneur, au fait !

LEAR

Qui a mis mon serviteur aux ceps ? (*On entend au dehors le
son d'une fanfare.*)

LE DUC DE CORNOUAILLES

Quelle est cette fanfare ?

RÉGANE

Je sais : c'est celle de ma sœur ; cela confirme sa lettre, qui annonçait qu'elle serait bientôt ici. (*Entre Oswald, cet intendant
de Goneril avec qui Kent s'est battu*). Votre maîtresse est-elle
arrivée ?

LEAR

Voici un esclave dont l'orgueil acquis à bon marché repose sur
la faveur capricieuse de celle qu'il sert... Hors d'ici, valet, ôte-toi
de ma vue !

LE DUC DE CORNOUAILLES

Que veut dire Votre grâce ?

LEAR

Qui a mis aux ceps mon serviteur ? Régane, j'ai bon espoir que
tu n'en savais rien... Qui vient ici ? (*Entre Goneril.*) O cieux ! si
vous aimez les vieillards, si votre doux empire approuve l'obéissance, si vous-mêmes êtes vieux, faites vôtre ma cause ; envoyez-
moi d'en haut des défenseurs. (*A Goneril.*) N'as-tu pas honte de
regarder cette barbe ?... O Régane, peux-tu lui prendre la main ?

GONERIL

Et pourquoi pas, Sire ? En quoi ai-je commis offense ? Tout
n'est pas offense que le manque de discernement trouve tel et que
le radotage qualifie ainsi.

LEAR

O mes flancs, vous êtes trop solides ! Pouvez-vous bien résister ?... Comment cet homme qui est à moi a-t-il été mis aux ceps ?

LE DUC DE CORNOUAILLES

C'est moi qui l'y ai mis, Sire ; mais le scandale qu'il a fait lui méritait une bien moindre promotion.

LEAR (menaçant)

Vous ! c'est vous ?

RÉGANE

Je vous en prie, mon père, étant faible, paraissez-le. Si, jusqu'à l'expiration de votre mois, vous voulez retourner habiter chez ma sœur, en congédiant la moitié de votre suite, venez alors a moi. Pour le moment, je suis hors de chez moi et ne suis point pourvue des choses nécessaires à votre entretien.

LEAR

Retourner chez elle, et congédier cinquante de mes gens ! Non, j'abjurerais plutôt tout abri et préférerais lutter contre l'inimitié de l'air, devenir le camarade du loup et du hibou : morsure aigue de la nécessité ! Retourner avec elle ! Parbleu, ce roi de France au sang fougueux qui a pris sans dot notre plus jeune fille, je pourrais aussi bien me résoudre à fléchir le genou devant son trône, et, comme écuyer, mendier de lui une pension pour tenir sur pied une vie servile... Retourner avec elle ! Persuade-moi plutôt de me faire l'esclave et la bête de somme de cet odieux laquais. (Il désigne Oswald.)

GONERIL

A votre guise, Sire.

LEAR (à Goneril)

Je t'en prie, ma fille, ne me rends pas fou. Je ne te troublerai plus, mon enfant ! Adieu ! Nous ne nous rencontrerons plus, nous ne nous reverrons plus...; mais pourtant tu es ma chair, mon sang, ma fille ; ou plutôt un mal qui est dans ma chair et que je suis bien forcé d'appeler mien : tu es un furoncle, une plaie pesti-

lentielle, une affreuse pustule de mon sang corrompu... Mais je
ne veux pas te gronder ; que la honte vienne quand elle voudra,
je ne l'appelle pas ; je n'invite pas le Porte-foudre à te frapper,
et je ne te dénonce pas au souverain juge Jupiter ; amende-toi
quand tu pourras ; deviens meilleure à ton loisir ; je puis patien-
ter, je puis rester avec Régane, moi et mes cent chevaliers.

RÉGANE

Pas tout à fait : je ne vous attendais pas encore et je ne suis
pas en mesure de vous recevoir dignement. Prêtez l'oreille à ma
sœur, Sire ; car ceux qui mêlent la raison à votre emportement
en sont réduits à se dire que vous êtes vieux et qu'ainsi... mais
elle sait ce qu'elle fait !

LEAR

Est-ce bien dit ?

RÉGANE

J'ose le soutenir, Sire. Quoi ! cinquante hommes ! N'est-ce pas
bien ? Qu'avez-vous besoin de plus et même d'autant, puisque
la dépense et le danger à la fois parlent contre un si grand
nombre ? Comment, dans la même maison, tant de gens, sous
deux commandements distincts, pourraient-ils vivre en amitié ?
C'est difficile, presque impossible.

GONERIL

Pourquoi ne pourriez-vous pas, Sire, recevoir les services
de ceux qu'elle appelle ses serviteurs ou des miens ?

RÉGANE

Pourquoi pas, Sire ? S'il leur arrivait alors de se relâcher envers vous, nous pourrions y mettre ordre. Si vous voulez venir
chez moi, je vous prie (car, maintenant, je vois le danger) de n'en
amener que vingt-cinq : je n'en admettrai ni logerai davantage.

LEAR

Je vous ai tout donné...

RÉGANE

Et vous l'avez donné au bon moment.

LEAR

Je vous ai faites mes tutrices, mes dépositaires, ne me réservant
qu'une suite de ce nombre... Quoi ! C'est avec vingt-cinq hommes
qu'il faut que j'aille chez vous, Régane ? Est-ce là ce que vous
avez dit ?

REGANE

Et je le répète, Sire ; pas davantage chez moi.

LEAR

Les créatures méchantes ont encore bon air à côté d'autres
plus méchantes qu'elles. (*Il se tourne vers Goneril*). Ne pas être
ce qu'il y a de pire est une manière de mérite. J'irai avec toi :
tes cinquante sont le double de ses vingt-cinq, et ton affection
vaut deux fois la sienne.

GONERIL

Ecoutez-moi, Sire. Qu'avez-vous besoin de vingt-cinq, de dix
ou de cinq pour vous servir dans une maison, où deux fois plus
de serviteurs ont l'ordre de prendre soin de vous ?

RÉGANE

Qu'avez-vous besoin d'un seul ?

LEAR

Oh ! Ne raisonnez pas le besoin ! Nos plus vils mendiants
trouvent dans la plus pauvre chose leur superflu. N'accordez pas
à la nature plus que son besoin strict, et la vie de l'homme est à
aussi bas prix que celle de la brute. (*A Régane.*) Toi, tu es une
dame ; s'il suffisait d'être au chaud pour être somptueusement
vêtue, eh ! bien, la nature n'a pas besoin des choses somptueuses
que tu portes et qui te tiennent à peine chaud. Mais le véritable
besoin... O cieux ! donnez-moi la patience, cette patience que
j'ai besoin ! Vous me voyez ici, ô dieux, pauvre vieillard aussi
plein de chagrin que d'âge, misérable par l'un et par l'autre ;
si c'est vous qui excitez le cœur de ces filles contre leur père, ne
me rendez pas assez stupide pour le supporter lâchement ; animez-moi d'une noble colère, et que les armes de la femme, les
gouttes d'eau, ne tachent pas mes joues d'homme ! Non, sorcières dénaturées, je tirerai de vous deux de telles vengeances

lentielle, une affreuse pustule de mon sang corrompu... Mais je
ne veux pas te gronder ; que la honte vienne quand elle voudra,
je ne l'appelle pa je n'invite pas le Porte-foudre à te frapper,
et je ne te dénonce pas au souverain juge Jupiter ; amende-toi
quand tu pourras deviens meilleure à ton loisir ; je puis patien-
ter, je puis rester vec Régane, moi et mes cent chevaliers.

Régane

Pas tout à fait je ne vous attendais pas encore et je ne suis
pas en mesure devous recevoir dignement. Prêtez l'oreille à ma
sœur, Sire ; car ceux qui mêlent la raison à votre emportement
en sont réduits à e dire que vous êtes vieux et qu'ainsi... mais
elle sait ce qu'ell ait !

Lear

Est-ce bien dit

Régane

J'ose le souteni Sire. Quoi ! cinquante hommes ! N'est-ce pas
bien ? Qu'avez-vo besoin de plus et même d'autant, puisque
la dépense et le anger à la fois parlent contre un si grand
nombre ? Comme , dans la même maison, tant de gens, sous
deux commander nts distincts, pourraient-ils vivre en amitié ?
C'est difficile, pre ue impossible.

Goneril

Pourquoi ne urriez-vous pas, Sire, recevoir les services
de ceux qu'elle ap lle ses serviteurs ou des miens ?

Régane

Pourquoi pas, e ? S'il leur arrivait alors de se relâcher envers vous, nous purrions y mettre ordre. Si vous voulez venir
chez moi, je vous ie (car, maintenant, je vois le danger) de n'en
amener que vingt nq : je n'en admettrai ni logerai davantage.

Lear

Je vous ai tout nné...

Récane

Et vous l'avez nné au bon moment.

LEAR

Je vous ai faites mes tutrices, mes dépositaire ne me réservant qu'une suite de ce nombre... Quoi ! C'est avec vi t-cinq hommes qu'il faut que j'aille chez vous, Régane ? Est-c la ce que vous avez dit ?

RÉGANE

Et je le répète, Sire ; pas davantage chez moi

LEAR

Les créatures méchantes ont encore bon ai a côté d'autres plus méchantes qu'elles. (*Il se tourne vers Gon l*). Ne pas être ce qu'il y a de pire est une manière de mérite J'irai avec toi : tes cinquante sont le double de ses vingt-cinq, t ton affection vaut deux fois la sienne.

GONERIL

Ecoutez-moi, Sire. Qu'avez-vous besoin de vi t-cinq, de dix ou de cinq pour vous servir dans une maison, o deux fois plus de serviteurs ont l'ordre de prendre soin de v(u

RÉCANE

Qu'avez-vous besoin d'un seul ?

LEAR

Oh ! Ne raisonnez pas le besoin ! Nos plus ils mendiants trouvent dans la plus pauvre chose leur superflu N'accor à la nature plus que son besoin strict, et la vie d l'homn. aussi bas prix que celle de la brute. (*A Régan* Toi, tu e dame ; s'il suffisait d'être au chaud pour être mptueusen vêtue, eh l bien, la nature n'a pas besoin des chos somptueu que tu portes et qui te tiennent à peine chaud. Mais le vérita besoin... O cieux ! donnez-moi la patience, cett patience q, j'ai besoin ! Vous me voyez ici, ô dieux, pauvre ieillard auss plein de chagrin que d'âge, misérable par l'un (par l'autre ; si c'est vous qui excitez le cœur de ces filles contr le ur père, ne me rendez pas assez stupide pour le supporter l hement ; animez-moi d'une noble colère, et que les armes d la femme, les gouttes d'eau, ne tachent pas mes joues d'home ! Non, sorcières dénaturées, je tirerai de vous deux de tels vengeances

lentielle, une affreuse pustule de mon sang corrompu... Mais je
ne veux pas te gronder ; que la honte vienne quand elle voudra,
je ne l'appelle pas ; je n'invite pas le Porte-foudre à te frapper,
et je ne te dénonce pas au souverain juge Jupiter ; amende-toi
quand tu pourras ; deviens meilleure à ton loisir ; je puis patien-
ter, je puis rester avec Régane, moi et mes cent chevaliers.

RÉGANE

Pas tout à fait : je ne vous attendais pas encore et je ne suis
pas en mesure de vous recevoir dignement. Prêtez l'oreille à ma
sœur, Sire ; car ceux qui mêlent la raison à votre emportement
en sont réduits à se dire que vous êtes vieux et qu'ainsi... mais
elle sait ce qu'elle fait !

LEAR

Est-ce bien dit ?

RÉGANE

J'ose le soutenir, Sire. Quoi ! cinquante hommes ! N'est-ce pas
bien ? Qu'avez-vous besoin de plus et même d'autant, puisque
la dépense et le danger à la fois parlent contre un si grand
nombre ? Comment, dans la même maison, tant de gens, sous
deux commandements distincts, pourraient-ils vivre en amitié ?
C'est difficile, presque impossible.

GONERIL

Pourquoi ne pourriez-vous pas, Sire, recevoir les services
de ceux qu'elle appelle ses serviteurs ou des miens ?

RÉGANE

Pourquoi pas, Sire ? S'il leur arrivait alors de se relâcher envers vous, nous pourrions y mettre ordre. Si vous voulez venir
chez moi, je vous prie (car, maintenant, je vois le danger) de n'en
amener que vingt-cinq : je n'en admettrai ni logerai davantage.

LEAR

Je vous ai tout donné...

RÉGANE

Et vous l'avez donné au bon moment.

LEAR

Je vous ai faites mes tutrices, mes dépositaires, ne me réservant qu'une suite de ce nombre... Quoi ! C'est avec vingt-cinq hommes qu'il faut que j'aille chez vous, Régane ? Est-ce là ce que vous avez dit ?

RÉGANE

Et je le répète, Sire ; pas davantage chez moi.

LEAR

Les créatures méchantes ont encore bon air à côté d'autres plus méchantes qu'elles. (*Il se tourne vers Goneril*). Ne pas être ce qu'il y a de pire est une manière de mérite. J'irai avec toi : tes cinquante sont le double de ses vingt-cinq, et ton affection vaut deux fois la sienne.

GONERIL

Ecoutez-moi, Sire. Qu'avez-vous besoin de vingt-cinq, de dix ou de cinq pour vous servir dans une maison, où deux fois plus de serviteurs ont l'ordre de prendre soin de vous ?

RÉGANE

Qu'avez-vous besoin d'un seul ?

LEAR

Oh ! Ne raisonnez pas le besoin ! Nos plus vils mendiants trouvent dans la plus pauvre chose leur superflu. N'accordez pas à la nature plus que son besoin strict, et la vie de l'homme est à aussi bas prix que celle de la brute. (*A Régane.*) Toi, tu es une dame ; s'il suffisait d'être au chaud pour être somptueusement vêtue, eh ! bien, la nature n'a pas besoin des choses somptueuses que tu portes et qui te tiennent à peine chaud. Mais le véritable besoin... O cieux ! donnez-moi la patience, cette patience que j'ai besoin ! Vous me voyez ici, ô dieux, pauvre vieillard aussi plein de chagrin que d'âge, misérable par l'un et par l'autre ; si c'est vous qui excitez le cœur de ces filles contre leur père, ne me rendez pas assez stupide pour le supporter lâchement ; animez-moi d'une noble colère, et que les armes de la femme, les gouttes d'eau, ne tachent pas mes joues d'homme ! Non, sorcières dénaturées, je tirerai de vous deux de telles vengeances

que le monde entier sera... je ferai de telles choses...! Lesquelles?
Je ne le sais pas encore ; mais elles seront l'épouvante de la terre.
Vous croyez que je vais pleurer ; non, je ne pleurerai pas. J'ai
grand sujet de pleurer ; mais ce cœur se brisera en cent mille
éclats avant que je pleure... O mon fou, je vais perdre la raison !
(*Lear sort avec Kent et le fou Gloucester l'accompagne. On entend le bruit d'un orage.*)

Les progrès du mal sont marqués par une diminution de la
force physique du vieillard d'une scène à l'autre : il ne retrouve
plus ici les malédictions qu'il proférait naguère contre Goneril.
Il fera des choses épouvantables ; il ne sait pas lesquelles. Il
presse son front, d'où il sent la raison s'échapper. La même gra-
dation se marque dans la scène de la tempête. D'abord, seul
dans la bruyère, sous l'orage, il s'adresse aux éléments, les invoque contre ses filles ingrates, sans déraisonner ; mais il sent
que « sa tête commence à s'égarer ». Dans la hutte, devant
Edgar le faux démoniaque, les symptômes éclatent : il se met
à nu pour faire comme Edgar, il appelle Edgar un philosophe,
il veut le garder avec lui. Enfin, arrivé à la ferme, sa folie est
complète : il a des hallucinations, croit voir ses filles, et les met
en jugement : des meubles figurent les accusées, Edgar et le
Fou seront les juges. Puis il s'imagine voir fuir les coupables, et,
tombant dans une prostration profonde, après cette crise de violence, il se laisse coucher comme un enfant par son serviteur
Kent. La présence de ce dernier, toujours raisonnable, bon et
fidèle, nous sauve de l'impression de pure démence. Kent voit
croître la folie de son maitre, et, en la soulignant, il nous montre
chaque fois à quel degré précis elle est arrivée. Quand Lear commence à reposer dans la ferme, le bon serviteur reprend confiance : que le vieux roi dorme seulement quelques heures, et
peut-être recouvrera-t-il ses esprits ; mais ce faible espoir est de
courte durée. Les filles de Lear sont décidées à se débarrasser
de lui : il faut qu'il parte, qu'il fuie ; et, faute du repos nécessaire,
sa folie s'accentue. On l'a mené à Douvres, auprès de sa fille
Cordélie, qui a débarqué pour le secourir. Nous le retrouvons
beaucoup plus fou qu'auparavant : il a échappé à ses gardiens,
s'est paré de fleurs comme Ophélie ; et il court dans la campagne, sous un ciel dont la sérénité même semble railler le
trouble profond de son esprit, en débitant des extravagances.
Il a pourtant une idée fixe : celle de se venger de ses filles, et il
s'imagine recruter des hommes pour arriver à le faire. En même
temps, comme si la folie ouvrait quelque case de son cerveau non
utilisée jusqu'ici, il découvre brusquement le monde, la réalité

telle qu'elle est, et que sa situation de roi l'avait empêché de voir jusqu'ici. Le mensonge et la misère sociale lui apparaissent. Et cette clairvoyance subite, loin de nous empêcher de le déclarer fou, témoigne mieux encore de son déséquilibre mental par le mélange des observations vraies et des cris d'extravagance. L'étude de la folie se poursuit ainsi jusqu'au moment où l'on tente de le guérir par la musique et la présence de Cordélie, qui ramène la bonté auprès du roi. La scène est exquise : Lear s'y retrouve tout faible et calme, radotant encore, mais adouci, heureux de cette détente qui nous soulage nous-mêmes. Désormais il n'y a plus que Cordélie qui existe pour lui : il lui suffit d'être auprès d'elle, même en prison ; et il resterait dans cet état de demi-radotage, tout au bonheur présent, si ce dernier lien qui le rattache à l'existence ne lui était encore ravi. Cordélie est pendue dans la prison. Alors c'est la fin ; tout vacille en lui : et de même qu'on l'a vu devenir, de violent qu'il était au début, un pauvre vieillard sans force, ici c'est un dernier reste de vie qui va s'échapper de lui : nous le voyons véritablement mourir devant nous, de misère physique et mentale tout à la fois. Cette dernière scène est pathétique au plus haut degré : l'auteur a mis une admirable vérité psychologique et physiologique dans ces derniers moments du vieux roi.

Tout romantique et extraordinaire qu'il parût d'abord, le drame est donc bien l'étude très serrée d'un cas, en somme, difficile à représenter. Ajoutez que, dans son ensemble, le sujet, malgré la bizarrerie de certains détails, est d'une simplicité classique, ou plutôt humaine, familière. Rien d'exceptionnel dans la donnée générale : l'ingratitude filiale. Ce sujet, malheureusement, n'a rien d'étrange. C'est pourquoi on a pu signaler de fortes analogies entre ce drame et le roman dit réaliste. Déjà Saint-Marc-Girardin s'était plu à rapprocher le roi Lear du père Goriot de Balzac : ce vieillard tour à tour cajolé, délaissé, dédaigné par ses filles, auxquelles il a tout donné et qui deviennent de grandes dames, ou de riches gourgandines, tandis que lui-même tombe dans une misère de plus en plus profonde. Mais le père Goriot, qui fait sa joie et son orgueil du luxe de ses filles, qui représente l'amour paternel tourné en manie et en vice, est fort différent du roi Lear, lequel a une vue si vive, si violente, de l'ingratitude de ses enfants, et qui excelle à maudire. La ressemblance est peut-être plus grande avec un personnage de Zola, le père Fouan, dans *La Terre*. Chez Balzac, il s'agissait d'une analogie lointaine et probablement fortuite ; ici l'imitation n'est guère douteuse, même dans le détail. C'est le sujet du *Roi Lear*, ramené

18

à la plus basse réalité. Le père Fouan est un paysan beauceron,
qui, à soixante-dix ans, épuisé par le travail, ne pouvant plus cultiver ses biens, se décide à les partager, de son vivant, éntre ses
deux fils et sa fille. Il agit ainsi, non point par amour pour ses enfants, mais par une sorte de devoir envers la terre. Ses enfants
n'ont, d'ailleurs, pas plus d'affection pour lui : devant le notaire,
on discute au sujet de la pension qu'ils auront à lui payer ; ils
rognent sur la somme proposée, rabaissent le plus possible sa
dépense quotidienne. C'est la question des cent chevaliers
ramenée à une réalité plus humble. Après le partage, ceux qui en
ont bénéficié se font tirer l'oreille pour payer la rente au vieux.
Puis, à quelque temps de là, ayant perdu sa femme, il va habiter tour à tour avec chacun de ses enfants. Chez sa fille aînée,
mariée à un cultivateur aisé et honnête, il est bien traité matériellement, mais sans affection : il subit de petites vexations qui,
à la longue, deviennent assez dures pour lui faire imprudemment
quitter cette maison et s'en aller vivre avec son fils cadet Buteau, puis avec son aîné Hyacinthe. Ses tribulations s'aggravent
chaque fois ; car, ici, il a affaire à de véritables chenapans.
Finalement, après un séjour prolongé, il est jeté à la porte par
Buteau, pendant une nuit d'orage. Alors la douloureuse odyssée
du roi Lear à travers la tempête se renouvelle pour le vieux
paysan :

« Où alla-t-il ? Il ne se le rappela jamais bien. Ses pieds glis-
saient dans les flaques ; ses mains tâtonnaient pour ne pas se
heurter contre les murs et les arbres. Il ne pensait plus, ne savait
plus ; ce coin de village, dont il connaissait chaque pierre, était
comme un lieu lointain, inconnu, terrible, où il se sentait étranger et perdu, incapable de se conduire. Il obliqua à gauche, craignit des trous, revint à droite, s'arrêta frissonnant, menacé de
toutes parts. Et, ayant rencontré une palissade, il la suivit jusqu'à
une petite porte, qui céda. Le sol se dérobait, il roula dans un
trou. Là, il était bien, la pluie ne pénétrait pas, il faisait chaud ;
mais un grognement l'avait averti, il était avec un cochon, qui,
dérangé, croyant à de la nourriture, lui poussait déjà son groin
dans les côtes. Une lutte s'engagea ; il était si faible, que la peur
d'être dévoré le fit sortir. Alors, ne pouvant aller plus loin, il se
coucha contre la porte, ramassé, roulé en boule, pour que l'avancement du toit le protégeât de l'eau. Des gouttes quand même
continuèrent à lui tremper les jambes ; des souffles lui glaçaient
sur le corps ses vêtements mouillés. Il enviait le cochon, il serait
retourné avec lui, s'il ne l'avait pas entendu, derrière son dos,
manger la porte avec des reniflements voraces... »

Toute la nuit, il reste là ; tout le jour suivant, il erre à l'aventure, malgré le froid, malgré la faim. Enfin la peur le décide à rentrer chez son fils Buteau, qui le reçoit avec des ricanements de triomphe : « Je savais bien que vous n'auriez pas de cœur ! » Et désormais, traité comme un vieux fou, il reste là, oublié, à l'écart, ne parlant plus.

Mais le malheur veut qu'il soit, un jour, témoin d'un crime commis par Buteau. Si le vieillard allait parler ! Cette peur pousse le criminel à un autre crime, horrible par le détail de l'exécution. Fouan est étouffé sous l'oreiller, dans son lit, pendant son sommeil, et, pour faire disparaître les traces trop évidentes du meurtre, il est brûlé — avec quelques menus papiers, afin de faire croire à une imprudence du vieillard dans son sommeil. Le parricide confisquera ainsi à son profit les quelques ressources restées à son père et qu'il n'aura pas à partager avec son frère et sa sœur.

La ressemblance avec la pièce de Shakespeare est donc très étroite : même partage, même ingratitude des enfants, mêmes tribulations du père allant de l'un à l'autre et, chaque fois, s'enfonçant plus avant dans la misère et le désespoir. Dans la façon même dont le thème est mis en œuvre, on retrouve des analogies : ainsi la nuit de la tempête. On peut se demander lequel, du roman ou du drame, renferme la plus large part de vérité humaine. Le roman est plus excessif, plus violent que le drame ; et il n'a aucune lueur : tout y est noir, accablant. Fouan est un Lear, sans la grandeur que le vieux roi conserve dans ses erreurs et jusque dans sa folie ; et auprès de lui ne se place aucune créature de quelque bonté que ce soit : c'est un Lear sans Kent ni Cordélie. L'équilibre du bien et du mal est donc mieux maintenu dans le drame, qui est par là plus vraisemblable et l'emporte ainsi sur le roman réaliste.

R. A.

La comédie en France après Molière

Cours de M. AUGUSTIN GAZIER,

Professeur à l'Université de Paris.

Destouches.

A la date de 1715, à laquelle nos études nous ont insensiblement amenés, la misère est grande en France. Des guerres continuelles ont épuisé le pays. La famille royale est comme décimée par des morts successives. Nous assistons alors à un véritable abaissement des caractères, à une décadence très marquée dans les mœurs. Cependant la victoire de Denain permet au roi de signer les paix honorables d'Utrecht et de Rastadt ; le monarque mourrait tranquille, si les querelles religieuses ne divisaient encore profondément le pays. Malgré tout la mort de Louis XIV fut regardée par tous comme une délivrance. On voulait, à tout prix, des nouveautés, par lesquelles on espérait remédier aux misères du règne. Le régent, était un esprit original, mais sans qualités ; il aimait le plaisir et les fêtes, la vie libre et facile.

On pourrait croire, dès lors, que la Régence va donner à la comédie une force nouvelle. Cela paraîtrait d'autant plus probable que nous assistons à un réveil du sentiment national. L'opinion publique commence à réclamer vivement les libertés que l'on estime alors nécessaires. Je n'en veux pour preuves que les rééditions, si nombreuses à cette époque, du *Télémaque* et la publication des *Lettres persanes* de Montesquieu. La comédie ne pouvait-elle pas, dès lors, devenir une sorte de tribune, où les esprits novateurs et libres auraient fait entendre leur voix ? Or, jusqu'à Beaumarchais, nous voyons qu'il n'en est rien. Les divers genres de drame semblent s'être partagé les rôles. La comédie ne s'occupe pas de politique. Cette mission réformatrice est confiée à la tragédie, qui va servir à Voltaire et aux philosophes pour donner plus d'éclat à leurs théories. La comédie restera littéraire, artistique et morale.

Est-ce un effet de la censure qui, nous l'avons vu, avait été établie en 1702 à propos du *Bal d'Auteuil* ? Evidemment non, puisque les tragédies passent aussi par la censure : on n'eût pas toléré chez l'une ce qu'on n'admettait point chez l'autre. La réalité c'est que les comédiens se sont partagé les rôles. Sur le Théâtre-Italien ou sur le théâtre de la foire, ce sont des farces bouffonnes, des pantalonnades, des pièces pour faire rire par des procédés grossiers ; c'est là que Molière eût porté les *Fourberies de Scapin*. Sur la scène de l'Opéra, on chante des sujets mythologiques et pompeux. Le Théâtre-Français se réserve les pièces destinées aux gens du monde. Une tenue décente est de rigueur. Il faut alors une distinction, exquise, une délicatesse raffinée. La comédie, de soubrette, s'est faite grande dame. Nous verrons alors arriver, des auteurs tels que Destouches, Marivaux, Lachaussée. La comédie sera orientée vers une autre direction ; c'est bien un siècle nouveau qui commence.

*
* *

Néricault Destouches est, aujourd'hui, plus connu que lu. On sait de lui quelques vers passés en proverbes, dont, communément, on attribue la paternité à Boileau :

> L'esprit qu'on veut avoir gâte celui qu'on a ;

ou encore :

> Chassez le naturel, il revient au galop.

Nous allons, d'abord, étudier sa vie et examiner ensuite son œuvre.

Sa biographie est très mal connue. Nous n'avons sur sa vie aucune relation complète et sérieuse. Pourtant Destouches fit partie de l'Académie, et son fils écrivit même une préface à ses œuvres. L'éloge qu'a fait de lui d'Alembert, n'est qu'un long bavardage sans précision. Il contient, en outre, des insinuations perfides à l'égard d'un homme que le philosophe considérait comme trop épris de religion et dont il n'aimait pas les *capucinades*.

Destouches était né en 1680, à Tours. Il mourut dans son château, tout près de Melun. On ne connaît absolument rien de sa jeunesse. Il vint à Paris pour terminer ses études au collège Mazarin. On a prétendu qu'il fut comédien et que, en qualité de chef de troupe, il avait joué en Suisse : rien n'est moins démontré. Son fils le nie absolument, et lui-même, dans l'avertissement du *Curieux impertinent*, dit, à M. de Puyseux, auquel il s'adresse, qu'il lui est attaché « depuis l'âge de dix-neuf ans ». Il fut aussi militaire et reçut même à la guerre une blessure. Il resta longtemps secrétaire de M. de Puyseux, ambassadeur en Suisse.

Ses débuts furent modestes : des vers religieux qu'il envoya de

Soleure à Boileau. Ils étaient accompagnés d'une lettre gonflée d'éloges hyperboliques à l'adresse du grand critique. Boileau lui fit une réponse polie, mais sèche. Notons que la fin de Destouches ne démentira pas ses débuts. Il terminera par une œuvre religieuse, une dissertation dans le *Mercure galant* contre les philosophes et les libres penseurs.

En 1710, il débute au théâtre avec le *Curieux impertinent*. De 1711 à 1717, il donne sept pièces. Puis il disparaît pendant dix ans. Il revient à la scène à différentes reprises, de 1727 à 1732, de 1737 à 1741, de 1750 à 1753. Dès lors, on ne peut le considérer comme un auteur de profession. Il a consacré au théâtre ses loisirs de diplomate de carrière.

Il avait toute la confiance du régent, qui l'envoya en Angleterre comme ambassadeur extraordinaire, pour négocier des affaires délicates. Ces titres à la confiance du régent, il les avait sans doute acquis lorsqu'il était en Suisse, attaché à M. de Puyseux. En 1723, le régent le fit nommer membre de l'Académie française. A son retour d'Angleterre, il lui donna une gratification de 100.000 livres. Destouches allait, dit-on, devenir ministre des affaires étrangères, lorsque le régent mourut.

On a prétendu que, dans le *Philosophe marié*, il avait raconté sa propre histoire : un philosophe, pour ne pas contrarier son père, s'est marié secrètement ; il se cache aux yeux du monde. Il est inadmissible que Destouches ait raconté là un fait personnel : il était trop honnête, trop préoccupé de questions morales. Il n'aurait jamais consenti à se mettre lui-même sur la scène, à côté de sa femme, de son père, de son oncle. La vérité est qu'il se maria en Angleterre avec une jeune Anglaise qui était au-dessous de sa condition. Il était alors âgé de trente-sept ans. Comme il connaissait les préjugés de caste qui régnaient alors en Angleterre, il se contentait de garder, sur son mariage, un silence qu'on peut appeler diplomatique.

Rentré en 1773 d'Angleterre, il vécut désormais retiré dans son château, près de Melun. Il venait de temps en temps à Paris, lorsqu'une de ses pièces allait être représentée. Il surveillait les répétitions, mais ne manquait jamais de s'enfuir la veille de la première. Son existence est donc celle d'un homme parfaitement honorable, qui ne fait pas du théâtre un métier. On peut lui appliquer le vers célèbre : il présente

L'accord d'un beau talent et d'un bon caractère.

Je citerai aussi, bien que les vers en soient méchants, une louange posthume :

Citoyen, tendre époux, fidèle ami, bon père,
Partout on te retrouve, et les plus beaux portraits,
De ton cœur, de ton âme ont emprunté les traits.

A l'Académie, on fit souvent son éloge, en vers quelquefois. Il
fut le sujet de quelques-uns de ces discours, qui sont encore des
pensums pour ceux qui les font et, souvent aussi, pour ceux qui
les écoutent. M. de Boissy, lorsqu'il fut reçu, le 25 août 1754, à la
place de Destouches, prononça un discours ému : « Ma faible
voix, y disait-il, peut à peine articuler et se faire entendre. Elle
est étouffée par la crainte que m'inspire une assemblée respectable. La joie d'être assis parmi vous achève de m'ôter la parole.
Je me tais pour avoir trop à dire, et je trouve la prose trop froide
pour exprimer ma reconnaissance... Permettez-moi, Messieurs,
de la faire éclater en vers... » — Et, après avoir célébré, dans le
début de son ode, le « Grand Louis », de Boissy passe a l'éloge de
Destouches :

Je frémis, où va mon audace ?
Quel est le péril que je cours ?
Le grand homme que je remplace
Est le Térence de nos jours.
J'ose marcher dans sa carrière.
Mais Destouche est près de Molière,
Autant que je suis loin de lui.
Ami riant de la sagesse,
Il sut divertir sans bassesse
Et nous instruire sans ennui.

Le vice, avec un bras d Hercule,
Dans ses écrits est combattu.
Ils sont l'effroi du ridicule
Et l'école de la vertu.
Cette morale, ces maximes,
Qui règnent partout dans ses rimes,
C'est dans son cœur qu'il les puisa !
Son art ne fut point un délire ;
En philosophe, on le vit rire ;
En citoyen, il amusa.

Il ne borna point son génie
Dans les limites de l'auteur.
Il fut, pour servir la patrie,
Utile négociateur.
Il sut, comme un plan dramatique,
Conduire un projet politique
D'Addison il suivit les pas ;
Et, contre l'aveugle ignorance,
Prouva qu'un écrivain qui pense
A l'esprit de tous les ébats...

Le poète Gresset prononça aussi l'éloge de Destouches devant l'Académie assemblée.

Vous connaissez l'homme ; voyons un peu ce que fut son œuvre. Elle fut imprimée par lui en 1745, et, plus tard, par son fils. Il avait gardé en portefeuille beaucoup de comédies, qui ne furent jamais représentées. L'édition donnée par son fils contient vingt-trois œuvres complètes, dont une tragi-comédie. Son fils déclare dans la préface qu'il en a laissé un certain nombre de côté. Il y en a deux posthumes : *la Fausse Agnès*, en prose (1759), et *le Tambour nocturne*. Six n'ont pas été représentées : *le Trésor caché, le Dépôt, le Mari confident*, etc.

Parmi les autres, il en est onze en vers. Certaines sont des comédies de caractère : *l'Ingrat, l'Irrésolu, le Dissipateur, le Glorieux*. D'autres sont plus modestes : *le Philosophe marié, le Philosophe amoureux, la Force du naturel*.

Son théâtre n'est pas, en somme, des plus variés. C'est qu'il est un poète de cabinet, homme à principes, rigoriste à sa manière. Il a une morale et une poétique. D'ordinaire, c'est d'une pièce qu'on peut tirer la morale d'un auteur. Ici le drame découle naturellement d'une idée morale. Il expose, d'ailleurs, longuement ses théories dans ses préfaces. Il suit l'exemple de Molière, lorsque notre grand poète comique affirme, en tête de son *Tartufe*, que l'art doit corriger les mœurs. On peut parfaitement lui appliquer le mot de Santeuil : *Castigat mores ridendo*.

Dès 1710, dans son *Curieux impertinent*, il croit que la comédie n'est faite « que pour instruire », — « Je crois, dit-il dans la préface du *Glorieux*, que l'art dramatique n'est estimable qu'autant qu'il a pour but d'instruire en divertissant. J'ai toujours eu pour maxime incontestable que, quelque amusante que puisse être une comédie, c'est un ouvrage imparfait et même dangereux, si l'auteur ne s'y propose pas de corriger les mœurs, de tomber sur le ridicule, de décrier le vice et de mettre la vertu dans un si beau jour, qu'elle s'attire l'estime et la vénération publiques. Tous mes spectateurs ont fait connaître unanimement et, si j'ose le dire, d'une manière bien flatteuse pour moi, qu'ils se livraient avec plaisir à un objet si raisonnable. Je ne craindrai pas même d'ajouter ici qu'en m'honorant de leurs applaudissements ils se sont fait honneur à eux-mêmes ; car, enfin, qu'y a-t-il de plus glorieux pour notre nation, si fameuse d'ailleurs par tant de qualités, que de faire connaitre aujourd'hui à tout l'univers que les comédies, à qui l'ancien préjugé ne donne pour objet que celui de plaire et de divertir, ne peuvent la divertir et lui plaire longtemps, que lorsqu'elle trouve dans cet agréable spec-

tacle non seulement ce qui peut le rendre innocent et permis,
mais même ce qui peut contribuer à l'instruire et à la corriger? Il
est donc de mon devoir, en payant au public le juste tribut de ma
reconnaissance, de le féliciter sur le goût qu'il fait toujours éclater
pour les ouvrages qui ne tendent qu'à épurer la scène, qu'à la
purger de ces frivoles saillies, de ces débauches d'esprit, de ces
faux brillants, de ces sales équivoques, de ces fades jeux de mots,
de ces mœurs basses et vicieuses, dont elle a été souvent infectée,
et qu'à la rendre digne de l'estime et de la présence des honnêtes gens. Il est aisé de voir dans tous mes ouvrages, remplis
au surplus d'une infinité de défauts, que c'est uniquement à ces
sortes de spectateurs que je me suis toujours efforcé de plaire. »

On ne trouve, en effet, dans son théâtre aucune pièce capable
d'alarmer des oreilles chastes. J.-J. Rousseau n'eût rien trouvé
à dire contre elles. Le vice y est toujours puni, la vertu toujours
récompensée. Il en est ainsi dans *le Curieux impertinent*, dans
l'Ingrat et dans *l'Envieux*. Dans *le Glorieux*, nous voyons des
jeunes gens qui ont de graves défauts, conserver de l'amour pour
leurs parents et de la franchise. Ce caractère moral du théâtre
de Destouches est d'autant plus curieux à constater, que, du
moins au début, nous nous trouvons en pleine Régence, à une
époque où les mœurs sont considérablement relâchées.

On pourrait même dire que ce théâtre est trop moral. Il faut
être un peu naïf pour représenter la vertu toujours récompensée
et le vice toujours puni. Destouches abuse des sentences et des
longues tirades morales. Parfois même, il s'attendrit et il se vante
d'avoir fait pleurer bien des gens avec son *Philosophe marié*. Une
conséquence de ce défaut, c'est que ses pièces manquent parfois
de gaîté. Or c'est une des premières qualités d'une pièce comique
que d'être gaie.

Comme il était un délicat lettré, Destouches a réfléchi sur l'art
dramatique. Il a des théories à lui. Il a étudié Molière et ses
successeurs. Il a eu le sentiment très net que Molière avait, en
mourant, emporté le secret de son art. Son honnêteté lui fait réprouver Dancourt, Regnard, Lesage même. Il n'admet pas la farce
et traite durement les Italiens, qu'il appelle quelque part des
« pitoyables rivaux du théâtre français ». Vous trouverez toutes
ces idées fortement exprimées et résumées dans la préface de
l'Envieux.

Aussi, sauf de rares exceptions, ne trouvons-nous pas de fourberies dans son théâtre. Les valets et les soubrettes ne remplissent plus des actes entiers de leurs friponneries. Les valets
sont, en général, fidèles et dévoués. Dans *le Glorieux*, par exem-

ple, Lisette est d'une grande famille ; et nous apprenons, à la fin
de la pièce, qu'elle est la propre sœur du glorieux. Ainsi Destouches se prive d'une des grandes ressources de la comédie
antérieure, d'un élément puissant d'intrigue qui avait toujours
du succès.

Il avait remarqué chez Molière des morceaux pathétiques, qui,
dans le genre comique, touchaient au tragique : c'est vers cette
direction qu'il se tourne. Il veut nous intéresser, par ce que l'action
a de pathétique ; il veut des sentiments touchants comme dans
les romans. Parfois il s'attendrit ; il annonce la comédie larmoyante de Lachaussée.

' Il nous reste à examiner rapidement quelques-unes de ses
pièces. *Le Curieux impertinent* est une comédie peu gaie. Un jeune
homme veut mettre à l'épreuve sa fiancée, et Damon, un de ses
amis, va tenter la jeune fille pour voir si elle est vraiment vertueuse. C'est d'un comique factice, qui nous rappelle, mais avec
quelles longueurs, les dialogues de Cléonte et de Covielle dans *le
Bourgeois Gentilhomme.*

L'Ingrat est une erreur de Destouches. C'est vraiment un trop
vilain personnage, pour qu'il soit comique ; il ne peut pas l'être.
De même *l'Irrésolu* ; c'est un personnage fatigant par ses irré-
solutions mêmes, qui n'ont aucune raison pour ne pas durer toujours.

J'aurais mieux fait, je crois, d'épouser Célimène,

dit-il dans le dernier vers. — *Le Philosophe marié* vaut surtout
par le détail. J'avoue que je ne comprends pas le succès qu'eut
cette pièce. Le philosophe est un être trop égoïste. Les situations
des personnages sont trop fausses.

La Force du naturel est une meilleure pièce, et surtout *le
Jeune homme à l'épreuve.* Ce sont des comédies sans rien de larmoyant, gaies sans bouffonneries, touchantes malgré quelques
scènes de désespoir qui les déparent. Destouches veut ici prouver
qu'il ne faut jamais désespérer d'un jeune homme, même s'il a
commis de grosses fautes, pourvu qu'il aime encore ses parents
et qu'il ne déteste pas trop la vertu. Le jeune Léandre est tiré
d'embarras par son père. Le dénouement est heureux. Cette
pièce ne fut, d'ailleurs, jamais jouée.

Le Glorieux fut très goûté par Voltaire lui-même, qui pourtant
n'aimait pas Destouches : « C'est presque un chef-d'œuvre »,
disait-il. C'est, en tout cas, de la bonne comédie psychologique
avec des caractères et des portraits finement tracés. Un seul
défaut est à signaler, c'est la tendance à la charge. *Le Glorieux*

est trop orgueilleux pour être suffisamment comique. On raconte, à son sujet, une anecdote qui est sans doute vraie. L'acteur chargé du principal rôle refusa de jouer la pièce, parce que le
glorieux y était puni au dénouement. Destouches fut obligé de la
corriger.

Si nous voulons voir comment Destouches fut jugé par ses
contemporains, les *Anecdotes dramatiques* de l'abbé de la
Porte nous le montreront :

« La justesse du dialogue, une versification facile, abondante,
un comique noble, une richesse immense de morale, un jugement,
le fruit du génie, cette élégante simplicité que l'on admire dans
Térence, cette attention à fuir tout ce qui sent le faux bel-esprit,
le précieux, le recherché, le contourné ; partout la nature, le vrai
et l'honnête, voilà ce qui doit placer Destouches entre Molière et
Regnard : il n'a pas la force de comique, *vis comica*, du premier,
ni la gaîté vive du second ; mais il réunit, à un certain degré,
les qualités essentielles de l'un et de l'autre. Plus adroit, plus
heureux dans ses dénouements que Molière ; plus moral,
plus décent que Regnard, il ne perd jamais de vue cette sage
maxime de la bonne comédie : « Corriger les mœurs en amusant. »
Ce qu'on peut lui reprocher, c'est de la monotonie dans la coupe
de ses pièces, et, dans les contrastes, un style quelquefois diffus
et peu soigné ; trop de sagesse et de régularité. La raison demande des embellissements ; elle a besoin d'être excitée par des
saillies. Ces saillies, à les juger rigoureusement, sont, pour l'ordinaire, frivoles et déplacées ; mais elles réveillent l'attention et
ramènent avec plus de plaisir à la vérité. »

Destouches est facile à lire ; on s'y intéresse très vite. Sa
prose est meilleure que ses vers. Son théâtre tient beaucoup de
Térence par sa tendance aux attendrissements pathétiques. Par
là, il préparait Marivaux et Lachaussée, dont nous commencerons
l'étude dans notre prochaine leçon.

La vie et les œuvres d'Euripide

Cours de M. PUECH,

Professeur à l'Université de Paris.

Ses idées philosophiques (*suite*) ; l'orphisme.

En examinant, dans notre dernière leçon, une intéressante tirade d'Hécube dans *Les Troyennes*, nous constations que, après les réserves habituelles à son scepticisme, Euripide proclamait par la bouche de son personnage sa croyance en une puissance divine réglant le cours du monde conformément à la justice. Cette idée de justice est une de celles qui ont le plus préoccupé l'esprit inquiet d'Euripide, angoissé par l'existence du mal physique et du mal moral. Nous avons vu, il y a quelque temps, combien l'injustice et l'immoralité de la mythologie avaient contribué à le détourner d'y ajouter foi ; c'est avec cet argument surtout qu'il a essayé de la ruiner. Mais ce n'est pas uniquement à la mythologie populaire que se sont arrêtés ses doutes ; ils vont plus loin, contre toute interprétation, toute croyance religieuse. La tragédie intitulée *Bellérophon*, qui semble avoir été une des plus hardies qu'Euripide ait composées, ne se bornait pas à attaquer les croyances populaires, mais encore mettait en doute l'existence de toute Providence et de tout gouvernement divin. Euripide déclare qu'il ne peut y avoir de dieux, parce que le mal règne et que la piété n'est pas récompensée ; que les villes qui observent les règles de l'honnêteté et les formalités de la piété, sont vaincues par d'autres plus fortes qui ne s'en soucient pas :

« Quelqu'un dira-t-il qu'il y a certainement des dieux dans le ciel ? Il n'y en a pas ; non, il n'y en a pas. Si quelqu'un prétend le contraire, qu'il renonce, l'insensé, à cette antique erreur. Voyez les faits eux-mêmes, et ne vous en tenez pas à ma propre affirmation. J'affirme, moi, que les tyrans tuent une foule de gens et les dépouillent de leurs possessions, et que des parjures détruisent nombre de villes. Et ainsi ils sont plus heureux que ceux qui mènent, chaque jour, une vie pieuse et tranquille. Et je sais des villes peu puissantes, qui, bien qu'elles honorent les dieux, sont esclaves d'autres, impies, mais plus fortes, et sont vaincues par un nombre de lances plus considérable. »

Tout cela indique nettement la préoccupation et l'angoisse profonde qu'inspirait à Euripide ce problème douloureux. Il semble cependant que, à côté de ces doutes, il se soit rattaché, comme à une consolation, à l'idée que, quelle que soit la force qui gouverne le monde, cette force tend à réaliser la justice ici-bas. Cette opinion, exprimée dans la tirade d'Hécube des *Troyennes*, se retrouve encore dans plusieurs passages des tragédies d'Euripide, que MM. Masqueray et Nestle ont pris soin de réunir. Tôt ou tard, là justice se réalise; tout tend à la justice.

Comment s'explique cette croyance d'Euripide ? Est-ce un simple sentiment, et le poète, à côté de son pessimisme, essaie-t-il de se reprendre à l'idée d'une justice définitive ? Ne faut-il pas, au contraire, voir là la trace de l'influence d'une doctrine philosophique bien définie ? On a voulu parfois rattacher cette croyance d'Euripide à l'influence d'Héraclite. Nestle et Wilamowitz exagèrent un peu sur ce point, et rendent la dépendance trop étroite. En effet, ce n'est pas seulement dans la doctrine d'Héraclite qu'on trouve l'idée de Justice au premier plan. Nous pouvons seulement constater que cette idée, essentielle chez Euripide, a été exprimée également par Héraclite. Il est vrai que l'on trouve quelquefois chez Euripide des expressions qui paraissent trahir la connaissance du système d'Héraclite. Euripide assimile la Justice au Temps, Chronos ou Aiôn. L'Aiôn revient assez souvent chez Héraclite, et ce détail peut être l'indice d'une influence exercée par ce philosophe sur l'esprit d'Euripide. D'ailleurs, il faut bien remarquer que celui-ci ne se représente nullement Diké, la Justice, comme une divinité anthropomorphique ; ce n'est pas la Diké, fille de Zeus, telle qu'elle est représentée dans Hésiode, siégeant sur un trône à côté du roi des dieux, pour leur désigner les mortels honnêtes et les méchants. Euripide le dit formellement dans une tirade de *Mélanippe la philosophe*, et combat en termes précis cette croyance vulgaire :

« Croyez-vous que des divinités ailées apportent aux dieux les injustices des hommes, et que quelqu'un les inscrive ensuite sur les tablettes de Zeus, d'après lesquelles celui-ci rend la justice aux mortels ? Car, s'il en était ainsi, le ciel entier ne suffirait pas à Zeus pour y inscrire les fautes des hommes, et Zeus ne pourrait arriver, après les avoir examinées, à envoyer à chacun sa punition. Mais la justice est là tout près, si vous voulez vous en rendre compte. »

Ainsi, pour Euripide, la Diké doit être identifiée avec la force plus ou moins vague qui guide le monde, pour laquelle il hésite entre deux interprétations, la nécessité ou le νοῦς.

Mais cette idée de Diké ne se trouve pas simplement chez Euripide et chez Héraclite : elle existe aussi dans les doctrines orphiques. Euripide n'a-t-il pas été tenté d'aller chercher la vérité, qu'il trouvait si incertaine et si difficile à atteindre, dans quelques-uns des cultes autres que les cultes populaires, par exemple les doctrines orphiques, qui avaient alors tant de prise et tant d'action sur les âmes de ses contemporains ? L'orphisme n'a-t-il pas attiré sa curiosité, n'a-t-il pas même exercé une action sur son esprit et sur son cœur ?

Il y avait principalement trois choses dans l'orphisme. En premier lieu, il y avait de la magie : par des formules et par des charmes, les orphiques se croyaient le pouvoir de promettre à leurs adeptes certaines expiations et de détourner d'eux certains malheurs. Euripide, bien entendu, était à la fois trop sceptique et trop éclairé pour attacher quelque importance à cette première partie des rites orphiques. Nous avons vu déjà que, dans un chœur d'*Alceste*, il affirmait qu'il n'y a rien qui puisse prévaloir contre la nécessité. Dans le *Cyclope*, il place dans la bouche d'Ulysse une allusion irrévérencieuse aux formules orphiques.

En second lieu; l'orphisme prêchait une morale ascétique ; il interdisait certaines nourritures, et prêchait une vertu assez austère. Ce côté était fait pour intéresser davantage Euripide ; une de ses tragédies montre qu'il en avait été réellement préoccupé, c'est *Hippolyte*. Hippolyte adore Artémis avec une sorte de mysticisme, qui renferme des traces d'orphisme. Or Euripide, à n'en pas douter, peint le personnage d'Hippolyte avec une sympathie manifeste. C'est une des figures les plus pures et les plus nobles qu'il ait créées et mises à la scène. Or il y a peu de personnages vraiment sympathiques dans les tragédies d'Euripide. M. de Wilamowitz-Mœllendorff, il est vrai, prétend que, aux yeux d'Euripide, Hippolyte mérite sa mort, parce qu'il viole les lois de la nature dans le sens opposé à celui de Phèdre. Le pédagogue condamne, en effet, la conduite d'Hippolyte. Il l'invite, au début de la pièce, à saluer la statue d'Aphrodite, et lui reproche de ne pas se soucier assez de la déesse : « Quant à nous, poursuit-il, car nous ne devons pas suivre l'exemple des jeunes gens, nous adressons nos hommages à ta statue, déesse Cypris. Il faut que tu pardonnes, si un homme, emporté par l'ardeur de la jeunesse, prononce des paroles vaines; fais semblant de ne pas l'entendre, car il faut que les dieux soient plus sages que les mortels. »

Cependant je ne crois pas qu'Euripide veuille insister sur ce point pour en faire un reproche réel à Hippolyte. Ce personnage, pour Euripide comme pour nous, reste un type pur, noble et sympathique. Il semble donc que nous avons ainsi la preuve que la morale ascétique des Orphiques présentait un certain attrait pour Euripide. Mais, comme il faut toujours s'attendre à rencontrer chez lui des contradictions, la tragédie même d'*Hippolyte* renferme une tirade de Thésée contre les Orphiques :

« Sans doute, comme un homme excellent, tu vis dans la société des dieux, dit-il à Hippolyte accusé faussement d'inceste ; tu es chaste et exempt de toute souillure ? Vante-toi donc, maintenant, de ne manger qu'une nourriture végétale, célèbre les bacchanales, ayant pour maître Orphée... tu as été pris sur le fait. Je conseille à tout le monde de fuir les gens de cette espèce. Ils se servent de paroles majestueuses et ne machinent que de honteux desseins. »

Plus loin, Thésée traite son fils de magicien et de charlatan. On s'est souvent servi de ces attaques pour dire qu'Euripide condamnait, en réalité, l'Orphisme comme un amas de superstitions. Ce n'est pas aussi clair qu'on veut bien le dire, car il faut pourtant tenir compte de l'impression générale. Or celle-ci est nettement favorable à Hippolyte, et, quoique malheureux, il se trouve justifié à la fin de la tragédie. Mais il peut se faire que la tirade de Thésée exprime les idées d'Euripide. Il n'y manque pas, en effet, d'indications qui soulignent davantage encore son intention : « Je conseille à tout le monde de fuir les gens de cette espèce. » Ces mots semblent indiquer qu'Euripide s'adresse au public. Ici comme souvent, Euripide semble partagé entre l'admiration pour ce qu'il y a de noble et de pur dans les doctrines orphiques et la crainte d'admettre, en même temps, la superstition et le charlatanisme qui pouvaient s'y dissimuler.

Enfin l'orphisme renfermait la croyance en la vie future et en la rémunération des actions, croyance exprimée par des mythes et des images que l'on connaît par Platon et par des inscriptions orphiques retrouvées dans l'Italie méridionale. Il semble que cette partie de la doctrine orphique ait fait une vive impression sur l'esprit d'Euripide et qu'il en ait été préoccupé, même s'il n'a pas été, à proprement parler, un adepte de l'orphisme. On citait souvent dans l'antiquité deux vers du *Polyidos* : « Qui sait si la vie n'est pas la mort, et si, dans les Enfers, la mort n'est pas au contraire regardée comme la vie ? » Il est difficile de ne pas voir là une allusion aux doctrines orphiques. On trouve aussi chez Euripide le calembour orphique cité par Platon avec σῶμα, corps, et σῆμα, tombeau. Maïs, tout en étant préoccupé par ce qu'il y a d'attachant dans les idées orphiques, on ne peut dire qu'il soit un véritable adepte de l'orphisme. On trouve, en effet, dans un fragment du *Phrixos* la même idée que dans le fragment du *Polyidos* cité ci-dessus, mais avec une addition personnelle à Euripide : « Qui sait si ce qu'on appelle la mort n'est pas la vie, et si la vie au contraire n'est pas la mort ? Il y a cependant cette différence : ceux d'entre les mortels qui voient la lumière du jour, souffrent ; tandis que ceux qui sont morts, ne souffrent pas et n'éprouvent aucun mal. »

Telle est l'idée à laquelle se rallie Euripide, et il l'exprime souvent. Il croit qu'à la mort les éléments reviennent à leur origine primitive, et que le νοῦς, ayant une origine supérieure aux éléments physiques, retourne à l'éther. Euripide admet donc une survie, mais non une survivance individuelle et consciente. Il dit dans *Hélène* qu'après la mort l'esprit des hommes ne vit plus, mais que la pensée est absorbée dans l'immortel. C'est donc à une sorte de panthéisme qu'Euripide finit par aboutir.

M. G.

Le Gérant : FRANCK GAUTRON.

POITIERS. — SOCIÉTÉ FRANÇAISE D'IMPRIMERIE.

DIX-HUITIÈME ANNÉE (2ᵉ série)   N° 24   28 AVRIL 1910.

REVUE HEBDOMADAIRE

DES

COURS ET CONFÉRENCES

DIRECTEUR : N. FILOZ

Origines françaises du romantisme.

Cours de M. ÉMILE FAGUET,

Professeur à l'Université de Paris.

Le pessimisme chez Musset (*suite*) et de Vigny.

Musset s'est occupé du pessimisme, au point de vue philoso-phique, dans deux pièces : la *Lettre à Lamartine* et l'*Espoir en Dieu*.

Je commence par la première : d'abord, parce que, chronologi-quement, elle est antérieure ; ensuite, parce que, la pièce étant moitié sentimentale et moitié philosophique, il sera intéressant de voir par quel chemin Musset en arrive à traiter la question du pessimisme. Il débute par une élégie : il a aimé, dit-il, il a été trahi, il a souffert ; mais, au milieu de son désespoir, quand il était au seuil du suicide, il a songé à Lamartine, c'est-à-dire à l'homme qui, pour la génération de 1830, représente l'espoir en Dieu lui-même et l'optimisme. Lamartine a souffert comme moi, se dit le poète, et Lamartine a espéré :

> Lamartine, c'est là, dans cette rue obscure...
> Assis sur une borne, au fond d'un carrefour,
> Les deux mains sur mon cœur, et serrant ma blessure,
> Et sentant y saigner un invincible amour ;
>
> C'est là, dans cette nuit d'horreur et de détresse,
> Au milieu des transports d'un peuple furieux
> Qui semblait, en passant, crier à ma jeunesse :
> « Toi qui pleures ce soir, n'as-tu pas ri comme eux ? »

19

> C'est là, devant ce mur où j'ai frappé ma tête,
> Où j'ai posé deux fois le fer sur mon sein nu ;
> C'est là, le croiras-tu ? chaste et noble poète,
> Que de tes chants divins je me suis souvenu.

Dans son désespoir, un vague sentiment d'espérance l'a retenu ; et c'est dans cette disposition d'esprit qu'il a envisagé le problème du mal sur la terre :

> O poète ! il est dur que la nature humaine,
> Qui marche à pas comptés vers une fin certaine,
> Doive encor s'y traîner en portant une croix,
> Et qu'il faille, ici-bas, mourir plus d'une fois.
>
> Car de quel autre nom peut s'appeler sur terre
> Cette nécessité de changer de misère,
> Qui nous fait, jour et nuit, tout prendre et tout quitter,
> Si bien que notre temps se passe à convoiter ?...

Remarquez, dans cette pièce, combien ces hommes, qui ne sont qu'hommes de sentiment, finissent cependant par trouver des formules précises de leur pensée...

> Ne sont-ce pas des morts et des morts effroyables
> Que tant de changements d'êtres si variables,
> Qui se disent toujours fatigués d'espérer,
> Et qui sont toujours prêts à se transfigurer ?
> Quel tombeau que le cœur et quelle solitude !
> Comment la passion devient-elle habitude
> Et comment se fait-il que, sans y trébucher,
> Sur ses propres débris l'homme puisse marcher ?
> Il y marche pourtant, c'est Dieu qui l'y convie...

Nous voilà au cœur de la question ; il y a un piège de la nature : notre mal est son œuvre...

> Il va semant partout et prodiguant sa vie :
> Désir, crainte, colère, inquiétude, ennui,
> Tout passe et disparaît, tout est fantôme en lui.
> Son misérable cœur est fait de telle sorte
> Qu'il faut incessamment qu'une ruine en sorte ;
> Que la mort soit son terme, il ne l'ignore pas,
> Et, marchant à la mort, il meurt à chaque pas.
> Il meurt dans ses amis, dans son fils, dans son père,
> Il meurt dans ce qu'il pleure et dans ce qu'il espère ;
> Et, sans parler des corps qu'il faut ensevelir,
> Qu'est-ce donc qu'oublier, si ce n'est pas mourir ?
> Ah ! c'est plus que mourir : c'est survivre à soi-même.
> L'âme remonte au ciel quand on perd ce qu'on aime.
> Il ne reste de nous qu'un cadavre vivant ;
> Le désespoir l'habite et le néant l'attend...

Le mal règne donc dans le monde ; quelle attitude faut-il
conserver ?

> Eh ! bien, bon ou mauvais, inflexible ou fragile,
> Humble ou fier, triste ou gai, mais toujours gémissant,
> Cet homme, tel qu'il est, cet être fait d'argile,
> Tu l'as vu, Lamartine ; et son sang est ton sang,
> Son bonheur est le tien, sa douleur est la tienne ;
> Et, des maux qu'ici-bas il lui faut endurer,
> Pas un qui ne te touche et qui ne t'appartienne ;
> Puisque tu sais chanter, ami, tu sais pleurer.
> Dis-moi, qu'en penses-tu dans tes jours de tristesse ?
> Que t'a dit le malheur, quand tu l'as consulté ?
> Trompé par tes amis, trahi par ta maîtresse,
> Du ciel et de toi-même as-tu jamais douté ?
> Non, Alphonse, jamais. La triste expérience
> Nous apporte la cendre et n'éteint pas le feu.
> Tu respectes le mal fait par la Providence,
> Tu le laisses passer et tu crois à ton Dieu.
> Quel qu'il soit, c'est le mien ; il n'est pas deux croyances.
> Je ne sais pas son nom, j'ai regardé les cieux,
> Je sais qu'ils sont à lui, je sais qu'ils sont immenses,
> Et que l'immensité ne peut pas être à deux.
> J'ai connu, jeune encor, de sévères souffrances ;
> J'ai vu verdir les bois et j'ai tenté d'aimer.
> Je sais ce que la terre engloutit d'espérances
> Et, pour y recueillir, ce qu'il y faut semer.
> Mais, ce que j'ai senti, ce que je veux t'écrire,
> C'est ce que m'ont appris les anges de douleur !
> Je le sais mieux encore et puis mieux te le dire ;
> Car leur glaive, en entrant, l'a gravé dans mon cœur.

Et quelle est cette solution qu'il a trouvée ? Elle est bien banale
et bien générale : c'est que la vie est une épreuve, c'est qu'elle
sera suivie d'une autre vie, c'est, en un mot, que le mal est la
preuve de l'immortalité de l'âme :

> Créature d'un jour qui t'agites une heure,
> De quoi viens-tu te plaindre et qui te fait gémir ?
> Ton âme t'inquiète, et tu crois qu'elle pleure :
> Ton âme est immortelle et tes pleurs vont tarir.
>
> Tu te sens le cœur pris d'un caprice de femme,
> Et tu dis qu'il se brise à force de souffrir.
> Tu demandes à Dieu de soulager ton âme :
> Ton âme est immortelle, et ton cœur va guérir.
>
> Le regret d'un instant te trouble et te dévore ;
> Tu dis que le passé te voile l'avenir.
> Ne te plains pas d'hier ; laisse venir l'aurore.
> Ton âme est immortelle, et le temps va s'enfuir.
>
> Ton corps est abattu du mal de ta pensée ;
> Tu sens ton front peser et tes genoux fléchir.

Tombe, agenouille-toi, créature insensée :
Ton âme est immortelle et la mort va venir.

Tes os dans le cercueil vont tomber en poussière,
Ta mémoire, ton nom, ta gloire, vont périr,
Mais non pas ton amour si ton amour t'est chère.
Ton âme est immortelle et va s'en souvenir.

Deux ans après cette lettre, dans l'*Espoir en Dieu*, Musset reprend la question, d'une manière beaucoup plus philosophique ; et cela malheureusement, car, au lieu de s'en tenir aux grandes lignes, aux grands aspects du problème, il a voulu entrer dans une discussion particulière avec les principaux représentants de la pensée philosophique. Si nous détachons de la pièce cette partie, l'*Espoir en Dieu* reste la plus belle chose qui ait été écrite sur ce sujet : l'homme a-t-il à se plaindre du monde ?

Souvenez-vous que nous sommes en 1838 : depuis cinq ans, l'ancienne blessure qui avait si profondément ulcéré le cœur du poète a eu le temps de devenir une cicatrice, déjà assez douce à sentir. L'âme encore endolorie, mais non plus paralysée, Musset cherche à résoudre l'énigme de sa destinée : il se croit d'abord un épicurien, avide de toutes les jouissances ; mais son épicurisme a un reste d'imagination chrétienne, comme Sainte-Beuve a dit de Chateaubriand : il comprend que, depuis le christianisme, on n'a plus le droit d'être épicurien.

Il se trouve alors dans la situation terrible d'un homme qui, ne pouvant réaliser la plénitude de son être par la vie des sens, la cherche dans l'activité de l'esprit et dans l'explication du monde, mais se heurte à un Dieu à la fois injuste et juste, bienveillant et cruel :

Tant que mon faible cœur, encor plein de jeunesse,
A ses illusions n'aura pas dit adieu,
Je voudrais m'en tenir à l'antique sagesse
Qui du sobre Epicure a fait un demi-dieu.
Je voudrais vivre, aimer, m'accoutumer aux hommes,
Chercher un peu de joie et n'y pas trop compter,
Faire ce qu'on a fait, être ce que nous sommes,
Et regarder le ciel sans m'en inquiéter.

Je ne puis ; malgré moi, l'infini me tourmente.
Je n'y saurais songer sans crainte et sans espoir,
Et, quoi qu'on en ait dit, ma raison s'épouvante
De ne pas le comprendre et pourtant de le voir.
Qu'est-ce donc que ce monde et qu'y venons-nous faire,
Si, pour qu'on vive en paix, il faut voiler les cieux ?
Passer comme un troupeau, les yeux fixés à terre,
Et renier le reste, est-ce donc être heureux ?

Non, c'est cesser d'être homme et dégrader son âme.
Dans la création le hasard m'a jeté :
Heureux ou malheureux, je suis né d'une femme,
Et je ne puis m'enfuir hors de l'humanité...

Deux chemins s'ouvrent alors à l'homme saisi d'une telle angoisse :

Que faire donc ? « Jouis, dit la raison païenne;
Jouis et mœurs ; les dieux ne songent qu'à dormir.
— Espère seulement, répond la foi chrétienne,
Le ciel veille sans cesse, et tu ne peux mourir. »
Entre ces deux chemins, j'hésite et je m'arrête.
Je voudrais, à l'écart, suivre un plus doux sentier.
Il n'en existe pas, dit une voix secrète ;
En présence du ciel, il faut croire ou nier.
Je le pense, en effet ; les âmes tourmentées
Dans l'un et l'autre excès se jettent tour à tour.
Mais les indifférents ne sont que des athées.
Ils ne dormiraient plus, s'ils doutaient un seul jour.
Je me résigne donc, et, puisque la matière
Me laisse dans le cœur un désir plein d'effroi,
Mes genoux fléchiront ; je veux croire et j'espère.
Que vais-je devenir et que veut-on de moi ?...

Les terreurs de l'être faible devant les rigueurs du christianisme ascétique n'ont jamais été plus fortement exprimées...

Me voilà dans les mains d'un Dieu plus redoutable
Que ne sont, à la fois, tous les maux d'ici-bas ;
Me voilà seul, errant, fragile et misérable,
Sous les yeux d'un témoin qui ne me quitte pas :
Il m'observe, il me suit. Si mon cœur bat trop vite,
J'offense sa grandeur et sa divinité.
Un gouffre est sous mes pas : si je m'y précipite,
Pour expier une heure, il faut l'éternité.
Mon juge est un bourreau qui trompe sa victime.
Pour moi, tout devient piège et tout change de nom ;
L'amour est un péché, le bonheur est un crime
Et l'œuvre des sept jours n'est que tentation !
Je ne garde plus rien de la nature humaine ;
Il n'existe pour moi ni vertu ni remord.
J'attends la récompense et j'évite la peine ;
Mon seul guide est la peur, et mon seul but la mort.
On me dit cependant qu'une joie infinie
Attend quelques élus. — Où sont-ils, ces heureux ?
Si vous m'avez trompé, me rendrez-vous la vie ?
Si vous m'avez dit vrai, m'ouvrirez-vous les cieux ?
Hélas ! ce beau pays dont parlaient vos prophètes,
S'il existe là-haut, ce doit être un désert.
Vous les voulez trop purs, les heureux que vous faites
Et, quand leur joie arrive, ils en ont trop souffert.

Je suis seulement homme, et ne veux pas moins être
Ni tenter davantage...

Ne pouvant être chrétien, effrayé par une religion si exigeante
et si haute, le poète retombe de l'autre côté ; mais l'abominable
dégoût qu'il éprouve à se voir engagé dans une voie trop molle
le rejette de l'épicurisme au christianisme :

> A quoi donc m'arrêter ?
> Puisque je ne puis croire aux promesses du prêtre,
> Est-ce l'indifférent que je vais consulter ?
> Si mon cœur, fatigué du rêve qui l'obsède,
> A la réalité revient pour s'assouvir,
> Au fond des vains plaisirs que j'appelle à mon aide,
> Je trouve un tel dégoût que je me sens mourir.
> Aux jours même où parfois la pensée est impie,
> Où l'on voudrait nier pour cesser de douter,
> Quand je posséderais tout ce qu'en cette vie,
> Dans ses vastes désirs, l'homme peut convoiter ;
> Donnez-moi le pouvoir, la santé, la richesse,
> L'amour même, l'amour le seul bien d'ici-bas !
> Que la blonde Astarté, qu'idolâtrait la Grèce,
> De ses îles d'azur sorte en m'ouvrant les bras ;
> Quand je pourrais saisir dans le sein de la terre
> Les secrets éléments de sa fécondité,
> Transformer à mon gré la vivace matière,
> Et créer pour moi seul une unique beauté ;
> Quand Horace, Lucrèce et le vieil Epicure,
> Assis à mes côtés, m'appelleraient heureux,
> Et quand ces grands amants de l'antique nature
> Me chanteraient la joie et le mépris des dieux,
> Je leur dirais à tous : « Quoi que nous puissions faire,
> Je souffre, il est trop tard ; le monde s'est fait vieux.
> Une immense espérance a traversé la terre.
> Malgré nous, vers le ciel, il faut lever les yeux ! »

Après cette belle méditation, où Musset fait clairement voir les
deux aspects de sa pensée, il s'adresse aux divers philosophes
modernes, qu'il a peu ou mal lus, et arrive à cette conclusion :
nous n'avons qu'à prier...

> Maintenant que vos corps sont réduits en poussière,
> J'irai m'agenouiller pour vous sur vos tombeaux.
> Venez, rhéteurs païens, maîtres de la science,
> Chrétiens des temps passés et rêveurs d'aujourd'hui ;
> Croyez-moi, la prière est un cri d'espérance !
> Pour que Dieu nous réponde, adressons-nous à lui.
> Il est juste, il est bon ; sans doute il vous pardonne.
> Tous vous avez souffert, le reste est oublié.
> Si le ciel est désert, nous n'offensons personne ;
> Si quelqu'un nous entend, qu'il nous prenne en pitié.

Et voici la prière :

> O toi que nul n'a pu connaître,
> Et n'a renié sans mentir,
> Réponds-moi, toi qui m'as fait naître,
> Et demain me feras mourir.
>
> Puisque tu te laisses comprendre,
> Pourquoi fais-tu douter de toi ?
> Quel triste plaisir peux-tu prendre
> A tenter notre bonne foi ?
>
> Dès que l'homme lève la tête,
> Il croit t'entrevoir dans les cieux :
> La création, sa conquête,
> N'est qu'un vaste temple à ses yeux.
>
> Dès qu'il redescend en lui-même,
> Il t'y trouve ; tu vis en lui.
> S'il souffre, s'il pleure, s'il aime,
> C'est son Dieu qui le veut ainsi.

Remarquez que ce philosophe superficiel nous donne comme preuves de l'existence de Dieu celles que nous offre Kant : le ciel étoilé sur nos têtes, la conscience dans notre cœur...

> De quelque façon qu'on t'appelle,
> Brahma, Jupiter ou Jésus,
> Vérité, Justice éternelle,
> Vers toi tous les bras sont tendus.
>
> Le dernier des fils de la terre
> Te rend grâces du fond du cœur,
> Dès qu'il se mêle à sa misère
> Une apparence de bonheur.
>
> . . . .
>
> Tu n'as rien fait qu'on ne l'admire ;
> Rien de toi n'est perdu pour nous ;
> Tout prie, et tu ne peux sourire
> Que nous ne tombions à genoux...

S'il en est ainsi, pourquoi avoir créé le mal, pourquoi cette dualité du mal et du bien ?

> Pourquoi donc, ô Maître suprême,
> As-tu créé le mal si grand
> Que la raison, la vertu même,
> S'épouvantent en le voyant ?
>
> Lorsque tant de choses sur terre
> Proclament la Divinité

Et semblent attester d'un père
L'amour, la force et la bonté,

Comment; sous la sainte lumière,
Voit-on des actes si hideux,
Qu'ils font expirer la prière
Sur les lèvres des malheureux ?

Si ce monde imparfait est condamné à la douleur, pourquoi lui
avoir laissé entrevoir l'infini ? Que Dieu se voile complètement,
et nous serons des brutes, sans souffrance ; ou qu'il se découvre
pour que nous ne doutions plus :

Pourquoi laisser notre misère
Rêver et deviner un Dieu ?
Le doute a désolé la terre ;
Nous en voyons trop ou trop peu.

Si ta chétive créature
Est indigne de t'approcher,
Il fallait laisser la nature
T'envelopper et te cacher.

.   .   .   .

Mais, si nos angoisses mortelles
Jusqu'à toi peuvent parvenir,
Si dans les plaines éternelles
Parfois tu nous entends gémir,

Brise cette voûte profonde
Qui couvre la création ;
Soulève les voiles du monde,
Et montre-toi, Dieu juste et bon !

Tu n'apercevras sur la terre
Qu'un ardent amour de la foi,
Et l'humanité tout entière
Se prosternera devant toi.

Les larmes qui l'ont épuisée
Et qui ruissellent de ses yeux,
Comme une légère rosée,
S'évanouiront dans les cieux.

Nous voyons, par cette conclusion, que Musset, comme les
autres romantiques, a pu avoir ses moments de pessimisme, mais
qu'en définitive sa pensée aboutit à un véritable optimisme.

J'en arrive à de Vigny qui, lui, a été nettement pessimiste ;
mais je vous fais remarquer, tout de suite, que son pessimisme
ne relève pas du tout de Rousseau, et son cas prouve combien est
inexacte la définition qui fait du romantisme le rousseauisme.

Avant une date qui est assez difficile à fixer et qui flotte entre 1833 et 1836, date de la pleine maturité de sa pensée, de Vigny n'a écrit qu'une pièce où se puisse relever une trace de pessimisme : c'est une pièce de jeunesse, *le Malheur*, très faible et que je ne vous signale que comme document ; elle prouve qu'il serait erroné de croire que le pessimisme de Vigny ne date que de *Stello* :

> Où fuir ? Sur le seuil de ma porte,
> Le Malheur, un jour, s'est assis...

Ecrite en 1820, la pièce a un caractère très désespéré.

Dans les années suivantes, la pensée de Vigny s'oriente vers une misanthropie particulière. Sans croire précisément que les hommes soient mauvais, il les dit mauvais à l'égard de tous ceux qui les dépassent par le cœur ou par l'intelligence. Dès 1822, c'est l'idée de *Moïse*. En 1832, dans *Stello*, se marque encore plus cette tendance obsédante : les grands hommes souffrent, voyez par exemple Chatterton, Gilbert, Chénier. Dans *Grandeur et Servitude militaires*, de Vigny applique à l'homme de guerre ce qu'il avait précédemment dit de l'homme de lettres, du poète. La conclusion à laquelle il aboutit est que l'homme supérieur doit supporter la peine d'être au-dessus de la foule et qu'il doit pratiquer une vertu particulière : l'abnégation. Mais il ne s'en tient pas là : sa misanthropie trouve un élargissement philosophique dans le pessimisme.

Les principales pièces où s'exprime cette philosophie si âpre sont *la Maison du Berger*, *le Mont des Oliviers*, *la Mort du Loup* et *les Destinées*, toutes pièces dont l'admirable *Journal d'un poète* est l'aboutissement et l'éloquent commentaire.

Je vous ai déjà parlé de *la Maison du Berger* ; vous savez ce qu'y dit de Vigny sur l'état général de l'humanité :

> Les peuples, tout enfants, à peine se découvrent...

C'est après avoir ainsi jugé les hommes, qu'il laisse éclater son horreur de la nature, où il ne trouve pas le refuge qui s'ouvrait à Rousseau et à Chateaubriand. Il dit nettement qu'il hait cette nature cruelle, qui avoue son indifférence altière pour les créatures :

> C'est là ce que me dit sa voix, et superbe...

Rien n'est plus curieux que cette manière d'échapper à la misanthropie par le pessimisme lui-même.

Il arrive, d'ailleurs, souvent qu'une idée aboutisse à son contraire. Le poète considère la nature comme abominable, et la hait. Mais il a besoin d'amour et surtout d'aimer. Qui donc aimera-t-il ? Précisément tout ce qui est l'opposé de la nature, ce qui passe tandis qu'elle dure, ce qui est éphémère quand elle est éternelle : les hommes. De Vigny s'évade ainsi de la nature dans l'humanité ; et nous sommes amenés à ce résultat singulier, qu'à un vers du pessimiste de Vigny nous pouvons opposer un vers du pessimiste Leconte de Lisle, vers qui exprime une idée diamétralement différente.

> Qu'est-ce que tout cela qui n'est pas éternel ?

demande Leconte de Lisle. — C'est parce que cela n'est pas éternel et passe, que je l'aime, dit de Vigny.

En tout cas, nous aurons à retenir, aujourd'hui, que c'est par son pessimisme même qu'Alfred de Vigny revient de la misanthropie à l'amour de l'humanité.

M. W.

La « République » de Platon.

Cours de M. ALFRED CROISET,

Doyen de la Faculté des Lettres de l'Université de Paris.

Pourquoi les poètes, et en particulier Homère, sont de mauvais éducateurs de la jeunesse.

Les poèmes d'Homère et d'Hésiode, sans être pour les Grecs des livres sacrés, des livres religieux à proprement parler, étaient cependant regardés par l'immense majorité comme dignes de foi ; on les considérait comme renfermant la vérité, vérité que la Muse, sinon la Divinité, avait inspirée ; et c'est pour cela que Platon s'est scandalisé de leurs récits ; de là, sa querelle, son animosité contre les poètes, contre Homère et Hésiode tout les premiers, puisque ce sont eux qui ont, en quelque sorte, constitué la science des Grecs, et que les autres n'ont fait que répéter plus ou moins leurs histoires. Donc, pour ses « phulakès », gardiens de la cité idéale, Platon ne veut pas de cette éducation ordinaire fondée sur la lecture des poètes.

Après ces observations de début, nous pouvons entrer dans l'étude des détails et voir de plus près quels sont les principaux reproches que Platon adresse aux auteurs de ces inventions poétiques. L'intérêt d'une pareille étude est double : car, en même temps que nous voyons les critiques sérieuses du philosophe, nous pouvons, par contraste, restituer l'idéal moral qu'il a conçu lui-même ; nous serons frappés de toute la grande et sévère beauté de cet idéal.

Ces récits d'Homère et d'Hésiode concernent tout d'abord les dieux et les héros, et aussi, d'une manière moins directe et moins importante, l'ensemble des hommes, personnages ordinaires de l'*Iliade* et de l'*Odyssée*. Platon commence par les premiers, les dieux et les héros ; car c'est, à ses yeux comme aux yeux de tous les Grecs, la chose la plus importante. Son premier reproche est celui-ci : les dieux sont sans cesse considérés dans ces poèmes comme la cause de tout le mal, de tous les malheurs qui arrivent aux hommes ; cela devait particulièrement heurter la pensée d'un philosophe pour qui la divinité est essentiellement juste. Platon est scandalisé d'une telle immoralité ; chez lui, l'idée de la perfec-

tion morale est partout, idée. importante, neuve et rare encore
en Grèce. Cependant on ne peut pas dire qu'elle n'ait jamais
existé avant lui ; en remontant à travers les siècles, on saisirait
certainement quelques traces de cette tendance à identifier
la notion de la divinité avec celle d'une perfection morale
d'essence supérieure à la nature humaine, et cela dès Homère
lui-même. Mais, en général, chez le poète, les dieux ne sont
que des hommes plus puissants, des hommes moins moraux
souvent que les hommes eux-mêmes, et cette conception d'Homère était d'ailleurs tout à fait en rapport avec la pensée de
son temps. Si les dieux s'abandonnent si facilement à la colère
et à la vengeance, c'est que, possédant la toute-puissance, ils sont
au-dessus de la « némésis », ils n'en ont que faire, et alors,
n'ayant rien à craindre, naïvement, simplement ; ils s'adonnent à la violence, satisfont toutes leurs passions sans frein ni
scrupule. Il est assez curieux de voir des divinités.considérées de
tout temps comme la personnification de la sagesse même ou de
la dignité, telles Athéna ou Héra, figurer parmi les plus cruelles,
les plus emportées ; dans certains chants de l'*Iliade*, elles s'abandonnent à la vengeance, à la colère, froidement et follement.
Voilà les dieux, tels qu'on se les imaginait; cependant, nous l'avons
dit, même chez Homère, il y a des traces de sentiments différents ;
la conscience humaine a déjà certains scrupules. Par exemple,
à propos de ce premier reproche que Platon adresse aux dieux
homériques d'être la cause de tous les malheurs des hommes,
d'être, en un mot, les véritables malfaiteurs de l'humanité, il est
remarquable de voir, au début même de l'*Odyssée*, Zeus parler
comme parlera Platon et se plaindre que les hommes imputent
toujours aux dieux les malheurs dont ils sont accablés : ils ont
tort, dit-il, de voir en nous les auteurs de leurs maux ; c'est leur
sottise qu'il leur faut accuser, car il y a toujours un lien entre la
faute commise et la peine qui doit suivre. Ainsi, par la bouche de
Zeus, les dieux se justifient d'avance du reproche que Platon
va leur adresser ; mais cela est tout à fait exceptionnel, et les
dieux, en général, ne suivent que leurs caprices, même les plus
malfaisants.

Ensuite Platon s'en prend au mythe, naïf et à la fois si poétique, des deux tonneaux, des deux jattes placées à la porte du
palais de Zeus et remplies des destinées humaines, l'une renfermant les destinées heureuses et l'autre les infortunes :

« Il ne faut pas admettre, dit Socrate, l'erreur d'Homère ou de
tout autre poète assez insensé pour blasphémer contre les dieux
et dire que :

« Dans le palais de Zeus, il y a deux tonneaux pleins, l'un des
« destinées heureuses, l'autre des destinées malheureuses »,
et que, lorsque Zeus les verse ensemble sur un mortel, « sa vie
« est mêlée de bons et de mauvais événements » ; mais que, lorsqu'il ne verse sur un homme que le second, « le malheur le poursuit partout ». Enfin, il ne faut pas non plus croire que « Zeus
soit le distributeur des biens et des maux ».

Il ressort, en effet, de tout cela qu'aucune idée de justice ne
présidait à cette distribution, que, seul, le pur hasard faisait que
Zeus plongeait la main dans un tonneau ou dans l'autre ; rien de
plus inique et de plus immoral, rien de moins conforme enfin à
l'idée que Platon se faisait de la divinité.

Voici encore un autre exemple, mais emprunté aux poètes tragiques ; ils ont, nous le savons, souvent corrigé eux-mêmes les
légendes qui ne leur semblaient plus répondre aux exigences de
la conscience contemporaine ; mais, souvent aussi, ils ont conservé les vieilles traditions, témoin ces deux vers d'Eschyle que
Socrate réprouve :

« C'est la divinité qui engendre le mal pour les mortels, lorsqu'il
« lui plaît de ruiner une famille de fond en comble. »

Dans le texte, ces vers sont très beaux ; mais, à les prendre au
pied de la lettre, combien défavorables à l'idée de la morale ! De
telles conceptions, jugées au point de vue d'une morale sévère et
consciente comme celle de Platon, sont tout à fait inadmissibles.

Nous passons maintenant à un autre reproche, plus délicat et
qui vise les nombreuses métamorphoses que l'on trouve dans les
poèmes homériques. Les Grecs, en effet, voient la divinité partout ; le surnaturel pour eux ne se distingue pas du naturel, de la
nature ; mais, d'ordinaire, ces dieux qui se mêlent sans cesse
aux hommes et à leurs actions, qui les surveillent de leur palais
aérien de l'Ida, qui interviennent dans leurs batailles, ces dieux
ne se produisent pas sous leur forme propre et dans toute la majesté de la puissance divine. Pourquoi cela ? La raison principale,
semble-t-il, c'est que l'esprit grec répugne au fantastique, et que
si, dans telle occasion, la présence du dieu est indubitable, c'est
sous une forme que les yeux du corps ne sauraient aisément discerner : Iris, par exemple, intervient sous la forme d'un oiseau, de
telle façon qu'on ne puisse pas la reconnaître et que cette métamorphose ne trouble pas l'ordre des choses. Car il faut encore noter
ici l'influence de cet instinct si particulier aux Grecs, l'instinct
de la belle harmonie universelle, le sentiment du bel ordre, du
« kosmos », que risqueraient de troubler ces apparitions divines,

si les dieux n'usaient de ces métamorphoses. N'oublions pas aussi
que les dieux se sont quelquefois manifestés aux mortels dans tout
l'éclat de leur puissance ; mais cela est très dangereux pour ces
derniers: l'homme est ébloui par cette vue et risque d'en mourir,
à moins d'une bienveillance divine très rare. Voilà qui explique
que, dans l'*Iliade*, les mêmes mots reviennent toujours, quand le
poète raconte l'apparition d'une divinité à quelque héros qu'elle
protège : « Celui-ci fut frappé d'épouvante ». Le héros est toujours
frappé d'épouvante, et il faut que le dieu le rassure pour que cet
émoi disparaisse et qu'il reprenne courage. Aussi, pour éviter ces
manifestations dangereuses, les dieux usent-ils d'un autre moyen :
ils se dissimulent sous une forme que les hommes ne peuvent
ordinairement reconnaître, sauf quelques rares intelligences supérieures, qui en ont, seules, conscience et qui reconnaissent, sous
les habits d'un vieillard errant ou sous les haillons d'un mendiant,
un des habitants de l'Olympe visitant la terre. « Les dieux errent
sur les routes », a dit Hésiode. — Pour en revenir au point particulier qui choque Platon, il est donc évident que les métamorphoses divines sont très fréquentes ; les dieux prennent toutes les
formes: ils se déguisent en phénomèmes naturels, en hommes, en
animaux. Nous voyons, dans l'*Iliade*, Thétis apparaître à son fils
qui pleure la mort de Patrocle, sous la forme d'une nuée légère,
à travers laquelle seuls les yeux d'Achille peuvent reconnaître la
présence de la déesse. Dans ces diverses fictions, on trouve à la
fois un réalisme ennemi du fantastique et l'imagination la plus
poétique : ce n'est pas leur moindre charme. Mais, dit Platon par
la bouche de Socrate, pourquoi les dieux changeraient-ils d'aspect? Ils ne peuvent changer en mieux, puisque, par leur nature
divine, ils ont toute perfection de beauté et de vertu ; ils consen-
tiraient donc à prendre une forme moins belle ? Mais n'est-ce pas
là s'humilier, s'abaisser étrangement ? Aussi Platon repousse-t-il
toutes ces légendes, qui ne peuvent que diminuer la divinité. Et
nous en sommes un peu surpris, nous modernes, qui avons goûté
le charme des *Métamorphoses* d'Ovide : car toutes ces fictions
parlent à notre imagination et l'enchantent: c'est un plaisir de
lettrés, de curieux. Mais représentons-nous la pensée d'un Platon,
replaçons-nous à son époque, en plein IV siècle, et nous comprendrons aisément que ce grand philosophe ait été scandalisé
de ce qui nous paraît aujourd'hui si poétique et si gracieux.
Pour montrer combien il en est choqué, Socrate prend encore
quelques exemples de ces métamorphoses des dieux. Voici un
passage de l'*Odyssée*:

« Les dieux, prenant la ressemblance d'étrangers, de voyageurs,

si les dieux n'usaient de ces métamorphoses. N'oublions pas aussi
que les dieux se sont quelquefois manifestés aux mortels dans tout
l'éclat de leur puissance ; mais cela est très dangereux pour ces
derniers : l'homme est ébloui par cette vue et risque d'en mourir,
à-moins d'une bienveillance divine très rare. Voilà qui explique
que, dans l'*Iliade*, les mêmes mots reviennent toujours, quand le
poète raconte l'apparition d'une divinité à quelque héros qu'elle
protège : « Celui-ci fut frappé d'épouvante ». Le héros est toujours
frappé d'épouvante, et il faut que le dieu le rassure pour que cet
émoi disparaisse et qu'il reprenne courage. Aussi, pour éviter ces
manifestations dangereuses, les dieux usent-ils d'un autre moyen :
ils se dissimulent sous une forme que les hommes ne peuvent
ordinairement reconnaître, sauf quelques rares intelligences supérieures, qui en ont, seules, conscience et qui reconnaissent, sous
les habits d'un vieillard errant ou sous les haillons d'un mendiant,
un des habitants de l'Olympe visitant la terre. « Les dieux errent
sur les routes », a dit Hesiode. — Pour en revenir au point particulier qui choque Platon, il est donc évident que les métamorphoses divines sont très fréquentes ; les dieux prennent toutes les
formes : ils se déguisent en phénomèmes naturels, en hommes, en
animaux. Nous voyons, dans l'*Iliade*, Thetis apparaître à son fils
qui pleure la mort de Patrocle, sous la forme d'une nuée légère,
à travers laquelle seuls les yeux d'Achille peuvent reconnaître la
présence de la déesse. Dans ces diverses fictions, on trouve à la
fois un réalisme ennemi du fantastique et l'imagination la plus
poétique : ce n'est pas leur moindre charme. Mais, dit Platon par
la bouche de Socrate, pourquoi les dieux changeraient-ils d'aspect ? Ils ne peuvent changer en mieux, puisque, par leur nature
divine, ils ont toute perfection de beauté et de vertu ; ils consen-
tiraient donc à prendre une forme moins belle ? Mais n'est-ce pas
là s'humilier, s'abaisser étrangement ? Aussi Platon repousse-t-il
toutes ces légendes, qui ne peuvent que diminuer la divinité. Et
nous en sommes un peu surpris, nous modernes, qui avons goûté
le charme des *Métamorphoses* d'Ovide ; car toutes ces fictions
parlent à notre imagination et l'enchantent : c'est un plaisir de
lettrés, de curieux. Mais représentons-nous la pensée d'un Platon,
replaçons-nous à son époque, en plein IVe siècle, et nous comprendrons aisément que ce grand philosophe ait été scandalisé
de ce qui nous paraît aujourd'hui si poétique et si gracieux.
Pour montrer combien il en est choqué, Socrate prend encore
quelques exemples de ces métamorphoses des dieux. Voici un
passage de l'*Odyssée* :

« Les dieux, prenant la ressemblance d'étrangers, de voyageurs,

« des déguisements de toute espèce, circulent sans cesse à travers
« les villes des hommes. »

Quel métier pour des dieux, s'écrie le philosophe, de parcourir
ainsi la terre ! Un autre poète, maintenant, nous montre Héra
prenant la figure d'une prêtresse et mendiant pour les enfants du
fleuve Inachos ! Platon critique encore toutes ces histoires, que
l'on raconte aux enfants, sur les dieux qui errent la nuit et dont on
leur fait des espèces de croquemitaines ; cela, comme le reste, est
indigne de la divinité, et les poètes sont des menteurs lorsqu'ils
nous la représentent ainsi. Mais les dieux eux-mêmes mentent sans
cesse chez ces poètes, — et Platon ne peut s'empêcher de protester ; — les dieux font de fausses promesses, ils mentent pour faire
le mal. Quelle idée extraordinaire que de faire mentir un dieu !
Pourquoi mentiraient-ils donc ? Auraient-ils quelque avantage
personnel à le faire ? Ne sentent-ils pas, comme les hommes, tout
ce qu'il y a de bas, d'odieux, dans le mensonge ? Cela est inadmissible, et que doit-on penser alors des poètes qui les font couramment mentir ? Socrate cite, à ce propos, un fort beau passage
d'Eschyle, dans les *Noces de Thétis et de Pélée*, tragédie perdue,
où Thétis parle en ces termes :

« Apollon vint lui-même me prédire le bonheur de ma mater-
« nité ; il m'avait promis des enfants exempts de maladie et qui
« parviendraient à la vieillesse heureuse. Après m'avoir annoncé
« avec complaisance un sort aimé des dieux, il applaudit à ma
« félicité... et j'ai cru que sa bouche était incapable de proférer
« le mensonge, cette bouche des lèvres de laquelle est sorti l'art
« de la divination. Et cependant ce dieu qui a chanté mon bonheur
« et, témoin de mon hymen, m'annonça un sort si digne d'envie,
« c'est lui, lui qui est l'auteur du meurtre de mon fils ! »

Ce passage est un de ceux qui scandalisent le plus Platon ; cela
est assez naturel, puisque les Grecs croyaient encore à ces légendes.

Mais il n'y a pas que l'image des dieux qui soit, à ses yeux, choquante dans les fictions des poètes : il y a aussi les images des
héros, en qui on était tout disposé à voir la représentation des
plus hauts faits de la vie d'un homme. — Nous arrivons ainsi au
troisième livre de *la République*. — Si nous examinons donc les
actes des héros, que de choses trouvons-nous qui sont indignes
d'hommes véritablement sages ! Des reproches que leur adresse
Socrate, les uns sont très naturels et bien de son temps ; les
autres, au contraire, sont vraiment nouveaux et vont au delà de la
pensée courante, dépassant les idées ordinaires de ses contemporains même les mieux cultivés.

Socrate blâme d'abord les poètes de nous représenter des héros
qui pleurent et se plaignent sans cesse. Voilà de beaux modèles
à proposer à nos *phulâkès* ! Et ils sont nombreux, dans l'épopée
homérique, les exemples de héros qui se lamentent et gémissent.
Ne les voit-on pas toujours effrayés de la mort, ces grands héros,
parce qu'ils se font de l'autre vie une idée fausse et redoutable ?
A Achille lui-même, au guerrier valeureux, ne fait-on pas tenir
dans l'*Odyssée* (VI, la Nêkuia) ce langage :

« J'aimerais mieux servir comme esclave ou laboureur chez un
« homme esclave lui-même et pauvre et vivant du travail de ses
« mains, que de régner sur tous les morts ? »

Voilà une pensée qui paraît à Platon abominable et indigne
du héros à qui le poète l'attribue.

De même nous écarterons toutes ces descriptions lamentables
du royaume des morts, « séjour de ténèbres et d'horreur profonde, redouté des dieux eux-mêmes » ; nous écarterons ce que
disent les poètes sur la mort même des héros, sur la faiblesse de
leur âme au moment où elle quitte leur corps. On ne saurait, par
exemple, prêter à ce même Achille dès paroles comme celles-ci :

« Certes, il ne reste plus, dans la demeure d'Hadès, qu'une
« image, un fantôme de nous, une âme privée de sentiment et de
« raison » ;

Ou encore :

« A Tirésiás seul il a été donné de garder son intelligence ; les
« autres ne sont que des ombres qui errent... »

Un autre détail frappe encore Platon ; c'est ce murmure, ce
bruissement que font, dit-on, entendre les âmes dans l'Hadès

« Son âme, telle une vapeur légère, s'enfuit sous terre, en fai-
« sant entendre un bruissement ».

Et ailleurs :

« Comme des papillons nocturnes, les âmes s'en allaient avec
« un léger bruissement... »

Tout cela, ce sont des inventions ; le philosophe les repousse et
il s'indigne encore une fois qu'on ose représenter, chez des héros,
c'est-à-dire chez des hommes vaillants et braves, supérieurs à
l'humanité commune, cette crainte puérile de la mort, et il trouve
là l'occasion d'une nouvelle sortie contre toutes ces histoires
terribles de Cocyte, de Styx, d'Enfers, de mânes, détestables à
entendre aussi bien pour les hommes que pour les enfants.
Toutes ces fictions étant acceptées par la plupart de ses contemporains, nous comprenons fort bien l'indignation de Platon.
Après cette crainte et cette horreur de la mort, les plaintes perpétuelles des héros ne sont pas moins répréhensibles à ses yeux ;

il faut laisser les pleurs et les gémissements aux femmes, et encore aux femmes ordinaires et lâches ; les héros ne doivent pas gémir et pleurer. N'est-ce pas une honte de nous représenter, par exemple (*Iliade*, XXIV), le fils d'une déesse, Achille, pleurant la mort de Patrocle :

« Tantôt couché sur le côté, ou sur le dos ou la face contre terre ; « tantôt errant sur le rivage de la mer, en proie à la douleur ; « puis tout à coup se levant et errant, dans un profond chagrin, « comme un fou, sur les bords de la mer immense. »

Et lorsque Priam pleure ses morts, n'est-ce pas choquant de le voir s'approcher de ses guerriers, se rouler dans la poussière, les appeler l'un après l'autre, les suppliant, à leurs pieds, lui le roi presque égal aux dieux ?

De même encore, lorsque la déesse Thétis pleure la mort de son fils, et bien d'autres exemples du même genre... Tout cela est indigne des héros, ne saurait former que des âmes pusillanimes, et toutes ces plaintes ne sont pas plus dignes de la gravité du philosophe. Remarquons, dès maintenant, chez Platon, cette idée, que nous verrons plus tard se dégager avec le Stoïcisme, de la sérénité du philosophe, de sa grandeur d'âme, idée que l'on trouve partout chez Plutarque et qui a créé le type même du « héros de Plutarque ». Ainsi, chez Platon, nous rencontrons, déjà très nettement exprimée, cette conception de la sérénité qui doit convenir au sage, conception d'ailleurs répandue dans une élite, mais assez restreinte, de la société athénienne. Thucydide, par exemple, n'avait pas manqué de signaler chez Périclès cette sérénité, cette parfaite égalité d'âme dans la fortune aussi bien qu'au milieu des désastres, cette dignité enfin de l'homme qui se possède véritablement lui-même et dont l'âme s'élève au dessus des choses contingentes. Mais, avec Platon, cette idée, en quelque sorte latente, prend la forme d'une théorie, et l'on prévoit qu'elle aboutira plus tard à la conception des grands hommes, tels que nous les présentera Plutarque.

Voici encore un reproche plus général à l'adresse d'Homère : on voit, chez lui, les dieux et, à plus forte raison, les héros manquer trop souvent de ce que nous appelons la tenue. Ils ne sont pas maîtres de leur rire ; et, plus d'une fois, le poète nous montre ce rire excessif, ce rire inextinguible des Olympiens ; combien cela n'est-il pas puéril ! Les dieux rient à gorge déployée en voyant Vulcain claudicant courir de table en table dans la salle du festin, et, dans une scène plus hardie et plus aventureuse de l'*Odyssée*, lorsque ce même Vulcain, ayant surpris Mars en conversation amoureuse avec Vénus, enserre les coupables dans un filet métal-

lique et appelle les dieux ; ceux-ci accourent et, à ce spectacle, se
livrent à de formidables éclats de rire. On comprend combien de
tels détails devaient choquer Platon et comme il ne dédaigne pas
de relever minutieusement les scènes qu'il trouve scandaleuses
Il repousse de même la facilité avec laquelle les héros homériques
se prodiguent des épithètes injurieuses. Achille traite Agamemnon
de « visage de chien » et d'ivrogne, en présence même de l'armée
grecque ! Cette naïveté un peu rude avec laquelle Homère nous
peint ces âges héroïques choquait donc quelques esprits cultivés
du IVᵉ siècle, et c'est justement ce qui nous charme. La sincérité
que montre le poète à représenter les mœurs du temps, tout ce
qui donne à son œuvre le sens de la vie, est amèrement critiqué
par Platon. Nous voyons dans ces poèmes la peinture pittoresque
et vivante d'un âge primitif ; les contemporains de Platon étaient
portés à les considérer surtout comme contraires à l'idée de la
morale. Platon adresse d'autres reproches aux héros : ils sont
gourmands ; aux dieux : ils sont prompts à satisfaire leurs passions ; aux héros encore, il reproche leur vénalité, pour laquelle ils
ont d'ailleurs d'augustes exemples, puisque les dieux eux-mêmes
n'y sont pas inaccessibles.

Nous trouvons, maintenant, une allusion à un admirable passage du IXᵉ chant de l'*Iliade* : le récit de l'ambassade qui va
trouver Achille furieux, pour tâcher de le ramener à Agamemnon.
Phénix, son précepteur, lui adresse un discours touchant : il lui
rappelle avec une extrême naïveté les souvenirs de son bas âge,
même les inconvénients matériels de son enfance pour son père
nourricier qui le tenait sur ses genoux ; puis il en vient au sujet
de la querelle, et lui conseille, si on lui donne beaucoup d'argent,
de se réconcilier, sinon et s'il ne trouve pas les présents qu'on lui
porte suffisants, qu'il garde son ressentiment. Platon ne peut
admettre cela ; car, de deux choses l'une : ou c'est Achille qui a tort
dans la querelle, et son devoir est de céder ; ou il a raison, et ce
n'est pas une somme d'argent plus ou moins grande qui peut lui
faire oublier son droit. C'était là cependant une idée universellement admise dans l'humanité primitive, que cette idée de rançon,
de compensation, entre le dommage causé et les biens offerts en
retour. Platon est doublement outré de voir de tels conseils dans
la bouche de Phénix, un précepteur, un «paidagôgos» ! Comment
oser tenir un tel langage à Achille, l'élève de Chiron, du centaure
Chiron, ce demi-dieu, dont les enseignements étaient des
préceptes de sagesse éternelle !

Si nous songeons enfin que, dans tout ce passage, il s'agit
surtout de l'éducation à donner aux gardiens de la cité, nous

comprendrons que l'éducation qu'a reçue Achille paraisse particulièrement abominable à l'auteur de la *République*.

Pour justifier ses reproches, Platon cite dans ce passage (fin
du second livre et début du troisième) une foule de vers admirables ; de sorte que nous sommes pris d'une admiration double
et contradictoire pour la beauté poétique de ces citations et pour
la noblesse de la morale platonicienne.

Mais ce n'est pas tout, et le philosophe estime qu'on peut relever encore chez Homère et Hésiode bien d'autres détails scandaleux. Sans parler des violences perpétuelles de cette société
primitive, il y a cette idée répandue un peu partout dans leurs
poèmes, à savoir que souvent la justice est une mauvaise affaire,
alors que l'injustice est profitable. Que pensera de cela l'homme
qui n'a pas la prétention, lui, de devenir un héros, qui sera simplement un homme ? Qu'en conclura-t-il, sinon que, dans la vie, il
faut se laisser diriger par le seul intérêt ? Or cette idée est tout à
fait incompatible avec le principe même de la *République*, puisque, pour Platon, le véritable bonheur réside dans la justice ; et il
ne peut laisser passer de telles idées, qui sont le contre-pied de
ses principes les plus chers. C'est sur ces derniers reproches que
s'arrête le développement relatif aux poètes ; et, puisque toute
cette poésie est foncièrement mauvaise pour l'éducation des gardiens de la cité platonicienne, quel autre genre de poésie faudra-
t-il leur proposer pour les former ? C'est ce que nous étudierons
dans une prochaine leçon.

M. D... C.

La comédie en France après Molière

Cours de M. AUGUSTIN GAZIER,

Professeur à l'Université de Paris.

Marivaux.

Nous avons vu, dans notre dernière leçon, comment Destouches, diplomate de carrière, grand seigneur homme de lettres, avait obtenu un véritable succès au Théâtre-Français. Ses pièces, intéressantes à la représentation, plaisent davantage encore à la lecture. La critique qui, dès cette époque, commençait à jouer un grand rôle, avait encouragé notre auteur. Destouches avait mis à la mode un genre nouveau de comédie. Ce fut la même que suivit Marivaux, un des rares auteurs du xviiie siècle qu'on joue encore assez souvent, de nos jours, au Théâtre-Français.

Je me propose d'étudier, aujourd'hui, l'homme et l'ensemble de l'œuvre. L'auteur en vaut la peine, et nous lui consacrerons deux leçons. Nous avons, pour l'étudier, une œuvre magistrale : c'est la thèse de M. Gustave Larroumet (1882) ; j'ai pris part personnellement, à cette époque, à la discussion publique de cet ouvrage.

La biographie de Marivaux est des plus simples. Il reste encore en elle des points obscurs ; mais il semble qu'il soit difficile de les éclaircir. Né à Paris, d'une famille aisée de magistrats de finances (1688), il mourut à 76 ans, en 1763, à Paris également, rue Richelieu, non loin de la maison où était mort Molière. Remarquons, dès le début, que Marivaux est né à Paris, que c'est à Paris qu'il a passé la plus grande partie de son existence, c'est-à-dire dans un milieu admirablement propre à faire jaillir la verve comique.

Il possédait de ses parents un petit patrimoine qu'il doubla rapidement dans la rue Quincampoix, grâce au système de Law, le fameux financier qui, à cette époque, fit quelques heureux au milieu de beaucoup de ruines. Il se maria, et une de ses filles eut l'honneur d'être dotée par Louis d'Orléans, fils du Régent. Marivaux n'occupa jamais de fonction publique ; il n'eut jamais à gérer de sinécure. Grâce à ses puissantes protections, il jouissait d'une pension secrète de 3.000 livres, ce qui ferait environ 10.000 francs de notre monnaie.

Marivaux est donc un homme de lettres dans toute la force du

terme. Lié avec Fontenelle, il est admis dans tous les salons,
ceux de Mme de Lambert, de Mme de Tencin, de Mme Geoffrin.
C'était, d'ailleurs, un homme singulier. Jamais il ne s'occupait de
ses affaires ; il était honnête, bon, charitable, ni dévot ni philosophe, mais plutôt ami des dévots. Sur la fin de sa vie, il fut, dit-
on, philosophe chrétien, et on nous le représente se promenant
dans les jardins du Palais-Royal, sans faire attention à tous les
bruits qui l'entourent, absorbé dans la lecture des *Pensées* de
Pascal.

La chronologie de ses œuvres a été établie de la façon la plus rigoureuse par M. Larroumet dans l'appendice de sa thèse. Parcou-
rez-en simplement la liste ; elle est instructive. On y voit combien
Marivaux était mobile, inconstant, paresseux d'esprit ; on y voit
surtout combien ses œuvres sont inégales. On passe d'un chef-
d'œuvre à une pièce sans valeur aucune ; et les œuvres moyennes
abondent.

En 1706, à dix-huit ans, il écrit une pièce, en un acte, en vers,
le Père prudent ou Crispin l'heureux fourbe. Cette comédie
ne fut jamais jouée ; il la fit imprimer seulement en 1712. C'est
une imitation insipide et sans valeur, où l'on retrouve pêle-mêle
des souvenirs de Dancourt, de Regnard et de Lesage. Dans la
période suivante, pendant quatorze ans, il n'écrit aucun drame ;
il s'occupe à faire des romans qui sont aussi insipides que sa
première pièce. Il compose aussi des parodies inexcusables. Tout
le monde se souvenait des travestissements de Scarron. Marivaux
écrit, en 1717, une *Iliade travestie* en douze livres. En 1736, il
composera un *Télémaque travesti.* Scarron amuse pendant dix
vers, puis il fatigue ; Marivaux est, dès le début, insupportable.
En 1720, il donne aux Italiens deux comédies et, au Français, une
tragédie, *Annibal.* Bientôt il abandonne le théâtre et se jette
dans le journalisme.

C'est en 1722 qu'il devient directeur du *Spectateur français,*
journal humoristisque et littéraire, composé à l'image des journaux anglais du même genre et, en particulier, du *Spectator* d'Addison. La feuille était bien faite ; elle eut du succès. Mais Marivaux s'arrête bientôt, on ne sait pas au juste pourquoi. Il revient
au théâtre. Jusqu'en 1730, il donne vingt comédies, le plus
grand nombre aux Italiens : *les Jeux de l'Amour et du Hasard, la
Mère confidente,* etc., sont de cette époque. De 1730 à 1736, il
écrit neuf comédies pour le Français : *les Surprises de l'Amour,
les Serments indiscrets, le Petit Maître corrigé,* etc.

Puis, pendant dix ans, il renonce au théâtre. Il s'occupe alors
de romans : *la Vie de Marianne, le Paysan parvenu,* œuvres

qui sont restées toutes deux inachevées. En 1734, il s'était remis, pour quelque temps, au journalisme, avec *le Cabinet du philosophe*. La feuille parut quinze fois ; puis, comme *le Spectateur français*, elle cessa brusquement, on ne sait pourquoi. — A l'âge de cinquante-cinq ans, il fut élu de l'Académie. Il lut devant l'assemblée de nombreuses réflexions sur les progrès de l'esprit humain, sur la gloire, sur les Romains ou sur les Perses. Il passa ses dernières années sans rien publier.

Nous voyons donc que, jusqu'à l'âge de trente-huit ans, Marivaux n'a encore produit aucune œuvre qui ait vraiment quelque valeur : on trouve même quelques inepties, telles que l'*Iliade travestie* ou le *Télémaque travesti*. Cette dernière n'est pas seulement une ineptie ; elle constitue de plus une indélicatesse, puisqu'elle a été écrite du vivant même de Fénelon, alors en exil.

En 1720, il donne sa tragédie d'*Annibal*. Dans cette étrange pièce, Prusias, Flaminius, Annibal jouent un rôle ; nous retrouvons presque tous les personnages du *Nicomède* de Corneille. Annibal et Flaminius sont tous deux amoureux d'une même princesse, Laonice. Flaminius est préféré à Hannibal, et le héros carthaginois, navré d'avoir perdu celle qu'il aime, se donne la mort avec le poison de sa bague. Ce fut une chute complète. Marivaux, devant cet échec, renonça à tout jamais à la tragédie, et, pendant un certain temps, au théâtre.

Quant aux comédies qu'il commence à donner en 1722 aux Italiens, nous les étudierons dans une prochaine leçon. En 1731, il revient au roman et commence la publication de la *Vie de Marianne* : c'est une œuvre longue comme les romans de La Calprenède ou de Mlle de Scudéry. *Le Paysan parvenu*, comme *la Vie de Marianne*, furent très bien accueillis par le public. Pourquoi Marivaux laissa-t-il donc à d'autres le soin de les terminer ? On ne sait. Il était toujours insouciant et paresseux ; quand il avait commencé une œuvre de longue haleine, il était incapable de l'achever. Il ne pouvait se tracer à l'avance un plan précis, et, quand il s'en était tracé un, il ne pouvait le suivre.

En 1743, — il avait alors cinquante-cinq ans, — il fut nommé membre de l'Académie française. Le cardinal de Tencin, archevêque d'Embrun, le protégeait. C'est grâce à cette haute influence qu'il fut élu, bien que son concurrent ne fût autre que Voltaire. Cette élection avait causé quelque bruit ; sa réception fut un énorme scandale. Le 4 février, lorsque Marivaux prononça le discours d'usage, il se montra d'une platitude extrême : « L'instant où j'appris, disait-il, que j'avais l'honneur d'être élu, me parut l'instant le plus cher et le plus intéressant que vous puissiez jamais me procurer. Je me trompais, je ne l'avais pas encore comparé à celui où j'ai la joie de voir tous mes bienfaiteurs assemblés ; et j'avoue que la nouvelle de mon élection ne m'a pas fait plus de plaisir que je n'en ai à vous en marquer ma reconnaissance.

« Voici le seul jour où il m'est permis de la rendre éclatante ; le public n'en sera témoin qu'une fois, ce sont vos usages ; mais mon cœur s'en dédommagera en vous la conservant toujours... »

— Ce qui suivit fut, comme le début, plat et ennuyeux. Le ton changea et l'attention des auditeurs dut être fortement réveillée, lorsque l'archévêque de Sens prit la parole pour répondre à Marivaux. Ce fut, comme on dirait de nos jours, une « charge à fond de train » contre notre auteur. Il commença par dire que Marivaux devait sa place non à ses œuvres, mais à sa vie :

« Pour vous, Monsieur, quoique vous ayez acquis la place que vous venez occuper parmi nous par une multitude d'ouvrages que le public a lus avec avidité, ce n'est point tant à eux que vous devez notre choix qu'à l'estime que nous avons faite de vos mœurs, de votre bon cœur, de la douceur de votre société, et, si j'ose le dire, de l'amabilité de votre caractère. Voilà ce que vos amis ont connu en vous, et ce qu'ils ont peint à ceux qui ne vous connaissaient pas encore. C'est là ce qui concilie nos suffrages, plus efficacement que les écrits brillants et les dissertations savantes. Combien de personnages dont le public a vanté la poésie et dont l'Académie a craint ou la langue, ou l'humeur, ou l'irréligion, et qu'elle a exclus de l'espérance d'y être associés ! »

Puis il fait un tableau rapide (d'après des « dit-on » et des « m'a-t-on dit ») ; car il veut bien marquer qu'il n'a point lu les comédies de celui qu'il reçoit) de l'œuvre même de Marivaux :

. « L'orgueil du courtisan, l'impertinence des petits-maîtres, la coquetterie des femmes, la pétulance de la jeunesse, la sotte gravité des importants, la fourberie des faux dévots, tout a trouvé en vous un peintre fidèle et un censeur éclairé... Ceux qui ont lu vos ouvrages racontent que vous avez peint sous diverses images la licence immodeste des mœurs, l'infidélité des amis, les ruses des ambitieux, la misère des avares, l'ingratitude des enfants, la bizarre austérité des pères, la trahison des grands, l'inhumanité des riches, le libertinage des pauvres, le faste frivole des gens de fortune ; que tous les états, tous les sexes, tous les âges, toutes les conditions, ont trouvé dans vos peintures le tableau fidèle de leurs défauts la critique de leurs vices... »

. Mais le ton devient furieusement agressif, lorsque l'archévêque de Sens, après avoir passé rapidement sur quelques « légères critiques », en vient à une « querelle bien plus importante » :

« Je n'ai pas assez lu vos ouvrages pour y voir tout ce qu'on y trouve d'amusant et d'intéressant ; mais, dans le peu que j'en ai parcouru, j'y ai reconnu bientôt que la lecture de ces agréables romans ne convenait pas à l'austère dignité dont je suis revêtu et à la pureté des idées que la religion me prescrit. Réduit à m'en rapporter aux lectures d'autrui, j'ai appris qu'on y voyait partout la fécondité de votre imagination, son jeu, son agrément, sa vivacité ; j'ai appris même que vous_ paraissiez vous proposer pour terme une morale sage et ennemie du vice, mais qu'en chemin vous vous arrêtiez souvent à des aventures tendres et passionnées ; que, tandis que vous voulez combattre l'amour licencieux, vous le peignez avec des couleurs si naïves et si tendres, qu'elles doivent faire sur le lecteur une impression tout autre que celle que vous vous proposez, et qu'à force d'être naturelles, elles deviennent séduisantes...

« Voilà ce qu'on dit de vos ouvrages parmi les gens sagement scrupuleux ; et, sur leur récit, j'ai fait cette réflexion. Vous qui connaissez si bien le cœur de l'homme, qui en avez développé cent fois tous les replis, comment avez-vous pu ignorer sa faiblesse ? Les peintures vives de l'amour profane qu'on emploie pour en garantir le cœur humain, suffisent souvent pour l'y faire germer, et y porter des impressions funestes ue la plus sage morale n'efface point. Eh ! mon Dieu ! n'approchons pas tant d'un précipice où sont tombés tant de gens qui croyaient avoir le pied ferme. Quand on mesure de si près les profondeurs de cet abîme, dont les bords sont glissants, on est en danger de s'y perdre. Vous avez beau avertir les hommes du péril auquel vous les exposez vous-même, le penchant naturel de leur cœur les y entraînera malgré vos morales, et, pour ainsi dire, malgré eux-mêmes. »

Ce discours était un véritable chef-d'œuvre de sottise, d'impertinence et de grossièreté. Le public n'osa pas siffler; mais il manifesta, dit-on, son mécontentement, en ricanant. Ce sera Buffon qui succédera, à l'Académie, à l'archevêque de Sens. Lorsqu'il lui fallut prononcer son discours de réception, il refusa de faire l'éloge de son prédécesseur: c'est à cet incident que nous devons le *Discours sur le style.*

Une fois que Marivaux fut de l'Académie, il ne produisit plus rien qui fût digne de lui; on eût dit qu'il était entré à l'hôtel des Invalides de la littérature. En lui se vérifiait le mot de je ne sais quel plaisant, que « l'Académie est au talent et au génie ce que le mariage est à l'amour ». De temps en temps, il lisait à l'Académie des réflexions sur des sujets variés, sans grand intérêt. En 1740, il avait abandonné le Théâtre-Italien. En 1744, il donna au Théâtre-Français *la Dispute*, qui n'obtint aucun succès, et, en 1746, *le Préjugé vaincu*, qui eut sept représentations.

Ce fut là toute son œuvre et toute sa vie. Sa mort passa inaperçue. Malgré les recherches faites sur la paroisse de Saint-Eustache, on n'est pas encore parvenu à retrouver le lieu où il a été enterré.

Cependant Marivaux a laissé de son passage des traces profondes et durables. Je n'en veux pour preuve que le genre qu'il a créé, le « marivaudage » : c'est un ensemble complexe, difficile à analyser, de qualités et de défauts. Le marivaudage est fait de finesse, d'éloquence, de délicatesse et de subtilité. Il fait songer à Watteau, à Boucher et à Fragonard ; il est l'expression la plus fidèle peut-être de tout ce que le XVIIIe siècle a eu de tendre et de gracieux. Cet esprit, on le retrouve partout dans les œuvres de notre auteur, dans son journal aussi bien que dans son roman et dans son théâtre.

Je ne parlerai de ses romans que pour vous montrer comment Marivaux y traitait Molière. En général, il affectait le plus profond dédain pour

> Ce grand maladroit qui fit un jour Alceste.

Ne voyons-nous pas que, dans la cinquième partie de *la Vie de Marianne*, il a eu la prétention de refaire un *Tartufe* ? Certes le morceau a du mérite et le portrait de l'hypocrite est peint vivement, avec un sens parfait de la nuance dans les sentiments. Mais on ne saurait, à aucun degré, le comparer à Tartufe. L'hypocrite de Marivaux n'est pas un Tartufe de tempérament, et son vice ne constitue point le fond de sa nature. Il n'est tel que par accident, sur le tard, après qu'il a rencontré sur sa route la « Marianne » qui le fait soupirer. Il est tombé amoureux d'elle à en perdre la tête. Surpris par son neveu, il a voulu se tirer d'embarras à tout prix, et il s'est mis à faire l'hypocrite pour se sauver aux yeux du monde. Mais son vice n'est pas de longue durée. Il meurt comme un véritable saint, en s'humiliant et en demandant à tous pardon de ses fautes. Il cherche à réparer son crime, en faisant 1.700 livres de pension à Marianne, qui les accepte avec reconnaissance. Sans doute, c'est, au cours du roman, un épisode intéressant ; mais il est très exagéré de prétendre que Marivaux a voulu donner par là une leçon à Molière, et surtout qu'il y a réussi.

de Sens, après avoir pa à rapidement sur quelques « légères critiques », en vient à un   querelle bien plus importante » :

« Je n'ai pas assez lu v« ouvrages pour y voir tout ce qu'on y trouve d'amusant et d'int essant ; mais, dans le peu que j'en ai parcouru, j'y ai reconnu ntôt que la lecture de ces agréables romans ne convenait pas à austère dignité dont je suis revêtu et à la pureté des idées qu« a religion me prescrit. Réduit à m'en rapporter aux lectures d'a rui, j'ai appris qu'on y voyait partout la fécondité de votre in gination, son jeu, son agrément, sa vivacité ; j'ai appris mên que vous paraissiez vous proposer pour terme une morale s e et ennemie du vice, mais qu'en chemin vous vous arrêtiez se ent à des aventures tendres et passionnées ; que, tandis qu vous voulez combattre l'amour licencieux, vous le peignez av des couleurs si naïves et si tendres, qu'elles doivent faire su le lecteur une impression tout autre que celle que vous vous p osez, et qu'à force d'être naturelles, elles deviennent séduisai s...

« Voilà ce qu'on dit de s ouvrages parmi les gens sagement scrupuleux ; et, sur leur it, j'ai fait cette réflexion. Vous qui connaissez si bien le cœu de l'homme, qui en avez développé cent fois tous les replis, mment avez-vous pu ignorer sa faiblesse ? Les peintures vi de l'amour profane qu'on emploie pour en garantir le cœur main, suffisent souvent pour l'y faire germer, et y porter des pressions funestes ue la plus sage morale n'efface point. Eh ! on Dieu ! n'approchons pas tant d'un précipice où sont tombé tant de gens qui croyaient avoir le pied ferme. Quand on m ure de si près les profondeurs de cet abîme, dont les bords s glissants, on est en danger de s'y perdre. Vous avez beau a tir les hommes du péril auquel vous les exposez vous-même, l penchant naturel de leur cœur les y entraînera malgré vos m les, et, pour ainsi dire, malgré euxmêmes. »

Ce discours était un vé ble chef-d'œuvre de sottise, d'imper tinence et de grossièreté   public n'osa pas siffler ; mais il ma nifesta, dit-on, son méco ntement, en ricanant. Ce sera Buffo qui succédera, à l'Académ à l'archévêque de Sens. Lorsqu'il l fallut prononcer son dis urs de réception, il refusa de fa l'éloge de son prédécesse : c'est à cet incident que nou le *Discours sur le style.*

Une fois que Marivaux ut de l'Académie, il rien qui fût digne de lui n eût dit qu'il éta Invalides de la littérature n lui se vérifi

et laisant ne « l'Ac émie est au

le mariage est à l'amour ». De temps (temps. i   arivaux
démie des réflexions sur des sujets vari(sans gr.   l se rat
1740, il avait abandonné le Théâtre-Ital . En 1... . le plus
Théâtre-Français *la Dispute*, qui n'obti auctu   mmédia-
1746, *le Préjugé vaincu*, qui eut sept rep sentati: de vou

Ce fut là toute son œuvre et toute sa :. Sa m
perçue. Malgré les recherches faites sur
tache, on n'est pas encore parvenu à re uver le
enterré.

Cependant Marivaux a laissé de son ssage d
fondes et durables. Je n'en veux pou   ve que
créé, le « marivaudage » : c'est un e   le c m
analyser, de qualités et de défauts.   arivau
finesse, d'éloquence, de délicatesse   ubti
à Watteau, à Boucher et à Fragonard :   st l'
fidèle peut-être de tout ce que le xvııı· si e a
gracieux. Cet esprit, on le retrouve ; : ut d
notre auteur, dans son journal aussi l   qı
et dans son théâtre.

Je ne parlerai de ses romans que pou o:
Marivaux y traitait Molière. En génu: il
fond dédain pour

Ce grand maladroit qui fit un ja

Ne voyons-nous pas que, dans la cinq
Marianne, il a eu la prétention de rela
morceau a du mérite et le portrait de
ment, avec un sens parfait de la u
Mais on ne saurait, à aucun degré, l
pocrite de **Marivaux** n'est pas un Ta:
vice ne constitue point le fond de sa
accident, sur le tard, après qu'il a
« Marianne » qui le fait soupirer. I:
en perdre la tête. Surpris par son r
barras à tout prix ; et il s'est mis à
aux yeux du monde. Mais son vic
meurt comme un véritable sain!
à tous pardon de ses f
faisant 1.700 livres
reconnaissance
sode intére
Marivau

Voyons donc quels sont les caractères essentiels de son théâtre. Marivaux a toujours marqué une préférence pour les Italiens. C'est à eux qu'il a donné la grande majorité de ses comédies. Si l'on se demande quelle est la cause de cette préférence, on pensera tout d'abord que la scène des Italiens était plus facilement accessible; que les acteurs étaient peut-être moins arrogants et ne traitaient pas les auteurs comme les comédiens que nous avons vus à l'œuvre dans le *Gil Blas* de Lesage. Peut-être aussi le public était-il plus indulgent. Mais, en somme, Marivaux n'est pas aussi révolutionnaire qu'on veut bien le dire. Les personnages vraiment originaux sont rares dans ses pièces. Si les Italiens ont eu la préférence de Marivaux, c'est qu'on admettait plus facilement sur leur scène les pièces de son genre. On y aimait les lazzis, les plaisanteries parfois très fines, les développements faciles sur un thème donné : Marivaux se trouvait là à l'aise. Il écrivait des comédies simples, sans prétentions, dans lesquelles il n'essayait pas de peindre vivement des caractères éternels, — il en aurait été incapable. Il aimait les dialogues rapides, entrecoupés, spirituels, raffinés même comme au temps des Précieuses.

Surtout il fallait à Marivaux une jeune première impeccable. Il l'avait trouvée aux Italiens dans la personne de Sylvia (1700-1768), artiste incomparable, qui jouait à ravir les rôles de jeune fille capricieuse et coquette. Lorsque Sylvia ne fut plus jeune, Marivaux fut obligé de donner moins de place aux rôles qu'elle remplissait si bien; ce fut alors qu'il s'adresse au Théâtre-Français.

En changeant de scène, il ne devint pas plus original. Les sujets, la peinture des caractères, les intrigues, sont à peu près semblables et ne marquent pas une plus grande aptitude à la création. Les personnages sont invariablement les mêmes : Orgon, Damis, Dorante, le Prince, le Seigneur, le Comte, le Marquis, le Baron, le Chevalier ; pour les femmes, c'est Lucile, Hortense, Dorimène, Mme Argante, Angélique. Puis, comme chez ses prédécesseurs immédiats, ce sont des soubrettes et des laquais, alertes et fripons : Frontin ou Lisette. Enfin, comme chez Dancourt, des paysans rusés ou naïfs. Ainsi Marivaux se meut toujours dans le même cercle ; il ne se montre, à aucun degré, créateur.

Ce qui nous étonne aujourd'hui, c'est que, du vivant de l'auteur, les pièces qu'on joue encore de nos jours n'eurent qu'un succès médiocre. En général, ses comédies ne dépassèrent pas la dixième représentation ; beaucoup n'en eurent pas plus de cinq. La deuxième *Surprise de l'Amour*, qui est, parmi les comédies de Marivaux, celle dont le succès fut le plus vif, ne fut jouée que quatorze fois.

Ce dédain des contemporains semblerait prouver que Marivaux est inférieur à Dancourt, à Dufresny ou à Lesage ; mais il se rattrapera plus tard et, après Molière, il sera le comique le plus joué de notre répertoire. C'èst qu'en réalité il vient immédiatement après Molière pour le mérite, et je me propose de vous le montrer en examinant quelques-unes de ses pièces.

J. F.

Histoire intérieure de la France depuis 1870.

Cours de M. CHARLES SEIGNOBOS,

Professeur à l'Université de Paris.

La Banque.

Nous avons étudié, jusqu'ici, les changements survenus dans la condition de la population agricole et industrielle depuis 1870. Nous avons vu également les transformations survenues dans le commerce et la répartition de la population commerciale. Avant d'entrer dans l'étude de ce qu'il est convenu d'appeler la bourgeoisie (professions libérales, rentiers et aussi fonctionnaires), il nous faut étudier la partie de la population qui s'occupe d'un commerce spécial, le commerce de l'argent, le monde de la Banque, ainsi que les transformations survenues dans l'organisation de ce commerce et la nature des opérations qu'il comporte. Les transformations y ont été plus grandes peut-être que partout ailleurs.

Nous avons déjà signalé, en parlant de l'industrie et du commerce, les principales catégories de sources qui peuvent servir à l'étude de ce sujet :

a) Sources officielles : recensements, *Album graphique,* rapports parlementaires.

b) Les descriptions et enquêtes privées.

c) Les périodiques économiques et financiers : *le Journal des Économistes, l'Économiste francais, le Rentier* (depuis 1869), *la Cote de la Bourse, le Cours authentique et officiel de la Bourse, le Moniteur de la Banque et de la Bourse.*

Les exposés généraux à consulter sont : Neymarck : *Finances contemporaines* (1902-1905) ; Levasseur : *Questions ouvrières et industrielles en France sous la troisième République* (1906), notamment le chapitre iv. Nous pouvons répéter ici ce que nous avons déjà dit à propos du commerce, c'est que le dépouillement des périodiques spéciaux, qui serait indispensable pour une étude approfondie du sujet, a été fait jusqu'ici d'une manière très insuffisante.

Les conditions générales, au milieu desquelles s'est développé depuis 1870 le commerce de l'argent, sont les mêmes que celles que nous avons signalées déjà pour le commerce des objets. Comme celui-ci, il a profité de l'accroissement de la richesse générale et de la population urbaine, du développement des moyens de communication et de transport (routes, chemins de fer, postes, télégraphe, téléphone, canaux). Mais il s'est surtout développé grâce à l'accroissement de production des métaux précieux, notamment de l'or, qui favorise l'épargne et par suite le placement et la création d'un grand nombre de valeurs mobilières, même de second ordre. Enfin le monde de la Banque profite encore de l'accroissement du commerce des produits agricoles ou industriels (augmentation du chiffre des opérations d'escompte). Nous ne nous occuperons donc que des conditions spéciales au commerce de l'argent; nous étudierons successivement:

1º Les transformations survenues dans le mécanisme, la législation et les procédés du commerce de l'argent.

2º Le changement d'habitudes et les crises amenées par cette transformation.

I. — Les deux sortes d'établissements financiers les plus importants, à la fin de l'Empire, sont les banques et la Bourse.

La Bourse est officiellement organisée comme sous l'Empire. Le parquet reste fixé au chiffre de 60 agents de change. Ces agents de change sont les seules personnes ayant le droit de négocier et de vendre des valeurs en Bourse. Mais, à côté du parquet, se développe la coulisse ou marché libre, opérant, malgré la loi et le monopole des agents de change, par suite d'une tolérance. Déjà, sous l'Empire, des difficultés s'étaient élevées entre la coulisse et le parquet. Mais le concours des coulissiers devient absolument indispensable depuis l'accroissement énorme des opérations. Les opérations de Bourse se font sur les fonds d'État, les actions et obligations des sociétés ànonymes, des chemins de fer, des banques, des entreprises commerciales, industrielles et aussi financières.

La Banque de France et les banques privées opèrent, elles, sur les effets de commerce, dont elles font l'escompte. Leur principale fonction est d'avancer de l'argent aux commerçants et aux industriels.

Les opérations de Bourse et les opérations de banque sont tout à fait distinctes: la Bourse s'occupe du placement des fonds de l'épargne au comptant et de spéculations, grâce au marché à terme et aux reports ; les banques font des avances au travail et à la production par l'escompte des effets de commerce, qi représentent des marchandises livrées.

Un fait également à noter, c'est que, vers la fin de l'Empire, is financiers ne spéculent pas indifféremment sur toutes les valeurs. La spéculation se restreint, en effet, à un petit nombre de valeurs à grande fluctuation, c'est-à-dire surtout les fonds étrangers, l les actions ou obligations de quelques entreprises considérés comme aléatoires (industrie ou commerce) ; elle ne porte presque pas sur les rentes d'État On distingue, à cette époque, entre les valeurs classées et les valeurs à spéculation.

Mais, vers la fin de l'Empire, il se produit deux changements qui bouleversent les habitudes du monde financier : ce sont la loi de 1867 sur les sociétés anonymes et le développement de grands établissements de crédit.

A) La loi de 1867 permet de créer des sociétés anonymes sans autorisation, ce qui rend beaucoup plus facile leur formation. Elle prescrit cependant des formes obligatoires : il faut indique le capital de la société, constituer par acte notarié la liste des a- tionnaires, nommer une commission de surveillance pour vérifie la valeur des apports, dresser le bilan, l'inventaire, réunir l'assemblée générale des actionnaires pour approuver les proposi- tions.

Mais toutes ces précautions sont illusoires et inefficaces. O peut avoir, en effet, un faux capital : les fondateurs peuvent cor stituer le capital social en apports fictifs (ces apports sont que! quefois des plans, des devis ou même la simple idée de constitue une société). Le commissaire de surveillance peut très bien n rien surveiller. Il peut y avoir de faux actionnaires, de faux div dendes, une fausse publicité. La sanction pénale est illusoire, l prescription étant acquise au bout de trois ans. Il suffit de vendr les actions de fondateur et de payer les intérêts pendant troi ans pour être absolument à couvert.

Cette loi favorise beaucoup la création d'entreprises fictives que les fondateurs créent uniquement pour vendre les actions au public.

B) Les grands établissements de crédit avaient été créés de 1818 à 1865 ; mais ils étaient peu importants. Après 1870, au con traire, ils accroissent beaucoup leur capital et leurs opérations.

Les cinq plus importants de ces établissements sont : le Crédit lyonnais, le Comptoir National d'Escompte, la Société générale le Crédit industriel et la Société marseillaise. — Le Crédit foncier a été organisé surtout pour des prêts hypothécaires et des prêt communaux. — Ces sociétés ont beaucoup étendu le champ de leur action par leurs succursales. En 1905, la Société générale avait trois succursales, 513 agences en province et 45 bureaux de quartier à Paris ; le Crédit lyonnais, 231 agences et bureaux ; le Comptoir national d'escompte, 161 agences et bureaux en France et 23 genre dans les colonies et à l'étranger. Aussi leur progrès a-t-il été constant et considérable, en voici le détail :

	1875	1885	1895	1904
Capital social versé. . . .	197 mil.	275	333	511
. . . . . .	61	—	139	201	293
Dépôt à vue et à terme . .	565	—	912	1.311	3.276
Portefeuille commercial . .	377	—	380	955	2.150
Report, crédits et avances.	205	—	238	462	1.032

Ces tablissements occupent une situation intermédiaire entre es banques et la Bourse. Ils reçoivent des dépôts, font l'escompte et ont une encaisse métallique, comme la Banque de France. Mais, autre part, ils émettent des souscriptions à des emprunts l'Etat étrangers ou à des emprunts de villes ; ils participent à les c ations d'entreprises ; ils achètent aussi ou vendent des valeur pour leurs clients, comme une maison de coulisse.

Pou faciliter leurs opérations de banque, ces établissements ont créé en 1872, à l'imitation du Clearing House de Londres, une Chambre de compensation dans laquelle les dix plus grandes banqus de Paris envoient leurs effets. Une grande partie d'entre eux y eut être échangée et annulée, sans qu'il y ait aucun paiement effectuer. Les opérations de cette chambre de compensations sont, elles aussi, considérablement accrues depuis sa fon.

a Hets présentés à la Chambre de compensation :

```
172-73. . . . . . . . . 1.602 millions de francs.
184-85. . . . . . . . . 4.142          —
103-04. . . . . . . . . 11.833
```

b) Hets compensés :

```
172-73. . . . . . . . 1.056
103-04. . . . . . . . 8.560
```

Pou faciliter les grosses opérations d'emprunt comme le lancement d'une valeur, ces grands établissements de crédit ont pris l'habitude de se concerter pour créer un syndicat d'émission. Ils achètent ainsi en gros un emprunt et le revendent à leurs gui.

terme et aux reports ; les banques font dés avances au travail
et à la production par l'escompte des effets de commerce, qui
représentent des marchandises livrées.

Un fait également à noter, c'est que, vers la fin de l'Empire, les
financiers ne spéculent pas indifféremment sur toutes les valeurs.
Là spéculation se restreint, en effet, à un petit nombre de valeurs
à grande fluctuation, c'est-à-dire surtout les fonds étrangers et
les actions ou obligations de quelques entreprises considérées
comme aléatoires (industrie ou commerce) ; elle ne porte presque pas sur les rentes d'Etat. On distingue, à cette époque, entre
les valeurs classées et les valeurs à spéculation.

Mais, vers la fin de l'Empire, il se produit deux changements
qui bouleversent les habitudes du monde financier : ce sont la
loi de 1867 sur les sociétés anonymes et le développement des
grands établissements de crédit.

A) La loi de 1867 permet de créer des sociétés anonymes sans
autorisation, ce qui rend beaucoup plus facile leur formation.
Elle prescrit cependant des formes obligatoires : il faut indiquer
le capital de la société, constituer par acte notarié la liste des actionnaires, nommer une commission de surveillance pour vérifier
la valeur des apports, dresser le bilan, l'inventaire, réunir l'assemblée générale des actionnaires pour approuver les propositions.

Mais toutes ces précautions sont illusoires et inefficaces. On
peut avoir, en effet, un faux capital : les fondateurs peuvent constituer le capital social en apports fictifs (ces apports sont quelquefois des plans, des devis ou même la simple idée de constituer
une société). Le commissaire de surveillance peut très bien ne
rien surveiller. Il peut y avoir de faux actionnaires, de faux divi-
dendes, une fausse publicité. La sanction pénale est illusoire, la
prescription étant acquise au bout de trois ans. Il suffit de vendre
les actions de fondateur et de payer les intérêts pendant trois
ans pour être absolument à couvert.

Cette loi favorise beaucoup la création d'entreprises fictives,
que les fondateurs créent uniquement pour vendre les actions au
public.

B) Les grands établissements de crédit avaient été créés de 1848
à 1865 ; mais ils étaient peu importants. Après 1870, au contraire, ils accroissent beaucoup leur capital et leurs opérations.

Les cinq plus importants de ces établissements sont : le Crédit
lyonnais, le Comptoir National d'Escompte, la Société générale,
le Crédit industriel et la Société marseillaise. — Le Crédit foncier
a été organisé surtout pour des prêts hypothécaires et des prêts

communaux. — Ces sociétés ont beaucoup étendu le champ de leur action par leurs succursales. En 1905, la Société générale avait trois succursales, 513 agences en province et 45 bureaux de quartier à Paris ; le Crédit lyonnais, 251 agences et bureaux ; le Comptoir national d'escompte, 161 agences et bureaux en France et 25 agences dans les colonies et à l'étranger. Aussi leur progrès a-t-il été constant et considérable, en voici le détail :

	1875	1885	1895	1904
Capital social versé. . . .	197 mil.	275	355	544
Encaisse.	61	—	139	201	295
Dépôts à vue et à terme . .	565	—	912	1.511	3.276
Portefeuille commercial . .	377	—	580	955	2.150
Reports, crédits et avances.	205	—	238	462	1.052

Ces établissements occupent une situation intermédiaire entre les banques et la Bourse. Ils reçoivent des dépôts, font l'escompte et ont une encaisse métallique, comme la Banque de France. Mais, d'autre part, ils émettent des souscriptions à des emprunts d'Etats étrangers ou à des emprunts de villes ; ils participent à des créations d'entreprises ; ils achètent aussi ou vendent des valeurs pour leurs clients, comme une maison de coulisse.

Pour faciliter leurs opérations de banque, ces établissements ont créé en 1872, à l'imitation du Clearing House de Londres, une Chambre de compensation dans laquelle les dix plus grandes banques de Paris envoient leurs effets. Une grande partie d'entre eux y peut être échangée et annulée, sans qu'il y ait aucun paiement à effectuer. Les opérations de cette chambre de compensation se sont, elles aussi, considérablement accrues depuis sa fondation :

a) Effets présentés à la Chambre de compensation :

1872-73. . . . . 1.602 millions de francs.
1884-85. . . . . 4.142 —
1903-04. . . . . 11.833

b) Effets compensés :

1872-73. . . . . 1.056 —
1903-04. . . . . 8.560 —

Pour faciliter les grosses opérations d'emprunt comme le lancement d'une valeur, ces grands établissements de crédit ont pris l'habitude de se concerter pour créer un syndicat d'émission. Ils achètent ainsi en gros un emprunt et le revendent à leurs gui-

chets au public. Elles obligent même les entreprises à passer par
leur intermédiaire et à accroître ainsi leurs premiers frais : c'est
ce qui est arrivé, notamment, pour l'entreprise du canal de Panama.

Ces grands établissements ont créé ainsi des conditions nouvelles pour le commerce de l'argent, qui sont spéciales à la France.
Ils ont d'abord fait disparaître et ont empêché de créer des banques moyennes au capital de 5 à 20 millions, si nombreuses dans
les autres pays. Ils ont créé des agences ou des succursales dans
la plupart des villes et des quartiers de Paris. Ils ont ainsi attiré
à eux toute la clientèle. Ils ont concentré de plus en plus les capitaux dans un petit nombre d'établissements à Paris, qui est devenu ainsi presque le seul marché de capitaux de toute la
France.

II. Les transformations que nous venons d'étudier amènent un
changement profond dans les habitudes et aussi des crises,
conséquences de la spéculation.

A) La spéculation devient, en effet, plus intense et étend toujours son champ d'action dans deux directions différentes. D'a-
bord elle opère sur un plus grand nombre de valeurs ; elle crée un
très grand nombre de valeurs nouvelles, souvent mal garanties,
lancées grâce à une très grande publicité et poussées artificiellement par des manœuvres de Bourse, de vente à la hausse et de
rachat. Elle se porte aussi sur des valeurs placées autrefois en
dehors de la spéculation. Jusqu'en 1875, la grande spéculation
était limitée, nous l'avons vu, à quelques valeurs (surtout des
valeurs étrangères) ; elle ne portait pas sur les titres à revenu
fixe. Mais, à partir de 1875, la distinction s'efface entre les *valeurs
de placement* et les *valeurs de spéculation*. Le public cherche de
plus en plus, non pas le revenu, mais la plus-value et la plus-
value à courte échéance. Il abandonne le placement établi sur les
valeurs sûres sans grande fluctuation.

En second lieu, la spéculation atteint un plus grand nombre de
gens qu'autrefois. Les opérations de Bourse sont vulgarisées par
la publicité des journaux, des bulletins financiers, des circulaires.
Elles le sont aussi par les agents des grands établissements de
crédit, qui attirent les clients, font de la réclame auprès d'eux :
c'est ainsi, notamment, qu'a été placée dans le public une grande
partie des emprunts russes. Des gens ignorants de la Bourse se
mettent à spéculer. Les négociants qui ont des capitaux inoc-
cupés, acquièrent d'abord des valeurs de placement, puis se lan-
cent dans des spéculations à terme. Les notaires qui se trouvent
dans des conditions analogues font de même. Les rentiers, au lieu

de se contenter de toucher leurs coupons, essaient de faire valoir leurs capitaux. Enfin, aux spéculateurs de profession se joignent de plus en plus des gens du monde.

Quand les affaires de Bourse étaient actives, le parquet ne suffisait pas : il regardait alors la coulisse comme un auxiliaire ; mais, après une crise en temps de dépression, il se plaignait de sa concurrence et il réclamait contre les coulissiers l'application stricte de la loi. Il se produisait ainsi des conflits. La coulisse répliquait en invoquant l'insuffisance du parquet, résultat de l'accroissement énorme du marché ; elle attaquait son règlement suranné et lui reprochait d'être trop coûteux. Ces conflits ont abouti à la loi de 1898, qui règle les rapports entre les agents de change et les coulissiers. Cette loi a été complétée par une transaction intervenue entre le parquet d'une part et le syndicat des banquiers de l'autre.

Les émissions de valeurs sont devenues de plus en plus nombreuses et importantes. De plus en plus aussi, elles ont été accaparées par les grands établissements de crédit. Ces établissements ont l'avantage de recevoir des dépôts en compte courant.

Ces établissements ont ainsi beaucoup d'argent disponible ; mais cet argent peut, d'un moment à l'autre, être réclamé. Par suite, ces établissements sont toujours obligés de prévoir une panique et de se tenir prêts à un remboursement. — Ce fut ce qui arriva en 1888 au Comptoir d'escompte ; la Banque de France avança, à ce moment, au Comptoir 140 millions qui lui permirent de rembourser tous les dépôts.—Cette préoccupation, que doivent avoir les établissements de crédit, de maintenir constamment des disponibilités en cas de panique, leur interdit les opérations à longue échéance. Ils sont obligés de travailler avec les fonds qui leur sont confiés par le public, mais ne peuvent les employer à des opérations à long terme, qui consisteraient, par exemple, à créer ou à aider de véritables entreprises industrielles. Ils les emploient à l'acquisition de valeurs rapidement négociables, c'est-à-dire avant tout des valeurs d'Etats. Ils fortifient ainsi la tendance naturelle des Français qui les poussait déjà dans cette direction. Le résultat a été de faire de Paris le grand centre d'émission des emprunts étrangers.

Depuis 1900, les placements sont devenus plus difficiles. Aussi, pour employer leurs fonds, les grands établissements de crédit ont-ils une tendance à revenir aux opérations de banque et font-ils concurrence à la Banque de France pour l'escompte des effets de commerce : c'est ce qui explique que le portefeuille de la Banque de France reste relativement peu élevé. En 1891, la Banque de

Le désastre, qui atteignait surtout la petite épargne française, porta sur une valeur de plus d'un milliard.

Dans ces dernières années, la spéculation a été moins intense, et les crises moins fréquentes et moins étendues.

On voit que le commerce de l'argent a subi en France, depuis 1870, des modifications profondes. Il a d'abord pris une importance toujours plus grande, est devenu plus intense, a atteint plus de gens et pénétré dans plus de milieux. Les crises financières sont devenues de véritables événements nationaux et ont eu leur répercussion dans la politique. En outre, la France est devenue, grâce à son épargne et à sa richesse en numéraire, un grand centre d'emprunts étrangers. Enfin on remarque une tendance certaine et toujours croissante à la concentration du marché de l'argent.

E. M.

France a fait pour 10 milliards environ d'escompte ; mais les grands établissements de crédit en ont fait pour plus de 20 milliards. Ces sociétés font la chasse à l'escompte des effets de commerce et emploient une partie de l'argent de leurs déposants à faire l'escompte à un taux réduit ; elles envoient des voyageurs aux négociants offrir l'escompte pour leurs effets. Se contentant d'un faible bénéfice, elles ont fait baisser le taux de l'escompte. Le danger est d'inciter les commerçants à s'engager dans des affaires douteuses.

Depuis 1906, les valeurs sont classées ; la spéculation diminue faute de valeurs flottantes. La coulisse est presque inoccupée.

En définitive, les principaux changements survenus dans les habitudes de la spéculation depuis 1870, à la suite de la loi de 1867 sur les sociétés financières et de la création des grands établissements de crédit, peuvent se ramener à trois principales :

1° Accroissement énorme de la spéculation : elle porte sur un plus grand nombre de valeurs et atteint un plus grand nombre de personnes.

2° Augmentation également considérable dans le chiffre des émissions de valeurs, surtout en ce qui concerne les fonds d'Etat. Paris et la France sont devenus le principal marché de l'argent.

3° Tendance toujours plus générale à rapprocher les opérations de Bourse et les opérations de banque (escompte) et à les réunir dans de grands établissements financiers devenus de grands magasins de capitaux. Par suite, on constate une concentration croissante du marché de l'argent.

B) Ces changements dans les habitudes, surtout l'accroissement de la spéculation, ont amené des crises.

Une des plus importantes est la faillite de l'Union générale (lancée par le parquet) en 1882. Les actions de l'Union générale avaient été artificiellement poussées de 500 francs à 3.400 francs. L'entreprise s'effondra brusquement. La place de Lyon fut plus profondément atteinte que celle de Paris. Le Crédit lyonnais y perdit notamment une quarantaine de millions ; ce fut à partir de ce moment qu'il se tourna surtout vers l'escompte des effets de commerce.

Une deuxième crise, qui atteignit cette fois la coulisse, est celle des mines d'or, en 1895.

Il faut compter aussi parmi les grandes crises financières la faillite de la Compagnie du canal interocéanique (canal de Panama). Elle avait émis, de 1880 à 1888, une valeur nominale de 2.734 millions en actions et en obligations, et, en 1888, lancé à deux reprises une émission de 720 millions d'obligations à lots.

Le désastre, qui atteignit surtout la petite épargne française, porta sur une valeur de plus d'un milliard.

Dans ces dernières années, la spéculation a été moins intense, et les crises moins fréquentes et moins étendues.

On voit que le commerce de l'argent a subi en France, depuis 1870, des modifications profondes. Il a d'abord pris une importance toujours plus grande, est devenu plus intense, a atteint plus de gens et pénétré dans plus de milieux. Les crises financières sont devenues de véritables événements nationaux et ont eu leur répercussion dans la politique. En outre, la France est devenue, grâce à son épargne et à sa richesse en numéraire, un grand centre d'emprunts étrangers. Enfin on remarque une tendance certaine et toujours croissante à la concentration du marché de l'argent.

E. M.

La vie et les œuvres d'Euripide

Cours de M. PUECH,

Professeur à l'Université de Paris.

Euripide et les sophistes

Si l'on examine les différents textes qui représentent la pensée d'Euripide, on voit qu'il est difficile de déterminer ses opinions avec une certitude absolue. Il n'est pas formellement l'adepte de telle ou telle école philosophique, de telle ou telle secte religieuse. On peut seulement retrouver la trace de certaines de ses tendances, et fixer les influences qu'il a subies.

La tradition nous apprend que Sophocle avait fait souvent acte de piété ; il avait exercé des sacerdoces, élevé une chapelle à Héraklès, contribué à répandre le culte d'Asclépios : c'était une âme religieuse. Quand Aristophane présente Euripide et Socrate comme des athées, il y a là de l'exagération. Tout en épurant l'idée de la divinité, Euripide se rallie, nous venons de le voir, à une conception panthéiste, et affirme d'autre part sa croyance en une force physique et intelligente, qui travaille à l'avènement de la justice. Si, en cherchant maintenant à démêler quelles ont été les idées morales d'Euripide, nous trouvons parfois chez lui des tendances anarchiques, nous ne devrons pas trop nous en étonner. C'est autant par certaines de ses idées morales que par ses opinions religieuses qu'il a surpris et scandalisé ses contemporains, et qu'il a provoqué leurs critiques et leurs blâmes. Aristophane ne ménage pas plus la morale d'Euripide que sa philosophie et sa religion. Il nous sera, d'ailleurs, facile de montrer combien certaines de ces critiques étaient injustes. Une tradition parle d'un vers qui fit scandale et qui fut reproché à Euripide par ses ennemis. Il s'agit d'un vers d'*Hippolyte*. Le héros dit : « Ma langue a juré ; mais mon esprit n'a pas juré ». On blâma Euripide, en l'accusant de prêcher le mépris des serments par cette espèce de casuistique. Il est évident que c'était abuser d'une parole qui ne représentait pas la véritable pensée d'Euripide. Il suffit de lire la scène pour le voir. C'est dans le mouvement de sa première indignation contre la nourrice qu'Hippolyte prononce ces paroles.

Mais, ensuite, il respecte son serment, puisque même il périt victime de sa loyauté. Ce n'était certes pas là conseiller le parjure.

D'autres vers encore ont choqué les contemporains. Telle est cette formule empruntée à la tragédie d'*Eole* : « Qu'y a-t-il de honteux, si cela ne semble tel à ceux qui le font ? » On a vu là une expression dissimulée, analogue à la pensée de Protagoras : « L'homme est la mesure de toutes choses ». On en a conclu qu'Euripide ne croyait pas à l'existence d'une morale absolue. Mais nous ne savons pas dans quelles circonstances ce vers était prononcé ; il est probable qu'il était expliqué par l'ensemble de la situation dramatique.

A ce propos, les anciens ont dû être frappés des relations qui existaient entre la pensée d'Euripide et celle des sophistes. Somme toute, l'examen de ses tragédies, où les discussions tiennent une si grande place, et où la sophistique apparaît avec ses bons et ses mauvais côtés, justifie assez cette opinion. Fréquentes sont, chez Euripide, les scènes où deux personnages opposent contradictoirement la thèse et l'antithèse. Cela ne veut pas dire que ce soit lui qui ait introduit ces sortes de scènes dans la tragédie attique. Nous trouvons dans Sophocle des scènes assez analogues ; mais elles reviennent plus fréquemment chez Euripide, qui les traite avec un visible plaisir et une prédilection marquée. Il oppose les répliques l'une à l'autre avec virtuosité et dilettantisme, s'appliquant à faire la part également belle aux deux adversaires. Il semble ainsi admettre qu'on peut soutenir une thèse, quelle qu'elle soit, par des raisons appropriées, et que, selon la formule de Protagoras et de ses disciples, on peut faire de la cause la plus faible la cause la plus forte. Nous ne ferons que rappeler, puisque nous l'avons déjà étudiée assez longuement, la curieuse scène entre Phérès et Admète. Citons également la discussion entre Jason et Médée. Dans beaucoup de tragédies d'Euripide se révèle encore son goût pour la sophistique. Plusieurs pièces expriment des idées analogues à celle que nous venons de voir dans *Eole*, et qui rappelle la formule de Protagoras. Au début d'une tirade d'Etéocle, dans les *Phéniciennes*, se trouvent ces paroles : « Si le bien et la sagesse étaient la même chose pour tous, il n'y aurait pas matière à discussion parmi les hommes. Mais il n'y a rien de semblable ni d'égal pour les mortels, sauf les noms ; mais, pour les choses elles-mêmes, il n'y a rien de tel. »

Il n'en est pas moins certain qu'Euripide s'est rendu compte des excès et des dangers de la sophistique, tout en admirant la souplesse de la dialectique et en se montrant aussi habile que les sophistes dans maint développement. Euripide a marqué,

dans sa pièce d'*Hécube*, les deux faces de cette idée, et montré
ce qu'il y a d'utile dans la sophistique et ce qu'elle comporte de dangers. La première tirade, placée dans la bouche
d'Hécube vers le milieu de la pièce (v. 814 sqq.), a été souvent
prise pour une réclame en faveur des professeurs de rhétorique.

« Pourquoi donc, mortels, vous appliquez-vous à toutes les autres sciences ; tandis que vous négligez la persuasion, qui seule
règne parmi les hommes ? Nous devrions la posséder dans la perfection avant toute autre science, en donnant de l'argent pour l'apprendre, afin de pouvoir persuader ce qu'on veut et réussir. »

Un peu plus bas (v. 1187 sqq.) se trouve le second passage :
« Agamemnon, jamais la langue ne devrait avoir plus de force
que la réalité. Celui qui agit bien devrait aussi parler bien ; et, si
quelqu'un faisait le mal, ses discours devraient aussi être mauvais ;
il ne faudrait pas qu'on pût, par le langage, donner un air honnête à l'injustice. Habiles certes sont ceux qui possèdent cette
science ; mais ils ne sauraient être habiles jusqu'au bout, et ils
finissent mal : nul encore n'a pu échapper à son sort. »

Euripide tient donc à garder la balance égale et à marquer le
mal à côté du bien. Certains de ses personnages sont dépeints
comme mettant en action la morale des sophistes, en tant que
prêchant le droit du plus fort : c'est la théorie que Platon, dans le
Gorgias, attribue à Calliclès. Tel est Etéocle dans les *Phéniciennes*.
Dans la scène capitale où il discute avec son frère Polynice, il
soutient la même idée que Calliclès. Il avoue avec cynisme son
ambition et trouve, pour la justifier, des arguments sophistiques.
Mais il ne faut pas être injuste à l'égard d'Euripide : disons tout
de suite qu'Etéocle n'est nullement, pour lui, un personnage sympathique. C'est plutôt à Polynice qu'il prête des traits touchants,
qui nous le rendent intéressant. Or l'exorde du discours de Polynice est dirigé contre la mauvaise sophistique : « De sa nature,
dit-il, le langage de la vérité est simple, et les causes justes n'ont
pas besoin d'explications variées ; car elles ont en elles-mêmes
leur propre poids. C'est au contraire la cause injuste qui, malade
en quelque sorte, a besoin des remèdes des sophistes. »

Dans le seul drame satirique qui nous soit resté de lui, il semble
qu'Euripide se soit amusé à faire du Cyclope un représentant de
la morale ou plutôt de l'immoralité des sophistes. Le rôle renferme
des allusions à la théorie du droit du plus fort. Or on ne saurait
prétendre que le Cyclope soit un personnage sympathique.

Euripide, tout en se rattachant à la sophistique, s'en distingue
donc par plus d'un point. Cela nous paraîtra naturel, si nous nous
rappelons une observation déjà faite, mais que je suis obligé de

rappeler. Euripide n'a pas la superstition de la raison ; il ne croit pas, contrairement à la plupart des Grecs, que la vertu soit identique à la science. Cette théorie était le fond de l'enseignement des sophistes, parce qu'elle justifiait leur profession. Ils s'engageaient, en effet, à apprendre la vertu, ce qui suppose que la vertu peut s'apprendre. Socrate, on le sait, était sur ce point d'accord avec les sophistes. La tradition grecque, représentée par eux, répondait à la tendance d'esprit qui ne distingue pas le domaine moral et le domaine intellectuel. Cette tendance fut dominante jusqu'à Aristote, et la langue grecque est là pour le témoigner ; presque tous les mots qui désignent des faits de moralité sont des mots du domaine intellectuel : σοφός a un sens moral et surtout un sens intellectuel ; εἰδέναι traduit souvent une idée morale. Chez Euripide, au contraire, on ne trouve pas cette croyance. Il est convaincu qu'il y a lutte dans l'âme entre les instincts qui s'y combattent, et lutte également entre ces mêmes instincts et la raison. Nous avons fait une étude suffisante de la peinture des passions chez Euripide, pour n'avoir à revenir que d'un mot sur ce sujet et y trouver une preuve. Médée et Phèdre sont, l'une toute volonté, l'autre toute faiblesse ; mais elles se ressemblent néanmoins, parce que leur clairvoyance est égale. Toutes deux analysent leurs états d'âme avec la même netteté ; toutes deux pourraient dire en conclusion le vers d'Ovide :

Video meliora, proboque ; deteriora sequor.

La volonté, en effet, d'après Euripide, ne se soumet pas toujours à l'intelligence. On trouve constamment dans les tragédies d'Euripide des caractères analogues en cela à ceux de Médée et de Phèdre, que nous n'avons cités de préférence à tous les autres que parce qu'ils sont les plus fameux et les plus caractéristiques. En outre, il exprime souvent formellement cette théorie.

Par exemple, il dit dans un fragment d'une pièce inconnue : « Hélas ! c'est un mal envoyé par les dieux aux hommes, de connaître le mal et ne pas le pratiquer. » — Il ne faut voir là rien de semblable à l'idée chrétienne de l'origine du mal et du péché. Euripide se borne à constater ce que ses observations de la vie humaine lui ont appris, et à exprimer son opinion, entièrement opposée à celle des sophistes et de Socrate.

                                                                M. G.

Bibliographie

Histoire de l'Europe au Moyen-Age (395-1270), par
Ch. Rémont, *docteur ès lettres*, et G. Monod, *membre de l'Institut.*
Librairie Alcan, Paris, 1910.

* *

**Un punto controverso nella storia delle dottrine
politiche,** par G. del Vecchio. Rome, librairie de la *Rivista italiana di sociologia*, 1909.

* *

Su la teoria del contratto sociale, par G. del Vecchio.
Bologne, Zanichelli, 1906.

* *

Il sentimento giuridico, par G. del Vecchio, *professeur
à l'Université de Sassari.* Rome, Fratelli Bocca, 1908.

Sujets de devoirs.

1. La Fontaine qualifie ses fables d' « ample comédie à cent actes divers ».

2. Esope prétendait que la langue est la meilleure et la pire des choses.

3. Phèdre disait que la fable avait été inventée par les esclaves.

4. Qu'est-ce qu'un poète ?

5. Ecrire une fable.

6. Pourquoi la fable plaît-elle à tous les âges ?

7. Racine écrit dans la préface de *Britanniccus* : « Il n'y a rien de plus injuste qu'un ignorant ; il croit toujours que l'admiration est le partage des gens qui ne savent rien. »

8. Pourquoi la tragédie classique est-elle remplie de personnes souveraines, princesses, rois, empereurs, etc. ? — C'est, dit Brunetière, parce qu'il n'y a pas de « terrain plus favorable au développement des passions que l'âme des grands et des puissants de ce monde ».

9. On a dit de La Fontaine qu'il était le plus français de tous nos poètes.

10. Doit-on parler comme on écrit, écrire comme on parle ?

11. Décrire un site vu pendant les vacances.

12. Raconter sa première peine et sa première joie.

12. Qu'entend-on par couleur locale dans les œuvres littéraires ?

14. Quel héros ou quelle héroïne préférez-vous dans le théâtre de... ?

15. Pourquoi Vauvenargues prétend-il que les grandes pensées viennent du cœur ?

16. La Rochefoucauld : « Le travail du corps délivre des peines de l'esprit, et c'est ce qui rend les pauvres heureux. »

17. Buffon disait de certains vers qu'ils étaient « beaux comme de la prose ».

18. Buffon : « Le style, c'est l'homme même. »

19. En quoi l'argent est-il utile, en quoi est-il nuisible ? Dans quelle estime, en somme, devons-nous le tenir ?

20. Santeuil : « La comédie corrige les mœurs en faisant rire ».

21. Comédie de mœurs et comédie d'intrigue.

22. Qu'est-ce que le bonheur ?

23. Vinet : « La comédie, au fond, est plus triste que la tragédie. »

24. Qu'entend-on par avoir de l'esprit ?

25. La Bruyère (*Disc. de récep. à l'Acad.*) : « Tout écrivain est peintre, et tout excellent écrivain est excellent peintre. »

26. Sainte-Beuve : « La jeunesse est trop ardente pour avoir du goût. »

27. Pascal : « Le cœur a ses raisons que la raison ne connaît point. »

28. Comment la pièce de *Tartuffe* deviendrait-elle un drame ? Pourquoi est-elle une comédie ?

29. Tracer, d'après les comédies de Molière, le portrait de la femme au xviie siècle.

30. Joubert : « On ne peut persuader les autres que par leurs propres raisons. » .

31. Emile Faguet : « Une littérature est l'œuvre d'un public autant que des auteurs. »

32. Mme de Staël : « Si ce n'était le respect humain, je n'ouvrirais pas ma fenêtre pour voir, pour la première fois, la baie de Naples ; tandis que je ferais cinq cents lieues pour parler à un homme d'esprit que je ne connais pas. »

33. Mme de Rambouillet : « Les esprits doux et amateurs de belles-lettres ne trouvent pas leur compte à la campagne. »

34. « On ne trouve pas les grandes pensées, on les mérite ». (A. Paysant.)

35. La règle des trois unités.

36. La querelle du *Cid*.

37. La querelle des anciens et des modernes.

38. D'après La Bruyère, Racine a peint les hommes comme ils sont et Corneille comme ils devraient être ; comment Molière les a-t-il peints ?

39. L'hôtel de Rambouillet ; son influence sur la littérature et sur la société au xviie siècle.

40. Définir la modestie et en faire voir le prix.

41. Marquise de Lambert : « Contentez-vous d'approuver ; l'admiration est le partage des sots. »

42. Un bon esprit est toujours indulgent.

43. Les ouvrages mélancoliques sont ceux qui attachent et plaisent le plus.

44. Pascal : « Les meilleurs livres sont ceux que chaque lecteur croit qu'il aurait pu faire. »

45. « Ce ne sont pas ses pensées : ce sont les nôtres que le poète fait chanter en nous. »

46. Vivre sans amis, c'est mourir sans témoins.

47. De Rojas : « C'est une simplicité que de ne pas vouloir aimer les autres et d'espérer en être aimé ; c'est une folie que de payer l'amitié avec la haine. »

48. Le bossu ne voit pas sa bosse, et voit celle de son voisin.

49. Cervantès : « Passereau dans la main vaut mieux que grues qui volent. »

50. De Rojas : « Nul n'est si vieux qu'il ne puisse vivre encore une année ; nul n'est si jeune qu'il ne puisse mourir aujourd'hui. »

51. Celui qui ne sait pas douter ne sait rien.

52. Parler sans penser, c'est tirer sans viser.

53. Sancho Pança : « Les romances (légendes) sont trop vieilles pour mentir. »

54. Cyrano de Bergerac (*Agrippine*) : « Et puis mourir n'est rien, c'est achever de naître. »

55. Don Quichotte : « Que les larmes du pauvre trouvent chez toi (Pança) plus de compassion, sinon plus de justice que les requêtes du riche. »

56. Dante avait écrit sur la porte de son Enfer : « Laissez toute espérance, vous qui entrez. »

57. L. de Vinci : « La recherche de l'impossible a pour châtiment la mélancolie et le désespoir. »

58. Mᵐᵉ Delarue-Mardrus : « Vérité est synonyme de liberté, et mensonge s'identifie à captivité. »

59. J. Richepin : « J'aime les sociétés où chacun ne parle que de soi, car on n'y dit jamais de mal de personne. »

60. Bacon : « Les joies des parents sont secrètes, et leurs chagrins et leurs craintes sont également secrets ; ils ne peuvent pas exprimer les premières et ne veulent pas exprimer les autres. »

61. Horace (*Art poétique*) : « Pour bien écrire, il faut bien penser. »

62. Des bords de la Charente, Balzac écrit à son ami Voiture pour le prier de servir de parrain, auprès de « ces messieurs de l'Académie », au joli mot d'*urbanité* qu'il vient d'inventer.

63. Fable. — Une fourmi ou une abeille travaille. Un papillon passe près d'elle en voltigeant, l'interpelle et la plaint. Réponse de la fourmi ou de l'abeille. Morale.

64. A. de Musset : « La gaieté est quelquefois triste et la mélancolie a un sourire sur les lèvres. »

65. Quelle est, de vos lectures, celle qui vous a laissé l'impression la plus forte ?

· 66. Vaugelas (*Remarques*, II, 289) : « La plus grande de toutes les erreurs, en matière d'écrire est de croire, comme font plusieurs, qu'il ne faut pas écrire comme l'on parle. »

67. Corneille (Au lecteur, *La Veuve*) : « La comédie n'est qu'un portrait de nos actions et de nos discours, et la perfection des portraits consiste en la ressemblance. »

68. Pascal (*Pensées*, 10) : « On se persuade mieux, pour l'ordinaire, par les raisons qu'on a soi-même trouvées, que par celles qui sont venues dans l'esprit des autres. »

69. Pascal (*Pensées*, 4) : « La vraie éloquence se moque de l'éloquence, la vraie morale se moque de la morale. »

70. La Bruyère (*Caractères*) : « Le plaisir le plus délicat est de faire celui d'autrui. »

71. Legouvé (*Nos fils et nos filles*) : « Il y a des larmes qui sont pour le cœur ce que la pluie est pour la terre : elles fertilisent. »

72. A. de Musset : « Rien de ce qui est exprimé n'est véritablement beau : ce qu'il y a de plus divin dans le cœur de l'homme n'en sort jamais. »

73. Malherbe : « C'est une sottise de faire des vers pour en espérer autre récompense que son divertissement ; un bon poète n'est pas plus utile à l'Etat qu'un bon joueur de quilles ».

74. La Bruyère : « Tout l'esprit d'un auteur consiste à bien définir et à bien peindre. »

75. La Bruyère : « Quand une lecture vous élève l'esprit, et qu'elle vous inspire des sentiments nobles et courageux, ne cherchez pas une autre règle pour juger l'ouvrage : il est bon et fait de main d'ouvrier. »

76. La Bruyère : « Il y a dans l'art un point de perfection, comme de bonté et de maturité dans la nature. Celui qui le sent et qui l'aime a le goût parfait; celui qui ne le sent pas et qui aime en deçà ou au delà, a le goût défectueux. Il y a donc un bon goût, et l'on dispute des goûts avec fondement. »

77. Rabelais : « Il vaut mieux de rire que de larmes escrire, pour ce que rire est le propre de l'homme ».

78. V. Hugo : « Ceux qui vivent sont ceux qui luttent. »

79. Joseph de Maistre : « Ce qui ne coûte rien ne vaut rien. »

80. Lecanut (*Vie de Montalembert*) : « Il n'y a que ceux à qui l'on a tout dit auxquels on ait toujours quelque chose à dire. »

81. Sur le fronton du temple d'Apollon, à Delphes : « Connais-toi toi-même. »

82. Qu'est-ce que la charité ?

83. Marivaux : « Pour être assez bon, il faut l'être trop. » (*Jeu de l'Amour et du Hasard.*)

84. Justice et équité.

85. A quoi servent les œuvres d'art et les musées ?

86. L'oisiveté est la mère de tous les vices.

87. Montaigne préférait une « tête bien faite » à une « tête bien pleine ».

88. La Rochefoucauld : « Tout le monde se plaint de sa mémoire, personne de son jugement. »

89. La Rochefoucauld : « L'esprit est souvent la dupe du cœur. »

90. Diderot : « La raison sans les passions est un roi sans sujets. »

91. Aristote : « L'homme est un être sociable. »

92. Idéal ancien : une âme saine dans un corps sain.

93. Corneille : « Faites votre devoir et laissez faire aux dieux ! »

94. Rabelais : « Science sans conscience est la ruine de l'âme. »

95. Buffon : « Le génie n'est qu'une longue patience. »

96. Vauvenargues : « La servitude abaisse l'homme jusqu'a s'en faire aimer. »

97. « Suprême justice, suprême injustice », disait-on dans l'antiquité.

98. Diderot : « Le travail abrège les journées et allonge la vie. »

99. Ampère : « Heureusement, il y a autre chose au monde que le bonheur ! »

100. La Rochefoucauld : « Les vertus se perdent dans l'intérêt, comme les fleuves dans la mer. »

101. Lamartine : « L'homme est un dieu tombé qui se souvient des cieux. »

102. Joubert (*Essais de philosophie*) : « Il faut porter son velours en dedans, c'est-à-dire montrer son amabilité de préférence à ceux avec qui l'on vit. »

103. Kant : « Deux choses remplissent l'âme d'une admiration toujours renouvelée : le ciel étoilé au-dessus de nos têtes, la loi morale dans nos cœurs. »

104. Vauvenargues : « Il faut avoir de l'âme pour avoir du goût ».

105. Condillac : « Les sciences ne sont que des langues bien faites. »

106. Mme de Genlis : « Je voudrais que tout le monde eût une devise. »

107. Aristote : « Le plaisir s'ajoute à l'acte comme à la jeunesse sa fleur. »

108. Emerson : « Une immense inquiétude plane comme un

nuage sur le front des personnes cultivées. » — La pensée est-elle donc un mal? Le bonheur consisterait-il à n'avoir point d'intelligence ?

109. Vinet : « Il en est de la vérité comme de l'air atmosphérique, dont les éléments réunis font vivre, et séparés font mourir : chaque partie de la vérité en est presque le contraire. »

110. La Bruyère : « Il me semble qu'estimer quelqu'un, c'est l'égaler à soi. »

111. Pittacus : « Il vaut mieux pardonner que punir. »

112. Alexandre le Grand : « Si je n'étais Alexandre, je voudrais être Diogène. »

113. Bias : « Les véritables victoires sont celles qu'on remporte sur soi-même. »

114. Veuillot : « Les vers sont le clairon ; mais la prose est l'épée. »

115. « Le caractère propre et distinctif de Bossuet, dit Nisard, c'est le bon sens. » Que faut-il entendre par le bon sens ? C'est, ajoute Nisard, « l'habitude de voir juste et de se bien conduire en conséquence. »

116. Voltaire (*Lettres*) : « Les lettres nourrissent l'âme, la rectifient, la consolent. »

117. « Je suis, disait Voltaire, comme les petits ruisseaux : ils sont transparents, parce qu'ils sont peu profonds. »

118. A propos du *Siècle de Louis XIV* de Voltaire, dire quelles doivent être les principales qualités de l'historien.

119. Après avoir lu, dans les *Caractères*, le chapitre *De la Mode*, faire, à la manière de La Bruyère, le portrait moderne de l'homme de sports.

120. Dans une lettre à une amie, vous direz, en essayant d'imiter le style épistolaire de Voltaire, ce que vous préférez dans l'œuvre du philosophe.

121. A propos de Chateaubriand, dire ce qu'il faut entendre par « artiste », quand on parle d'un littérateur.

122. L'histoire, d'après Michelet, est une *résurrection*.

123. Les Gaulois avaient choisi l'alouette pour emblème ; pourquoi ?

124. « Un ami, c'est un être prêt à déplaire cent fois pour être utile une fois. » (Mme Swetchine.)

125. « Posséder le bonheur, c'est le répandre. » (E. Lamy.)

126. Joubert : « Au lieu de me plaindre de ce que la rose a des épines, je me félicite de ce que le buisson porte des fleurs. »

127. Michelet préférait à tout autre pays la France, parce qu'elle a le génie du sacrifice.

128. A. de Vigny : « Une grande vie, c'est un rêve de jeunesse réalisé par l'âge mûr. »

129. La Harpe : « Imaginer n'est, au fond, que se ressouvenir. »

130. Lope de Vega : « Quand je dois écrire une comédie, j'enferme les préceptes avec six clefs. »

131. Quel est l'intérêt psychologique et dramatique du monologue ?

132. Napoléon disait : « La haute tragédie est l'école des grands hommes... Elle échauffe l'âme, élève le cœur, peut et doit créer des héros... Si Corneille vivait, je le ferais prince. »

133. Voltaire dit de Candide : « Il n'était malheureux que lorsqu'il pensait. »

134. Un philosophe ancien disait : « Là où l'on est bien, là est la patrie. »

135. Qu'est-ce que la politesse ?

136. On a dit : « Défiez-vous de l'homme qui trouve tout bien, et de celui qui trouve tout mal. »

137. Mᵐᵉ de Lambert : « La plupart des hommes ne savent pas vivre dans leur propre société. »

138. Pasteur : « Il faut, quand on quitte la vie, pouvoir dire : j'ai fait ce que j'ai pu. »

139. Aristote : « Un seul acte de vertu ne fait pas plus la vertu qu'une seule hirondelle ne fait le printemps. »

140. Quelle est la valeur de cette excuse : « Je ne fais de mal qu'à moi-même ? »

141. Vinet : « Je voudrais ne mène à rien ; je veux, seul, est efficace. »

142. Macaulay : « Le soleil illumine les collines quand il est encore au-dessous de l'horizon, et les hauts esprits sont éclairés par la vérité un peu avant qu'il rayonne sur la multitude. »

143. Dans quel sens faut-il dire que Corneille est le père de la tragédie française ?

144. Rousseau : « Nous nous sentons tous une admirable constance à supporter les maux d'autrui. »

145. Sainte-Beuve : « Le *Cid* est le commencement d'un homme... l'aurore d'un grand siècle. »

146. Lamennais : « Racine est le Raphaël du drame. Expression, dessin, couleur à la fois brillante et sobre, il réunit toutes les qualités distinctives de ce grand maître. »

147. Vauvenargues : « Les héros de Corneille disent souvent de grandes choses sans les inspirer : ceux de Racine les inspirent sans les dire. »

nuage sur le front des p**e**sonnes cu**i**
elle donc un mal? Le bonh**er consisten**
telligence ?

109. Vinet : « Il en est d**e** la vérité **e**
rique, dont les éléments **r**éunis font
mourir : chaque partie de l **vérité en e**

110. La Bruyère : « Il n**e** semble qu
l'égaler à soi. »

111. Pittacus : « Il vaut **m**ieux pard**o**

112. Alexandre le Grand **«** Si je n'étai**s**
être Diogène. »

113. Bias : « Les véritab**le**s victoires s**e**
sur soi-même. »

114. Veuillot : « Les ver **sont** le clai
l'épée. »

115. « Le caractère prop**re** et distinctif
c'est le bon sens. » Que fa**ut** il entendre p**ar**
ajoute Nisard, « l'habitude **à** voir juste e**t**
conséquence. »

116. Voltaire (*Lettres*) : « **l**es lettres nou**s**
fient, la consolent. »

117. « Je suis, disait Vol**tai**re, comme le**s**
sont transparents, parce qu**'il**s sont peu pr

118. A propos du *Siècl**e de Louis XI***
quelles doivent être les pri**ncipales qualités**

119. Après avoir lu, da**ns** les *Caractèr**es***
Mode, faire, à la manière **de La Bruyère, l**e
l'homme de sports.

120. Dans une lettre à un **a**mie, vous dire**z**
le style épistolaire de Volta**ire**, ce que vous
du philosophe.

121. A propos de Chatea**ubriand**, dire ce q
« artiste », quand on parle **d'un** littérateur.

122. L'histoire, d'après **M**ichelet, est une
123. Les Gaulois avaie**nt choisi l'alouet**
pourquoi ?

124. « Un ami, c'est un é**tre** prêt à déplai**re**
utile une fois. » (Mme Swetc**hine**.)

125. « Posséder le bonh**eur, c'est le ré**
126. Joubert : « Au lieu **de me plaindre**
épines, je me félicite de ce **que le buisso**n
127. Michelet préférait **tout aut**
qu'elle a le génie du sacrifi**ce**

Dix-huitième année (2ᵉ série)   N 25   5 Mai 1910

REVUE HEBDOMADAIRE

COURS ET CONFÉRENCES

Directeur : FILOZ

La France et la papauté de 1814 à 1870.

Cours de M. DEBIDOUR.

Professeur à l'Université de Paris

La loi Falloux

L'expédition de Rome n'était pur le parti catholique français, une première victoire : il n'est pas d'humeur à s'en contenter longtemps. Son programme ne se trouvait, en somme, qu'à moitié rempli : le prince-président avait payé que la moitié de sa ... On avait restauré le pape à Italie, on allait faire mainte... ... que Montalembert appelait la *campagne de Rome à l'in*... ... c'est-à-dire restaurer l'enseignement clérical en France. ... la première entreprise seconde réussit à souhait.

... son entrée au ministère, de Falloux avait élaboré un ... de loi sur la liberté de l'enseignement. Soigneusement tenu ... ve tant que dura l'Assemblée constituante qui ne lui eût ... favorable, il fut soumis, 8 juin 1849, à l'Assemblée législ... ... l'accueillit avec empressement. Le soin de la rédiger ... confié par Falloux à une commission extra-parlemen... ... il avait pris la présidence et dont le vice-président ... rs, rallié depuis peu au parti catholique. Tout l'état... ... ce parti s'y trouvait rassemblé.

148. Henri Heine : « Racine est le premier poète des temps modernes. Corneille est encore le premier poète du Moyen-Age. »

149. Définissez votre caractère.

150. Si vous étiez maître de votre destinée, quel genre de vie choisiriez-vous ?

N. F.

Le Gérant : FRANCK GAUTRON.

POITIERS. — SOCIÉTÉ FRANÇAISE D'IMPRIMERIE.

REVUE HEBDOMADAIRE

DES

COURS ET CONFÉRENCES

DIRECTEUR : **N. FILOZ**

La France et la papauté de 1814 à 1870.

Cours de M. A. DEBIDOUR,

Professeur à l'Université de Paris.

La loi Falloux.

L'expédition de Rome n'était, pour le parti catholique fiançais, qu'une première victoire ; il n'était pas d'humeur à s'en contenter longtemps. Son programme ne se trouvait, en somme, qu'à moitié accompli : le prince-président n'avait payé que la moitié de sa dette. On avait restauré le pape en Italie ; on allait faire maintenant ce que Montalembert appelait la *campagne de Rome à l'intérieur*, c'est-à-dire restaurer l'enseignement clérical en France. Comme la première entreprise, la seconde réussit à souhait.

· Dès son entrée au ministère, M. de Falloux avait élaboré un projet de loi sur la liberté de l'enseignement. Soigneusement tenu en réserve tant que dura l'Assemblée constituante qui ne lui eût pas été favorable, il fut soumis, dès juin 1849, à l'Assemblée législative, qui l'accueillit avec empressement. Le soin de la rédiger avait été confié par Falloux à une commission extra-parlementaire, dont il avait pris la présidence et dont le vice-président était Thiers, rallié depuis peu au parti catholique. Tout l'état-major de ce parti s'y trouvait représenté ; à côté de Cousin, que la crainte de la propagande révolutionnaire et socialiste avait rejeté comme Thiers du côté de l'Eglise, on y voyait Montalembert, de Melun, de Riancey, l'abbé Sibour, l'abbé Dupanloup ; la

22

majorité était acquise d'avance à ce qu'on appelait la liberté de l'enseignement. Aussi l'Université n'y fut-elle pas sérieusement défendue, et le projet présenté à l'assemblée répondait-il entièrement aux vues de Falloux et de son parti.   .

Les débats s'engagèrent au Palais-Bourbon au mois de janvier 1850 ; ils furent mémorables par la passion qu'on y déploya, par les incidents dramatiques qui se multiplièrent. Le ministre de l'instruction publique qui avait succédé à Falloux, M. de Parieu, soutint la loi au nom du gouvernement; Montalembert, Thiers, la défendirent ; Barthélemy-Saint-Hilaire, Victor Hugo, Jules Favre, Pascal Duprat, l'attaquèrent de toute la vigueur de leur éloquence, la signalant comme la mainmise du parti clérical sur la nation ; mais ce fut en vain : toutes les batailles que livrèrent les adversaires de la loi furent des échecs. Le 15 mars 1850, elle fut votée, aggravée encore par quelques amendements.

Les principales dispositions du texte de cette loi, dont nous allons donner une brève analyse, montrent qu'elle ne fut pas une loi de liberté, mais une loi de suspicion et d'amoindrissement à l'égard de l'Université. Elle comprenait 85 articles, et embrassait dans ses dispositions non seulement l'enseignement secondaire, mais l'enseignement primaire, dont l'Eglise ne pouvait se désintéresser dans un pays où s'implantait le suffrage universel.

Le titre 1er traitait des autorités préposées à l'enseignement, et il était rédigé de telle sorte que l'Etat enseignant se trouva réduit à une impuissance à peu près absolue. L'ancien Conseil de l'Université devait s'appeler désormais le *Conseil supérieur de l'Instruction publique*. Dans l'ancien Conseil, l'Université siégeait seule ; dans le nouveau, elle n'était représentée que par 8 membres sur 28 ; étant universitaires, ils étaient à la merci du gouvernement, et, comme membres du Conseil, révocables par le conseil des ministres. Les autres membres étaient : quatre archevêques ou évêques élus par leurs pairs, trois conseillers d'Etat, trois conseillers de la Cour de cassation, trois membres de l'Institut élus par leurs collègues, trois représentants de l'enseignement libre désignés par le gouvernement, un ministre de la religion réformée, un ministre de la confession d'Augsbourg, un représentant de la religion israélite. Si l'on songe que le Conseil devait avoir pour attributions de donner son avis sur les projets de lois et de règlements concernant l'instruction publique, sur les programmes d'études, sur les établissements à créer, a encourager, les livres à autoriser ou à interdire, et de prononcer en dernier ressort sur les affaires disciplinaires, on voit que la direction de l'enseignement était à peu près complètement enlevée à l'Université.

L'Université était également frappée par la constitution des nouvelles circonscriptions territoriales : auparavant la France était divisée en 20 académies, c'est-à-dire en régions assez vastes, dont les chefs, les recteurs, jouissaient d'une autorité morale en rapport avec l'étendue du ressort confié à leurs soins ; désormais il y aura autant d'académies que de départements, c'est-à-dire que le recteur ne sera plus qu'un petit personnage vis-à-vis de l'évêque et du préfet, sous la surveillance desquels, de fait, il sera placé ; pour enlever encore un peu d'autorité à ce fonctionnaire, on l'abaisse en exigeant de lui moins de grades et moins de distinctions qu'autrefois : il suffit, pour être nommé recteur, d'être licencié, ou même seulement d'avoir servi pendant dix ans dans l'enseignement ; il est indifférent que ce soit dans celui de l'Etat où dans l'enseignement libre. Si l'influence du recteur diminue, par contre, celle du conseil académique grandit, et là encore l'Université est en minorité : en effet, elle n'y est représentée que par deux membres, le recteur, qui peut, comme nous l'avons vu, n'être pas un des siens, et un inspecteur d'académie. Les autres membres sont l'évêque du diocèse et un ecclésiastique nommé par lui, un représentant du consistoire protestant, le préfet, le procureur général de la cour d'appel ou le procureur de la République, un membre de la cour d'appel ou du tribunal du chef-lieu, enfin quatre délégués du conseil général élus par leur collègues. Comment les établissements libres seront-ils en rapport avec ce conseil ? Par l'inspection. Mais, dans les établissements libres, celle-ci porte uniquement sur la salubrité, l'hygiène et la moralité, et ne peut porter sur l'enseignement que pour vérifier s'il n'est pas contraire à la morale, à la constitution et aux lois. Par contre, dans l'Université, l'inspection est beaucoup plus minutieuse, et elle est loin d'être sans conséquences pour le personnel, puisque la nomination de celui-ci est aux mains du gouvernement. N'oublions pas non plus que la loi est une loi de défiance contre l'Université, et que ses inspecteurs sont souvent pris parmi ses ennemis ; en effet, l'inspection est exercée non seulement par les inspecteurs généraux ou supérieurs, les inspecteurs d'académie et les inspecteurs primaires (qui sont nommés par le ministre sur l'avis du conseil académique), mais par les délégués cantonaux, les maires et les *curés*. Du reste, il suffit, pour être nommé inspecteur général ou inspecteur d'académie, de justifier du grade de licencié ou de cinq ans d'exercice, soit dans l'enseignement public, soit dans l'enseignement libre.

L'enseignement primaire est réglé par le titre II. La loi ne proclame ni l'obligation ni la gratuité ; à celle-ci seront seuls admis les enfants dont les parents seront reconnus hors d'état de payer, c'est-à-dire les indigents. Les programmes portent en tête l'instruction morale et *religieuse* ; ils sont d'ailleurs ridiculement réduits : lecture, écriture, premiers éléments de la langue française, système métrique, premières notions de calcul ; le reste était facultatif et serait déterminé par les besoins locaux.

Le principe de la loi était que l'enseignement devait rester libre : aussi aucune autorisation n'était-elle nécessaire pour ouvrir une école ; une simple déclaration de l'instituteur libre suffisait. Les autorités administratives ne pouvaient lui interdire l'enseignement qu'en cas d'immoralité notoire, ou d'insalubrité de son établissement. Quant aux garanties exigées des maîtres, elles faisaient encore la part plus belle aux adversaires de l'Université : la principale était le brevet de capacité. Or le jury qui le décernait, nommé par le conseil académique, pouvait ne comprendre que trois membres de l'Université sur sept ; et encore cette épreuve, qui n'était pas très redoutable, pouvait être évitée : les prêtres n'en avaient pas besoin, car le brevet pouvait être suppléé par le titre de *ministre d'un culte reconnu par l'Etat*. Il était également remplacé par un certificat du conseil académique, attestant que le candidat avait fait un stage de trois ans comme auxiliaire dans un établissement de l'Etat ou dans une école libre ; ainsi, après les prêtres, les congréganistes étaient dispensés de tout diplôme

Pour les femmes, les garanties requises étaient encore moindres : il suffisait, pour pouvoir ouvrir une école de filles, d'appartenir à une congrégation vouée à l'enseignement et reconnue par l'Etat ; une simple lettre d'obédience de l'évêque tenait lieu de brevet de capacité. Les maîtresses laïques, au contraire, devaient subir un examen. Comme il n'existait pas d'écoles normales d'institutrices, celles-ci allaient se recruter à peu près uniquement dans les congrégations.

Non seulement la loi rendait très difficile aux laïques la concurrence aux congréganistes en dehors de l'Université ; mais elle admettait également ceux-ci dans les écoles universitaires. C'étaient les conseils municipaux qui choisissaient les instituteurs communaux ; mais ils les choisissaient parmi des candidats présentés par le conseil académique s'ils étaient laïques, et, s'ils étaient religieux, par le supérieur de leur ordre ; aux instituteurs toute profession commerciale ou industrielle était interdite, et on se contentait de leur allouer un traitement de 600 francs. Si l'on songe que l'instituteur laïque pouvait avoir femme et enfants, et que le congréganiste, exempt de ces charges, pouvait compter sur l'appui de son ordre, on se rendra compte que, même dans l'enseignement public, la concurrence était difficile, et qu'on avait fait la part belle au clergé.

Le titre III, qui réglait les questions relatives à l'enseignement secondaire, était empreint de la même préoccupation de favoriser l'enseignement de l'Eglise. Il étendait les privilèges des écoles secondaires ecclésiastiques (les petits séminaires) : le nombre de leurs élèves, auparavant fixé à vingt mille, n'était plus limité ; ils étaient autorisés à recevoir des externes, à préparer directement au baccalauréat. Devenant ainsi des écoles de plein exercice, ils n'en continuaient pas moins à ne dépendre que des évêques, et ne relevaient ni de l'Université, ni du Conseil académique, ni du Conseil supérieur. Il était bien question, dans l'article qui les visait, d'une certaine « surveillance de l'Etat» ; mais ce terme lui-même restait vague. La surveillance dont il était question devait d'ailleurs être purement administrative ; elle était confiée au préfet, et ne portait ni sur l'enseignement, ni sur la capacité des maîtres : en effet, des directeurs ni des professeurs on n'exigeait aucune garantie. Cela revenait à la constitution, à côté de l'Université laïque, d'une université religieuse absolument indépendante de l'Etat.

Quant à l'ouverture d'écoles secondaires nouvelles, elle n'était pas soumise à d'autres conditions que celle des écoles primaires. De plus, la rédaction de l'article 60 : « Tout Français âgé de vingt-cinq ans au moins et n'ayant encouru aucune des incapacités comprises dans l'article 26 de la présente loi (condamnation pour délits contraires à la probité et aux mœurs) peut ouvrir un établissement d'enseignement secondaire... » permettait, par son caractère vague, aux congrégations non autorisées d'ouvrir des établissements d'enseignement. L'opposition le comprit et un débat assez vif s'engagea sur cette question : expulserait-on les membres des congrégations non autorisées? L'Assemblée n'osa se prononcer catégoriquement dans un sens ou dans l'autre : elle finit par décider que l'on passerait la question sous silence.

En définitive, le texte voté stipula que, pour ouvrir un établissement secondaire libre, il suffisait de justifier du grade de bachelier et d'un stage de cinq ans dans un établissement secondaire quelconque. Il n'était plus question d'un certificat de moralité. Du reste, le baccalauréat lui-même pouvait être esquivé : il pouvait être suppléé par un brevet de capacité que décernait un jury de sept membres nommé par le conseil académique ; sur ces sept membres, un seul appartenait à l'Université, le recteur, qui, comme nous l'avons vu, pouvait ne pas être universitaire d'origine. D'autre part, le ministre pouvait accorder des dispenses de stage. Quant aux professeurs et aux surveillants, on n'exigeait d'eux ni grade ni stage. Par suite, le fait d'appartenir à une congrégation enseignante tiendrait lieu de capacité et de moralité. Que l'on compare cette situation à celle que la loi faisait à l'universitaire : celui-ci devrait, comme autrefois, être bachelier, licencié, agrégé, selon les emplois qu'il aurait à remplir. Cela prouvait, d'une façon indiscutable, que l'on avait voulu élever les écoles libres aux dépens de l'Université. D'autres mesures le prouvaient encore : désormais le certificat d'études ne serait plus exigé des candidats au baccalauréat ; ce qui fait que toute institution libre pourrait devenir un établissement de plein exercice. Les ecclésiastiques étaient admis à faire concurrence au clergé presque dans leur domicile : tout ministre d'un culte reconnu par l'Etat était autorisé à réunir chez lui jusqu'à quatre élèves, avec cette restriction illusoire de ne prendre comme tels que des aspirants aux écoles ecclésiastiques.

Telles sont les grandes lignes de cette loi, qui était véritablement la charte de l'enseignement clérical en France ; et cependant, dans ce parti, il y eut encore des mécontents : quelques intransigeants de la droite, comme l'abbé de Cazalès, trouvaient qu'on n'avait pas fait la part assez large à l'Église, et regrettaient que la loi fût muette sur l'enseignement supérieur. D'autres, comme Parisis, évêque de Langres, se résignaient à la subir, mais en attendant mieux et en déplorant que l'Université, *ce foyer d'immoralité, d'athéisme, d'incrédulité, d'esprit anarchique et révolutionnaire*, ne fût pas enfin réduite à néant. Mais ce n'était qu'une minorité. L'Eglise estima que cette loi était une grande victoire. Montalembert lui-même reconnut que la politique du tout ou rien eût été mauvaise, et employa toutes les forces de sa prestigieuse éloquence pour faire, en faveur de la loi, l'union de tous les conservateurs : il fallait se contenter de ce qu'on pouvait obtenir à l'heure présente ; le reste viendrait par surcroît, quand il en serait temps. Ce fut également l'avis de Pie IX, qui fit publier par le nonce, le 15 mai 1850, une lettre de félicitations au chef du gouvernement français ; et, pour donner une leçon aux intransigeants qui conseillaient aux évêques de ne pas se prêter à l'exécution de la loi et de refuser d'entrer dans les conseils académiques, il déclara, dans une allocution consistoréale du 20 mai 1850, que, si la loi ne donnait pas une entière satisfaction aux vœux de l'Eglise, elle n'en constituait pas moins un progrès ; qu'il fallait donc l'accepter et se servir d'elle en attendant mieux. Et il recommanda au nonce de donner à l'épiscopat français des instructions dans le même sens.

L'Eglise avait d'autant plus raison de témoigner de la gratitude à Louis-Napoléon que celui-ci sembla s'attacher, dans l'exécution de la loi, à mériter sa bienveillance. Par ailleurs, également, il ne perdait aucune occasion de lui témoigner ostensiblement respect et dévouement : dans ses nombreux voyages, il édifiait les populations catholiques par sa déférence pour les évêques ; il faisait de nombreux présents aux couvents et aux églises ; il fermait les yeux sur les infractions aux articles organiques ; il usait de rigueur envers l'Université et procédait dans ses rangs à une épuration qui rappelait les temps de la Terreur blanche. Les révocations d'instituteurs se multipliaient ; l'enseignement secondaire, lui aussi, avait ses victimes. Pendant l'année 1850-1851, Deschanel fut exclu de Louis-le-Grand ; le cours de Michelet fut suspendu au Collège de France ; et Vacherot, attaqué par le P. Gratry, dut quitter l'Ecole Normale.

Aussi les catholiques se résignèrent-ils sans peine à demander la prorogation des pouvoirs du prince, qui, selon la constitution, devaient expirer en mai 1852. Ils préféraient, somme toute, son gouvernement à une restauration, sous laquelle le clergé aurait pu, encore une fois, se rendre impopulaire ; de plus, étant élu par le suffrage universel, le prince était obligé de se ménager l'appui du clergé. Montalembert déclarait à la tribune que le président « n'avait démérité en rien de la grande cause de l'ordre ». En juillet 1851, le prince tenta une épreuve sur l'assemblée et fit proposer une revision partielle de la constitution, qui eût permis, non seulement la réélection, mais la prolongation de ses pouvoirs pour dix ans. Montalembert et Veuillot, le parti et la presse catholiques, appuyèrent la proposition ; elle eut la majorité (416 voix contre 278 sur 724 votants) ; mais, comme la loi prescrivait pour toute modification une majorité des trois quarts, elle fut rejetée. Alors Montalembert, en octobre de la même année, ne craignit pas, ainsi que beaucoup de ses amis, de s'unir à un certain nombre de bonapartistes dans une sorte de conspiration tendant à modifier cette dernière loi : on proposerait de faire voter à la simple majorité la revision partielle de la constitution, et, dans le cas probable où la minorité protesterait, on ferait appel au peuple ; on était certain d'avance du vote d'une population qui avait déjà élu le prince. A la fin de novembre, le duc de Mouchy, le vicomte Henri de Mortemart et Montalembert lui-même allèrent soumettre ce projet à Napoléon ; celui-ci, qui méditait déjà le coup d'État, leur fit des réponses évasives, leur dit quelques banales paroles d'encouragement, et, pour gagner du temps, les invita à recueillir de nouvelles adhésions. Ils poursuivirent donc leur propagande ; mais ils n'avaient encore réuni que cent soixante signatures, quand le 2 décembre vint leur couper l'herbe sous le pied. On connaît les faits : la constitution déchirée, les généraux républicains incarcérés, les représentants dispersés ou conduits en prison, les républicains fusillés, mitraillés, proscrits, la presse bâillonnée, et la France invitée, sous le coup de cette terreur, à conférer au président pleins pouvoirs pour réorganiser le gouvernement.

C'était un vilain tour joué au parti catholique : Louis-Napoléon avait tranché la question sans le concours de ses amis de la droite, et d'une façon qui ne le rendait redevable du pouvoir à aucune coterie parlementaire. Ils n'en applaudirent pas moins, s'imaginant que cet acte de violence sauvait la société d'une anarchie imminente. Mais il faut reconnaître qu'ils ne furent pas unanimes ; il y eut, parmi eux, d'honorables exceptions : Dupanloup, évêque d'Orléans, Jacquemet, évêque de Nantes, montrèrent qu'ils gardaient le souci de leur dignité ; le Père de Ravignan refusa de s'incliner devant le fait accompli et n'y vit qu'une violation odieuse de la constitution. Quant à Lacordaire, il se souvint qu'il avait été libéral : « Si la France s'y habitue, disait-il à la fin de 1851, c'en est fait, nous courons au Bas-Empire. La violation par la force de la constitution d'un pays est toujours une grande calamité publique, qui prépare pour l'avenir de nouveaux coups de fortune et l'avilissement progressif de l'ordre civil... Rien ne contrebalance la violation de l'ordre moral sur une grande échelle. Le succès même fait partie du fléau : il enfante des imitateurs qui ne se découragent plus. Le scepticisme politique envahit les âmes, et elles sont toujours prêtes à livrer le monde au premier parvenu qui leur promettra de l'or et du repos ; je blâme le passé, je crains l'avenir, et je n'attends le salut que de Dieu. » — Mais la masse des catholiques et du clergé fut loin de tenir une conduite aussi noble, et Montalembert luimême, le 12 décembre, écrivait ces lignes, que pour l'honneur d'une carrière par ailleurs si belle, on voudrait qu'il n'eût jamais écrites : « Voter contre Napoléon, c'est donner raison à la révolution socialiste... Voter pour Louis-Napoléon, ce n'est pas approuver tout ce qu'il a fait, c'est choisir entre lui et la ruine totale de la France... Je me souviens des grands faits religieux qui ont signalé son gouvernement : la liberté de l'enseignement garantie ; le pape rétabli par les armes françaises ; l'Eglise remise en possession de ses conciles, de ses synodes, de la plénitude de sa dignité, et voyant graduellement s'accroître le nombre de ses collèges, de ses communautés, de ses œuvres de salut et de charité. Je cherche en vain, hors de lui, un système qui puisse nous garantir la conservation et le développement de semblables bienfaits... » Et, tout en faisant cette apologie, le noble comte donnait de fait son approbation au régime, acceptant de faire partie de la commission consultative chargée par la prince d'élaborer la nouvelle constitution.

En même temps la presse religieuse célébrait le coup d'Etat comme un bienfait de Dieu : Louis Veuillot, ce folliculaire sans foi ni loi, qui, après avoir assuré, en 1848, que nul n'était plus républicain que lui, avait fait campagne en 1850 pour la fusion royaliste, se distinguait dans ce concert de louanges et se montrait maintenant ardent bonapartiste : « Depuis le 2 décembre, écrivait-il dans l'*Univers*, il y a en France un gouvernement et une armée, une tête et un bras : à l'abri de cette double force, toute poitrine honnête respire, tout bon désir espère... L'iniquité tremble à son tour devant la justice. On peut espérer que la loi régnera et non pas le crime. Nous sommes mis en demeure de dire, demain, si nous voulons que ces grandes conquêtes de 1851 soient conservées, developpées. Pour notre part, devant Dieu et devant les hommes, la main sur notre conscience, comme français et comme catholique, nous disons oui, cent fois oui ! »

Son appel ne fut que trop entendu : le 21 décembre, 7.500.000 « oui » proclamèrent que Napoléon avait eu raison de violer la constitution. Quelques jours après, dans ce Paris dont les rues étaient encore rougies de sang républicain, l'archevêque Sibour, pour célébrer le résultat du plébiscite, faisait chanter un *Te Deum*, qui, dans la circonstance, n'était pas seulement un acte de faiblesse, mais une mauvaise action, et que Victor Hugo devait stigmatiser dans ses *Châtiments*.

Dans la pensée du prince, ce coup d'Etat n'était qu'une première étape. Le but qu'il visait, c'était le rétablissement de l'Empire : aussi redoubla-t-il de complaisances envers le clergé. Le comte de Melun s'était plaint que les congrégations religieuses éprouvassent de la difficulté à obtenir la personnalité civile : à partir du 31 janvier 1852, les congrégations et communautés de femmes purent être autorisées, non plus par une loi, mais par un simple décret émanant du pouvoir exécutif. L'Université fut de nouveau épurée par le ministre Fortoul, et beaucoup de professeurs durent cesser d'enseigner pour refus de serment, d'autres pour cause d'irréligion. L'inamovibilité des professeurs de l'enseignement supérieur fut abolie. Mais le même décret du 9 mars 1852 attribuait à l'État la nomination des membres du Conseil supérieur de l'Instruction publique, ainsi

que des conseils académiques, d'où tout élément électif serait
banni, de façon que la direction de l'enseignement appartînt au
gouvernement plus qu'au clergé. C'était une première atteinte
à la loi Falloux : ce fut le prétexte que saisit Montalembert de
rompre avec l'homme de Décembre. Tout porte à croire, d'ailleurs,
qu'il regrettait maintenant, mais trop tard pour sa gloire, ses
complaisances et ses compromissions. Mais ce ne fut qu'un cas
isolé ; il ne fut pas suivi dans sa défection. Veuillot n'eut pas
les mêmes scrupules : comme l'année précédente, il continua, en
vue du plébiscite, de transmettre aux curés le mot d'ordre du
parti ; les curés le transmirent docilement à leurs paroissiens, et,
le 21 novembre 1852, huit millions de suffrages ratifièrent l'élévation de Napoléon à la dignité d'empereur des Français. De
nouveaux *Te Deum* retentirent ; les mots *Vox populi, vox Dei* !
furent prononcés dans toutes les églises, et les évêques saluèrent
du nom de Cyrus et de Constantin cet homme sans foi et sans
génie, porteur d'un des plus grands noms de la terre, mais qui
n'était au fond qu'un aventurier heureux.

La « République » de Platon

Cours de M. ALFRED CROISET,

Doyen de la Faculté des Lettres de l'Université de Paris

La poésie, la musique, la gymnastique et l'éducation des citoyens.

Vous vous rappelez la longue critique que Platon a faite des mythes poétiques, ces mythes dont la Grèce s'est nourrie pendant des siècles et qui contribuent encore, a cette époque, à l'éducation de la jeunesse : ils sont mauvais, aux yeux du philosophe, parce qu'ils représentent les dieux et les héros sous des traits qui ne sont pas conformes à la morale. Puis Platon se trouve bientôt conduit à traiter une question moins importante, mais intéressante encore, celle des genres de poésie qui doivent être acceptés ou rejetés de la cité. Vous savez quels sont ces genres dans la Grèce de ce temps : tragédie, comédie, poésie lyrique, cette dernière prenant une place chaque jour plus grande ; il y a également la vieille épopée, qui n'est plus aussi vivante en ce sens qu'il n'y a plus d'Homère pour chanter les vieilles légendes, mais qui tient encore une grande place dans les lectures et les récitations.

Pour étudier ces différents genres, Platon va les considérer d'un point de vue qui peut nous paraître assez particulier, c'est celui de la place que la personne même du poète tient dans son œuvre. Il fera alors deux grandes divisions : d'abord, une poésie d'imitation où la personnalité du poète disparaît totalement, telle est par exemple la poésie dramatique ; puis, la poésie narrative, dans laquelle deux subdivisions sont encore a faire, soit que le poète seul parle toujours ou presque toujours, comme dans la poésie lyrique où l'écrivain exprime ses sentiments personnels, soit que, tout en parlant encore en son propre nom, le poète fasse une part beaucoup plus grande à l'imitation des différents personnages, telle est la poésie épique ; le poète y met en scène des héros qu'il fait parler et agir, au point que nous nous imaginons les voir sur un vrai théâtre. Cette distinction des différents genres poétiques ne paraît pas avoir été faite, théoriquement du moins, avant Platon : nous n'en voyons guère de trace dans la littérature grecque antérieure, et la façon même dont Platon insiste sur cette manière de voir, semble indiquer aussi qu'il est un des premiers à l'avoir indiquée.

Du reste, cette division, cette classification nouvelle des formes poétiques, nous allons la retrouver dans la *Poétique* d'Aristote. Mais, ici, la distinction qui n'était marquée par Platon que d'une manière secondaire entre le lyrisme et la poésie narrative, est très nettement exprimée ; Aristote admettra donc trois classes essentielles ; la poésie dramatique, l'épopée et ce qu'il nomme le dithyrambe, où entrent les différents genres de poésie lyrique.

Quel enseignement Platon va-t-il tirer de cette division, au point de vue moral ; puisque c'est là, on le sait, le point de vue essentiel de toute son étude ? Quelle application en va-t-il faire à l'éducation de ses gardiens, des « phulakès » ?

La poésie imitative, c'est-à-dire la poésie dramatique, est condamnée d'une manière absolue, et non pas seulement la comédie, ce qui se comprendrait assez, étant donnés le ton et le langage de la comédie ancienne dont le goût délicat d'un Platon devait mal s'accommoder, et qui devaient aussi provoquer ses scrupules moraux ; le philosophe implique, en outre, dans la même condamnation la tragédie et, en un mot, tout le genre dramatique en bloc. Quelles peuvent être les raisons d'une pareille rigueur ? C'est, tout d'abord, que le poète dramatique doit effacer sa personnalité pour entrer dans celle des héros qu'il fait parler ; par la force des choses, il est obligé de faire parler des personnages de valeur inégale, des héros ou des demi-dieux, mais aussi des hommes du peuple, et, ce qui est encore plus grave, des héros malheureux et même des femmes ; or les femmes, en particulier, telles que se les représentait l'imagination grecque, sont des êtres essentiellement faibles, abandonnés à leurs passions, à leurs impulsions. Le poète dramatique est ainsi contraint d'entrer dans des personnalités inférieures, et tout à fait indignes du philosophe. Voici maintenant une autre raison un peu plus subtile, mais non pas sans valeur aux yeux de Platon. Dans ce genre de poésie, il faut donc qu'un homme soit capable de prendre tous les visages ; or, dans l'idée de Platon, il est de toute nécessité que chacun reste soi-même ; c'est une conséquence de la grande théorie générale qui domine toute sa politique : un homme pour une fonction ; c'est une forme encore de cette loi de la division du travail qui est à la base de son système, tandis qu'être capable de sortir de soi-même pour assumer des manières de dire ou de faire auxquelles on n'est pas

destiné, lui paraît, en principe, détestable. Il n'est guère besoin
d'insister sur tout ce qu'il y a d'étroit et de vraiment géométrique
dans cette manière rigoureuse de concevoir les choses. Ce principe
de l'unité obsède Platon, et il est tout naturellement porté à
l'exagérer, parce que, autour de lui, dans le monde grec, il voyait
le spectacle le plus opposé qui soit à l'unité. C'est une utopie, une
idée qui le hante au point de le faire poursuivre des choses qui
paraissent assez innocentes, comme cet effacement imposé au
poète dramatique pour laisser parler des personnages qui ne sont
pas lui.

En ce qui concerne l'autre forme de poésie, narrative ou épique,
Platon est moins absolu ; car il n'exclut pas toutes les fictions ; il
s'agit seulement de les bien choisir. Mais il y a ici des distinctions à faire, tout à fait essentielles. Ainsi l'épopée est, pour
Platon, quelque chose de mixte : elle tient de la poésie lyrique en ce que le poète raconte lui-même les événements, mais,
comme il met aussi en scène des personnages, qu'il leur prête
des discours, décrit leurs passions au développement desquelles
il nous fait assister, on voit que, sans employer l'artifice scénique
du drame, le poète épique arrive, en vérité, au même résultat. Il
faut donc distinguer encore ; et, si le poète excelle par trop à
reproduire toute la diversité des âmes humaines, s'il ne se contente pas de nous représenter son âme à lui, qui, par définition,
doit être noble, nous devons nous défier de lui. Nous ne voulons
pas, dit Platon en se servant d'une expression curieuse, nous ne
voulons pas dans notre cité de ces hommes « multiples », mais des
hommes qui aient de l'unité, qui soient constants et conséquents
avec eux-mêmes. Dans la poésie proprement dithyrambique,
d'où il exclut, bien entendu, les genres légers et passionnés, il se
méfie encore et veut que le poète se maintienne toujours dans
cette sphère noble et élevée, qui doit être celle du philosophe et
qui convient seule à sa cité.

Nous allons, maintenant, rencontrer ce passage célèbre où
Platon, tout en exprimant son admiration d'artiste pour le
grand poète qui sut représenter si bien toutes les formes de la
vie humaine, se redresse, en philosophe, contre ce poète et
exile Homère de sa République, en le couronnant de fleurs :

« Si donc un homme qui est capable, à force d'habileté, de
« devenir une âme multiple, d'imiter toutes choses, si cet homme
« venait nous trouver dans notre cité et, avec lui, ses poèmes
« qu'il serait désireux de nous faire entendre, nous commen-
« cerions par l'adorer comme un être divin, merveilleux,
« séduisant ; mais nous lui dirions, après cela, qu'une âme de

« cette sorte n'a pas de place dans notre cité et qu'il n'est pas
« conforme à la « Thémis » qu'elle en ait une ; et nous le ren-
« verrions dans une autre ville, après avoir versé sur sa tête des
« parfums et de la myrrhe, et l'avoir couronné de bandelettes.
« Mais nous, dans notre état, nous nous contenterions unique-
« ment d'un poète plus austère et moins agréable, d'un mytholo-
« gue sévère mais plus utile, qui se bornerait à imiter le langage
« des hommes graves et pieux et qui exprimerait ses idées en
« suivant la forme que nous aurons établie, dès l'origine, dans
« notre législation. »

Telle est cette célèbre exécution d'Homère, faite avec beaucoup
de grâce, mais, on le voit aussi, avec une sévérité inflexible, une
sorte de fanatisme, auquel d'ailleurs Platon ne se résout pas sans
qu'il lui en coûte ; car il est trop artiste pour ne pas saisir tout ce
qu'il y a de charme dans le grand poète qu'il bannit. C'est un des
premiers exemples que nous trouvons ici, et des plus frappants,
de ce qu'il y a — disons le mot — de fanatique dans la pensée platonicienne. Sous la bonne grâce qui atténue un peu les choses, on
sent là, comme dans bien d'autres passages, le fanatisme d'un
philosophe qui ne transige pas et qui, malgré la révolte de sa
propre sensibilité, reste toujours fidèle à son idéal étroit et absolu.

Nous arrivons, maintenant, à une autre question qui touche de
très près celle-ci et qui a une extrême importance dans la Grèce
antique, la question de la musique, c'est-à-dire le choix et l'emploi
des mélodies et des rythmes qui doivent présider à la formation
de la jeunesse, accompagner son éducation. C'est là une question
très importante, aux yeux des Grecs ; car tous les anciens sont
unanimes à reconnaître l'influence considérable que la musique
exerce sur le caractère des hommes. Et cela vient de la réalité
même des faits, qui présente aux yeux du philosophe cette
influence constante, indéniable, de la musique. On se rappelle les
innombrables anecdotes, les vieilles légendes d'Orphée ou d'Amphion ou de tel autre héros, dont les accents harmonieux char-
maient même les animaux, les arbres et les pierres. Ces
fables ne font que traduire la toute-puissance de la musique, et
tout cela n'est que l'expression mythologique d'une vérité, de ce
sentiment profond de l'influence, considérable en vérité, que la
musique exerce sur les hommes. Notons encore la place que tenait
la musique dans le détail même des actes journaliers. Sans
parler ici des grandes représentations dramatiques, on voit que
la musique était beaucoup plus mêlée que dans le monde moderne à la réalité de la vie. A la fin des banquets, par exemple, on
chantait, et ce n'étaient pas toujours des artistes professionnels,

mais les convives eux-mêmes qui entonnaient soit des chœurs,
soit des poésies chantées, ou encore des poèmes où la parole et
le chant (*skolion*) passaient d'un convive à l'autre ; de même
encore, dans de nombreux actes de la vie publique, on chantait,
on chantait à la guerre les poèmes de Tyrtée, ou le Péan. La
musique, en un mot, était comme un moyen d'action, un moyen
d'associer les sentiments individuels et de les grouper en un
seul tout plus puissant ; elle suscitait ce qu'on appelle aujour-
d'hui l'âme des foules, donnant à une réunion d'individus, nombreuse ou non, le sentiment de son unité, lui prêtant enfin une
âme commune. Et c'est en s'appuyant sur de tels faits, incontestables et incontestés dans toute l'antiquité, que Platon en vient
à examiner quels sont les rythmes et lés mélodies qu'il faudra
accepter dans la cité idéale.

Dans ce passage où il aurait pu être précis, il ne l'a cependant
pas été ; nous disons qu'il aurait pu l'être, car la connaissance
des différents modes de la musique était commune alors, et
il aurait très bien pu entrer dans certains détails. Ne voyons-
nous pas, d'ailleurs, un philosophe positif comme Aristote nous
dire, par exemple, dans sa *Politique*, quels modes musicaux
il faut accepter ou éliminer? Platon ne le fait pas, et il se tire
d'affaire, à propos des mélodies et des rythmes, par la prétendue
ignorance de Socrate : « Je ne suis pas musicien », dit celui-
ci. — Ce n'est là, bien entendu, qu'une manière de parler, un
moyen de laisser de côté des discussions trop techniques. — Des
principes qui doivent déterminer le choix des mélodies et des
rythmes, nous ne retiendrons que deux ou trois, qui montrent
bien ce que cherche Platon et comment il veut les faire servir
à l'organisation de sa cité.

« Je ne connais pas toutes les espèces d'harmonie, dit Socrate ;
« mais gardons pour notre cité le mode musical, quel qu'il soit,
« qui pourrait convenir aux actions de la guerre ou, dans la paix,
« a cette sérénité de l'âme que les gardiens de l'Etat ne doivent
« jamais abandonner ». Qu'ils soient capables, ces gardiens, grâce
aux harmonies qu'on leur fera entendre, et des travaux de la
guerre et des douces pratiques de la paix. Puis Socrate passe à la
question des rythmes, sans davantage entrer dans le détail. Pour
les Grecs le choix des rythmes a autant d'importance que le choix
des modes musicaux au point de vue du caractère éthique de la
musique. Les rythmes, selon les combinaisons des temps forts ou
faibles, sont variés, lents et nobles, agités et violents, les uns con-
venant au calme, les autres à l'action ; il y a aussi des rythmes
troublés, qui conviennent plus particulièrement à certaines

extases religieuses ou aux emportements sensuels. Mais Platon
n'insiste pas ; il se borne à faire cette remarque, que ce qu'il
a pu dire des modes musicaux s'appliquera également aux
rythmes qui sont en rapports étroits avec eux. Nous trouvons
donc toujours cette unité, cet accord, entre les différentes parties
de l'œuvre d'art, cette idée de l'harmonie générale de toutes
choses, idée répandue chez les penseurs grecs, mais que Platon
rappelle à tout propos :

« Achevons notre réforme et disons du rythme ce que nous
« avons dit des modes musicaux, c'est-à-dire qu'il en faut éviter
« la variété et la multiplicité, pour ne chercher que les rythmes
« qui conviennent à une vie sage et courageuse... »

Platon est ainsi conduit à des considérations plus générales,
qui résument toutes ses observations sur la musique ; elles sont
empreintes d'une grande beauté. De même que, dans la musique,
tout se tient et que modes et rythmes sont étroitement liés ; de
même tout se tient dans l'éducation à donner aux gardiens de la
cité, et il faut que tous les arts, dans l'ensemble de leurs inspirations, contribuent à former autour des guerriers, des citoyens
et aussi des artisans, une certaine atmosphère de beauté morale et
de noblesse, à laquelle ils emprunteront leurs inspirations les plus
nobles. Le passage de la *République* (III, 12) est fort beau, où Platon explique la nécessité de cette atmosphère de beauté morale et
artistique ; il fait appel non seulement à la poésie et à la musique,
mais à l'architecture, à la sculpture, à la peinture ; il faut que, de
toute part, la beauté s'offre à ces citoyens de la cité idéale, il faut
qu'ils respirent cette beauté comme on respire l'air dans lequel
on est plongé et, peu à peu, leur âme s'imprégnera de cette
beauté ambiante :

« Nous devrons donc chercher des artistes habiles, capables
« de suivre la nature du beau, afin que nos jeunes gens élevés au
« milieu de beaux ouvrages, comme dans un air pur et salubre
« que le vent leur apporte d'une heureuse contrée, en reçoivent
« dès l'enfance de salutaires impressions par les yeux et les
« oreilles, et soient insensiblement portés à imiter ce qui est
« beau, à se l'assimiler, à former une sorte de communauté
« avec la belle raison. »

Développant encore cette idée, Platon arrive à cette admirable
conclusion, à savoir que tous les moyens techniques par lesquels
l'âme s'exprime sont secondaires et que le véritable *mousikos*,
au sens large du mot, l'homme « chéri des Muses », trouve dans
le fond de son âme, sa source d'inspiration et de beauté. Les
lignes, les sons, les rythmes, les couleurs, tout cela n'est que la

traduction de cette beauté qu'il porte en son âme ; c'est encore
par la contemplation de cette beauté intérieure qu'il arrivera à
connaître presque d'instinct, les moyens de la traduire, de
l'exprimer au dehors. Telle est la belle conclusion idéaliste à
laquelle aboutit ce développement sur la musique.

Pour compléter cette éducation, il reste maintenant la gymnastique. Les quelques pages que Platon lui consacre ne sont ni
moins intéressantes ni moins originales ni, disons le mot, moins
paradoxales que celles où il a traité de la musique. La gymnastique tenait, on le sait, une grande place dans la vie grecque, et,
de 18 à 20 ans, les éphèbes restaient dans les gymnases avant
d'aller, dans quelques petites garnisons de l'Attique, accomplir
leurs obligations militaires. La gymnastique, si importante dans
la vie des Grecs, l'était peut-être davantage encore aux yeux de
Platon ; car il lui donne une autre portée. Il commence par éliminer la gymnastique des athlètes, ce qu'on pourrait appeler la
gymnastique des professionnels, pour ne considérer que la gymnastique des honnêtes gens. Vous savez qu'il y a, chez Euripide
et les comiques, de nombreux passages où l'on attaque les
abus de la gymnastique purement sportive et professionnelle,
celle qui consiste à former uniquement un homme pour une
journée d'Olympie ! De cette gymnastique, Platon ne veut pas :
elle ne produit que des brutes ; or nos phulakès, nos gardiens,
doivent être des « chiens courageux » qui défendent les moutons
qui sont confiés à leur garde et non des « loups » qui les mangent. En outre, cette gymnastique prendrait tout leur temps ;
puis elle est extrêmement fragile, nécessite un régime très
rigoureux, un entraînement tyrannique, puisque l'on voit des
athlètes professionnels, passé un certain âge, tomber subitement
au-dessous de ceux qui ont été élevés uniquement dans la gymnastique rationnelle. Cette gymnastique de professionnels ne
saurait donc convenir à nos gardiens ; celle qui leur convient,
c'est celle qui prépare aux travaux de la guerre, une gymnastique raisonnable, qui donne une santé générale, solide, et
d'où résulte la force, plutôt que le développement de tel
ou tel muscle, une gymnastique propre à former des guerriers
vaillants.

Mais une question importante entre ici en ligne ; c'est la question de la médecine. Nous sommes à l'époque où la médecine
grecque arrive à son plus grand éclat, et les écrits hippocratiques
sont contemporains de la jeunesse de Platon. La médecine est
donc puissante, à ce moment ; elle est à la mode, et il est intéressant de voir ce qu'en va dire Platon. Il fait d'abord une distinction

assez piquante : la médecine qui s'attache à remédier aux accidents est excellente ; car les hommes, même les plus robustes,
ceux qui ont été élevés dans la gymnastique la plus rationnelle,
sont susceptibles d'accidents, de maladies subites. Mais il
y a, à côté de celle-là, une autre médecine, qui prend, à cette
époque, beaucoup de place : c'est la médecine d'Hérodicos, le
patron, pourrait-on dire, des hygiénistes, qui prend soin des
enfants faibles, mal venus, rachitiques ; à force d'industrie, il
arrive à en faire des hommes à peu près bien portants, mais
qui passent leur vie à se soigner pour atteindre péniblement une
vieillesse languissante.

De cette médecine d'hygiène Platon ne veut pas, et il ne tolère
pas qu'on donne à de tels médecins le nom de fils d'Esculape ;
il rappelle, à ce propos, la médecine énergique que pratiquaient
Machaon et Podalire, dignes enfants d'Esculape : « Pendant le
« siège de Troie, Machaon et Podalire ne blâmèrent point la
« femme qui, pour guérir la blessure d'Eurypyle, lui avait fait
« prendre, dans du vin de Pramne, de la farine et du fromage
« râpé... » Voilà une médecine solide, énergique, disons le mot,
un remède de cheval, que Platon préfère à la méthode d'un
Herodicos, qui, lui, s'applique à « conduire, pour ainsi dire, les
maladies par la main ». Hérodicos prolonge la vie de gens qui,
s'ils doivent être artisans, ne pourront travailler et, s'ils sont
riches, passeront leur existence à se soigner ! C'est une médecine funeste, dont Platon ne veut à aucun prix dans sa cité ;
car, « dans tout Etat bien policé, chaque citoyen a un emploi
« à remplir, et personne n'a le loisir de passer sa vie dans les
« maladies et dans les remèdes ».

Nous allons voir le philosophe pousser jusqu'au bout ses
principes, sans vouloir écouter sa sensibilité, et montrer cette
même intransigeance, ce même fanatisme, que nous avons
signalés plus haut : on laissera donc mourir ces êtres faibles et
délicats, on se débarrassera de même des enfants mal venus.
Tout ce qui n'est pas fait pour une vie pleine est impitoyablement
exilé de la cité platonicienne. Il n'est pas besoin d'insister sur
la distance qui sépare nos idées modernes de cette condamnation
rigoureuse de la faiblesse. Mais, dans l'antiquité, une pareille
disposition d'esprit n'était pas particulière à Platon ; rappelons
seulement qu'à Sparte on exposait les enfants qui naissaient
faibles et qui ne pouvaient devenir de bons guerriers. Il est donc
resté, dans cette civilisation, une certaine dureté, qui vient de ces
temps primitifs où le principal était le groupe, où l'individu ne
valait que pour et par le groupe, le clan. Pour les modernes, au

contraire, l'homme étant une « fin » en soi, l'individu a une valeur absolue.

Ajoutons enfin que, dans la pratique, l'antiquité elle-même apportait quelque tempérament à ces théories si contraires aux nôtres, et que le nombre de ceux qui, comme Platon, veulent pousser leurs principes aux dernières rigueurs, était, en somme, assez restreint en Grèce.

Ainsi nous avons vu ce que devait être l'éducation des guerriers de la cité platonicienne ; nous examinerons, la prochaine fois, ce qui concerne les magistrats et l'ensemble de la cité elle-même.

M. D. C.

La comédie en France après Molière

Cours de **M. AUGUSTIN GAZIER**,

Professeur à l'Université de Paris.

Le théâtre de Marivaux. (*Suite.*)

Nous avons vu combien l'œuvre de Marivaux était diverse : une tragédie, trente comédies, des parodies, des romans, des journaux. On peut lui appliquer, avec raison, le mot qu'on attribue à Richelieu sur Corneille : « Il n'avait pas l'esprit de suite ». Lorsqu'une œuvre était commencée, il ne l'achevait pas, et il passait d'un genre à l'autre avec une rapidité déconcertante.

Pour juger ses comédies, nous ne pouvons nous en rapporter au goût de ses contemporains. Comme Prévost et Lesage, il a dû attendre que la postérité le jugeât mieux. On a dit avec raison que le public n'était infaillible qu'« à la quatrième génération ».— De toutes ses œuvres, il n'est, en somme, resté que quatre ou cinq comédies vraiment intéressantes. Au début du xixᵉ siècle, le répertoire de la Comédie-Française garde six pièces : les deuxièmes *Surprises de l'Amour* (1727), le *Jeu de l'Amour et du Hasard* (1730), la *Mère confidente* (1735), le *Legs* (1736), les *Fausses Confidentes* (1737), l'*Epreuve*. Geoffroy nous apprend, il est vrai, que le *Jeu de l'Amour et du Hasard* n'était joué que rarement ; il ne parle pas des autres pièces, que, sans doute, on représentait plus rarement encore.

Si le nombre des pièces célèbres est si restreint, c'est que, quand on en a lu deux ou trois, on les connaît toutes ; lorsqu'on en a étudié une de près, on peut se figurer aisément ce que sont les autres.

Il existe cependant une différence frappante entre les pièces que Marivaux a données aux Italiens et celles qui ont été représentées au Théâtre-Français. On peut, par exemple, comparer la première pièce des *Surprises de l'Amour*, jouée aux Italiens en 1722, et la deuxième comédie du même titre jouée au Français en 1727. Dans la première nous trouvons tous les personnages du Théâtre Italien : Arlequin et Colombine y tiennent la plus grande place. Dans la deuxième, au contraire, c'est le Chevalier, le Comte, Angélique, la Marquise, Lisette. La donnée générale est cependant semblable dans les deux pièces : c'est le sujet du conte

de La Fontaine intitulé la *Matrone d'Ephèse* ; mais, ici, la jeune
veuve ne se remarie pas. Les sentiments évoluent rapidement
de la pitié à l'amour. Cependant ce n'est pas l'intrigue qui intéresse les spectateurs ; car, si peu qu'on ait l'habitude du théâtre,
on devine que les deux inconsolables finiront par s'aimer.
L'intérêt porte plutôt sur les sentiments divers qui agitent l'âme
des personnages. La situation est délicate ; de petits incidents
retardent le dénouement : ce sont des hésitations, des appréhen-
sions, des susceptibilités, des froissements d'amour-propre. Nous
sommes charmés en voyant toutes les nuances imperceptibles de
la passion à ses débuts ; nous oublions l'intrigue pour ne nous
attacher qu'aux sentiments.

Dans le *Jeu de l'Amour et du Hasard*, la donnée est simple. On
ne peut pas dire qu'elle soit nouvelle : on la trouve déjà dans le
Jodelet de Scarron (1645). Dans cette pièce, Isabelle, jeune fille à
marier, estimait parfaitement ridicule un jeune seigneur qu'on
lui présentait : Jodelet, valet de Don Juan, qui avait pris les traits
de son maître. Don Juan, au contraire, qui s'était habillé en Jodelet, était aimé dès la première visite. Telle est la donnée que
reprend Marivaux ; mais, en la reprenant, il la complique. Toute
l'intrigue se joue en partie double. Dorante se transforme en Bourguignon, son valet, et Bourguignon prend les habits de son
maître ; Sylvia devient Lisette, et Lisette Sylvia. Malgré la complication apparente de l'intrigue, l'exposition est rapidement
menée ; elle tient presque tout entière dans la scène IV de
l'acte Iᵉʳ, entre M. Orgon et Mario, le père et le frère de Sylvia :

M. ORGON. — Mario, venez ; vous saurez de quoi il s'agit.

MARIO. — Qu'y a-t-il de nouveau, Monsieur ?

M. ORGON. — Je commence par vous recommander d'être
discret, sur ce que je vais vous dire au moins.

MARIO. — Je suivrai vos ordres.

M. ORGON. — Nous verrons Dorante aujourd'hui ; mais nous le
verrons déguisé.

MARIO. — Déguisé ! Viendra-t-il en partie de masque, lui don-
nerez-vous le bal ?

M. ORGON. — Ecoutez l'article de la lettre du frère :

« Je ne sais, au reste, ce que vous penserez d'une imagination
qui est venue à mon fils : elle est bizarre, il en convient lui-
même ; mais le motif est pardonnable et même délicat ; c'est
qu'il m'a prié de lui permettre de n'arriver, d'abord, chez vous
que sous la figure de son valet, qui, de son côté, fera le personnage de son maître... »

MARIO. — Ah ! ah ! cela sera plaisant.

M. Orgon. — Ecoutez le reste :

« Mon fils sait combien l'engagement q'' va prendre est sérieux, il espère, dit-il, sous ce déguisemen '' peu de durée, saisir quelques traits du caractère de notre fu '' et la mieux connaître, pour se régler ensuite sur ce qu'il doit '' suivant la liberté que nous sommes convenus de leur laisser. '' moi, qui m'en fie bien à ce que vous m'avez dit de votre '' fille, j'ai consenti à tout, en prenant la précaution de vous '' tir, quoiqu'il m'ait demandé le secret de votre côté. Vous '' rez là-dessus avec la future comme vous le jugerez à pro '' »

Voilà ce que le père m'écrit. Ce n'est '' le tout ; voici ce qui arrive : c'est que votre sœur, inquiète '' son côté sur le chapitre de Dorante, dont elle ignore le secret, '' demandé de jouer ici même la comédie, et cela précisémen '' our observer Dorante, comme Dorante veut l'observer. Qu'en '' ites-vous ? Savez-vous rien de plus particulier que cela ? A'' tue '' ment la maîtresse et la suivante se travestissent. Que me con '' ez-vous, Mario ? Avertirai-je votre sœur, ou non ?

Mario. — Ma foi ! Monsieur, puisqu '' s choses prennent ce train-là, je ne voudrais pas les déranger '' e respecterais l'idée qui leur est venue à l'un et à l'autre ; il '' ira bien qu'ils se parlent souvent tous deux sous ce déguiser '' t. Voyons si leur cœur ne les avertirait pas de ce qu'ils valer '' Peut-être que Dorante prendra du goût pour ma sœur, toute s '' rette qu'elle sera, et cela serait charmant pour elle.

M. Orgon. — Nous verrons commen '' e se tirera d'intrigue.

Mario. — C'est une aventure qui ne s '' ait manquer de nous divertir. Je veux me trouver au début et '' agacer tous deux.

C'est bien ainsi que se passera l'action '' Chassez le naturel : il revient au galop ». L'amour ira naturell '' nt du maître à la prétendue soubrette et de la soubrette au '' endu valet, car

Un petit bout d'oreille, échapp '' r malheur,
Découvre la fourbe et l '' ur.

Dès lors, le dénouement se produit de '' façon la plus naturelle du monde : c'est Dorante qui, le premi '' se fait connaître, puis le valet et la soubrette, enfin Sylvia. Le '' nalyses de sentiments sont délicates et fines, souvent alambiqu '' s ; mais, en somme, la pièce est charmante.

Dans les *Serments indiscrets*, deux jeun '' gens se jurent qu'ils ne s'aimeront jamais. Ils commencent p '' 'estimer ; de l'estime '' '' lié et de 'amitié à l'am '' Il en est d '' Ame dans les *Maîtres comiés*, le *Legs*, la *Double Inconstance*, *Arlequin poli par l'Amour*.

Mais, si les sujets sont peu variés, ils sont toujours très simples. On ne voit jamais de coups de théâtre, de reconnaissances invraisemblables ; jamais, à la fin de la pièce, n'apparaît de *Deus ex machina* chargée tout arranger. Le lieu de la scène est une salle quelconque ou une allée dans un parc.

Les caractères sont, d'ordinaire, peu marqués : on trouve des mères acariâtres, des pères, des frères ou des oncles indulgents. Les jeunes gens sont vaniteux, jaloux ou égoïstes, mais toujours remplis d'aménité et de douceur. Ils sont tous agités d'un même sentiment, l'amour

> Qui que tu sois, voici ton maître ;
> Il l'est, le fut ou le doit être.

La peinture des mœurs est aussi très pâle. On ne saurait dire, en lisant les pièces de Marivaux, ni à quel siècle ni à quelle nation elles appartiennent ; elles supportent parfaitement la traduction. Un caractère cependant décèle l'époque : la plupart de ces comédies sont impudiques, bien que sans grossièreté ni brutalité. Marivaux n'a pas toujours le sentiment exact des vraies convenances. Dans la *Mère confidente*, par exemple, nous voyons qu'Angélique adore Mme Argante. Cette dernière est la plus tendre des mères ; aussi sa fille n'a-t-elle aucun secret pour elle. Malgré tout, Angélique a accepté de Dorante des rendez-vous. Les valets et les jardiniers ont été corrompus. Angélique va se faire enlever ; la voiture est prête. Or la mère, qui, jusque-là, était restée en dehors de l'affaire, est soudain instruite de ces projets. Sans hésiter davantage, elle se déguise habilement, cause avec Dorante, le trouve estimable, irrésistible même, et lui donne aussitôt sa fille.

Malgré ces inconvenances, on se laisse séduire, parce que c'est charmant. Marivaux est comme le peintre qui s'attache à représenter le premier sourire du printemps : ce sont des amours qui naissent de la coquetterie, de l'amour-propre, de l'intérêt. Le jeune amoureux, encore tout ébloui par la nouveauté de sa passion, se plaît à se contempler lui-même ; ses sentiments se heurtent à des obstacles imprévus, et se transforment. Marivaux analyse toutes ces transformations avec une délicatesse extrême.

Pourtant Marivaux est-il le premier à avoir « marivaudé » ? Il ne faudrait pas remonter bien haut pour lui trouver des ancêtres. Rappelez-vous les conversations du grand monde pendant le XVIIe siècle. A l'Hôtel de Rambouillet, on disertait presque

M. Orgon. — Ecoutez le reste :

« Mon fils sait combien l'engagement qu'il va prendre est sérieux ;
il espère, dit-il, sous ce déguisement de peu de durée, saisir
quelques traits du caractère de notre future et la mieux connaître,
pour se régler ensuite sur ce qu'il doit faire suivant la liberté que
nous sommes convenus de leur laisser. Pour moi, qui m'en fie bien
à ce que vous m'avez dit de votre aimable fille, j'ai consenti à
tout, en prenant la précaution de vous avertir, quoiqu'il m'ait demandé le secret de votre côté. Vous en userez là-dessus avec la
future comme vous le jugerez à propos... »

Voilà ce que le père m'écrit. Ce n'est pas le tout ; voici ce qui
arrive : c'est que votre sœur, inquiète de son côté sur le chapitre
de Dorante, dont elle ignore le secret, m'a demandé de jouer ici
même la comédie, et cela précisément pour observer Dorante,
comme Dorante veut l'observer. Qu'en dites-vous ? Savez-vous
rien de plus particulier que cela ? Actuellement la maîtresse et la
suivante se travestissent. Que me conseillez-vous, Mario ? Avertirai-je votre sœur, ou non ?

Mario. — Ma foi ! Monsieur, puisque les choses prennent ce
train-là, je ne voudrais pas les déranger, et je respecterais l'idée
qui leur est venue à l'un et à l'autre ; il faudra bien qu'ils se parlent souvent tous deux sous ce déguisement. Voyons si leur cœur
ne les avertirait pas de ce qu'ils valent. Peut-être que Dorante
prendra du goût pour ma sœur, toute soubrette qu'elle sera, et
cela serait charmant pour elle.

M. Orgon. — Nous verrons comment elle se tirera d'intrigue.

Mario. — C'est une aventure qui ne saurait manquer de nous
divertir. Je veux me trouver au début et les agacer tous deux.

C'est bien ainsi que se passera l'action « Chassez le naturel : il
revient au galop ». L'amour ira naturellement du maître à la prétendue soubrette et de la soubrette au prétendu valet, car

> Un petit bout d'oreille, échappé par malheur,
> Découvre la fourbe et l'erreur.

Dès lors, le dénouement se produit de la façon la plus naturelle
du monde : c'est Dorante qui, le premier, se fait connaître, puis
le valet et la soubrette, enfin Sylvia. Les analyses de sentiments
sont délicates et fines, souvent alambiquées ; mais, en somme, la
pièce est charmante.

Dans les *Serments indiscrets*, deux jeunes gens se jurent qu'ils
ne s'aimeront jamais. Ils commencent par s'estimer ; de l'estime
ils passent à l'amitié et de l'amitié à l'amour. Il en est de même

dans les *Maîtres corrigés*, le *Legs*, la *Double Inconstance*, *Arlequin poli par l'Amour*.

Mais, si les sujets sont peu variés, ils sont toujours très simples. On ne voit jamais de coups de théâtre, de reconnaissances invraisemblables ; jamais, à la fin de la pièce, n'apparaît de *Deus ex machina* chargé de tout arranger. Le lieu de la scène est une salle quelconque ou une allée dans un parc.

Les caractères sont, d'ordinaire, peu marqués : on trouve des mères acariâtres, des pères, des frères ou des oncles indulgents. Les jeunes gens sont vaniteux, jaloux ou égoïstes, mais toujours remplis d'aménité et de douceur. Ils sont tous agités d'un même sentiment, l'amour :

> Qui que tu sois, voici ton maître ;
> Il l'est, le fut ou le doit être.

La peinture des mœurs est aussi très pâle. On ne saurait dire, en lisant les pièces de Marivaux, ni à quel siècle ni à quelle nation elles appartiennent ; elles supportent parfaitement la traduction. Un caractère cependant décèle l'époque : la plupart de ces comédies sont impudiques, bien que sans grossièreté ni brutalité. Marivaux n'a pas toujours le sentiment exact des vraies convenances. Dans la *Mère confidente*, par exemple, nous voyons qu'Angélique adore Mme Argante. Cette dernière est la plus tendre des mères ; aussi sa fille n'a-t-elle aucun secret pour elle. Malgré tout, Angélique a accepté de Dorante des rendez-vous. Les valets et les jardiniers ont été corrompus. Angélique va se faire enlever ; la voiture est prête. Or la mère, qui, jusque-là, était restée en dehors de l'affaire, est soudain instruite de ces projets. Sans hésiter davantage, elle se déguise habilement, cause avec Dorante, le trouve estimable, irrésistible même, et lui donne aussitôt sa fille.

Malgré ces inconvenances, on se laisse séduire, parce que c'est charmant. Marivaux est comme le peintre qui s'attache à représenter le premier sourire du printemps : ce sont des amours qui naissent de la coquetterie, de l'amour-propre, de l'intérêt. Le jeune amoureux, encore tout ébloui par la nouveauté de sa passion, se plaît à se contempler lui-même ; ses sentiments se heurtent à des obstacles imprévus, et se transforment. Marivaux analyse toutes ces transformations avec une délicatesse extrême.

Pourtant Marivaux est-il le premier à avoir « marivaudé » ? Il ne faudrait pas remonter bien haut pour lui trouver des ancêtres. Rappelez-vous les conversations du grand monde pendant le xviie siècle. A l'Hôtel de Rambouillet, on dissertait presque

exclusivement sur l'amour. La Rochefoucauld, lorsqu'il rendait
visite à Mme de Sablé ou a Mme de La Fayette, faisait l'anatomie
du cœur humain. Gomberville, La Calprenède, Scudéry sont des
théoriciens subtils des passions. Marivaux a lu tous ces auteurs.
On s'en rend surtout compte, quand on parcourt les romans
de Mlle de Scudéry. J'ai entre les mains un *Esprit de Mlle Scudéry*, publié au xviiie siècle, dans lequel sont recueillies les pensées les plus remarquables de la grande précieuse. La table des
matières nous donne un aperçu des questions qui sont résolues
dans le volume :

« Question I : Faut-il aimer pour être aimé ?

« Question VIII : Lequel croit-on qui aime le plus, ou de
l'amant craintif ou du hardi ?

« Question XI : Pourquoi les hommes peuvent-ils aimer sans
qu'on les aime, et pourquoi les femmes ne peuvent-elles pas
aimer sans être aimées.

« Question XVI : Un amant feint d'aimer une autre personne
que sa maîtresse, afin de lui donner de l'amour par la jalousie ; le
dépit fait qu'elle ne l'aime plus et même qu'elle en aime un autre.
Il veut revenir ; elle le refuse : on demande qui a raison des deux ?

« Question XXXII : Lequel marque le plus d'amour, ou de s'en
taire, ou d'en parler, ou des soupirs ou des larmes ?

« Question XXXIV : Auquel paraît le plus le pouvoir de
l'amour, ou à faire qu'une bergère aime un roi, ou qu'un roi aime
une bergère ?

« Question XXXV : Lequel éteint le plus le feu de l'amour, ou
de l'absence ou du mépris ? »

Tous ces problèmes sont résolus avec une délicatesse qui ne le
cède en rien à celle de Marivaux. Voyons, par exemple, la réponse
à la question II : « Par quels signes indubitables peut-on distinguer l'amant véritable de l'amant feint ? »

« L'égalité des soins en est la meilleure marque, car si l'on
s'aperçoit que celui qui aime, cherche de mauvais prétextes et de
faibles excuses, pour ne voir pas si souvent la personne aimée, il
en faut conclure nécessairement qu'il aime moins, ou, pour mieux
dire, qu'il n'aime plus. Un autre indice bien certain de ce refroidissement, c'est quand on s'aperçoit que la personne que l'on
aime, n'a plus une entière confiance en nous ; qu'elle n'ouvre
plus ni son cœur ni son esprit ; qu'elle ne nous fait plus lire dans
son âme ; qu'au contraire, elle se cache autant qu'elle peut, et
qu'elle nous fait des secrets et des mystères des choses indifférentes : car tant qu'on aime bien, on n'a rien de particulier ; tout
est en commun ; et les vrais amants croiraient faire un crime de

se déguiser la moindre pensée. Si l'on s'aperçoit qu'une femme
se pare avec beaucoup plus de soin qu'à l'ordinaire, qu'elle
apporte plus d'art à sa coiffure et qu'elle ait plus de propreté
(entendez, je vous prie, ce mot au sens du dix-septième siècle) et
plus de magnificence en ses habits, ce changement est une preuve
de celui de son affection ; et on doit plutôt la nommer incons-
tante que magnifique. Si un homme rêve auprès de sa maîtresse,
au lieu de l'entretenir ; si, quelquefois, il lui répond mal à propos
et comme s'il ne l'avait point entendue, elle peut croire, sans
crainte de se tromper, qu'il n'est pas où il paraît être et que son
inclination est ailleurs. Si une femme vit avec plus de retenue
qu'elle n'avait accoutumé, c'est une marque infaillible qu'il y a
quelqu'un dans la compagnie où elle est qui ne lui est pas indifférent et devant lequel elle craint de favoriser le malheureux
amant qu'elle trompe. Si cet amant voit trop souvent une autre
femme et s'il continue de la visiter après que sa maîtresse le lui
a défendu, son crime n'est non plus douteux que son amour, et
on peut le croire infidèle. Si une amante fait dire à sa porte à celui
qui la sert, tantôt qu'elle n'est point au logis, et tantôt qu'elle est
malade ; s'il découvre qu'elle y soit et qu'elle se porte bien, il
peut croire que son amour se porte mal et qu'il est en danger
de mourir, s'il n'est pas déjà mort. »

Ce n'est pas seulement dans les « pensées » de Mlle de Scudéry
que l'on trouve du Marivaux avant la lettre ; le théâtre du
xviie siècle en donne de nombreux exemples. Je ne parlerai pas
du *Pyrame et Thisbé* de Théophile de Viaud, où les personnages
font de grandes dissertations sur l'amour. *Le Cid, Polyeucte, Don
Sanche, Sertorius,* les pièces de Thomas Corneille et de Quinault
contiennent des pensées fines et délicates, souvent subtiles, sur
la passion. Rappelez-vous la fameuse tirade du *Misanthrope* :

> L'amour pour l'ordinaire est peu fait à ces lois,
> Et l'on voit un amant vanter toujours son choix...
> Un cœur de ce qu'il sent n'est pas bien sûr lui-même

Mais, dans toutes ces pièces, les analyses subtiles n'étaient que
l'accessoire. Pour Marivaux, elles constituent le fond même de la
comédie. Ses personnages sont, d'ordinaire, timides ; ils n'osent
pas ou ne veulent pas aimer ; avant de céder, ils résistent ; ils
font, avant d'arriver au but, des tours et des détours délicieux.
C'est ce qui faisait dire à M. de Barante, que le théâtre de
Marivaux ne représente pas exactement la nature, mais est « un
commentaire sur la nature ».

Si nous examinons la forme des comédies de Marivaux, nous y

remarquons, les mêmes qualités de finesse et de délicatesse.
Sainte-Beuve, au tome IX de ses *Lundis*, a été très dur pour le
style de Marivaux : « C'est, dit-il, un badinage à froid, une espié-
glerie compassée et prolongée..., une sorte de pédantisme sémil-
lant et joli. » Le jugement de Sainte-Beuve est sévère, et je ne
partage point son avis. Je n'en veux pour preuve que la fin de
l'acte premier des *Serments indiscrets*. Lucile et Damis se jurent
de ne s'aimer jamais :

LUCILE (*brusquement*). — Eh ! bien, terminons donc, s'il n'y a
que cela qui vous arrête, Monsieur. Voici mes sentiments : je ne
veux point être mariée et je n'en eus jamais moins d'envie que
dans cette occasion-ci ; ce discours est net et sous-entend tout ce
que la bienséance veut que je vous épargne. Vous passez pour un
homme d'honneur, Monsieur ; on fait l'éloge de votre caractère ;
et c'est aux soins que vous me donnerez pour me tirer de cette
affaire-ci, c'est aux services que vous me rendrez là-dessus, que je
reconnaîtrai la vérité de tout ce qu'on m'a dit de vous. Ajouterai-
je encore une chose ? Je puis avoir le cœur prévenu ; je pense
qu'en voilà assez, Monsieur, et que ce que je dis là vaut bien un
serment de ne vous épouser jamais ; serment que je fais pourtant, si vous le trouvez nécessaire ; cela suffit-il ?

DAMIS. — Eh ! Madame, c'en est fait, et vous n'avez rien à
craindre. Je ne suis point de caractère à persécuter les dispositions où je vous vois ; elles excluent notre mariage ; et, quand
ma vie en dépendrait, quand mon cœur vous regretterait, ce qui
ne serait pas difficile à croire, je vous sacrifierais et mon cœur et
ma vie, et vous les sacrifierais sans vous le dire ; c'est à quoi je
m'engage, non par des serments qui ne signifieraient rien, et que
je fais pourtant comme vous, si vous les exigez, mais parce que
mon cœur, parce que la raison, mon honneur et ma probité dont
vous l'exigez, le veulent. Et comme il faudra nous voir et que je
ne saurais partir ni vous quitter sur-le-champ, si, pendant le
temps que nous nous verrons, il m'allait par hasard échapper
quelque discours qui pût vous alarmer, je vous conjure par
avance de n'y rien voir contre ma parole, et de ne l'attribuer qu'à
l'impossibilité de n'être pas galant avec ce qui vous ressemble.
Cela dit, je ne vous demande plus qu'une grâce : c'est de m'aider
à vous débarrasser de moi, et de vouloir bien que je n'essuie point
tout seul les reproches de nos parents : il est juste que nous les
partagions, vous les méritez encore plus que moi. Vous craignez
plus l'époux que le mariage et moi je ne craignais que le dernier.
Adieu, madame ; il me tarde de vous montrer que je suis du
moins digne de quelque estime. (*Il se retire.*)

LISETTE. — Mais vous vous en allez sans prendre de mesures.

DAMIS. — Madame m'a dit qu'elle avait une sœur à qui je puis feindre de m'attacher : c'est déjà un moyen indiqué.

LUCILE (*triste*). — Et, d'ailleurs, nous aurons le temps de nous revoir. Suivez Monsieur, Lisette, puisqu'il s'en va, et voyez que personne ne regarde !

DAMIS (*à part, en sortant*). — Je suis au désespoir !

LUCILE (*seule*). — Ah ! il faut que je soupire, et ce ne sera pas pour la dernière fois. Quelle aventure pour mon cœur ! Cette misérable Lisette, où a-t-elle été imaginer tout ce qu'elle vient de nous faire dire ? »

L'histoire de Marivaux n'est, en somme, qu'un chapitre dans la grande histoire des précieux à travers la littérature française. Boileau aurait attaqué l'auteur des *Jeux de l'Amour et du Hasard* comme trop subtil ; à une autre époque, il serait devenu un émule de Voiture ou de Balzac. C'est ce qui explique peut-être la haine qu'il avait pour Molière : il voyait en lui l'auteur des *Précieuses ridicules* et des *Femmes savantes*.

Il fallait trop de délicatesse et de virtuosité pour que ses contemporains, qui en avaient cependant beaucoup, pussent continuer dans la voie qu'il avait tracée. A côté de lui, les comédies sont d'un genre tout différent. Nous nous en rendrons compte dans une prochaine leçon, en étudiant la « comédie larmoyante » de La Chaussée.

J. F.

Le théâtre de Shakespeare

Cours de M. ÉMILE LEGOUIS,

Professeur à l'Université de Paris.

Macbeth.

Macbeth est, probablement, la dernière en date des quatre grandes tragédies de Shakespeare : *Hamlet, Othello, Lear, Macbeth* ; elle remonte à l'an 1606 environ. A vrai dire, on n'a pas d'autres indices sur sa date exacte que le style et le vers. On sait d'ailleurs, par des allusions, qu'elle est postérieure à l'avènement de Charles Ier (1604), et antérieure à 1610, parce que l'astrologue Ferman, dans son journal, donne un compte rendu détaillé d'une représentation de la tragédie cette année-là. La pièce a donc été écrite entre 1604 et 1610, vraisemblablement en 1606. Les caractères du style et des vers, qui ont servi à fixer cette date, sont très apparents : une certaine densité, une compression des idées et des images, avec quelque chose de saccadé et de violent, qui constituent des phénomènes nouveaux dans le style de Shakespeare, du moins portés à ce degré. Le vers est rude, a une liberté de rythme beaucoup plus grande qu'au début et au milieu de la carrière du poète. Enfin tout l'ouvrage porte la trace d'une certaine hâte ; c'est l'improvisation d'un homme de génie dans les années les plus vigoureuses de sa vie : d'où une obscurité fréquente, encore aggravée par l'état du texte, un des moins parfaits que présente l'in-folio de 1623, où le texte parut pour la première fois, et qui est notre seule autorité. La pièce de *Macbeth* est donc une des plus difficiles à interpréter littéralement. Pourtant elle a été, pendant longtemps, indiquée comme texte anglais d'explication aux élèves de nos lycées et collèges : choix bizarre, qui les mettait d'emblée en présence des pages les plus malaisées du poète. Les raisons de ce choix étaient sans doute la moralité très apparente du drame, qui présente à la fois le crime et son châtiment. Puis il n'y a pas de femmes dans cette tragédie : du moins celle qui y figure n'est pas faite pour troubler l'imagination des rhétoriciens. Enfin il y avait le caractère réputé classique de la pièce ; mais, avant d'accepter cette épithète, il faudrait distinguer. La tragédie est, en effet, très loin d'être classique par l'observation des règles essentielles ; elle se conforme plutôt au système large et bien anglais des drames historiques. C'est la présentation de toute la carrière royale de Macbeth : la peinture de l'ambition du général victorieux, le meurtre de son roi qui en entraîne d'autres ; meurtre de Banquo, compagnon d'armes et rival de Macbeth, assassinat de la famille de Macduff ; et, comme conséquence, le mécontentement du pays, la révolte contre Macbeth, sa défaite et sa mort. Ce n'est donc point une action unique qui est mise à la scène ; il s'agit ici du développement d'un caractère par la peinture de ses actes successifs : c'est la chronique découpée en tableaux par un procédé habituel à Shakespeare.

Ici encore, il se sert de Holinshed, le compilateur qui lui-même avait trouvé des matériaux dans les *Scotorum Historiæ* de Hector Boèce. C'est une légende plutôt qu'une histoire vraie, quoique les personnages aient vraiment existé au xie siècle, mais avec des caractères très différents de ceux qu'ils ont dans Boece et Holinshed. Dans l'histoire, Macbeth et sa femme tuent par vendetta : conformément à un usage du pays, ils vengent sur le roi Duncan l'assassinat de leurs ascendants. Mais Shakespeare a accepté le récit légendaire, le seul qu'il ait connu. Il le modifie d'ailleurs un peu et l'arrange à l'occasion. C'est ainsi que le meurtre de Duncan nous est présenté avec les circonstances d'un meurtre bien antérieur, celui du roi Duffe, arrière-grand-père de lady Macbeth, par un certain commandant du château de Forres. L'apparition du spectre de Banquo et le somnambulisme de lady Macbeth sont entièrement de l'invention de Shakespeare.

Tout en retrouvant les procédés habituels du dramatiste quand il met l'histoire en scène, il faut reconnaître que Shakespeare a réussi, ici beaucoup mieux qu'ailleurs, à se rapprocher du genre que nous appelons proprement tragédie. Le progrès de son art dans la compression, pour ainsi dire, est manifeste, si l'on compare ces deux drames analogues par le sujet, puisqu'ils retracent tous deux la carrière d'un roi assassin, *Macbeth* et *Richard III*. *Richard III* fut écrit en 1593 : c'est l'une des premières pièces de Shakespeare ; treize années, et des plus fécondes au point de vue dramatique, s'interposent avant la production de *Macbeth*. *Richard III* était l'un des plus longs drames de Shakespeare : il consiste en une accumulation de crimes, produisant un effet de nombre et de variété dans les esprits. Chacun de ces crimes forme une sorte de pièce dans la pièce ; le déroulement du drame est immense, et ne finit que parce qu'il faut que la pièce finisse. Au contraire, *Macbeth* est l'une des pièces les plus courtes de Shakespeare ; elle contient relativement peu de crimes, et présente une sorte d'unité par rapport à *Richard III*. Elle est rapide de mouvement et pleine de cohésion ; une logique étroite mène d'un crime à l'autre et crée l'unité dans la psychologie du criminel. L'impression produite vient non du nombre et de la variété des crimes, mais du relief donné à chacun d'eux. Enfin *Richard III* était surhumain dans le crime ; c'était un démon, un être d'exception, par sa cruauté inlassable, presque sans motif, et jamais mitigée de sentiments plus naturels. Macbeth, au contraire, est un homme qui devient meurtrier : d'abord un ambitieux qui hésite, puis qui, l'acte accompli, a des remords : son caractère n'est donc pas exceptionnel, mais vraiment humain. Les démons sont en dehors de lui, cette fois : ce sont les sorcières, puis sa femme, enfin la fatalité. Parce qu'il est humain, Macbeth est pathétique autant qu'il fait horreur : en tout cas, le pathétique du drame est non pas dans ses victimes, mais en lui, dans ses émotions et ses remords. Aussi, bien que cette tragédie admette le surnaturel que rejetait *Richard III*, elle se rapproche beaucoup plus de la vérité psychologique que les précédentes. C'est la peinture non pas d'un personnage anormal, monstrueux, mais d'un homme moyen, pour une part poussé au crime par la fatalité, pour l'autre responsable de ses actes.

Macbeth est le parent du roi d'Ecosse Duncan et il le sert en qualité de général. Au moment où la pièce s'ouvre, il vient de remporter, avec l'aide de Banquo, une grande victoire à Forres, sur les envahisseurs venus des îles de l'ouest. Dans la bataille, il a fait preuve d'un grand courage personnel. Il rentre dans son château, à Inverness, et, cheminant avec Banquo, il traverse une lande déserte. Là apparaissent trois êtres mystérieux, effrayants et grotesques à la fois, trois sorcières qui le saluent tour à tour, d'abord d'un titre qui vient de lui échoir, comte de Glamis, acquis par la mort de son père ; puis d'un titre nouveau, comte de Cawdor (le possesseur de ce titre vient d'être mis à mort pour s'être révolté contre le roi, mais Macbeth le croit encore vivant) ; enfin la troisième sorcière le salue du nom de roi. Quant à son compagnon Banquo, elles l'appellent « moins grand que Macbeth, et plus grand que lui » ; elles déclarent qu'il engendrera des rois, sans être roi lui-même. Ces prophéties laissent dans l'âme de Macbeth une ambition redoutable. Justement voici que les envoyés du roi arrivent et le saluent comte de Cawdor, lui apprenant que ce dernier a trahi et que ses dignités sont transférées à lui, Macbeth. La première prédiction se trouve réalisée; la seconde ne se réalisera-t-elle pas aussi? Et Macbeth décide intérieurement qu'il sera roi, sans savoir encore par quel moyen. Arrive, d'ailleurs, Duncan lui-même, qui annonce qu'il a l'intention de passer une nuit au château d'Inverness, comme hôte de Macbeth. Celui-ci, surpris et troublé, demande à partir en avant pour préparer la réception royale. Tel est le rapide prologue où, coup sur coup, des événements se produisent qui donnent naissance dans l'âme de Macbeth à une ambition vague d'abord, puis plus précise, et lui font même entrevoir les moyens de la réaliser.

Nous sommes ensuite à Inverness, dans le château de Macbeth. Lady Macbeth lit le message que lui a envoyé son mari, après l'apparition des sorcières et sa nomination au titre de comte de Cawdor. Lui a tout de suite été tourmenté par des hésitations; elle n'hésite pas : il sera roi, et par un crime, puisque c'est nécessaire. Elle craint seulement la faiblesse, les scrupules, de Macbeth. Lorsque l'envoyé du roi arrive, l'idée de l'exécution immédiate surgit aussitôt dans son esprit; elle ne peut retenir un cri : « Thou'rt mad to say it », dit-elle au messager; mais elle se ressaisit bientôt. Sur ces entrefaites, Macbeth arrive et, dans l'entretien entre les deux époux, le contraste se précise : Macbeth, physiquement fort, mais aux pensées toujours confuses et indécises ; Lady Macbeth, belle, jeune encore, petite, délicate, mais douée d'une énergie tranchante et précise. Ici reparaît la peinture antithétique de l'homme et de la femme, avec des éléments d'hésitation et de rêve chez l'un, et l'unité droite de pensée et d'action chez l'autre. C'est l'opposition entre le poétique Roméo et la pratique Juliette, qui ordonne si bien tous les actes relatifs à leur union, prévoit et règle tout, jusqu'au moment où la mort l'arrête. C'est le même contraste entre Bénédict et Béatrice, ou entre Rolinde et Orlando, ou encore entre Viola et Orsino. Toujours et partout, c'est la femme qui combine les moyens en vue d'une fin précise, l'homme restant dans le demi-rêve de la généralisation. Les premiers mots de Lady Macbeth sont ceux d'une femme décidée, qui voit et le but et le chemin qui y mène. Macbeth hésite, voudrait le résultat sans les moyens, rejette l'idée du crime, veut tout au moins en retarder l'exécution; mais elle ne cède pas.

Une détente momentanée se produit avec l'arrivée de Duncan au château : le roi, sans défiance, se plaît à admirer le château, son site, l'air pur, la belle journée ; rien ne peut lui faire prévoir la nuit sinistre avec la tempête et le crime. Des politesses sont échangées entre Duncan et ses hôtes. Pour nous, qui savons le

finisse. Au contraire, *Macbeth* est l'une des piè
de Shakespeare; elle contien ... tivement pé
sente une sorte d'unité par r ...port à *Richard*
de mouvement et pleine de ... ésion ; une l
d'un crime à l'autre et crée ... ité dans la ps
sel. L'impression produite v ... non du nom
des crimes, mais du relief do ... é à chacun d'e
était surhumain dans le crim ... c'était un dém
tion, par sa cruauté inlass ... le, presque sa
mitigée de sentiments plus n ... is. Macbeth
homme qui devient meurtrie ... d'abord un
puis qui, l'acte accompli, ... remords :
donc pas exceptionnel, mais ... ment hum
en dehors de lui, cette fois : ... sont les sorc
enfin la fatalité. Parce qu'il ... humain, Ma
autant qu'il fait horreur : e ... ime, le pat
non pas dans ses victimes, ... en lui, da
remords. Aussi, bien que c ... tragédie a
que rejetait *Richard III*, el ... se rapproch
vérité psychologique que le ... cédentes.
pas d'un personnage anor ... monstrue
moyen, pour une part po ... un crime
l'autre responsable de ses ...

Macbeth est le parent du ... d'Ecosse
qualité de général. Au mo ... où la piè
remporter, avec l'aide de ... quo, une gr
sur les envahisseurs venu ... fles de l'é
il a fait preuve d'un gran ... courage pe
son château, à Inverness, ... cheminan
verse une lande déserte. ... apparaiss
rieux, effrayants et grote ... à la f
saluent tour à tour, d'abor ... d'un titre
comte de Glamis, acquis pa ... mort de
nouveau, comte de Cawdor ... possess
mis à mort pour s'être rév ...
croit encore vivant); enfin ...
de roi. Quant à son com ...
grand que Macbeth, ...
engendrera des rois, ...
sent dans l'âme de ...
voici que les ...
de Cawdor, lu ...
dignités sont ...

tion se trouve réalisée ; la
Et Macbeth décide intérieure
par quel moyen. Arrive, d
qu'il a l'intention de passer
comme hôte de Macbeth. C
partir en avant pour
pide prologue où,
qui donnent naissance
vague d'abord, puis plus
moyens de la réaliser.

Nous sommes ensuite
Lady Macbeth le messa
l'apparition des sorcières
Cawdor. Lui a tout de su
elle n'hésite pas : il sera
cessaire. Elle craint seul
Macbeth. Lorsque
immédiate il aussi
nir un cri : «
mais elle se ressaisit
et, dans l'entretien entre
précise : Macbeth
confuses et indécises
délicate, mais douée d'une
paraît la peinture
des éléments d'hésitation et
pensée et d'action
Roméo et la pratique
actes relatifs à leur union
où la mort l'arrête. C'est le
Béatrice, on entre
Orsina. Toujours et
moyens en vue d'une
rêve de la généralisation
ceux d'une femme
mène. Macbeth
jette l'idée
mais elle

Une
au ch
son
la

———

thane, vou
usement au
ce témoin im
ignards de là
ouiller de san

que j'ai fait ; l

es

es poignards ; le
c'est l'œil de l'en
saigne, de l'or de
car il faut que sur
rappe au fond de la

ruit m'épouvante ?...
là ? Ah ! elles m'ar
ptune pourra-t-il laver
main bien plutôt em
leur couleur verte un

rouges de sang).

j'aurais honte d'avoir le
ds frapper à la porte d
e. Quelques gouttes d
e est peu de chose a
Votre force d'âme vou
on fr core. Met
que qu e vou
s. Ne si

meurtre déjà à demi résolu, nous sentons ce qu'il y a de poignan dans le contraste entre ces paroles gracieuses et même poétiques, et la réalité qui va venir. Pourtant Macbeth hésite encore. Il s'échappe pendant le banquet ; il vient dans la cour du château, où il monologue et discute avec lui-même. L'horreur du forfait lui apparaît, quand il songe que Duncan est son roi et son parent. Il semble avoir renoncé au crime. Mais Lady Macbeth a deviné son irrésolution ; elle vient le retrouver, lui fait honte de sa faiblesse, lui montre la facilité de l'exécution, et finit par le décider. L'heure fixée approche. Tout le monde repose, après des libations copieuses. Duncan s'est retiré dans sa chambre, et Macbeth attend le signal — un son de cloche — que doit lui donner Lady Macbeth, quand le moment sera venu. Il a promis, il accomplira l'acte jusqu'au bout, mais avec le même trouble que quand il en délibérait. Son imagination est surexcitée : il a des hallucinations ; il voit un poignard rouge de sang et qui le guide vers la chambre du roi ; et c'est en suivant sa vision, les yeux fixes, que Macbeth disparaît. Dans l'intervalle, Lady Macbeth revient sur la scène ; elle est toujours ferme et elle a pensé à tout. Le sommeil des chambellans du roi a été alourdi par des drogues ; toutes les précautions sont prises pour qu'on croie qu'ils sont les coupables. La scène se passe dans l'ombre ; l'effet en est à la fois terrible par les circonstances, et admirable par la vérité et la diversité dans la peinture des deux êtres qui sont là :

LADY MACBETH.

Ce qui les a enivrés m'a enhardie, ce qui les a éteints m'a enflammée... Ecoutons ! silence !... C'est le hibou qui a crié, ce funeste veilleur qui donne le plus sinistre bonsoir... Il est à l'œuvre : les portes sont ouvertes, et les serviteurs gorgés raillent leur office en ronflant. J'ai drogué leur boisson du soir, de sorte que la mort et la vie disputent en eux s'ils sont vivants ou morts.

MACBETH (dans la coulisse).

Qui va là ? Eh ! holà !

LADY MACBETH.

Hélas ! je crains qu'ils ne se soient éveillés et que rien ne soit fait ! C'est la tentative et non pas l'acte qui nous perd !... Ecoutons !... J'avais mis leurs poignards en place ; il n'a pas pu ne pas les voir... S'il n'avait pas ressemblé à mon père endormi, j'aurais fait la chose... (*Entre Macbeth hagard, tenant un poignard ensanglanté dans chaque main.*) Mon mari !

MACBETH.

C'est fait !... N'as-tu pas entendu du bruit ?

LADY MACBETH.

J'ai entendu le hibou huer et les grillons crier. N'avez-vous pas parlé ?

MACBETH.

Quand ?

LADY MACBETH.

Tout à l'heure.

MACBETH.

Tandis que je descendais.

LADY MACBETH.

Oui.

MACBETH (*croyant entendre un bruit*).

Ecoute !... qui couche dans la seconde chambre ?

LADY MACBETH.

Donalbain.

MACBETH (*regardant ses mains*).

Voilà un triste spectacle.

LADY MACBETH.

Sotte pensée que de parler de triste spectacle !

MACBETH.

Il y en a un qui a ri dans son sommeil et un qui a crié : « Au

meurtre ! » si bien qu'ils se sont réveillés l'un l'autre. J'étais là
à les écouter ; mais ils ont dit leurs prières et se sont remis
à dormir.

LADY MACBETH.

Ils sont deux dans la même chambre.

MACBETH.

L'un s'est écrié : « Dieu nous bénisse ! » — « *Amen* », a dit
l'autre, comme s'ils m'avaient vu avec ces mains de bourreau.
J'écoutais leur frayeur, et je n'ai pas pu dire : *Amen* ! quand ils
ont dit : « Dieu nous bénisse ! »

LADY MACBETH.

N'y pensez pas si profondément.

MACBETH.

Mais pourquoi n'ai-je pas pu prononcer : *Amen*? J'avais bien
besoin d'une bénédiction, et *Amen* m'est resté dans la gorge.

LADY MACBETH.

Ces actions ne doivent pas être considérées de la sorte : on en
deviendrait fou.

MACBETH.

Il m'a semblé que j'entendais une voix crier : « Ne dors plus !
Macbeth tue le sommeil »... le sommeil innocent, le sommeil qui
tresse la soie emmêlée des soucis, mort de la vie de chaque jour,
bain de la pénible fatigue, baume des âmes blessées, second service au festin de la grande nature, principal soutien du banquet
de la vie !

LADY MACBETH.

Que voulez-vous dire ?

MACBETH.

Et toujours elle criait : « Ne dors plus ! » à toute la maison ;
« Glamis a tué le sommeil ; c'est pourquoi Cawdor ne dormira
plus ; Macbeth ne dormira plus ! ».

LADY MACBETH.

Qui donc est-ce qui criait ainsi ? Vraiment, digne thane, vous détendez votre noble courage à penser si fiévreusement aux choses. Allez prendre de l'eau et faites disparaître ce témoin impur de votre main. Pourquoi avoir rapporté ces poignards de làbas ? Ils doivent y rester : allez les remettre et barbouiller de sang les serviteurs endormis.

MACBETH.

Je n'y retournerai pas. J'ai peur de penser à ce que j'ai fait ; le regarder de nouveau, je n'ose.

LADY MACBETH (haussant les épaules).

O cœur faible en ses desseins ! Donnez-moi les poignards ; les endormis et les morts ne sont que des images : c'est l'œil de l'enfance qui s'effraie d'un diable en peinture. S'il saigne, de l'or de son sang je teindrai le visage des serviteurs, car il faut que sur eux retombe l'or de traîtrise. (Elle sort ; on frappe au fond de la scène.)

MACBETH.

Qui frappe ?... Qu'ai-je donc que chaque bruit m'épouvante ?... (Il examine ses mains.) Quelles mains est-ce là ? Ah ! elles m'arrachent les yeux! Tout l'Océan du grand Neptune pourra-t-il laver ce sang et l'effacer de ma main ? Non ; cette main bien plutôt empourprera l'immensité des mers et fera de leur couleur verte un seul flot rouge. (Rentre Lady Macbeth.)

LADY MACBETH (montrant ses mains rouges de sang).

Mes mains sont de votre couleur ; mais j'aurais honte d'avoir le cœur aussi blème. (On frappe.) J'entends frapper à la porte du sud ; retirons-nous dans notre chambre. Quelques gouttes d'eau vont nous laver de cette action ; qu'elle est peu de chose alors ! (Voyant Macbeth de plus en plus égaré.) Votre force d'âme vous a laissé au dépourvu. (On frappe.) Ecoutez ! on frappe encore. Mettez votre vêtement de nuit, de crainte que quelque cause ne vous réclame et ne montre que nous veillons. Ne vous perdez pas si misérablement dans vos pensées.

MACBETH

Connaître ce que j'ai fait ! mieux vaudrait ne pas me connaître moi-même ! (*On frappe.*) Eveille Duncan par ton bruit ! Oh ! si tu le pouvais ! (*Ils sortent*). »

A ce moment se produit un intermède comique. Les coups frappés ont enfin réveillé le portier, qui arrive sur la scène encore mal dégrisé de l'orgie de la veille. Cet homme, qui ignore tout du forfait, n'a pas de raison pour être triste : aussi, tout en passant ses vêtements, s'amuse-t-il à se représenter comme portier de l'Enfer et à s'imaginer quel serait son rôle ; il se dit qu'il aurait, sans doute, à tourner souvent la clef de la serrure pour l'entrée des âmes. Puis, comme il fait froid, il se décide à aller ouvrir. Ce sont deux nobles Écossais, Macduff et Lennox, que Duncan a chargés de le réveiller de bonne heure. Macbeth descend de sa chambre, comme un homme qui vient d'être tiré de son sommeil, et il échange quelques propos qu'il s'efforce de rendre indifférents. Macduff, qui s'est dirigé vers la chambre de Duncan, revient les cheveux hérissés et en poussant des cris d'horreur. Macbeth et Lennox vont voir à leur tour ; puis viennent Lady Macbeth et les deux fils de Duncan. Macbeth essaie par de grandes phrases et des images extravagantes de dépeindre l'horreur qu'il ressent ; mais son langage sonne faux, il s'embrouille dans ses protestations d'effroi. Lady Macbeth sauve la situation en feignant de s'évanouir. Inquiets et soupçonneux, les deux fils de Duncan se sauvent du château ; les meurtriers en profitent pour rejeter sur eux le crime. Macbeth sera couronné roi.

Mais l'inquiétude ne le quitte pas. Il craint Banquo, en raison de la prophétie des sorcières et de sa loyauté qui n'a pas fléchi. Il faut donc que Banquo meure. Cette fois, Macbeth, mis en goût du crime, décide et exécute celui-ci à lui tout seul. Il convie Banquo à un festin, et aposte des assassins sur sa route. Banquo est tué ; mais son fils Fleance échappe. La nouvelle parvient à Macbeth avant le banquet auquel il a invité les plus nobles de l'Ecosse. Il est dans le plus grand trouble. Sa femme le contraint à observer ses devoirs d'hôte, le force à venir à table où la place d'honneur lui est réservée. Mais là, par deux fois, debout devant son propre siège, le fantôme de Banquo lui apparaît, visible de lui seul. Rien d'effrayant comme cette hallucination, cet air de terreur du meurtrier devant ses convives qui ne voient rien. Il laisse échapper des cris qui sont des demi-révélations. C'est encore Lady Macbeth qui essaie de sauver la situation en déclarant son mari sujet à ces crises. Qu'on le laisse, dit-elle, qu'on ne le questionne pas, et il reviendra de lui-même au calme. Elle-même va le trouver, le rappelle à lui ; mais il ne l'écoute pas. Cette scène renferme l'effet le plus puissant peut-être de tout le théâtre de Shakespeare, en même temps qu'elle garde la vérité des caractères et rend plausible la sinistre vision.

A dater de ce jour, Macbeth va de forfait en forfait. Sa culpabilité éclate aux yeux de tous : ceux qui avaient pu douter du premier crime sont certains du second. Un des plus puissants seigneurs écossais, Macduff, le quitte pour aller rejoindre en Angleterre le fils aîné de Duncan, Malcolm, qui prépare une révolte contre l'usurpateur. Macbeth fait une nouvelle visite aux sorcières, qui lui déclarent des choses contradictoires : tantôt elles lui montrent la suite des rois anglais où figure un descendant de Banquo (qui sera Jacques Ier), tantôt elles lui disent de se défier de Macduff ; mais elles lui prophétisent aussi qu'il ne sera jamais mis à mal par un homme né de la femme. Enfin elles l'assurent qu'il ne sera pas vaincu, tant que la forêt de Birnam ne marchera pas contre lui vers la colline de Dunsinane. L'esprit de Macbeth est troublé par ces prédictions : il ne sait plus que craindre ni qu'espérer. A tout hasard, il redouble ses crimes pour se mettre en sûreté. Ne pouvant saisir Macduff, il fait mettre à mort sa femme et ses enfants. La scène qui représente ce meurtre est courte, rapide, poignante. Lady Macduff est irritée du départ de son mari, qui la laisse sans défense ; elle dialogue avec son fils, encore enfant, qui jase en garçonnet gâté. Les meurtriers arrivent, poignardent l'enfant, et s'élancent à la poursuite de la mère. Puis la scène change : nous sommes en Angleterre. Macduff vient de rejoindre Malcolm, qui le suspecte encore parce qu'il s'était d'abord rallié à Macbeth. Quand Macduff l'adjure de délivrer sa patrie du tyran, Malcolm, pour l'éprouver, se déclare plus vicieux et plus cruel que Macbeth lui-même. La douleur qu'éprouve alors Macduff est pour son interlocuteur une preuve de sincérité. Ils marcheront ensemble contre Macbeth. Justement arrive le comte de Ross, qui apprend à Macduff l'assassinat des siens. Le malheureux père ne peut pas croire à son malheur. Il a quelques mots poignants et sublimes.

Cependant, à la cour d'Ecosse, tout est dans la perturbation. La reine est atteinte de troubles nerveux. Nous la voyons se promener pendant la nuit, un flambeau à la main, dormant les yeux ouverts, occupée à laver ses mains d'où une tache de sang ne veut pas partir, rejouant la scène de l'assassinat de Duncan. Bientôt elle meurt ; mais c'est à peine si Macbeth, dans son désarroi,

y prend garde. Il rassemble, contre l'ennemi qui vient, ses dernières forces, avec une énergie farouche, mais déséquilibrée, et
ne prenant confiance qu'au souvenir des prédictions favorables
des sorcières. Mais ce dernier espoir lui fait défaut : on vient lui
apprendre que la forêt de Birnam s'est mise en marche ; c'est un
stratagème de guerre imaginé par l'ennemi, dont chaque soldat
s'abrite derrière un rameau de feuillage. Puis, dans la bataille,
face à face avec Macduff, il apprend que celui-ci n'est pas né de
la femme, du moins de la façon ordinaire, mais a été arraché
avant terme du sein de sa mère morte. Macbeth comprend que
c'est son arrêt de mort. Il lutte pourtant ; mais il est vaincu, et
Macduff lui tranche la tête.

En somme, il était vaincu dès la première heure, dans son
triomphe même. Il s'est fait meurtrier sans en avoir le don. C'est
un imaginatif en qui les visions de crime et de danger ont ensuite tenu lieu des remords. Il a l'impression d'avoir été conduit
par des agents invisibles :

« Eteins-toi, bref flambeau ! La vie n'est qu'une ombre errante ;
un pauvre acteur qui se pavane et se trémousse, une heure, sur la
scène, et puis qu'on n'entend plus. C'est un récit dit par un idiot,
plein de son et de fureur, qui ne signifie rien. »

Sa responsabilité, quoique réelle, est limitée par la prédomi-
nance de sa femme et le rôle des agents surnaturels. Shakespeare
a osé mettre en scène des sorcières dans *Macbeth* : elles font
le pendant farouche des charmantes fées du *Songe d'une nuit
d'été*. Les sorcières se trouvaient déjà dans la légende transmise
par Holinshed. Le succès de Shakespeare, dans la présentation
dramatique qu'il en fait, tient en partie à l'état mental de son
temps. La croyance à la sorcellerie était très forte en Angleterre
au début du XVIIe siècle. On discutait sérieusement pour savoir si
les sorcières étaient en relation avec l'Enfer. L'existence n'en fut
guère mise en doute que par un rationaliste, fort en avance sur
son temps, Reginald Scott, homme du Kent, qui étudia à Oxford,
et attaqua la sorcellerie dans ses *Discoveries of Witchcraft*
(1584). Ce livre est plein de renseignements, de détails précis,
d'indications de pratiques ; et Shakespeare y a certainement
puisé. Mais pareille incrédulité était considérée comme une hérésie par les hommes du temps. Jacques Ier, à l'époque où il était
encore souverain d'Ecosse seulement, écrivait sa *Dœmonology*,
pour réfuter Scott et affirmer que les sorcières existent et
qu'elles sont en relations avec le diable.

C'est un fait curieux que le drame de *Macbeth* se soit joué sous
ce roi qui croyait à la sorcellerie et venait du pays des

landes hantées. La scène se passait en Ecosse, et le temps reculé de la donnée permettait d'en faire mieux accepter le surnaturel : d'où une peinture unique de ces êtres à la fois mystérieux et réels, effrayants et ridicules. Le poète a réussi à leur garder une figure suffisamment imprécise, malgré les traits particuliers empruntés aux croyances de l'époque. Une comparaison avec la *Sorcière* de Middleton montrerait la supériorité de Shakespeare. Middleton, tout en poussant le réalisme aussi loin, n'a pas su l'encadrer dans le merveilleux ; ses sorcières sont grotesques, mais n'ont rien d'effrayant. Dans Shakespeare, au contraire, les sorcières enveloppent de surnaturel ce drame puissamment psychologique et humain, sûrement l'un des chefs-d'œuvre du poète, peut-être son œuvre la plus intense.

R. A.

Soutenances de thèses

UNIVERSITÉ DE PARIS

M. L. Wolff, professeur au Collège Rollin :
1. *An Essay an Keats's Treatment of the heroic rhythm and Clan verse.*
2. *John Keats, sa vie et son œuvre (1795-1820).*

M. J. Plattard :
1. *Le Quart livre de Pantagruel* (éd. dite partielle, Lyon, 1548). *Texte critique.*
2. *L'invention et la composition de l'œuvre de Rabelais.*

. .

M. P. Conard. professeur au lycée de Lyon :
1. *La Constitution de Bayonne, 1808. Essai d'édition critique,*
2. *La captivité de Barcelone (fév. 1808-janv. 1810).*

. .

M. L. Gauthier. chargé de cours à l'École supérieure des lettres d'Alger :
1. *Ibn Thofail. sa vie, ses œuvres.*
2. *La théorie d'Ibn Rochd (Averroès) sur les rapports de la religion et de la philosophie.*

. .

M. Laumonier, maître de conférences à l'Université de Poitiers :
1. *Vie de P. de Ronsard par Claude Binet* (1586), *édition critique ;*
2. *Ronsard, poète lyrique, étude historique et littéraire.*

. .

M. l'abbé E. Lesne. professeur à la Faculté libre des lettres de Lille :

1. L'origine des menses dans le temporel des églises et des monastères de France au IXe siècle.

2. La propriété ecclésiastique en France aux époques romaine et mérovingienne.

..

M. Ch. MARSAN, chargé de conférences à l'Institut français de Florence :

1. Documenti bibliografici e critici per la storia della fortuna del Fénelon in Italia.

2. Étude sur l'émotion intérieure de l'Italie de 1557 à 1750 environ.

Soutenances de thèses

UNIVERSITÉ DE PARIS

M. L. Wolff, professeur au Collège Rollin :
1. *An Essay an Keats's Treatment of the heroic rhythm and Clan verse.*
2. *John Keats, sa vie et son œuvre (1795-1820).*

M. J. Plattard :
1. *Le Quart livre de Pantagruel* (éd. dite partielle, Lyon, 1548). *Texte critique.*
2. *L'invention et la composition de l'œuvre de Rabelais.*

* *

M. P. Conard, professeur au lycée de Lyon :
1. *La Constitution de Bayonne, 1808. Essai d'édition critique,*
2. *La captivité de Barcelone (fév. 1808-janv. 1810).*

* *

M. L. Gauthier, chargé de cours à l'École supérieure des lettres d'Alger :
1. *Ibn Thofail, sa vie, ses œuvres.*
2. *La théorie d'Ibn Rochd (Averroès) sur les rapports de la religion et de la philosophie.*

* *

M. Laumonier, maître de conférences à l'Université de Poitiers :
1. *Vie de P. de Ronsard par Claude Binet (1586), édition critique ;*
2. *Ronsard, poète lyrique, étude historique et littéraire.*

* *

M. l'abbé E. Lesne, professeur à la Faculté libre des lettres de Lille :

1. *L'origine des menses dans le temporel des églises et des monastères de France au IXᵉ siècle.*

2. *La propriété ecclésiastique en France aux époques romaine et mérovingienne.*

*
* *

M. Ch. MAUGAIN, chargé de conférences à l'Institut français de Florence :

1. *Documenti bibliografici e critici per la storia della fortuna del Fenelon in Italia.*

2. *Étude sur l'évolution intellectuelle de l'Italie de 1657 à 1750 environ.*

Sujets de devoirs

DISSERTATIONS ET LEÇONS.

Agrégation des lettres.

Bossuet.

Prendre les exemples dans le *Panégyrique de saint Bernard,* *Sermon sur la bonté et la rigueur de Dieu, Panégyrique de saint Paul, Sermon sur l'éminente dignité des pauvres.*

Bossuet a Metz d'après ces sermons.

De l'usage des divisions.

L'éloquence proprement dite. La rhétorique de Bossuet.

La poésie de Bossuet.

La langue et le style.

Expliquer l'admiration de nos contemporains pour Bossuet.

Le caractère de Bossuet.

Le dogme et la morale.

Bossuet avocat des pauvres.

Montrer l'originalité du *Sermon sur l'éminente dignité des pauvres.*

Variantes et corrections.

Le rôle de l'antithèse dans le *Panégyrique de saint Paul.*

En quoi consiste la beauté littéraire du *Panégyrique de saint Paul.*

Théorie du panégyrique d'après les *Panégyriques de saint Bernard et de saint Paul.*

En quoi le panégyrique diffère-t-il du sermon et de l'oraison funèbre ?

La morale dans les panégyriques.

Lamartine : les *Harmonies poétiques et religieuses.*

La confession personnelle dans les *Harmonies.*
Le lyrisme.
La religion.
La philosophie.
La poésie philosophique.
La mélancolie.
La nature.
La description.
Le sentiment de la famille.
Les vues sociales.
Le rythme des vers.
La forme poétique.
L'épopée dans les *Harmonies*; en quoi les *Harmonies* annoncent *Jocelyn.*
La chanson dans les *Harmonies.*

Renan : *Essai de critique et de morale* ; article sur *la poésie des races celtiques.*

La langue et le style.
Faire la part de la science, du sentiment et de l'imagination.
Que reste-t-il de cet *Essai* dans l'état actuel de la science ?

Aristote : *Politique d'Athènes.*

L'idée d'évolution.
Le rôle des institutions.
Solon : son caractère, son œuvre.

AGRÉGATION DE PHILOSOPHIE.

Dissertation.

Les altérations de la personnalité.

* *
*

AGRÉGATION DES LETTRES.

Composition française.

Comparer, au point de vue de la composition, *Zadig* et *Micro-mégas*.

Thème latin.

C. Martha, *Les Moralistes sous l'Empire Romain*, *Un poète stoïcien*, p.103, depuis : « C'est, en effet, une sorte d'enseignement sacré... », jusqu'à : « ... qui exhorte, qui gourmande, qui console. »

Version latine.

Lucain, *Pharsale*, VIII, v. 793-822.

Thème grec.

Flaubert, *Salammbô*, I, *Le Festin*, depuis : « Enfin elle descendit l'escalier des galères... », jusqu'à : «... le claquement régulier de ses sandales en papyrus. »

Version grecque.

Isocrate, *Sur l'Echange*, XV, 261-265.

* *
*

AGRÉGATION DE GRAMMAIRE.

Composition française.

Comparer la prosopopée de la Nature, dans le chant III de Lucrèce (v. 944 et sq.), et le développement analogue qui se trouve dans la première partie du *Sermon sur la Mort*.

Thème latin.

VOLTAIRE, *Dict. philosophique*, art. *Homme*, depuis : « Tous les hommes qu'on a découverts dans les pays les plus incultes... », jusqu'à : ... « elle s'est mise dans le plus horrible esclavage pour être libre. »

Version latine.

CICÉRON, *De Officiis*, lib. III, v, depuis : « Detrahere igitur alteri aliquid... », jusqu'à : « ... quam mors, quam dolor, quam cetera generis ejusdem. »

Thème grec.

FUSTEL DE COULANGES, *La Cité antique*, livre I, ch. III, depuis : « Ce feu était quelque chose de divin... » jusqu'à : « Voyez Alceste qui va mourir. . »

AGRÉGATION D'HISTOIRE ET DE GÉOGRAPHIE.

I. Les Grandes Compagnies.
II. L'Etat prussien à l'avènement de Frédéric II.
III. La Savoie.

AGRÉGATION DE LANGUES VIVANTES.

Allemand.

Thème.

MADAME DE SÉVIGNÉ, lettre du 28 août 1675, jusqu'a : « M. de Turenne revint... »

Version.

FRENSSEN, *Klaus Heinrich Baas*, p. 3, depuis : « So war es... », jusqu'à p. 4 : «... langem Gang. »

Dissertation française.

Le style de Fontane.

Dissertation allemande.

Ist die deutsche Mystik kirchlich gewesen ? (im 14 Jahrhundert).

Version.

Spenser, *Faery Queen*, II, C. I, xxx-xxxiii, depuis : « Certes, said he... », jusqu'à : « . . and gentle thewes. »

Thème.

Michelet, *Ma Jeunesse*, XI, jusqu'à : « On se rit de vous à poings fermés. »

Dissertation anglaise.

How far is Wordsworth's poetic diction « the language of real life » ?

Dissertation française.

H. Taine écrit, dans un chapitre sur Tennyson : « On ne sera pas troublé en fermant son livre... et néanmoins, en le quittant, on garde aux lèvres un sourire de plaisir. » Est-ce l'impression que vous avez eue en lisant les *Idylles du Roi* ?

*
* *

LICENCES ET CERTIFICATS D'APTITUDE.

Allemand.

Thème.

Madame de Sévigné, lettre du 24 juillet 1680.

Version.

Frenssen, *K. H. Baas*, pp. 544 et 545, jusqu'à : « ... uber ihre Kinder. »

Dissertation française.

Les sources du *Don Carlos* de Schiller.

Dissertation allemande.

Die weiblichen Charaktere im *Don Carlos.*

Anglais.

Version.

TENNYSON, *Idylls of the King, Guenevere,* depuis : « For thus it chanced one morn... », Jusqu'à : «... a stone on the bare coast. »

Thème.

MOLIÈRE, *Don Juan,* a. IV, sc. III, jusqu'à : «... bien du bruit avec son tambour. »

Composition française.

Chaucer et Spenser : jusqu'à quel point est-il vrai de dire que Spenser est un disciple de Chaucer ?

Rédaction anglaise.

What is your personal opinion on those lyrical pieces of Wordsworth that you have read ?

AGRÉGATION DES JEUNES FILLES.

Morale.

« Quiconque parle ou écrit, dit un moraliste contemporain, prenant ainsi vraiment charge d'âmes et s'investissant comme d'une fonction sociale, doit être jugé, quoi qu'il en ait, sur la façon dont il aura rempli la tâche qu'il s'est imposée. »
Appliquez cette parole à la fonction professionnelle et tirez-en une règle de conduite pour le professeur.

Littérature.

Bossuet, peintre de la mort au XVIIe siècle.

*_**

CERTIFICAT DES JEUNES FILLES.

Morale.

Appréciez cette pensée de Gœthe : « Nous ne sommes pas seulement les citoyens de notre pays ; nous sommes les citoyens de notre temps. »

Littérature

Le sens de la « pitié » dans les *Pensées* de Pascal. Montrez comment elle imprègne ce livre si écrasant pour la faiblesse humaine.

Le Gérant : FRANCK GAUTHON.

POITIERS. — SOCIÉTÉ FRANÇAISE D'IMPRIMERIE.

DIX-HUITIÈME ANNÉE (2ᵉ Série)   N° 26   12 MAI 1910.

REVUE HEBDOMADAIRE

DES

COURS ET CONFÉRENCES

DIRECTEUR : N. FILOZ

La comédie en France après Molière

Cours de M. AUGUSTIN GAZIER,

Professeur à l'Université de Paris.

Nivelle de La Chaussée.

Le XVIIIᵉ siècle tout entier a eu pour Molière un certain mépris. On trouvait notre grand poète comique insuffisamment fin et gai ; on le comprenait, en somme, fort peu. Aussi, tandis que la tragédie n'évoluait pas et que les poètes tragiques conservaient l'idéal classique de Corneille et surtout de Racine, la comédie, sortant des chemins frayés, s'essaya à marcher seule dans de nouvelles voies.

Regnard est amusant ; Destouches, instructif et moralisateur ; Marivaux, délicat et fin. Mais tous ces auteurs n'ont pas épuisé la série des modifications possibles ; certains coins du domaine comique restent encore inexplorés. C'est alors que, avec Nivelle de La Chaussée, apparaît un genre nouveau : la « comédie larmoyante ».

Que fut Nivelle de La Chaussée ? Nous avons, pour nous guider dans cette étude, la thèse de M. Gustave Lanson (1887) sur *La Chaussée et la comédie larmoyante.*

La biographie de La Chaussée est peu intéressante. Il naquit en 1691 ou 1692 : la date est incertaine ; car les registres de l'état civil n'existaient pas encore. Il mourut en 1758. Il était neveu d'un traitant, qui lui fit donner une excellente éducation. Il avait deux

25

grandes passions : la littérature et la musique ; il jouait de la basse viole à ravir.

Toute sa vie, il resta dans une bonne situation de fortune, bien qu'il ait été aux trois quarts ruiné par le système de Law. Il possédait une maison à la ville et une autre au faubourg.

C'est un homme comme on en trouve beaucoup au xviiiᵉ siècle. Demeuré vieux garçon, il n'accepta jamais de fonction rétribuée. Il se laissait aller à sa fantaisie, suivant ses goûts, les bons comme les mauvais ; il cherchait, avant tout, à se distraire. On ne saurait le comparer, pour la dignité de la vie, ni à Lesage ni à Destouches. Nous avons affaire, avec La Chaussée, à une sorte de Dufresny qui ne se convertit jamais.

Il commença dans la carrière des lettres par des contes libertins, non seulement polissons, mais grossiers, par des parades ordurières. En cela, il est bien le contemporain de Voltaire, de Montesquieu à ses débuts, de Piron. Toute la société qui l'environne se plaît, comme lui, aux contes licencieux. Je cherche par là à expliquer ses premières œuvres, sans essayer de les excuser.

En 1731, il fait paraître l'*Epître de Chlio* et, à partir de cette date, il publie beaucoup de pièces, dont une tragédie. Il en donne le plus grand nombre au Théâtre-Français; trois seulement seront jouées par les Italiens.

En 1733, il fait imprimer, avec une dédicace à l'Académie française, la *Fausse antipathie*. Les académiciens se souvinrent, sans doute, de la flatterie ; car, lorsqu'il eut publié sa deuxième comédie, le *Préjugé à la mode*, il fut reçu membre de la docte société.

Ce fut l'évêque de Sens qui prononça le discours d'usage.

Nous avons vu, dans notre dernière leçon, avec quelle impertinence le prélat avait traité Marivaux. Il est curieux de constater qu'il est, à cette époque, beaucoup moins intransigeant. Il a même l'air, cette fois, d'avoir lu les pièces dont il parle, et il invite même La Chaussée à continuer.

Le passage est curieux et trouverait sa place dans une histoire de la lutte menée par l'Église contre le théâtre :

« Je puis, sans blesser mon caractère, donner, non aux spectacles que je ne puis approuver, mais à des pièces aussi sages que les vôtres, et dont la lecture peut être utile, une certaine mesure de louange ; tandis que l'Académie, en vous adoptant, donne à la beauté de votre génie et aux grâces de votre poème la couronne qu'elles méritent à ses yeux...

« Continuez, Monsieur, à fournir à nos jeunes gens, je ne dis pas des spectacles, mais des lectures utiles, qui, en amusant leur curiosité, les rappellent à la vertu, à la justice, aux sentiments d'honneur et de droiture que la nature a gravés dans le cœur de tous les hommes, et à répandre un salutaire ridicule sur les bizarres goûts de la jeunesse de notre siècle.

« Les orateurs chrétiens trouveraient moins d'obstacle au fruit qu'ils désirent, si les esprits étaient préparés aux vérités chrétiennes par les vertus morales et par les sentiments que la raison inspire. Car, hélas! qu'il est difficile de faire de vrais chrétiens de ceux qui n'ont pas encore commencé d'être des hommes raisonnables.

« Tels sont ceux que vous avez si bien caractérisés dans les *Préjugés à la mode*, gens qui n'ont ni sentiments, ni mœurs, ni amitié, ni pudeur, ni connaissance des devoirs de la société et des règles de la bienséance ; qui sont sans attention pour les anciens, sans docilité pour les vieillards, sans égards pour les savants, sans respect pour la religion, même sans vraie amitié pour les compagnons de leurs plaisirs ; qui critiquent tout sans rien savoir, et qui, sans expérience et sans étude, décident hardiment de toutes choses ; qui se croient savants, quand ils ont méprisé tout remords et secoué par impiété tout principe et toute croyance ; enfin, qui ne connaissent de vertu qu'une valeur féroce, une franchise grossière, une générosité prodigue et une probité mal conçue et mal soutenue.

« Voilà ce que, de nos jours, on est déjà à vingt ans. Voilà le caractère de cette jeunesse qui se figure qu'il est du bon air d'avoir déjà, à cet âge, méprisé tous les devoirs et épuisé tous les vices ; caractère si étrange, et néanmoins si commun, que le sacré et le profane, le sérieux et le comique, la chaire et le théâtre doivent se liguer pour rendre ces libertins aussi ridicules qu'ils le sont, et aussi odieux qu'ils méritent de l'être... »

Nous voyons, en somme, que la biographie de La Chaussée n'est que d'une importance secondaire. On peut très bien comprendre son œuvre, sans la connaître dans tous ses détails.

M. Gustave Lanson a réparti l'œuvre de La Chaussée en trois catégories différentes :

1° les œuvres diverses ;

2° les œuvres de théâtre, tragédie et comédies ordinaires ;

3° les comédies larmoyantes.

Les œuvres diverses ne sont pas de notre ressort. Je signalerai cependant l'*Epître de Chlio*, parce que La Chaussée y expose quelques-unes de ses idées sur la comédie. Molière n'y est pas au premier rang des poètes comiques; La Chaussée l'accuse d'avoir tenu trop grand compte du public auquel il s'adressait. Destouches a plus de valeur ; il est considéré comme

Le restaurateur du brodequin français...

C'est lui

> Qu'après Molière on a vu moissonner
> Au même champ où Regnard vint glaner.

Les comédies de La Chaussée sont au nombre d'une vingtaine :
la *Fausse Antipathie*, 1733 (dix-neuf représentations) ;
le *Préjugé à la Mode*, 1735 (vingt représentations) ;
l'*Ecole des Amis*, 1737 (douze représentations) ;
en 1738, la tragédie de *Maximien* est un échec ;
en 1746, *Mélanide* (seize représentations) ;
Amour pour Amour, 1742 (treize représentations) ;
l'*Ecole des Mères*, 1743 (vingt-six représentations) ;
le *Rival de soi-même*, 1746 (qui échoue piteusement) ;
la *Gouvernante*, 1747 (dix-sept représentations) ;
l'*Ecole de la Jeunesse* (1747) ;
l'*Homme de Fortune*, 1751.

Il a écrit, en outre, trois pièces pour le théâtre italien et quelques comédies posthumes.

Le théâtre de La Chaussée est, aujourd'hui, complètement oublié : on ne le lit plus du tout ; à peine quelques érudits s'en occupent-ils encore à un point de vue tout désintéressé. Pourtant, lorsqu'il apparut, ce fut une véritable révolution sur la scène.

Pour le caractériser, il faut remarquer, tout d'abord, combien les données sont romanesques et combien extraordinaires sont les situations.

Une mère se fait reconnaître, un beau jour, par un de ses fils, âgé de vingt ans, qui, jusque-là, s'est cru orphelin ; le même jour, elle retrouve son mari dont elle s'était séparée au lendemain de son mariage.

Ailleurs, une comtesse ruinée se trouve être la domestique de sa propre fille.

Partout ce sont des gens qui se retrouvent et se reconnaissent, des fils, des pères, des frères, des époux.

Mais ces hommes extraordinaires sont généralement fort vertueux : une mère, qui a sacrifié sa fille à son fils, reconnaît sa faute ; un juge qui, par ignorance, a rendu un mauvais jugement, essaie d'en réparer les effets désastreux. La vertu est toujours récompensée au cinquième acte. Dans ce théâtre, tout est sans cesse le mieux possible dans le meilleur des mondes. La Chaussée est un optimiste convaincu : il vaut la peine de le remarquer, à une époque où Voltaire écrit *Candide* et le *Désastre de Lisbonne*.

Dès lors, La Chaussée en arrive à une conception particulière de la comédie. Au contraire de ses devanciers, il use fort peu des valets. Nous ne trouvons plus ni Frontin, ni Crispin, ni Lisette. Que feraient des laquais dans un tel milieu d'honnêteté ? Les personnages présents sont tous nécessaires à l'action. On trouve à peine quelques comparses, pour recevoir les confidences ou faire les commissions.

Dans *Mélanide*, par exemple, le valet ne paraît que deux fois en cinq actes, et il dit en tout trois vers. Tout est ménagé à souhait pour toucher les âmes sensibles et pour faire couler des larmes d'attendrissement.

Voyons, par exemple, les personnage qui jouent dans la *Gouvernante*. Ce sont : le président de Sainville ; Sainville, fils du président ; une baronne, parente du président ; Angélique ; une gouvernante ; Juliette, suivante ; un laquais. La scène est dans la maison commune au président et à la baronne.

Le sujet est des plus attendrissants. Le président de Sainville a rendu un arrêt que, plus tard, il a reconnu injuste. Il a des remords et il voudrait, à tout prix, retrouver la famille qu'il a ruinée par son erreur. Il voudrait en dédommager les membres, en leur offrant sa propre fortune. Il charge la baronne, sa parente, de chercher avec lui.

D'un autre côté, le jeune Sainville, fils du président, est très épris d'Angélique, jeune fille qui vit chez la baronne et que tout le monde croit être sa nièce. Elle est élevée par une gouvernante, qui, sous des apparences médiocres, a conservé des allures très distinguées. Angélique se lie bientôt par serment au jeune Sainville ; elle est, d'ailleurs, continuellement guidée par sa gouvernante, et n'agit que d'après ses conseils.

Or le président s'est décidé à marier son fils à une riche héritière. Les jeunes gens sont désespérés et se décident à fuir. C'est alors que la gouvernante se fait connaître : elle est la mère d'Angélique, et c'est sa famille qui fut lésée par l'injuste arrêt du président. M. de Sainville n'a plus qu'à s'incliner. Angélique sera riche et les jeunes époux parfaitement heureux.

La scène la plus typique est celle de la reconnaissance, à l'acte V :

ANGÉLIQUE.

Quel intérêt cruel vous attache si fort ?
Pourquoi vous êtes-vous subordonné mon sort ?
D'où vous arrogez-vous ce pouvoir tyrannique ?

LA GOUVERNANTE.

Eh ! non... Il ne l'est pas... Ah ! ma chère Angélique !

ANGÉLIQUE.

Moi ?

LA GOUVERNANTE.

Vous ; pour un moment, laissez couler mes pleurs !

ANGÉLIQUE.

Ne me voilà-t-il pas sensible à ses douleurs,
Et presque hors d'état de soutenir ses larmes ?
Quel est cet ascendant ? Où prenez-vous vos armes ?

LA GOUVERNANTE.

Au fond de votre cœur, qui ne peut se trahir,
Et qui ne parviendra jamais à me haïr.

ANGÉLIQUE.

Je ne vous conçois pas.

LA GOUVERNANTE.

Vous êtes étonnée
De me voir si sensible à votre destinée ?
Vous demandez pourquoi ? Craignez de le savoir.
Par un ménagement que j'ai cru me devoir,
Je m'étais à jamais condamnée à me taire :
Vous le voulez, il faut dévoiler ce mystère,
Et vous causer peut-être un éternel regret.

(*A part.*)
Que vais-je découvrir ?

ANGÉLIQUE.

Quel est donc ce secret ?

LA GOUVERNANTE.

Vous dépendez...

ANGÉLIQUE.

Comment ? De qui puis je dépendre ?
Autant qu'il m'en souvient, vous m'avez fait entendre
Que vous connaissez ceux à qui je dois le jour.
Ne m'avez-vous pas dit qu'en un autre séjour,
Un généreux trépas m'avait ravi mon père ?
Que je ne devais plus compter sur une mère,

Qu'en ma plus tendre enfance à peine si je pu voir '
Vous a-t-elle, en mourant, laissé tout son pouvoir ?...
Vous la pleurez ?...

LA GOUVERNANTE.

Le ciel n'a point fini sa vie.

ANGÉLIQUE.

Que dites-vous ? La mort ne me l'a point ravie ?
Achevez donc.

LA GOUVERNANTE.

Je n'ose.

ANGÉLIQUE.

Elle vit ?

LA GOUVERNANTE.

Hélas ! oui,
Et c'est pour vous aimer...

ANGÉLIQUE.

O bonheur inouï !
Je vous pardonne tout. Ah ! ciel, quelle est ma joie !
Ma bonne, absolument il faut que je la voie.

LA GOUVERNANTE.

Cessez...

ANGÉLIQUE

Par ces refus cruels, injurieux,
Vous me désespérez. Que vois-je dans vos yeux ?

LA GOUVERNANTE.

Lui pardonnerez-vous son état et le vôtre ?

ANGÉLIQUE.

Ah ! vous êtes ma mère ; oui, je n'en veux point d'autre.
Tout me le dit ; cédez, et qu'un aveu si doux
Couronne tous les biens que j'ai reçus de vous.

LA GOUVERNANTE.

Eh ! bien, vous la voyez, puisque je vous suis chère,
La nature triomphe, et vous rend votre mère.

ANGÉLIQUE.

Ah ! ciel ! Mais quel remords vient déchirer mon cœur !

(*Elle se jette à ses genoux.*)

C'est vous que j'ai traitée avec tant de rigueur !

LA GOUVERNANTE (*en la relevant*).

Ma fille, oublions tout. Je crains qu'on ne m'entende ;
Cachons notre secret, je vous le recommande...

Et Angélique, persuadée que le mariage avec le jeune Sainville
ne peut avoir lieu, propose à sa mère de fuir. Sainville arrive et
les arrête :

Ah ! vous me trahissez !

LA GOUVERNANTE.

Quel contretemps funeste !

SAINVILLE.

Cruelle ! il est donc vrai que vous lui pardonnez !
A ses séductions vous vous abandonnez !
Elle triomphe encore !

ANGÉLIQUE

Arrêtez ! C'est ma mère...

(*En lui baisant les mains.*)

Si vous saviez, hélas ! combien elle m'est chère !

SAINVILLE (*à part*).

Quel obstacle cruel... O sort plein de rigueur !

(*Haut.*)

Madame... dites-nous... Elle aurait ce bonheur ?

ANGÉLIQUE.

J'en fais gloire.

SAINVILLE.

Elle doit en faire aussi la sienne.

(*Après avoir rêvé à Angélique en se jetant au pied de la
gouvernante.*)

C'est votre mère ?... Eh ! bien, soyez aussi la mienne .

Nous avons vu, en étudiant Marivaux, que le « marivaudage » n'était pas une chose nouvelle au XVIIIe siècle. En est-il de même pour la conception de La Chaussée, et ne trouverait-on pas, bien avant 1733, des comédies « larmoyantes » ?

En réalité, dès l'époque de Jodelle et de Larivey, bien avant la période classique, la comédie venue d'Italie est romanesque et attendrie. Sans doute, elle est superficiellement comique ; mais elle tourne bien vite au sérieux ; les situations deviennent même quelquefois tragiques ; les hommes « sensibles » du XVIIIe siècle y eussent souvent trouvé leur compte.

Il y a aussi des scènes larmoyantes chez Hardy, Rotrou, Pierre Corneille. Voyez, par exemple, la scène II de l'acte IV dans *La Sœur*, de Rotrou (1615).

Lélie est prisonnière des Turcs ; elle retrouve sa mère, Constance, sous des habits de Turque :

LÉLIE.

Quoi ! vous êtes ma mère ? O dure loi du sort,
Qui mêle l'amertume à cet heureux transport,
Et dont l'ordre fatal veut que, dans la nature,
On ne goûte jamais de douceur toute pure !
En recouvrant un bien qui m'est si précieux,
Je perds le plus grand bien que je tenais des cieux.
Pour voir ma mère, hélas ! j'eusse donné ma vie,
Et voudrais, la voyant, qu'elle me fût ravie ;
Ce m'est un désespoir sensible au même point
Que l'ennui de la voir et de ne la voir point.
Quoi ? Vous êtes Constance ?

CONSTANCE.

                          Oui, cette infortunée
Qui croyait aujourd'hui sa misère bornée,
Et qui, par la froideur dont vous la recevez,
Voit ses malheurs changés et non pas achevés.
Quel temps, injuste sort, terminera sa rage,
S'il ne lui suffit pas de seize ans de servage,
S'il faut qu'après des fers portés si constamment
La liberté pour moi soit encore un tourment !
Ne puis-je apprendre au moins l'ennui qui vous possède,
Afin que, le causant, j'en cherche le remède ?
Le mal me sera doux d'où naîtra votre bien,
Et, pour votre repos, j'altérerai le mien...

On trouve des scènes qui font prévoir La Chaussée jusque chez les auteurs les plus franchement gais à l'ordinaire. Ecoutez, par exemple, les plaintes de Don Sanche dans la *Fausse Apparence* de Scarron (acte III, scène IV) :

Ah ! Madame, la cour, ce séjour des délices,
Ne m'a paru, sans vous, qu'un enfer de supplices ;
Ce n'est pas que la cour n'ait de charmants appas ;
Mais je suis toujours triste où je ne vous vois pas.
Combien de fois mes yeux ont-ils versé de larmes,
Dans un temps où Madrid avait le plus de charmes ?
Combien de fois les bords du clair Manzanares
Ont-ils été témoins de mes tristes regrets !

FLORE.

Vous m'attendrissez fort, en me faisant entendre
Tout ce qu'en un roman on peut lire de tendre.
Quoi, bon Dieu, à la cour, où tout charme, où tout rit,
La tristesse a toujours régné sur votre esprit ?...

A la première scène de l'acte V, Léonore se décide à mourir et récite des couplets tragiques :

Les funestes desseins qu'inspire la douleur,
En l'état où je suis, me sont aisés à suivre ;
Qui redoute la mort mérite son malheur.
. . . .
Je mourrai, cher Carlos ; mais pourrai-je espérer,
Quand des pâles esprits j'augmenterai le nombre,
De sortir quelquefois de ma demeure sombre,
D errer autour de toi, te faire voir mon ombre ?

Dans la *Mélite* de Corneille, on trouve aussi quelques scènes de tragédie.

Mais, avec Louis XIV, la raison intervint, qui s'érigea en maîtresse absolue dans tous les domaines. On remonta aux règles d'Aristote ; on prit les Grecs pour exemple. On établit comme un dogme la distinction des genres. Défense absolue fut faite de mêler à la comédie des éléments de tristesse. Molière, bien qu'il arrive parfois à être tragique, se défendit toujours de vouloir attendrir les âmes sensibles. On voulait avoir une impression non seulement forte, mais encore sans mélange.

Mais, après l'époque proprement classique, on revint vite à la comédie sérieuse. Je ne citerai que le *Jaloux désabusé* (*1709*), de Campistron, et la *Mère confidente*, de Marivaux.

La grande nouveauté de La Chaussée, c'est qu'il élimine presque complètement l'élément comique. Il est toujours si grave, que ses contemporains l'appellent « le Révérend Père La Chaussée ».

Pourquoi a-t-il innové dans ce sens ? C'est, sans doute, parce que son talent ne lui permettait pas autre chose. Il n'avait ni la gaîté de Regnard ni la délicatesse de Marivaux. Il ne lui restait

qu'à s'efforcer de plaire aux « âmes sensibles », et nous avons vu
qu'il y réussit : de grands esprits, comme Voltaire, l'approuvent ;
des hommes de talent, comme Diderot et Beaumarchais, l'imitent.
N'est-ce point là la meilleure preuve de son succès ?

La « République » de Platon.

Cours de M. ALFRED CROISET,

Doyen de la Faculté des Lettres de l'Université de Paris.

Constitution de la cité platonicienne (*suite*). — **Les chefs.** — **La justice dans l'Etat et chez l'individu.**

Au point où nous en sommes arrivés dans l'étude de la *République*, Platon a montré ce que devaient être, dans la cité idéale, les artisans ; il a montré la nécessité de la division du travail entre tous les citoyens, et aussi ce que seront les gardiens, et par quelle éducation on les préparera à la tâche qui leur est assignée. Que lui reste-t-il à faire, maintenant, pour remplir le plan qu'il a indiqué au début du livre ?

Il lui reste à parler des *archontes*, chefs ou magistrats ; à donner quelques indications générales sur leur manière de vivre, puis à revenir au problème posé en commençant, à savoir la définition de la justice. C'est là son véritable but ; car Platon ne fait que rechercher, dans un modèle plus grand que l'individu et par conséquent plus nettement visible, cette définition de la justice que, dès le premier livre, ses interlocuteurs s'étaient vainement efforcés de découvrir dans l'individu lui-même.

Donc, dans la cité que nous aurons construite, il restera à déterminer ce qu'est la justice, puis à confronter la justice ainsi obtenue avec l'individu lui-même, afin de voir si nous trouverons en lui les éléments nécessaires qui permettront d'appliquer à la justice individuelle les définitions résultant de l'étude même de la cité.

Tout ce développement remplit les deuxième, troisième et quatrième livres de la *République*. Or, à la fin du IVe livre, nous ne sommes pas encore à la moitié de l'ouvrage. Comment cela se fait-il ? Car il semble que, lorsqu'il aura achevé de parcourir ces différents ordres d'idées, Platon sera revenu à son point de départ, au sujet qu'il s'est proposé de traiter au début même de la discussion.

Or c'est dans les derniers livres de la *République* que se rencontrent les idées les plus originales et aussi les plus paradoxales de l'œuvre ; nous y trouvons aussi de nombreux passages

où Platon montre une hauteur de pensée admirable, une beauté
de style qu'il n'a nulle part ailleurs dépassées. C'est, en vérité,
l'artifice d'un très habile écrivain, qui commence par enseigner
d'une façon générale le plan de sa cité idéale, et tout ce qui
d'abord ne soulèvera pas de trop grosses objections, pour arriver
ensuite à son vrai sujet, qui est la recherche de la justice, appliquée non plus à la cité, mais à l'individu.

Dans une si vaste question, il faut s'attendre à voir des difficultés se présenter, des *aporiai*, comme les appellera Aristote,
difficultés multiples soulevées en cours de route par le problème
qu'on s'est proposé de résoudre. La discussion n'en sera que plus
profonde et plus pénétrante. Mais tandis que, chez Aristote, ces
aporiai sont, après tout, des difficultés secondaires, ici au contraire, sous ce prétexte, nous trouverons exprimées les idées les
plus personnelles et traités les points les plus importants de la
doctrine platonicienne. Les derniers livres de la *République* sont
les plus paradoxaux, mais ceux aussi où il y a le plus de hardiesses
et de beautés.

Nous allons, aujourd'hui, compléter notre étude de la première
partie, c'est-à-dire achever la définition de la cité, telle que Platon la représente. Nous nous sommes d'abord occupés des gardiens et des artisans; il faut maintenant passer aux magistrats,
aux *archontes*, à ceux qui, dans la cité, ont mission de s'occuper des intérêts généraux.

Où trouverons-nous des chefs? Platon est assez bref sur ce
point; car, plus tard, dans un autre livre, il reviendra longuement sur la question ; mais il veut que ce soient avant tout des
philosophes, selon son principe qu'une cité ne sera heureuse que
le jour où les philosophes seront rois ou les rois philosophes.
Donc, à dessein, Platon passe rapidement sur ce point; il n'énonce
qu'un petit nombre de théories, dont la plupart ne soulèvent pas
de très grandes objections. Les chefs seront pris dans la classe
supérieure des gardiens, qui sont des hommes de pensée et d'action. On considérera d'abord l'âge ; car, selon l'opinion générale des Grecs, la vieillesse est par excellence l'âge de la prudence
et de l'expérience avertie ; il est donc très naturel que ceux qui
commandent soient des hommes d'âge.

Mais il y a d'autres conditions à exiger de ces gardiens ; puisqu'ils
doivent maintenir la justice et surveiller l'ensemble de l'organisme
national, il faut les choisir parmi les hommes dont le passé est
sans reproche aucun, et qui, dès leur jeunesse et pendant toute
leur vie, se sont signalés comme particulièrement amoureux de
la justice, des hommes enfin qui se sont toujours montrés au-

dessus des tentations vulgaires, au-dessus des désirs et des vices
communs de l'humanité. Tout cela est rapidement traité, Platon
n'insiste pas ; il ne nous dit point par qui ni comment se fera ce
choix et nous ne savons pas bien quels seront enfin les électeurs
de cette classe idéale de citoyens. L'essentiel, pour lui, c'est qu'ils
présentent les qualités qu'il exige d'eux.

Nous arrivons, maintenant, à de très beaux passages ; Platon
ne perd jamais de vue cette idée si importante, et que nous
rencontrons si souvent au cours de ces développements, à savoir
la nécessité, capitale pour la cité, d'être une. Cette idée, si chère
à Platon, vient, remarquons, le encore une fois, du spectacle du
monde grec, dont les luttes, les discordes perpétuelles, répu-
gnent profondément au philosophe même. Mais comment procéder
pour obtenir cette unité parfaite, si nécessaire à notre cité ?

Platon a d'abord recours à un mythe, façon de prêcher à la fois
poétique et morale, qui plaît à son imagination ; mais le mythe,
chez lui, ne ressemble en rien à ce qu'il est chez Homère ou
Hésiode. Sous le voile de la fiction, Platon offre aux hommes une
image de beauté et de moralité supérieures. Le nouveau mythe
que Platon met dans la bouche de Socrate, non sans une certaine
ironie d'ailleurs, c'est la légende de Kadmos, le héros qui sema
des dents de dragon, qui, au bout d'un certain temps, levèrent et
devinrent des guerriers. Platon arrange un peu la légende : il
supprime le dragon, les dents, tout ce qui est trop fabuleux et
trop archaïque ; mais le fond reste. Il n'empêche que c'est là un
mythe, une fiction, c'est-à-dire un mensonge : or nous savons que
le mensonge est banni de la cité idéale ; mais, ici, c'est un mensonge permis, puisqu'il a pour but le bien :

« Il faut, dit Socrate, que nous ayons maintenant recours à un
« de ces mensonges nécessaires... Il a pris naissance en Phénicie.
« C'est quelque chose qui est arrivé jadis, à ce que racontent les
« poètes qui l'ont fait croire, mais qui n'est point arrivé de nos
« jours... et qui est bien difficile à persuader...

« Je vais dire ce que c'est ; mais, en vérité, je ne sais où pren-
« dre la hardiesse et les expressions dont j'ai besoin. Je tâcherai
« d'abord de persuader aux gardiens, magistrats et guerriers, en-
« suite au reste des citoyens, que cette éducation et tous les soins
« que nous leur avons donnés sont comme autant de songes ;
« qu'ils croient les avoir reçus et en avoir éprouvé le bienfait ;
« qu'en réalité, ils ont été formés et élevés dans le sein de la
« terre, eux, leurs armes et tout ce qui leur appartient ; qu'après
« les avoir formés, la terre, leur mère, les a mis au jour ; qu'ainsi
« ils doivent regarder la terre qu'ils habitent comme leur mère

« et leur nourrice, la défendre contre quiconque oserait l'atta-
« quer et traiter les autres citoyens comme leurs frères, sortis
« comme eux du sein de la terre. »

Ainsi l'état qui doit régner dans la cité, ce n'est pas la discorde
que nous voyons dans la plupart des villes grecques, mais l'entente d'une famille bien réglee, d'une grande famille, où chacun
des membres vient au secours des autres. Le patriotisme, comme
la concorde, repose sur cette idée que c'est la terre même qui a
porté les hommes, idée en particulier très accessible aux Athéniens, qui se croyaient, comme on sait, autochtones.

Il faut délibérer maintenant sur le meilleur moyen de défendre
la terre nourricière et de la protéger, et voici une allégorie
charmante :

« Vous tous qui faites partie de l'État, vous êtes frères, dirai-je
« en continuant ma fiction ; mais le dieu qui vous a formés a
« fait entrer l'or dans la composition de ceux qui sont propres à
« gouverner les autres. Aussi sont-ils les plus précieux. Il a mêlé
« l'argent dans la formation des guerriers ; le fer et l'airain dans
« celle des laboureurs et des autres artisans... »

Cependant, de quelques métaux que soient formés les
hommes, ils sont tous issus du même sol et doivent tous travailler au bien de la patrie commune. Tel est le premier argument dont use Socrate.

Nous allons voir, maintenant, comment vont vivre ces guerriers et ces magistrats. Et d'abord comment faudra-t-il loger les
guerriers? Leurs habitations ne devront en rien ressembler à celles
des gens d'affaires; ce seront de véritables demeures de soldats,
simples et bien appropriées à ceux qui ont pour mission de défendre
le pays. On évitera avec soin d'éveiller en eux l'intempérance ou
quelque autre appétit désordonné qui pourrait nuire à ceux à qui
ils doivent protection ; car, ayant la force en main, ils seraient
dangereux et risqueraient de devenir loups, de chiens qu'ils devraient être. La meilleure manière de prévenir ces dangers, c'est de
venir en aide par l'éducation à leurs bonnes dispositions natives :
grâce à cette éducation, nos guerriers montreront une grande
douceur entre eux et dans leurs rapports avec ceux qu'ils sont
chargés de défendre. Il faut donc écarter toute cause de luttes, et,
avant tout, l'argent, source de tous les conflits : aucun d'eux ne
possédera rien en propre ; ils auront en commun ce dont ils peuvent avoir besoin ; ils mangeront ensemble et recevront le strict
nécessaire de la cité qui pourvoira à leurs besoins. Comme salaire
de leurs services, ils ne recevront ni plus ni moins qu'il ne leur
faut pour les besoins d'une année ; car il ne faut pas qu'ils

puissent faire des économies ni thésauriser. On doit leur apprendre à n'estimer que l'or dont ils sont faits, et ils ne devront pas souiller la possession de ce métal divin par l'alliage de métaux vulgaires, pour lesquels les hommes soutiennent tant de luttes et préparent les ruines des cités.

Toute cette importante question tient juste une page ; en une seule page Platon résout ainsi le grand problème de la communauté des biens. Comment se fait-il qu'il ne s'arrête pas plus longtemps sur cette question, qui devait, semble-t-il, particulièrement soulever des objections, puisque c'était tout l'opposé de ce qu'on pouvait alors constater a Athènes, cité amie de la richesse et de l'opulence ?

On sait que, à plusieurs reprises, Aristote revint sur cette théorie pour la renverser ; mais, chez Platon, la chose semblait aller toute seule : les objections n'existent pas ou du moins il s'en débarrasse vite. D'où vient donc qu'il passe si rapidement sur des problèmes aussi graves ? C'est que, si cette idée de la communauté des biens était en opposition complète avec les idées athéniennes, elle n'était pas si contraire qu'on pourrait le croire à la pensée grecque en général. Platon, ici, ne fait que suivre de très près l'idéal même de la constitution spartiate. Les repas en commun existaient à Sparte, en Crète et dans des colonies doriennes ; certaines villes fixaient également une limite à la possession des biens, ce qui revenait presque à la communauté réclamée par Platon.

En vérité, tout cela, au fond, était plutôt fait pour la théorie que pour la pratique ; car nous ne devons pas oublier, et Aristote nous le montre avec une clarté parfaite, qu'aucun pays n'était plus avide que Sparte de l'argent des autres. S'ils étaient sévèrement limités chez eux, les Spartiates se dédommageaient largement, dès qu'ils sortaient de leur patrie : c'était avec une extrême dureté qu'ils exerçaient le commandement à l'extérieur, et la vénalité n'était pas leur moindre défaut. Disons donc que la théorie, sinon la pratique de cette communauté des biens, n'était pas étrangère à la pensée grecque ; Platon, d'ailleurs, n'insiste pas et se hâte vers d'autres sujets sérieux qui l'appellent.

Il prend soin cependant de faire adresser par Adimante deux objections, l'une d'un ordre moral, l'autre d'un ordre économique ; voici la première :

« Que répondras-tu, Socrate, si l'on t'objecte que tu ne rends
« pas tes guerriers fort heureux, et cela par leur faute, puisqu'ils
« sont les véritables maîtres de l'Etat ? Ils ne jouissent d'aucun
« des avantages que la cité procure ; ils n'ont point, comme

« d'autres, des terres, des maisons belles, grandes et convenable-
« ment meublées ; ils ne font point aux dieux des sacrifices do-
« mestiques ; ils n'exercent point l'hospitalité ; ils ne possèdent
« pas les biens dont tu parlais tout à l'heure, l'or et l'argent, et
« en général tout ce qui, dans l'opinion des hommes, rend la vie
« heureuse. En vérité, tu les traites, dira-t-on, comme des troupes
« mercenaires entretenues par l'Etat, sans autre emploi que celui
« de le garder. »

Et Socrate lui-même ajoute quelques autres chefs d'accusation à ceux présentés par Adimante ; mais il répond ensuite
avec force qu'il n'est pas sûr que ces guerriers ne soient pas
heureux dans la condition qui leur est faite : c'est une réserve
que Platon indique en passant et sur laquelle il reviendra plus
tard. Ils ne peuvent, à ses yeux, être malheureux, puisqu'ils
sont raisonnables, qu'ils ont la santé de l'âme, la plénitude de la
morale et de la justice. Pour l'instant, Platon ne s'arrête pas à
cette idée ; mais, alors même que la vie ne leur serait pas
agréable, nous n'avons pas à nous en préoccuper. Nous cherchons une cité qui soit forte et juste ; nous construisons le plan
idéal, le plus élevé qui se puisse concevoir, de cette cité, et il
faut que chacun y accomplisse sa tâche le mieux possible :

« Au reste, nous fondons un Etat non pour qu'une classe parti-
« culière de citoyens soit éminemment heureuse, mais pour que
« l'Etat tout entier soit aussi heureux que possible, persuadés que
« c'est dans un Etat comme celui-là que nous aurions le plus de
« chances de rencontrer la justice que nous cherchons... »

Et voici un passage curieux, où Socrate montre le danger que
courrait la cité, si tous les citoyens devenaient riches :

« Nous pourrions, si nous voulions, donner à nos laboureurs
« des robes traînantes, les couvrir d'or et ne les faire travailler à
« la terre que pour leur plaisir. Nous pourrions étendre mollement
« le potier auprès de son foyer, le faire boire et manger, arrêter
« sa roue jusqu'à ce qu'il lui plaise de reprendre son travail, et
« rendre heureuses de la même manière toutes les classes de
« citoyens, afin que tout l'État fût dans la joie. Mais, si nous les
« écoutions, le laboureur cesserait d'être laboureur, le potier
« d'être potier, et l'on verrait disparaitre toutes les conditions
« dont l'ensemble forme l'Etat. Encore les autres métiers ont peu
« d'importance : que les cordonniers deviennent mauvais, qu'ils
« se gâtent, il n'en résultera pas un grand dommage pour l'Etat.
« Mais, si les gardiens des lois et de l'Etat ne le sont que de nom,
« tu vois aussitôt qu'ils entraînent l'Etat à sa ruine... Voyons
« donc si, en instituant les gardiens de l'Etat, nous avons eu en

« vue de leur donner la plus grande somme de bonheur possible,
« ou si notre objet n'est pas de la donner à l'Etat tout entier. »

Voici maintenant la seconde objection, l'objection économique.
Adimante estime que l'argent est utile, car comment un Etat pourra-t-il faire la guerre, s'il n'a point de trésor, et surtout s'il est
obligé de lutter contre un État riche et puissant ? La réponse que
fait Platon est, il faut le dire, assez optimiste et idéaliste. C'est
d'abord qu'on n'est pas tenté de faire la guerre à des gens qui
sont pauvres ; c'est aussi que les citoyens de cet État, par leur
manque d'opulence, seront mieux entraînés que d'autres à la
lutte : ils se trouveront dans la situation d'athlètes, de professionnels, qui se battent contre des profanes ; ils n'auront aucune
peine à se débarrasser d'adversaires même beaucoup plus nombreux qu'eux, et ils n'auront non plus aucune coalition à craindre.

Recommandant ensuite aux magistrats de veiller avec le plus
grand soin à ce que l'Etat ne devienne ni trop grand ni trop petit,
mais à ce qu'il tienne un juste milieu et soit toujours un, Platon
est conduit à traiter de la grandeur même de la cité : il n'indique pas le chiffre exact des citoyens, il faut lui en savoir gré ;
mais il montre les dangers d'une cité trop nombreuse, où les
chances de désordre et de révolution sont plus grandes. Nous ne
pourrons garder notre cité idéale dans son intégrité qu'à la
condition de la conserver petite.

Nous avons déjà eu l'occasion de remarquer que cette idée,
si contraire aux idées modernes, se trouvait encore chez Aristote, qui n'est pas un rêveur pourtant et qui la souligne à
maintes reprises. Cette conception est tout à fait conforme à
l'esprit grec, et le législateur doit s'attacher avec le plus grand
soin à conserver l'immuabilité de la cité, à prévenir tous les changements. Puis dans une très belle page, Platon montre ce qu'il
y a de dangereux dans ces changements, imperceptibles en
apparence, mais qui risqueraient bientôt de tout perdre. Il
s'autorise de l'avis du musicien Damon pour réprouver même des
innovations en apparence aussi insignifiantes que celles des
modes musicaux ; car elles ne seraient pas sans menacer les lois
fondamentales de l'Etat.

Cette idée de l'immuabilité absolue est donc ici très fortement
exprimée ; mais il ne faut pas oublier que l'idée contraire du
changement, de l'évolution nécessaire, avait été répandue aussi en
Grèce par Démocrite et ses disciples. Ce n'était pas cependant
l'idée dominante ; et celle de l'absolu géométrique, de l'absolu immuable, prévalait, malgré quelques réserves, a l'époque de Platon.

Ici s'arrête la description de la cité idéale qu'on nous a tracée dans ses traits généraux. Ayant encore quelques mots à dire sur la législation particulière à cette cité idéale, Platon en a profité pour se moquer de la législation athénienne, si raffinée, si compliquée ; il en rit, sans rendre justice à la complexité du problème devant lequel se trouvaient les hommes de son temps. Il y a quelques mots aussi sur les cérémonies religieuses, mais c'est également par prétérition :

« C'est à Apollon, au dieu de Delphes, qu'il appartient de « faire les plus grandes, les plus belles et les premières de « toutes les lois... celles qui regardent la construction des tem- « ples, les sacrifices, le culte des dieux, des génies et des « héros, les funérailles et les cérémonies qui apaisent les mânes « des morts. Puisque nous fondons un État, nous ne devons pas, si « nous sommes sages, nous en rapporter aux autres hommes, ni « consulter d'autre interprète que le dieu du pays. Or ce dieu « est l'interprète naturel de tous les hommes en pareille matière, « puisqu'il a placé le sanctuaire où il réside au centre même de « la terre pour rendre de là ses ordres. »

Tout ce passage, qui constitue un hommage respectueux à Apollon, renferme aussi quelque chose de légèrement dédaigneux ; car, chaque fois que Platon a recours au divin, c'est que la question ne l'intéresse pas beaucoup, qu'elle ne peut se régler par la dialectique et qu'on n'aura jamais sur elle qu'une *doxa,* une opinion.

Maintenant nous revenons au problème qui a été posé en commençant : la recherche de la justice. Il y a une forte coupure ici dans la composition du livre, et nous voici reportés au sujet initial :

« Fils d'Ariston, dit Socrate, voila notre Etat fondé. Maintenant « prends où tu voudras un flambeau suffisant ; appelle ton frère « Polemarque, tous ceux qui sont ici, et cherche avec eux si nous « verrons où résident la justice et l'injustice, en quoi elles dif- « fèrent l'une de l'autre, et à laquelle des deux on doit s'attacher « pour être heureux... »

Socrate dit qu'il y a quatre vertus fondamentales : la sagesse (*sophia*), le courage (*thumos*), la tempérance (*sophrosuné*) et la justice (*dikaiosuné*) ; on cherchera la place de chacune d'elles, en reconnaissant que la justice renferme les trois autres. Ainsi la sagesse se rencontre chez les artisans et chez les magistrats ; le courage se trouve à la fois chez les gardiens et les magistrats. Pour la tempérance, la question est un peu plus délicate, car elle n'apparaît pas comme la caractéristique d'aucun groupe particulier : c'est un peu la vertu de tous, aussi bien artisans que gardiens et chefs. Il reste la justice (διϰαιοσύνη) ; où est sa place ? C'est la vertu la plus importante, puisque c'est elle qui dans la cité rend possible l'exercice des trois autres vertus ; elle est le principe d'harmonie, grâce auquel les différents éléments de la cité conspirent à un but commun : elle est la règle en vertu de laquelle chacun, dans l'État, remplit son office propre.

Remarquons que cette justice, ainsi entendue, semble différer de celle que nous avions rencontrée au début de la discussion, et qui consistait, ou s'en souvient, à rendre à chacun son dû ; cependant il suffit d'étendre un peu sa signification pour voir qu'au fond c'est la même justice, l'une s'appliquant à l'individu et l'autre à la cité : elle convient d'ailleurs aussi à cette conception particulière qu'Aristote oppose à la conception courante, et qui fait de la justice une vertu par laquelle toutes les autres existent, si bien que ce philosophe peut désigner par l'expression « d'homme juste » un homme qui a toutes les autres vertus. Il ne nous reste plus qu'à voir si cette définition de la justice selon la cité peut bien s'appliquer à l'individu.

Platon n'a pas de peine à montrer qu'il y a dans l'individu les mêmes tendances que dans la cité, les mêmes désirs, les mêmes passions. La justice chez celui-ci comme dans celle-là, consiste à faire que chacune de ces puissances, qui s'agitent dans leur âme, ait son rôle propre, ait son office : c'est ainsi que les désirs qui concourent à la vie végétative doivent être maintenus dans le règne nécessaire par la raison ; au cœur, c'est-à-dire aux passions généreuses, revient le rôle que, dans la cité, tiennent les gardiens et guerriers : la raison tient le rôle des magistrats ; et les désirs et sentiments correspondent à ce que sont dans l'État les artisans et les ouvriers qui concourent à la vie végétative et matérielle. Engendrer la santé, c'est établir entre les divers éléments du corps l'équilibre naturel, la subordination des uns aux autres ; engendrer la maladie, c'est faire au contraire qu'un de ces éléments en domine un autre ou soit dominé par un contre les lois de la nature. De même engendrer la justice, c'est établir entre les parties de l'âme la subordination imposée par la nature, tandis que l'injustice consisterait à donner à une partie sur une autre un empire qui est contre nature.

Ceci étant établi, la question du bonheur que nous avions posée au début se trouve simplifiée, puisqu'il en est de la santé de l'âme comme de la santé du corps ; et Socrate peut conclure :

« Si, lorsque la santé du corps est entièrement ruinée, la vie
« paraît insupportable, même au milieu des plaisirs de la table,
« au sein de l'opulence et des honneurs ; à plus forte raison, nous

« sera-t-elle à charge, lorsque l'âme, qui en est le principe, est
« altérée et corrompue, eût-on d'ailleurs le pouvoir de tout faire,
« excepté ce qui pourrait délivrer l'âme de l'injustice et du vice,
« et favoriser l'acquisition de la justice et de la vertu... »

Là se termine le livre quatrième; avec le cinquième commence-
ront les grandes discussions que nous avons indiquées au début
de cette leçon, et que nous aborderons la prochaine fois.

M. D. C.

gardiens et chefs. Il reste la justice (*dikaiosuné*) ; où est sa place ? C'est la vertu la plus importante, puisque c'est elle qui dans la cité rend possible l'exercice des trois autres vertus ; elle est le principe d'harmonie, grâce auquel les différents éléments de la cité conspirent à un but commun ; elle est la règle en vertu de laquelle chacun, dans l'État, remplit son office propre.

Remarquons que cette justice, ainsi entendue, semble différer de celle que nous avons rencontrée au début de la discussion, et qui consistait, on s'en souvient, à rendre à chacun son dû ; cependant il suffit d'étendre un peu sa signification pour voir qu'au fond c'est la même justice, l'une s'appliquant à l'individu et l'autre à la cité ; elle convient d'ailleurs aussi à cette conception particulière qu'Aristote oppose à la conception courante, et qui fait de la justice une vertu par laquelle toutes les autres existent, si bien que ce philosophe peut désigner par l'expression « d'homme juste » un homme qui a toutes les autres vertus. Il ne nous reste plus qu'à voir si cette définition de la justice selon la cité peut bien s'appliquer à l'individu.

Platon n'a pas de peine à montrer qu'il y a dans l'individu les mêmes tendances que dans la cité, les mêmes désirs, les mêmes passions. La justice, chez celui-ci comme dans celle-là, consiste à faire que chacune de ces puissances, qui s'agitent dans leur âme, joue son rôle propre, ait son office ; c'est ainsi que les désirs qui concourent à la vie végétative doivent être maintenus dans la règle nécessaire par la raison ; au *thumos*, c'est-à-dire aux passions généreuses, revient le rôle que, dans la cité, tiennent les gardiens ou *phulakès* ; le *noûs* tient le rôle des magistrats, et les désirs ou *epithumiai* correspondent à ce que sont dans l'État les artisans et les ouvriers qui concourent à la vie végétative et matérielle. Engendrer la santé, c'est établir entre les divers éléments du corps l'équilibre naturel, la subordination des uns aux autres ; engendrer la maladie, c'est faire au contraire qu'un de ces éléments en domine un autre ou soit dominé par lui contre les lois de la nature. De même engendrer la justice, c'est établir entre les parties de l'âme la subordination imposée par la nature ; tandis que l'injustice consisterait à donner à une partie sur une autre un empire qui est contre nature.

Cela étant établi, la question du bonheur que nous avions posée au début se trouve solutionnée, puisqu'il en est de la santé de l'âme comme de la santé du corps ; et Socrate peut conclure :

« Si, lorsque la santé du corps est entièrement ruinée, la vie
« paraît insupportable, même au milieu des plaisirs de la table,
« au sein de l'opulence et des honneurs ; à plus forte raison, nous

« sera-t-elle à charge, lorsque l'âme, qui en est le principe, est
« altérée et corrompue, eût-on d'ailleurs le pouvoir de tout faire,
« excepté ce qui pourrait délivrer l'âme de l'injustice et du vice,
« et favoriser l'acquisition de la justice et de la vertu... »

Là se termine le livre quatrième; avec le cinquième commence-
ront les grandes discussions que nous avons indiquées au début
de cette leçon, et que nous aborderons la prochaine fois.

M. D. C.

Origines françaises du romantisme.

Cours de M. ÉMILE FAGUET,

Professeur à l'Université de Paris.

Le pessimisme chez de Vigny *(suite)* et chez Leconte de Lisle.

Je finis, aujourd'hui, l'examen de ce que l'on peut appeler la postérité pessimiste de Jean-Jacques Rousseau.

Dans la *Maison du Berger*, nous avions vu comment, par un détour que je trouve assez naturel, le pessimisme de Vigny s'achevait en une sorte de philanthropie universelle : voulant aimer, le poète s'attache à ce qui est le contraire de la nature éternelle, aux hommes, créatures éphémères. Ce pessimisme philanthropique ne fut pas le dernier mot d'Alfred de Vigny : il se transforma en deux sentiments.

D'abord un sentiment antireligieux ; car le sentiment religieux, étant ce qui attache l'homme à ce qui est éternel, devait être antipathique à de Vigny. Le poète a remarquablement exprimé sa répulsion dans le *Mont des Oliviers*, pièce dont je n'approuve pas l'inspiration, mais dont j'admire la profondeur. C'est une narration, suivie d'une dissertation, sur l'existence du mal dans le monde et l'injustice de Dieu, qui l'a permise.

Vous connaissez la scène : les disciples sont endormis ; Jésus, seul, traîne sa peine et exhale cette plainte :

> Si j'ai mis le pied sur ce monde incomplet...

Philosophiquement, l'idée diffère un peu de celles que nous avons déjà rencontrées sur ce sujet : de Vigny ne nous dit pas, comme tant d'autres, que le mal règne sur terre !

Il y a quelque chose de plus terrible, ajoute-t-il : c'est le doute, que peut faire naître dans l'esprit de l'homme l'idée du mal. L'homme souffre et sa souffrance provoque en lui un doute sur la bonté du Créateur ; et ce doute est un mal moral plus douloureux :

> Mal et Doute ! En un mot, je puis les mettre en poudre...

Cette admirable dissertation poétique signifie que l'humanité tout entière se débat au milieu de multiples énigmes, et que le Créateur semble avoir voulu qu'à chaque pas l'homme trébuche et tombe dans le péché, le vice ou le crime : il a fait de lui un aveugle au milieu d'abîmes infinis, et c'est la grande injustice que, par la bouche de Jésus, de Vigny reproche au ciel.

La narration se poursuit ; et le poète, parlant ensuite en son nom, adresse au ciel une malédiction finale :

> S'il est vrai qu'au jardin sacré des Ecritures...

Leconte de Lisle a pu avoir des cris plus violents contre la divinité : il n'en est pas qui aient cette âpreté sinistre. Le sentiment antireligieux de Vigny s'exprime donc par un dédain silencieux.

L'autre sentiment que je vous annonçais, c'est le stoïcisme, et un stoïcisme sombre et amer, bien différent du stoïcisme presque souriant d'un Sénèque ou d'un Marc-Aurèle. Il se manifeste éminemment dans la *Mort du Loup*, sorte de narration, qui se termine par une dissertation philosophique.

Sous les coups de feu des chasseurs, le loup, lâchant un des chiens étranglés, s'apprête à mourir :

> Le loup le quitte alors, et puis il nous regarde...

Ce symbole trouve, ensuite, son éclaircissement dans une belle méditation :

> J'ai reposé mon front sur mon fusil sans poudre...

Il est curieux que, comme le *Mont des Oliviers*, cette pièce se termine sur l'idée du silence. Restons silencieux à l'égard des choses éternelles, et, quant à la vie, elle ne vaut pas la peine qu'on en pleure ou qu'on en rie ; il faut la subir sans en rien dire.

Résumant cette théorie, Spinoza disait : *neque lugere, neque ridere, neque detestari, sed intelligere*. Il faut détruire toute sensibilité : la vie ne mérite ni nos larmes, ni nos sourires, ni notre haine ; mais peut-être vaut-elle la peine qu'on la comprenne.

« J'ai bondi de joie, quand j'ai compris le sens de la vie et que la vie était un instrument de la connaissance », écrira Nietzsche. De Vigny est loin de cet enthousiasme : nous ne comprendrons jamais, pense-t-il ; aussi n'avons-nous plus qu'à nous taire.

C'est par ce silence que s'achève et se complète le pessimisme d'Alfred de Vigny.

* *

Nous terminerons, enfin, notre enquête par l'analyse du pessimisme. dans Leconte de Lisle. Il importe de marquer d'abord les différentes phases intellectuelles et sentimentales que le poète a traversées.

Parti d'un déisme non chrétien, il aboutit à un parfait athéisme. Vous connaissez le mot de Bonald : « Un déiste est un homme qui n'a pas assez vécu pour être athée », mot plus spirituel que profond, que démentent Voltaire et Rousseau, mais que peut confirmer l'exemple de Leconte de Lisle.

Le poète a été élevé dans le déisme non chrétien, qui fut en partie celui du XVIIIᵉ siècle. Puis, vers 1842, en Bretagne, il entre en relations avec des élèves de Lamennais, et, pendant trois ou quatre ans, il est chrétien, se montrant vraiment touché de ce qu'il y avait de profond dans le christianisme.

Mais il s'est complètement retourné, sous l'influence, sans doute, de cet excellent Louis Ménard, qui, jusqu'à la fin de sa vie, exerça une grande action sur tous ceux qui l'entouraient : ce fut lui qui amena Leconte de Lisle au déisme antichrétien et au paganisme.

Enfin, surtout à partir de 1852, et par suite de grandes déceptions intellectuelles et sentimentales, dégoûté, désenchanté, le poète en vint au pessimisme. Pessimiste, il fut hostile au paganisme comme au christianisme, en un mot à toutes les religions, qu'il considérait toutes comme des pièges mauvais tendus à l'homme par des idéalistes pleins d'erreurs, d'obscurité ou de perfidie. Au contraire de Renan qui, né chrétien, avait été conduit de l'amour du christianisme à l'amour de toutes les religions, Leconte de Lisle, par l'effet d'un antichristianisme exaspéré, arriva à haïr tout ce qui avait, dans le cours des âges, parlé aux hommes de joies futures, d'espérance et de confiance en l'éternité.

Je ne m'attacherai qu'à son pessimisme. De sa période chrétienne, je vous citerai seulement quelques vers, parce qu'on y trouve déjà le germe de sa pensée future. Vers 1840, il écrit :

O mon Dieu, se peut-il que l'homme vous renie ! ...

Voilà, certainement, des vers de chrétien. Vous y remarquez cependant un désir de la mort et surtout un désir de mourir en beauté, si l'on peut dire, qui sent le pessimisme et le paganisme.

De la période païenne les plus éclatants témoignages sont

Hypatie, Hypatie et Cyrille, Qaïn, les deux Glaives. La pièce du
Nazaréen semble faire exception ; en effet, relisez-en les dernières strophes :

> Tu peux, sur les débris des saintes cathédrales ...
>   .   .   .   .   .

La pièce est belle ; mais le christianisme en paraît voulu et
n'est pas d'une sincérité très manifeste et très intense. Les
grands penseurs éprouvent souvent le besoin de se dire non à
eux-mêmes : c'est comme le délassement des grands esprits. —
Quand il écrivait le *Poème sur le Désastre de Lisbonne* ou *Candide,* Voltaire ressentait comme un soulagement intellectuel à dire
le contraire de ce qu'il exprimait ordinairement.

Enfin, pour caractériser le pessimisme de Leconte de Lisle, je
n'aurai pas à vous citer un grand nombre de pièces : sous des
formes variées, toutes, le *Dies iræ,* le *Solvet seclum,* le *Fiat nox,*
traduisent cette idée que le monde est une création manquée,
suite de la volonté d'un Dieu qui n'a rien compris à son œuvre
ou qui a voulu s'amuser : le monde, lit-on dans les *Védas,* est
une des quarante-sept comédies dont s'amuse l'Eternel. Le
jugeant comme une œuvre avortée, Leconte de Lisle en arrive à
souhaiter qu'il disparaisse et à aspirer au néant.

Est-ce l'attitude d'un insensible ? Non.

On a dit de Schopenhauer qu'il était le premier à avoir pris
au sérieux les misères humaines, et l'on a dit aussi du pessimisme que c'était le don accordé à quelques-uns de souffrir du
malheur de tous.

Le pessimisme est donc une forme de l'amour des hommes.
Voyons maintenant une de ses manifestations poétiques dans
Solvet seclum :

> Tu te tairas, ô voix sinistre des vivants (1) !...

Le poète se plaît à se représenter le dernier jour du globe, jour
d'horreur et de désolation, où la vie terrestre s'anéantira et où
tout rentrera dans le néant infini.

D'inspiration analogue, mais d'allure moins cosmogonique, le
Dies iræ est moins une vision générale du monde abîmé dans la
mort que l'aspiration de l'individu au bonheur du repos éternel.
C'est l'attente d'un pessimiste confiant dans la mort :

> Il est un jour, une heure où, dans le chemin rude...

(1) *Poèmes barbares.*

Vous reconnaissez là les traces du paganisme de Leconte de Lisle, de son paganisme homérique tout empreint d'optimistes regrets...

> Pourquoi s'est-il lassé des voluptés connues ?
> . . . .
> Et le Nazaréen, pâle et baissant la tête,
> Pousse un cri de détresse une dernière fois.

Toutes les religions se sont tues ; aucune n'a répondu absolument à notre appel. Le mal est le maître du monde, et la mort est notre seul refuge :

> Oui ! le mal éternel est dans sa plénitude !...
> . . . .
> Affranchis-nous du temps, du nombre et de l'espace,
> Et rends-nous le repos que la vie a troublé (1) !

Telle est la dernière pensée de Leconte de Lisle : une immense aspiration au néant, désir ultime du plus complet pessimisme.

Vous me direz peut-être que nous sommes là bien loin de Rousseau ; mais, si je vous l'accorde, vous reconnaîtrez aussi l'intérêt qu'il y avait à suivre l'évolution d'un grand sentiment.

Je vous ai dit que Rousseau, après avoir connu la désespérance et la misanthropie, ne s'était pourtant pas laissé glisser au pessimisme ; et j'ai cru en deviner les motifs dans ses convictions religieuses. Mais, quand celles-ci décroîtront dans le cœur de l'homme, les disciples iront jusqu'au bout du chemin sur lequel le maître s'était arrêté.

Les grands romantiques, Lamartine, Hugo, Musset, n'ont pas non plus accompli tout à fait la route ; mais il en est deux qui l'ont achevée, ce sont de Vigny et Leconte de Lisle ; et le rousseauisme a, en partie, fini dans le pessimisme.

Si vous voulez que nous tirions de cette étude une leçon morale, je vous dirai en terminant : Gardez-vous de la désespérance et de la misanthropie ; car il y a de fortes chances pour qu'elles vous mènent à quelque chose de pire, à une manière de nihilisme. Détournez les hommes de détester l'humanité. Persuadez-leur et persuadez-vous que la vie est, sinon un bien, du moins une occasion de bien. « La vie, dit Nietzsche, est un instrument de connaissance » ; c'est aussi un instrument de vaillance. Acceptons donc la vie, acceptons tout de la vie, même le malheur : c'est lui qui excitera en nous notre puissance d'énergie. Que si

_____

(1) *Poèmes antiques.*

cette exaltation des forces actives de l'être vous semble dangereuse, croyez pourtant qu'elle est préférable à cet enterrement
de soi-même et à cet anéantissement volontaire qu'est le pessimisme.

M. W.

La vie et les œuvres d'Euripide

Cours de M. PUECH,

Professeur à l'Université de Paris.

Les idées morales d'Euripide (*fin*). — Ses idées sur les femmes.

Euripide ne croit pas que la connaissance de la vertu soit suffisante chez l'homme pour la iui faire pratiquer, et que la volonté se
soumette toujours docilement à la direction de l'intelligence.
C'est de là que vient son pessimisme, sa conception désolée de la
vie. Comment n'y aurait-il pas été entraîné, quand nous le
savons, tel que l'étude de son théâtre nous l'a révélé, doué à
la fois d'une intelligence lucide et pénétrante, et de la sensibilité la plus profonde, la plus vibrante, la plus frémissante.
L'homme chez qui s'unissent, à un tel degré, ces deux facultés de
comprendre et de sentir est prédestiné à souffrir plus que d'autres. On trouve chez lui, fréquemment, l'expression de ce pessimisme, et non pas seulement sous les formes générales où le
traduit d'habitude la littérature grecque. Car ce serait une grave
illusion de s'imaginer que les écrivains grecs n'ont connu et
célébré que la joie de la vie. Déjà, dans les poèmes homériques,
on pourrait trouver des traces d'une réflexion beaucoup moins
sereine. Sophocle, lui aussi, exprime cette idée que ne pas naître
serait un bienfait pour les mortels.

Mais le pessimisme prend, chez Euripide, comme un accent plus
moderne. On trouve chez lui cette idée que le pessimisme est une
douleur qui atteint surtout les plus intelligents d'entre les
hommes. Plus on s'avance dans la science et dans la connaissance
des choses, plus on augmente le cercle de ses joies, mais aussi,
par une sorte de rançon, celui de ses souffrances.

Citons comme exemple ce fragment de l'*Antiope*: « Je comprends ce que je souffre, et cela n'est pas un mal de peu d'importance; car, quand on est éprouvé, ignorer son mal a quelque
charme. Dans le malheur, l'ignorance est un avantage. » Dans
Electre, cette pièce si raffinée, il écrit également : « L'ignorance
ne sait pas souffrir. Ce sont les gens intelligents qui, seuls,
connaissent le malheur. »

Il ne faudrait pas, cependant, exagérer ce pessimisme d'Euripide. Nestle a protesté avec raison contre certains excès d'interprétation en ce sens, qui conduiraient à méconnaître une face importante de la pensée d'Euripide. Sans doute, il a senti plus que d'autres ce qu'il y a souvent dans les choses humaines d'amer et de pénible. Mais, par contre, il a senti aussi certaines des joies les plus pures et les plus nobles, qui peuvent consoler l'homme du malheur de sa condition. C'est ainsi qu'il a célébré en termes excellents les joies de la famille. Qu'on lise, par exemple, ce fragment de *Danaé* :

« O femme, sans doute il est agréable de contempler la lumière du soleil, et la surface tranquille de la mer, et la terre verdoyante au printemps, et les flots puissants des eaux ; il y a encore beaucoup d'autres spectacles qui mériteraient d'être vantés. Mais rien n'est si charmant ni si beau à voir que chez des gens jusque-là privés d'enfants et dévorés de regrets, l'éclat d'une jeune postérité nouvellement née dans la maison. »

Sans doute, on trouverait dans le théâtre d'Euripide beaucoup d'autres passages qui contredisent celui-là. Il dit souvent que la famille, le mariage, les enfants, ne font que multiplier les peines dont nous souffrons. Cependant il ne faudrait pas croire que la note dont nous parlons soit isolée dans son œuvre. Dans un autre fragment, il décrit encore la joie que donnent aux parents les ébats de leur jeune enfant : « Il bondirait en jouant auprès de mes bras et de ma poitrine, et il conquerrait mon âme par des milliers de baisers. Car le plus grand charme pour les mortels, ô mon père, c'est la vie de famille. »

Nous ne pouvions pas, d'ailleurs, nous attendre à rencontrer, chez un homme comme Euripide, un pessimisme absolu, qui serait du dilettantisme. Euripide est parfaitement sincère : il l'est dans son pessimisme comme en toutes choses. Son pessimisme n'est donc pas absolu. Loin d'avoir conclu au suicide, ce qui serait la conclusion logique de cette doctrine poussée à l'extrême, toutes les fois qu'il a l'occasion d'en parler, il montre qu'il n'en est pas partisan. Toutefois, il ne le condamne pas en principe. A ses yeux, certains malheurs extrêmes, s'ils ne le justifient pas, peuvent tout au moins le faire excuser. Mais il en parle toujours avec une certaine réserve.

Par exemple, dans les *Suppliantes*, nous avons vu qu'il montre Evadné se précipitant du haut d'un rocher sur le bûcher enflammé de son mari Capanée, un des sept chefs morts devant Thèbes. Il place dans la bouche d'Evadné, avant qu'elle accomplisse son acte fatal, une tirade par laquelle elle justifie et célèbre son pro-

jet. Mais il attribue au chœur des paroles beaucoup moins élo-
gieuses. Le chœur ne juge pas le suicide d'Evadné admirable : il
lui applique l'épithète de δεινόν, c'est-à-dire de terrible, d'étonnant, qui frappe l'esprit et le suprend.

A la fin de l'*Héraklès furieux*, Thésée vient retrouver Héraklès,
qui est excusable de se décourager, après cette terrible scène de
délire où il a tué sa femme et ses enfants. Dans une scène d'une
beauté et d'une noblesse très délicates, Thésée le ramène à la
raison et lui conseille, sinon le calme, du moins la résignation.
Héraklès, après avoir repoussé dans le premier mouvement de
la douleur les encouragements de son ami, finit par reconnaître
qu'il a raison, et dit : « J'aurai le courage de supporter la vie ».
Puis Héraklès, abattu, mais résigné, part, soutenu par Thésée,
pour Athènes, asile des opprimés et des malheureux. Il y va chercher un appui et une purification morale.

Le pessimisme d'Euripide ne va donc pas jusqu'au décourage-
ment et au renoncement. Il proclame qu'on ne doit pas s'entêter
contre la destinée, mais au contraire se laisser conduire par le
sort, avec l'espoir que, malgré les malheurs et les catastrophes
qui nous assaillent, il y a une puissance obscure qui dirige tout
en ce monde vers la justice. Nous retrouvons donc ici une des
idées religieuses qui sont le plus chères à Euripide.

Quittons maintenant les idées générales pour examiner, sur
certains points particuliers, ce qu'est la morale d'Euripide, et
nous placer à un point de vue plus pratique.

Quelle idée se fait-il de la vertu ? Il n'est pas éloigné de
la conception générale de ses contemporains sur certains points ;
sur d'autres, il en diffère notablement. L'ἀρετή, mot intradui-
sible dans notre langue, car le mot de vertu n'est qu'un équi-
valent très imparfait, désignait essentiellement, aux yeux des
Grecs, un équilibre harmonieux de toutes les forces, tant physiques qu'intellectuelles. A l'époque d'Euripide, le développement
plus intensif donné à la culture intellectuelle tendait à rompre
cet équilibre à l'avantage des facultés de l'esprit et aux dépens
de la culture physique.

A priori, Euripide devait avoir un faible pour la culture intellectuelle. Cependant il s'est appliqué à ne point trop forcer
la note. Il avait composé un drame où il discutait ce problème et
où il mettait en opposition la vie pratique et la vie contemplative. Ce drame malheureusement ne nous a pas été conservé, quoiqu'il ait joui dans l'antiquité d'une très grande célébrité. Parmi
les pièces d'Euripide, les unes nous sont parvenues, parce qu'elles
sont des chefs-d'œuvre et ont par suite toujours été étudiées ; les

autres ne nous ont été gardées que par hasard. Il ne faut donc pas s'étonner qu'il se soit trouvé, parmi les pièces aujourd'hui perdues, des œuvres très remarquables ; tandis que certaines des tragédies conservées ne sont pas de première valeur.

L'*Antiope*, dont nous voulons parler, paraît avoir été une très belle tragédie. Nous en possédons des fragments importants. De plus, en 1891, M. Mahaffy retrouva un nouveau fragment de cette pièce : c'est la scène la plus importante, souvent imitée dans l'antiquité ; Platon s'en est inspiré dans un de ses dialogues. Les personnages en présence sont les deux frères Zéthus et Amphion, en qui Euripide a personnifié deux puissances rivales. Zéthus est l'homme d'action ; Amphion, le musicien, — nous dirions plutôt l'artiste et le poète, car pour les Grecs la musique désignait l'ensemble de la culture intellectuelle. — Nous avons, en grande partie, la scène de la discussion entre ces deux personnages ; M. Weil en a très habilement reconstitué la suite des idées.

Euripide, parce qu'il ne voulait pas forcer sa pensée et parce qu'il accordait beaucoup à la culture intellectuelle, attachait aussi son importance à la vie active et à l'accomplissement des devoirs du citoyen. Sans doute, nous ne savons pas qu'il ait jamais exercé de magistratures, mais jamais il ne prêche l'abstention et le désintéressement des affaires publiques. D'autre part, il cede à cette tendance, que nous avons relevée chez lui, de montrer de la virtuosité et de prouver son habileté dans la dialectique.

C'est pourquoi, s'il prête à Amphion des raisonnements très forts, il ne néglige pas de soutenir aussi avec habileté la cause de Zéthus. Il tient entre eux la balance si égale, que le chœur, qui d'ordinaire conclut la discussion en exprimant l'opinion de la raison, ne se prononce pas cette fois, et ne donne raison ni à l'un ni à l'autre. Il se borne à exprimer cette maxime générale : « Tout sujet donne matière à discussion et à discours opposés, quand on est habile dans l'art de la parole. » Il semble que ce n'était pas Amphion qui sortait vainqueur de la lutte. On connaît les vers d'Horace disant qu'Amphion fit taire les chants de sa lyre et céda, dit-on, aux mœurs de son frère. C'est donc Zéthus qui paraît avoir triomphé. Mais Euripide avait fort ingénieusement ménagé sa revanche à Amphion. En effet, les fragments trouvés en 1891 ont éclairé la fin de la pièce : on y voit qu'Amphion y tenait le premier rôle, tandis que Zéthus devenait un personnage muet. C'était Amphion qui triomphait du tyran Lykos, le persécuteur de sa mère Antiope ; c'était Amphion qui devait bâtir les murs de Thèbes, en faisant mouvoir les pierres aux sons de sa lyre. C'est là ce qu'annonçait le *Deus ex machina*.

Beaucoup d'autres indices nous permettent, en outre, de voir qu'Euripide ne partageait pas l'admiration de ses contemporains pour la culture physique. Tous admiraient la force, telle qu'elle s'exhibait surtout aux grands jeux nationaux. Ces spectacles ne provoquaient pas l'admiration d'Euripide. Il avait placé dans un de ses drames satyriques, l'*Autolykos*, une tirade virulente contre les athlètes, dont il n'admire pas la force, qu'il juge brutale :

. « Bien qu'il y ait en Grèce des milliers de choses mauvaises, il n'y a rien de pire que la race des athlètes. D'abord ils n'ont pas appris à vivre comme il faut, et ils ne le pourraient pas : comment, en effet, quelqu'un, qui est l'esclave de sa mâchoire et de son ventre, pourrait-il devenir plus riche que son père ? Ils ne peuvent pas non plus être pauvres et s'accommoder à leur situation. Car, n'ayant pas été formés en suivant de bons principes, ils supportent difficilement le malheur. Pendant leur jeunesse, ils sont beaux et se font admirer à travers la ville ; mais, quand survient la vieillesse amère, ils sont lamentables comme des manteaux usés. Je blâme la coutume qu'ont les Grecs de se réunir pour admirer de telles gens, et de tenir à honneur des plaisirs inutiles, prétextes à faire des festins. Quel homme habile à la palestre, ou à la course, ou au lancement du disque, ou au pugilat, a été utile à sa patrie par les couronnes qu'il a remportées? Est-ce que l'on combat contre les ennemis avec des disques ? Est-ce qu'on frappe à coups de poing à travers les boucliers les envahisseurs pour les chasser de sa patrie ? Nul ne se soucie de pareilles bagatelles, quand on en vient aux mains. Ce sont donc les hommes sages et honnêtes qu'il faudrait couronner de feuillage, ainsi que ceux qui administrent le mieux les affaires, qui sont vertueux et justes, qui, par la parole, détournent le mal en supprimant les discordes et les rivalités. Car voilà ce qui honore toute la cité et toute la Grèce. »

On conçoit facilement, en effet, que le type de l'athlète et du pugiliste, tel qu'il nous a été conservé par la sculpture réaliste du ve siècle, le nez aplati, les lèvres saillantes, les oreilles mutilées, la chevelure en broussaille, ait répugné à la délicatesse raffinée d'Euripide.

Nous laisserons à dessein de côté, dans cette étude, certaines pièces qui renferment des idées conventionnelles, comme les *Héraklides*, les *Suppliantes*, etc. Ce sont, en effet, des sortes de tragédies patriotiques, qui contredisent les véritables idées d'Euripide. On y trouve parfois un optimisme théorique assez surprenant, un optimisme un peu béat, qui nous étonnerait, si ces pièces n'avaient pas un caractère conventionnel ou si elles n'étaient pas peut-être des pièces de polémique contre un pessimisme absolu.

Passons, maintenant, à d'autres points. Euripide est très attaché à l'idée d'égalité morale, d'égalité naturelle entre les hommes. Si une leçon ressort de son théâtre en maximes frappantes, en formules heureuses, de l'impression générale des caractères, c'est assurément celle-là. Aristophane n'avait pas tort, quand il insistait, dans les *Grenouilles*, sur le caractère démocratique du théâtre d'Euripide. Cela se marque par l'introduction dans le personnel dramatique des esclaves, à qui Euripide laisse une certaine liberté de parole. C'est une idée chère à Euripide, que les différences entre les hommes ne tiennent qu'à l'éducation, non à la naissance et à la condition sociale. Témoin le laboureur de l'*Electre*, dont il a fait un type d'une noblesse et d'une délicatesse admirables. Il accueille généreusement Oreste et Pylade. Quand il a reçu Electre, il l'a prise chez lui pour obéir à ses maîtres, mais il n'a pas consenti à être son époux en réalité. Il la garde pour Oreste et la lui remet, en lui disant que lui seul est son κύριος et qu'il la lui rend telle qu'il l'a reçue d'Egisthe et de Clytemnestre. On a vu, dans cette conception du rôle du laboureur, l'idée d'où est sorti tout le drame d'*Electre*. En réalité, nous avons vu qu'il était plus compliqué, et que toutes sortes de considérations s'étaient mêlées pour contribuer à le former. Il faut surtout tenir compte du désir qu'avait Euripide de critiquer les invraisemblances d'Eschyle et la thèse religieuse et morale de Sophocle. Mais, cela dit, il ne faut pas moins remarquer qu'Euripide prend plaisir à faire un tableau idyllique de la vie d'Electre et du laboureur à la campagne de cette vie.

Euripide a placé dans la bouche d'Oreste une tirade, où il exprime avec force l'idée que les distinctions sociales ne font rien à la vertu : « Il n'y a pas de distinction pour la noblesse du caractère ; la nature humaine trouble souvent l'ordre. Car j'ai vu déjà des fils d'hommes nobles qui étaient des gens de rien, et par contre d'excellentes natures sortir d'une race mauvaise... Cet homme, qui n'occupe pas un haut rang parmi les Argiens et qui ne peut s'enorgueillir de l'éclat de sa maison, lui, un homme du peuple, s'est trouvé le plus vertueux. Ne serez-vous jamais sensés, vous qui vous laissez égarer par de vains préjugés et ne jugerez-vous pas de la noblesse des hommes à l'épreuve et d'après leur caractère ? »

Il n'y a rien d'étonnant à ce qu'Euripide ait admis le laboureur à une place honorable dans son théâtre. Mais il parle aussi de l'esclave ; il est alors partagé entre deux tendances. D'une part, il

voit que l'esclavage est la source de certaines bassesses morales,
qu'il avilit, qu'il est le principe de plusieurs défauts. Il ne cache
pas le résultat de ces observations, et les traduit dans des peintures vivantes. D'autre part, Euripide est un philosophe croyant
à l'égalité naturelle. Cette croyance ne lui était, d'ailleurs, pas
personnelle, et les sophistes l'ont souvent exprimée avec noblesse.
Hippias était de cet avis, et Alcidamas en avait donné la formule
dans son *Messéniakos*, où il proclame l'égalité naturelle de tous
les hommes. Sur ce point, l'école socratique est en retard sur la
sophistique; et Aristote, pour défendre l'institution, appelle
l'esclave un « outil animé ».

Cette idée d'égalité formait le fond d'une tragédie aujourd'hui
perdue, *Alexandros*. Alexandros, le même que Pàris, avait été
exposé à sa naissance sur l'ordre de son père Priam, à la suite
d'une prédiction révélant que l'enfant attirerait des malheurs
sur sa patrie. Des bergers le recueillaient, et il passait pour un
esclave. Puis il revenait à la ville et, dans des jeux, il luttait
contre ses frères et remportait l'avantage. On voyait ainsi le
triomphe de l'esclave, — qui, d'ailleurs, n'en était pas un réellement. Mais Euripide trouvait là une occasion favorable d'exprimer
ses idées sur l'égalité naturelle des hommes : « Jadis, à l'origine
de la race humaine, la terre notre mère nous forma tous et nous
donna le même aspect. Nous n'avons rien qui nous soit propre.
Les nobles et les non-nobles sont une seule et même race. C'est
le temps qui a établi cette orgueilleuse distinction. La noblesse
réside dans la sagesse et l'intelligence, dons de la divinité et non
de la richesse. »

Je voudrais terminer cette leçon en résumant les idées d'Euripide sur la condition des femmes. Nos leçons antérieures nous
ont permis de connaître certaines pensées d'Euripide à ce sujet.
On s'attendrait à voir, chez cet ardent ami de la nouveauté sous
toutes ses formes, une espèce de féministe. Au contraire, l'antiquité a fait à Euripide la réputation d'un misogyne acharné. Il la
mérite à certains égards ; il la doit à certaines maximes répandues
dans ses tragédies, sans que la situation dramatique l'exige ; il
semble ainsi prendre un malin plaisir à mettre en relief les défauts des femmes. Il a cependant tracé de nobles figures de
femmes, comme celle d'Alceste. Il plaide aussi la cause de la
femme en lui donnant un rôle de premier plan dans son théâtre.
Il pose nettement la question de son rôle dans la famille dans une
tirade de *Médée* déjà citée. Il nous peint aussi des femmes d'une
culture supérieure; mais, en général, il prêche la vie de famille,

dont il donne le modèle dans son *Alceste*. En somme, il ne diffère
pas beaucoup, sur ce point, de ses contemporains. Il insiste sur la
soumission due par la femme au mari, dans bien des fragments et
des tirades. Citons notamment ce fragment d'une pièce inconnue :

« Il faut, quand le mari dit quelque chose, trouver qu'il a raison,
et s'appliquer à parler suivant son goût. Il est doux pour une
femme, quand son mari souffre quelque mal, de souffrir avec lui,
et de partager également sa joie et son chagrin. La beauté ne
sert de rien à une femme; la vertu seule est utile... Même si son
époux est laid, une femme sensée doit le trouver beau ; car ce
n'est pas l'œil qui doit en juger, c'est l'esprit. »

J'ai insisté un peu longuement sur l'exposé de ces idées ; ce
n'est pas sans raison. Il convenait d'y introduire un peu d'ordre,
et la tâche n'était pas toujours facile; car Euripide est avant tout
un poète dramatique, et, bien qu'il se soucie beaucoup de philosophie, il n'est pas un philosophe et n'a pas exposé de système.
Il faut donc rassembler des traits épars. L'influence d'Euripide
s'est fait sentir après lui non seulement sur les auteurs dramatiques, mais encore sur les penseurs. Mommsen, qui ne l'aime pas,
a dit que, comme Ménandre avait été la bible de l'époque
hellénistique et romaine, c'est de la morale d'Euripide qu'on s'est
inspiré et de celle de Ménandre, qui tient de lui. Euripide a joué
ainsi, dans l'esprit des gens instruits, un rôle aussi important
qu'Homère dans l'éducation des générations antérieures. Ce
n'était donc pas une tâche inutile que de chercher qu'elles
étaient ses idées religieuses, philosophiques et morales.

M. G.

Histoire intérieure de la France depuis 1870.

Cours de M. CHARLES SEIGNOBOS,

Professeur à l'Université de Paris.

La société française : les professions libérales ; les oisifs.

Nous avons commencé l'analyse de la société française, et nous avons vu les transformations survenues depuis 1870 parmi la population agricole, industrielle, commerciale, qui accomplit le travail matériel et constitue la vie économique d'un pays. Il reste à étudier, outre le clergé qui fera l'objet d'une leçon spéciale, plusieurs catégories de professions, qui forment un résidu qu'on ne peut faire rentrer dans les trois grandes classes précédentes et qu'il est assez difficile de définir.

Quand on veut analyser la société, distinguer les différentes classes, les capitalistes des travailleurs, les travailleurs intellectuels des travailleurs manuels, les bourgeois du peuple, on se heurte à une difficulté à peu près insurmontable ; il est très difficile, en effet, de trouver des caractères nets, qui permettent de répartir les différentes personnes dans les diverses catégories, et il est impossible de trouver des renseignements sur leur nombre ou sur leur proportion dans le chiffre total.

Les statistiques ne sont pas faites d'après la condition réelle des personnes, l'espèce de travail qu'elles font, mais d'après la nature de l'opération d'ensemble à laquelle elles participent. Les statistiques ne tiennent pas compte des différences sociales et ne distinguent même pas entre les travailleurs manuels et les travailleurs intellectuels. Pour chaque occupation, elles mettent à part les chefs (ou patrons) et les employés, et n'établissent pas ainsi une différence entre les conditions ou les genres de vie, mais seulement une différence juridique.

C'est ainsi que, pour l'agriculture, les statistiques distinguent les propriétaires faisant valoir leurs propriétés, les fermiers et les métayers ; mais il existe des différences énormes entre les divers fermiers, dont les uns sont de véritables entrepreneurs et les autres de tout petits exploitants ; il y a aussi des différences entre de petits propriétaires exploitant eux-mêmes leur propriété, et de grands propriétaires la faisant valoir par l'intermédiaire d'un régisseur.

Il en est de même pour l'industrie : sous le nom de « chefs d'établissement », on comprend à la fois les petits patrons travaillant avec leurs ouvriers, qui sont très nombreux, notamment dans l'alimentation, le vêtement et le bâtiment et les chefs de la grande industrie.

On ne peut vraiment donner le nom de bourgeois qu'aux patrons des industries concentrées ; mais, là, les employés comme les ·ingénieurs sont confondus par les statistiques avec les ouvriers.

Dans le commerce et dans la banque, même confusion : les petits patrons, nombreux dans le commerce de détail, sont confondus avec les grands ; et les employés d'un ordre élevé des grands établissements et des banques sont confondus avec les garçons livreurs et les hommes de peine.

Même dans les professions libérales (médecine, justice, enseignement, fonctionnaires), les recensements ne distinguent pas ceux qui occupent une situation sociale assez élevée et ceux qui n'en occupent qu'une parfois très médiocre (sages-femmes, huissiers, instituteurs, cantonniers, douaniers).

Enfin, parmi les gens vivant sans travailler, se trouvent placés côte à côte des retraités, qui n'ont quelquefois qu'une retraite infime, et les rentiers millionnaires.

Il faut donc bien comprendre le caractère des classifications des recensements : elles ne donnent que le genre d'occupation et ne fournissent pas de renseignements sur la condition réelle des personnes. Il n'y a pas de procédés pour établir, par exemple, le nombre ou la proportion des bourgeois.

Les professions non comprises dans les trois grandes catégories (agricoles, industrielles, commerciales) sont classées dans le recensement de 1901 en cinq groupes ; dans chacun d'eux se trouvent mélangés les bourgeois et les subalternes, les professions libres avec les fonctionnaires : ce sont les professions médicales, les professions judiciaires, l'enseignement, l'armée, le personnel domestique. De ces cinq, les deux premières seulement nous intéressent ici. Pour chacune d'elles, les chiffres donnés sont les suivants :

profession médicales 127.000 ;
personnes actives (33 p. 10 000·hab.) ;
professions judiciaires 68.000 ;
personnes actives (17 p. 10.000 hab.) ;

Les régions où les représentants des professions médicales sont le plus nombreux sont : la Seine, le Rhône, les Alpes-Maritimes,

la Seine-et-Oise ; celles où ils le sont le moins : la Corse, les
Hautes-Alpes, la Creuse, le Morbihan. Quant aux professions judiciaires, elles groupent leurs représentants dans le Calvados, l'Eure,
l'Aube, la Côte-d'Or, l'Eure-et-Loir, l'Oise, la Seine ; elles atteignent
leur chiffre le plus faible dans le Finistère, le Morbihan, la
Vendée, l'Ardèche, les Côtes-du-Nord, les Landes, etc.

Nous allons étudier aujourd'hui :

1° le groupe des professions intellectuelles libres, dites professions libérales ;

2° le groupe des oisifs.

Les documents à utiliser sont surtout les documents officiels.
Ce sont, en premier lieu, les recensements, qui donnent pour chaque profession les chiffres par département et le chiffre total ; ce
sont aussi les budgets et les discussions du budget. Il faudrait, en
outre, dépouiller les périodiques spéciaux et généraux, comme le
Journal des Economistes, la *Revue politique et parlementaire,* etc.
Mais le dépouillement en est à peine commencé.

Parmi les travaux écrits, on peut consulter les ouvrages sur la
société, notamment : Hillebrand, *Frankreich und die Franzosen*
(1876). Hillebrand a très bien vu, compris et dépeint la société
française vers 1870. On peut voir aussi : Jacquemart, *Professions et Métiers,* ouvrage fait surtout à un point de vue pratique.

I. — Le groupe des professions libres forme transition avec le
groupe des professions commerciales ; sans avoir, d'une manière
bien déterminée, le caractère de commerçants, leurs membres
vivent cependant, comme ceux-ci, du public.

A) Le groupe des professions libres était déjà fortement organisé avant 1870. Les professions qui le composent sont parmi
celles qui ont le moins changé de caractère depuis le début de la
troisième République. Elles forment trois grandes espèces, que
nous allons considérer successivement :

1° les professions judiciaires ;

2° les professions médicales ;

3° les professions artistiques et littéraires.

Les professions judiciaires se partagent en deux catégories.

La première catégorie comprend ce que l'on appelle les officiers
ministériels, c'est-à-dire les notaires, les avoués, les greffiers et
les huissiers. Tous ces gens-là ont acheté leurs charges et ils en
sont propriétaires : c'est un débris de l'ancien régime. Leur nombre
est fixé. Ils exploitent les opérations de justice suivant un tarif
officiel, que, d'ailleurs, ils sont loin de suivre toujours. Ils sont

organisés officiellement en chambres ; ces chambres ont des
pouvoirs disciplinaires et même, théoriquement, le droit d'admettre les nouveaux membres après examen.

La deuxième catégorie est formée par les avocats, qui forment le *barreau*. L'ordre des avocats est constitué officiellement.
La différence qui sépare cette deuxième catégorie de la première
réside d'abord dans le mode de traitement. Les avocats sont censés
ne pas être payés et ne reçoivent que des *honoraires* : c'est là
naturellement une pure fiction. Elle réside aussi surtout dans le
mode de recrutement ; le nombre des avocats n'est pas limité.
Pour être inscrit au barreau, il suffit d'avoir satisfait à des
examens d'Université (licence en droit) et accompli un stage
auprès d'un tribunal.

Aux professions judiciaires il faut joindre quelques professions
annexes. Auprès de chaque tribunal se trouvent, en effet, un
certain nombre d'auxiliaires, dont l'intervention est nécessaire
dans certaines procédures : tels sont, notamment, les experts et
les syndics de faillite.

Il faut mentionner aussi une classe de personnages subalternes : ce sont les clercs qui travaillent dans les études
d'avoués ou de notaires. Mais, ici, il importe de distinguer deux
classes très distinctes. Parmi ces clercs, en effet, les uns sont des
personnages qui considèrent leur situation comme une véritable
carrière ; d'autres sont tout simplement des jeunes gens accomplissant un stage dans une étude, avant de devenir, eux aussi,
avoués ou notaires.

Les professions médicales comprennent trois catégories de
personnes : les médecins, les pharmaciens et les vétérinaires.
Le chiffre des personnes exerçant l'une de ces trois fonctions
n'est limité par rien, du moins en ce qui concerne les
médecins et les pharmaciens ; pour les vétérinaires, en effet,
il y a au moins une limitation indirecte par ce fait, que l'on
n'entre dans les Ecoles spéciales qu'à la suite d'un concours qui
porte sur un nombre de places limité. Mais chacune de ces
trois professions est soumise à un contrôle d'instruction ;
pour être admis à l'exercer, il faut avoir satisfait à un certain
nombre d'examens et être en possession d'un diplôme. Ces
diplômes sont délivrés aux médecins par les facultés de médecine ;
aux pharmaciens, par les écoles de pharmacie, qui sont, en fait,
assimilables à des facultés Il faut mettre à part les écoles
vétérinaires, où l'on n'entre, nous l'avons vu, qu'après un
concours, et qui rappellent par leur organisation moins les
facultés que les écoles spéciales.

Ni les médecins, ni les pharmaciens, ni les vétérinaires, ne sont organisés officiellement en corps constitués à la manière des avoués, des notaires, des avocats. Ils vivent soit des paiements que leur fait le public sous forme d'honoraires pour services rendus (médecins et vétérinaires), soit de la vente de produits (pharmaciens). Il n'existe aucun tarif pour ces paiements ou cette vente. Aussi les prix en usage sont-ils très variables ; ils changent suivant les individus et suivant les pays ; dans une même ville, suivant les quartiers. Même dans la pharmacie, qui se rapproche le plus des conditions ordinaires du commerce, les variations de prix sont considérables.

En ce qui concerne les professions artistiques et littéraires, aucune condition officielle n'est exigée ; leur exercice est assimilé à un commerce. Ceux qui les exercent agissent pour leur compte et comme employés d'un directeur. Parmi ces derniers, les plus nombreux sont les artistes dramatiques, les musiciens, les journalistes. Ceux qui exercent pour leur propre compte sont les peintres, les sculpteurs, les dessinateurs, les architectes, les compositeurs, les écrivains. Le recrutement en est complètement libre. Il existe cependant quelques écoles officielles (conservatoires, écoles des beaux-arts).

Ces professions se rattachent aussi à l'enseignement libre laïque : elles comprennent un bon nombre de professeurs travaillant pour leur compte (en donnant des leçons) ou employés dans des institutions libres ; on fait appel à eux surtout pour l'instruction des femmes et pour les matières non comprises dans l'enseignement officiel, comme la musique et la peinture. Ces professions sont très peu organisées ; il n'existe guère que la *Société des gens de lettres* et la *Société des auteurs dramatiques* pour la perception des droits d'auteur.

B) Les transformations survenues depuis 1870 ne portent guère que sur le nombre des personnes exerçant l'une ou l'autre de ces professions libres et leur proportion dans le total.

Le nombre des officiers ministériels (notaires, avoués, huissiers, greffiers) est fixé, d'une manière indirecte, par le nombre des charges. Il ne s'est pas accru ; à peine y a-t-il eu quelques créations ; il pourrait diminuer par suite de condamnations ; mais, dans la pratique, dans ce dernier cas, la charge est toujours donnée à un successeur nommé par le gouvernement. Quelques charges d'avoués ont cependant été supprimées par rachat, les avoués auprès d'un même tribunal ayant été autorisés à racheter les études. Ce fait a eu comme conséquence de faire hausser la valeur des études, mais seulement dans les grands centres. Dans les petites villes, au contraire, la valeur des offices ministériels a diminué. Dans beaucoup de cas, la cause principale de ce phénomène est la diminution certaine des procès. La population, dans l'ensemble, est plus instruite, moins processive — sauf toutefois en Normandie ; c'est là, en effet, que la proportion des personnes exerçant une profession judiciaire est le plus élevée : 29 pour 10.000 dans le Calvados ; 28 pour 10.000 dans l'Eure, alors que la moyenne générale pour toute la France est de 17 pour 10.000 — Les actes judiciaires sont aussi mieux rédigés ; la jurisprudence est mieux établie ; le nombre des cas contestables diminue, et, par suite, celui des procès possibles.

Aussi existe-t-il une véritable crise des avoués et même du notariat. Beaucoup de notaires sont, en effet, non seulement des officiers judiciaires, mais aussi, en même temps, les hommes de confiance de leurs clients, qui leur confient leurs capitaux pour les placer. Un certain nombre d'entre eux ont été tentés par la spéculation ; ils ont eu à lutter aussi contre la concurrence des grands établissements de crédit, dont nous avons déjà vu le développement considérable. Tout cela explique qu'il y ait eu beaucoup de faillites parmi les notaires et de condamnations pour abus de confiance.

Avant 1870, la carrière d'avocat et la carrière de médecin étaient considérées comme deux carrières parallèles, réservées toutes deux aux fils de familles bourgeoises. Elles exigeaient, en effet, d'abord des études relativement longues pour l'obtention des grades, et nécessitaient d'autre part une période d'attente assez longue avant d'avoir une situation stable, pendant laquelle il fallait vivre avec des ressources personnelles.

Depuis 1870, le nombre des médecins et des avocats s'est à peu près maintenu. Un changement, cependant, a été provoqué par le développement d'une population urbaine de plus en plus nombreuse et en même temps plus aisée. Le parallélisme entre la carrière d'avocat et celle de médecin s'est rompu. Celle d'avocat est restée une carrière de bourgeoisie aisée, une carrière où le débutant a encore besoin de moyens d'existence personnels. Les perspectives d'avenir n'ont été guère élargies pour eux que par la création d'une carrière politique ; les avocats sont, en effet, parmi toutes les personnes qui sont en relations avec le public, celles qui ont le plus de chances de se faire connaitre des électeurs.

La carrière de la médecine, au contraire, a été beaucoup facilitée dans les débuts par l'énorme accroissement de la clientèle dans les villes, et aussi par ce fait que la mode des opérations, qui rapportent toujours beaucoup à l'opérateur, a été un mo-

ment très répandue. De plus en plus, la carrière médicale est
devenue une carrière commerciale ; les personnages connus
sont arrivés à y réaliser de très gros bénéfices. Cette circonstance
a réagi sur l'enseignement médical ; pour la plupart des professeurs de médecine, en effet, l'enseignement est devenu une
source de bénéfices tout à fait secondaires ; il n'a plus guère été
et n'est plus guère considéré que comme un moyen de se faire
connaître, une enseigne pour attirer la clientèle. L'attrait des
gros bénéfices possibles a déterminé, à un moment donné, une
forte poussée vers la carrière médicale. Elle a été favorisée par le
régime de la loi militaire de 1889, qui a été appliquée jusqu'en
1905, et qui assurait à tous les docteurs en médecine la dispense
de deux années de service militaire. Mais la poussée a été si forte,
que la carrière a été rapidement encombrée et que l'on a même été
obligé de prévenir les élèves de l'enseignement secondaire, à la
fin de leurs études, que le succès y était, dans un grand nombre
de cas, devenu difficile. Une réforme a été réalisée : on a aboli la
catégorie inférieure des officiers de santé ; désormais auront seuls
le droit d'exercer la médecine les personnes en possession du titre
de docteur.

La pharmacie a eu à subir une crise qui a été amenée par la
concentration de la production et l'intervention de la publicité
commerciale, qui a permis le succès des « spécialités », remèdes
tout préparés. Ce succès a accentué, dans beaucoup de cas, le
caractère commercial de la pharmacie ; il a aussi diminué sensiblement les bénéfices des pharmaciens. Pour obvier un peu à la
crise, on a supprimé récemment la catégorie inférieure des pharmaciens de deuxième classe.

Il faut signaler aussi le développement pris depuis 1870 par la
médecine dentaire. Les dentistes sont préparés dans des écoles
spéciales.

Les professions artistiques et littéraires ont été stimulées par
la transformation de Paris. Dès l'exposition de 1867, Paris a
commencé à devenir la ville de plaisir par excellence du monde
entier. La clientèle des théâtres, des concerts, des expositions,
etc., s'en est trouvée considérablement accrue. Aussi toute la vie
et tout le personnel artistique de la France ont-ils achevé, depuis
1870, de se concentrer à Paris. Le nombre des théâtres et des concerts a beaucoup augmenté ; leurs recettes également. Le personnel des acteurs et des musiciens s'est aussi énormément accru.
Augmentation aussi dans le nombre des expositions de peinture
et de sculpture et dans le nombre des œuvres exposées dans les
différents salons (Cf. *Journal des Economistes*) ; augmentation du

nombre des artistes peintres, sculpteurs ou musiciens ; augmentation du nombre des auteurs dramatiques ou autres ; la production littéraire augmente tous les ans. Accroissement encore dans
le tirage des journaux, des revues, dans le nombre des livres
publiés ; le personnel des journaux et des revues est entièrement
concentré à Paris. C'est à peine si l'on trouve en province quelques
journalistes nomades envoyés de Paris. Accroissement, enfin, du
personnel des journaux, qui tend de plus en plus à se confondre
avec celui des écrivains. Enfin, depuis 1870, les sociétés d'auteurs
se sont donné une organisation plus forte. Quant au personnel des exécutants, il commence à se grouper en syndicats.

Il faut signaler, cependant, que, dans les dernières années, les
professions artistiques ont été menacées par un déplacement du
luxe. La mode s'est portée vers l'automobile, qui est un sport très
coûteux. Par suite, les gens riches ont une tendance à négliger
l'achat de tableaux ou de livres.

Tandis que les professions artistiques et littéraires prospéraient
dans l'ensemble, en sens inverse, les professions d'enseignement
libre étaient très éprouvées par la création ou la réorganisation
des enseignements d'Etat et l'augmentation du personnel des
fonctionnaires de l'enseignement. Presque toutes les institutions
libres laïques ont disparu ou sont subventionnées. Le nombre des
professeurs au cachet a beaucoup diminué.

II. — Sur la classe des oisifs, qu'il importerait pourtant de bien
connaître pour se faire une idée exacte de la bourgeoisie, nous
n'avons, pour ainsi dire, pas de renseignements. On peut en distinguer trois catégories : les grands propriétaires fonciers, les
rentiers au sens large du mot, et les retraités.

Il est impossible de donner leur nombre exact. On ne peut
donner de chiffre que pour les retraités. Le nombre des pensions
servies par le ministre des finances, en 1908, était de 260 000
environ. Le montant s'en élevait à 248 millions de francs. — On
peut cependant saisir un certain nombre de phénomènes extérieurs, qui intéressent directement la classe des oisifs. Ainsi la
baisse de valeur des terres est certaine, comme est certain aussi
l'accroissement du nombre des valeurs mobilières. On peut, par
suite, affirmer que les propriétaires fonciers ont diminué d'importance, tandis que le nombre des rentiers proprement dits s'est
probablement accru.

Un changement correspondant s'est produit dans les habitudes
des riches oisifs. Ils ont de plus en plus quitté la campagne et
sont venus s'installer et vivre surtout à Paris, où de grands quartiers nouveaux et riches ont été créés, les quartiers de l'Ouest.

Comme nous l'avions annoncé au début, l'analyse que nous venons de faire ne peut donner aucune idée de la bourgeoisie. Les classes sociales dont nous venons de parler ne comprennent pas que des bourgeois, et beaucoup de personnes qui, par leur manière de vivre, devraient être classées dans la bourgeoisie, n'en font pas partie; tels sont les riches industriels, les riches commerçants, les hauts fonctionnaires de direction.

Une étude sur la bourgeoisie devrait surtout être faite en tenant compte des moyens d'existence et non de la situation juridique des personnes. Malheureusement, cette étude n'est guère possible dans l'état actuel des documents.

E. M.

Sujets de devoirs

UNIVERSITÉ DE BESANÇON

LICENCE.

Composition française.

Fénelon, *Lettre à l'Académie* (à la fin) : « Je n'ai garde de vouloir juger — *et vitula tu dignus et hi...* » Expliquez brièvement et nettement ce passage.

Examinez si cette fin de la *Lettre à l'Académie* en est une juste conclusion quant au débat entre les anciens et les modernes.

Dissertation philosophique.

La mémoire et l'identité personnelle.

Histoire ancienne.

Les compagnies de publicains à Rome.

Histoire du Moyen Age.

Alfred le Grand, roi d'Angleterre.

Histoire moderne.

Suppression des religions d'Etat.

Version latine.

Licence littéraire.

Cicéron, Ve *Philippique*, ch. III.

Licence de philosophie.

Cicéron, *De Inventione*, I, 10.

Licence d'histoire.

Cicéron, *Pro Murena*, XVII : « At enim in prælura... »

Version grecque.

Iliade, A, v. 172-201. Etude philologique et littéraire de ce texte.

Thème allemand.

Balzac, *Pages choisies*, p. 11 : « Le vieux négociant ne put s'empêcher de dire... », 50 lignes.

*
* *

AGRÉGATION.

Thème grec.

Lamartine, *Destinées de la Poésie* : « Tant que l'homme... »

Grammaire.

Eschyle, *Perses*, 450-9. Etude philologique de ce passage ; formes et étymologies intéressantes ; langue, syntaxe, métrique.

Thème latin.

Montesquieu, *Grandeur et Décadence*, V : « Je m'imagine qu'Annibal... »

LICENCES.

Philosophie.

I. — Importance des phénomènes subconscients. Théorie de la subconscience.

II. — Rapports de la logique et de la psychologie.

III. — La notion d'énergie considérée par rapport aux théories de la physique contemporaine.

Bibliographie

Orientaciones (*prologo y notas por Pastor de San Martin*), par le Dr José Bianco, Buenos-Aires, 1910, Mendesky y hijo.

*
* *

De l'École à la Cité, *Études sur l'Éducation populaire*, par Edouard Petit, Inspecteur général de l'Instruction publique, Président de l'Union nationale des Mutualités scolaires. 1 vol. in-16, 3 fr. 50 (Félix Alcan, éditeur).

M. Edouard Petit est connu pour ses efforts, couronnés de succès, en faveur du goût de l'épargne à inspirer aux enfants dès l'école, et pour la continuation de l'instruction après l'école, instruction si vite perdue quand on ne continue pas à la cultiver.

Dans le présent ouvrage, ce sont les manifestations, les essais, les expériences sociales de la jeunesse s'ingéniant à s'organiser, s'efforçant de dégager le salut d'une action collective, que l'on trouvera résumés avec leurs divisions correspondant aux formes et modalités que revêt le labeur concerté des générations nouvelles sorties de l'Ecole nationale et se préparant à la vie intellectuelle, économique, civique : De l'Ecole au Savoir ; De l'Ecole au Métier ; De l'Ecole à la Retraite ; De l'Ecole aux Congrès ; De l'Ecole à la Cité.

Il y a nécessité urgente à éclairer l'opinion publique sur tous les devoirs, sur toutes les responsabilités qui lui incombent vis-à-vis des « promotions primaires », vis-à-vis de l'adolescence encore illettrée, comme de l'élite populaire qui monte et grandit.

Le Gérant : Franck Gautron.

POITIERS. — SOCIÉTÉ FRANÇAISE D'IMPRIMERIE.

DIX-HUITIÈME ANNÉE (2ᵉ série)   N° 27   19 MAI 1910.

REVUE HEBDOMADAIRE

DES

COURS ET CONFÉRENCES

DIRECTEUR : N. FILOZ

Le mystique Suso

Cours de M. HENRI LICHTENBERGER,

Professeur à l'Université de Paris.

Les origines du mysticisme allemand.

Si j'entreprends, cette année, un cours sur les grands mystiques allemands du Moyen-Age, et m'aventure ainsi sur un domaine qui semble appartenir plutôt au théologien et à l'historien des religions qu'à l'historien de la littérature et de la culture allemandes, c'est que cette question me semble présenter un intérêt de premier ordre, non pas tant peut-être pour l'histoire des idées religieuses, — les spécialistes n'estiment pas bien haut, aujourd'hui, l'importance de ces mystiques au point de vue théologique, — que pour l'histoire générale de la pensée et de la civilisation en Allemagne.

Il y a, dans la pensée allemande moderne, en philosophie comme en art, un élément mystique très prononcé, qui frappe l'observateur étranger. Le mysticisme n'apparaît pas, outre Rhin, comme quelque chose d'exceptionnel et d'anormal, comme une crise que l'on traverse temporairement pour revenir à des façons de penser et de sentir plus tempérées et plus positives ; il est encore beaucoup moins une mode que l'on accepterait pour quelque temps, quitte à la rejeter ensuite, ou une pose qu'on adopterait par affectation de religiosité. Cet élément mystique s'observe-

28

chez presque tous les grands Allemands, chez des natures aussi dissemblables qu'un Bach, un Gœthe ou un Bismarck.

Il semble donc bien que nous ayons là un trait de race, une disposition tout a fait spontanée et normale de l'âme germanique. Il n'est pas sans intérêt, pour qui s'applique à connaître la psychologie du peuple allemand, d'étudier les origines de cette disposition, de voir comment elle s'est formée et développée au Moyen-Age, comment la piété individuelle s'est répandue et exaltée de façon à donner naissance, vers la fin du xiiie siècle et au xive, à une riche littérature dé sermons et de traités mystiques, où s'exprime pour la première fois, en allemand, sous une forme encore un peu gauche peut-être, parfois avec une réelle profondeur, toujours avec un accent de sincérité touchant et un lyrisme souvent admirable, ce sentiment de l'unité dernière de l'âme et de Dieu, qui fleurit désormais, d'âge en âge, dans la pensée et dans la poésie allemandes. C'est là ce que je me propose d'étudier au cours de cette année.

Je voudrais montrer d'abord, en m'inspirant des travaux récents de la critique allemande, et notamment de la belle *Histoire des Dogmes* de Harnack, comment se pose aujourd'hui le problème historique des origines du mysticisme allemand et comment l'on définit ses tendances essentielles.

La mystique allemande se développe au moment où, vers le xiiie siècle, au terme d'une évolution ascendante de trois siècles environ, l'idée chrétienne s'épanouit sous tous ses aspects avec une vigueur incomparable. Cet épanouissement est le résultat d'un essor parallèle de la piété chrétienne, de la science chrétienne et de la puissance de l'Eglise.

La piété ascétique, qui fleurit à ce moment dans les âmes religieuses, qui s'exalte dans le silence des couvents, qui se manifeste au dehors par l'activité incessante et toujours renouvelée du monachisme, constitue la force intérieure qui explique et rend possible l'action de l'Eglise. Elle apparaît, à l'origine chez des individus isolés, chez des ermites ou des recluses, qui se retirent loin du monde, en quelque cellule solitaire, aux portes des villes, dans la forêt obscure ou la montagne sauvage, qui passent leur vie dans la prière et la méditation, se soumettent à des austérités inouïes, s'exposent au froid et à la faim, se condamnent au silence, se laissent ronger par la vermine, ou meurtrissent leur chair par le cilice ou la haire. Elle se montre ensuite, à partir du xe siècle, chez ces moines réformistes de Cluny qui, par protestation contre le relâchement des mœurs ecclésiastiques, se détournent du monde avec une inflexible rigueur, pratiquent le jeûne,

vivent dans le silence, l'humilité, la pauvreté, s'hynoplisent par
la prière prolongée nuit et jour, et, sans trêve, s'efforcent de provoquer les extases et les visions.

Gagnant de proche en proche, cet ascétisme intransigeant se
généralise peu à peu dans les couvents, impose l'austérité de la
règle monacale au clergé séculier, monte sur le trône pontifical
avec le grand Hildebrand, travaille avec un enthousiasme fanatique à soumettre l'Eglise au Pape et la terre à l'Eglise, exalte
parmi les princes et les seigneurs aussi le sentiment religieux,
pousse enfin la chevalerie de l'Occident contre les infidèles, à la
conquête de la Terre Sainte. Et, lorsque ce mouvement réformiste
déchaîné par les moines de Cluny et par saint Bernard de Clair-
vaux s'est ralenti, quand de nouveau les mœurs du clergé se corrompent, quand la simonie fleurit de plus belle et que l'hérésie
relève la tête, c'est alors, au début du xiiie siècle, saint François
d'Assise qui ravive la flamme vacillante de la piété chrétienne.

L'amant de la pauvreté, le doux apôtre qui prêche avec un si
contagieux enthousiasme l'imitation de la vie pauvre de Jésus, le
renoncement, le dévouement, l'amour de toutes les créatures de
Dieu, s'adresse, lui, non pas seulement aux religieux et aux
grands de la terre, comme les moines de Cluny, mais à tous les
hommes. Alors que la piété personnelle était, avant lui, le privilège d'un petit nombre d'initiés et que les simples laïques
devaient se contenter de la foi aveugle et de la pratique obéissante des rites, François d'Assise ose proposer à l'homme du
commun lui-même l'imitation du Christ et l'exemple des apôtres ;
il n'hésite pas à lui dire qu'il peut devenir ce que ceux-ci furent
jadis ; que tout ce que le Christ a dit aux apôtres s'applique aussi
à son propre cas. Et sa voix est écoutée.

Partout sa prédication suscite une vie chrétienne plus intense.
En beaucoup de régions, notamment en Allemagne, elle a fait
naître, pour la première fois parmi les laïques, un sentiment
chrétien individuel. De nouveau, comme au xe siècle, l'ennemi
intérieur que l'Eglise portait en son sein est réduit au silence.
Les énergies du christianisme ascétique, qui menaçaient de se
détourner de l'Eglise mondanisée et devenaient un danger pour
sa puissance, sont de nouveau captées, enrôlées au service de
cette Eglise et travaillent avec une ardeur renouvelée a sa
grandeur et à sa gloire.

En même temps que s'exalte la piété chrétienne, la science
chrétienne, elle aussi, prend un essor nouveau, et donne naissance à une synthèse de grand style, à une conception d'en-

semble de l'univers, qui, aujourd'hui encore, fait autorité pour
le monde catholique.

La théologie et la philosophie chrétienne ont, comme on le sait,
leur point de départ dans la doctrine de Platon telle qu'on la comprenait au Moyen-Age, c'est-à-dire dans une doctrine qui confère
à l'Idée une réalité substantielle, voit dans l'Idee le principe qui
rend possible l'existence des individus, et dans l'Idée des Idées ou
Dieu le principe éternel de l'Etre et de la Pensée. Le Moyen-Age
aboutit ainsi a une théodicée de caractère moniste plus ou moins
accusé, qui, si elle est poussée à ses dernières conséquences logiques, — comme chez J. Scot Erigène ou, plus tard, chez Guillaume
de Champeaux, — aboutit à un panthéisme nettement hérétique.

Pour faire contrepoids, en quelque sorte, au réalisme platonicien, la spéculation chrétienne s'efforce, de très bonne heure, de
lui associer la dialectique aristotélicienne. L'aristotelisme sans
doute avait, lui aussi, ses dangers. Alors que le platonisme tendait
à confondre Dieu, le Christ, l'homme et le monde dans l'unité
de l'Etre universel, l'aristotélisme conduisait inversement ses
adeptes, comme Jean Philopone ou plus tard Roscelin, à regarder
les trois personnes de la Trinité comme trois divinités distinctes.
Ainsi panthéisme d'une part, trithéisme de l'autre. Aristote toutefois était un auxiliaire singulièrement utile à l'Eglise pour
défendre et légitimer certains dogmes sous leur forme traditionnelle. Elle finit donc, malgré ses répugnances, par accepter ce
concours. Après des querelles fort vives entre aristotéliciens et
platoniciens, entre dialecticiens et antidialecticiens, après une
résistance opiniâtre qui se prolonge jusqu'au xiiie siècle, le rapprochement s'opère enfin entre l'Eglise et Aristote. La philosophie
du Stagirite, mieux connue désormais grâce à ses grands commentateurs arabes, qui, à partir de la seconde moitié du xiiie siècle, sont étudiés et traduits en Occident, est érigée en dogme et
devient une sorte d'évangile profane, comme le vestibule de
l'Evangile du Christ. Les grands théologiens de la scolastique —
et parmi eux, en particulier, saint Thomas d'Aquin — édifient sur
la base de la philosophie d'Aristote des vastes systèmes, où ils
embrassent la vie humaine sous tous ses aspects, expliquent l'universalité des phénomènes, concilient habilement le mysticisme et
la dialectique, la raison et l'autorité, et soumettent ainsi à l'Eglise
toutes les énergies intellectuelles de l'esprit humain et toute
l'étendue du domaine de la science. C'est ainsi que, tandis qu'à
l'appel de saint François et des ordres mendiants la piété chrétienne s'enflamme d'une ardeur nouvelle, la science chrétienne,

fécondée par l'aristotélisme et par le contact de la pensée orientale, enfante une conception du monde grandiose.

Ce n'est pas tout. La notion de l'Eglise catholique s'élabore, elle aussi, en théorie et triomphe dans le domaine des faits. Au cours d'une lutte séculaire contre le pouvoir temporel des rois et des princes, qui s'efforcent d'imposer leur autorité dans le domaine religieux, — contre le particularisme des Eglises nationales, qui essaient de défendre leur indépendance à l'égard du Souverain Pontife, — contre les hérétiques qui refusent l'obéissance au dogme ou les réformateurs idéalistes, qui prêchent avec un rigorisme impolitique le mépris du monde et le retour à la simplicité apostolique, la papauté fait lentement triompher sa conception autoritaire et monarchique de l'Eglise. L'Eglise s'affirme comme une organisation strictement hiérarchisée où, sur toutes les questions relatives à la religion, les laïques sont nécessairement soumis à la médiation des prêtres ordonnés selon les rites, et qui seuls ont le pouvoir d'accomplir les cérémonies du culte. Elle se définit comme une communauté visible, qui tient sa loi du Christ lui-même, un corps constitué jouissant d'une double puissance, spirituelle et temporelle. En vertu du pouvoir qui lui est échu, elle se proclame, jusqu'à la fin du monde, supérieure en dignité et en rang aux Etats laïques éphémères et périssables. Tous les Etats et tous les individus lui doivent donc obéissance. A cette Eglise souveraine, le Christ même a donné une organisation rigoureusement monarchique en instituant comme son vicaire et comme successeur de saint Pierre l'évêque de Rome.

L'autorité est ainsi concentrée tout entière entre les mains du pape, de qui dépend toute la hiérarchie. Il est évêque universel. Il détient le pouvoir des deux glaives, et, comme le chrétien ne peut faire son salut que dans l'Eglise, comme l'Eglise c'est la hiérarchie, que la hiérarchie est représentée dans la personne du pape, il s'ensuit que le monde entier doit obéissance et soumission au pape.

Cette théorie, posée avec un incomparable éclat par Grégoire VII, passe ensuite peu à peu dans la pratique ecclésiastique. La série des décrétales, depuis Pseudo-Isidore jusqu'à Gratien, ruine peu à peu l'ancienne constitution de l'Eglise au profit de la centralisation monarchique. Les ordres mendiants, investis par les papes de droits spéciaux, achèvent de briser le pouvoir aristocratique des autorités provinciales ou locales au profit de l'autocratie papale dont ils tiennent leur situation privilégiée.

Au XIIIᵉ siècle, les théologiens entrent à leur tour en lice et continuent l'œuvre des juristes et des moines, en développant, eux aussi, la doctrine de l'hégémonie pontificale.

Enfin, en 1302, Boniface VIII résume avec un éclat et une netteté incomparables, dans la bulle *Unam sanctam*, la conception romaine de l'Eglise, et affirme hautement, à la face des rois et des peuples ; la suprématie de la puissance spirituelle sur la puissance temporelle et la souveraineté du pape sur l'humanité entière.

Sans doute, cette triple évolution de la piété, de la science et de l'Eglise ne s'est pas faite sans quelques heurts ni sans quelques conflits. Entre les mystiques qui prêchaient le renoncement absolu et la vie simple, les intellectuels qui s'efforçaient de concilier Platon et Aristote, et les juristes et politiciens qui travaillaient à l'édifice de la grandeur romaine, il était inévitable que des divergences importantes se fissent jour. Comment les ascètes, qui maudissaient le monde et ses pompes, auraient-ils pu ne pas éprouver certaines inquiétudes et certaines défiances devant les ambitions politiques et l'âpre volonté de puissance des papes et de l'Eglise officielle ? Comment les âmes religieuses, qui cherchaient la satisfaction de leurs besoins spirituels non plus en de vaines cérémonies ou en des spéculations métaphysiques, mais dans l'imitation pratique de la vie pauvre du Christ, n'auraient-elles pas été rebutées parfois par la sécheresse et l'intellectualisme des dialecticiens ?

Inversement, il est certain que l'idéalisme d'un saint François a suscité, dès le début, les défiances soit du pape, soit du clergé, et que la Curie n'a rien négligé pour marquer les Pénitents du sceau de l'Eglise et pour transformer en une institution ecclésiastique la création si profondément laïque de saint François. Mais il ne faut pas non plus prendre ces conflits trop au tragique, ni imaginer, comme on l'a souvent fait, un antagonisme profond et irréductible entre l'Eglise officielle et les âmes religieuses, par exemple, ou entre les mystiques et les scolastiques.

A l'époque de saint Bernard, les moines les plus détachés du monde et qui voulaient uniquement chercher Dieu, ont été les instruments dociles des plans ambitieux des grands papes ; l'ascétisme s'est mis au service de l'Eglise omnipotente et a travaillé à la conquête de l'univers, pour réaliser par ce détour singulier son idéal de renoncement.

Plus tard, on a pu voir de même les fils spirituels de saint François, les moines franciscains, faire à la hiérarchie le sacrifice de leurs convictions fondamentales, se subordonner avec une énergie résolue aux fins de l'Eglise universelle et travailler avec enthousiasme à lui conquérir le monde des laïques.

Il est également vain de vouloir établir une ligne de démarcation trop nette entre les mystiques et les scolastiques. Le principe fondamental des scolastiques est que l'on comprend toute chose en parlant de Dieu, que, par conséquent, il faut ramener toute chose à la théologie. Il s'ensuit que le penseur doit comprendre toujours plus clairement son état de dépendance à l'égard de Dieu, et user de tous les moyens pour fortifier en lui le sentiment religieux. Celui-là seul, en effet, qui se sent sous la dépendance de Dieu, qui se sent en Dieu, est capable de comprendre les choses, puisque comprendre les choses, c'est essentiellement connaître leurs relations avec le principe premier de l'Univers. La piété personnelle est donc à la base de toute spéculation philosophique ; et, comme la piété personnelle est toujours au Moyen Age l'ascétisme contemplatif, le myticisme qui médite sur l'union du Moi et de Dieu, on voit clairement que le mysticisme apparaît ainsi comme la condition préalable et comme le terme de la spéculation philosophique. Un saint Thomas d'Aquin trouva son point d'appui dans une piété mystique fervente et sincère ; et tout son système aboutit à la conception mystique de la *visio Dei*, de l'extase où l'âme s'élève jusqu'à la contemplation directe de Dieu.

Inversement la piété du Moyen Age est essentiellement fondée sur la contemplation, la méditation sur l'union du moi et de Dieu ; elle contient ainsi, dans son principe même, un élément intellectuel et tend d'elle-même vers la spéculation philosophique, vers l'effort de réflexion destiné à déterminer clairement les rapports de l'individu avec le monde et Dieu. Suivant que, chez un penseur, l'élément intellectuel ou l'élément mystique sera plus développé, on pourra le qualifier de théologien scolastique ou de théologien mystique. Mais il faut bien se rendre compte qu'il ne s'agit pas la d'une opposition essentielle de natures. Mystiques et scolastiques partent, en réalité, du même point et aboutissent au même point.

C'est ainsi que les progrès de la piété mystique, de la science chrétienne et de l'Eglise romaine, au xiiie siècle, apparaissent, dans une large mesure, comme solidaires. De même que l'essor donné à la foi mystique par saint François et les ordres mendiants imprime un élan nouveau à la spéculation théologique, fortifie l'autorité de l'Eglise romaine en Occident, de même le progrès scientifique réalisé par les scolastiques est une victoire pour l'Eglise : les théologiens sortis des ordres mendiants justiflent par des considérations rationnelles et incorporent dans la science chrétienne toutes ses décisions; toutes deux, foi et science chrétienne, sont des auxiliaires puissants dirigés vers un même but, accomplissant une même œuvre ; toutes deux sont au service de l'Eglise universelle.

On peut ainsi constater que, dans l'Allemagne du XIIIe siècle, la vie chrétienne devient de plus en plus intense, la piété toujours plus personnelle et plus mystique. Les foyers les plus ardents de cette vie mystique sont, à ce moment, des couvents de femmes, en particulier des couvents de dominicaines ou de franciscaines. A Disibodenberg ou à Schönau dans la vallée du Rhin, à Saint-Troud ou à Aquirig dans les Pays-Bas, à Helfta en Thuringe, à Engelthal près de Nuremberg, à Töss en Suisse, à Adelshausen près de Fribourg-en-Brisgau, à Colmar en Alsace, la flamme mystique s'allume et brille d'un éclat plus vif. On voit surgir de toutes parts des prophétesses comme Hildegard de Bingen, qui censure avec une sainte énergie les vices de la chrétienté corrompue, et entrevoit dans les brumes de l'avenir une régénération de l'Eglise et le retour au christianisme primitif ; — des extatiques comme Elisabeth de Schönau, dont les visions ont donné à la légende de sainte Ursule et des onze mille vierges une forme nouvelle ; — des inspirées comme Mathilde de Magdebourg, qui se plonge avec une sainte ivresse dans le fleuve de lumière de la Divinité ; — des méditatives comme la nonne Gertrude, qui s'absorbe dans la contemplation du Christ et prête une oreille recueillie aux inspirations de la bonté divine ; — ou surtout des pieuses visionnaires comme Christine Ebner, Hélène . Brumsin, ou encore ces nonnes du couvent de Töss, dont un manuscrit de Saint-Gall récemment publié nous conte les expériences religieuses.

La piété chrétienne prend un caractère toujours plus personnel et plus intime. Toujours plus nombreuses sont les âmes pieuses qui aspirent à la purification, à l'illumination par la grâce, à l'union avec Dieu, qui se soumettent aux plus rudes austérités, se vouent à la pauvreté et à l'humilité, s'appliquent à tuer en elles tout orgueil, tout amour-propre, se mettent volontairement à l'école de la souffrance pour se rapprocher de Dieu et qui, une fois touchées par la grâce, sont favorisées de visions où leur apparaît l'Enfant Jésus, la Vierge ou Dieu lui-même, consolées dans leurs épreuves ou à leur lit de mort par les anges et les saints, et s'abiment finalement dans la contemplation extasiée de Dieu, dans le sentiment ineffable de l'union mystique avec la Divinité.

Et ce ne sont pas seulement quelques femmes exaltées, ce ne sont pas seulement des recluses ou des moines qui s'élèvent à la

piété personnelle ; ce sont aussi des laïques. Pendant longtemps,
le christianisme en Allemagne a eu un caractère nettement aristocratique. A l'époque des conversions, il a été imposé d'en haut
au peuple comme une loi, et ses dogmes ont été promulgués un
peu comme des ordonnances. Même la réforme partie de Cluny
n'a éveillé à la vie religieuse personnelle que le clergé et les princes ; pour les laïques, la foi aveugle, l'obéissance à l'autorité, la
fides implicita, suffisaient. Maintenant la fièvre religieuse s'em-
pare de la masse elle-même. A côté du clergé régulier, des ordres
mendiants ou autres, s'organisent en Allemagne des associations
chrétiennes libres dont l'influence va sans cesse grandissant au
xive et au xve siècle. La période du xie au xiiie siècle avait amené
la conversion du clergé à l'idéal monacal ; la période du xiiie au
xve siècle étend cette conversion aux couches profondes de la nation.

C'est dans ces conditions, dans ce milieu, que se développe en
Allemagne, à partir de la fin du xiiie siècle, ce mysticisme spéculatif dont les représentants les plus connus sont Th. de Fribourg,
Eckart, Suso, Tauler, que nous étudierons plus particulièrement
au cours de cette année.

Quelles sont, d'une manière générale, les tendances de ces
mystiques ? Quel est leur rôle dans l'évolution religieuse, dont
je viens d'indiquer les grands courants ? C'est une question que
je voudrais examiner très brièvement.

Lorsqu'on essaie de dégager l'idée maîtresse des systèmes
mystiques du Moyen Age, — l'idée maîtresse du système d'Eckart,
par exemple, — on arrive aisément à l'interpréter comme une
sorte de monisme panthéistique, où les éléments spécifiquement
chrétiens feraient à peu près complètement défaut (1). La doctrine des mystiques allemands pourrait se résumer dans les deux
formules suivantes : « Contemplez la Divinité et vous y trouverez
le Verbe et les idées de toute chose, et la création entière et
l'âme humaine. — Descendez en vous-mêmes et dans le tréfonds
de votre âme, vous trouverez toutes les âmes humaines et le
Verbe et la Divinité elle-même. »

Voyons d'un peu plus près le sens de ces formules: « Contemplez la Divinité et vous y trouverez le monde »... Absorbez-vous
dans l'idée la plus haute que l'esprit humain puisse concevoir,
l'idée de l'Etre absolu dans son essence, dans son unité intelligible et inconsciente, l'idée de la substance unique et immuable,

(1) Cf. Delacroix, *Essai sur le mysticisme spéculatif en Allemagne*. Paris,
1900, p. 170 n. : le système du Maître Eckart.

Est-ce à dire qu'il faille voir, dans un mystique comme Eckart
un pur panthéiste, héritier des néo-platoniciens, de Plotin, de
Denys de l'Aréopage et de Scot Erigène, un adversaire décidé de
saint Thomas et de la scolastique, un penseur entièrement indépendant, affranchi de toute tradition historique, émancipé de toute
autorité extérieure, pour qui nulle vérité révélée ne peut pénétrer du dehors dans l'âme, pour qui le dogme chrétien n'est que
symbole, pour qui la spéculation philosophique se substitue à la
religion, la raison à la révélation, un précurseur de la Réforme et
du subjectivisme religieux, un ancêtre du monisme idéaliste
moderne et contemporain ? Je n'oserais l'affirmer.

Cette interprétation est, en tous cas, très vivement contestée
de nos jours. Les recherches du P. Denifle, notamment, ont mis
en évidence un fait certain : c'est que entre les mystiques et la
scolastique l'écart est infiniment moindre qu'on ne se l'imaginait
jadis. On ne connaissait jadis d'Eckart que les traités et les
sermons allemands. Or on vient d'exhumer récemment des
fragments importants de son œuvre latine ; et l'étude attentive
de cette œuvre montre qu'Eckart, dans ses ouvrages proprement scientifiques, suit la méthode scolastique, que sa pensée
s'est développée sur le sol scolastique, qu'elle a subi l'empreinte
irrécusable du thomisme.

Si, néanmoins, on trouve dans ses œuvres allemandes des traces
évidentes de mysticisme panthéistique, il faut, dit le P. Denifle, les mettre au compte de l'imperfection et de la gaucherie de
la langue allemande, et reconnaître que ces œuvres, destinées à
l'édification de quelques religieuses adonnées à une dévotion
raffinée et imaginative, ou de quelques laïques sentimentaux et
pieusement exaltés, ne sont pas des ouvrages de caractère scientifique, mais relèvent bien plutôt de la littérature édifiante.

Comme théologien, Eckart fonde ses spéculations, avec
saint Thomas, sur le Dieu « acte pur » de la scolastique : comme
prédicateur, il se laisse entraîner à des doctrines hasardeuses,
que l'Église a condamnées. Les thèses du P. Denifle, ses
recherches si érudites et si solides sur les sources de la pensée
du mystique allemand ont fait impression sur ceux-là aussi qui ne
reconnaissent pas saint Thomas pour leur maître et ne tiennent
pas la philosophia perennis pour le dernier mot de la sagesse
humaine.

La critique protestante ou indépendante s'est volontiers ralliée aux conclusions du savant dominicain. Elle a reconnu, sans
hésiter, qu'il était impossible, sous peine de fausser la réalité historique, d'établir un contraste très accusé entre les mystiques et

où il n'y a pas de distinction d'être et de personne, de matière et
de forme, de sujet et d'objet, où rien n'agit, où rien n'apparaît.
De ce Tout pareil à un Néant, à une muette solitude ensevelie dans
un sommeil sans rêve, sans pensée, sans amour, de ce Tout
immuable, ineffable, le mystique voit jaillir peu à peu la Pensée
et l'Univers. Il voit la Divinité se replier d'abord sur elle-même,
prendre conscience d'elle en une image qui est elle-même encore
une fois, s'y mirer comme le Père en son Fils.

Mais, dans cette Image, dans cette Idée suprême à son tour,
sont contenues en puissance les idées génératrices de toutes
choses. Imaginez maintenant, que cette Image développe tout ce
qu'elle contient en puissance, que tout ce qui est virtualité en elle
devienne acte, et vous aurez du même coup l'univers, le monde
des hommes et des choses. En vertu de la loi de bonté qui veut
que l'Etre tende à devenir tout ce qu'il peut être, la Divinité
s'épanche ainsi hors d'elle-même, elle se contemple dans le Verbe,
elle engendre le monde des créatures. De l'unité-divine sort
ainsi la pluralité.

Et, inversement, dans la pluralité se retrouve l'unité. Au fond
de toute créature, il y a l'être, il y a Dieu. Descends en toi-même
et, tout au fond de ton âme, tu trouveras une étincelle incréée
qui est Dieu. Les hommes diffèrent selon la chair et la naissance
et les facultés inférieures de leurs âmes : par l'esprit, par l'étincelle qui luit au fond de chaque âme, ils sont un seul homme, une
seule âme; et cette âme est le verbe et le verbe est Dieu. Au sein
de l'être, l'âme et Dieu se rejoignent et se confondent. Rentre en
toi-même, et tu es en Dieu, tu es Dieu.

En un pareil système, il semble, en bonne logique, qu'il n'y ait
plus de place pour les dogmes chrétiens. Dans le processus éternel en vertu duquel Dieu se réalise par l'univers et dans l'univers
se retrouve lui-même, il n'y a place que pour une seule réalité :
Dieu en son double mouvement d'expansion vers le multiple et
de rétraction vers l'unité.

Comment concevoir une distinction réelle entre Dieu et le Fils,
entre les personnes de la Trinité, entre la Divinité et l'homme ?
Comment supposer une création volontaire du monde par Dieu,
alors qu'il n'y a partout qu'évolution nécessaire ? Comment croire
à l'action de la grâce, à la vertu des sacrements? Où y a-t-il place
pour une rédemption, pour une intervention miraculeuse de Dieu
dans la création déchue ? Comment admettre la réalité du mal,
du péché, dans un monde où tout est Dieu, dans un monde où
un devenir divin oscille perpétuellement entre les deux pôles de
l'unité et de la multiplicité ?

Est-ce a dire qu'il faille voir, dans un mystique comme Eckart, un pur panthéiste, héritier des néo-platoniciens, de Plotin, de Denys de l'Aréopage et de Scot Erigène, un adversaire décidé de saint Thomas et de la scolastique, un penseur entièrement indépendant, affranchi de toute tradition historique, émancipé de toute autorité extérieure, pour qui nulle vérité révélée ne peut pénétrer du dehors dans l'âme, pour qui le dogme chrétien n'est que symbole, pour qui la spéculation philosophique se substitue à la religion, la raison à la révélation, un précurseur de la Réforme et du subjectivisme religieux, un ancêtre du monisme idéaliste moderne et contemporain ? Je n'oserais l'affirmer.

Cette interprétation est, en tous cas, très vivement contestée de nos jours. Les recherches du P. Deniple, notamment, ont mis en évidence un fait certain : c'est que entre les mystiques et la scolastique l'écart est infiniment moindre qu'on ne se l'imaginait jadis. On ne connaissait jadis d'Eckart que les traités et les sermons allemands. Or on vient d'exhumer récemment des fragments importants de son œuvre latine ; et l'étude attentive de cette œuvre montre qu'Eckhart, dans ses ouvrages proprement scientifiques, suit la méthode scolastique, que sa pensée s'est développée sur le sol scolastique, qu'elle a subi l'empreinte irrécusable du thomisme.

Si, néanmoins, on trouve dans ses œuvres allemandes des traces évidentes de mysticisme panthéistique, il faut, dit le P. Deniple, les mettre au compte de l'imperfection et de la gaucherie de la langue allemande, et reconnaître que ces œuvres, destinées à l'édification de quelques religieuses adonnées à une dévotion raffinée et imaginative, ou de quelques laïques sentimentaux et pieusement exaltés, ne sont pas des ouvrages de caractère scientifique, mais relèvent bien plutôt de la littérature édifiante.

Comme théologien, Eckart fonde ses spéculations, avec saint Thomas, sur le Dieu « acte pur » de la scolastique ; comme prédicateur, il se laisse entraîner à des doctrines hasardeuses, que l'Eglise a condamnées. Les thèses du P. Deniple, ses recherches si érudites et si solides sur les sources de la pensée du mystique allemand ont fait impression sur ceux-là aussi qui ne reconnaissent pas saint Thomas pour leur maître et ne tiennent pas la *philosophia perennis* pour le dernier mot de la sagesse humaine.

La critique protestante ou indépendante s'est volontiers ralliée aux conclusions du savant dominicain. Elle a reconnu, sans hésiter, qu'il était impossible, sous peine de fausser la réalité historique, d'établir un contraste très accusé entre les mystiques et les théologiens catholiques officiels. Qu'on ouvre, par exemple, l'*Histoire des Dogmes* de Harnack, un des ouvrages classiques du protestantisme libéral, et on y verra, hautement affirmé, le lien étroit qui unit le mysticisme, l'Eglise et la science catholique. A ses yeux, le mysticisme n'est pas autre chose que la piété catholique, la même piété sur laquelle s'appuient aussi les scolastiques. Et tout comme l'intellectualisme de saint Thomas part de la piété et tend vers l'adoration mystique, ainsi la religiosité sentimentale des mystiques tend vers l'intellectualisme et aboutit non pas seulement à la contemplation et à l'extase, mais aussi à la spéculation philosophique.

Dans l'histoire du dogme chrétien, les mystiques allemands ne comptent pas. Ils n'ont rien dit qu'on ne puisse retrouver, avant eux, chez Origène, Plotin ou Denys de l'Aréopage, saint Augustin, saint Bernard ou Thomas. Bien plus : leurs traités sont plus pauvres, en général, de substance et de pensée théologique, que les œuvres de saint Augustin ou de saint Bernard. Leur importance ne vient pas du fond même de leur doctrine, mais seulement du fait qu'ils ont, les premiers, écrit en allemand et pour des laïques, alors que les scolastiques écrivaient en latin et pour des théologiens. Ils ont droit à une place d'honneur dans l'histoire de la culture allemande; mais ces brillants vulgarisateurs, qui ont créé en allemand le vocabulaire de la spéculation philosophique, qui ont mis à la portée de leurs compatriotes la pensée des grands docteurs de l'Eglise, qui ont avivé au sein de la nation la flamme de la piété individuelle, n'occupent qu'un rang très secondaire dans l'histoire générale des idées, dans l'évolution de la pensée chrétienne. Ils n'ont pas frayé de voies nouvelles ; ils n'ont guère fait autre chose que de broder de nouvelles variations sur des thèmes empruntés à leurs prédécesseurs.

Cette thèse me semble, à bien des égards, incontestable. Oui, Eckart et les grands représentants de la mystique allemande sont bien des chrétiens authentiques, pleins de foi dans la vérité religieuse traditionnelle, pleins de respect pour les grands docteurs de l'Église et pour l'œuvre de la scolastique, profondément attachés à l'Église officielle et à l'organisation ecclésiastique de leur temps. Ils ne sont, à aucun degré, des mécontents, des révoltés. Ils ne se sont pas sentis opprimés par le dogme catholique. Ils n'ont pas voulu innover. Ils n'ont pas cru enseigner autre chose que les théologiens les plus orthodoxes au sujet des vérités essentielles de la foi. Aussi bien leur monisme mystique n'avait-il rien de subversif *à priori*.

La pensée chrétienne n'avait-elle pas, dès l'origine, cherché sa
voie entre le double écueil du panthéisme et du trithéisme? Et
si un Jean Scot Erigène avait versé franchement dans le panthéisme et s'était vu condamné par l'Eglise, combien d'autres,
depuis saint Augustin et Denys de l'Aréopage jusqu'à saint
Bernard, avaient pu côtoyer le panthéisme sans pourtant
s'écarter de la foi orthodoxe?

Je n'imagine pas qu'un Eckart, par exemple, ait dû éprouver
des inquiétudes de conscience au sujet de la hardiesse de sa
pensée, qu'il ait usé de précautions et d'artifices pour ne pas
contredire ouvertement les doctrines reçues. Je serais plutôt tenté
de croire qu'entre ses expériences mystiques les plus intimes et
le christianisme le plus correct, il n'imaginait pas qu'il pût y
avoir la plus légère divergence. Il était d'abord chrétien, décidé
à rester en communion de sentiments parfaite avec l'Église catholique. Il était convaincu d'ailleurs que, comme penseur, il n'avait
fait qu'exprimer en langage philosophique le contenu exact de
sa foi religieuse, de la foi chrétienne.

Entre ses convictions de savant et sa foi de chrétien, il n'hésitait pas : il entendait, d'abord et avant tout, rester chrétien.
Accusé d'hérésie, on le voit se soumettre en toute humilité au
jugement de l'Eglise. Résolu *à priori* à écarter toute divergence
entre la religion et sa philosophie, il pouvait en toute sincérité rétracter par avance toute erreur qu'on aurait pu trouver
dans ses écrits et dans ses paroles, concernant la foi et les
mœurs. Par cette disposition fondamentale de son esprit,
Eckart est bien un homme du Moyen Age. Pour lui, la vérité
n'est point à découvrir ; elle est trouvée, elle existe d'avance,
formulée dans les articles de foi, garantie par le jugement de
l'Eglise.

Mais, si Eckart et les grands mystiques allemands d'avant la
Réforme sont des catholiques tout à fait authentiques et qui ont
subi profondément l'empreinte de la scolastique, il faut reconnaître pourtant que la critique protestante ou indépendante a raison de trouver en germe en eux des idées ou des tendances qui
subsistent, à peu près identiques, dans l'Allemagne d'hier ou
d'aujourd'hui. La foi profonde dans l'unité dernière de Dieu et du
moi, dans un principe spirituel unique comme origine de toute
chose ; le sentiment intime qu'en descendant tout au fond de son
moi, l'homme découvre un élément divin, qu'il y a communion
et pénétration réciproque de l'homme, de Dieu et de la nature ;
l'espoir confiant que l'évolution immense qui va de Dieu à la création et de la création à Dieu a pour loi suprême l'amour, — tout

cela nous le trouvons chez les mystiques comme chez les
modernes. D'Eckart et de Suso à Jacob Bohme, puis de là au
piétisme du xviiᵉ et du xviiiᵉ siècle, au romantisme de la fin du
xviiiᵉ siècle, à l'idéalisme philosophique du xixᵉ siècle, la flamme
mystique s'est propagée presque sans interruption.

Après la lecture des sermons d'Eckart, qu'on ouvre l'*Enseignement de la vie bienheureuse* de Fichte ou le *Bruno* de Schelling, et l'on percevra immédiatement la parenté profonde qui
unit l'ancienne mystique et l'idéalisme moderne. Entre l'Être
divin, tel que le définit Eckart, et le moi de Fichte, l'Absolu de
Schelling, l'Esprit de Hegel ou même le Nirvàna de Schopenhauer, on distinguera sans peine de curieuses analogies.

L'aspiration mystique vers le retour en Dieu, vers la grande paix
de la vie au sein de l'Etre, on la retrouve dans la théorie de la régénération de Richard-Wagner. Elle s'est faite musique et épanche
sa nostalgie en larges flots d'harmonie dans les dernières pages
de *Tristan* ou au 3ᵉ acte de *Parsifal*. Et je ne sais pas si le culte
ardent de la vie ou de la volonté de puissance chez un Nietzsche,
l'enthousiasme dionysien avec lequel il célèbre l'Anneau des
Anneaux, l'Anneau du retour éternel, ne découle pas, au fond, de
la même source qui inspirait au vieil Eckart cette parole profonde : « Et si l'on demandait à la vie pendant mille années :
pourquoi vis-tu ? — si elle devait répondre, dirait-elle autre
chose que ceci : Je vis parce que je vis. Et cela parce que la vie
vit de son propre fond et coule de sa propre source : aussi vit-
elle sans pourquoi, car elle se vit elle-même (66). »

Sans doute, la distance est devenue immense entre le pieux
dominicain et le dur apôtre du surhomme. L'un se croit en possession de la vérité éternelle, l'autre prétend crier *sa* vérité ; l'un
aspire à la paix en Dieu, l'autre à la vie intense ; l'un veut que la
créature se sente en Dieu, l'autre qu'elle s'érige en Dieu. Mais
ils ont en commun la conscience qu'il y a dans l'homme une parcelle d'éternité, l'adoration éperdue devant ce flux éternel du
devenir qui s'affirme et se veut sans cesse à nouveau.

Lorsque nous cherchons à comprendre ce qu'ont été et ce
qu'ont pensé les mystiques du xivᵉ et du xvᵉ siècle, nous ne nous
livrons donc pas à un pur travail d'érudition, à une restitution en
quelque sorte archéologique d'états d'âme abolis et périmés.
Nous étudions, sous une de ses formes les plus anciennes et
les plus significatives, un trait psychique hautement caractéristique de la race allemande.

Ce que vaut en elle-même et d'une manière absolue cette tendance mystique, vivante aujourd'hui encore dans l'âme germa-

nique, nous ne le rechercherons pas. Nous n'essaierons pas de décider si elle est le pressentiment d'une réalité supérieure ou un mirage décevant. Nous étudierons ce phénomène en historien objectif et sans porter de jugement de valeur, mais avec le respect qu'on doit, en tout état de cause, aux grandes forces qui agissent dans l'histoire, à une énergie spirituelle à qui l'Allemagne en particulier doit quelques-uns de ses chefs-d'œuvre les plus éclatants.

D. P.

La « République » de Platon

Cours de M. ALFRED CROISET,

Doyen de la Faculté des Lettres de l'Université de Paris.

La cité platonicienne (*suite*). — L'éducation et la communauté des femmes et des enfants.

Nous abordons, avec le quatrième livre de la *République*, quelques-unes des théories les plus originales et, disons le mot, les plus paradoxales, les plus chimériques de Platon ; ce sont, en même temps, les plus célèbres et celles auxquelles il tenait le plus, par cela même qu'elles ressemblaient moins à celles qui avaient alors cours en Grèce. Il va donc être question maintenant de la famille, — et nous verrons bientôt que Platon n'hésite pas à la supprimer ; — ensuite, de la nécessité de faire régner la philosophie dans l'Etat.

La première question occupe, à elle seule, la plus grande partie du cinquième livre ; or, à la fin du quatrième, il semblait bien que la discussion sur la cité idéale était terminée. Socrate avait même commencé l'étude des différentes sortes d'Etat, qui sont des déviations de l'Etat idéal. A cet endroit du dialogue, par un habile jeu de scène, par une espèce de fausse sortie, un interlocuteur écarte cette discussion et introduit la question nouvelle, question à laquelle Platon paraît tenir particulièrement.

Adimante exige, avant de passer plus loin, que Socrate s'explique au sujet des femmes et des enfants. Socrate fait d'abord quelque difficulté ; mais il se rend bientôt, et la discussion s'engage sur ce sujet. Telle est l'habileté de ce jeu de scène, qui nous montre bien que ces deux nouvelles discussions sont épisodiques, mais qui, en même temps, attire notre attention sur elles. Les idées ainsi reléguées à la fin du quatrième livre seront d'ailleurs reprises plus tard dans le livre huitième ; elles ne sont qu'annoncées ici par une adroite préparation dramatique.

Nous ne nous occuperons, aujourd'hui, que de la première des deux nouvelles questions, à savoir la question des femmes et des enfants (livre V, du chapitre ier au chapitre xvii).

L'importance de ce nouveau sujet et la difficulté de le bien traiter sont indiquées, dès le début de ce cinquième livre, dans une sorte d'introduction, qui est fort belle. Platon ne dissimule pas qu'il va choquer tout le monde et, en particulier, les beaux-esprits, les railleurs, ceux qui ont coutume de s'appuyer sur ce qui existe pour se moquer de ce qui n'existe pas encore ; et Socrate, dans un passage spirituel (chapitre ɪɪ), supplie les gens d'esprit de bien vouloir, pour un instant, ne pas faire leur métier ordinaire. Mais comme ses interlocuteurs le tranquillisent, l'assurent de toute leur bienveillance, Socrate, dans une pensée très belle, très noble, d'une très grande élévation morale, déclare qu'il redoute cette bienveillance même :

« Si j'étais bien persuadé moi-même, dit-il, de la vérité de ce que
« je vais avancer, les encouragements me viendraient à propos ;
« car on parle avec confiance et sûreté devant des auditeurs pleins
« de bienveillance et de discernement, lorsqu'on sait qu'on leur
« dira la vérité sur des sujets importants, auxquels ils prennent un
« grand intérêt. Mais, quand on n'a pas confiance en soi et que
« cependant on cherche à parler, comme je le fais maintenant,
« il est dangereux et on doit craindre, non de faire rire (cette
« crainte serait puérile), mais de s'écarter du vrai, et d'entraîner
« dans sa chute ses amis pour des choses où il est de la dernière
« importance de ne pas se tromper. Je conjure donc Adrastée de
« ne pas s'offenser de ce que je vais dire ; car je regarde comme
« un moindre crime de tuer quelqu'un, sans le vouloir, que
« d'être charlatan et trompeur en ce qui concerne le beau, le bon,
« le juste et les lois. »

Après ce préambule, la conversation reprend avec cette grâce et ce charme si particuliers à la conversation socratique. — Puisque vous l'exigez de moi, dit-il à ses auditeurs, nous allons donc faire comme dans les mimes (c'est une allusion très évidente aux mimes de Sophron, bien que le nom n'en soit pas prononcé), et puisqu'il y a, bien distincts, les mimes d'hommes et les mimes de femmes, nous allons nous occuper maintenant de déterminer le rôle des femmes dans la cité.

Nous voilà en plein dans le sujet. Tout ce qui est relatif aux femmes et à la famille est commandé par deux grandes idées différentes, toutes deux paradoxales et choquantes, mais inégalement.

La première est que « les femmes doivent être assimilées aux hommes pour l'éducation et pour les fonctions à remplir dans la cité ; il doit y avoir des gardiennes à côté des gardiens, des femmes soldats et des femmes magistrats a côté des guerriers et des archontes ». Voilà le féminisme qui est, du premier coup, poussé aussi loin que possible.

Ces idées avaient déjà de quoi choquer, et particulièrement à Athènes plus que dans telle autre cité grecque ; car l'Athénienne, au temps de Platon, était, avant tout, une femme d'intérieur, vivait dans la maison, dans le gynécée. Ce n'est, sans doute, pas une recluse : elle peut sortir, voir ses amies, s'occuper de ses affaires ; mais elle ne tient pas de salon où les hommes et les femmes se réunissent ; elle ne figure pas dans les cérémonies, dans la vie publique, sauf pour certaines fêtes religieuses, et notamment celles qui, comme les « Thesmophories», étaient réservées aux femmes.

Le rôle des femmes grecques ne ressemble pourtant en rien au rôle effacé de certaines Orientales : l'Athénienne, notamment, a une dot dont elle reste propriétaire sous la tutelle de son mari, dot qui lui assure dans la maison une place respectable. On sait que les épiklères athéniennes étaient d'ordinaire réputées pour la hauteur de leur caractère, la dignité que leur donnait leur richesse. Dans Aristophane, nous voyons Strepsiade, qui a épousé une riche épiklère, tenir absolument dans son ménage la place de Chrysale des *Femmes savantes*.

La femme, à Athènes, joue donc un rôle dans la famille ; nous nous en rendons compte en lisant certains plaidoyers, notamment celui que Lysias composa pour une Athénienne qui défendait ses enfants contre un père dénaturé, et avec la plus noble dignité. Vous vous rappelez aussi cette anecdote, qui n'a probablement rien d'authentique et que Plutarque rapporte au sujet de Thémistocle : comme on félicitait le héros et qu'on l'appelait le maître de la Grèce, il montra à ses complimenteurs l'enfant qu'il avait sur ses genoux en leur disant: «Le voilà, le maître de la Grèce, car sa mère fait tout ce qu'il veut, et moi je fais tout ce que veut sa mère ! »

Donc les Athéniennes, qui, je le répète, n'ont rien de commun avec les femmes recluses de l'Orient, gardent chez elles une certaine autorité, qui dépend de leur valeur propre ; mais elles se mêlent peu à la vie et restent dans le gynécée : ce sont, en un mot, des femmes d'intérieur. Elles ont été élevées ainsi par leurs mères, et elles élèvent de même leurs enfants. Elles sont, du reste, le plus souvent, d'excellentes compagnes pour leurs maris.

Nous voyons chez Aristophane qu'il y eut, déjà avant Platon, des théories féministes qui incitaient la femme à jouer un rôle dans l'Etat. Dans l'*Assemblée des Femmes*, celles-ci proposent certaines lois nouvelles qui ressemblent assez, à certains égards, à ce que nous allons rencontrer chez Platon ; mais c'est dans un tout autre esprit : il est à peine besoin de le dire. Mais, puisque Aristophane a cru devoir mettre à la scène ces idées féministes, cela prouve qu'elles étaient d'actualité.

Dans quelques cénacles de philosophes, nous trouvons aussi, vers le même temps, une autre théorie concernant les femmes, théorie que nous expose Xénophon dans son *Economique*. D'accord avec la généralité des Athéniens, Xénophon déclare que la femme doit gouverner son intérieur ; mais il fait une grande place à l'éducation de la femme, éducation technique, morale et pratique, à son rôle dans la maison ; et, selon lui, le premier devoir du mari est de faire l'éducation de sa compagne. Il y a, dans cet ouvrage, des pages qui sont, peut-être, une réponse indirecte à la *République* de Platon ; les dates mêmes ne s'y opposent pas, mais enfin nous ne pouvons rien affirmer.

Bien que l'Athénienne ait eu un rôle modeste dans l'Etat, la thèse de Platon concernant les femmes est moins choquante encore que celle qui touche à la suppression de la famille. Il y a, en effet, dans le monde grec, certaines cités qui offrent un état un peu analogue à ce que recommande le philosophe. A Sparte, par exemple, les jeunes filles sont entraînées comme les jeunes gens aux exercices physiques ; elles fréquentent la palestre et, si elles ne se battent pas à la guerre, nous savons combien les femmes spartiates étaient des stoïciennes avant la lettre : cela résultait de l'éducation qu'elles recevaient. Les Athéniennes, offusquées de la liberté de cette éducation, ne se privaient pas, du reste, de railler ces jeunes filles court vêtues, toujours prêtes à courir, à sauter comme [des hommes ; mais, puisque c'était là un fait, cela explique suffisamment que la première partie de la théorie platonicienne ait paru moins choquante que la suivante.

Donc Platon, après quelques précautions, entre dans le vif de son sujet ; il déclare que, laissant de côté toutes craintes et sans tenir compte des railleries, il va aller de l'avant. Avec toutes les réserves voulues, il expose donc sa pensée.

La femme doit être élevée comme l'homme, puisqu'elle est appelée comme lui à faire partie des gardiens de l'Etat ; mais cette conclusion même est préparée par toute une discussion.

La première objection qu'on ne manque pas de lui faire, c'est qu'une pareille théorie va contre les lois de la nature elle-même, et c'est sur ce point que Platon s'arrête d'abord. Sans doute, il y a une différence entre les femmes et les hommes ; mais dans quelle mesure cette différence existe-t-elle ? N'y a-t-il pas aussi des différences entre un homme et un autre homme ? Tous ne sont pas également forts, ni également intelligents ou braves.

Il s'agit donc de savoir si la différence très réelle qui sépare les femmes des hommes doit les séparer dans la vie pratique et les cantonner en certains emplois spéciaux. Voici une comparaison ingénieuse, mais qui ne laisse pas de nous choquer :

« Voyons, dit Socrate à Glaucon, tu as chez toi des chiens et « des chiennes : est-ce que tu réserves ces dernières uniquement « à tels ou tels emplois, comme si la seule nécessité d'avoir « des petits et de les nourrir les rendait incapables de toute « autre chose. » — Glaucon convient que non. — « Mais, ajoute « Socrate, peut-on tirer d'un animal les services qu'on tire d'un « autre, s'il n'a été élevé et nourri de la même manière ? Non, « n'est-ce pas ? Par conséquent, si nous exigeons des femmes les « mêmes services que des hommes, il faut leur donner la même « éducation. »

La question, maintenant, est de reconnaître si les différences entre femmes et hommes sont telles, qu'elles doivent entraîner des différences radicales dans leurs emplois. Platon arrive tout naturellement à cette constatation : parmi les femmes comme parmi les hommes, il y a des degrés dans les aptitudes, et les femmes, en vérité, ont les mêmes aptitudes que les hommes. La seule différence est que les femmes sont un peu plus faibles de corps ; ce n'est qu'une différence de muscles ; mais elles ne sont pas moins capables de science, de dévouement, de morale, que les hommes, les unes plus, les autres moins, tout comme ceux-ci. Il n'y a donc pas d'objection de principe : elles doivent être traitées comme les jeunes gens. Il faut les envoyer au gymnase, à la palestre, afin qu'elles s'y exercent à leur futur métier de gardiennes.

Socrate combat l'objection que soulèverait la pudeur athénienne au spectacle de ces femmes nues s'exerçant à la gymnastique, et il pense que leur vertu serait encore leur plus beau vêtement.

Malgré toutes ces hardiesses qui devaient choquer ses contemporains, Platon poursuit avec une sérénité imperturbable son exposition. Les femmes devront, ensuite, entrer dans l'armée et prendre part, comme les guerriers, aux expéditions militaires.

Mais, avant d'aller plus loin, comment pouvons-nous expliquer que dans un milieu si éloigné et si différent des idées spartiates, Platon puisse soutenir de pareilles théories, et d'où enfin lui sont-elles venues ? On pourrait trouver cette explication dans le rôle considérable que Platon attribuait aux femmes pour la découverte même de la vérité. Nous avons vu que les gardiens de la cité ne sont pas seulement des guerriers : ce sont aussi des magistrats, des philosophes, au sens que vous savez. Or, aux yeux du philosophe, les femmes sont très capables de science et de philosophie.

Vous vous rappelez que, dans le *Banquet*, c'est une femme, Diotide de Mantinée, qui expose les idées les plus élevées. Après que tous ont exprimé leur pensée, Socrate renonce à prendre la parole en son nom, et il se contente de rapporter ce qu'il a entendu de la bouche de cette femme supérieure, de Diotide ; c'est l'admirable passage sur l'amour, source de la sagesse. Ce rôle, attribué par Platon à une femme, est très caractéristique.

Voyez encore, dans le *Ménexène*, le rôle qu'il prête, ici, à Aspasie avec une nuance d'ironie, cette Aspasie dont Socrate aimait a se dire l'élève. On peut donc trouver chez Platon un certain nombre d'indications, qui nous montrent clairement que la tendance à mettre les femmes sur le même rang que les hommes est, chez lui, très profonde ; ce n'est pas là quelque chose d'accidentel, c'est une idée fondamentale à laquelle il paraît tenir particulièrement.

Ajoutons que Platon croit à la faculté intuitive des femmes ; à côté de la science proprement dite ou « épistémé », il accorde une grande place a l'inspiration, car la science ne suffit pas, toute seule, malgré son rôle considérable, à la découverte de la vérité : il faut encore l'intuition ou l'inspiration, et Platon croit que les femmes sont plus intuitives que les hommes.

Nous passons maintenant à la seconde partie de la théorie platonicienne, beaucoup plus dure, celle-là, pour les auditeurs de Socrate et pour les auditeurs de tous les temps : c'est la double question du mariage et des enfants. Platon dit à peu près ceci : la famille particulière doit disparaître ; la seule famille est la cité. Les femmes épouseront, pour un temps, les guerriers ; elles seront communes toutes à tous ; aucune d'elles n'habitera en particulier avec aucun d'eux, et les enfants aussi seront communs.

En présence de ce paradoxe énorme, dont Platon lui-même ne se dissimule pas le caractère singulièrement choquant, on est amené a se demander si cela est bien sérieux.

Au début du chapitre (ch. viii), Socrate a dit à Glaucon : « Nous « venons d'échapper à une grosse vague, qui menaçait de ruiner « notre édifice... ; il faut nous armer de tout notre courage, si « nous voulons aller jusqu'au bout de notre pensée. » — Puisqu'il sent lui-même ce qu'il y a de paradoxal dans de pareilles théories, on serait en droit de douter que cela fût vraiment sérieux ; et l'ironie socratique ne jouerait-elle pas un certain rôle dans l'exposé de ces idées, que l'on peut, à certains égards, appeler monstrueuses ? Nous ne le croyons pas.

Il y a de l'ironie dans tout cela : c'est incontestable ; mais c'est une ironie qui porte sur la forme et non sur le fond même des choses. Il ne faudrait pas croire non plus que Platon pensait que pareille théorie fût réalisable ; il considérait cela comme un idéal ; il est très sérieux dans tout cet exposé, quelque énorme que cela puisse paraître. C'est irréalisable, sans doute ; mais que lui importe ? Platon est un rêveur, un mystique, qui garde les yeux fixés sur son idéal et s'inquiète peu de la réalité.

Voici donc l'analyse des idées principales qu'il émet sur ce sujet et les deux ou trois caractères généraux de sa théorie.

La question se pose, d'abord, de savoir si cette conception est possible ou non, mais Socrate l'écarte avec ironie ; il se contentera de voir si cette théorie est bonne, si elle est belle :

« Permettez-moi, dit-il, de faire comme ces esprits paresseux,
« qui se font fête de s'enchanter de leurs rêves... Ils rêvent tout
« éveillés et se préoccupent peu de chercher par quels moyens ils
« obtiendront la réalisation de leurs désirs, dans la crainte de se
« fatiguer à examiner si la chose est possible ou non. Ils sup-
« posent leur rêve réalisé, le contemplent, le voient, disposent
« tout à leur gré... Moi aussi, je vais faire comme eux, je vais
« supposer démontrée la possibilité de ce que je propose... et
« montrer que rien ne serait plus utile à l'Etat... »

Nous pouvons rapprocher de celui-ci un autre passage qui complète la pensée de Platon, c'est lorsqu'il compare l'image qu'il vient de tracer à une statue parfaite, à la fin de ce développement (ch. xvii) :

« Notre dessein ne' fut jamais de montrer que ces modèles
« pourraient exister... Crois-tu donc qu'un peintre serait moins
« habile, si, après avoir peint le plus beau modèle d'homme qui
« se puisse voir et donné à chaque trait la dernière perfection,
« il était incapable de prouver que la nature peut produire un
« homme semblable... Mais, nous-mêmes, qu'avons-nous fait dans
« cet entretien sinon tracer le modèle d'un Etat parfait ?.. Ce que
« nous avons dit serait-il moins bien dit, quand nous serions
« incapables de montrer qu'on peut former un état sur ce mo-
« dèle ? »   .

Donc sa conception conserve, à ses yeux, toute sa beauté, et ce modèle de la cité parfaite est autre chose qu'un rêve, malgré l'expression ironique dont s'est servi Socrate, en se comparant à ceux qui rêvent tout éveillés. C'est un idéal, qu'il propose comme tel à ses auditeurs.

Remarquez, en outre, la sainteté religieuse qui doit présider à l'établissement de cet état de choses, si contraire pourtant aux lois humaines, reconnues et consacrées. Rien n'est abandonné au caprice, tout se fait sérieusement, et c'est à des prières et des sacrifices que l'on procède, avant toutes choses. Platon met, en quelque sorte, ces élucubrations sous la protection divine.

Il entre aussi dans des considérations assez intéressantes, par exemple au sujet des mariages : il demande qu'ils ne se fassent point, comme c'est l'ordinaire, au hasard ; car le premier soin du législateur de la cité nouvelle sera d'assortir les époux, d'apparier leurs qualités, d'unir les hommes et les femmes d'élite en vue de la reproduction de l'espèce. Socrate rappelle ce qui se passe dans les haras : il y faut des troupeaux de race ; on favorise les rapports entre les sujets d'élite, en évitant le plus possible les rapports entre les sujets inférieurs. Cette organisation est la condition d'existence de la cité. Mais l'image choisie ici par Socrate n'est pas des plus agréables et présente quelque chose d'assez choquant.

Quant aux enfants qui naîtront de ces unions, on les échangera aussitôt nés, afin qu'ils ne connaissent pas leurs parents ni ceux-ci leurs enfants ; on les élèvera tous ensemble. Pour éviter l'inceste, on prendra certaines précautions, relatives à la date du mariage, de la naissance ; les enfants d'une même génération seront frères et sœurs; entre eux, toute alliance restera interdite.

Tout est prévu de même, avec une précision minutieuse ; et, ici comme partout, lorsqu'il décrit les choses les plus chimériques, Platon marque les plus petits détails. De cette façon, on obtiendra une cité qui, tout entière, ne sera qu'une seule famille et, au lieu de la discorde qui d'ordinaire règne dans les villes, on aura la paix familiale qui unira les pères et leurs enfants, les frères et les sœurs.

Mais voilà que, de nouveau, nous en venons à nous demander, malgré les affirmations réitérées de Platon que c'est là un idéal, si la philosophie n'a pas songé aux objections considérables qui se présentent d'elles-mêmes et qu'Aristote formula avec tant de force dans le dernier livre de sa *Politique*. Ces objections montrent une observation et une profondeur psychologique admirables. Au lieu de la libre imagination d'un Platon, nous trouvons, chez Aristote, la belle et saine raison d'un penseur qui a bien observé les hommes et l'âme humaine.

Parmi ces objections, citons, en passant, celle qu'il fonde sur la ressemblance héréditaire ; car, puisque Platon ne néglige pas de parler de physiologie, comment n'a-t-il pas tenu compte de ce fait, et comment, malgré toutes les précautions prises, faire qu'on ne s'aperçoive pas que tel citoyen est fils de tel autre ? Toutes les précautions seront vaines en vérité.

Aristote va plus loin encore et montre que, même au point de vue strict du résultat auquel Platon veut arriver, il est certain qu'il n'obtiendra pas ce qu'il cherche. Il prétend arriver par tous ces moyens à l'unité de sentiment dans la cité ; mais il oublie que les sentiments sont d'autant plus forts qu'ils ont un objet plus circonscrit, plus limité: « On aime plus une personne que deux, dit Aristote, et deux que dix. » Lorsqu'on aimera tout le monde, on n'aimera plus personne ; il faut qu'il y ait, pour ainsi dire, une propriété morale, comme il y a une propriété matérielle, pour que les sentiments, auxquels Platon attache tant de prix, ne s'évanouissent pas bientôt en fumée.

Ainsi, malgré ses paradoxes énormes, Platon n'arrivera pas à ses fins, et l'on voudrait pouvoir s'expliquer comment il n'a pas reculé devant les conséquences de ses nouvelles théories. C'est que Platon est un mystique et un rêveur ; il est un de ces visionnaires qui voient leurs idées avec une netteté parfaite, mais ne s'occupent nullement de la réalité ; les faits comptent à peu près pour rien à leurs yeux. Malgré toute sa dialectique, Platon est, à beaucoup d'égards, un visionnaire ; il appartient à la même école que certains de ces socialistes mystiques du milieu du xixe siècle, qui croyaient aller vers un avenir d'une beauté infinie et à qui il advint de reculer vers des formes qui, en réalité, étaient celles des premiers temps de la barbarie. C'est là l'erreur d'un esprit qui ne veut pas voir la réalité qu'il dédaigne, et prétend arriver d'un bond, au mépris même des faits ; il retourne, hélas ! à ce qui était le point de départ très humble et très bas de l'humanité...

Nous terminerons par deux développements intéressants de ces derniers chapitres, l'un d'une admirable beauté et l'autre plein de chimères.

Socrate, amené à parler de la guerre, dit ce qu'elle doit être, ce que devrait être notamment la guerre entre Grecs. On sait qu'elle se pratiquait d'une manière abominable ; les envahisseurs détruisaient tout, saccageaient les récoltes, coupaient même les arbres, anéantissant en quelques jours le travail de plusieurs générations, réduisant les vaincus à l'indigence, à la famine. Socrate est révolté de cette barbarie entre Grecs. Il distingue, avant tout, l'inimitié entre alliés, entre gens de même sang et qu'il appelle discorde, de l'inimitié entre étrangers qui est la guerre. Lorsque, malheureusement, les Grecs seront contraints à combattre les uns contre les autres, ils devront toujours

avoir cette pensée, que, demain, ils seront les amis de ceux avec
qui ils luttent, et les traiter comme tels :

 « Ainsi, lorsque les Grecs combattront les barbares et les bar-
« bares les Grecs, nous dirons qu'ils sont en guerre et qu'ils sont
« ennemis de nature : il faudra donner à cette inimitié le nom de
« guerre ; mais, lorsqu'il surviendra quelque chose de semblable
« entre Grecs, nous dirons qu'ils sont naturellement amis, que
« c'est une maladie, une sédition qui trouble maintenant la
« Grèce, et nous donnerons à cette inimitié le nom de discorde...
« S'ils ravageaient les terres et brûlaient les maisons les uns des
« autres, cela serait le plus funeste, et ils se montreraient peu
« sensibles aux intérêts de leur commune patrie ; car, autrement,
« ils n'auraient pas le cœur de déchirer aussi leur nourrice et
« leur mère ; les vainqueurs se croiraient satisfaits d'avoir enlevé
« aux vaincus la récolte de l'année, et penseraient qu'ils se ré-
« concilieront, un jour, avec eux et qu'ils ne leur feront pas tou-
« jours la guerre...

 « Les citoyens de notre cité seront bons et humains, ils regar-
« deront la Grèce comme leur patrie commune ; ils regarderont
« leur différend avec les Grecs comme une discorde entre amis,
« et ils ne lui donneront pas le nom de guerre. Ils les ramèneront
« doucement à la raison, sans pousser le châtiment jusqu'à leur
« ôter la liberté, encore moins la vie. Ils seront de sages amis
« et non des ennemis. Grecs, ils ne ravageront pas la Grèce ;
« ils ne brûleront pas les maisons ; ils ne regarderont pas tous
« les citoyens d'un État comme leurs ennemis déclarés, hommes,
« femmes, enfants, mais seulement le petit nombre de ceux qui
« ont suscité le différend, et, en conséquence, ils ne voudront pas
« dévaster les terres ni détruire, parce que le plus grand nombre
« se compose d'amis, et ils ne feront durer le différend que
« jusqu'au jour où les coupables auront été obligés, par les
« innocents qui souffrent, à donner satisfaction... »

A côté de ces pensées d'une admirable beauté, voilà que nous
trouvons aussi la chimère ; c'est lorsqu'il s'agit des enfants que l'on
devra envoyer à la guerre tout jeunes, dès huit ou dix ans, afin
de les y habituer. Mais l'on fait justement remarquer à Socrate,
entre autres objections, le cas où le combat se transformera en
déroute. Cela n'est pas fait pour l'embarrasser : les enfants iront
assister à la guerre sous la conduite d'hommes d'expérience, de leurs
gouverneurs, qui les ramèneront si la chose tournait mal. Quelle
étrange idée que de rendre des enfants spectateurs des horreurs
de la guerre, même sous les yeux d'un pédagogue ; et l'on se demande, en particulier, quel enseignement ils pourront tirer

d'avoir assisté à plusieurs déroutes de leurs parents ? Mais Platon ne s'arrête pas à ces considérations, et il développe son programme d'éducation guerrière des enfants, entremêlant sans cesse la chimère et l'idéal.

M. D. C.

La comédie en France après Molière

Cours de **M. AUGUSTIN GAZIER**,

Professeur à l'Université de Paris.

Piron.

Les auteurs comiques que nous avons étudiés dans nos précédentes leçons ont cherché à réaliser un type de comédie différent de celui de Molière ; il ont quitté le chemin frayé pour se lancer à la recherche de nouveautés et créer une forme originale de drame. Certains ont réussi, sinon à s'imposer à notre admiration, du moins à attirer l'attention de la postérité ; on trouve même parmi eux des « précurseurs ». Mais jamais le public lettré, au goût délicat, ne s'est détourné de notre grand théâtre classique ni en particulier de Molière. La tradition du xviie siècle était si vivace que, après toutes ces tentatives originales, on revint résolument aux classiques. L'étude de Piron va nous le montrer.

On se représente, d'ordinaire, Piron d'une manière assez fausse. On voit en lui un joyeux compère, plein de verve et de gaîté, bon vivant, assis plus souvent devant une table d'auberge qu'a sa table de travail, faiseur de facéties et de bons mots. Il doit cette réputation à des histoires souvent suspectes, parfois cependant authentiques.

Sa vie anecdotique a été écrite par le président Rigoley de Juvigny, qui était son ami et son compatriote. On trouve beaucoup de vrai dans cette histoire. Il est très exact, par exemple, que Piron avait autant d'esprit dans la conversation que Voltaire lui-même la plume à la main. Il n'était pas seulement un des maîtres de l'épigramme, mais encore un lettré délicat, doué d'un bon sens parfait.

Né à Dijon en 1689, Piron est un bourguignon de vieille race. Il est à remarquer que, à la mort de Louis XIV, il a vingt-cinq ans. De même qu'on place d'ordinaire Saint-Simon, qui a vu une bonne partie du règne de Louis XV, dans le xviie siècle, de même on met d'ordinaire Piron au rang des auteurs du xviiie siècle. Pourtant il a connu le grand siècle ; il a vécu toute une partie de sa vie sous Louis XIV.

Dans sa jeunesse, Piron habita Dijon ; pour se promener, il

allait dans la campagne, près de Beaune. Les Beaunois n'aimaient point notre auteur à cause d'une ode burlesque et satirique où il les avait raillés. — « Il allait dans les environs de la ville, nous dit son historien, coupant, abattant tous les chardons qui s'offraient à sa vue. — « Eh ! parbleu, répondait-il aux passants qui l'interrogeaient, étonnés de la fureur avec laquelle il moissonnait ces chardons, je suis en guerre avec les Beaunois ; je leur coupe les vivres. »

Ses parents l'élevèrent avec beaucoup de soin. Dans la préface de la *Métromanie*, Piron nous a conté avec beaucoup de verve comment son père l'avait, tout d'abord, destiné à l'état ecclésiastique ; son frère était déjà prêtre, et cet état pouvait attirer quelque considération à la famille. Mais il était bien persuadé et il persuada ses parents que cette condition ne lui pouvait convenir. Il fit de la médécine, du droit, songea à acquérir une charge dans les finances ; puis il résolut de ne plus rien faire que des vers.

La passion des vers était, chez lui, irrésistible. Il eût pu dire avec Ovide que tout ce qu'il voulait dire il le disait en vers, et, lorsqu'il promettait de ne plus écrire qu'en prose, c'est en vers qu'il faisait sa promesse : c'était une maladie héréditaire. Son père était connu dans la région pour sa facilité à écrire et son amour de la poésie. La constitution physique de notre auteur lui fermait d'ailleurs certaines carrières, par exemple celle des armes : il était très myope, comme Montesquieu.

Ce n'est qu'à trente ans qu'il vint à Paris : « Un provincial infortuné, nous dit-il lui-même, pour cacher sa misère et pour y subvenir, n'a d'asile qu'à Paris. M'y voilà donc, nouveau débarqué, un peu plus qu'adolescent, sans yeux, sans industrie, sans connaissances, et non seulement sans protecteur, mais encore entièrement dénué de tout ce qui contribue à s'en procurer. Où voudrait-on que je me fusse pourvu de ces rares qualités ? Où les aurais-je acquis, ces airs aisés, insinuants, souples, avantageux, capables seuls d'impatroniser le premier sot, qui les a, partout où bon lui semble de se présenter ? »

Il se fit donc d'abord copiste, avec de maigres appointements, qui lui permettaient à peine de subsister. Puis, pour gagner quelque argent, il se mit à faire des pièces pour les petits théâtres. C'est ainsi que, de 1777 à 1726, il écrivit pour l'opéra comique de la Foire et pour le théâtre des marionnettes. Il fit jouer ainsi quinze ou vingt pièces, dont la plupart sont perdues.

Vers quarante ans seulement, grâce à ses succès et à ses relations mondaines, dont il avait de plus en plus élargi le cercle, il travailla pour la gloire. Il était alors apprécié et pensionné ; il voulut être applaudi au Français. Mais il ne voulait suivre ni Dancourt ni Marivaux, qu'il trouvait immoraux ; son dessein était de marcher sur les traces de Destouches, pour qui il avait un véritable culte.

C'est ainsi que, en 1728, il fit représenter sur la scène du Théâtre-Français l'*Ecole des Peres ou les Fils ingrats*, comédie en cinq actes et en vers. Puis il donna deux tragédies : en février 1730, *Callisthène* (en cinq actes et en vers) et, en 1733, *Gustave Wasa* (en cinq actes et en vers). En 1738, il revient à la comédie avec la *Métromanie*. Enfin, en 1744, il termine sa carrière par une tragédie, *Fernand Cortès*.

Il vivra encore près de trente ans, écrivant des odes, des contes, des satires, des épîtres, des épigrammes.

Piron n'était pas seulement ami de la vertu ; il était aussi vertueux. Vous connaissez l'épigraphe célèbre :

> Ci-gît Piron qui ne fut rien,
> Pas même académicien.

Pourtant il fut élu membre de l'Académie en 1753 ; mais Louis XV refusa de sanctionner le vote. Piron fut navré. Songez donc qu'il avait déjà préparé son discours de réception ! Je laisse la parole à son biographe.

Piron fait ses visites : « Entre autres plaisanteries, il laissa chez un des trente-neuf électeurs, Nivelle de La Chaussée, son billet, sur lequel étaient écrits ces deux vers amphigouriques, tirés de je ne sais quelle pièce de ce triste père du comique larmoyant :

> En passant par ici, j'ai cru de mon devoir
> De joindre le plaisir à l'honneur de vous voir.

Des visites si peu sérieuses n'indisposèrent ouvertement personne contre lui ; du moins, il le crut. On l'assura même que les suffrages se réunissaient en sa faveur. Le directeur de l'Académie, lui-même, acheva de le persuader, en lui disant de prendre tout le temps nécessaire pour composer son discours de réception. Piron l'en remercia et lui répondit : « Ne vous inquiétez point de cette corvée. Nos deux discours sont déjà faits ; ils seront prêts du jour au lendemain de mon élection... » — « Comment cela ? » lui demanda le directeur, d'un air surpris. — « Comment cela ? repartit Piron, le voici. Je me lèverai ; j'ôterai mon chapeau ; puis, à haute et intelligible voix, je dirai : « Messieurs, grand merci ! » Et vous, sans m'ôter votre chapeau, vous me répondrez : « Monsieur, il n'y a pas de quoi ! »

Piron n'eut pas à dire son « grand merci » ! On fit beaucoup de bruit autour d'une ode de jeunesse, qui était une vraie turpitude, mais dont il s'était repenti. Il raconte lui-même cette histoire dans la préface de la *Métromanie* :

« Que sera-ce donc, pauvre poète, si jadis vous avez donné malheureusement à ces faux inquisiteurs la moindre prise sur vous par une heure ou deux de feu mal employé dans votre première jeunesse ? Ce n'auront pas été, comme on croit bien, des volumes de contes lascifs et dangereux, ni des livres complets de satire mordante, dont le fiel aura distillé sur l'honneur du prochain et peut-être sur ce qu'on reconnaît de plus sacré dans ce monde et dans l'autre. Oh ! non, sans doute. Une si prodigieuse dépense n'est pas l'iniquité ni l'ouvrage d'un instant. Ce n'aura même heureusement rien été de comparable à tout cela ; rien de satirique, de séduisant, ni d'imple, rien que vous ayez ni produit au grand jour ni même avoué jamais. Qu'aura-ce donc été ? Une folie, une débauche d'esprit, fugitive et momentanée, une exagération burlesque, un croquis non moins informe qu'inconsidéré, auquel votre cœur ne doit pas être plus accusé d'avoir eu part que celui d'un peintre en peut avoir à de légères études d'après le nu ; que celui de nos poètes tragiques en eut à l'expression qu'ils donnent aux sentiments affreux de leurs scélérats, et d'un personnage incestueux, perfide, sacrilège ou sanguinaire. Que vous dirai-je enfin ? Ce n'aurait été que des rimes cousues, presque en pleine table, à de la prose qui s'égayait à la ronde sur la fin d'un repas. Folie très blâmable ; on ne peut trop le dire ni trop le répéter ; mais si courte, qu'en faveur et de l'âge et des circonstances, un sage, un vrai dévot même n'aurait attendu qu'à peine au lendemain pour passer l'éponge dessus, n'eût-ce été que pour étouffer le scandale à la naissance... »

« Plus de prescription pour vous. Quarante années de repentir sincère, de mœurs irréprehensibles, d'ouvrages approuvés et décents ; oui, ces quarante années, vis-à-vis de deux heures de fol enthousiasme, ne seront plus pour vous, grâce à la charité de ces honnêtes zélateurs, qu'un moment et qu'un moment perdu. »

Piron souffrit beaucoup du veto du roi, qu'il estimait injuste. Il se résigna grâce aux vertus chrétiennes qui l'animaient. Sans doute, la résistance du roi eût été vaincue, si l'Académie tout entière avait réclamé notre auteur ; mais il ne fut jamais l'ami des philosophes : Voltaire le détestait. Car Piron répudiait absolument toutes les théories religieuses et philosophiques des Encyclopédistes.

Piron était donc un conservateur, on dirait de nos jours un « réactionnaire ». On a vanté la vertu de Destouches, de Mari-

vaux, de La Chaussée. Il fut plus vertueux que nul d'entre eux ; il
imita surtout La Fontaine par la sincérité et la vivacité de son
repentir. C'est peut-être ce caractère qui explique en partie sa
comédie : en elle, nous ne trouvons, en effet, aucune satire
politique ni sociale ; c'est que Piron voulait rester dans le
domaine de la moralité pure.

Nous connaissons sa vie ; nous pouvons, maintenant, étudier son
œuvre. Elle se compose de trois parties : les bouffonneries, les
tragédies, les comédies. Des bouffonneries, nous n'avons rien à
dire. Nous nous en occuperons en étudiant le théâtre de la Foire
et les débuts de l'opéra comique. Je citerai seulement *Arlequin
Deucalion*. La police avait défendu aux acteurs de la Foire de
jouer sur la scène plusieurs à la fois. Aussi la pièce de Piron est-
elle tout entière en monologues. Comme nous sommes au lendemain du déluge, Deucalion se trouve le seul homme vivant ; il
monologue longuement et avec beaucoup d'esprit.

Parmi les tragédies, *Gustave Wasa* fut la seule qui eut quelque succès.

L'*École des Pères ou les Fils ingrats* est la première comédie proprement dite que fit jouer Piron. Ce n'est point, comme on l'a prétendu, le premier modèle de la comédie larmoyante. Loin d'innover, Piron imite au contraire, et il imite Destouches. Destouches
avait mis sur la scène, en 1717, un ingrat à la façon de Tartufe.
Nous avons vu que ce caractère n'était point suffisamment gai, et
qu'on pouvait difficilement le faire entrer dans une bonne comédie. Piron, au lieu de présenter un ingrat comme Destouches, en
présente trois.

Géronte est un bon père de famille, honnête mais faible. Il a
voué une très grande reconnaissance à un de ses amis qui l'a
sauvé et enrichi, et voudrait faire épouser Angélique, fille de
cet ami, à un de ses trois fils. Mais ces fils sont des enfants
gâtés, foncièrement égoïstes, occupés du seul désir de passer
agréablement leur vie. Ils se voient à la fin de la pièce refuser la
main de la douce Angélique, ce qui les punit, en même temps que
leur père, trop faible pour eux.

Voyons, par exemple, la scène IV de l'acte I, dans laquelle
Angélique demande au valet de Géronte, Pasquin, des renseignements sur les trois frères :

ANGÉLIQUE.

Dissipe les soupçons qui me viennent saisir ;
L'un vaut-il mieux que l'autre ? Et fallait-il choisir ?

PASQUIN.

Non, Madame ; le choix entre eux est inutile.
Tous les trois sont égaux ; le financier habile
Est un vrai financier, un Arabe en un mot ;
Le capitaine un fat, et l'auditeur un sot.
Tous trois, enfin, soit dit sans offenser mon maître,
Les trois plus francs vauriens que vous puissiez connaître.

ANGÉLIQUE.

Ah ! ciel, et j'ai promis. .

PASQUIN.

                    Ne vous alarmez pas,
Madame. Le pauvre homme en sera pour ses pas ;
J'en réponds. Si pas un se rend à ses prières,
Je veux mourir ici, sous les coups d'étrivières.
Les bourreaux, pour un sou, se les feraient donner.
Il aura beau jurer, pester, crier, prôner,
Dire que tout leur bien lui vient de votre père,
Qu'il entend comme à lui que vous leur soyez chère,
Supplier celui-ci, menacer celui-là,   [sez-la ».
« Elle est pauvre ? » — « Oui, mes fils. » — « Éh ! bien, épou-
Vous n'avez pas, Madame, autre réponse à craindre.

ANGÉLIQUE.

Je le plains

PASQUIN.

                    Et moi non. C'est bien fait. Faut-il plaindre
Ces pères, vrais fléaux de la société,
Tout pétris des fadeurs de la paternité,
Qui de leurs yeux bénins couvent leur sotte race,
Prétendent qu'ainsi qu'eux chacun s'en embarrasse,
Regardent de travers et traitent de fâcheux
Quiconque n'ose pas s'y complaire comme eux ’
. . . .
Le moindre mot contre eux l'assassine, le tue.
Doux, traitable d'ailleurs, et d'un esprit fort bon,
Sur cet article seul il n'entend pas raison.

ANGÉLIQUE.

C'est un père.

PASQUIN.

                    Ma foi, c'est... c'est un imbécile :
L'un est plus sûr que l'autre. En un mot comme en mille,
Nous souffrons ; sans cela, je me soucierais peu ;
Que m'importe à moi ? Mais à peine un pot au feu !

Boire de belle eau claire et manger du pain d'orge,
Tandis que, chez les fils, le superflu regorge !
Jeûne éternel ici, vingt repas là pour un !
Quand tout est saoûl chez lui, chez nous tout est à jeun !
N'est-ce pas une chose indigne, horrible, infâme
Qui mérite...? Eh ! morbleu, raisonnez donc, Madame !

ANGELIQUE.

Je conviens qu'en ceci tes cris sont de saison ;
Que rien ne fut jamais plus contre la raison :
Mais je tiens, quelque tort que l'on donne à Géronte,
Que ce n'est pas sur lui qu'en doit tomber la honte,
Et que tous gens de bien doivent être saisis
De pitié pour le père et d'horreur pour les fils.

La pièce n'est pas sans valeur ; mais le nombre des ingrats y est vraiment trop grand : on ne les distingue plus les uns des autres par des caractères particuliers. Il fallait beaucoup de talent pour faire porter l'intérêt sur l'un des trois, pour disposer avec art la lumière et l'ombre. Racine n'a-t-il pas sacrifié Sénèque pour faire mieux ressortir Burrhus? Aussi la comédie des *Fils ingrats* est-elle insuffisamment gaie. Cette pièce est trop morale pour être vraiment comique.

Piron avait quarante-neuf ans quand il écrivit la *Métromanie*. Cette œuvre, où Villemain voit la trace d'un génie supérieur, n'est plus guère connue de nos jours ; bien peu de nos contemporains en supporteraient la représentation sans ennui. Tout d'abord, le titre n'est pas clair ; une abstraction ne peut convenir que rarement pour un titre. Molière intitule ses pièces l'*Avare* ou le *Misanthrope*, et non l'*Avarice* ou la *Misanthropie*?

En outre, l'intrigue est des plus obscures, et il faut lire par deux fois la pièce pour en bien comprendre le sujet. Le premier personnage est un homme de cinquante ans, Francaleu, poète, métromane, auteur d'une pièce en six actes. Comme les théâtres se refusent à jouer une pièce tellement en dehors des règles, il se résout à la monter chez lui.

Francaleu a une fille, Lucile, qui a deux prétendants : d'abord Dorante, fils d'un ancien camarade de Francaleu, brouillé avec lui ; c'est un jeune homme très sérieux, très raisonnable, et surtout très épris de la belle Lucile. Il s'introduit adroitement comme acteur dans la troupe qui doit jouer la pièce de Francaleu. Mais celui-ci le repousse bientôt. — Le deuxième prétendant est Damis, poète. Il s'appelle lui-même « M. de l'Empyrée », pour montrer à quelle hauteur il promène d'ordinaire ses pensées. Il a pour oncle un certain Baliveau, riche capitoul. L'amour de Dorante est donc

contrarié par le caractère indolent de Lucile, par l'hostilité du
père, et aussi, croit-il, par l'amour que porte Damis à Lucile.
Dorante est tellement persuadé que Damis a des vues sur celle
qu'il aime, que les deux jeunes gens finissent par se battre en
duel. On s'explique : ce n'est point de Lucile que Damis est amoureux, mais d'une adorable muse de Quimper-Corentin, qu'il n'a
jamais vue et que son imagination puissante lui représente comme
une divinité parfaite. Or Francaleu, mis au courant de l'affaire,
nous apprend que les vers de la belle muse, dont le jeune Damis
est épris, sont en réalité de lui ; la divinité n'existe pas. Damis
confus prend la résolution de rester célibataire. Il devient l'ami
de Dorante, et Dorante n'a plus alors qu'à épouser Lucile. —
Quelques valets, Mondor, laquais de Damis, et Lisette, suivante
de Lucile, égaient l'intrigue par leurs plaisanteries.

Les caractères, malgré la raillerie nécessaire dans une comédie,
sont peints de façon à être sympathiques : « En conservant à mon
poète, dit Piron dans sa préface, quelques petits ridicules essentiels à la profession, je ne l'en ai pas moins fait bon, franc, généreux, brave et désintéressé. Je connaissais trop la malignité du
public, qui rarement fait des applications avantageuses, pour
avoir à craindre qu'il en fît aucune. Aussi n'en fit-il point. Mon
poète passa pour le seul de son espèce. . Véritablement, voyant
avec chagrin que, dans tous les temps et chez toutes les nations,
les poètes en général étaient livrés à la risée du public par les
poètes mêmes, et, de plus, les voyant taxés par ce public de bien
des vices qui sont, quoi qu'en puisse dire le beau monde, pires
que des ridicules, j'avais pris à tâche de présenter sur la scène
un poète qui, sans sortir de son caractère singulier, fût une fois
fait de façon à nous relever d'un préjugé si peu favorable ; un
poète tel qu'il y en eut sans doute, et qu'il y en peut encore
avoir ; un poète enfin lequel, après qu'on a dit :

> On peut être honnête homme et faire mal des vers,

pût aussi dire et penser :

> Qu'en faisant bien des vers on peut être honnête homme. »

Voyez le portrait du poète tracé par Mondor, dans la première
scène de la comédie :

> Oh ! c'est ce qui n'est pas facile à peindre, non ;
> Car, selon la pensée où son esprit se plonge,
> Sa face, à chaque instant, s'élargit ou s'allonge.
> Il se néglige trop, ou se pare à l'excès.

D'état, il n'en a point, ni n'en aura jamais.
C'est un homme isolé qui vit en volontaire,
Qui n'est bourgeois, abbé, robin ni militaire,
Qui va, vient, veille, sue et se tourmente bien,
Travaille nuit et jour et jamais ne fait rien.
Au surplus, rassemblant dans sa seule personne
Plusieurs originaux qu'au théâtre on nous donne,
Misanthrope étourdi, complaisant, glorieux,
Distrait.., ce dernier-ci le désigne le mieux.
Et tiens, s'il est ici, je gage mes oreilles
Qu'il est dans quelque allée à bayer aux corneilles,
S'approchant pas à pas d'un ha-ha qui l'attend,
Et qu'il n'apercevra qu'en s'y précipitant.

LISETTE.

Je m'oriente. On a l'homme que tu nous souhaites ;
N'est-ce pas de ces gens que l'on nomme poètes ?

Dans la *Métromanie*, on trouve d'ailleurs un élément d'actualité : Voltaire et Destouches s'étaient laissé berner de la sorte par un plaisant, qui leur envoyait des vers signés d'une muse bretonne inconnue.

La pièce est encore remarquable par une infinité de traits heureux, tels que :

Molière, avec raison, consultait sa servante,

ou encore :

Un poète, à la cour, est de mauvais aloi.
Des superfluités, c'est la plus inutile.

Enfin la *Métromanie* annonçait déjà des pièces toutes récentes, telles que le *Monde ou l'on s'ennuie,* et même, si l'on veut, *Cyrano de Bergerac*.

J. F.

La théorie de la connaissance
et la notion de valeur

Leçon de M. ÉMILE BRÉHIER,

Maître de conférences de l'Université de Rennes.

Les deux traits caractéristiques de la théorie de la connaissance, à notre époque, sont : 1° la dissociation du problème d'origine (question de fait) et du problème de valeur, qui renferme des questions de droit ; 2° le passage au second plan de la question d'origine.

I

L'empirisme, pendant longtemps, se borne à la question des origines (Locke et Condillac). Ce qui importe, avant tout, à l'empirisme, c'est la réduction de tous les faits de connaissance à un fait primitif indécomposable et constant : Condillac cherche à obtenir toutes les connaissances par une métamorphose de la sensation. Hume, le premier parmi les empiristes, cherche non plus seulement quels éléments sont combinés dans la connaissance, mais comment le jugement de valeur (la valeur attribuée à la liaison causale ou à la substantialité, par exemple) est né. Encore s'agissait-il, conformément à la méthode empirique, non pas de justifier ou même d'expliquer cette valeur, mais plutôt d'en chercher l'origine, d'en opérer la réduction.

Le rationaliste cherche aussi l'origine de nos connaissances, mais en un autre sens. Pour lui, toute connaissance est, actuellement ou en puissance, immédiatement ou médiatement, intelligible. Le problème consiste alors à déterminer les premiers intelligibles qui sont leur lumière à eux-mêmes et projettent leur clarté sur le reste de la connaissance. Ainsi les « natures simples » de Descartes, en communiquant aux autres natures leur intelligibilité propre, sont pour Descartes à l'origine du savoir (alors qu'elles pourront n'être pour l'empiriste que des notions dérivées : la notion d'étendue, par exemple).

Le rationalisme et l'empirisme restent incomplets pour avoir négligé la question des valeurs. Car, pour l'empirisme d'abord, la question de la valeur peut-elle être réduite à celle d'origine ? En dépend-elle seulement ? C'est ce que l'on peut se demander. La valeur d'un objet concerne surtout l'usage que nous en faisons, par conséquent le présent et l'avenir prochain : la question d'origine concerne au contraire le passé. L'empirisme, conçu d'une façon plus large, doit en venir et en vient, semble-t-il, a isoler la question de valeur : ce changement d'orientation est, pourrait-on dire, l'aspect philosophique de la substitution de la méthode d'expérimentation à celle d'observation. L'observation, par elle seule, permet de suivre un être dans son histoire et, en quelque sorte, du passé au présent ; l'expérimentation implique au contraire une attente du futur. Or, pour déterminer la valeur de la connaissance, on considère moins son origine que son aptitude à la prévision, et c'est l'expérience qui est juge de cette aptitude.

Sur les questions d'origine et de valeur, le rationalisme implique un cercle vicieux qui le rend intenable. C'est parce que l'ensemble des choses est intelligible que l'on doit trouver des natures simples qui, intelligibles par elles-mêmes, communiquent leur intelligibilité aux choses dont elles sont les facteurs composants ; les natures simples seraient donc postulées par cette affirmation que les choses sont adéquates à l'intelligence. D'un autre côté, c'est parce que l'on constate directement, par un genre de connaissance supérieure, évidence ou autre, l'intelligibilité des natures simples que l'on a le droit de conclure à un monde intelligible. Les rationalistes imposent donc aux essences primitives dont ils partent deux conditions : 1° qu'elles soient intelligibles en elles-mêmes ; 2° qu'elles permettent d'organiser et de systématiser l'ensemble de la connaissance. Seulement, pour les rationalistes, cette double propriété des essences se déduit du même principe, et se ramène au fond à l'unité. Intelligibilité en soi implique capacité de systématiser les connaissances.

C'est ce postulat qu'il faut nier ; l'expérience a montré que ce sont là deux questions indépendantes. La première question est une question d'origine et de nature ; la seconde, une question de valeur. Or la première pourrait bien être postérieure à la seconde ; l'intelligibilité n'est pas un caractère fixe, attaché éternellement à une idée ; en fait, suivant le degré et la nature de la culture, l'évidence change d'objet. Or cette évidence ne porte-t-elle pas précisément sur les idées dont nous faisons le plus d'usage pour lier nos connaissances ? L'idée compréhensive est donc destinée à devenir intelligible.

II

Mais quel est le sens de la notion de valeur appliquée à la connaissance ? Longtemps avant les recherches modernes sur la valeur en psychologie, Kant avait essayé de définir la « valeur objective de la connaissance ».

Au premier abord, la seule valeur qui puisse appartenir à une connaissance est une valeur « objective ». Les connaissances qui, dans la vie et dans les sciences, ont le plus de valeur ne sont-elles pas d'abord les expériences les plus propres à nous suggérer une hypothèse sur le réel, et ensuite les expériences les plus aptes a la vérifier ? C'est donc sa correspondance de plus en plus exacte avec le réel qui fait la valeur de la connaissance.

Mais comment connaître cette correspondance ? Est-ce, ainsi que le prétend un dogmatisme naïf, attribué à tort ou à raison au sens commun, par une comparaison entre l'objet et sa connaissance, conçue comme une copie plus ou moins fidèle de l'objet ? Il est trop clair que nous ne pourrons jamais comparer entre elles que deux connaissances.

Il faudra donc trouver dans la connaissance même un caractère intrinsèque qui nous garantisse son « objectivité » et sa vérité. Or n'y a-t-il pas tout au moins des cas privilégiés où la pensée et l'être sont rapprochés et comme fusionnés dans une seule intuition immédiate ? Tel serait le cas du *Cogito ergo sum* de Descartes ; le *Cogito* se trouverait en même temps le principe et le type des autres vérités. Nous répondrons que l'évidence se réduit, au fond, à l'immédiatité de la connaissance ; or cette immédiatité peut n'être qu'apparente et acquise, non primitive ; de plus, une connaissance immédiate et intuitive comme $1 + 2 = 3$, reste toujours *en droit* résoluble à une connaissance médiate. L'évidence reste donc au fond un caractère tout extérieur à nos connaissances, tout extrinsèque, et elle ne trouve en elle-même ni ne donne aucune justification.

Mais ne peut-on pas concevoir d'une autre manière que l'objectivité vienne à la connaissance, pour ainsi dire du dedans ? N'est-ce pas l'organisation de données sensibles suivant les principes fixes et nécessaires de l'entendement qui est la source de la valeur objective ? L'objet, ce serait, par rapport aux impressions subjectives prises isolément, ces mêmes impressions ordonnées ensemble suivant des concepts nécessaires. Pour maintenir cette thèse, le criticisme doit affirmer et prouver la séparation complète entre le point de vue de la théorie de la connaissance et le point de vue

psychologique. Car, si l'organisation dont il s'agit est l'œuvre d'un
esprit vivant dans la durée, qui invente des concepts et fait
effort pour systématiser d'après eux ses connaissances, on ne
peut parler de valeur objective. Il faut donc concevoir l'activité
de l'entendement non comme une activité d'ordre psychologique,
mais comme une activité prétemporelle. Mais, alors, les résultats
de cette activité s'imposent à nous de l'extérieur, et le principe
de la valeur objective des connaissances continue à résider hors
d'elles.

III

Si le problème est insoluble, n'est-ce pas parce qu'il est mal
posé ? Et, s'il est mal posé, c'est à cause d'une analyse insuffisante de la notion de valeur et d'une abstraction illégitime.

Une valeur, dit-on, ne peut avoir de sens que relativement à
l'ensemble des besoins et des aptitudes d'une ou de plusieurs personnes humaines, prises non pas seulement comme intelligences,
mais *in concreto*, avec leurs désirs, leurs aptitudes, etc. C'est ce
que l'on ne songe pas à nier lorsqu'il s'agit de valeurs économiques ; pour estimer la valeur de la connaissance, ne faut-il pas
aussi la considérer non pas en elle-même et dans son abstraction,
mais dans son aptitude à satisfaire des besoins humains ?

On objectera de suite que la connaissance vraie se trouve, à
cet égard, dans une situation tout à fait spéciale. Sans doute, elle
peut avoir d'une façon secondaire une valeur d'usage, et l'on est
parfaitement libre de n'estimer les sciences qu'à proportion
qu'elles satisfont les besoins humains ; mais cette valeur d'usage
n'est nullement la mesure de la valeur objective (n'y a-t-il pas des
vérités parfaitement inutiles ou tout au moins inutilisées ?) De
plus, la vérité, loin de s'accommoder à nos besoins, les contredit
souvent, et ce sont les besoins qui sont contraints de s'adapter.
On a même pu, d'une façon générale, contester la valeur d'usage
que la vérité a pour nous ; c'est ce que fait Nietzsche, lorsqu'il
affirme que certaines illusions sont plus favorables au développement de la vie que la vérité. Et si l'on fait remarquer que
le progrès des connaissances humaines, dans son développement historique, dépend en grande partie des besoins humains,
en ce sens que ce sont des problèmes pratiques qui conduisent
aux problèmes théoriques, il n'en est pas moins vrai que la solution de ces derniers garde une valeur en soi, indépendante de la
valeur d'usage.

Mais, insiste-t-on, c'est cette idée d'une valeur en soi ou

objective qui est tout à fait paradoxale ? Si l'on oppose ainsi la valeur objective à la valeur d'usage, c'est par suite d'une série d'abstractions qui masquent la réalité.

1° D'abord, on a l'habitude de n'envisager le problème de la valeur du savoir qu'à propos de la science pure. Si l'on ne borne pas le savoir à la science pure, dégagée par abstraction de toutes ses applications pratiques, n'y a-t-il pas, tout au moins, des espèces de savoir où la valeur d'usage est bien près de se confondre avec la valeur objective ? Le savoir religieux, par exemple, où la vérité concernant nos rapports avec Dieu est saisie dans l'expérience intérieure de l'action consolante et bienfaisante : ces deux moments peuvent-ils être isolés sinon par une abstraction injustifiable ?

2° On oppose la valeur d'usage, uniquement subjective, à la valeur en soi, valeur objective, comme deux abstractions. On ne s'aperçoit pas qu'il y a une foule de nuances dans la subjectivité, et que, parmi elles, certaines s'approchent de l'objectivité. L'argent, par exemple, n'a pas la même valeur pour un avare, par le fait même de sa passion, et pour le commun des hommes ; cette dernière est évidemment plus réelle, plus objective, plus vraie que l'autre. C'est que nos jugements et notre échelle des valeurs se construisent d'après des conditions (tendances et besoins) dont les unes sont très individuelles et passagères, les autres, au contraire, à la fois permanentes et collectives. La valeur « agréable » repose sur un sentiment de plaisir très fugace, et qui ne retrouvera jamais les conditions où il s'est d'abord produit ; la valeur « beauté » repose au contraire sur des aptitudes à sentir profondes et assez semblables chez tous les hommes dans les mêmes conditions sociales ; elle apparaît aussi comme plus « objective ». La connaissance vraie n'aurait-elle pas pour substrat cette permanence et ce caractère collectif de certains besoins ?

3° Enfin on isole l'ensemble des connaissances qui, à un moment donné, constitue la vérité pour se poser, à propos de cet ensemble isolé, le problème de la connaissance. Or il convient de remarquer qu'une connaissance vraie, comme telle, est l'aboutissement d'un processus plus ou moins long, à la fin duquel seulement sa vérité est établie. Par exemple la vérité du mouvement de la terre suppose avant elle et implique les observations astronomiques des Chaldéens, la théorie de Ptolémée, etc. Il y a toujours pour les vérités d'ordre scientifique passage de la simple valeur subjective (hypothèse non vérifiée ou même invraisemblable) à la valeur objective (hypothèse vérifiée). Or de quelle façon s'opère ce passage ? C'est par la tendance à éliminer toutes les hypothèses qui ne nous permettent pas de prévoir l'avenir ou

de systématiser nos connaissances en vue d'une fin. Une proposition vraie serait donc, en définitive, celle qui permet de
prévoir et d'ordonner ; et cette définition met assez en évidence
le caractère pragmatique, la valeur d'usage de la science. Dira-
t-on qu'il y a des propositions vraies qui ne possèdent aucune de
ces deux vertus ? On répondra par la distinction entre les vérités
vivantes qui nous servent actuellement, et les vérités mortes qui
ont perdu leur caractère d'usage, mais ont conservé, par une sorte
de survivance, leur caractère objectif.

IV

Acceptons-nous cette façon de poser le problème de la valeur,
qui consiste, on le voit, à remplacer la vieille notion de valeur
objective, dont les critiques précédentes nous ont montré les difficultés, par une notion plus riche et plus concrète ? Ce pragma-
tisme est fort séduisant, parce qu'il met en évidence la valeur
vitale de la connaissance vraie, et replace la connaissance dans
son milieu naturel. La question est de savoir si l'on peut, sans
plus, renverser les termes et appeler connaissance vraie celle qui
a une valeur vitale. Examinons les objections des pragmatistes en
commençant par la dernière :

1° On a raison de ne pas isoler la vérité des actes spirituels par
lesquels on la découvre. Mais la réussite de fait de nos prévisions
implique un problème de droit qui n'est nullement résolu. C'est
pour des raisons pratiques que je choisis des propositions qui me
permettent de prévoir et de coordonner. Mais comment se fait-il
qu'il y ait de telles propositions ? N'est-ce pas précisément parce
qu'elles ont une valeur objective ? Car ce n'est pas leur puissance
de prévision qui peut créer leur exactitude, mais l'inverse.

2° Admettons que l'on ait réduit la valeur objective de la vérité
à la valeur pratique, permanente et collective de certaines propositions. Il reste cependant que l'idée de valeur objective reste
très différente de l'idée de valeur pratique. L'une concerne le
rapport à un objet ; l'autre, les tendances des sujets. Or, si l'on a
peut-être le droit, comme l'a fait Nietzsche, de considérer la première idée comme funeste à la vie, on n'a pas le droit de la
réduire à une autre qui en est toute différente.

3° Enfin on a raison de dire que le théoricien de la connaissance doit considérer non pas un seul, mais l'ensemble des modes
de connaître, sans objecter à l'un d'eux une fin de non-recevoir.
Mais a-t-on le droit de conclure de l'un à l'autre ? S'il y a des

germes de connaissance, comme la connaissance religieuse, où l'explication pragmatiqne paraît particulièrement bien réussir, il ne s'ensuit pas que la même solution puisse s'appliquer aux autres modes de connaître. Il est naturel que l'on tente d'établir une continuité entre les modes de connaître vraiment objectifs dont la science est le type, et les modes de connaître pénétrés de subjectivité comme la religion. Mais il est impossible d'admettre *à priori* une conception aussi univoque et aussi exclusive de l'esprit humain.

E. Bréuier.

Sujets de devoirs.

Versions latines.

1. Auli Gellii, *Noctes Atticæ*, lib. X, cap. III, depuis : « Fortis ac vehemens orator existimatur esse... », jusqu'a : «... ut non narrari quæ gesta sunt, sed rem geri prorsus videas. »

2. Velleii Paterculi *Historiæ*, lib. II, CXXIII, depuis: « Venitur ad tempus in quo fuit plurimum metus... », jusqu'à : «... quam ut occuparent eum alii armis pugnaverunt » (CXXIV).

Thèmes latins.

1. Boissier, *la Religion romaine*, t. II, chap. III, p. 5, depuis : « La philosophie romaine, on le sait, gagna beaucoup... », jusqu'à : «... c'est ce qui explique le grand développement qu'elle prit a l'époque d'Auguste » (inclusivement, p. 6).

2. Taine, *Essai sur Tite-Live*, Introduction, page 7, depuis : « Il est probable qu'il vint à Rome au temps de la victoire d'Actium... », jusqu'à : «... elle est l'éloge de l'ancienne république, du gouvernement libre et des mœurs honnêtes.

Versions grecques.

1. *Iliade*, XXIV, 486-506.

3. Xénophon, *Anabase*, I, 1.

Thèmes grecs.

1. Bossuet, *Discours sur l'Histoire universelle*, III, 5 : « La Grèce était pleine de ces sentiments... une impétuosité aveugle. »

2. Fénelon, *Lettre à l'Académie*. De la rhétorique : « La seconde chose que je remarque... ces mêmes prisonniers. »

Histoire de la philosophie.

L'harmonie préétablie dans le système de Leibniz ; son origine, sa signification, son rôle.

Les divers genres de connaissances dans le système de Spinoza.

Thème allemand.

LE GÉNIE DES RACES CELTIQUES.

La race celtique s'est usée à résister au temps et à défendre les causes désespérées. Il ne semble pas qu'à aucune époque elle ait eu d'aptitude pour la vie politique : l'esprit de la famille a étouffé chez elle toute tentative d'organisation plus étendue. Il ne semble pas aussi que les peuples qui la composent soient par eux-mêmes susceptibles de progrès. La vie leur apparaît comme une condition fixe, qu'il n'est pas au pouvoir de l'homme de changer. Doués de peu d'initiative, trop portés à s'envisager comme mineurs et en tutelle, ils croient vite à la fatalité et s'y résignent. A la voir si peu audacieuse contre Dieu, on croirait à peine que cette race est fille de Japhet.

De là vient sa tristesse. Prenez les chants de ses bardes du vi[e] siècle : ils pleurent plus de défaites qu'ils ne chantent de victoires. Son histoire n'est elle-même qu'une longue complainte ; elle se rappelle encore ses exils, ses fuites à travers les mers. Si parfois elle semble s'égayer, une larme ne tarde pas à briller derrière son sourire ; elle ne connaît pas ce singulier oubli de la condition humaine et de ses destinées qu'on appelle la gaieté. Ses chants de joie finissent en élégies ; rien n'égale la délicieuse tristesse de ses mélodies nationales ; on dirait des émanations d'en haut, qui, tombant goutte à goutte sur l'âme, la traversent comme des souvenirs d'un autre monde. Jamais on n'a savouré aussi longuement ces voluptés solitaires de la conscience, ces réminiscences poétiques où se croisent à la fois toutes les sensations de la vie, si vagues, si profondes, si pénétrantes, que, pour peu qu'elles vinssent à se prolonger, on en mourrait, sans qu'on pût dire si c'est d'amertume ou de douleur.

RENAN.

Thème allemand.

FÉNELON ET LA FONTAINE.

Il y a ce rapport, entre Fénelon et La Fontaine, qu'on les aime tous deux, sans bien savoir pourquoi et avant même de les avoir approfondis. Il émane de leurs écrits comme un parfum qui prévient et s'insinue ; la physionomie de l'homme parle d'abord pour l'auteur ; il semble que le regard'et le sourire s'en mêlent, et, en les approchant, le cœur se met de la partie sans demander un compte bien exact à la raison. L'examen chez l'un comme chez l'autre pourra montrer bien des défauts, bien des faiblesses ou des langueurs; mais la première impression reste vraie et demeure aussi la dernière. Il semble qu'entre les poètes français La Fontaine seul ait, en partie, répondu a ce que désirait Fénelon, lorsque, dans une lettre à La Motte, cet homme d'esprit si peu semblable à La Fontaine, il disait : « Je suis d'autant plus touché de ce que nous avons d'exquis dans notre langue, qu'elle n'est ni harmonieuse, ni variée, ni libre, ni hardie, ni propre à donner de l'essor, et que notre scrupuleuse versification rend les beaux vers presque impossibles dans un long ouvrage. » La Fontaine, avec une langue telle que la définissait Fénelon, a su pourtant paraître se jouer en poésie et donner aux plus délicats ce sentiment de l'exquis qu'éveillent si rarement les modernes. Il a rempli cet autre vœu de Fénelon : « Il ne faut prendre, si je ne me trompe, que la fleur de chaque objet, et ne toucher jamais que ce qu'on peut embellir. » Et, enfin, il semble avoir été mis au monde exprès pour prouver qu'en poésie française il n'était pas tout à fait impossible de trouver ce que Fénelon désirait encore : « Je voudrais un je ne sais quoi qui est une facilité à laquelle il est très difficile d'atteindre. » Prenez nos auteurs célèbres, vous y trouverez la noblesse, l'énergie, l'éloquence, l'élégance, des portions du sublime ; mais ce je ne sais quoi de facile qui se communique à tous les sentiments, à toutes les pensées, et qui gagne jusqu'aux lecteurs, ce facile mêlé de persuasif, vous ne le trouverez guère que chez Fénelon et chez La Fontaine.

SAINTE-BEUVE.

Version allemande.

REIM UND RHYTHMUS.

Der ernsthaften Erwägung kɔnnte es fast als ein Hochverrat gegen die Vernunft erscheinen, wenn einem Gedanken, oder sei-

nem richtigen und reinen Ausdruck, auch nur die leiseste Gewalt
geschieht, in der kindischen Absicht, dass nach einigen Silben
der gleiche Wortklang wieder vernommen werde, oder auch,
damit diese Silben selbst ein gewisses Hopsasa darstellen. Ohne
solche Gewalt aber kommen gar wenige Verse zustande : denn ihr
ist es zuzuschreiben, dass in fremden Sprachen, Verse viel
schwerer zu verstehen sind, als Prosa. Könnten wir in die ge-
heime Werkstätte der Poeten sehen, so wurden wir zehnmal öfter
finden, dass der Gedanke zum Reim, als dass der Reim zum
Gedanken gesucht wird ; und selbst im letztern Fall geht es
nicht ohne Nachgiebigkeit von seiten des Gedankens ab.

Diesen Betrachtungen bietet jedoch die Verskunst Trotz, und
hat dabei alle Zeiten und Wölker auf ihrer Seite : so gross ist die
Macht, welche Metrum und Reim auf das Gemüt ausüben. Ich
möchte dieses daraus erklaren, dass ein glucklich gereimter Vers,
durch seine unbeschreiblich emphatische Wirkung, die Empfin-
deng erregt, als ob der darin ausgedrückte Gedanke schon in der
Sprache prädestiniert, ja präformirt gelegen und der Dichter ihn
nur herauszufinden gehabt hätte. Selbst triviale Einfälle erhalten
durch Rhythmus und Reim einen Anstrich von Bedeutsamkeit,
figurieren in diesem Schmuck, wie unter den Mädchen Alltagsge-
sichter durch den Putz die Augen fesseln.

Schopenhauer.

Version allemande.

REIM UND RHYTHMUS

(Fortsetzung).

Ja, selbst schiefe und falsche Gedanken gewinnen durch die
Versifikation einen Schein von Wahrheit. Andererseits wieder
schrumpfen sogar berühmte Stellen aus berühmten Dichtern
zusammen und werden unscheinbar, wenn getreu in Prosa wie-
dergegeben.

Dass nun so geringfügig, ja kindisch scheinende Mittel, wie
Metrum und Reim, eine so machtige Wirkung ausuben, ist sehr
auffallend und wohl der Untersuchung wert : ich erkläre es mir
auf folgende Weise. Das dem Gerbor unmittelbar Gegebene, also
der blosse Wortklang, erhalt durch Rhythmus und Reim eine
gewisse Vollkommenheit und Bedeutsamkeit an sich selbst,
indem er dadurch zu einer Art Musik wird : daher scheint er

jetzt seiner selbst wegen dazusein und nicht mehr als blosses
Mittel, blosses Zeichen eines Bezeichneten, nämlich des Sinnes
der Worte. Durch seinen Klang das Ohr zu ergótzen, scheînt
seine ganze Bestimmung, mit dieser daher alles erreicht und alle
Anspruche befriedigt zu sein. Dass er nun aber zugleich noch
einen Sinn enthalt, einen Gedanken ausdrückt, stellt sich jetz dar
als eine unerwartete Zugabe, gleich den Worten zur Musik ; als
ein unerwartetes Geschenk, das uns angenehm uberrascht und
daher, indem wir keine Forderungen daran machten, sehr leicht
zufrieden stellt : wenn nun aber gar dieses Gedanke ein solcher
ıst, der un sieh selbst, also auch in Prosa gesagt, bedeutend
wäre, dann sind wir entzückt.

SCHOPENHAUER.

Littérature anglaise.

Dissertations.

I. — Sir R. de Coverley.

II. — Richardson.

III. — Thackeray.

Thèmes.

I. Flaubert, *Madame Bovary*, 1ʳᵉ partie, chap. IV : « Et les
chemises sur les poitrines bombaient... », jusqu'à : «... faisait
partir de loin les petits oiseaux ».

II. Taine, *Littérature anglaise* , V, ch. II, IV : « Nul écrivain ne
fut mieux doué que Thackeray... », jusqu'à : «... où l'on fait les
amputations ».

III. Taine, *De l'Intelligence*, ch. II : « La famille des noms,
comme on sait... », jusqu'à : «.. et sans lequel elle ne saurait
subsister ».

Versions.

I. Coleridge, *Fears in Solitude* , 1-44.

II. Colerige, *The Nightingale* : « And I know a grove... », jusqu'à : «... reels with tossing head ».

III. Wordsworth, *Ode on the Intimations of Immortality*, I-IV.

Commentaires grammaticaux.

Les textes donnés en version.

Dissertation française.

Ancien Régime (Série des Langues classiques et série des Langues vivantes).

1. Etudier, dans la pièce de la *Légende des Siècles* intitulée « Le sacre de la Femme », le paragraphe III. — A. Le thème poétique ; B. L'art d'exécution : insister, en particulier, sur les vers 3, 4, 5, 6 et 10.

2. Le sentiment de la nature et le lyrisme dans l'Harmonie de Lamartine intitulée *Le Chêne* ; différence essentielle avec le poème de *Milly*.

Le *Gérant* : FRANCK GAUTRON.

POITIERS. — SOCIÉTÉ FRANÇAISE D'IMPRIMERIE.

REVUE HEBDOMADAIRE

DES

COURS ET CONFÉRENCES

Directeur : N. FILOZ

La civilisation intellectuelle en France à l'époque de la Renaissance

Cours de M. ABEL LEFRANC,

Professeur au Collège de France.

Diverses définitions de la Renaissance.

Dans notre dernière leçon, nous avons distingué deux parties bien nettes dans le siècle, en nous servant de la grande coupure de 1530, puis six périodes secondaires, que nous allons rapidement parcourir.

La première, de 1495 à 1510, est une période de préparation. La seconde, qui va de 1570 à 1530, voit les premières manifestations de la Renaissance. Durant la troisième, c'est-à-dire de 1530 à 1541, les progrès s'affirment ; une première et magnifique floraison se révèle avec Marot, Rabelais, Calvin, Marguerite de Navarre, Des Périers, etc.

Mais le changement décisif qu'on pouvait déjà signaler va s'accentuer encore dans la quatrième période, entre 1541 et 1550. La doctrine esthétique se fixe ; les précurseurs de la Pléiade travaillent à la dégager. En même temps, les études philosophiques se développent ; le pétrarquisme et le platonisme touchent alors à leur apogée. L'École lyonnaise apparaît florissante. D'autre part, on traduit, à ce moment-là, l'*Amadis*, du moins les premiers livres,

qui rencontrent un vif succès. La querelle de l'Amour, du Mariage
et des Femmes s'engage : elle devait tenir par ses conséquences
une place des plus importantes dans l'histoire de la civilisation et
des mœurs, car elle s'accompagne d'un développement extraordinaire de la sociabilité, ainsi qu'en témoigne la constitution, dans
toutes les grandes villes, de petits cénacles de savants, d'écrivains, de mondains et d'artistes. Avec cette période disparaît une
génération. Aussi les mouvements déjà commencés s'étendent-ils
avec plus de rapidité : la rupture entre la Renaissance et la
Réforme se consomme, et Calvin reproche âprement aux Nicodémites de prétendre combiner l'antiquité avec le christianisme ; il
est lui-même, par son intransigeance en matière de dogme et de
discipline, l'une des causes les plus actives du divorce qui s'accomplit. La science, de son côté, donne de très belles promesses
avec Ambroise Paré, Copernic et Vésale. Le rôle de la Cour s'affirme, chaque année, avec plus de force. ·

La cinquième période, de 1550 à 1564, voit l'épanouissement de
la Renaissance. Ronsard la domine tout entière, et, avec lui, l'art
conquiert la France, en même temps que le paganisme réapparaît.
Les guerres religieuses commencent ; Calvin meurt à Genève.

Quant à notre dernière division, de 1564 à la fin du siècle, on
pourrait encore la partager elle-même, en distinguant une première période de 1564 à 1580 et une seconde de 1580 à 1600 ou
même 1615.

Pendant la période de 1550 à 1564, l'organisation de la pensée
antique s'accomplit. On arrive même, en peu de temps, à une
estimation exagérée des anciens. Par contre, la philosophie chrétienne commence à être dédaignée : partout nous constatons une
infiltration de la pensée païenne. La traduction qu'Amyot fit des
œuvres de Plutarque contribua, au premier chef, à répandre dans
le public quantité de semences, qui germèrent et s'épanouirent
enfin avec Montaigne. A la faveur de ce mouvement païen, l'amour
et les passions reprennent leurs droits ; les poètes chantent leurs
maîtresses, on sait avec quelle liberté. Nous revenons au naturalisme antique : c'est là le fait qui résume, à lui seul, toute cette
période. Nous en pourrions citer de nombreux témoignages, mais
qu'il nous suffise de rappeler en quel sens l'art se développait
alors, au moment où Goujon exécutait les sculptures de la fontaine des Innocents et du Louvre : suivant le terme consacré, le
nu revient en faveur. Dans un autre domaine, la jurisprudence
elle-même évolue avec Cujas et Dumoulin.

Toutefois nous sommes bien obligés de constater que cet
immense progrès ne va pas sans quelque recul : l'art tend à deve-

nir, en effet, l'apanage d'une élite ; on s'intéresse moins à la col-
lectivité, au peuple, si bien que nous apercevons souvent une conception artistique plutôt égoïste. Cependant, dans toute cette
évolution, notre Renaissance reste française et nationale.

En somme, le résultat de la Renaissance française a été de faire
absorber aux gens du xvi⁰ siècle les éléments principaux de la
civilisation des anciens. Le xvi⁰ siècle marque une véritable satu-
ration de la morale antique, grâce surtout à l'étude des lettres.

Donc la Renaissance comprendra, selon notre conception, six
périodes, quatre avant 1550, deux depuis. En suivant cette décomposition en périodes, nous parvenons facilement à comprendre
l'évolution de la Renaissance, à saisir la continuité du travail
depuis les précurseurs de Rabelais, de Calvin et de Marot, jusqu'à
Ronsard et ensuite Montaigne : c'est là qu'est tout le secret de
l'histoire de la Renaissance ; c'est cette analyse qui nous permettra
de réaliser la synthèse que nous avons entreprise ; grâce à elle,
ce qui nous paraissait obscur, à force de complexité, va nous
paraître de plus en plus clair. C'est elle aussi qui va nous imposer le plan de notre cours. Ce plan est nouveau, et je crois, pour
les raisons que je viens de vous soumettre, qu'il est le meilleur.

Une première question se pose. Comment faut-il considérer la
prolongation des éléments qui viennent du Moyen Age ? A vrai
dire, il n'y a pas de rupture complète entre le passé et les temps
nouveaux, et la Renaissance a été préparée durant le Moyen Age,
durant l'époque que l'on appelle souvent, à tort, la longue nuit
gothique, bien longtemps avant le xvi⁰ siècle. Aussi M. Petit de
Julleville a-t-il pu écrire dans son *Histoire de la langue et de la
littérature françaises* : « S'il était possible de mesurer et de peser
tous les éléments dont se compose notre littérature française classique, on trouverait, j'en suis certain, que, tout compte fait, elle
renferme encore plus de choses directement héritées du Moyen
Age que de choses vraiment antiques, même romaines. Dans une
tragédie de Racine, faites la part de tout ce qui appartient à ces
deux éléments que l'antiquité n'a point connus : le christianisme
et la chevalerie. Cette disproportion nous échappe ; c'est parce
que, dans notre civilisation, ce qui nous frappe le plus est ce qui
est le moins traditionnel. Le reste est dans le sang depuis trente
générations. »

Certes, il y a beaucoup de vrai dans cette pensée ; mais, néanmoins, elle contient une certaine exagération, que plusieurs érudits
se sont efforcés de réduire. Déjà quelques écrivains avaient entrepris de faire au Moyen Age la part qui lui revenait légitimement.
C'est, par exemple, ce qu'a voulu faire M. J. V. Le Clerc dans le

tome XXIV, p. 426, de son *Histoire littéraire* : « Peu s'en fallait
qu'on n'eût déjà la littérature latine au Moyen Age, telle que nous
l'avons aujourd'hui. Ce mot, trop légèrement employé, de Renaissance des lettres ne saurait s'appliquer aux lettres latines ; elles
n'ont point ressuscité, parce qu'elles n'étaient point mortes. » Et
de fait d'autres érudits comptent qu'on connaissait au Moyen
Age quatre-vingt-seize auteurs anciens, dont les plus grands :
Virgile, Ovide, Lucain, Cicéron et Tite-Live. Parmi les plus célèbres, Tacite seul fut peut-être ignoré. Vitruve fut longuement
étudié et commenté, surtout au xvᵉ siècle. L'antiquité grecque
était en partie connue ; on étudiait Aristote à travers les traductions latines, arabes et la science juive, Platon à travers les Pères
et les commentateurs. Mais ni la pensée ni le raisonnement scientifique ou philosophique des anciens n'étaient profondément pénétrés, ni la beauté esthétique de leur forme et de leur style n'était
vivement sentie et goûtée. On les admirait avec excès, mais sans
les comprendre véritablement. D'autre part, on n'avait pas le
sentiment historique des choses ; on n'avait pas le sens critique
on manquait de méthode : aussi se représentait-on les guerriers
grecs ou troyens avec l'armure des chevaliers, et voyait-on, dans
les histoires d'Alexandre, de Didon ou de César, quelque chose
d'analogue aux luttes ou aux guerres féodales. M. Gebhart a jadis,
dans une œuvre déjà ancienne, étudié et énuméré les causes pour
lesquelles l'antiquité n'avait pas été comprise chez nous, en précisant les motifs de l'avortement de l'essai de Renaissance du
xivᵉ siècle. Mais il a omis la principale : le défaut de rapports intimes entre le monde ancien et le monde nouveau, qui fait que le
premier ne peut léguer aucun héritage à son successeur. La substance de l'antiquité n'imprégnait, en aucune façon, les esprits et
les âmes du Moyen Age ; on n'en saisissait que la surface et l'on
admirait à la légère, sans pénétrer l'essentiel de la pensée antique.
L'antiquité est alors comme un beau fleuve, dont on admire la
noblesse et le cours régulier, mais sans songer à l'utiliser pour
l'irrigation ou la navigation ; son eau s'écoule inutile, malgré
l'enthousiasme de ceux qui en vantent la pureté et la limpidité,
jusqu'au moment où elle pénètre la terre avoisinante pour la
féconder et lui faire porter des fruits plus beaux. Au xviᵉ siècle
seulement, la substance antique a pénétré les âmes et les cœurs ;
la Renaissance, c'est bien cela : une infiltration, une pénétration.

Demandons-nous, maintenant, de quel œil les gens du xviᵉ siècle virent ce mouvement et comment ils le comprirent. En un
mot, quelle conception les hommes du temps eurent-ils de la Renaissance ? Cette enquête ne peut manquer de nous servir pour

établir une définition nette de cette période. Cependant nous ne devons pas la faire sans appréhension, car les contemporains ne mesurent guère la juste portée des événements auxquels ils assistent. Chose singulière pourtant : les hommes de la Renaissance se sont rendu compte du changement qui se produisait sous leurs yeux, et ils ont des mots presque lyriques pour en parler. Adressons-nous donc à eux et entendons ce qu'ils vont dire des différents progrès qu'ils constatent. Dès 1472, Fichet écrit à Gaguin à l'occasion de l'apparition des premiers livres parisiens : « Je ressens la plus grande satisfaction, très érudit Robert, en voyant fleurir dans cette ville (Paris), qui les ignorait jadis, les compositions poétiques et toutes les parties de l'éloquence. Car, lorsque je quittai, pour la première fois, le pays de Baux dans mes jeunes années, afin de venir à Paris étudier la science d'Aristote, je m'étonnais beaucoup de ne trouver que si rarement, dans Paris tout entier, un orateur et un poète. Personne n'étudiait nuit et jour Cicéron, comme beaucoup le font aujourd'hui ; personne ne savait faire un vers correct ni scander les vers d'autrui, car l'école parisienne, déshabituée de la latinité, était à peine sortie de l'ignorance en tout discours. Mais de nos jours date une meilleure époque ; car, pour parler le langage des poètes, les dieux et les déesses font renaître chez nous la science du bien dire. » Remarquez que cette sorte d'hymne à la littérature s'adresse plutôt à la forme qu'au fond ; il ne s'agit que du « bien dire ». Nous sommes encore au xvᵉ siècle, et Fichet ne voit pas autre chose que le retour des formes, des termes de l'antiquité, sans apercevoir sa valeur profonde, son influence possible et le changement qu'elle va susciter.

Et maintenant franchissons un demi-siècle ; arrivons vers 1530. Ce sont des hymnes tout autres que nous allons entendre désormais. Laissez-moi seulement vous en lire quelques phrases. Tout d'abord consultons le poète Nicolas Bourbon, qui fit de fort beaux vers, mais qui, pour sa gloire, eut le malheur de les faire latins : « Le ton qu'il emploie, dit M. Hauser, *Etudes sur la Réforme française*, n'est pas du tout celui d'un fade polisseur de syllabes, d'un plat copiste d'Horace. Il salue, dans le culte nouveau des sciences et des langues, le gage de l'instrument du relèvement moral de l'humanité ; la Renaissance est pour lui une véritable génération, et l'éclosion d'un monde. Nos humanistes, ajoute M. Hauser, ont vu dans l'art un enseignement presque autant qu'une source de jouissances ; heureux de trouver dans les œuvres antiques le modèle éternel de la beauté, ils y cherchent avec confiance les règles de la vie. » — Mais écoutons Nicolas Bourbon-lui-même : « Christ a eu pitié du genre humain : il a enfin restauré le globe ruiné ; il est venu, par sa clarté, dissiper nos ténèbres. Jusqu'ici nous vivions aveugles et menés par des aveugles… Nous n'avions dans l'esprit que syllogismes entortillés, sophismes de toute espèce, froides niaiseries, paroles creuses, fumées, ordures et folies… Un vulgaire ignorant, des sophistes stupides, barbares, épais, pédants et bavards, soldats de l'enfer, véritable océan de vices… Mais maintenant sont tombés ces monstres, et par des voies merveilleuses la vérité rédescend sur la terre… Partout la passion des sciences bienfaisantes et le goût des langues enflamment les vieillards aussi bien que les jeunes : c'est du haut du ciel que nous vient cette lumière… » Il y a là, à mon avis, une conscience très nette et vraiment profonde, du changement qui s'accomplit : les écrivains du xve siècle voyaient dans le retour à l'antiquité une circonstance favorable au « bien dire », à l'éloquence ; ceux du xvie siècle se réjouissent de la valeur éducatrice des anciens et songent à bien penser avec leur secours.

Cette joie, à la pensée du progrès moral que la découverte de l'antiquité entraîne, nous la saisissons au premier chef chez Rabelais. Qu'on relise la lettre de Gargantua à Pantagruel : « Le temps estoit encores tenebreux, et sentant l'infelicité et calamité des Gothz, qui avoient mis à destruction toute bonne literature. Mais, par la bonté divine, la lumiere et dignité a esté de mon aage rendue es lettres… Maintenant toutes disciplines sont restituées, les langues instaurées… Tout le monde est plein de gens savans, de precepteurs tres doctes, de librairies tres amples… » Je ne reviens pas sur ces passages, qui chantent dans toutes les mémoires : « Tant y a qu'en l'aage où je suis, j'ay esté contrainct d'apprendre les lettres grecques, lesquelles je n'avois contemné comme Caton, mais je n'avois eu le loisir de comprendre en mon jeune aage. Et voluntiers me delecte à lire les Moraulx de Plutarche, les beaux Dialogues de Platon, les Monumens de Pausanias, et Antiquités de Atheneus, attendant l'heure qu'il plaira à Dieu, mon createur, m'appeller et commander issir de ceste terre ».

Avant d'aller plus loin, je vous ferai remarquer que Rabelais se préoccupe au premier chef des questions morales, puisqu'il cite deux ouvrages moraux et seulement un ouvrage d'archéologie et un autre d'histoire et d'archéologie. Un peu plus loin : « Parquoi, mon filz, je t'admoneste qu'employe ta jeunesse à bien profiter en estude et en vertus ». Vous le voyez encore : c'est l'avancement moral qu'il prêche, et il met la vertu aussi haut que

la science: « Puis soigneusement revisite les livres des médecins
grecs, arabes et latins, sans contemner les thalmudistes et
cabalistes ; et, par frequentes anatomies, acquiers toy parfaicte
cognoissance de l'autre monde, qui est l'homme. » Voilà une
phrase essentielle : «...l'autre monde, qui est l'homme » ; elle
indique quel est le véritable caractère de la Renaissance et
combien ce mouvement est plus profond, plus sérieux qu'on ne
le dit souvent. « Doresenavant, continue Gargantua, que tu
deviens homme et te fais grand, il te fauldra issir de ceste tranquillité et repos d'estude, et apprendre la chevalerie et les armes,
pour defendre ma maison, et nos amis secourir en tous leurs
affaires contre les assaulx des malfaisans ». Ainsi l'enseignement, la science, ne se suffisent pas à elles-mêmes : il faut leur
adjoindre la conduite, les vertus ou, si vous le préferez, la vertu.
Rabelais marque bien le côté moral de cette période ; les savants
doivent se mêler à la vie et ne pas oublier que c'est dans sa
puissance éducatrice que la science trouve sa plus grande valeur.

Mais, sans parler des données fournies à cet égard par Marguerite de Navarre, Budé, etc., nous avons encore de Rabelais un
autre témoignage, beaucoup moins connu et qui nous prouve
aussi nettement la conscience véritablement extraordinaire qu'il
avait de l'influence de la Renaissance : c'est l'épître dédicatoire
qu'il adresse à Tiraqueau, le 3 juin 1532, de Lyon, en tête des
Epistolæ medicinales Manardi. « D'où vient, très docte Tira-
qùeau, que, dans cette lumière si grande de notre siècle, où,
par une singulière faveur des dieux, nous nous voyons réinté-
grés dans toutes les meilleures disciplines, on trouve çà et là
des gens ainsi faits qu'élever les yeux de cet épais brouillard
plus que Cimmérien du temps gothique vers le brillant flambeau du soleil, soit au-dessus de leur volonté ou de leur pouvoir? Est-ce parce que, selon le dire de Platon dans *Euthydème*,
« en toute profession les ignorants et les gens sans mérite
sont nombreux, mais les hommes zélés et de grand mérite, fort
rares », ou bien parce que la puissance des ténèbres de ce genre
est telle, que ceux dont elles ont une fois envahi les yeux sont
nécessairement voués, par suite d'une irrémédiable suffusion, à
des hallucinations et à un aveuglement dont ni collyres ni besicles
ne les pourraient désormais soulager, conformément à ce que
nous lisons dans les *catégories* d'Aristote : « De l'être au néant le
changement est possible, du néant à l'être, impossible » ? Quand
j'examine sérieusement la chose, et la pèse, comme on dit, à la
balance de Critolaüs, cette Odyssée d'erreurs ne me paraît avoir
d'autre origine que cette infâme philautie si blâmée des philo-

sophes : lorsqu'elle a une fois frappé les hommes qui ne savent
ce qu'ils doivent désirer ou craindre, elle émousse d'ordinaire et
fascine leurs sens et leur esprit, de sorte qu'ils voient sans voir
et comprennent sans comprendre. » On ne peut pàs demander un
témoignage plus net de la façon dont les gens du xvie siècle ont
compris le magnifique mouvement d'idées qui nous occupe.

Examinons, maintenant, ce qu'en ont dit les écrivains modernes. En premier lieu, il faut remarquer que les considérations
générales sur la Renaissance française sont, jusqu'à présent,
assez rares. D'autre part, presque toutes les définitions qu'on a
proposées contiennent des erreurs ou ne s'appliquent pas à l'ensemble de la révolution intellectuelle qui s'est accomplie alors.
C'est quand on les examine attentivement qu'on aperçoit complètement la nécessité d'une distinction des périodes essentielles.
Sans cette distinction, on tombe fatalement dans la confusion et
l'on àboutit à une unité factice. Plusieurs de ces définitions pè-
chent, parce qu'on a fait de la Renaissance une période homogène ; on exagère et on simplifie dangereusement des éléments
isolés ; ce qui n'était, en réalité, qu'un point de vue, devient, dans
quelques définitions, le caractère unique et essentiel de mouvement, et l'on oublie tous les autres.

Tout d'abord y a-t-il vraiment lieu de distinguer l'humanisme
de la Renaissance ? Je ne le pense pas : il n'y a pas eu, à proprement parler, de brisure entre la période préparatoire de l'humanisme et l'époque de la Renaissance, ou plutôt l'humanisme èt
la Renaissance se confondent, ou mieux encore l'humanisme
n'est qu'un aspect de la Renaissance. Cependant je dois avouer
que tel n'est pas l'avis de M. Faguet. M. Faguet concevrait
volontiers une histoire de la Renaissance tout à fait distincte
d'une histoire de l'humanisme. Lisez l'introduction de son
remarquable ouvrage sur *Le XVIe siècle* : trois influences générales, selon lui, dominent, au xvie siècle, les esprits adonnés aux
choses de l'esprit : la Réforme, la Renaissance et l'Humanisme.
On verra, par ce qui suit, qu'il ne faut nullement confondre ces
deux derniers, et qu'ils se distinguent, d'abord d'une façon sensible, ensuite profondément, pour se rapprocher enfin sans se
confondre. (page vi). — La Renaissance fut une émancipation
de l'esprit humain suscitée par le commerce des hommes du
xvie siècle avec la pensée antique. En d'autres termes, comme la
plupart des émancipations, ce fut un changement de servitude. »

M. Faguet exagère en parlant d'un changement de servitude et
je ne crois pas sa distinction fondée : il n'y a que deux éléments
dans le xvie siècle : la Réforme et la Renaissance. « Mais, entre ces

tendances diverses, un autre état d'esprit encore s'établissait, se répandait, très particulier, très complexe, d'une très grande importance en France, dont il nous reste à parler. *L'huma-nisme n'est pas le Moyen Age, il n'est pas la Réforme et il n'est pas la Renaissance.* La Renaissance, c'est la résurrection des idées antiques ; l'humanisme, c'est le goût de l'art antique. Il y a souvent un humaniste dans l'homme-de-Renaissance, il y a moins souvent un homme-de-Renaissance dans l'humaniste ; et il n'est pas forcé que l'homme-de-Renaissance soit un humaniste (Rabelais ne l'est presque point) ; il l'est moins encore que l'humaniste soit un homme-de-Renaissance. L'humanisme n'a point, du reste, la même date que la Renaissance. La Renaissance est du xvᵉ siècle en Italie et du xviᵉ siècle en France ; l'humanisme n'a presque point cessé d'être depuis l'antiquité jusqu'à nos jours. Si haut qu'on remonte dans le Moyen Age, on trouve dans la littérature le culte et l'imitation des lettres antiques. L'humanisme s'est seulement accusé et précisé au xviᵉ siècle, et a seulement reçu de la Renaissance de nouvelles forces. L'humanisme est un état d'esprit très spécial, qui demande à être analysé avec quelque détail (p. xix).» Et tout l'essentiel de la preface repose sur cette distinction. Or, à mon avis, cette distinction est arbitraire ; elle ne repose pas sur les faits ; elle sépare de la Renaissance un de ses éléments essentiels : l'humanisme, en France, se confond avec la Renaissance, c'est là un point de vue très important qu'il ne faut pas abandonner pour s'engager dans des discussions de mots.

M. Lemonnier, dans l'important volume de l'*Histoire de France de Lavisse* (p. 149) qu'il a consacré a uxviᵉ siècle, se prononce pour la fusion de la Renaissance dans l'humanisme. Faut-il identifier d'une façon absolue la Renaissance et le retour à l'antiquité et l'italianisme ? « Nous voici arrivés à une époque où une nation change de tempérament, écrit Quinet à propos de l'Italie du xvᵉ siècle. Ces mots peuvent s'appliquer, en partie, à la France du xviᵉ siècle, et ils contiennent peut-être la définition si souvent cherchée de Renaissance française. Nous garderons ce terme de Renaissance, — inexact, si on le prend à la lettre, — puisqu'il est en usage, mais sans y joindre d'autre idée que celle d'une évolution. L'Italie d'abord, l'antiquité ensuite, ont opéré chez nous cette transformation plus ou moins rapide de notre tempérament intellectuel.

« A la fin du xviᵉ siècle encore, deux formes de civilisation se partageaient l'Europe : celle du Nord, qui continuait à s'inspirer surtout de la civilisation du Moyen Age et qui avait son centre d'action en Allemagne et aux Pays-Bas ; celle du Midi, qui se rat-

tachait à l'antiquité gréco-romaine, et dont le foyer ardent était
en Italie. Renaissance, classicisme, humanisme, sont donc des
termes à peu près synonymes dans l'histoire intellectuelle du
xvi⁰ siècle, et qui désignent une forme de pensée ou d'art, une
conception du beau inspirée de l'antiquité. Les hommes de la
Renaissance, les classiques ou les humanistes rompent avec toute
l'éducation du Moyen Age. En cherchant à ressaisir le génie de la
Grèce et de Rome, à reconstituer tout un patrimoine d'idées et
de sentiments qui élargissent le domaine de l'esprit humain, ils
accomplissaient une œuvre belle et féconde. En visant à faire revivre artificiellement la Grèce et Rome dans le monde moderne,
en renonçant à l'héritage de leur passé, en se refusant à reconnaître les réalités contemporaines, ils se donnèrent une tâche factice et inférieure. »

Consultons, maintenant, un savant professeur de Berlin, d'origine suisse, M. Morf. Dans l'introduction de son *Manuel*, si achevé,
il nous dit à peu près ceci : la Renaissance est une insurrection,
un soulèvement contre l'aspect, la conception, l'idée de la vie du
Moyen Age, qui est la Cité de Dieu. Certes, l'expression ne manque
pas de vérité ; elle est empreinte d'une certaine grandeur,
mais l'auteur, si bon connaisseur du xvi⁰ siècle, n'a pas voulu
donner cette formule comme la définition complète de notre
Renaissance.

Je crois qu'il en est de même de la définition que donne M. Lanson dans son livre remarquable sur l'*Histoire de la littérature
française* :

« Tous les genres, dit-il à la page 218, furent, non pas, comme
on le croit trop souvent, étouffés, mais excités, épanouis par la
Renaissance. On se représente communément la Renaissance
comme un réveil de l'antiquité. Cela n'est pas vrai de la France,
ou du moins n'est pas complet ni exact. Le xiv⁰ et le xv⁰ siècle
auraient fait la Renaissance, si l'antiquité seule avait suffi pour
donner au génie français l'impulsion efficace et définitive. Nous
avions les anciens, nous les lisions, nous les admirions ; nous ne
savions pas ce qu'il y fallait admirer et prendre, ce qui nous était
utile et nécessaire pour nous développer. Il nous fallait l'idée de
l'*Art*, idée à laquelle peut-être le fond de notre tempérament
national est assez réfractaire, qu'en cinq siècles de fécondité littéraire il n'avait pas acquise, que peut-être il ne pouvait absolument pas s'adapter dans toute sa pureté, et qu'il lui fallut toutefois saisir le plus possible pour s'exprimer par elle dans une
grande littérature. Le xvi⁰ siècle, au point de vue strictement
littéraire, n'est, en somme, que l'histoire de l'introduction de l'idée

de l'art dans la littérature française, et de son adaptation à l'esprit français.

« Or cette idée nous vint non de l'antiquité, mais de l'Italie, qui en avait fait briller déjà une étincelle dans la poésie de ce demi-Italien, le prince Charles d'Orléans : l'Italie nous révéla l'art de l'antiquité. La Renaissance française est un prolongement et un effet de la Renaissance italienne ; la chronologie seule suffirait à l'indiquer. » — Ainsi donc M. Lanson nous montre que le grand changement du XVIᵉ siècle, c'est l'introduction de l'idée de l'art ; que cette idée nous vient non pas de l'antiquité, mais de l'Italie. Il voit dans notre Renaissance un prolongement de la Renaissance italienne. Toutefois il ne laisse pas d'accorder que l'originalité littéraire fut préservée : « On voit tout le chemin qui a été parcouru en un siècle. On pourrait dire en deux mots que, au contact de l'Italie, et sous l'influence de l'antiquité, le bon sens français a dégagé d'abord l'idée de vérité rationnelle, puis celle de beauté esthétique, et que, demandant à sa littérature une vérité belle et une beauté vraie, il en a circonscrit le domaine aux sujets dans lesquels la coïncidence ou bien l'identité de ces deux idées se trouve le plus naturellement réalisée. » Mais il me semble que ces considérations, d'après le cadre même de l'ouvrage, ne peuvent s'appliquer à l'idéal moral ou scientifique. Or notre cours doit tenir le plus grand compte de ceux-ci. En limitant la Renaissance aux lettres, nous risquerions de diminuer l'ampleur du mouvement.

M. Brunetière, dans le tome I (1ʳᵉ partie) de son *Histoire de la littérature française classique*, en cours de publication, déclare avoir cru précédemment que, à défaut du sentiment de l'art ou du réalisme de l'observation, la Renaissance européenne avait dû emprunter à l'italienne l'épanouissement de l'individualisme : « Et bien loin que la Renaissance européenne se puisse caractériser par l'épanouissement de l'individualisme, je dirais au contraire aujourd'hui que ce que j'y trouve de plus significatif, c'est sa tendance à l'humanisme ». Vous le voyez, ces définitions ne concordent point : pour certains historiens, la Renaissance française prolonge la Renaissance italienne ; pour M. Brunetière, la Renaissance française et la Renaissance italienne n'ont rien de commun. Il prétend que la Renaissance italienne est surtout individualiste, tandis que le caractère saillant de la Renaissance française serait surtout le goût de la société et la préoccupation de l'universel. — Il cherche alors à définir le mot « humanisme » ; il rappelle la phrase fameuse : *Homo sum*, etc. ; il disserte sur les *humaniores litteræ* ; il cite la définition intéressante que Fromen-

tin a donnée de l'humanisme en général, et il ajoute : « L'humanisme, c'est l'homme devenu la mesure de toutes choses, ou plutôt l'humanisme, c'est toutes choses ramenées à la mesure de
l'homme, conçues par rapport à l'homme et exprimées en fonction de l'homme. En précisant encore davantage : l'humanisme,
c'est l'homme rattaché à l'homme dans l'infini du temps, et la diversité des époques jugée du point de vue de l'identité fondamentale de la nature humaine. De ce rapprochement ou de cette
réconciliation des races et des temps dans la notion commune
d'humanité, ne peut-on pas dire qu'il devait nécessairement résulter un adoucissement des mœurs ou un perfectionnement nécessaire ? » Mais, en réalité, nous ne trouvons pas dans ces pages
de définition de la Renaissance française ; nous ne voyons pas
trace de la lutte tragique qui a mis en conflit le paganisme et le
christianisme. Enfin, cela entraîne M. Brunetière à discuter plusieurs problèmes qui, en réalité, ne se posent point. Par exemple,
il se demande si le poète Marot fait, ou non, partie de la Renaissance, et il conclut que Marot n'est pas de la Renaissance. Comment ? Voilà un homme, l'ami de Rabelais et de Marguerite, qui a
connu et goûté toutes les doctrines nouvelles, qui a participé à
toutes les luttes du temps, et on le bannit de la Renaissance ! Ces
formules, par trop quintessenciées et en même temps peu précises, conduisent à des résultats très contestables. L'éminent
critique se trouvait gêné par sa conception du xviiᵉ siècle.

Nous arrivons maintenant à un historien dont je vous ai déjà
parlé pour vous dire combien j'admire son entreprise, bien que
je sois en désaccord avec lui à propos des conclusions : c'est de
M. Imbart de la Tour qu'il s'agit. Dans son premier volume,
M. Imbart de la Tour se montre nettement hostile à la Renaissance ; il la considère comme un danger pour la civilisation et la
littérature ; il n'en voit que le côté antisocial. Il ne semble pas
apercevoir la culture sérieuse que la Renaissance encourage :
« Tout, dans cette société de la Renaissance, travaille au contraire à l'unité et à l'ordre, mais aussi à l'absolutisme du pouvoir
comme à la subordination du nombre. Un roi souverain ; au-dessous de lui, une classe privilégiée, distincte par ses faveurs, non
plus par ses services, une oligarchie de nobles et d'anoblis, bourgeois riches, hommes de loi, hommes de lettres, groupés autour
du trône, seuls initiés à tous les raffinements de la richesse ou de
la pensée ; plus bas, à ces couches profondes de la vie sociale, un
peuple qui obéit et qui travaille, la stabilité de l'Etat assurée par
une stabilité plus grande des classes, voilà les idées qui dominent
l'organisation nouvelle. Il semble que, dans ses regards vers l'an-

tiquité, l'élite n'ait aperçu que les deux formules corruptrices :
la souveraineté de l'Etat qui crée la toute-puissance du prince,
et cet *humanum paucis vivit genus*, qui ramène le bonheur de tous
à la jouissance de quelques-uns. » Nous avons là, à la place
d'une définition, une appréciation très sévère de la Renaissance.

Puis, après une longue enquête, parvenu au second volume de
son ouvrage, M. Imbart de La Tour change sa manière de penser :
il éprouve beaucoup plus de sympathie pour le xvi° siècle.
Il nous montre que la Renaissance ne crée pas de doctrine,
mais un esprit ; que l'antiquité devient une éducatrice, un
principe de vie ; que le Moyen Age s'applique à l'étude de l'Etre,
tandis que la Renaissance s'applique à celle de l'homme. Le
Moyen Age limite, la Renaissance exalte l'individu. L'homme devient objet de spéculation, et principe de connaissance ; il est
créé pour le bonheur et pour la gloire. Et l'historien nous expose
les caractères généraux de l'humanisme français : 1° il est
national, ainsi qu'en témoignent le culte du roi et l'idée de
patrie chez les humanistes ; 2° il est moral et chrétien : leur
théorie de la culture est en effet subordonnée à la morale ; l'antiquité classique s'unit au christianisme, si bien qu'en définitive
les humanistes se trouvent préparer un réveil de la religion. En
somme, la Renaissance serait la découverte de l'homme et la
découverte du monde. Certes il faut louer sans hésitation l'historien qui a eu le courage de revenir sur ses précédentes conceptions et le désir de rectifier et d'élargir son point de vue général.

Il faut donc dire, avec M. Hauser, que Renaissance et humanisme, c'est tout un. Si quelques hommes de cette époque ont été
plus amoureux de la forme que du fond, ils constituent à vrai dire
des exceptions ; d'ailleurs, ils sont très rares en France ; on n'en
citerait peut-être pas un seul. Ce côté sérieux de notre Renaissance fait un contraste complet avec l'Italie. Retenez, je vous
prie, ce point de vue essentiel, que l'humanisme n'est pas seulement l'imitation de l'antiquité ; de simple modèle qu'elle était,
l'Antiquité, comme on l'a dit, est devenue principe de vie et de
renaissance, grâce à la conception des *litteræ humaniores*, c'est-à-
dire grâce à l'affirmation hardie que l'étude des lettres antiques
rendra l'humanité plus civilisée, plus noble et plus heureuse,
plus semblable à ce qu'elle était dans les cités antiques, où l'être
humain se développait en liberté.

De son étude de la Renaissance, M. Hauser a dégagé quatre
éléments nouveaux : 1° l'idée que l'homme est, à lui tout seul, un
digne sujet d'étude pour l'homme ; cette idée, c'est l'humanisme

même. 2º L'idée et le désir de la gloire. Le désir de la gloire est cependant beaucoup plus rare chez nous qu'en Italie. Rabelais par exemple, Marot l'ont fort peu éprouvé. Si on le trouve, c'est peut-être chez Dolet, c'est-à-dire un cicéronien, un Italien de culture. 3º L'idée de la continuité du monde antique dans le monde actuel. 4º L'idée de la beauté.

Mais vous me demanderez sans doute, à mon tour, une définition de la Renaissance ; je vais essayer de vous en donner une, la plns exacte, la plus précise possible, sans prétendre être arrivé à la formule parfaite.

La Renaissance en France, c'est je crois, la transformation des mœurs, des idées et des sentiments, qui s'est accomplie, au cours du xvıᵉ siècle, sous l'influence des lettres antiques, en partie par l'intermédiaire de la civilisation italienne et de la culture des peuples du Nord. Grâce à la méthode et à l'esprit critique, grâce au sentiment de la beauté, cette transformation a abouti à une élimination plus ou moins complète de l'idéal du Moyen Age ; elle a réalisé, finalement, un idéal de culture libre et rationel, analogue à celui de l'antiquité, en rendant la conception générale de la vie, de la nature, de l'art et du monde indépendante du christianisme, L'élément chrétien cesse, dès lors, d'occuper une place prépondérante dans la civilisation, quand il ne se trouve pas directement contredit ou systématiquement omis. Le libre examen gagne tout ce que perd la théologie. L'humanité s'aperçoit qu'elle vaut par elle-même.

En somme, la Renaissance est un mouvement d'émancipation, qui suppose une diminution de l'idéal chrétien ; voilà le grand changement qui nous explique toute l'évolution de la littérature depuis le xvıᵉ siècle.

La « République » de Platon.

Cours de M. ALFRED CROISET,

Doyen de la Faculté des Lettres de l'Université de Paris.

Les philosophes et l'État.

Vous vous rappelez que Platon, dans un style imagé, avait comparé à des vagues terribles les objections qui ne manqueraient pas de menacer les deux dernières théories dont nous venons de parler, celles qui ont trait à l'éducation des femmes et à la suppression de la famille par la communauté des femmes et des enfants. Il arrive maintenant à une troisième question, pour laquelle il s'attend à rencontrer une nouvelle vague plus forte encore que les précédentes :

« Me voici venu à ce que nous comparions à la vague la plus « terrible : mais le grand mot sera prononcé, dût-il, comme un « flot béant, me submerger sous le ridicule et la honte. »

Quelle est donc cette théorie nouvelle, qu'il déclare lui-même devoir être tellement paradoxale ? C'est celle d'après laquelle les hommes ne seront heureux et la cité platonicienne réalisable, que le jour où les philosophes ; seront rois ou les rois eux-mêmes vraiment philosophes ; car tout ce que nous venons de dire concernant la famille et la propriété est conforme à la raison, mais impossible aussi longtemps que les cités ne seront pas gouvernées par des philosophes. Tant que cela ne sera point, il n'y a aucun remède pour les Etats, aucune espérance de réaliser le bien dans la cité.

Platon va même plus loin : il nie toute espèce de progrès pour l'humanité en général, tant que cette condition ne se trouvera remplie. Quelque paradoxale que puisse paraître cette nouvelle thèse, nous n'irons pas jusqu'à dire qu'elle l'est autant que les précédentes. Elle tient, dans ses grands traits, à une idée, courante aujourd'hui, c'est que la science doit jouer un rôle prépondérant dans la civilisation et dans la vie sociale. Il y a, chez Auguste Comte, toute une théorie sur l'organisation du pouvoir spirituel dans l'État, qui, malgré quelques réserves, a habitué l'esprit moderne à l'idée chère à Platon. Mais, à Athènes même, on ne voit pas, à première vue, que la question pût être de nature

à rencontrer des objections aussi fortes que les autres ; car le
cinquième siècle est précisément caractérisé par un mouvement
considérable, philosophique et scientifique, constitué par la
sophistique et la rhétorique ; celles-ci avaient encore une grande
influence sur la vie pratique, puisque la plupart des hommes d'Etat
furent élèves des sophistes ou des rhéteurs.

Ainsi, même en nous plaçant à ce nouveau point de vue, au
point de vue absolu d'Athènes, on se demande encore pourquoi
Platon craint que sa nouvelle thèse paraisse si paradoxale. Il y a
quelques raisons à cela : c'est d'abord que cette philosophie des
rhéteurs et des sophistes est tout autre que celle que Platon lui-
même a en vue ; c'est pour lui quelque chose d'essentiellement
nouveau, sinon en apparence, du moins dans le fond ; il insis-
tera sur ce point. N'oublions pas aussi que le vrai philosophe, le
seul vrai, c'est, aux yeux de Platon, Socrate ; or Socrate a évité la
vie publique pour des raisons qui sont indiquées dans l'*Apologie*
et que nous voyons reparaître dans d'admirables pages de la
République.

La vie publique est fatale au philosophe, qui ne sera pas compris ; il excitera les railleries et risquera d'être mis à mort. Aussi
Socrate se tint-il à l'écart de la vie publique, il ne s'y mêla que
dans des circonstances particulières, à l'occasion de cérémonies
où il était absolument contraint de le faire par la loi même. De
plus, n'oublions pas que cette philosophie des sophistes, qui n'est
pas la vraie, aux yeux de Platon, si elle s'est mêlée, au vᵉ siècle,
d'une manière plus ou moins directe à la vie publique, n'a pas
été sans susciter des inquiétudes autour d'elle ; car on se méfiait
généralement de ces gens diserts qui paraissaient trop habiles.

Voyez ce que dit Thucydide (VIII, 68), lorsqu'il parle d'Antiphon, qui fut peut-être son maître : « Il abordait rarement la tribune, parce que le peuple se méfiait de son habileté ». Le peuple,
en effet, semblable au Strepsiade d'Aristophane, se méfie de la
philosophie comme d'une espèce de magie ; ce que Strepsiade
demande surtout aux sophistes, c'est de trouver le moyen de payer
ses dettes, car il a entendu dire que ce sont des hommes habiles
et que leur art consiste à faire triompher toute cause, à rendre la
plus faible la thèse la plus forte ; il pense donc pouvoir les
employer, dans un but pratique, à régler ses dettes.

Ainsi la méfiance est générale dans la foule à l'égard de ces
magiciens ; ajoutons, enfin, que Platon lui-même, dans l'exposé
de la théorie qu'il va nous présenter, ne craint pas le paradoxe
et, suivant son habitude, va pousser ses idées jusqu'au bout,
avec une intrépidité admirable. Loin de chercher à atténuer ses

idées, il nous les présentera avec ce qu'elles ont de plus cru et de plus hardi.

« Et tout d'abord, qu'est ce donc que le philosophe? Car Platon n'entend pas ce mot de philosophe dans le sens où on l'entend d'ordinaire. A ses yeux, le vrai philosophe est un être excessivement rare, presque unique ; mais encore qu'est-il ? C'est l'homme qui aime la vérité avec passion, comme on aime d'amour ; et nous allons noter ici, en passant, un développement tout à fait charmant, qui est l'original de ce que nous trouverons dans Lucrèce, puis chez Molière, sur les illusions de l'amour :

« Ne dit-on pas (quand on aime) du nez camus qu'il est joli, de
« l'aquilin que c'est le nez royal, de celui qui tient le milieu entre
« l'un et l'autre, qu'il est parfaitement proportionné ?... Et cette
« expression par laquelle on compare le teint pâle à la couleur
« du miel, ne crois-tu pas qu'elle a été inventée par un amant qui
« déguisait ainsi un défaut et ne trouvait rien de désagréable à
« la pâleur, quand on est à la fleur de l'âge ?... A présent, ré-
« ponds-moi : quand on dit de quelqu'un qu'il aime une chose,
« veut-on dire qu'il ne l'aime qu'en partie ou qu'il l'aime tout
« entière ? »

Donc, le philosophe qui est amoureux de la vérité n'est pas amoureux de telle vérité particulière ou de telle partie de la vérité, mais de la vérité tout entière, dans toutes ses formes ; il est désireux de connaître l'être des choses et d'aller le plus avant possible dans cette recherche, sous quelque forme que cette vérité se présente. Mais une objection de Glaucon va obliger Socrate à préciser encore ses idées :

« Il y aurait, à t'entendre, Socrate, des philosophes en grand
« nombre et d'un caractère bien étrange, car il ne manque pas
« d'esprits curieux de connaître et d'apprendre, et il serait sin-
« gulier de ranger parmi les philosophes ces gens avides d'en-
« tendre, qui n'assisteraient pas volontiers à un entretien, à un
« exercice comme le nôtre, mais qui paraissent avoir loué leurs
« oreilles pour entendre tous les chœurs et courent à toutes
« les fêtes dans Athènes ou dans les dèmes. Faut-il appeler phi-
« losophes ces esprits insatiables qui veulent tout connaître ? ».

Cela conduit Socrate, c'est-à-dire Platon, à faire une distinction fondamentale, qui est, pour lui, la condition même de la définition du philosophe.

Ces gens-là, dit-il, ne sont pas des philosophes, ils n'en ont que l'apparence ; et la différence est immense : ils aiment la beauté, sans doute, mais entendons-nous, ils aiment les choses qui sont belles et recherchent cette beauté sous les diverses formes où

elle se manifeste à la sensibilité humaine. Mais ce qui fait que ces
choses si différentes entre elles sont belles, ce qu'est en soi la
beauté, ils ne le savent pas, ils n'en ont aucun souci. Et,
si on leur demandait en quoi consiste cette beauté absolue, ils
ne comprendraient même pas la question. Il y a plus : si on voulait
peu à peu les y amener, ils refuseraient de suivre celui qui
pourrait les conduire à cette connaissance sublime. Or le philosophe est l'homme qui, au delà de ces apparences extérieures, cherche
à pénétrer jusqu'a l'idée, jusqu'à la chose en soi. Mais qu'est-ce donc
que la connaissance de tous ces curieux vulgaires ? Ce n'est pas la
science, à proprement parler, ce n'est qu'une opinion, une *doxa*
(mot plus vague encore et plus souple en grec que l'expression
française qui le traduit : une opinion). Il y a, dit Platon, deux
extrêmes, la science et l'ignorance : l'une, la science, est la pos-
sesion de l'être ; l'autre est la possession du non-être, l'ignorance.

Entre les deux, il y a une espèce d'état intermédiaire, l'apparence, le phénomène, qui est comme un reflet de l'être en soi. Il
y a aussi toutes sortes de manières de connaître ces apparences ;
c'est quelque chose d'analogue à l'ombre que laissent sur un mur
les objets placés entre le soleil et la terre, ou bien encore aux
images qui se reflètent dans le miroir des eaux : voilà, dit Socrate,
ce que c'est que la *doxa*. Mais le philosophe, le véritable philosophe, ce qui le caractérise, c'est justement de ne pas vouloir
s'en tenir à ces ombres, de ne pas se contenter de la connaissance
de cet être moyen, intermédiaire entre l'être lui-même et le non-
être. Il réclame la connaissance de l'être absolu ; il est ami de la
science, tandis que les autres sont amis de l'opinion. Telle est
la définition platonicienne du vrai philosophe, très formelle et
très nette.

Maintenant, il est nécessaire de savoir comment on s'y prendra
pour distinguer cet homme rare, capable de devenir un vrai philosophe, puisqu'il faut que, par lui seul, soit gouverné l'Etat.
Deux conditions permettent cette recherche : la nature et l'éducation. Sur l'éducation, Platon reviendra plus loin, dans le
VIIe livre ; pour l'instant, il ne s'occupe que des qualités naturelles. Quelles sont donc ces qualités innées et indispensables?
A quoi peut-on reconnaître le futur philosophe, l'homme destiné
à ce rôle supérieur, qui consiste à connaître la vérité absolue ?

Pour les philosophes, comme pour les guerriers, on doit de
bonne heure observer les enfants, les jeunes gens, et voir de quoi
ils sont capables. Celui qui est appelé à devenir, un jour, philosophe présentera bientôt un certain nombre de qualités nécessaires ; s'il ne les a point, il serait inutile de vouloir le pousser

dans cette voie. Avant toutes choses, il doit avoir l'amour du
vrai ; avec cela, la vertu qu'on appelle en grec *sophrosuné*, la
tempérance, la possession de soi ; il y joindra le mépris des
richesses, puis la libéralité ou *éleutheria*, enfin la grandeur d'âme
ou *mégaloprépeia* qui fait que l'on va droit aux grandes choses,
sans daigner s'arrêter aux choses secondaires ou contingentes. Le
futur philosophe devra encore avoir l'amour de la justice, qui le
portera à s'attacher à cette recherche de la vérité, qui est le plus
grand bien que les hommes puissent posséder. — A côté de ces
qualités morales, voici les qualités intellectuelles exigibles : le
philosophe devra être doué d'une bonne mémoire (*mnémonikos*).
On peut être surpris, au premier abord, de cette importance
donnée à la mémoire, qui, chez les modernes, est considérée
comme une faculté plutôt modeste et dont il est assez bien porté
de plaindre l'absence (cf. Montaigne). Pourquoi donc Platon lui
accorde-t-il une place si grande? C'est là, évidemment, une survivance des époques antérieures, où l'on écrivait peu et où la
mémoire jouait par suite un rôle considérable dans la vie. Pendant longtemps, il n'y eut pas de bibliothèques ; on entendait
lire ou réciter des poèmes, plutôt qu'on ne les lisait soi-même : la
mémoire tenait lieu de livres. Il faut donc que le philosophe
puisse se rappeler, quand et comme il en a besoin, et dans tout
leur enchaînement, les pensées qui l'ont conduit dans sa recherche
de la vérité, les siennes et aussi celles des autres. En outre, et
cela est une préoccupation tout à fait grecque, le philosophe devra avoir de la mesure dans sa pensée et de la bonne grâce ; il
sera *emmétros* et *eukharis*, vertus essentiellement sociales, qualités
d'un homme désireux de persuader, sans jamais vouloir rien
imposer impérieusement aux autres.

Tout cela complète la définition du philosophe et amène une
objection d'Adimante, qui sera un des plus beaux développements
de ce VIᵉ livre, où nous sommes entrés avec cette description.

Adimante dit à peu près: « Tu raisonnes très bien, mon
cher Socrate, l'homme que tu nous présentes ainsi est merveil-
leusement doué ; mais d'où vient que, dans la réalité, les philosophes ne sont considérés par l'opinion générale que comme
des gens bons à rien, des *akhrestoi* (c'est l'expression dont on se
sert couramment en Grèce pour désigner les bouches inutiles en
temps de guerre, en campagne, dans les sièges). La foule applique
donc aux philosophes ce même mot si dédaigneux : ce sont des
« inutiles ». Eh ! bien, dit Adimante, comment concilier l'opinion
générale avec cet admirable portrait que tu nous as tracé. » Et So-

crate de répondre par une très belle parabole (VI, c. ιν), par la
comparaison célèbre du navire et de l'équipage :

« Le traitement que les Etats font éprouver aux sages, c'est à
« dire aux plus estimables des hommes, est si horrible, que per-
« sonne n'a rien de semblable à souffrir et que, pour en donner le
« tableau, il faut aller chercher au loin les traits les plus différents...
« Supposons donc sur un navire un capitaine plus grand et plus
« fort que les autres matelots ; mais il est un peu sourd, un peu
« aveugle aussi quant à l'esprit. Les matelots se querellent entre
« eux, voulant prendre le gouvernail ; chacun d'eux s'imagine
« qu'il doit être pilote, sans avoir aucune connaissance du pilo-
« tage... Ils prétendent que ce n'est pas une science qui s'apprenne,
« et, si quelqu'un dit le contraire, ils sont prêts à le mettre en piè-
« ces. Ils obsèdent le capitaine et emploient tous les moyens pour
« obtenir de lui qu'il leur confie le gouvernail. Ceux qui sont exclus
« tuent ou jettent hors du vaisseau ceux qu'il leur a préférés.
« Puis ils s'assurent de cet excellent capitaine, l'enivrent ou
« l'assoupissent, s'en débarrassent de quelque manière ; alors
« ils s'emparent du vaisseau, se livrent à tous les excès et condui-
« sent la navigation comme de tels gens peuvent la conduire.
« En outre, ils louent, appellent habile marin, excellent pilote
« dans l'avenir, tout homme qui, pour les aider à prendre ce com-
« mandement, sait employer la persuasion ou la violence à l'é-
« gard du pilote, et ils méprisent, comme un homme inutile, celui
« qui se conduit autrement. » Quant au capitaine énergique, expé-
rimenté et conscient de ses devoirs, nos matelots le regarderaient
comme un gêneur, ils le jetteraient à fond de cale, s'il voulait s'opposer à leurs prétentions, ils le considéreront toujours comme un
inutile, un « akhrestos » et réserveront leur sympathie pour celui
qui les laisse faire ce qu'ils veulent. Voyons donc si, dans les
Etats, il n'y a pas quelque chose d'analogue.

Or c'est là, pour Socrate, une image fidèle du traitement qu'y
subissent les vrais philosophes ; et, si l'on s'étonnait que les philosophes ne fussent pas honorés dans les Etats, Socrate jugerait la merveille bien plus grande encore s'ils y étaient en
honneur. Du reste, le philosophe véritable ne recherche pas
l'approbation de la foule, il ne sollicite pas le pouvoir : il reste
chez lui et, quand on a besoin de lui, on trouve qu'il ressemble
au capitaine dont nous parlions tout à l'heure ; et puis n'oublions
pas que ce vrai philosophe est très rare.

Platon nous montre alors, dans un passage des plus intéressants,
comment les qualités mêmes du véritable philosophe peuvent devenir, dans une cité mal gouvernée et en certaines circonstances,

des causes d'altération ; ce sont des qualités dangereuses, et
voici comment. Selon un vieux proverbe, ceux qui sont les meilleurs deviennent, lorsqu'ils se corrompent, les plus mauvais :
« une nature excellente, dit Socrate, avec un régime contraire,
devient pire qu'une nature médiocre. Et notre homme, doué
des meilleurs dons naturels, s'il est entouré de mauvais exemples,qu'est-ce qui le défendra ? Les âmes les mieux douées ne
risquent-elles pas de devenir les pires par la mauvaise éducation ?

Voici maintenant une image très belle de cette éducation que
le jeune homme trouve dans la cité : il va au Pnyx, dans les
assemblées politiques, dans les tribunaux, dans les théâtres ; il
y voit applaudir des opinions exprimées au hasard, avec grand
bruit, avec des cris tumultueux, et l'écho des pierres des
rochers qui entourent le Pnẏx où l'agora répercute, redouble
encore le fracas du blâme ou de la louange ? Quel effet peuvent
produire de pareilles scènes sur le cœur de ce jeune homme ?
Quelle éducation sera assez forte pour ne pas faire naufrage ici ?
Toutes ses qualités naturelles ne vont-elles pas le tourner à
vouloir prendre place parmi ces gens, à dominer cette foule par
ses mauvais instincts ? Il y a donc plus d'une raison pour que
le vrai philosophe soit une chose tout à fait rare, et la foule ne
connaît que ces philosophes corrompus, qui, à son propre
exemple et à son contact, se sont servis de leurs qualités pour
en faire des défauts, autrement dit les sophistes.

« Tous ces gens, tous ces docteurs mercenaires, que le peuple
« appelle sophistes et qu'il regarde comme ses concurrents et ses
« rivaux, n'enseignent pas autre chose que les maximes profes-
« sées par le peuple lui-même dans ses assemblées tumultueuses,
« et c'est là ce qu'ils appellent sagesse. On dirait un homme qui,
« après avoir observé les mouvements instinctifs et les appétits
« d'un animal grand et robuste, par où il faut l'approcher et par
« où le toucher, quand et pourquoi il est farouche et paisible,
« quels cris il a coutume de pousser en chaque occasion, et quel
« ton de voix il faut prendre pour l'apaiser ou l'irriter, après avoir
« appris tout cela à force d'expérience et de temps, en formerait
« une science et comme un art qu'il se mettrait à enseigner, sans
« avoir d'ailleurs aucune règle sûre pour discerner dans ces habi-
« tudes et ces appétits ce qui est honnête, bon, juste, de ce qui
« est honteux, mauvais, injuste ; appelant bien tout ce qui lui fait
« plaisir, mal tout ce qui le courrouce, juste et beau, sans faire
« d'autre distinction, tout ce qui satisfait les nécessités de la
« nature, et cela parce qu'il n'a pas vu la différence essentielle qui
« existe entre le bien et la nécessité, et qu'il est incapable de la

« montrer aux autres. Certes, un tel maître ne te semblerait-il
« pas bien étrange ? »

Tel est le portrait du sophiste, le seul philosophe que connaisse
la foule ; quant à celui que nous cherchons, outre qu'il est très
rare, elle ne le connaît pas. Que fait donc le vrai philosophe
quand, par hasard, il en est dans une ville et que les mauvais
exemples n'étouffent pas ses aptitudes philosophiques ? Eh ! bien,
il se détournera des affaires, et Platon nous donne, dans ce passage
(c. x), comme un résumé de la vie de Socrate lui-même, placé
dans sa propre bouche ; c'est aussi l'explication de cette rareté des
philosophes, de l'inaction qui leur est imposée.

« Le nombre de ceux qui peuvent dignement être en rapport
« avec la philosophie reste donc bien petit, mon cher Adimante ;
« ou quelque noble esprit perfectionné par l'éducation, et qui,
« relégué dans l'exil, loin de toutes les causes de corruption,
« demeure fidèle à l'étude de la sagesse, ou bien quelque grande
« âme qui, née dans un petit Etat, méprise et dédaigne les charges
« publiques, ou encore quelque rare et généreux caractère qui
« déserte toute profession pour se livrer à la philosophie. D'autres
« enfin, comme notre ami Théagès, qui est né avec les qualités
« nécessaires à l'homme d'action, mais qu'un tempérament délicat
« tient attaché à la philosophie, parce qu'il l'empêche de se mêler
« des affaires publiques. Pour ce qui me regarde, il ne convient
« guère de parler de cette voix divine (le *daimôn*), qui m'avertit et
« m'empêche de me mêler à la politique. Je n'en parle donc pas,
« car on en trouverait à peine un autre exemple dans le passé.
« Or, parmi ce petit nombre de philosophes, celui qui goûte la dou-
« leur et la félicité que donne la sagesse, lorsqu'en même temps
« il voit à plein la folie de la multitude et l'extravagance des gou-
« vernements, lorsqu'il ne distingue autour de soi personne avec
« qui pouvoir, sans se perdre, aller au secours des hommes justes
« et que, pareil au voyageur qui tomberait par mégarde sur des
« bêtes féroces, incapable de partager les injustices des autres et
« trop faible à la fois pour tout seul résister à tous ces sauvages,
« il reconnaît que, avant d'avoir pu rendre quelque service à l'Etat
« où à ses amis, il lui faudrait périr inutile à lui-même et aux au-
« tres ; alors, plein de ces réflexions, il se tient en repos, uniquement
« occupé de ses propres affaires, et, comme le voyageur qui pen-
« dant l'orage s'abrite derrière quelque petit mur contre les tour-
« billons de poussière et de pluie soulevés par le vent, il voit les
« autres hommes souillés d'une foule d'iniquités et il se trouve
« trop heureux, s'il peut passer sa vie terrestre à l'abri de l'injus-
« tice et de l'impiété, et quitter cette vie avec une âme sereine et

« tranquille... Mais, ajoute Socrate, sortir ainsi de ce monde, c'est
« n'avoir pas rempli sa plus haute destinée, faute d'avoir vécu
« sous une forme de gouvernement convenable. »

Platon est revenu, plusieurs fois, sur ce tableau de l'impuissance
du philosophe (cf. notamment le *Théétète*) : dans la ville où il se
trouve, le philosophe est ignorant des moindres choses, il ignore
le chemin qui conduit à l'agora ou qui mène au tribunal, il ignore
le nom des hommes politiques du jour ; mais interrogez-le sur
l'âme humaine, sur la dialectique, il vous répondra, car c'est là
ce qu'il sait. Toujours nous trouvons, pour le philosophe, ce
regret et ce dédain dans lesquels il est contraint de se renfermer. Le mal existe ; est-il donc sans remède ? Le fond de la pensée
de Platon, son idée de derrière la tête, la voici : ces rêves ne
sont pas de purs rêves, c'est un idéal qu'il faudrait réaliser. Il
faut qu'un jour la philosophie règne, et, pour cela, il suffirait
qu'un roi ou un fils de roi fût par hasard philosophe : il introdui-
rait dans la cité les idées nécessaires pour que la philosophie
puisse s'y développer. Ainsi reparaît la chimère de la toute-
puissance du législateur ; mais, cette fois, c'est un roi, car
il a plus de chance qu'un autre d'agir sur la foule tout
entière.

Est-ce là quelque chose d'impossible ? demande Platon. —
Non ; car, si présentement nous ne rencontrons pas encore de roi
philosople, peut-être s'en trouvera-t-il quelqu'un, un jour futur.
Il ne faut pas se borner à considérer le moment présent ; le monde
est très grand et le temps infini. Il a pu y avoir, dans l'immensité
des siècles écoulés, telle cité où ces conditions se sont présentées.
Cet état peut se présenter à nouveau dans l'avenir et, à ce moment, il suffira qu'un roi pénétré de ces principes crée enfin le
milieu favorable à la philosophie.

La page où Platon exprime ses espérances est fort belle, mais
on ne peut s'empêcher de penser qu'en vérité il n'envisage
pas un avenir très lointain, quand il parle ainsi ; il songe à
Syracuse, où il avait pour ami Dion, le beau frère de Denys
l'Ancien. A trois reprises, en effet, Platon fit le voyage de Sicile,
appelé par Dion, pour l'aider à mettre en pratique ses idées
philosophiques dans l'Etat, mais on sait combien lamentable
fut l'expérience. Au bout de peu de temps, Platon et Dion avaient
indisposé Denys ; et, plus tard, après un premier voyage qui
tourna très mal pour Platon, puisqu'on raconte qu'il fut vendu
comme esclave et ne dut la liberté qu'à la générosité d'un Cyrénaï-
que, il retourna, en 467, à Syracuse et aussi en 461, vingt et vingt-
sept ans après le premier voyage. Il ne réussit pas davantage,

bien que, Denys l'Ancien disparu, le pouvoir appartînt à Denys le Jeune et à l'honnête Dion. L'exemple de Dion lui-même est assez édifiant (cf. *Vie de Dion* V. par Plutarque), il voulut mettre en pratique ses préceptes, agissant en vrai roi philosophe, d'une douceur extrême, mettant tous ses efforts dans la seule persuasion, bannissant toute rigueur. Mais le peuple ne répondait que par deux choses : d'abord il exigeait que fussent chassés les nouveaux citoyens ; ensuite, son éternel refrain était : « Commençons par le partage général des terres des riches, et, quand nous aurons chacun notre petite propriété, nous continuerons la conversation ». Découragé par cet accueil, Dion voulut lutter, il fut exilé et ne rentra que par les moyens ordinaires en pareil cas, la ruse ou la force, dans sa patrie ; cela finit misérablement et l'expérience fut loin de réussir.

Mais revenons à Platon : nous voyons que, toutes réserves faites sur l'extrême beauté de ce développement, il y a des objections qui ne peuvent manquer de se présenter à l'esprit. En premier lieu, cette conception même de la science qui doit gouverner l'Etat n'est-elle pas trop étroite ? Le gouvernement est chose complexe ; il y faut de la science, sans doute, mais une science innombrable ; or la science dialectique, qui a pour but la connaissance du vrai, a peu de rapports avec les contingences, elle est vide de son unité absolue. Quant à l' « empeiria », à la pratique, si le philosophe ne l'exclut pas, c'est à peine s'il lui fait une place. Et il y a encore bien d'autres nécessités dans la pratique des choses !

Puis cette dialectique elle-même, dans son domaine restreint, est-elle arrivée à percer le dernier fond des choses ? Loin de là ; on s'en rend bien compte aujourd'hui. Ainsi, la dialectique, insuffisante dans son propre domaine, est encore limitée par tout ce qu'elle est obligée de laisser de côté, et l'on doit convenir que cette idée, chère à Platon et si belle en soi, est vraiment trop simple en face de la complexité de la réalité. D'autres objections pourraient encore être formulées ; retenons-en une ou deux : les philosophes étant chargés, en quelque sorte, de penser pour le reste de la nation, ce pouvoir spirituel idéal on ne conçoit pas qu'on en puisse donner l'investiture en dehors d'une société très fortement hiérarchisée ; mais une société ne peut être ainsi hiérarchisée que si elle se croit en possession de la vérité. Or, chez Platon, c'est par la persuasion seule que ce pouvoir spirituel doit agir, c'est-à-dire que ceux à qui il s'adresse doivent être capables de l'entendre. Et n'avons-nous pas l'expérience lamentable de Dion : il parle philosophie ; le peuple lui répond en réclamant des terres. On ne se comprend point, parce qu'on ne parle pas le même langage...

Une seule fois, semble-t-il, l'histoire vit à peu près se réaliser cette constitution platonicienne, en Amérique, lorsque les jésuites allèrent fonder la République du Paraguay. Il y avait bien là une foule de sauvages obéissant à une élite directrice ; mais les conditions étaient exceptionnelles, et, en dehors de cet exemple à peu près unique, nous ne trouvons nulle part rien d'analogue à la constitution rêvée par Platon.

Il n'empêche que nous rencontrons, dans cet exposé du rôle de la philosophie dans l'Etat, une fois débarrassé de ce qu'il a de trop chimérique, des détails vraiment admirables et les pensées les plus profondément belles qu'ait exprimées le philosophe.

M. D. C.

La comédie en France après Molière

Cours de M. AUGUSTIN GAZIER,

Professeur à l'Université de Paris.

Gresset.

Dix ans après la *Métromanie* paraissait, en 1747, l'année même de la mort de Lesage, une comédie de grande valeur, faite sur le modèle des pièces de Destouches, de Marivaux et de Lachaussée : *Le Méchant*, de Gresset. C'est le théâtre de Gresset et en particulier *Le Méchant* que je voudrais étudier aujourd'hui. Mais, toujours fidèles à notre méthode, la seule qui nous permette de comprendre exactement la valeur et la portée d'une œuvre, nous replacerons ces pièces dans leur cadre naturel, avant de les examiner en elles-mêmes. Pour bien saisir la valeur du *Méchant*, il nous faut connaître Gresset, voir quelle fut sa vie et quelles idées furent les siennes.

Nous avons, jusqu'ici, étudié les œuvres d'écrivains dont les conditions sociales furent diverses : Dancourt est un homme du métier, Regnard un homme du monde, Destouches un diplomate de carrière qui s'amuse à faire des comédies; Lachaussée, Lesage, Marivaux, Piron sont des poètes de cabinet, assez peu attentifs à la vie du siècle. Gresset est tout différent. Pour trouver des vies d'auteurs comparables à la sienne, il nous faudrait descendre jusqu'aux environs de 1848.

Songez aux universitaires d'alors, à ces esprits distingués, souvent anciens normaliens, qui, après une longue carrière dans l'enseignement, devenaient romanciers, poètes ou auteurs dramatiques. C'est un reproche que Voltaire a fait à Gresset de n'être resté toute sa vie qu'un « pédant de collège ». Méfions-nous : Voltaire avait ses raisons pour ne point aimer notre auteur. Gresset s'était rendu coupable d'une faiblesse impardonnable aux yeux du terrible philosophe : comme Racine en 1677, comme Quinault plus tard, il s'était tourné vers la religion et n'avait plus fait aucune concession à la libre pensée du siècle.

Gresset était né, en 1710, à Amiens. Ses parents étaient d'origine anglaise: c'est peut-être cette origine qui explique le caractère anglais de sa première tragédie *Edouard III* et de sa première comédie, *Sydnei*. Comme Voltaire et tant d'autres grands écrivains de notre littérature, il fut élevé par les jésuites, à Amiens. Dès sa jeunesse, il montra pour les lettres de si heureuses dispositions, que ses maîtres essayèrent de le conserver à leur société : ils y réussirent. A seize ans, il entra dans le noviciat des jésuites. Jamais, cependant, il ne reçut les ordres ; il ne fut pas même sous-diacre. Il n'en a pas moins, pendant dix ans, porté la robe des R. Pères.

Les membres de cette illustre compagnie assignaient alors à chacun de leurs élèves, lorsqu'il entrait dans l'ordre, un office particulier. L'un était destiné à la prédication dans les églises de France ; l'autre devait aller porter dans les pays lointains la bonne parole ; d'autres, enfin, étaient réservés à l'enseignement. Une seule règle était absolue : l'obéissance aux supérieurs, *perinde ac cadaver*.

Gresset fut destiné au professorat. Il fut successivement régent dans les collèges de Moulins, de Tours, de Rouen ; il vint enfin à Paris, au collège qui est actuellement le Lycée Louis-le-Grand ; puis il fut envoyé en disgrâce à la Flèche.

Cinquante ans plus tôt, Gresset eût été un bel esprit, comme les R. P. Bouhours, Rapin, Porée ou Larue. Il fût resté dans la compagnie, il y eût même occupé une place d'honneur ; car ces pères distingués servaient d'intermédiaires entre la haute société de Paris et la compagnie elle-même. Il se fût adonné en paix à son amour pour la poésie ; il eût même fait jouer des pièces en usant d'un prête-nom, comme, dit-on, faisait le P. Larue avec Baron. Mais, à son époque, il parut aux pères trop léger, trop aimable et surtout trop hardi. Il risquait dans ses vers des propos qui pouvaient offenser les oreilles délicates. Son poème de *Vert-Vert* fut cause de sa disgrâce. Les Visitandines, qui étaient en de très bons termes avec les jésuites, se plaignirent au supérieur de Louis-le-Grand d'avoir été attaquées par Gresset. Notre auteur fut exilé à la Flèche.

Gresset ne se résigna pas à cet exil. Comme il n'avait fait aucun vœu, il rentra dans le monde, dans « le siècle », comme on disait alors, après avoir fait à la compagnie des adieux en vers. Jusqu'alors il n'avait connu le monde que dans les livres et, aussi, par ses conversations avec ses élèves ou avec leurs parents. Avant 1734, il n'était pas allé au théâtre. Il est vrai qu'il avait eu l'occasion d'assister à de superbes représentations dans le collège même où il professait. Les jésuites n'étaient pas ennemis des spectacles ; et les annales de l'époque nous ont conservé le souvenir d'un ballet magnifique, qui fut donné à Louis-le-Grand. Le corps de

ballet de l'Opéra tout entier y prit part. Ce fut, paraît-il, un
gros scandale.

Mais, si Grasset ne connaissait qu'imparfaitement le monde, il
possédait, comme les Normaliens dont je vous parlais tout à
l'heure, de solides connaissances littéraires. Il avait lu et médité
les chefs-d'œuvre de la littérature ancienne et moderne. Il n'ignorait aucune de ces règles dictées par le bon goût et par le bon
sens, et dont Aristote, Horace et Boileau, ont fait des traités. Enfin
son métier lui avait appris à étudier méthodiquement une pièce
moderne ; à reconnaître, à des signes certains, ses qualités ou
ses défauts.

C'est là que Gresset a puisé sa force et, bien qu'au premier
abord cela paraisse paradoxal, son originalité même. Il dit
lui-même que, dans sa « chapelle » de Louis-le-Grand, il avait
étudié Crébillon, Deshouillères, Cheaulieu. Il faut ajouter qu'il
connaissait admirablement Ovide, Catulle, Térence, Marot, La
Fontaine. Ainsi, tout en conservant ses qualités natives, il avait
appris à manier parfaitement sa langue.

Mais il avait pris aussi, à ces modèles latins, une tendance à di-
luer, à délayer, à employer dix ou douze vers, là où deux eussent
suffi.

Entré dans le monde à vingt-cinq ans, il ne se contenta bientôt
plus d'écrire de petites pièces de vers, comme le *Carême
impromptu, Vert-Vert* ou le *Lutrin vivant*. Il publia bientôt des
Epîtres badines, puis une traduction expurgée, sorte d'adaptation, des églogues de Virgile.

Au théâtre, il donna successivement *Edouard III*, tragédie ;
Sydnei, comédie (1745), et *le Méchant* (1747). En 1740, *Edouard III*
fut bien jugé par Voltaire. Frédéric II, sur les recommandations
de son ami le philosophe, fit effort pour attirer Gresset à Potsdam ;
celui-ci refusa. En 1748, il fut reçu, à l'unanimité des suffrages,
membre de l'Académie française. Il fit l'éloge de son prédécesseur,
en insistant sur sa religion. Puis il se maria et abandonna
Paris, pour n'y plus revenir qu'à de rares intervalles, lorsqu'il
allait à l'Académie.

Il vécut alors à Amiens, fonda dans cette ville une Académie ré-
gionale et s'adonna tout entier à la littérature de province. En
1754, il reçut d'Alembert à l'Académie. Il en profita pour faire un
éloge pompeux de Destouches, qu'il étudia comme auteur moral
et comme homme religieux.

Sa *Lettre sur la Comédie* est curieuse ; il y attaque le genre
auquel il s'est adonné. Vous pourrez la trouver dans le recueil
intitulé : *Lettres sur les Spectacles, avec une histoire des ouvrages*

pour et contre les théâtres, par M. Desprez de Boissy, Paris, chez Boudet, 1777. Gresset s'y exprime ainsi :

. « Encouragé par l'indulgence dont le public a honoré *Sydnei* et *Le Méchant*, ébloui par les sollicitations les plus puissantes, séduit par mes amis, dupe d'autrui et de moi-même, rappelé en même temps par cette voix intérieure, toujours sévère et toujours juste, je souffrais, et je n'en travaillais pas moins dans le même genre. Il n'est guère de situation plus pénible, quand on pense, que de voir sa conduite en contradiction avec ses principes, et de se trouver faux à soi-même et mal avec soi.

Je cherchais à étouffer cette voix des remords à laquelle on n'impose point silence, ou je croyais y répondre par de mauvaises autorités que je me donnais pour bonnes ; au défaut de solides raisons, j'appelais à mon secours tous les grands et frêles raisonnements des apologistes du théâtre ; je tirais même des moyens personnels d'apologie de mon attention à ne rien écrire qui ne pût être soumis à toutes les lois des mœurs ; mais tous ces secours ne pouvaient rien pour ma tranquillité...

« Pour mes nouvelles comédies, ne me les demandez plus ; le sacrifice en est fait, et c'était sacrifier bien peu de chose. Quand on a quelques écrits à se reprocher, il faut s'exécuter sans réserve, dès que les remords les condamnent : il serait trop dangereux d'attendre ; il serait trop incertain de compter que ces écrits seront brûlés au flambeau qui doit éclairer notre agonie. »

Voltaire fut fort mécontent de la lettre et n'eut plus, pour Gresset, que du mépris. Il l'attaqua, en même temps que l'abbé Trublet, dans une de ses satires de 1758, *Le Pauvre Diable* :

De vers, de prose et de honte étouffé,
Je rencontrai Gresset dans un café ;
Gresset doué du double privilège
D'être au collège un bel esprit mondain
Et dans le monde un pédant de collège ;
Gresset dévot : longtemps petit badin,
Sanctifié par ses palinodies.
Il prétendait avec componction
Qu'il avait fait jadis des comédies,
Dont à la Vierge il demandait pardon.
— Gresset se trompe ; il n'est pas si coupable :
Un vers heureux et d'un tour agréable
Ne suffit pas ; il faut une action,
De l'intérêt, du comique, une fable,
Des mœurs du temps un portrait véritable,
Pour consommer cette œuvre du démon.
Mais que fit-il dans son affliction ?
— Il me donna les conseils les plus sages.
« Quittez, dit-il, les profanes ouvrages ;

« Faites des vers moraux contre l'amour :
« Soyez dévot, montrez-vous à la cour. »

Et le pauvre diable se rend aussitôt à Versailles, où il rencontre l'abbé Trublet.

> L'abbé Trublet alors avait la rage
> D'être, à Paris, un petit personnage ;
> Au peu d'esprit que le bonhomme avait
> L'esprit d'autrui par supplément servait.
> Il entassait adage sur adage ;
> Il compilait, compilait, compilait,
> On le voyait sans cesse écrire, écrire
> Ce qu'il avait jadis entendu dire,
> Et nous lassait sans jamais se lasser :
> Il me choisit pour l'aider à penser.
> Trois mois entiers ensemble nous pensâmes,
> Lûmes beaucoup, et rien n'imaginâmes.

Si l'abbé Trublet reçut un coup sensible de ces attaques, Gresset n'en fut pas atteint. Il avait prévu les conséquences de sa lettre et ne répondit pas à Voltaire.

Il fut, dès lors, perdu pour le théâtre.

Il se contenta de faire le bien et donna tous ses loisirs aux pauvres. Il mourut en 1777.

Si ses petites pièces comiques, comme *Vert-Vert* ou le *Carême impromptu*, sont charmantes, Gresset ne réussit aussi bien ni dans les odes pindariques ni dans la poésie champêtre. Il eût dû se rappeler Boileau

> Et, dans mon cabinet, assis au pied des hêtres,
> Faire dire à *ses* vers des sottises champêtres.

Dans la tragédie d'*Edouard III*, on trouve déjà une certaine couleur locale anglaise. La pièce a d'ailleurs ses audaces : un personnage y est poignardé sur la scène.

Sydnei (1745) est parfois considéré comme un drame ou comme une comédie larmoyante. En réalité, Gresset l'intitule « comédie ». Elle est en trois actes et en vers. Les personnages sont peu nombreux : Sydnei ; Hamilton, son ami ; Rosalie, amante de Sydnei ; Dumont, valet de Sydnei ; Henri, jardinier ; Mathurine, fille d'Henri. La scène est en Angleterre, dans une maison de campagne.

Sydnei fut autrefois fiancé à Rosalie. Il l'avait abandonnée pour se jeter dans une vie de désordre. Revenu à de meilleurs sentiments, il veut expier ses fautes et se donner la mort, comme l'a déjà fait son père. Il écrit une lettre à son ami Hamilton pour lui annoncer sa résolution. Or Hamilton a retrouvé Rosalie et

appris que Sydnei venait d'être nommé colonel. Il va rendre
Rosalie à son amant et sauver ainsi Sydnei de la mort. Mais le
jeune homme vient précisément d'absorber un poison terrible. Il
fait au monde des adieux touchants. Il va mourir?..Non, le brave
Dumont veillait. Non seulement il a enlevé tous les instruments
dangereux, dont Sydnei aurait pu se servir pour se suicider; mais
encore, ayant aperçu des fioles suspectes, il en a vidé le contenu
pour le remplacer par de l'eau pure. Tout s'arrange : Sydnei se
mariera ; et Dumont s'écrie joyeux : « Vive la vie ! »

Nous n'avons donc pas affaire à un drame. Certes la pièce n'est
pas gaie ; mais, aux moments les plus pathétiques, nous nous
rappelons que Dumont veille et que le malheur n'arrivera pas.
On pourrait comparer cette pièce à une comédie de Destouches,
Le Jeune Homme à l'Epreuve, dans laquelle l'amour honnête
finit par sauver un jeune homme en le rendant au bien.

Je ne vous citerai que la scène II de l'acte III. Sydnei a bu le
poison; Hamilton arrive :

HAMILTON.

Qu'aux peines d'un ami vous êtes peu sensible !
Pourquoi donc, cher Sydnei, vous rendre inaccessible ?
Depuis une heure entière en vain je veux vous voir,
Et dissiper l'horreur d'un cruel désespoir ;
Je n'ai pu pénétrer dans votre solitude.
Enfin vous m'arrachez à mon inquiétude,
Et la raison sur vous va reprendre ses droits

SYDNEI.

Embrassons-nous, ami, pour la dernière fois.

HAMILTON.

Quel langage accablant ! Dans cette léthargie,
Quoi, je retrouve encor votre âme ensevelie !

SYDNEI.

De mes derniers désirs, de ma vive douleur
J'ai déposé l'espoir au fond de votre cœur ;
Que mon attente, un jour par vos soins soit remplie,
Si la mort a frappé la triste Rosalie...

HAMILTON.

Non, elle vit pour vous ; répondez par pitié,
Répondez à l'espoir, aux vœux de l'amitié,
Parlez : si Rosalie à votre amour rendue,
Dans ces lieux aujourd'hui s'offrait à votre vue,
Telle encor qu'elle était dans ces heureux moments,
Où vous renouveliez les plus tendres serments ;

Sensible à vos remords, oubliant votre offense,
Fidèle à son amour malgré votre inconstance,
Enfin avec ces traits, cette ingénuité,
Cet air intéressant qui pare sa beauté,
Pourriez-vous résister à l'amour de la vie,
Au charme de revoir une amante attendrie,
De faire son bonheur, de réparer vos torts,
De partager ses vœux, sa vie et ses transports ?

SYDNEI.

Je rendrais grâce au ciel de l'avoir conservée ;
Vous savez mes projets, si je l'eusse trouvée ;
Je recommanderais son bonheur à vos soins ;
Mais, dans ce même jour, je ne mourrais pas moins.

HAMILTON.

Puisqu'en vain l'amitié vous conseille et vous prie,
L'amour doit commander ; paraissez, Rosalie.

SYDNEI.

Rosalie !... Est-ce un songe ? En croirai-je mes yeux ?
Vous, Rosalie, ô ciel ! et dans ces tristes lieux !

Le Méchant fut joué en 1745. Gresset, pour cette comédie, ne doit rien à ses devanciers immédiats. C'est sur les traces de Molière qu'il marche. Il avait l'ambition, bien grande sans doute, de faire une comédie de caractères. Il semble qu'il y ait réussi.

La jeune Chloé paraît devoir épouser Valère : c'est du moins le désir de son oncle, Géronte, qui est décidé à donner sa fortune à sa nièce, si elle épouse Valère. Mais il faut au mariage le consentement de Florise, mère de Chloë. Cléon, le méchant, s'est introduit chez Florise. Peu à peu il est parvenu à gâter Valère et à le dégoûter du mariage.

L'exposition de la comédie est parfaite, rapide, claire, complète dès la deuxième scène. Tous les personnages y sont successivement nommés et peints, même Cléon, qui, comme Tartufe, ne paraîtra qu'au second acte. Dès la scène III, les péripéties commencent, par l'impuissance où se trouve Géronte de persuader Florise. Au deuxième acte, le méchant Cléon apparaît. Il s'adresse successivement à Florise, à Valère, à Géronte. Il va tout brouiller ; mais Lisette a circonvenu Pasquin, valet de Cléon. Tout est dévoilé ; Cléon est chassé ; Chloë et Valère peuvent se marier.

Cette comédie a toutes les allures d'une œuvre classique. Elle est simple et bien conduite ; le dénouement est plus naturel que beaucoup de ceux de Molière. Les caractères sont bien observés et bien rendus. Le comique est excellent, qu'il soit dans les situations ou dans les mots. Enfin le style est facile et agréable.

Je ne dirai point, cependant, que c'est là une œuvre parfaite. Le caractère de Cléon manque quelque peu de vraisemblance. S'il est méchant, ce n'est ni par cupidité, comme Trissotin, ni par passion, comme Tartufe. Il est méchant pour le plaisir, parce qu'il aime à voir souffrir autrui. Lorsqu'il est démasqué, il ne sort pas la tête basse, mais comme satisfait de lui, en se frottant les mains : c'est un dilettante de la méchanceté.

Certes, les tirades sont souvent fort belles ; mais il arrive que Gresset en abuse. Ecoutez Cléon, lorsqu'il cherche à circonvenir Valère :

> L'important est, d'abord, que l'oncle vous déteste.
> Si vous y parvenez, je vous réponds du reste.
> Or, votre oncle est un sot, qui croit avoir reçu
> Toute sa part d'esprit en bon sens prétendu :
> De tout usage antique amateur idolâtre,
> De toutes nouveautés frondeur opiniâtre ;
> Homme d'un autre siècle, et ne suivant en tout
> Pour ton qu'un vieux honneur, pour loi que le vieux goût ;
> Cerveau des plus bornés, qui, tenant pour maxime
> Qu'un seigneur de paroisse est un être sublime,
> Vous entretient sans cesse avec stupidité
> De son banc, de ses soins et de sa dignité :
> On n'imagine pas combien il se respecte :
> Ivre de son château, dont il est l'architecte,
> De tout ce qu'il a fait fortement entêté,
> Possédé du démon de la propriété,
> Il réglera pour vous son penchant ou sa haine
> Sur l'air dont vous prendrez tout son petit domaine...

On trouve aussi, dans cette comédie, des vers qui sont dans toutes les mémoires :

> L'esprit qu'on veut avoir gâte celui qu'on a...

ou encore :

> Une explication ? En faut-il quand on s'aime ?...

Le Méchant n'est peut-être pas connu, de nos jours, comme il mériterait de l'être : c'est une pièce excellente, bien conçue, bien exécutée, et qui fera, longtemps encore, le plus grand plaisir aux lettrés et aux délicats.

J. F.

Le théâtre de Shakespeare

Cours de M. ÉMILE LEGOUIS,

Professeur à l'Université de Paris.

« Troïle et Cressida. »

Troïle et Cressida est une pièce fort difficile à définir et qui semble constituer une anomalie même dans un théâtre aussi varié, dans un système dramatique aussi libre, que celui de Shakespeare. Les premiers éditeurs de ses œuvres s'en sont aperçus. Quand, dans l'in-folio de 1623, ils ont groupé les pièces, ils ont hésité pour classer *Troïle et Cressida* : était-ce une comédie, une tragédie ou une *history* ? Finalement, ne sachant à quoi se résoudre, ils ont placé la pièce entre les *histories* et les tragédies, sans lui donner de nom.

Leur embarras est le nôtre. Cette pièce appartient aux trois genres : à l'histoire, par le récit des événements du siège de Troie ; à la tragédie, par la mort d'Hector et la douleur de Troïle trahi ; à la comédie satirique, par la manière ironique, burlesque même, dont les plus fameux personnages de l'antiquité y sont représentés.

La date à laquelle *Troïle et Cressida* fut écrite est aussi difficile à établir : on a hésité entre les premières années et la fin de la carrière du poète, c'est-à-dire entre 1594 et 1607. Il est vrai que ces divergences d'opinions sont atténuées par le fait que, à en croire certains commentateurs, on devrait attribuer une partie de la pièce à l'année 1594 et l'autre aux années 1602 ou 1607. Shakespeare aurait repris et remanié un ouvrage de jeunesse. Dans la première partie de sa vie, il aurait écrit l'histoire d'amour de Troïle et Cressida ; dans l'autre, il l'aurait encadrée dans le récit de la guerre de Troie. On a émis aussi l'hypothèse d'une collaboration, chose si fréquente à cette époque, avec un auteur inférieur ; de là viendrait la faiblesse de la fin.

Ce qui aide le mieux à comprendre la pièce et son esprit, c'est l'étude des sources où Shakespeare a puisé. Ici encore, fidèle à sa coutume, il adopte un sujet et ne le crée pas. La difficulté est de distinguer, entre les sources possibles, celle dont il a

fait usage. Il faut abandonner Homère pour comprendre les éléments essentiels du drame. L'histoire de Troïle et Cressida ne
lui vient pas de l'antiquité, mais de fictions datant du Moyen Age.
Au ıvᵉ siècle après J.-C. avait paru un journal de la guerre de
Troie, œuvre prétendue du Crétois Dictys, qui aurait combattu
dans les rangs des Grecs. Au vıᵉ siècle se répandit une contre-
partie de ce journal, écrite par un soi-disant Darès le Phrygien.
De ces deux récits apocryphes, le second surtout fut célèbre au
Moyen Age. Le culte des Troyens resta, comme on sait, pré-
dominant, probablement sous l'influence de Virgile et de son
Enéide ; et beaucoup de peuples occidentaux prétendaient tirer
leur origine de tel ou tel compagnon d'Énée. Grâce au livre de
Darès, Hector devint le modèle du parfait chevalier (d'où son
image sur les jeux de cartes). A côté de lui croissait en gloire un
de ses frères, plus jeune que lui, Troïle. Quant au récit de Dictys,
il était considéré comme inexact. Au xııᵉ siècle, Benoît de Saint-
Maur écrit un *Roman de Troie*, qui, d'après l'auteur, apporte la
vérité complète sur cette histoire : c'est lui qui crée le roman de
Troïle et Cressida (qu'il appelle Briséis). Leur aventure devient la
partie centrale de l'ouvrage, bien que tout le siège soit raconté
avec des descriptions de mœurs, de costumes, de procédés de
guerre appartenant au Moyen Age. Homère avait donné le rôle
féminin principal à Hélène ; ici Briséis devient le personnage le
plus important : c'est la fille de Calchas, lequel est non pas un
Grec, mais un Troyen, qui quitte Troie, quand le sort va tourner
contre elle, et se réfugie chez les Grecs.

Briséis, demeurée à Troie, est échangée contre des captifs
troyens et ainsi revient auprès de son père, dans le camp grec.
Chez les Troyens, elle aimait Troïle ; chez les Grecs, elle est bientôt
séduite par Diomède. Quant à Troïle, il est présenté comme le
type de l'amoureux ; mais son énergie n'est pas brisée par son
amour, et il se venge de la trahison, en vrai chevalier, en échan-
geant des coups d'épée avec Diomède pendant la bataille. Ce
dernier, au contraire, est un fat ; il a la hardiesse et le mépris de
la femme d'un Don Juan. Enfin Briséis (Cressida) représente l'inconstance, l'infidélité féminine, la sensualité aussi ; avec cela,
l'auteur lui prête une certaine franchise et même des remords.

Le roman de Troïle et de Cressida fut mis en prose latine, au
xıııᵉ siècle, par un médecin sicilien, Guido delle Columne. Grâce
au latin, le récit se répandit encore plus facilement dans toute
l'Europe. Au xvᵉ siècle, il est repris en Angleterre par le poète
Lydgate, qui écrit son *Histoire du siège et de la destruction de
Troie*. A la même époque, Canton publiait une traduction anglaise

du *Recueil des histoires de Troie,* de Raoul Le Fèvre. Ce livre
resta longtemps en usage ; on en modernisa la langue, quand le
besoin s'en fit sentir, et, en 1607, date la plus probable de la production de la pièce de Shakespeare, une nouvelle édition en fut
publiée. Sur ces données, le théâtre anglais produisit plusieurs
œuvres, dont nous avons les noms et les dates, mais qui sont
malheureusement perdues : l'une surtout, écrite en collaboration
par Dekker et Chettle, vers 1599, servit probablement de précédent à Shakespeare.

De ces sources, qui sont toutes de la même lignée, dérive donc
principalement la pièce de Shakespeare. D'autre part, l'histoire de
Troïle et de Cressida, indépendamment du siège de Troie, avait été
traitée, au xvie siècle, sous forme de roman en vers, par Boccace et
par Chaucer. Elle fournit au premier la matière de son plus beau
poème, le *Philastrato.* Chaucer, allant en Italie, y lut le poème et
en fit son *Troïle et Cressida.* Chez les deux, quelles que soient les
différences de détail, le roman historique se trouve converti en
pur roman d'amour. L'unique sujet est la séduction de Cressida
par Troïle et la trahison de Troïle par Cressida. Un rôle considérable est joué par un personnage nouveau, créé par Boccace et
développé par Chaucer, un certain Pandare, parent de Cressida,
qui aide Troïle à gagner les faveurs de la jeune femme.

Il est certain que Shakespeare a connu tout au moins le poème
de Chaucer : nous le savons par des allusions que l'on trouve dans
d'autres pièces. Ainsi, au début du ve acte du *Marchand de
Venise,* Lorenzo et Jessica, dans leur duo d'amour, évoquant les
amants du passé, parlent de Troïle qui, du haut des remparts de
Troie, soupirait vers les tentes grecques où dormait sa Cressida.
Shakespeare connaissait certainement aussi la suite donnée au
poème de Chaucer par l'écrivain écossais Henryson, au xve siècle,
qui montrait Cressida punie par la lèpre de son infidélité. On
peut cependant dire que Shakespeare n'a pas accepté la version
de Boccace et de Chaucer ; il n'a pas conservé le caractère sympathique donné par l'un et par l'autre, dans des proportions
différentes, à Cressida ; d'autre part, s'il a gardé Pandare, il l'a
transformé de personnage sympathique en vil entremetteur.

Il est une troisième source que Shakespeare n'a pas tout à fait
ignorée : c'est Homère lui-même. En 1598 avait paru une traduction célèbre des premiers livres d'*Iliade* par Chapman. Il n'y a
pas de doute que Shakespeare ne l'ait lue et n'ait ainsi connu
Homère par cet intermédiaire, puisque lui-même ne savait pas le
grec. Il a emprunté à Homère quelques éléments pour peindre les
assemblées des Grecs ou des Troyens, ou encore les personnages

d'Agamemnon et de Nestor. Mais c'est dans les figures d'Ulysse et de Thersite qu'on retrouve les traits les plus précis, traits qu'il ne peut tenir que d'Homère même. Tout cela est, d'ailleurs, bien peu dans l'ensemble ; et, en somme, les sources sont surtout les auteurs du Moyen Age. L'esprit du Moyen Age est très apparent dans la pièce : il se manifeste par l'hostilité contre les Grecs, par les railleries dont ils sont l'objet. Les héros grecs sont travestis : Ajax devient un sot, bouffi d'orgueil ; Achille, un vantard, un poltron, un lâche même. Peut-être cette défiguration tient-elle aussi à ce que le poète, au moment où il écrit la pièce, après la production des grands drames sombres, vers 1607, est enclin à voir le revers du beau et du bien dans la vie, qu'une sorte de misanthropie le possède, et qu'il soupçonne en tout quelque ulcère caché...

C'est surtout dans le rôle de Thersite que Shakespeare a exhalé ici sa misanthropie. Sans doute, il trouve le personnage dans Homère ; mais il lui fait une place plus grande, et, outre les traits de caractère déjà fort marqués chez le poète grec, Thersite revêt ici les attributs du *fou* et du *clown* à la fois. D'abord il est le fou d'Ajax, et il plaisante avec lui jusqu'à ce qu'Ajax exaspéré de ses railleries, le crible de coups ; après quoi il devient le fou d'Achille et reprend le même rôle auprès de son nouveau maître. Il est méchant, mais clairvoyant : tous les héros sont déshabillés par lui ; il expose les motifs bas ou absurdes qui les font agir. La vue des défauts, des vices, des lâchetés d'autrui, le réjouit ; il se plaît dans l'injure, et, même roué de coups, il ne peut s'empêcher d'insulter. C'est le prototype de Caliban, mais sans l'excuse d'être une créature intermédiaire entre l'homme et la bête. Envieux et vil, c'est lui pourtant qui semble chargé de dégager la philosophie de la pièce ; à son cynisme, il n'y a pas de contrepoison suffisant dans les autres rôles. C'est de lui surtout que Shakespeare s'est servi pour montrer dans la guerre de Troie l'affaire d'un « mari trompé et d'une prostituée ». Ce jugement résume toute la défiguration subie par l'histoire primitive. Dans Homère, la note était toute différente. On se rappelle ce passage de l'*Iliade* où les vieillards, assis sur les remparts et voyant passer Hélène, ne peuvent se tenir d'admirer sa beauté, cause de leurs maux. Ils trouvent raisonnable la guerre faite pour une créature aussi belle, tout en souhaitant qu'elle retourne en Grèce et ne cause pas leur perte. La Renaissance n'a fait, en général, que renchérir sur cette absolution d'Hélène en raison de sa beauté suprême. Marlowe ne pensait pas à son sujet autrement que notre Ronsard, dont le fameux sonnet exprime le sentiment dominant chez les poètes d'alors :

Il ne faut s'esbahir, disaient ces bons vieillards,
Dessus le mur troyen, voyans passer Hélène,
Si pour telle beauté nous souffrons tant de peine :
Notre mal ne vaut pas un seul de ses regards.

Toutefois il vaut mieux, pour n'irriter point Mars,
La rendre à son espoux, afin qu'il la remmeine,
Que voir de tant de sang notre campagne pleine,
Nostre hâvre gaigné, l'assaut à nos remparts.

Pères, il ne falloit, à qui la force tremble,
Par un mauvais conseil les jeunes retarder ;
Mais, et jeunes et vieux vous deviez tous ensemble

Pour elle corps et biens et ville hazarder.
Ménélas fut bien sage, et Pâris, ce me semble,
L'un de la demander, l'autre de la garder.

(A suivre.)

Histoire intérieure de la France depuis 1870

Cours de M. CHARLES SEIGNOBOS,

Professeur à l'Université de Paris.

Les fonctionnaires.

Nous avons vu quelles transformations se sont produites, depuis 1870, dans le nombre, la répartition, la manière de vivre de la population agricole, industrielle et commerciale. Nous avons commencé aussi l'étude de la partie de la population qui ne participe pas directement à la vie économique, en parlant des professions libérales. Nous allons, aujourd'hui, nous occuper spécialement des fonctionnaires. Puis viendra une leçon sur les caractères généraux de la société française sous la troisième République, et nous terminerons avec le clergé.

Dans une étude sur les fonctionnaires, les documents à utiliser sont surtout les documents officiels : recensements, annuaires des fonctionnaires (*Almanach national*), les budgets et les discussions des budgets. Il faudrait procéder aussi à un dépouillement des périodiques spéciaux et généraux : *Journal des économistes, Revue politique et parlementaire, Revue d'administration.*

Un travail très important à faire consisterait à dépouiller les budgets et à suivre les changements survenus depuis 1870. Sur les fonctionnaires à la fin de l'Empire, on peut consulter l'étude de Courcelle-Seneuil, que nous avons déjà signalée, dans le *Journal des économistes* sur le *mandarinat français*, et le livre de Hillebrand : *Frankreich und die Franzosen.* Depuis quelques années, la question de fonctionnaires a préoccupé l'opinion, et des études assez nombreuses ont été publiées ; signalons seulement : Demartial : *Condition juridique des fonctionnaires* (1907) ; *Les traitements des fonctionnaires* (1908), dans la bibliothèque de la Ligue des Droits de l'homme ; Maxime Leroy : *Le droit des fonctionnaires* (1906), excellent. On peut voir aussi le livre de Jacquemart, que nous avons déjà signalé sur les *Professions et Métiers.*

Le groupe des fonctionnaires comprend des personnes de catégories réelles très différentes. On peut les classer suivant

trois principes. La division la plus simple, officielle, est la division
par service (les fonctionnaires sont groupés suivant la nature de
leurs fonctions et le ministère dont ils dépendent).Chacun de
ces services forme une hiérarchie distincte, où l'on avance de
bas en haut. Le nombre de ces services a varié (12 à 15) ;
quelques-uns n'ont qu'un personnel très peu nombreux. — Un
deuxième type de division consiste à classer les fonctionnaires
suivant le rôle rempli dans chaque service ; on distingue ainsi
le personnel chargé d'exécuter les opérations qui sont la raison
d'être du service, et le personnel de l'administration centrale, qui
comprend les employés de ministère résidant à Paris. — Un troisième classement peut se faire en tenant compte de l'importance
des fonctions remplies, du traitement, du rang social occupé
par les fonctionnaires. Les différences sont grandes, en effet,
entre les différents fonctionnaires : le personnel de direction
appartient, en fait, à la bourgeoisie ; celui des agents subalternes,
à la petite bourgeoisie ; quant aux agents d'exécution (cantonniers,
facteurs, douaniers), ils sont assimilables aux ouvriers. Il y a, en
outre, le personnel des ouvriers d'Etat : arsenaux, ports militaires, monopoles. L'appellation de fonctionnaires s'applique donc
à des catégories très différentes d'individus, à des personnes qui
n'ont ni le même rôle à remplir ni la même condition sociale.

Nous allons étudier :

1° La condition des fonctionnaires vers 1870 ;

2° Les changements survenus depuis cette date.

I. — En 1870, l'organisation des services était déjà ancienne ;
elle avait été à peine modifiée depuis Napoléon. Les cadres
étaient restés fixés comme au temps du premier Empire ; seul, le
personnel avait été accru. En rapprochant les services, d'après
les conditions de vie et de recrutement du personnel, on peut
ramener l'ensemble à cinq ou six groupes principaux.

On forme un premier groupe avec la justice et l'administration. Les juges sont au nombre de cinq par tribunal. Il y a, en
outre, vingt-six cours d'appel (depuis la guerre et sans comprendre dans ce total les cours d'appel des colonies). Chaque cour
a trois chambres et un nombre fixe de conseillers. A côté des
juges, qui constituent la magistrature assise, se trouve le parquet, que composent les officiers du ministère public et qui
forme la magistrature debout. Les juges de paix ont une situation spéciale. Ce sont des gens du pays ; ils n'ont pas d'avancement. Quant à l'Administration proprement dite, elle comprend
avant tout les préfets et les sous-préfets ; ils sont très peu nombreux ; théoriquement, ce sont des agents politiques du gouver-

nement ; en fait, ils suivent une carrière. On y entre généralement
comme chef de cabinet d'un préfet, ce qui constitue une sorte de
stage ; l'avancement est ensuite régulier : conseiller de préfecture,
sous-préfet, secrétaire général, préfet. Les deux services de la
justice et de l'administration sont sans rapport direct ; mais ils
se trouvent dans des conditions analogues. Ils se recrutent tous
les deux parmi les anciens élèves des Ecoles de droit. Ils se
trouvent, à leurs débuts, dans une situation assez semblable à
celle des avocats ; le traitement est faible et les débutants doivent
vivre quelque temps avec leurs ressources personnelles. L'avan-
·cement est plus rapide toutefois parmi les fonctionnaires et dans
la magistrature debout que dans la magistrature assise. La magistrature constitue, notamment vers 1870, une sorte d'aristocratie
locale, aristocratie de fortune, qui se recrute dans le même monde
que les avocats et qui est en partie héréditaire ; car il y entre beaucoup de fils de magistrats.

   L'armée et la marine forment un deuxième groupe. Le recrutement des officiers se fait par des écoles spéciales : Saint-Cyr
(infanterie et cavalerie), Polytechnique (artillerie et génie), Ecole
navale (marine). Dans l'armée de terre, il y a des officiers
anciens élèves de ces écoles et des officiers sortis du rang. Dans
la marine, le grade d'officier est réservé aux anciens élèves de
l'Ecole navale : c'est la carrière la plus fortement organisée.
L'avancement y est fixé par des règles précises. En outre, chaque
officier est propriétaire de son grade.

   Le personnel des Finances est très nombreux. Il se partage
en trois services distincts : enregistrement, contributions directes, contributions indirectes. Tous les trois se recrutent parmi
des employés ayant accompli un stage comme surnuméraires.
Le plus élevé, socialement, est l'enregistrement, qui exige des
bacheliers. Viennent ensuite les contributions directes, re-
crutées parmi les anciens officiers ou dans la petite bourgeoisie.
Quant aux contributions indirectes, elles viennent en troisième
ligne. Aux Finances se rattachent un certain nombre d'autres
services : celui des postes, celui des douanes qui est milita-
risé ; celui des forêts également, mais qui a un recrutement
spécial par l'Ecole forestière ; c'est un corps très aristocratique.

   Du ministère des Travaux publics dépend le personnel des
Ponts et Chaussées. Ce personnel est divisé en trois catégories :
en haut sont les ingénieurs, qui se recrutent parmi les élèves
sortis les premiers de l'Ecole polytechnique, relativement bien
payés et très considérés ; au-dessous viennent les conducteurs

sortis de la petite bourgeoisie; enfin, en bas, viennent les cantonniers. Ces trois catégories sont superposées, mais ne constituent pas une hiérarchie : jamais un conducteur ne devient
ingénieur ; jamais un cantonnier ne devient conducteur.

L'Enseignement est, vers 1870, le corps le moins considéré.
L'enseignement supérieur se donne dans les Ecoles de droit et de
médecine, dans les facultés des lettres et des sciences. Les professeurs de droit et de médecine n'appartiennent pas seulement à la
carrière ; ils donnent des consultations et ne sont pas exclusivement
professeurs. Les facultés des sciences et celles des lettres, qui
comptent cinq professeurs, ne sont que des bureaux d'examens.
L'enseignement secondaire se recrute, pour une faible partie, parmi
les anciens élèves de l'Ecole normale supérieure ; mais la majorité
des professeurs est composée de maîtres d'études devenus licenciés, nommés chargés de cours et même devenus agrégés ; dans
les lycées de peu d'importance, les professeurs sont en minorité
seulement agrégés ; dans les collèges, aucun ne l'est. Le personnel
de l'enseignement primaire n'est recruté que pour une faible part
dans les écoles normales ; les traitements des instituteurs sont variables et irréguliers. Sont rattachées au ministère de l'Instruction
publique l'administration des archives, celle des bibliothèques et
celle des musées.

Tous ces groupes différents de fonctionnaires présentent quelques caractères communs. Ils sont divisés en deux, quelquefois
en trois classes. Le recrutement pour les postes supérieurs se
fait par un compromis, par un partage entre les privilégiés,
qui y entrent directement soit par une nomination directe, soit à
la sortie d'une Ecole spéciale, et les fonctionnaires inférieurs de la
carrière : c'est ce qui arrive dans l'enseignement, l'armée de terre,
les finances. Mais, dans les anciennes carrières (magistrature,
administration, marine, ponts et chaussées), les situations élevées
sont réservées à la bourgeoisie, qui y constitue comme une sorte
de noblesse nouvelle. L'entrée dans la carrière se fait surtout
suivant deux procédés : soit en passant par une Ecole spéciale
avec concours (Ecole polytechnique, Ecole de Saint-Cyr, Ecole
forestière, Ecole normale, Ecole des Chartes), soit en faisant
un stage dans des postes très peu ou même non rétribués.
Il y a également quelques examens d'entrée dans les carrières
subalternes pour les employés des postes, les conducteurs des
ponts et chaussées, les rédacteurs de l'Administration centrale.
Enfin, dans quelques carrières non organisées, on trouve même
le choix sans condition (Bibliothèques, Musées).

L'avancement dans la carrière a lieu de deux façons : par

l'ancienneté et par le choix. Le partage entre ces deux procédés est tout à fait régularisé pour la carrière la plus réglementée, dans l'armée. Dans les autres, le partage, moins régulier, tend à devenir une coutume ; mais cette évolution a été ralentie par le désir des supérieurs de disposer à leur gré des places et de l'avancement.

Les droits des fonctionnaires envers l'Etat, c'est-à-dire à l'égard des supérieurs hiérarchiques, sont théoriquement très différents suivant les carrières et très faibles dans la plupart. Seules, les vieilles carrières donnent au fonctionnaire un droit légal et des garanties officielles. La magistrature assise est restée inamovible (ce n'est là, au fond, qu'un reste de l'ancienne vénalité des charges). Dans l'armée, les officiers sont propriétaires de leur grade ; des formes disciplinaires doivent être observées pour la mise à la réforme ; il existe un tableau d'avancement public. Mais, dans les autres services, le fonctionnaire reste légalement un agent subordonné ; son supérieur est chargé de le proposer pour l'avancement, le déplacement ou la destitution. Les supérieurs ont un pouvoir discrétionnaire ; ce pouvoir n'a, en effet, aucune barrière légale : on peut toujours invoquer une nécessité de service. Il n'existe pas de corps officiel pour trancher les questions disciplinaires. Mais, en fait, déjà en 1870, ce pouvoir arbitraire est tempéré par une tradition devenue générale, le respect des *droits acquis*. Cette tradition est renforcée par l'organisation de caisses de retraites Le droit à la retraite est supprimé par la destitution. En fait, presque tous les fonctionnaires avancent dans la carrière et atteignent la retraite, comme s'ils étaient inamovibles. « La retenue est la propriété légitime de l'employé, dit Courcelle-Seneuil dans son *Etude sur le mandarinat français* (*Journal des Economistes*, fin 1872), et une révocation arbitraire serait un acte de spoliation, d'où il résulte qu'en fait l'employé n'est pas révocable ». Il n'est jamais exclu pour incapacité ou pour négligence dans son service. Il n'y a qu'une seule exception à cette inamovibilité de fait, c'est le cas où le fonctionnaire se met en opposition avec ses supérieurs ou bien fait de l'opposition politique au gouvernement. Ainsi les fonctionnaires n'ont de garantie de fait que contre les caprices de leurs supérieurs, mais non contre l'oppression du gouvernement.

Ce régime a des conséquences qui ont été décrites par les observateurs libéraux, surtout par les économistes. On trouvera un résumé très intelligent de toutes ces remarques dans l'article de Courcelle-Seneuil, que nous venons de citer : « Tous les agents du gouvernement autres que les ministres, dit-il, ne peuvent être poursuivis pour des faits relatifs à leurs fonctions qu'en vertu d'une décision du Conseil d'Etat... Ce sont des privilégiés isolés dans la nation, rattachés au pouvoir exécutif par l'appât de l'avancement et une protection assurée contre toute poursuite venant à la suite d'abus commis contre le public... » Puis l'auteur énumère les cinq grandes hiérarchies : judiciaire, administrative, militaire, cléricale, enseignante (« la cinquième chargée spécialement, dit-il, de la conservation et de la propagation de l'esprit mandarin ») !

Chaque service repose sur une tradition enseignée dans les Ecoles spéciales et maintenue par le concours, l'examen ou le stage : « Quels que soient les fonctionnaires, l'esprit est le même partout... La profession fixe l'état de l'individu. On y entre par la connaissance d'une science traditionnelle, et par conséquent immobile... L'enseignement classique est le vestibule. A la suite se place l'école professionnelle. Aussitôt que l'individu commence à sentir et à raisonner, il est placé dans le compartiment d'une boîte, où, séparé du monde, il apprend à penser et sentir conformément à l'*esprit de corps* spécial à sa profession... L'instruction spéciale, toujours médiocre et superficielle parce qu'elle est mnémonique, s'efface rapidement ; l'esprit de corps ne s'efface jamais. » — Il n'entre donc dans les hiérarchies administratives que des gens ayant déjà le tour d'esprit et les traditions de la maison. L'origine de cet état d'esprit se trouve dans l'enseignement classique, « conçu de façon à occuper les élèves pendant dix ans hors de toute famille, en les habituant à se lever, travailler et se divertir par ordre dans des limites soigneusement déterminées ».

Une fois entré dans la hiérarchie, le fonctionnaire ne dépend que de ses supérieurs : « Ce qui lui importe uniquement, c'est la bienveillance du chef, qui peut être acquise par mille moyens autres que le zèle et la conscience. » Il n'est nullement responsable devant le public : les chefs le couvrent. Le même esprit règne dans tous les services : c'est l'esprit de corps.

Dans la carrière, l'avancement ne dépend que de l'ancienneté ou du choix, c'est-à-dire de la faveur des chefs : « Un droit naturel à l'avancement est conféré par l'ancienneté, un peu de faveur, l'alliance (tour du gendre), très légitime parce qu'elle tend à rendre les emplois héréditaires. La considération dans le corps s'acquiert par de bonnes relations avec les chefs et les camarades, l'observation des règles de l'esprit de corps. » L'avancement n'est nullement en rapport avec la valeur de l'employé ou son activité professionnelle. Il n'a aucun intérêt à travailler. Au contraire, s'il fait du zèle, il gêne les autres ; son activité est « une critique indirecte à ceux qui travaillent peu » ; il risque d'ôter au corps dont il fait partie « la chance de s'accroître en montrant qu'il peut suffire au service ». Aussi, « être agréable, voilà le vrai, l'unique droit à l'avancement. On est agréable, lorsqu'on sait pressentir et prévenir les désirs par une connaissance approfondie des influences ».

Par suite, le fonctionnaire est fatigué dégoûté et ne travaille presque pas : « Partout, c'est l'inertie. Pour ne pas engager sa responsabilité, chacun a une tendance à en référer aux supérieurs, et la paperasse s'accumule. D'un autre côté, le supérieur tend à accroître le nombre de ses subordonnés pour accroître sa propre importance ; le personnel inutile devient de plus en plus nombreux. Les révolutions n'y changent rien ; les ministres ne peuvent rien contre les bureaux ». Quant à ceux qui veulent réformer, « on leur oppose une masse de détails, on s'efforce de les égarer, de les dégoûter, et, s'ils persistent, de les lasser, en attendant de s'en défaire par l'intrigue ». — Courcelle-Seneuil compare la France à une maison de commerce, « dont les commis géreraient les affaires selon leurs intérêts ». Toute la vie politique n'est qu'une ruse pour dissimuler cet état. Telle était la situation des fonctionnaires vers 1870.

II. — Depuis 1870, de grands changements se sont produits dans la proportion et dans le nombre des fonctionnaires. Le nombre des magistrats a un peu diminué, tandis que le rôle des juges de paix augmentait en importance. Les cadres de l'armée se sont beaucoup accrus en nombre, par suite de la nécessité d'encadrer des contingents plus nombreux. Dans l'enseignement, l'augmentation a surtout porté sur l'enseignement primaire. Le personnel des postes s'est beaucoup accru à cause de l'accroissement des opérations. Un personnel nouveau a été créé, le personnel colonial, et une école nouvelle, l'Ecole coloniale. Le personnel central s'est surtout accru, et, dans le personnel central, la proportion des dirigeants : chefs, sous-chefs, directeurs. En 1899, il y avait 888 directeurs, chefs et sous-chefs pour 3.151 rédacteurs et expéditionnaires. Dans les anciens services : finances, ponts et chaussées, le chiffre est demeuré à peu près stationnaire.

Le recrutement et l'avancement sont restés, en principe, réglés par les mêmes actes officiels. Les projets de réforme n'ont pas abouti. Le pouvoir des chefs hiérarchiques est demeuré discrétionnaire. Un arrêt du Conseil d'Etat, qui a été rendu récemment, reconnaît même que les relations entre l'Etat et ses fonctionnaires sont les mêmes qu'entre patron et

domestique. Le gouvernement a le droit de déplacer n'importe
quel fonctionnaire sans explication.

Dans la pratique, une révolution a été accomplie par la création du nouveau personnel des élus, qui a été amené, pour des
motifs politiques, à s'occuper des nominations, à intervenir dans
les choix à l'entrée de la carrière et pour l'avancement et les
déplacements ; à soutenir les républicains subordonnés contre
des supérieurs hostiles ; à faire choisir des agents républicains,
en fait les protégés personnels des élus. Cette opération a d'abord
été effectuée dans l'administration préfectorale et dans la magistrature, puis peu à peu dans tous les services administratifs.

L'Administration centrale s'est remplie des auxiliaires politiques, des protégés du ministre au pouvoir ; le personnel du
cabinet est devenu la pépinière où se fait le recrutement. Le
haut personnel administratif a fini par partager avec les politiciens. L'*Economiste français* du 18 novembre 1905 publie une
lettre d'un fonctionnaire de l'enregistrement, où ce changement
est signalé : « Jusqu'en 1885, les agents de cette administration
étaient régis, au point de vue de l'avancement, non par des règlements écrits, mais par de vieilles traditions que se transmettaient
religieusement les directeurs généraux et les chefs du personnel,
et qui étaient basées sur le choix et surtout sur l'ancienneté.
Personne ne se plaignait. Depuis cette époque, c'est-à-dire depuis
vingt ans, et surtout depuis dix ans, tout cela a changé ; on a mis
de côté les vieilles traditions, et c'est, aujourd'hui, le bon plaisir
qui règne en maître. Il n'y a plus ni choix ni ancienneté, il y a
la volonté du ministre, dirigée par les sénateurs et les députés, et
pas autre chose... L'administration centrale, et spécialement le
bureau du personnel, aurait pu et dû, au moyen du directeur
général, enrayer le mal... Au lieu d'essayer de s'opposer au
désordre, ils ont cherché, eux aussi, à en profiter. Ainsi, en 1885,
il y avait huit directeurs sortant de l'administration centrale ;
aujourd'hui, il en a vingt-deux ; en 1885, douze conservateurs
sortaient de la centrale, aujourd'hui, il y en a seize... ; enfin, sur
vingt-sept directeurs de première classe, il y a onze centraux. »
Ainsi par deux procédés, — l'intervention des députés et sénateurs d'une part, la nomination directe du personnel de cabinet
dans les postes élevés de l'autre, — le récrutement et l'avancement sont devenus moins mécaniques et le personnel politique a
envahi une partie des fonctions spéciales.

Les Chambres en corps ont été amenées à s'occuper des traitements en discutant et votant le budget ; elles ont accueilli les
réclamations et voté des améliorations. Mais ces changements ont

été réalisés peu à peu, par fragments et en partie seulement. Le
résultat obtenu par cette façon de procéder a été d'accroître
l'inégalité non pas entre le maximum et le minimum de traitement, mais entre agents de même nature dans deux services différents : c'est ainsi que, de 1870 à 1905, le traitement des instituteurs a été doublé, tandis que le traitement de début des rédacteurs, dans les anciens ministères, n'a pour ainsi pas changé
depuis 1844. Les inégalités d'avancement ont été accrues par
l'intervention des élus et des cabinets.

. Une révolution plus récente a été produite par la liberté d'association. Le gouvernement et les Chambres ont hésité pour savoir
si cette liberté devait être étendue aux fonctionnaires, surtout
sous le régime de la loi de 1884 sur les syndicats professionnels.
Des controverses ont eu lieu, dans lesquelles on a distingué entre
les agents de gestion et les agents d'autorité. En fait, depuis la loi
de 1901, il s'est créé des associations qui se sont donné pour
but d'amener une entente entre les fonctionnaires d'un même service. Ces groupements ont essayé de rendre l'avancement plus
régulier et d'obtenir des garanties contre l'arbitraire sous deux
formes : déplacement d'office ou nomination de personnes étrangères au service. Ils ont employé deux procédés : d'abord un procédé juridique sous la forme de recours au Conseil d'Etat pour
abus de pouvoir, par exemple à propos de nominations contraires
aux règlements (ils ont de ce côté obtenu quelques succès) ; en
second lieu, un procédé politique : les associations de fonctionnaires sont entrées dans le mouvement syndicaliste pour faire de
l'agitation et exercer directement une pression sur le Parlement.
Le programme officiel de ces associations est d'obtenir un statut,
c'est-à-dire des règles légales qu'on pourrait opposer à l'intervention des élus, des garanties analogues à celles reconnues
déjà aux officiers. Mais, à côté de ce programme officiel, certains
groupements en ont un autre qu'on peut appeler révolutionnaire et qui comporte un accord avec les syndicats ouvriers.

E. M.

Bibliographie

Philosophie de l'Education.

Essai de pédagogie générale, par E. RŒHRICH (*Ouvrage récom-pensé par l'Institut*), 1 vol. in-8 de la *Bibliothèque de Philosophie contemporaine*, 5 fr. (Félix Alcan, éditeur).

Dans cet essai de pédagogie générale, M. Rœhrich expose le fruit de vingt ans de travaux. Déjà il s'est signalé par un impor-tant ouvrage sur l'attention spontanée et volontaire, qui forme une excellente introduction à l'étude des problèmes pédago-giques.

Dans ce nouvel ouvrage, M. Rœhrich reprend et continue l'œuvre de J.-J. Rousseau, tout en se servant des travaux de Herbart, Pestalozzi et Cournot. L'idée maîtresse de ce livre, c'est que l'éducation a pour but la formation du caractère moral, pour point de départ le naturel primitif de l'enfant, pour moyens l'instruction et l'action directe du maitre.

Toutes les questions qui sont du domaine de la science de l'éducation sont exposées dans ce livre, en détail et dans toute leur ampleur. Le lecteur y trouvera une théorie complète de l'éducation, basée sur les données les plus certaines de la phy-siologie, de la morale et de l'expérience.

Le Gérant : FRANCK GAUTRON.

POITIERS. — SOCIÉTÉ FRANÇAISE D'IMPRIMERIE.

REVUE HEBDOMADAIRE

DES

COURS ET CONFÉRENCES

Directeur : N. FILOZ

La « République » de Platon

Cours de M. ALFRED CROISET,

Doyen dë la Faculté des Lettres de l'Université de Paris.

L'éducation du philosophe : le vrai et le bien ; l'allégorie de la caverne.

Platon vient de montrer que les philosophes doivent être rois, ou les rois philosophes ; sans cela, point de cité parfaite, pas même de progrès possible dans l'humanité. Et ce ne sont pas, pour lui, choses irréalisables ; il faut compter que, quelque part dans l'immensité de l'espace, quelque jour dans l'infinité du temps, il se rencontrera un roi qui sera philosophe et qui, faisant table rase de tout, établira cette cité idéale, où, par le jeu des institutions, la philosophie seule gouvernera ; telle est, à peu près, la thèse que nous avons exposée, la dernière fois, en faisant toutes les réserves qu'elle comporte.

Mais il semble que Platon oublie, dans cette théorie si absolue, un principe sur lequel il a pourtant bien insisté ailleurs : c'est que chacun doit remplir l'office qui lui est propre, et que faire différentes choses distinctes les unes des autres n'est pas le moyen de les bien faire ; or, ici, le même homme aura pour charge d'appliquer à la réalité ces principes éternels, à la recherche desquels il aura consacré la majeure partie de son existence.

Cette thèse, malgré tout ce qu'elle a d'absolu, s'expliquerait

34

encore, à la rigueur, si la vérité pouvait être trouvée intégralement ; car alors le philosophe, en possession de cette vérité,
n'aurait qu'à l'appliquer aux détails de la vie pratique. Platon
peut-être croyait-il que l'homme, à un moment donné, trouverait
cette vérité totale, alors que, nous, nous voyons trop bien que,
selon le mot de Pascal, l'homme « ne sait le tout de rien » et
n'en saura jamais plus. Sans cesse l'homme cherche à savoir ;
mais l'horizon recule toujours devant lui, et il n'arrivera jamais
à ce moment où, en possession de la vérité intégrale, il pourra
se retourner vers les autres hommes et leur dire : Voilà le vrai.

La théorie de Platon est donc excessive, sans parler même de
toutes les objections de détail qu'elle soulève. Ne pourrait-on pas,
par exemple, demander à Platon comment se fera le choix de
ces philosophes, comment on procédera au couronnement du
philosophe roi, puisque les autres hommes, ses juges, seraient
foncièrement incapables de juger ses mérites ? Mais ne nous
arrêtons pas à ces difficultés de détail ; ce qui ressort de tout
cela, c'est que le penseur est toujours en avant de la foule des
autres hommes, et que rien ne lui serait plus difficile, s'il était
en possession de la vérité complète, que de la faire comprendre
aux autres, qui ne parleraient plus alors le même langage que
lui ; et cela, Platon lui-même l'a reconnu à diverses reprises.

Est-ce à dire que, lorsqu'on a fait les nombreuses réserves qui
s'imposent, il ne reste plus rien de la théorie de Platon ? Outre
une grande beauté, elle renferme encore une certaine part de vérité. Il en est du système platonicien comme de tous les systèmes
philosophiques, dont on peut dire qu'ils sont faux par quelque
endroit et vrais par d'autres. Le devoir de la postérité, quand ces
systèmes se sont écroulés, doit être d'en examiner les ruines et
d'assembler les éléments qui sont dignes de survivre. Eh ! bien,
dans la grande utopie platonicienne, nous trouvons quelques
idées qui sont toujours vraies et admises aujourd'hui par tout
le monde.

C'est d'abord qu'il est extrêmement nécessaire à la marche de
la civilisation et au maintien du bon ordre d'un État, que la culture générale, la préoccupation des idées, y élèvent les cœurs au-
dessus des intérêts mesquins et journaliers ; en un mot, dans une
cité vraiment civilisée, il faut qu'il y ait de la philosophie dans le
sens le plus large de ce mot. Voici encore une autre idée importante : c'est que cette science spéculative, dont la foule des
hommes est, en général, disposée à faire fi, la science de ces philosophes qui peuvent, dans leur propre ville, ignorer le chemin
de l'Agora, mais qui sont rompus à la connaissance de l'âme

humaine, de ses passions, de ses vices et de ses vertus, est une
science tout a fait indispensable, parce que c'est des principes
découverts par elle que l'on doit s'inspirer, quand on passe de la
théorie à la réalité de la pratique. Il reste donc beaucoup de vrai
dans la théorie platonicienne, comme dans la plupart des grands
systèmes de ce genre ; mais, pour jouir pleinement de tout ce
qu'elle a d'admirable, il la faut dépouiller de ce qu'elle présente
d'excessif et de trop absolu.

Revenons maintenant au texte de Platon. Après cette affirmation de la nécessité des rois-philosophes, il s'occupe du philosophe lui-même, et vous savez quelle définition très belle, très
noble, il en donne. Il insiste tout d'abord sur ce fait, que le philosophe, réunissant toutes les qualités qu'on est en droit d'exiger
de lui, est excessivement rare, et, de cette rareté, il fournit une
raison qui est d'une psychologie très fine. Ces qualités éminentes
et variées, il est peu fréquent qu'elles se rencontrent dans un
même homme ; elles sont souvent dispersées entre plusieurs,
et, alors même qu'elles se rencontreraient chez un même individu, ne peut-il pas arriver que, soit dans une cité mal policée,
soit par suite d'une éducation imparfaite, l'une prenne le pied
sur les autres et n'entraîne notre futur philosophe loin du but où
nous voulions le diriger ?

Un homme énergique, par exemple, peut se laisser entraîné
par cette qualité même, qui, jointe aux autres, aurait pu faire de
lui un philosophe ; il se trouvera alors poussé dans une voie qui
n'est pas celle où nous aurions voulu le voir s'engager. Un homme
doué de grandes qualités intellectuelles, esprit pénétrant, mémoire, élévation des idées, peut très bien n'avoir pas le calme
et la constance nécessaires au philosophe.

Voici maintenant un homme ferme, calme, posé ; mais
prenons garde, dit Platon : c'est peut-être un esprit lent, sans
véritable énergie ; or il nous faut, avant tout, un homme
énergique, qui soit capable de pousser ses idées jusqu'au bout, et,
ne l'oublions pas, un homme doué d'une grande mémoire, pouvant sans effort embrasser l'ensemble des raisonnements qui le
conduisent dans sa recherche incessante de la vérité ! Et qu'est-ce
qui empêchera cet homme de se donner à la vie publique, d'être
accaparé par l'Agora ?

Rien, en définitive, n'est plus rare qu'un véritable philosophe,
et les qualités mêmes que nous exigeons de lui sont de nature à
l'égarer, faute d'une éducation assez parfaite ou de circonstances
favorables. Pour rare qu'il soit, ce philosophe doit cependant
exister; qu'est-ce donc qui le caractérisera ? Ce sera surtout d'être

amoureux de la science suprême ; et, en cet admirable passage, Platon nous montre ce qu'est cet amour constant de la vérité, cette constante volonté du philosophe de suivre la route qui conduit au vrai, quelque longue que soit cette route.

Or quelle est l'idée suprême, le terme dernier de la science, ce but enfin vers lequel s'achemine le philosophe ? C'est l'idée du bien, non pas de tel ou tel bien particulier, mais du bien en soi : « La plus grande de toutes les sciences, l'objet de la plus « sublime des connaissances, c'est l'idée du bien, la justice ; et les « autres vertus viennent de cette idée, et les choses particulières, « à mesure qu'elles y participent, deviennent justes, utiles, avan- « tageuses... » Voilà l'idée platonicienne, celle que, selon Socrate, tout le monde pressent, les uns imaginant que ce bien suprême est le plaisir, d'autres, plus raffinés, qu'il est l'intelligence ou la sagesse, d'autres, quelque autre chose encore. Mais tous en ont le pressentiment confus, et l'âme humaine est sans cesse à sa recherche.

Par une sorte de divination, les hommes soupçonnent donc l'existence réelle de cette idée ; mais ils sont embarrassés et inca- pables de comprendre avec exactitude ce qu'elle est au juste, incapables aussi de s'arrêter à une conviction durable. La foule l'entrevoit, mais sans en avoir un sens exact ; elle obéit à une impulsion confuse et ne sait pas ce qu'elle désire ; elle a une foi aveugle, une *pistis tuphlé*. Il faut alors qu'il y ait dans la cité des hommes, les meilleurs, qui puissent servir de guides et disent à la foule : Voilà le juste, voilà le vrai.

On voit tout ce qu'il y a, dans ce beau passage, d'idées éter- nelles, durables, quel que soit le sens que l'on puisse prêter, plus ou moins large, aux mots employés par Platon. Mais arrêtons- nous un instant sur la définition qu'il donne du bien, comme objet suprême de la science, du *to agathon*.

Pour nous, modernes, venus après des siècles de christianisme et après la philosophie kantienne, le bien tout court, c'est le bien moral, d'une manière absolue ; mais la conception plato- nicienne est tout autre, ou du moins il y faut signaler une différence assez marquée. Pour les Grecs, le bien, *to agathon*, cela veut dire essentiellement l'utile, le bien moral en tant qu'il est utile, et, *a posteriori*, pour un philosophe idéaliste comme Platon, pour qui le bien se confond avec la justice, cela peut signifier aussi le bien moral ; mais ce n'est ni le sens absolu ni le sens unique de ce mot. Platon, n'a pas, comme Kant, envisagé le bien moral dans son absolu ; il y vient cependant et touche à la question. L'homme, en effet, cherche d'instinct le bonheur ; or le

seul moyen de l'atteindre, c'est de le mettre dans la justice : le vrai
bien se confond ainsi avec la suprême justice, avec l'utilité
suprême.

Une autre remarque importante s'impose à nous à propos de
ce même passage : pour Platon, l'objet suprême de la science, c'est
donc l'idée du bien, c'est-à-dire l'union de l'utile et du bien moral.
Or cela peut surprendre les modernes, qui sont habitués à se faire
de la science une autre conception et lui assignent un autre objet.
Nous répondrions, semble-t-il, que le but de la science n'est pas
le bien, mais le vrai, et que son objet est, avant tout, la possession
de la vérité. D'où vient donc que Platon lui assigne comme
objet essentiel l'utilité suprême ? C'est toute la finalité morale
qui, après Socrate, dominera la philosophie ancienne, que nous
saisissons ici. C'est l'idée de Socrate, qui se sépare des philosophes antérieurs avec tant de netteté et de décision ; car les vieux
philosophes grecs étaient, en ce sens, plus près de nos conceptions modernes.

Que cherchaient les vieux Ioniens dans leurs multiples traités
peri Phuseos ? Ils cherchaient, d'une manière tout objective,
comme nous-mêmes, et sans préoccupation de finalité, comment
les choses étaient nées, étaient sorties les unes des autres. Les
Eléates, ces grands idéalistes, ne sont eux-mêmes encore que
des géomètres : ils ne s'inquiètent pas de la transformation des
êtres ; ce qu'ils cherchent, c'est l'être en soi, *to on*, l'être immuable,
éternel, sans aucune préoccupation de morale. Rappelez-vous
les admirables vers de Parménide sur cet être immuable,
dont il parle avec enthousiasme, et qu'il se figure comme une
immense sphère enveloppant dans sa périphérie l'ensemble
de la vie ; nous ne trouvons là aucune finalité morale. Au
contraire, que dit Socrate dans le *Phèdre,* que lui fait dire aussi
Xénophon dans les conversations qu'il nous rapporte ? C'est que
tout l'enseignement de ces anciens philosophes, qui expliquent les
choses mécaniquement, est loin de le satisfaire ; il sent en lui
autre chose, qu'il projette dans l'univers ; il sent en lui une intelligence, une fin morale, et c'est là ce qu'il veut retrouver dans le
monde. Voilà comment la philosophie, qui était, avant Socrate,
essentiellement science pure, devient avec lui essentiellement
une science morale, et deviendra, après lui, avec Platon, Aristote
et les autres une sorte de théologie, une métaphysique théologique ; car la métaphysique grecque sera gouvernée tout entière
par cette idée de finalité, très apparente dans le passage de la
République que nous venons de rencontrer, et qui dominera
désormais toute la pensée antique, après Socrate.

Reprenons le texte et revenons-en à la formation du philosophe, selon Platon. Avant d'aborder proprement le sujet, il s'arrête à certaines considérations, à certaines idées admirables, qui constituent quelques-uns des passages les plus justement célèbres de la *République*.

Platon se demande d'abord ce que c'est que ce bien suprême, qui est l'idée dernière à laquelle doit s'élever le philosophe ; comment le connaître, comment l'atteindre ; quelle est, en définitive, la valeur des théories qui mettent la science ou la sagesse à la place de ce bien supérieur. Le philosophe n'a, d'ailleurs, aucune espèce d'hésitation sur ce point. La science, *phronésis*, n'est rien par elle-même ; ce n'est qu'un organe, un instrument, par lequel on peut arriver au bien suprême. Vient alors la fameuse et suprême comparaison entre ce bien idéal et le soleil du monde visible : l'œil n'est qu'un instrument ; les objets qu'il peut saisir ne sont rien, mais c'est le soleil qui seul rend possible la vision des objets qu'il éclaire ; de même, dans le monde moral : « Sache donc, « dit Socrate dans cette page admirable, sache que, parlant de la « production du bien, c'est le soleil que je veux dire... Ce que le « bien est dans la sphère intelligible par rapport à l'intelligence, « le soleil l'est dans la sphère visible par rapport à la vue...

« Tu sais que, lorsqu'on tourne les yeux vers des objets qui ne « sont pas éclairés par la lumière du jour, mais par les astres « de la nuit, on a peine à distinguer ces objets ; nos yeux sont « presque aveugles, comme s'ils avaient perdu la netteté de la « vue...

« Mais que, lorsqu'on les tourne vers des objets éclairés par le « soleil, ils les voient distinctement et que ces mêmes yeux re-« couvrent toute la netteté de la vision...

« Comprends donc que la même chose se passe à l'égard de « l'âme. Quand elle fixe ses regards sur ce qui est éclairé par la « vérité, elle comprend, elle connaît ; on voit qu'elle est douée « d'intelligence ; mais, quand elle les fixe au contraire sur ce qui « est mêlé de ténèbres, sur ce qui naît et périt, sa vue s'émousse « et s'obscurcit, elle n'a plus que des opinions, va bientôt de l'une « à l'autre et semble dépourvue d'intelligence...

« Sois donc assuré, mon cher Glaucon, que ce qui répand sur « les connaissances acquises la lumière de la vérité, ce qui donne « à l'âme la faculté de connaître, c'est l'idée du bien, et crois « qu'elle est le principe de la science et de la vérité, en tant qu'elles « sont du domaine de l'intelligence. Quelque belles que soient la « science et la vérité, tu ne te tromperas pas en affirmant qu'il y a « encore quelque chose de plus beau. Comme, dans le monde vi-

« sible, on a raison de penser que la lumière et la vue ont quelque
« rapport de ressemblance avec le soleil, mais qu'il serait faux de
« dire qu'elles sont le soleil ; de même, dans le monde intelligible,
« on peut regarder la science et la vérité comme des images du
« bien ; mais on aurait tort de prendre l'une ou l'autre pour le
« bien lui-même, tandis que la nature du bien doit être regar-
« dée comme infiniment supérieure...

« Et comme le soleil donne aux choses visibles non seulement
« la possibilité d'être vues, mais encore la naissance, l'accrois-
« sement et la nourriture, sans être lui-même rien de tout cela...
« de même, il faut dire que les êtres intelligibles ne tiennent pas
« seulement du bien leur intelligibilité, mais encore leur être
« et leur essence, quoique le bien lui-même ne soit pas essence,
« mais quelque chose bien au-dessus de l'essence, en dignité et
« en puissance. »

Mais, pareils aux hommes qui ne peuvent regarder en face la
lumière et qui se contentent, les uns, de la voir dans des miroirs,
les autres de s'en rapporter aux ombres qu'elle porte, il y a de
même beaucoup d'hommes qui sont incapables de regarder en
face l'idée du bien ; elle les éblouirait, ils ne la démêlent pas et
s'en tiennent aux ombres, aux apparences, et considèrent cela
comme la vérité.

Platon passe alors à la distinction des différentes parties de
l'intelligence ; il discerne quatre degrés : tout en haut, la *phronésis* ; c'est en quelque sorte l'œil, l'instrument à l'aide duquel
on voit l'idée du bien ; — un peu au-dessous, la *dianoia*, faculté
de l'intelligence raisonnante appliquée aux choses secondaires,
c'est une approximation ; — au-dessous encore, la foi ou *pistis*,
qui accueille avec confiance les opinions des autres, les vraies
comme les fausses ; — au dernier degré enfin, la simple conjecture
ou *eikasia*, c'est celle des ignorants, des instinctifs qui, sans
écouter ce que disent les autres, ne s'en rapportent qu'à eux-
mêmes.

Ici se place la fameuse allégorie de la caverne qu'il faut analyser pour en bien montrer le sens et la vraie portée ; car on y
fait très souvent allusion, mais d'une manière inexacte et par
trop superficielle. Voici, à peu près, ce que Platon veut dire : il
imagine de malheureux prisonniers enchaînés au fond d'une
grotte obscure où le soleil n'arrive jamais, sauf à l'orifice par
où pénètre un peu de lumière ; ils ont le dos tourné et, tout ce
qu'ils voient, c'est leur ombre propre projetée sur la paroi du
fond, ou celle des habitants du monde extérieur lorsqu'ils passent
près de l'orifice, ou l'ombre des objets qu'ils en approchent. Toute

la science de ces hommes captifs s'applique à étudier ces diverses
ombres, puisqu'ils ne connaissent que cela ; ils les expliquent du
mieux qu'ils peuvent, et ces explications approximatives sont
leur unique savoir.

Supposez maintenant que quelqu'un d'entre eux soit libéré de
ses liens et qu'un génie bienfaisant l'emmène hors de la caverne.
Habitué à l'obscurité perpétuelle, il reste d'abord ébloui, incapable de rien distinguer ; mais peu à peu ses yeux s'accoutument
à la clarté nouvelle ; il regarde les ombres des objets, car il n'ose
encore fixer ces objets eux-mêmes ; puis il porte ses regards
vers le ciel, mais la nuit d'abord, car la lumière du soleil l'aveu-
glerait, il contemple les étoiles et la lune ; enfin, quand son éducation est achevée et parfaite, il regarde, en plein jour, le ciel
éclatant, le soleil, et il arrive à se rendre un compte exact des
êtres et des choses. Que pensera-t-il alors de sa science d'autrefois et de celle de ses malheureux compagnons de captivité ?
Il les méprisera et les plaindra de toute son âme, et, quand il
rappellera ces discussions qui s'élevaient entre eux sur ce qu'ils
croyaient être la science et la vraie nature des choses, les éloges,
les blâmes, les honneurs que ces malheureux ignorants se distri-
buaient mutuellement, quand il se rappellera tout cela, lui, le libéré, il sera rempli de pitié, et ne voudra plus, à aucun prix, retourner dans la caverne, ne pouvant plus se passer du grand soleil
à la clarté duquel il a découvert le monde.   :

Eh ! bien, dit Socrate, il en est ainsi du philosophe, et l'on
comprend sans peine pourquoi il fait si peu de cas des divers jugements des autres hommes, pauvres prisonniers qui parlent de
tout sans avoir jamais vu le soleil de la vérité. Cependant il faut
que ce libéré, si heureux d'avoir rompu son esclavage, rentre dans
la caverne pour montrer leur erreur à ses compagnons de chaîne
Mais il va de nouveau éprouver un certain éblouissement ; dans ce
passage du grand jour à l'obscurité, ses yeux sont comme aveu-
glés ; c'est à peine s'il distingue maintenant les ombres ; il ne comprend plus rien des discussions qui partagent ses compagnons ; il
ne voit plus, il ne distingue plus : il faut que ses yeux prennent
une nouvelle habitude des ténèbres où il est contraint de vivre
quelque temps pour éclairer ses malheureux frères, ce qui n'ira
d'ailleurs pas sans peine. Voilà comment cette allégorie représente pour Platon une image complète de la vie du philosophe :
l'obscurité d'abord et les ombres, puis la lumière et son éblouissement, enfin le mépris de celui qui a vu pour ceux qui restent prisonniers des ténèbres, cette horreur qui l'empêcherait de
retourner jamais dans la caverne si un sentiment d'humanité ne

l'y obligeait. N'oublions pas, en effet, que, dans la République platonicienne, il n'y a pas place pour l'égoïste : tous les citoyens sont animés par l'idée du bien général, du perpétuel sacrifice de l'intérêt personnel ; ainsi le philosophe, obligé par la loi ou par sa seule conscience, doit réintégrer la caverne.

Le passage est admirable où Socrate dépeint la joie du philosophe évadé des ténèbres et l'horreur que lui inspire la pensée d'y rentrer ; en le lisant, on ne peut s'empêcher de songer à un autre passage, non moins beau, d'Aristote, dans lequel il dit lui aussi toute l'incomparable grandeur de la vie contemplative (xᵉ livre de la *Morale* d'Aristote); et rien n'est plus vraiment grec que le bonheur placé dans l'exercice de l'activité intellectuelle. Que sont la richesse et les joies du monde à côté de la joie qu'on éprouve dans la recherche de la vérité? Une vie consacrée à cette recherche est plus qu'humaine : c'est la vie d'un dieu, dit Aristote; si bien qu'il se demande s'il n'y a pas là quelque chose de trop grand et de nature à irriter la Nemésis divine ; n'est-ce pas s'élever trop haut pour un simple mortel? Eh ! bien, non, répond-il bientôt ; il faut que l'homme s'immortalise lui-même ; il faut qu'il s'égale vraiment à un dieu par cette seule vie contemplative, *theoritikos bios*, et il la décrit alors avec une sorte d'ivresse, comme le vieux Parménide ; et l'on sait comment cette tradition s'est conservée depuis les plus vieux philosophes jusqu'à Aristote.

Pour en revenir à Platon, nous disions donc qu'il faut que notre philosophe retourne dans la sombre caverne, auprès de ses frères d'esclavage, pour leur porter la vérité. Il va les instruire ; mais cette éducation sera lente, car la vérité n'est pas chose qui puisse s'apprendre d'un coup (VII. c. 14), qui puisse être prise en bloc. On ne la fait pas captive pour la livrer aux mains de ceux qui voudraient l'acheter, et c'est là l'erreur de ces prétendus marchands de sagesse qu'on nomme les sophistes. La vérité existe, certes ; mais on ne peut la livrer en quelque sorte sur commande : on l'enseigne, et, en l'enseignant, on fortifie peu à peu les regards de l'esprit, comme l'œil s'habitue à la clarté solaire ou aux ténèbres.

Quelle admirable théorie pédagogique et comme il est vrai de dire que ce qu'on appellerait en langage moderne « le bourrage » en est tout l'opposé ! Il faut, avant tout, fortifier l'intelligence ; c'est en cela que l'éducation est une gymnastique, et c'est la réponse à ceux qui voudraient une éducation par trop utilitaire. Certes celle-là est utilitaire aussi, mais au sens platonicien du mot; il ne s'agit pas d'arriver vite ni de mettre le plus de notions possible dans l'intelligence: il faut qu'elle soit maîtresse d'elle-même ; toujours elle doit assimiler les connaissances et non les emmagasiner. Le rôle du philosophe est de veiller à cela, c'est aussi le grand principe qui va présider à l'éducation platonicienne.

Donc, une fois posées les qualités naturelles, ainsi que nous l'avons vu plus haut, il reste à faire de ces jeunes gens bien doués de véritables philosophes. Mais qui dit philosophie, qui dit science, dit étude de toute la vie ; nous ne l'aborderons donc que lorsque l'esprit sera formé, de façon à pouvoir s'acheminer d'une manière graduelle vers la vérité totale.

Nous arriverons, la prochaine fois, à l'étude de cette théorie, des plus importantes, en vérité, aussi bien au point de vue pédagogique qu'au point de vue scientifique.

                                        M. D. C.

Louis XVI

Cours de M. G. DESDEVISES DU DEZERT,

Doyen de la Faculté des Lettres de Clermont-Ferrand

Louis XVI naquit au palais de Versailles, le 23 août 1754, de Louis, dauphin de France, fils de Louis XV, et de Marie-Josèphe de Saxe, fille de Frédéric-Auguste II, roi de Pologne.

Le dauphin, dont les gens de Cour faisaient une espèce de duc de Bourgogne, paraît avoir été un prince extrêmement médiocre et borné .

Obèse de bonne heure, il pesait déjà 70 livres à 7 ans, et 200 livres a 17. — « Je traine la masse pesante de mon corps », écrivait-il au maréchal de Noailles.

Il était naturellement très violent. Très jeune, il donna un grand soufflet à l'évêque de Mirepoix, qui le contredisait ; un autre jour, il ordonna à son gouverneur de *faire taire le vent,* dont le bruit l'importunait. Il blessa une dame en se jouant ; il tua un homme à la chasse.

Le chagrin qu'il eut de ce dernier accident le fit renoncer à la chasse : son obésité augmenta ; il devint sombre, maniaque, et se jeta dans la dévotion.

« On estimait sa conduite, dit Moufle d'Angerville ; mais on le regardait comme un cagot, qui passait une partie de la journée à chanter au lutrin, et qui se scandalisait de voir une gorge découverte... Il tira la langue à Mme de Pompadour en lui donnant l'accolade, le jour de sa présentation à la Cour. »

Marié en premières noces à une princesse espagnole, il ne se remaria que par raison d'État, et, le soir de son second mariage, pleura avec sa seconde femme en lui vantant les vertus de la première.

Il s'enfermait parfois avec la dauphine dans la chambre où l'infante avait rendu le dernier soupir, et tous deux chantaient Ténèbres en son honneur.

Enervé par l'éducation de cour, par l'obéissance absolue exigée des fils de France, il eut cependant un beau mouvement pendant la guerre de Sept ans. Après la défaite de Crefeld, il demanda à aller à l'armée ; Louis XV refusa, par jalousie, et le dauphin retomba dans sa vie monotone, qu'il fit plus lugubre que jamais.

Il vit venir la mort avec joie : « Je ne puis vous dire, mes chers cœurs, disait-il à ses sœurs le jour de sa mort, combien je suis aise de partir le premier ; je serai fâché de vous quitter, mais je serai bien aise de ne pas rester après vous. »

Somme toute, c'est un prince médiocre, bigot, bizarre, sans esprit et sans énergie. C'est ainsi que le jugeait le roi : « Mon fils, disait Louis XV à Mme du Hausset, est paresseux et son caractère est poltron, vif et changeant. Il n'a aucun goût : la chasse, les femmes, la bonne chère, ne lui sont de rien. Il croit peut-être que, s'il était à ma place, il serait heureux. Dans les premiers temps, il changerait tout, aurait l'air de tout recréer, et bientôt il serait ennuyé de l'état de roi comme il l'est du sien. »

La mère de Louis XVI fut une princesse plus remarquable.

C'était une blanche et grosse Allemande, avec cette richesse de sang et de chair que Louis XVI hérita d'elle.

Elle avait une heureuse mémoire, savait le latin et beaucoup de langues vivantes.

Ce fut une femme de cœur et de tête. Elle donna l'exemple de toutes les vertus domestiques, et, après la mort de Mme de Pompadour, elle entreprit de *ranger le roi*.

Elle vint s'établir courageusement à la porte de Louis XV, pour arrêter ses désordres. Elle surveilla l'éducation de son fils, reçut du roi la promesse d'être régente, si Louis XVI arrivait au trône avant sa majorité, et prit tant à cœur son rôle de « gouvernante du roi », qu'elle mourut à la peine au bout de quelques mois.

C'est de sa mère que Louis XVIII tenait sa finesse, son goût pour les lettres. — Louis XVI, malheureusement, n'en eut que les vertus domestiques et fut aussi borné que son père.

Louis XVI eut pour gouverneur le duc de la Vauguyon, créature des Jésuites ; il avouait lui-même qu'il avait été fort mal élevé. Il chercha consciencieusement à combler les lacunes de son instruction.

Il entendait le latin et l'anglais, aimait l'histoire et la géographie, lisait, ce que n'avaient fait ni Louis XIV ni Louis XV. Il relisait les livres qui l'avaient intéressé, et prenait des notes sur ses lectures.

Mais ce même prince, qui adorait les récits de voyages et qui rédigea lui-même les instructions de La Pérouse, n'avait jamais voyagé et ne connaissait même pas sa capitale.

Quand Joseph II lui vanta la magnificence des Invalides, il avoua naïvement qu'il n'y était jamais allé. Le roi de Suède Gustave III lui parlait de ses voyages, il s'endormit ; et, comme il s'excusait, Gustave lui répondit : « Je vous demande pardon, j'ai le défaut de

tous les voyageurs, d'entretenir et d'ennuyer de tout ce qu'ils ont
vu ceux qui n'ont rien vu. »

Sauf un voyage en Normandie et un voyage à Reims, Louis XVI
ne connaissait guère que Versailles, Compiègne et Fontainebleau.
On peut dire, sans exagération, que des milliers de ses sujets
connaissaient la France mieux que lui.

Dans ces conditions, son instruction lui servait peu : elle ne lui
avait donné ni la connaissance des choses ni celle des hommes.
Il avait sur les choses des idées fausses, comme les lui donnait le
milieu artificiel où il vivait ; pour les hommes, il ne les connaissait pas du tout.

Il le savait, en souffrait, se livrait au premier venu et ne se
confiait à personne.

Si l'on veut connaître la mesure de son esprit, il faut lire les
deux ouvrages qu'il nous a laissés ; iis le montrent tel qu'il était :
excessivement bon et excessivement borné.

Ses *Mémoires* sont le résumé de sa vie pendant près de vingt-six
ans. Il y note scrupuleusement tout ce qui l'intéresse : la manière
dont il dort, ce qu'il mange, comment il digère. Les jours où il
prend médecine. Les promenades qu'il fait : « Fait, ce mois-ci,
quatre grandes promenades et quatre petites, une à cheval, deux
en voitures, sept par la gelée. » — Il note, le 23 décembre 1780,
qu'il a reçu le matin les révérences de 319 hommes, et, le soir,
de 256 femmes. — Le 9 août 1767, il a vu sur la terrasse un
homme qui faisait des vers à cheval.

La chasse est sa grande passion. Les jours où il ne chasse pas,
il ne fait rien.

« 6 mai 1788. — Rien, les événements du Parlement m'ont empêché de chasser le cerf.

« 14 juillet 1789. — *Rien.* »

« 5 octobre 1789. — Tiré à la porte de Châtillon, tué 81 pièces,
interrompu par les événements. Aller et retour à cheval.

Les chasses sont de vraies boucheries : le 14 septembre 1776,
Louis XVI tue 300 pièces ; le 20 septembre, 354.

En 1776, le roi se vante d'avoir abattu 10.285 pièces.

Ce journal insipide dépeint cruellement la pauvreté d'esprit du
roi.

On a peine à s'imaginer que le souverain absolu de 25 millions
d'hommes, « doué par le ciel de ces lumières surnaturelles qu'il
refuse au commun », ait pu descendre à ce degré de niaiserie.

Il n'y a pas moyen de douter : c'est lui qui nous le dit.

L'autre ouvrage de Louis XVI est intitulé : *Mes réflexions sur
mes entretiens avec M. de la Vauguyon* (Paris, 1851, in-8°). Le roi a

mis dans ces pages, très méditées, ce qu'il avait de meilleur. Il a
cherché sincèrement à se représenter le rôle qu'il avait à jouer, et
la bonté de son cœur lui a fait quelquefois trouver de belles pensées, simplement et noblement exprimées.

Il croit au droit divin. Il croit à son pouvoir absolu. Il a seul le
droit de faire des lois. Il a le droit de mettre des impôts sur ses
sujets pour les nécessités de l'Etat. Mais son autorité sera paternelle. Il sera économe et pacifique.

Comme s'il sentait sa faiblesse, il rédige de longues pages sur la
connaissance des hommes, sur la fermeté, sur l'irrésolution. Le
malheureux se fait de la morale à lui-même, et parle haut pour se
donner du courage.

Les *Réflexions* sont un monument de la bonté du roi, et montrent
que, à défaut de facultés brillantes, il avait au moins une grande
bonne volonté et le sens droit qui lui faisait assez clairement
apercevoir le bien.

Mais son esprit était d'une lenteur inimaginable. Il lui fallait un
temps parfois très long pour comprendre ce qu'on lui disait. Il mit
quinze jours à s'assimiler le mémoire de Necker contre Calonne.

Quand il était pris à l'improviste, il se décidait au hasard, sans
voir la portée de ses actes. Il signa ainsi une déclaration de l'Assemblée nationale sur la cocarde tricolore, et, quand la reine lui
fit remarquer combien elle était compromettante, il fut stupéfait
de ne pas s'en être avisé.

Et ce fut ainsi pendant toute la Révolution. Il la traversa sans
comprendre, un seul instant, la gravité des événements. A son
retour de Varennes, une fois réinstallé dans ses appartements, il
ne trouva à dire que de véritables sottises : « Je crois que je viens
de faire une bêtise... il y avait longtemps que j'avais envie de
faire ce voyage. »

Et avisant un valet de chambre : « Tiens, te voilà, toi ! Eh !
bien, me voilà aussi, moi ! » Puis, après un silence : « Qu'on
m'apporte un poulet ! » Est-il possible de pousser plus loin l'in-
conscience et la nullité ?

Cette incroyable lenteur d'intelligence le rendait timide et
gauche. Dans cette cour moqueuse et perverse, mais étincelante
d'esprit, Louis XVI faisait l'effet d'un barbare ; dans cette cour où
la conversation était devenue un art où tous excellaient, le roi
ne trouvait rien à dire, ou décochait à l'improviste quelque brutalité qui mettait tout le monde dans l'embarras.

Sachant que l'abbé de Vermont, lecteur de la reine, avait la
réputation d'un homme d'esprit, il resta trois mois sans lui
adresser la parole, non par humeur, mais par timidité.

Son beau-frère Joseph II l'intimidait au point qu'il en vint presque à le détester.

Très bienfaisant, jamais il ne sut relever d'un mot obligeant le bien qu'il faisait.

Jamais il ne sut parler aux soldats. On lui présenta, le 6 octobre 1789, deux grenadiers qui avaient exposé leur vie pour sauver la reine. Il ne trouve rien à leur dire. Il est ému, il les regarde, il a les larmes aux yeux... mais il ne dit rien.

Le 14 juillet 1790, à la fête de la Fédération, il ne prononce pas une parole ; l'enthousiasme de tout un peuple, le spectacle splendide qu'il a sous les yeux, rien ne l'échauffe assez pour lui faire dire un mot.

Le 10 août 1792, on l'envoie passer la revue de la Garde nationale. Il joue sa dernière carte ; s'il ne réussit pas à entraîner ces derniers défenseurs possibles, il est irrémédiablement perdu. Il ne trouve encore rien à dire. « Eh ! bien,... on dit qu'ils vont venir... je ne sais pas ce qu'ils veulent... j'ai fait tout ce que m'ordonnait la Constitution... »

Il produit sur tous ceux qui l'entourent le plus déplorable effet. Le duc de Saxe lui trouve « l'air d'un gros forgeur ». Sa belle-mère, l'impératrice Marie-Thérèse, le considère « comme un rustre ». Il manque complètement de prestige. Il a la démarche lourde et sans noblesse. Il se tient mal dans les circonstances les plus solennelles. Au sacre, il trouve sa couronne trop lourde et l'ôte sans façon. Il bâille pendant la messe. Il dort au conseil. A la chasse, il lance son cheval au triple galop au risque de se casser le cou. Il rentre fourbu, se met à table, mange comme un ogre et boit comme un reître. Sa table coûte 455 livres les jours gras et 620 livres les jours maigres. Au saut du lit, il lui faut 4 côtelettes, un poulet gras, six œufs au jus, une tranche de jambon, une bouteille et demie de champagne.

Il s'endort quelquefois à table et ses valets le portent jusqu'à son lit. Il a de fréquentes indigestions, malgré les purgations régulières que lui ordonnent les médecins. Il est toujours mal habillé et mal peigné. Il reçoit le roi de Suède avec une boucle d'or à un soulier, une boucle d'argent à l'autre, ses ordres mis de travers, une moitié de sa perruque poudrée.

Quand il plaisante, il est grotesque. Apercevant, un jour, un facteur rural qui regardait un cerf se débattant contre les chiens dans l'étang de Chantilly, il trouve spirituel de jeter à l'eau le sac de dépêches que portait le pauvre homme. Il lui semble plaisant de pousser un courtisan bien habillé contre les stores mouillés qui protègent la galerie des glaces contre les ardeurs du soleil.

Il a des goûts de bourgeois maniaque. Il s'est fait aménager un atelier de serrurerie ; il est content d'avoir les mains noires. Le feu ayant pris dans une chambre fermée à clef, il arrive avec sa trousse et crochette lui-même la serrure. S'il fait construire, il se mêle aux ouvriers, porte les poutres et revient au palais tout couvert de plâtre.

Il aime les cancans, les petites chroniques scandaleuses ; on lui fait sa cour en lui racontant des anas.

Tout cela est bien peu royal, mais n'est que ridicule ; ce qui est plus grave, c'est que le roi est encore plus dépourvu de caractère que d'esprit. Cette faiblesse s'était révélée de bonne heure, car le duc de la Vauguyon s'en préoccupait déjà :

« La fermeté, disait-il à son royal élève, est, pour tous les hommes et particulièrement pour les princes, une vertu si absolument nécessaire que, sans elle, toutes les autres ne sont rien. En effet, quelque pieux, quelque bon, quelque juste que vous soyez, si vous n'êtes ferme, vos meilleures dispositions n'auront aucun effet. Vous vous abandonnerez aux mauvais conseils, vous ferez le mal que vous haïrez, et vous ne ferez pas le bien que vous aimerez ; tout languira, tout s'anéantira dans votre empire. Né vertueux, sans l'être réellement, vous souffrirez que le vice triomphe et ose opprimer le mérite et l'innocence ; vous attirerez sur votre tête la colère du ciel, la haine de vos sujets et le mépris des nations. »

Dauphin, le roi était déjà compté pour rien.

A peine roi, sa sœur, Mme Elisabeth, dit de lui: « Il faut demander à l'Esprit-Saint de lui faire part de quelques-uns de ses dons ; il en a bon besoin. »

En 1776, la comtesse de Noailles le définit : « Un roi qui veut le bien, mais qui n'a ni la force ni les lumières pour y parvenir. »

En 1784, Mercy écrivait au comte de Kaunitz : « Ce qui paraît une absurdité à dire et qui cependant n'est qu'une trop grande vérité, c'est que le roi lui-même a peu de crédit dans ses propres affaires d'Etat, parce qu'il n'y apporte aucune volonté. »

Un ambassadeur, Staël Holstein, termine un rapport en disant : « Le roi n'est rien... comme à l'ordinaire. »

Le jugement de Louis XVI est une balance folle : un rien suffit à le faire changer de direction.

Il ne sait pas dire non en face.

Il suffit de lui parler avec fermeté et assurance pour le faire changer d'avis. Si résolu qu'il paraisse, il semble toujours résigné d'avance à changer d'opinion. Il semble trouver à toute solution un bon côté. Quand il a cédé, il est heureux comme s'il avait gagné une victoire. Son règne n'est qu'une suite lamentable de reculades et de capitulations, et il est presque certain qu'il s'est cru énergique.

D'où vient cette invraisemblable inertie ? — Est-ce défiance de lui-même? — Est-ce excès de scrupules? — Est-ce inintelligence, pusillanimité ?

Peut-être y a-t-il quelque chose de tout cela dans ce défaut capital du roi. Cette raison infirme a comme une vague conscience de sa débilité ; le roi est timoré, écrasé par son pouvoir, par sa responsabilité devant Dieu. Il comprend à peine ce qui se passe autour de lui ; il vit dans le brouillard ; il se sent isolé, menacé, et prend peur.

Tout cela est vrai, mais ne suffit pas à expliquer cette paralysie si curieuse de la volonté chez Louis XVI.

C'est, pour nous, une maladie atavique, héritée du Dauphin, de Louis XV, du duc de Bourgogne et du grand Dauphin.

Pour ne prendre que l'un de ces personnages, Louis XV, nous voyons en lui une sorte de somnambule qui assiste à son règne, sans même être amusé par la comédie. Roi-statue, il abandonne au Régent, à Dubois, à Bourbon, à Fleury, à Mmes de Châteauroux et de Pompadóur, la direction des affaires ; il semble se désintéresser des choses de l'Etat ; il rejette sur ses ministres la responsabilité des fautes et des malheurs : « Ils ont décidé, dit-il ; ils ont fait... » Le pouvoir l'excède, et il le fuit comme un ennemi ; plutôt que de régner, il creuse des rondins pour en faire des tabatières ; il fait la cuisine.

Mais, bien plus intelligent que Louis XVI et bien plus égoïste, quand son intérêt est en jeu, quand son indépendance, quand son argent sont menacés, le roi se retrouve ; l'autocrate se redresse de toute sa hauteur. La volonté est déjà endormie chez lui ; mais elle a encore de soudains réveils.

Louis XVI, bon et charitable, ne sait même plus s'intéresser à lui-même, et s'abandonne comme il abandonne tout. L'éducation de cour, le préjugé royal, l'adulation incessante, ont étouffé en lui toute activité d'esprit, et, s'il manque de volonté, c'est surtout chez lui paresse ; car vouloir est un effort, et ce n'est pas la peine d'être roi pour se contraindre.

La volonté du roi est souveraine ; le roi peut tout ; si veut le roi, si veut la loi ! Eh ! bien, Louis XVI n'a qu'une volonté : vivre en paix, libre de soucis, en bonne harmonie avec tout le monde. C'est pour la paix du ménage qu'il cède à ses tantes, qu'il cède à ses frères, qu'il cède à sa femme. C'est pour la paix de la maison, c'est pour ne pas voir de visages chagrins autour de lui qu'il renvoie Turgot, Malesherbes, Necker, Calonne, Brienne, et qu'il

casse tour à tour les ministres qui ont cessé de plaire aux courtisans.

Il cède parfois la mort dans l'âme ; mais il croit, en cédant,
assurer sa tranquillité. Il fait comme les parents faibles, qui
croient avoir la paix en cédant aux enfants gâtés.

Comme tout homme faible, il a des velléités d'énergie et des
retours de violence. Il se fait par là illusion à lui-même ; quand il
a fait une scène, il s'imagine avoir fait taire les opposants ;
mais on le connaît, et, l'orage passé, les intrigants qui l'entourent
recommencent le siège de sa volonté et finissent par le faire capituler.

Parfois son droit bon sens ou son bon cœur lui révèlent la
vérité. Il voit ce qu'il a à faire et se met courageusement à
l'œuvre ; mais il est incapable d'un effort soutenu : à la première
difficulté il se trouble, à la première contradiction il hésite, il
cherche à s'éclairer, demande conseil à droite et à gauche ; bientôt
sa tête se perd au milieu de tous ces avis contradictoires, l'irrésolution le reprend, et, un beau jour, l'impatience le saisit, il lâche
ses guides, et s'assied tout essoufflé sur le bord du chemin.

Pourquoi ? Parce qu'il ne veut pas se donner la peine de
penser par lui-même ; parce que sa tête, remplie de fatras, est
en réalité vide ; parce qu'il n'y a chez lui ni idées générales, ni
expériences, ni aptitude au travail intellectuel.

Un jour, le cardinal Fleury fit passer sous les yeux de Louis XV
une lettre où l'on disait que les Parisiens finiraient par mépriser
le roi, s'il persistait dans ses désordres. « Je m'en f... », répondit
cyniquement le roi.

Louis XVI pense, au fond, comme son aïeul. Que lui font au
demeurant les réformes, l'équilibre des finances, les prétentions
rivales du Tiers et des privilégiés ? N'est-il pas l'oint du Seigneur,
l'inviolable, l'inattaquable ; ses droits ne sont-ils pas d'origine
divine ? Il veut le bien, et on ne le lui laisse pas faire. Il s'en
moque, après tout ! On ne peut faire le bien des gens malgré eux.

Louis XVI a toujours vécu sur cette idée, qu'il était intangible.
Jusqu'à la fin, il n'a jamais imaginé qu'il pût être considéré
comme responsable et qu'il pût être puni. C'est ce sentiment
de son droit royal qui lui donne, dans la Révolution, cette insou-
ciance qui frise la stupidité. Il croit toujours que c'est fini, que
le peuple, apaisé par la dernière concession, va s'assagir et lui
demander pardon. Sa patience vient de ce qu'il se croit à l'abri
de tout péril vrai.

Quand les faits viennent infliger à sa théorie favorite un dé-
menti par trop menaçant... il est stupéfait, bouleversé et comme

anéanti, et la peur le saisit. Car son courage lui vient de l'ignorance du danger ; au fond, il n'est pas brave.

Un jour, à la chasse, il voit cinq cavaliers galoper dans sa
direction ; il appelle ses gardes *avec émotion* et avoue, le lendemain,
qu'il a eu une belle peur.

Le 5 octobre, il est, dit Saint-Priest, dans un état de stupeur
difficile à imaginer et à peindre.

Une autre fois, croyant que le peuple marche sur les Tuileries,
il éprouve une crainte si vive, qu'il se réfugie dans les combles du
château et s'y tient caché.

Sa pusillanimité, au 5 octobre, indigne son beau-frère, l'ar-
chiduc Léopold, qui écrit à sa sœur Marie-Christine : « Il est
inconcevable comment, au moment de l'attaque de Versailles,
le roi ne s'est pas plutôt fait tuer que de céder et de sacrifier
tous ceux qui l'avaient défendu. Il faut avoir le sang d'eau claire,
les nerfs d'étoupe et l'âme de coton pour se conduire ainsi. »

Aussi tout le monde méprise le pauvre homme ; même dans
l'amour qu'on lui porte, il y a de la pitié et du dédain.

Il se laisse chanter pouille par le duc de Coigny, moquer par
Monsieur, braver par le duc d'Orléans en plein Parlement. Les
domestiques ne le respectent plus. Besenval raconte qu'un valet
de pied se plaça, un jour, entre lui et le roi pour voir ce que le roi
écrivait.

On alla si loin dans le mépris, que l'on frappa à la Monnaie de
Strasbourg des louis où la tête du roi était couronnée des lauriers
de Georges Dandin !

Un grenadier disait à Lafayette, en octobre 1789 : « Allons à
Versailles ; on dit que le roi *est un imbécile* ; nous placerons la couronne sur la tête de son fils. » Et Monsieur : « La faiblesse et
l'indécision du roi sont au delà de tout ce qu'on peut dire. Pour
vous faire une idée de son caractère, imaginez des boules d'ivoire
huilées que vous vous efforceriez vainement de retenir ensemble. »

C'est cette faiblesse qui a perdu Louis XVI et, avec lui, l'ancien
régime.

« On raisonne à perte de vue, dit Etienne Dumont, auteur
des *Souvenirs de Mirabeau*, sur les causes de la Révolution. Il
n'y en a qu'une, à mon gré, c'est-à-dire qu'une dominante et
efficiente : c'est *le caractère du roi*. Mettez un roi d'un caractère
ferme et décidé à la place de Louis XVI, et la Révolution n'aurait
pas eu lieu. Tout son règne n'a fait que l'amener ; son indécision, sa faiblesse, ses demi-moyens, ses demi-conseils, son
imprévoyance, ont tout perdu.

« Quand le prince est faible, les courtisans sont intrigants, les factieux sont insolents, le peuple est audacieux, les honnêtes gens sont timides, les serviteurs les plus zélés sont découragés, les hommes capables sont rebutés, les meilleurs conseils n'ont pas de suite. »

G. DESDEVISES DU DEZERT.

La comédie en France après Molière

Cours de M. AUGUSTIN GAZIER,

Professeur à l'Université de Paris.

Les comédies de Voltaire.

Les auteurs comiques sont nombreux au xviii⁰ siècle. Nous en avons déjà étudié un certain nombre, qui tous, par certaines qualités ou même par certains défauts, se recommandaient à notre attention.

Voltaire, lui aussi, le « roi Voltaire » essaya de faire des comédies. Il réussissait dans tous les genres ; pourquoi n'aurait-il pas tenté, en ce genre aussi, de faire des chefs-d'œuvre? Et c'est ainsi que, selon l'expression imagée de l'époque, « il courtisa Thalie après avoir adoré Melpomène. »

C'est donc Voltaire auteur comique que nous étudierons aujourd'hui. Je n'entends point, par là, que nous allons examiner toutes les scènes de comédie qui se trouvent dans ses œuvres; car il nous faudrait passer en revue ses pamphlets, ses satires et ses contes. Certes, nous y trouverions de la comédie dans toute la force du terme; mais cette étude nous éloignerait trop de notre dessein.

Aussi ne tiendrons-nous compte que des comédies que Voltaire a fait jouer. Ce grand « touche à tout », comme on l'a appelé, était vraiment un homme universel, et Piron avait parfaitement raison quand il prétendait que le philosophe aurait pu prendre pour enseigne : « A l'Encyclopédie ».

Entre 1725 et 1749, il n'a pas en effet publié moins de quinze comédies. Il est vrai que, pour la plupart, elles n'étaient point faites pour être jouées au théâtre, mais destinées seulement à la lecture ou à des représentations intimes, telles que Voltaire en organisait à Cirey ou à Ferney. Car Voltaire était comme Wagner : il se plaisait à faire jouer ses œuvres devant des intimes. Aussi nous avertit-il souvent, avant ses comédies, qu'elles ne sont point faites pour la rampe. A propos de la *Prude*, il écrit : « On n'oserait point jouer la *Prude* à Paris », et, à propos du *Dépositaire* : « Cette pièce n'a pas été faite pour être jouee ». Il en est ainsi pour les deux tiers de ses comédies. C'est ce qu'on appellerait aujourd'hui du *théâtre impossible*

Les seules pièces que l'on peut qualifier vraiment de comédies sont, en 1725, l'*Indiscret ;* en 1736, l'*Enfant prodigue ;* en 1749, *Nanine ;* en 1760, l'*Ecossaise ;* enfin, en 1762, une pièce qui s'appelait d'abord le *Droit du Seigneur* et que Voltaire intitula plus tard l'*Ecueil du Sage*.

On ne compte, donc, en tout, que cinq comédies : c'est peut-être trop encore, si nous considérons que l'*Indiscret* n'eut que six représentations.

L'*Écueil du Sage* n'a pas non plus de valeur. L'abbé Delaporte, dans ses *Anecdotes dramatiques*, s'exprime très sévèrement sur cette pièce : « Il fallut au public, dit-il, le souvenir de la réputation de Monsieur de Voltaire... pour que l'*Ecueil du Sage* fût souffert à la première représentation. Si un autre auteur eût donné cette pièce, on ne l'eût pas laissé finir ».

Il ne reste donc que trois comédies vraiment sérieuses. Il est inutile que nous les analysions l'une après l'autre : ce serait fastidieux et sans profit. Il nous vaut mieux grouper nos observations et voir successivement quel est le sujet des comédies de Voltaire, leur conduite, leurs personnages.

Voltaire, poète tragique, avait l'ambition de continuer Corneille et Racine, en s'écartant souvent de Corneille et en « perfectionnant » plus souvent encore Racine. Comme poète comique, il pouvait où bien suivre Molière, ou bien se lancer résolument dans une nouvelle voie, ou bien encore continuer Molière, tout en l'adaptant à l'esprit de ses contemporains.

Le choix du sujet nous montre, dès le début, que Voltaire ne suit pas Molière.

L'*Indiscret* est une bluette en un acte et en vers alexandrins. Le modèle qu'imite Voltaire est Destouches. Un amant bavard commet des indiscrétions impardonnables. Il en est puni ; car, à la fin de la pièce, il est obligé de renoncer à sa maîtresse.

L'*Enfant prodigue* est l'histoire d'un jeune débauché qui se repent de ses fautes.

Dans *Nanine, ou le Préjugé vaincu*, un comte de noblesse authentique, parvient à avoir assez de force pour ne pas tenir compte des préjugés aristocratiques qui lui viennent de sa famille. Il épouse la fille d'un honnête militaire.

Dans l'*Ecossaise*, deux familles sont brouillées ; elles arrivent à se réconcilier par l'amour de deux jeunes gens vertueux appartenant à chacune des deux familles.

On ne trouve donc rien, dans les sujets des comédies de Vol-

taire, qui rappelle Molière, Regnard, Lesage, Piron ou Gresset.
Notre auteur n'a point l'intention de combattre, en les rendant
ridicules, les défauts et les vices de ses contemporains. Il ne
recherche point non plus les situations amusantes, les tours
d'adresse, les ruses et les farces. Dans ces œuvres, on ne remarque
ni imbroglio, ni, comme dans le théâtre de Marivaux, analyse délicate et subtile. Voltaire est, en réalité, l'émule de Destouches, auquel font penser l'*Enfant prodigue* et *Nanine*; il
imite surtout, avec quelque nouveauté cependant, Nivelle de la
Chaussée.

La conduite de ces pièces est en harmonie avec le choix des
sujets.

Dans l'*Enfant prodigue*, on trouve des scènes attendrissantes
entre Euphémon et son père ; le pardon final n'est obtenu
qu'au prix de beaucoup de larmes. Nanine n'épouse le comte sans
préjugés qu'après toute une série de tribulations : elle est presque
enfermée dans un couvent ; elle est chassée par le comte pour
avoir envoyé de l'argent à un homme, que celui-ci croit être
son amant et qui n'est autre que son vieux père. Ici encore, tous
les personnages versent d'abondantes larmes. L'Ecossaise est,
tout le temps de l'action, très malheureuse. Dans la misère, elle
se croit abandonnée par son amant et songe au suicide. Arrêtée
comme criminelle d'État, elle retrouve son père, qu'elle avait perdu
depuis quinze ans, et est obligée de fuir avec lui pour qu'on ne
l'arrête pas de nouveau. C'est fort peu comique ; le dessein de
l'auteur est seulement de nous attendrir.

Vous vous doutez que, avec de tels sujets, les personnages ne
sont pas toujours drôles. Les jeunes filles sont toutes des sœurs
cadettes de Zaïre ou d'Alzire. Ce sont des héroïnes de roman, des
anges divins, des êtres presque parfaits, en un mot, des personnages de drame larmoyant.

Pourtant Voltaire ne se réclame point de La Chaussée. Il
prétend introduire dans son œuvre un élément de comique, de
ridicule, de grotesque même.

Nous voyons, dans l'*Enfant prodigue*, des personnages tels
que « Fierenfat, président de Cognac », Rondon, bourgeois de
Cognac, et la baronne de Groupillac, dont les caractères aussi
bien que les noms sont ridicules.

Dans l'*Ecossaise*, les rôles comiques sont tenus par lady Alton
et par Frélon, « écrivain de feuilles ». Voltaire espère ainsi introduire dans ses drames, où tout est préparé pour les pleurs, le rire
franc de Molière ou de Regnard. Il n'y réussit à aucun moment.

Je ne vous parle point des autres pièces, que Voltaire intitule

comédies et qu'il faisait jouer par ses amis. On y trouve quelques
écervelés extravagants, qui font sourire. En général, on pourrait
leur appliquer le mot de La Bruyère, à propos du *Mercure galant* :
« C'est immédiatement au-dessous de rien. »

En est-il de même pour les trois pièces que nous avons retenues ?
C'est fort à craindre. En toute impartialité, je vous cite quelques
scènes, que je n'ai point choisies à dessein : *ab uno dice omnes.*
Vous pourrez juger vous-mêmes. Voici la scène III de l'acte II de
l'*Enfant prodigue* :

> MARTHE.

Voilà la dame.

> LISE.

Oh ! je vois trop qui c'est.

> MARTHE.

On dit qu'elle est assez grande épouseuse,
Un peu plaideuse et beaucoup radoteuse.

> LISE

Des sièges, donc ; Madame, pardon si...

> Mme GROUPILLAC.

Ah ! Madame !

> LISE.

Eh ! Madame.

> Mme GROUPILLAC

Il faut aussi...

> LISE.

S'asseoir, Madame.

> Mme GROUPILLAC (*assise*).

En vérité, Madame,
Je suis confuse ; et, dans le fond de l'âme,
Je voudrais bien...

> LISE.

Madame ?

Mᵐᵉ GROUPILLAC.

                                    Je voudrais
Vous enlaidir, vous ôter vos attraits ;
Je pleure, hélas ! vous voyant si jolie.

LISE.

Consolez-vous, Madame.

Mᵐᵉ GROUPILLAC.

                                    Oh ! non, ma mie,
Je ne saurais ; je vois que vous aurez
Tous les maris que vous demanderez.
J'en avais un, du moins en espérance ;
Un seul, hélas ! (c'est bien peu, quand j'y pense)
Vous me l'ôtez ; vous allez m'en priver.
Il est un temps (ah ! que ce temps vient vite !)
Où l'on perd tout, quand un amant vous quitte ;
Où l'on est seule ; et certe il n'est pas bien
D'enlever tout à qui n'a presque rien.

LISE.

Excusez-moi si je suis interdite
De vos discours et de votre visite.
Quel accident afflige vos esprits ?
Qui perdez-vous ? Et qui vous ai-je pris ?

Mᵐᵉ GROUPILLAC.

Ma chère enfant, il est force bégueules
Au teint ridé, qui pensent qu'elles seules,
Avec du fard et quelques fausses dents,
Fixent l'amour, les plaisirs et le temps :
Pour mon malheur, hélas ! je suis plus sage ;
Je vois trop bien que tout passe, et j'enrage.

LISE.

J'en suis fâchée, et tout est ainsi fait,
Mais je ne puis vous rajeunir.

Mᵐᵉ GROUPILLAC.

                                    Si fait.
J'espère encore, et ce serait peut-être
Me rajeunir que me rendre mon traître.

LISE.

Mais de quel traître ici me parlez-vous ?

Mᵐᵉ GROUPILLAC.

D'un président, d'un ingrat, d'un époux,
Que je poursuis, pour qui je perds haleine,
Et sûrement qui n'en vaut pas la peine.

LISE.

Eh ! bien, Madame ?

Mᵐᵉ GROUPILLAC.

Eh ! bien, dans mon printemps,
Je ne parlais jamais aux présidents.
Je haïssais leur personne et leur style.
Mais, avec l'âge, on est moins difficile.

LISE.

Enfin, Madame ?

Mᵐᵉ GROUPILLAC.

Enfin il faut savoir
Que vous m'avez réduite au désespoir.

LISE.

Comment ? En quoi ?

Mᵐᵉ GROUPILLAC.

J'étais dans Angoulême,
Veuve et pouvant disposer de moi-même.
Dans Angoulême, en ce temps, Fierenfat
Etudiait, apprenti magistrat ;
Il me lorgnait ; il se mit dans la tête,
Pour ma personne, un amour malhonnête,
Bien malhonnête, hélas ! bien outrageant ;
Car il faisait l'amour à mon argent.
Je fis écrire au bonhomme de père :
On s'entremit, on poussa loin l'affaire ;
Car, en mon nom, souvent on lui parla.
Il répondit qu'il verrait tout cela.
Vous voyez bien que la chose était sûre.

LISE.

Oh ! oui.

Mme GROUPILLAC.

Pour moi, j'étais prête à conclure.
De Fierenfat alors le frère aîné
A votre lit fut, dit-on, destiné.

LISE.

Quel souvenir !

Mme GROUPILLAC.

C'était un fou, ma chère,
Qui jouissait de l'honneur de vous plaire.

LISE.

Ah !

Mme GROUPILLAC.

Ce fou-là s'était fort dérangé,
Et de son père ayant pris son congé,
Errant, proscrit, peut-être mort, que sais-je ?
(Vous vous troublez !) mon héros de collège,
Mon président, sachant que votre bien
Est, tout compté, plus ample que le mien,
Méprise enfin ma fortune et mes larmes :
De votre dot il convoite les charmes ;
Entre vos bras il est ce soir admis.
Mais pensez-vous qu'il vous soit bien permis
D'aller ainsi, courant de frère en frère,
Vous emparer d'une famille entière ?
Pour moi, déjà, par protestation,
J'arrête ici la célébration.
J'y mangerai mon château, mon douaire,
Et le procès sera fait de manière
Que vous, son père, et les enfants que j'ai,
Nous serons morts avant qu'il soit jugé.

Nanine est peut-être plus célèbre. Je ne vous affirme point qu'elle soit plus intéressante. Voyez encore, dans l'*Ecossaise*, la scène v de l'acte II :

FREEPORT (*vêtu simplement mais proprement, avec un large chapeau*).

Ah ! Dieu soit béni ! vous voici de retour.

FABRICE.

Monsieur Freeport, comment vous trouvez-vous de votre voyage à la Jamaïque ?

FREEPORT.

Fort bien, Monsieur Fabrice. J'ai gagné beaucoup ; mais je m'ennuie. (*Au garçon de café* :) Hé ! du chocolat, des papiers publics ! On a plus de peine à s'amuser qu'à s'enrichir !

FABRICE.

Voulez-vous des feuilles de Frélon ?

FREEPORT.

Non. Que m'importe ce fatras ? Je me soucie bien qu'une araignée, dans le coin d'un mur, marche sur sa toile pour sucer le sang des mouches ! Donnez les gazettes ordinaires. Qu'y a-t-il de nouveau dans l'État ?

FABRICE.

Rien pour le moment.

FREEPORT.

Tant mieux. Moins de nouvelles, moins de sottises. Comment vont vos affaires, mon ami ? Avez-vous beaucoup de monde chez vous ?...

Toutes ces comédies sont plates, et le plus grave reproche que l'on puisse faire à Voltaire, c'est qu'on y trouve fort peu d'esprit. Piron avait écrit, à propos d'une de ces comédies, le petit dialogue suivant : « Pourquoi n'y a-t-on point sifflé ? — C'est que les spectateurs bâillaient. Et, quand on bâille, on ne peut siffler ! » C'est bien là l'impression que ces pièces nous produisent : elles nous ennuient. Elles sont, le plus souvent, gâtées par un comique de mauvais aloi. Voltaire est un de nos plus grands auteurs tragiques ; mais il faut avouer qu'il est au dernier rang des auteurs comiques.

Il est difficile d'expliquer une telle infériorité chez un des plus grands esprits de notre époque. On ne trouve point, en effet, chez lui, comme par exemple chez Corneille, d'éclipse fréquente de bon goût. Il faut avouer cependant que Voltaire, malgré son intelligence très vive en certaines matières, n'a pas compris la comédie de Molière et des auteurs comiques qui l'ont suivi. Il parle très peu, dans sa volumineuse correspondance, de Molière, de Marivaux, de La Chaussée : Molière n'y est cité que quatre fois ; La Chaussée une seule fois. Dans ses autres œuvres, il parle de notre grand poète comique dans l'article sur l'*Art dramatique* du *Dictionnaire philosophique* et dans les *Conseils à un journaliste* :

« Il est juste, dit-il dans ce petit ouvrage, de donner à Molière la préférence sur les comiques de tous les temps et de tous les pays... »

L'éloge est, vous soyez, sérieux ; mais attendons la fin. Voltaire va nous montrer à quelles conditions on doit admirer Molière :

« Mais ne donnez point d'exclusion. Imitez les sages Italiens, qui placent Raphael au premier rang, mais qui admirent les Paul Véronèse, les Carrache, les Corrège, les Dominiquin, etc. Molière est le premier ; mais il serait injuste et ridicule de ne pas mettre le *Joueur* à côté de ses meilleures pièces. Refuser son estime aux *Ménechmes*, ne pas s'amuser beaucoup au *Légataire universel* serait d'un homme sans justice et sans goût ; et qui ne se plait pas à Regnard n'est pas digne d'admirer Molière.

« Osez avouer avec courage que beaucoup de nos petites pièces, comme le *Grondeur*, le *Galant jardinier*, la *Pupille*, le *Double Veuvage*, l'*Esprit de contradiction*, la *Coquette du Village*, le *Florentin*, etc., sont au-dessus de la plupart des petites pièces de Molière ; je dis au-dessus pour la finesse des caractères, pour l'esprit dont la plupart sont assaisonnées, et même pour la bonne plaisanterie.

« Je ne prétends point, ici, entrer dans le détail de tant de pièces nouvelles ni déplaire à beaucoup de monde par des louanges données à peu d'écrivains, qui peut-être n'en seraient pas satisfaits ; mais je dirai hardiment : quand on donnera des ouvrages pleins de mœurs et où l'on trouve de l'intérêt, comme le *Préjugé à la mode* ; quand les Français seront assez heureux pour qu'on leur donne une pièce telle que *Le Glorieux*, gardez-vous bien de vouloir rabaisser leur succès, sous prétexte que ce ne sont pas des comédies dans le goût de Molière ; évitez ce malheureux entêtement, qui ne prend sa source que dans l'envie ; ne cherchez point à proscrire les scènes attendrissantes qui se trouvent dans ces ouvrages, car, lorsqu'une comédie, outre le merite qui lui est propre, a celui d'intéresser, il faut être de bien mauvaise humeur pour se fâcher qu'on donne au public un plaisir de plus.

« J'ose dire que, si les pièces excellentes de Molière étaient un peu plus intéressantes, on verrait plus de monde à leur représentation ; le *Misanthrope* serait aussi suivi qu'il est estimé. Il ne faut pas que la comédie dégénère en tragédié bourgeoise : l'art d'étendre ses limites, sans les confondre avec celles de la tragédie, est un grand art qu'il serait beau d'encourager et honteux de vouloir détruire. C'en est un que de vouloir bien rendre compte de pièces de théâtre. J'ai toujours reconnu l'esprit des jeunes gens au détail qu'ils faisaient d'une pièce nouvelle qu'ils venaient d'entendre ; et j'ai remarqué que tous ceux qui s'en acquittaient le mieux ont été ceux qui, depuis, ont acquis le plus de réputation dans leurs emplois ; tant il est vrai que, au fond, l'esprit des affaires et le véritable esprit des belles-lettres est le même. »

Voyez enfin, comme conclusion aux sommaires des pièces de Molière (1739), ce que Voltaire écrit sur l'art de notre grand classique :

« Il faut convenir que Molière, tout admirable qu'il est dans son genre, n'a ni des intrigues assez attachantes ni des dénouements assez heureux, tant l'art dramatique est difficile ! »

Voltaire commet, en outre, d'étranges erreur sur la forme même de la comédie. C'est ainsi que, après l'expérience si malheureuse de Ronsard dans la *Franciade*, nous l'avons vu employer le vers de dix syllabes. Il est vrai que l'*Indiscret*, où il se sert du vers de douze syllabes, n'est pas une meilleure pièce.

On sent d'ailleurs toujours, à travers les développements comiques ou attendrissants, percer la personnalité même de notre auteur. Voltaire ne s'oublie jamais ; son « moi » est trop envahissant ; dans la bouche d'une servante, il place cette appréciation digne d'un élève de rhétorique :

> Il veut être à la fois et Midas et Narcisse.

Dans *Socrate*, il met sur la scène Nonotte et Berthier ; dans l'*Écossaise*, nous l'avons vu aux prises avec Fréron, qu'il appelle Frélon.

En 1736, il écrivait lui-même : « Il faut qu'un personnage de comédie soit plaisant malgré lui » ; c'est là une règle nécessaire qu'il n'a pas suffisamment observée. Les héros de ses comédies sont des héros de roman ou des personnages de conte. Aussi bien, si nous voulons trouver, dans son œuvre, de bonnes comédies, vraiment gaies, spirituelles et parfois morales, est-ce là qu'il nous faut chercher. Car c'est là, dans l'*Ingénu* ou dans *Jeannot et Colin*, par exemple, que nous trouverons la verve, le mouvement et l'esprit, que nous avons en vain cherchés dans les œuvres qu'il a intitulées lui-même « comédies ».

J. F.

Le théâtre de Shakespeare

Cours de M. ÉMILE LEGOUIS,

Professeur à l'Université de Paris.

« Troïle et Cressida » *(suite)*.

Shakespeare aborde son sujet dans un sentiment diamétralement opposé à celui de Ronsard. Hélène figure dans la pièce ; mais
elle est vaine, coquette, frivole, lascive. Sans doute, le Troïle
shakespearien s'enthousiasme pour sa beauté : « Pâris a ramené
de Grèce une reine, dont la jeunesse et la fraîcheur font paraître
Apollon ridé, le matin flétri... C'est une perle dont le prix a
lancé sur mer plus de mille vaisseaux et changé des rois couronnés en marchands... » Mais, dans son emportement juvénile, il
est seul à penser ainsi : les autres personnages jugent durement
Hélène. Diomède, qui pourtant n'est pas un puritain, dit à son
sujet :

« Il mérite bien de l'avoir, celui qui la poursuit sans prendre
scrupule de sa souillure, au prix d'un tel enfer de souffrances et
d'un tel monde de changements. Et vous (Pâris), vous méritez
aussi de la garder, vous qui la défendez, sans que votre palais
sente l'amertume du déshonneur, au sacrifice de si vastes richesses et de tant d'amis... Pour toutes les impures gouttes de ses
veines perfides, la vie d'un Grec a péri ; pour le moindre atome de
son corps contaminé, un Troyen a été tué... »

Ainsi la morale se met du côté de la satire et la renforce. Un
ridicule abondant est aussi projeté sur Ménélas. Shakespeare
paraît être, parfois, un Offenbach de mauvaise humeur.

Les événements prétendus historiques que la pièce nous présente sont les suivants : Achille s'est retiré dans sa tente, non point
pour les raisons indiquées dans Homère, mais par amour pour
Polixène, fille de Priam. Celle-ci lui a demandé de s'abstenir du
combat, et, en parfait chevalier, il a obéi. Les Grecs, que son
absence met en mauvais point, tentent de lui faire reprendre
les armes. Sur le conseil d'Ulysse, ils l'excitent par la jalousie. En réponse à un défi d'Hector, ils désignent Ajax pour
aller combattre, comme étant le plus vaillant des Grecs. Achille,

oublié, va se trouver piqué au jeu. Le combat entre Ajax et
Hector a lieu ; mais il est de pure forme, car Ajax n'est pas un
vrai Grec : il est fils d'une Troyenne, et un vague lien de parenté
l'unit à Hector, qui ne veut pas le tuer. Après ce combat, Achille,
qui en a été spectateur, a une entrevue avec Hector ; il en profite
pour choisir, d'ores et déjà, sur le corps du Troyen l'endroit où il
frappera le coup mortel... Bientôt après, une grande bataille s'engage : Hector tue Patrocle. Achille entre alors dans la mêlée ; il
rencontre Hector, qui, le voyant avec des armes en mauvais état,
l'épargne ; en quoi il a tort, car bientôt, harassé de fatigue, le
Troyen s'arrête dans la campagne ; Achille l'aperçoit et, n'osant
attaquer seul son ennemi, même sans défense, il lance contre
Hector la multitude de ses Myrmidons, qui le tuent.

Telle était, pour le Moyen Age, la véritable histoire de la guerre
de Troie. On a soupçonné Shakespeare d'avoir voulu faire pièce à
Chapman en parodiant les héros d'Homère. Chapman est supposé
avoir été ce rival dont Shakespeare se plaint dans ses sonnets,
comme l'ayant supplanté dans la faveur de lord Southampton.
Une autre hypothèse est que les Grecs ne sont que des prête-
noms. La guerre de Troie serait la guerre des théâtres. Shakespeare aurait ridiculisé ses ennemis dramatiques : le pesant et
massif Ajax serait Ben Jonson, Thersite serait Dekker ; Shakespeare lui-même serait représenté par Hector, le seul personnage
glorifié dans la pièce. C'est là certes une hypothèse ingénieuse,
mais peu admissible : le masque des personnages eût été trop
épais et trop difficile à percer pour les spectateurs. En somme,
l'attaque ne porte pas sur les rivaux du poète, ni sur Chapman, ni
sur Homère. S'étant fondé sur un récit du Moyen Age, c'est sur
l'histoire contenue dans ce récit que Shakespeare fait porter sa
satire. Il y trouve les Grecs déjà rabaissés et il accentue le déni-
grement ; il y trouve aussi les mœurs de la chevalerie, le point
d'honneur poussé à l'excès, et c'est tout cela qu'il adopte et qu'il
raille.

Cette peinture des Grecs offre, d'ailleurs, des alternatives de
sérieux et d'ironie. Il y a des passages éloquents et sagaces ; mais il
semble que l'auteur dramatique soit, ici, en défaut : ces tirades ne
sont pas toujours mises dans la bouche la plus appropriée ; les personnages odieux, ridicules ou insuffisants intellectuellement, émettent souvent de belles maximes. Ulysse, il est vrai, en a beaucoup
(ainsi qu'Hector et Troïle parmi les Troyens) ; mais les discours
d'Achille, d'Ajax ou de Diomède ne sont pas toujours en rapport
avec leur caractère : par conséquent, la poésie, la beauté du langage et des pensées ne s'accordent plus avec les convenances

dramatiques, et c'est là un défaut exceptionnel dans Shakes-
péare.

Reste à parler du roman proprement dit, qui est compris dans
ce cadre : à savoir l'histoire de Troïle et de Cressida. On peut dire
qu'il subit un rabaissement analogue à celui du récit de la guerre
de Troie. La femme et l'amour s'y trouvent fouettés par l'ironie
shakespearienne. L'auteur s'éloigne ainsi plus de Chaucer que de
Boccace : Chaucer ayant fait une peinture aimable, attendrie, de
l'infidèle. Les événements sont d'ailleurs les mêmes. Troïle, fils
de Priam, un tout jeune homme, aime Cressida, fille de Calchas,
prêtre troyen réfugié chez les Grecs. Avec l'aide d'un certain
Pandare, oncle de Cressida, les deux jeunes gens se rencontrent et
deviennent amants. Cependant, à la prière de Calchas, Cressida
est échangée contre un captif troyen, Anténor : d'où séparation et
douleur des deux amants. Diomède, jeune général grec, est chargé
de conduire Cressida auprès de son père. Il lui fait la cour et,
presque aussitôt, il triomphe d'elle. Troïle, au désespoir, se venge
finalement à grands coups d'épée sur son rival.

Le caractère de Troïle a un peu changé dans Shakespeare, si on
le compare à ce qu'il est dans Chaucer et dans Boccace. Sans doute,
au début, l'amour l'énerve et le paralyse ; il se déclare plus faible
qu'une larme de femme, défaillance passagère, qui n'entache
pas sa nature, de toute fidélité et de sincérité :

> *I am as true as truth's simplicity*
> *And simpler than the infancy of truth.*

Mais il est moins passif que ses prototypes. Ici, il commande à
Pandare. Il est aussi plus expert en amour que le Troïle de Chaucer ou de Boccace : ce n'est ni l'ignorance ni la timidité, c'est la
force de l'amour qui le paralyse d'abord devant Cressida. Il sait
donner de son amour une expression passionnée, qui rappelle
Roméo. Enfin, quand il apprend la trahison de Cressida, sa douleur est d'abord d'une extrême violence; mais il se rend maître de
lui-même. Il veut d'abord voir la trahison de ses propres yeux ;
quand il l'a vue, le monde subit pour lui une véritable révolution :
sa bonne foi naïve est à jamais détruite. Il renonce à cet amour
indigne de lui; lorsqu'il reçoit une lettre de Cressida, il la déchire.
Le guerrier se réveille en lui : animé d'une haine active contre
Diomède, il va à la bataille, décidé à se venger et à remplacer
Hector auprès des Troyens.

Le personnage de Pandare a subi un changement beaucoup
plus grand par rapport aux originaux : c'est l'oncle de Cressida,

comme dans Chaucer ; mais il est très avili. C'est un vieux bavard, un radoteur ; il n'a même plus, ici, à faire preuve d'habileté,
et Cressida, qui voit clair dans son jeu dès le début, se sert de
lui pour ses fins. Tout le monde se moque de lui : Pâris et Hélène
lui font chanter une chanson obscène. Il n'a même plus comme
excuse, dans le rôle qu'il joue, son amitié pour Troïle. Il agit par
goût des choses qui touchent à l'amour, et tombe dans la luxure
sénile. Ses propos cyniques sentent le mauvais lieu. Peu à peu il
arrive à être le représentant d'un métier infâme, ainsi qu'il est
dit à la fin de la pièce ; mais il est doué d'une vie étonnante. Sans
doute, celui de Chaucer était déjà dramatique ; mais quelles longueurs ! Ici, le thème admis, quelle extraordinaire vérité et vivacité dans le dialogue, dans le ton, dans les gestes ! Et le tout
tient en deux ou trois cents vers. Cressida aussi est moralement
diminuée, si on la compare à celle de Chaucer. C'est une fille à la
langue bien pendue ; elle a la réplique facile, se plaît au badinage
et ne craint pas les mots risqués. Elle redevient la coquette de
Boccace, et quelque chose de plus : c'est une courtisane. Elle pénètre, du premier coup, les intentions de Pandare et pourrait au
besoin se passer de lui. Elle ne résiste d'abord à Troïle que pour
mieux l'amorcer. Elle est experte en amour, et sa pudeur semble
jouée. C'est Troïle qui est vraiment éperdu dans la première entrevue ; elle garde toute sa présence d'esprit, elle le stimule
quand il manque de défaillir et lui fait habilement honte de sa
faiblesse. Elle aime sans doute Troïle, mais d'un amour tout sen-
suel et passager. Elle est aussi incapable de laisser partir Troïle,
après leur nuit d'amour, que de lui rester fidèle quelques jours
encore. Rien n'est prémédité d'ailleurs dans sa trahison. Elle en
aura des regrets ; mais tout de même elle se servira de l'amour
de Troïle pour piquer Diomède au jeu. Dès son arrivée dans
le camp des Grecs, elle a des agaceries pour tout le monde.
Ulysse, qui est resté à l'écart, fait admirablement son portrait :

> Fi, fi !
> Il y a un langage dans son œil, sa joue, sa lèvre.
> Que dis-je ? Son pied parle ! Sa luxure apparaît
> par toutes les peintures et dans tous les mouvements de son
> Oh ! les coquettes, à la langue si souple,   [corps.
> qui vont au-devant de l'accueil, sans attendre qu'il approche,
> et qui ouvrent toutes grandes les tablettes de leur pensée
> pour tout lecteur qui les chatouille ; qu'on les note
> comme la proie corrompue de l'occasion
> et les filles du plaisir.

Seule avec Diomède, elle renouvelle ses coquetteries, le repousse et le retient tout à la fois. La scène qui se passe sóus'une tente est observée par Troïle et Ulysse, spectateurs cachés, et le cynique Thersite, qui en fait le commentaire obscène.

Telles sont les deux parties de la pièce, parties qu'on peut d'autant plus facilement dégager l'une de l'autre, qu'elles remontent à des sources distinctes. L'ensemble est composite, disparate, choquant, surtout pour cèux qui connaissent Homère et à qui la pièce risque de paraître un contresens et une profanation. D'ailleurs le sens dramatique, si vif dans la partie relative à l'histoire de Troïle et Cressida, n'existe nullement dans le reste de la pièce, où il fait place à des discours, parfois très beaux, mais qui ne sont pas tous conformes au caractère des personnages et se trouvent parfois même en contradiction avec ce caractère. Le drame est donc plus curieux, en somme, que réussi ; il scandalise ou irrite, bien qu'on y sente la main du maître.

R. A.

Histoire intérieure de la France depuis 1870.

Cours de M. CHARLES SEIGNOBOS,

Professeur à l'Université de Paris.

Caractères généraux de la société française depuis 1870.

Nous avons analysé les éléments qui constituent la population de la France. Nous nous sommes servis de la classification des recensements, faite d'après un principe économique, d'après la nature des occupations. Nous avons étudié successivement la population agricole, industrielle, commerciale, les professions libres, les fonctionnaires.

Mais la classification que nous avons suivie ne tient pas compte des différences de condition ; elle ne distingue pas les classes de la société d'après le niveau des dépenses et de la culture, qu'il est impossible de déterminer officiellement. Il reste, en outre, un résidu à peu près insaisissable, comprenant les gens qui vivent de leurs revenus sans travailler, comprenant les propriétaires fonciers et mobiliers, la noblesse des grands propriétaires, la haute bourgeoisie, les gentilshommes et bourgeois de campagne.

Nous allons essayer de préciser les caractères généraux de la société française et les transformations qui se sont produites sous la troisième République, en prenant la société à la fin de l'Empire et en voyant les traits qui ont changé. Il y a là des phénomènes qui ne sont pas atteints par les recensements et qu'on ne peut pas connaître avec précision ; on ne peut avoir guère que des impressions générales.

Le travail a été surtout fait par des étrangers, qui sont plus susceptibles que nous d'avoir une impression d'ensemble, que le contact brusque donne plus nettement ; les nationaux, en effet, élevés au milieu d'une société, ont fait connaissance peu à peu avec elle et ne se rendent pas compte des caractères originaux qu'elle peut présenter.

Trois principaux essais de description ont été faits : celui de
Hillebrand, que nous avons déjà signalé dans son livre *Frankreich
und die Franzosen*, qu'il faut consulter pour cette étude dans la
deuxième édition de 1873 ; c'est l'œuvre d'un Allemand, professeur,
qui a bien connu et bien décrit l'état de la société à la fin de
l'Empire, surtout dans les régions du Nord; — celui de Bodley dans
son ouvrage *La France*, 2 vol., 1898 (il décrit la société française
vers 1892); —et l'ouvrage de Seippel, un Suisse : *Les deux France*.

I. — Comment Hillebrand, qui est le plus intelligent et le mieux
renseigné des trois, a-t-il vu la société française à la fin de l'Empire ?

Nous allons examiner quels sont, d'après lui :

a) Les traits généraux de la vie française :

b) Les influences qui contribuent à former le caractère du Français ;

c) Les traits généraux du caractère français.

A) Pour se rendre compte de la vie française, il faut, avant
tout, distinguer Paris et la province : c'est là une distinction qui
frappe tous les étrangers; c'est un des caractères essentiels de la
France. Mais la province forme-t-elle un tout assez homogène
pour qu'on puisse la décrire en un tableau unique ? Hillebrand
ne distingue pas. Il est vrai que la réponse peut être différente
suivant les parties de la société que l'on étudie. La France a été
peuplée, en effet, par des populations très différentes. Il est resté
entre elles des différences très profondes, non seulement dans
les usages extérieurs, mais encore dans les dispositions fondamentales de la vie, dans son arrangement, l'activité générale des
populations, les sentiments, le rôle de la femme.

Il faut distinguer au moins les populations du Midi, qui habitent un pays chaud, vivent dehors et travaillent peu, les populations de l'Ouest, les populations de l'Est et du Nord, pays
industriel, et les populations du Massif central.

Mais ces différences sont apparentes, surtout quand il s'agit
des classes les plus absorbées par le travail matériel, les moins
cultivées, les plus fixées, comme les paysans, les petits commerçants, les artisans, les ouvriers. Les classes les plus aisées,
au contraire, les plus cultivées, les plus mobiles ont subi l'action
d'une civilisation commune ; elles ont reçu la même éducation
intellectuelle ; elles ont eu entre elles des contacts plus fréquents, par le transfert d'un pays dans l'autre, au moins en ce
qui concerne les fonctionnaires. Ce sont ces classes qui composent la « société » au sens mondain du mot. Cette « société »

LA SOCIÉTÉ FRANÇAISE DEPUIS 1870

a été rendue plus uniforme, plus homogène, par la centralisation, au moins dans ses caractères apparents ; car, au fond, il subsiste des différences profondes dans l'activité et la sensibilité, suivant l'origine.

Cette première différence notée entre Paris et la province, Hillebrand est frappé de la persistance des classes dans une société officiellement démocratique :

« Le Français, dit-il, se vante de son sentiment de l'égalité. Il n'y a pas de prétention moins justifiée. De bas en haut, chacun se sent l'égal des autres, mais jamais de haut en bas. En aucun pays, les classes ne sont aussi nettement séparées. La politesse générale seule donne à l'observateur superficiel l'impression fausse de l'égalité. »

Hillebrand distingue ainsi plusieurs couches dans la société : la première est formée par les nobles et les bourgeois, qui peuvent vivre largement sans travailler ; la deuxième comprend les avocats et les juges, héritiers de la noblesse de robe, les fonctionnaires, les médecins, les professeurs, les gros commerçants (ces deux classes entretiennent des relations de société, mais ne se marient pas entre elles) ; n'appartiennent plus à la « société » les commerçants qui ont un commerce de détail, si grand soit-il, les artisans aisés ou pauvres, les paysans, les ouvriers : « Ce système de castes, dit-il, donne une stabilité, un ordre, une sûreté, que nous ne connaissons pas en Allemagne. »

Des classes inférieures, Hillebrand ne parle pas. C'est là qu'il faudrait distinguer par régions ; mais son étude ne porte que sur la « société », couche plus mince, plus uniforme, et qui, vers 1869, donnait la direction au pays.

Hillebrand décrit les éléments de la société d'une ville de province. Il distingue une partie fixée au pays et une partie flottante, qu'il appelle la « colonie ». Dans la partie fixée au pays entre la magistrature : « Malgré les hommes nouveaux entrés par le parquet, dit-il, elle garde les traditions de la noblesse de robe. » Elle se recrute dans les familles de juges, qui viennent terminer leur carrière dans leur ville natale, et cela malgré l'effort fait par le second Empire pour rompre la tradition et lui enlever son caractère provincial.

La partie flottante, la « colonie », comprend les fonctionnaires supérieurs de l'administration et des finances, les officiers, les professeurs d'Université ; elle n'est liée par rien aux intérêts locaux. Le fonctionnaire ne voit dans l'Etat qu'une sorte d'établissement de refuge (Versorgungsanstalt). Il fait son devoir par amour-propre et pour ne pas avoir d'ennuis.

· Le centre de la « colonie » est le préfet ou le sous-préfet. C'est lui le chef de l'administration, et il joue un grand rôle dans la société. Souvent c'est un jeune homme de talent, ambitieux, à qui manquent les connaissances positives et qui trouve trop lente une carrière modeste. Plus souvent, c'est un noble déchu, qui livre son titre pour un traitement, ou un homme de valeur qui prend cet échelon pour arriver à Paris. Hillebrand compare le préfet dans son département à un satrape : c'est lui qui donne les dîners, les soirées, les bals dont le provincial est avare.

Après le préfet viennent : les hauts fonctionnaires des finances : receveurs généraux; trésoriers généraux, receveurs particuliers ; l'ingénieur en chef qui sort de Polytechnique, « l'établissement le plus admiré du pays... Même s'il n'est pas de bonne famille, il est l'égal du médecin, de l'avocat, du notaire ».

Le poste de maire est donné à un rentier conservateur. On reste souvent des années sans pouvoir trouver à qui le donner. C'est souvent pour avoir le ruban que quelqu'un, enfin, « accepte d'être le but de la critique des citoyens et le serviteur du préfet ». A la campagne, le maire est le seigneur du village. Les conseillers municipaux sont pris dans la bourgeoisie aisée.

Les officiers forment un corps à part : « Le corps des officiers reste en dehors de la société ; les changements fréquents de garnison gênent les mariages. L'officier de l'Ecole méprise l'adjudant et l'officier sorti du rang qui n'essaie pas d'entrer dans la société. L'officier qui étudie est regardé comme un pédant. La société n'accepte que les officiers des armes savantes et ceux des hauts grades. Chaque grade a son mess ; le riche se met en civil, va au club, dans les salons, où il rencontre les officiers supérieurs ».

Le clergé forme également un monde à part : « Il se tient à l'écart de la société et de ses distractions. Il a peu de contact avec les hommes... Son influence est d'autant plus grande sur les femmes et l'éducation des enfants ».

La noblesse vit à l'écart. Hillebrand est très élogieux pour elle : « Celui qui veut connaître la France par son meilleur côté, fait bien de faire connaissance avec la noblesse aisée à la campagne. La vie de château..., avec son activité saine et ses joies saines, avec son hospitalité cordiale, s'y est de plus en plus développée, depuis que la noblesse légitimiste, après 1831, et plus tard l'orléaniste, exclues de la grande politique, ne pouvaient plus prendre part qu'à l'administration municipale et départementale... Cette partie de la nation, très cultivée et, quoique royaliste, très libérale, a commencé, depuis trente ans, à s'exercer dans le self government. »

Restent en dehors de la société : les petits fonctionnaires de préfecture, des finances, de mairie, des travaux publics, les professeurs de lycée. — Les professeurs de faculté sont un peu plus considérés, mais moins qu'un juge ou un sous-préfet.

Les conditions sont différentes dans les grandes villes d'industrie ou de commerce : « Dans les grands ports et les villes d'industrie, le fonctionnaire est peu considéré et vit à part des commerçants... La vie ressemble à celle de Liverpool, de Hambourg. » Ce sont les jouissances matérielles, celles de la table, qui y sont surtout appréciées. Il y a peu de sociabilité. Les maisons anciennes forment l'aristocratie.

Paris constitue un monde à part. Là est concentrée toute la vie intellectuelle et aussi, à cette époque, toute la vie politique. Hillebrand est très élogieux pour Paris. Il résume tous les caractères les plus heureux de la nation et rassemble les gens éminents de toutes les régions de la France : « Le vrai Parisien, dit-il, qui enchante l'étranger, est le provincial qui, dans la fleur de sa jeunesse, s'est établi dans la capitale et s'est soumis à la grande école parisienne. »

Les gens de toutes les spécialités y sont réunis. Les classes sociales y sont rapprochées plus que partout ailleurs : « Nulle part une égalité plus grande qu'entre les deux ou trois mille personnes qui s'appellent le tout Paris... Ici ne compte que la personnalité ; le rang n'est rien du tout... C'est pourquoi les écrivains de mérite se trouvent si bien à Paris et lui ont fait une si belle réputation. »

Le caractère de distinction de la société parisienne est dû, pour une bonne part, à l'action de la haute noblesse, qui vient au printemps habiter Paris durant quelques mois.

Quant à la députation, elle a formé jusqu'en 1876 une fraction importante et considérée du Tout-Paris ; elle était élue, en grande partie, parmi les plus aisés des grands propriétaires fonciers.

B) Quelles sont les actions qui s'exercent sur le Français de « société » et contribuent à le former ?

Dans la famille, les enfants sont prodigieusement gâtés ; la tendresse qu'on a pour eux « dépasse de beaucoup les bornes d'un amour sensé ». Les enfants restent dans la famille, mangent à table, « où ils sont les personnages principaux ; chacun de leurs mots est admiré ».

« Les conséquences de cet amour aveugle des parents, dit-il, sont, chez les enfants : la crainte des responsabilités ou des désàgréments, le manque de courage moral, de sentiment du devoir et de virilité. »

Les jeunes filles sont tenues dans l'ignorance la plus complète ; elles ne sortent jamais seules. Toutes leurs lectures sont surveïllées. Elles n'ont pas de relations avec les jeunes garçons.

La famille ne conserve l'enfant que jusqu'au moment où doivent commencer les études. A dix ans, on envoie le garçon au collège ; la fille, au couvent un peu plus tard. L'internat est la règle. Cependant, déjà, Hillebrand, remarque que l'externat gagne peu à peu.

Le seul enseignement fortement organisé est l'enseignement secondaire. L'enseignement primaire est très faible. Hillebrand croit même qu'il sera impossible de le constituer : « L'enseignement primaire, dit-il, ne deviendra jamais ni obligatoire ni gratuit... Ses partisans... savent très bien que la France ne peut pas se procurer 40.000 maîtres d'école laïque, que la moralité n'est pas toujours très bonne chez un instituteur laïque, qui en prend la dure carrière ni par motif religieux ni par vocation. »

L'enseignement supérieur est réduit aux onze Ecoles de droit et aux trois Ecoles de médecine.

L'enseignement secondaire est donné dans les lycées et collèges, dans des établissements ecclésiastiques et dans des institutions privées. Le but de l'enseignement n'est pas le développement de l'esprit, mais le savoir positif ; et celui-ci, un moyen d'avoir des prix et de passer des examens. L'enseignement n'essaie pas de développer le jugement personnel des élèves; quant au développement de l'imagination, « il est regardé comme plus dangereux encore que celui du jugement ». On ne cultive que la mémoire et le sens de la forme. On vise surtout à diriger et développer le goût littéraire. On fait apprendre par cœur les passages brillants ; les exercices que l'on fait faire sont des exercices de style, de langue et de composition. L'éducation ne comporte aucun développement physique ; les élèves vivent d'une vie cloîtrée.

Quant à l'enseignement que reçoivent les jeunes filles, il est absolument nul : « Il se réduit à apprendre comme un perroquet des tableaux, des dates, des titres. Il n'a de remarquable que l'excès de piano. »

Ses études finies, le jeune homme entre dans une carrière et se marie. Le choix de la carrière et le mariage se font sous la direction des parents. Pour le mariage, les parents cherchent un parti, c'est-à-dire une dot dont le revenu égale la moitié de son revenu propre; la jeune fille doit avoir dix ans de moins que le jeune homme. En ce qui concerne la carrière, toute famille veut faire entrer son fils à l'Ecole normale, à l'Ecole polytechnique, à l'Ecole militaire on a l'Ecole forestière. A 22 ans, il aura ses moyens d'existence, et on pourra employer la quotité disponible à la dot de la sœur.

Le mariage est un arrangement d'intérêt, où il n'entre pas de sentiment : « Je n'ai pas entendu parler, dit Hillebrand, d'un jeune homme riche qui ait épousé l'institutrice de sa sœur, ou d'une jeune fille de haute naissance qui ait été enlevée par le précepteur de son frère ; on sait que ces aventures sont journalières en pays germanique ». La crainte des parents, c'est un mariage d'inclination, ce qu'on appelle « un sot mariage ».

Le mariage est arrangé par les parents pour garder les enfants. Aussi la famille persiste-t-elle après le mariage ; les parents conservent une grande influence sur leurs fils mariés ; il y a plus d'affection entre parents et enfants qu'entre mari et femme : « Les frères, les sœurs et même les cousins s'aident pour sauver l'honneur du nom et le décorum de la famille ; ils forment une association durable ». Il n'y a pas de divorce ; la séparation est mal vue.

Sur le genre de vie dans les villes de province, Hillebrand fait quelques observations exactes. Il n'y a presque pas de distractions. La vie y est monotone et cérémonieuse ; la conversation, vide.

C) Les traits essentiels du caractère français, dans les classes aisées, sont ramenés par Hillebrand à des dispositions générales, dont les deux principales sont, à ses yeux, la raison et la vanité.

Un des traits du caractère français, c'est, en effet, la raison claire et pratique, qui agit en vue de l'utile, d'un but personnel. Le Français a peu de sentiment, sacrifie rarement à un sentiment esthétique ou désintéressé ; il ne se laisse pas entraîner par la force de l'imagination ou de la passion. Cette analyse est évidemment très exacte ; il est rare de la trouver chez les étrangers, qui sont très sujets à se faire illusion à propos de la facilité de parole et de la rhétorique du Midi.

Une des particularités qui résultent de ce tempérament raisonnable, est la puissance de travail : « Beaucoup d'étrangers croient le Français incapable de tout travail régulier, continu : c'est une grande erreur... C'est incroyable ce que le jeune Français apprend en quatre ou cinq ans. » Mais ce travail est toujours fait en vue d'un but pratique, d'un avantage personnel. Le Français « pioche pour un examen, pour gagner des rangs, une place, de l'argent, une décoration ; quand il l'a, il s'arrête. Rarement il continue à travailler, sauf pour satisfaire sa vanité. »

Le penchant à l'économie qu'ont tous les Français a son origine dans ce tempérament raisonnable : elle résulte d'une vue claire de l'avenir et de l'avantage individuel. C'est, pour tout le monde, un devoir de garder sa fortune ; le mépris du dissipateur, de celui qui a « mangé sa fortune », est général.

Un autre trait est la probité universelle en matière d'argent : « Les domestiques et les ouvriers sont de l'honnêteté la plus scrupuleuse... En 20 ans, je n'ai jamais rien fermé ; on ne m'a rien pris. » Les domestiques font bien « danser l'anse du panier », mais c'est comme un droit reconnu. Cette probité n'existe plus, quand il s'agit de l'Etat : la contrebande, la fausse déclaration sont des faits quotidiens. Hillebrand note aussi un sentiment très vif de la justice.

La vanité domine, chez le Français, la sensibilité : « Le Français a besoin d'avoir des témoins de son courage. Il se bat pour la croix. Il a peu de souci de la vérité. Il est vantard, veut se donner pour plus riche, plus brave, plus généreux, plus instruit qu'il n'est. » Aussi, craint-il beaucoup le ridicule et est l'esclave du respect des convenances. Son grand souci est de ne pas se singulariser.

Il en résulte une certaine faiblesse de volonté individuelle. Le Français a peu d'initiative. La vie est dirigée par les convenances. Ce caractère, qui convient parfaitement pour les périodes normales, est insuffisant en temps de crise. Aussi les Français (il s'agit surtout ici des bourgeois) sont-ils sujets à des paniques et à des accès de démoralisation.

La faiblesse de sentiment devient apparente dans les questions qui dépendent de la sensibilité. L'amitié est rare ; il y a plutôt de la camaraderie : « L'étranger se trompe facilement sur la nature de ces relations, auxquelles la manière expansive et ostentatoire du Gaulois donne un aspect sentimental, qui, au fond, lui est tout à fait étranger. »

La générosité est également rare : le Français n'est pas prêteur ; il pourra sacrifier un capital pour sauver l'honneur d'un membre de la famille, mais non pour un ami. L'hospitalité est très rare en province. Quant à la religion, elle est tout extérieure.

Ces dispositions générales dominent la vie sociale. L'inégalité y subsiste malgré la loi, par le moyen des faveurs. La chose est frappante en ce qui concerne le service militaire, pour le remplacement : « Jamais le système de remplacement, dit Hillebrand, ne cessera d'exister de fait. »

Il y règne une grande sociabilité ; tous les sentiments forts

rendent, en effet, les relations régulières difficiles, tandis que la
faiblesse des sentiments les facilite. L'élégance est générale et
s'accompagne de simplicité ; le Français ne porte pas d'ornements faux.

La cuisine est simple mais délicate ; tout est de bonne qualité.
L'urbanité est générale dans toutes les classes. La vie en France
est agréable ; mais on a l'impression du superficiel.

Un trait fondamental de la vie française, c'est la grande influence
des femmes : « La Française, dit Hillebrand, mérite de régner....
L'ordre, l'économie, le sentiment de la famille, qui appartiennent
à la nation, sont plus marqués chez elle que chez l'homme.
Froide, calculée, pratique, elle est peut-être aussi moins cons-
ciencieuse ; elle voit l'avantage de la famille d'un regard plus sûr
et plus rapide, et sait le poursuivre plus énergiquement. » Elle
est très habile à diriger sa maison et même les hommes de la
famille. Elle est ambitieuse. Enfin elle contribue pour beaucoup
à l'agrément de la vie sociale : « La Française est une artiste en
conversation. »

II. — Ce portrait du Français des classes aisées, tracé par
Hillebrand vers 1870, est resté en grande partie exact. Les dispositions fondamentales du caractère français : intelligence claire
et pratique, vanité, et par suite sensibilité faible, existent encore
et produisent encore les mêmes effets. Mais le régime établi en
1870 est allé peu à peu en sens inverse des régimes précédents et
a produit des changements, dont quelques-uns sont assez apparents déjà pour qu'on puisse les signaler.

A) Le changement le plus important, c'est, en ce qui concerne
la province, la création d'une vie politique. Le provincial, à ce
point de vue, a échappé complètement à la direction de Paris. Ce
changement a mis un intérêt public dans la vie, a fourni une matière à pensée, à discussion et aussi à querelles. La pratique du
suffrage universel a rapproché la France des conditions de la
Suisse, a rendu la société plus démocratique, a diminué la distance entre les classes, l'inégalité. On est parvenu ainsi en trois
étapes, à abolir complètement le remplacement militaire ce que
Hillebrand croyait impossible. Cette pratique a désorganisé, en
outre, quelques-unes des institutions napoléoniennes : l'Université a été bouleversée, la magistrature « épurée », le Concordat
aboli. Bodley a eu notamment l'impression de cet ébranlement.

Mais, surtout, la noblesse a perdu tout rôle de direction dans la
société. Elle a disparu complètement du haut personnel politique.

Pour la députation, elle a été réduite aux circonscriptions de la région de l'Ouest. Elle est sans influence à Paris. Quoi qu'il y ait entre les diverses régions des différences à cet égard, on peut dire que, presque partout, elle se tient à l'écart. Elle a souffert du déplacement de la richesse : le revenu des propriétaires fonciers a diminué et beaucoup de nobles se trouvent gênés.

L'accroissement des revenus mobiliers a enrichi surtout la bourgeoisie, dont il est venu augmenter le nombre, la richesse et la puissance de production. Aussi Paris est-il resté le seul centre intellectuel de la France.

B) Dans l'éducation, des changements profonds ont eu lieu. On a créé l'enseignement primaire laïque, ce qui semblait impossible à Hillebrand : c'est que le personnel de cet enseignement s'est trouvé animé d'un sentiment qu'il ne soupçonnait pas : l'amour de la République et de la démocratie.

Dans l'enseignement secondaire, l'externat est devenu beaucoup plus fréquent que l'internat. La discipline des établissements d'enseignement est devenue moins sévère ; on a amélioré les conditions matérielles de la vie des élèves et des répétiteurs ; on a changé la base des études et l'esprit des méthodes ; on a aboli de vieux exercices scolaires.

Pour les filles, on a créé un enseignement laïque dans le même esprit. L'éducation des jeunes filles a été, par contre-coup, modifiée ; elle est devenue plus libre ; elles peuvent maintenant sortir seules.

Le mariage a un peu changé de caractère : on est devenu moins rigoureux pour la dot. Il a cessé d'être indissoluble.

Enfin, dans l'ensemble, la vie en province est devenue moins monotone. Des distractions nouvelles y ont rendu la vie plus extérieure : des sociétés de gymnastique, de sport, se sont créées. On accorde une plus grande attention à la vie physique. La bicyclette et l'automobile ont permis de sortir hors de la ville.

C) Les caractères profonds persistent ; mais même là des modifications sont survenues, assez sensibles.

La pratique de la religion est d'abord devenue moins générale. La lutte contre l'influence politique du clergé a amené le développement de l'anticléricalisme. Cette lutte a coupé en deux la société française (les deux France) ; elle a aussi augmenté l'influence des non-catholiques : protestants, juifs et francs-maçons.

L'égalité politique et militaire a accru l'égalité dans les mœurs. Cette évolution a, d'autre part, été favorisée par l'augmentation de la production, qui a permis à un plus grand nombre d'avoir un genre de vie réservé autrefois à la bourgeoisie.

La liberté est entrée dans les mœurs politiques, par les municipalités, la presse qui est devenue très libre, les manifestations, les associations. La France est devenue un pays de liberté publique. Par là on a pu acquérir quelque expérience. On s'est peu à peu habitué aux légers désordres que l'exercice de la liberté entraîne nécessairement. La bourgeoisie, notamment, a gagné en sang-froid et est devenue moins impressionnable. Les Français par ce côté ressemblent aux Anglais.

                                                              E. M.

Bibliographie

L'Année Philosophique (vingtième année, 1909), publiée
sous la direction de F. Pillon. 1 vol. in-8 de la *Bibliothèque de
Philosophie contemporaine*, 5 fr. (Félix Alcan, éditeur.)

Ce volume contient, outre la bibliographie philosophique de
l'année 1909, les six mémoires suivants :

1° *Quelques remarques sur la conception ristotélicienne de la
substance*, par G. Rodier. — L'objet de ce mémoire est de montrer
comment, dans le système d'Aristote, la conception de la substance, qui était celle de réalités particulières et concrètes, pou.
vait se montrer avec cette formule : Il n'y a plus de science que
du général.

2° *Sur la formation de l'idée des jugements synthétiques à priori
chez Kant*, par V. Delbos. — M. V. Delbos explique, dans ce
mémoire, comment Kant, pour qui, à l'origine, toute liaison syn-
thétique était empirique, a été conduit par ses réflexions sur les
mathématiques à admettre des jugements synthétiques *à priori*.

3° *Les deux premières antinomies de Kant et les dilemnes de
Renouvier*, par F. Pillon. — Ce mémoire a pour objet d'examiner
et d'apprécier la critique que fait Renouvier des deux premières
antinomies de Kant.

4° *Le finitisme de Dürhing*, par Henri Bois. — M. H. Bois examine et apprécie, dans ce mémoire, la doctrine finitiste du philosophe allemand Dürhing, en montrant ce qui la rapproche et ce
qui la sépare du néo-criticisme.

5° *M. Duhem et la théorie physique*, par G. Lechalas. — Ce
mémoire est consacré à l'exposition et à l'examen des vues exprimées par M. Duhem sur la valeur et la portée des théories
physiques.

6° *Questions préliminaires : l'objet de la philosophie ; le commencement de la philosophie*, par L. Dauriac. — Dans cette étude,
M. L. Dauriac expose ses vues sur la condition d'existence, la
nature et la tâche de la philosophie, et sur le problème qui en
est le point de départ.

La Bibliographie philosophique contient les comptes rendus de
90 ouvrages parus en France dans le cours de l'année 1909.

Le Gérant : Franck Gautron.

Poitiers. — Société française d'imprimerie.

REVUE HEBDOMADAIRE

DES

COURS ET CONFÉRENCES

Directeur : N. FILOZ

La « République » de Platon.

Cours de M. ALFRED CROISET,

Doyen de la Faculté des Lettres de l'Université de Paris.

La formation scientifique du philosophe.

Platon a donc expliqué, dans des pages admirables, ce que c'est que le philosophe, cet homme amoureux de la vérité qui ne se contente pas des apparences et ne se résigne pas, comme ses compagnons de captivité dans la caverne allégorique, à contempler les ombres projetées sur le fond ; il sort de la caverne, il habitue peu à peu ses yeux à regarder les choses ; d'abord un grand éblouissement l'empêche de voir ; puis, son éducation parachevée, il rentre dans la caverne pour instruire, à son tour, ses anciens compagnons d'esclavage.

Ce philosophe, à qui Platon ménage dans sa cité une place si considérable, comment se formera-t-il, quelle éducation doit-il recevoir ? C'est le sujet que nous abordons, aujourd'hui, avec le VIIe livre de la *République*. Nous rencontrons là quelques-unes des pages les plus admirables de l'ouvrage, celles qui subjuguent par tout ce qu'elles renferment de beau, de durable et de profond, quelles que soient les réserves que l'on puisse faire d'ailleurs sur le fond même de la pensée.

Mais il y a d'abord deux ou trois observations préliminaires à présenter et qui domineront tout cet exposé. Comme Platon l'a dit dans les pages précédentes, la véritable éducation ne

consiste pas à offrir à l'esprit la vérité toute faite, parce que,
n'y étant pas encore préparé, il serait ébloui,, comme l'œil,
au sortir de l'obscurité, est ébloui par la pleine lumière.
L'esprit ne peut saisir la vérité entière que par une préparation lente, et s'il a été débarrassé de ce demi-aveuglement
dans lequel vivent les âmes ordinaires, s'il s'élève au-dessus de
l'*eikasia* et de la *pistis* jusqu'à la *dianoia* et au *noûs*, c'est-à-dire
au raisonnement et à la raison pure. L'éducation de l'âme est
donc absolument nécessaire ; nous avons dit quelle était la profondeur pédagogique de cette loi, sa vérité éternelle. Les enseignements ne sont, si l'on peut dire, éducatifs que dans la mesure
où ils fortifient l'esprit, pour lui permettre de se rendre maître
de la vérité. C'est là le principe qui dirige tout cet exposé relatif
à l'éducation du philosophe.

Mais comment faut-il s'y prendre pour former cet œil de
l'intelligence ? Platon constate que la plupart des hommes sont
esclaves de la sensation ; ils s'en tiennent aux seules apparences
sensibles, alors que le fond des choses n'est pas là, mais dans
l'être intelligible, immuable et bien au delà de la sensation.
Il faut donc accoutumer l'esprit à s'élever au-dessus de cette sensation, à laquelle se borne la majorité des hommes. Les sciences
qu'on enseignera au futur philosophe, pour l'acheminer progres-
sivement vers cet état de puissance intellectuelle, seront celles
qui, peu à peu et méthodiquement, contribueront à le bien
dégager de l'esclavage des sens.

Voilà l'idée générale de l'enseignement platonicien ; elle est
admirable et d'une éternelle vérité. Car, pour accepter ces
conceptions de Platon, il n'est pas nécessaire de croire avec
lui que la puissance de l'esprit peut atteindre ainsi le fond de
l'être. Platon en était convaincu, lui. Il est trop évident, aujourd'hui, que la majorité des esprits n'accepte plus la théorie
platonicienne ; mais ce que tout le monde admet concernant
les sciences , c'est qu'il n'y a qu'une seule manière de les
édifier, qui est justement celle que Platon nous indique : s'élever
au-dessus du sensible, afin de déterminer les rapports généraux
et durables des choses. Bien qu'on ne puisse espérer arriver à la
substance pure, qui semble s'évanouir à mesure que nous la
serrons de plus près, il n'est pas moins vrai que, par toutes ces
constructions abstraites de la science et ses images généralisa-
trices, nous arrivons à agir sur la réalité des phénomènes, à
modifier, grâce à la science, les apparences des phénomènes ; il y a
donc là un contact, qu'on ne saurait très bien expliquer, mais qui
reste incontestable. Ainsi cette théorie, bien que nous n'admet-

tions pas la possibilité d'atteindre l'être des êtres, est-elle conforme à l'idée que nous pouvons avoir, de nos jours, de la théorie de la science la plus moderne.

Il nous faut insister sur l'importance et la grandeur de cette conception platonicienne, car c'est la première fois qu'apparaît dans le monde une théorie de la science considérée comme méthode systématique et exposée avec une pareille netteté. Nous trouvons là une marque propre de l'esprit grec. Les Grecs assurément devaient beaucoup de leurs connaissances à l'Orient et aux civilisations qui les avaient précédés, mais c'étaient là des connaissances bien moins théoriques que pratiques, tandis que cette conception généralisatrice appartient essentiellement à la pensée grecque. Nous rencontrons déjà, dès les premières constructions des philosophes de l'École Éléatique ou de l'École Ionienne, un embryon de méthode scientifique ; mais, le jour où cette méthode s'est affirmée avec tant d'éclat et de netteté est vraiment une grande date, car c'est de cette conception que nous vivons encore, nous modernes, malgré les modifications que les siècles y ont apportées.

Entrons maintenant dans le détail, ou du moins dans quelques détails ; car nous ne nous arrêterons qu'aux idées essentielles, malgré le charme infini de toute cette exposition.

Il s'agit donc de fortifier l'œil de l'esprit à l'aide de certaines sciences particulières, et de déterminer, dans l'étude de ces sciences, quelles sont les méthodes qui permettront au philosophe de parachever son éducation. Platon commence par les *technai*, les arts ou sciences dont il a été précédemment question au sujet des jeunes gens : gymnastique et musique, arts propres à créer des attitudes et des aptitudes excellentes. En cela, semble-t-il, rien encore qui regarde l'intelligence pure. Et cependant, dans ces sciences premières, il y a peut-être déjà quelque chose qui sera capable d'exciter la pensée et de l'élever au-dessus des apparences sensibles, des états passifs créés par l'étude même de ces *technai*. N'y a-t-il pas, dans ces arts si simples, quelque élément qui peut conduire plus loin ? Oui, répond Platon : il y a deux choses qui se rencontrent partout dans les arts pratiques même les plus humbles, le raisonnement d'abord, ensuite le calcul.

Platon, à ce propos, cite un exemple emprunté à la légende homérique, l'anecdote d'Agamemnon et de Palamède ; ce dernier prétendait, grâce aux nombres qu'il avait inventés, avoir distribué les troupes devant Ilion et dénombré les navires. Socrate en sourit ; car, à en croire Palamède, Agamemnon n'aurait pas su

combien il avait de pieds, puisqu'il ne savait pas compter ! Or il
est de toute évidence que le général ne doit pas avoir besoin
d'un calculateur, et le rôle de magistrat ne serait pas complet s'il
n'ajoutait à ses connaissances le raisonnement et le calcul indispensables pour aller au fond des choses. Le raisonnement pur ou
logistique (*logistikè*) et le raisonnement appliqué à des abstractions ou calcul, offrent tous deux une excitation de la pensée pure.

Dans une jolie page, un peu subtile cependant, Platon essaie
de montrer comment la sensation elle-même peut provoquer la
réflexion, le raisonnement : c'est principalement lorsque les
sensations sont contradictoires, car en présence de sensations
simples, l'esprit se borne uniquement à les enregistrer ; mais
si, à propos de plusieurs sensations, il y a des contradictions
apparentes, l'esprit alors doit intervenir et raisonner. Socrate
prend pour exemple trois doigts de la main, leur grandeur ou
leur petitesse selon qu'on les compare à ceci ou à cela, les
épithètes qu'on peut leur attribuer, etc. ; l'esprit alors s'interroge
sur cette idée de grandeur ou de petitesse, sur telle ou telle
qualité, et c'est un premier pas qu'il fait dans le raisonnement à
propos des objets les plus simples.

L'éducation commence donc par la logistique et le calcul ; puis
vient une autre science, qui, mieux encore, est de nature à provoquer la réflexion, à écarter l'esprit du sensible pour le pousser
vers le général : c'est la géométrie. Mais Platon n'entend pas par
là la géométrie toute pratique de l'arpenteur, et qui ne saurait
suffire ; ce n'est pas celle qui formera, à proprement parler,
le philosophe. Nous voyons apparaître ici une distinction, que
nous retrouverons souvent chez Platon, entre la science purement pratique et la science spéculative, qui, sans avoir les mêmes
avantages immédiats que la science pratique, permet d'aller
beaucoup plus loin et réserve pour plus tard les plus grands résultats. C'est grâce à la science spéculative que, au lieu des apparences sensibles, on arrive à saisir l'être, *to on*, dans ses rapports
éternels avec les choses. Platon voit là un élément d'éternité, de
généralité absolue, qui élève l'intelligence au-dessus du sensible.
C'est avec cette géométrie, qui n'a rien de la géométrie courante,
que nous pourrons remonter jusqu'aux lois éternelles, et cela
nous rappelle le mot fameux, inscrit au fronton de l'Académie:
« Nul n'entre ici, s'il n'est géomètre ».

Mais il faut aller plus loin encore : au-dessus de la géométrie,
il y a une science plus compliquée, que Platon appelle l'astronomie. Ici encore, nous trouvons la même distinction préalable ;
il y a deux sortes d'astronomie : celle qui est à l'usage des gens

pratiques et des marins, qui leur permet de déterminer la position des étoiles et de diriger leur navigation. Cette astronomie
est très utile certes, mais ce n'est pas celle qui servira à l'éducation du philosophe; elle consiste en un ensemble d'observations
précieuses sans doute, mais qui n'ont rien de commun avec
cette autre astronomie supérieure, que Platon compare à une
sorte de géométrie des corps en mouvement. Après la géométrie
des choses planes et sensibles, voici, avec l'astronomie une géométrie du mouvement et de l'espace. Nous sortons du sensible ici
encore, mais par une route infiniment plus belle ; et Socrate dit
à Glaucon :

« Il me semble que tu te fais une idée bien singulière de la
« science qui a pour objet les choses d'en haut. Si quelqu'un, re-
« gardant de bas en haut les ornements d'un plafond, y distinguait
« quelque chose, il est probable que tu ne manquerais pas de dire
« qu'il regarde des yeux de l'âme et non de ceux du corps. Peut-
« être as-tu raison et me trompé-je grossièrement. Pour moi, je ne
« puis reconnaître d'autre science qui fasse regarder l'âme en
« haut que celle qui a pour objet ce qui est, et ce qu'on ne voit
« pas, soit que l'on acquière cette science en regardant en haut,
« la bouche béante, ou en baissant la tête et en clignant des
« yeux ; tandis que, si quelqu'un regarde en haut, la bouche
« béante, pour apprendre quelque chose de sensible, je ne dirai
« jamais qu'il apprend quelque chose, parce que rien de sensible
« n'est l'objet de la science, ni que son âme regarde en haut,
« mais en bas, quand même il serait couché à la renverse sur la
« terre ou sur la mer pour se livrer à ses recherches.

« Il faut considérer, sans doute, les ornements qui décorent la
« voûte des cieux comme ce qu'il y a de plus beau et de plus
« accompli dans leur ordre ; cependant, comme ils appartiennent
« à l'ordre des choses visibles, il faut les regarder comme bien
« inférieurs à ces véritables astres que la vraie vitesse et la vraie
« lenteur, selon le vrai nombre et toutes les vraies figures, pro-
« duisent dans leurs mouvements respectifs et dans ceux qu'elles
« impriment aux corps célestes qui y sont attachés.

« Or toutes ces choses échappent à la vue ; elles ne peuvent
« se saisir que par l'entendement et la pensée, et non par la
« vue... »

Socrate continue encore, exposant le but et la portée de cette
astronomie supérieure, la troisième des sciences que doit
acquérir le philosophe.

En quatrième lieu, vient une science qui ne sera pas moins nécessaire: c'est l'harmonie ou la musique. Platon fait la distinc-

tion accoutumée : il y a une science de l'harmonie, qui est toute pratique et sensible, la mélodie ; ce n'est pas celle-là qu'il veut dire, et, avec tout son dédain du sensible et de certaines formes de cette musique, il se moque ironiquement de ces techniciens qui découvrent des intervalles musicaux subtils : « Il est plaisant « de les voir, avec ce qu'ils appellent leurs nuances diatoniques, « l'oreille tendue, comme des curieux aux écoutes, les uns pré- « tendant trouver un certain son mitoyen entre deux tons et que « ce son est le plus petit intervalle qui les sépare ; les autres sou- « tenant, au contraire, que ces deux tons sont parfaitement sem- « blables, mais étant tous d'accord pour préférer le jugement de « l'oreille à celui de l'esprit. »

Tout cela paraît à Platon très misérable et très peu philoso- phique. L'harmonie, pour lui, est telle que l'entendent les Pytha- goriciens : c'est l'harmonie d'un Pythagore, géomètre autant que musicien ; c'est elle seule qui constitue vraiment une science philosophique, qui elle devient une espèce de géométrie des sons, comme l'astronomie supérieure était une sorte de géomé- trie des corps en mouvement.

Ainsi, à mesure que l'esprit dépasse les apparences, la pensée découvre au delà de ces apparences sensibles le réel et le durable. Mais, arrivé à la limite de ces sciences, le philosophe a-t-il achevé l'éducation complète de son esprit ? Son œil est-il capable désor- mais de ne voir que l'immuable et de mépriser tout le sensible ?

En vérité, ce n'est encore là que le préambule, les prélimi- naires de la science. Il reste un dernier pas à franchir, et le plus important de tous : l'étude de la dialectique. Qu'est-ce donc que la dialectique ? Platon en donne une définition très profonde. Il re- marque que, dans toutes ces sciences, ces demi-sciences, qui ont commencé l'éducation du philosophe, il y a des principes que l'on admet sans les examiner, parce que la réalité même les fournit ou qu'on les dégage immédiatement des apparences sensibles. Le rôle de la dialectique sera justement de rendre compte de ces principes ; c'est comme une science première, une science des principes.

Il s'agit par la conversation (car c'est là le sens propre du mot dialectique) méthodiquement conduite, il s'agit, pour le philosophe, de rendre compte à lui-même et aux autres de la valeur des principes qu'il a admis. La dialectique devra donc analyser, peser, contrôler tous les principes invoqués, et arriver à des formules qui leur donnent toute leur solidité ; et c'est là, pour Platon, la seule science, la science suprême. Le véritable homme de science doit savoir, en effet, pourquoi ses raisonne-

ments sont justes, et il doit les vérifier au cas où ils ne seraient
pas acceptables et ne répondraient pas aux lois de la pensée.

La dialectique complète donc le développement de l'éducation
philosophique : elle est le dernier terme où l'on arrive ; elle est la
seule méthode qui puisse permettre de saisir l'essence des choses.

Cette conception, cette description de l'éducation systématique
de l'esprit est admirable ; ajoutons aussi qu'elle est durable. Car,
en admettant même, comme on le fait de nos jours, que la dialectique soit impuissante à nous découvrir le fond de l'être, et qu'elle
se réduise à noter des phénomènes et des relations de phénomènes, il n'en est pas moins vrai que c'est sur cette méthode que
se fonde, encore aujourd'hui, l'éducation de l'esprit, la conception même de la science.

Il y a cependant quelques différences à noter : pour Platon, la
méthode dialectique est rigoureuse ; elle est, à ses yeux, un principe absolu, et nous, nous ne voyons là que des hypothèses, mais
fécondes, qui peuvent se modifier, et, en changeant, donner
naissance à de nouvelles hypothèses qui recueillent le fruit des
hypothèses périmées.

Il y aurait autre chose à signaler encore dans cette revue des
sciences qui complètent l'éducation de l'esprit philosophique : il
n'y est guère question que de sciences mathématiques, et c'est
sur des notions mathématiques que la dialectique raisonne.
Nous touchons là à la différence principale qui existe entre la
conception de la science telle qu'elle apparaissait à Platon et
telle qu'elle nous apparaît. Ce n'est plus sur la science mathématique que nous bâtissons notre philosophie ; nous faisons
entrer en première ligne, dans les études qui peuvent nous amener
à dégager les principes des choses, les sciences d'observation,
les sciences qui ont pour objet la vie. C'est d'ailleurs aussi la
caractéristique de toute la philosophie ancienne, et cela n'a rien
que de très naturel ; car les sciences d'observation, infiniment
plus complexes, ne sont arrivées que beaucoup plus tard à se
constituer et à établir rigoureusement leur méthode. Dans l'antiquité, il n'y a point de méthode, mais des observations, nombreuses sans doute, mais de détail et qui ne forment pas encore
un système théorique ; cette différence est capitale.

Nous arrivons maintenant à la dernière partie, aux remarques
de Platon concernant l'ordre dans lequel il faut présenter aux
philosophes ces diverses études et l'âge auquel ils devront s'y
appliquer. Nous trouvons ici nombre d'observations originales et
qui toutes font penser.

Il faut d'abord ne pas oublier ce qui est, pour Platon, le principe même de sa cité : les magistrats doivent être des philosophes ; il faut donc, dans leur éducation, donner une grande part à la vie pratique. L'étude approfondie des sciences purement théoriques ne doit point faire négliger de leur enseigner les vertus politiques ou militaires. On les prend tout enfants, et l'on se gardera de leur présenter les sciences, même les plus simples, d'une manière rigoureuse; il faut les leur apprendre par manière de jeu ; il faut que cela les intéresse et ne pousser vers les degrés supérieurs de ces sciences que ceux-là seuls qui y prennent un véritable intérêt. Or, on ne saura cela que si on ne leur impose pas ces études et ils en retireront eux-mêmes d'autant plus de profit qu'ils auront eu plus de joie à s'y consacrer :

« C'est donc, dit Socrate, dès l'enfance qu'il faut appliquer nos « élèves à l'étude de l'arithmétique, de la géométrie et des autres « sciences qui doivent servir de préparation à la dialectique; mais « il faut bannir des formes de l'enseignement tout ce qui pourrait « sentir la contrainte... parce que l'homme libre ne doit apprendre « aucune science en esclave. Que les exercices de corps soient « forcés, le corps n'en tire pas pour cela moins d'avantage; mais « les leçons qu'on fait entrer de force dans l'âme n'y demeurent « pas... N'employez donc pas la violence dans les leçons que « vous donnez aux enfants ; faites plutôt en sorte qu'ils s'instrui- « sent en jouant, afin d'être ainsi plus à portée de connaître les « dispositions de chacun... »

Cette idée de Platon de proposer la science à l'enfant comme à ce jeu est très belle, mais il est évident que l'on peut abuser des idées les meilleures et les plus justes ; et l'on sait qu'en matière d'éducation l'effort est indispensable. Il est bien vrai pourtant qu'il en est de l'esprit comme du corps, qui s'assimile mieux les choses mangées avec appétit : on retiendra mieux ce qu'on aura appris avec goût.

Depuis l'enfance donc jusqu'à 20 ans, l'éducation comprendra l'ensemble des sciences dont nous avons parlé ; de 18 à 20 ans, il y aura un arrêt, une période consacrée aux exercices gymniques ou militaires (deux années d'éphébie obligatoires), car ce n'est pas au moment où le corps se surmène par ces exercices violents et fatigants qu'il faut exiger un effort intellectuel. Ainsi Platon, le grand idéaliste, exprime avec une netteté parfaite le danger d'un double surmenage. De 20 à 30 ans, on reprend, dans leur ensemble, toutes ces sciences étudiées sans ordre dans la première période, afin d'en saisir maintenant, à un point de vue synoptique, les principaux rapports. C'est seulement après la trentième année, de 30 et 35 ans, qu'on mettra à l'étude de la dialectique ceux qui auront montré le plus de dispositions pour cette science.

Pourquoi donc si tard ? dira-t-on. C'est que la dialectique est un instrument dangereux, une arme à double tranchant ; elle enseigne à mettre en doute toutes les idées et, quand on présente cette nourriture trop forte à des esprits trop jeunes, il peut arriver qu'ils se grisent eux-mêmes de cette science nouvelle. Heureux de faire preuve d'intelligence et de pénétration d'esprit, ils rejetteraient les idées les mieux admises, deviendraient des virtuoses de la sophistique, se faisant un jeu de contredire, finissant par ne plus rien croire de ce qu'ils croyaient auparavant, donnant enfin occasion aux autres de les décrier et, avec eux, la philosophie tout entière. Les esprits mûrs seront, au contraire, moins enclins à se laisser aller à cette dangereuse griserie, à cet étourdissement de la discussion. Ce sont là, pour nous, de précieux enseignements sur la vie athénienne d'alors (cf. aussi les comédies d'Aristophane).

A 35 ans, on fera redescendre le philosophe à la caverne, c'est-à-dire dans la vie : il y restera 15 années, jusqu'à 50 ans. Pendant cette longue période, il faudra qu'il oublie en quelque sorte sa philosophie et vive de la vie pratique commune à tous. On verra alors, au milieu de ces nouvelles épreuves, si la dialectique a porté des fruits et si les dialecticiens qu'on a ainsi formés sont de véritables philosophes. Ceux qui auront montré qu'ils possèdent à la fois la pratique et la théorie, qui se seront distingués dans leur conduite comme dans les sciences, à partir de 50 ans, on les laissera libres de tous soins. Leur nombre ne sera pas grand, car il y aura eu probablement en chemin beaucoup de déchet et plus d'un se sera égaré ; à leur tour, ils serviront d'éducateurs aux autres, jusqu'au jour où, après une vie dignement remplie, ils s'en iront dans les îles des Bienheureux (*Makarôn nêsoi*). Voici le passage :

« Ceux donc, dit Socrate, qui, à 50 ans, seront sortis purs de ces « épreuves, il sera temps de les admettre à diriger l'œil de l'âme « vers l'être qui éclaire toutes choses, à contempler l'essence du « bien et à s'en servir désormais comme d'un modèle pour gou- « verner, chacun à leur tour, l'Etat et les particuliers, s'occupant « presque toujours de l'étude de la philosophie, mais se chargeant, « quand leur tour arrivera, du fardeau de l'autorité et de l'admi- « nistration des affaires dans la seule vue du bien public et dans « la persuasion que c'est moins un honneur pour eux qu'un « devoir indispensable ; c'est alors que, après avoir travaillé à « former des hommes qui leur ressemblent, et laissant la garde de

« l'Etat à de dignes successeurs, ils doivent passer de cette vie
« dans les îles des Bienheureux. L'Etat doit, à son tour, leur con-
« sacrer des monuments et des sacrifices publics, à tel titre que
« la Pythie l'ordonnera, soit comme à des génies tutélaires, ou
« du moins comme à des âmes bienheureuses et divines. »

Pour prévenir la question d'un de ces interlocuteurs, Socrate
déclare encore que tout ce qu'il vient de dire s'applique aussi aux
femmes qui seront douées d'une aptitude convenable, puisque,
dans son système, elles sont les égales des hommes. Pour elles
donc aussi l'éducation sera générale jusqu'à 20 ans, scientifique
de 20 à 30, dialectique de 30 à 35, et purement pratique de 35 à 50.

Ainsi finit le septième livre de la *République*, avec tout ce qu'il
renferme de beautés, de vérités immuables, jusque dans les détails
les plus infimes. Platon nous y offre un véritable idéal de vie, à
la fois théorique et pratique, de vie vraiment civilisée. Nous y
trouvons la peinture de cet admirable esprit grec, qui, malgré
les connaissances héritées de l'Orient, a su se montrer si génia-
lement créateur dans ses visions scientifiques et philosophiques,
comme il s'est manifesté, d'autre part, dans l'art immortel d'un
Phidias ou d'un Praxitèle.

M. D. C.

Marie-Antoinette

Cours de M. DESDEVISES DU DEZERT,

Doyen de la Faculté des Lettres de Clermont-Ferrand.

Marie-Antoinette de Lorraine-Habsbourg, née à Vienne le 2 novembre 1755, était la dixième enfant de l'empereur François Iᵉʳ de Lorraine et de l'impératrice Marie-Thérèse de Habsbourg.

L'empereur, son père, avait une personnalité assez effacée. Très simple dans ses mœurs, d'une humeur toujours égale, très généreux, pacifique, et brave à l'occasion jusqu'à la témérité, il admirait sa femme et se résigna très aisément à la laisser gouverner. Etranger aux institutions et aux mœurs de l'Autriche, il ne visa point à la gloire d'être homme d'État ; il collectionnait les minéraux et les médailles, aimait le jeu et la chasse, et disait modestement : « L'impératrice et nos enfants sont ceux qui composent « la cour ; moi, je ne suis qu'un simple particulier. »

Marie-Thérèse est, au contraire, une des grandes figures de l'histoire d'Autriche. Femme de tête et de cœur presque au même degré, le bel équilibre de ses facultés en fait un type très rare, très original et très sympathique. Douée d'un jugement sain et pénétrant, d'une rare aptitude au travail et surtout d'une énergie à toute épreuve, elle réussit contre toute espérance à se maintenir sur le trône impérial, perdit la Silésie, il est vrai, et soutint la guerre de Sept ans sans pouvoir la reprendre, mais développa la prospérité de ses Etats, se montra amie de la science et fut même libérale dans sa manière générale de comprendre le gouvernement de ses peuples.

Forcée par Catherine II et Frédéric, deux brigands, de s'associer au partage de la Pologne, elle en conçut de grands remords. « Elle ne put, comme elle l'écrivait elle-même, dissiper l'inquiétude d'un cœur qui n'était habitué ni à s'étourdir lui-même ni à faire passer la duplicité pour la franchise. »

Elle a mérité, comme femme et comme souveraine, le respect universel. Frédéric II lui-même ne pouvait s'empêcher de l'estimer : « J'ai donné, écrivait-il à d'Alembert, des larmes bien sincères à sa mort. Elle a fait honneur à son sexe et au trône. Je lui ai fait la guerre, et n'ai jamais été son ennemi. »

Avec ces grandes qualités et cette haute intelligence, Marie-Thérèse avait, au plus haut degré, l'orgueil de race : elle était Habsbourg de la tête aux pieds. « On parle, disait-elle aux « Magnats de Hongrie, de faire un empereur ; c'est moi ! qui les « fais, les empereurs ! »

Sa fille hérita d'elle cette fierté, cet orgueil intransigeant, cumme elle hérita de son père la haine de l'étiquette. La cour de France lui donna les deux défauts qui la perdirent : la légèreté et le goût du luxe et de la dépense.

Marie-Antoinette n'avait pas quinze ans, quand elle quitta la cour de sa mère (21 avril 1770) ; son éducation n'était pas encore bien avancée. On lui faisait prononcer des discours en latin, dont elle n'entendait pas un mot ; on montra au plénipotentiaire français, venu pour préparer le mariage, un dessin de la princesse auquel elle n'avait jamais mis la main. « Elle n'a, disait « sa mère, aucun acquis, ni la musique, ni le dessin, ni la danse, « peinture et autres sciences agréables... elle ne sait rien. »

Elle emporta un règlement de vie *à lire tous les mois,* que l'impératrice avait rédigé pour elle, et qui est rempli de tendres et effectueux conseils ; mais où l'on voit aussi des phrases comme celles-ci : « Evitez toute sorte de familiarité avec les petites gens, — l'exemple de votre sœur (Marie-Caroline de Naples !) ne vous dira rien que de raisonnable et d'utile (!). Elle fait ma consolation. » — Et, dans une lettre du 4 mai, Marie-Thérèse recommande à sa fille la société de Mesdames, filles du roi : « Ces princesses sont pleines de vertu et de talent : c'est un bonheur pour vous ; j'espère que vous mériterez leur amitié. »

Marie-Antoinette entre en France à Strasbourg, où ses dames françaises prennent possession de sa personne et lui retirent tous ses effets allemands ; c'est à un carrefour de la forêt de Compiègne qu'a lieu sa première entrevue avec Louis XVI.

Elle épouse, le 18 mai 1770, le jeune Dauphin, âgé de 15 ans et 9 mois.

Elle se trouve aussitôt dans la plus étrange société.

Le roi est aimable, gagné par la grâce et la gentillesse de sa petite-fille ; l'enfant va d'abord à lui, l'embrasse, se familiarise ; mais il y a auprès du roi une dame singulière, que tout le monde regarde, à laquelle presque aucune dame ne parle, que Mesdames dévorent des yeux.

La dauphine demande timidement qui est cette dame.

On lui répond que c'est Mme la comtesse du Barry, et que sa fonction consiste à distraire le roi : « Alors, répond la candide dauphine, je veux être sa rivale ! »

Et ce mot innocent fait le tour de Versailles, et le palais scélérat en rit tout entier.

Autour du roi, la dauphine devine mille coteries, qu'elle ne comprend point.

Le dauphin est un gros garçon lourd et épais, qui reste presque deux mois en face de sa jeune femme sans lui dire un mot. On le dit très bon... ; mais il est nul et poltron. Son gouverneur, M. le duc de la Vauguyon est un vil coquin, dévot et plat courtisan de la favorite. Il écoute aux portes, quand le dauphin et la dauphine causent ensemble, et M. le dauphin n'ose pas le renvoyer.

MM. de Choiseul, le duc Etienne de Choiseul et le duc César de Praslin sont les alliés de l'Autriche ; mais M. le dauphin ne parait pas les aimer. L'impératrice désire que sa fille les *distingue*, et la dauphine a peur, en obéissant à sa mère, de froisser son mari.

Mesdames Adélaïde, Victoire et Henriette font très bonne mine à la jeune dauphine ; mais ce trio de vieilles filles inoccupées, timides et irritables, vit de futilités gourmées et de médisances, et forme pour la dauphine la plus détestable société. Hautes comme les monts, elles exagèrent encore l'orgueil de la dauphine. D'ailleurs Madame Adélaïde ne l'aime guère et lui a donné, avant de la voir, l'injurieux surnom qui lui restera : l'Autrichienne.

Dans ce monde étrange et mauvais, la dauphine ne perd pas la tête et sait se faire respecter.

Dès qu'elle apprend de son mari ce qu'est au juste Mme Dubarry, elle décide dans sa petite tête qu'elle n'adressera jamais la parole à cette dame, et la grande question de la cour est de savoir si Mme la dauphine tiendra son serment.

La favorite essaie d'opposer à la dauphine la jeune comtesse de Provence ; mais elle est si laide et si gauche que, du premier coup d'œil, Marie-Antoinette voit qu'elle n'en a rien à craindre.

Louis XV, très vexé de l'attitude de la dauphine vis-à-vis de sa favorite, confie au comte de Mercy Argenteau, ambassadeur d'Autriche, la conduite des négociations avec sa petite-fille.

Mercy se heurte à une opposition invincible. La dauphine sait qu'il a soupé, un soir, chez la favorite et lui fait compliment tout haut de la bonne compagnie où il s'est trouvé.

Mercy fait intervenir Marie-Thérèse, et il en coûte de voir la grande impératrice prêcher durement la soumission à sa fille par raison d'Etat.

« Après la conversation de Mercy et tout ce qu'il vous a dit que le roi souhaitait et que votre devoir exigeait, vous avez osé lui manquer ! Quelle bonne raison pouvez-vous donner de votre conduite ? »

On fait le siège de sa volonté. On l'épouvante, on lui fait peur du duc d'Aiguillon, on lui montre l'alliance austro-française compromise par sa faute.

Le 1er janvier 1772, elle se résoud à adresser la parole à la favorite. Après avoir parlé à la duchesse d'Aiguillon, elle passe devant Mme du Barry, et dit en la regardant : « Il y a bien du monde aujourd'hui à Versailles ! » — La comtesse nage dans la joie, le roi est tout heureux, la coterie d'Aiguillon exulte ; mais Mesdames font à la pauvre dauphine une mine épouvantable, et désormais la dauphine, abandonnée par ses tantes, tombe sous la tutelle de l'ambassadeur autrichien. Mercy, Kaunitz et l'impératrice considèrent la dauphine comme un atout dans leur jeu : « Tout en elle désormais, sa beauté, sa popularité, sa maternité même devra servir, à l'heure nécessaire, les intérêts de la politique autrichienne. » (De Nolhac.)

Et le silence de Louis XV sur l'affaire de Pologne paie les complaisances de la dauphine pour Mme du Barry.

Voilà dans quelle contrainte la dauphine passe les quatre premières années de son mariage, et sa conduite ferme et habile ne mérite certes que l'estime des honnêtes gens ; mais elle a vu tant de vilenies autour d'elle, qu'elle méprise déjà profondément la Cour, et son opposition au parti du Barry lui a déjà attiré d'irréconciliables ennemis.

A 19 ans et demi, *elle est reine*, et non pas seulement femme du roi, mais reine par l'influence magique que la passion, enfin éveillée, lui donne sur le roi.

Cette passion, Marie-Antoinette ne la partagera jamais ; elle resta même longtemps sans accorder au roi l'estime et l'affection dont sa réelle bonté le rendait digne. Quand elle reconnut, enfin, ses qualités, il était bien tard.

Epouse médiocrement tendre, Marie-Antoinette a été, au contraire, une mère admirable.

Au milieu de sa vie mondaine, la pensée de ses enfants ne la quitte pour ainsi dire pas ; elle écrit longuement à son frère Joseph II pour lui expliquer les progrès de la maladie du dauphin son fils aîné.

Elle témoigne, à son lit de mort, une douleur si vraie et si maternelle, que le pauvre petit y puise une consolation indicible. — Un courtisan voulant lui dérober la vue de la reine, en pleurs, il lui dit : « Ecartez-vous, Monsieur le duc, que j'aie le plaisir de voir pleurer ma mère. »

On a voulu faire de ce mot d'enfant un trait d'horrible cruauté. Il me parait qu'on ne l'a point compris. Le pauvre petit dauphin

voit pleurer la belle reine, il se sent regretté, cette pensée est
pour lui d'une douceur suprême ; la reine le pleure : quelle joie
pour lui ! Il n'y a dans cette pensée rien que de naturel et de très
touchant.

Pendant la Révolution, Marie-Antoinette concentre sur ses
enfants toutes ses affections et toutes ses espérances, et elle trouve,
pour le dire à ses amis, des accents douloureux et pénétrants,
qui vont jusqu'au cœur : « Quand je suis bien triste, écrit-elle le
7 décembre 1791, je prends mon petit garçon dans mes bras, je
l'embrasse de tout mon cœur, et cela me console de tout dans ce
moment. »

Elle pouvait peut-être s'évader de la Conciergerie ; elle refusa
de se sauver sans ses enfants et écrivit cette belle lettre au chevalier de Jarjayes (mars 1793) :

« Nous avons fait un beau rêve, voilà tout ; mais nous y avons
gagné en trouvant dans cette occasion une nouvelle preuve de
votre entier dévouement pour moi. Ma confiance en vous est sans
bornes. Vous trouverez toujours en moi du caractère et du courage ; mais l'intérêt de mon fils est le seul qui me guide. Quelque
bonheur que j'eusse éprouvé à être hors d'ici, je ne peux con-
sentir à me séparer de lui. Je ne pourrais jouir de rien sans mes
enfants, et cette idée ne me laisse pas même un regret. »

Marie-Antoinette a résumé elle-même toute sa défense en un
mot ému, qui la fera toujours absoudre des gens de cœur. C'était
au 20 juin. Une poissarde s'arrête devant elle et vomit contre
elle les injures les plus atroces. Les larmes aux yeux, la reine
lui dit : « Pourquoi me traitez-vous ainsi ? Que vous ai-je fait ?
Ne voyez-vous pas que je ne suis comme vous qu'une pauvre
femme, qui cherche à défendre son mari et ses enfants ? » Et
ces simples paroles trouvent un écho dans le cœur de la femme
du peuple ; elle s'arrête, éclate en sanglots et accentue d'un
juron énergique le cri de « Vive la reine ! » oublié depuis si
longtemps.

Marie-Antoinette pourrait être définie une femme charmante,
à laquelle la nature avait prodigué ses dons et que la Cour a
gâtée comme à plaisir.

Transportez l'enfant de quinze ans, qui arrive en France en
mai 1770, dans un milieu sain et sérieux, élargissez ses idées,
parlez-lui de ses devoirs, faites-lui comprendre ce que doit être
la compagne d'un roi, la souveraine d'un grand Etat, enseignez-
lui à mépriser tout ce qui est vain et frivole, encouragez et édu-
quez sa bonté naturelle : nul doute à avoir, vous en ferez une
princesse accomplie, qui aura le ferme esprit de sa mère avec sa

gracieuse vaillance, sa piété éclairée, son patriotisme intelligent.

Mais, quoi ! au lieu de grandir dans ce milieu honnête et grave, l'enfant est transplantée dans un monde corrompu, et ne respire qu'une atmosphère empoisonnée ; ses bonnes qualités vont s'étioler, ses défauts s'exagérer, et ce sera encore miracle si elle ne perd pas à vivre dans ce monde jusqu'au respect d'elle-même et jusqu'à l'honneur.

C'est la cour qui a fait de Marie-Antoinette la tête vide, la femme frivole et dépensière qu'elle a été ; c'est la cour qui lui a inspiré le mépris de la France. Ce sont les intrigues de cour qui l'ont faite Autrichienne, au point de trahir sa nouvelle patrie.

Tête vide, Marie-Antoinette n'a reçu, comme nous le savons déjà, aucune instruction. Son instruction n'a été qu'une comédie de cour, une charlatanerie, comme elle le dit elle-même. Elle met l'orthographe comme une cuisinière, et ne peut se voir assise à son bureau même pour écrire à sa mère. Elle déteste les personnes instruites et déclare avec désinvolture : « Que jamais pédante ne sera son amie ». Quand elle est obligée de recevoir la grande-duchesse de Russie, femme du grand-duc Paul, elle a un tel dépit de son ignorance de toutes choses, qu'elle est obligée de boire un verre d'eau pour se remettre. Elle ne se lie qu'avec des fous et des ignorants, comme son beau-frère d'Artois, vrai toqué, dont les balourdises et les rodomontades l'amusent, comme Mme de Lamballe, dont la bêtise égale la beauté, comme Mme de Polignac (Mme Jules) qui ne savait rien et était bien décidée à n'en jamais apprendre plus long.

Elle a un lecteur, l'abbé de Vermond ; mais sa place est une sinécure : la reine ne lit jamais, ou, si elle lit, ce sont des livres drôles, presque grivois, que son frère Joseph II lui reproche amèrement d'avoir lus : « Oubliez, lui dit-il, et évitez de parler ou laisser entrevoir à jamais les saloperies dont vous vous êtes rempli l'imagination par ces lectures. » — Aucune conversation n'est possible avec elle. Dès que l'entretien commence à porter sur un objet un peu sérieux, la reine n'écoute plus et bâille derrière son éventail.

Tant qu'elle n'a pas été en danger, son esprit ne s'est jamais haussé au-dessus du bavardage, du papotage insipide des petits cercles de cour, babil de linotte en cage sautant de barreau en barreau et courant du millet au mouron, et du sucre au biscuit.

Comme il faut bien s'occuper à quelque chose et qu'elle ne sait s'occuper à rien de sérieux, ce sont les choses frivoles qui la passionnent et prennent tout son temps.

Elle est enfiévrée de toilette et d'amusements. Avant tout, elle aime à danser ; elle danse partout. Quand Versailles l'ennuie, elle va à Paris, quitte le bal à 5 heures du matin, rentre à Versailles à 6 h. 1/2 et repart à 10 heures pour assister aux courses de chevaux du bois de Boulogne. Quand elle va au bal, elle laisse le roi se retirer quand il veut, et reste après lui jusqu'au matin. Louis XVI aime se coucher de bonne heure ; la reine avance les aiguilles de sa pendule pour l'envoyer coucher plus tôt encore.

Les bals de la cour ne lui suffisent pas, il faut qu'elle aille au bal de l'Opéra, où elle se trouve mêlée, dit Joseph II, à *toute la canaille de Paris*. Elle y intrigue, *incognito*, il est vrai; mais on la reconnaît aisément. Un soir, habillée en amazone, elle remarque un cavalier fort leste et l'interpelle : « Qui es-tu, beau masque ? — Ton sujet, belle amazone », répond, en se démasquant, le comte d'Artois.

Quand il s'agit de s'amuser, la reine ne connaît aucun obstacle, elle porte dans le jeu toute la fougue et tout l'orgueil de son caractère. L'étiquette l'embarrasse : elle laissera l'étiquette de côté. Le roi boudera : parfait ! elle lui rira au nez, ou boudera, ou pleurera suivant les cas ; mais soyez bien persuadés qu'elle n'en fera jamais qu'à sa tête.

Elle adore le noctambulisme sur les terrasses de Versailles, par les belles nuits d'été ; elle sait que le roi n'est pas content, que ses ennemis la calomnient, que leurs propos trouvent écho dans le public, qu'on la chansonne : rien n'y fait ; cela l'amuse ; elle continue par bravade autant que par amusement, ou plutôt plus on crie, plus elle s'entiche du passe-temps prohibé.

Elle aime le théâtre à la folie ; elle aime, comme une pensionnaire, à se travestir, à minauder. Le roi, dévot et sérieux, n'aime pas le théâtre ; tant pis pour lui ! Il paiera la jolie salle bleue et argent de Trianon, il paiera les toilettes, il paiera les décors, il paiera les violons, et se vengera en sifflant les acteurs. La reine lui offrira de lui rendre son argent.

On pense bien qu'on ne joue pas du Corneille à Trianon ; la reine a l'audace d'y jouer le *Barbier de Séville*, et crie à la tyrannie, quand le roi veut défendre le *Mariage de Figaro*.

Ce qui amuse la reine, ce sont les pièces légères, les cocassités. Elle assiste chez la duchesse de Polignac à la représentation d'un proverbe, si audacieux qu'aucune femme n'a voulu y prendre un rôle. Elle rit jusqu'aux larmes, elle s'amuse, à n'en pouvoir mais.

Toutes ces choses sont en elles-mêmes inoffensives, et ne sont mauvaises que parce que c'est la reine qui les fait. Mais Marie-

Antoinette porte partout sa frivolité et son irréflexion, et, quand
elle touche à des choses sérieuses, elle est maladroite ou compromettante.

Elle se moque volontiers de l'étiquette ; elle cache un sourire
derrière son éventail en recevant les vieilles dames de la Cour,
« les bonnets noirs », et s'attire déjà par cette légèreté une chanson très méchante :

> Reine de France en apparence,
> Vous l'êtes plus réellement
> Des ministres de la toilette,
> Des comédiens, des histrions,
> Et, bravant en tout l'étiquette,
> Des filles vous avez le ton.

Cela ne l'empêche pas de rappeler durement à l'ordre et par
caprice ceux qui se dispensaient de l'étiquette à son exemple.

Comme on lui citait, un jour, l'exemple de la reine Marie Lec-
zinska, elle répondit dédaigneusement qu'il n'y avait aucune
comparaison à faire entre une archiduchesse d'Autriche et une
pauvre petite princesse polonaise. Elle ne songeait pas qu'elle
insultait à la mémoire d'une très vertueuse princesse, qui était
l'aïeule de son mari.

Elle n'épargnait pas Louis XVI lui-même. Un jour que le
roi avait salué assez gracieusement les dames, la reine de s'é-
crier : « Convenez, Mesdames, que, pour un enfant mal élevé, le
roi vient de vous saluer avec de très bonnes façons. »

Elle plaisante le goût du roi pour la serrurerie : « Vous conven-
drez que j'aurais mauvaise grâce auprès d'une forge ; je n'y serais
pas Vulcain, et le rôle de Vénus pourrait lui déplaire beaucoup
plus que mes goûts. » Lettre du 17 août 1775 à Rosenberg.)

M. de Rosenberg montre la lettre à Marie-Thérèse, qui en est
stupéfaite : « Quel style ! dit-elle, quelle façon de penser ! — Cela
ne confirme que trop mes inquiétudes ; elle court à grands pas à
sa ruine, trop heureux encore si, en se perdant, elle conserve *les
vertus de son rang.* »

Et cependant Marie-Antoinette va plus loin encore ; elle va un
jour jusqu'à souhaiter que le roi prenne « quelque inclination
momentanée et passagère, attendu qu'il pourrait prendre plus de
ressort et d'énergie ».

Il est vrai que ce n'est qu'une boutade et que l'ombre du péril
la fait reculer. Dans un bal à l'hôtel de ville de Paris, le roi
remarque une jeune femme, elle l'occupe, il s'informe, il la cherche, mais déjà la reine l'a fait disparaître.

Forte de son innocence, elle avait des audaces singulières ; elle semblait prendre à tâche de provoquer la critique et de défier la médisance.

L'abbé de Vermond lui disait : « Vous êtes devenue fort indulgente sur les mœurs et la réputation. Je pourrais prouver qu'à votre âge, cette indulgence, surtout pour les femmes, fait un mauvais effet ; mais, enfin, je passe que vous ne preniez garde ni aux mœurs ni à la réputation d'une femme, que vous en fassiez votre société, votre amie, uniquement parce qu'elle est aimable : certainement, ce n'est pas la morale d'un prêtre ; mais que l'inconduite en tous genres, les mauvaises mœurs, les réputations tarées et perdues, soient un titre pour être admis dans votre société, voilà ce qui vous fait un tort infini. » — La reine a écouté tout ce sermon avec un sourire et une sorte d'applaudissement et d'aveu. La reine n'a relevé que le dernier article, et ne l'a relevé qu'en citant comme bonne réputation la seule Mme de Lamballe.

Son beau-frère, l'écervelé comte d'Artois, la compromet sans malice par ses bavardages et ses familiarités inconsidérées. — « Il ne se passe pas de jour, dit Mercy, où le comte d'Artois ne donne, par une familiarité indécente, le plus grand scandale, et la reine le souffre, quoiqu'elle en soit choquée au plus juste titre. Je n'ai point caché à Sa Majesté que cette tolérance était une vraie faiblesse, et qu'il en résultait des impressions très fâcheuses dans le public, lequel est fort délicat sur le respect dû à ses maîtres. »

Le respect se perdait si bien, que M. de Lauzun osa lui faire une déclaration catégorique. La reine le chassa honteusement ; mais c'était déjà une chose étrange que l'audace de Lauzun. Pendant une rougeole, elle s'enferma dans son appartement avec quatre gardes-malades : les ducs de Coigny et de Guines, le comte Esterhazy et le baron de Besenval. Mercy eut toutes les peines du monde à obtenir qu'ils ne tinssent pas compagnie à la reine pendant la nuit.

On devine combien de pareilles excentricités devaient lui nuire ; ces façons finissaient par jeter le trouble et le doute dans l'esprit des personnes les plus favorables à la reine.

Marie-Antoinette ne se contente pas d'être frivole et légère ; elle dépense sans compter. Elle a bien vite oublié la sévère économie de sa mère, qui n'avait pas, dans toute sa vie, dépensé 2.000 florins pour son écrin. Elle achète des bijoux ; elle ne peut voir un joli joyau, sans en avoir aussitôt envie et sans le faire copier. En 1775 seulement, le roi lui offre pour 100.000 écus de diamants. Elle s'achète des boucles d'oreilles de 800.000 livres, des bracelets de 300.000 ; et, quand sa mère la gronde, elle répond « qu'elle n'aurait jamais cru que l'on pût occuper la bonté de sa chère maman de pareilles bagatelles ».

Elle offre au dauphin un carrosse tout en glaces, orné de vermeils ciselés et dorés avec fleurettes de pierreries ; le roi lui a donné 200.000 livres : ce n'est pas apparemment pour les garder.

Elle se fait payer Saint-Cloud, qui coûte au roi 8 millions. Trianon coûte des sommes énormes. Le parc absorbe 1.600.000 livres ; les tapisseries sont encadrées de bronze ciselé à 600 livres le pied courant. Elle est toujours à court d'argent. Elle fait des dettes, qu'elle paie sur ses gains au pharaon. Un soir, elle gagne 7.000 louis (168.000 fr.). Le lendemain, elle règle le mémoire de Mlle Bertin.

En 1777, elle envoie demander à M. Necker de lui donner 150.000 livres. Le directeur des finances répond que la caisse est à sec, mais que sa fortune privée lui permet d'avancer la somme. Marie-Antoinette *accepte* et va déclarant « que M. Necker est un homme charmant, et qu'elle n'a jamais vu un tel ministre ».

Calonne lui envoie 60.000 francs, quand elle en demande 30.000, et dit que, si ce qu'elle demande est possible, c'est déjà fait ; « si c'est impossible, cela se fera ». Une seule fête coûte 400.000 livres. Dans un seul dîner en l'honneur du roi de Suède, on sert aux différentes tables : 3.650 livres de viande, 2.000 œufs, 579 poulardes, dindons et poulets, et le reste à l'avenant.

Le fameux collier de Bohmer et Bassange valait 1.600.000 livres, et tout le monde crut en 1785 que la reine l'avait fait acheter par le cardinal de Rohan, à l'insu du roi.

Dès cette époque (1785), la reine n'est plus connue que sous le surnom haineux de « Madame déficit ».

Enfin, — et c'est là le pire, — cette reine qui coûte si cher, qui est si légère et si frivole, elle n'est même pas Française, elle n'a pris à sa nouvelle patrie que ses défauts : elle est restée Autrichienne dans l'âme, Autrichienne au fond du cœur.

La responsabilité première de ce fait si grave remonte à Marie-Thérèse : « Restez Allemande, lui répétait sa mère sur tous les tons, n'adoptez pas la légèreté française, restez Allemande et faites-vous gloire de l'être. »

Il ne s'agit pas là d'un conseil moral : Marie-Thérèse ne veut pas dire que sa fille doit être une bonne mère, comme on l'est en Allemagne ; elle veut dire que sa fille doit rester attachée, avant tout, à l'Allemagne et servir par tous les moyens les intérêts allemands.

Elle doit empêcher, à tout prix, une entente de la France et de

la Prusse et maintenir par tous les moyens l'alliance austro-
française.

Merçy et Kaunitz font cyniquement la théorie du système.

« Vu le caractère et la façon d'être de M. le Dauphin, écrit
Mercy, le 16 septembre 1772, il est presque infaillible que Mme la
Dauphine soit réservée, un jour, à gouverner la France. Il serait
prématuré, peut-être même dangereux de trop avancer ces réflexions vis-à-vis de Mme l'Archiduchesse ; mais je m'attache à l'y
préparer de longue main. »

Le 14 août 1773, Mercy revient à son idée favorite. M. le
Dauphin n'aura probablement jamais la force ni la volonté de
régner par lui-même ; si Mme l'Archiduchesse ne le gouverne pas,
il sera gouverné par d'autres ; de si fâcheuses conséquences ne
sauraient être prévues de trop loin ; toutes mes remarques, mes
représentations, enfin tous mes discours à Mme la Dauphine portent sur ce grand objet. »

Le 16 décembre 1781, Mercy donne à l'empereur l'idée du plan
de domination qu'il a suggéré à la reine : « La médiocrité des
ministres actuels, le peu d'union qui règne entre eux, les dispositions morales du roi, qui lui rendent toute décision infiniment
pénible, sont autant de puissants motifs qui semblent nécessiter
une influence prépondérante et active. La première (chose à
faire pour la reine) est de surveiller avec grande attention la
tête du roi, d'en écarter soigneusement toutes les insinuations
des alentours, de ne point paraître vouloir le presser, ni le gouverner sur rien, mais au premier indice d'une disposition, à
prendre un principal ministre ou plusieurs nouveaux ministres
dans le Conseil, d'agir alors de manière à ce que les choix à faire
soient dictés par la reine ». — Mercy est tenu par la reine au
courant de tout ce qui se passe.

En 1783, un agent anglais arrive à Versailles et entame officieusement les négociations pour la paix.

Le roi confie tout à la reine, qui le fait savoir à M. de Mercy,
qui en avertit aussitôt l'empereur, et M. de Vergennes est
tout décontenancé de voir la reine en possession de ce secret
d'Etat.

Marie-Antoinette, sans cesse dirigée par Mercy et poussée par
son frère, intervient à chaque instant ; mais sa frivolité lui ôte à
peu près tout crédit, et les ministres autrichiens en gémissent.

« Le crédit de la reine, dit Mercy, si étendu et si efficace en
toutes autres matières, l'est beaucoup moins en celles qui ont trait
à la politique, parce que la reine n'a donné que trop de sujets à
son auguste époux de présumer qu'elle comprend peu les affaires

d'Etat et qu'elle n'est même pas à même d'en évaluer l'importance ».

Le même écrit le 22 décembre 1782 : « On ne peut plus calculer les effets de l'instabilité des idées de la reine. Ses qualités charmantes s'unissent à une légèreté qui les offusque en grande partie. Depuis qu'elle s'occupe de l'éducation de son auguste fille et qu'elle la tient constamment dans ses cabinets, il n'y a presque plus moyen de traiter aucun objet important ou sérieux qui ne soit, à tout moment, interrompu par les petits incidents des jeux de l'enfant royal, et cet inconvénient ajoute à tel point aux dispositions naturelles de la reine à être dissipée et inattentive *qu'elle écoute à peine ce qu'on lui dit, et le comprend encore moins.* »

La légèreté de la reine l'a donc empêchée d'avoir une influence très sérieuse sur les affaires jusqu'à la Révolution ; mais à partir de ce moment, le sentiment du danger la réveille : elle veut passionnément défendre les siens et se jette dans la lutte avec une colère chaque jour augmentée contre tout ce qui lui fait obstacle.

« Mon Dieu, écrit-elle à Mercy le 12 septembre 1791, est-il possible que, née avec du caractère et sentant si bien le sang qui coule dans mes veines, je sois destinée à passer mes jours dans un tel siècle et avec de tels hommes !

« J'aime mieux courir tous les dangers possibles que de vivre plus longtemps dans l'état d'avilissement et de malheur où je suis ! »

Elle ne comprend rien à la Révolution. Cette formidable poussée d'un peuple qui monte à la liberté ne lui apparaît que comme une révolte de sujets rebelles contre leur souverain légitime. Le peuple français est pour elle comme pour sa mère *une nation sans mœurs, sans principes et sans religion.*

Même quand elle essaie de faire de la popularité, on sent combien il lui en coûte.

Elle écrit à Mercy le 7 octobre 1789, le lendemain de son arrivée à Paris : « En oubliant où nous sommes, et comment nous y sommes arrivés, nous devons être contents du mouvement du peuple, surtout ce matin. Je parle au peuple : milices, poissardes, tous me tendent la main. — *Je la leur donne.* »

Elle oublie, un moment, sa haine profonde contre Mirabeau pour se rapprocher de lui, et écrit à son frère Léopold II : « Il est des moments où il faut savoir dissimuler, et ma position est telle et si unique que, pour le bien même, il faut que je change mon caractère franc et indépendant. »

Après la fuite de Varennes et l'arrestation de Louis XVI, elle n'écrit qu'un mot à Mercy : « Rassurez vous, *nous vivons* ». Quelle amère satire de la pusillanimité du roi !

Dès lors, n'attendant plus aucun secours du dedans, elle pense au dehors : elle presse la réunion d'un congrès armé ; elle demande que les alliés *menacent la France* ; elle attend son salut des Prussiens et des Autrichiens.

Elle fait communiquer à l'Autriche les résolutions militaires adoptées par les ministres français ; et, de tout cela, le peuple conclut logiquement *qu'elle trahit*.

G. Desdevises du Dezert.

Le mystique Suso

Cours de M. HENRI LICHTENBERGER,

Professeur à l'Université de Paris.

L'œuvre de Suso.

BIBLIOGRAPHIE — L'édition critique, que doivent consulter tous ceux qui étudient aujourd'hui Suso, et à laquelle se réfèrent les citations contenues dans cette étude, est celle de K. BIHLMEYER, *H. Suso, Deutsche Schriften*, Stuttgart, 1907; on consultera, en outre, l'adaptation en allemand moderne du P. DENIFLE, *Die Schriften des seligen Heinr. Suso, Bd. I, Deutsche Schriften*, München, 1876 (?), et la traduction en général très fidèle du P. THIRIOT, *Œuvres mystiques du bienheureux Henri Suso*, 2 vol., Paris, 1899.

II. — Parmi les nombreuses études consacrées à Suso, nous nous bornerons à citer F. VETTER, *Die Mystikerpaar des 14. Jahrhunderts, Schwester Elsbeth Stagel von Töss* (?), *Pater Amandus (Suso) von Konstanz*, Basel, 1882; PREGER, *Geschichte der deutschen Mystik*, tome II, Leipzig, 1881; Ph. STRAUCH, *Allg. deutsche Biogr.*, tome XXXVII (1894), p. 169 ss.; RIEDER, compte rendu critique de l'édit. de Bihlmeyer dans les *Göttinger Gelehrten Anzeigen*, 1909, p. 450. On trouvera une bibliographie très complète des ouvrages parus sur Suso dans l'édit. Bihlmeyer, p. 83 s. de l'introduction.

Entre tous les mystiques [...] du XIVe siècle, Henri Suso est celui que [...] dont [...] on croyait le mieux connaître. Alors que l'œuvre [...] par exemple est mal délimitée et très incertainement [...] que les traits co[...]tuant sa personnalité ne [...] sur des données tel[...] gues et rares qu'il n[...] de nous en [...]nelle, précis, Suso [...] opinion [...]

confessions, de le suivre dans les étapᵣ ᵥde sa vie spirituelle, dans
son ascension vers la sainteté. Il nous conté lui-même avec une
simplicité, une sincérité, une candeur dmirables ses expériences
et ses luttes : ses débuts difficiles, le mortifications effroyables
qu'il s'imposa pour dompter sa natuɪ rebelle, les épreuves terribles que Dieu lui envoya pour achev· son éducation spirituelle,
ses rechutes, ses anxiétés, ses doutes˛es victoires, ses visions et
ses extases, ses règles de vie. Il nous ·vèle ainsi les secrets de sa
vie intime, non point en historien, e annaliste, mais en psychologue pieux qui construit, d'après la s nme de ses expériences, le
type idéal du mystique tel qu'il le co oit et l'a réalisé en sa personne.

Suso est donc, aujourd'hui, une de figures les mieux connues,
les plus souvent citées par ceux quᵦ'occupent de psychologie
mystique. Beaucoup professent à son gard une admiration sans
réserve et vantent avec Preger son itobiographie comme l'une
des plus belles vies chrétiennes de tos les temps et une œuvre à
peu près unique en son genre. D'autre sans méconnaître sa haute
noblesse morale et sa beauté poétiqu l'ont d'expresses réserves
sur la valeur de la conception de la e qui s'y reflète. L'un des
traits, en effet, qui, toujours et à ɪste titre, frappe le plus
vivement l'imagination dans les récɪ de Suso, c'est l'exaltation
et en quelque sorte la frénésie de l'as·tisme qui s'y montre. Peu
d'hommes ont poussé plus loin le r linement sur ce point. Les
pages les plus célèbres de Suso, cellᵦ que l'on cite partout, sont
celles où il décrɪt minutieusement ᵥ tortures qu'il s'infligeait,
— le cilice garni des pointes aigu qu'il porte jour et nuit, la
croix de bois hérissée de clous et d'a uilles qui blesse ses épaules
nues, les gants à pointes de laiton q déchirent cruellement ses
blessures chaque fois qu'il y veut poʳr la main, la vieille porte
de rebut sur laquelle il dort sans ouverture au plus fort de
l'hiver, la torture de la soif qu'il s'impose, si bien que sa langue
se fendille et qu'à la procession il ovre la bouche dans l'espoir
qu'une goutte d'eau bénite tombée ᵥ l'aspersoir viendra lui apporter un léger soulagement. Rien de lus naturel que l'exaltation
prodigieuse qui a inspiré de pareɪ actes ait été jugée parfois
avec quelque sévérité. Aux yeux de (. Schmidt, la vie de Suso est
une des œuvres les plus fantastiquesˏu Moyen Age, et son auteur
le type du mystique à la fois le plᵦ aimable et le plus arriéré.
Vetter constate chez lui une imagin on maladive et dans sa vie
des illusions de visionnaire. Schere voit dans la Biographie de
Suso un pendant religieux aux trèsprofaɪes mémoires d'amour
ᵥUlrich de Lichtenstein. W. James ɪte Suso comme le type ac-

Le mystique Suso

Cours de M. HENRI LICHTENBERGER,

Professeur à l'Université de Paris.

L'œuvre de Suso.

BIBLIOGRAPHIE. — I. L'édition critique, que doivent consulter tous ceux qui étudient aujourd'hui Suso, et à laquelle se réfèrent les citations contenues dans cette étude, est celle de K. BIHLMEYER, *H. Suso, Deutsche Schriften*, Stuttgart, 1907 ; on consultera, en outre, l'adaptation en allemand moderne du P. DENIFLE, *Die Schriften des seligen Heinr. Suso*, Bd. I, *Deutsche Schriften*, München, 1876-1880, et la traduction en général très fidèle du P. THIRIOT, *Œuvres mystiques du bienheureux Henri Suso*, 2 vol., Paris, 1899.

II. — Parmi les nombreuses études consacrées à Suso, nous nous bornerons à citer : F. VETTER, *Ein Mystikerpaar des 14 Jahrhunderts. Schwester Elsbeth Stagel von Tœss und Vater Amandus (Suso) von Konstanz*, Basel, 1882 ; PREGER, *Geschichte der deutschen Mystik*, tome II, Leipzig, 1881 ; PH STRAUCH, *Allg. deutsche Biogr.*, tome XXXVII (1894), p. 169 ss.; RIEDER, compte rendu critique de l'édition de Bihlmeyer dans les *Gottinger Gelehrten Anzeigen*, 1909, p. 450. On trouvera une bibliographie très complète des ouvrages parus sur Suso dans l'éd. Bihlmeyer, p. 63 s. de l'introduction.

Entre tous les mystiques allemands du XIVᵉ siècle, Henri Suso est celui que jusqu'à ces derniers temps on croyait le mieux connaître. Alors que l'œuvre d'un Eckart par exemple est mal delimitée et très imparfaitement reconstituée, que les traits constituant sa personnalité ne sont livrés que par des données tellement vagues et rares qu'il nous est impossible de nous en faire une idée nette, précise, Suso nous a, selon l'opinion communément admise, légué d'une part une édition définitive et revue par lui-même de ses œuvres capitales, — d'autre part et surtout une autobiographie, document unique dans l'histoire du mysticisme allemand au Moyen Age, qui nous renseigne avec une sincérité touchante et un luxe de détails caractéristiques sur toute sa vie intérieure et sa psychologie. Il nous est ainsi permis non seulement de connaître Suso comme philosophe et théologien dans son *Livre de la Vérité*, — comme moraliste et mystique pratique dans son *Livre de la Sagesse éternelle*, — comme prédicateur dans quelques homélies, — comme épistolier et directeur de conscience dans ses lettres à ses filles spirituelles, — mais encore, grâce à ses confessions, de le suivre dans les étapes de sa vie spirituelle, dans son ascension vers la sainteté. Il nous a conté lui-même avec une simplicité, une sincérité, une candeur admirables ses expériences et ses luttes : ses débuts difficiles, les mortifications effroyables qu'il s'imposa pour dompter sa nature rebelle, les épreuves terribles que Dieu lui envoya pour achever son éducation spirituelle, ses rechutes, ses anxiétés, ses doutes, ses victoires, ses visions et ses extases, ses règles de vie. Il nous révèle ainsi les secrets de sa vie intime, non point en historien, en annaliste, mais en psychologue pieux qui construit, d'après la somme de ses expériences, le type idéal du mystique tel qu'il le conçoit et l'a réalisé en sa personne.

Suso est donc, aujourd'hui, une des figures les mieux connues, les plus souvent citées par ceux qui s'occupent de psychologie mystique. Beaucoup professent à son égard une admiration sans réserve et vantent avec Preger son autobiographie comme l'une des plus belles vies chrétiennes de tous les temps et une œuvre à peu près unique en son genre. D'autres, sans méconnaître sa haute noblesse morale et sa beauté poétique, font d'expresses réserves sur la valeur de la conception de la vie qui s'y reflète. L'un des traits, en effet, qui, toujours et à juste titre, frappe le plus vivement l'imagination dans les récits de Suso, c'est l'exaltation et en quelque sorte la frénésie de l'ascétisme qui s'y montre. Peu d'hommes ont poussé plus loin le raffinement sur ce point. Les pages les plus célèbres de Suso, celles que l'on cite partout, sont celles où il décrit minutieusement les tortures qu'il s'infligeait, — le cilice garni des pointes aiguës qu'il porte jour et nuit, la croix de bois hérissée de clous et d'aiguilles qui blesse ses épaules nues, les gants à pointes de laiton qui déchirent cruellement ses blessures chaque fois qu'il y veut porter la main, la vieille porte de rebut sur laquelle il dort sans couverture au plus fort de l'hiver, la torture de la soif qu'il s'impose, si bien que sa langue se fendille et qu'à la procession il ouvre la bouche dans l'espoir qu'une goutte d'eau bénite tombée de l'aspersoir viendra lui apporter un léger soulagement. Rien de plus naturel que l'exaltation prodigieuse qui a inspiré de pareils actes ait été jugée parfois avec quelque sévérité. Aux yeux de Ch. Schmidt, la vie de Suso est une des œuvres les plus fantastiques du Moyen Age, et son auteur le type du mystique à la fois le plus aimable et le plus arriéré. Vetter constate chez lui une imagination maladive et dans sa vie des illusions de visionnaire. Scherer voit dans la Biographie de Suso un pendant religieux aux très profanes mémoires d'amour d'Ulrich de Lichtenstein. W. James cite Suso comme le type ac-

compli du névropathe en quête d'austérités physiques, comme
une sorte de bouffon tragique qui inspire, en somme, un médiocre
respect. Et la lecture d'ouvrages comme le manuel de Zahn
donne bien l'impression que le « cas » de Suso ne laisse pas que
d'embarrasser même certains catholiques tout à fait orthodoxes,
qui ne peuvent approuver ses extravagantes mortifications et se
refusent pourtant à blâmer un des héros les plus brillants de
l'ascétisme mystique.

Ma tâche serait bien simplifiée si, comme la presque unanimité
des critiques, je tenais pour un fait acquis que nous possédons en
effet une édition de l'œuvre de Suso rédigée ou revue par l'auteur
lui-même, et dont l'authenticité n'est sujette à aucun doute.

Le texte de Suso a été tout récemment établi avec infiniment
de soin, de conscience et d'exactitude par Bihlmeyer dans son
excellente édition critique. Nous possédons une très fidèle traduction française par le P. Thiriot. Dans les travaux de Vetter,
de Preger, du P Deniple surtout, dans l'excellente introduction
de Bihlmeyer à son édition complète, se trouvent de très bonnes
expositions soit de la doctrine, soit de la vie de Suso. Dans ces
conditions, c'eût été une tâche aussi facile qu'intéressante d'étudier notre mystique à la fois comme homme et comme penseur,
et de discuter les attirants problèmes psychologiques ou moraux
que soulève l'étude de cette curieuse physionomie. Mais j'ai
malheureusement acquis la conviction que notre connaissance de
Suso repose sur des bases beaucoup moins sûres qu'on ne le suppose communément, qu'il y a lieu de faire dans les écrits qui lui
sont attribués un départ probablement malaisé à établir entre ce
qui lui appartient réellement et ce que d'autres ont ajouté ; qu'en
particulier il est à peu près impossible de discerner, dans la
biographie, ce qui est fait réel, légende ou invention. — Pour
justifier mes doutes sur ce sujet, il faut que j'essaie de montrer
comment se pose pour moi le problème de l'authenticité des
œuvres de Suso, et la méthode que j'emploie pour tâcher de le
résoudre, — tâche ingrate, comme toutes les fois qu'il s'agit de
montrer qu'on ne sait pas là où l'on croyait savoir. La question a
d'ailleurs son importance. Car l'objet de notre étude est au fond
de rechercher si le personnage de Suso tel qu'on l'a représenté
jusqu'ici est véritablement réel, ou s'il ne serait pas, dans une
mesure à déterminer, un produit de la légende, si cet extraordinaire ascète que l'on considère avec une stupéfaction nuancée
chez les uns de vénération, chez les autres de pitié ou même de
répulsion, est un personnage strictement historique ou s'il ne serait
pas plutôt une sorte de type idéal surgi dans une imagination

pieuse qui aurait vu Suso plutôt à travers le prisme de son rêve
que dans la vraie réalité.

I. — **L'Exemplaire.** — La partie essentielle de l'œuvre de
Suso nous est transmise aujourd'hui en un recueil, l'*Exemplaire*,
comprenant 4 parties :

1. *Sa vie* ;

2. Le *Livre de la Sagesse éternelle* (l'exposé de sa morale pratique) ;

3. Le *Livre de la Vérité* (l'exposé de sa doctrine théologique) ;

4. Le *Petit Recueil de lettres spirituelles.*

La préface de l'*Exemplaire* nous apprend que l'auteur a rédigé
lui-même ce recueil. Comme son *Livre de la Sagesse éternelle* « et
plusieurs autres ouvrages » avaient été longtemps dénaturés, en
pays étrangers et en Allemagne, par la faute de copistes infidèles
qui ajoutaient ou changeaient selon leur propre inspiration, Suso
s'est décidé à réunir ses écrits et à les ordonner, afin de livrer un
bon exemplaire de ses œuvres, telles qu'il les avait écrites sous
l'inspiration de Dieu.

La publication de la première partie de la *Vie* ne se fit pas
sans de longues hésitations. Il s'y décide enfin, poussé d'une part
par le désir de soumettre son livre à ses supérieurs, d'autre part
par la crainte de voir son ouvrage détruit, après sa mort, par la
main d'indifférents ou de méchants. Il procède alors à une première rédaction comprenant les préceptes et les thèses capitales
du livre et les soumet à Barth. de Bolsenheim, provincial d'Allemagne. Celui-ci lui donne son approbation, estimant que ce
travail serait pour les âmes bien pensantes comme une douce
amande tirée de la substance des saintes Ecritures.

Plus tard, quand Suso eut achevé la rédaction du livre et eut
exposé sa doctrine sous une forme complète et définitive, il aurait
voulu la soumettre de nouveau au maître qui l'avait encouragé
et fortifié; mais Dieu l'avait déjà rappelé à lui. Dans sa perplexité,
il implore les conseils de la Sagesse éternelle. Et alors dans une
vision, maître Barthélemy lui apparaît environné de lumière et
lui ordonne de communiquer son œuvre à tous les hommes de
bonne volonté.

Cette œuvre, nous allons l'examiner de plus près en nous arrêtant successivement sur chacun des livres qui composent l'*Exemplaire* original.

1° **Le Livre de la Vérité.** — C'est un exposé, sous forme
dialoguée, des problèmes les plus élevés de la mystique. Dieu et
son essence, l'Unité et la Trinité, la Création, l'Union de l'âme et
de Dieu sur la terre et dans l'au-delà, la liberté et la moralité. On

y sent l'influence profonde de maître Eckart. C'est le seul livre spéculatif qu'ait écrit Suso ; et c'est en même temps une polémique contre les Beghards et les Frères de libre esprit, qui suppriment d'une part la distinction entre Dieu et l'âme dans la contemplation et aboutissent au panthéisme, et d'autre part proclament la liberté souveraine de celui qui est arrivé à l'état de sainteté, et tombent ainsi dans l'immoralisme. Suso défend Eckart, sans d'ailleurs citer son nom, contre les hérétiques (*daz wilde*) : il leur conteste le droit de s'approprier certaines sentences paradoxales du maître et de se donner pour ses fidèles disciples.

Ce livre écrit après la mort d'Eckart, — puisqu'il est fait allusion à cette mort au VIᵉ chapitre, — c'est-à-dire après 1327, mais peu de temps après cette date, car le *Livre de la Sagesse*, qui lui est postérieur, fut rédigé vers l'an 1327 ou 1328, donne lieu à de graves désagréments pour notre mystique. Il semble qu'il se soit produit, à ce moment, dans l'ordre des dominicains, un conflit assez violent entre deux courants d'opinion, un réactionnaire, l'autre libéral. Ce conflit avait abouti à l'accusation d'hérésie lancée contre Eckart et à sa condamnation. Or le disciple, qui défend imprudemment son maître et dont le spiritualisme ardent apparaît comme suspect aux délateurs, voit se porter contre lui une accusation analogue.

Si le chapitre XXIIIᵉ de la *Vie* repose sur des données exactes, l'accusation aurait été portée publiquement devant un chapitre tenu dans les Pays-Bas (probablement le chapitre provincial d'Anvers, en 1327) par deux personnages d'un ordre qui se serait efforcé de lui nuire. La *Vie* nous montre le Serviteur cité tout tremblant devant le tribunal qui l'accuse d'écrire des livres contenant des doctrines capables de corrompre les pays environnants, qui le réprimande et le menace de punitions sévères et, ajoute la *Vie*, bien que Dieu et le monde le sussent innocent de cette faute.

2° **Le Livre de la Sagesse éternelle**, écrit de 1327 à 1328, en tout cas antérieur à l'*Horologium* (1334) et postérieur au *Livre de la Vérité* (1327), est un traité de mystique pratique à l'usage des débutants, d'hommes simples qui ont encore à se corriger de leurs défauts, sans doute des religieux ou des nonnes novices. Il donne un enseignement à la portée de tous (*ein gemeinin lere*, 3-19), présenté sous forme de dialogues entre la Sagesse éternelle et le Serviteur, et qui expose d'une façon claire et vivante comment se fait l'union intime de l'âme fidèle avec son fiancé, Jésus-Christ. Le thème principal du *Livre de la Sagesse éternelle*, c'est la contemplation des souffrances du Seigneur. Autour de ce motif central, se groupent des réflexions sur le péché, sur les mensonges de la vie mondaine, sur les merveilles de l'amour divin, sur la justice vengeresse de Dieu, la patience et l'humilité dans la souffrance, le ciel et les enfers, la sainte Reine du ciel et ses douleurs incomparables. Puis la seconde partie apporte au lecteur des préceptes concrets, pratiquement observables, sur la manière dont on doit apprendre à mourir, vivre la vie intérieure et mystique, s'approcher des sacrements, accompagner chaque instant de la vie quotidienne d'une louange adressée à Dieu.

Le noyau primitif du *Livre de la Sagesse éternelle* est constitué par les cent méditations sur les souffrances de la Passion, qui en forment, aujourd'hui, la troisième partie. Ces cent méditations devinrent pour Suso vivantes et lumineuses, une nuit où, après matines, il se tenait en prières devant le crucifix. Il s'astreint dès lors à les répéter chaque jour, accompagnées de cent prosternements. Il les rédige ensuite en allemand, « car c'est dans cette langue que Dieu les lui avait révélées » et les communique aux amis de Dieu. Peu à peu il les augmente d'une série d'autres réflexions et compose ainsi la 1re et la 2e partie du *Livre de la Sagesse éternelle*. Suso nous assure avoir écrit ces méditations, sous l'action directe et reconnaissable de la Grâce et en quelque sorte sous la dictée et sous la contrainte divine. Il vérifie ensuite avec soin si le texte était en accord avec les Ecritures et les Pères. Il hésite longtemps, néanmoins, à publier son œuvre et se propose même, d'abord, de l'anéantir par crainte de s'exposer aux mêmes accusations que lors de l'apparition de son *Livre de la Vérité*. Mais la Sagesse elle-même, par des révélations significatives, l'empêcha de mettre à résolution son dessein ; la Vierge et l'Enfant lui apparurent et lui ordonnèrent de communiquer son écrit à toutes les âmes pleines de l'amour de Dieu.

Le succès auprès de ces âmes pieuses fut d'ailleurs très grand. Bihlmayer énumère une centaine de manuscrits, et, avec les fragments, environ 180. C'est, avec les *Homélies* de saint Bernard et l'*Imitation du Christ*, le livre d'édification le plus lu au Moyen Age et, d'ailleurs, une des œuvres poétiques les plus admirables qu'ait produites le mysticisme médiéval.

L'**Horologium Sapientiæ** est simplement une traduction très libre, en latin, du *Livre de la Sagesse éternelle*. Suso désirait en effet, l'approbation du public des théologiens ; il voulait, grâce à la précision plus grande de la terminologie latine, se garantir mieux contre les calomnies que lançaient contre lui les autorités ecclésiastiques. Ensuite il estimait qu'un ouvrage, surtout un ouvrage écrit en langue allemande, perdait beaucoup de sa chaleur primitive et était « semblable à des roses fanées (prol.). Il donne

donc une adaptation latine de la *Sagesse éternelle*, très accrue par
rapport à l'original allemand, écrite dans une langue très poétique, très imagée, que refroidit à peine çà et là l'emploi de termes
scolastiques. L'*Horologium Sapientiæ*, écrit en 1334 (selon Bihlmayer), et dédié à Hugo de Vaucemain (1333-1341), général de
l'ordre, obtint un succès considérable attesté par la fréquence des
manuscrits et des traductions en langue vulgaire.

3° **La Vie**. — L'origine et la composition de l'œuvre nous est
exposée avec une très grande précision de détail par le prologue
de l'*Exemplaire*, le prologue et le chapitre xxxiii de la *Vie*. Les matériaux en ont été rassemblés par une fille spirituelle de Suso, par
la dominicaine Elsbeth Stagel, du couvent de Töss. Elle avait coutume de transcrire tout ce qui lui paraissait de nature à la faire
progresser, elle et les autres, dans l'ascension vers la sainteté,
« pareille aux laborieuses abeilles qui tirent leur miel des fleurs
les plus diverses ». Devenue disciple et fille spirituelle de Suso,
elle s'insinue peu à peu dans son intimité. Elle lui demande de
lui conter ses souffrances, afin que son cœur puise quelque réconfort dans ce récit. Par des questions adroites, elle arrive ainsi à
lui faire raconter ses débuts dans la vie spirituelle, ses progrès,
ses efforts et ses souffrances, comme aussi ses victoires. Il lui
confie ses secrets « dans l'intimité de Dieu ». Elle, trouvant de
grandes consolations dans ces entretiens, les met par écrit à son
insu.

Suso, dans la suite, s'aperçoit cependant du larcin spirituel ;
il réprimande la nonne, lui demande son manuscrit et le brûle.
Elsbeth, malgré cela, continue, semble-t-il, à rédiger la vie du
maître. Elle lui soumet en tous cas une deuxième partie à laquelle
il veut d'abord faire subir le même sort qu'à la première. Dieu toutefois le détourne de son projet par une vision. Il garde alors les
feuilles manuscrites qu'il répugne à publier de son vivant. Il se
ravise pourtant, poussé par la crainte que l'ouvrage ne tombe
entre les mains d'indifférents qui négligeraient de le publier, ou
de méchants qui s'amuseraient à le détruire, — et par le désir
de soumettre le livre de son vivant à ses supérieurs et de pouvoir ainsi, au cas échéant, s'expliquer sur certaines vérités. Il
ajoute au texte d'Elsbeth « quelques bons enseignements », y joint
d'autres écrits spirituels et soumet le tout à son maître, Barthélemy de Bolsenheim, qui lui donne son approbation. Ainsi donc,
la *Vie* serait l'œuvre d'Esbeth de Stajel, rédigée d'après les
entretiens avec son directeur de conscience, revue, corrigée et
complétée par Suso lui-même, approuvée enfin par le provincial
d'Allemagne, Barthélemy de Bolsenheim.

II. — **Œuvres non comprises dans l'Exemplaire**.
— Les autres œuvres de Suso n'ont pas à beaucoup près la même
importance, ni la même garantie d'authenticité que les écrits ren-
fermés dans l'*Exemplaire*. Elles comprennent le *Recueil des lettres
spirituelles*, les *Sermons* et le *Minnebuchlein*.

1° **Les Lettres**. — Suso raconte lui-même (Prol. de l'*Exempl.*
4-18; *Vie* 18, 12. *Petit Recueil des lettres*, 360-1, 373-22) qu'Elsbeth
Stagel aurait formé un recueil de *toutes* les lettres qu'il lui avait
envoyées, ainsi qu'aux autres filles spirituelles. Lui-même aurait
ensuite choisi dans cette collection un certain nombre de lettres,
et, après les avoir abrégées, remaniées, en aurait composé un
nouveau petit recueil de onze lettres, qu'il aurait incorporées à
l'*Exemplaire*. Les lettres ne lui paraissant pas convenir pour la
publication, il les aurait détruites.

En fait, les manuscrits montrent clairement qu'il y avait, à
côté du petit recueil rédigé par Suso, un recueil beaucoup plus
étendu qui comprend dans l'édition Bihlmeyer 28 lettres. Cherchons, dès lors, à préciser le rapport entre le grand et le petit
recueil.

Il est manifeste que le petit recueil est un extrait du recueil
plus étendu, fait dans une intention déterminée. Par la comparaison — rendue possible grâce à l'édition Bihlmeyer — entre les
lettres du petit recueil et les mêmes rédigées dans leur forme
originale qui figurent dans le grand, il est très facile de reconnaître comment le rédacteur a procédé. Les lettres originales
ont été fortement abrégées, combinées avec des fragments extraits
d'autres lettres et disposées de manière à former, sous une forme
condensée, une sorte d'exposé général de la vie mystique, depuis
la conversion jusqu'aux degrés supérieurs de l'union avec
Dieu.

Que faut-il penser dans ces conditions des lettres non recueillies
dans l'*Exemplaire*? C'est un problème assez compliqué et qui
fut, il y a 30 ans, ardemment débattu entre Preger et Denifle.

Preger partait de ce principe que le recueil rédigé par Elsbeth
Stagel était perdu, puisque Suso affirmait lui-même l'avoir détruit.
De là, cette conséquence que les manuscrits que nous possédons
ne seraient que des remaniements successifs faits par Suso lui-
même : un premier, plus étendu (le manuscrit *S* de Stuttgart),
un second se composant de 11 lettres, — celui de l'*Exemplaire*;
— enfin un troisième qui serait la rédaction définitive et aurait
été destiné à l'*Exemplaire*, et qui, on ne sait pourquoi, n'y aurait
pas été finalement incorporé (le manuscrit *M*). — Denifle, au
contraire, soutenait la thèse suivante : le manuscrit *M* n'est pas

du tout la rédaction définitive, mais bien plutôt une combinaison maladroite du grand et du petit recueil. Le manuscrit S reproduit le grand recueil des lettres composé par Elsb. Stagel et dont il se serait conservé un manuscrit on ne sait comment, à l'insu de Suso. L'*Exemplaire*, d'autre part, comprend le petit Recueil extrait du grand par le maître lui-même. Il paraît aujourd'hui certain que, pour l'essentiel, l'hypothèse de Denifle est plus vraisemblable que celle de Preger. L'édition de Bihlmeyer suppose son exactitude. Elle donne d'une part, dans l'*Exemplaire*, le petit recueil de 11 lettres et d'autre part le grand recueil de 28 lettres, dont le texte n'est pas toujours aisé à restituer, mais qui représente, d'une manière générale, les lettres de Suso dans leur forme originale, avant le remaniement nécessité par leur introduction dans le petit recueil. L'authenticité de ces lettres, dont les unes sont les originaux des 11 lettres du petit recueil, dont les autres contiennent des fragments interpolés dans ces dernières, dont d'autres encore ont manifestement le caractère particulier des lettres authentiques, ne peut être mise en doute. On ne peut faire de sérieuses réserves que sur une d'entre elles, la dernière, qui semble ne pas avoir été écrite par Suso lui-même, mais plutôt par un de ses disciples.

2° **Les Sermons**, recueillis par Biehlmeyer, sont des homélies prononcées dans des couvents de femmes et dont le contenu est analogue à celui des lettres ; Suso exhorte les fidèles à abandonner le monde, à abdiquer l'égoïsme impie, à se donner entièrement à Dieu. Ces sermons ne sont pas destinés, comme ceux d'un Berthold de Ratisbonne, à un public populaire, mais ont été prononcés devant les auditrices plus cultivées des couvents de femmes. Le texte en est difficile à établir et plutôt incertain ; l'authenticité donne lieu à bien des réserves. Les quatre sermons publiés dans l'édition de Bihlmeyer ont paru d'abord dans l'édition de 1543 des sermons de Tauler. Le premier sermon peut être attribué sûrement à Suso, parce qu'il en est fait mention dans la *Vie* (131-29) ; le 4° parce que l'attribution en est confirmée par un manuscrit du xive siècle.

Pour ce qui est des deux autres, le doute reste permis. On peut, d'autre part, se demander si, parmi les sermons de Tauler, l'on ne trouverait pas d'autres sermons encore qui devraient être attribués à Suso. Cette question ne pourra être résolue que le jour où paraîtra une édition critique de l'œuvre de Tauler.

3° **Le Minnebüchlein** est un petit traité spirituel découvert par Preger dans un manuscrit de Zurich et édité par lui en 1896. Il contient en trois chapitres rédigés sous forme d'allocutions spirituelles, des prières et des considérations sur la Passion du Christ et sur les douleurs de la sainte Mère Marie.

L'authenticité n'en est pas certaine. Elle est admise par Preger qui, dans son livre sur la Mystique allemande (*die Deutsche Mystik*. 344, 11) et dans son édition du *Minnbuchlein* a réuni des arguments en sa faveur. Ces arguments ne sont d'ailleurs pas absolument probants. Bihlmeyer reconnaît qu'il y a des chances pour que le *Minnbuchlein* ne soit pas simplement l'œuvre d'un plagiaire ; il admettrait volontiers que ce traité reposerait sur un original latin, peut-être un simple canevas donné par Suso lui-même, et qu'un disciple, Elsbeth Stagel par exemple, aurait développé et enrichi.

III. — **Authenticité de l'Exemplaire**. — Ainsi donc, jusqu'à ces derniers temps, la question d'authenticité semblait résolue pour l'œuvre de Suso de la façon la plus claire et la plus satisfaisante. On possédait une édition des œuvres capitales du grand mystique (*Biographie, Livre de la Sagesse éternelle, Livre de la Vérité, Petit recueil de Lettres*) rédigée par lui. On avait, en outre, le Grand recueil des lettres dont le petit recueil n'est qu'un extrait, enfin quelques sermons et traités de provenance moins certaine, mais dont l'importance pour l'intelligence de l'œuvre et de la personnalité de Suso n'etait pas capitale. Avec les seuls documents fournis par l'*Exemplaire* et le *Grand Recueil de lettres*, il était aisé de donner un exposé détaillé de la doctrine du maître et d'esquisser les traits principaux de sa psychologie avec une précision bien plus grande qu'il n'était possible de le faire pour Eckart par exemple. Et, en effet, Bihlmeyer, le dernier éditeur des œuvres de Suso, s'appuyant sur ces documents, nous donne dans sa préface une biographie très circonstanciée et un portrait détaillé du Serviteur de la Sagesse éternelle.

Les résultats obtenus de la sorte sont incontestables tant qu'on ne suspecte pas l'authenticité du prologue qui nous renseigne sur la composition de l'*Exemplaire*. Mais cette authenticité est-elle à l'abri de tout soupçon ? l'*Exemplaire* a-t-il été rédigé du vivant de Suso et par Suso lui-même ? Ou bien plutôt après la mort du maître par quelque pieux disciple qui, pour donner plus d'autorité à son travail, aurait attribué à Suso lui-même l'œuvre de rédaction ? C'est là une hypothèse que l'on ne saurait rejeter *à priori*. De pieuses fraudes de ce genre sont, en effet, innombrables à l'époque d'Eckart et de Suso et ne sont nullement considérées comme coupables, ni même simplement comme répréhensibles. Un disciple réunissait l'œuvre du maître, la publiait avec tout le soin désirable, et ne croyait commettre aucune fraude en la couvrant, pour ainsi dire, de la signature du maître lui-même. Le patronage vénéré accroissait l'autorité de l'ouvrage auprès du public, et augmentait, par suite, la puissance bienfaisante de diffusion. L'intention pieuse et les bons résultats obtenus légitimaient largement la légère altération de vérité qu'il se permettait.

Or, en fait, l'authenticité du Prologue a été mise en doute. Vetter se demandait déjà s'il était bien l'œuvre de Suso. Rieder tout récemment, dans sa critique de l'édition de Bihlmeyer publiée dans les *Göttinger Gelehrten Anzeigen* de 1909 nie catégoriquement son authenticité. Il est, dit-il, absolument invraisemblable que Suso soit l'auteur du prologue de l'*Exemplaire*. Il est inexact, d'abord, que Suso ait rédigé l'*Exemplaire* pour donner un texte authentique de ses œuvres défigurées par des copistes infidèles. En fait, l'examen des manuscrits montre que *tous* ceux qui sont parvenus jusqu'à nous, sauf peut-être un ou deux manuscrits anciens du *Livre de la Sagesse éternelle*, sont dans l'*Exemplaire*. A moins de supposer la disparition incompréhensible d'une masse de manuscrits des œuvres détachées du mystique, nous sommes obligés de constater que, avant la rédaction de l'*Exemplaire*, l'œuvre de Suso était à peu près inconnue et n'existait qu'en de très rares copies. C'est après la rédaction de l'*Exemplaire* qu'elle s'est répandue. D'où la conséquence nécessaire que le motif invoqué pour justifier cette rédaction est inexact, et celle non moins nécessaire que Suso n'est pas l'auteur des données inexactes du prologue. Le prologue a été écrit par le rédacteur de l'*Exemplaire*, mais ce rédacteur ne peut être le maître lui-même.

Du même coup, la question de l'authenticité prend une autre tournure.

Tant que Suso était le rédacteur de l'*Exemplaire*, l'authenticité du recueil tout entier était naturellement à l'abri de tout soupçon ; nous avions une édition définitive, revue par l'auteur, de ses œuvres essentielles. Mais, si l'*Exemplaire* a été rédigé par un disciple et un admirateur, il est évidemment possible qu'il ait reuni les 4 ouvrages du maître en un seul manuscrit, dans une copie fidèle et d'une exactitude textuelle ; et en effet, tant que des indices positifs ne révèlent pas une altération effective du texte, nous devons, en bonne critique, admettre que nous possédons ce texte sous sa forme authentique. Mais c'est maintenant notre droit, notre devoir, de rechercher si telle ou telle partie de l'*Exemplaire* n'aurait pas subi des remaniements ou n'aurait pas été enrichie d'additions nouvelles, ou même n'aurait pas été entièrement composée ou inventée par le rédacteur. La question d'authenticité se pose ainsi pour chacune des parties de l'*Exem-*

plaire. Il s'agit de savoir comment et d'après quelle méthode il faut instituer cette discussion.

Nous ferons d'abord la constatation suivante : *une* partie de l'*Exemplaire* peut être sûrement considérée comme étant une œuvre authentique de Suso, le *Livre de la Sagesse éternelle*. Des quatre grands ouvrages de notre mystique, c'est le seul dont l'existence en dehors de l'*Exemplaire* nous soit confirmée par des preuves matérielles. Nous possédons, en effet, un, peut-être deux manuscrits antérieurs à ce dernier. Il existe un manuscrit E provenant du cloître de Töss qui semble avoir été écrit ou revu par Elsbeth Stagel elle-même et qui, à en juger par un appendice qu'il est *seul* à contenir, serait *indépendant* du texte que présente l'*Exemplaire*. Le manuscrit Z, qui provient du cloître d'Œtenbach, est également ancien, sans qu'on puisse d'ailleurs décider avec certitude s'il dérive ou non d'un manuscrit de l'*Exemplaire*. Ainsi donc, tandis que pour la *Vie*, le *Livre de vérité* et le *Petit recueil de lettres*, nous n'avons aucune preuve documentaire que ces œuvres aient existé antérieurement à leur réunion dans l'*Exemplaire*, le *Livre de la Sagesse éternelle* ne laisse aucun doute à cet égard.

Ajoutons à cela que Suso nous est partout donné comme le *serviteur* ou l'*amant* de la Sagesse éternelle (*des diener der ewigen weisheit*), que le *Livre de la Sagesse éternelle* a eu une grande célébrité au moyen âge, comme le prouvent les 180 manuscrits du texte allemand, les nombreux manuscrits de la traduction latine, et les adaptations dont cette traduction a été l'objet. Pour toutes ces raisons, il n'est pas téméraire d'affirmer que Suso est *essentiellement* l'auteur de la *Sagesse éternelle*, et que, dans la rédaction allemande aussi bien que dans son adaptation latine, l'*Horologium Sapientiæ*, nous possédons des versions parfaitement authentiques et dans l'ensemble fort correctes de l'œuvre capitale de Suso.

Nous n'avons pas les mêmes garanties pour le *Livre de la Vérité*. Tous les manuscrits qui nous sont parvenus remontent en effet à l'*Exemplaire*. Le manuscrit original, s'il a jamais existé, a disparu sans laisser de traces. C'est ainsi qu'il nous est impossible de contrôler si la rédaction de l'*Exemplaire* est la reproduction fidèle d'un original de Suso. Je serais, toutefois, tenté d'admettre provisoirement et en l'absence d'indices contraires l'authenticité de l'ouvrage. Le *Livre de la Sagesse éternelle* est, en effet, reproduit fidèlement par le rédacteur de l'*Exemplaire*. Pourquoi aurait-il fait subir au *Livre de la Vérité* des modifications? En outre, il n'y a pas, entre le *Livre de la Sagesse* et celui de la *Vérité*, des divergences profondes qui pourraient nous incliner à croire que l'auteur de l'un n'est pas aussi l'auteur de l'autre.

Le même raisonnement vaut pour les *Lettres*. Nous admettons sans doute volontiers avec Rieder que le petit recueil qui figure dans l'*Exemplaire* est l'œuvre non pas de Suso lui-même, mais du rédacteur de l'*Exemplaire*, qui a modifié de sa propre autorité les lettres originales. Nous n'essayerons d'ailleurs pas de décider si ce même disciple a eu une part quelconque dans la rédaction du grand Recueil, que nous considérerons provisoirement comme le texte authentique des lettres.

Mais la question sur laquelle je me propose de faire porter tout mon effort est celle de l'authenticité de la *Vie*. Pour la *Vie*, comme pour le *Livre de la Vérité*, il n'y a aucun indice qui permette de soutenir que l'ouvrage ait existé indépendamment de l'*Exemplaire*. Parmi les manuscrits isolés de la Vie, Bihlmeyer en cite deux qui datent du xve siècle, mais qui remontent tous deux à l'*Exemplaire*. La *Vie* ne nous est pas donnée, du reste, comme l'œuvre propre de Suso, mais bien pour une œuvre rédigée par Elsbeth Stagel d'après les entretiens et les lettres du maître, et que celui-ci aurait revue et augmentée par la suite. Cette explication, c'est le Prologue qui nous la donne, et ce Prologue est apocryphe ; elle est, d'ailleurs, reproduite et amplifiée dans la *Vie* elle-même. Mérite-t-elle, dans ces conditions, plus de créance ? C'est ce que nous avons à examiner en détail. La méthode que nous allons employer dans cette recherche est la suivante : nous essayerons d'abord de définir les idées et la psychologie de Suso d'après les œuvres reconnues pour authentiques, en particulier d'après le *Livre de la Sagesse éternelle*, et nous rechercherons ensuite si la *Vie* ne renferme pas bien des traits qui, sous la plume de Suso lui-même, nous apparaissent comme invraisemblables ou qui s'accordent mal avec l'idée que nous devons nous faire du grand mystique, d'après la lecture des écrits authentiques.

P. D.

La comédie en France après Molière

Cours de M. AUGUSTIN GAZIER,

Professeur à l'Université de Paris.

Les comédies de Jean-Jacques Rousseau.

Nous avons vu, dans la dernière leçon, comment Voltaire, « le roi Voltaire » comme on l'appelait, avait essayé de faire des comédies, et combien piteusement il avait échoué dans sa tentative.

Quand on parle du chef des « philosophes », il est un nom qui vient aussitôt à l'esprit : Jean-Jacques Rousseau. Lui aussi a fait des comédies ; lui aussi a parlé de Molière et de la comédie au XVIIIᵉ siècle. Et surtout, en 1758, il s'est élevé avec véhémence contre le théâtre en général et contre la comédie en particulier.

En examinant, dans son œuvre, ce qui a rapport à notre étude particulière, nous pourrons, pour ainsi dire, ouvrir des fenêtres sur le dehors, jeter un coup d'œil sur le monde extérieur, voir dans quel sens va le courant du siècle et nous rendre compte de la situation exacte qu'occupe la comédie vis-à-vis des autres grandes puissances de l'époque, la tragédie et surtout la philosophie.

A première vue, Jean-Jacques semblait n'être pas destiné à la comédie ; son caractère était trop sérieux et trop grave, trop éloigné de la franche gaîté. Vit-on jamais Alceste prendre l'allure comique ? Pourtant, comme Voltaire, il s'est laissé tenter.

Dans ses œuvres complètes, on trouve trois comédies ou fragments de comédies, dont un en vers ; une ébauche informe de tragédie, *Lucrèce* ; enfin, un opéra comique, le *Devin du Village*.

La moins faible de ces pièces est la dernière ; elle eut même, à son heure, quelque célébrité. Les autres sont aussi pauvres par le style que par l'invention.

Les comédies sont :

1° *Narcisse* ou l'*Amant de soi-même*, un acte en prose ;

2° Les *Prisonniers de guerre*. Dans tout le cours de cette pièce,

un Allemand nous fatigue en parlant un français barbare, qui a
des prétentions au comique ;

3° L'*Engagement téméraire*, que Jean-Jacques Rousseau avoue
lui-même n'être qu'un brouillon.

Narcisse fut joué en 1752. Un jeune homme, Valère, est tombé
follement amoureux de sa propre personne; il est cependant
fiancé à une délicieuse jeune fille, Angélique. Sa sœur Lucinde,
qui est très rusée, fait peindre de lui un portrait où l'artiste le représente habillé en femme. Aussitôt que Valère voit le portrait, il
tombe amoureux de la personne qu'il représente. Lucinde lui
montre sa bévue; et l'« amant de soi-même », tout confus, se
résoud à épouser Angélique.

La pièce n'eut aucun succès. Rousseau prétend qu'elle fut
représentée deux fois; elle n'affronta, en réalité, les chandelles
qu'une seule fois. Le sujet était mal choisi pour faire une
comédie; il eût été bon, tout au plus, pour une opérette en un
acte, dans laquelle l'invraisemblance de la fiction eût été relevée
par d'agréables ariettes. Rousseau imprima cependant cette
œuvre; il dit qu'il l'avait écrite à dix-huit ans et la fit précéder
d'une docte préface.

Après cet échec, il ne renouvela point la tentative. D'auteur il
devint juge; il écrivit la *Lettre à d'Alembert sur les spectacles*.

Cette tentative doit cependant nous inspirer quelques réflexions. A cette époque, qui passe pour être celle des philosophes, il semble que la comédie soit restée en dehors des
querelles qui agitaient alors l'élite intellectuelle de la société.
Quels sont donc, durant cette période, les rapports de la comédie
et de la philosophie ?

Les auteurs comiques sont rarement des « philosophes ». Au
cours de cette étude, nous n'avons guère rencontré que Voltaire
et Rousseau. Quelques-uns se tiennent tout à fait à l'écart des
théories encyclopédiques; le plus grand nombre leur est manifestement hostile. Mais la comédie s'est, dès le début, interdit les
attaques personnelles; aussi ne voyons-nous pas qu'elle raille
personne sur la scène : c'est là un fait curieux.

On dit généralement que le xviii⁰ siècle est le siècle de l'*Encyclopédie*; qu'il marche, avec Voltaire, Rousseau, Diderot, Beaumarchais, à l'assaut de l'ancien régime. Ce n'est qu'à moitié
vrai : la comédie reste entièrement étrangère à ces querelles.

On dit aussi que le xviii⁰ siècle est frondeur, voluptueux,
immoral : c'est encore faux pour les auteurs comiques. En
général, ils sont décents, distingués, plus moraux que les
auteurs de l'époque de Louis XIII et de Louis XIV Sauf Nivelle

de la Chaussée (et encore ne faut-il point porter sur son compte
de jugement trop absolu), tous les hommes dont nous avons
étudié les œuvres sont sérieux et dignes. Quelques-uns même,
comme Destouches, Piron et Gresset, finissent dans la piété et
dans la décence.

En réalité, les esprits de la première moitié du xviiie siècle étaient
amis du calme et respectueux de la moralité. Tous les auteurs que
nous avons examinés ont écrit leurs œuvres avant 1750. Or, à
cette date, le *Philosophisme* n'en est encore qu'à ses débuts.
Jusque-là ce ne sont que des escarmouches sans grande portée; la
guerre véritable n'est pas encore commencée.

Quelles sont, en effet, les œuvres principales que les philosophes ont mises à jour? Les *Lettres persanes* (1721) ne sont vraiment pas méchantes; elles sont même si peu subversives que,
lorsque Montesquieu voudra entrer à l'Académie, il en publiera
une « nouvelle édition revue, augmentée et diminuée »; Fleury,
qui les examinera, n'y trouvera rien à redire.

Dans les *Lettres anglaises* (1737), Voltaire attaque vigoureusement la religion, mais ne s'en prend point au gouvernement
de la France. Ses coups ne portent d'ailleurs pas, et ce n'est que
bien longtemps après que Voltaire renouvellera ses attaques.

L'*Esprit des Lois* (1748) est l'œuvre d'un homme hardi, mais
très prudent, qui veut la paix.

Il en est de même des œuvres de Buffon, parues en 1749.

Avant 1750, si nous voulons trouver des théories vraiment subversives, c'est au matérialiste Lamettrie qu'il nous faut songer.
En 1745, ce docteur philosophe publie l'*Histoire naturelle de l'âme*,
ouvrage condamné à la fois par le Parlement de Paris et par les
protestants de Hollande. L'auteur s'enfuit à Berlin, auprès de
Frédéric II; et ce médecin meurt en 1751, victime lui-même des
médecins, tué par huit saignées successives.

Diderot a jugé sévèrement son œuvre. Voltaire, qui, il est vrai,
n'était pas au mieux avec Lamettrie, dit de lui : « C'est un fou,
qui n'écrit que dans l'ivresse. » Il était lecteur de Frédéric II, et
ce fut l'abbé de Prades qui, à sa mort, lui succéda.

Ce fut, en réalité, cet abbé de Prades qui déchaîna l'orage. En
novembre 1751, il présenta à la Sorbonne une thèse, qui, au premier abord, paraissait insignifiante et sans portée. En y regardant
de plus près, on s'apercevait que, d'après lui, les miracles du Christ
et les guérisons d'Esculape étaient de même ordre. La faculté
n'avait point remarqué de telles hérésies; ce fut le public qui
intervint et qui causa le scandale. La faculté, revenant sur son
premier jugement, exigea de l'abbé une rétractation complète.

On s'aperçut alors que l'abbé collaborait à l'*Encyclopédie*. On regarda cet ouvrage de plus près ; les deux premiers volumes avaient paru. On vit combien ils étaient hardis ; on les interdit en France. .

Dès lors les philosophes employèrent tous les moyens pour donner de la vogue à leurs théories : écrits clandestins, romans, contes, dictionnaires, tragédies. Seule, la comédie resta en dehors du mouvement. Personne, encore, ne songeait à faire de la tragédie une tribune philosophique, ni à imiter Aristophane en attaquant sur la scène des personnages connus.

Elle fut bientôt obligée, elle aussi, d'entrer dans la lutte: ce fut un ennemi des philosophes, qui, le premier, introduisit la satire personnelle dans la comédie, Palissot.

Le théâtre de Palissot.

Palissot est né en 1730. Il n'a, à aucun degré, la valeur intellectuelle et littéraire de ses devanciers. Une facilité banale lui valut, à son heure, une célébrité tapageuse. Il appartient par son rôle à l'histoire littéraire ; mais son talent ne lui donne pas droit d'entrée dans notre littérature : il n'a pas produit un seul chef-d'œuvre.

Il commença très jeune à écrire. Sorti de philosophie à onze ans, il prit à Nancy son baccalauréat de théologie à l'âge de quatorze ans. Marié à dix-huit ans, il était, à dix-neuf ans, auteur d'une tragédie parfaitement absurde.

Issu d'une riche famille, il a pour protecteur le duc de Choiseul. Ce qu'il recherche, c'est la célébrité à tout prix. En 1754 (il est alors âgé de 24 ans), il publie une comédie, *Les Tuteurs*. Son ambition n'est point de faire un drame larmoyant comme La Chaussée ni une comédie morale comme Destouches. Il veut, en réalité, rivaliser avec Regnard, « quand il est bon », ajoute-t-il.

Le sujet est étrange : une jeune fille ne peut se marier qu'à la condition que ses trois tuteurs consentiront à son mariage. Ces tuteurs sont des êtres bizarres, incapables de s'accorder, un moment, sur quoi que ce soit. L'un a un goût très vif pour les voyages ; l'autre est nouvelliste endiablé ; le troisième est antiquaire. Le jeune Damis, en flattant leurs goûts, arrive à leur arracher leur consentement et épouse la jeune fille.

Lorsque Palissot reïmprima cette pièce, il la fit précéder d'une préface où il nous montre son ambition, en même temps que sa vanité et sa sottise :

« Cette comédie, dit-il, fut représentée le 5 août 1754 et remise au théâtre dans le mois de novembre de la même année. Elle fut honorée des suffrages les plus distingués. Le public parut y reconnaître le ton de la comédie, abandonné depuis longtemps, quelques traces de la gaîté de Regnard, et son style, quand il est soutenu.

« L'auteur, jusqu'à cette époque, incertain sur le choix du genre auquel il devait se livrer, fut invité généralement à suivre la carrière du comique. L'indulgence fut d'autant plus grande que le public semblait alors plus sensible à la perte d'un genre qui prévaudra toujours dans l'esprit des connaisseurs délicats, si l'on consulte la difficulté d'y réussir, les agréments dont il est suscep- tible et l'utilité dont il peut être pour les mœurs.

« Le nombre presque incroyable de tragédies nouvelles pré- sentées par des auteurs de tout âge semblerait avoir fait pencher la balance vers le genre sérieux, si ces tragédies-là même ne con- tribuaient pas à faire regretter davantage le temps où la Nature et la Gaîté se produisaient encore sur nos théâtres. »

La même année (1754), on donnait à Nancy des fêtes solennelles en l'honneur du roi Stanislas.

Palissot était receveur des tabacs à Avignon ; ce fut de là qu'il envoya un acte en prose intitulé : *Le Cercle*. Hanté des sou- venits classiques de Cotin, de Ménage, de Montfleury, il veut, lui aussi, faire la cour au monarque.

Dans sa pièce, on voit une précieuse, Orphise, entourée d'un cercle d'amis. Ariste présente des originaux ridicules. M. du Volcan, poète , une femme savante ; un philosophe paradoxal ; un financier ; un médecin. Le procédé est enfantin ; mais Pa- lissot, pour donner du sel à sa pièce, a présenté le poète sous les traits de Voltaire. La femme géomètre n'est autre que « la belle Emilie », Mme du Chatelet, qui s'occupait de sciences avec Vol- taire. Le philosophe paradoxal est manifestement Jean-Jacques Rousseau, auteur du discours de Dijon sur les dangers de la civi- lisation, discours que Stanislas lui-même avait réfuté. C'est, tout le long de la pièce, de la caricature sans finesse et sans esprit.

Je prends, par exemple, la scène VIII, sur Jean-Jacques Rousseau :

LE PHILOSOPHE.

Vous voyez, Madame, un homme désespéré. La situation où je

me trouve exige les remèdes les plus prompts, et je crains de ne pouvoir en sortir sans un secours surnaturel.

ORPHISE.

Eh ! de quoi vous plaignez-vous, Monsieur ?

LE PHILOSOPHE.

D'être devenu philosophe, Madame.

ORPHISE.

Comment, d'être devenu philosophe ! Mais, en effet, c'est la maladie épidémique ; jamais on ne vit tant de philosophes.

ARISTE.

Vous me surprenez, Monsieur. Quoi ! Vous avez du regret d'étre philosophe ?

LE PHILOSOPHE.

Oui, et mon malheur veut que je ne puisse plus m'en dédire.

ORPHISE.

Je n'y conçois rien. Mais ne vous tromperiez vous pas, Monsieur ? Etes-vous bien sûr d'être philosophe ?

LE PHILOSOPHE.

Ah ! si je le suis ! S'il ne faut que faire mes preuves, Madame, il me sera facile de vous persuader. Premièrement, j'ai donné quelques ouvrages au public ; et, tandis qu'on voit tant d'auteurs qui rougissent de leur nom, parce qu'ils ne le trouvent pas assez noble, j'ai eu le courage d'afficher le mien, et d'apprendre à qui l'a voulu que je m'appelle Blaise-Gille-Antoine, le Cosmopolite.

ORPHISE.

Blaise-Gille-Antoine ! Il faut, en effet, de la philosophie pour porter un nom comme celui-là.

ARISTE.

Passons à la seconde preuve.

LE PHILOSOPHE.

J'ai fait des préfaces, où j'ai dit tout naturellement au public
.que je me moquais de lui.

ARISTE.

Et, sans doute, il vous l'a bien rendu ?

LE PHILOSOPHE.

Il m'a sifflé ; mais j'ai dit que j'en étais bien aise.

ORPHISE.

Voilà une modération tout à fait philosophique.

LE PHILOSOPHE.

Ah ! Madame ! Vous n'êtes pas encore au bout ! J'ai publié que
tout ce que les hommes avaient estimé jusqu'à présent n'avait
servi qu'à les rendre fripons ; et que, tout calcul fait, il valait
mieux parier pour la probité d'un sot que pour celle d'un homme
d'esprit.

ARISTE.

Vous seriez la preuve du contraire. Mais pourquoi, Monsieur
Blaise-Gille-Antoine, avez-vous débité toutes ces gentillesses-là ?

LE PHILOSOPHE.

Parce que je voulais être philosophe.

ARISTE.

Et vous n'avez pas trouvé d'autre moyen ?

LE PHILOSOPHE.

J'aurais tort de m'en plaindre. On ne me connaissait pas. Depuis ce temps-là, chacun me montre du doigt ; et je doute fort que Diogène ait fait plus de bruit chez les Athéniens.

ARISTE.

Mais ne pouviez-vous pas travailler plus utilement à découvrir des vérités neuves qu'à soutenir ainsi des paradoxes bizarres ?

LE PHILOSOPHE.

Eh ! qu'importe ? Si, par là, je me suis fait une réputation ! Pensez-vous, lorsque j'ai débuté dans le monde, que je n'aie pas ri moi-même de me trouver des partisans ? Mais, enfin, c'est tout ce que je désirais. Et pourquoi préférer une route difficile à des chemins plus aisés ? Le philosophe, ainsi que la nature, doit toujours aller à l'épargne de la peine.

ARISTE.

J'entends.

ORPHISE.

Quel motif avez-vous donc d'être affligé ? Vous vouliez être philosophe, où le paraître ; on vous a pris au mot. Il me semble que vous devriez être content.

LE PHILOSOPHE.

Ah ! voici ce qui m'afflige, Madame. J'ai débité toutes ces belles choses sans les croire, dans l'idée qu'un philosophe devait penser, parler, écrire, et même s'habiller autrement que le vulgaire. J'ai refusé jusqu'à de l'argent, pour ne ressembler à personne. A la faveur de mes opinions singulières, je prétendais à la considération ; j'ai réussi d'abord au delà de mes espérances ; tout concourait à ma célébrité ; mais l'estime se perd par l'habitude. J'aurais dû paraître moins encore que je ne l'ai fait, et ne pas familiariser le public avec mes manières. La facilité avec laquelle je me suis fait des partisans m'a séduit ; et il y a bien autant de monde qui me prend aujourd'hui pour un fou qu'il y en avait autrefois qui me prenait pour un sage.

ORPHISE.

Ah ! Monsieur le philosophe ! Vous prétendiez à la considération ?

LE PHILOSOPHE.

Pour l'honneur de la philosophie, Madame.

ORPHISE.

Eh ! bien, Monsieur Blaise-Gille-Antoine le Cosmopolite, il faut que la vraie philosophie vous console et que vous reveniez tout naturellement à vous réconcilier avec le sens commun.

LE PHILOSOPHE.

Eh ! quel avantage trouverai-je à penser comme. tout le monde ?

ARISTE.

D'inspirer peut-être moins de curiosité, mais d'éviter le ridicule.

LE PHILOSOPHE.

Non, Monsieur, non. Je ne compromettrai pas ainsi l'honneur de la philosophie. Et, puisque vous n'avez rien de mieux à me conseiller, je vais m'égayer dans quelque brochure nouvelle, aux dépens de la nation, de la noblesse et de l'Académie royale de musique. (*Il sort en chantant*) :

> Quand on sait aimer et plaire,
> A-t-on besoin d'autres biens ?

Les philosophes eurent le tort de répondre à ces attaques impertinentes. La lutte s'engagea rapidement, et Palissot, pour frapper plus fort, publia d'abord les *Petites lettres sur de grands philosophes* et, en 1760, *Les Philosophes*.

La pièce fut jouée à Paris, au Théâtre-Français ; elle est en trois actes et en vers, et plus célèbre que connue.

Cydalise est une femme philosophe. Rosalie, sa fille, est sur le point d'épouser le jeune Damis. Mais la mère rompt le mariage pour donner sa fille à Valère, philosophe comme elle. Celui-ci est entouré de deux autres philosophes, Théophraste et Dortidius, et

d'un valet intrigant, Frontin. Damis et Rosalie sont soutenus par
Marthon, servante, et par Crispin, valet. Ces derniers arrivent à
intercepter une lettre de Valère, dans laquelle Cydalise est fort
maltraitée. On montre la pièce à conviction à la mère, qui donne
sa fille au brave Damis.

Palissot n'a donc pas fait de frais d'imagination. Il emprunte
de tous côtés : aux *Femmes savantes*, la rupture du mariage projeté ; au *Misanthrope* et à *Tartuffe*, presque toutes les scènes de la
comédie. C'est du Molière, moins la profondeur de l'observation
psychologique et la magie du style.

Palissot se croyait, d'ailleurs, de beaucoup supérieur à Molière.
Nous avons vu que, dans la préface des *Tuteurs*, il s'estimait
préférable à Regnard. Dans l'*Examen* qu'il fit mettre à la suite
des *Philosophes*, il n'hésite pas à se placer au-dessus de Molière
et à comparer sa pièce à celles de notre grand comique. Le
morceau est intéressant et montre la parfaite sottise du personnage

« Je ne justifierai point la scène de la dispute des philosophes de
quelque ressemblance avec celle de Trissotin et de Vadius. Je dirai
seulement que, dans la pièce nouvelle, cette scène me paraît
plus adroite, plus serrée ; que Trissotin est obligé de se déclarer
brusquement l'auteur du sonnet, au lieu qu'une mauvaise honte
empêche Dortidius de s'avouer le père du *Discours sur le devoir
des Rois*, et que Valère le devine au ton sérieux avec lequel il
prend la défense de cet ouvrage.

J'ajouterai qu'enfin M. Palissot, sentant la ressemblance s'approcher, l'a évitée, en terminant la dispute par ce vers si heureux, qu'il met dans la bouche de Théophraste :

> Messieurs, n'imitons pas les pédants de Molière.

« Dans les *Philosophes*, l'arrivée de Cydalise rend la scène plus
théâtrale. Cette entrée met les caractères des personnages dans
tout leur jour. On voit quel art ces séducteurs emploient pour
subjuguer Cydalise, qui, de son côté, montre le fonds inépuisable
de sa crédulité.

« La querelle de Trissotin et de Vadius se passe en présence de
Philaminte ; chose peu décente, surtout selon les mœurs du temps
de Molière, qui ne permettaient pas une scène d'injures dans
l'appartement d'une femme honnête.

« Philaminte et les autres acteurs palissent pendant cette
scène, à laquelle ils ne prennent aucune part, et que l'on se met
un peu tard en devoir d'apaiser. D'ailleurs, cette scène est entiè-

rement épisodique ; elle ne tient à rien, non plus que le ressentiment et la lettre anonyme de Vadius.

« La dispute des philosophes est bien autrement liée au sujet ; elle est d'un plus grand intérêt. »

Voltaire suivit l'exemple que lui donnait Palissot : nous avons vu comment, dans l'*Ecossaise,* il s'était cruellement moqué de Fréron.

Nous assistons donc, avec Palissot, à une évolution nouvelle de la comédie. Jusqu'ici, elle ne s'était pas mêlée aux discussions qui passionnaient l'opinion publique. Elle dira bientôt son mot sur toutes les questions ; elle deviendra, comme les autres genres littéraires, une tribune.

Mais, à la même époque, avec Diderot et Mercier, la comédie tournait au drame et s'acheminait vers le mélodrame ; avec le théâtre de la Foire et le Théâtre-Italien, elle se changeait en opéra comique.

Nous commencerons l'étude de cette dernière évolution dans notre prochaine leçon.

J. F.

Bibliographie

Pages de critique et d'histoire littéraire (XIXᵉ siècle), par M. G. MICHAUT, *professeur à l'Université de Paris,* Paris, Fontemoing, 1910 ; 1 vol. br., 3 fr. 50.

Dans cet intéressant ouvrage, M. Michaut a réuni des études de dates différentes et de sujets divers. Mais toutes ont trait à des écrivains ou à des écoles ou à des doctrines du xixᵉ siècle. Et, dans toutes, la même méthode, aussi exacte, aussi soucieuse que possible des textes et des faits, a été appliquée. On trouvera dans ce volume des pages très originales et très suggestives sur Senancour, sur Sainte-Beuve, sur la doctrine de l'art pour l'art, etc., etc. *(page 624).*

Une ambassade suisse à Paris en 1663, par TONY BOREL, avec une préface de M. C. LARDY, *ministre de Suisse en France.* Illustrations hors texte. Paris, Fontemoing, 1910.

En publiant une narration complète de l'ambassade des Suisses à Paris, en 1663, pour ratifier l'alliance de Louis XIV avec les can-

tons helvétiques, l'auteur de cet ouvrage s'est proposé de donner
en même temps un aperçu des relations qui existaient, à cette
époque, entre la France et la Suisse, et une esquisse des coutumes
de la France à une date précise de son histoire.

Cette ambassade peut aussi être envisagée à un point de vue
plus général. L'alliance qu'elle consacra, dont le but essentiel
était d'assurer la prépondérance militaire de la France en Europe,
marque l'origine de l'impérialisme moderne, dont les principes
influent encore de nos jours, parfois sans qu'on s'en rende
compte, sur les gouvernements des grandes Républiques aussi bien
que sur ceux des grandes monarchies. Entre la seconde moitié du
xvi⁰ siècle et le début du xx⁰ siècle, on trouve de singulières analogies dans les tendances politiques, dans l'importance attribuée aux
questions économiques et jusque dans certains détails de mœurs.

Cet ouvrage, très documenté et très intéressant, suppose de la
part de l'auteur une scrupuleuse recherche et une grande érudition ; et nous espérons que le succès du livre viendra récompenser,
comme il le mérite, ce remarquable travail de M. Tony Morel.

N. F.

Le Gérant : FRANCK GAUTHON.

POITIERS. — SOCIÉTÉ FRANÇAISE D'IMPRIMERIE.

DIX-HUITIÈME ANNÉE (2ᵉ Série)   N° 31   16 JUIN 1910

REVUE HEBDOMADAIRE

DES

COURS ET CONFÉRENCES

DIRECTEUR : N. FILOZ

La « République » de Platon

Cours de M. ALFRED CROISET,

Doyen de la Faculté des Lettres de l'Université de Paris.

Les quatre principales formes de gouvernement : Timo-cratie. — Oligarchie. — Démocratie. — Tyrannie.

Avec le VIIIᵉ livre, nous abandonnons la cité idéale et le gouvernement des philosophes pour arriver à l'étude de ce que Platon appelle les constitutions ou gouvernements corrompus. A la fin du quatrième livre, on se le rappelle, Socrate avait paru vouloir entreprendre cette étude ; mais, à peine avait-il commencé à parler du premier de ces gouvernements corrompus, qu'une objection de Glaucon introduisait sous forme d'épisode la discussion si importante relative à la communauté des femmes et des enfants et au gouvernement des philosophes. Cette question nouvelle remplit les livres suivants, le cinquième, le sixième et le septième ; mais, au début du huitième, Socrate se rappelle la question précédemment posée ; il croit que c'est le moment d'y revenir : « Puisque nous avons maintenant tout dit, rappelons-nous l'endroit où nous en étions, lorsque nous sommes entrés dans cette discussion, afin de reprendre la même voie. »

Dans ce même second livre, Platon se demande dans quelle mesure la justice s'accorde avec le bonheur ; pour reconnaître si l'homme juste est ou non heureux, est-il nécessaire d'exa-

miner les conditions extérieures, ou allant plus loin, doit-on dire
que le juste est toujours heureux, et que, même torturé ou mis
en croix, il est plus heureux encore que l'injuste qui triomphe.
Ce problème fondamental sera de nouveau exposé aussitôt
après l'étude des gouvernements corrompus, comme une suite
nécessaire, une conclusion naturelle de cette étude. Ce n'est pas
tout encore : en même temps que ces gouvernements, Platon
étudie les types d'âmes qui répondent à leurs différentes formes.
Nous avons déjà dit un mot de ces rapports entre le caractère de
l'âme chez l'individu et les diverses espèces de gouvernement, où
se rencontre le même conflit des passions : il y a une âme
oligarchique, une âme tyrannique, comme il y a des gouvernements auxquels on donne ces noms. Après toutes ces études mé-
thodiques et successives, Platon arrive à la question du bonheur
ou du malheur de l'homme juste. On ne saurait trop faire remarquer avec quel soin il note au passage les différentes articu-
lations, pour ainsi dire, de la composition si savante de ce dialogue ; quand il aborde une question qui a l'air de l'éloigner de
son sujet principal, il a soin de marquer avec une extrême délicatesse, comme le ferait le meilleur romancier ou l'homme de
théâtre le plus avisé, pourquoi il abandonne ce propos essentiel
et comment il y reviendra.

Entrons maintenant dans l'étude de ces diverses formes de
gouvernement ; elles sont au nombre de quatre. La première,
Platon l'appelle, d'un nom qu'il invente, la *timocratie* ; c'est, dans
sa pensée, le gouvernement dans lequel le principal mobile de
ceux qui gouvernent est la recherche des honneurs, c'est le gouvernement de l'ambition. Le mot *timocratie* est resté dans la
langue grecque après Platon, mais avec un sens peu différent de
celui qu'il lui prêtait. Ainsi Aristote désigne par là le gouvernement dans lequel domine la richesse ; ce qu'Aristote appelle timocratie, Platon l'appelle *oligarchie*, et c'est sa deuxième forme de
gouvernement, celle où le pouvoir appartient aux riches ; la troisième forme sera la *démocratie*, et enfin, en tout dernier lieu,
la *tyrannie*. A propos de chacune de ces formes, Platon examine
ensuite le type d'âme qui y correspond chez l'individu et, pour
chacun de ces développements, il observe un ordre régulier :
comment naissent les gouvernements, leurs qualités, leurs défauts, comment se produisent leurs formes dégénérées ; de même
pour les divers types d'âme, il montre comment ils naissent, se
transforment, leurs qualités, leurs défauts. Dans toute cette discussion, Platon suit une marche logique, avec la plus lumineuse
clarté. Mais quelques remarques préliminaires paraissent indis-

pensables, pour mieux saisir l'intérêt des observations qu'il nous présente.

On peut se demander, d'abord, d'où vient l'ordre même que Platon adopte dans l'étude de ces différents gouvernements et quel est le principe auquel il obéit pour suivre cet ordre plutôt qu'un autre : timocratie d'abord, puis oligarchie, démocratie, enfin tyrannie.

Notons, au passage, que Platon fait lui-même remarquer qu'il y a bien d'autres formes de gouvernement, mais qu'elles sont intermédiaires et participent plus ou moins de ces quatre-là ; il suffira donc de s'attacher à ces types essentiels, en tenant compte par la suite des modifications ou formes intermédiaires. Mais pourquoi donc nous les présente-t-il dans cet ordre ? A première vue, il semble que ce soit là l'ordre historique. Le principe adopté par Platon n'est-il pas, en effet, de montrer comment chacune de ces formes s'altère et donne naissance à une autre forme de gouvernement. La timocratie, en se corrompant, a produit l'oligarchie, qui elle-même produit la démocratie, et celle-ci enfin la tyrannie. Il y a genèse, succession : d'où il semble que l'ordre suivi est donc l'ordre historique. En fait, lorsqu'on considère l'histoire grecque, on voit que bon nombre de cités suivirent une marche à peu près analogue à celle qu'indique Platon : le plus souvent l'oligarchie mena à la démocratie et celle-ci à la tyrannie. On ne trouverait sans doute pas la même netteté que dans l'exposé du philosophe, mais une analogie suffisante ; et l'on en vient à dire que cet ordre philosophique, génétique, est aussi un ordre historique. Nous retrouvons d'ailleurs chez l'historien Polybe à peu près la même succession de gouvernements ; il simplifie un peu, il est vrai, et corrige en rétablissant à l'origine la royauté dont il n'est même pas question chez Platon ; après elle vient l'aristocratie ou oligarchie, qui correspond bien à la fois à la timocratie de Platon et à son oligarchie, enfin la démocratie, puis la tyrannie. C'est donc, dans ses grandes lignes et avec quelques adjonctions ou corrections, l'ordre platonicien que Polybe adopte à son tour. Mais, quand on lit Platon, il y a deux faits graves qui ne peuvent manquer de frapper. C'est d'abord l'omission vraiment étrange de la royauté, royauté primitive ou homérique, dont les poèmes d'Hésiode et d'Homère auraient suffi à justifier l'universelle tradition. Platon n'en dit pas un mot. Voici un autre fait non moins surprenant. A l'origine, Platon place sa cité idéale. Ainsi, dans sa pensée, le monde aurait commencé par cette cité de rêve, cette cité dont il nous a dit lui-même qu'elle était plus qu'humaine, si difficile à organiser qu'il était presque impossible de la pouvoir réaliser ! Or, ici, sans autres explications, il suppose ce gouvernement d'abord parfait ; puis, de l'altération de ce gouvernement, à une date quelconque, serait né le premier des gouvernements altérés et le moins altéré de tous, la timocratie. C'est là une chose bien extraordinaire et qui nous prouve, une fois de plus, à quel point Platon est indifférent à l'histoire, à quel point ses conceptions philosophiques se meuvent en dehors de la réalité. Si l'on se rappelle avec quelle sérénité il prête à Socrate des propos qui ont trait à des événements postérieurs de vingt ou trente ans à sa mort, et le fait dialoguer avec des personnages qu'il ne dut ou ne put jamais connaître, on se rend compte, une fois de plus, que Platon reste complètement indifférent à la réalité historique. Ce qui l'intéresse avant tout, c'est la succession des idées mêmes, la dialectique supérieure, en vertu de laquelle, seule, les successions des choses offrent un intérêt ; la réalité contingente, telle que la présente l'histoire, lui est totalement indifférente. Dans cette conception, en outre, il y a quelque chose de mystique et de poétique ; cette cité idéale que Platon voit au début de l'humanité est sortie de la main même des dieux, et, d'autre part, il est trop pénétré des poètes, trop poète lui-même, pour ne pas se rappeler la vieille tradition hésiodique des âges différents : âge d'or, âge d'argent, âge de bronze, âge de fer. Le souvenir d'Hésiode est partout dans ce huitième livre ; il est nommé au début même du livre. On voit que, sur toutes ces choses, Platon raisonne aussi peu que possible en historien, mais avec une préoccupation mystique et mythique aussi bien que géométrique, et cela l'éloigne d'une façon étonnante, parfaitement explicable pourtant, de ce que nous présente la réalité de l'histoire.

On ne doit pas, cependant, oublier que même les plus mystiques des écrivains empruntent à la réalité la plupart des éléments de leurs constructions, et nous serons tout à l'heure amenés à nous demander où Platon a pris ces images qu'il nous présente des différentes formes de gouvernements. Mais quelles sont, tout d'abord, les causes qui provoquent cette série de changements dans les gouvernements, cette décadence constante ? Elles sont curieuses à constater : c'est, en premier lieu, l'éducation, ou pour mieux dire le défaut d'éducation, surtout en ce qui regarde les femmes : on les laisse de côté. Aussi la mère, bien souvent, contrebalance-t-elle l'influence philosophique du père. Les serviteurs ont encore une influence néfaste, et ils travaillent avec les femmes à altérer cette éducation des enfants, que Platon rêve si parfaite dans laquelle il voit la sauvegarde de la perfection même des

Etats. Cela nous explique pourquoi Platon consacre de longs développements à cette question de l'éducation, et pourquoi il la veut traiter si rigoureusement et si sévèrement; c'est pour lui une question capitale. On comprend aussi par là qu'il attache tant d'importance à cette idée qu'il faut que les femmes non moins que les hommes reçoivent une éducation intégrale et philosophique. Voilà pour Platon les deux principales causes de la décadence des Etats; elles ne sont pas sans importance, sans doute ; mais Platon, qui ne voit qu'elles, laisse entièrement de côté d'autres causes, auxquelles les modernes sont disposés à attribuer une importance plus grande encore, les causes économiques. Pourquoi ces gouvernements évoluent-ils? Les historiens modernes sont unanimes à indiquer, au premier chef, les causes économiques. Or ce sont les causes morales que Platon se contente uniquement d'envisager. Il ne faudrait pourtant pas croire que ces considérations économiques restèrent étrangères à la pensée ancienne; nous y trouvons sans cesse des allusions chez Aristote. Ces idées, que nous croyons modernes, ne le sont pas entièrement ; il n'est que plus intéressant de voir à quel point elles sont absentes de la pensée de Platon ; il ne s'occupe de la richesse qu'au point de vue moral ; c'est toujours en moraliste et non en politique ou en économiste qu'il traite ce genre de question. Ce nous est une preuve de plus de cette disposition fondamentale de l'esprit platonicien, esprit mystique, géométrique et idéaliste avant tout.

Il y a une autre observation à faire, touchant les jugements que Platon porte sur ces différentes formes de gouvernement, jugements relatifs et jugements absolus sur chacun d'eux, l'ordre de valeur qu'il attribue à chacune de ces différentes formes, leur hiérarchie. Il y a, pour lui, un gouvernement qui est au-dessous de tous les autres : la tyrannie ; c'est à ses yeux quelque chose de monstrueux et qui doit être rejeté, et de même ce qu'il appelle l'âme tyrannique. Ce jugement de Platon est absolu, et nous y reviendrons plus tard. Un autre fait frappant, c'est que, des trois autres formes de gouvernement altéré, Platon met au dernier rang la démocratie, et que les deux autres formes, timocratie et oligarchie, bien que médiocres, lui paraissent cependant supérieures à celle-ci. D'où vient cela ? C'est que la démocratie est la forme de gouvernement la plus contraire à l'idée platonicienne, car c'est le gouvernement de la liberté ; or la liberté, l'absence de discipline, l'absence de ce gouvernement de la raison que Platon a par-dessus tout vanté, c'est, aux yeux du philosophe, quelque chose de déplorable. Mais il y a une autre

raison qui devait le déterminer à juger ainsi la démocratie :
elle est le gouvernement sous lequel il vit, celui d'Athènes, le
gouvernement avec lequel il est en contact tous les jours, dont il
souffre par conséquent. Or Platon, ne l'oublions pas, aurait été
de l'opposition sous tous les gouvernements réels ; le seul qui soit
bon à ses yeux, c'est celui qui n'existe pas. D'ailleurs, il ne faudrait
pas croire que, parce qu'il condamne la démocratie, il s'abs-
tienne de condamner les autres gouvernements : il dit, · à
propos de la timocratie, le meilleur des trois, qu'il est rempli
de toute espèce de maux. Mais Platon est un Athénien ; il vit
dans un gouvernement démocratique et, rencontrant tous les
jours cette démocratie, il est choqué de tout ce laisser-aller qui
heurte tant ses conceptions philosophiques. S'il a très mal,
c'est-à-dire très sévèrement parlé, de la démocratie, il ne faut
pas se faire illusion et croire qu'il haïsse ce gouvernement
beaucoup plus qu'un autre ; s'il en parle davantage, c'est qu'il
est le gouvernement actuel, celui qui existe au moment où il
écrit (Cf. Ménippos dans les *Lois*). Au reste, dans le jugement
sévère que Platon prononce sur Athènes, il y a, en même temps
que beaucoup d'irritation, beaucoup de tendresse, à la fois
une grande sévérité apparente et mille détails qui montrent
que, malgré tout, Platon a subi l'attrait de cette société athénienne si aimable ; et une foule de choses lui plaisent, que
sa raison seule l'oblige à détester. La situation est la même
lorsque Platon doit se prononcer sur Homère, et rien ne ressemble tant à ce jugement sur Athènes que son jugement sur
le vieux poète ; c'est bien malgré lui qu'il le chasse de sa République ; ses sévérités n'empêchent qu'il l'aime au fond, et que sa
joie serait grande, s'il pouvait rendre la poésie homérique digne
de sa cité idéale. De même, s'il montre de l'irritation, de l'agace-
ment à l'égard de la démocratie athénienne, il ne peut dissimuler
qu'il en a subi l'attrait, et il trouve parfois des expressions déli-
cieuses qui trahissent sa tendresse involontaire. Au milieu donc
des critiques les plus acharnées, des blâmes les plus vifs, cette
tendresse apparaît, qui montre que Platon est resté beaucoup
plus Athénien qu'il ne voudrait l'être ; lorsqu'il rencontre dans
la rue ou sur l'agora ces hommes polis et aimables, il oublie
qu'il est le constructeur de la cité idéale, cité de rêve, il est vrai,
mais qui vivait dans son imagination comme une réalité.

Disons encore un mot des sources où il a puisé les faits qu'il
avance et les exemples dont il a pu tirer cette image des différentes formes de gouvernement. Pour ce qui est de la démocratie,
c'est Athènes qui lui a servi, il n'y a pas de doute possible, et

nous trouvons là un tableau charmant et tout à fait amusant de
l'Athènes de son temps. Mais pour les autres gouvernements ?
Où a-t-il pris, par exemple, l'idée de la timocratie ? Il le dit
lui-même au début du huitième livre, lorsque, ne trouvant pas
de mot qui réponde à la première forme de gouvernement, il
propose le mot *timocratie* et déclare que ce gouvernement n'est
autre que celui de la Crète et de Lacédémone. Quant à la tyrannie,
dont nous parlerons plus tard, nous pouvons, dès maintenant,
nous demander où Platon trouva les traits dont il en a formé
l'image, avec une haine si manifeste. Ces traits, il les emprunte
à la réalité, car la Grèce traversait alors une période agitée
de son histoire ; à cette époque, les gouvernements foncièrement tyranniques ne sont pas rares (Cf. Pisistrate, Polycrate
de Samos et d'autres) et certains détails précis nous indiquent où Platon emprunta les principaux traits de son tableau.
Mais il y a encore autre chose qui explique cette haine extrême de
la tyrannie, c'est le souvenir beaucoup plus récent d'une période
de gouvernement abominable qui pesa sur Athènes après la
guerre de Péloponnèse, ce gouvernement des Trente tyrans dont
Platon dut d'autant plus souffrir qu'il avait compté parmi eux un
certain nombre d'amis, avec qui il avait été auparavant en relations intimes. Son honnêteté se révolta, notamment lorsqu'il
vit son ancien ami Critias se montrer de tous le plus sanguinaire. Au reste, chez tous les Grecs, chez Xénophon comme chez
Isocrate ou tel autre orateur ou écrivain, nous trouverons toujours ce sentiment de répulsion particulière et cette déception
aussi qui résultèrent pour eux du gouvernement de ceux qui
se conduisirent, pendant plusieurs mois, comme des brigands.
Platon emprunte donc a l'histoire le fond de ce tableau de la
tyrannie ; mais le ressentiment avec lequel il en parle vient des
blessures personnelles qu'il reçut, en voyant ceux qu'il aurait
considérés comme des amis politiques se conduire comme ils le
firent durant cette terrible période.

Entrons maintenant dans le détail et commençons par le premier
gouvernement ou timocratie. Tout d'abord se pose une question
qui doit sembler un peu embarrassante pour Platon. Dans
son hypothèse, la cité primitive est la cité parfaite, la cité platonicienne elle-même. Comment se fait-il alors qu'elle se soit
corrompue ; car, du moment qu'elle a une fois existé, et nous
savons avec quel soin Platon recommandait aux magistrats de
veiller à sa conservation, de prendre garde aux moindres détails,
puisque la plus insignifiante altération pouvait provoquer la
ruine de tout, comment alors cette cité parfaite s'est-elle altérée

pour aboutir à la timocratie ? Platon a recours à une explication étrange et péu claire en vérité, explication mystique et
géométrique, fondée sur ce que l'on a appelé, d'un mot fameux,
le « nombre » de Platon et qui a paru à la plupart de ceux qui
s'en sont occupés d'une profondeur presque inintelligible. Il y
a selon Platon une loi générale, et, suivant cette loi générale,
universelle, les choses changent, qu'il s'agisse soit des individus
dont la vie est courte, soit des cités dont l'existence est plus
longue ; il y a des périodes de chàngement qui sont réglées par
les dieux :

« Il est difficile, dit Socrate, qu'un État ainsi constitué s'altère ;
« mais, comme tout ce qui naît est sujet à la corruption, ce
« système de gouvernement ne durera pas toujours ; mais il se
« dissoudra, et voici comment. Il y a non seulement pour les
« plantes qui naissent dans le sein de la terre, mais encore pour
« les animaux qui vivent sur sa surface, des retours de fécondité
« et de stérilité qui influent sur l'âme et le corps ; et ces retours
« ont lieu quand l'ordre des temps ramène sur elle-même pour
« chaque espèce sa révolution circulaire qui s'achève dans cet
« espace ou plus court ou plus long, suivant que la vie de ces
« espèces est plus courte ou plus longue. Malgré leur habileté,
« ceux que vous avez élevés pour être les chefs de l'État pourront
« fort bien dans leur calcul et dans leurs observations à l'aide
« des sens ne pas saisir d'une manière parfaitement juste
« l'instant favorable ou contraire à la propagation de votre
« espèce ; cet instant leur échappera, et ils donneront des
« enfants à l'Etat lorsqu'il n'en faudra pas donner. Or les géné-
« rations divines ont une période que comprend un *nombre*
« parfait ; mais, pour la race humaine, il y a un *nombre* géomé-
« trique dont le pouvoir préside aux bonnes et aux mauvaises
« générations. Ignorant les vertus mystérieuses de ce nombre,
« les magistrats uniront les jeunes époux à contre-temps, etc. »

Il y a donc un chiffre mystérieux, qui explique cette période de
changement. Platon indique même des nombres : 2, 3, 5, 7, qui
sont des nombres sacrés, qu'il faut multiplier les uns par les
autres, élever au carré... et au cube, toute une série d'opérations
enfin. Tout cela est très obscur, à tel point qu'on a cru longtemps que le texte de ce passage était altéré. Il n'y a rien à tirer,
semble-t-il, pour nous, de cette arithmétique métaphysique ; mais
remarquons qu'Aristote, tout en considérant le nombre platonicien comme une rêverie, n'élève cependant aucun doute sur le
fond même de la question et ne fait aucune réserve sur la difficulté
même de comprendre les chiffres de Platon ; il est donc évident

que, pour des Grecs, ce qui nous semble maintenant obscur ne
l'était point. De nos jours, enfin, il y a une trentaine d'années, des
mathématiciens ont voulu refaire les calculs de Platon, et l'on vit
qu'il s'agissait là non d'une énigme, mais d'un chiffre, lequel
représentait pour Platon un certain ensemble de vertus mystiques
résultant de ce que ce nombre extraordinaire se trouvait formé
par certaines opérations sur les nombres sacrés les plus purs
qui aient été imaginés par les Pythagoriciens. On arriverait alors
à un nombre correspondant à la période de durée stable et parfaite de la cité conçue suivant l'idéal platonicien. Au bout de cette
période, la cité peut dégénérer et, dit Platon, elle dégénère lorsque
les magistrats oublieux — nous ne savons pas comment — de
l'importance du nombre qui doit présider à l'existence même de
l'Etat, unissent à contre-temps les époux : de ces mariages naissent des enfants qui ne seront favorisés ni de la fortune ni de la
nature ; ils ne seront plus dignes de leurs pères ; ils négligeront à
l'égard de leurs enfants les prescriptions essentielles au maintien
de la cité ; ils négligeront notamment la musique, qui deviendra
plus sensuelle ; la gymnastique elle aussi ne restera plus dans cette
mesure d'harmonie nécessaire pour que le corps ne l'emporte pas
sur l'âme et pour qu'elle ne devienne pas une école de violence.
Tout cela donc se trouve altéré par suite de l'influence néfaste du
nombre mystérieux. Quelle est l'importance, pour le dire en passant, que Platon lui-même attachait à ce genre d'explication ?
Il est difficile de le dire ; car, là même où il est le plus mystique,
il y a tant d'ironie encore et de points d'interrogation, qu'il est
toujours assez malaisé, avec l'imagination platonicienne, de se
rendre un compte exact de la foi que Platon lui-même y attachait.
Prendre ces explications à la lettre, peut-être serait-ce le fait d'un
Béotien. Or qui saurait moins ressembler à un Béotien que
l'auteur de la *République* l   .

Nous verrons bientôt comment s'est produit le premier changement et comment la démocratie succéda à la cité parfaite primitive.

                                        M. D. C.

La France et la papauté
de 1814 à 1870

Cours de M. A. DEBIDOUR,

Professeur à l'Université de Paris.

Le Second Empire et l'Eglise de 1852 à 1859.
Réouverture de la question italienne.

L'union de Napoléon III et de l'Eglise n'était pas un mariage d'inclination ; cependant elle eut sa lune de miel. Pendant deux ans, l'accord fut presque parfait : le pape et les évêques chantaient à l'envi les louanges du nouveau souverain : c'est que l'ancien carbonaro se montrait envers le Saint-Siège au moins aussi complaisant que Charles X et, à plus forte raison, que Napoléon Ier. Rarement souverain de l'ancien régime avait témoigné à l'Eglise autant de libéralité, de mansuétude et de respect, et l'on établissait invinciblement un parallèle entre lui et son oncle : Napoléon Ier avait détrôné le pape, l'avait mis en prison. Napoléon III le ramenait d'exil, le remettait sur son trône, lui donnait une garnison pour le préserver d'une nouvelle révolution. Napoléon Ier avait inventé pour l'Eglise la camisole de force des articles organiques : Napoléon III en desserrait les liens, fermait les yeux sur les infractions : les évêques allaient librement à Rome, recevaient directement des bulles pontificales sans les soumettre au pouvoir civil ; ils tenaient librement des synodes, des conciles provinciaux, alors que la liberté de réunion, pour le reste des Français, n'était plus qu'un souvenir; leurs traitements étaient accrus ; on voyait des cardinaux prendre place au Sénat. Le budget des cultes, qui sous la 2e République avait été de 42 millions, passait en 1852 à 44, puis en 1858 à 46 millions. Les fonctionnaires recevaient l'ordre de témoigner hommage et respect aux dignitaires ecclésiastiques ; ils devaient rehausser de leur présence officielle les cérémonies religieuses ; préfets, sous-préfets, généraux, procureurs, premiers présidents devaient accompagner les processions. Celles-ci en reprenaient un éclat et un luxe qu'elles n'avaient pas eu depuis les beaux jours de la Restauration. Les missions à l'intérieur, suspendues depuis 1870, repre-

naient, dans les villes et les campagnes : on revoyait les carmes,
les capucins, les dominicains prêcher sous l'œil bienveillant de
la police impériale. Le clergé régulier, en effet, n'était pas moins
favorisé que l'autre : de 1852 à 1860, Napoléon III autorisa 982
communautés religieuses de femmes, c'est-à-dire beaucoup plus
que les Bourbons de 1814 à 1830. Les associations reconnues par
la loi avaient le droit de recevoir des dons et de faire des acquisitions, et ne s'en faisaient pas faute : de 1852 à 1860, elles s'enri-
chirent de 9 millions de dons et de 25 millions de prétendues
acquisitions, qui n'étaient autres que des donations déguisées.
En 1860, elles possédaient pour 100 millions d'immeubles, dont
14.000 hectares de terres ; et, sur ces derniers, 7.000 avaient été
acquis depuis 1850. Quant à la fortune des congrégations non
reconnues, elle échappait à tout contrôle ; leur puissance, le
nombre de leurs maisons, s'accroissaient sans discontinuer ; le
gouvernement laissait tomber dans l'oubli les décrets et les lois
qui les visaient. L'Administration ne réclamait plus les comptes
des communautés. Les couvents redevenaient des lieux sacrés,
et, lorsqu'un scandale s'y produisait, ni la police ni la justice
n'osaient en forcer les portes ; car les agents de la loi savaient que
tout excès de zèle serait mal accueilli par le gouvernement.

Les ordres religieux triomphaient également sur le terrain de
l'enseignement : de toutes les congrégations, c'étaient les congrégations enseignantes qui gagnaient le plus de terrain. La loi
Falloux n'avait pas tardé à porter ses fruits : dans des milliers de
communes, les écoles primaires étaient entre les mains de religieux ; de 3.128 qu'il était sous Louis-Philippe, le nombre des
Frères faisant partie de congrégations enseignantes était passé,
en 1854, à 8.635, et le nombre de leurs écoles de 1.094 à 2.502 ;
quant aux religieuses enseignantes, leur nombre, pendant la
même période, était passé de 13.830 à 38.205, et celui de leurs
écoles de 600 à 14.000 ! Quant au nombre de leurs élèves, il
était passé de 700.000 à 1.912.210, c'est-à-dire la moitié de la
population scolaire française.

Voilà pour l'enseignement primaire ; dans l'enseignement
secondaire, le clergé faisait les progrès les plus alarmants pour
l'université. De 1850 à 1854, le nombre des lycées ne s'accrut que
de 4, le nombre des collèges communaux diminua de 52 unités,
et la population scolaire diminua de 1.988 élèves. Par contre, le
nombre des établissements libres s'éleva de 914 à 1.081 et celui
des élèves de 53.000 à 63.000 ; et, sur ces 1.081 établissements,
242 étaient purement ecclésiastiques, 67 étant dirigés par des
évêques, 142 par des prêtres séculiers, 33 par des congrégations,

presque toutes non reconnues. Ajoutons à cela les 123 petits séminaires, entièrement libres, qui élevaient 25.000 enfants, et nous
atteindrons un chiffre supérieur à 45.000 unités, presque égal à
celui de la population des lycées et collèges de l'Etat. De plus
l'Université était durement traitée par ses propres chefs ; les professeurs étaient dénoncés, soumis à une surveillance étroite ;
l'obligation du serment avait éloigné un certain nombre de ses
professeurs les plus illustres. Le décret du 9 mars 1852, en dé-
pouillant du privilège de l'inamovibilité les professeurs des facultés, enlevait à celles-ci toute indépendance.

Ajoutons que, dans un autre ordre d'idées, le gouvernement
semblait vouloir se décharger de toutes les institutions de charité
et d'assistance sociale sur des œuvres comme celles des *Petites
Sœurs des Pauvres*, des *Frères de Saint-Jean-de-Dieu*, des *Enfants
incurables*, de *Saint-Vincent-de-Paul*, toutes très méritantes, on
ne peut le nier, mais qui, par leur caractère religieux, offraient
l'inconvénient d'être un instrument de propagande pour le parti
clérical. A côté des associations ayant un but uniquement de bienfaisance et d'assistance, d'autres formaient véritablement un
Etat dans l'Etat, avec des tendances politiques fort peu dissimulées :
l'*Association* cosmopolite *de la propagation de la foi* recevait par
an plus de trois millions de souscription, dont deux lui venaient
de la France ; enfin la société que nous avons vue fondée par Ozanam, la *Société de Saint Vincent-de-Paul*, devenue elle aussi inter-
nationale et placée sous le patronage d'un cardinal résidant à
Rome, avait en France 1.360 *conférences* ; elle multipliait ses écoles
d'apprentis, ses écoles du soir, ses crèches, ses ouvroirs, tâchant
d'étendre son influence sur la classe ouvrière. Et le gouvernement
par ailleurs dictatorial, et très sévère lorsqu'il s'agissait de propagande dans les milieux ouvriers, paraissait encourager cette
action.

Il l'encourageait non seulement par son silence, mais par la protection qu'il lui accordait contre toutes les attaques de ses adversaires ; il avait pour cela le décret du 18 février 1852 sur la presse,
qui inaugurait le système des avertissements et de la suppression ;
ces peines étaient prononcées contre tout ce qui pouvait passer
pour une attaque contre la religion ou le clergé ; la réglementa-
tion du colportage permettait de refuser l'estampille à tout
ouvrage jugé contraire à la religion. On interdisait la reproduction de certaines œuvres de Voltaire, de Diderot ; en 1854, le
gouvernement confisquait les funérailles de Lamennais, et dérobait à grand renfort de troupes son corbillard à la sympathie de
la foule.

Aussi s'explique-t-on le concert de louanges dont le parti ultramontain flattait les oreilles de l'empereur ; son représentant le plus autorisé, Louis Veuillot, adressait à Napoléon III, le 29 septembre 1854, une note confidentielle où il saluait en lui *un esprit vraiment grand, vraiment libéral, vraiment royal*, déclarant que les catholiques lui devaient *non seulement leur appui, mais leur reconnaissance*, et que son gouvernement était pour eux comme *un don de la Providence.*

Cependant, dans le monde catholique, s'élevèrent quelques voix discordantes : c'était celles des monarchistes chrétiens, Berryer, Dupanloup, De Broglie, Montalembert, qui regrettaient les garanties parlementaires, dont la disparition rendait impossible leurs campagnes royalistes. A côté d'eux, s'intitulant catholiques libéraux, se plaçaient quelques ecclésiastiques de haute morale et de grand talent, comme le P. de Ravignan, dont nous avons vu l'éloquente protestation après le coup d'Etat, et Lacordaire, qui, par ordre, renonçait définitivement à la chaire. Mais il ne le fit pas sans exprimer, dans son dernier sermon à Saint-Roch, le 10 février 1853, toute sa pensée sur l'Empire : « On peut avoir, dit-il, un grand esprit et une âme vulgaire, on peut être un grand homme par l'esprit et un misérable par le cœur. *Celui qui emploie des moyens misérables, même pour faire le bien, même pour sauver son pays, celui-là demeure toujours un misérable...* Dieu renverse des empires, il en élève d'autres, non pas pour ce que vous pouvez imaginer, mais pour qu'il y ait des larmes, et que, y ayant des larmes, il y ait des martyrs, des patients, des hommes, qui, en souffrant, développent ce grand caractère qui seul fait de l'homme quelque chose... » Ensuite l'orateur rappelait d'une voix indignée les violences de Napoléon Ier envers le pape Pie VII, et terminait ainsi : « Je le sais, il n'est pas besoin d'une armée pour arrêter ici ma parole, il ne faut qu'un soldat ; mais, pour défendre cette parole et la vérité qui est en elle, Dieu m'a donné quelque chose qui peut résister à tous les empires du monde... J'ai parlé jusqu'ici ; maintenant, ce que ma parole a dit, mon silence le dira encore plus haut. J'ai parlé, maintenant je me tais, je souffre, et j'entre dans l'immobilité et la puissance d'un tombeau généreux. »

Ces catholiques libéraux tenaient des conciliabules amicaux soit en province, chez Berryer, chez Falloux, chez Montalembert, soit à Paris, dans le salon de Mme Swetchine. Leur principal organe était le *Correspondant*, revue qui aujourd'hui encore a conservé la même nuance, et qui, bien qu'elle comptât déjà vingt-sept ans d'existence, commença seulement alors à prendre quelque notoriété. Une autre occasion, pour ce petit groupe, de manifester son opposition, c'étaient les discours de réception à l'Académie française ; celle-ci, en effet, ne se recrutait guère que parmi les ennemis de l'Empire, orléanistes et parlementaires cléricaux : Berryer, de Broglie, de Falloux, y entrèrent pendant cette période, et ils s'efforçaient de remplir leurs discours d'allusions cruelles et transparentes ; mais, comme ils n'étaient pas lus du grand public, et n'avaient par suite aucune portée, Napoléon III affectait de sourire. Comme en 1854, Montalembert avait publié dans l'*Indépendance belge* une lettre où sa verve satirique à l'égard de l'Empire se donnait carrière, le gouvernement demanda au Corps législatif l'autorisation de poursuivre ; il l'obtint et, pour bien marquer son dédain, renonça aux poursuites. C'est qu'il se rendait bien compte que les catholiques libéraux n'étaient qu'une minorité, et que le clergé presque tout entier marchait derrière les catholiques ultramontains et théocrates, à qui le mot d'ordre était donné par Veuillot ; celui-ci, d'ailleurs, ne se gênait pas pour malmener le petit groupe libéral. Son influence était prépondérante dans le petit clergé français, dont il était souvent l'intermédiaire auprès du pape : il arrivait quelquefois que des prélats, comme Dupanloup, Sibour, interdisaient à leur clergé la lecture de l'*Univers* ; mais alors Veuillot allait trouver le pape, et immédiatement les prélats étaient désavoués et forcés de lever l'interdit.

Cependant, malgré toutes les complaisances de l'Empire, le pape refusa à Napoléon III une des choses qui lui tenaient le plus à cœur, et c'est au moment même où les deux pouvoirs paraissaient unis par l'alliance la plus intime qu'on peut retrouver l'origine des froissements, des conflits, qui de plus en plus vont séparer le gouvernement et le Saint-Siège.

Napoléon III s'efforçait de ressembler en tous points à son oncle : comme lui, il avait débuté par un coup d'État ; comme lui, il avait rétabli le régime du plébiscite, donné à la France une constitution analogue à celle du Consulat ; comme lui, il aurait voulu voir son pouvoir solennellement consacré par le pape ; depuis longtemps l'idée du sacre hantait son esprit. Dès 1852, c'est-à-dire avant la proclamation de l'Empire, il avait entamé à ce sujet des négociations confidentielles, envoyant à Rome son aide de camp, le général de Cotte, puis des prélats, de Bonnechose, Salinis, Bouvier. Pie IX avait d'abord fait semblant de ne pas comprendre, puis avait cru s'en tirer par des réponses dilatoires, entremêlées de protestations d'amitié et de quelques objections. Après l'établissement de l'Empire, comme les instances de Napoléon devenaient plus pressantes, il lui avait fait remettre un

mémoire qui ne disait ni oui ni non, et dont l'empereur n'avait
été qu'à moitié satisfait. La négociation avait été continuée par
l'entremise d'un auditeur de rote, Mgr de Ségur, qui était bien
en cour à Rome et à Paris ; mais, comme les affaires n'avançaient
pas assez vite, Napoléon III, le 8 mai 1853, se risqua à solliciter
personnellement les honneurs du sacre par une lettre affectueuse
et filiale. Le pape s'en montra extrêmement touché : il répéta
qu'il « avait reçu de l'empereur des Français une lettre magnifique » ; mais il répondit à Ségur que, s'il faisait à Napoléon
l'honneur d'aller le sacrer dans sa capitale, les autres souverains
catholiques auraient le droit de s'en montrer jaloux ; et que, si
l'empeur tenait au couronnement, il devait venir le demander à
Rome. Mais aller à Rome eût été, pour ainsi dire, faire acte de
vasselage envers le Saint-Siège, et Napoléon III, l'élu du suffrage
universel, ne pouvait guère faire cette concession. Ségur représenta qu'après être allé couronner Napoléon à Paris, le pape
pourrait bien, pour ne pas faire de jaloux, aller couronner
François-Joseph à Vienne ; mais Pie IX fit remarquer qu'en pro-
diguant cette faveur on risquait de la déprécier. Mais ce n'était
pas là sa véritable objection ; et il montra sa pensée dans une
conversation familière : « Eh ! bien, disait-il, un jour, en parlant
de ce voyage, nous irons. Mais, si l'empereur veut que j'aille en
France, il faut qu'il m'ouvre la porte. Qu'il abroge toute disposition, tout décret contraire au Concordat. Je laisserai passer
trois mois pour éviter à l'arrangement l'apparence d'un marché,
et puis, en voiture ! » Ce que le pape entendait par là, c'était la
suppression des articles organiques, la modification de la loi
relative au mariage civil, qui devait obligatoirement précéder le
mariage religieux, l'observation obligatoire du repos du dimanche. Mais il devait bien se douter que tout cela était hors des
possibilités impériales ; quel que fût le désir de Napoléon d'être
agréable au pape, il ne pouvait oublier qu'il s'était toujours donné
comme l'incarnation des principes de 1789 et le représentant de
la Révolution ; sans parler de son cousin, le prince Napoléon, ses
ministres étaient soit anticléricaux, soit gallicans, c'est-à-dire
tous hostiles à l'influence ultramontaine. Finalement, la négociation, après avoir duré deux ans, n'aboutit qu'à un échec. Comme
des bruits avaient circulé dans le public, l'empereur fit déclarer
dans le *Moniteur* que ceux qui étaient relatifs au mariage civil
et au repos du dimanche étaient sans fondement ; mais il dut
renoncer définitivement au sacre.

Il en résulta un certain refroidissement, car la déception fut
cruelle pour l'empereur. Le public ne s'aperçut tout d'abord de

rien ; mais un observateur attentif aurait pu deviner dans les actes du pouvoir, à partir de ce moment, une tendance à être désagréable au Saint-Père.

Un des premiers symptômes de cet état d'esprit fut une grave modification apportée à la loi Falloux : d'une part, le nombre des académies fut ramené de 86 à 16, ce qui aboutit à faire des recteurs des personnages importants vis-à-vis de l'épiscopat d'autre part, le droit de nomination et .de révocation des instituteurs fut enlevé aux conseils municipaux et attribué aux préfets, qui l'ont gardé depuis ; l'Etat redevenait ainsi maître du personnel des écoles publiques de l'enseignement primaire. A la même époque, le gouvernement montra de la mauvaise volonté à suivre Pie IX dans ses entreprises théocratiques : celui-ci, en effet, songeait déjà à réaliser ce qui devait être le but de toute sa vie, l'établissement de l'*infaillibilité*, c'est-à-dire de l'omnipotence spirituelle du pape, et, pour donner à cette théorie la consécration du fait accompli, proclamait de sa propre autorité, le 8 décembre 1854, le dogme de l'*Immaculée Conception*. Cet acte excita le mécontentement des gallicans, qui admettaient, en matière de foi, la suprématie du concile sur le pape ; ceux d'entre eux qui étaient membres du Conseil d'Etat firent des difficultés pour accepter la bulle ; finalement, elle fut acceptée, mais ce ne fut qu'avec mauvaise grâce que le gouvernement la fit circuler en France, en montrant d'une façon non équivoque qu'il la désapprouvait. Sa mauvaise humeur fut encore accrue par l'attitude d'un certain nombre d'ultramontains, qui n'avaient pas attendu la décision du Conseil d'Etat pour publier la bulle dans leurs diocèses. Aussi le pouvoir ne mit-il aucun obstacle aux polémiques qui s'engagèrent contre la décision pontificale, ni en particulier à la circulation des ouvrages de Bordas-Demoulin et de l'abbé Maret, qui attaquaient l'attitude du pape et le nouveau dogme lui-même. Enfin, à la même époque, il laissait se dérouler devant le tribunal de Grenoble le procès intenté par Mlle de la Merlière à deux prêtres qui l'accusaient d'avoir simulé une apparition de Notre-Dame de la Salette, procès dont les débats mirent en lumière certains incidents scandaleux, bien faits pour discréditer ce que quelques-uns appelaient l'idolâtrie romaine. De tels faits, qui ne se seraient pas passés quelques années auparavant, attestaient évidemment un changement d'attitude.

A côté de ces menus incidents, il y avait un fait plus grave, qui devait avoir des conséquences incommensurables sur les rapports de la papauté et de l'Empire ; c'étaient les débuts de la politique italienne de Napoléon III.

A ce moment, la France et l'Angleterre étaient engagées dans la guerre de Crimée ; elles y rencontraient des difficultés qu'elles n'avaient pas prévues ; le siège de Sébastopol n'avançait pas ; l'Autriche, dont on avait escompté le concours, ne s'était pas encore décidée ; on avait donc besoin d'un allié. C'est alors que le royaume de Sardaigne offrit son concours, qui fut accepté avec reconnaissance. On ne comprit d'abord pas en Europe cette démarche d'un si petit Etat ; quel intérêt avait cet Etat italien à se déclarer contre la Russie ? En réalité, le Piémont cherchait surtout à gagner les bonnes dispositions de la France ; depuis le désastre de Novare, il préparait patiemment la revanche et n'avait pas renoncé au rêve de faire l'indépendance de l'Italie ; mais, comme il savait par expérience que ses seules forces n'y suffisaient pas, il voulait se ménager un allié puissant. Napoléon III, de son côté, ne croyait pas que la révolution italienne pût aller jusqu'au bout ; de sorte qu'il n'était pas retenu par la crainte de voir se former un Etat puissant aux portes de la France. Il se montrait si favorable aux aspirations piémontaises que les catholiques de France commençaient à s'inquiéter ; il disait bien haut que « la France et le Piémont étaient alliés à la vie et à la mort » ; il annonçait son intention de faire participer le Piémont aux profits comme aux risques de la guerre ; quelques mois plus tard, Victor Emmanuel et son ministre Cavour étant venus à Paris, il leur demanda de lui exposer quels étaient les vœux du Piémont. Aussi, au congrès de Paris, qui s'ouvrit en février 1856, le Piémont se crut-il autorisé à poser la question italienne devant l'Europe ; et, à la demande du gouvernement français, les parties contractantes ne se séparèrent pas sans avoir exprimé solennellement le vœu que des constitutions libérales fussent accordées par les souverains dans tous les Etats italiens encore soumis à l'absolutisme, particulièrement dans l'Etat pontifical, et que celui-ci pût sans danger, dans un avenir rapproché, être évacué d'un côté par les troupes françaises, de l'autre par les troupes autrichiennes.

Mais, lorsque Napoléon III demanda au pape de se conformer au vœu du congrès et d'accorder des réformes, le pape refusa avec aigreur. Aussi les rapports des deux souverains, qui s'étaient attiédis depuis quelque temps, ne tardèrent-ils pas à se refroidir davantage encore ; loin de montrer la large tolérance de jadis, l'empereur usait de procédés malveillants : il faisait poursuivre devant le Conseil d'Etat l'évêque de Moulins, Dreux-Brézé, qui avait attaqué les articles organiques ; le *Correspondant*, l'*Univers* lui-même étaient frappés ; aux élections de 1857, la candidature

de Montalembert était vivement combattue par l'Administration,
et il ne parvenait pas à rentrer au Corps législatif ; à la mort du
chansonnier Béranger, dont nous avons vu les attaques contre les
prêtres et les moines, le gouvernement lui décrétait des funérailles nationales ; enfin l'ex-procureur général Dupin, connu
pour ses opinions gallicanes, rentrait à la Cour de Cassation. Tous
ces faits, petits en eux-mêmes, dénotaient, si on les considérait en
bloc, une tension de rapports qui semblait annoncer une rupture.

Sur ces entrefaites, se produisit, tout à coup, un incident d'une
extrême gravité, qui parut un instant aux yeux de tous devoir
ramener Napoléon III dans le giron de l'Eglise . D'anciens révolutionnaires italiens, groupés pour la plupart à Londres, avaient
juré la mort de leur ancien compagnon Napoléon III, doublement traître à la cause de la République ; ils espéraient que sa
mort déchaînerait en France une révolution qui se propagerait en
Italie, et pensaient ainsi, tout en punissant le traître, rendre la
liberté à leur pays. Aussi, depuis l'établissement de l'Empire, de
nombreux complots s'étaient-ils succédés, et c'étaient toujours des
Italiens qu'on y trouvait mêlés. C'était un Italien, Pianori, qui, en
1855, avait tiré sur l'empereur et était mort sur l'échafaud ; un
autre, Tibaldi, venait, en 1857, d'être condamné aux travaux
forcés. Celui qui se préparait à frapper un nouveau coup, Orsini,
était un homme distingué, instruit, qui avait fait partie de l'Assemblée constituante de la République romaine ; exilé après la
restauration de 1849, il avait erré dans les divers pays d'Europe.

Le 14 janvier 1858, au moment où l'empereur et l'impératrice
arrivaient à l'Opéra, rue Lepeletier, plusieurs bombes éclatèrent
autour d'eux et firent un grand nombre de victimes ; les souverains y échappèrent comme par miracle ; les coupables furent
immédiatement arrêtés. Aussitôt les adresses de félicitations, de
réprobation contre l'attentat, affluèrent aux Tuileries ; les plus
empressées, les plus chaleureuses, furent celles du clergé, qui
pensait que l'attentat allait arrêter chez l'empereur toute velléité
de complaisance pour le parti révolutionnaire et, par suite, pour
le Piémont ; les évêques représentèrent au prince que c'était la
Providence qui l'avait sauvé pour qu'il se consacrât sans réserve
à la défense du Saint-Siège et des intérêts de l'Eglise ; ce salut,
obtenu presque par miracle, était un signe d'en haut ; en tout cas,
c'était un bienfait du ciel que l'empereur devait reconnaître. Du
coup Veuillot était réconcilié avec l'Empire ; reçu par Napoléon
en audience secrète, il lui remontrait qu'il y avait urgence à
sévir contre les journaux libéraux, libre-penseurs et anticléricaux, par exemple le *Siècle*, responsables de l'attentat, et à

écraser, une fois pour toutes, les partis de la libre-pensée et de la Révolution. Napoléon suivait ces conseils dans une certaine mesure ; il cédait aussi aux exhortations enflammées de l'impératrice, toute dévouée à l'Eglise, et du ministre des affaires étrangères, Walewski, peu favorable à l'idée de la liberté italienne. Le parti clérical crut avoir réussi à le ressaisir : contre les partis avancés, le pouvoir promulguait la loi dite *de sûreté générale*, qui ramenait la France au lendemain du 2 décembre ; comme après le coup d'Etat, il comblait les églises et les congrégations de faveurs, de dons et de promesses. L'empereur effectait de se montrer dans les cérémonies religieuses, comme pour remercier le ciel de l'avoir miraculeusement sauvé ; il entreprenait un voyage dans la très catholique Bretagne, dont il édifiait les populations par sa piété ; l'évêque de Rennes, Brossais-Saint-Marc, le comparait tout simplement à Saint Louis. Veuillot célébrait en lui *le sauveur que la Providence avait suscité* pour arrêter sur le bord de l'abime la France et l'Eglise. Les catholiques croyaient l'avoir reconquis.

Mais c'est précisément au moment où ils croyaient bien le tenir qu'ils le perdaient définitivement. Ce revirement fut dû, une fois de plus, à la profonde impressionnabilité de cette âme chimérique, et à un incident extraordinaire, unique dans l'histoire des peuples. C'est à la prière d'Orsini, l'auteur même de l'attentat, que Napoléon III allait changer d'attitude, et l'unité italienne allait sortir de cette chose sans exemple, d'une négociation entre l'empereur et l'homme qui avait voulu être son meurtrier.

En effet, Orsini, décidé à ne pas sauver sa tête et cherchant à servir encore son pays dans la mort, avait adressé à Napoléon la lettre suivante, le 11 février 1858 :

« Les dépositions que j'ai faites contre moi-même dans le procès politique intenté à l'occasion de l'attentat du 14 janvier sont suffisantes pour m'envoyer à la mort, et je la subirai sans demander grâce, tant parce que je ne m'humilierai jamais devant celui qui a tué la liberté naissante de ma malheureuse patrie, que parce que, dans la situation où je me trouve, la mort est pour moi un bienfait.

« Près de la fin de ma carrière, je veux néanmoins tenter un dernier effort pour venir en aide a l'Italie, dont l'indépendance m'a fait jusqu'à ce jour traverser tous les périls, aller au-devant de tous les sacrifices. Elle fut l'objet constant de toutes mes affections, et c'est cette dernière pensée que je veux déposer dans les paroles que j'adresse à Votre Majesté.

« Pour maintenir l'équilibre actuel de l'Europe, il faut rendre

l'Italie indépendante ou resserrer les chaînes sous lesquelles
l'Autriche la tient en esclavage. Demanderai-je pour sa délivrance
que le sang des Français soit répandu pour les Italiens ? Non, je
ne vais pas jusque-là. L'Italie demande que la France n'inter-
vienne pas contre elle ; elle demande que la France ne permette
pas à l'Allemagne d'appuyer l'Autriche dans les luttes qui peut-
être vont bientôt s'engager. Or c'est précisément ce que Votre
Majesté peut faire, si elle le veut ; de cette volonté donc dépend
le bien-être ou le malheur de ma patrie, la vie ou la mort d'une
nation à qui l'Europe est, en grande partie, redevable de sa civilisation.

« Telle est la prière que de mon cachot j'ose adresser à Votre
Majesté, ne désespérant pas que ma faible voix ne soit entendue.
J'adjure Votre Majesté de rendre à l'Italie l'indépendance que ses
enfants ont perdue en 1849 par la faute même des Français. Que
Votre Majesté se rappelle que les Italiens, au milieu desquels était
mon père, versèrent avec joie leur sang pour Napoléon le Grand
partout où il lui plut de les conduire ; qu'elle se rappelle qu'ils lui
furent fidèles jusqu'à sa chute ; qu'elle se rappelle que, tant que
l'Italie ne sera pas indépendante, la tranquillité de l'Europe et
celle de Votre Majesté ne seront qu'une chimère.

« Que Votre Majesté ne repousse pas le vœu suprême d'un
patriote sur les marches de l'échafaud ; qu'elle délivre ma patrie,
et les bénédictions de 25 millions de citoyens la suivront dans la
postérité. »

Cette lettre émut vivement l'esprit tant soit peu romanesque
de l'empereur ; plus tard, il disait qu'il n'avait jamais éprouvé
d'impression plus dramatique ; il la fit publier par les journaux ;
il autorisa Jules Favre, avocat d'Orsini, à en donner lecture aux
assises ; ce fut pour celui-ci l'occasion de sa plus belle plaidoirie ;
dans le préambule, il annonçait qu'il ne plaidait pas pour sauver
la tête de l'accusé, car il abhorrait son crime, mais pour remplir
une mission plus haute :

« J'ai deviné, dit-il, qu'un aussi grand crime ne pouvait avoir
pour mobile ni la convoitise, ni la haine, ni l'ambition. La cause
d'un pareil attentat devait se trouver dans l'égarement d'un
patriotisme ardent, dans l'aspiration fiévreuse à l'indépendance
de la patrie, qui est le rêve de toutes les nobles âmes. — J'ai dit à
Orsini : Je condamne votre forfait, je le proclamerai bien haut ;
mais vos malheurs me touchent. Votre constance à combattre les
ennemis de votre pays, cette lutte acharnée par vous entreprise,
ce sacrifice de votre vie, je les comprends, ils vont à mon cœur.
Italien, j'aurais voulu souffrir comme vous pour mon pays, m'of-

frir aussi en holocauste, verser mon sang pour sa liberté ; tout,
excepté ces meurtres que ma conscience réprouve. Mais vous
confessez votre crime, vous l'expiez, vous donnez votre tête à la
loi que vous avez violée, vous êtes prêt à mourir pour subir la
peine de votre attentat à la vie d'autrui ; eh ! bien, je vous
assisterai à cette heure suprême..., non pour présenter une inutile défense, non pour vous glorifier, mais pour essayer de faire
luire sur votre âme immortelle, qui va retourner au sein de Dieu,
un rayon de cette vérité qui peut protéger votre mémoire contre
des accusations imméritées. »

Puis l'avocat retraça la vie mouvementée de l'accusé, toujours
dominée par le désir de servir la cause de la liberté italienne, et,
au milieu de la stupeur du tribunal et des jurés, donna lecture
de la lettre d'Orsini à l'empereur. Enfin il termina par cette péro-
raison magnifique :

« Telle est, Messieurs, la dernière parole de cet homme, qui se
résigne à son sort ; elle est, vous le voyez, conséquente avec tous
les actes de sa vie.

« Cependant, je le reconnais, c'est une sorte de témérité de sa
part de s'adresser à celui-là même qu'il voulait détruire comme
un obstacle à la réalisation de ses desseins ; mais, encore une fois,
toujours fidèle à la conviction, à la passion de toute sa vie, il ne
veut pas que son sang versé soit inutile à son pays. Oui, Messieurs
les jurés, Orsini, engagé dans l'entreprise qu'il a tentée et dans
laquelle il a échoué, grâce à Dieu, s'incline ; il ignore, il va
mourir ! Du bord de la tombe, il adresse cette solennelle prière
à celui contre lequel il n'a eu aucun sentiment de haine personnelle, à celui qui fut l'ennemi de son pays, mais qui peut en être
le sauveur. Prince, vous vous glorifiez d'être sorti des entrailles
du peuple, venez au secours des nationalités opprimées, secourez
un peuple ami de la France, relevez le drapeau de l'indépendance
italienne, que votre vaillant prédécesseur avait restaurée ! Prince,
ne souffrez pas que cette contrée si belle, si noble, si infortunée,
soit éternellement la proie des enfants du Nord qui l'étreignent ;
ne vous laissez pas prendre aux démonstrations hypocrites des
vieilles royautés qui vous trompent ! Prince, les racines de votre
maison sont dans la souche révolutionnaire ; soyez assez fort pour
rendre à l'Italie l'indépendance et la liberté, soyez grand et
magnanime, et vous serez invulnérable !

« Voilà, Messieurs les jurés, ses paroles ; il ne m'appartient
pas de les commenter, je n'en ai ni la puissance ni la liberté ;
mais ces paroles dernières d'Orsini vous disent clairement et la
pensée et le but de son acte. J'ai fini, Messieurs ; ma tâche est

terminée. Vous n'avez pas besoin des adjurations de M. le procureur général pour faire votre devoir sans passion comme sans
faiblesse. Mais Dieu qui nous jugera tous, Dieu devant qui les
grands de ce monde, dépouillés du cortège de leurs courtisans et
de leurs flatteurs, apparaissent tels qu'ils sont, Dieu qui seul
mesure l'étendue de nos fautes, la force des entraînements qui
nous égarent et l'expiation qui les efface, Dieu prononcera son
arrêt après le vôtre, et peut-être ne refusera-t-il pas un pardon
que les hommes auront cru impossible sur la terre. »

Ce plaidoyer, comme la lettre, fit sur l'empereur une impression profonde : il eut, un moment, la pensée de gracier le condamnée ; mais son entourage lui représenta qu'il y avait eu trop
de victimes innocentes. L'Empereur se rendit à cette raison, mais
prit l'initiative d'une démarche extraordinaire ; le préfet de police
Piétri alla de sa part trouver Orsini dans son cachot ; il était
chargé d'assurer le prisonnier des bonnes intentions de l'empereur vis-à-vis de l'Italie et de lui demander de déconseiller
aux Italiens la doctrine de l'assassinat. Docile, le condamné obéit,
et, avant de mourir, adressa à l'empereur la lettre suivante :

« L'autorisation donnée par Votre Majesté impériale à l'impression de ma lettre du 11 février est une preuve de sa générosité. Elle me montre que les vœux qui y sont exprimés en faveur
de ma patrie trouvent un écho dans son cœur. Les sentiments de
sympathie de Votre Majesté pour l'Italie ne sont pas pour moi un
mince réconfort au moment de mourir.

« Bientôt je ne serai plus. Je déclare, avant de rendre le dernier
souffle vital, que l'assassinat, de quelque prétexte qu'il se couvre,
n'entre pas dans mes principes, bien que, par une fatale aberration d'esprit, j'aie organisé l'attentat du 14 janvier. Non,
l'assassinat politique ne fut jamais mon système, et je l'ai combattu au péril de ma vie par mes écrits et par les actes de ma vie
politique. Que mes compatriotes, au lieu de compter sur ce moyen
de l'assassinat, apprennent de la bouche d'un patriote prêt à
mourir que leur abnégation, leur dévouement, leur union, leur
vertu, peuvent seuls assurer la délivrance de l'Italie, la rendre
libre, indépendante et digne de la gloire de nos aïeux... »

A partir de ce moment, Napoléon III suivit implacablement son
idée ; il fit inviter officieusement le gouvernement sarde à publier
dans la *Gazette officielle du Piémont* les deux lettres d'Orsini ;
et, comme le ministre Cavour objectait que cette publication
pourrait compromettre son gouvernement vis-à-vis de l'Autriche,
il lui fit dire qu'il répondait de tout. Quelque temps après,
Napoléon III envoyait à Cavour un émissaire secret, le docteur

Couneau, pour lui proposer une entrevue ; celle-ci eut lieu le 23 juillet : ce fut la fameuse entrevue de Plombières, d'où devait sortir la guerre d'Italie. Rien ne transpira de l'entretien, qui eut lieu sans témoins, au cours d'une promenade en cabriolet aux environs de la ville. Napoléon et Cavour y convinrent que l'on rendrait la guerre inévitable au printemps suivant ; que la France et le Piémont s'uniraient pour affranchir l'Italie jusqu'à l'Adriatique ; que le Piémont serait agrandi de façon à former un Etat de 11 millions d'habitants ; que l'Italie formerait une confédération, dont la présidence honoraire appartiendrait au pape ; que, pour prix de son concours, la France recevrait la Savoie et le comté de Nice ; enfin que les chefs d'Etats italiens seraient sommés de doter leurs peuples de constitutions libérales. C'était, on le voit, une combinaison destinée à concilier le pouvoir temporel du pape et les aspirations italiennes. Cavour l'acceptait, sachant bien que, la révolution une fois mise en marche, Napoléon III lui-même ne pourrait plus l'arrêter.

A partir de ce moment, on vit les journaux officiels et officieux faire campagne pour la liberté italienne et réclamer ouvertement la guerre contre l'Autriche. On ne douta pas qu'ils n'y fussent autorisés. On laissa Edmond About publier dans le *Moniteur*, journal officiel de l'Empire, des lettres satiriques dénonçant les pratiques surannées du gouvernement pontifical. Le Père Enfantin, l'apôtre du Saint-Simonisme, publiait à ce moment un livre, *la Science de l'homme*, qui, bien que dénoncé par tous les prédicateurs, n'était pas poursuivi. Le républicain Arnaud de l'Ariège, dans son ouvrage sur l'*Italie*, soutenait sans être inquiété que l'Eglise, au nom de ses intérêts spirituels, devait renoncer à toute domination temporelle.

Bientôt même, on pouvait constater des symptômes plus significatifs : le 1er janvier 1859, l'empereur adressait à l'ambassadeur d'Autriche quelques paroles menaçantes. Dix jours après, c'était Victor Emmanuel, qui, en plein Parlement, déclarait qu'il ne pouvait plus rester insensible au cri de douleur qui s'élevait vers lui de toute l'Italie. Trois semaines plus tard, le prince Napoléon, ardent défenseur de la cause italienne, épousait sa fille. Quelques jours après enfin, le 4 février, paraissait une brochure sans nom d'auteur, mais évidemment rédigée sous l'inspiration de l'empereur lui-même : *l'Empereur Napoléon III et l'Italie*, qui dénonçait les gouvernements italiens réfractaires à l'esprit de réforme, sans oublier le gouvernement pontifical ; on y faisait ressortir la nécessité de soustraire la péninsule à l'hégémonie autrichienne, et de la constituer en confédération. Des armements formidables, tant en France qu'en Autriche et en Piémont, faisaient prévoir une guerre inévitable. Les efforts de l'Angleterre pour introduire sa médiation étaient déjoués par une proposition de congrès, que les prétentions de l'Autriche rendaient impossible ; le but des deux nouveaux alliés était de pousser l'Autriche à ouvrir la première les hostilités, afin de justifier l'intervention de la France.

Les catholiques étaient atterrés. En vain, les journaux du parti, les évêques, avaient dépensé toute leur éloquence à détourner l'empereur de la guerre, en lui démontrant qu'il allait soutenir de ses armes les ennemis du Saint-Siège ; ils firent un dernier effort, au moment du vote des crédits destinés à la guerre, et demandèrent au gouvernement de s'engager à maintenir le pouvoir temporel du souverain pontife et l'intégrité des Etats de l'Eglise. La réponse du ministre fut évasive : l'empereur n'en voulait point au pape ; mais il était prématuré de dire ce qu'on ferait après la guerre. La réponse n'était pas rassurante.

Enfin le but que poursuivait Cavour avait été atteint : l'Autriche avait attaqué la première. La France pouvait intervenir. Le 10 mai, l'empereur partit pour se mettre à la tête de l'armée, qui était déjà au delà des Alpes. Il lançait la fameuse proclamation par laquelle il annonçait la délivrance de l'Italie *des Alpes à l'Adriatique ;* il promettait, en même temps, que l'intégrité des États du pape serait respectée. Mais, là comme en bien d'autres occasions de sa vie, il ne devait pas être maître des circonstances, et, ancien révolutionnaire, il allait bientôt être débordé par la révolution.

Une province romaine
sous la République : la Sicile [1]

Leçon de M. CAVAIGNAC,
Aux étudiants de l'Université de Lille

I

La première province organisée par Rome fut la Sicile.

La Sicile, la plus grande île de la Méditerranée (25.000 kmq. environ), est séparée de l'Italie par un bras de mer de 2 ou 3 kilomètres seulement, et son extrémité occidentale est à moins de 300 kilomètres de l'Afrique. Sa côte septentrionale est longée de près par une chaîne de montagnes contenant des pics de 2.000 mètres, qui prolonge l'Apennin et amorce l'Atlas (*monts Nébrodes*). De part et d'autre de cette chaîne se dressent de puissants volcans : îles Lipari au N., Etna (3.300 m.) au S. Enfin, une série de montagnes, de direction oblique à la précédente, court vers le S.-E. et culmine à près de 1.000 mètres (*monts Héréens*). Toutes ces montagnes étaient d'abord recouvertes de belles forêts, dont Strabon admira encore les restes sur les pentes de l'Etna, et qui sont réduites, aujourd'hui, presque à rien (1.000 kmq.) ; le changement s'est fait sentir sur le climat, car la moisson, qui avait lieu jadis en juillet, se place maintenant en juin. — Les montagnes ôtées, il reste environ 16.000 kmq. de plaines cultivables, c'est-à-dire qu'avec le système de la jachère biennale et triennale alternée, 6.000 kmq. peuvent produire des cérérales chaque année. Même, avec des procédés de culture tout primitifs, la Sicile pouvait rendre 1.200 hl. au kmq., et par conséquent une récolte annuelle de 14.000.000 médimnes. C'est dire qu'elle aurait pu nourrir, à la rigueur, 2 millions d'habitants, et l'on s'expliquera ainsi qu'elle ait, durant toute l'antiquité, exporté froment et orge. Il est superflu d'ajouter que, comme tous les pays méditerranéens, elle se prêtait à la culture de l'olivier et de la vigne, et que ces cultures ont, au cours des âges, restreint le domaine des céréales.

(1) Travaux modernes : J. Carcopino, *Vierteljahrschrift f. Sozial u. Wirtschaftsg.*, IV, 1 (1905), p. 128 ; *Mélanges d'archéol, et d'hist.*, 1905, p. 1. — Sources : Diodore de Sicile, surtout XXXIV, XXXV, XXXVI ; Cicéron, les *Verrines*, surtout la 2e (*De Re frumentariā*) ; Strabon, Pline.

Parmi les races dont la présence dans l'île se perdait dans la
nuit des temps, les anciens ont toujours distingué Sicaniens et
Sicules. Les premiers se sont suffisamment fondus avec les Phéniciens, établis à l'ouest, pour former avec eux un peuple composite : les Élymes (Égeste). Les Sicules, au contraire, ont longtemps
résisté aux envahisseurs grecs : le dernier acte de la lutte fut la
défaite du roi Dukétios par les Syracusains et les Agrigentins
(v. 450). Peu à peu, tout sentiment d'antagonisme national dispa-
rut entre les indigènes et les immigrés ; mais ces vieilles races
ont fourni une part du sang de la population qui reste peut-être
encore la plus grande, malgré tant et tant d'invasions successives : aujourd'hui encore, les conscrits siciliens se distinguent
de ceux du reste de l'Italie par leur petite taille (1 m. 60).

. La Sicile, en effet, par sa position entre les deux bassins de la
Méditerranée, attirait les navigateurs de l'Orient. Les Phéniciens,
selon Tkucydide, en auraient occupé tout le pourtour, et auraient
reculé ensuite devant les Grecs : ce qui est sûr, c'est qu'ils gar-
dèrent toujours l'ouest de l'île, Panorme, Motyé. Ces villes étaient
à portée de Carthage : une légende expressive voulait qu'un
homme doué d'une vue perçante, du haut du cap Lilybée, eût, un
jour, aperçu une flotte de secours débouchant du golfe de Tunis.
Dès l'époque du premier traité avec Rome (probablement vers
480), les Carthaginois stipulent pour les Phéniciens de Sicile
comme pour la Sardaigne ou l'Afrique.

Mais, déjà, à la fin du viiie siècle, les Grecs avaient pris le
dessus. Ils occupèrent d'abord la côte Est (Naxos, Syracuse), puis
s'avancèrent le long des côtes septentrionale (Himère) et méridionale (Agrigente, Sélinonte). Leurs progrès furent enfin arrêtés
par les Phéniciens, et, malgré la victoire d'Himère (480), ils
durent renoncer à occuper l'extrémité occidentale. Mais ils se
dédommagèrent en soumettant les Sicules de l'intérieur : la
langue grecque devint la langue de l'île.

Au ve siècle, neuf cités se partageaient la Sicile hellénique. On
nous dit que l'une d'elles, Agrigente, comptait 20.000 citoyens et
200.000 habitants. Les 20.000 citoyens supposant une population
nationale inférieure à 100.000 âmes, le reste devait se composer
de Sicules plus ou moins serfs (comme les Callicyriens de l'Est de
l'île). Sur un territoire qu'on ne peut estimer à plus de 3.000 kmq.,
cette population représente une densité de 50 habitants au kmq.
(en tenant compte de l'agglomération urbaine). Étendant cette
densité à la Sicile, on arriverait à un chiffre de plus de 1.000.000
d'habitants. On voit que l'île était déjà bien cultivée, puisqu'elle
exportait du blé dans le Péloponnèse et dans le Latium.

C'est à ce moment que commencèrent les grandes guerres carthaginoises : prise de Sélinonte et d'Himère (409), d'Agrigente (406). Denys de Syracuse dut reconnaitre aux Carthaginois la frontière de l'Halykos, que Timoléon maintint. Sous Agathocle, cette frontière était avancée jusqu'à l'Himéra, et Pyrrhus ne la fit reculer que passagèrement. Vers 270, Carthage était maîtresse de l'île jusqu'à Halaesa et jusqu'aux monts Héréens (cf. Maurice, *Rev. des questions historiques*, 1899). Au cours de la lutte, les forces grecques s'étaient de plus en plus concentrées autour de Syracuse : en 263, toute la côte occidentale appartenait au roi Hiéron II. Il ne restait donc plus que deux Etats en Sicile, lors de l'arrivée des Italiens.

Ceux-ci avaient afflué depuis longtemps, en qualité de mercenaires. Agathocle avait eu à sa solde des bandes de Campaniens qui, après sa mort (289), s'emparèrent de Messine. Ce fut ce peuple nouveau (les Mamertins) qui appela en Sicile les Romains : les Campaniens étaient compatriotes de ceux-ci depuis 340. La conquête romaine commença. Les villes de l'intérieur furent facilement enlevées à Carthage ; la mer fut plus difficile à conquérir. Enfin la lutte se concentra autour des vieilles places phéniciennes, qui tombèrent à leur tour. La Sicile fut livrée à Rome, en 241, et servit de point d'appui aux Romains contre Carthage dès 218.

Restait pourtant le royaume de Hiéron, qui avait été l'allié fidèle de Rome au cours de ces luttes. Syracuse se détacha de l'alliance, après la bataille de Cannes, et ne succomba ensuite sous les coups de Marcellus qu'en 212. Elle avait entraîné dans sa révolte et dans sa défaite une grande partie de la Sicile ; en 209, tout était fini. Depuis, on n'entend plus parler de l'île qu'à l'occasion des expéditions contre Carthage (205 et 146), et des envois de blé aux Romains.

La Sicile n'avait pas laissé de souffrir de cette longue période de guerres. Grâce au déboisement, le terrain disponible pour la culture des céréales s'était peut-être étendu (malgré le progrès des olivettes) ; mais la culture elle-même avait été entravée. Seulement la population avait fondu dans des proportions inouïes ; à plusieurs reprises, il avait fallu repeupler des cantons entiers ; après la conquête romaine, Agrigente subit une véritable colonisation. On ne s'étonnera pas que la Sicile ait pu devenir, au iii° et au ii° siècle, le grenier des armées romaines.

Elle comptait, au moment de la conquête, 65 cités, que les Romains dissocièrent complètement, leur laissant pourtant, dans la règle, le *connubium* et le *commercium* qu'elles s'étaient reconnus, à mesure que l'unification de l'île progressait. Une grande partie de la population, tant par suite des guerres que par suite du développement du commercè général, s'était amassée dans les villes. Le pays renfermait encore de nombreux éléments. de prospérité ; mais il lui fallait le repos et une administration judicieuse, pour en tirer parti.

II

C'est dans ces conditions que la domination romaine s'établit définitivement en Sicile.

Elle y fut représentée par un préteur, qui s'installa à Syracuse, dans le palais des rois. Un des premiers préteurs fut le fameux T. Q. Flamininus. Le préteur avait à ses côtés deux questeurs, l'un à Syracuse, l'autre à Lilybée, et la « cohorte ».

Ces hommes ont pour première mission de faire reconnaître « la majesté du peuple romain » et de veiller à la défense de la province. Les forces de terre sont faibles. Au cours des guerres du IIIe siècle, une légion romaine avait souvent stationné en Sicile. Au temps des guerres serviles (133, 104), le préteur n'aura d'abord sous la main que les milices des villes siciliennes. Les forces navales sont plus sérieuses. Messine, par exemple, d'autres villes encore sont tenues de fournir des vaisseaux ; même certaines villes de l'intérieur contribuent à l'entretien de ces escadres. Mais elles ne seront réquisitionnées régulièrement que quand la piraterie commencera à se développer (fin du IIe siècle).

La seconde mission du préteur est de présider à la justice. Il rend donc, en entrant dans la province, un *édit* pour indiquer d'après quels principes il se guidera. Rupilius, par exemple (vers 133), avait donné un règlement de juges qui nous est transmis dans ce passage très précis de Cicéron :

« Siculi hoc jure sunt, ut, quod civis cum cive agat, domi certet suis legibus ; quod Siculus cum Siculo non ejusdem civitatis, ut de eo prætor judices de P. Rutilii decreto, quod is de decem legatorum sententiã statuit, quam legem illi Rupiliam vocant, sortiatur. Quod privatus a populo petit, aut populus a privato, senatus ex aliquã civitate qui judicet, datur, quum alternæ civitates rejectæ sunt. Quod civis romanus a Siculo petit, Siculus judex datur ; quod Siculus a cive romano civis romanus datur ; ceterarum rerum selecti judices ex conventu civium romanorum proponisolent. Inter aratores et decumanos, lege Frumentariã, quam Hieronicam appellant, judicia fiunt. »

Ajoutons que les procès relatifs aux esclaves ressortissaient au préteur.

Mais la principale mission des représentants de l'autorité romaine, préteurs et questeurs, était d'assurer la rentrée des taxes perçues par la République.

Le revenu de celle-ci provenait de trois sources principales :

1° L'*Ager publicus*. Les Romains, au moment de la conquête, avaient confisqué, soit des domaines publics, soit des propriétés d'ennemis. Ces domaines étaient affermés par les censeurs, et affermés, semble-t-il, à des prix modiques : un certain Phimès a loué une grande ferme 6.000 sesterces, soit 3 fr. l'hectare, s'il s'agit du tout, 7 fr. 35 s'il s'agit seulement des terres ensemencées. Cela s'explique par ce fait que le locataire devait encore, pour ces terres, la dîme au fisc (ci-dessous).

On a beaucoup discuté pour savoir si le territoire de cités entières avait été confisqué. Cicéron dit :

« *Perpaucæ siciliæ civitates* sunt bello a majoribus nostris subactæ ; quarum ager cum esset populi romani factus, tamen illis est redditus ; is ager a censoribus locari solet. »

Et, ailleurs, il a l'air de porter le nombre de ces cités à 17 (sur 65). Mais il paraît démontré qu'il faut s'en tenir au *perpaucæ* : en fait, Léontini est la seule ville importante dont le territoire apparaisse dans l'histoire comme loué par les censeurs.

Le domaine de l'Etat romain, dispersé sur toute l'île, comprenait surtout des pâturages (*scriptura*).

2° *La dîme.* — Sur presque tout le reste de l'île Rome prélève la dîme des récoltes. La récolte de blé peut être évaluée à 3 millions d'hectolitres ; en mettant le *modius* (8 l.) à 3 sesterces, cela représente une valeur de 30.000.000 deniers. Le produit de la dîme serait seulement de 400 talents, de quoi entretenir une légion pendant l'année (1). Mais il y avait en plus les dîmes de l'huile, du vin, etc., qui, quoique inférieures à celle du blé, ne pouvaient être négligeables.

3° *La douane.* — Celle-ci, à Syracuse seulement, a rapporté, une fois, au temps de Verrés, 60.000 sesterces en peu de mois. Le droit étant du vingtième, cela suppose un mouvement de port de 300.000 d. ; qu'on le quadruple pour avoir celui de l'année, on ne trouvera qu'un chiffre de 200 talents (alors qu'au Pirée, vers 400, le mouvement était de 2.000 t.). Continuons. Supposons que le mouvement de Syracuse, capitale de l'île, et probablement la ville la plus peuplée, ne fût que le quart de celui de toute la cir-

(1) A partir de la loi frumentaire de C. Gracchus (122), il fallut, pour nourrir la plèbe de Rome (60.000 assistés vers 70) des apports de blé supplémentaires (200.000 *modii*, outre une 2ᵉ dîme) ; mais l'Etat les payait.

conscription douanière où elle était comprise. Il y avait 5 de ces circonscriptions pour l'île. Nous n'arrivons ainsi qu'à un mouvement maritime de 6.000 t., alors que le mouvement de tous les ports égéens, vers 413, était de 30.000 t. Les chiffres paraissent donc faibles ; ils indiquent, en tout cas, une époque de déclin. A l'époque de Verrés, la piraterie était en pleine floraison, et les marchandises allant d'Orient à Rome prenaient depuis longtemps la voie de Pouzzoles.

Ces ressources importantes étaient affermées, selon l'habitude romaine. La *scriptura* et la douane ou *portorium* l'étaient à des compagnies de publicains romains, à Rome. Plus tard, vers l'an 100, un sénatus-consulte permit d'affirmer à Rome les dîmes inférieures, huile, vin, etc.

Mais (et cela est le point important) *la dîme du blé, la principale, s'affermait en Sicile, et par conséquent soit à des Italiens domiciliés, soit à des Siciliens.* Généralement, les cités rachetaient aux adjudicataires la perception de leur dîme. Les règles avaient été tracées d'après la *loi d'Hiéron.*

Les publicains romains prenaient leur revanche en servant de banquiers. Nous les voyons, sous la préture de Verrès, dans l'exercice de ces fonctions. Le préteur a reçu de l'argent pour acheter une deuxième dîme ; il le laisse à la Compagnie moyennant un intérêt de 24 %. Puis il demande la deuxième dîme aux cités sous forme d'argent : et les publicains avancent cet argent aux Siciliens moyennant un intérêt supérieur à 24 0/0.

Il faut joindre aux publicains les Romains et Italiens établis en Sicile comme marchands ; mais nous ne savons pas si, au bout d'un siècle, ils formaient déjà une part importante de la population. A Syracuse, dans une circonstance importante, on voit se réunir une centaine de citoyens romains.

Les cités, comme on a déjà pu le voir, gardaient une part d'autonomie bien définie et assez large. D'abord venaient les cités alliées, Messine, Tauromenion et Nétum, qui ne devaient que l'assistance militaire. Puis les 5 cités franches d'impôt, c'est-à-dire dont les citoyens étaient exempts pour les propriétés sises sur le territoire : Centuripæ, Halaisa, Halycies, Panorme, Ségeste. Les grandes masses étaient *décumanes*, astreintes à la dîme ; mais nous avons vu que généralement elles levaient leur impôt elles-mêmes : en tout cas, elles nommaient les *censeurs* sur la foi desquels se faisait la levée. Même les cités *censoriennes* (dont le territoire était domaine public), comme Léontini, jouissaient de certains droits. Tout cela laissait la vie municipale active.

Les citoyens de ces villes prenaient part largement aux fermages auxquels avait donné lieu l'appropriation romaine, et même aux autres. C'est ainsi que les habitants de Centuripæ (Centorbe) étaient propriétaires dans toute l'île. De plus, ils prenaient part au mouvement commercial que faisaient naître le transport des blés à Rome ou l'arrivée des objets industriels de Corinthe ou de Délos, et que protégeait la paix romaine.

Dans les 60 ans qui suivirent la conquête, Romains et Siciliens travaillèrent à l'envi à préparer une crise agricole très grave. A la suite des guerres carthaginoises, beaucoup de terres étaient en friche. Il était plus simple de les livrer aux troupeaux que de les remettre en culture. Les adjudicataires des grands lots mis aux enchères par l'Etat romain n'y manquèrent pas, et leur exemple fut suivi. La culture du blé, sinon les autres, en souffrit.

Pour garder les troupeaux, on se servit d'esclaves ; c'était le moment où les grandes guerres romaines les jetaient par milliers sur le marché : Délos en vit vendre 50.000 en un jour. C'était une bonne spéculation d'acheter cette marchandise qui s'avilissait, pour faire de ces esclaves les bergers des pâturages siciliens. Or de tels esclaves jouissaient d'une indépendance de fait très réelle, et dont ils usaient largement. Un certain Damophilos voit, un jour, arriver ses pâtres qui lui réclament des vêtements ; il répond par une fin de non-recevoir : « Mais, ajoute-t-il, ne passe-t-il plus de voyageurs sur les routes de Sicile ? » Cet état de choses aboutit à un soulèvement formidable (135-2). On n'est pas forcé de prendre à la lettre le chiffre de 200.000 donné par Diodore pour l'armée des esclaves insurgés ; ce qui est sûr, c'est que le préteur Rupilius ne vint à bout de la révolte qu'en requérant la force militaire d'Italie.

L'avertissement était sérieux ; il fut compris. On s'efforça de ramener la main-d'œuvre servile ou libre à la culture des céréales. Puis un sénatus-consulte ordonna de libérer les esclaves nés dans le domaine romain : en deux jours, le préteur Nerva en affranchit 800 en Sicile. Aussi, dans la 2e guerre servile (104-100), ne nous parle-t-on que de 40.000 insurgés.

Désormais, on ne vit plus en Sicile ces bandes de pasteurs farouches. Mais les propriétaires siciliens avaient gardé un souvenir cuisant des guerres serviles, et tremblaient encore quand la moisson réunissait en nombre les esclaves agricoles.

A-t-on appliqué à la Sicile les mesures de Tib. Gracchus (132)? En Italie, on avait favorisé les lots de 30 jugères (7 ha. 1/2), mais en province les lots constitués par l'Etat laissent entrevoir

.une division moins grande de la propriété : en Afrique, par
exemple, on trouve le chiffre de 200 jugères (50 ha.). La Sicile, si
vraiment le mouvement de réforme s'y est fait sentir, a dû se
rapprocher plutôt du type provincial. Il y avait 13.000 chefs d'exploitation au début du IIe siècle, représentant une population de
plus de 100.000 laboureurs (sur plus de 700.000 habitants). La
Sicile reprit sa place comme grenier de Rome, au moment où les
besoins de la capitale augmentaient.

Mais l'afflux considérable d'esclaves orientaux, au IIe siècle,
n'a pu manquer de transformer fortement le caractère de la
population sicilienne.

Nous n'avons de renseignements étendus sur la Sicile romaine
que pour l'époque qui suivit cette crise, quand la province avait
été, pour ainsi dire, ramenée à un état de choses plus normal.

Voici ce qu'on en peut tirer. Sur les 25.000 kmq. de l'île, 5.000
environ étaient cultivés en céréales, produisant 2 millions 1/2
d'hectolitres de blé.

Sur l'île, vivaient alors plus de 700.000 habitants, dont
100.000 laboureurs formaient l'élément rural essentiel. On peut
ne pas rester très loin du chiffre de 500.000 habitants pour les
villes, si l'on songe que Messine, Syracuse, Agrigente, Lilybée,
Panorme pouvaient en contenir ensemble 200.000.

Pour nous faire idée des éléments divers qui composaient cette
population urbaine, nous sommes forcés d'utiliser des faits
remontant au IIIe siècle. Nous savons qu'Agrigente, en 260, comptait 25.000 esclaves sur 50.000 habitants. Nous savons qu'à
Panorme, vers 250, 13.000 personnes sur 27.000 seulement purent
se racheter de la captivité moyennant 200 drachmes. Nous savons
qu'en 205, la Sicile fournit à Scipion une garde de 300 cavaliers,
qui représente évidemment la jeunesse de la classe la plus riche.

Voici quel serait le type moyen d'une des 65 cités siciliennes
dans les premières années du Ier siècle av. J.-C. Sur 400 kmq. à peu
près, dont près de 100 consacrés à la culture des céréales et produisant 40.000 hl., vivaient 11.000 habitants, dont 1.500 à 2.000
laboureurs, 8.000 habitants de la ville (en réalité, cette moyenne
est trop grande : il faudrait tenir compte des 4 ou 5 grandes
villes); à savoir 4.000 esclaves, 2.000 pauvres, 2.000 citoyens
aisés (dont 400 de rang équestre).

Il va sans dire que, peut-être, aucune des villes siciliennes ne
répondait approximativement à ce type moyen. Messine, Syracuse, Agrigente, Lilybée, Panorme étaient de grands ports, et
les autres villes côtières devaient présenter une. concentration

particulière de la population. Si nous prenons les villes de l'intérieur, nous savons, par exemple, que Centuripæ (Centorbe) comptait 10.000 citoyens. ce qui suppose une population indigène de 30 à 40.000 personnes, d'où on déduirait une population totale de 80.000 âmes ; mais nous savons précisément que les habitants de cette ville étaient propriétaires par toute la Sicile, et avaient leurs esclaves partout. Pour Herbita, nous trouvons une production de 25.000 hl., pour 250 chefs d'exploitation (100 hl. par homme) ; pour *Léontini*, 180.000 hl., pour 90 chefs l'exploitation (2.000 par homme).

Tout nous donne l'impression qu'il y avait de grosses fortunes mobilières ou immobilières dans le pays, et il ne faut pas oublier que nos renseignements sont tirés des *Verrines*, prononcées à une époque (70) où le déclin de la Sicile avait déjà commencé.

Quant à l'emploi fait de cette richesse, il restait intelligent, grâce au contact étroit avec le monde grec. La Sicile était un musée d'art inépuisable, que Scipion Emilien avait complété par ses restitutions après la prise de Carthage : dans la maison d'un simple bourgeois de Messine, on pouvait trouver un Myron et un Praxitèle. Et le mouvement des esprits restait vif, puisque Diodore de Sicile (né vers 100) allait concevoir, dans la petite ville d'Agyrion, l'idée, d'ailleurs si piètrement exécutée, de son histoire universelle.

III

A partir de la fin du IIe siècle, les crises dans lesquelles devait sombrer la République romaine réagirent sur la Sicile.

La Sicile avait encore nourri les armées romaines au temps de la guerre marsique (89). Mais, ensuite, vinrent les guerres de Marius et de Sylla. La Sicile avait pris parti pour Marius, et Pompée dut y passer comme représentant de Sylla.

Puis la province, qui avait connu un certain nombre de gouverneurs remarquables à tous égards, Flamininus, Rupilius, Aquillius, Asyllius, fit connaissance avec la nouvelle aristocratie sénatoriale, corrompue par l'influence de l'ordre équestre, puis ramenée au pouvoir par Sylla ; elle s'en ressentit cruellement sous la préture du trop fameux Verrés (73-71). Elle souffrit surtout des déprédations des pirates ; la première atteinte de ce mal prit fin en 67.

Mais de nouvelles épreuves furent apportées à l'île par les guerres des Césariens et des Pompéiens. Sextus Pompée en fit

le siège de sa puissance navale, de 44 à 36, et intercepta ses relations avec Rome. Ses côtes furent le principal théâtre de la lutte
qui se termina à Naulocque, le 3 septembre 36. Elle en avait tellement souffert, qu'Auguste vainqueur dut la repeupler en partie :
il y établit 5 colonies romaines.

Sous César et sous Auguste, nombre de Siciliens reçurent le
titre de citoyens. Pourtant la Sicile était encore province sénatoriale au Ier siècle.

La latinisation ne fit de grands progrès que dans la période
impériale. C'est à ce moment que l'île, où, du temps de Verrés,
le gouverneur romain avait encore besoin d'un interprète, devint
une terre de langue latine : son dialecte, aujourd'hui, est un
dialecte italien.

Ce qui caractérise l histoire de la Sicile romaine, c'est qu'elle
n'a pas connu le régime des grandes sociétés de publicains
romains. Nous verrons, en faisant l'histoire de la province d'Asie,
à quel point elle fut par là privilégiée. Il faut rapprocher
ces deux types extrêmes de provinces, pour se faire une idée
quelque peu précise de la condition moyenne d'une province
romaine sous le régime républicain.

Le théâtre de Racine. — « Athalie ».

Conférence, à l'Odéon, de N.-M. BERNARDIN,

Docteur ès lettres.

MESDAMES ET MESSIEURS,

Un deuil très cruel vous prive d'entendre M. Laurent Tailhade, et un deuil tout à fait imprévu, car, il y a trois jours, je ne me doutais nullement qu'aujourd'hui j'aurais, une fois de plus, l'bonneur de parler devant vous. Pris ainsi presque à l'improviste, à un moment où mes fonctions me laissaient à peine le temps de songer à ce que je pourrais vous dire, il n'a pas fallu moins que le souvenir reconnaissant de la bienveillance que m'a tant de fois, depuis quatorze ans, témoignée le public de l'Odéon pour me décider à venir vous entretenir d'un sujet qui vous est si familier à tous depuis votre enfance, de cette *Athalie*, dont tous, garçonnets au pantalon court ou fillettes aux longues nattes, vous avez appris par cœur les scènes les plus fameuses, dont vous connaissez tout, sujet, action, caractères, beautés dramatiques et lyriques.

Par bonheur pour moi, l'accoutumance même, qui vous a rendu si familière la dernière tragédie de Racine, a produit là aussi son effet habituel : elle a lentement mais sûrement émoussé, atténué, diminué votre admiration. La première fois que vous avez passé sous la tour Eiffel, vous êtes restés comme stupéfaits devant la prodigieuse hauteur de cette moderne tour de Babel ; et, maintenant, vous passez et repassez sans même lever les yeux sur la construction audacieuse qui vous avait d'abord paru si étonnante. De même, lorsque vous traversez la place de la Concorde, assurément vos yeux, de quelque côté qu'ils se tournent, sont encore charmés ; mais quelle serait votre émotion artistique, si, touristes, arrivant pour la première fois sur les bords de la Seine, vous découvriez ce paysage urbain, le plus harmonieusement beau peut-être qui soit au monde !

Et cela même me trace mon rôle, qui est d'attacher aujourd'hui mon effort à rafraîchir, à rajeunir votre admiration pour le vieux chef-d'œuvre, afin que la représentation vous en donne tout à l'heure plus de plaisir, et pour cela de vous faire réfléchir à ce

qu'il y a réellement d'original et d'extraordinaire, à ce qu'il y a
de profondément humain et aussi de surhumain dans cette conception sans égale sur aucun théâtre, et dont l'unique défaut a
été de faire craquer de toutes parts le cadre trop étroit et trop
bas de la maison de Saint-Cyr, pour lequel elle ne semblait vraiment pas faite. Je voudrais vous amener à vous rendre compte
qu'il a fallu vraiment qu'*Athalie* fût une œuvre exceptionnelle et
présentât un concours singulier de qualités rares et précieuses
pour avoir réuni dans un commun enthousiasme quatre esprits
aussi différents que Sainte-Beuve, ce critique subtil, Lamartine,
ce poète si profondément religieux, Voltaire, que nul n'a encore
soupçonné de cléricalisme, à ma connaissance du moins, et enfin
Victor Hugo, le chef des romantiques, resté d'ailleurs si hostile
aux classiques en général et à Racine en particulier, qu'à la veille
de sa mort un journal patronné par lui n'osait pas annoncer à ses
lecteurs une nouvelle édition de Racine.

. Que présente donc *Athalie* de si particulier ? *Athalie* est,
Mesdames et Messieurs, par une combinaison savante d'éléments
divers, sur un sujet biblique, une tragédie à la fois politique et
religieuse, composée d'après le modèle des tragédies grecques.

Examinons-la, un instant, de chacun de ces quatre points de
vue.

C'est sur le sujet que je dois surtout insister. Le pieux Racine
avait tellement vécu de la vie de ses personnages, il était si
pénétré de leur généalogie, de leurs rapports, de leurs souvenirs, de leurs caractères, de leurs idées, de leurs usages, qu'il a
multiplié dans sa pièce les allusions, immédiatement d'ailleurs
saisies au vol par ses contemporains, qui, tous, avaient lu, à cette
époque où se vendaient surtout les livres de piété, la traduction
que venait de donner de la *Bible* Lemaistre de Sacy, un de ces
MM. de Port-Royal par qui fut élevé Racine. Mais, en 1910, je
craindrais que beaucoup de ces allusions ne fussent perdues pour
vous ; car il nous faut bien avouer que nous lisons beaucoup
moins que nos ancêtres, même la *Bible* ; et, de vrai, ce serait un
bien gros livre pour l'emporter aujourd'hui en automobile et
demain en aéroplane. Voici donc les faits qu'il me paraît utile de
vous rappeler devant que s'ouvre ce rideau, les faits qui sont,
pour ainsi dire, l'avant-scène d'*Athalie*.

Le royaume d'Israël, qui avait pour capitale Samarie, et le
royaume de Juda, dont la capitale était Jérusalem, étaient fréquemment en guerre l'un contre l'autre : les haines de famille
sont, comme vous savez, les plus farouches et les plus tenaces.
Cependant, au IXe siècle avant notre ère, Joram, roi de Juda, fils

du saint roi Josaphat et descendant de David, avait épousé *Athalie*, sœur, dit la *Bible*, fille, dit Racine, du roi d'Israël Achab, marié à une Tyrienne, cette coquette, vindicative et odieuse Jézabel, dont les crimes remplissent les livres saints : je n'ai besoin d'en mentionner ici qu'un seul ; afin d'agrandir ses jardins, elle fit lapider l'infortuné Naboth de Jezrahel pour s'emparer de sa vigne.

Comme la Tyrienne Jézabel était, à Samarie, le mauvais génie d'Achab, sa fille Athalie sera, à Jérusalem, le mauvais génie de son mari Joram. Elle commence par lui faire égorger ses six frères, qu'elle redoutait : début plein de promesses. Bientôt veuve, elle essaye d'opérer une entente cordiale entre les royaumes d'Israël et de Juda, entre les deux races ennemies d'Achab et de David, et, à cet effet, elle envoie son fils, le roi Okozias, faire visite au nouveau roi d'Israël, fils d'Achab ; ainsi maintenant, en Europe, un monarque, qui vient de monter sur le trône, fait-il la tournée des capitales. Politiquement l'idée était heureuse ; mais Athalie, comme vous allez voir, avait on ne peut plus mal choisi le moment.

A peine, en effet, Okozias était-il arrivé dans Jézrahel qu'un officier du roi d'Israël, Jéhu, se souleva contre son maître, le tua près de la vigne volée à Naboth, et fit jeter par une fenêtre de son palais l'abominable Jézabel (nous avons vu récemment, dans l'Europe orientale, une défenestration semblable). Le corps paré et fardé de la vieille reine fut foulé aux pieds des chevaux et dévoré par les chiens errants, très nombreux dans tout l'Orient comme à Constantinople, où, jusqu'à la semaine dernière, on leur confiait économiquement le service du nettoyage des voies publiques, comme nous commençons à confier le soin d'assurer la sécurité menacée de nos rues à des chiens embrigadés. Très prolifique, comme tous les princes orientaux, le frère d'Athalie avait soixante-dix fils ; Racine dira quatre-vingts pour le besoin du vers. Jéhu les fit tous décapiter ; et, comme ce guerrier avait un sentiment artistique assez développé, devant la porte du palais, il éleva deux jolies pyramides, bien régulières et de forme élégante, avec les soixante-dix têtes coupées, de véritables monuments de famille ; puis, tandis qu'il y était, il mit à mort tous les ministres du roi, ses officiers, ses prêtres, une foule de personnages de moindre importance, et, par la même occasion, le roi de Juda Okozias, qui se trouvait là en visite, avec ses quarante-deux frères. La *Bible* ne dit pas qu'ils fussent tous fils d'Athalie. Après quoi, Jéhu s'assit tranquillement, sur le trône d'Israël, rendant grâce à la bonté de Dieu. Je dois vous prévenir, car vous ne vous en seriez peut-être point avisés d'abord, que Jéhu est dans

Athalie un personnage plutôt sympathique: tout est relatif ici-bas, et puis il y a une autre raison, que je vous dirai tout à l'heure.

A la nouvelle de cet effroyable carnage, Athalie se sentit perdue, si Jéhu envahissait le royaume de Juda, qu'aucun prince parvenu à l'âge d'homme n'était plus là pour défendre. L'audace seule pouvait la sauver. Sans hésiter, comme Jéhu avait massacré tous les enfants d'Achab, elle massacra tous les jeunes princes de la maison de David, ses propres petits-fils pourtant ; puis, les forces du royaume ainsi réunies dans sa main vigoureuse, elle se dressa sur la frontière, menaçante, devant Jéhu, qui recula. Sauvée par son crime, elle va, durant huit années, régner sur Jérusalem par la terreur. Vous voyez donc, Mesdames et Messieurs, que cette reine infanticide fut plus criminelle encore que Jéhu, et qu'il n'y a pas lieu de la plaindre, au cinquième acte, avec quelques hommes d'esprit, amis des paradoxes piquants, qui vont parodiant une épigramme de Racine lui-même :

> Je pleure, hélas ! sur la pauvre Athalie,
> Si méchamment mise à mort par Joad.

Il faudra pleinement nous réjouir au contraire de voir punie la méchante Athalie, si justement mise à mort par l'ordre du grand-prêtre Joad.

De son châtiment Racine a fait une tragédie politique admirable, que lui eût enviée le grand Corneille, une tragédie politique où tout est si vrai, d'une vérité générale et éternelle, que, plusieurs fois dans le siècle dernier, une reprise d'*Athalie* s'est trouvée désobligeante et gênante pour le gouvernement établi, et qu'au temps du 16 mai Francisque Sarcey a pu, sous le couvert d'une étude rétrospective et inoffensive sur *Athalie*, écrire toute une série d'articles de polémique, où maint trait, qui semblait viser un passé très lointain, frappait en réalité un présent très présent.

Avec une pénétration merveilleuse Racine a retrouvé et il a peint avec un art à la fois délicat et puissant les regrets, les ambitions, les convoitises, les jalousies, les haines, bref toutes les passions qui remuaient les différentes classes de la société, ou, si l'expression vous paraît trop moderne, les divers groupes humains dans le royaume de Juda sous la domination de l'usurpatrice, de l'étrangère, de la fille des rois ennemis.

Avant que s'engage la bataille décisive, passons en revue, si vous le voulez bien, les deux armées, et mesurons les forces respectives des deux partis en présence.

Autour du trône sanglant, sur lequel est assise la toute-puissante Athalie, sont rangés tous ceux que lui attachent l'intérêt ou la crainte : sa garde tyrienne, insolente et brutale, mercenaires qui traitent Jérusalem en ville conquise et dont la seule vue inspire la terreur ; les ministres de Baal ou du Soleil, le dieu de Tyr et de Sidon, auquel la fille de Jézabel a voulu élever un temple en face du temple de Salomon, et dont le culte, ô profanation, dans Jérusalem, dans la cité sainte, est devenu le culte officiel ; des juifs, que la jalousie et l'ambition, ces détestables conseillères de crimes, ont conduits à l'apostasie et naturellement, par suite, aux honneurs, comme Mathan, le plus fidèle soutien de la reine idolâtre, sans laquelle il ne serait rien lui-même ; des Ismaélites, adorateurs des faux dieux, comme le confident de Mathan, Nabal, véritable bête de proie, dont l'avidité sans scrupules pousse aux violences qui promettent la curée ; l'armée, personnifiée dans le brave Abner, un très honnête officier, plus honnête qu'intelligent, qui sert le gouvernement établi sans enthousiasme, mais avec fidélité, parce qu'il est le gouvernement, parce que l'armée n'a point à s'occuper de politique, sa mission étant de défendre contre l'étranger le sol de la patrie ; enfin, tout en bas, le peuple, un peuple d'Orientaux fatalistes et serviles, qui s'inclinent toujours devant la force et acceptent avec une résignation tout au moins extérieure et en tout cas muette le fait accompli, même quand ce fait est un crime : en somme, vous le voyez, presque tout le royaume ; ce qui explique le discours du trône, si fier et si arrogant, que prononce Athalie au second acte, imitant, — qui l'eût cru ? mais Racine ne laissait rien perdre qui valût quelque chose — une héroïne de ce pauvre Pradon, dont la *Phèdre* vous a récemment paru si misérable à côté de l'autre, de la vraie.

Cette formidable puissance d'Athalie, qui donc la peut menacer ? Un seul groupe, sans armes et en apparence pacifique, dont se rit l'audacieuse reine, car ce groupe, c'est, comme nous dirions aujourd'hui, le clergé ; ce sont les prêtres et les lévites, réunis au nombre de plusieurs milliers dans l'immense temple de Salomon autour du grand-prêtre, qui aspire à rétablir le roi légitime, d'abord parce qu'il est le roi légitime, ensuite parce qu'il est le neveu de sa femme Josabet, enfin et surtout parce que celui qui remettrait la couronne sur son jeune front serait sous son nom le véritable roi. Le loyalisme, les liens de famille, l'ambition font du grand-prêtre un ennemi acharné de l'usurpatrice. Mais conspirer contre Athalie, la détrôner, semble une entreprise téméraire et folle. Elle l'est moins qu'elle ne le paraît. Joad a l'expé-

rience de la vie ; il connaît le cœur humain ; il sait que, dans la
lutte, il aura pour lui cette force morale que donne le droit et qui,
à certains moments, est irrésistible, tandis qu'à la première
défaite Athalie perdra tous les courtisans de sa fortune injuste et
éphémère : ses mercenaires tyriens seront les premiers à fuir,
jetant armes et boucliers ; l'armée nationale se rangera d'elle-
même autour du véritable roi, et le peuple docile et né pour tout
esclavage criera : « Vive Joas! », comme il crie : « Vive Athalie ! »
Et avec la calme patience de celui qui, ayant tout prévu, tout
calculé, tout combiné, est sûr du succès, Joad attend l'heure où
s'accomplira la révolution qu'il prépare dans l'ombre.

Et la voici venue, l'heure qu'attendait Joad. C'est par l'audace
qu'Athalie avait conquis le pouvoir, par l'audace qu'elle s'était
maintenue. La mort ? elle la méprisait ; le remords ? elle l'ignorait.
Or le temps a fait son œuvre ; la vieillesse est arrivée, qui a
lentement usé dans la reine les ressorts de l'énergie. Athalie ne se
reconnaît plus elle-même. Dans son cœur étonné elle entend
confusément des voix inconnues, qui la troublent, celle du remords
et celle de la pitié. Elle a beau, dans ses paroles, pompeusement
étaler sa force et sa puissance, celle qui a toujours fait peur aux
autres s'aperçoit avec stupeur qu'elle a peur elle-même, oui, peur
de Jéhovah, ce dieu rival du sien, ce dieu qu'elle a bravé ; et la
reine farouche, qui montrait aux peuples terrifiés ses bras tout
rouges du sang de ses petits-fils, n'est plus qu'une vieille femme,
crédule et superstitieuse, que la frayeur pousse au pied des autels
d'un dieu ennemi, dont elle essaiera d'apaiser la colère par des
présents. Cette confiance infatuée, qui avait jusqu'ici fait son
succès et sa force, elle l'a perdue ; elle flotte, elle hésite, elle
oscille entre les résolutions extrêmes et contraires ; une sorte de
vertige affole son cerveau affaibli ; et l'implacable Joad, profitant
avec adresse du trouble où il la voit, l'attire dans un piège et abat
d'un seul coup celle dont la puissance paraissait inébranlable.
Ainsi la ruse au service du droit a triomphé de la force au service
du crime ; et Voltaire, admirant cette tragédie politique, qui
témoigne une aussi profonde connaissance du cœur de l'homme
que les drames politiques de Shakespeare, ne peut s'empêcher de
s'écrier qu'*Athalie* est le chef-d'œuvre de l'esprit humain, malgré
son antipathie maintes fois proclamée pour Joad, antipathie qui
n'est point pour nous surprendre, si nous nous souvenons que,
dans les tragédies de Voltaire, le traître est toujours le grand-
prêtre, à quelque religion d'ailleurs qu'il appartienne.

Mais, pour bien comprendre l'esprit qui anime *Athalie*, il faut,
comme avait fait Racine avant de la composer, relire le *Discours*,

jadis si fameux, aujourd'hui bien négligé, que Bossuet a écrit *sur
l'histoire universelle* (1). Sans doute le précepteur expliquait politiquement au dauphin, son élève, qui d'ailleurs ne semble pas y
avoir compris grand'chose, comme à toutes ses études, la grandeur et la décadence des empires par le simple effet naturel de
leurs institutions et de leurs mœurs ; mais, aussitôt après, l'évêque lui montrait que tout cela n'était qu'une apparence et lui
faisait voir théologiquement dans ces mœurs et dans ces institutions les moyens dont la Providence avait, en réalité, voulu se
servir pour élever ou pour abaisser ces empires.

Exactement de même dans *Athalie*, derrière la tragédie politique que je viens de vous exposer, il y a une tragédie religieuse,
si bien qu'on a pu dire que le principal personnage de la tragédie
de Racine n'était autre que Dieu lui-même. Seulement, si Dieu
dans le *Saint-Genest* de Rotrou parle dans la coulisse par la belle
voix de basse du régisseur, il se contente dans *Athalie* de laisser
entrevoir sa main, qui conduit tout.

En Joad, à côté, au-dessus du politique, il y a le grand-prêtre
de Jéhovah ; en sorte que le vrai sujet de la pièce, ce n'est pas la
restauration du petit Joas, du roi légitime, mais bien la guerre du
dieu de Sidon contre le dieu de Jérusalem, du dieu de l'usurpatrice contre celui des rois de Juda, et la victoire du vrai Dieu. Cette
idée enveloppe, d'un bout à l'autre, toute la tragédie et la remplit
d'une horreur religieuse. A peine le rideau s'est-il ouvert que le
grand-prêtre, avec une éloquence émue et triomphante, rappelle
tous les épisodes de la grande lutte engagée entre Baal et Jéhovah :
le prophète Elie convainquant d'imposture sur le mont Carmel et
faisant mettre à mort par le peuple les quatre cent cinquante prophètes de Baal ; le même Élie, pour punir Achab et Jézabel d'avoir
fait périr les prophètes du Seigneur, défendant à la pluie et à la
rosée de tomber durant trois années sur la terre stérile ; Elisée, à
qui Dieu a voulu communiquer le pouvoir de ressusciter les morts,
faisant commander à Jéhu d'exterminer toute la maison d'Achab
pour venger Jéhovah. Et notez que voilà du coup excusés tous les
abominables crimes de Jéhu, que je vous rappelais tout à l'heure ;
voilà comment il peut, malgré tout, conserver notre sympathie,
puisqu'il n'a fait, fléau de Dieu, qu'exercer les terribles vengeances de Jéhovah lui-même.

Mais Racine a beau s'être fait une âme biblique, il a beau être

(1) M. Bernard, proviseur du lycée Charlemagne, vient d'en retrouver un
curieux exemplaire, en partie formé des épreuves corrigées par Bossuet lui
même.

revenu au jansénisme, au rude et sauvage jansénisme d'Arnauld, et écrire *Athalie* au lendemain de l'intolérante révocation de l'édit de Nantes (ce qui vous explique les emportements de Joad contre Mathan), le dieu cruel et sanguinaire de l'Ancien Testament, le dieu impitoyable du fanatique Pascal et du sévère Bossuet n'est pas, dans le fond, celui qu'adore le tendre poète. Pour son âme chrétienne, un intérêt plus haut encore que celui de Jéhovah lui-même est en cause dans *Athalie.* Il s'agit de l'accomplissement des plus saintes promesses de Dieu ; il s'agit d'assurer la naissance de ce fils de David prédit aux nations, qui doit « descendre du ciel comme une rosée » pour sauver le monde ; il s'agit d'assurer la naissance du Messie. Et ainsi la tragédie biblique s'élève à la hauteur d'une tragédie chrétienne. Joas, que nous savons devoir être un mauvais roi, — Racine ne nous le laisse point ignorer, — Joas cesse de nous intéresser par lui-même ; ce qui nous touche en lui, c'est que, dernier rejeton de David, il peut seul réaliser la promesse divine ; ce « pâle flambeau », qui brille dans la nuit et que menace d'éteindre la rage de la tempête, est donc le dernier espoir de l'humanité douloureuse, qui souffre et qui prie dans l'attente de ce Messie qui régnera « sur toute la terre par sa douceur, par sa vérité et par sa justice ».

Comment alors être surpris que ce soit Dieu lui-même, fidèle à sa parole et jaloux de justifier tant de « prophéties magnifiques et plus claires que le soleil », — résumées par Racine en celle de Joad — qui conduise tous les événements, répande sur Athalie

> cet esprit d'imprudence et d'erreur,
> De la chute des rois funeste avant-coureur,

et la pousse, enfin, dans le piège tendu par Joad, dont la perfidie toute biblique cessera d'étonner et d'inquiéter notre générosité et notre loyauté toutes françaises, si nous réfléchissons que le meurtre de la criminelle Athalie pouvait seul assurer, avec la victoire de Jéhovah, la naissance du Sauveur ? Pour le chrétien Racine, une pareille fin justifie amplement un moyen, qui lui laissait pourtant au fond de l'âme comme un scrupule, puisqu'il avait relevé dans les Pères, afin d'excuser l'équivoque dont Joad se sert pour attirer à la mort Athalie, un certain nombre d'équivoques semblables.

Considérée de ce point de vue, voyez comme la tragédie de Racine grandit, comme tout y devient surhumain et se transfigure : Athalie, qui ose se mesurer avec Jéhovah, prend la taille gigantesque des Titans qui voulaient escalader l'Olympe ; l'apostat Mathan, s'efforçant d'anéantir le Dieu qu'il a quitté, nous fait songer à l'ange déchu, à ce Satan avec le nom duquel rime d'ailleurs si richement son nom ; nous pensons au massacre des Innocents, tandis que la douce Josabet nous raconte plaintivement le massacre de ses neveux, les fils d'Okozias ; si bien que nous comprenous Victor Hugo admirant dans « cette prodigieuse *Athalie* » une œuvre véritablement épique. Il y a, en effet, dans *Athalie*, ainsi que dans les *Burgraves,* comme un souffle d'épopée ; mais, sans vouloir aucunement manquer de respect à la grande mémoire du poète dont le monde entier, il y a un quart de siècle, en un cortège moins funèbre que triomphal, escortait le cercueil de l'Arc de l'Etoile au Panthéon, il faut convenir qu'*Athalie* est une pièce beaucoup mieux faite que les *Burgraves.*

Elle est même si bien faite que Sainte-Beuve ne voit guère, à ce point de vue, qu'une autre pièce qui lui puisse être comparée, et c'est l'admirable *Œdipe roi* de Sophocle. Dans les deux tragédies l'action est conduite avec une égale simplicité de moyens. Mais songez combien il était malaisé au poète français d'amener plusieurs fois en quelques heures, sans invraisemblance, dans le temple de Salomon, Athalie, le pontife de Baal et même Abner ! Le coup de génie de Racine a été, ici, d'imaginer le songe d'Athalie. Ce songe fameux, qui figure dans toutes les anthologies et que tous vous savez par cœur, n'est pas seulement, comme dans tant d'autres tragédies, un morceau éclatant, un grand air de bravoure destiné à faire applaudir l'actrice et le poète ; il est, comme dans une pièce moderne célèbre le nez de Cyrano de Bergerac, le pivot même sur lequel tourne tout le drame ; grâce au songe d'Athalie, toutes les difficultés que pouvait rencontrer le poète dans la composition de sa tragédie sont levées : c'est lui qui attire Athalie dans le temple des Juifs, lui qui la met en face de Joas, lui qui fait qu'elle mande en hâte Mathan, lui qui est cause qu'elle envoie négocier d'abord Mathan avec Josabet, puis Abner avec Joad, lui enfin qui la jette dans le piège du grand-prêtre. Par l'heureuse invention de ce songe, tout s'enchaîne étroitement du commencement à la fin de la pièce ; toutes les entrées des personnages sont, je ne dis pas seulement justifiées, mais nécessaires et attendues du public au moment précis où elles se produisent. Ce n'est point à une fiction qu'assiste le spectateur incrédule ; c'est la réalité même qu'il a sous les yeux et qui l'émeut jusqu'au fond de l'âme. Oui, l'art de Racine, si merveilleux qu'on ne s'en rend compte qu'à la réflexion, égale ici celui de Sophocle.

Et les chœurs d'*Athalie* contribuent à la rapprocher encore d'*Œdipe roi*. Dans le théâtre grec, où un très vaste emplacement était réservé à ses évolutions, un chœur était mêlé à l'action, un chœur qui, représentant le peuple, assistait aux événements, s'y intéressait, moralisait sur eux par la voix du coryphée, et chantait pendant les intervalles des actes, en sorte que jamais le théâtre ne demeurait vide et qu'aucun entr'acte n'interrompait la continuité de la représentation. Par imitation, la vieille tragédie française avait eu aussi primitivement un chœur ; mais il avait disparu définitivement au xviie siècle, la scène, déjà fort étroite, ayant, à partir du *Cid*, été envahie par les marquis et par les officiers, comme vous l'avez pu voir, ici même, dans la si curieuse reconstitution qu'a donnée avec tant de succès M. le directeur de l'Odéon. Écrivant, cette fois, pour la scène de Saint-Cyr, qui était libre, Racine a pu enfin calquer une tragédie française sur les modèles laissés par les Grecs, déployer, comme eux, une grande pompe théâtrale, faire, comme eux, marcher sur un théâtre vaste et désencombré de nombreux acteurs, substituer l'action aux récits, et « employer à chanter les louanges du vrai Dieu cette partie du chœur que les païens employaient à chanter les louanges de leurs fausses divinités ». Dans *Athalie*, soit qu'elles célèbrent la grandeur de Dieu, soit qu'elles admirent la précoce sagesse avec laquelle Joas a répondu à la reine, soit qu'elles soutiennent de leurs chants et commentent la prophétie de Joad, soit qu'elles invoquent à l'approche du combat la protection de Jéhovah ou s'enfuient éperdues au son des trompettes tyriennes, les jeunes filles de la tribu de Lévi, toujours personnellement intéressées dans les événements, jouent donc à peu près exactement le même rôle que le chœur dans la tragédie grecque. Grâce aux chants de ces jeunes filles, qu'accompagne une musique digne des vers de Racine, et c'est tout dire, la pièce entière forme un bloc unique, sans sections ; si bien qu'*Athalie*, comme *Œdipe Roi*, se pourrait jouer sans aucun entr'acte, sans qu'une seule fois le rideau ait besoin de se fermer complaisamment pour faire comprendre aux spectateurs qu'il s'est passé entre deux actes un temps plus ou moins long.

Grecque, *Athalie* l'est encore à un autre point de vue. La scène célèbre où la vieille reine interroge le petit Joas et où l'enfant refuse de quitter pour la suivre à la cour le temple où il a grandi et qu'il aime, cette scène n'est pas née dans l'imagination créatrice de Racine ; il l'a prise dans l'*Ion* d'Euripide, en rajeunissant de quelques années l'adolescent grec. C'est d'ailleurs dans la lecture d'autres pièces du théâtre grec qu'il a puisé l'audace de mettre un enfant sur la scène française. Il comptait si peu, l'enfant, dans la famille du xviie siècle, qui n'eut jamais plus de goût pour lui que La Fontaine, dont l'humeur n'était « nullement

de s'arrêter à ce petit peuple ». Le père moderne est pour son fils
un ami plus âgé et prudent ; le père du xviiᵉ siècle était un maître
sévère et inflexible, et le signe de son autorité, son sceptre, était
la poignée de verges que vous connaissez bien, pour l'avoir vue
récemment attachée au fauteuil du *Malade imaginaire*. L'enfant
se taisait devant lui. Pas d'enfants donc dans notre vieux théâtre,
si ce n'est, dans la comédie, la silhouette, à peine entrevue, de
l'espiègle Louison ou celle du jeune comte d'Escarbagnas, si ce
n'est dans la tragédie, le petit Atilius, un louveteau romain, qui
fait l'apprentissage de la guerre aux côtés de son père dans le
Régulus de ce Pradon, que j'ai décidément aujourd'hui l'air de
vouloir réhabiliter. Que ces trois rôles semblent pâles auprès du
rôle délicieux de Joas, où Racine a égalé l'élégante simplicité de
la poésie grecque, qui s'est plu si souvent à peindre l'enfance
avec sa grâce et son charme très pur, et où il a mis en outre toute
sa reconnaissance pour les maîtres vénérés qui l'avaient élevé lui-
même à l'ombre de l'église du Port-Royal-des-Champs, et sa tendresse alors exceptionnelle et quasi-maternelle pour la jeune
nichée, pour le fils chéri et pour les cinq fillettes, presque toutes
de futures religieuses, dont il surveillait et parfois ne dédaignait
pas de partager les ébats innocents. Et ces figures enfantines, qui
traversent le sombre drame, Joas, Zacharie, Salomith, faibles
agneaux menacés par des loups cruels, donnent à la dernière
tragédie de Racine une originalité et un attrait inexprimables.
C'est un parfum exquis à respirer que celui de cette fleur grecque,
si habilement et amoureusement transplantée dans le sévère et
redoutable temple de Salomon.

Une salle de ce temple, le vestibule de l'appartement du grand-
prêtre, est le lieu de la scène. Mais ce n'est point un décor banal,
le palais à volonté, qui peut servir pour *Andromaque* et pour
Phèdre, ou pour *Britannicus* et pour *Bérénice*. Le poète a véritablement vécu en esprit dans ce temple magnifique, dans ce temple
en cèdre du Liban, que Salomon avait voulu bâtir, sur le modèle
du tabernacle, au sommet du mont de Morija, à l'endroit même
« où Abraham, prêt à immoler son fils unique, fut retenu par la
main d'un ange ». Racine en connaît toutes les galeries et tous
les détours : que de fois, par la pensée, il avait, avec Bossuet,
franchi le double mur d'enceinte, qui faisait ressembler l'immense temple à une forteresse, traversé les deux parvis extérieurs sur lesquels ouvraient les appartements du grand-prêtre
et des sacrificateurs, monté dans le parvis des femmes, gagné,
par celui des hommes, la cour du temple, réservée aux sacrifices
et interdite à tout autre qu'aux lévites, contemplé les dix cuves

des ablutions et la mer d'airain portée par douze bœufs du même
métal, gravi la levée de terre qui menait à l'autel d'acacia, revêtu
d'airain, où se consumaient les holocaustes ; que de fois même,
passant entre les deux obélisques qui encadraient la porte, il était
entré, le front incliné vers la terre, dans le temple intérieur, et
avait fait, avec les prêtres, brûler les parfums sur l'autel entre le
candélabre d'or aux sept branches et la table des douze pains de
proposition, ne s'arrêtant, saisi d'une crainte respectueuse, que
devant le lieu très saint, « symbole de l'impénétrable majesté de
Dieu », devant le Saint des saints, accessible au seul grand-
prêtre, et encore une seule fois dans l'année, le jour de la Propi-
tiation, pour qu'il pût encenser l'arche sainte, l'arche d'acacia,
recouverte d'or, marchepied du trône de Dieu, dont le siège était
formé par les ailes déployées de deux chérubins d'or ! A chaque
scène d'*Athalie*, les personnages feront tout naturellement allusion à l'un ou à l'autre de ces détails, qui leur sont familiers à tous,
si bien que, par un prodige de l'art, sans qu'il y ait le moindre
heurt, sans que l'œil attentif puisse relever la moindre disparate,
cette tragédie française, construite sur le modèle des tragédies
grecques, est toute enveloppée d'une atmosphère biblique. Les
strophes du chœur s'envolent vers le ciel invoqué, légères
comme la fumée de l'encens sacré ; l'horreur religieuse du sanctuaire envahit toutes les âmes, quand le grand-prêtre, plein de
Jéhovah qui l'inspire, au son de toute la symphonie des instruments, au chant des vierges assemblées pour célébrer la grande
fête de la Pentecôte, annonce la ruine de Jérusalem et prédit la
venue du Messie ; et l'on conçoit que Lamartine se soit écrié :
« Cette poésie-là vient du ciel. »

Je ne me figure pas très bien une pareille scène jouée par les
demoiselles de Saint-Cyr. Oh ! Joas, Zacharie, Josabet même,
parfait : ces rôles-là sont écrits pour elles ; mais Athalie, mais
Mathan, mais Joad, même en laissant de côté, pour ces deux
derniers, la question, un peu gênante, de la barbe ! Au moment
de représenter, pour la première fois, le grand-prêtre des Juifs,
Talma, Talma lui-même, se sentait pris d'inquiétude, tellement il
lui semblait difficile de rester dans la juste mesure, sans donner
plus d'importance qu'il ne convient, soit à l'élément politique,
soit à l'élément religieux, dont l'habile assemblage constitue ce
rôle extraordinaire : « Si je suis trop prophète dans ma diction,
expliquait-il à Lamartine, je tombe dans le prêtre fanatique, et
je refoule dans les âmes l'intérêt qui s'attache au petit Joas,
pupille du temple et du pontificat. Si je suis trop politique dans
ma physionomie et dans mon geste, j'enlève à ce rôle le carac-

tère d'inspiration et d'intervention divine, qui fait la grandeur et la sainteté de cette tragédie. » Ce problème, que craignait de ne pouvoir résoudre le plus illustre des tragédiens français, je ne vous affirme point que vous l'allez voir pleinement résolu par l'artiste dont les jeunes épaules ont assumé le lourd fardeau du rôle de Joad ; mais ce que je sais bien, c'est que M. Chambreuil, par sa prestance majestueuse, par son excellente diction, par sa grande intelligence du texte, donne dans ce rôle toutes les promesses d'une belle carrière dramatique. A côté de lui, la vaillante troupe de l'Odéon, qui est à bonne école et dont vous avez plaisir à applaudir les progrès constatés par vous de quinzaine en quinzaine, vous assure une représentation qui clôturera dignement la série des matinées-conférences de l'année 1909-1910.

Et, afin d'en rehausser l'éclat, M. Antoine a voulu vous faire entendre, en même temps que Mlle Barjac et M. Joubé, la Comédie-Française de demain, la Comédie-Française d'hier en la personne de Mlle Dudlay. C'est une heureuse fortune pour les jeunes gens qui sont ici de pouvoir applaudir, encore aujourd'hui, la brillante sociétaire, comme nous l'avons tant de fois applaudie nous-mêmes. Unissant à la puissance dramatique le juste sentiment des nuances les plus délicates, Mlle Dudlay a été sans rivale dans deux personnages bien différents, la Camille d'*Horace* et la Roxane de *Bajazet*. Elle est une très personnelle et très curieuse Athalie. Que d'intentions psychologiquement intéressantes lui permet de montrer la lenteur, justifiée par le trouble de la vieille reine, avec laquelle elle détaille le fameux songe et interroge l'enfant qui l'effraie ! Et quelle grandeur au dernier acte, alors que, prise au piège de Joad, elle se redresse, fière et encore menaçante, devant l'inévitable mort, victime d'une taille surhumaine que seul pouvait terrasser un Dieu ! Elle vous donnera une vision de grand art, qui restera longtemps devant vos yeux.

Mesdames et Messieurs, il y a environ trois semaines, M. Antoine, comme directeur de l'Odéon, Mlle Dudlay, en qualité d'interprète de Racine, et moi, pour avoir publié une édition de son théâtre, nous avons reçu une lettre circulaire, dont je saisis avec empressement cette occasion de vous entretenir. Il vient de se fonder 10, rue Notre-Dame-de-Lorette, sous la présidence du poète Jean Aicard, de l'Académie française, une Société de Raciniens. Depuis longtemps affligés que, dans nos jardins ou sur nos places, où tant de gloires moindres sont immortalisées par le bronze ou par le marbre, il ne s'élève aucune statue de l'un des poètes dont la France est le plus justement fière, ces admirateurs

de Racine ont entrepris de créer dans les esprits un mouvement
pour que ce fâcheux oubli soit au plus tôt réparé ; et, comme ils
veulent que cette réparation ait un caractère en quelque sorte
national, afin que chacun puisse apporter sa pierre au monument, ils demandent à qui veut faire partie de la Société une coti-
sation annuelle des plus modiques, trois francs. Avis donc,
Mesdames et Messieurs, à toutes celles qu'ont si profondément
émues les larmes maternelles d'Andromaque et la douleur vertueuse de la criminelle Phèdre, à tous ceux qui ont pleuré avec
Esther sur les malheurs des Hébreux ou prié avec Joad et Josabet le Dieu sauveur, à tous ceux et à toutes celles qu'a follement divertis la comédie aristophanesque des *Plaideurs*. Et que
soit remerciée hautement la Société des Raciniens, si, grâce à
elle, les Parisiens peuvent dire bientôt devant la statue de Jean
Racine :

> Rien ne manque à sa gloire ; il manquait à la nôtre !

N.-M. BERNARDIN,
Docteur ès lettres.

———

Le Gérant : FRANCK GAUTRON.

POITIERS. — SOCIÉTÉ FRANÇAISE D'IMPRIMERIE.

REVUE HEBDOMADAIRE

DES

COURS ET CONFÉRENCES

DIRECTEUR : N. FILOZ

La « République » de Platon.

Cours de M. ALFRED CROISET,

Doyen de la Faculté des Lettres de l'Université de Paris.

La timocratie; l'oligarchie; la démocratie.

Nous avons vu, dans la précédente leçon, que Platon essayait d'expliquer par un nombre mystique, emprunté probablement aux Pythagoriciens et sur lequel on a beaucoup discuté, comment l'État primitif, qui était, selon lui, la cité idéale, œuvre des dieux qui ont créé la première société, avait pu s'altérer, de manière à donner naissance à une forme nouvelle que nous rencontrons dans le monde réel, la timocratie ; cette corruption s'est produite au bout d'une période dont on n'a pas exactement observé la durée, par oubli du nombre sacré. De chaque forme de gouvernement, nous rapprocherons le caractère individuel que Platon leur compare ; car, nous l'avons dit, les cités, composées d'hommes, sont mues par des ressorts analogues à ceux qui font mouvoir les âmes individuelles, et les qualités ou les défauts propres à l'individu se retrouvent dans l'État, et réciproquement.

C'est au point de vue moral, presque exclusivement, que Platon considère les formes politiques, tenant peu de compte des causes empruntées à la réalité matérielle et économique, préoccupé ensuite de rapprocher des formes politiques les caractères individuels. Nous trouvons cependant, dans ces peintures, une foule de traits pris à la réalité, à des événements contem-

43

porains, et qui donnent beaucoup de vie, de grâce et d'éloquence à tous ces tableaux.

Donc le gouvernement qui succède au gouvernement idéal par suite de l'oubli du nombre sacré, c'est la timocratie, c'est-à-dire, dans le langage de Platon, le gouvernement caractérisé par la recherche des honneurs, l'amour de la gloire. Comment s'opère le passage de la forme idéale du gouvernement à cette forme altérée ?

Par suite de l'oubli du nombre sacré, les unions, qui ont tant d'importance dans la cité platonicienne, ne sont plus faites de la même façon ; des générations naissent, en quelque sorte, sous une mauvaise étoile et apportent dans la cité des tendances contraires à celles qui devraient y régner. Les chefs oublient de faire respecter certaines prescriptions, indispensables aux yeux de Platon, notamment la musique (au sens platonicien et pythagoricien du mot). Cette musique donc s'altère ; on ne lui attache plus l'importance qu'on devrait, et, de proche en proche, les habitudes se transforment, les institutions se corrompent. La musique ne faisant plus son office, qui est de régler l'âme, laisse prendre trop d'importance aux autres parties de l'âme individuelle ; et ce n'est plus la raison, le *noûs*, qui domine dans la cité idéale : c'est le *thumos*, c'est-à-dire l'élément où règnent les impulsions ardentes, quelquefois généreuses, mais plus souvent violentes. On se rappelle, en effet, qu'au-dessous du *noûs*, ou raison, Platon distingue le *thumos*, ou courage, et au-dessous encore l'*épithumia*, l'ensemble des désirs, des passions inférieures. Ce qui caractérise donc la timocratie, c'est la domination des passions ardentes, quelquefois généreuses, répétons-le, mais presque toujours impulsives et aveugles, puisque le *noûs* ne les contrôle pas.

Voici, maintenant, la métaphore des quatre métaux empruntée à Hésiode (or, argent, airain, fer). Platon poursuit l'allégorie : les métaux ne sont plus à leur place par suite de ce dédain de la musique ; les métaux inférieurs cherchent à prendre la place des métaux supérieurs ; les magistrats, par l'oubli du nombre sacré, ne maintiennent plus ceux-ci à leur rang : « Ils ne « savent plus veiller à la garde de l'État ni discerner les races « d'or, d'argent, d'airain et de fer dont parle Hésiode... Le fer « venant donc à se mêler avec l'argent et l'airain avec l'or, il « résultera de ce mélange un défaut de ressemblance, de régula- « rité et d'harmonie : défaut qui, quelque part qu'il se trouve, « engendre toujours la guerre et la haine ; telle est l'origine qu'il « faut assigner à la sédition en tout lieu et toujours. » L'homme dont l'âme est d'or et d'argent, ayant en lui-même toutes richesses (philosophie et raison), ne cherche pas les vaines richesses ; mais celui dont l'âme est de bronze et de fer s'attache aux biens extérieurs. De là division, dissension, recherche des honneurs, que, dans la cité idéale, on n'acceptait que contraint et forcé. Un certain désordre s'introduit donc dans la cité et, du même coup, naît la timocratie.

Quels en sont les caractères ? C'est un mélange de bon et de mauvais ; car les instincts du *thumos*, qui sont dominateurs, ici, ont une part de noblesse ; mais ils sont mauvais, parce que la raison ne les règle pas. Platon trace alors un tableau curieux, dont il empruntera les principaux traits à Sparte et à la Crète. Historiquement, aussi, remarquons que ce sont là les constitutions les plus archaïques ; car la Crète en resta très tard à la division en clans (cf. Aristote), et, si Sparte évolua davantage, elle conserva toujours ses passions belliqueuses. Il y a du bon, dit Platon, dans cette timocratie, car ce qui reste de la cité idéale, c'est le culte de la gymnastique, des vertus guerrières, et aussi (ce qui est un trait emprunté à Sparte et à la Crète) l'habitude des repas en commun, des *sussitia* : le luxe individuel y est par ce fait réprimé ; mais voici maintenant ce qu'il y a de mauvais dans cette cité timocratique, cité de gloire et d'orgueil : on n'y respecte plus les sages ; on ne leur fait plus la place qui leur convient, et les individus de cette société inclinent désormais, dans le choix qu'ils font de leurs magistrats, vers des natures plus violentes et plus simples, un peu frustes. Donc il y a beaucoup de bien encore dans cette cité ; mais le mal s'y introduit par le défaut de culture, et une cité comme celle-là fera la guerre presque constamment ; elle ne pratiquera pas les arts de la paix, étant incapable de vivre pacifiquement.

Aristote, bon observateur, fait la même remarque à propos de Sparte, qui, une fois maîtresse, fut, comme on sait, impuissante à pratiquer les arts de la paix, ce qui précipita sa chute.

Un autre détail plus grave et très finement observé par Platon : c'est que, dans cette cité où domine le *thumos*, les autres passions et, en particulier, celle de l'argent, commencent à se glisser peu à peu dans les âmes. Seulement, comme la législation générale, malgré son affaiblissement, ne laisse pas encore aux citoyens toute liberté de s'enrichir, cette richesse se fait honteuse, mystérieuse : chacun amasse en cachette un trésor qu'il se plaît à contempler ; on n'étale pas encore la richesse, mais le vice est là, et voilà comment une passion inférieure, l'*épithumia*, sous la forme de l'avarice ou de l'avidité, vient se joindre aux passions généreuses du *thumos*. Cette observation est juste et vient de

Sparte, où l'histoire nous montre, à côté d'un mépris officiel des richesses, l'avidité des Spartiates, qui, ne pouvant exercer ouvertement chez eux leur passion, se rattrapaient à l'extérieur au cours de leurs conquêtes. Les magistrats qu'ils établirent dans les cités vaincues furent prévaricateurs ; leur rapacité, longtemps étouffée, se donna libre carrière, et c'est alors que se produisit les révolte du sentiment grec contre ces Spartiates, qui se montraient si différents, en réalité, de ce qu'on les imaginait d'après les dires de leurs admirateurs éloignés.

Voyons, maintenant, quel est le caractère individuel qui correspond à cette cité timocratique ; c'est l'individu chez lequel, comme dans la cité, domine le *thumos*, l'individu dans l'âme duquel les passions généreuses, (ambition, amour de la gloire), avec aussi certaines tares secrètes, sont maîtresses de la volonté. Pour expliquer comment se forme ce caractère, Platon a recours à une analyse très fine et très subtile comme on en trouve tant chez lui. Cet homme naît dans une famille dont le père est encore un honnête homme selon les lois de la cité parfaite ; mais, comme le gouvernement est mauvais, il n'arrive pas aux dignités auxquelles ses mérites lui donnaient droit ; on lui préfère d'autres individus de moindre valeur, et le fils, voyant cela, commence à concevoir des doutes sur la valeur morale de son père, et il est encouragé dans cette voie par les plaintes de sa mère, ce qui s'explique, puisque Platon attache tant d'importance à ce que les femmes reçoivent une éducation complète et semblable à celle des hommes. Le jeune homme, étonné de voir que son père n'est pas récompensé à son mérite, entend ainsi les récriminations de sa mère, qui se plaint d'avoir épousé un homme de tant de vertu mais de si peu d'entregent, et ces critiques lui sont répétées par les esclaves, qui les grossissent encore. Enfin, s'il sort, qu'il aille sur la place publique ou dans les rues, il entend dire partout que la vertu n'est que naïveté, que la philosophie ne sert à rien, et que, le vrai moyen d'arriver, c'est de vouloir avec énergie ; voilà comment il s'abandonne alors, de plus en plus, à ses passions et deviendra plus tard un adulte orgueilleux et vaniteux, attaché aux seules apparences. C'est ainsi que nous arrivons à la troisième forme de gouvernement, que Platon appelle oligarchie, lui donnant le sens de gouvernement des riches, ou gouvernement d'une minorité, car les riches sont le petit nombre.

Sur ce point encore le langage de Platon n'est pas tout à fait conforme à celui d'Aristote, pour qui l'oligarchie est le gouvernement des nobles ou des descendants des grandes familles peu nombreuses qui ont la prétention d'être nobles. Au contraire, le

gouvernement de l'argent, c'est ce qu'Aristote appelle la timocratie : la différence est donc notable en're ces deux mots chez
Aristote et chez Platon. Comment s'opère la transformation du
gouvernement des ambitieux, amoureux de la gloire, en gouvernement des riches? C'est que l'absence de justice, dans le
gouvernement du *thumos*, a conduit un certain nombre d'hommes
à entasser des richesses, à constituer en cachette un trésor, grâce
auquel s'accroîtra de plus en plus leur puissance, car, le pouvoir
de la richesse grandissant, elle est de plus en plus honorée, et,
par une marche nécessaire, cette richesse, que l'on dissimulait
d'abord, devient insolente ; elle s'étale jusqu'à ce que naisse le
gouvernement oligarchique où tout le pouvoir appartient aux
gens riches, à l'exclusion des pauvres ; la richesse alors domine
officiellement. Platon se montre très sévère pour ce gouvernement
de l'oligarchie ; car il est tellement éloigné de l'idéal platonicien,
que c'est à peine s'il lui trouve certaines qualités. Il est plus
sévère à son égard que certains autres philosophes ou moralistes, Aristote par exemple, chez qui on trouve souvent cette
idée, que les hommes parvenus à la richesse par leur travail peuvent avoir acquis ainsi une certaine expérience, qui leur donne
quelque supériorité au point de vue du gouvernement. Platon
n'en parle pas ; il ne voit qu'une chose, absurde au point de
vue de la raison, qui est de choisir pour magistrats des gens
d'après leur état de fortune, comme si la fortune avait quelque
rapport avec la philosophie. Voici ce que dit Socrate :

« D'ambitieux et d'intrigants que les citoyens étaient dans la
« timocratie, ils finissent par devenir avares et cupides. Ils n'ont
« d'éloges et d'admiration que pour les riches ; les emplois ne
« sont que pour eux ; c'est assez d'être pauvre pour être méprisé.
« Alors s'établit une loi qui donne pour base du gouvernement
« oligarchique la quotité de la fortune : le cens exigé est plus fort
« dans un gouvernement où l'oligarchie est plus développée ; il
« est plus faible dans celui où elle a moins de rigueur, et l'accès
« des charges publiques est interdit à tous ceux dont la fortune
« ne s'élève pas au cens marqué... Regarde donc ce qui arriverait,
« si l'on choisissait comme pilote le plus riche sans jamais con-
« fier le gouvernement du navire au pauvre, quand même il
« serait plus capable !... C'est le premier vice capital de l'oli-
« garchie ».

Ainsi l'incompétence règne d'une manière officielle dans le
gouvernement oligarchique en vertu du droit de la richesse ; mais
il est un autre défaut plus grave encore : à partir de ce moment,
l'unité disparaît, cette unité à laquelle Platon tient tant, à

laquelle il sacrifie même la famille et la propriété, nous l'avons
vu, cette unité disparaît, et la cité se compose dès lors de deux
cités ennemies, celle des riches qui peut tout et celle des pauvres
qui ne peut rien. L'*homonoia*, condition indispensable de tout bon
gouvernement, n'existe plus ; de là viennent des luttes civiles
incessantes, dont Platon eut tant d'exemples sous les yeux, et cet
esprit tyrannique qui se développe à la fois chez les uns et chez
les autres. Un fait général se produit, qui prépare la transformation de la cité oligarchique en cité démocratique. Chacun cherchant à accroître sa fortune par tous les moyens, certains hommes s'enrichissent, et d'autres, qui étaient riches, tombent
dans la pauvreté. La conséquence de ce nouvel état de choses est
l'apparition d'une classe intermédiaire, que Platon appelle les
« frelons », composée des anciens riches qui ont perdu leur
fortune et vont gâter toute la ruche ; ces déclassés seront la ruine
de la cité :

« Veux-tu, dit Socrate à Adimante, que nous disions de cet
« homme qu'il est le fléau de l'État, comme le frelon est le fléau
« de la ruche ? Mais n'y a-t-il pas cette différence que Dieu a fait
« naître sans aiguillons tous les frelons ailés, au lieu que, parmi
« ces frelons à deux pieds, s'il y en a qui n'ont pas d'aiguillons,
« d'autres en revanche en ont de très piquants. Ceux qui n'en
« ont pas traînent leur vieillesse et meurent dans l'indigence; ceux
« qui en sont armés donnent naissance à tous les malfaiteurs. »

Quelle sera maintenant, à côté de cette cité oligarchique, la
nature morale correspondante chez l'homme que Platon appelle
oligarchique ? Le principe dominant dans cette âme sera l'*épithumia*, c'est-à-dire l'ensemble des passions inférieures, celles
qui poussent à la jouissance, à la possession des biens, de préférence aux passions nobles. Voici alors la nature de ce caractère oligarchique, qui emprunte beaucoup de ses traits principaux à la société athénienne, bien qu'elle soit proprement démocratique et non oligarchique ; mais la nature humaine est si
variée et si composite, qu'il ne faut point s'étonner de cela outre
mesure. L'homme oligarchique peut être retenu par les mœurs,
la législation, qui répriment encore ses instincts, dans une hypocrisie décente ; mais, lorsque rien ne le retiendra plus, il s'adon-
nera au mal. Platon cite des exemples de cette préoccupation
de la richesse, notamment celui de l'homme chargé de quelque
tutelle et qui, sous une apparence d'honnêteté, dilapide les biens
qu'on a confiés à sa gestion et s'enrichit en cachette:

« Sais-tu, dit Socrate, en quelle occasion on découvrira les
« désirs malfaisants de l'homme oligarchique ? C'est lorsqu'il

« sera chargé de quelque tutelle ou de quelque autre intérêt
« dans lequel il aura toute licence de mal faire... N'est-il
« pas clair par là que, dans les autres circonstances où il
« obtient l'estime par les apparences de la justice, c'est en se
« faisant à lui-même une sorte de violence qu'il comprime les
« mauvais désirs qui sont en lui, non pas par le sentiment du
« devoir ni par le calcul de la réflexion, mais par nécessité et
« par peur, lorsqu'il craint de perdre son bien, en voulant s'em-
« parer de celui des autres. Et c'est lorsqu'il sera question de
« dépenser le bien d'autrui, c'est alors que, dans la plupart des
« hommes de ce caractère, on découvrira ces désirs qui tiennent
« du naturel des frelons. »

Tel est l'homme oligarchique chez qui dominent les instincts
bas : c'est une âme, au fond, profondément viciée. Nous arrivons ainsi à l'étude de la démocratie, sur laquelle Platon s'étend
longuement, ici et un peu plus loin, lorsqu'il parle de la tyrannie. La manière dont il nous parle de la démocratie est tout à
fait curieuse et spirituelle. Il est inutile de dire qu'elle ne plaît
pas à Platon : il est aussi peu démocrates que possible, nous l'avons
déjà vu, mais il est intéressant de lire en quels termes il décrit
cette démocratie ; ce n'est plus le ton de satire âpre et violente
dont il a peint le gouvernement oligarchique, que nous retrouverons plus accusé encore dans le tableau de la tyrannie ; c'est une
ironie charmante, légère, renfermant mille traits d'une observation fine, où Platon laisse voir, sous une désapprobation fondamentale, une évidente tendresse pour certains côtés séduisants de
ce gouvernement et de cet homme démocratiques, dont le premier
défaut, à ses yeux, est qu'ils sont amorphes. Quel est, en effet,
le principe même de la démocratie ? Est-ce le *noûs*, le *thumos*,
l'*épithumia* ? — C'est, en vérité, un mélange de tout cela, de toutes
ces tendances, qui se rencontrent un peu dans les diverses formes
de gouvernement et dans l'âme individuelle : c'est aussi l'absence
complète de tout principe régulateur. Mais il faut d'abord expliquer la naissance de cette démocratie : l'oligarchie produisant
un nombre de frelons de plus en plus grand, ceux-ci sentent leur
force et se révoltent. Le gouvernement oligarchique, en lui-même,
n'ayant pas de titre bien sérieux au respect, les gens du peuple
aiment à voir de près ces riches qui sont leurs maîtres, se
mesurent à eux, les jaugent dans une foule de circonstances
particulières :

« Les esprits étant ainsi disposés de part et d'autre, lorsque
« les magistrats et les sujets se trouvent ensemble en voyage ou
« dans quelque autre rencontre, dans une députation, à l'armée,

« sur terre, sur mer, et qu'ils s'observent mutuellement dans
« les occasions périlleuses, les riches n'ont aucun sujet de mé-
« priser les pauvres ; au contraire, quand un pauvre maigre et
« brûlé par le soleil, posté sur le champ de bataille à côté d'un
« riche, élevé à l'ombre et chargé d'embonpoint, le voit tout
« hors d'haleine et embarrassé de sa personne, quelle pensée
« crois-tu qu'il lui vienne en ce moment à l'esprit? Ne se dit-il
« pas à lui-même que ces gens-là ne doivent leur richesses qu'à
« la lâcheté des pauvres? Et, quand ceux-ci sont entre eux, ne se
« disent-ils pas les uns aux autres : « En vérité, nos riches sont
« bien peu de chose ! »

Ainsi naît le sentiment universel de l'indignité de ces magistrats, qui ne doivent leur puissance qu'à des avantages purement
extérieurs. Peu à peu l'oligarchie est minée ; elle est bientôt
même renversée, et l'on proclame l'égalité des riches et des pauvres : c'est la démocratie.

Quel est maintenant le caractère de la démocratie, quels sont
ses avantages et ses inconvénients ? C'est ici que tout change et
que Platon se met à sourire et nous trace une peinture charmante,
dont les principaux traits sont empruntés à la démocratie
athénienne.

Y a-t-il un gouvernement plus agréable et un plaisir plus grand
que de faire tout ce que l'on veut ? C'est le régime le plus délicieux, du moins pour le moment présent, et qui semble être la
plus belle forme de gouvernement, comme un vêtement bariolé
paraît à ceux qui n'ont pas le goût très sûr plus joli qu'un vêtement simple et uni.

« D'abord, tout le monde est libre dans cet Etat ; on y respire
« la liberté et le franc-parler ; chacun est maître de faire ce
« qu'il lui plaît ; chaque citoyen choisit le genre de vie qui lui est
« agréable... En vérité, cette forme de gouvernement a bien l'air
« d'être la plus belle de toutes, et la prodigieuse diversité des ca-
« ractères en pourrait bien relever la beauté, comme la variété
« des broderies relève la beauté d'une étoffe... Bien des gens
« du moins trouveront que cette forme de gouvernement est la
« plus belle, comme font les enfants et les femmes quand ils voient
« des objets bigarrés... c'est là qu'il y a plaisir à chercher un gou-
« vernement, car cette grande liberté renferme tous les gouver-
« nements possibles... Enfin, si l'on en juge par le premier coup
« d'œil, n'est-ce pas une condition merveilleuse et bien douce de
« ne pouvoir être contraint d'accepter aucune charge publique,
« quelque mérite que l'on ait pour la remplir ; de n'être sou-
« mis à aucune autorité, si vous ne le voulez ; de ne point aller

« à la guerre quand les autres y vont, et, tandis que les autres
« vivent en paix, de ne pas y vivre vous-même, si cela ne vous
« plait pas ; enfin, en dépit de la loi qui vous interdirait toute
« fonction dans la magistrature ou dans les tribunaux, de n'en
« être pas moins magistrat ou juge, si l'idée s'en présente à votre
« esprit ?... N'est-ce pas encore quelque chose d'admirable que
« la douceur avec laquelle on traite certains criminels ? N'as-tu
« pas encore vu dans un Etat libre des condamnés à mort ou à
« l'exil rester dans leur ville, y paraître en public, et, comme si
« personne n'y faisait attention et ne s'en apercevait pas, s'y
« promener avec une démarche et une contenance de héros ?...
« Et puis, comme on s'occupe peu d'examiner quelle a été l'édu-
« cation de celui qui se mêle des affaires publiques ! Comme on
« l'y accueille avec honneur, pourvu seulement qu'il se dise plein
« de zèle pour les intérêts du peuple !... La démocratie est,
« comme tu le vois, un gouvernement très doux, où personne
« n'est le maître, et qui a su établir l'égalité entre les choses
« inégales comme entre les choses égales. »

Tel est ce gouvernement dans lequel on fait tout ce que l'on
veut, où il y a des lois mais qu'on n'écoute pas, où l'on voit les
condamnés se promener librement dans les rues. — Nous trouvons
ce dernier trait chez les orateurs attiques, et l'on sait que Callis-
trate, au ıve siècle, se vantait d'avoir été condamné quarante-sept
fois dans sa vie et continuait d'être un homme d'État célèbre.
On se rappelle aussi les sorties indignées de Démosthène contre
les traîtres, lorsqu'il dit que le plus grave encore n'est pas qu'il
y ait des traîtres, mais de voir que tout le monde sourit de leurs
condamnations, et qu'ils reprennent la même autorité qu'auparavant. — Platon le constate de même et se demande comment,
à moins d'être par nature très supérieur moralement, on
peut ne pas se laisser aller dans un gouvernement pareil et
faire comme tout le monde ! Alors apparaît ce qu'il appelle
l'individu démocratique, chez lequel ne se rencontrent ni
grands vices ni vertus très fortes, mais un mélange de tout cela,
comme dans le gouvernement lui-même ; c'est un homme
sans principes, se laissant aller par caprice tantôt à une vie
sévère, tantôt à la seule satisfaction de ses passions, qui ne sont
généralement pas très violentes, parce qu'elles sont en trop grand
nombre. Peut-être Platon, en traçant ce portrait de l'homme
démocratique, songeait-il à Alcibiade ; mais, à côté d'Alcibiade, qui est resté le type de ce caractère, il y a une foule
d'Athéniens qui auraient pu très bien se reconnaître dans cette
peinture. Platon multiplie ces analyses charmantes et spiri-

tuelles, pour nous montrer le laisser-aller et le désordre de l'âme
démocratique ; c'est une vraie bigarrure, où mille traits se
mêlent, montent à la surface, sans qu'aucun domine jamais. Ce
laisser-aller général gagne de proche en proche : le père devient
le camarade de ses enfants ; les vieillards trouvent élégant de
se mettre sur le même pied que les jeunes gens ; les esclaves
se croient tout permis, les animaux eux-mêmes !

« On aurait peine à croire, dit Socrate, à moins de l'avoir vu,
« combien les animaux qui sont à l'usage des hommes sont plus
« libres là que partout ailleurs. Les petites chiennes, selon le
« proverbe, y sont tout comme leurs maîtresses ; les chevaux et
« les ânes, accoutumés à une allure grave et libre, heurtent tous
« ceux qu'ils rencontrent, si on ne leur cède le passage. Et ainsi
« du reste ; tout y respire la liberté. »

Nous trouvons de même, dans le pamphlet du pseudo-Xénophon,
que, lorsqu'on rencontre un esclave dans la rue, on ne saurait
le distinguer d'un homme libre ; il a le même vêtement et jamais
il ne songerait à céder le haut du pavé à un libre citoyen. C'est
donc la liberté la plus générale, la plus entière ; quoi de plus
délicieux, demande Platon, qu'un État pareil ? Malheureusement,
il aboutit à la tyrannie, et c'est ce que nous verrons la prochaine
fois.

M. D. C.

Le mystique Suso

Cours de M. HENRI LICHTENBERGER,

Professeur à l'Université de Paris.

Mysticisme pratique de Suso.

Avant de pénétrer dans l'étude de la vie même de Suso, il est utile je dirai même nécessaire d'essayer de fixer les traits de sa physionomie, tel qu'il nous apparaît comme mystique pratique dans le *Livre de la Sagesse éternelle.*

Ce livre est un traité d'édification très simple, destiné à la catégorie moyenne du public religieux. Suso ne s'y laisse pas entraîner à de hautes spéculations théosophiques que seuls peuvent suivre quelques savants docteurs ou quelques élus favorisés de visions merveilleuses et de sublimes extases. Il ne suppose pas des connaissances théologiques spéciales, ni des expériences religieuses exceptionnelles. Il s'adresse à des débutants dans la vie religieuse et cherche à les attirer vers le bien, en guidant leurs premiers pas sur la voie du salut.

Très simplement, il fait le récit de ses débuts, rappelle le temps où, homme au caractère inconstant et léger, il s'était égaré, à son entrée dans la vie, dans des voies qui l'éloignaient de Dieu, raconte comment s'est opérée sa conversion. Il ne parle pas de miracles, ni de visions surnaturelles, ni de ravissements mystiques. Il a soin de nous prévenir que les visions qu'il nous rapporte dans ce traité ne sont que des figures et des images symboliques ; les dialogues entre la Sagesse éternelle et son serviteur ne sont eux-mêmes qu'une fiction poétique destinée à rendre sous une forme sensible, et qui frappe l'imagination du croyant, le dialogue intérieur du religieux avec la voix divine et mystérieuse qu'il perçoit au fond de son être.

La Sagesse éternelle, c'est-à-dire le Christ, se présente donc à lui « sous une forme spirituelle et ineffable ». Peu à peu, par des alternatives de douceur et d'amertume, en semant sa route d'obstacles qui l'avertissent et le maintiennent dans le devoir, elle ramène le serviteur sur le chemin de la divine vérité. D'abord il

ne la reconnaît pas. Longtemps il a recherché ardemment « quelque chose, sans avoir pu se rendre compte de ce qu'était ce quelque
chose » ; longtemps il a poursuivi de ses désirs cet inconnu, qui
attirait son cœur sans qu'il pût l'atteindre ; longtemps il a
cherché parmi les créatures, suivant ainsi l'exemple de tant
d'autres, et, plus il cherchait, moins il trouvait, plus il se rapprochait des choses créées, plus il s'éloignait de l'objet de ses désirs.

Alors, dans une prière ardente, il s'est adressé à Dieu, l'a
supplié de l'éclairer sur la nature de cet objet mystérieux. Et
voici que la Sagesse éternelle s'est révélée à l'amant qui l'avait
pressentie sans pouvoir la découvrir. Elle lui dit comment elle a
guidé ses pas à son insu, comment elle l'a sauvé de la chute
définitive en le ramenant sans cesse vers Dieu. Et le disciple, ému
jusqu'au fond de l'âme de cette sollicitude, supplie la Sagesse, qui
seule connaît son cœur et qui, seule, peut lui donner la paix intérieure, de se livrer plus complètement à lui, pour que son amour
soit plus complet et plus vif. C'est alors qu'en un dialogue entre
la Sagesse et son serviteur Suso expose d'une façon si belle et si
vivante ce premier enseignement élémentaire, par lequel la
Sagesse ouvre les yeux à son disciple et lui révèle les principes
qui doivent lui servir de guide dans sa conduite.

Apologie de la souffrance. — Précisons d'abord le principe général, l'expérience fondamentale sur laquelle Suso fait
reposer son enseignement religieux.

Eckart voyait dans le renoncement total, dans l'abdication de
tout égoïsme et l'anéantissement de la créature individuelle au
sein de la Divinité, le but suprême de la religion. Pour atteindre
ce but, il professait que le moyen le plus efficace était la douleur.
Das schnellste Tier, das euch tragt zur Vollkommenheit ist Leiden.
Suso est, sur ce point, entièrement de l'avis du maître. Mais,
tandis qu'Eckart se plait surtout à scruter l'abime, le néant où
l'âme du croyant va s'engloutir, à décrire les « morts » successives par lesquelles le néophyte se dépouille graduellement de
tout égoïsme, renonce à toute détermination individuelle, pour
se rapprocher de plus en plus de l'état suprême, de l'état où il est
Dieu en Dieu, — Suso insiste sur la nécessité de la souffrance
pour le croyant s'il veut s'élever vers Dieu. La mort du Christ sur
la croix est, pour lui, le mystère essentiel de la religion chrétienne. C'est par l'imitation du Christ, c'est en souffrant pour le
Christ comme lui-même a souffert pour nous que nous parvien-
drons à la sainteté.

Le *Livre de la Sagesse éternelle* est un hymne magnifique,
et dont nous sentons encore aujourd'hui la profonde beauté,

en l'honneur de la vertu purifiante et éducatrice de la douleur, une exhortation passionnée à la patience dans la douleur,
à l'acceptation volontaire, résignée, joyeuse de la souffrance, au
renoncement total et définitif qui, dans un abandon absolu à la
volonté divine, accepte toutes les peines avec reconnaissance et se
borne à balbutier l'éternelle formule de résignation : « Père si
fidèle, faites de moi ce qu'il vous plaira. »

C'est donc sur la souffrance, sur la souffrance du Christ, que
Suso base tout son enseignement religieux. Le Christ a souffert
pour l'humanité ; il est juste de souffrir pour lui. Il est impossible
de s'élever directement à la divinité du Christ ; il faut vivre son
humanité ! *Per Christum hominem ad Christum Deum*, avait dit
saint Augustin. De même, saint Thomas : « L'humanité du Christ
est la voie par laquelle on parvient à sa divinité ». Ainsi Suso :
« Si tu veux me contempler dans ma divinité incréée, tu dois
apprendre à me connaître et à m'aimer dans mon humanité
souffrante. »

L'humanité du Christ est ainsi la voie qu'il faut suivre pour
s'élever à sa sublimité divine. Celui qui veut aller directement sur les sommets, sans passer par la voie douloureuse,
retombe d'autant plus profondément qu'il a voulu s'élever plus
haut.

Les souffrances que devra endurer le soldat du Christ seront
de toutes sortes, physiques et morales : « Je veux te revêtir de
mon armure, car tu devras autant que ta nature te le permettra
souffrir ce que j'ai souffert. » Son cœur devra mourir souvent,
avant qu'il ait pu dompter sa nature ; les angoisses que Dieu lui
imposera lui coûteront des larmes de sang, car « c'est avec des
fleurs rouges que je veux fumer le jardin de ton âme ». Les
épreuves les plus terribles seront infligées au serviteur ; il sera
fait prisonnier et enchaîné. On le calomniera secrètement et on
le couvrira publiquement de honte ; des juges condamneront
sévèrement sa pieuse vie ; son existence austère sera couverte
de dérisions, comme le Christ couronné d'épines ; il devra
renoncer à sa volonté et à lui-même, s'affranchir de toute
attache, de tout lien avec les créatures et les choses, devenir
comme le mourant qui ne veut plus avoir de rapports avec le
monde (cb. II).

Toutes les souffrances sont utiles et bonnes pour l'homme
croyant, celles qu'il choisit volontairement aussi bien que celles
qui lui sont imposées, s'il ne désire pas en être délivré contre
la volonté de Dieu, mais s'il les supporte avec une aimable et
humble patience, pour sa gloire éternelle (ch. XIII).

Souffrances physiques. — Les souffrances corporelles ne seront donc pas épargnées à l'amant de la Sagesse éternelle. Il devra porter sur son corps les marques de l'amour du Seigneur : « En l'honneur de mes membres divins, fatigue ton corps dans les exercices spirituels, afin qu'il soit impuissant à accomplir tes désirs. Beaucoup de douleurs secrètes te cloueront, comme moi, sur le dur bois de la croix et te rendront, comme, moi sanglant et aimable en même temps. Les privations que tu souffriras me feront revivre, les peines que tu supporteras volontairement me prépareront un lit où je pourrai reposer mon dos meurtri. » (Ch. v.)

Il faudra que le disciple s'impose des exercices de mortification, des privations et des souffrances volontaires. Comment pourrait-il autrement · dompter sa nature corporelle, s'entraîner en quelque sorte en vue des douleurs nécessaires de la vie? Les mortifications seront pour lui un exercice salutaire, une gymnastique incessante qui le rendra vaillant et fort! « Loin de moi la mollesse des couches, les longs sommeils, les mets délicats, les boissons exquises, les honneurs qui pàssent, les tendresses et la volupté ! Si une petite souffrance me semble si pénible, comment pourrais-je alors supporter ces immenses douleurs ? » (Ch. xxi.)

Qu'il se méfie pourtant ! Qu'il n'aille pas s'imaginer que ces mortifications ont une valeur indépendante, qu'il ne les pratique pas pour elles-mêmes, sans autre but qu'elles-mêmes ! Car elles sont un moyen, et non une fin : « Tiens-toi séparé de tous les hommes, garde-toi pur de toute imagination, affranchis-toi de tout ce qui passe et de tout ce qui pourrait t'attacher ou t'apporter du chagrin, et dirige en tout temps ton esprit vers une secrète contemplation de Dieu, m'ayant toujours devant les yeux comme un but dont ton œil ne doit pas se détacher. Pour ce qui est des autres pratiques, comme la pauvreté, les jeûnes, les veilles et toutes les autres mortifications, dirige-les vers ce but comme vers leur fin, et n'en embrasse beaucoup qu'autant que beaucoup peuvent te conduire à ce but. » (Ch. xxii.)

C'est ainsi que les souffrances volontaires sont, pour ainsi dire, l'échelle qui facilite l'ascension du néophyte vers la Divinité. Pourtant, elles ne sont qu'un commencement. La douleur envoyée par Dieu est bien meilleure encore : « Tu as dû remarquer que les souffrances que j'envoie serrent de plus près, pénètrent plus profondément et mènent plus promptement à Dieu que celles qu'on choisit volontairement, à condition toutefois qu'on les accepte avec résignation. » (Ch. xiii.)

Souffrances spirituelles. — Mais, si les souffrances
physiques purifient et élèvent l'âme, les souffrances spirituelles,
plus douloureuses et plus cruelles, seront pour le Serviteur une
épreuve bien plus significative encore. Comme nous l'avons dit
déjà, le Serviteur sera calomnié secrètement et couvert publiquement de honte ; il devra devenir comme le mourant qui ne veut
plus entretenir de rapports avec le monde : « Quand, t'appliquant
à faire ce que tu croiras être le meilleur, tu ne recevras des
hommes que paroles et gestes de mépris, quand ils te détesteront
au fond de leurs cœurs et penseront que tu n'es pas capable de te
venger ou que tu ne l'oses pas ; quand tu resteras alors non
seulement ferme et inébranlable, mais que tu prieras encore
amoureusement le Père céleste pour eux, les excusant avec
amour devant Lui ; vois, aussi souvent que par amour tu mourras
ainsi pour toi-même, aussi souvent ma mort sera reproduite en
toi. »

« Tu seras réellement attaché à la croix avec moi qui suis
ton amour, lorsqu'étant pur et innocent, tu verras tes bonnes
actions méconnues, lorsque ton cœur acceptera avec plaisir
d'être compté parmi les coupables, que tu seras prêt à pardonner
de tout cœur à ceux qui t'affligent ou qui te demanderont raison,
quand tu seras disposé à oublier tout le mal que t'ont fait tes
ennemis, comme si jamais ils ne t'avaient persécuté, quand tu
seras disposé à les aider et à leur être utile, en paroles et en
actions, et que tu feras tout pour me ressembler alors que j'ai
pardonné à ceux qui m'avaient crucifié.

« Quand tu renonceras à l'amour, au confort, aux consolations
que tu peux tirer des hommes, excepté cependant ce qui est
nécessaire, tu remplaceras par ce renoncement ceux qui m'ont
abandonné à l'heure de ma passion. » (Ch. xv.) .

L'amour du Serviteur pour le Christ devra donc se montrer
dans la résignation à la douleur ou plutôt dans la joie de souffrir
ce que le Christ a souffert pour lui et pour les hommes, de
monter encore une fois le calvaire dont le Sauveur gravit autrefois les douloureuses stations. C'est ainsi que la souffrance, loin
d'être une malédiction, est une bénédiction et une distinction.

Les Amis du monde, qui recherchent la jouissance et fuient
toute peine corporelle, trouvent les tourments du cœur et de
l'esprit et expient les plaisirs d'une minute par de longs chagrins
ici-bas, et des peines éternelles dans l'autre monde. Les Amis de
Dieu souffrent dans leur corps, mais ils ont le cœur tranquille.
Par le don de la souffrance, Dieu les préserve du mal, les

protège contre le péché, les prépare aux délices de la vie éternelle. Plus le fidèle aura souffert ici-bas, plus splendidement il
sera glorifié devant le Père et devant l'armée céleste. Les blessures et les cicatrices reçues sur la terre par amour du Christ
resplendiront d'un incomparable éclat, et le croyant martyr
recevra pour prix de ses sacrifices la glorieuse couronne de la
félicité. Il est donc juste que les élus du ciel, ceux que Dieu
veut sauver du malheur éternel, à qui il réserve une joie sans
fin et sans mélange, ne connaissent ici-bas ni les plaisirs ni le
bonheur, car les douleurs fugitives de la terre ne sont rien
auprès de la béatitude éternelle. Et c'est pourquoi Suso, au
chapitre XIII, entonne un hymne magnifique en l'honneur de la
souffrance rédemptrice :

« La souffrance est la voie la plus sûre et la plus courte qui
conduit à la perfection. Celui qui comprendrait combien la
souffrance est utile la recevrait comme un don précieux de Dieu.
Combien d'hommes, qui étaient déjà la proie de la mort éternelle
et s'étaient endormis d'un profond sommeil, la souffrance
n'a-t-elle pas revivifiés, combien n'en a-t-elle pas excités à mener
une vie meilleure ? Que d'hommes sont comme des animaux
féroces et des oiseaux sauvages enfermés dans une cage par la
souffrance et qui, s'ils s'échappaient, compromettraient leur
salut éternel...

« Il n'est pas un homme qui ne retire quelque avantage de la
souffrance, qu'il soit en état de péché, qu'il soit au début de la
vie spirituelle, qu'il commence à y progresser ou qu'il soit arrivé
à la perfection, car la souffrance purifie le fer et fait resplendir
l'or et les pierres précieuses. La souffrance efface les péchés ; elle
diminue l'ardeur du feu du purgatoire, éloigne les tentations,
repousse les faiblesses de la chair, renouvelle l'esprit et nous
donne une vraie confiance, une conscience pure et un esprit
stable et élevé. Vois, c'est une boisson saine, c'est une plante
plus salutaire que toutes les plantes du paradis. Elle mortifie le
corps qui, un jour, tombera en pourriture ; elle nourrit l'âme qui
demeure éternellement. Vois, l'âme s'abreuve de souffrances
comme les roses s'abreuvent de la rosée de mai.

« La patience dans les souffrances est un sacrifice vivant,
c'est comme le parfum qui s'exhale du baume le plus pur en
présence de ma divine majesté, c'est un sujet d'admiration pour
toute l'armée céleste. Jamais un chevalier habile dans tous les
exercices du tournoi n'a été autant admiré par la foule qu'un
homme qui sait souffrir ne l'est par les troupes célestes. Les
saints ont été les prédécesseurs des autres hommes au banquet

de la souffrance, car, bien avant eux, ils y ont pris part, et tous sont unanimes à s'écrier que ce breuvage ne renferme aucun poison ; qu'au contraire il est très salutaire. La patience dans la souffrance est une plus grande chose que le pouvoir de ressusciter les morts ou de faire d'autres miracles : c'est la voie étroite qui conduit sûrement à la porte du ciel. La souffrance nous rend les émules des martyrs et nous apporte la victoire sur tous nos ennemis. La souffrance revêt l'âme d'un vêtement rose et pourpre, elle porte une couronne de roses rouges, et, comme sceptre, elle a une palme verte. La souffrance est comme un rubis resplendissant au milieu de l'agrafe du vêtement d'une vierge. L'âme qui aura souffert chantera pendant l'éternité d'une voix douce, librement et de tout cœur un cantique que ne pourront jamais chanter les chœurs d'anges, parce qu'ils n'ont jamais souffert ! Et, pour le dire en un mot, ceux qui souffrent sont appelés des pauvres et des malheureux par le monde, mais moi je les appelle bienheureux, car ils sont mes élus ! » (Ch. XIII.)

Composition du livre de la Sagesse éternelle. — C'est donc une religion de la souffrance que Suso prêche avec une éloquence et une poésie admirables. Pour préparer l'âme humaine à accepter cette religion, il évoque avec une plasticité extraordinaire la vision de la passion du Christ.

Pas à pas, il décrit dans un récit vivant et impressionnant les souffrances surhumaines endurées avec une entière résignation par le Seigneur. Il décrit la scène du mont des Oliviers, du jugement devant Ponce Pilate, de la flagellation, la mise en croix et les tourments atroces que le Sauveur endura dans son corps meurtri et ses membres couverts de blessures saignantes. Il dépeint la douleur indicible de Marie prosternée au pied de la croix. Il évoque l'angoisse inexprimable qui étreignit l'âme du Christ au moment de la mort ; il nous fait assister à la descente de croix, à la mise au tombeau ; il nous montre la Mère des douleurs prostrée dans sa souffrance quand elle se voit séparée de son Fils.

Et il entremêle ses descriptions de pieuses exhortations aux fidèles et à la chrétienté.

Première partie. — Il conjure les hommes de mettre un frein à leurs appétits et de rechercher, à l'exemple du Christ, les humiliations et les souffrances. Il exalte la générosité infinie du Fils de Dieu qui a désiré avec une ardeur admirable de venir en aide au pécheur. Si grande est sa miséricorde qu' « il serait plus facile de faire revivre les jours passés, de rendre à une fleur fanée sa verdeur et ses couleurs, de rassembler toutes les

44

: gouttes de pluie que de mesurer l'immensité de son amour ».
(Ch. IV.)

Il exhorte le pécheur au repentir, au recueillement· dans le
· silence intérieur de l'âme, afin de se perdre dans l'immense
désert de la contrition (ch. V). Il enseigne que le monde est
trompeur et que l'âme qui s'éloigne un peu du Seigneur est
comme un jeune faon qui a perdu sa mère et qui, poursuivi par
les chasseurs, court et s'enfuit jusqu'à ce qu'il ait retrouvé son
gîte (ch. VI). Dieu lui apparaît dans une vision intérieure sous la
forme d'un pauvre pèlerin appuyé sur son bâton, devant une
ville qui tombe en ruines ; de toutes parts, des fossés comblés,
des murs lézardés, de-ci, de-là, les sommets élevés de quelques
anciennes constructions qui subsistent encore ; le pèlerin marche
à travers la ville ét regarde si personne ne lui tend les mains,
mais il est partout écarté par la foule dont les regards ne s'ar-
rêtent pas à lui, tant elle est absorbée.

La ville en ruines, c'est la vie spirituelle jadis si sainte et si
· sûre, qui commence à se relâcher et dont les institutions tombent
en décadence ; les hommes au cœur dur, ce sont les âmes
mondaines, qui chassent le Sauveur de leur cœur, tant elles sont
remplies de vaines occupations. Et l'on entend déjà la mort qui
crie toujours plus haut contre ces endurcis, qui repoussent
l'immensité de l'amour divin (ch. VI).

Puis vient un hymne de louanges en l'honneur du doux fiancé
de l'âme, du Fils sur qui le Père repose complaisamment ses
yeux. Il est le trône de félicité, la couronne du salut. Il est
magnifiquement paré de vêtements splendides, entouré de fleurs
aux mille couleurs, de roses rouges, de lis blancs, de belles
violettes. Et toutes les plantes qui s'épanouissent en mai, sur le
·gazon des prairies, et toutes les petites fleurs des bruyères ne
sont en comparaison de sa beauté que des chardons remplis
d'épines (ch. VII). C'est un Dieu redoutable, dont la colère est
terrible aux méchants (ch. VIII), qui éprouve durement ses amis
et semble parfois se retirer d'eux (ch. IX), qui laisse ses fidèles
en butte au mépris du monde et leur envoie de nombreuses
contrariétés extérieures et intérieures. (ch. X) ; mais c'est aussi
un Dieu aimable, qui dispense au juste une félicité sans pareille,
s'il se montre docile à sa volonté, résigné jusque dans l'abandon.

Mais malheur aux rebelles, aux cœurs durs, qui n'acceptent pas
sa loi ! Et Suso de décrire en traits expressifs la détresse infinie
· des damnés qui subissent aux enfers le châtiment de leur aveuglement et de leur dureté de cœur ? Quel contraste avec les joies

ineffables du royaume des cieux, de la patrie céleste où le Fils conduit son épouse chérie, l'âme, parée d'un vêtement de lumière et de gloire, revêtue d'un corps glorieux sept fois plus resplendissant que le soleil, la tête ceinte d'une couronne merveilleuse, le mystique diadème de l'union parfaite avec la Divinité (ch. xii) !

Et c'est ainsi qu'il revient sur la glorification de la vertu éducatrice et purifiante de la douleur (ch. xiii).

Il exalte le bienfait ineffable de la contemplation des souffrances du Christ, la vertu efficace de ce breuvage amer, qui est en même temps une boisson de consolation divine et de douceur spirituelle (ch. xiv). Il invite l'âme à méditer sur la passion du Seigneur à l'ombre de la croix (ch. xv) et implore l'assistance de la Vierge, de la mère de miséricorde (ch. xvi, xvii). Il exhorte le croyant à traverser comme le Christ l'épreuve redoutable des suprêmes angoisses : même s'il se croit abandonné de Dieu, si Dieu le laisse languir dans la dure sécheresse, comme il a fait languir le Fils, qu'il ne recherche pas des consolations étrangères, mais qu'il renonce par amour à toutes les choses qui peuvent lui plaire, et qu'il s'abandonne en toute confiance et en toute humilité entre les mains du Père céleste.

Seconde partie. — Suso parle ainsi, dans une première partie, de la souffrance et de la mort dans le Christ ; il s'étend sur les bienfaits de la douleur et sur la nécessité de la résignation. Dans une seconde partie, il traite de la vie avec le Christ et en lui.

Pour éveiller chez le fidèle le désir de vie chrétienne, il lui retrace le spectacle terrifiant de la fin du pécheur ; il dépeint la mort qui assaille tout à coup le mondain mal préparé, qui cherche en vain autour de lui secours et assistance, se répand en impuissantes lamentations, verse des larmes de sang à l'idée de sa vie gaspillée et, devant l'imminence des peines éternelles, tremble devant la justice divine (ch. xxi). Après lui avoir fait sentir ainsi la nécessité de se préparer de longue main en vue de l'instant suprême, il expose la règle de vie que le croyant devra suivre pour s'élever peu à peu vers la perfection.

Il faut qu'il se tienne séparé des hommes, qu'il se garde de toute imagination, qu'il s'affranchisse de toute chose accidentelle ou périssable, qu'il dirige en tout temps son esprit vers la contemplation de Dieu ; et, si nul ne peut persévérer constamment dans la contemplation de la Divinité, il faut du moins que, par la multiplication des actes de recueillement et par des retours empressés à Dieu après les moments de distraction, il travaille à

acquérir toujours plus de stabilité et de constance dans l'accomplissement de sa vie intérieure (ch. XXII).

D'ailleurs, pour entretenir sans cesse vivant au fond du cœur
le souvenir présent du Sauveur, il n'est de moyen plus efficace que
la participation au sacrement de la Cène, institué par le Christ
lui-même pour se donner à ses disciples aimés et à tous ceux
qu'il a élus. Il est inutile de chercher à comprendre le mystère
insondable de la présence réelle et de s'épuiser dans cette recherche ; il suffit de croire sans comprendre ce qui surpasse le
ciel et la terre et tous les sens, et que l'intelligence humaine ne
saurait pénétrer. Une seule condition est requise pour que l'âme
puisse posséder en elle l'image vivante du Seigneur : l'innocence.
L'âme doit donc se purifier de ses imperfections et se parer de
vertus ; elle doit se couvrir des roses rouges de l'ardent amour,
des violettes de l'humilité, des lis blancs de la pureté ; elle doit
préparer un lit au divin Fils par la paix du cœur, lui chanter un
cantique d'amour ardent et de profondes louanges. C'est alors
qu'elle éprouvera cette jouissance extraordinaire, cet avant-goût
d'éternité, ce sentiment d'infinie béatitude que donne la présence
de Dieu, et que l'étranger ne ressentira jamais. Car le sacrement
n'a de vertu que pour ceux qui le recherchent en toute pureté de
cœur. Pour ceux-là, il est le pain de vie. Mais, pour les autres,
ceux qui sont moins bien préparés, il n'est qu'un pain sec ; pour
le pécheur sans repentir, un malheur temporel et une malédiction éternelle.

Mais, si le croyant doit s'approcher des sacrements avec une
crainte et un tremblement de cœur, il doit pourtant s'en approcher avec humilité et confiance, comme le malade du médecin.
Même si l'âme est en état de sécheresse, elle ne doit pas se
laisser retenir. Mieux vaut s'approcher de Dieu par amour que
s'en éloigner par crainte. Il est meilleur d'essayer de participer
à Dieu, une fois la semaine, dans une humilité parfaite, qu'une
fois l'an en présumant de sa justice.

Et le livre conclut par un cantique d'allégresse et de louanges
en l'honneur du Sauveur. Le Serviteur de la Sagesse éternelle
sait bien que la créature pécheresse est indigne de louer le Seigneur. Mais son âme désire que le Ciel loue le Très-Haut par sa
splendide beauté, par le rayonnement éclatant du soleil et le scin-
tillement des étoiles ; que les prairies rayonnant dans les magni-
ficences de l'été sous leur tapis de fleurs variées lui chantent
aussi leurs louanges ; elle veut que toutes les douces pensées et
tous les désirs ardents nés dans un cœur aimant sous le soleil de
l'esprit divin s'unissent en un chœur d'actions de grâces.

Sans doute, celui qui voudrait louer Dieu dignement serait pareil à celui qui cherchait à poursuivre le vent ou à saisir une ombre ; et il ferait mieux de pleurer ses péchés que de louer Dieu. Mais les grenouilles elles-mêmes élèvent leurs louanges vers Dieu du fond des mares et, ne pouvant chanter, coassent. Pourquoi Dieu dédaignerait-il donc l'hommage de son serviteur s'il le lui apporte en toute pureté et en toute sincérité de cœur ? Et il jaillit de ses lèvres un hymne touchant et ingénu, tout d'humilité et de total renoncement :

« Seigneur, si vous permettiez que je sois l'homme le plus méprisé, je voudrais souffrir le mépris par amour pour vous et pour contribuer à votre gloire. Et, si l'on m'accusait des crimes les plus grands qu'un homme ait jamais commis, de telle sorte qu'en me voyant on me cracherait au visage en signe de mépris, Seigneur, si seulement j'étais sûr d'être innocent à vos yeux, je souffrirais tout cela avec plaisir pour votre gloire. Si j'étais coupable, je le souffrirais aussi pour la gloire de votre justice, dont l'honneur m'est mille fois plus cher que mon honneur propre. Si vous vouliez que je meure maintenant et que ce fût pour votre gloire, je ne regarderais pas derrière moi pour demander un sursis. Seigneur, je vais plus loin encore : si je devais mourir maintenant et que votre gloire demandât que je souffre plus de 50 ans au Purgatoire, Seigneur, je me prosternerais à vos pieds pour vous louer et j'accepterais votre décision pour contribuer à votre gloire éternelle. Bien plus, si je savais que je dusse toujours souffrir au fond de l'enfer, quelque pénible que ce serait à mon pauvre cœur d'être privé de votre vue, je ne cesserais cependant pas pour cela de vous louer. Et, si c'était possible, je ferais entendre du plus profond du lieu des damnations un chant de louanges qui traverserait l'enfer, la terre, les airs et les cieux jusqu'à ce qu'il parvînt devant votre divine personne. » (Ch. xxiv.)

Quand l'homme donc s'est élevé à la résignation totale, à l'abdication complète du Moi égoïste, du désir corporel, quand il est débarrassé de la pesanteur du péché, il s'élance alors librement sur les ailes de la contemplation ; le sens humain se transforme en quelque chose de spirituel et d'angélique. Tout ce que l'homme reçoit de l'extérieur, tout ce qu'il accomplit, qu'il boive, qu'il mange, qu'il dorme ou qu'il veille, n'est rien autre chose qu'une louange la plus pure, qu'un hosanna joyeux qui s'élève jusqu'à la Divinité.

Valeur poétique. — Le charme très grand et très humain de ce traité de Suso rappelle, à certains égards, le charme si profond de certaines pages de saint François. Suso ne s'adresse

ni aux docteurs de la foi ni aux virtuoses de la religion ; il parle
aux débutants, à ceux qui se trouvent encore aux degrés inférieurs de la vie spirituelle. Il écarte de parti pris les spéculations
sur les questions les plus abstruses de la vie mystique, sur
l'union de la pure Intelligence avec la sainte Trinité ! Il annonce
simplement aux hommes un idéal tout humain de désintéressement, de renoncement, de résignation à la souffrance, d'acceptation joyeuse et humble de la destinée, d'abandon ingénu envers
la volonté sublime et mystérieuse qui régit l'univers. Il ne leur
apporte pas des révélations extraordinaires, reposant sur des visions ou sur des extases. Comme nous l'avons déjà dit, il a soin
de prévenir que les visions qu'il rapporte ne sont pas perçues
par les sens, mais sont simplement des figures symboliques. Il
ajoute même que « celui qui voit par les yeux de l'âme n'attache
pas grande importance aux visions corporelles, car les yeux de
l'âme voient mieux et d'une manière plus vraie » (ch. XXIII). Il
prêche la piété intime, celle qui ne se répand point en œuvres
extérieures et en cérémonies, mais qui s'incline humblement devant l'Inexplicable, qui accepte docilement, sans discussion, la
suprématie de l'Eglise et de ses représentants, qui n'exige des
fidèles ni des pénitences extraordinaires, ni des mortifications
sensationnelles, ni l'adhésion à des vérités métaphysiques ou
historiques, mais, avant tout et surtout, la victoire sur les désirs
égoïstes de confort et de bien-être personnels, l'abdication du
vouloir-vivre individuel et l'acceptation résignée de la destinée.

Et ces exhortations sont exprimées dans une langue claire,
ingénue, souvent hautement poétique. Les comparaisons naïves,
tirées de la réalité la plus familière, abondent sous la plume du
maître.

Il dira qu'il est aussi impossible d'aimer Dieu en continuant à
goûter l'amour terrestre que de renfermer le ciel dans une coquille de noix. Il dit des insensés qui ne veulent pas porter le
joug du Seigneur qu'ils craignent la gelée blanche et tombent
dans la neige. L'âme qui s'éloigne de Dieu est comme un faon qui
a perdu sa mère et qui est poursuivi par des chasseurs. Il exprime
des réalités d'ordre souvent métaphysique sous forme d'images
tirées de la vie chevaleresque. Il compare le Christ aux princes
d'épopée qui vont courir les aventures dangereuses, puisque lui
aussi quitta son trône royal et la cour de son Père pour aller vivre,
trente ans, dans la misère et le mépris. Il compare le chrétien à
l'écuyer qui doit entrer vaillamment en lice avec son maître le
Christ, et combattre courageusement à ses côtés. Il dit que

l'homme qui sait souffrir est aussi admiré des troupes célestes que l'est un chevalier habile dans les exercices du tournoi.

C'est ainsi que, exprimés dans une langue ingénue, imagée, touchante, que les hommes du peuple, les gens simples, pouvaient comprendre et admirer, les sentiments, les exhortations, les prières, les adorations devant la Divinité que Suso prodigue dans ce traité ne pouvaient que toucher, émouvoir ses contemporains et faire du livre de la *Sagesse éternelle* un des livres les plus lus et les plus goûtés du Moyen-Age.

P. D.

La pensée mathématique chez Euclide

Cours de M. G. MILHAUD,

Professeur à l'Université de Paris.

On aurait tort de considérer les Eléments d'Euclide, malgré l'autorité qu'une tradition séculaire leur a consacrée, comme une création absolument originale de la pensée mathématique grecque et comme un apport d'idées nouvelles, soit par leur matière, soit par leur forme. Ils semblent bien être plutôt comme l'aboutissement et, sans doute aussi, le perfectionnement de toute une série de travaux antérieurs, remontant à une époque fort lointaine. Assurément nous n'avons pas de textes de première main qui nous permettent de prouver définitivement cette assertion, puisque les Eléments d'Euclide sont justement le premier traité mathématique qui nous soit parvenu sous sa forme originale (et cela n'a pas peu contribué à sa renommée). Cependant, il existe des documents de seconde main, tels que les fragments de l'histoire des mathématiques d'Eudème, que nous retrouvons chez Proclus, comme le commentaire d'Eutochius sur Archimède, comme le fragment géométrique d'Hippocrate de Chios conservé dans Simplicius, et le fragment arithmétique d'Archytas, conservé dans Boèce (sans compter les nombreuses allusions à des théorèmes que renferment les ouvrages philosophiques de Platon et d'Aristote), qui montrent suffisamment que les Eléments d'Euclide n'ont pas été formés d'un seul coup, mais sont le résultat d'un long travail commencé depuis les Pythagoriciens, et peut-être auparavant. D'ailleurs, cela est vrai non seulement des mathématiques élémentaires, mais même du rudiment de mathématiques supérieures connu des Grecs, et nous aurons l'occasion d'en reparler à propos de la méthode d'exhaustion, méthode infinitésimale inventée par Eudoxe.

Il n'en reste pas moins vrai qu'il y a, chez Euclide, sinon dans la matière même de son ouvrage, du moins dans l'esprit de son système, dans la méthode générale qui s'y trouve, correspondant à une conception spéciale des mathématiques, une originalité pour nous intéressante. Cet intérêt général se double pour nous d'un intérêt d'actualité. Nous avons assisté en Europe, au milieu du xixe siècle, à un mouvement général dans la pensée mathématique, caractérisé par un souci nouveau : le souci de la rigueur absolue. On a essayé de faire reposer complètement la mathématique sur la logique ; on s'est efforcé de bannir l'intuition, autant que possible, dans les définitions comme dans les démonstrations, et de ramener ainsi la mathématique à un simple chapitre de la logique générale. Or il y a eu, chez les Grecs, un mouvement exactement analogue. Et, de ce mouvement, les Eléments d'Euclide sont l'expression la plus parfaite et le témoignage le plus sûr. Partout, dans son ouvrage, se traduit le même effort pour chasser tout élément concret, toute image sensible. C'est ce que nous allons voir dans quelques exemples essentiels.

Le souci logique dont nous venons de parler se remarque tout d'abord dans les définitions fondamentales du point et de la droite. Platon et Aristote enrichissaient encore les définitions d'exemples concrets, intuitifs, de considérations physiques ; Euclide, au contraire, essaie d'échapper à une détermination concrète et matérielle. Le point, « c'est ce qui n'a pas de parties » ; et c'est aussi la limite de la ligne. Pour la droite, la définition euclidienne est loin d'être claire, et a donné lieu aux discussions obscures des commentateurs. Une ligne, dit-il d'abord, est une longueur sans largeur, dont les extrémités sont des points : et déjà, ici, apparaît le souci de donner une définition à la fois abstraite et « statique », en opposition avec ceux qui donnaient des définitions « génétiques », telles que « le mouvement d'un point », faisant ainsi appel à l'intuition visuelle. Quant à la ligne droite, c'est celle, dit-il, qui est « située également aux points qui sont sur elle » : ἥτις ἐξ ἴσου τοῖς ἐφ' ἑαυτῆς σημείοις κεῖται — formule vague, à laquelle il est fort difficile de donner un sens précis et intelligible. Du reste, l'obscurité vient précisément de ce que Euclide se refuse à faire appel aux éléments concrets et aux exemples intuitifs pour sa définition.

Ces faits concrets, il a été obligé, par son principe même, de les rejeter dans des *postulats* qui sont :

1° Entre deux points donnés, on peut toujours mener une droite ;

2° On peut prolonger indéfiniment une droite au delà de ses extrémités ;

3° Postulat des *sécantes* : Si la somme des angles α et β est inférieure à deux angles droits, les deux droites se coupent du côté de ces deux angles.

Ce postulat revient au même que le postulat des parallèles.

Croyant sentir une différence de nature entre les premiers et
le troisième postulat, on a dissocié ce dernier des précédents,
et on l'a rejeté dans la théorie des parallèles, où il continue
communément à figurer.

Il est résulté de là, dans la chaîne des démonstrations, une lacune qui a gêné et incité longtemps les géomètres à chercher une
démonstration du fameux postulat ; mais on l'a reconnu définitivement aujourd'hui comme indémontrable. Et c'est à ce propos
que se sont constituées les géométries non euclidiennes, ne
reconnaissant pas le postulat des parties, telles que celles de
Riemann ou de Lobatchewsky.

Après la définition de la droite, vient la définition de la figure.
C'est « ce qui est entouré par une ou plusieurs limites ». Il est
intéressant, à ce sujet, de se rappeler la discussion de Ménon
sur cette définition où il fait intervenir la couleur ; Socrate
la repousse, parce qu'elle suppose la discussion de la couleur.

Pareillement est défini le cercle. Le cercle est une figure, et cette
figure a une limite. Cette limite est une ligne, dont tous les points
sont situés à égale distance d'un point appelé centre.

La tendance générale de la méthode euclidienne se montre non
seulement dans les définitions, mais aussi dans le détail des
démonstrations particulières. Qu'il nous suffise de donner quelques exemples. Voici d'abord la *Proposition 2 du livre I* : en un
point donné, mener une droite égale à une droite donnée.

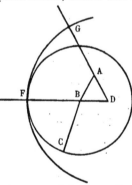

Euclide, pour faire cette opération,
joint le point A à la droite donnée BC,
puis construit sur AB un triangle équi-
latéral ABD ; et enfin successivement 2
cercles, l'un avec B comme centre et
BC comme rayon, l'autre avec D comme
centre et pour rayon DF (= DB + BC).
On a évidemment BC = BF, DG = DF.
Mais puisque AD = DB, on a AG = FB.
On a donc mené au point A une droite
égale à une droite donnée BC. — On
voit comme toute cette démonstration est compliquée. Euclide avait ad-
mis ce postulat que, étant donnée une droite AB, il existe toujours un cercle de centre A et de rayon AB. La faible distance
de la proposition nouvelle à ce postulat ne lui semble pas pouvoir être franchie par l'évidence intuitive.

La même tendance se remarque dans la *Proposition 2 du
Livre III* : étant donné un cercle, si l'on joint deux points de sa

circonférence, la droite qui les joint tombe à l'intérieur du cercle.

Supposons, en effet, que la droite AB ne tombe pas à l'intérieur du cercle O. Soit un point E de cette droite : on a donc OE > OA ou OB.

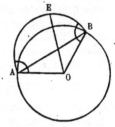

Mais puisque OA = OB, l'angle A est égal à l'angle B. D'autre part, dans le triangle AOE, l'angle E, adjacent au triangle BOE, est plus grand que l'angle opposé B de ce triangle, et par conséquent plus grand que l'angle A (égal à B). Donc, dans le triangle AOE, OE devra être plus petit que OA (au plus grand côté est opposé le plus grand angle). — Mais nous avons déjà par hypothèse OE > OA. La supposition conduit donc à une absurdité.

On remarque donc, une fois de plus l'effort vigoureux d'Euclide pour éliminer de la mathématique l'évidence intuitive.

Il lui faudra bien, dans ses derniers livres, moins élémentaires, donner une place au mouvement à propos de quelques définitions (cône, cylindre). Mais, au début, on sent l'effort —qui ressemble à une gageure — de l'éliminer, même dans les cas où le déplacement d'une figure semble s'imposer.

Dans les axiomes, il parle de l'*égalité* avant de la définir par la superposition ; et il considère donc la *possibilité* de se superposer pour deux figures comme la conséquence de leur égalité, plus que comme leur condition. En outre, il démontre le 2e théorème de l'égalité des triangles (2 triangles sont égaux quand ils ont 2 côtés égaux et l'angle compris entre ces côtés égal) ; il ne fait pas le mouvement, mais le suppose effectué. Ce qu'il a le sentiment de démontrer semble être finalement ceci : deux côtés étant donnés, ainsi que leur angle, le reste du triangle est déterminé d'une manière unique.

Ici encore, et malgré tout, ce qu'il y a d'essentiel, c'est son effort (heureux ou malheureux, c'est un autre problème) pour rester fidèle à sa manière de voir, qui suppose une géométrie *immobile*. De cet effort sont venues toutes les grandes propriétés de la géométrie euclidienne : sa clarté et son intelligibilité, son indépendance à l'égard de l'intuition concrète, sa richesse logique.

Ce sont là, disions-nous, les qualités qui font des éléments d'Euclide une œuvre originale, beaucoup plus que la matière même des vérités mathématiques qui y sont exposées. Nous avons donné quelques exemples typiques, tirés des mathématiques élémentaires, qui constituent presque tout l'ouvrage d'Euclide. On pourrait cependant aller plus loin, et trouver une preuve en

faveur de la même idée dans les rudiments de méthode infinitésimale que l'on trouve épars dans les éléments d'Euclide et qui
d'ailleurs ne datent pas de lui, mais très probablement du mathé-
maticien Eudoxe.

Nous trouvons au livre V une application fort intéressante de
cette méthode, à l'égalité de deux rapports incommensurables.

Soit 2 rapports $\frac{a}{b}$, $\frac{c}{d}$. Quand dirons-nous qu'ils sont égaux,
s'ils sont incommensurables ?

Réponse : Soit m et p deux nombres entiers quelconques. Je
dirai que $\frac{a}{b} = \frac{c}{d}$, si $ma > pd$ entraîne $mc > pd$; si encore
$ma < pb$ entraîne $mc < pd$, si enfin $ma = pb$ entraîne $mc = pd$.

Cela revient au fond à définir le rapport de 2 incommensurables
par 2 séries : Si a est plus grand que les $\frac{p}{m^{es}}$ de b, c est plus grand
que les $\frac{p}{m^{es}}$ de d... a et c seront en même temps resserrés entre
les $\frac{p}{m^{es}}$ et les $\frac{p+1}{m^{es}}$.

De même, on peut voir, au livre XII, une application de la
méthode d'exhaustion, qui part du postulat suivant (axiome d'Archimède) : si deux grandeurs sont inégales, on peut toujours
multiplier la plus petite suffisamment pour dépasser l'autre. La
conséquence est que, si d'une grandeur on retranche sa moitié ou
plus, et une infinité de fois, on trouvera comme reste une quantité plus petite que toute valeur assignable. On supprime de la
sorte le processus infini qui est donné dans l'intuition.

Cette méthode savante n'est pas de l'invention d'Euclide ; elle
date, nous l'avons dit, d'Eudoxe. Mais les préoccupations relatives à des travaux de ce genre sont encore bien antérieures à
Eudoxe lui-même. (Cf. dans le manuscrit d'Archimède, une lettre
à Erathostène, où Archimède applique la « méthode des indivisi-
bles » comme une méthode bien connue. — Cf. d'autres citations
d'Archimède (même manuscrit) et de Plutarque (*Adv. Stoïc. de*
commun. notit. p. 1079), montrant que cela doit remonter jusqu'à
Démocrite.)

Il y a donc là comme un grand courant continu, dans la pensée mathématique grecque, qui doit remonter aux premiers Pythagoriciens, et qui se manifeste chez Euclide. Cette intensité peut
bien servir pourtant à caractériser la géométrie grecque et à la
différencier spécifiquement de la mathématique orientale.

C. B

La comédie en France après Molière

Cours de **M. AUGUSTIN GAZIER**,

Professeur à l'Université de Paris.

Diderot.

Nous avons vu que Palissot, dans ses *Petites Lettres*, avait fort malmené les philosophes ; il en est un auquel ses critiques s'adressent particulièrement, c'est Diderot.

Ce grand philosophe a, en effet, écrit des comédies ; il a même publié plusieurs opuscules, dans lesquels il s'occupe du genre comique. Nous avons donc à l'étudier d'abord comme auteur, ensuite comme théoricien.

Nous n'examinerons ni sa vie ni, parmi ses œuvres, celles qui n'ont pas de rapport avec notre étude. Il nous suffit de savoir qu'il s'est occupé de théâtre très tard. Né en 1713, ce n'est, en effet, qu'en 1757 qu'il publie sa première pièce. Avant cette époque, nous avons de lui la *Lettre sur les aveugles à l'usage de ceux qui voient*. Depuis 1751, avec d'Alembert, il dirige l'*Encyclopédie*. Nous ne voyons pas qu'il se soit occupé de comédie avant 1757 : l'article *Comédie*, dans l'*Encyclopédie*, est l'œuvre de Marmontel.

Sa première pièce, le *Fils naturel*, était précédée de trois entretiens. On ne la joua pas lorsqu'elle parut, et Diderot dit, d'ailleurs, qu'il ne l'avait point faite pour qu'elle fût jouée. En 1771, elle affronta la rampe sans aucun succès.

Dans le *troisieme entretien*, Diderot annonçait le *Père de famille*, qui parut en 1758. On ne représenta cette pièce qu'en 1761, sans grand succès, semble-t-il. Elle était précédée d'un *Traité de la Poésie dramatique*, dédié à Grimm, ami de Diderot.

Ces deux *comédies* sont, en réalité, des drames infiniment attristants. Les pièces de La Chaussée, lues après celles de Diderot, semblent être d'une folle gaîté. Jamais un mot pour rire. A tout moment, on fond en larmes, on s'évanouit, on s'écroule sur des fauteuils, on lève les bras au ciel, on s'attendrit avec de grands gestes.

Est-ce donc de la tragédie ? Non, sans doute ; car, à la fin, les mariages viennent conclure heureusement les drames. Mais pour y parvenir, que de lamentations, que d'explications, que de récriminations, que de scènes de désespoir !

Comment ne point s'attendrir ? Tous les personnages sont tellement vertueux ! Parfois, il est vrai, certains héros ont un passé un peu trouble ; mais le repentir a tout effacé, et la vertu a toujours le dernier mot.

Voyez, par exemple, le *Fils naturel*. Le brave Dorval a, dans la même journée, le bonheur d'exposer sa vie pour son ami Clairville, de sacrifier ou plutôt de risquer, pour ce même ami, sa passion, sa fortune, sa liberté. A la fin, on reconnaît qu'il est fils de M. Lysimond, vieillard de quatre-vingts ans qu'il n'a jamais vu. Or il allait épouser Rosalie, fille de M. Lysimond, sa propre sœur ! Qu'à cela ne tienne : il épousera Constance.

La pièce est, je l'avoue, illisible. Il suffit de connaître la dernière scène pour avoir une idée du genre :

ROSALIE.

« Mon père !

DORVAL.

Ciel ! que vois-je ! C'est Lysimond ! C'est mon père !

LYSIMOND.

Oui, mon fils ! oui, c'est moi. (*A Dorval et à Rosalie.*) Approchez, mes enfants, que je vous embrasse... Ah ! ma fille !... Ah ! mon fils !... (*Il les regarde.*) Du moins je les ai vus... (*Dorval et Rosalie sont étonnés ; Lysimond s'en aperçoit.*) Mon fils, voilà ta sœur !... Ma fille, voilà ton frère...

ROSALIE.

Mon frère !

DORVAL.

Ma sœur !

ROSALIE.

Dorval !

DORVAL.

Rosalie !
(*Ces mots se disent avec toute la vitesse de la surprise et se font entendre presque au même instant.*)

LYSIMOND. (*Il est assis.*)

Oui, mes enfants ; vous saurez tout... Approchez, que je vous
embrasse encore... (*Il lève les mains au ciel.*) Que le ciel qui
me rend à vous, qui vous rend à moi, vous bénisse... qu'il
vous bénisse tous... (*A Clairville*). Clairville, (*à Constance*)
Madame, pardonnez à un père qui retrouve ses enfants. Je
les croyais perdus pour moi... Je me suis dit cent fois : je ne les
reverrai plus. Peut-être, hélas ! ils s'ignoreront toujours !...
Quand je partis, ma chère Rosalie, mon espérance la plus douce
était de te montrer un fils digne de moi, un frère digne de toute ta
tendresse, qui te servît d'appui quand je ne serai plus... et, mon
enfant, ce sera bientôt... Mais, mes enfants, pourquoi ne vois-je
point encore sur vos visages ces transports que je m'étais
promis ?... Mon âge, mes infirmités, ma mort prochaine, vous
affligent... Ah ! mes enfants ! j'ai tant travaillé, tant souffert...
Dorval, Rosalie !...

(*En disant ces mots, le vieillard tient ses bras étendus vers ses
enfants, qu'il regarde alternativement et qu'il invite à se reconnaître. Dorval et Rosalie se regardent, tombent dans les bras l'un
de l'autre et vont ensemble embrasser les genoux de leur père, en
s'écriant :*)

DORVAL ET ROSALIE.

Ah ! mon père !

LYSIMOND (*leur imposant ses mains et levant les yeux au ciel, dit :*)

O ciel, je te rends grâces ! Mes enfants s'aimeront, je l'espère,
et je mourrai content !... Clairville, Rosalie vous était chère...
Rosalie, tu aimais Clairville. Tu l'aimes toujours. Approchez que
je vous unisse.

(*Clairville, sans oser approcher, se contente de tendre les bras à
Rosalie, avec tout le mouvement du désir et de la passion. Il attend ;
Rosalie le regarde un instant et s'avance. Clairville se précipite et
Lysimond les unit.*)

ROSALIE (*en interrogation*).

Mon père ?...

LYSIMOND.

Mon enfant ?...

ROSALIE.

Constance... Dorval... Ils sont dignes l'un de l'autre...

LYSIMOND (à *Constance et à Dorval*).

Je t'entends. Venez, mes chers enfants. Venez, vous doublez mon bonheur.

(*Constance et Dorval s'approchent gravement de Lysimond. Le bon vieillard prend la main de Constance, la baise, et lui présente celle de son fils, que Constance reçoit.*)

LYSIMOND (*pleurant et s'essuyant les yeux avec la main, dit :*)

Celles-ci sont de joie, et ce seront les dernières... Je vous laisse une grande fortune. Jouissez-en comme je l'ai acquise. Ma richesse ne coûta jamais rien à ma probité. Mes enfants, vous la pourrez posséder sans remords... Rosalie, tu regardes ton frère, et tes yeux baignés de larmes reviennent sur moi... Mon enfant, tu sauras tout ; je te l'ai déjà dit... Epargne cet aveu à ton père, à un frère sensible et délicat... Le ciel, qui a trempé d'amertume toute ma vie, ne m'a réservé de purs que ces derniers instants. Cher enfant, laisse-m'en jouir !... Tout est arrangé entre vous... Ma fille, voilà l'état de mes biens ».

Bientôt on s'aperçoit que Dorval est le bienfaiteur, le sauveur de Clairville ; et les attendrissements redoublent :

CLAIRVILLE (*vivement*).

«J'ai tout compris. Il exposa sa vie pour moi. Il me sacrifiait sa fortune.

ROSALIE (à *Clairville*).

Sa passion !

CONSTANCE (à *Clairville*)..

Sa liberté !

CLAIRVILLE.

Ah ! mon ami ! (*Il l'embrasse.*)

(*Ces mots se disent avec beaucoup de vitesse et sont presque entendus en même temps.*)

ROSALIE (*en se jetant sur le sein de son père et baissant la vue*).

Mon frère !...

DORVAL (*en souriant*).

J'étais un insensé. Vous étiez un enfant.

LYSIMOND.

Mon fils, que te veulent-ils ? Il faut que tu leur aies donné quelque grand sujet d'admiration et de joie, que je ne comprends pas, que ton père ne peut partager.

DORVAL,

Mon père, la joie de vous revoir nous a tous transportés.

LYSIMOND.

Puisse le ciel, qui bénit les enfants par les pères et les pères par les enfants, vous en accorder qui vous ressemblent et qui vous rendent la tendresse que vous avez pour moi ».

Le *Père de famille* est peut-être moins insupportable. Saint-Albin, fils du père de famille, voudrait épouser Sophie, jeune inconnue. Cécile, sœur de Saint-Albin, voudrait épouser un jeune homme sans fortune. Le père est opposé absolument aux deux mariages. Sophie, menacée d'une lettre de cachet, est obligée de fuir. Et tous nos amoureux seraient extrêmement malheureux, si l'on ne reconnaissait, au moment voulu, que Sophie est, en réalité, d'illustre naissance. Donc les deux mariages s'accompliront pour le plus grand attendrissement des âmes sensibles.

C'est encore une comédie larmoyante, faite tout entière de désespoir et de supplications. Le père de famille est un personnage sans relief et sans volonté, maudissant et bénissant tour à tour avec des effusions toujours égales. C'est du Nivelle de La Chaussée en prose, moins le style, qui est maniéré, amphigourique et déclamatoire. Rousseau en devait être charmé, lorsque, sur le chemin de Vincennes, il écrivait sa prosopopée de Fabricius : « O Fabricius ! que dirait votre grande âme... » Il n'y a là rien de gai : c'est de la *comi-tragédie* bourgeoise.

Dans son *Paradoxe du Comédien*, Diderot essaie d'expliquer l'insuccès de ces deux pièces. Les mœurs, dit-il, sont trop factices, et trop corrompues, pour que l'on puisse goûter un genre si simple et si sage. Et il ajoute, comme font si souvent les auteurs malheureux, que la cabale s'en mêla et qu'il fut, en réalité, victime des ministres, ennemis acharnés des philosophes. Et pourtant, s'il existait une cabale, elle était du côté de Diderot, et son dessein était de faire un gros succès à la pièce. Voltaire lui-même se montrait

enthousiaste : « Cette pièce, écrivait-il le 12 février 1761, pourrait
contribuer à mettre Diderot de l'Académie... Elle est une sauvegarde contre le fanatisme qui insulte à la vertu. » Le 23 février
de la même année, il escompte ce succès pour « faire taire les
fanatiques et les fripons ». Enfin, le 3 mars, il espère trouver là
une revanche de l' « infâme satire » de Palissot intitulée *Les
Philosophes*.

La pièce tomba, parce qu'elle était détestable. En est-il de
même des théories dramatiques de Diderot ?

*
* *

Diderot a exposé ses théories dramatiques dans les trois entretiens qui précèdent le *Fils naturel*; dans le *Traité* publié en même
temps que le *Père de famille* ; enfin dans le *Paradoxe du Comédien*. Si on les dégage de tout le fatras et de toutes les divaga-
tions dont elles sont obscurcies, ces théories se réduisent, en
somme, à peu de chose.

Dans le *Troisième Entretien*, voici ce que, d'après lui, le siècle
passé a laissé à faire à celui-ci :

« Le genre sérieux à perfectionner.

« Les conditions de l'homme à substituer aux caractères, peut-
être dans tous les genres.

« La pantomime à lier étroitement avec l'action dramatique.

« La scène à changer et les tableaux à substituer aux coups de
théâtre, source nouvelle d'invention pour le poète et d'étude pour
le comédien. Car que sert au poète d'imaginer des tableaux, si le
comédien demeure attaché à la disposition symétrique et à son
action compassée ? »

Examinons, en particulier, chacun de ces points.

1° *Le genre sérieux*. — Qu'est-ce au juste ? Diderot a eu la prétention d'innover et de créer entièrement une forme nouvelle de
drame. Voyez ce qu'il dit, à propos de l'*Hécyre* de Térence :

« Je demande dans quel genre est cette pièce ? Dans le genre
comique ? Il n'y a pas le mot pour rire. Dans le genre tragique ?
La terreur, la commisération et les autres grandes passions n'y
sont pas excitées. Cependant il y a de l'intérêt, et il y en aura,
sans ridicule qui fasse rire, sans danger qui fasse frémir, dans
toute composition dramatique où le sujet sera important, où le
poète prendra le ton que nous avons dans les affaires sérieuses,
et où l'action s'avancera par la perplexité et par les embarras.
Or il me semble que, ces actions étant les plus communes de la

vie, le genre qui les aura pour objet doit être le plus utile et
le plus étendu. J'appellerai ce genre le genre sérieux.

. « Ce genre établi, il n'y aura point de condition dans la société,
point d'action importante dans la vie, qu'on ne puisse rapporter
à quelque partie du système dramatique.

« C'est l'avantage du genre sérieux que, placé entre le comique
et le tragique, il a des ressources, soit qu'il s'élève, soit qu'il des-
cende. Il n'en est pas ainsi du genre comique et du genre tragique.
Toutes les nuances du comique sont comprises entre ce genre
même et le genre sérieux ; et toutes celles du tragique, entre le
genre sérieux et la tragédie. Le burlesque et le merveilleux sont
également hors de la nature ; et on n'en peut rien emprunter qui
ne gâte. Les peintres et les poètes ont le droit de tout oser ; mais
ce droit ne s'étend pas jusqu'à la licence de fondre des espèces
différentes dans un même individu. Pour un homme de goût, il y
a la même obscurité dans Castor élevé au rang des Dieux que
dans le Bourgeois gentilhomme fait mamamouchi.

« Le genre comique et le genre tragique sont les bornes réelles
de la composition dramatique. Mais, s'il est possible au genre comique d'appeler à son aide le burlesque sans se dégrader, au
genre tragique d'empiéter sur le merveilleux sans perdre de sa
vérité, il s'ensuit que, placés dans les extrémités, ces genres sont
les plus frappants et les plus difficiles. »

En quoi ces idées sont-elles nouvelles ? Il est assez difficile de
le dire. Le genre que réclame Diderot n'est-il point celui que,
depuis longtemps déjà, ont cultivé Destouches, La Chaussée, Marivaux, Gresset ? Nous avons vu que la « comédie larmoyante »,
elle-même, n'avait rien d'original. *Don Sanche d'Aragon* de Corneille est, avant le xviiie siècle, un drame sérieux. En outre, ne
songeons-nous pas aux *Captifs* de Plaute, et à presque toutes les
comédies de Térence, qui, d'ordinaire, sont attendries et douces ?

2° La deuxième idée de Diderot est de substituer à la peinture
des caractères celle des conditions. Il s'est, en plusieurs endroits,
expliqué très clairement sur ce sujet, et le meilleur est encore de
citer ses propres paroles :

« Ce ne sont plus, à proprement parler, les caractères qu'il faut
mettre sur la scène, mais les conditions. Jusqu'à présent, dans la
comédie, le caractère a été l'objet principal, et la condition n'a
été que l'accessoire ; il faut que la condition devienne aujourd'hui
l'objet principal et que le caractère ne soit que l'accessoire. C'est
du caractère qu'on tirait toute l'intrigue. On cherchait en général les circonstances qui le faisaient sortir, et l'on enchaînait ces
circonstances. C'est sa condition, ses devoirs, ses avantages, ses

embarras, qui doivent servir de base à l'ouvrage. Il me semble que
cette source est plus féconde, plus étendue et plus utile que celle
des caractères. Pour peu que le caractère fût chargé, un spectateur pouvait se dire à lui-même : ce n'est pas moi. Mais il ne peut
se cacher que l'état qu'on joue devant lui ne soit le sien ; il ne
peut méconnaître ses devoirs. Il faut absolument qu'il s'applique
ce qu'il entend.

« — Il me semble qu'on a traité plusieurs de ces sujets.

« — Cela n'est pas. Ne vous y trompez point.

« — N'avons-nous pas de financiers dans nos pièces ?

« — Sans doute, il y en a ; mais le *Financier* n'est pas fait.

« — On aurait de la peine à en citer une sans un père de famille.

« — J'en conviens ; mais le *Père de famille* n'est pas fait. En
un mot, je vous demanderai si les devoirs des conditions, leurs
avantages, leurs inconvénients, leurs dangers, ont été mis sur la
scène ? Si c'est la base de l'intrigue et de la morale de nos pièces ?
Ensuite si ces devoirs, ces avantages, ces inconvénients, ces dangers ne nous montrent pas, tous les jours, des hommes dans des
situations embarrassantes ?

« — Ainsi vous voudriez qu'on jouât l'homme de lettres, le philosophe, le commerçant, le juge, l'avocat, le politique, le citoyen,
le magistrat, le financier, le grand seigneur, l'intendant.

« — Ajoutez à cela toutes les relations, le père de famille, l'é-
poux, la sœur, les frères. Le père de famille ! Quel sujet, dans un
siècle tel que le nôtre, où il ne paraît pas qu'on ait la moindre idée
le ce que c'est qu'un père de famille ! »

L'idée est intéressante ; je la crois néanmoins paradoxale.
Comment, en effet, peindre des conditions, sans peindre en même
temps des caractères ? Dans chaque condition, on trouve un
nombre infini de caractères différents, et, parce qu'on est médecin
ou avocat, on n'en a pas moins un caractère humain particulier et
défini.

3° La scène ; la pantomime. — Vous avez vu, par la citation du
Fils naturel, combien Diderot multiplie à l'infini les indications
scéniques. Jusqu'à lui, sauf pour l'opéra, le détail de la mise en
scène était abandonné au hasard. Pour l'*Avare* de Molière, par
exemple, il fallait, si nous en croyons les recueils du temps, des
lunettes, un balai, une cassette, une table, une chaise, un secrétaire, du papier, une robe, deux flambeaux sur la table au cinquième acte.

Pour les *Femmes savantes*, les accessoires sont encore moins
nombreux : deux livres, quatre chaises, du papier.

Avec Diderot et Voltaire, le progrès réalisé est immense. Les bancs occupés par les grands seigneurs et qui encombraient la plus grande partie de la scène disparaissent ; la décoration est plus complète ; les jeux de scène plus compliqués. Voyez, par exemple, la première scène du *Père de famille* :

Le théâtre représente une salle de compagnie, décorée de tapisse-ries, glaces, tableaux, pendule, etc. : c'est celle du Père de famille. La nuit est fort avancée. Il est entre cinq et six heures du matin.

Sur le devant de la salle, on voit le Père de famille qui se pro-mène à pas lents. Il a la tête baissée, les bras croisés et l'air tout à fait pensif.

Un peu sur le fond. vers la cheminée qui est à l'un des côtés de la salle, le Commandeur et sa nièce font une partie de tric-trac.

« *Derrière le Commandeur, un peu plus près du feu, Germeuil est assis négligemment dans un fauteuil, un livre à la main. Il en interrompt de temps en temps, la lecture pour regarder tendre-ment Cécile, dans les moments où elle est occupée à son jeu et où il ne peut en être aperçu.*

« *Le Commandeur se doute de ce qui se passe derrière lui. Ce soupçon le tient dans une inquiétude qu'on remarque à ses mouve-ments :*

CÉCILE.

Mon oncle, qu'avez-vous ? Vous me paraissez inquiet ?

LE COMMANDEUR (*en s'agitant dans son fauteuil*).

Ce n'est rien, ma nièce, ce n'est rien.

(*Les bougies sont sur le point de finir, et le Commandeur dit à Germeuil :*)

Monsieur, voudriez-vous bien sonner ?

(*Germeuil va sonner. Le Commandeur saisit ce moment pour dépla-cer le fauteuil de Germeuil et le tourner en face du tric-trac. Ger-meuil revient, remet son fauteuil comme il était, et le Commandeur dit au laquais qui entre :*

Des bougies !

(*Cependant la partie de tric-trac s'avance. Le Commandeur et sa nièce jouent alternativement, et nomment leurs dés.*)

On peut se demander pourquoi Diderot tenait ainsi à la mise en scène : c'était sans doute que, comme tous les Encyclopédistes,

il aimait les menus détails, les petits faits intéressants ou pitto-
resques. En outre, il est l'auteur des *Salons* ; il se plaît à peindre
les intérieurs et s'intéresse aux milieux dans lesquels se meuvent
les personnages. Enfin, et surtout, il croyait bien connaître les
acteurs et il les jugeait très mal. Il les estimait non seulement
incapables d'un jugement solide, mais surtout d'un sentiment
fort. Il a exprimé ses idées sur les comédiens dans son *Paradoxe*. Nous n'examinerons point cet opuscule, qui est en dehors
des limites de notre étude.

Que reste-t-il, en somme, de l'œuvre de Diderot dans le genre
comique ? Deux titres de comédies et des théories. Les comédies
n'eurent aucun succès ; les théories ne sont ni très originales ni
très justes. Malgré tout, il nous montre que la comédie ne voulait
point rester stationnaire ; que, si l'on ne trouvait point de nouveau, on en cherchait. Nous confirmerons cette impression dans
notre prochaine leçon, en étudiant le théâtre de Mercier.

                                                        J. F.

Histoire intérieure de la France depuis 1870

Cours de M. CHARLES SEIGNOBOS,

Professeur à l'Université de Paris.

Le Clergé.

Il ne nous reste à étudier qu'une classe de la société. Nous avons été obligés de l'étudier à part, parce qu'elle forme véritablement une société distincte, avec son organisation spéciale, ses règlements, son genre de vie, son éducation, son costume spécial. C'est le clergé, qui se partage en clergé séculier et en clergé régulier.

Pour la bibliographie du sujet, voir le livre de M. Debidour que nous avons déjà signalé ; l'article de G. Weill dans la *Revue de synthèse historique* (1908) et le catalogue de Lorenz. Cette bibliographie est à la fois très abondante et très vide, qu'il s'agisse de la littérature anticléricale ou de la littérature cléricale. La plupart des livres ne contiennent que très peu de renseignements positifs.

Les documents sont : les statistiques officielles ; les enquêtes privées, comme celle de Keller sur les *Congrégations religieuses en France* (1878), catholique ; l'*Almanach du clergé* ; les périodiques : *Etudes* des Pères de la Compagnie de Jésus, le *Correspondant*, l'*Univers*, le *Pèlerin* (organe du comité des pèlerinages).

Parmi les livres on peut consulter :

a) Parmi les catholiques :

Lecauvet : *L'Eglise de France sous la troisième République* (1907).

Baunard : *Un siècle de l'Eglise de France* (1902).

Chaine : *Les catholiques français et les difficultés actuelles* (1904).

b) Parmi les anticléricaux :

Parfait : *L'arsenal de la dévotion* (1876).

Chaussin (pseudonyme) : *Le bénitier d'argent* (1905).

Desachy : *La France noire*, etc.

Le clergé est entièrement organisé avant 1870. Depuis ce

moment, rien n'a été changé dans son organisation ; même en ce qui concerne le clergé régulier, tous les ordres et presque toutes les congrégations étaient déjà créés.

Mais il s'est produit, depuis 1870, dans la société et dans le gouvernement de la France, deux espèces de transformations, qui ont réagi sur le clergé et qui ont modifié ses forces et ses relations avec la société.

La première de ces transformations est la transformation économique. Nous avons déjà signalé l'accroissement énorme de la richesse mobilière, la diminution de la richesse foncière, l'accroissement considérable de tous les moyens de communication et de transport, ainsi que de la publicité commerciale et financière.

La seconde catégorie de transformations comprend les transformations d'ordre politique. Le pouvoir politique a été transféré du gouvernement central aux assemblées élues et aux électeurs. L'importance des élections a beaucoup augmenté. Le clergé a été ainsi amené à intervenir, à prendre part à la lutte électorale et politique ; la situation du clergé en est venue, par suite, à dépendre de la force des partis.

Ces deux ordres de transformations agissent en sens inverse. D'une part, en effet, le développement des forces économiques et de la richesse générale donne à la société plus de moyens pour entretenir le clergé, et tend à accroître la richesse et le nombre de ses membres. Mais, en sens inverse, la lutte politique a amené la défaite du parti conservateur soutenu par le clergé et qui le soutenait, et, par conséquent aussi, l'affaiblissement du pouvoir de ce dernier

Nous allons indiquer :

1° Quelles sont les forces du clergé en personnel et en ressources matérielles ; comment ces ressources ont été accrues ou bien ont, au contraire, diminué ;

2° Quelles sont les relations entre le clergé et la société, et comment ces relations ont été modifiées depuis 1870 et dans quel sens elles l'ont été.

I. — Pour se rendre compte des forces du clergé, il faut étudier séparément le personnel et les ressources matérielles dont il dispose.

A) En ce qui concerne le personnel, il faut distinguer entre le clergé séculier et le clergé régulier.

On peut étudier les changements dans le clergé séculier dans l'*Almanach du Clergé*. Voici les chiffres donnés par l'*Annuaire statistique* pour l'année 1876 :

Archevêques. . . . .   18.
Evêques. . . . .   69.
Vicaires généraux. . . . .   185.
Chanoines. . . . .   900.
Curés. . . . .   5.463.
Prêtres habitués. . . . .   4.578.
Desservants. . . . .   29.308.
Vicaires. . . . .   10.670.
Aumôniers. . . . .   2.659.
Directeurs ou professeurs de grands
  et petits séminaires. . . . . .   3.589.

A la fin du siècle, le total est à peu près le même ; mais la
répartition n'est plus la même. Le clergé français a adopté le
recrutement par diocèse. Le résultat, c'est que l'inégalité
augmente entre les pays riches et indifférents et les pays pauvres
et dociles au clergé. Dans tous les diocèses riches, le recrutement
est beaucoup plus difficile qu'ailleurs. Dès le début de la troisième
République, les écrivains catholiques signalent le péril. Le mouvement de descente a cependant continué : en 1876, les grands
séminaires comptaient 11.616 élèves : dès 1880, ils n'en comptaient plus que 8.400. Le mal a été aggravé par la séparation des
Eglises et de l'Etat. Cependant il n'est pas établi que le recrutement deviendra impossible. Dès le second Empire, le clergé
séculier se recrute presque tout entier dans le peuple : les mandements d'évêques, de Mgr Pie, de Mgr Dupanloup, de Mgr Besson,
reprochent aux classes aisées de ne pas donner leurs enfants. Les
vocations, cependant, ne sont pas rares dans la bourgeoisie : elles
augmentent même ; mais elles se dirigent vers les ordres : elles
préfèrent le clergé régulier.

Le clergé régulier comprend deux catégories : les associations
autorisées et les associations non autorisées ; mais, entre elles,
il n'y a aucune différence pratique. Keller donne, pour 1878, les
chiffres suivants pour l'ensemble :

Hommes. 30.287
Femmes. 127.753

Il y a, outre les congrégations proprement dites, les communautés d'enseignement, de Frères et de Sœurs qui ne sont pas
entrés dans les ordres. Presque toutes sont antérieures à 1870 ;
mais elles ont augmenté leur effectif. Quelques-unes même ont
été créées.

Tout le clergé régulier a été très favorisé par la grande richesse

mobilière des classes les plus disposées à faire des frais pour les
religieux ; il a été aussi, jusqu'en 1880, soutenu par le gouvernement. Après 1880, le gouvernement les a combattues ; en fait,
cette hostilité n'a pas empêché leur accroissement ; mais il est
très difficile de connaître leur nombre exact. Des tableaux ont
été dressés, notamment en 1899, par la direction des cultes; mais
ils ne distinguent pas les communautés. Depuis la lutte qui a
suivi la loi de 1901, la différence s'est accrue entre les deux catégories : les congrégations ont été vraiment dissoutes, ont émigré
ou se sont dispersées ; quant aux communautés, elles ont simplement pris l'habit laïque. Les congrégations autorisées subsistent, mais n'ont plus le droit d'enseigner. Leur nombre a diminué.

B) Les ressources du clergé séculier sont de plusieurs espèces.
Chaussin en a fait le relevé pour un département, le département
de l'Aisne, dans le *Bénitier d'argent*.

Ces ressources sont d'abord le budget d'Etat. Ce budget a augmenté jusqu'en 1876 : de 49 millions en 1871, il est passé à 53
millions en 1876. Puis il a diminué par suite de la suppression de
postes auxiliaires et est descendu jusqu'au chiffre de 40 millions
environ. Il a été supprimé par la loi de séparation. A ce budget
d'Etat venaient s'ajouter les subventions aux fabriques, les supplé-
ments versés par les municipalités et la jouissance des presbytè-
res : tout cela a cessé avec la loi de 1905. A ces ressources venaient
s'ajouter les biens immeubles appartenant officiellement aux institutions ecclésiastiques : menses épiscopales, menses curiales,
surtout fabriques (le total de ces biens a été évalué, au moment du
vote de la loi de séparation, à 400 millions). Le casuel, qui comprend les « oblations » destinées par le Concordat à salarier les
desservants, consiste en redevances payées pour les baptêmes, les
mariages, les enterrements, les messes. Il y a un règlement qui
fixe le tarif du casuel; mais il n'est plus observé : le prêtre, de sa
propre autorité, le double ou le triple même, dans la plupart des
cas, sauf pour les baptêmes, qui sont presque gratuits. Les
fabriques ont possédé, jusqu'à ces dernières années (loi du
28 décembre 1904), le monopole des pompes funèbres, c'est-à-
dire le droit de fournir seules les voitures, les tentures, les
ornements nécessaires pour les enterrements ; les fabriques touchaient la redevance dans tous les cas, même quand il s'agissait
d'enterrements civils ou d'enterrements de suicidés. A Paris, le
monopole, affermé à une société, rapportait aux fabriques un
bénéfice net de 1.900.000 francs. A cela il faut ajouter les offrandes faites dans les troncs (pour la Vierge, pour les âmes du Pur-

gatoire, pour saint Joseph, les écoles, les cierges, etc.), le produit des quêtes faites le dimanche, les jours de fête, aux messes de mariage, d'enterrement. Il est difficile de savoir pour quelle proportion ces ressources supplémentaires figurent dans le budget du clergé. Avant la séparation, il est probable que la part du budget de l'État n'y entrait guère que dans la proportion de 20 0/0.

Les ressources du clergé régulier sont connues par trois enquêtes : l'enquête de 1881, celle de 1890, celle de 1900. Mais il n'existe aucun contrôle, et il est difficile d'affirmer quoi que ce soit. Les biens immeubles du clergé régulier se répartissent en deux catégories : les biens possédés directement et les biens possédés par des tiers et occupés par des congrégations ou des communautés. Ce qui paraît certain, c'est que cette seconde catégorie s'est beaucoup accrue depuis la première enquête, à la suite des craintes provoquées par les événements politiques et l'arrivée des républicains au pouvoir. D'après l'enquête de 1881, le total des biens occupés n'atteindrait que 131 millions ; d'après celle de 1900, elle serait de 636 millions. Quant à la valeur totale, il est difficile de la connaître ; ce qui paraît certain, c'est qu'elle a notablement augmenté depuis 1870 jusqu'à 1900. L'enquête de 1881 l'évalue à 712 millions ; celle de 1900 à 1.071 millions. Les biens des congrégations non autorisées ont été liquidés depuis 1902. Ont-ils été rachetés en partie? Il est à peu près impossible de le savoir. Quant à ceux des congrégations non autorisées, ils sont soumis au droit d'accroissement. Pour bien connaître la richesse du clergé régulier, il faudrait connaître le total de leurs valeurs mobilières ; il est absolument inconnu. D'après les documents saisis chez les Assomptionnistes, sous le ministère Waldeck-Rousseau, on a pu supposer que la fortune mobilière des congrégations était bien supérieure à leur fortune immobilière.

II. — Nous allons voir, maintenant, quelles sont les relations du clergé avec le reste de la société, comment il vit, comment il agit.

A) Les conditions de vie des ecclésiastiques sont dominées par leur éducation spéciale et l'attitude des laïques à leur égard.

Sur l'éducation des ecclésiastiques, nous avons les descriptions concordantes des écrivains catholiques, notamment celle de Lecauvet dans son livre sur l'*Eglise de France sous la troisième République* (1907). Voici, dans ses traits essentiels, la description qu'il en fait. L'enfant est élevé par le prêtre au presbytère ; il étudie gratuitement jusqu'à la cinquième ou la quatrième ; il va alors au petit séminaire, qui compte généralement de 200 à 250 élèves et qui est soutenu pécuniairement par l'évêque (les séminaires mixtes donnent d'excellents résultats dans les pays de foi ;

ailleurs, ils sont en décadence); enfin il va au grand séminaire. Le
but de l'éducation qu'on y reçoit est de former des prêtres fortement trempés ; les exercices religieux y sont très nombreux.
L'enseignement qu'on y donne est un enseignement traditionnel :
« L'instruction y est par trop sacrifiée à l'éducation ». Les professeurs sont nommés trop souvent après une année de noviciat
où ils n'ont rien appris. Il n'y a aucun cours de sciences, de peur
de provoquer des objections contre les révélations de la Bible ;
il n'y a pas de cours de droit civil ou canonique ; pas de cours
non plus sur l'histoire de l'Eglise ; durant une ou deux heures
par semaine, on fait un commentaire des psaumes et de l'Evangile, d'où est bannie toute critique. On ne parle pas de Kant; on
écarte les philosophes contemporains : « On ne doit se permettre
la lecture de leurs livres, dit le supérieur général de Saint-Sul-
pice, qu'avec beaucoup de circonspection. » On pense généralement que « le jeune théologien se préparera d'autant mieux à
travailler utilement dans les controverses et contre les erreurs
de son temps qu'il en fera... plus complètement abstraction. » Il
n'y a presque pas d'établissements d'études supérieures : Saint-
Aubin à Angers, l'école des Chartreux à Lyon, l'école des Carmes
à Paris, fondée en 1845 avec l'appui de Cousin.

Cet état de choses a provoqué des plaintes de la part des catholiques. Aussi a-t-on commencé à créer un enseignement plus
solide dans les Universités catholiques, créées après le vote de la
loi de 1875 sur la liberté de l'enseignement supérieur. On a fondé
une faculté de théologie dans chacune de ces Universités.

Après le séminaire, le prêtre entre dans la carrière pratique.
Là, sa condition est très différente, suivant les régions. Dans les
pays où la foi est restée assez vive, il est honoré, craint même
et assez bien pourvu au point de vue matériel. Mais, souvent, il
mène une vie pauvre et sans encouragements. Il débute comme
vicaire à 450 francs, puis est nommé desservant à 900 francs. Le
casuel est faible, 100 francs en moyenne ; les honoraires des
messes varient de 200 à 300 francs. Voici ce que dit Lecauvet de
sa condition au milieu des populations : « Il est respecté, mais impopulaire. Gardien de la morale et censeur des mœurs, il admoneste, régente, oblige aux observances et à la confession. Gauche
ou impérieux, il s'enferme, ignore les intérêts matériels de ses
paroissiens. Il n'a pas renoncé au roi : son journal, *l'Univers*, lui
annonce, chaque jour, cette restauration... »

Un autre écrivain catholique, Baunard, s'exprime ainsi dans
Un Siècle de l'Eglise de France (1902) : « Une messe, pas d'assistants; un autel, pas de communiants ; une chaire, pas d'audi-

teurs ; une école, pas de catéchisme ; un lutrin, pas de chantre ;
le maire, un mangeur de prêtres ; l'instituteur, un libre penseur ; le gros bourgeois, un franc-maçon. Indifférence du grand
nombre, hostilité des autres... Il faut avoir entendu les prêtres
des trois quarts de nos paroisses de France pour comprendre
ce qu'il faut de courage héroïque, de patience et de foi à ces
martyrs du devoir. »

La condition des prêtres au milieu de la population dépend
naturellement de ses sentiments et de son degré de foi. Il n'y a
pas, sur ce sujet, de statistique d'ensemble. Il n'y a que quelques
essais locaux : on trouvera, dans le livre de Chaussin le *Bénitier*
d'argent (1904), le résultat d'une enquête faite dans les arrondis-
sements de Soissons et de Laon sur la fréquentation des églises le
jour de Pâques : sur un total de 87.000 habitants, on a compté
2.300 hommes, 7.000 femmes, 4.600 enfants, au total 14.000 personnes ; il faut surtout remarquer la faiblesse du chiffre des
hommes. Mais nous ne possédons, pour l'ensemble de la France,
aucun chiffre total. Taine évalue à 4 millions le nombre des catholiques pratiquants. Il est probable que la répartition des croyants
doit correspondre à la répartition des votes politiques.

B) Le clergé avait déjà sur la société laïque des moyens d'action
anciens. Il les a conservés ; ce sont la confession, les sermons, le
catéchisme, et surtout les sacrements et les visites. Depuis 1870, il
a trouvé ces moyens insuffisants. Il leur en a ajouté de nouveaux
et a modifié les anciens. Nous allons essayer d'énumérer les
principales modifications survenues dans les méthodes d'action
du clergé catholique.

On a d'abord beaucoup accru les dévotions particulières, qui
parlent plus que toute autre à l'imagination et au sentiment : de
ce nombre sont les dévotions à la Vierge, au Saint-Sacrement
(adoration nocturne), au Sacré-Cœur (on a édifié à Montmartre
l'église du Sacré-Cœur : idée du vœu national), à saint Joseph
et surtout à saint Antoine de Padoue.

On a accru beaucoup aussi les confréries, surtout les confréries
de jeunes gens et de jeunes filles.

Le clergé a également favorisé et suscité les patronages. Ils ont
été très développés après 1870 ; leur organe était l'*Ouvrier*.
Léon XIII considérait l'œuvre des patronages comme capitale.
Le but était d'éviter que les enfants, en sortant des écoles de
Frères, ne tombassent dans les mains de sociétés secrètes ou publiques, « qui ont pour but la destruction de la foi ». En 1873,
les patronages ont été reconnus d'utilité publique. L'œuvre des
patronages avait commencé à Paris (« patronages des filles

repenties »). Ils ont été développés et organisés systématiquement : en 1901, d'après Lecauvet (*Œuvres catholiques*), le nombre
des patronages de garçons était de 2.350, celui des patronages
de jeunes filles de 1.817, les catéchismes de persévérance et autres œuvres de même nature, 32.570.

A côté des patronages ont été organisés les cercles : cercles
d'ouvriers, cercles militaires, dirigés par le clergé. On a la tentation de les réunir avec les associations ouvrières du comte A. de
Mun ; mais celles-ci sont plutôt des œuvres d'allure laïque.

Les pèlerinages ont été très favorisés par le développement
des chemins de fer ; aussi le clergé leur a-t-il donné un développement énorme. Une concentration s'est opérée. Les pèlerinages
locaux ont été presque en totalité supplantés par des pèlerinages
nationaux ou internationaux. Les pèlerinages qui·ont le plus profité de cette évolution sont ceux de la Vierge et du Sacré-Cœur.
Le plus important de beaucoup, à l'heure actuelle, est le pèlerinage de Lourdes, organisé avec l'appui de Pie IX par l'ordre
récent des Pères de l'Assomption. Durant la seule année de 1872,
Lourdes a été visitée par 149 pèlerinages et 119.000 pèlerins ; de
1870 à 1878, il y a eu un total de 958 pèlerinages et 661.000 pèlerins. Le mouvement a continué.

Le clergé s'est beaucoup occupé aussi de l'enseignement des
écoles primaires et secondaires. Après 1870, le mouvement
commencé en 1850 continue. Il est d'abord encouragé par les
pouvoirs publics, jusqu'à l'arrivée au pouvoir des républicains.
En 1876, d'après une statistique officielle, il y avait 309 collèges
catholiques donnant l'enseignement à 46.000 élèves ; les petits
séminaires comptaient 23.000 élèves. L'enseignement ecclésiastique, durant les premières années de la troisième République,
a accru le nombre de ses élèves et son influence dans le recrutement des Ecoles spéciales et de l'Ecole militaire. Le nombre des
établissements des Jésuites est passé de 1865 à 1878 de 14 à 29, et
le nombre de leurs élèves de 5.000 à 11.000. Le nombre des écoles
primaires ecclésiastiques et de leurs élèves a augmenté jusqu'en
1900.

Enfin la presse catholique a été transformée sur le modèle des
autres grands journaux quotidiens.

En définitive, le clergé a, depuis 1870, accru sa richesse et
adopté de nouveaux moyens d'action. Cependant la dernière lutte,
après 1902, a beaucoup diminué l'importance du clergé régulier.
La loi de séparation a privé le clergé régulier d'une source de
revenus ; il n'est pas sûr cependant que, à l'heure actuelle, celui-
ci soit sensiblement moins riche qu'avant 1905.   E. M.

Sujets de devoirs

UNIVERSITÉ DE PARIS

AGRÉGATION DE PHILOSOPHIE.

Dissertation.

L'imagination constructive.

AGRÉGATION DES LETTRES.

Composition française.

Saint-Evremond et Bossuet historiens de Rome.
Le réalisme de Lesage et le réalisme de Balzac.

Thème latin.

PASCAL, fragment d'un *Traité du Vide*, depuis : « Les secrets de la nature sont cachés... », jusqu'à : « Les ruches des abeilles étaient aussi bien mesurées, il y a mille ans qu'aujourd'hui. »

Version latine.

SÉNÈQUE, *Lettres de Lucilius*, Epist. X, en entier.

Thème grec.

FUSTEL DE COULANGES, *la Cité antique*, livre IV, ch. xi, depuis : « Ces précautions une fois prises contre l'éloquence... », jusqu'à : « ... peut toujours arriver au bout de son discours. »

Version grecque.

THUCYDIDE, liv. V, ch. xxvi.

*
* *

AGRÉGATION DE GRAMMAIRE.

Composition française.

Examiner cette critique que fait de la *Deffence* l'auteur du *Quintil Horatian* : « En tout ton livre n'a pas un seul chapitre, non pas une seule sentence, monstrant quelque vertu, lustre, ornement, ou louange de nostre langue Françoyse, combien qu'elle n'en soit degarnie non plus que les autres, à qui le sçait bien congnoistre. » (P. 195.)

Le Gérant : FRANCK GAUTRON.

POITIERS. — SOCIÉTÉ FRANÇAISE D'IMPRIMERIE.

DIX-HUITIÈME ANNÉE (2ᵉ série)   N° 33   30 JUIN 1910

REVUE HEBDOMADAIRE

DES

COURS ET CONFÉRENCES

DIRECTEUR : N. FILOZ

La civilisation intellectuelle en France à l'époque de la Renaissance

Cours de M. ABEL LEFRANC,

Professeur au Collège de France.

Les origines ; les rapports intellectuels du Moyen-Age et de la Renaissance.

Nous avons passé déjà en revue un certain nombre de définitions de la Renaissance. Nous avons cherché, tout d'abord, quelle conception les hommes du XVIᵉ siècle pouvaient bien avoir du mouvement auquel ils assistaient. Chose singulière : ils se sont parfaitement rendu compte de la portée et du sens de ce mouvement. C'est ainsi que nous avons pu opposer au témoignage d'un homme du XVᵉ siècle, de Fichet, qui, en 1472, voit uniquement dans le changement auquel il assiste un progrès dans la science de bien dire, les témoignages d'un Nicolas Bourbon ou d'un Rabelais. Vous avez noté l'importance de l'Ode de Nicolas Bourbon (1533) que nous avons citée et des deux morceaux de Rabelais, rappelés à votre souvenir : la lettre de Gargantua et l'épître à Tiraqueau. Rabelais voit dans la Renaissance un changement qui atteint la vie morale et la transforme.

Cela fait, nous avons abordé l'étude des définitions de la Renaissance données depuis quinze ou vingt ans. Vous avez remarqué les divergences qui apparaissaient entre ces définitions. Chez

46

les unes, nous avons retenu un certain nombre de distinctions
et de précisions, qui nous ont paru intéressantes, en écartant
absolument toute distinction entre la Renaissance et l'humanisme.

J'ajoute, maintenant, deux autres définitions. Sur l'une, je
n'insisterai pas ; c'est celle de Michelet : « La vraie Renaissance
est la Renaissance du cœur ». Bien que cette pensée soit éminemment suggestive, elle ne saurait prétendre nous fournir une
formule suffisamment compréhensive. Une autre définition,
sur laquelle il est à propos d'insister, est celle que M. Petit de
Julleville a mise en tête du IIᵉ volume de son *Histoire de la
Langue et de la Littérature*: « La Renaissance était une reprise
partielle de l'homme par l'antiquité, c'est-à-dire par la nature.
Elle ne détruisait pas le christianisme, mais tendait à placer la
religion dans la conscience individuelle ; tandis que le Moyen-Age,
où tout aspire à l'unité, sous l'apparence d'une variété infinie,
avait tendu, au contraire, à soumettre à la religion l'homme tout
entier. La Renaissance, avec une apparence d'harmonie, aboutit
réellement à un dualisme », à établir deux domaines tout à fait distincts ; cela est surtout saisissant pour la France. — « Elle assied
l'homme présent dans la vie purement humaine, et restreint la
religion à une espérance future. On exagère la vérité en l'enfer-
mant dans ces formules ; mais tel est bien le sens et l'esprit général des deux époques. La Renaissance ne prétendait pas affranchir
l'homme de la foi, mais le partager entre la foi et la raison, c'est-
à-dire la philosophie antique. A la raison de régler la vie présente et terrestre, la politique, le droit, la paix et la guerre, le
travail, la richesse. A la religion, de l'entretenir d'espérances
immortelles et de lui ouvrir le ciel. Jamais les hommes de la
Renaissance ne voulurent cesser d'être chrétiens ; mais ils prétendaient dérober au christianisme le règlement de la vie présente et
lui laisser seulement la préparation de la vie future ».

Comme vous pourrez bientôt vous en rendre compte, cette
définition contient beaucoup de vérités et ne manque pas d'ampleur.

M. Gebhart a, lui aussi, dans le volume consacré au xvıᵉ siècle
de l'*Histoire générale* de Lavisse et Rambaud, éprouvé le besoin
de définir la Renaissance, et c'est avec une grande justesse de
termes qu'il y réussit :

« La Renaissance ne fut point seulement une œuvre de lettrés
et d'artistes, un retour de l'esprit humain à la littérature toute
rationnelle et aux modèles d'art de l'antiquité. Elle a été surtout
un renouvellement de la vie morale, une façon nouvelle de concevoir le monde, une théorie originale de la société et de la vie

publique, une tradition de liberté dans les rapports du chrétien avec l'Eglise...» Cela est surtout vrai de l'Italie. — « L'Italie s'était, de bonne heure, affranchie de la discipline rigide et des cadres étroits imposés à l'individu par le Moyen-Age. » C'est par là qu'elle a évité le dualisme qui se déclara en France. Au moment où la Renaissance apparaît dans notre pays, les Français sont encore doués, semble-t-il, d'une grande moralité ; c'est pourquoi nous assistons à un réveil du sens moral. L'Italie, grâce à son affranchissement, a eu très tôt l'esprit réaliste ; elle a préféré le droit romain à la scolastique.

Il faut aussi tenir compte des expéditions lointaines, du commerce, des troubles civils : « L'Italien comprit que l'esprit est une force, la plus grande qui soit au monde : le premier, dans tout l'Occident, il eut l'esprit moderne. »

Une transformation se produisait même dans l'ordre politique : la première en date des œuvres de la Renaissance est l'Etat moderne, le principat absolu. Mais ce ne fut pas sans trouble qu'elle se réalisa. Vous savez qu'un historien italien très remarquable, Ferrari, qui a été plus d'une fois utilisé par Taine, s'est amusé, pour ainsi dire, à compter le nombre des révolutions qui ont bouleversé le sol de l'Italie. Il en a trouvé trois mille et quelques centaines. Vous devinez tout ce qui pouvait sortir d'une pareille effervescence, d'une excitation si continue.

A toutes ces définitions que je viens de vous rappeler, j'ai, il vous en souvient, ajouté la mienne. A la fin du cours, un des auditeurs les plus assidus m'a demandé pourquoi je n'avais pas mentionné l'imprimerie. C'est que l'imprimerie est une cause de la Renaissance, mais n'est pas un caractère qui puisse servir à la définir. D'autre part, j'ai essayé de donner une place un peu plus grande à l'idée de l'art. Il est utile de le citer, de le nommer, quand on parle de Renaissance : à l'époque dont nous nous occupons l'art devient un concept. Je relis donc cette formule, en la modifiant un peu sur quelques points : — La Renaissance en France, c'est la transformation des mœurs, des idées et des sentiments, qui s'est accomplie au cours du xvie siècle, sous l'influence des lettres antiques, en partie par l'intermédiaire de la civilisation italienne et de la culture des peuples du Nord. Grâce à la méthode et à l'esprit critiques, grâce au sentiment de la beauté, cette transformation a abouti à une élimination plus ou moins complète de l'idéal du Moyen-Age ; elle a réalisé finalement un idéal de culture libre et rationnelle, analogue à celui de l'antiquité, en rendant la conception générale de la vie, de la nature, de l'art et du monde indépendante du christianisme. L'élément chrétien cesse, dès lors, d'occuper une place prépondérante dans la civilisation, quand il ne se trouve pas directement contredit ou systématiquement omis. Le libre examen gagne tout ce que perd la théologie. L'humanité s'aperçoit qu'elle vaut par elle-même.

En vous présentant cette définition, je ne veux nullement vous faire croire que le christianisme a été, en quelque sorte, abandonné; il n'est certes pas éliminé, mais seulement il n'est plus le maître. Il se produit un nouveau dualisme, qui explique à peu près toute l'histoire moderne. Le christianisme et le paganisme sont deux grands principes, qui, le plus souvent, luttent l'un contre l'autre à travers le monde. Cependant jamais l'un d'entre eux ne triomphe de l'autre au point de le supprimer. Au Moyen-Age, alors que la civilisation était indubitablement sous l'influence complète du christianisme, on rencontre encore des dissidents, des libres-penseurs, des défenseurs obscurs et souvent à demi inconscients du paganisme. Mais, peu à peu, avec l'aide du temps, les rôles changent. C'est le moment de rappeler la définition que Rabelais cherche à donner de la vérité dans le cinquième livre de Pantagruel : *Veritas filia temporis*, la vérité est fille du temps ; c'est l'évolution de l'humanité qui lui permet d'atteindre le vrai. Par le fait de cette évolution, vous le comprenez, le christianisme perd, au xvie siècle, sa domination. La part du surnaturel est réduite; il se voit ravir ses droits à la direction exclusive du genre humain; le rationalisme lui succède. Le monde profane prouve sa légitimité; la vie morale est conduite, à certains égards, par des maximes qui rappellent celles du paganisme. Plutarque en est, parmi d'autres, un guide vénéré. Je relisais, il n'y a pas longtemps, des lettres de Henri IV; ce roi si primesautier y disait, en parlant du grand moraliste grec : « Il m'a été comme ma conscience. » Voilà, certes, un mot qu'on n'aurait jamais osé prononcer dans les siècles précédents. Mais, pour bien saisir l'importance et l'intérêt passionnant de cette lutte, il vous suffira de remonter aux cours des années précédentes ; nous y avons parlé de différentes querelles : querelle des Anciens et des Modernes, querelle du théâtre, querelle des femmes, etc. Toutes ces questions, dont quelques-unes ne sont pas encore résolues et ne cessent pas d'être débattues, se rattachent, si on veut les examiner de haut, à ce dualisme.

L'humanité a été transformée par la Renaissance; dans tous les problèmes, elle voit, depuis lors, surgir les deux principes rivaux. A partir de la transformation du xvie siècle, elle conçoit nettement les rapports des choses ; en vérité, il faut employer le mot qui nous semble le plus propre : c'est une laïcisation intellec-

tuelle de l'humanité. En même temps, la Renaissance rend à
l'humanité le sentiment et l'amour de la nature. La science enfin
cesse d'être l'humble servante de la théologie, *ancilla theologiæ*,
pour devenir à son tour maîtresse, ou du moins égale, par la
force des choses. La beauté devient aussi une conception indépendante de la religion.

Il est remarquable de constater, dans l'histoire du Moyen-Age,
un phénomène très singulier : c'est que, durant cette longue
époque, l'Eglise n'a jamais pu se passer de l'antiquité. De même
certains penseurs sont amenés à se demander, aujourd'hui, si
l'humanité pourra se passer du christianisme. Quand on étudie du
moins le Moyen-Age, on demeure frappé, au plus haut point, de la
nécessité que l'Eglise éprouvait de conserver l'Antiquité. Voilà
donc un dualisme qui explique de grands combats : dès le
triomphe du christianisme, on s'aperçoit qu'il est impossible d'éliminer l'élément païen ; aujourd'hui, la même question se pose peut-
être pour l'élément chrétien. Ainsi l'histoire comme la science sont
simultanément plus simples et plus compliquées qu'on ne le croit.

Nous allons donc aborder l'étude des origines, en commençant
par le Moyen-Age. J'avais, tout d'abord, l'intention de passer rapidement sur cette période ; mais je crois que cette histoire du
retour de l'antiquité est du plus grand intérêt ; elle nous montre
ce que fut la première Renaissance, qui illumina le règne de
Charlemagne ; elle nous permet de suivre l'évolution de la philosophie au Moyen-Age. Il y eut un temps où l'on parlait avec
dédain de cette philosophie que l'on traitait de scolastique. Mais
la scolastique n'est pas toute la philosophie du Moyen-Age. Il faut
se garder avec soin des vues trop logiques.

De même, il y a quelque vingt ans, un historien, Encken, ramenait tout le Moyen Age au principe ascétique ; eh ! bien, cette
conception est sujette à caution. Certes, l'Eglise a fait tous ses
efforts pour diriger l'humanité dans ce sens ; mais notre nature
s'est trouvée rebelle à l'ascétisme.

En outre, le Moyen-Age a connu parfois une audace extrême
de pensée et la liberté intellectuelle y fut parfois plus grande
qu'aux siècles modernes. De nombreuses tentatives d'émancipation ont été faites avant la Renaissance. Remarquez avec
quel sérieux nos pères du ixe, du xe, du xie siècle, assistent aux
grandes controverses qui touchent à leur foi ou à leur morale,
sur la transsubstantiation par exemple. Nous ne devons jamais
oublier que l'humanité a connu déjà une tendance très marquée
vers la liberté, bien avant le xvie siècle.

Cependant, en principe, la caractéristique de la civilisation médiévale, c'est la religion et surtout la théologie ; cette dernière est mêlée à tout. Mais, dans l'application, il y a une distinction à faire. Certes, nous venons de le dire, la religion est fort loin d'avoir pénétré toute la littérature médiévale. Remarquez que, à certains égards, le Moyen-Age a connu une pensée spéculative plus forte que celle de la Renaissance. La pensée de la Renaissance est plus pratique, plus réaliste, plus scientifique, appuyée sur des observations ; mais elle est aussi beaucoup moins spéculative.

Mais, si vous voulez mieux connaître les rapports intellectuels de la Renaissance et du Moyen-Age, je vous conseille de parcourir la notice sur *Siger de Brabant* du P. Mandonnet, parue dans les *Mélanges de l'Université de Fribourg*, 1899, in-4°. Gaston Paris, Achille Luchaire et d'autres encore ont jadis rendu hommage à l'impartialité de cette œuvre ; j'engage vivement ceux d'entre vous qui ont du goût pour la spéculation du Moyen-Age à le lire.

Le P. Mandonnet part d'idées à peu près analogues à celles que nous venons d'exprimer. Il croit, lui aussi, que, depuis Charlemagne, tout tendait vers la Renaissance. A peine le monde antique disparu, on s'est mis à le regretter et à souhaiter son retour. Vous savez le mot, à vrai dire, très injuste de Michelet : « Le monde est vide depuis les Romains. » Eh ! bien, les hommes des XIIᵉ et XIIIᵉ siècles ont senti cette viduité du monde. « La civilisation de l'Europe, depuis les premiers essais de formations sociales par les Barbares jusqu'au sortir de la Renaissance, est surtout un travail de restauration et d'absorption de la civilisation gréco-romaine. Pendant dix siècles, l'Europe est à l'école de l'antiquité et lui emprunte la presque totalité des éléments d'une culture qu'elle s'adapte lentement... »

M. Mandonnet va encore plus loin, quand il ajoute : « Comme tous les milieux sociaux qui débutent dans leur formation par les plus humbles degrés, elle demande à un milieu extérieur les éléments de son éducation et de son progrès. En trois moments successifs et bien caractérisés, elle s'assimile les résultats généraux de la culture helléno-latine... » Nous sommes loin des anciennes définitions de la civilisation médiévale. « A ses débuts, dans le haut Moyen-Age, elle reçoit de l'antiquité ses notions politico-sociales, à peine transitoirement modifiées par les coutumes des Germains. Après un premier effort intellectuel, au IXᵉ siècle, suivi d'ailleurs de peu de succès (ce qui n'est pas absolument exact, je crois), elle s'assimile définitivement, aux XIIᵉ et XIIIᵉ siècles, la science et la philosophie grecques. Enfin, aux XVᵉ et XVIᵉ siècles, elle achève le cycle de son développement sous l'action du monde antique, en lui empruntant sa littérature et ses arts.

« Dans ces trois phases, sociale, scientifique et esthétique, qui expriment les grands éléments permanents de toute civilisation, l'Europe est entièrement sous la dépendance de la Grèce et de Rome ; elle vit de réminiscences et d'emprunts ; et cette longue évolution n'est autre chose que le travail gigantesque qu'elle a opéré pour passer de l'état quasi-amorphe à l'état spécifique des anciens et remarquables milieux qui l'avaient précédée. La vie intellectuelle du Moyen-Age ne doit pas être comprise et jugée au point de vue exclusif, ni même principal de l'originalité des doctrines. Les manifestations les plus parfaites et les plus hautes de la civilisation de l'Europe n'ont rien de foncièrement original jusqu'au sortir de l'Humanisme, et nous conservons encore, dans ce que nous sommes, des éléments notables dont on ne peut méconnaître l'origine antique. Il n'y a, en conséquence, ni plus ni moins de génialité dans la pensée et les théories scientifiques du Moyen-Age qu'on n'en trouve, plus tôt ou à la même époque, dans les idées politico-sociales et le droit romain restauré ; qu'il n'en apparaîtra, plus tard, dans les imitations littéraires et artistiques de la Renaissance.

« L'importance et l'intérêt de la vie intellectuelle du Moyen-Age sont surtout dans les phénomènes généraux qui révèlent le premier grand travail accompli par l'Europe pour atteindre une véritable culture intellectuelle.

« C'est d'abord ce fait fondamental que la formation scientifique première de ce qui est devenu le monde moderne est le résultat d'une transfusion, d'une endosmose intellectuelle sous l'action des monuments écrits de civilisations antérieures ou externes. De là la double conséquence que l'Europe a pu s'assimiler rapidement une science déjà faite et longtemps élaborée ailleurs, et qu'elle a dû se mouvoir, avant tout, dans la modalité de cette culture importée ; et, à ce titre, la vie intellectuelle d'alors est une renaissance dans le domaine des idées, comme elle l'a été, quelques siècles après, dans le domaine des lettres et des arts.

« C'est aussi le fait de la vigueur dans l'effort pour apprendre, chez une société à peine policée à l'origine, et qui se fraie sa voie malgré les obstacles de tout ordre et les conditions défavorables à son progrès : absence de bien-être et de ressources matérielles : rareté des écoles et des maîtres ; difficulté d'entrer en possession d'une science dont les monuments sont partiellement perdus et les meilleurs malaisément abordables sous l'écorce rebelle de langues à peine connues ; pénurie littéraire

. sous le régime laborieux et dispendieux des manuscrits, qui ne permet l'instruction que par l'audition d'un maître et un effort constant de la mémoire. Obstacles, il est vrai, dont plusieurs sont allés s'atténuant avec le progrès des années ou plutôt des siècles, mais qui n'ont jamais disparu de la vie intellectuelle médiévale et en ont rendu le labeur énorme...

Les éléments originaux dans la culture du Moyen-Age sont encore au second plan et recouverts par les éléments d'importation. Dans le domaine politico-social, c'est le mouvement communal et ce qui en dépend ; dans la vie intellectuelle, l'éveil du sens critique et l'esprit d'observation ; dans le domaine esthétique, les premiers essais littéraires des idiomes nationaux et l'art gothique. »

Vous voyez que, dans ce morceau, l'auteur rapproche la Renaissance du Moyen-Age ; si l'on regarde les choses de plus haut, on voit dans la Renaissance l'aboutissement de tout un mouvement commencé depuis longtemps : il y a là un point de vue vraiment nouveau. En réalité, le P. Mandonnet n'est pas très sympathique à la Renaissance ; il y voit une période d'imitation ; il s'occupe trop de la pensée spéculative. Donc, à ses yeux, la Renaissance commence à Charlemagne. Il faut reconnaître qu'il y a, chez les hommes du Moyen-Age, un enthousiasme remarquable pour la science, une très grande admiration de l'antiquité. Vous vous rappelez, sans doute, à ce sujet, l'anecdote de ce grand humaniste italien, qui, ne pouvant connaître Homère, l'admirait en quelque sorte d'instinct. La Renaissance, telle que nous l'entendons, n'était guère possible auparavant ; chaque chose est venue en son temps : *Veritas filia temporis.*

Quand on lit de pareilles considérations, on voit qu'il n'est rien de plus lointain que le problème des origines et des commencements de la Renaissance française, rien qui nous oblige davantage à remonter haut dans le passé, rien de plus compliqué et rien de moins bien défini jusqu'à présent. C'est que, pour être développée dans toute son ampleur, l'importante enquête qui s'imposera, un jour, à cet égard supposerait au préalable la solution d'un autre problème, demeuré non moins négligé et non moins obscur, à savoir celui de l'introduction, de la conservation et de la propagation, à travers les siècles du Moyen-Age, des idées et des œuvres de l'antiquité classique.

Nous n'avons, en France, aucun ouvrage d'ensemble sur cette question essentielle, mais seulement des travaux d'attente sur divers aspects de la question, ou des études spéciales, d'ailleurs toutes recommandables, par exemple : les volumes

trop oubliés, de F. Laurent, de Gand, ceux de de Wulf, de Roger
sur *l'Enseignement des lettres classiques d'Ausone à Alcuin*, l'*Histoire de la philosophie scolastique* d'Haureau, les ouvrages de
Paul Meyer sur *Alexandre le Grand dans la littérature française du Moyen-Age*, le manuel de Picavet sur la philosophie
médiévale, du R. P. Mandonnet sur *Siger de Brabant et l'action
d'Aristote sur le mouvement intellectuel médiéval*, de Delisle, sur
la librairie de Charles V, de Thomas sur *Jean de Montreuil*, etc.
Mais nous ne possédons même pas une étude analogue à celle
de Comparetti sur *Virgile au Moyen-Age*. Ce qui nous manque
le plus, c'est une étude approfondie de la transmission et de
la diffusion des manuscrits, en même temps que des influences
certaines de la pensée et des écrits de l'antiquité pendant le
Moyen-Age. Contrairement à l'opinion commune, la plupart des
écrivains latins et un certain nombre d'écrivains grecs, à travers
des traductions ou des adaptations, n'ont cessé d'être lus et étudiés durant cette période. Il y a là tout un immense domaine, qui
reste, en grande partie, sinon à explorer, du moins à bien mettre
en lumière.

Oui, il devient de mieux en mieux prouvé que les générations médiévales ont connu et utilisé les auteurs anciens beaucoup plus qu'on ne l'a supposé généralement. Virgile, Horace
et Ovide, Cicéron, Sénèque et Tite-Live, pour ne citer que
quelques noms, ont été extrêmement pratiqués pendant ces
siècles qui sont censés avoir méconnu toute lumière antique. On
a même pu dire, sans exagération, que les œuvres d'Ovide
n'avaient jamais été plus répandues ni plus goûtées que par
les hommes du Moyen-Age. Sans doute, l'intelligence vraie
de ces auteurs latins ou grecs, la méthode qui aurait permis d'en
extraire et d'en assimiler « la substantifique moelle », échappé-
rent à ces mêmes hommes ; mais encore faut-il savoir jusqu'a
quel point. J'ai, pour ma part, la conviction que le Moyen-Age,
considéré dans son ensemble, a réalisé, si vous me permettez
l'expression, une valeur intellectuelle sensiblement supérieure à
celle qu'on lui attribue. La pensée antique le pénétra à quelques
égards et lui donna un premier éveil de l'esprit critique. Dans son
De Vita sua, Guibert de Nogent (xiie siècle) nous raconte qu'il
avait fait faire des fouilles dans le chœur de l'église de son abbaye,
voisine du célèbre château de Coucy et qu'il y découvrit des
sépultures disposées en rond ; à cette particularité, il les reconnut
comme païennes, et, ayant justifié cette conclusion, il fit refer-
mer les fouilles sur les sépultures auxquelles il ne toucha point.
Ayant lu cela, M. Quicherat écrivit : « Voilà peut-être le premier éveil de l'esprit critique dans le domaine archéologique ».

Il y a quelques années, je passai au même endroit ; le propriétaire qui possédait les ruines de l'abbaye me conduisit sur l'emplacement du chœur, me dit qu'il venait d'y faire des fouilles, et
qu'il y avait découvert des sépultures disposées en rond, fort probablement des sépultures païennes, dont il avait fait transporter
les os dans le cimetière du village : je lui racontai alors l'histoire
de Guibert de Nogent et, ensemble, nous rendîmes hommage à sa
perspicacité.

On pourrait glaner à travers le Moyen-Age bien d'autres données analogues, jusqu'ici inconnues. J'aurais voulu vous parler,
aujourd'hui, de la littérature de cette époque et vous montrer la
survivance du paganisme, vous faire voir comment des œuvres
comme *le Roman de la Rose* ou *Tristan et Yseult* s'écartent complètement de l'élément chrétien. Ces œuvres ignorent complètement
l'idéal qu'on assigne d'ordinaire à cette époque. Mais je crois que
l'heure m'interdit de commencer, dès maintenant, cette enquête. Donc, la prochaine fois, j'étudierai devant vous l'histoire
de la pensée philosophique au Moyen-Age. Après les invasions,
c'est la nuit complète ; les ténèbres de la barbarie s'étendent sur
le monde. C'est à peine si, au fond de quelque couvent, il reste
une très petite veilleuse, qui est l'étude de la grammaire. A la fin
du viiie siècle, la lumière revient avec Charlemagne, Alcuin, Scot
Erigène. Un peu plus tard, la philosophie commence à s'organiser sous l'invocation d'Aristote et de Platon, c'est-à-dire des
hommes de l'antiquité. Nous arrivons de la sorte jusqu'au
xive siècle. La liberté grandit et des historiens ont pu consacrer
des chapitres à la libre-pensée au Moyen-Age. C'est ainsi que la
Renaissance se prépare en attendant le xve siècle. Voilà quelle
sera la matière de notre prochaine leçon : loin de croire que ces
recherches soient inutiles ou étrangères à la connaissance de
l'époque que nous étudions, je pense, pour ma part, que ces préliminaires sont absolument indispensables.

*
* *

J'ai le plaisir de vous annoncer l'apparition d'un ouvrage dont
nous avons déjà parlé plusieurs fois, celui de l'abbé Reure, de Lyon,
sur *Honoré d'Urfé*. L'histoire d'Honoré d'Urfé est entièrement renouvelée par ce livre, qui supprime plusieurs légendes, comme
celle relative au mariage de l'auteur de l'*Astrée* avec Diane de
Chateaumorand, et qui résout certaines questions des plus intéressantes. Le savant auteur, qui se réfère même, à plusieurs reprises,
à nos travaux, accepte absolument l'identification que nous avons
faite d'un passage important de l'*Astrée* avec l'histoire amou-

reuse d'Henri IV. La confirmation de cette hypothèse est d'un grand intérêt ; elle nous autorise à croire que nous avons dans l'*Astrée* un récit partiel, mais pris sur le vif, du règne d'Henri IV, si important pour notre pays ; l'histoire des mœurs et de la civilisation, en même temps que l'histoire littéraire, trouve son avantage dans la solution du problème qui se posait à cet égard. — D'autre part, M. l'abbé Reure reconnaît n'avoir pas étudié à fond l'*Astrée*, et il s'en excuse avec beaucoup d'esprit, montrant la disconvenance de son caractère religieux et des histoires amoureuses qui forment une bonne part du roman. De plus, M. l'abbé Reure n'a pas manqué, sans doute, de remarquer ce fait, que les cinq gros volumes de l'*Astrée*, qui renferment toute l'histoire psychologique du temps et dans lesquels tant d'écrivains ont puisé, se passent du christianisme. Honoré d'Urfé ne s'est aucunement soucié de faire entrer l'élément chrétien dans son récit : ses personnages, si nombreux, si variés qu'ils semblent représenter la plupart des types de l'humanité, ne parlent pas de la religion. J'ai déjà attiré votre attention sur cette particularité intéressante et grosse de conséquences pour l'avenir.

Les études de détail sur la philosophie et les idées du Moyen-Age que nous avons énumérées la dernière fois nous permettent de formuler maintenant quelques conclusions intéressantes : l'idéal du Moyen-Age disparaît au moment où la Renaissance l'emporte, mais l'idéal de la Renaissance a été connu dès le Moyen-Age. Il y a un grand intérêt à ne pas briser le lien qui unifie les origines de la civilisation moderne. Mais, me direz-vous, à quoi tendent tous ces travaux ? Voyez-vous un rapport entre la Renaissance et les temps modernes, comme vous en voyez un entre le Moyen-Age et la Renaissance ? Y a-t-il progrès dans l'humanité ? Suivons-nous toujours une impulsion uniforme ? Au premier abord, je l'avoue, il est difficile de trouver dans l'histoire des lignes sûres. Cependant je vois un lien, je vois un progrès dans cette histoire. Je sais bien qu'en croyant au progrès, on risque d'être rangé au nombre des Homais. C'est que la croyance au progrès dérive d'une foi optimiste dans la valeur du travail et de la liberté, de la confiance dans la nature et dans la vie, sentiments qui paraissent parfois surannés et incompréhensibles à notre époque pessimiste. Le progrès se fait ; seulement nous n'y sommes pas sensibles; nous ne le voyons pas, nous ne le sentons pas.

Dans une de nos réunions du samedi, nous avons eu l'occasion de parler d'un récent article de M. d'Avenel sur le progrès économique, sur le progrès de l'alimentation, en particulier. Nous avons vu qu'au Moyen-Age, à l'époque de la Renaissance et même beaucoup plus tard, les famines étaient nombreuses et terribles ; on se nourrissait mal, on s'habillait mal, on se logeait mal. Maintenant il y a dans le monde une somme d'aliments bien supérieure à celle que l'on possédait autrefois ; les ressources sont augmentées et améliorées. Nous sommes donc délivrés de tous ces soucis de famine, jadis si nombreux. Et pourtant, disait M. d'Avenel, personne ne jouit de ce changement, personne n'est pleinement satisfait de l'état actuel des choses. Aussi bien ne faut-il pas s'en plaindre ? C'est, en effet, la condition du progrès. Et, en même temps, c'est ce qui explique notre pessimisme. Donc l'Humanité, je crois, accomplit un progrès ; la vérité gagne du terrain : l'histoire le prouve. Mais comment le progrès se réalise-t-il ? En grande partie, par la liberté et par la tolérance. Jetez les yeux sur l'Amérique ; vous verrez ce que peuvent donner la tolérance et la liberté.

Quand on étudie de près l'histoire intellectuelle du Moyen-Age, on est agréablement surpris d'y constater une liberté et une tolérance relatives ; les libres esprits y sont bien plus nombreux qu'on ne le croit généralement, et ils y expriment nettement leur foi dans le progrès. Je pourrais vous fournir un assez grand nombre de témoignages irréfutables ; mais il me suffira de vous en donner deux. J'emprunte l'un à Roger Bacon ; c'est un Anglais, je le sais, mais, grâce à l'internationalisme chrétien, il a pu avoir sur les esprits français une grande influence. « Nous ne devons point, dit-il, notre adhésion à tout ce que nous entendons et à tout ce que nous lisons ; c'est, au contraire, un devoir pour nous d'examiner avec la plus sévère attention les opinions de nos pré-décesseurs, afin d'y ajouter ce qui leur manque et de corriger ce qui est faux et erroné, toutefois avec modestie et convenance. Car la vérité s'accroît toujours avec la grâce de Dieu. Il est vrai que l'homme n'arrive jamais à la perfection ni à une certitude absolue, mais il va toujours en se perfectionnant ; c'est pour cela qu'il ne faut pas suivre aveuglément les anciens, car, s'ils revivaient, ils corrigeraient eux-mêmes ce qu'ils ont dit et ils changeraient d'opinion sur bien des choses. De même les savants ignorent maintenant ce que les moindres écoliers sauront un jour ».

Est-ce que cette dernière phrase ne vous rappelle pas invinciblement la parole de Renan, disant, ou à peu près, qu'il consentirait volontiers à perdre quelques années de son existence pour savoir ce qu'apprendront les écoliers dans un siècle ou deux ?

Ailleurs, nous trouvons ce témoignage de Hugues de Saint-Victor, un philosophe : « Il faut distinguer entre la foi et l'intelligence de la foi ; la foi est toujours identique, mais, de même qu'elle diffère d'un individu à l'autre, suivant leur capacité intellec-

tuelle, de même elle croît dans les divers âges du genre humain. »
Voyez-vous là cette conception du progrès, du devenir, comme
diraient nos philosophes ?

Enfin j'attire votre attention sur un mouvement d'ordre sentimental et mystique qui, chose curieuse, va nous montrer l'idée d'é-
volution au Moyen-Age : c'est le mouvement de l'Evangile éternel.
Des penseurs affirmaient l'existence successive de trois révolutions
religieuses aboutissant à trois règnes : 1° le règne du Père ; 2° le
règne du Fils ; en troisième lieu, on attendait le règne futur du
Saint-Esprit. Je n'ai pas à vous raconter cette histoire que Renan,
Gebhart et d'autres ont résumée dans des articles et à laquelle se
rattachent un Joachim de Flore, certains ordres mendiants, la
question des Fraticelles et de l'âge de saint-Jean. Tous les partisans de l'Evangile éternel avaient foi dans un avenir différent du
présent qu'ils avaient sous les yeux. Ils avaient, pour ainsi dire, la
conception d'un christianisme progressif, puisqu'ils attendaient
un troisième Evangile.

Ces exemples suffiraient à vous prouver que l'audace des
hommes du Moyen-Age fut parfois très grande. Cela tenait surtout à la dispersion du pouvoir. Notre civilisation ne laisse pas
les idées nouvelles mûrir longtemps, sans qu'on s'en aperçoive.
Jadis elles germaient dans de petites sociétés obscures ou même
chez des penseurs vivant absolument à l'écart. C'est ce qui nous
explique qu'une foule de libres esprits aient pu vivre au Moyen-
Age sans être inquiétés ; et, quand on étudie cette période, on a la
surprise d'y découvrir des intelligences aussi grandes que celles
de Scot Erigène, d'Abélard ou de Roger Bacon. — On peut dire,
en effet, de ces penseurs admirables qu'ils ont deviné, préparé,
compris la vérité moderne. Ce sont des gens qui n'ont pas hésité à
souffrir pour leurs idées, tant leur conviction était profonde, et ils
ont apparu comme des étincelles de vérité au milieu de l'âge par
excellence de l'autorité. L'immobilité est impossible. Il faut que le
monde marche, et il a marché pendant le temps que Rabelais
qualifie de « ténébreux ». Je me rappelle avoir entendu le sculpteur Guillaume se plaindre qu'aucun monument n'eût été élevé à
la mémoire d'Abélard, sur la montagne Sainte-Geneviève qu'il a
rendue illustre. Bien que je ne tienne pas à voir nos rues encom-
brées de monuments, je ne laisse pas de penser que c'eût été là un
moyen d'affirmer la dette de reconnaissance que nous avons
contractée envers le Moyen-Age.

A la fin de son deuxième volume sur la *Philosophie scolastique*,
M. Hauréau conclut que la philosophie du Moyen-Age (qu'il
connaît très bien, l'ayant étudiée pendant quarante ans) est une

insurrection permanente contre la religion orthodoxe. Voilà
certes une réflexion hardie autant que profonde et juste. Il est
certain que le retour de l'antiquité a exercé sur les esprits une
influence très grande, si bien que, à la veille de la révolution
religieuse du xvie siècle, la philosophie n'était plus chrétienne
que de nom. Mais il y avait une tradition qui assurait les effets
de l'influence antique ; les progrès de cette influence, grâce à
cette tradition, ont été relativement réguliers.

D'ailleurs, quand on fait l'étude des origines de la Renaissance,
on s'occupe d'ordinaire du xve siècle à l'exclusion des siècles
précédents. Or le xve siècle, on ne peut le nier, est une époque
pleine de contrastes ; il voit la fin de la guerre de Cent ans et en
subit toutes les conséquences sociales et intellectuelles. Il n'est
donc pas étonnant si, au sortir d'une telle période, le xvie siècle
a pu sembler naître, pour ainsi dire, de rien, constituer une Renaissance absolue et non pas le résultat d'une longue évolution :
le contraste entre le xve et le xvie siècle, au premier abord, paraît
éclatant. Mais le xve siècle lui-même, si calomnié et si injuste-
ment jugé, avait été précédé d'une époque de splendeurs. Plus
nous allons, plus nous constatons que l'ignorance du Moyen-
Age, en matière de science a été souvent exagérée. Non, la
connaissance des sciences n'a pas été négligée absolument. Ber-
thelot l'a démontré pour la chimie. Mais tout le travail récent
consacré à l'histoire de la philosophie, de la médecine, des sciences
mathématiques et physiques (mécanique, statique, etc.), de la
chimie, de l'art de la construction, — je pourrais continuer l'énumération, — est là pour prouver les soucis scientifiques du
Moyen-Age. Regardez nos vieilles églises. Croyez-vous que les
architectes et les maîtres qui ont élevé ces superbes monuments
gothiques manquaient totalement de connaissances scientifiques
et ne s'appuyaient que sur la routine ? Mais la routine n'a jamais
rien créé. Prenons un exemple près de nous. A qui doit-on les
étonnants progrès de l'aviation ? N'est-ce pas, en grande partie,
à des hommes de science, à des ingénieurs ? Peu à peu, j'en suis
certain, cette conviction que je vous exprime de l'existence des
préoccupations scientifiques au Moyen-Age se fera jour. Est-ce
que le premier grand savant moderne, Léonard de Vinci, n'a pas
été le disciple et le continuateur de toute une série de maîtres admirables du xive siècle, Albert de Saxe, Thémon, le fils du juif, et
d'autres encore ? M. Duhem ne vient-il pas de démontrer que les
idées de Copernic sur le mouvement diurne de la terre avaient été
défendues bien avant lui par Nicolas Oresme ? « L'histoire des
sciences, dit-il, est faussée par deux préjugés, si semblables qu'on

pourrait les confondre en un seul ; on pense couramment que le
progrès scientifique se fait par une suite de découvertes soudaines
et imprévues ; il est, croit-on, l'œuvre d'hommes de génie, qui
n'ont point de précurseurs. C'est faire utile besogne que de marquer avec insistance à quel point ces idées sont erronées, à quel
point l'histoire du développement scientifique est soumise à la
loi de continuité. Les grandes découvertes sont presque toujours
le fruit d'une préparation lente et compliquée, poursuivie au
cours des siècles. Les doctrines professées par les plus puissants
penseurs résultent d'une multitude d'efforts, accumulés par une
foule de travailleurs obscurs. » Une partie de ces grandes
considérations s'applique à l'ensemble du travail intellectuel.
Natura non facit saltus. Et cet adage célèbre trouve aussi son
application dans l'histoire du Moyen-Age et à propos des origines de la Renaissance. Quiconque, étudiant Vitruve et la nouvelle fortune de ses doctrines qui s'affirme au xvie siècle, ne
tiendrait pas compte de la vogue singulière de cet auteur pendant
toute la période médiévale, ni des traditions auxquelles les
œuvres du grand architecte romain ont fourni alors une matière
si curieuse, risquerait de s'égarer complètement. De même, nous
connaissons, depuis quelques mois à peine, les destinées de la
statique au Moyen-Age : nous constatons, grâce à ces recherches, que les savants de cette époque ont, sur bien des points,
conservé, continué et développé d'une manière notable la doctrine
transmise par l'antiquité. On pourrait poursuivre ces observations
et les appliquer aux domaines de la chimie et de l'astronomie.
De tels exemples doivent nous rendre prudents et nous déconseiller les affirmations par trop dogmatiques, dont les historiens
ont souvent abusé. Faut-il fortifier encore ces réserves en rappelant les découvertes d'hier en matière d'histoire artistique, et
qui ont révélé pendant tout le xve siècle, si longtemps rabaissé
et dédaigné au point de vue esthétique, une série d'écoles et
d'artistes d'une splendeur et d'une valeur si hautes ? Que de
changements réalisés depuis peu dans les lignes générales de
cette histoire ! Tout cela, je le répète, nous invite à la circonspection. C'est vous dire, Messieurs, combien résolument nous
nous éloignons ici de cette conception un peu simpliste qui
représente, si j'ose dire, les germes de la Renaissance française
comme rapportés d'au delà des Alpes par les guerriers éblouis
des armées de Charles VIII et de Louis XII. Les éléments fournis
par le fonds national s'imposent au premier chef à notre attention.

Dans cette évolution des siècles qui conduisent l'humanité

de l'antiquité aux temps modernes, un premier moment est
marqué par la Renaissance qui se produisit sous Charlemagne.
Cette première Renaissance n'intéresse pas seulement la littérature, mais aussi les idées et la philosophie. Si vous voulez vous
mieux renseigner sur ce point, je vous conseille de lire l'ouvrage
si remarquable par la justesse des vues et la profondeur de la
réflexion que M. Roger a écrit sur l'*Enseignement des lettres classiques d'Ausone à Alcuin* (1905). Nous allons lui demander des
conclusions fort intéressantes.

A la veille d'être séparée de l'Empire romain, la Gaule, nous
expose cet auteur, vit resserrer les liens qui semblaient l'unir pour
toujours à la *Romania*. Dans la seconde moitié du ive siècle, l'enseignement et le culte des lettres classiques s'y manifestèrent avec
un éclat singulier. Mais, au cours du ve siècle, la décadence commence à apparaître. Après Ausone et l'Ecole de Bordeaux, Sidoine,
et Grégoire de Tours après Sidoine. Puis c'est la nuit noire. Elle
devait exister pendant deux siècles environ. Cette époque de ténèbres présente à l'historien un spectacle vraiment grandiose et
saisissant. Seule, pendant ce temps, la grammaire conserve un
reste de vie et, pour reprendre l'image que j'ai déjà employée la
dernière fois, c'est comme une petite veilleuse qui tremblote au
milieu de la nuit. On étudiait encore la grammaire, parce qu'on
craignait de se hausser jusqu'à la littérature.

En dehors de la Gaule, quelques hommes essayent de réagir.
Au vi^e siècle, en Italie, Cassiodore contribue à fonder pour les
moines le droit à l'instruction ; mais sa tentative ne réussit pas.
En Espagne, au viie siècle, Isidore de Séville tente aussi de se-
couer cette torpeur ; mais c'est encore en vain. Un ou deux siècles
de ténèbres couvrirent ainsi le monde. Vers la fin du viiie, l'enseignement des lettres antiques réapparaît : c'est la première Renaissance.

Comment s'est-elle produite ? Y a-t-il eu transmission des éléments antiques, quelque centre d'études a-t-il préservé la tradition païenne ? Non ; c'est l'Eglise qui ramène sur le sol gaulois,
sur le sol franc, l'étude des arts libéraux et des lettres antiques.
Est-ce au moins, nous dit-on, quelque clerc romain, disciple
éloigné de Cassiodore, issu d'un monastère où aurait été conservé
le précieux dépôt de la tradition ? Non ; les maîtres, qui, sous
l'autorité de Charlemagne, travailleront à restaurer les lettres
en Gaule, viennent d'Irlande ou de Grande-Bretagne. Certes, il
y a là un fait très important. Ainsi, des moines qui recom-
mandent la lecture des païens; des Irlandais qui n'avaient jamais
connu Rome, des Anglo-Saxons établis sur les ruines d'une pro-

vince impériale : voilà, nous prouve M. Roger, les restaurateurs de l'Ecole romaine.

Pour ces moines, le latin ne représentait que la langue de l'Eglise ; le paganisme des auteurs profanes, différant du paganisme celte ou germanique, n'éveillait, chez eux, aucune susceptibilité. Ils ne l'avaient pas connu auparavant, et ils ne le rattachaient pas à l'état social, que le christianisme monastique prétendait réformer dans son ensemble... Ils avaient pu isoler de l'antiquité païenne la culture classique ; avec plus de liberté et plus de succès que Cassiodore, ils en avaient dégagé les éléments assimilables à des chrétiens, consacrés au service de Dieu et à la préparation du salut. En somme, ces moines étaient d'une grande naïveté, sans méfiance aucune.

Mais l'enseignement des arts libéraux, donné dans les monastères de la Gaule, à la fin du viiie siècle et au ixe, n'a pas été la suite de l'enseignement gallo-romain. Si l'école d'Alcuin, le grand promoteur de cette première Renaissance, semble continuer l'école d'Ausone, c'est que, les écoles ayant disparu et les maîtres particuliers étant sans doute d'une extrême rareté, les maîtres des abbayes se sont trouvés les seuls à enseigner les arts libéraux. Mais l'école monastique n'est pas l'école romaine modifiée ; c'est un organisme nouveau, répondant aux besoins propres d'une partie de la société. Les circonstances seules ont fait que cette école, destinée aux moines, est devenue l'école de tous. Donc, à ce point de vue, il y a discontinuité entre le monde gallo-romain et la nouvelle époque dont le caractère monastique est si net.

Mais, dans tout cela, que deviennent les Pères de l'Eglise ? Les Pères de l'Eglise considéraient le monde entier comme chrétien avant tout. Cette conception les amenait à voir dans l'Antiquité la préparation du christianisme. Par une conciliation curieuse pour eux, les philosophes païens avaient entrevu quelque chose du christianisme ; ils étaient des précurseurs, des prophètes, comme les débris admirables d'un miroir brisé, *membra disjecta*, que seul le christianisme rapprochait. C'est ce qui explique la vogue d'un grand nombre de païens au Moyen-Age. Tous les représentants du premier âge de la théologie chrétienne, saint Augustin, saint Basile, saint Jérôme, appliquent à l'antiquité grecque la même méthode qu'à l'antiquité juive : le christianisme n'est pas venu abolir, mais accomplir. A leurs yeux, les œuvres de l'antiquité hellénique, tout comme les livres hébraïques, ont une importance extrême ; elles sont la préface du christianisme ; elles le préfigurent. Avec la différence, bien entendu, qui sépare le sacré du profane, l'Eglise chrétienne usera librement des livres

grecs et des livres hébraïques ; car elle croit les comprendre mieux
que leurs propres auteurs.

D'après une telle conception, toute la fleur de l'antiquité classique pouvait avoir une place dans l'éducation chrétienne. L'Eglise
reprenait son bien jusqu'en pleine littérature païenne, et elle
savait gré à la philosophie grecque d'avoir préfiguré la doctrine
chrétienne, à peu près comme l'Ancien Testament annonçait le
Nouveau.

Rien d'une telle conception chez les Irlandais et les Anglo-
Saxons, M. Roger l'a démontré. Ils ne travaillent pas pour l'humanité entière ni même pour toute la société chrétienne, mais
seulement pour la société monastique. Chez Cassiodore lui-même,
on sent le Romain pénétré de l'antiquité païenne, qui, en traçant
aux moines un programme d'études, sacrifie, comme à regret,
ce qu'il retranche ; chez les maîtres d'Irlande et de Grande-Bretagne, il n'y a pas, à proprement parler, fusion de l'antiquité et
du christianisme ; ils recueillent péniblement, et non sans s'excuser, ce qui, dans les disciplines antiques, peut être utilisé pour
la vie religieuse. Il serait puéril de les critiquer sur ce sujet, et
Alcuin a très bien dit : « La vraie sagesse est celle qui conduit à
la vie éternelle », et, comme tous ses contemporains, il la rapporte
à Dieu. Pour lui, la philosophie ainsi comprise est l'institutrice
de toutes les vertus : « Les arts libéraux, dit ce grand homme, sont
les colonnes qui supportent l'édifice entier de l'enseignement
sacré » ; mais, théoriquement au moins, ces colonnes doivent être
grossièrement taillées ; rien en elles ne doit être fait pour le plaisir
des yeux. Nous entrons avec lui dans l'âge où la philosophie sera
l'*ancilla theologiæ*, où par conséquent toutes les autres études du
Trivium et du Quadrivium ne seront plus considérées et appréciées que pour leur valeur instrumentale. L'Eglise cherche à
adapter à ses besoins les disciplines de l'antiquité, utilisant à cette
fin quelques-uns des chefs-d'œuvre de l'esprit en même temps
que les plus médiocres manuels de la décadence.

La sagesse antique et la sagesse chrétienne réalisent l'unité de
la vie, vie de la pensée et vie de l'action, théorie et pratique,
savoir et vertu ; mais la sagesse antique laisse à la science un
champ illimité ; la sagesse chrétienne, telle que l'entend Alcuin,
lui attribue un objet limité, qui est de parvenir à l'intelligence
d'un texte arrêté, immuable, sacré jusque dans la lettre. De là
une différence essentielle qui va peser lourdement. Cependant,
on peut le constater, aux deux termes extrêmes de l'époque de
ténèbres, avec Ausone et avec Alcuin, les mêmes préoccupations,
pour ainsi dire, utilitaires, réapparaissent. En effet, au temps

·d'Ausone, une haute culture était un moyen d'arriver aux plus
hauts emplois ; le mouvement des écoles gallo-romaines était
intéressé. Au temps d'Alcuin, les lettres ne servent pas à obtenir
des places dans la hiérarchie impériale ; elles servent à mettre le
clerc en état d'aborder la seule science vraie, la théologie. L'étude
est proportionnée aux besoins de la religion, de l'Eglise ou du
monastère. Par elle-même, elle n'a nul prix. Alcuin prend bien
soin de marquer que la science doit être limitée, que l'homme
doit se défendre de la curiosité et que l'étude des arts libéraux ne
doit pas dépasser l'enfance. D'autre part, il ne veut pas que l'on
s'occupe trop de la forme. Il faut seulement adapter aux besoins
de l'Eglise les disciplines de l'Antiquité. Mais, sur ce terrain, bien
des confusions se produisirent : par exemple la versification
latine fut conservée, et l'on recommença de faire des vers latins,
un peu parce qu'on avait cru retrouver des hexamètres dans
l'Ecriture. Mais il ne faut pas exagérer ces explications. En
somme, il n'y eut pas d'écoles civiles. Par la volonté du grand
Empereur, cet enseignement allait devenir la loi de l'Occident.

Les lettres antiques une fois ramenées, elles ne quitteront plus
la société chrétienne. Une des conséquences immédiates de leur
retour, c'est une première libération de la pensée. Le goût de la
littérature et celui de la philosophie renaissent ensemble ; il y a
certainement entre eux un lien très étroit. Chose curieuse : le
même phénomène s'est produit dans la renaissance du XVIᵉ siècle ;
la forme entraîne le fond, et, tout de suite, les grandes questions
se posent. Au IXᵉ siècle, on voit déjà discuter les grandes questions du Péché, du Salut, de la Liberté, des Rapports de l'homme
avec Dieu, de la place de l'homme dans le monde. Dans ces débats,
qui agitèrent le IXᵉ siècle, les tendances contraires du catholicisme, de la Réforme et de la philosophie sont en germe. Ne
voit-on pas un Gottschalk condamné, emprisonné et maltraité
brutalement pour ses opinions ? Son nom devient un drapeau
dans les querelles sur la grâce qui agitèrent le monde théologique après la réformation.

La « République » de Platon

Cours de M. ALFRED CROISET,

Doyen de la Faculté des Lettres de l'Université de Paris.

La tyrannie.

Nous avons vu quel était, suivant Platon, l'ordre de dégradation, pour ainsi dire, des formes de gouvernement et la manière
dont elles naissaient les unes des autres : c'est d'abord le gouvernement parfait fondé sur le règne de l'intelligence, de la raison,
auquel succède, d'une manière logique et psychologique, le gouvernement fondé sur le règne du *thumos*, les passions généreuses,
ce qu'on appelle en français « le cœur » ; puis le gouvernement de
l'*épithumia* ou désir, désirs inférieurs et, en particulier, amour
de l'argent ; la timocratie ou gouvernement du *thumos* ; l'oligarchie ou gouvernement de l'*épithumia*, cette dernière forme
aboutissant à la démocratie, dont Platon nous a tracé une
peinture satirique, disons même humoristique : gouvernement
où ne dominent ni le *thumos* ni les passions de l'*épithumia*,
mais qui offre le mélange de l'un et de l'autre, où tantôt
les passions nobles, tantôt les passions inférieures, prennent
le dessus, provoquant ainsi le désordre et l'anarchie, anarchie
très agréable, dit Platon, où chacun fait tout ce qu'il veut,
gouvernement charmant, mais qui, par son désordre même,
devait paraître aux yeux du philosophe le contraire même de
la vérité et de la raison. Dans une très belle page, Platon nous
montre comment cette démocratie verse dans l'anarchie, et alors
surgit la quatrième et dernière forme de gouvernement, la
tyrannie, la pire de toutes.

La peinture qu'en trace Platon est extrêmement belle, autant
au point de vue psychologique qu'au point de vue politique ou
purement descriptif. Platon en a horreur comme citoyen et comme
philosophe, car c'est le triomphe non seulement des passions
inférieures, mais aussi de tout ce qu'il y a dans les instincts de
l'homme de plus bas et de plus violent, porté à l'état extrême,
dans une sorte d'ivresse presque monstrueuse et dont nous trouvons ici le plus saisissant tableau.

Platon suit toujours le même ordre logique : il cherche comment la tyrannie sort de la démocratie et quels sont ses effets. Pour nous montrer comment naît la tyrannie, il va commencer par faire le tableau de la démocratie anarchique. Il pose d'abord une loi générale très importante : à savoir que tout excès amène une réaction violente en sens contraire :

« N'est-ce pas cet amour de la liberté, porté à l'excès et accom-
« pagné d'une indifférence extrême pour le reste, qui change ce
« gouvernement et fait qu'il deviendra la tyrannie ?... Le même
« fléau qui s'est déclaré dans l'oligarchie et qui l'a perdue, deve-
« nant plus fort et plus puissant à la faveur de la licence générale,
« perd à son tour l'État démocratique et change sa liberté en
« esclavage : car, en réalité, le fait de pousser jusqu'à l'excès
« certaines actions impose d'ordinaire, en retour, la nécessité
« d'un changement très grand en sens inverse, comme on le voit
« dans les saisons, la vie des plantes, la vie des êtres animés et
« dans les États non moins que dans tout le reste. »

Ne reconnaissez-vous pas ici, sous une forme éloquente, une idée familière à toute la Grèce antique, le « rien de trop », le vieux précepte, fruit de l'observation et de la sagesse grecque des premiers siècles, attribué à l'oracle de Delphes ou à l'inspiration immédiate de cet oracle.

Nous retrouvons la même pensée chez Aristote, mais exprimée d'une façon plus concrète et extrêmement intéressante. Aristote estimait que, pour un gouvernement, le meilleur moyen de subsister était d'encourager le principe qui est, en apparence, opposé à celui-là même sur lequel il repose : un gouvernement aristocratique, par exemple, devra développer les éléments démocratiques, comme un gouvernement démocratique devra développer pour vivre tous les éléments aristocratiques, de peur de verser dans les excès et de courir à des révolutions qui seraient dans bien des cas, l'avènement de la tyrannie.

Ce principe, d'accord donc avec toute la sagesse grecque, dominera tout ce qui va suivre dans cet exposé ; mais ce n'est là qu'une introduction, et, bientôt après, Platon examine de près les faits eux-mêmes et la manière dont ils se déroulent. Ici encore, nous retrouverons une foule de traits empruntés à la réalité grecque, et ce que Platon dit là, c'est ce qu'il a pu voir lui-même dans l'histoire de son temps ; mais il orne ses emprunts, comme toujours, de bonne grâce et de poésie. Il revient à cette idée des frelons d'une ruche, dont nous avons parlé à propos du gouvernement oligarchique, gouvernement qui, amenant le déplacement des fortunes, la ruine d'individus nés riches, produit des déclassés, ce qu'il appelle les frelons. Leur situa-

tion les contraindrait à travailler; mais ils n'en ont pas le cœur,
et sont souvent plus dangereux que les frelons animaux, auxquels on les compare, parce qu'ils peuvent avoir, eux, un aiguillon; et ils deviennent les brigands, les voleurs, les hommes
de proie qui produisent tant de maux dans une cité. Eh! bien,
dans le gouvernement démocratique, les frelons sont plus redoutables que partout ailleurs; car, ici, la loi ne les retient plus. Dans
l'état oligarchique, ils sont, dans une certaine mesure, réduits à
l'impuissance; exclus du rôle actif des citoyens, ils ne pouvaient
pas, en effet, s'exercer comme les autres à la gymnastique et aux
exercices militaires. En outre, comme ils restent aussi en dehors
de la tribune, leur influence est en quelque sorte individuelle.
Dans la démocratie, au contraire, ils sont aussi exercés que les
autres citoyens et, par conséquent, très redoutables. Comme la
tribune est ouverte à tout le monde, on les y voit monter, parlant et agissant à tort et à travers, pendant que ceux d'entre eux
qui n'ont pas d'aiguillon, les frelons inoffensifs, se groupent
autour de la tribune, font du tapage, applaudissent et empêchent
qui que ce soit, en dehors de leurs amis, de prendre la parole.

Tout cela est emprunté, avec un certain grossissement sans
doute, à la réalité attique la plus incontestable. Rappelez-vous
ces quelques mots, si souvent répétés par Démosthène au début
de ces discours : « Ne faites pas de bruit, laissez-moi parler ».
Chez d'autres écrivains du même temps et en particulier chez
Isocrate, nous retrouvons ces mêmes orateurs dont toute
l'éloquence consiste à faire du bruit dans l'assemblée et qui se
bornent à être des interrupteurs. Les assemblées athéniennes
avaient bien quelques-uns des traits que Platon reproduit ici ;
elles étaient assez rarement pacifiques, sauf quand un grand
talent les dominait ou s'il s'agissait de très graves sujets.

Mais que vont faire ces frelons dans la cité anarchique ? Ils
ont une proie tout indiquée dans la personne des riches : ils vont
mettre tout en œuvre pour essayer de les dépouiller de leurs
biens; ils leur intenteront des procès, — et vous savez si les procès
de ce genre étaient nombreux à Athènes; — ils les persécute-
ront de toutes les façons, et la foule les suivra dans l'espoir de
partager avec eux les dépouilles des riches. Qu'arrivera-t-il alors?
C'est que les riches vont se défendre et former une sorte d'oligarchie; ils chercheront à s'organiser pour résister à leurs ennemis, à renverser la démocratie, et voilà le prétexte même qui va
introduire le tyran dans la cité. Le tyran arrive au secours du
peuple contre les riches, qui se sont constitués en parti. Vous
avez besoin d'un secours énergique, dit au peuple le tyran ; il

vous faut un homme qui ne craigne rien, je suis celui-là. Aussi
ce chef normal et régulier, qui parle au nom du peuple, investi de
la confiance générale, devient-il peu à peu le maître absolu. Et
ici, comme il arrive souvent, Platon intercale une jolie légende :
« Mais par où, dit Socrate, le protecteur du peuple com-
« mence-t-il à devenir le tyran ? N'est-ce pas, évidemment,
« lorsqu'il commence à faire quelque chose de 'semblable à ce
« que la fable rapporte au sujet du temple de Zeus Lycien en
« Arcadie ? »

On avait, autrefois, mêlé aux entrailles des victimes des entrailles humaines ; les assistants se partagèrent les viandes du
sacrifice, et quand on a, une fois, goûté au sang humain, on
devient un loup (cf. Pausanias, viii, 2.) Eh ! bien, dit Socrate,
il se produit quelque chose d'analogue dans la cité. Celui
qui a une fois goûté, par les procès et les condamnations, au
sang de ses concitoyens, y prend goût ; il ne peut plus se rassasier.

Il semble qu'il y ait bien là, chez Platon, l'impression très vive
de ce qui se passa, peu de temps auparavant, dans le gouvernement des Trente, impression que nous retrouvons aussi
chez Xénophon, qui n'était pas démocrate lui non plus, lorsqu'il
nous dit qu'au début beaucoup de gens applaudirent au gouvernement des Trente, mais que, au bout de peu de temps, on vit ce
qu'ils étaient, des hommes avides de sang humain, ne s'en prenant
plus seulement aux citoyens condamnés par tout le monde, mais
aux citoyens les plus honorables, les persécutant, les mettant à
mort pour s'emparer de leurs dépouilles. Voilà, certainement, ce
que Platon a encore dans le souvenir, au moment où il trace ce
tableau. C'est aussi l'image de ce qui se passa tant de fois dans
les cités grecques, au vie siècle, et en Sicile (Agrigente, Syracuse).

Mais que va-t-il arriver maintenant ? Ce protecteur du peuple
est devenu un tyran ; il a le goût du sang et le donne aux
autres. Les riches résistent naturellement ; le tyran profite alors
des circonstances : il va trouver le peuple, lui montre le
danger et qu'il a besoin de quelqu'un pour assurer sa sécurité.
On se confie à lui ; dès lors, il est le maître. Le souvenir de
Pisistrate et des autres tyrans est évident ici ; mais l'exemple
le plus typique et le plus connu est celui de Pisistrate, qui,
feignant d'avoir été attaqué par les aristocrates, se fit donner
par le peuple une garde, et en profita pour confisquer la
constitution. De même en Sicile les tyrans s'étaient tellement
entourés de gardes qu'il arriva, après leur expulsion, qu'on
ne sut plus que faire de ces mercenaires, devenus inutiles

mais toujours redoutables. La difficulté était grande : on n'en
pouvait faire des citoyens, car le peuple s'y opposait, et leur
nombre les rendait dangereux pour la cité ; ce fut la source de
nouvelles tyrannies, de révolutions perpétuelles.

La politique du tyran est, d'ailleurs, très simple : à l'extérieur,
il multiplie les guerres, dans le but de se rendre nécessaire, indispensable ; à l'intérieur, sa politique peut se synthétiser, en
quelque sorte, par l'anecdote de Tarquin se promenant dans un
jardin et coupant de son bâton les plus hautes têtes des fleurs.
Le tyran coupe tout ce qui lui fait obstacle : tout homme qui a un
peu de caractère, qui a une intelligence haute, devient par cela
même l'ennemi désigné du tyran ; il ne cherche qu'à s'en débarrasser. Ils font, dit Socrate, comme les médecins, mais en sens
contraire : ceux-ci expulsent du corps malade les éléments mauvais et laissent ce qu'il y a de bon ; le tyran, au contraire, s'em-
presse de détruire les éléments les meilleurs et conserve ce qu'il
y a, dans la cité, de plus mauvais. De sa garde, il fait une véritable barrière entre lui et le reste des citoyens. Comme il recrute
la plupart de ses gardiens à l'extérieur, il lui vient « par essaims
des frelons de tous les pays », hommes capables de tous les méfaits. Il enrôle aussi les esclaves qu'il a enlevés à leurs maîtres,
les affranchit et se les attache par des bienfaits ; les ayant alors
dans sa main, il ne craint plus rien.

Socrate fait, alors incidemment, une réflexion qui amorce
un autre développement — nous avons déjà eu l'occasion de
remarquer chez Platon cet art particulier de la préparation :
— c'est une parenthèse à propos d'un mot d'Euripide. Le
poète a dit quelque part que le tyran était *isothéos*, pareil aux
dieux ; Platon en profite pour montrer combien les poètes
tragiques ont tort et comme ils trompent souvent la foule.
Nous retrouvons ici l'opposition déjà signalée entre la poésie
et la philosophie : « Aussi les poètes tragiques, dit Socrate,
« ont-ils l'esprit trop bien fait pour trouver mauvais que nous
« refusions de les recevoir dans notre Etat, eux qui célèbrent les
« louanges de la tyrannie. » Aux yeux du philosophe, cette tyrannie
est tout le contraire de ce que font les dieux ; elle ne cherche que
le crime, alors que les dieux ne font rien que de grand.

Mais il est bon de dire en passant que la tyrannie, au sens où les
poètes tragiques entendaient ce mot, n'est pas du tout ce que pense
Platon ; ils appellent *turannos* celui que Platon appelle *basileus*.
Les *turannoi* sont les rois des époques primitives, qui n'avaient
pas de gardes du corps et ne se maintenaient au pouvoir que par
l'affection de leur peuple, et qui, selon la remarque d'Aristote,

étaient condamnés a disparaître du moment qu'ils cessaient de
plaire, puisque leur puissance ne reposait que sur le consentement tacite de tout le monde. Il n'était pas inutile de justifier les
poètes tragiques de ce reproche.

Mais le tyran ne s'en tient pas là : il a besoin d'argent pour lui-
même, pour soutenir ses guerres, pour payer ses gens ; il continue à l'intérieur le système du pillage, si bien que la condition
du peuple devient, sous cette tyrannie, très misérable ; il n'y a
plus de sécurité pour personne : « Comme on le dit, le peuple,
« voulant fuir cette fumée de la prétendue servitude des
« hommes libres, tombe dans le feu de la véritable servitude, celle
« des esclaves, et il échange une liberté excessive et extravagante
« contre le plus dur et le plus amer de tous les esclavages. »

Tel est le tableau de la tyrannie et l'idée que Platon se fait des
conditions dans lesquelles elle se produit ; il passe alors à l'étude
de l'âme tyrannique (livre IXe).

Mais deux questions se posent, auparavant, pour nous : Platon
nous présente la tyrannie comme la conséquence forcée de cette
démocratie anarchique, dont il nous a tracé une si vivante
peinture. Or est-ce bien là la conclusion nécessaire de toute
démocratie dans l'antiquité ? A lire Platon, il semble bien que
cela soit une conséquence nécessaire, et l'histoire même paraît lui
donner raison. Il y a cependant une exception, et elle n'est pas
négligeable, puisque c'est Athènes même qui la fournit.

Les observations de Platon, généralement vraies, ne peuvent
s'appliquer entièrement à la démocratie athénienne ; car cette démocratie n'a pas abouti à la tyrannie : elle a évolué, s'est tempérée,
a subi un changement par suite de l'occupation macédonienne ;
mais c'est là une cause extérieure, ce n'est point par suite d'un
vice intérieur, et la différence est considérable. En face de la démocratie athénienne, démocratie d'une « cité », c'est-a-dire de
quelque chose de très petit, de très restreint comme territoire,
s'est dressée la monarchie militaire de la Macédoine, constitution
nationale beaucoup plus grande, qui embrasse un très grand
nombre de villes, ne disons pas de « cités ». La Macédoine présentait une organisation politique à laquelle le Grec n'avait
jamais pu s'élever, incapable toujours de sortir de ce morcellement, de ces divisions, qui furent la cause de sa faiblesse et dont
gémissaient déjà, dès le ve siècle, beaucoup d'écrivains. C'est une
organisation fragmentaire, atomique, si l'on peut dire, ignorant
la cohésion, sauf à de rares moments, comme lors de l'invasion
des Perses, où nous trouvons une dualité de ligues groupant les
énergies en face du danger commun. Il y a bien encore quelques

tentatives isolées d'Athènes et de Lacédémone pour grouper autour d'elles le reste des Grecs ; mais les unes aboutirent à la Guerre du Péloponnèse, les autres à la Guerre Sociale, c'est-à-dire deux crises où la force de dissolution, de morcellement, l'emporta. La Macédoine, au contraire, un peu isolée et ayant moins évolué, est restée plus barbare et plus facile aussi à ramener à un tout, grâce au génie d'un Philippe ou d'un Alexandre. La lutte donc entre Athènes et la Macédoine, c'est plus que la lutte entre une démocratie et une royauté : c'est la lutte entre une forme concentrée de nationalité et une forme essentiellement morcelée, une cité où les arts de la paix sont poussés le plus loin possible et une puissance militaire qui ne vit que par la guerre.

Donc la question, même dans l'antiquité, ne se trouve pas résolue, et la généralisation de Platon, qui s'applique à beaucoup de cas, ne renferme pas cependant tous les cas possibles et, en particulier, Athènes elle-même s'en trouve exceptée.

L'autre question qui se pose est celle-ci : cette tyrannie, en admettant qu'elle puisse s'établir, est-elle le terme final, va-t-elle durer indéfiniment ? Est-elle la forme immuable à laquelle doivent aboutir toutes les évolutions antérieures ? Platon ne l'indique pas, et Aristote lui fait déjà cette objection : il remarque qu'il y a dans la théorie platonicienne une grave lacune, en vertu même de cette évolution dont Platon a précédemment parlé. Cette loi générale de l'évolution va-t-elle, en effet, cesser d'agir et d'exister à partir du moment où la tyrannie sera établie ? Qu'arrivera-t-il après cela ?

Dans la Grèce ancienne, nous pouvons constater un fait général : c'est que les tyrannies sont éphémères, celles du vi⁰ siècle durent trente ou quarante ans, et puis disparaissent ; elles suspendent un certain temps l'évolution politique ; mais, après elles, le mouvement reprend. Il y a deux ou trois exceptions apparentes, notamment en Sicile, où les tyrannies du vi⁰ siècle sont balayées au bout d'un certain nombre d'années ; après quoi, la démocratie revient, mais l'expérience ne l'a pas rendue plus sage, et puis il reste toujours un grave problème à résoudre, celui des mercenaires. C'est alors une période d'agitation violente, après laquelle la tyrannie reparaît et semble s'établir d'une façon définitive et durable, mais avec des évolutions encore ; elle se maintient à peu près jusqu'au moment de la conquête romaine ; elle est alors arrêtée, par une intervention extérieure. De sorte que, ici encore, la loi générale, la règle fatale n'apparaît pas.

Ce qu'il y a de sûr, c'est que, nulle part, on ne voit de régression simple à des formes de gouvernement anciennes et

disparues. Il y a des transformations incessantes, mais toujours
nouvelles, et, si à la tyrannie succède une nouvelle démocratie qui ramène parfois encore la tyrannie, ce n'est jamais
un gouvernement ancien, timocratie , oligarchie ou royauté
homérique, qui renaît de ses cendres. Non, il y a toujours du
nouveau au milieu de ce chaos, jusqu'au moment où la conquête romaine vient couper court à tout.

Il faut remarquer, en outre, que la vie du monde ancien est
relativement assez courte et que la diversité des expériences dési-
rées par Aristote ne put se produire au cours de son existence.
Nous ne savons pas ce qui serait arrivé si, au bout de si peu de
temps, en somme, ce monde fermé qu'était le monde grec ne s'était
trouvé en face de la puissance romaine. Chez Platon, aussi bien
d'ailleurs que chez Aristote et Polybe, nous rencontrons cette même
idée d'une évolution régulière ; et ce fut là un des plus gros reproches que Fénelon adressa à Polybe dans le chapitre de sa *Lettre
sur les Occupations de l'Académie française* où il traite de l'histoire. Fénelon trouve que tout cela est par trop mécanique, et il a
raison ; car, dans cette théorie, il y a quelque chose de trop régulier, de trop simple. Retenons-en ces deux importants principes :
à savoir l'évolution nécessaire de toute chose et l'impossibilité
d'une régression pure et simple.

Après cet exposé de la tyrannie et de ses méfaits, Platon arrive
naturellement à l'étude de l'âme tyrannique ; mais il éprouve
auparavant le besoin d'ouvrir une parenthèse et de faire une
courte digression ; car les principes psychologiques sur lesquels
il s'est jusqu'à présent appuyé ne lui suffisent plus ; cette distinction, dans l'âme, de ce qu'on appelle le *thumos* et l'*épithumia*
serait impuissante à bien caractériser l'âme tyrannique ; elle
renferme autre chose, et il nous faut descendre plus bas dans la
psychologie. Car ce qui domine aussi bien dans le gouvernement
que dans l'âme tyranniques, c'est un principe différent ; ce n'est
plus, comme dit Socrate, l'âme normale qu'il faut considérer, mais
l'âme dans le cauchemar. Et il distingue alors le sommeil de ceux
dont l'âme est bien réglée, chez qui, pendant la veille, domine
noûs et qui, dans le rêve, ont des songes témoignant d'une
sorte de présence divine, et, au contraire, le sommeil de ceux dont
l'âme est corrompue et que troublent des cauchemars inimagi-
nables, tout le fond obscur de l'âme remontant alors à la surface
dans une sorte de folie maladive, monstrueuse :

« Je parle, dit Socrate, des désirs qui se réveillent dans le
« sommeil, lorsque cette partie de l'âme qui est raisonnable, douce
« et faite pour commander est endormie, et que la partie animale

« et féroce, excitée par le vin et la bonne chère, se révolte, et,
« repoussant le sommeil, cherche à s'échapper et à satisfaire ses
« appétits. Tu sais que, dans ces moments, cette partie de l'âme
« ose tout, comme si elle était affranchie des lois de la sagesse et
« de la pudeur ; elle ne craint pas de rêver un inceste avec sa mère ;
« dans ses passions brutales, elle ne distingue rien, ni dieu, ni
« homme, ni bête ; aucun meurtre, aucun aliment ne lui fait hor-
« reur ; en un mot, il n'est point d'extravagance, point d'infamie
« dont elle soit exempte. Mais, lorsqu'un homme mène une vie
« sobre et réglée, lorsqu'il se livre au sommeil, après avoir
« éveillé en lui la raison, l'avoir nourrie de belles pensées, de
« spéculations élevées, lorsqu'il a évité d'affamer aussi bien que
« de rassasier le désir afin que celui-ci dorme, et ne vienne pas
« troubler de ses joies ou de ses tristesses le principe meilleur,
« mais qu'il le laisse seul et dégagé des sens, examiner et pour-
« suivre de ses regards curieux ce qu'il ignore du passé, du pré-
« sent et de l'avenir ; lorsque cet homme a aussi apaisé la colère
« et qu'il se couche sans haine et sans aucun ressentiment contre
« qui que ce soit ; enfin, lorsqu'après avoir calmé le désir et la
« colère, il met en mouvement la troisième partie de lui-même, la
« raison, et que, dans cet état il ferme les yeux, tu sais que l'âme
« alors entre dans un rapport plus intime avec la vérité, et que
« les visions des songes repoussent les fantômes criminels... En
« somme, il y a en chacun de nous, même les plus modérés, une
« espèce de désirs cruels, intraitables, instinctifs, et c'est ce que
« prouvent les songes. »

Eh! bien, c'est de cet état de démence, de folie maladive et monstrueuse, que relève l'âme tyrannique, de cette folie issue du fond
même de l'être humain où les violences du *thumos* deviennent furieuses. Il nous faut remarquer, en passant, l'observation
psychologique si profonde que Platon place ici ; le caractère qu'il
attribue aux rêves ; cet appel qu'il fait à l'étude du sommeil
pour la connaissance de l'âme : c'est ce que nous nommons
aujourd'hui la question de l'inconscient ou du subconscient.
Platon en a ici l'intuition très nette. Il voit dans l'âme un fond
obscur où il y a beaucoup de divin, mais aussi beaucoup de monstrueux, d'instinctif et de bestial. Mais ce qu'il y a de sûr, c'est que
le sentiment du subconscient apparaît là d'une manière tout à fait
éclatante et en accord d'ailleurs avec la doctrine générale de
Platon, doctrine essentiellement idéaliste et qui laisse la place
à quelque chose au delà de la raison, doctrine qui connaît la
force et en même temps les limites de cette raison. Certes, la
raison est puissante ; mais elle ne sait pas tout : il y a quelque

chose qui lui échappera toujours, et Platon est tout disposé à
admettre, à côté du domaine du connaissable et du rationnel, un
autre domaine, plus vague, indéterminé, de l'inconnaissable. Plus
tard, les néo-platoniciens s'inspireront de ces idées pour construire
leur doctrine antirationnelle, détruisant ainsi en partie la doctrine
platonicienne, qui mettait si haut la raison consciente, le *noûs*.
Nous achèverons, la prochaine fois, le portrait de l'âme tyrannique.

M. D. C.

La France et la papauté de 1814 à 1870.

Cours de M. A. DEBIDOUR,

Professeur à l'Université de Paris.

La question romaine, de 1859 à 1864, et le Syllabus.

Napoléon III, qui avait, en 1849, restauré par les armes le pouvoir temporel du Saint-Père et n'osait pas l'abandonner, se jetait, en 1859, dans une alliance et dans une guerre d'où devait résulter l'unification de l'Italie au profit du Piémont.

Il allait ainsi se faire un ennemi du pape, qui lui devait sa conservation, sans se faire un ami du gouvernement italien, qui lui devrait son existence. Il ne sut, en effet, jamais ni se détacher complètement du premier ni se donner complètement au second.

Tout d'abord, au début de la guerre, il se laissa guider par ses sympathies personnelles : au lendemain des premières victoires, il n'y a pas de doute qu'il n'ait été décidé à aller jusqu'au bout. Après Magenta, il lançait de Milan une proclamation tapageuse, où il appelait aux armes la nation italienne : « Unissez-vous, disait-il... organisez-vous militairement, volez sous les drapeaux du roi Victor-Emmanuel... et, animés du feu sacré de la patrie, ne soyez aujourd'hui que soldats ; demain, vous serez citoyens libres d'un grand pays. »

L'appel ne pouvait manquer d'être entendu ; il avait même été devancé : la Toscane avait déjà chassé son duc. Après la proclamation, ce fut une traînée de poudre. Florence, Parme, Modène, Ravenne, Bologne, se soulevaient aux cris de « Vive Victor-Emmanuel, roi d'Italie ! »

Les catholiques français ne dissimulèrent pas leur inquiétude et leur mécontentement. Les symptômes en parurent tellement graves à l'impératrice et à Walewski, qu'ils en avertirent l'empereur et le supplièrent d'abandonner sa politique d'encouragements à la révolution, qui risquait de lui faire perdre en France l'appui du parti conservateur. L'empereur s'alarma, n'osant soutenir ouvertement les sujets révoltés du pape ; c'est ce qui explique son brusque revirement, inattendu après une série de victoires. Au lendemain de Solférino, le même homme qui avait promis que l'Italie serait libre des Alpes jusqu'à l'Adriatique, si-

gnait avec l'Autriche les préliminaires de Villafranca, où il
n'était plus question que de la cession de la Lombardie : l'Autriche gardait la Vénétie, qui ferait néanmoins partie de la Confédération italienne, placée sous la présidence du pape ; les souverains
chassés par la révolution seraient restaurés dans leurs États et les
Romagnes remises sous l'autorité du Saint-Père ; on inviterait
seulement ces souverains à donner à leurs Etats des constitutions
libérales, et une amnistie pleine et entière pour les derniers événements.

Napoléon s'était-il fait illusion, en signant ces préliminaires, sur
leur efficacité ? Toujours est-il que les populations qu'il avait appelées aux armes déclaraient hautement qu'elles ne les poseraient
pas. Les y contraindrait-il par la force ? Il leur laissait entendre
que non. Aussi les insurrections continuaient-elles.

Très embarrassé, n'osant régler la question italienne à lui tout
seul, Napoléon songeait à réunir un nouveau congrès européen.
Mais c'était là chose difficile, avec les dispositions tout à fait
inconciliables des puissances : la Russie et la Prusse ne voulaient
pas ratifier une révolution ; l'Autriche voulait que l'on s'en tînt
strictement aux termes du traité de Zurich, qui avait confirmé les
stipulations de Villafranca ; l'Angleterre entendait qu'on laissât
pleine liberté aux Italiens ; le Piémont voulait que l'on ratifiât
toutes les annexions réclamées par les peuples; quant aux princes
dépossédés, ils demandaient qu'on les restaurât, mais ne voulaient entendre parler ni de confédération ni de réformes. Pour le
pape, il usait de moyens dilatoires ; tout en faisant répondre qu'il
n'était pas, par principe, hostile aux réformes, il en promettait de
dérisoires et exigeait la soumission préalable des Romagnols.

L'intransigeance du pape fut accrue par l'attitude de Napoléon,
qui penchait vers l'unité italienne, et en particulier par une
brochure, le Pape et le Congrès, rédigée par La Guéronnière,
mais qui, visiblement, avait été inspirée par l'empereur lui-
même. On y soutenait que le pouvoir temporel était inutile et
même nuisible au Saint-Siège, qu'il affaiblissait matériellement et
moralement ; que la possession de sa petite principauté n'avait
causé au pape que des déboires, et l'avait forcé à se mettre sous
la dépendance des grandes puissances étrangères. Le pape ne
dissimula pas sa colère. Le Journal de Rome, organe officieux
du Vatican, déclara que « cette brochure était un véritable hommage rendu à la Révolution, une thèse insidieuse pour ces esprits
faibles qui manquent d'un juste critérium pour bien reconnaître
le poison qu'elle cache, et un sujet de douleur pour tous les bons
catholiques... Si le but que s'est proposé l'auteur de cette bro-

chure, ajoutait l'article, était par hasard d'intimider celui que l'on menace de si grands désastres, cet auteur peut être assuré que celui qui a en sa faveur le droit, qui s'appuie entièrement sur les bases inébranlables de la justice, et surtout qui est soutenu par la protection du Roi des Rois, n'a certainement rien à craindre des embûches des hommes. »

Le pape lui-même profita des réceptions du 1er janvier pour la flétrir, en présence du général de Goyon, chef du corps d'occupation et représentant officiel de l'empereur, comme « un monument insigne d'hypocrisie et un tissu honteux de contradictions ». Il n'est donc pas étonnant que Napoléon III, lorsqu'il fit officiellement au pape sa proposition d'un congrès, se fût heurté à une fin de non-recevoir. Non seulement le pape lui répondit par une lettre où il dissimulait à peine son indignation ; mais il lança, le 19 janvier 1860, une encyclique par laquelle il vouait les adversaires de son pouvoir temporel aux mêmes anathèmes que ceux de son pouvoir spirituel : il y développait cette idée que, lié par ses serments, il n'avait pas le droit d'aliéner la plus petite partie des États de l'Église, et que du reste ceux-ci n'appartenaient ni aux Italiens, ni même au pape, mais au monde catholique tout entier. Devant cette obstination intransigeante, Napoléon renonça au congrès.

Mais une conséquence naturelle de cette attitude du pape fut d'accentuer son évolution vers la cause italienne ; il se décida à laisser aller les événements et à tâcher de les faire tourner à l'avantage de la France ; il promit donc d'autoriser les annexions, à condition que les populations fussent consultées par un plébiscite, et négocia en retour l'annexion à la France de la Savoie et du comté de Nice. Au mois de mars, les légations et les duchés votaient leur annexion au Piémont ; le 23, le traité était signé à Turin. Pie IX, qui n'avait rien pu empêcher, lança contre les spoliateurs une furieuse encyclique, dont il rejaillissait quelque chose sur Napoléon III.

En France, tout le clergé s'ébranla ; il y eut de la part des évêques une pluie de mandements ultramontains ; les catholiques libéraux faisaient chorus avec les plus réactionnaires ; vainement le pouvoir supprima des journaux (entre autres l'*Univers*), ordonna des poursuites, procéda à la dissolution d'associations religieuses ; l'agitation se propagea jusqu'au Luxembourg et au Palais Bourbon, où des minorités imposantes présentèrent à l'empereur des doléances sur la situation faite au pape.

Mais ces manifestations eurent un effet contraire à celui qu'on en attendait : l'empereur fut tellement mécontent de l'attitude de

la cour de Rome, des évêques et de l'opposition catholique, que
tous ses scrupules disparurent pour un moment et qu'il en vint
à envisager l'évacuation de Rome par ses troupes. Cependant,
comme il ne voulait pas laisser le pape sans défense contre une
entreprise certaine des révolutionnaires, il voulut lui donner les
moyens de défendre Rome ; il pensait remplacer ses soldats par
des troupes napolitaines, et, à ce sujet, pressentit le roi des Deux-
Siciles ; mais celui-ci, qui se sentait menacé par la révolution
dans ses propres Etats, refusa.

Alors l'empereur songea à soumettre au Saint-Siège un autre
projet comportant la faculté pour le pape de recruter lui-même
une armée dans les Etats catholiques de second ordre (cela pour
éviter dans cette armée la prépondérance des Autrichiens). De
plus, les puissances catholiques se cotiseraient pour lui offrir un
subside destiné à compenser la perte de revenus causée par les
annexions. Enfin elles lui garantiraient ce qui lui restait de territoires.

Mais le pape répondit, avec hauteur, qu'il recruterait ses troupes où il jugerait à propos ; qu'il considérerait toute indemnité
comme le remplacement des annates, réserves et droits canoni-
ques qui avaient été supprimés en 1789 ; enfin, qu'il repoussait
absolument toute garantie européenne de l'intégrité des provinces qui lui demeuraient, car cela équivaudrait à une reconnaissance des spoliations antérieures, ce que jamais le Saint-
Siège ne pourrait accepter.

Le caractère de provocation de cette réponse fut encore accentué par la façon dont le pape recruta son armée ; il confia ce soin
à son camérier Xavier de Mérode, homme brouillon et belliqueux,
qui s'adressa à l'aristocratie des grandes puissances et tout particulièrement à l'aristocratie française.

Aussitôt un certain nombre de jeunes gens des plus grandes
familles saisirent l'occasion de prouver leur zèle légitimiste en
s'enrôlant sous la bannière du pape ; à Rome du moins, ils
n'avaient plus besoin de dissimuler, et arboraient dans les rues
le drapeau blanc et les fleurs de lys, tandis que le drapeau
tricolore de l'armée impériale y flottait encore. Le Saint-Siège
accentua l'affront en appelant à la tête de son armée non
un général français en activité de service, qui eût été offert
avec empressement par l'empereur, mais un proscrit de décembre, Lamoricière, ennemi acharné de Napoléon.

Aussi n'est-il pas étonnant que l'empereur se montrât pressé de
retirer ses troupes : en avril 1860, il fit savoir à Antonelli que,
puisque le pape était maintenant en mesure de défendre ses Etats,

il était naturel que les troupes françaises les évacuassent, et que ce serait chose faite dans un délai de trois mois.

Ce fut alors que se produisit un incident inattendu : l'expédition des *Mille* de Garibaldi. Débarqué le 11 mai en Sicile, celui-ci était bientôt maître de l'île entière ; au commencement d'août, il passait sur la terre ferme ; nulle part les troupes napolitaines ne tenaient devant lui ; il s'emparait des provinces napolitaines, puis de Naples elle-même, et déclarait brusquement qu'il allait marcher sur Rome et proclamer au Capitole l'unité italienne. Qu'allait-il arriver ? Les Français allaient-ils prendre les armes contre une révolution qu'ils avaient contribué à déchaîner, ou allaient-ils permettre une intervention autrichienne ? Ce fut alors qu'entra en jeu la diplomatie de Cavour.

En août 1860, Napoléon se trouvait à Chambéry. Cavour lui envoya deux émissaires, Farini, ministre de l'intérieur, et le général Cialdini ; ils représentèrent à l'empereur que le temps pressait ; avec Garibaldi, c'est l'esprit révolutionnaire qui allait pénétrer en Italie ; peut-être allait-il proclamer la république à Rome ; cette république, la France ne pourrait l'attaquer, ni laisser à l'Autriche le soin de la combattre. Seul, le royaume de Sardaigne était qualifié pour intervenir. Mais, pour arriver dans le royaume de Naples, il fallait traverser les Marches, c'est-à-dire une partie des États pontificaux et passer sur le corps de Lamoricière ; la présence de celui-ci sur la frontière des anciennes légations était, d'ailleurs, une provocation.

L'empereur, taciturne comme à l'ordinaire, écouta sans mot dire : enfin, comme il n'était sans doute pas fâché de se venger de l'attitude du pape à son égard, il répondit qu'il ne pouvait donner une autorisation officielle, que sa diplomatie serait même obligée de protester, mais qu'il ne mettrait aucun obstacle matériel à la marche des troupes piémontaises. *Fate presto*, faites vite, leur dit-il, et, comme pour s'éloigner du théâtre de la politique européenne, il alla faire un voyage en Algérie.

Cavour suivit à la lettre le conseil de l'empereur : il fit *presto*, il fit même *prestissimo*. Le 18 septembre, les troupes piémontaises envahissaient l'Ombrie et les Marches, et celles de Lamoricière étaient mises en déroute à Castelfidardo. Le 29, ce général capitulait dans Ancône. Au début d'octobre, les Piémontais pénétraient dans les provinces napolitaines et fraternisaient avec les garibaldiens ; la population de l'Ombrie et des Marches, en même temps que celle des Deux-Siciles, votait l'annexion au Piémont. Le roi de Naples ne possédait plus que la place de Gaète, où il s'était réfugié et où il devait capituler le 13 février suivant.

Enfin le premier parlement italien, solennellement ouvert à Turin, déclarait que la capitale de l'Italie ne pouvait être que Rome.

On pense quelle exaspération ces événements produisirent dans le parti catholique français, d'autant plus que Napoléon III avait borné son opposition à rappeler son ministre plénipotentiaire de Turin. Les églises retentirent de cris de douleur à la nouvelle de Castelfidardo. Le pape, en consistoire, s'exprima en termes vifs sur le compte de la France : « La perfidie, la trahison, règnent maintenant partout, dit-il, et notre âme est fortement attristée de voir que l'Eglise est persécutée *même en France,* où le chef du gouvernement s'était montré si bienveillant pour nous et *avait feint* d'être notre protecteur. Maintenant il nous est difficile de savoir si nous sommes protégés par des amis ou mis en prison par des ennemis : *Petrus est in vinculis.* »

Encouragés par l'exemple venu de si haut, les évêques français lancèrent des mandements d'une violence inouïe ; la palme de l'insolence revint à l'évêque de Poitiers : « Lave tes mains, ô Pilate, écrivait-il. La postérité repousse ta justification. Un homme figure au pilori du symbole catholique, marqué du stigmate déicide. Ce n'est ni Hérode, ni Caïphe, ni Judas; c'est Ponce-Pilate, et cela est justice. Hérode, Caïphe, Judas ont leur part dans le crime ; mais, enfin, rien n'eût abouti sans Pilate. Pilate pouvait sauver le Christ, et, sans Pilate, on ne pouvait mettre le Christ à mort. Le signal ne pouvait venir que de lui. »

L'auteur de ce mandement fut déféré au Conseil d'Etat et condamné; mais les applaudissements de tout le reste de l'épiscopat le vengèrent de cette condamnation platonique. Le parti clérical éleva également la voix au Corps législatif et au Sénat, pendant la discussion de l'adresse. Au Sénat, 61 voix, presque la moitié, et au Corps législatif 91, c'est-à-dire plus du tiers, se prononcèrent contre le gouvernement pour la cause pontificale.

Toutes ces protestations ne ramenèrent pas l'empereur en arrière ; il persévéra dans sa politique : d'une part, il entra en négociations directes avec Cavour pour lui demander de ne pas attaquer Rome de vive force ; de l'autre, il soumit au pape la combinaison suivante : les troupes françaises seraient retirées de Rome ; le Saint-Père adopterait avec l'Italie un *modus vivendi* pacifique ; le *statu quo* territorial serait maintenu ; le pape, tout en conservant ses droits, se résignerait à ne plus les exercer en dehors du patrimoine de Saint-Pierre ; le gouvernement italien ferait une pension au pape et prendrait sa dette à sa charge ; les puissances catholiques lui garantiraient la possession de Rome et du territoire qui lui restait, lui demandant seulement d'accorder à ses sujets des réformes en rapport avec les exigences de l'esprit moderne.

Mais ces propositions arrivaient vraiment dans un mauvais moment ; juste à cette époque, le pape réunissait à Rome, sous prétexte de canonisation, un synode de deux cent quatre-vingts évêques ou cardinaux ; au lieu de répondre aux ouvertures françaises, il provoqua de la part de ces prélats une adresse par laquelle l'inviolabilité des États pontificaux était affirmée au nom de l'Eglise. Il voulut également profiter de l'occasion pour obtenir d'eux l'approbation d'un document qu'il venait de faire rédiger, et qui était la condamnation de tous les principes sur lesquels reposent les sociétés modernes, et sur lesquels, en particulier, l'empire français était fondé. Mais les évêques lui représentèrent qu'une telle publication serait intempestive ; le pape consentit donc à l'ajourner, mais il anathématisa solennellement, dans son allocution consistoriale du 9 juin, la révolution italienne, la théorie des nationalités, le principe de la souveraineté nationale, les prétentions de l'autorité civile vis-à-vis de l'Eglise, et affirmait l'intangibilité du pouvoir temporel de la papauté ; « Le pouvoir temporel du Saint-Siège, dit-il, a été accordé au pontife romain par un conseil particulier de la divine Providence ; ce pouvoir est nécessaire, afin que ce même pontife, indépendant de tout prince et de toute puissance civile, puisse exercer le pouvoir souverain qu'il a d'enseigner et de gouverner le troupeau du Seigneur, exercer l'autorité qu'il a reçue par l'instruction divine du Christ lui-même avec une entière liberté dans toute l'Eglise et procurer le plus grand bien et l'utilité de cette même église et des fidèles qui la composent. »

La mauvaise humeur de Napoléon contre le pape en fut, comme bien on pense, accrue, et il la manifesta en travaillant à faire reconnaître le royaume d'Italie par la Russie et par la Prusse, ce à quoi il réussit. Mais ces nouveaux succès de la cause unitaire, en même temps que les provocations du pape, encouragèrent le parti révolutionnaire, qui releva la tête : Garibaldi recruta en Sicile une nouvelle armée de volontaires, passa dans la péninsule et se mit en devoir de marcher sur Rome. Le ministre Rattazzi, qui ne voulait pas que le gouvernement italien se compromît vis-à-vis du gouvernement français en passant pour le complice de Garibaldi, envoya des troupes pour lui barrer la route ; elles l'arrêtèrent à Aspromonte, où, après un engagement, il fut blessé et fait prisonnier, et ses bandes dispersées (29 août 1862).

Le gouvernement italien avait donc tenu, même en recourant

aux armes, l'engagement qu'il avait pris de protéger le Saint-
Siège contre les entreprises révolutionnaires. Ayant montré qu'il
était capable de maintenir l'ordre, il allait demander diplomati-
quement à l'Europe et à la France la récompense de son attitude
correcte, c'est-à-dire la permission d'occuper Rome. La démarche
fut faite par le général Durando, ministre des affaires étrangères
d'Italie, qui, dans une circulaire du 10 septembre, déclara « que
la nation tout entière demandait sa capitale, et que le mot d'ordre
des volontaires avait été l'expression d'un besoin plus impérieux
que jamais, et que l'état de choses actuel, devenu intolérable,
finirait par avoir, pour le gouvernement du roi, des conséquences
extrêmes qui compromettraient de la manière la plus grave la
tranquillité de l'Europe et les intérêts religieux de la catholi-
cité. » Cette mise en demeure n'eut pas le succès sur lequel
Rattazzi avait compté. Il est probable que, livré à lui-même,
Napoléon III eût cédé aux vœux des Italiens. Mais une partie de
son entourage, entre autres l'impératrice et Walewski, tous
deux inféodés au parti clérical, l'en détournaient de toutes leurs
forces ; ils lui représentaient qu'il avait pris envers le pape des
engagements sacrés ; que, d'autre part, les élections étaient
proches, et que, si le gouvernement s'aliénait délibérément le
clergé et le parti catholique, le Corps législatif pourrait bien
passer à l'opposition. Comme c'étaient les partis de conservation
qui avaient formé jusque-là l'appoint de la majorité gouvernementale, il importait de les ménager, sans quoi une partie de
leurs membres pourrait passer à la légitimité et à l'orléanisme.
Ce fut l'argument décisif. Le portefeuille des affaires étrangères
fut, en conséquence, confié à Drouyn de Lhuys, ministre agréable
au Saint-Siège ; et le premier acte de celui-ci fut d'opposer une
fin de non-recevoir absolue à la proposition Durando. C'est à partir
de ce moment que le gouvernement italien se mit à bouder et
sembla oublier complètement les bienfaits de la France.

Mais il était écrit que ce n'était pas la dernière volte-face du
versatile empereur ; en effet, en 1864, nous le voyons de nouveau
négocier l'évacuation de Rome par les troupes françaises; quelles
étaient les causes de ce nouveau revirement ?

La première était le résultat des élections ; en effet, l'opposition catholique n'avait su aucun gré à Napoléon de ses concessions sur la politique romaine ; ses principaux membres, Anatole
Lemercier, Plichon, Keller, de Flavigny, s'étaient coalisés avec
les catholiques libéraux, les orléanistes et même les républicains,
pour former cette fameuse *Union libérale*, qui avait fait passer
Thiers à Paris, Berryer à Marseille, de Lanjuinais à Nantes, ainsi

que les républicains Jules Favre, Jules Simon, Marie, Glais-Bizoin,
Guéroult et Havin. Bref les élections donnèrent une minorité de
35 à 40 opposants, tous hommes de grand talent, très populaires et redoutables par leur éloquence, leur influence et leur
énergie.

Une autre raison, ce fut un redoublement d'intransigeance de la
part du Saint-Père ; celui-ci, en effet, ne savait aucun gré à
Napoléon III d'avoir empêché l'entrée des Italiens à Rome ; il ne
paraissait pas s'apercevoir des services que l'empereur rendait à la
cause catholique en Chine, en Indo-Chine, en Syrie et même au
Mexique ; aux demandes de réformes, il répondait par des refus ou
par des moyens dilatoires, tels qu'institution de commissions
dont le travail ne devait jamais finir. Bref le gouvernement français pouvait avoir l'impression très nette que le pape se moquait
de lui, et il était de nouveau tenté de l'abandonner à son sort.

Enfin une troisième cause, toute diplomatique celle-là, c'était
l'isolement dans lequel se trouvait l'Empire français en Europe, et
qui lui faisait rechercher l'alliance de l'Italie. En effet, à propos
de l'insurrection de Pologne et de la guerre de Danemark, il s'était
engagé dans une série de négociations compliquées et peu
franches, qui n'avaient rien empêché et qui lui avaient aliéné la
Russie, la Prusse et l'Autriche, et même l'Angleterre, qu'il n'avait
pas suivie dans son intervention en faveur du roi de Danemark.
Bref, la perspective d'une guerre avec l'Allemagne pouvait être
envisagée, avec la formation d'une nouvelle Sainte-Alliance
contre l'Empire français.

C'est pour échapper à cet isolement que Napoléon III renoua,
en 1866, les négociations avec le gouvernement italien. Celui-
ci, prudemment, ne souleva pas, dès l'abord, la question de
Rome ; mais il représenta que, dans le cas d'une attaque éven-
tuelle de l'Autriche, la capitale actuelle, Turin, était trop près
de la frontière, trop à la merci d'un coup de main ; qu'il était
nécessaire d'avoir une capitale mieux protégée, retranchée
derrière une chaîne de montagnes, Florence par exemple. A cela
le gouvernement français n'avait rien à objecter. Mais les Italiens
ajoutèrent que, s'ils renonçaient à réclamer Rome comme capitale, il était juste de leur accorder une compensation morale,
c'est-à-dire de mettre fin à l'occupation de l'Etat pontifical par
les troupes françaises, occupation qui était un défi et une humilia-
tion permanente pour la nation italienne.

C'est ainsi que fut signée la convention du 15 septembre 1864 :
l'Italie s'engageait non seulement à ne pas attaquer les possessions actuelles du Saint-Siège, mais aussi à les défendre ; la

France promettait de retirer ses troupes a mesure que l'armée du Saint-Père serait organisée, mais dans un délai maximum de deux ans. Evidemment le gouvernement italien avait une arrière-pensée : il se disait qu'à la prochaine révolution qui éclaterait à Rome, ses troupes y pénétreraient sous prétexte de rétablir l'ordre, et qu'ainsi l'occupation serait consommée. Il est vrai qu'en pareille circonstance Napoléon III se réservait toute liberté d'agir. Des arrière-pensées diverses avaient donc présidé, de part et d'autre, à la signature de cette convention.

Lorsqu'il connut cet arrangement, le Saint-Père eut une explosion de colère ; mais il n'en laissa rien voir au dehors. La cour de Rome affecta d'ignorer une convention qui avait été conclue sans elle, et refusa même d'en recevoir la communication officielle ; mais, si elle garda le silence à ce sujet, elle ne chercha pas moins à se venger indirectement, en créant, là où elle le put, des difficultés à la politique de Napoléon III : elle rendit la situation difficile, au Mexique, à son protégé Maximilien, en lui refusant le concours du clergé catholique, s'il soumettait l'Eglise au pouvoir civil, s'il établissait au Mexique la liberté des cultes et la liberté d'enseigner *l'erreur*. Enfin elle lança l'encyclique préparée depuis longtemps, et dont la publication avait été différée en 1862, qui était la condamnation des principes sur lesquels reposait le gouvernement de la France. Revu, augmenté et aggravé, ce document devint l'encyclique *Quanta cura*, qui fut publiée, le 8 décembre 1864, accompagnée du *Syllabus*, qui résumait les idées modernes sous la forme de quatre-vingts propositions solennellement dénoncées comme hérétiques.

En un mot, c'était la condamnation de toutes les libertés issues de la Révolution : Pie IX, plus absolu dans ses prétentions qu'un Grégoire VII ou qu'un Innocent III, déclarait que l'Eglise est par elle-même une société parfaite, indépendante en droit et à tous égards, de l'autorité temporelle ; qu'elle est supérieure à l'Etat ; que le droit de diriger l'éducation lui appartient exclusivement ; il réprouvait la doctrine de la souveraineté nationale, le suffrage universel, la liberté des cultes, celle de la presse, celle de la parole ; il réclamait pour l'Eglise la puissance coercitive, une juridiction spéciale, et le droit de s'immiscer dans la législation civile ; il condamnait le mariage civil ; enfin la dernière proposition condamnée marquait nettement l'attitude qu'il prenait vis-à-vis de l'esprit de son siècle ; c'était une hérésie abominable que de croire que « le Pontife romain peut et doit se réconcilier et transiger avec le progrès, le libéralisme et la civilisation moderne ».

Voilà à quel état d'esprit en était venu le pape, qu'on saluait en
1847 comme un émancipateur, et qui était le protégé d'un prince
qui se vantait de représenter en Europe l'esprit de la Révo
lution.

L'histoire de la philosophie en France au XIXe siècle

Leçon de M. JOYAU,

Professeur à l'Université de Clermont-Ferrand.

Le XIXe siècle est extrêmement intéressant au point de vue de l'histoire de la philosophie. Le siècle qui a vu naître, briller d'un si vif éclat, puis disparaître brusquement la littérature romantique, le siècle pendant lequel les sciences ont pris un si merveilleux essor, n'a pas été moins fécond dans les autres domaines de l'activité intellectuelle. Ce qu'il y a surtout de curieux, c'est la transformation complète qu'a subie la philosophie : celle de nos jours et celle du début du siècle présentent une physionomie opposée. Les livres admirés de nos pères nous semblent fossiles : il nous faut faire effort pour en comprendre la conception et le succès.

On sait quel était le désarroi de la jeunesse après les agitations et les guerres de la Révolution et de l'Empire. Ce malaise général a été décrit par bien des auteurs, et entre autres par A. de Musset au début de la *Confession d'un Enfant du Siècle*. Pour y mettre un terme, bien des gens cherchèrent un refuge dans la restauration de la religion chrétienne : après l'immense succès du *Génie du Christianisme*, de Bonald et J. de Maistre trouvèrent un grand nombre d'admirateurs et de disciples. D'autres, sur les pas de Saint-Simon, d'Enfantin et de Fourier, se lancèrent dans des conceptions hardies de réorganisation, de rénovation sociale. Les doctrines des Saint-Simoniens, des Phalanstériens, nous paraissent bien étranges; nous avons peine à croire qu'elles aient séduit tant d'hommes généreux et de grands esprits.

Un autre symptôme intéressant de cette curiosité intellectuelle fut la vogue retentissante des cours de la Faculté des lettres de Paris, le succès prodigieux et qui n'a jamais été égalé des leçons de Villemain, de Guizot et de Cousin. De ces trois maîtres illustres, ce fut Cousin qui excita le plus vif enthousiasme. Certes, Cousin était un puissant esprit, un orateur, un écrivain d'un rare talent. Mais la philosophie éclectique était loin de donner satisfaction à tous; elle agaçait, elle exaspérait bon nombre des contemporains. Ils trouvaient que ces belles phrases, ces périodes sonores ne voulaient pas dire grand'chose; que la doctrine cousinienne manquait de solidité et même de cohérence ; ils lui reprochaient surtout de demeurer complètement étrangère aux sciences qui exerçaient sur la plupart des esprits un prestige tout-puissant. Cette réaction bien naturelle contre l'éclectisme explique l'ardeur avec laquelle furent accueillies les théories positivistes qui présentent les caractères opposés.

A. Comte n'a fait lui-même de découvertes dans aucune science; il n'a attaché son nom à aucune doctrine nouvelle ; son action a été beaucoup plus grande. Il a imprégné de son esprit tous les savants du siècle, même ses adversaires. C'est grâce à la foi qu'il leur a inspirée, grâce à la nécessité, qu'il leur a fait comprendre, d'une méthode rigoureuse, que toutes les sciences ont fait de si admirables progrès et, ce qui est vraiment nouveau et l'un des plus beaux caractères du xixe siècle, les découvertes théoriques se sont immédiatement traduites en applications pratiques qui ont transformé toutes les industries et toutes les habitudes de la vie. Dans le positivisme, un des traits les plus caractéristiques de l'esprit du xixe siècle a trouvé son expression complète, sa formule définitive, le mépris des questions oiseuses, des subtilités inutiles. Ce que beaucoup pensaient et sentaient vaguement, Comte l'a dégagé et exprimé ; son originalité ne nous frappe pas ; beaucoup de ses idées nous paraissent banales, parce qu'elles ont fait leur chemin. Mais il faut faire deux parts dans son système, et l'admiration que nous professons pour sa théorie de la science ne doit pas entraîner à accepter ses idées philosophiques. Ainsi que l'a fort bien montré Renouvier, il nous est impossible de souscrire à la proscription de toute métaphysique : Comte lui-même fait continuellement de la métaphysique, négative il est vrai, mais singulièrement aventureuse ; il n'essaie pas de justifier ses négations. Enfin il refuse de reconnaître les droits essentiels de la personne humaine, et tout spécialement la liberté de penser. Quant à ses idées politiques, à la constitution du pouvoir intellectuel, à la religion de l'humanité, le temps en a fait justice.

Renouvier, nous l'avons vu, a exercé une influence considérable sur plusieurs des penseurs les plus éminents de son époque ; mais son action ne s'est pas fait sentir en dehors d'un cercle assez restreint. Depuis le temps du néo-criticisme, il n'est plus question en France d'école ni de système. Ce n'est pas que la philosophie soit cultivée avec moins d'ardeur qu'autrefois, ni moins d'éclat; mais il ne servirait à rien de dresser, ici, une longue liste de noms propres et de titres d'ouvrages qui ressemblerait à un catalogue de librairie ou à un palmarès de distribution de prix.

Quelques-uns s'affligent et s'alarment de ces symptômes qui leur paraissent manifester une funeste anarchie intellectuelle (1). « En dehors, dit Renouvier, de quelques hommes qui s'appliquent à raisonner droit, à logiquer leurs affirmations et leurs thèses, les autres bâtissent sans avoir suffisamment appris le métier de maçon. Il en résulte qu'il n'y a plus de doctrines, plus d'écoles, mais seulement des thèses qui, pour un temps, sont à la mode et que l'on fait valoir à l'aide de paradoxes que je voudrais plus amusants. » D'aucuns croient même — ou du moins affectent de croire — que ce pourrait bien être une maladie mortelle.

Non, ces plaintes ne nous paraissent pas justifiées, et si la philosophie a changé de caractère, nous avons bon espoir dans son avenir, dans les progrès de l'esprit critique, dans le dédain des généralités vagues et des à peu près. Le temps n'est plus des vues d'ensemble ; on est plus modeste, et c'est par l'étude approfondie des détails que l'on prépare l'élaboration d'une philosophie plus haute ; on préfère l'amour de la vérité aux conceptions les plus séduisantes d'une imagination ambitieuse.

L'enseignement oral n'a plus la même efficacité qu'autrefois. Il est, encore de nos jours, des maîtres éminents dont l'ascendant personnel est considérable et aussi légitime que fécond ; ils s'appliquent à former non des disciples, mais des philosophes. De plus, nul n'est l'élève d'un seul maître. La transformation si curieuse des habitudes et des mœurs, au cours de ces dernières années, a eu son contre-coup dans la direction des études : grâce à la multiplication des chemins de fer et des bateaux à vapeur, les voyages sont devenus faciles, rapides et peu coûteux (rappelons-nous les voyages de Cousin en Allemagne au commencement du XIXᵉ siècle !) ; ceux qui veulent se donner à une science quelconque vont suivre les cours des universités étrangères ; les savants de tous les pays se réunissent périodiquement ou à l'occasion d'une

(1) « La plus universelle conséquence de cette fatale situation, son résultat le plus direct et le plus funeste, source première de tous les autres désordres essentiels, consiste dans l'extension toujours croissante et déjà effrayante de l'anarchie intellectuelle, désormais observée par tous les vrais observateurs, malgré l'extrême divergence de leurs opinions spéculatives sur sa cause et sa terminaison... La grande crise politique et morale des sociétés actuelles tient, en dernière analyse, à l'anarchie intellectuelle. Notre mal le plus grave consiste, en effet, dans cette profonde divergence qui existe maintenant entre tous les esprits relativement à toutes les maximes fondamentales, dont la fixité est la condition d'un véritable ordre social. » (A. Comte, *Cours de philosophie positive*, leçons 1 et 46.)

solennité quelconque en des congrès internationaux, où s'engagent
des discussions utiles et où ils font personnellement connaissance ; les livres, les revues se multiplient ; partout s'ouvrent des
bibliothèques admirablement comprises et qui rendent à tous les
plus grands services. Enfin l'utilité de la connaissance des langues
étrangères est de mieux en mieux reconnue ; on n'est plus réduit
à attendre que les livres soient traduits, s'ils le sont jamais ; on
est tenu immédiatement au courant des découvertes faites, des
idées émises ; on y réfléchit ; on les discute. Nous avons tous un
grand nombre de maîtres ; il nous est impossible de nous attacher
exclusivement à l'un, d'ignorer les objections qui lui ont été
faites, les lacunes qui ont été signalées. Nous n'ignorons plus les
idées des autres ; nous les combinons d'une manière véritablement
nôtre ; nous ne jurons sur la parole d'aucun auteur ; nous nous
formons une conviction véritablement personnelle, ce qui est
éminemment philosophique. Car le conflit des opinions est des
plus favorables à l'activité intellectuelle ; il la stimule, il ne lui
permet pas de s'endormir dans la paresse, non plus que de se soumettre à une autorité quelconque ; il provoque donc la liberté
d'esprit et la confiance en soi.

Bien des causes concourent à surexciter la curiosité, à stimuler
l'activité des intelligences : la rapidité fébrile de l'existence contemporaine et de la vie sociale, la promptitude avec laquelle les
événements de toute sorte se succèdent, la soudaineté avec laquelle
les nouvelles se répandent d'un bout du monde à l'autre, réagissent
manifestement sur le cours des idées et des sentiments. Des
peuples, qui naguère encore demeuraient étrangers au mouvement scientifique et philosophique, y prennent maintenant une
part active ; ils apportent à l'examen des questions un esprit
encore neuf, dégagé de l'influence héréditaire des idées dont
l'ancien monde a tant de peine à s'affranchir, et la diversité même
de leurs caractères originaux donne naissance à des manières de
penser qui nous étonnent.

En même temps que tout le monde s'accorde à reconnaître que
l'étude approfondie des sciences peut, seule, donner un fondement
solide aux constructions philosophiques, les sciences ont bien
changé de physionomie : elles n'ont plus ce caractère étroit et
exclusif qu'on leur a souvent reproché. Le temps est passé du
positivisme méprisant ; le fanatisme de la Science (avec une
majuscule) n'est plus le partage que des demi-savants ; c'est eux
qu'a atteints la faillite célébrée par Brunetière. Les autres reconnaissent que la science soulève un grand nombre de questions
qu'il ne lui appartient pas de résoudre et à la préoccupation des-

quelles il nous est impossible de nous soustraire. D'autre part,
ils conviennent que les propositions, sur lesquelles on s'appuie
communément et sur lesquelles on a bien raison de s'appuyer,
sont tout autre chose que des vérités absolument certaines, que
ce sont des hypothèses conçues grâce à la puissance de l'intelligence humaine, des conjectures commodes pour rendre compte
des faits que nous présente l'expérience, mais des vérités provi-
soires que nous devons toujours être prêts à abandonner sans
entêtement le jour où seront faites de nouvelles découvertes. A
mesure que l'art de l'expérimentation réalise de plus merveilleux
progrès, que les instruments de mesure atteignent une précision
plus admirable, on comprend mieux que l'invention de la vérité
est l'œuvre de l'intelligence, de l'imagination.

Deux disciplines plus étroitement apparentées à la philosophie,
la psychologie et la sociologie, ont fait d'immenses progrès dans
ces dernières années. Ce ne sont pas seulement les antiques civilisations, les philosophies profondes de l'Inde et de la Chine, dont
la connaissance est devenue familière ; mais, grâce à la multiplication, à la facilité croissante des explorations, on a pu étudier des
peuples extrêmement différents les uns des autres par les conditions dans lesquelles ils sont placés et par le niveau intellectuel, moral, social et religieux où ils se sont élevés. On connaît
plus exactement que jadis l'histoire du passé ; les progrès de la
critique ont amené la chute de beaucoup de légendes, l'interprétation ingénieuse de certaines autres ; enfin aux renseignements
fournis par l'histoire sont venus s'ajouter ceux qu'apporte la
préhistoire.

On a tiré grand parti encore de l'observation attentive des animaux. Il ne semble pas y avoir entre eux et nous une barrière
aussi nette qu'on le croyait autrefois ; on observe en eux le
germe de nos sentiments et de nos facultés intellectuelles. On
explique communément leurs actes par l'instinct ; mais ce n'est
qu'un mot. Quel sens lui faut-il donner ? Les espèces sociales
sont tout particulièrement intéressantes ; n'est-il pas utile de les
comparer aux sociétés humaines ?

Au lieu de se borner à la considération des adultes, on a fait
de curieuses études sur les enfants de différents âges. Toutes
les facultés, en effet, sont déjà en germe dans l'enfant, mais elles
n'existent d'abord qu'en germe ; elles se développent graduellement, avec plus ou moins de lenteur. Bien des individus
sont rapetissés par la vie, comme le remarquait déjà Aristote ;
chez d'autres, on remarque une dégénérescence sénile plus ou
moins complète.

L'attention s'est portée aussi sur l'étude des maladies mentales. Il est impossible de fixer d'une manière précise les limites de la folie. La santé intellectuelle, tout comme la santé physiologique, est un équilibre extrêmement délicat, menacé, compromis sans cesse par une foule de causes externes ou internes, troublé tantôt par l'exagération d'une fonction, tantôt par la suppression des contrepoids ordinaires ; de sorte que, entre les phénomènes de la maladie et ceux de la santé, il n'y a que des différences d'intensité ; il ne se produit rien ici dont on ne puisse découvrir là quelque trace. Cette amplification considérable, ce grossissement des phénomènes, constituent des conditions exceptionnellement favorables et permettent l'observation de certains faits qui passent inaperçus à l'état normal. Les maladies mentales sont extrêmement nombreuses et diverses : il y a d'abord les désordres des sentiments et des passions, les folies affectives ; puis les maladies de la volonté, les folies impulsives, les aboulies ; enfin les formes innombrables des maladies de l'intelligence, les désorganisations plus ou moins graves de la mémoire, de l'imagination, de l'association des idées.

Les psychologues contemporains attribuent un rôle considérable à l'inconscient. Jouffroy ne reconnaissait comme phénomènes psychologiques que ceux qui sont attestés par la conscience ; mais la conscience n'est pas un absolu : elle dépend de l'attention que nous dirigeons dans tel ou tel sens. Le seuil de la conscience, pour employer le mot d'Herbart qui a fait fortune, n'est pas un niveau fixe : il varie selon les personnes et selon les moments. Leibnitz avait montré quelle place tiennent dans la nature les infiniment petits, dont chacun ne peut être perçu, mais dont la réunion constitue un si grand nombre des objets qui existent et en explique les différences. Il faut étendre la même interprétation au cours de nos idées et de nos sentiments, à la formation et aux variations de notre caractère ; nous arriverons ainsi à nous rendre compte de certains phénomènes que l'on regardait autrefois comme extraordinaires, miraculeux. Mais l'étude de ces cas d'automatisme, de suggestion, d'hypnotisme, de somnambulisme et des rêves est extrêmement difficile ; ce qui la complique, c'est que ces questions mystérieuses sont exploitées soit par des charlatans, soit par des spirites de bonne foi. Nous assistons, en effet, à une renaissance étrange des sciences occultes.

Une autre étude très intéressante est celle de la psychologie collective. L'homme n'est plus le même, lorsqu'il est isolé et lorsqu'il subit l'influence du milieu social, d'un groupe plus ou moins fortement uni par l'exaltation de certains sentiments, de certaines

croyances, ou par l'action continue et progressive du temps :
que de faits de la vie journalière, que d'événements historiques
s'expliquent par la puissance de l'instinct d'imitation, par la con-
tagion de l'exemple, par l'entraînement collectif dont l'action est
si grande sur les passions, les opinions et les actes !

La connaissance plus exacte de la nature humaine ne pouvait
manquer d'avoir de graves conséquences au point de vue de la
morale : on est conduit à se demander si le développement de
l'individu et de l'humanité est le résultat des influences extérieures, de l'accommodation graduelle de l'être au milieu dans
lequel il se trouve placé, ou, au contraire, si c'est un affranchissement progressif, une émancipation de son caractère propre, de
ses lois naturelles. De là vient la crise que traverse, en ce moment,
la morale. Nombreux sont ceux qui soutiennent que l'éthique
normative doit désormais céder la place à la physique des mœurs ;
les actions des hommes, disent-ils, sont des phénomènes comme
les autres ; elles sont aussi régies par des lois qui doivent être
l'objet d'une étude analogue à celles des sciences naturelles,
aboutissant à des applications pratiques. Leurs adversaires se
font une idée tout autre de la liberté qu'ils identifient avec la
raison. Ce n'est pas, disent-ils, une faculté que l'homme apporte
en venant au monde : il ne naît pas libre, mais capable de devenir
libre ; il ne l'est que s'il le veut et s'il a assez d'énergie pour
triompher des obstacles qui s'opposent à sa volonté ; cette
énergie lui est apportée précisément par la croyance à la liberté :
c'est une idée-force, comme dit M. Fouillée. Ainsi la philosophie
n'est pas affaire de spéculation curieuse, mais de vie et de vie
sociale.

.   E. JOYAU.

Sujets de devoirs

AGRÉGATION DE GRAMMAIRE.

Thème latin.

J.-J. Rousseau, *Gouvernement de Pologne*, ch. ɪɪ (*Pages choisies*, éd. Rocheblave, p. 360), depuis : « Ceux qui n'ont vu dans Numa... », jusqu'à : « ...qu'il n'appartient pas même aux modernes de croire. »

Version latine.

Cicéron, *De Oratore*, III, 19-23, depuis : « Tum Crassus... », jusqu'à : « ...instructu ornatuque comitata. »

Thème grec.

Bossuet, *Sermon sur la Mort*, depuis : « Nous n'avons qu'à considérer ce que la mort nous ravit... », jusqu'à : « ...et infiniment estimable, en tant qu'il aboutit à l'éternité. »

Le Gérant : Franck Gautron.

POITIERS. — SOCIÉTÉ FRANÇAISE D'IMPRIMERIE.

DIX-HUITIÈME ANNÉE (2ᵉ série)   N° 34   7 JUILLET 1910

REVUE HEBDOMADAIRE

DES

COURS ET CONFÉRENCES

DIRECTEUR : N. FILOZ

« La République » de Platon.

Cours de M. ALFRED CROISET,

Doyen de la Faculté des Lettres de l'Université de Paris.

La tyrannie (*suite*) ; classification des plaisirs.

Nous avons vu que Platon, avant d'aborder l'analyse de l'âme qu'il appelle tyrannique, avait cru nécessaire de faire une digression psychologique. C'est que les facultés ordinaires, les puissances entre lesquelles se divise l'âme normale, ne suffisent plus, à ses yeux, pour expliquer ce qu'est l'âme tyrannique. Or il y a dans l'âme, comme on en peut juger en s'en référant aux rêves et aux cauchemars, un certain nombre de passions inférieures, que la vie normale tient, pour ainsi dire, en bride. Le rêve et les cauchemars ont pour effet de produire ces états particuliers qui révèlent le fond même de l'âme humaine. Platon a donc eu recours à ce que l'on appelle l'inconscient ou le subconscient, pour expliquer ce qu'est l'âme tyrannique et comment elle se forme ; car, à propos de chacune de ces âmes individuelles, il commence par chercher comment elles ont pu se former, et c'est toujours par l'éducation reçue qu'il explique la naissance de ces divers états intellectuels ou moraux.

L'homme qui a une âme tyrannique est le fils d'un homme qui avait, lui, une âme démocratique ; — notons bien cette filiation, cette logique rigoureuse. Mais nous avons pu voir que, dans l'âme démocratique, ne dominaient, d'une manière durable, ni les passions inférieures ni les passions supérieures ; c'est une sorte d'âme anarchique où quelquefois peut apparaître la raison, mais seulement par intermittence, sans règle aucune et sans discipline. Le fils élevé par un tel père doit nécessairement n'être pas élevé du tout ; cette éducation n'est pas une éducation. Les passions basses, livrées à elles-mêmes, l'emportent peu à peu dans son âme.

Platon nous montre la formation de cette âme tyrannique dans une page d'une psychologie très fine, et en fait une description à la fois spirituelle et éloquente. Le jeune homme se laisse aller à ses passions les plus fortes ; alors son âme, dit Platon, a pour escorte, pour *doryphores*, tels les gardes d'un tyran, la folie (*mania*). Voilà bien le mot caractéristique : c'est une véritable folie ; et l'idée essentielle de tout ce morceau, c'est que l'âme tyrannique est une âme de dément, quelque chose qui n'appartient plus à l'humanité normale. Cette maîtresse de son âme, la folie, pousse le jeune homme, l'aiguillonne comme un taon, le taon qui dans la légende piqua la génisse Io et celui qui, dans la réalité, aiguillonne et taureaux et génisses. Il est donc excité par ce taon, et, s'il vient à découvrir en lui-même certains sentiments ou désirs bons et honnêtes, — car il peut en avoir encore et être capable d'une certaine pudeur, — il les tue, il les chasse loin de lui jusqu'à en effacer tout vestige, absolument comme le tyran dans la cité poursuit et chasse les hommes justes. Le parallélisme est suivi d'une manière tout à fait exacte et, disons-le, tout à fait légitime.

L'âme de cet homme est remplie de fureur ; n'est-ce pas aussi pour cette raison, demande Socrate, qu'on dit de l'amour qu'il est un tyran ? Adimante en convient. La démence s'emparant de son âme, l'homme tyrannique, comme grisé, nourrit en lui des pensées coupables : c'est un déchaînement de passions violentes et basses que ne combat plus aucune raison, aucune passion noble ; car, si elles apparaissent à quelque moment, l'âme tyrannique a vite soin de les exterminer. C'est un homme ivre d'une passion coupable, un dément, envahi par une sombre folie. Une fois cette triste évolution accomplie dans l'âme du jeune homme, que va-t-il se passer ?

Platon, selon son habitude, nous le montre à l'œuvre, obéissant aux impulsions violentes, désordonnées, qui s'emparent de lui. Assailli de désirs insatiables, il s'attaque d'abord à ses parents pour en tirer de l'argent ; il trouve qu'ils ne lui en donnent pas suffisamment et, après avoir dissipé sa part, veut partager avec

eux ce qui leur reste; il il a jusqu'à se faire voleur, jusqu'à tuer. Nous
rencontrons ici une très belle page, sur laquelle nous ne pouvons
malheureusement pas nous arrêter, mais dont l'idée est celle-ci :
toutes les passions basses, maintenues quand ce jeune homme était
soumis à l'autorité des lois et à celle de son père, sous un gouvernement démocratique, s'étalent maintenant au grand jour, se
donnent libre carrière; ce n'est plus un songe (*onar*), mais une
réalité, un songe réalisé (*upar*). Cette distinction correspond à une
vieille croyance, selon laquelle il y avait, en effet, deux sortes de
songes (cf. Homère). Ce cauchemar vivant se manifeste donc, et
nous allons voir quels crimes il va faire commettre.

Si cette âme tyrannique se trouve là enfermée par le hasard des
circonstances en un homme privé, où elle ne peut arriver au comble
de l'injustice, car un simple citoyen est retenu par sa propre
faiblesse; mais supposez, dit Platon, que les événements lui
permettent de s'emparer du gouvernement : ce n'est plus alors
simplement une âme tyrannique que nous avons, mais un tyran.
La folie qui le tourmente se répand au dehors ; il détruit tout
ce qui s'élève ; il multiplie les crimes, s'attaque même aux dieux :
tout est à sa discrétion. N'est-ce pas là, dit Platon à la fin de sa
description, le comble même de l'injustice ? C'est, pour ainsi
parler, l'injustice idéale, complètement réalisée ; et nous revenons ainsi à la question fondamentale de la *République*, qui avait
été posée dans le deuxième livre et laissée de côté. Malgré tous
ces longs détours, Platon savait bien où il voulait nous conduire.

Nous voilà donc en face de l'injustice poussée au dernier
degré. Eh ! bien, cet homme injuste est-il heureux ? Le bonheur peut-il se concilier avec cette puissance à laquelle rien ne
résiste, avec cette misère intérieure d'une âme telle que nous
venons de la définir ? On se rappelle que c'est précisément en ces
termes que Glaucon avait posé la question à la fin du second
livre ; il désirait qu'on lui montrât qu'un homme profondément
injuste, investi du souverain pouvoir, libre de faire tout ce qu'il
veut, est cependant malheureux, et qu'un homme juste, au contraire, même s'il n'a aucun de ces biens extérieurs auxquels on
attache tant de prix, abandonné de tous, supplicié même et torturé, est encore plus heureux que le tyran qui peut tout. Le moment est venu de répondre à cette question, et la fin du IX° livre va
être consacrée à sa solution ; car, bien plus encore que l'étude
des différentes constitutions, c'est là le fond même du dialogue de la *République*. Toute cette étude n'a été qu'un moyen
d'apporter plus de clarté dans la question ; selon la comparaison

de Platon, ce sont comme de gros caractères, qui ont permis de
lire avec plus de netteté, qui ont montré avec plus de force où
est la justice, enfin qui mettent en mesure de résoudre avec une
précision souveraine le problème posé par Glaucon.

Platon répond, sans hésiter, que cet homme injuste ne peut pas
être heureux. Comment procède-t-il pour le montrer ? Il rappelle
d'abord la comparaison qu'il n'a cessé d'établir entre les âmes individuelles et les différentes formes du gouvernement. Prenons
ensemble ces diverses formes de la cité corrompue, dit Socrate
à ses interlocuteurs, et tâchons d'établir entre elles une échelle de
bonheur. Elles sont de moins en moins justes ; il y a une décroissance
incessante à ce point de vue, il en est de même, dit-il, au point
de vue du bonheur : ce sont les cités où la raison tient le moins de
place qui sont les moins heureuses, et tous ses interlocuteurs
donnent leur assentiment à cette manière de voir. Il est inutile
de dire combien cette théorie, fondée beaucoup plus sur les
images un peu schématiques de Platon que sur la réalité, plus
complexe comme on sait, est évidente. La décroissance que
Platon indique est certaine : le bon ordre étant la condition même
de la vie harmonieuse de la cité, le bonheur diminue à mesure
qu'on descend l'échelle ; donc, étant donnés les schémas un peu
abstraits de Platon, il n'y a aucune discussion à engager sur ce
point. ·

Nous passons à la seconde question : la cité la plus heureuse
est celle où règne le plus de justice ; il en est de même pour
l'individu, dans cette espèce de république intérieure, de *politeia*,
qu'est l'âme individuelle. Remarquez ce mot de *politeia* ; il est
tout à fait intéressant ici.

Si nous considérons maintenant les individus au même point
de vue que les gouvernements, n'allons-nous pas trouver également un accroissement parallèle de l'injustice et du malheur ?
Cela est tout à fait vraisemblable. Mais le vrai philosophe ne se
contente pas de la vraisemblance, si grande soit-elle ; il doit aller
au fond des choses, serrer les questions de plus près, chercher
des raisons plus précises. Voici trois démonstrations successives,
que nous pouvons résumer à peu près ainsi. La première s'appuie surtout sur les faits extérieurs et faciles à constater, c'est-
à-dire les inconvénients très visibles qu'entraîne pour l'âme
tyrannique cet état, cette manière d'être particulière. La seconde
démonstration est déjà plus philosophique ; elle s'appuie sur
l'analyse de la valeur relative des plaisirs éprouvés par ces
différentes âmes : les plaisirs que croit éprouver l'âme tyrannique valent-ils ceux que l'âme ressent, lorsqu'elle est gouver-

née par des passions nobles et surtout par la raison ? La troisième
démonstration repose sur l'étude de ces âmes en elles-mêmes,
et non plus considérées au milieu des circonstances extérieures
qui peuvent agir plus ou moins sur leur condition. Cette démonstration porte sur la constitution même de ces âmes : ce qui
fait que, lors même qu'elles éprouvent certaines apparences de
plaisir, celui qui les examine du dehors voit qu'elles sont profondément malheureuses, ces illusions de plaisir cachant mal le vice
intérieur et profond de leur constitution.

Nous allons reprendre quelques-uns des traits de ces différentes
démonstrations, d'autant plus qu'il n'en est pas un qui ne paraisse
particulièrement intéressant, à cause soit de son caractère
tout à fait grec, soit de sa profondeur ou de sa beauté.

Faisons une comparaison, dit Socrate : prenons cet homme qui
est, à certains égards, comme une sorte de tyran dans une condition privée ; imaginons, par exemple, un homme à la tête d'une
maison très importante, avec, sous ses ordres, une foule d'esclaves. A-t-il un sort enviable ? Autant d'esclaves, autant d'ennemis ! Il est entouré de haines et de dangers. Il est vrai que nous
supposons cet homme vivant dans une cité bien policée et que le
bon ordre de la cité le protégera contre ces dangers ; car « la cité,
dans son ensemble, dit Platon, vient au secours de chacun des
citoyens qui la composent ». — Quelle belle définition de la société
civilisée ! — Mais cet homme à qui l'Etat bien policé assure la sécurité, imaginons qu'il soit transporté dans une île déserte avec ses
esclaves, ses biens, sa famille, n'ayant plus l'appui de la cité, ne
sera-t-il pas dans la perpétuelle appréhension de périr de la main
de ses esclaves, lui et les siens restant exposés sans défense aux
inimitiés qui les environnent. Allons plus loin encore : supposons
que notre homme soit non plus dans une île déserte, mais sur le
continent, entouré d'ennemis qui lui veulent tous autant de mal
que ses esclaves. Quelle situation sera la sienne ? « Eh ! bien,
« conclut Socrate, c'est celle du tyran. N'est-ce pas dans une
« pareille prison qu'est enchaîné le tyran, tel que nous l'avons
« dépeint, avec les craintes et les désirs de toute espèce auxquels
« il est en proie ? Si avide que soit son âme de jouissances nou-
« velles, n'est-il pas le seul citoyen qui ne puisse ni voyager nulle
« part ni aller voir les mille choses qui excitent la curiosité des
« hommes libres ? Presque toujours enfermé au fond de sa
« demeure, il y vit comme une femme, et porte envie aux autres
« citoyens, lorsqu'il apprend qu'ils font quelque voyage pour voir
« les merveilles de la nature et de l'art. »

Cet homme, toujours prisonnier, toujours inquiet, ne jouit donc

pas de la vie comme les autres : il ne peut voyager, et c'est là
un trait intéressant et tout à fait grec ; — il ne peut aller voir
aucun de ces beaux spectacles dont les Grecs sont si avides, et
qui sont offerts aux plus humbles ; il ne peut se rendre ni aux
Jeux Olympiques ni aux Jeux Pythiques comme un simple mortel, et cela pour un Grec représente une souffrance intolérable ;
tous les voyages lui sont interdits (cf. de même le *Hiéron* de
Xénophon).

Cet amour des voyages, non pas seulement des voyages
d'affaires, mais des voyages d'observation, dans le seul but d'apprendre et de voir (cf. la *Vie de Solon* par Plutarque ; cf. aussi la
biographie de Platon lui-même et de tant d'autres), est commun
chez les Grecs. Il est à remarquer inversement qu'on ne nous parle
jamais de Barbares (sauf Anacharsis) venant ainsi en Grèce en
simples voyageurs. Le Grec, au contraire, a une curiosité toujours en éveil; eh ! bien, le tyran est privé de cette satisfaction,
et ce lui doit être particulièrement pénible. C'est donc, en réalité,
un véritable esclave : malgré son apparente richesse, il est pauvre, puisqu'il ne peut arriver à satisfaire ses passions insatiables ; c'est une sorte de malade, puisqu'il ne peut avoir les mêmes
plaisirs que le commun des hommes.

Mais, jusqu'ici, cette analyse s'en tient aux circonstances extérieures; allons plus avant et examinons la valeur relative de
ces différents plaisirs. Il y a, dit Socrate, des plaisirs de différentes sortes ; il y en a trois espèces, qui correspondent aux
trois parties que nous avons distinguées dans l'âme : *noûs*,
thumos, *épithumia*. Le plaisir du *thumos*, c'est principalement
le plaisir de la gloire, de la victoire ; c'est là un plaisir tellement grec, que Renan a pu dire que les Grecs avaient inventé
l'amour de la gloire. Il y a peut-être là un peu d'exagération ;
mais ce qui est certain, c'est que les Grecs portèrent cet amour
aussi loin que possible. Une autre sorte de plaisir est celui qui
provient de la satisfaction du désir, ou *épithumia*, notamment le
plaisir du gain, l'amour de l'argent, plaisir normal et communément répandu parmi les hommes ; le troisième, enfin, est un
plaisir plus délicat, plus philosophique, qui réside dans l'amour
de la sagesse, qui tend seulement à connaître la vérité et se
met peu en peine de la gloire et de la richesse. Lequel de ces
trois plaisirs doit l'emporter sur les autres et comment faut-il les
classer ? Si l'on demandait à chacun de ceux qui les recherchent,
le glorieux, l'intéressé, le philosophe, quel est le plaisir qui vaut
le mieux à ses yeux, il serait naturellement disposé à dire que
c'est celui-là même qu'il préfère : « L'homme intéressé, par

« exemple, ne dira-t-il pas que les plaisirs de la science et des
« honneurs ne sont rien en comparaison du plaisir du gain, à
« moins qu'on n'en puisse faire de l'argent ? De son côté, celui
« qui aime la gloire ne dira-t-il pas que le plaisir des richesses ne
« donne que de l'embarras, et que celui qui provient de l'étude
« des sciences, à moins que cette étude ne conduise aux hon-
« neurs, n'est que fumée et frivolité ? »

Il faut remarquer avec quelle habileté Platon pose la question, tenant compte de ce caractère subjectif, personnel, qui
s'attache à tous les plaisirs et. qui rend leur classement malaisé.
Platon aborde là un problème assez délicat, qui consiste à introduire un élément objectif dans les appréciations relatives des
différents plaisirs. Il constate d'abord un simple fait, très finement observé : c'est que le philosophe est, en définitive, le
meilleur juge de la qualité des divers plaisirs et de leur valeur
relative. Car l'homme qui aime le gain ou celui qui aime la gloire
n'a pas l'expérience des plaisirs qui ne sont pas le sien ; il ne
connaît que celui par lequel il est attiré. Au contraire, le philosophe qui a consacré sa vie à la recherche de la vérité a, comme
les autres hommes, éprouvé un certain attrait pour la gloire ou
le gain ; il a pu même en obtenir un jour ou l'autre, et cependant
c'est une autre sorte de plaisir qu'il préfère, en pleine connaissance de cause. Seul donc il peut faire la comparaison et, parvenu au terme le plus élevé, jeter un regard assuré sur la route
parcourue, dire lequel vaut le mieux parmi les différents plaisirs
qu'il a rencontrés.

Telle est la première démonstration que nous présente Socrate
et à laquelle on pourrait, sans doute, faire un certain nombre
d'objections ; elle est cependant ingénieuse, pénétrante et, en
partie, probante. Mais ce jugement du philosophe à qui son
expérience donne une autorité particulière ne suffit encore pas,
et il nous faut aller plus loin ; il faut démontrer d'une manière
plus rigoureuse la supériorité incontestable des plaisirs qui
viennent de la raison. Qu'est-ce qui caractérise, en effet, les plaisirs que procurent les passions inférieures, l'*épithumia* ? C'est
qu'ils ne se suffisent jamais ; ils sont insatiables et, une fois
satisfaits, laissent après une sorte de lassitude ; on n'y peut
persévérer. On reste quelque temps comme grisé ; mais on aspire
vite au repos, à l'*hésukia*. Ce sont, en effet, des plaisirs en mouvement, après lesquels on ressent de la fatigue ; puis on se lasse
du repos même, on recherche de nouveau le plaisir, et la vie se
passe ainsi. Sous une autre forme, le poète Lucrèce dira de même
en des vers fameux :

> *... Medio de fonte leporum*
> *Surgit amar aliquid quod in ipsis floribus angat.*

Ces plaisirs ont donc, comme dit Platon, quelque chose de négatif, puisque plus on les pousse loin et plus on croit se satisfaire, plus on éprouve le besoin du repos ; c'était, en un mot, la négation même de ce plaisir qui vous transportait. Par la sagesse, au contraire, plus l'intelligence est en possession de la vérité et plus, sans se lasser jamais, avec, au contraire, une sérénité de plus en plus grande, elle jouit de cette vérité qu'elle découvre ; c'est un plaisir positif, fait à la fois de repos et de mouvement, où nous ne trouvons plus cette contradiction intime qui caractérisait les plaisirs inférieurs. Toute cette analyse est très pénétrante. Platon ajoute encore que tous les plaisirs, ceux des passions nobles aussi bien que ceux des passions inférieures, ont en eux quelque chose qui choque la raison, le bon sens ; on cherche par eux à remplir un certain vide que l'on sent en soi et qui rappelle le besoin de nourriture commun à l'homme et aux animaux (cf. livre IX, 10) :

« Ainsi ceux qui ne connaissent ni la sagesse ni la vertu, qui
« s'adonnent aux plaisirs sensuels, passent sans cesse de la basse
« région a la moyenne et de la moyenne à la basse... ; jamais ils
« n'ont goûté une joie pure et solide. Mais, toujours penchés vers
« la terre comme des animaux et les yeux toujours fixés sur leur
« pâture, ils se livrent brutalement à la bonne chère et à l'amour ;
« dans leur avidité jalouse, ils en viennent aux ruades et aux
« coups de cornes les uns contre les autres, et, dans la fureur de
« leurs appétits insatiables, ils finissent par s'entretuer avec
« leurs cornes et leurs sabots de fer... Ils ne goûtent que des
« plaisirs mêlés de douleurs, vains fantômes du plaisir véritable,
« qui n'ont de couleur et d'éclat que par leur rapprochement et
« dont l'aspect imposteur excite, dans l'âme des insensés, un
« amour si vif, avec de si violents transports, qu'ils se battent pour
« les posséder, comme les Troyens, d'après le témoignage de
« Stésichore, se battirent pour le fantôme d'Hélène, qu'ils n'a-
« vaient jamais vue... »

Telle est la vanité des plaisirs ordinaires, plaisirs de la gloire, plaisirs de la possession. Si la raison n'intervient point, ils ne sauraient se suffire. L'amour de la gloire notamment, lorsqu'il n'est pas gouverné par la raison, serait une cause incessante de trouble : « Toutes les fois, au contraire, que les désirs qui tiennent
« de l'ambition ou de l'intérêt, se laissent conduire par la science
« et la raison, et que, sous leurs auspices, l'âme ne poursuit

« pas d'autres plaisirs que ceux que lui indique la sagesse, l'âme
« ressent alors, guidée par la vérité, les plaisirs les plus vrais
« qu'il lui soit-permis de goûter et en même temps les plus
« conformes à sa nature, si ce qu'il y a de meilleur pour chaque
« chose est aussi ce qui a le plus de conformité avec elle. »

Ainsi le tyran, gouverné par ce monstre intérieur qui est caché
au fond de l'être humain, ne peut pas être le plus heureux ; il n'est
même pas le second, ni le troisième, dans l'échelle des hommes
heureux : il est vraiment le dernier de tous ; car, de même que le
gouvernement tyrannique vient après la démocratie, l'oligarchie
et la timocratic, l'âme tyrannique, elle aussi, est tout à fait en bas :
elle est la plus malheureuse de toutes, puisqu'elle est gouvernée
par les instincts les plus féroces, les plus privés de raison.

« Le tyran, dit Platon par la bouche de Socrate, sera donc le
« plus éloigné du plaisir véritable et propre à l'homme ; au lieu
« que le roi en approchera d'aussi près qu'il est possible... La
« condition du tyran sera donc la moins heureuse qu'on puisse
« imaginer et celle du roi la plus heureuse. »

Socrate se livre ensuite à une évaluation mathématique du
plaisir, ou plutôt du fantôme de plaisir dont jouit le tyran.

La conclusion de tout cela, c'est, pour prendre une comparaison plastique, qu'il y a en définitive, dans l'homme, un
composé étrange : sous l'apparence humaine, sous l'humaine
enveloppe se cache une sorte de lion à plusieurs têtes, dont
l'une est le *thumos*, l'autre l'*épithumia*, l'autre les passions
furieuses dont il a été question plus haut. L'homme est comme
un triple monstre ; il lui faut mater le lion, et toute sa vie doit
être consacrée à cela. Ce monstre est analogue aux monstres de
la fable, aux chimères. Tout l'effort de l'homme doit être de faire
triompher en lui-même l'humanité sur la bestialité ; car, à mesure
que le monstre l'emporte, la question ne se pose plus de savoir
si l'homme est heureux ou malheureux ; en pareil cas, c'est une
dégradation complète, et tout homme sain, a ce spectacle lamentable de la bête maîtrisant l'homme, plaint ce malheureux, mais
ne concevra aucun doute sur son état. Il doit cependant lui parler
avec douceur, et ce trait est à noter (cf. c. XII du livre IX) :

« Comme son erreur n'est pas volontaire, tâchons doucement
« de le détromper. Ami, lui dirons-nous, n'est-il pas vrai que tu
« laisses en toi la bête l'emporter sur l'humanité et comment
« peux-tu laisser se faire ce revirement ? Relève-toi ; la vérité
« n'est pas là : elle est dans l'harmonie de l'âme présidée par la
« raison. »

Cette théorie morale et psychologique, qui remplit le neuvième livre, est véritablement très belle non seulement par son idéalisme, mais aussi par sa modération relative ; en ce sens que, si Platon affirme que l'homme qui possède les biens extérieurs ne peut être heureux, si son âme reste en proie à la misère morale, il ne va pas cependant, malgré son idéalisme, jusqu'à nier que les circonstances extérieures ne puissent en aucune façon contribuer au bonheur. Il se garde de l'excès dans lequel tomberont plus tard les stoïciens avec leurs paradoxes, lorsqu'ils prétendront que tout, en dehors de la vertu, est indifférent (*adiaphora*). Platon ne va pas jusque-là, Aristote non plus.

Il ne nous reste plus à voir que cet admirable dixième livre, qui ajoute à ces observations sur la politique, la morale, la psychologie, présentées par Platon avec un si curieux parallélisme, quelque chose de nouveau, une note plus poétique, plus religieuse, par quoi se terminera le dialogue de la *République*.

M. D. C.

Les institutions et la civilisation en France sous les Capétiens directs

Cours de M. PFISTER,

Professeur à l'Université de Paris.

Je me propose d'étudier (1), d'une manière générale et en m'en tenant aux grandes questions, l'histoire des institutions de la France sous les Capétiens. Nous examinerons tour à tour la nature du pouvoir royal et son mode de transmission, l'administration centrale avec ses grands officiers, ses *palatini* et ses assemblées ; nous montrerons comment ces assemblées se partagent en diverses sections et comment ces sections sont déjà, en 1328, le Conseil du roi, le Parlement et la Chambre des Comptes ; nous verrons comment, à la fin de cette période, le roi recourt, pour donner à sa politique une nouvelle force, à des consultations populaires et réunit les premiers États généraux. De l'administration centrale, nous passerons à l'administration locale ; nous vous indiquerons comment le domaine s'est constitué et comment il a augmenté, et nous aurons ainsi occasion de faire un historique sommaire, très sommaire, de grands règnes comme ceux de Philippe-Auguste et de Louis IX ; nous dirons comment ce domaine a été administré ; nous passerons ensuite en revue les divers services, la justice, l'armée, les impôts. Mais les fonctionnaires n'administrent pas seulement le domaine : ils surveillent les grands fiefs voisins, et de ces seigneurs le roi réclame l'aide militaire ; il fait peser sur eux des impôts de plus en plus nombreux ; il prétend les soumettre à sa justice. Aussi nous faudra-t-il étudier les relations des rois avec les grands seigneurs, avec le monde féodal ; nous examinerons ensuite leurs relations avec le clergé et la papauté, pour terminer par celles avec les communes naissantes et les classes rurales.

L'époque que nous considérons est l'une des principales du Moyen-Age. On a pris l'habitude de dire beaucoup de mal du Moyen-Age, et l'on n'a pas eu tout à fait tort ; mais, enfin, on le condamne un peu trop en bloc, sans distinguer les diverses pé-

(1) Leçon d'ouverture du cours.

riodes et sans considérer tout ce qu'il contient de grandeur véritable, sans considérer les progrès très réels qu'il a fait faire à
l'humanité. Ces progrès ont été accomplis précisément aux XIIe et
XIIIe siècles, et ils ont été accomplis en France : les autres peuples
ont suivi, avec un retard de 100 à 200 années. Les XIIe et XIIIe siècles
comptent parmi les plus glorieux de notre histoire nationale ; la
France exerce à ce moment dans l'enseignement, dans les lettres,
dans les arts une hégémonie qu'elle n'a jamais eue à une autre
époque, même au XVIIe siècle. Je voudrais montrer quelle place
les XIIe et XIIIe siècles occupent dans l'histoire de la France et
dans celle de l'Europe occidentale.

Pendant cette période, s'accomplit une triple évolution, politique, sociale et littéraire ; une évolution politique : le caractère
de la royauté se modifie et cette royauté, en se modifiant, prépare
l'unité de la France ; une évolution sociale : dans les villes apparaissent les corporations des arts et métiers et se créent les communes ; dans les campagnes, le servage disparaît lentement et
apparaît le paysan ; enfin une évolution intellectuelle, très remarquable, très originale, qui aboutit vers 1200 à la fondation de
l'Université de Paris, à la naissance d'une littérature romane et à
la création d'un nouvel ordre d'architecture.

I

Quand Hugues Capet monte sur le trône, en 987, il est l'héritier
des droits des Carolingiens. Son pouvoir ne s'étend pas seulement
sur la province qu'on appellera au XVe siècle l'Ile-de-France ou
sur cette partie encore plus étendue où l'on a voulu voir le duché
de France : son autorité est reconnue sur toute la surface du territoire attribué, en 843, par le traité de Verdun à Charles le Chauve ;
elle s'exerce depuis la Meuse jusqu'à l'océan Atlantique, depuis
l'Escaut jusque dans la marche d'Espagne, que Charles le Grand
a autrefois réunie à son empire, et l'un des premiers soucis de
Hugues fut de répondre à Borel, chef de cette marche, qui lui
demandait des secours.

Dans l'intérieur de ces limites, dans le *regnum Francorum*,
le roi a de grands devoirs à remplir. Il doit maintenir l'intégrité du territoire, le défendre contre les ennemis extérieurs ;
il doit protéger les faibles, les veuves, les orphelins, garantir à
l'Église ses biens et ses privilèges ; il doit maintenir à chacun
son droit. Surtout il doit y faire régner la paix et l'ordre.
Lorsqu'en 1016 Bérold, évêque de Soissons, et Warin, évêque

de Beauvais, veulent signer une paix de Dieu, et demandent le consentement de Gérald, évêque de Cambrai, celui-ci refuse : « Ce que vous demandez, leur dit-il, est inconvenant, parce que vous revendiquez pour vous ce qui appartient au roi... *quod regalis juris est.* »

Pour remplir ses devoirs si beaux, le roi a conservé, en théorie, un certain nombre de droits. Tous les grands du royaume sont tenus de lui jurer obéissance immédiatement ou médiatement ; ils lui doivent conseil et aide, *consilium et auxilium* ; ils sont tenus d'accourir aux grandes assemblées qu'il convoque, de marcher avec lui contre l'ennemi, de lui fournir les ressources qui lui sont nécessaires pour bien remplir sa tâche.

Mais quel contraste entre la théorie et les faits ! En réalité, le *regnum Francorum* est partagé entre une série d'anciens fonctionnaires carolingiens, qui ont gardé pour eux le pouvoir royal exercé jadis par délégation, qui ont rendu leurs charges héréditaires, qui la laissent à leurs fils, sans que le roi puisse s'y opposer. Le comte rend la justice en son nom, lève les anciens impôts, fait la guerre ; il est à peu près souverain dans son comté. Ce royaume, qui, en principe, reste un, est morcelé en seigneuries indépendantes.

Ainsi, à l'origine, le roi capétien n'a pas, dans le pays, de fonctionnaires nommés par lui. La royauté présente ce caractère singulier de n'être desservie dans les provinces par aucun agent. Le roi est obligé de faire tout lui-même, avec les serviteurs qui vivent autour de lui, ceux qu'on a appelés les *palatini*, les palatins. Il n'a même aucun centre : il se rend de lieu en lieu pour exercer directement son *ministerium*, son métier de roi, convoquant des assemblées, faisant appel à des seigneurs qui ne répondent pas. Il promène ainsi, un peu partout, ses belles théories de justice et de paix, mais aussi son impuissance et sa pauvreté. Ce premier Capétien n'a pas de fonctionnaire propre, partant pas d'administration : il n'a pas de centre et gouverne avec une cour ambulante.

Ce n'est pas qu'il n'ait conservé, à côté des droits vagues et généraux dont nous parlions, quelques droits plus effectifs. L'usurpation des droits régaliens ne s'est pas faite de la même manière dans chaque comté. Dans le naufrage de la monarchie carolingienne, quelques droits ont surnagé et le Capétien en a hérité. Ces droits ont constitué le pouvoir de Hugues Capet, de Robert, de Henri Ier et de Philippe Ier. Le pouvoir des premiers Capétiens est un résidu.

Mais, au moins, un partage rationnel s'est-il fait entre le roi et ses comtes ? Le roi a-t-il conservé dans l'intérieur des comtés les mêmes droits, laissant à tous les comtes des droits semblables ? Peut-on faire une liste précise des droits royaux et des droits comtaux, et appliquer la même énumération à chaque comté particulier ? On le croit trop souvent à tort. Il y a un comte à Chartres, un comte au Mans, un comte à Angers. Or. à Chartres, au Mans, le roi capétien confirme l'élection de l'évêque ; à Angers, ce privilège appartient au comte. Et il en est ainsi pour tous les droits féodaux. Ici le comte a tout pris, là il a laissé au roi tel droit, ailleurs tel autre, et cela sans règle, selon le hasard des événements. En étudiant les droits effectifs des premiers Capétiens, nous ne pouvons poser de règle générale ; nous sommes obligés de dire : le roi a tel droit en tel endroit. Le pouvoir royal des premiers Capétiens consiste en droits vagues sur le royaume et en une série de droits effectifs en tel endroit ou tel autre. Ces droits, une énumération précise, locale, seule nous les fera connaître : ce sont des droits individuels, appartenant à la personne du roi, à la famille royale, beaucoup plutôt que des droits inhérents à la royauté.

Or, dans la période que nous étudions, il se fait un triple changement : 1° le roi enlève à un grand nombre de seigneurs et de comtes les terres qu'ils détiennent, les comtés qu'ils gouvernent, et il les détient en son nom, comme jadis le seigneur ou le comte les détenait : en d'autres termes, il se crée un domaine ; 2° il fonde une administration et un centre administratif ; 3° il réclame et sur le domaine et sur l'ensemble du royaume des droits généraux qu'il déclare inhérents à la royauté, des droits royaux.

Hugues Capet, avant de devenir roi, était un fonctionnaire de la royauté : il avait un domaine propre, le comté de Paris. Devenu roi, il eut le tort de le céder à un de ses fidèles, Bouchard, comte de Corbeil, le distinguant par une simple épithète des comtes féodaux. Bouchard devint *comes regalis*. Mais, à la mort de Bouchard, Hugues ne commettra plus cette faute ; il garde pour lui le comté de Paris, qui devient le domaine, et ses successeurs chercheront à étendre le domaine. Louis VI, par une guerre acharnée, se rend maître dans son domaine ; il oblige les petits barons à reconnaître son autorité et à obéir à ses ordres. Avec Philippe-Auguste ont lieu les agrandissements importants : au nord, ce roi acquiert, à la suite d'héritages et de longues négociations, le Vermandois, l'Amiénois, le Valois ; de 1202 à 1206, il enlève au roi d'Angleterre la Normandie, la Touraine, l'Anjou, le Maine et le Poitou ; il annexe une partie de l'Auvergne. En 1229, à la suite de la croisade des Albigeois, le traité de Paris livre à Louis IX les

sénéchaussées de Beaucaire et de Carcassonne ; à la mort du
comte de Toulouse Raymond VII (1249), toute sa succession
revient au frère de Louis IX, Alphonse de Poitiers, et, comme ce
dernier meurt sans enfants, elle fait retour en 1271 à la couronne. Puis, par le mariage de Philippe le Bel avec Jeanne
de Navarre, la réunion de la Champagne est préparée ; et ainsi,
un à un, les grands fiefs sont repris par le roi. La royauté
cherche à étendre les limites du domaine aux limites mêmes du
royaume. Et c'est là un trait par lequel l'histoire de France se distingue, au Moyen-Age, de celle des autres pays, et dont il faut bien
saisir l'originalité. En Allemagne, en Italie, le morcellement féodal se perpétue jusqu'au xixᵉ siècle ; en Angleterre, l'unité ne fut
jamais menacée. Guillaume le Conquérant s'était réservé le
domaine de toutes les villes ; les comtes n'ont été que des seigneurs possesseurs de nombreux fiefs territoriaux disséminés
sur toute la surface du royaume ; ces fiefs ne formaient point
un tout continu, et les comtes, à l'exception peut-être des comtes
palatins, n'ont pas possédé de droits régaliens. En France, les
rois ont conquis leur royaume sur les féodaux : à l'autorité
vague des premiers Capétiens sur le royaume, ils ont substitué
l'autorité très forte d'un souverain, véritablement propriétaire
de son domaine. Le domaine et le royaume se sont confondus,
et c'est une des causes de l'établissement du despotisme.

Le roi, pendant la même période, va créer une administration.
Il aura bientôt un véritable centre et une hiérarchie de fonctionnaires amovibles, tout entiers dans sa main.

On raconte que, le 5 juillet 1194, au cours de sa guerre avec
Richard Cœur de Lion, Philippe-Auguste, surpris par le roi d'Angleterre près de Fréteval, dans le Dunois, perdit, avec ses bagages,
son sceau et les registres de sa chancellerie. Le chambrier du
roi, Gauthier de Villebéon, reconstitua tant bien que mal les
registres perdus ; mais, pour éviter qu'une semblable perte ne
vint à se renouveler, Philippe fit placer les archives à demeure
dans un dépôt spécial, au lieu de les faire transporter sans cesse
à sa suite. Paris fut choisi comme lieu du dépôt, et c'est là l'origine du Trésor des Chartes.

Ce que Philippe-Auguste a fait pour les chartes fut fait aussi
pour l'administration. Cette administration, qui accompagnait
sans cesse le roi, eut peu à peu son centre fixe à Paris, et cela au
moment même où les pouvoirs se divisèrent, où, au lieu de cette
cour du roi qui avait dans ses attributions et la justice et les
finances et l'administration, nous voyons trois corps se constituer : le Parlement, la Chambre des Comptes et le Conseil du roi.

La révolution sera achevée à peu près lors de l'avènement de Philippe VI. En même temps, la royauté créa des fonctionnaires qui furent sans cesse en relations avec ce centre.

M. de Tocqueville, en étudiant les règnes de Louis XIV et de Louis XV, fut tout étonné de retrouver, à cette époque, tous les vices de la centralisation ; mais cette centralisation date de bien plus haut ; la différence entre les baillis de Louis IX et des intendants de Louis XIV n'est pas énorme.

Baillis et sénéchaux, créés sous Philippe-Auguste, sont nommés par le roi, sont sans cesse changés par lui de résidence, sont révoqués par lui. Ils sont les exécuteurs des volontés du roi. Les relations entre le centre et les sénéchaussées les plus éloignées, celle de Carcassonne par exemple, sont nombreuses : nous avons encore les textes des mandements adressés, pendant un certain nombre d'années, par Louis IX au sénéchal de Carcassonne ; c'est de Paris qu'on gouvernait la France. Sans doute, la centralisation est moins complète, parce que les communications sont encore difficiles ; mais, enfin, elle n'en existe pas moins.

Les premiers Capétiens avaient des droits particuliers dans des localités déterminées ; Louis IX aura, de nouveau, des droits généraux dans l'ensemble du royaume. Un certain nombre de droits sont proclamés, pendant la période que nous étudions, inhérents à la royauté, et celle-ci aura la prétention de les exercer non seulement dans le domaine, mais dans le royaume entier, dans les fiefs des grands seigneurs. Elle n'y réussira pas toujours ; elle sera obligée d'accorder des concessions aux grands féodaux, à ceux qui sont nommés les pairs de France ; mais elle n'en fait pas moins des ordonnances générales, quitte à n'en pas exiger l'application intégrale dans certains grands fiefs, comme en Bourgogne. Elle sait bien qu'un moment viendra où, forte de l'adhésion des autres seigneurs féodaux, elle commandera en maîtresse même dans ces grands fiefs. La renaissance du droit romain, les doctrines ecclésiastiques, les principes mêmes que proclament les juristes féodaux rendent à la royauté ce caractère général que les premiers Capétiens avaient perdu ou qui était alors relégué dans une sphère supérieure, sans effet réel.

Le droit romain, retrouvé par les jurisconsultes de Bologne au xiie siècle, est étudié avec passion au xiiie siècle, et c'est un instrument de généralisation singulièrement précis. Or ce droit proclame l'omnipotence royale. Un de ses axiomes fondamentaux est : *Quidquid principi placuit legis habeat vigorem*, ou, de façon encore plus concise : *Quidquid principi placuit lex esto*. Philippe de Beaumanoir recueillera ce principe dans les *Coutumes du Beau-*

vaisis et proclamera : ce qui plaît à faire au roi doit être tenu pour loi. Déjà les légistes qui entourent Louis IX, puis surtout ceux qui vivent à la cour de Philippe le Bel, les légistes du Midi, sont imprégnés de ce droit romain ; ils commenteront ce droit de la façon la plus favorable au roi ; ils diront, par exemple, que, dans tout le royaume, le jugement d'un certain nombre de causes doit être réservé au roi et feront la théorie des cas royaux ; ils diront encore que, dans toute l'étendue du royaume, nul seigneur ne pourra poursuivre par les armes le redressement d'un tort, et ils feront la guerre à la guerre privée.

Il eût appartenu à l'Église, puissance universelle, de retrouver, s'il avait pu se prendre dans le morcellement féodal, le caractère universel de la royauté. L'Église proclame que Dieu a institué les rois et qu'on leur doit obéir comme aux représentants de Dieu sur la terre. Par le sacre à Reims, que Renan a pu appeler un huitième sacrement, elle fonde en France la religion de la royauté. Les rois eux-mêmes sont convaincus de leur mission sainte ; et nous ne parlons pas ici de Louis IX que l'Église a canonisé, mais de Philippe le Bel qu'elle a en horreur. Lui aussi croit que Dieu lui a donné un pouvoir miraculeux et il touche les écrouelles. L'Eglise est ainsi l'alliée et comme la complice de la royauté. Et pourtant ce roi, qui tire tant de force de l'Église, prétend dominer cette Église ; il déclare qu'il est au-dessus du pape, en tout cas qu'il est indépendant de lui ; à un moment, Philippe le Bel tiendra le pape asservi. Et, par-dessus les rois de l'Europe, le roi de France est considéré comme le plus puissant. Quand on dit l'évêque tout court, il s'agit de l'évêque de Rome ; quand on dit le roi tout court, il s'agit du roi de France. Le roi de France ne veut reconnaître aucune supériorité, pas plus celle de l'Empereur que celle du pape. Comme le Franciscain Rubruquis disait, au fond de l'Asie, au Khan des Tartares que l'Empereur était le plus puissant monarque, le Khan l'interrompit en disant : « Non, le plus puissant est le roi de France. »

Le roi, dont les légistes et les évêques proclament de la sorte l'absolutisme et le caractère sacré, tire une nouvelle force de la féodalité. Au temps des premiers Capétiens, le code de la féodalité n'était pas encore fixé ; il ne se fixa que peu à peu, après la conquête de l'Angleterre par les Normands, après celle du royaume de Jérusalem. Des textes écrits mentionnent désormais les devoirs des vassaux envers les suzerains, et le roi est le suzerain des suzerains. Ces textes sont commentés par les jurisconsultes, et ils en font sortir des principes nouveaux, qui augmentent la puissance du roi. On décide alors que le roi a le droit de garde-noble sur les vassaux mineurs, qu'il peut choisir un mari à l'héritière mineure d'un grand fief. On établit la maxime générale qu'aucun fief ne peut être « abrégé » sans l'autorisation du roi : par suite, aucune commune ne peut être créée dans l'étendue du royaume, aucune terre ne peut être donnée à l'Église, aucune parcelle de fief être concédée à un roturier, sans une autorisation du roi. En vertu des principes féodaux, la monnaie seigneuriale n'aura cours que dans la seigneurerie, et la monnaie royale dans tout le royaume : les notaires seigneuriaux instrumenteront dans les limites de la seigneurie, les notaires royaux dans les limites du royaume. La royauté de Louis IX est entrée dans les cadres de la féodalité : elle est beaucoup plus féodale que celle de Hugues Capet ; mais la féodalité apporte a la royauté de nouveaux droits.

En résumé, création du domaine, création d'un centre et d'une administration sans cesse en rapports avec le centre ; le droit romain, l'Église et, jusqu'a un certain point, la féodalité elle-même, conférant à la royauté des droits généraux sur le royaume entier : telle est la révolution politique qui s'est accomplie de 987 a 1328. Quelle différence entre le point de départ et le point d'arrivée ! La révolution sociale dans les villes et les campagnes n'est pas moins profonde.

II

Il nous est assez difficile de savoir quelle fut, aux époques mérovingienne et carolingienne, la condition des villes. Certainement les libertés dont elles jouissaient au temps des Romains disparurent, et l'on ne saurait rattacher les communes aux anciens municipes. Pour pouvoir affirmer en histoire que deux institutions procèdent l'une de l'autre, il faut que nous puissions démontrer qu'il existe des anneaux intermédiaires. Au moment où la féodalité triomphe, les villes sont dans la dépendance de leur évêque ou de leur seigneur ; elles font partie de la seigneurie comme les villages ; souvent elles sont partagées entre deux, trois ou plusieurs seigneuries. Mais les habitants, enrichis par le commerce, rendus plus hardis par leur richesse même, veulent se soustraire à cette exploitation seigneuriale, fixer les redevances auxquelles ils sont tenus, s'administrer eux-mêmes ; ils arrachent aux seigneurs des chartes communales. La commune prend place dans les cadres de la féodalité ; elle est elle-même une seigneurie collective. Elle a au-dessus d'elle l'ancien seigneur, à qui elle continue de devoir des services personnels, des redevances en nature et en argent, les uns et les autres rigoureusement fixés par la charte. Elle a souvent au-dessous d'elle des vassaux qui lui acquittent et des services et des redevances ; elle exploite sa banlieue et ses manants, bien distincts des bourgeois. Elle lève des impôts pour faire face à ses dépenses ; elle entretient une milice ; ses magistrats sont à la fois des administrateurs et des juges. Elle a un sceau, une bannière, un beffroi, insignes de son indépendance et de sa domination.

Les rois de France favorisent le mouvement communal dans l'intérieur des grands fiefs qu'ils veulent « abréger », et prétendent rattacher directement les communes à eux ; mais ils détruisent les communes dans leur domaine propre. Pourtant, là même, ils doivent faire des concessions à la bourgeoisie grandissante. Ils accordent à une série de petites cités la charte de Lorris, qui met une limite aux exactions des prévôts royaux ; ils permettent au prévôt des marchands et aux échevins de Paris de juger les causes relatives à la marchandise de l'eau et de s'immiscer peu à peu dans l'administration de la cité. Dans l'intérieur des communes, comme dans les villes prévôtales, se développe un troisième état, et ce tiers état est convoqué avec les deux autres ordres pour approuver la politique du roi et lui voter des subsides, en échange desquels il demandera bientôt le redressement des torts qui lui ont été faits.

En même temps que la commune, se développent souvent, dans l'intérieur des villes, les diverses corporations d'arts et métiers ; parfois même une corporation a pris la direction du mouvement communal et ses officiers deviennent les officiers communaux. Que ces corporations remontent aux collèges romains, qu'elles aient pour origine les *officia*, c'est-à-dire les serfs travaillant à un même métier sous les ordres d'un *ministerialis* seigneurial, ou qu'elles aient été formées, comme nous inclinons à le croire, par l'association des travailleurs libres qui ont continué de subsister dans les villes, peu importe ici. En tout cas, ces corporations s'organisent aux XIIe et XIIIe siècles. Elles ont leur règlement, leur administration, leurs privilèges. L'artisan y trouve aide et protection. Ces corporations se doublent, en général, d'une confrérie ; l'artisan a ainsi son culte à lui, et il y a une véritable poésie dans toutes ces fêtes en l'honneur du patron du métier. Dans les villes où ces corporations se créent, comme dans les autres, — car le système n'est pas aussi général qu'on l'a cru, — l'industrie se développe ; elle fournit à la consommation d'une population toujours croissante ; elle travaille même pour l'exportation. Les étrangers viennent aux foires de Champagne, plus tard au port de Bruges, chercher les draps de Flandre, et ils y apportent les denrées de leur pays comme les épices de l'Orient.

La révolution dans les campagnes est peut-être encore plus profonde.

Déjà, au début de notre période, l'esclavage ancien a disparu ; l'esclave est devenu le *serf*: quelle différence énorme, entre ces deux mots ! Le serf est attaché à la glèbe ; il ne peut être vendu qu'avec le bien-fonds qu'il cultive ; sa situation est sans doute inférieure, mais on ne peut lui enlever la terre qui le nourrit ; i a pour lui une garantie. Le serf, attaché à la glèbe, est encore en principe taillable et corvéable à merci ; mais, bientôt, entre lui et le propriétaire, il y eut un contrat ou écrit ou tacite. Le propriétaire ne demande plus au serf qu'un nombre déterminé de journées de travail, que le paiement de telles ou telles redevances. Ces corvées et ces tailles fixées représentent le prix du fermage, le droit de propriété éminente du patron. Bientôt le serf se considère comme le propriétaire de son champ ; il ne sait plus pourquoi il paie ces redevances ; il les tient pour des droits féodaux, imposées par la violence. Aux xiie et xiiie siècles, le serf dont les charges sont fixées devient le paysan libre de France ; et je ne sache pas que, jamais, il y ait eu une évolution sociale de conséquence plus grande. Dans certains pays, le servage disparaît entièrement ; à la fin du xiiie siècle, il n'y a plus de serfs en Roussillon, en Touraine, en Bretagne, en Normandie. Louis X affranchit les serfs du domaine royal, et, si je reconnais qu'il le fit pour procurer à la royauté de nouvelles ressources fiscales, — il faisait payer l'affranchissement, — je ne puis m'empêcher de trouver très belles, très généreuses, les déclarations de son ordonnance, les principes généraux sur lesquels elle est fondée : « Selon le droit de nature, tout le monde doit naître *franc* ; c'est par abus que moult de notre commun peuple sont escheus en servitude ; dans le royaume des Francs, il faut que la chose soit accordant au nom. » Le xiiie siècle, qui mit fin au servage, accorda aussi aux paysans certaines libertés : il y eut des communes rurales ; on vit un embryon d'organisation dans certains villages. Et la fin du xiiie fut pour les paysans une période de prospérité. A partir du xive siècle, il y aura un arrêt. La guerre de Cent ans, la rivalité des Armagnacs et des Bourguignons, la peste de 1348, causèrent des maux épouvantables ; ceux qui étaient encore serfs restèrent dans la servitude jusqu'en 1789, d'autres y retombèrent. Puis, quand ces fléaux disparurent, des charges nouvelles pesèrent sur le paysan : il payait le seigneur et le curé ; il dut payer encore l'impôt royal permanent ; il supportait ainsi les diverses couches de pouvoirs qui se sont élevées les unes par-dessus les autres, et sa condition empira. En 1789, le paysan était plus malheureux qu'au xiiie siècle. Le xiiie siècle marque son émancipation et l'un des termes de cette lente évolution, qui a fait de l'esclave antique le paysan libre.

III

A côté de l'évolution politique et sociale, il y eut, aux xiie et xiiie siècles, un remarquable mouvement littéraire et artistique. Les études n'ont jamais été abandonnées en France, même au temps de la décadence carolingienne et sous les premiers Capétiens. Il y eut toujours des écoles cathédrales célèbres, comme celles de Reims avec Gerbert, de Chartres avec Fulbert et Ives.

Au xiie siècle, les centres d'études se multiplient, puis l'école se détache de la cathédrale. Dans certaines villes, autour de maîtres renommés, se réunissent ceux qui se destinent aux professions dites libérales, les étudiants, population studieuse, et parfois trop bruyante. Maîtres et élèves habitent un quartier spécial ; et bientôt, à Paris du moins, ils se groupent en corporations : *Universitas magistrorum et scholarium*, pour défendre leurs droits et pour acquérir des privilèges. Une charte de Philippe-Auguste de 1200 enlève les *scholares* à la juridiction civile du prévôt de Paris, toujours trop rude, et les soumet aux tribunaux ecclésiastiques. En 1215, le légat du pape, Robert de Courçons, donne à cette Université sa première constitution ; puis, peu à peu, on voit apparaître dans l'intérieur de cette Université la Faculté des Arts avec ses quatre nations : France, Picardie, Normandie, Angleterre, et les Facultés de médecine, des sciences et de théologie. L'Université de Paris servit de modèle aux autres. A un double titre, Paris fut un foyer de vie scientifique, et par les étudiants qui y affluèrent et par les Universités qui se constituèrent à l'exemple de la sienne... La France passait pour avoir comme le monopole de la science ; elle était, comme disait Eudes de Châteauroux, « le four où cuit le pain intellectuel du monde entier ». — Et, en fait, c'est à Paris qu'enseignèrent les docteurs les plus illustres ; là, arriva Alexandre de Hales, le célèbre franciscain ; là aussi, les deux dominicains Albert le Grand et Thomas d'Aquin. Ces docteurs, qui ont la passion de la science, *libido sciendi*, font d'immenses encyclopédies, des *Sommes*, où toutes les connaissances de l'époque sont résumées. Mais ils s'en fient trop aux textes anciens d'Aristote, qu'ils veulent ramener dans les cadres du christianisme ; ils s'appuient même en science — tant le christianisme a façonné leur esprit ! — sur le principe d'autorité ; un autre franciscain, Roger

Bacon, montre, à côté d'Aristote et de la méthode syllogistique, la nature et la méthode expérimentale, et pose ainsi des principes nouveaux, germe qui poussera, se développera et fructifiera dans l'avenir.

En dehors des écoles naît toute une littérature populaire, en langue *vulgaire*, comme l'on disait. Les chansons de geste se développent en une très riche floraison, célébrant Charlemagne et ses preux ou ses adversaires, racontant les exploits des chevaliers de la Table Ronde ou ceux des héros de l'antiquité. Les trouvères du Nord et les troubadours du Midi célèbrent l'amour courtois. Guillaume de Lorris compose un véritable *Art d'aimer* dans le *Roman de la Rose*, qui, avec son continuateur, Jean Clopinel de Meung, devient une véritable encyclopédie populaire. Adam de le Hale, avec ses deux pièces qu'il intitule des *jeux*, le *Jeu de la feuillée* et le *Jeu de Robin et Marion*, invente la comédie et l'opéra comique ; tandis que les *Mystères* peuvent être considérés comme l'origine de nos tragédies. L'histoire sort du cloître et est écrite en français. Passons sur les longues compilations en vers, mais citons Geoffroy de Villehardouin qui nous raconte la *Conquête de Constantinople*, cette aventure extraordinaire, et son livre est encore comme une chanson de geste en prose ; citons Joinville, dont l'ouvrage constitue à la fois des mémoires — les premiers mémoires écrits en France, qui devait en enfanter un si grand nombre — et une hagiographie : les mémoires si charmants, si vifs, ont été écrits peu de temps après la croisade d'Egypte ; l'hagiographie s'est superposée à eux, au début du xıvᵉ siècle, lorsque le pieux roi eut été canonisé. Et je ne voudrais pas continuer cette énumération ; mais il faut bien connaître les caractères de cette littérature nationale, qu'a su si bien mettre en lumière Gaston Paris. Alors que l'antiquité place l'âge d'or dans le passé et croit à une décadence continue, que les temps modernes ont foi en un progrès indéfini, le Moyen-Age croit à l'immutabilité des choses : il se repose sur sa formule religieuse qui ne rencontre point de sceptique. Qu'on ne cherche point dans sa littérature le cri d'angoisse de l'homme inquiet de sa destinée, des plaintes désespérées ou l'enthousiaste confiance en un avenir meilleur ; qu'on n'y cherche pas davantage le sentiment du beau, la préoccupation esthétique. Cette littérature a, malgré tout, son originalité ; elle est originale par la peinture forte des passions de la société féodale, par la description raffinée de l'amour courtois ; puis, dans les œuvres bourgeoises de la fin du xıııᵉ siècle, par le bon sens, la satire malicieuse, la grâce légère. C'est par ces qualités que la littérature française s'est imposée à l'Europe ; c'est grâce à elles que la connaissance du français s'est répandue au loin. La langue française est parlée par les personnes cultivées d'Angleterre, par les familles nobles de l'Allemagne, de l'Italie du Nord : elle pénètre. avec Charles d'Anjou, dans l'Italie méridionale. Marco Polo. captif à Gênes, écrivit. en 1298, en français le récit de ses voyages à travers la Chine, et c'est en français que le Japon est nommé pour la première fois. Brunetto Latini, dans son *Trésor*, composé de même en français, dira que la langue française est « commune a toutes gens ».

En France se développe aussi un nouvel ordre d'architecture. cet ordre qu'on a appelé de façon si impropre l'architecture gothique, alors qu'on n'avait que mépris pour cette forme d'art, mais que nous devrions appeler l'architecture française, *opus francigenum*, aujourd'hui que nous en comprenons mieux la grandeur et l'originalité ; car cette architecture est vraisemblablement née au cœur de la France, dans l'Ile-de-France. Sans doute, elle n'a pas été créée de toutes pièces par le génie d'un homme. Elle est sortie de l'architecture romane peu à peu, par des tâtonnements successifs, avec ses deux éléments constitutifs, la croisée d'ogive qui permet de faire reposer tout le poids de la voûte sur certains points fixés d'avance. l'arc-boutant qui étaie ces immenses édifices et en forme comme les supports extérieurs, si bien que la cathédrale ressemble, selon l'expression de Renan, à un gigantesque animal qui aurait au dehors sa charpente osseuse. Grâce à ce double artifice, le monument peut s'élever en hauteur ; les vides l'emportent sur les pleins et sont fermés par d'incomparables verrières, qui laissent pénétrer la lumière du jour. tamisée par les vitraux de couleur. Les façades, les porches avec leurs tympans, leurs bateaux et leurs voussures, les chapiteaux des colonnes, offrent au sculpteur une place qu'il peuple de ses images, de ses reliefs. de ses ornements empruntés à la flore du pays. L'arc-boutant, qu'au début l'on cherchait à dissimuler, devient un ornement : c'est un aqueduc qui conduit les eaux du toit a des gargouilles fantastiques, et le pilier qui lui sert de culée est dominé par un pinacle élégant et un clocheton finement découpé. Cette architecture se répand dans le royaume entier, au fur et à mesure que la royauté ajoute de nouvelles conquêtes à ses domaines ; elle gagne l'étranger, où des artistes français propagent cet art français. Villard de Honnecourt élève, de 1235 à 1250. toute une série d'églises cisterciennes en Hongrie. La France, au XIIIᵉ siècle, régnait par son art comme par sa littérature.

Telle nous paraît être l'œuvre accomplie par le Moyen-Age, particulièrement aux XIIᵉ et XIIIᵉ siècles, qui sont de très grands

siècles. Sans doute, au tableau que nous avons tracé il faudrait
ajouter quelques ombres. Il y eut des années de misère profonde causée par les famines, les brigandages, les pillages des
seigneurs, les guerres ; la mortalité fut parfois extrême ; mais,
malgré tout, l'humanité est en marche et le progrès social
s'accomplit. Le Moyen-Age aussi vit comme figé dans sa pensée
religieuse. L'orthodoxie croit posséder la vérité entière ; elle
pense que cette vérité s'impose d'elle-même par son évidence,
et elle voit des coupables dans ceux qui ne l'acceptent pas.
Les persécutions commencent ; et, en 1022, à Orléans, le roi
Robert le Pieux allume les premiers bûchers. La croisade des
Albigeois fut une œuvre atroce, par laquelle fut détruite la
civilisation méridionale ; des massacres épouvantables furent
commis ; les bandes du Nord les accomplirent avec une grande
joie, *cum magno gaudio*, et un moine cistercien allemand, Césaire
de Heisterbach, met dans la bouche de l'abbé de Citeaux,
Arnaut Amaurè, cette odieuse parole : « Tuez-les tous ; car
Dieu connaît les siens, *Cædite eos, novit enim Dominus qui sunt
ejus* », et il le félicite de l'avoir prononcée. A la suite de cette
guerre, l'Inquisition est organisée et les dominicains qui la dirigent font d'innombrables victimes. Nous ne dissimulerons point
ces faits, parce que ce sont des faits et parce qu'ils sont instructifs.
Mais, s'il y eut beaucoup de mal, est-ce une raison pour dissimuler le bien et condamner en bloc toute une période ? Le Moyen-
Age a sa grandeur et ses défaillances ; il est à la portée du premier
venu de déclamer contre lui ; il est plus difficile de le comprendre.
On ne le comprend qu'après une étude lente, patiente, après un
examen laborieux des documents qu'il nous a laissés ; c'est à une
telle étude et à un tel examen que je vous convie.

La comédie en France après Molière

Cours de M. AUGUSTIN GAZIER,

Professeur à l'Université de Paris.

Saint-Foix ; Sedaine ; Mercier.

De l'œuvre de Diderot, que nous avons étudiée dans notre précédente leçon, il ne reste que deux titres : le *Fils naturel* et le *Père de famille*. Nous avons conservé, en outre, de ce théâtre l'habitude de noter les jeux de scènes, pour que l'auteur et le lecteur aient une vue plus exacte à la fois et plus précise du dessein de l'auteur. Diderot avait fait et surtout fait faire autour de son œuvre un tel bruit, qu'il n'est point étonnant de lui trouver des disciples. Tels sont Saint-Foix, Sedaine et Mercier, que je me propose d'étudier aujourd'hui.

Diderot avait fait un appel éloquent aux hommes du métier, pour les engager à travailler dans le genre sérieux. Il voulait que, dans des pièces graves et morales, on peignît non point des caractères, mais des conditions, telles que le négociant, le magistrat, le financier, le père de famille, le frère, la sœur. Il voulait une œuvre sévère et pathétique, capable d'attendrir jusqu'aux larmes les âmes sensibles. Cet appel fut entendu.

Saint-Foix fut un des premiers à suivre le chemin tracé par Diderot. Lorsqu'il écrivit son *Financier*, en 1758, il était âgé de soixante-trois ans et avait déjà produit de nombreuses œuvres. Né en Bretagne, ancien mousquetaire, querelleur par nature, duelliste à l'occasion, il avait publié des *Essais historiques sur Paris*. Au Théâtre-Français ou au Théâtre-Italien, il avait donné de nombreuses comédies, qui avaient eu un gros succès. Il s'y montrait plein de finesse et d'esprit.

Le *Financier*, qu'il écrivit dans la manière de Diderot, est médiocrement comique. Un financier jeune et riche, Alcimon, a acquis, à la campagne, un superbe château. Les routes qui donnent accès à sa propriété sont détestables ; les carrosses ne s'y aventurent qu'avec de grands périls. Un même jour, deux accidents se produisent : un jeune marquis a sa chaise brisée ; le carrosse d'un vieillard accompagné d'une jeune fille est fort endommagé. Alcimon accueille avec une parfaite bonne grâce le marquis ; il n'est plus aussi empressé pour recevoir le vieillard. Néanmoins, tout le monde s'installe au château, en attendant que les véhicules soient réparés. Le marquis, jeune et aimable, voit Henriette, la compagne du vieillard, jeune et aimable elle aussi ; il est charmé par ses grâces. Mais il est débauché et fripon, et, s'il se montre aimable avec la jeune fille, ce n'est que pour la mieux séduire. Heureusement, un honnête homme veille, le chevalier, et déjoue les intrigues du marquis. Il se trouve que le vieillard est le père d'Alcimon et qu'Henriette est sa sœur. Le marquis sera donc chassé, et le chevalier épousera Henriette.

Les scènes XIII et XIV sont des plus caractéristiques ; elles terminent la pièce :

LE CHEVALIER (*voyant venir Henriette*).

Eh ! bien, voici la fille de ce vieillard ; écoutez-la donc.

ALCIMON (*voulant s'en aller*).

Monsieur, on m'attend pour répéter une petite fête, que je veux donner à des dames qui vont arriver de Paris.

LE CHEVALIER (*le retenant*).

Tirer promptement de peine une triste famille serait une vraie fête pour un cœur sensible et généreux.

ALCIMON (*à part*).

Quel homme ! (*Haut.*) Allons ! voyons, Mademoiselle, voyons donc !

HENRIETTE.

Monsieur, nous sommes d'une province éloignée. Mon père jouissait de cinq à six mille livres de rentes, en faisant valoir lui-même son bien. Ma mère, en mourant, ne lui avait laissé qu'un fils âgé de vingt ans, et moi qui n'en avais que six. Mon frère vint à Paris, s'introduisit chez de riches financiers, qui le prirent en amitié et l'employèrent.

ALCIMON (*au chevalier*).

Elle a un son de voix intéressant !

HENRIETTE.

Au bout de quelques années, il écrivit à mon père que ses protecteurs offraient de l'intéresser à une affaire très lucrative. Mon
père, qui l'aimait très tendrement, se laissa persuader de vendre
tout son bien et de venir à Paris. Il apporta environ cent mille
francs à mon frère, qui, en effet, s'intéressa si vivement à certaines affaires, qu'en moins de quatre ans il se vit riche de plus
d'un million ; mais cette fortune si rapide fut détruite presque en
un instant. Un homme puissant à la Cour et qu'il avait offensé
par un refus... Vous me regardez, Monsieur ? Hélas ! Peut-être
doutez-vous de ce que je vous dis ; c'est encore un malheur
attaché à l'infortune.

ALCIMON.

Je vous écoute, Mademoiselle. Eh ! bien, cet homme puissant ?

HENRIETTE.

... l'accusa de malversations, et le poursuivit avec tant d'acharnement, qu'on allait l'arrêter, s'il n'avait pas prévenu l'ordre par
une prompte fuite hors du royaume. Tous ses effets furent confis-
qués ; et mon malheureux père, qui s'était dépouillé de tout, se
vit bientôt dans la plus extrême, oui, Monsieur, dans la plus
extrême misère. Il revint en province. Je sortis du couvent où
j'avais été élevée ; je me défis d'une partie de mes habits ; et, avec
ce que je retirais des ouvrages que je faisais et que j'envoyais
vendre, nous subsistions. La recette d'un petit bureau vint à
vaquer : une personne de considération vous écrivit en notre
faveur.

ALCIMON.

Et d'où, Mademoiselle, de quelle ville, de quelle province ?

HENRIETTE.

De Niort, en Poitou : c'est notre patrie.

ALCIMON (à part).

O ciel ! (Haut.) Ce ne fut pas à moi qu'on écrivit ; il n'y a que
quelques mois que je suis à la tête des fermes de cette province.

LE CHEVALIER (*avec vivacité*).

Si ce ne fut pas à vous, ce fut à celui à qui vous avez succédé ;
il accorda l'emploi. Mademoiselle et son père commençaient à
être un peu plus à leur aise, quand des voleurs entrèrent de nuit
dans leur maison, et emportèrent tout ce qui était dans la caisse.
Vous voilà instruit, Monsieur, sur ce vieillard, sur ce père infortuné que vous voulez poursuivre et faire traîner en prison.

ALCIMON (*avec la plus vive émotion*).

Le poursuivre, le faire traîner en prison! Ah ! Je le défendrais
aux dépens de ma propre vie !

LE CHEVALIER.

Que vois-je ? Vos larmes coulent ! Ne tâchez point de me les
cacher ; cette sensibilité vous fait honneur.

SCÈNE DERNIÈRE.

LE CHEVALIER (*à Géronte, qui paraît au fond du théâtre et qui n'ose
s'avancer*).

Approchez, approchez, vous dis-je, et ne craignez rien. Monsieur est instruit et très touché de vos disgrâces.

GÉRONTE (*se jetant aux genoux d'Alcimon*).

Monsieur, je me jette à vos genoux...

ALCIMON (*le relevant avec transport*).

A mes genoux ! Mon père !

GÉRONTE.

C'est vous, mon fils ! Vous êtes dans l'opulence, et moi dans la
misère !

ALCIMON.

Je suis indigne de voir le jour ! Cependant je pourrais vous dire
que l'homme puissant qui m'avait persécuté, se trouvant, cinq ou
six mois après, au lit de la mort, me rendit justice et employa en

ma faveur ce même crédit dont il m'avait accablé. Je revins à Paris ; on me rendit ma place et mes biens ; je vous demandai à mes indignes amis : honteux sans doute de ne vous avoir pas retiré chez eux, ils me dirent qu'ils vous avaient inutilement cherché au moment de mon départ ; qu'ils n'avaient pu savoir ce que vous étiez devenu, et qu'on leur avait dit depuis que vous aviez succombé à vos chagrins.

GÉRONTE.

Embrasse-moi, ingrat. Ton infortune était le plus grand de mes malheurs ; je te retrouve ; tu es heureux ; embrasse-moi, embrasse ta sœur.

ALCIMON (au chevalier après avoir embrassé son père et sa sœur).

Que ne vous dois-je point, Monsieur ! Permettez-moi de vous offrir sa main, avec la moitié de mon bien.

LE CHEVALIER.

Je n'abuserai point de la reconnaissance que vous croyez me devoir pour engager Mademoiselle à un mariage qui serait peut-être contre son inclination.

GÉRONTE.

Ah ! Monsieur, je vous ai dit quelles étaient ses attentions, ses soins, sa tendresse, et tout ce qu'elle faisait pour un père accablé par l'âge et l'infortune ; je ne doute point que la sympathie n'ait déjà lié deux cœurs aussi vertueux que le vôtre et le sien. (Il prend la main du chevalier et celle de sa fille, et les met l'une dans l'autre.)

La pièce est des plus courtes : un acte en quatorze scènes. Les caractères sont à peine esquissés ; mais on voit bien par là à quoi pouvaient mener les théories de Diderot : il ne se trouve vraiment pas, dans cette comédie, de quoi établir leur excellence.

* *

Sedaine est surtout connu par sa comédie le *Philosophe sans le savoir*. Nous étudierons sa vie dans une prochaine leçon, quand nous nous occuperons de l'opéra comique.

Le *Philosophe sans le savoir* devait être donné à Fontainebleau, devant le roi et la cour ; mais une commission de doctes person-

nages ne jugea point cette comédie digne d'un tel honneur. Sedaine la fit donc jouer en ville. Le titre primitif était *Le Duel*. La
police intervint : le titre était inconvenant et certains changements étaient nécessaires. Le préfet de police assista aux répéti
tions, et donna enfin l'autorisation de jouer. La pièce eut un gros
succès.

Cette comédie a été trop vivement critiquée par La Harpe, trop
louée après lui. La vérité est, je crois, dans un juste milieu.

C'est une comédie sans amour, bien qu'on y trouve quatre rôles
de femmes. Comme l'a remarqué M. Faguet dans un article du
Journal des Débats réimprimé récemment, le titre est mauvais :
le philosophe sans *le* savoir. Voilà un *le* qui, grammaticalement,
ne se rapporte à rien. En outre, le titre ne correspond point à
la pièce qu'on pourrait plus justement appeler : *Le Duel et la
Noce*.

Sophie, fille de M. Vanderk, est fiancée. Les fêtes du mariage
vont avoir lieu, lorsque M. Vanderk fils, frère de Sophie, s'attire
une affaire et se bat en duel avec un officier. Tout le monde ignore
les causes de l'absence du jeune homme, sauf M. Vanderk, qui
n'en dit rien pour ne point troubler la famille. Il a eu autrefois, lui
aussi, une affaire semblable ; il doit donc pardonner à son fils, et
il affecte une fausse gaîté. Une scène du cinquième acte est vraiment terrible. M. Desparville, père du jeune officier, vient demander de l'argent à M. Vanderk.

DESPARVILLE.

J'ai besoin d'argent.

VANDERK.

Monsieur, je vais vous faire payer.

DESPARVILLE.

A l'instant ?

VANDERK.

Oui, Monsieur.

DESPARVILLE.

A l'instant !... Ah ! quel service vous me rendez !...

VANDERK (*au domestique qui entre*).

Allez à ma caisse ; apportez le montant de cette lettre, deux mille quatre cents francs.

DESPARVILLE.

Monsieur, au service que vous me rendez, pouvez-vous ajouter celui de me faire donner de l'or ?

VANDERK.

Volontiers, Monsieur. (*Au domestique.*) Apportez la somme en or.

DESPARVILLE (*au domestique qui sort*).

Faites retenir, Monsieur, l'escompte...

VANDERK.

Non, Monsieur. Je ne prends point d'escompte ; ce n'est point mon commerce. Et, je vous l'avoue avec plaisir, ce service ne me coûte rien. Votre lettre vient de Cadix ; elle est pour moi une rescription ; elle devient pour moi de l'argent comptant.

DESPARVILLE.

Monsieur, voilà de l'honnêteté, vous ne savez pas toute l'obligation que je vous dois, toute l'étendue du service que vous me rendez.

VANDERK.

Je souhaite qu'il soit considérable.

DESPARVILLE.

Ah ! Monsieur, que vous êtes heureux ! Vous n'avez qu'une fille, vous !

VANDERK.

J'espère que j'ai un fils.

DESPARVILLE.

Un fils ! Mais il est apparemment dans le commerce, dans un état tranquille ; mais le mien est dans le service ; à l'instant que je vous parle, n'est-il pas occupé à se battre ?

VANDERK.

A se battre ?

DESPARVILLE.

Oui, Monsieur, à se battre... Un autre jeune homme, dans un café, un petit étourdi, lui a cherché querelle, je ne sais pourquoi, je ne sais comment ; il ne le sait pas lui-même.

VANDERK.

Que je vous plains, et qu'il est à craindre...

DESPARVILLE.

A craindre ? Je ne crains rien : mon fils est brave, il tient de moi, et adroit : à vingt pas, il couperait une balle en deux sur une lame de couteau ; mais il faut qu'il s'enfuie : c'est le diable. Vous entendez bien, vous entendez bien ? Je me fie à vous ; vous m'avez gagné l'âme.

VANDERK.

Monsieur, je suis flatté de votre... (*On frappe à la porte un coup.*) Je suis flatté de ce que... (*Un second coup.*)

DESPARVILLE.

Ce n'est rien ; c'est qu'on frappe chez vous. (*Un troisième coup, M. Vanderk tombe sur un siège.*) Monsieur, vous ne vous trouvez pas indisposé ?

VANDERK.

Ah ! Monsieur ! Tous les pères ne sont pas malheureux. (*Le domestique entre avec des rouleaux de louis.*) Voilà votre somme. Partez, Monsieur ; vous n'avez pas de temps à perdre.

DESPARVILLE.

Que vous m'obligez !

VANDERK.

Permettez-moi de ne pas vous reconduire.

DESPARVILLE.

Vous avez affaire ! Ah ! le brave homme, ah ! l'honnête homme ! Monsieur, mon sang est à vous ; restez, restez, je vous en prie.

Heureusement, le jeune homme n'est pas mort, et tout s'arrange à la fin de la pièce. Néanmoins, la scène est parmi les plus pathétiques que je connaisse.

Le titre est donc trompeur. Vanderk est un homme bon et délicat. Il n'est, à aucun degré, un philosophe. En outre, le style de la pièce est mauvais. Mais, malgré ces défauts, c'est une œuvre remarquable, qui mérite d'être restée au répertoire de la Comédie-Française.

*
* *

Sébastien Mercier naquit à Paris, en 1740 ; il mourut en 1814. D'abord simplement homme de lettres, il faisait des pièces imitées de l'anglais et de l'allemand. Il eut un procès retentissant avec le Théâtre-Français, qui refusait de jouer une de ses œuvres, *Nathalie*, bien qu'elle eût été acceptée. Il la fit jouer aux Italiens ; elle eut un gros succès. Ce fut en 1773, au plus fort de la lutte qu'il avait engagée avec le Théâtre-Français, qu'il publia son *Traité du Théâtre*.

Son *Tableau de Paris* est peut-être un de ses ouvrages les plus connus. Rivarol a dit spirituellement de cette œuvre : « L'auteur y a peint la cave et le grenier ; il a oublié le salon. »

Après un exil en Suisse, Mercier revint à Paris et fut membre de la Convention. Il faisait partie de cette fraction de modérés qui vota pour la détention du roi, non pour sa mort ; il fut incarcéré quelque temps. Sorti de prison, il devint membre des Cinq-Cents et fit partie de l'Institut.

C'est un écrivain fougueux, mais trop paradoxal. A chacune de ses pièces il a joint des préfaces curieuses, où il expose ses

vues sur l'art dramatique. On trouve, parmi ses « drames »
(c'est ainsi qu'il appelle ses pièces), des tragédies bourgeoises :
telle *Le Déserteur*, dans laquelle un officier préside à l'exécution
d'un déserteur, son fils ; — des tragédies véritables : *Chil-
déric* ; — des comédies dans le style sérieux : le *Juge*, l'*Indigent*,
la *Brouette du Vinaigrier* ; — un à-propos, *Molière*, dans lequel
on voit Molière se marier le jour même de la représentation de
Tartuffe.

Dans *Le Juge*, un juge est amené à décider par un arrêt entre
son bienfaiteur et un paysan, Girau. Le juge, plein d'intégrité,
malgré ses sentiments de reconnaissance à l'égard de son bienfaiteur, donne raison à Girau, dont il croit la cause juste. Il est soutenu dans son œuvre de justice par une femme admirable qui
l'aime. On s'aperçoit, à la fin de la pièce, que le juge, que tout le
monde croyait orphelin, est en réalité le fils de son bienfaiteur.
C'est une pièce morale, instructive et grave, qui pourrait être
jouée dans les pensions.

L'Indigent est peut-être plus romanesque encore. M. de
Lys est un « riche jeune homme » ; Charlotte, une ouvrière. Cette
dernière a pour frère Joseph, tisserand, qui travaille comme elle
avec acharnement pour arriver à tirer son vieux père de la
prison où il est enfermé pour dettes. De Lys veut séduire Charlotte ; et Joseph se prêterait assez facilement à ce jeu, si l'on ne
s'apercevait que De Lys est frère de Charlotte, que Joseph est
leur frère de lait, que le vieux prisonnier est leur père. Il ne
reste plus à De Lys qu'à devenir un parfait honnête homme.
On trouve là tous les procédés de Diderot. Voyez, par exemple,
comment De Lys revient à la vertu :

LE NOTAIRE.

Non, vous ne garderez pas cette âme avide et méprisable. Vous
en prendrez une autre. A travers vos combats, j'ai démêlé
votre caractère... Si vous eussiez passé la porte, je ne voudrais
plus vous regarder. Mais vous ne vous dégraderez pas à ce point.
Toute sensibilité n'est pas éteinte dans votre âme, et vous serez
ému... Livrez-vous avec moi au doux plaisir d'embrasser ce vieillard, dont les vertus ne peuvent que vous honorer. Cédez à son
digne fils que vous aimerez, à cette sœur dont le cœur tendre
appelle votre cœur. La voix de ce père expirant ne vous aurait-
elle rien dit ? J'en ai été touché, moi... Ah ! voyez les larmes de
cette vertueuse famille qui coulent encore ; elles attendent les
vôtres. (*Dans la chaleur du sentiment.*) Allons, du courage, jeune

homme, du courage ; sois des nôtres : oublie ta dorure, ton
opulence, ton luxe ; sois homme, sois juste ; prends un cœur,
pleure et connais la nature ; elle ne te trompera pas, et, crois-
moi, tu seras récompensé par elle.

DE LYS.

*(Pendant ce temps a les mains sur son visage. Il est dans l'attitude
d'un homme chez qui il se fait une révolution forcée et prompte.
Il ouvre les bras ; et, cachant tout à coup sa tête dans le sein du
vieillard, il crie d'une voix étouffée :)*

Oui, j'ai un cœur... j'ai un cœur... je le sens...

Et la reconnaissance arrive bientôt, pour le plus grand plaisir
des « âmes sensibles ».

La *Brouette du Vinaigrier* est de 1775 ; c'est une pièce très
caractéristique, où l'on retrouve tous les défauts et toutes les
qualités de Mercier. Un riche négociant, Delomer, veut marier sa
fille à un noble. La fille se résigne, car elle est obéissante ; mais
elle aime Dominique, commis principal de son père. Ce dernier
est un jeune homme très bien élevé et très instruit ; mais il est
fils d'un vinaigrier des rues, un de ces vinaigriers qui poussent
leur brouette sur la chaussée. Le jeune homme aime follement
Mlle Delomer ; il est désolé de son mariage. Il fait la confidence de
son malheur à son père, qui lui promet de le tirer d'embarras.
Une catastrophe imprévue se produit : Delomer est ruiné. Il
compte sur son futur gendre ; celui-ci se dérobe. L'embarras est
grand ; mais le bon vinaigrier arrive à son heure. Il entre dans
le salon de M. Delomer, poussant devant lui sa brouette ; et il
demande au négociant la main de sa fille pour son fils. Et
Delomer de s'écrier : « Je suis ruiné ! Si seulement vous aviez
trente mille francs ! » — « Qu'à cela ne tienne, répond le vinaigrier. En voila cent mille. » Et il défonce son tonneau de vinaigre,
qui est rempli de bons écus. Les jeunes gens peuvent s'épouser.
On trouve, dans cette pièce, beaucoup de prolixité et de bavardage. Mercier est un esprit hardi pour l'époque. Ne parle-t-il pas
de substituer l'enseignement de l'anglais et de l'allemand à celui
du latin ? Ecoutez plutôt M. Dominique père exposer ses vues sur
l'education :

M. DOMINIQUE.

Voici la troisième année qui court depuis que j'ai fait revenir mon fils de chez l'étranger, où je l'ai fait voyager de

bonne heure. N'ai-je pas pris là le meilleur parti ? J'avais un
parent, préfet de collège, qu'on disait savant et à qui je ne trou-
vais pas, moi, le sens commun. Il me disait toujours, d'un ton
rogue : sans le latin, votre fils ne parviendra jamais à rien...
Tudieu, mon cousin, lui répondis-je ; vous avez beau dire, on ne
parle plus latin dans aucune maison du royaume. Si mon fils
avait besoin d'une autre langue que la sienne, c'est en anglais,
c'est en allemand, qu'il serait utile et agreable de savoir s'expliquer ; il trouverait des gens pour lui répondre... Et je vous l'en-
voyai sur-le-champ dans ces pays-là, dès l'âge de douze ans. Il
demeura chez de braves gens, qui le formèrent au commerce et
qui, de plus, tirent beaucoup de mon vinaigre.

M. DELOMER.

Vous avez bien fait : les voyages forment tout autrement
que les collèges. On ne sait que faire, trop souvent, de ces
beaux latinistes : ils ne possèdent que des choses inutiles,
croient tout savoir, sont tout et ne sont rien. Votre fils m'aide
beaucoup : il vous a, au plus vite, traduit une lettre allemande ou
anglaise, et je lui laisse souvent faire la réponse : elle n'en est
que mieux. Je vous proteste qu'il m'est très utile, et qu'aujour-
d'hui presque toute ma correspondance roule sur lui.

Dans son ouvrage théorique intitulé *Du Théâtre*, Mercier a
jugé Molière avec une étrange rigueur. Il est curieux de voir
comment, à cette époque, on jugeait notre grand poète comique :
« C'est Molière qui, en ridiculisant quelquefois la vertu, a peut-
être répandu dans la nation ce ton frivole et dérisoire, qui sert à
la faire haïr et distinguer chez les autres peuples ; c'est lui qui
a enseigné à la jeunesse à se moquer de ses parents, à braver
leurs représentations, à dédaigner les vieillards, à turlupiner
leurs infirmités ; c'est lui qui a osé mettre l'adultère sur la scène
et rendre tout le parterre complice de la perfidie ; c'est lui qui, en
peignant les intrigants subtils, a contribué à en former d'après
ses ingénieuses leçons ; c'est lui qui a porté en plein théâtre des
vices qui rient sur la scène, tandis qu'auparavant ils n'osaient
sortir de l'ombre où ils se cachaient.
« Oui, Molière a rendu la friponnerie agréable et réjouissante ;
et, comme les fripons sont des drôles pleins d'esprit, on est presque
disposé à les absoudre en France, où l'esprit est le mérite principal, où le sot honnête homme n'est qu'un sot.
« Oui, l'adultère est réduit en art dans Georges Dandin... Je ne

connais pas de pièce plus dangereuse... Le dénouement est le triomphe de l'impudence, puisque l'on y voit, à la lettre, la vertu avilie aux genoux du vice insultant ; et on rit !

« Oui, Molière a tourné l'honnêteté pure et simple en ridicule dans le personnage de M. Jourdain ; il a voulu tourner en ridicule la bourgeoisie, l'ordre sans contredit le plus respectable de l'Etat, ou, pour mieux dire, l'ordre qui fait l'Etat...

« Oui, Molière a été impie, pour faire rire le parterre... »

Cela montre bien combien l'idéal de la comédie classique était éloigné du drame sérieux. Les deux conceptions étaient tellement différentes, que Molière n'était plus compris. Merciér exposait, dans son œuvre, ses vues sur le « drame » tel qu'il l'entendait. On y trouve des idées ingénieuses et parfois justes ; mais, le plus souvent, il va trop loin et devient paradoxal à force de vouloir être original.

J. F.

L'apogée de la maison carolingienne
Charlemagne et Louis le Pieux

Cours de M. J. CALMETTE,
Professeur à l'Université de Dijon

Les débuts de Charlemagne. — Charlemagne et l'Italie.

La naissance de Charlemagne. — Le biographe de Charlemagne, Eginhard, déclare, dans sa *Vita Karoli,* qu'il ne peut rien dire de la naissance ni de l'enfance de son héros, parce qu'il n'a rien trouvé à ce sujet dans les livres, et parce que personne, parmi les contemporains, n'a pu le renseigner. Cette déclaration d'ignorance a paru fort surprenante : Eginhard est arrivé à la cour de Charlemagne, alors que celui-ci n'avait encore qu'une cinquantaine d'années ; il a vécu dans son entourage le plus immédiat. Charlemagne ne lui a donc jamais parlé de lui-même ? On s'attendrait à ce que l'historien eût entendu, de la bouche même de son maître, l'indication du lieu et de la date de sa naissance. Or il n'en est rien.

A la réflexion, l'ignorance d'Eginhard peut assez bien s'expliquer, en ce qui concerne la naissance de Charles. Nous voyons des Carolingiens fêter bien des anniversaires (1) ; mais, jamais, il n'est question de commémorer le jour de naissance. Le jour de naissance n'était donc pas, chez les Carolingiens, une date que l'on célébrât. Voilà pourquoi, si nous avons, pour bien des personnages de l'époque carolingienne, une date de mort (à cause des obituaires et des prières annuelles instituées pour le salut de l'âme), en revanche, la date exacte de naissance nous échappe le plus souvent. Cette date n'avait aucune signification, aucun intérêt pour les hommes de ce temps-là. Le lieu de naissance n'était pas non plus une notion importante. Il est possible que Charlemagne, à cinquante ans, ignorât lui-même où et quand il était né.

Mais, si Eginhard se résignait aisément à pareille ignorance, les érudits modernes ne s'en sont pas accommodés aussi facilement que l'auteur de la *Vita Karoli.* Ils ont essayé de faire jail-

(1) Par exemple, Charles le Chauve crée des services religieux pour fêter le jour de son couronnement, le jour de son mariage, celui de sa restauration après l'invasion de Louis le Germanique dans la *Francia occidentalis.*

lir des précisions en rapprochant et en critiquant les textes.
Eginhard lui-même dit que Charles mourut, en 814, à l'âge de
72 ans. Les *Annales royales* le font mourir dans sa 71ᵉ année et
l'épitaphe le donne comme septuagénaire. Les meilleures sources
annalistiques portent la naissance de Charles sous la date de 742,
et un curieux manuscrit de l'abbaye de Lorsch donne un quan-
tième : 2 avril. On peut donc admettre, sous toutes réserves
d'ailleurs, que *Charlemagne est né le 2 avril 742*. Au surplus, il est
difficile de le supposer plus jeune, puisqu'on le voit déjà en 753
allant au-devant du pape, et, d'autre part, l'indication approxi-
mative de l'âge auquel il meurt empêche de le vieillir davantage
(en dépit de la légende qui représente le Charlemagne des dernières années comme un homme très vieux).

Quant au lieu de sa naissance, le problème paraît insoluble. Un
poète aquitain du temps de Louis le Pieux, *Ermoldus Nigellus*
(Ermold le Noir) dit que le grand empereur est né en *Francia*,
c'est-à-dire, pour un Aquitain, au nord de la Loire. Le moine de
Saint-Gall, qui écrit très postérieurement, cite Aix-la-Chapelle ;
mais son témoignage est, en l'espèce, insuffisant pour autoriser
une conviction.

Il reste, en ce qui concerne la naissance de Charlemagne, un
point curieux à signaler : Charlemagne était-il un enfant légitime ?

Les *Annales de saint Bertin*, reproduisant des annales monas-
tiques antérieures, rapportent à l'année 749 le mariage de Pépin
avec Betrade, fille du comte de Laon, Caribert. Or nous savons
de source certaine que Charlemagne a pour mère Bertrade, aussi
bien que son frère Carloman. Seulement, si ce dernier est né en
751, Charles est né en 742, en tout cas avant 749. Né avant le
mariage de sa mère, Charles serait donc un bâtard. Pour éviter
cette conséquence, beaucoup d'historiens préfèrent dire que la
date donnée par les *Annales de saint Bertin* pour le mariage de
Bertrade est erronée. Ils font observer que Charles est constamment placé sur le même pied que son frère, tandis que l'histoire
des Carolingiens montre toujours les bâtards sacrifiés, l'exemple
de Charles Martel étant celui d'un fils illégitime qui s'impose
moins par ses droits héréditaires que par un véritable coup d'Etat.

Pourtant il est possible que cette argumentation ne soit pas
très probante. Même né avant le mariage de Bertrade, Charles a
pu être considéré comme légitimé par mariage subséquent, et,
dès lors, l'irrégularité de sa naissance n'est plus en contradiction
avec la participation qui lui est accordée à l'héritage paternel,
longtemps après que Bertrade a été élevée au rang de reine. Du
reste, que Pépin ait eu un fils d'une fille de comte avant le ma-

riage, c'est un fait qui n'a rien de surprenant, et Charlemagne aussi, avant son premier mariage avec la Lombarde Désirée, aura un fils, Pépin le Bossu, d'une noble de race franque, Himiltrude.

Remarquons que la bâtardise de Charlemagne expliquerait peut-être le silence d'Eginhard : voile discret jeté sur les origines du héros. De plus, elle expliquerait la haine qui divisa Charles et Carloman. Ce dernier pouvait se croire, au fond, seul légitime, et ce n'est pas sans quelque mystère qu'Eginhard parle de la « jalousie » et de « l'animosité » de Carloman envers son frère.

La jeunesse de Charlemagne. — Malheureusement, la jeunesse des deux frères nous est peu connue. L'aveu d'ignorance par lequel débute Eginhard ne concerne pas seulement la naissance de Charles, il s'étend à sa jeunesse. Le biographe incrimine le silence des « livres » et des témoins auxquels il s'est adressé. Or on comprend aisément que les sources écrites aient manqué à l'auteur de la *Vita Karoli* (1) ; mais on s'explique moins l'absence de souvenirs chez les contemporains. En fait, Eginhard a dû savoir de *Charlemagne avant l'avènement* ce que nous en savons nous-mêmes ; il a dû savoir que Charlemagne avait été au-devant du pape Etienne II, lors de la visite que le Souverain Pontife fit à Ponthion ; il a dû savoir aussi que Charlemagne avait été sacré par le même Pape à Saint-Denis, après Pépin lui-même et avant le jeune Carloman; il a dû savoir, enfin, que les deux fils de Pépin avaient accompagné leur père, en 762, en Aquitaine, et qu'ils avaient reçu, en 763, le gouvernement de certains comtés.

Mais étaient-ce là des débuts assez éclatants pour inaugurer une biographie digne de prendre place à côté des *Vies des Douze Césars* ? Ni Charles ni Carloman n'ont joué du vivant de leur père un rôle bien en vue. Il n'y avait pas de place pour eux à côté de la personnalité imposante de Pépin. En outre, parmi les contemporains d'Eginhard, aucun n'avait sans doute de témoignage direct et précis à fournir sur cette époque des débuts, déjà lointaine. Ainsi s'explique, en somme, le texte d'Eginhard. Les débuts de Charles ne lui fournissent rien qui puisse le satisfaire : il comble la lacune au moyen d'une période fleurie à la manière antique. Aussi bien, Charlemagne lui-même devait considérer comme vides les années passées dans le cortège de son père.

Charles et Carloman. — C'est le sacre royal des deux fils de Pé-

(1) En réalité, Eginhard, imitateur de Suétone, prend à son modèle une phrase qui n'a guère de sens sous sa plume. S'il entend faire allusion aux *annales*, il est clair que la sécheresse des annales du temps de Pépin n'était pas de nature à satisfaire un représentant de la Renaissance du ix° siècle.

pin qui marque l'entrée de Charlemagne dans l'histoire. Les deux héritiers sont sacrés le même jour, l'un à Noyon, l'autre à Soissons, le 9 octobre 768.

Aussitôt le désaccord des deux frères se trahit. Comme l'Aquitaine se révolte sous la conduite d'un aventurier nommé Hunald, Carloman, sollicité de prêter son appui à Charles, se dérobe : il se retranche derrière la répugnance de ses fidèles. Charles triomphe seul, oblige Loup, duc de Gascogne, à livre Hunald, et regagne la *Francia*.

La brouille des deux frères était le fait grave. La veuve de Pépin s'en émut, et il est curieux de voir Bertrade passer, à ce moment précis, au premier plan de la politique carolingienne.

Elle entreprend, en effet, de réconcilier ses deux fils. Elle fait d'abord une démarche auprès de Carloman à Seltz, en Alsace, et, aussitôt, elle s'occupe de marier Charles à Désirée, fille de Didier, roi des Lombards, tandis qu'elle propose à un fils de Didier la main d'une princesse franque. La part personnelle de la reine mère à ces négociations est si prépondérante, qu'elle va elle-même à Pavie, chercher Désirée, et l'amène à Charles.

La politique de Bertrade peut donc se définir la politique des *mariages franco-lombards*. Quelle était la signification et quelle était la portée de cette politique ?

Tout d'abord le mariage de Charles avec Désiré apparaît comme un gage de réconciliation entre Charles et Carloman ; car celui-ci est un grand ami de Didier : il échange incessamment avec lui des cadeaux et des messages. Mais il y a plus : la politique des *mariages franco-lombards* a une valeur d'orientation ; elle implique l'accord entre les Lombards et les Francs, et même la résignation des Francs en Bavière, car le duc de Bavière Tassillon, qui prétend a l'indépendance et que Pépin n'a. pas dompté, a épousé une fille de Didier, Lintberge, dont Bertrade fait la belle-sœur de Charlemagne. Ainsi la politique de Bertrade touchait aux intérêts vitaux de l'Etat franc. Sans doute, la veuve de Pépin pensait continuer l'œuvre de son mari ; mais elle en dénaturait le caractère.

S'inspirant des nécessités de l'heure, le fondateur de la dynastie s'était imposé une politique résolument conservatrice à l'extérieur ; il avait observé la défensive aux frontières, préoccupé surtout d'asseoir l'autorité de la nouvelle Maison (1); mais il avait

---

(1) La seule conquête véritable de Pépin roi est celle de la Septimanie. Cette dérogation à la politique générale de Pépin s'explique, d'ailleurs, par des circonstances spéciales.

eu le souci visible de réserver partout l'avenir. Cet avenir, Bertrade le sacrifiait, en poussant la politique de Pépin à l'extrême ;
car l'alliance lombarde et la résignation à l'indépendance bavaroise, c'était l'arrêt tout net et définitif de la croissance de l'Etat
franc.

L'Etat franc, en vérité, n'était pas, comme le croyait apparemment Bertrade, parvenu à son apogée. Les Carolingiens pouvaient
aspirer à mieux qu'à hériter des Mérovingiens. La prudence très
opportune de Pépin avait justement ménagé les forces nécessaires, désormais prêtes pour une nouvelle et décisive période
d'extension.

Entrée en scène de Charlemagne. — Sous l'empire de quel sentiment Charles accepta-t-il, tout d'abord, la combinaison de Bertrade ? Nous ne pouvons le pénétrer, car nous connaissons mal
Charlemagne débutant. Le fait est que Charles épouse Désirée
malgré le pape, qui voyait avec peine l'abandon de la politique traditionnelle des Francs en Italie. Tout naturellement, la politique
de Bertrade compromettait cette grande force du passé et de
l'avenir, l'alliance de l'Etat franc et du Saint-Siège.

Un an se passe, et, tout à coup, survient un coup de théâtre :
Charles répudie Désirée, et, tandis qu'il la renvoie à son père,
il épouse une jeune fille de 13 ans, Hildegarde, originaire d'Alé-
mannie.

La répudiation de Désirée est un moment capital de l'histoire
du règne et de l'histoire générale. C'est, à proprement parler,
l'entrée en scène de Charlemagne, entrée magistrale, s'il en fût ;
car le premier acte personnel du fils de Pépin détermine d'un coup
toute une politique.

La répudiation de Désirée, c'est, en même temps, la retraite de
Bertrade et la disparition de son programme. Charles s'est dégagé
brusquement et pour toujours de la tutelle de sa mère ; en même
temps, il a rompu avec la politique de l'alliance franco-lombarde,
c'est-à-dire avec la politique de l'inaction au dehors. Par là, il
reprend une tradition, celle de l'extension de l'Etat franc, c'est-
à-dire la politique de Charles Martel, que Pépin a momentané-
ment ralentie, obéissant au sentiment de prudence que lui avait
dicté le souci d'asseoir, tout d'abord, solidement sa dynastie.

Ainsi Charlemagne changeait, par un acte d'autorité personnelle, l'orientation que Bertrade avait voulu imprimer à la politique
franque et qui aurait eu pour résultat de figer, en quelque sorte,
l'Etat franc dans les limites du royaume mérovingien. Par là,
Charlemagne devient vraiment responsable de ce grand fait historique : la transformation de l'Etat franc en un vaste et majes-

tueux Empire d'Occident. Et c'est précisément parce qu'il est
pleinement responsable de la grande œuvre qu'il a accomplie, que
Charlemagne n'est pas seulement, comme un Charles Martel ou un
Pépin, un prince énergique, habile et actif, mais un génie d'une
amplitude telle, que le monde occidental n'en avait pas connu
depuis César.

L'héritage de Carloman. — La première conséquence de la
répudiation de Désirée eût été certainement une guerre entre
Charles et Carloman, si celui-ci n'était mort brusquement, le
4 décembre 771.

Carloman laissait une veuve, Gerberge, et deux fils, dont l'aîné,
Pépin, ne devait pas avoir beaucoup plus d'un an. Malgré l'existence de ces héritiers, Charlemagne mit la main sur les Etats de
son père. Il le fit sans rencontrer aucune résistance. Cette mainmise était, si l'on veut, un coup d'Etat ; mais la succession carolingienne n'était fixée par aucune règle positive, et Carloman n'a-
vait pris aucune disposition pour déterminer la dévolution de son
héritage. En fait, les fidèles de Carloman reconnurent Charles
sans hésiter et l'unité de l'Etat franc se trouva reconstituée.

Or le précédent créa le droit. Comme l'a remarqué, Waitz, il
était de l'essence même de la royauté carolingienne d'être hostile
aux minorités. Sous les Mérovingiens, si le roi règne, c'est le
maire du palais qui gouverne : le roi est donc toujours en tutelle
et il importe peu qu'il soit ou non, par l'âge, un majeur. Mais le
Carolingien règne et gouverne : il doit donc être d'âge à gouverner. La raison d'Etat donne au collatéral un avantage sur le
descendant mineur. Si Charles a usurpé les Etats de son père, il
a donc accompli un acte politique, et cet acte a été de telle nature
qu'il a établi un droit nouveau.

Charles, roi des Lombards. — Provoqué par le renvoi outrageant de sa fille, Didier, roi des Lombards, se fait le défenseur
des enfants de Carloman. Il somme le pape Hadrien de les sacrer.
Le pape menacé fait appel à Charles et la guerre éclate entre les
Francs et les Lombards.

Ainsi commencent les *guerres d'Italie*, par lesquelles Charlemagne rentre victorieusement dans la tradition de la politique
franque. L'alliance avec la Papauté est l'idée première et féconde
de cette politique, que l'accord franco-lombard imaginé par Bertrade avait interrompue, et cette politique conduira Charlemagne
à l'Empire, comme elle a conduit Pépin à la royauté.

L'armée franque force les cluses des Alpes dans l'automne de
773. Didier court se fortifier dans Pavie, sa capitale ; tandis que
son fils Adalgise se renferme avec la veuve de Carloman et ses

enfants dans Vérone. Cette attitude purement défensive suppose,
dès le début de la campagne, une véritable debandade de l'armée
lombarde. Vérone est très rapidement enlevée. Adalgise fuit. La
veuve et les enfants de Carloman tombent aux mains de Charlemagne, et nul, depuis, n'en dit plus un seul mot. En revanche,
Pavie offre une sérieuse résistance. A Pâques, après six mois de
siège, Didier tient encore. Charlemagne va rendre au Pape, *ad
limina*, la visite solennelle qu'avait faite naguère Etienne II à
Ponthieu : le roi franc confirme et étend la « donation » de
Pépin et reçoit en échange le titre de patrice. Retourné sous
Pavie, Charles y campe encore deux mois et n'a raison qu'à
grand'peine de l'obstination de Didier. Mais la chute de Pavie,
c'était la chute de l'Etat lombard. Didier est emprisonné à Corbie.
Charles se substitue au vaincu, et, prenant la *couronne de fer*,
il complète la formule diplomatique de ses titres, ainsi que le
montre l'acte souscrit à Pavie, le 16 juillet 774 : « Karolus
gratia Dei rex Francorum et Langobardorum ac patritius Romanorum ».

Ainsi Charlemagne a voulu et réalisé la suppression du royaume
des Lombards. Cette politique d'annexion a été, chez lui,
systématique. On se tromperait gravement en faisant de Charles
un heureux inconscient ; car ce n'est pas Didier qui a provoqué
Charles, c'est Charles qui a provoqué Didier. Les sources caro-
lingiennes ont le souci moral de donner tort aux adversaires des
Francs ; mais il ne faut pas que ces précautions apologétiques,
si enveloppées qu'elles soient, nous donnent le change. Charles
a rompu délibérément avec la maison lombarde par le renvoi de
Désirée. Il a voulu, non pas comme Pépin protéger le pape
contre cette maison, mais l'éliminer et se substituer à elle : c'est
en quoi la politique italienne de Charlemagne est personnelle et
hautement significative.

Au moment où Charles passait les Alpes, nul ne pensait, sans
doute, qu'il s'agissait de rayer l'Etat lombard de la carte politique. Or la destruction de l'Etat lombard était, de la part de
Charles, un coup de maître. Il avait compris que mieux valait un
effort décisif que des efforts partiels toujours à recommencer.
Surtout, il avait calculé les conséquences de l'événement : l'Etat
lombard détruit, c'était Tassillon isolé ; mieux encore, l'équilibre
de l'Occident tout entier rompu au profit des Francs. Désormais,
en effet, la frontière des Alpes n'est plus un souci permanent
pour la dynastie ; le pape devient le client nécessaire de la
couronne franque ; les Francs, enfin, ont pour voisins et alliés
nécessaires les Byzantins. A un point de vue moins élevé, mais

très appréciable, la conquête de la Lombardie a permis à Charles
de payer richement le concours de ses guerriers, par conséquent
de s'en assurer le dévouement ultérieur. En un mot, Charles a
désormais son armée et son peuple dans la main ; il est le seul
souverain qui compte en Occident ; le roi des Francs, roi des
Lombards, est en route pour l'Empire.

:*La politique italienne de Charlemagne*. — L'établissement de la
suprématie franque en Italie ne fut cependant pas achevé grâce
à une seule campagne. Arechis, qui avait épousé une fille de
Didier, nommée Adelberga, s'était maintenu comme duc de Bénévent D'autre part, Adalgise, fils de Didier, après avoir échappé
aux Francs-lors de la prise de Verone, s'était réfugié à Byzance.
Il persuada aux Grecs d'appuyer son beau-père dans une tentative contre le pape et les Francs. Hildebrand, duc de Spolète,
coopéra avec les ennemis de Charles.

La guerre éclata en 776, alors que Charles était occupé en
Saxe. Avec une rapidité surprenante, le roi franc porta son armée
en Italie. Une nouvelle campagne, en 777, eut raison d'Arechis.
Le gendre de Didier s'avouait vassal du vainqueur et consentait à
lui payer tribut : le dernier des rebelles italiens reconnaissait la
royauté italienne de Charlemagne (1).

Charlemagne n'eut pas d'autre révolte à réprimer dans le
pays qu'il avait conquis au delà des Alpes ; mais il eut la sagesse
de comprendre que l'existence d'un royaume lombard indépendant avait créé, dans une certaine mesure, en Lombardie, une unité
historique. Cette unité, il l'avait déjà respectée en prenant le
titre de roi des Lombards, sans incorporer l'ancien domaine de
Didier dans l'héritage de Pépin. Il eut le sentiment qu'il fallait
faire plus encore et il décida de donner à l'Italie un roi de sa
maison, qui, sans nuire à sa propre autorité souveraine, laisserait
aux Italiens l'illusion d'une certaine autonomie. Déjà, pour
Pâques 778, Charlemagne avait annoncé l'intention de se rendre
à Rome et d'y faire baptiser par le pape son fils nouveau-né. Le
pape Adrien avait assuré son protecteur qu'il attendait sa venue
« comme le sol desséché attend la pluie ». Empêché par les événements de Saxe et d'Espagne, le voyage n'eut lieu qu'en 780. Lors
des fêtes de Pâques 781, les deux fils de Charlemagne, Pépin et
Louis, furent sacrés, l'un comme roi d'Italie et l'autre comme roi
d'Aquitaine. L'ainé de ces enfants, Pépin, avait quatre ans. Ainsi,

---

(1) Comme signe du protectorat franc établi à Bénévent, les années du
règne de Charles servent à libeller les dates dans la principauté d'Arechis
comme en Lombardie.

Charlemagne accomplissait un acte hautement politique : à deux unités historiques, dont il avait discerné l'individualité incontestable, il donnait deux rois de sa maison, mais deux rois enfants dont il serait le tuteur, et c'était une véritable trouvaille que de désigner des rois mineurs pour des royaumes en tutelle.

L'acte de 781, en effet, n'est pas, comme on l'a dit parfois sur la foi des *Annales de saint Bertin,* un partage de l'État franc : c'est simplement la séparation administrative de deux unités annexes de cet État sous l'autorité nominale de deux jeunes princes, qui n'eurent, à le bien prendre, qu'un titre. Jamais Charles n'a entendu faire d'eux, de son vivant, autre chose que des délégués de son autorité. Pour exprimer cette délégation, nous emploierions aujourd'hui l'expression de *vice-rois* ; mais, à l'époque carolingienne, cette expression est inconnue et le mot *rex* employé par les sources risque de créer une équivoque. Du moins, l'examen attentif des faits ne laisse subsister aucun doute. Charlemagne garde intacte son autorité souveraine en Italie ; il ne cesse d'y expédier des diplômes ; Pépin ne rend des jugements qu'en l'absence de son père ; la validité des capitulaires généraux est la même en Lombardie qu'en *Francia* : en somme, Pépin n'a qu'une délégation permanente de son père. Il a comme ministres principaux deux membres éminents du Palais franc : Adalard de Corbie, d'abord, et, ensuite, Angilbert.

La question de Bénévent. — Le royaume carolingien d'Italie comprenait tout l'ancien royaume lombard. Il confinait aux Etats de l'Eglise (Ravenne, Exarchat, Pentapole et Campagne romaine). A cette possession directe s'ajoutait la suzeraineté du duché de Bénévent ; tandis que Venise (1), l'Italie méridionale et la Sicile demeuraient à l'Empire grec.

Cette délimitation des dominations en Italie était délicate au point de vue des relations franco-byzantines. Nous verrons, dans une autre leçon de ce cours, quelle fut l'importance extrême de ces relations dans l'ensemble de la politique de Charlemagne. Mais il convient de remarquer ici avec quelle sagesse Charles laissa subsister, entre ses possessions italiennes et la Grande Grèce byzantine, un Etat tampon, le duché de Bénévent.

Cette sagesse est d'autant plus méritoire que l'entente avec Byzance fut mise, en 789, à une redoutable épreuve. Arechis, prince de Bénévent, étant mort le 26 août 787, Charles envoya

___

(1) Nominalement soumise à l'Empire byzantin, Venise était, en fait, à peu près autonome, comme nous le verrons d'ailleurs dans une leçon de ce cours.

des commissaires, qui trouvèrent le duché en effervescence. Les habitants demandaient avec insistance la proclamation de Grimoald, fils d'Arechis, retenu à cette heure à la cour franque comme otage. Adelberga, veuve d'Arechis, était à Sallerne et intriguait avec des agents grecs. Adalgise lui-même, fils de Didier, quittant sa retraite de Byzance, s'était porté en Calabre, sur le point d'entrer en campagne. Tassillon, enfin, beau-frère d'Adelberga, était prêt à se mettre de la partie. Ce fut alors que Charles coupa court brusquement à toutes les combinaisons de ses adversaires par une concession inattendue : il renvoya Grimoald à Bénévent, malgré le pape. Sans doute, ce Lombard, qui, vassal du roi des Francs, n'eut rien de plus pressé que d'épouser une princesse byzantine, ne donna pas toujours toute satisfaction au suzerain de la principauté qu'il gouvernait, et les armées du petit roi Pépin d'Italie eurent plus d'une démonstration à faire pour maintenir Bénévent dans le devoir; mais, jamais, Charlemagne n'attenta aux droits du fils d'Arechis. Il entra dans son plan de maintenir, de ce côté, un rigoureux *statu quo.*

La constitution et le maintien de la principauté vassale et protégée de Bénévent étaient, en effet, la formule la plus heureuse pour éviter en Italie le choc de l'empire franc et de l'empire byzantin. Charlemagne, en Italie, n'a pas su seulement agir au bon moment; il a su aussi, à l'heure précise, fixer des bornes à son ambition. Il ne s'est point conduit en conquérant vulgaire, pour qui toute conquête possible est bonne à faire, mais en politique conscient, qui sait ce qu'il veut et qui sait le vouloir. S'il supprime Didier, il conserve Arechis, puis Grimoald. Sans se laisser entraîner par les actes d'indocilité de ce dernier a une annexion facile mais impolitique, il s'en tient à la vassalité de Bénévent. Par la constitution systématique de cette principauté vassale, il a su poser et respecter la limite raisonnable de la domination franque en Italie, en même temps qu'il rendait possible la paix avec l'empire grec. Sa politique en Italie a donc été à la fois très ferme et très sage, cohérente dans son ordonnance et heureuse dans sa réalisation.

Sujets de devoirs

UNIVERSITÉ DE PARIS.

AGRÉGATION D'HISTOIRE ET DE GÉOGRAPHIE.

I. Caractères généraux de la royauté mérovingienne.

II. La question d'Orient sous le premier Empire.

III. Le relief du bassin parisien.

**

AGRÉGATION DE LANGUES VIVANTES.

Allemand.

Thème.

A. Croiset : *Démocraties antiques,* introduction, p. 3, depuis.
« Si l'histoire... », jusqu'à p. 4 : « Si elle aborde... »

Version.

Schiller, *Der Flüchtling.*

Dissertation française.

Le style des poésies lyriques du jeune Schiller.

Dissertation allemande.

Die Bauern in Deutschland während des dreissigjährigen Krieges.

Le Gérant : Franck Gautron.

POITIERS. — SOCIÉTÉ FRANÇAISE D'IMPRIMERIE.

DIX-HUITIÈME ANNÉE (2ᵉ série)   N° 35   14 JUILLET 1910

REVUE HEBDOMADAIRE

DES

COURS ET CONFÉRENCES

DIRECTEUR : **N. FILOZ**

La civilisation intellectuelle en France à l'époque de la Renaissance

Cours de M. ABEL LEFRANC,
Professeur au Collège de France.

Les origines de la Renaissance (*suite*).

Dès le ixᵉ siècle, les lettres antiques sont ramenées dans la société chrétienne ; elles ne la quitteront plus. Tous les grands problèmes sont posés, et la Renaissance est virtuellement commencée. En particulier, vers le temps de Scot Erigène, on entama une querelle sur la grâce, le salut et la prédestination, à laquelle est attaché le nom de Gottschalk. Dans toutes les querelles sur la grâce qui agiteront le monde théologique après la réformation, le nom de Gottschalk devint comme un drapeau.

Mais le premier grand penseur de cette époque, c'est Scot Erigène. Scot Erigène n'a pas d'égal au temps de Charlemagne, et il y a peu d'hommes, dans tout le Moyen-Age, qui méritent de lui être comparés. On a pensé qu'il savait le grec et peut-être l'arabe ; du moins il est fort probable qu'il a traduit les ouvrages du faux Denys l'Aréopagite. Scot Erigène est comme le patriarche des libres-penseurs et des panthéistes. Aussi ne devons-nous pas nous étonner du soulèvement général qui se produisit contre le téméraire penseur, qui osait revendiquer la liberté humaine : « O esprit infecté de venin, s'écriait l'évêque Prudence, ô monstre horrible, ô serpent né de la race des vipères. » On ne se rendait pas un compte exact du danger qui pouvait provenir de son audace; mais on sentait qu'elle ruinait la religion chrétienne.

52

Ecoutez-le seulement : « Je ne suis pas tellement épouvanté de
l'autorité, je ne redoute pas tellement la furie des esprits peu
intelligents, que j'hésite à proclamer hautement les choses que
démêle clairement et démontre avec certitude la raison. » Voilà
le mot : quelle belle parole ! quelle belle histoire ! C'est par
ce mot que se produit le réveil de l'humanité. Et, comme on
l'a dit, c'est un rayon de la philosophie grecque qui l'a éclairé,
un pâle rayon, si du moins nous admettons que Scot l'ait connue.
Scot est véritablement un homme de la Renaissance. « L'autorité,
dit-il quelque part, est dérivée de la raison, nullement la raison
de l'autorité. Toute autorité qui n'est pas avouée par la raison
est sans valeur. La raison, au contraire, invinciblement appuyée
sur sa propre force, n'a besoin de la confirmation d'aucune
autorité. » Rien de plus fort n'a été dit dans le monde moderne,
et l'on viendrait, après cela, nous présenter le Moyen-Age comme
une époque de ténèbres absolues ! Non. Les choses se développent
suivant une courbe donnée et non pas par révolutions brusques.
Cependant il existe dans le système de Scot Erigène certaines
inconséquences, qui viennent du heurt de sa religion avec sa
philosophie audacieuse : il est panthéiste et croit au libre arbitre ;
il admet le péché originel, mais répudie les croyances qui en
dérivent : c'est donc comme s'il n'y croyait pas. Les partisans
rigoureux du dogme chrétien nient hardiment la liberté ; Scot
prend sa défense : « Dieu, dit-il, a créé l'homme libre, la liberté
est donc de son essence ; or ce qui est substantiel ne peut pas
périr. Aussi tenons-nous pour certain que tout péché est l'effet
du libre arbitre, que toute peine est infligée pour avoir mal usé
de notre liberté. »

Il repousse la prédestination et se met en désaccord, sur ce point,
avec saint Augustin. D'après lui, les notions de prescience et de
prédestination ne peuvent pas s'appliquer à Dieu, parce que l'idée
du temps n'existe pas pour l'Etre éternel. Toutefois il enseigne
le *salut final de tous les êtres* : « Les hommes reviendront à leur
principe, qui est Dieu et la perfection. Le mal ne persistera dans
aucune créature. L'humanité étant une et solidaire, il est impossible
qu'une partie soit sauvée et l'autre damnée. » Si je vous lis cela,
c'est que nous verrons les mêmes idées agitées par la Réforme.
Avec Origène, Scot n'exclue pas les démons eux-mêmes du salut :
« Le mal n'est rien de substantiel, il ne peut donc pas avoir de
durée infinie. » Ainsi c'est la croyance du salut universel qui
gagne, tous les jours, dans le cœur des hommes sur le dogme de
l'enfer. Un contemporain du philosophe du ixe siècle, Florus, dit
qu'en attaquant l'éternité des peines, on ôte aux hommes une

crainte salutaire et qu'on les livre sans frein au péché. L'enfer était, en effet, le grand instrument de l'éducation des Barbares. Mais l'avenir, je le crois, est à la doctrine de Scot Erigène, à la doctrine du bienfait pour lui-même. Il n'en est pas moins vrai que Scot et ses disciples risquaient de compromettre par leurs hardiesses relatives l'existence de la religion, seule maîtresse des âmes.

Toutes ces discussions se rattachent à la grande question de la grâce. « La chrétienté latine s'est toujours préoccupée des rapports de Dieu avec l'homme. Ç'est sur la liberté et la grâce qu'éclata la première hérésie de l'occident, le pélagianisme. C'est encore sur le dogme de la grâce et de la liberté que la Réforme s'est séparée du catholicisme. C'est aussi par des discussions sur la grâce et la prédestination que s'ouvre le mouvement philosophique au xıᵉ siècle. » (Laurent, page 320.) Ce remarquable historien aurait pu citer encore Port-Royal et les grandes disputes du jansénisme.

Au xᵉ siècle parait Gerbert ; au xıᵉ siècle, une nouvelle querelle éclate, touchant la transsubstantiation. Elle marque l'avénement de la théologie scolastique ; désormais, on va se servir de la dialectique d'Aristote pour démontrer la conformité des dogmes avec la raison. On cherche tout d'abord à accorder la philosophie et la religion, et peu à peu, par la suite, la dialectique s'attaque aux autres problèmes ; elle gagne du terrain sans cesse ; c'est, si l'on peut dire, une véritable contamination intellectuelle.

Dans toutes ces controverses, nous assistons à un magnifique effort spontané de la pensée. Tous ces hommes réfléchissent et essayent de retrouver la conformité des dogmes et de la raison. La science cherche à se rendre compte des problèmes soulevés par le christianisme. Cette puissante activité intellectuelle, dont on ne saurait donner une idée exacte, tend à satisfaire au besoin des penseurs de s'assimiler par la raison les données de la tradition dogmatique. Il y a là un des plus touchants efforts intellectuels de l'humanité.

Pendant longtemps, les docteurs scolastiques n'ont pas eu le moindre doute sur la possibilité de démontrer le caractère rationnel du dogme ; aussi ont-ils prouvé les choses les plus réfractaires à la raison. Plus tard seulement, quand la vaine curiosité des théologiens eut multiplié à l'infini les subtilités, les paradoxes, les questions oiseuses, quelques savants, frappés de l'impuissance du syllogisme à résoudre tous les problèmes, opposèrent la foi à la science, en soutenant que ce qui est vrai en théologie peut être faux en philosophie. Ce fut la fin de la scolastique. Cette

philosophie n'a pas fait exclusivement usage d'Aristote. Elle a
connu par des traductions quelques traités de Platon, les néo-
platoniciens, les Pères, Denys l'Aréopagite, Boèce, etc. A la fin
du xiiᵉ siècle, les ouvrages arabes la pénètrent.

Dans cette histoire, nous pouvons distinguer plusieurs périodes.

Le plus grand nom de la première est celui de saint Anselme.
La seconde est surtout panthéiste et a pour maître Aristote.
Enfin le mysticisme est le caractère dominant de la dernière, et
Raymond Lulle est peut-être son génie.

La dernière fois, je vous ai cité plusieurs ouvrages relatifs à la philosophie du Moyen-Age. Vous pouvez ajouter à
cette liste l'*Histoire de la philosophie médiévale* de M. de Wulf.
(Alcan, 1900). Du même auteur, vous pouvez lire aussi l'*Introduction à la philosophie néo-scolastique* (Alcan, 1904).
Remarquez avec quelle impartialité on étudie ces questions, de
quelque opinion qu'on soit. Il paraît maintenant superflu de se
montrer sévère à l'égard du passé. Nous devons être modestes et reconnaissants envers ceux qui ont préparé le présent.
Nous devons les juger avec plus de bienveillance et de tendresse,
parce que leurs efforts n'ont pas été vains, ou parce que nous
leur sommes redevables de grands progrès, parce que leur foi a
été sincère : pour leurs idées, ils se sont exposés aux pires traitements; car, dès le xiᵉ siècle des savants, admirateurs des lettres
anciennes, pour avoir déserté le catholicisme, furent poursuivis
et condamnés.

Au xiᵉ siècle, le réveil continua. L'expansion des esprits
accompagna celle de la puissance guerrière et politique. C'est
alors que se fondèrent les grandes écoles supérieures du
Moyen-Age, d'abord dans les abbayes, surtout en Normandie,
puis dans les villes comme Chartres, Orléans, Tours, Reims,
toutes bientôt éclipsées par Paris, grâce à l'enseignement et au
succès prodigieux d'Abélard. Une foule enthousiaste se pressait
autour de celui-ci, telle que jamais peut-être on n'en vit de semblable assister à un enseignement. En même temps s'épanouis-
saient l'architecture romane, la théologie, la philosophie, l'histoire même, la poésie latine enfin. A propos de celle-ci, il ne
faudrait pas attribuer exclusivement sa vogue nouvelle à ce fait,
qu'on a cru retrouver dans les saintes Ecritures des hexamètres
latins ; rappelez-vous aussi les hymnes de l'Église catholique,
le chant grégorien, et vous songerez qu'il faut moins limiter les
causes et voir dans tous ces mouvements plus de complexité
qu'on n'en voyait naguère encore.

Au xi* siècle, apparaît Bérenger, un précurseur véritable de la philosophie moderne. Ne trouvez-vous pas, Mesdames et Messieurs, que, lorsqu'on parle de tant de précurseurs, c'est qu'il s'agit d'un mouvement très important encore mal connu ? Dès sa jeunesse, dès l'école, Bérenger passait pour libre-penseur : « Quand nous étions ensemble à l'école, dit Lanfranc, il prenait plaisir à recueillir des arguments contre la foi catholique dans les écrits des philosophes. » Il était, avant tout, grand amateur de nouveautés ; il avait pour la Raison un véritable culte : « Je ne comprends pas même comment on peut ne pas préférer la Raison dans la recherche de la vérité ; il faut être frappé d'aveuglement pour ne pas voir ce qui est clair comme le jour ». Il s'éleva contre la croyance à la présence corporelle de Jésus-Christ dans le sacrement de l'Eucharistie : ses adversaires l'accusèrent de nier même les miracles de l'Ecriture sainte : « Que reste-t-il alors de la foi chrétienne, s'écrient-ils, et que devient l'autorité de l'Eglise ? » Ils avaient sûrement raison de s'inquiéter ; car, en somme, toutes ces philosophies allaient contre le christianisme.

Je dois aussi vous signaler l'influence que la méthode scolastique a exercée sur le scepticisme. Cette influence, Gautier de Saint-Victor l'a signalée, en protestant contre les hérésies manifestes et condamnées par les conciles que les sophistes Abélard, Lombard, Pierre de Poitiers et Gilbert de la Porrée enseignent, dit-il, dans leurs livres de sentence. Il faut ajouter à cela que les penseurs orthodoxes eux-mêmes encouragent malgré eux le mouvement, par l'emploi qu'ils font de la raison. En réalité, la philosophie n'a pas été si soumise à la théologie qu'on le dit. Quand on apprécie l'époque médiévale, il faut se dégager d'une illusion qui est presque générale ; on croit que le christianisme y exerça un empire incontesté. Un historien écrit à ce sujet : « En ce qui regarde les philosophes, quoique peu d'entre eux se soient éloignés sciemment du dogme chrétien, il y a chez tous un élément de libre-pensée qui, poussé à bout, devient hostile au catholicisme. Les réformateurs ont aperçu le vrai rôle des scolastiques, avec l'instinct de la haine ; car on peut donner ce nom à l'antipathie de Luther. Le germe du rationalisme est dans la méthode même de la philosophie du Moyen-Age. »

Mettez qu'il y ait une part d'exagération dans ces paroles, comme d'ailleurs dans tous les aperçus généraux ; néanmoins elles ne manquent pas d'une certaine justesse. M. Laurent ajoute : « Il y a toute une famille de penseurs, la plupart profondément religieux, dont la doctrine est au fond celle de Spinoza... La phi-

losophie est identique avec la liberté de penser ; du jour donc où
il y a une philosophie, on peut affirmer hardiment qu'il y a une
libre-pensée, sinon claire et ayant conscience d'elle-même, du
moins en germe. » Nous n'insisterons pas sur toutes ces considérations, dont vous saisissez le lien ; je voudrais seulement vous
parler de quelques philosophes.

Tout d'abord, je veux vous dire quelques mots de saint Anselme.
Saint Anselme, comme on l'a prouvé, est beaucoup plus indépendant, plus chercheur et philosophe qu'il ne le croit lui-même. Il
admet à priori l'accord complet de la révélation et de la raison.
Aux antipodes du credo quia absurdum, il connaît les atteintes
du doute. Dans l'ardeur même qu'il met à rechercher partout
des arguments en faveur du dogme, il y a l'aveu que ce dogme
a besoin d'être étayé, qu'il est discutable, que l'évidence, critérium de la vérité, lui fait défaut. Sa seule affirmation ne le satisfait pas ; il lui faut la démonstration. Ses démonstrations sont
comme les prémices du rationalisme moderne.

Le second des grands philosophes dont je voudrais vous entretenir, c'est Abélard. A mon avis, on a libéré trop facilement saint
Bernard de l'accusation de sévérité à laquelle il s'est exposé en
persécutant Abélard. La place de celui-ci est extraordinaire au
Moyen-Age. Son histoire elle-même, son roman nous fournit des
données précieuses pour l'histoire de la sensibilité. Relisez son
admirable correspondance avec Héloïse, trop dédaignée de nos
jours : vous y verrez une âme vraiment moderne ; vous y consta-
terez un éveil et un développement du sentiment, beaucoup plus
marqué qu'on ne le croit. Vous serez plus aptes, par la suite, à définir la place que le sentiment tient dans la littérature du Moyen-
Age. Abélard a entrepris surtout de concilier la raison avec la
foi révélée. Il dit qu'étant appelé à enseigner la théologie, ses
élèves lui demandèrent des arguments tirés de la philosophie,
propres à satisfaire la raison ; ils le supplièrent de les instruire,
non à répéter ce qu'on apprenait, mais à le comprendre ; car,
disaient-ils, nul ne saurait croire sans avoir compris, et il est ridicule d'aller prêcher aux autres des choses que ne peuvent
comprendre ni celui qui les professe ni celui à qui il les enseigne.
« Nul ne saurait croire sans avoir compris », paroles puissantes,
fortes et sincères. Le philosophe français était donc, comme on
l'a dit excellemment, l'organe d'une révolution qui s'opérait dans
l'esprit humain, quand il proclamait que l'intelligence précède la
foi et que la foi doit reposer sur la raison. Si la raison ne peut pas
discuter la foi, comment pourra-t-on distinguer le vrai du faux ?
Placé en face de l'orthodoxie catholique, le rationalisme conduit

fatalement au doute et à l'incrédulité. Aussi ne devons-nous pas nous étonner, lorsque Abélard dit : « La voie de la sagesse, c'est le doute. » Mais de là à l'incrédulité et à la négation du christianisme, il n'y a qu'un pas. L'explication philosophique qu'Abélard donne de la rédemption détruit complètement le dogme chrétien et lui substitue un dogme nouveau, qui n'est autre que celui de la philosophie moderne : la révélation permanente de Dieu par l'humanité prend la place de la révélation miraculeuse du christianisme. (Voy. Laurent.) C'est ce qui fait qu'Abélard est le plus indépendant, le plus hardi, le plus tranchant des scolastiques. Dans son *Introductio ad theologiam*, il condamne, avec une étonnante franchise, cette crédulité présomptueuse qui s'accommode au plus vite et sans discernement de la doctrine qu'on lui offre, avant d'avoir examiné ce qu'elle vaut et si elle mérite créance. Il parle avec enthousiasme de la philosophie grecque. Mais ce qui est vraiment le plus remarquable chez lui, c'est l'énergie avec laquelle il affirme le salut des hommes qui précédèrent le Christ sur la terre. Pourquoi refuser aux penseurs païens la félicité éternelle, parce qu'ils n'ont pas connu le Christ ? L'Evangile est-il donc autre chose qu'une reforme de la loi morale naturelle ? Peuplerions-nous l'Enfer d'hommes dont la vie et la doctrine révèlent une perfection tout évangélique et apostolique, et qui ne s'écartent en rien, ou à peu près, de la religion chrétienne ?

De telles idées devaient être agitées à nouveau par Zwingle et Melanchton. Mais Abélard est vraisemblablement celui qui a posé le premier cette question, et les gens du XVIe siècle apportèrent peut-être moins de générosité et moins de largeur dans le sentiment qui les animait. Abélard ne se résigne pas à croire à la damnation des philosophes païens. Loin de voir en eux des réprouvés, il les égale hardiment aux saints.

Vous pouvez constater quels furent, au Moyen-Age, les progrès du libre examen. Avec les Richard de Saint-Victor, Alain de Lisle, Robert de Melun, avec le panthéisme arabe, avec celui d'Amaury de Chartres et de David de Dinant, nous allons toujours dans le même sens, toujours plus loin dans la voie de la liberté. Nombreuses sont les questions qu'il nous faudrait examiner ensemble, pour que vous puissiez bien vous rendre compte de la force de cet esprit nouveau : c'est le panthéisme arabe, c'est la question de la physique d'Aristote, ce sont les noms de Siger de Brabant et de Frédéric II, sur lesquels nous devrions nous arrêter ; mais je me borne à vous donner la substance de toutes ces questions, dont chacune mériterait une longue étude. Retenez, en passant, que la philosophie d'Aristote a introduit dans la scolastique un élément nouveau et peu favorable à l'omnipotence spirituelle de l'Eglise : le goût des sciences et l'esprit d'analyse. De sincères catholiques connaissent à fond les commentaires arabes sur le Stagirite et y prennent un goût profond pour les sciences naturelles, goût qui se manifeste chez Albert de Bollstaedt, Roger Bacon et Raymond Lulle.

Roger Bacon, en particulier, est le grand nom du xiiie siècle. Il est grand parmi les plus grands. Non seulement Roger Bacon insiste sur la stérilité des logomachies scolastiques, sur la nécessité d'observer la nature et d'étudier les langues ; mais il comprend, mieux encore que son homonyme du xvie siècle, l'importance capitale de la déduction mathématique comme complément de la méthode expérimentale. Bien plus, il enrichit la science, et en particulier l'optique, de théories nouvelles et fécondes.

A Roger Bacon se rattache Raymond Sebonde, qui ose préférer aux livres écrits par la main des hommes le livre de la nature, intelligible à tous, puisqu'il est l'œuvre de Dieu. La raison et les sciences tiennent de même une grande place dans la constitution du thomisme et de l'albertisme.

Je ne vous parle pas longuement des averrhoïstes, sur qui vous pourrez consulter à loisir les ouvrages de Renan et de Mandonnet, non plus que de la grande querelle du nominalisme et du réalisme, d'Amaury de Bène et des panthéistes du xiiie siècle : j'ai hâte, en effet, d'arriver à la littérature. Je ne ferai aussi que vous rappeler l'influence du mahométisme. Cependant je ne veux pas passer sans signaler quelques-unes des conséquences qui résultèrent des conflits de l'Eglise avec l'Etat et de la lutte des laïques contre les clercs. Cette lutte eut de très nombreuses répercussions : elle aviva la haine réciproque des deux éléments, elle accrut la violence de l'attaque dirigée contre l'idée de l'Eglise, elle fit naître enfin des hérésies. Ajoutez aux mouvements politiques les longues polémiques contre le monachisme. Après cela, vous vous expliquerez peut-être le cri de Pétrarque :« Julien renaît. » Oui, c'était bien là un retour du paganisme.

Enfin il est à remarquer que l'étude des cas de conscience donna à maints esprits le goût de l'analyse subtile, et les habitua à observer attentivement les sentiments et les passions, préparant ainsi la voie aux moralistes modernes.

Mais voyons si nous pouvons trouver, dans la littérature proprement dite, quelques éléments qui puissent figurer dans une histoire des origines de la Renaissance.

Le culte de l'antiquité se manifeste d'abord, pour ainsi dire, par des soucis matériels : pendant tout le Moyen-Age, on s'est

préoccupé de conserver les œuvres antiques. Les couvents nous
ont laissé d'admirables manuscrits, et les moines qui les copièrent
firent, en la circonstance, preuve d'une sollicitude touchante à
l'égard des générations futures. Il faut leur en avoir une sincère
reconnaissance et combattre la manie de les dénigrer, à laquelle on cède trop généralement. Car, en définitive, il y a dans
l'ensemble du Moyen-Age plus d'esprits critiques· qu'on ne se
l'imagine souvent. Ce qui nous le montrera au plus haut point,
c'est la littérature.

N'est-ce pas, en effet, l'esprit critique qui fait prospérer la satire ? Or le Moyen-Age est une des grandes époques satiriques et
rappelle par bien des côtés la Grèce d'Aristophane. L'art lui-même,
à ce point de vue, fait concurrence à la littérature, et il n'est pas
jusqu'aux églises qui ne se couvrent de quantité de sculptures
ironiques ou licencieuses. Considérez, d'autre part, la fortune exceptionnelle des fableaux ou fabliaux, des fables dites ésopiques ;
leur morale est exclusivement païenne ; leur cynisme, souvent
irrévérencieux à l'égard des puissances temporelles et surtout
des puissances spirituelles, témoigne d'une audace incroyable et
aussi d'une tolérance à laquelle on ne s'attendrait point.

Cependant le christianisme joue aussi son rôle dans la littérature. M. Gaston Paris, dans son livre sur la *Poésie au Moyen-Age,*
page 72, distingue à propos des contes orientaux quatre sources
principales, dont le christianisme n'est peut-être pas la moindre ·
« Le christianisme est si intimement mêlé à la constitution intellectuelle, sociale et morale de la vieille société européenne, qu'on
hésite à le regarder comme un élément proprement étranger ;
cependant, si l'on considère le peu d'influence que l'idée chrétienne
exerce sur la poésie épique ou lyrique des premiers siècles du
Moyen-Age, on comprend qu'il n'a pénétré la littérature que plus
tard, par l'intermédiaire de l'Église, c'est-à-dire du latin, et qu'il
a puissamment contribué à faire disparaître les produits si différents de l'inspiration nationale ou individuelle, toute spontanée,
qui se présente à nous dans les œuvres de nos poètes les plus
anciens. »

Toutefois le christianisme tient encore peu de place dans le
Roman de Renart, que des études récentes nous ont fait beaucoup
mieux connaître. L'immortel *Roman de Renart* contient les déclarations les plus osées et même une imitation satirique des cérémonies de la religion : « Le Renard confesse ses fautes, la liste en
est longue et scandaleuse, mais, comme la plupart de ceux qui se
prosternent (dit notre auteur) devant les prêtres, il n'a guère
envie de se corriger ; plus franc que les hommes, l'animal avoue

hautement qu'il ne regrette pas ses péchés; il s'en glorifie presque, ce qui ne l'empêche pas d'obtenir l'absolution. La messe est
parodiée comme la confession... » Enfin le Renard ne manque pas
de prier avant de se coucher, comme tout bon chrétien; mais que
demande-t-il à Dieu? « Il se recommande aux douze apôtres et dit
douze pater-nostres: que Dieu guérisse tous larrons, tous traîtres,
et tous félons et tous libertins. » Ne peut-on dire, après cela, que la
liberté de pensée de nos fableaux est poussée parfois jusqu'à la
licence? Je ne crois pas que, dans les temps modernes, l'Église
eût supporté, sans protestation, une pareille témérité.

Je n'insiste pas sur les contes du genre de celui des trois im-
posteurs ou de celui des trois anneaux. Ils présentent les mêmes
caractères d'indépendance intellectuelle, d'indifférence religieuse
et même d'incrédulité. L'impiété, l'épicurisme, le paganisme y
apparaissent vivaces et libres.

Si même nous regardons du côté du théâtre, nous y trouvons
un étonnant mélange de fantaisie et de cynisme, qui a fait souvent songer à Aristophane. La nature déborde et fait éclater les
bornes; jamais on n'a senti plus fortement le besoin d'indépendance. Y a-t-il, par exemple, une époque où l'on ait parlé avec
plus d'irrévérence du mariage? On n'entrevoit jamais l'existence
du véritable amour dans le mariage, et cette conception est une
des plus grandes audaces que l'humanité ait jamais eues. Lisez, à
ce sujet, le livre de M. Ch.-V. Langlois sur la *Société française au
XIIIᵉ siècle, d'après dix romans d'aventures* (Paris, Hachette) et
surtout l'histoire du châtelain de Coucy.

Très vite l'imitation de l'antiquité a été reprise. Ovide est le
poète favori des écoles du Moyen-Age; on s'inspire beaucoup de
l'*Art d'aimer* et des *Métamorphoses* ; Chrétien de Troyes surtout.
On fait l'Ovide moralisé. Les romans historiques, inspirés de
l'antiquité, se multiplient. D'ailleurs, vous pouvez consulter là-
dessus les travaux de M. Paul Meyer, parus dans la *Romania*. On
se livre à tout un travail d'accommodation du poète latin. Dans
une adaptation du clerc maître Élie, il enseigne à son disciple
les trois points essentiels : 1° le choix d'une amie ; 2° le moyen de
gagner son amour ; 3° celui de le conserver, et il déclare aussitôt
que le meilleur endroit pour trouver et choisir une maîtresse,
c'est Paris :

« Tu trouveras, dit-il à son disciple, les dames et les demoiselles en grand nombre, soit dans l'île, où elles se promènent,
soit dans les prés de Saint-Germain, où elles vont pour « caroler »,
ou bien au parvis : c'est là qu'elles se rendent toutes en procession ; plusieurs, je le sais, y vont pour prier Dieu, mais la plupart,

croyez-moi, y vont pour se faire voir et voir les autres gens. »
L'Église remplace donc, ici, le théâtre, qui joue le même rôle
dans Ovide. Ovide cependant a été heureusement moralisé par
son disciple.

La seconde partie est adressée aux femmes ; elle reprend l'idée
que nous avons déjà présentée, à savoir qu'il n'y a pas d'amour
dans le mariage. C'est une idée très fréquente au Moyen-Age, et
très peu chrétienne, que la liberté propre de l'amour est incompatible avec la servitude qu'entraîne l'union légale. Vous voyez
que les historiens ont été incapables de bien nous peindre la
société et la civilisation médiévales, et qu'en particulier ils ont
commis une très grosse erreur en représentant le Moyen-Age
comme une époque uniquement d'ascétisme. Au contraire, les
gens du Moyen-Age se préoccupaient vivement d'établir une sorte
de dialectique de l'amour. Voyez le roman de *Tristan et Iseult* :
toute idée chrétienne en est bannie ; on y sent, d'autre part, un
accent particulier de passion et de poésie, a la fois barbare et
profondément humain, qui en font le charme particulier et si
troublant. Mais, dans toutes ces âmes, il n'y a pas la moindre
pénétration de la morale chrétienne ; aucun frein n'est imposé
aux passions.

« En résumé, dit M. G. Paris, parlant de cette œuvre célèbre,
une conception de l'amour telle, qu'elle ne se trouve auparavant
chez aucun peuple, dans aucun poème, de l'amour illégitime,
de l'amour souverain, de l'amour plus fort que l'honneur, plus
fort que le sang, plus fort que la mort, de l'amour qui lie deux
êtres l'un à l'autre par une chaîne que les autres et eux-mêmes
sont impuissants à rompre ou à relâcher, de l'amour qui les
surprend malgré eux, qui les entraîne dans la faute, qui les
conduit au malheur, qui les amène ensemble à la mort, qui leur
cause des douleurs et des angoisses, mais aussi des joies et des
ivresses tellement incomparables et presque surhumaines que leur
histoire, une fois connue, resplendit éternellement, au ciel du
souvenir, d'un éclat douloureux et fascinant, cette conception est
née et s'est réalisée chez les lettres dans le poème de *Tristan et
Iseult*, et forme une des gloires de leur race. »

(*A suivre*).

La « République » de Platon

Cours de M. ALFRED CROISET,

Doyen de la Faculté des Lettres de l'Université de Paris.

La poésie (*suite*) ; l'immortalité de l'âme.

Le dixième et dernier livre de la *République* forme un épisode
qui n'était pas logiquement indispensable au plan qu'avait tracé
Platon. Nous avons vu, en effet, que, dans les neuf premiers
livres, le philosophe avait développé le thème essentiel qu'il s'était
proposé : l'identité de la justice, abstraction faite des circonstances
extérieures, avec la condition suprême du bonheur.

La thèse de Platon est donc démontrée, et ce dixième livre renferme en réalité deux idées accessoires, qui n'étaient pas logiquement exigées, mais qui sont comme le couronnement de l'œuvre
tout entière. La première n'est qu'un retour sur la question déjà
vue d'Homère et de la poésie ; il la reprend cependant pour l'élargir, la traiter plus amplement ; la deuxième est un mythe sur la
vie future et la démonstration de l'immortalité de l'âme. On sait
quel rôle particulier et considérable joue le mythe dans la philosophie platonicienne, non que Platon lui accorde la valeur d'une
démonstration scientifique et dialectique ; mais, comme la science
et la dialectique ne peuvent toujours aller jusqu'au fond des
choses et qu'elles restent enfermées dans certaines limites, l'inspiration, cette espèce d'intuition qui peut avoir chez certains
hommes quelque chose de divin, permet d'aller plus loin et, sans
aboutir jamais à une certitude absolue, ouvre cependant des
horizons plus vastes, qui enchantent l'âme humaine et lui fournissent un motif d'espérer : c'est le complément, dans une
certaine mesure, de la science proprement dite ; et le mythe
est une sorte de couronnement poétique de la science. Platon
n'a-t-il pas écrit dans un autre de ses dialogues : « Je ne puis
pas démontrer cela ; mais c'est un beau risque à courir. » Nous
nous expliquons ainsi la portée du mythe dans la philosophie
platonicienne.

Revenons donc à la première question, à la question d'Homère.
Il semblait qu'elle avait été déjà suffisamment traitée ; car, à deux
reprises, Platon s'y était arrêté et s'était prononcé de la façon la
plus nette sur le cas du poète. Pourquoi éprouve-t-il maintenant
le besoin d'y revenir ? C'est que, dans les passages précédents, la
condamnation de la poésie homérique reposait principalement
sur la contradiction qu'il y a entre les images qu'Homère et les
poètes en général nous présentent des héros ou des dieux, et la
conception qu'un homme cultivé de l'époque de Platon pouvait
se faire de l'idéal moral humain et de la divinité ; ces dieux
d'Homère étant inférieurs à cet idéal moral, il faut les rejeter.

Platon veut maintenant aller plus loin et examiner d'une
manière plus philosophique, plus dialectique, la valeur de cette
poésie homérique et, d'une manière générale, de la poésie
mimétique ou poésie d'imitation. Quittant donc le point de vue
moral, c'est au point de vue dialectique, analytique, que
Platon va examiner les choses. La façon dont la discussion sur
Homère est introduite est, d'ailleurs, assez curieuse.

Le débat semblait terminé à la fin du IXe livre ; mais, au
début du Xe, Socrate dit à Glaucon que, parmi toutes les idées
par lui exposées jusqu'ici et concernant le plan de l'Etat idéal, les
plus importantes sont celles qui touchent les poètes et la poésie,
cette condamnation contre Homère étant essentielle à la cité
idéale. Puis, comme il est naturel de la part d'un Grec et d'un
poète comme l'était Platon, surviennent des scrupules, des hésitations. Mais Homère est un poète délicieux ; ne serions-nous pas
des Barbares de l'expulser ainsi de la cité ? Serait-ce parce que
nous n'en sentirions pas le charme poétique, que nous avons été
amenés à prononcer cette condamnation ? C'est le plus aimable
des poètes et, au moment de le condamner, nous ne pouvons nous
empêcher de le couvrir de fleurs… Cette fois, Platon est tout à fait
explicite, et voici les termes mêmes dont il se sert : « Il faut que
« je parle, dit Socrate, bien qu'une sorte d'amitié et de pudeur,
« qui me tiennent depuis l'enfance pour Homère, m'empêchent
« de parler trop librement sur son compte. »

Voilà comment Platon exprime son hésitation au moment de se
prononcer sur le poète : Homère est un homme que j'aime ; mais
on doit plus d'égards à la vérité qu'à un homme. Ce sont les mêmes
mots qu'emploiera Aristote à l'égard de Platon lui-même, lorsqu'il
entreprendra de discuter les théories de son maître. On a souvent
reproché à Aristote son ingratitude envers Platon, et cependant
voilà les termes presque textuels dont il se sert à son tour : Platon
est un de mes amis, un homme que j'aime profondément ; mais

c'est un devoir sacré d'honorer, plus encore que nos affections, la vérité. Dans les deux cas, chez Platon comme chez Aristote, le sentiment exprimé ici est très beau; il dénote un conflit de la conscience, un conflit intérieur, où la vérité triomphe au prix d'une lutte véritable.

Après avoir ainsi dit ses regrets de se trouver dans l'obligation de juger Homère et la poésie homérique, Platon indique qu'il faut examiner la question plus profondément et aller au fond des choses. Son argumentation porte sur deux points. A vrai dire, et bien que tout cela ne manque pas d'intérêt, elle ne paraît pas très décisive, et n'a pas non plus convaincu Aristote ; on trouve chez lui, dans divers passages, une réponse topique au jugement de Platon. Voici les deux idées que Platon développe.

Premièrement, à quel rang doit-on placer la poésie imitative, c'est-à-dire Homère et avec lui les tragiques et tous les poètes qui cherchent, en somme, à nous donner des images de la vie ? A quel rang cette poésie doit-elle se placer dans l'échelle des moyens par lesquels l'homme peut arriver à la vérité ? Pour la plupart des Grecs, le vieil Homère était une source de vérité, et Platon élève, en face de la croyance commune, cette théorie très différente, à savoir que, à bien regarder les choses, la seule réalité est dans les idées, ces idées éternelles qui sont au delà et au-dessus des choses sensibles; et il y a des degrés dans l'imitation qu'en font l'ouvrier, l'artisan, l'artiste, lorsque, par certains procédés, ils façonnent une image de cette réalité éternelle. Or l'imitation du poète reste à un degré tout à fait inférieur. Platon prend des exemples de la plus grande simplicité : celui d'un lit, d'une table, que l'ouvrier a fabriqués d'après l'idée qu'il en a ; car ce n'est pas l'idée elle-même qu'il a pu façonner. Vienne alors le poète : s'il décrit ce lit ou cette table, ce n'est pas l'idée même du lit ou de la table qu'il traduit, mais les objets fabriqués par l'artisan ; il les dépeint, les met sous nos yeux, mais plus imparfaitement que celui-ci : ce n'est qu'une imitation d'une imitation. Il en est ainsi pour Homère : il y a moins de réalité dans ses peintures que dans la réalité elle-même, et les images qu'il nous trace ne sont que des images très affaiblies :

« Considérons maintenant, dit Socrate, Homère et la tragédie
« dont il est le père. Comme nous entendons dire tous les jours
« que les poètes tragiques sont très versés dans tous les arts,
« dans toutes les choses humaines qui se rapportent à la vertu
« et au vice, et même dans tout ce qui concerne les dieux ; qu'il
« est nécessaire à un bon poète de connaître parfaitement les

« sujets qu'il traite, s'il veut les traiter avec succès ; qu'autrement
« il lui est impossible de réussir, c'est à nous de voir si ceux qui
« tiennent un pareil langage ne se sont pas laissé tromper par
« cette espèce d'imitateurs ; si, en voyant leurs productions, ils
« n'ont pas oublié de remarquer qu'elles sont éloignées de trois
« degrés de la réalité, et que, sans connaître la vérité, il est aisé
« de réussir dans ces sortes d'ouvrages qui, après tout, ne sont
« que des fantômes, où il n'y a rien de réel ; ou, s'il y a quelque
« chose de solide dans ce qu'ils disent, et si, en effet, les bons
« poètes sont des gens qui s'entendent sur les matières dans
« lesquelles le commun des hommes juge qu'ils ont bien écrit ».

Homère donc et les poètes sont des imitateurs au troisième degré, et partant plus éloignés de la réalité que les autres. L'idée
sans doute est ingénieuse ; mais comment n'être pas surpris que
Platon se soit attaché avec tant d'insistance à démontrer que la
création de l'artiste valait moins que celle de l'ouvrier ou que celle
du démiurge créateur d'âmes, parce qu'elle n'était que l'imitation
d'une imitation ?

Avec beaucoup plus de vérité, Aristote nous dira dans sa
Poétique, qu'il arrive que la poésie est plus vraie que l'histoire,
parce que, tandis que cette dernière cherche à reproduire l'i-
mage de faits réels et particuliers, la poésie au contraire s'attache à dépeindre le général. L'artiste ne cherche-t-il pas dans la
réalité particulière ce qu'il y a de plus général, de plus idéal, de
plus universel, en un mot, de plus conforme à l'idée, l'idée platonicienne elle-même ? Homère, quand il nous peint Achille, ne
nous donne pas une photographie mécanique, pour ainsi dire,
d'un Achille particulier, qui a vécu ou que l'on suppose avoir
vécu à telle ou telle date ; mais il nous offre une peinture typique, idéale, de certaines vertus, de certains défauts personnifiés
dans un type, dans cet être qui n'est pas un être matériel, mais
une conception idéale de l'esprit ; de sorte que la peinture d'un
poète comme Homère, par tout ce qu'elle renferme de général,
participe, beaucoup plus que ne le croyait Platon, au caractère le
plus essentiel des idées, qui est de rester en dehors de l'espace et
du temps, d'être la vérité immortelle.

On se demande vraiment comment Platon n'a pas été frappé
de la ressemblance qui existe entre le travail d'un artiste et
la création que lui-même a faite de son système d'idées. Une
seule explication en est possible. Platon est resté subjugué par
la théorie grecque dominante, qui ne voit dans la poésie et dans
l'art qu'une imitation de la réalité ; c'est une théorie courante,
enfantine un peu, et que nous trouvons d'ordinaire à l'origine de

la vie de presque tous les peuples. Plus tard, le philosophe Bacon donnera, avec bien plus de vérité, cette définition fameuse de la création artistique : *homo additus naturæ*. L'homme, en effet, ajoute quelque chose à la nature, ce quelque chose que crée dans l'objet imité l'idée, que Platon lui-même met au-dessus de tout. Les Grecs, au contraire, pensaient couramment que l'art est une imitation. Aristote, lui aussi, l'a dit et n'est arrivé que plus tard à découvrir dans l'art ce caractère de généralité qui fait que la poésie peut être, à certains égards, plus vraie que l'histoire. Platon en est donc resté à la vieille théorie de l'imitation en matière de poésie.

La deuxième objection qu'il fait à Homère est assez singulière : la poésie, dit-il, a un autre tort, elle ne suppose pas la connaissance vraie des choses. Lorsque nous voulons connaître certaines choses, nous nous servons de notre raison, de notre *logos* : nous les considérons, examinons, pesons, mesurons, etc ; mais un Homère, que fait-il ? C'est à l'imagination qu'il s'adresse, à la sensibilité et non au *logos*, c'est une foi, une *pistis*, que nous trouvons chez lui, non pas la science ; il ne nous parle des choses que d'après la croyance qu'il en a. Sa croyance peut être conforme à la réalité des choses ; elle peut aussi ne l'être pas. On ne voit pas, d'ailleurs, que tous ces grands poètes aient jamais laissé, en dehors de leurs conceptions poétiques, des œuvres réelles ; car, dit Socrate :

« Crois-tu que, si quelqu'un était également capable de faire la
« représentation d'une chose ou la chose même représentée, il
« choisit de consacrer ses talents à ne faire que des choses
« vaines, et qu'il en fît le point de mire de toute sa vie, comme
« s'il ne voyait rien de mieux ?... Mais, s'il était réellement versé
« dans la connaissance de ce qu'il imite, je pense qu'il aimerait
« mieux s'appliquer à faire des ouvrages qu'à imiter ceux d'au-
« trui, qu'il essaierait de laisser après lui un grand nombre de
« monuments, et qu'il serait plus jaloux de recevoir des éloges
« que d'en donner aux autres... N'exigeons donc pas d'Homère
« ni des autres poètes qu'ils nous rendent raison de mille choses
« dont ils nous ont parlé... Ne demandons pas à tel d'entre eux
« s'il était médecin, et non pas imitateur seulement du langage
« des médecins... Faisons-leur grâce aussi sur les autres arts,
« et ne leur en parlons point. Mais, quant à ces matières si im-
« portantes et si belles, dont Homère s'avise de parler, telles
« que la guerre, la conduite des armées, le gouvernement des
« Etats, l'éducation des hommes, il est peut-être juste de l'in-
« terroger et de lui dire : « Excellent Homère, s'il n'est pas vrai

« que tu sois un ouvrier éloigné de trois degrés de la vérité,
« incapable de faire autre chose à l'égard de la vertu que des
« fantômes (car telle est la définition que nous avons donnée de
« l'imitateur), si tu es un ouvrier du second degré, si tu es
« capable de connaître quelles sont les institutions qui peuvent
« rendre meilleurs ou pires les Etats et les particuliers, dis-nous
« quel Etat te doit la réforme de son gouvernement, comme Lacé-
« démone en est redevable à Lycurgue et plusieurs Etats grands
« et petits à beaucoup d'autres. Quel pays parle de toi comme
« d'un sage législateur et se glorifie des services que tu lui as
« rendus ? L'Italie et la Sicile ont eu Charondas ; nous autres,
« Athéniens, nous avons eu Solon ; mais toi, quel peuple te
« reconnaît pour son législateur ? » Homère en pourrait-il citer
« un seul ?... Fait-on mention aussi de quelque guerre heureu-
« sement conduite par Homère ou par ses conseils ?... Cite-t-on
« de lui quelques-unes de ces découvertes qui caractérisent le
« génie dans le domaine des arts et des métiers, comme on le dit
« de Thalès, de Milet et du Scythe Anacharsis ?... Si Homère n'a
« rendu aucun service à l'Etat, en a-t-il du moins rendu à des
« particuliers ? Dit-on qu'il ait présidé, pendant sa vie, à l'éduca-
« tion de quelques jeunes gens qui se soient attachés à lui et qui
« aient transmis à la postérité un plan de vie homérique, comme
« fit Pythagore... »

On est un peu surpris du genre des objections que Platon
adresse ainsi à Homère ; dans son culte admirable pour la science,
le philosophe fait trop bon marché de cette autre partie de l'âme
humaine, normale cependant et non négligeable : l'imagination,
la sensibilité. Notre surprise est d'autant plus grande de le voir
commettre un pareil oubli que, d'un autre côté et par une contradiction singulière, personne n'est plus poète que Platon ; et lui-
même, comme nous l'avons pu voir, fait appel au mythe, c'est-
à-dire à l'imagination, à la sensibilité, pour couronner en quelque
sorte la science qu'il trouve insuffisante, pour reculer l'horizon
et permettre d'apercevoir d'autres choses que la science ne voit
pas. Il y a bien là une contradiction ; elle ne peut s'expliquer,
comme il le montre lui-même dans un passage de ce dixième
livre, que par la vieille rivalité qui existe entre ces deux principes, la philosophie d'une part et l'imagination de l'autre.

Ce ne sont point là de vains mots, et nous trouvons déjà chez
Hésiode un effort pour mettre dans ses beaux récits un sens allégorique, pour y introduire de la vérité. Nous trouvons chez les
philosophes ioniens (Thalès et ses successeurs), chez Pythagore,
chez les Eléates comme Xénophane et Parménide, cet effort de la

pensée pour se dégager du mythe et arriver à la vérité pure. C'est donc là une vieille querelle, dans laquelle Platon prend hardiment parti pour la science contre la poésie. Ajoutons que la Grèce, heureusement, ne fit point un choix exclusif, et cultiva aussi bien la poésie que la philosophie. Ces deux ennemies se sont développées parallèlement, et Platon est une preuve vivante et admirable de la façon dont la science peut se concilier avec une certaine poésie. Nous voyons les deux courants opposés, que présentaient les siècles précédents, venir aboutir, dans une large mesure, à la synthèse platonicienne. En outre, dans la dernière partie du Xᵉ livre, Platon va nous démontrer lui-même que cette opposition n'est pas inconciliable ; il va tracer, comme un Homère, un tableau de la vie future, qui est bien plus œuvre de poésie que de philosophie dialectique, et qui ressemble par la liberté de l'imagination aux plus hardies des créations des grands poètes.

Ce deuxième épisode, qui termine le Xᵉ livre, est amené d'une manière extrêmement heureuse. Platon va essayer de démontrer qu'il y a une vie future et qu'il y a pour l'âme, dans cette vie future, des récompenses et des peines. C'est là, par conséquent, un surcroît de démonstration pour cette thèse qu'il a déjà exposée, à savoir que la justice est le bien suprême. Cependant, par un scrupule scientifique admirable, voyez comment Platon s'y prend pour introduire cet épisode. Il n'a pas voulu le faire avant d'avoir démontré que la justice, envisagée en elle-même, était une condition indispensable et suffisante du bonheur parfait. Ayant d'abord prouvé que la vertu se suffit à elle-même, et qu'alors même qu'il n'y aurait pas de vie future on devrait être vertueux pour être vertueux, il constate maintenant que, si l'âme est immortelle, il y aura dans l'autre vie des peines et des récompenses, et qu'on peut alors, et par surcroît, envisager la question de l'immortalité de l'âme. Elle n'est pas nécessaire, cette immortalité, et il ne faut pas qu'elle le paraisse, sous peine d'abaisser l'idéal de la justice ; mais, si elle est vraiment réelle, donnons-nous la peine d'y réfléchir, et de voir si les pensées qui nous seront ainsi suggérées seront de nature à confirmer nos conclusions scientifiques.

Cette seconde partie comprend elle-même deux divisions : d'abord une démonstration de l'immortalité de l'âme introduite d'une façon assez intéressante par le jour qu'elle jette sur la façon de penser des Athéniens d'alors : « Sais-tu si notre âme est immortelle ? » dit Socrate à Glaucon. Celui-ci fait un geste de surprise et répond : « Mais non... », comme une chose qui va de soi ; car Glaucon est, ici, l'interprète de l'opinion générale au ivᵉ siècle, et l'on ne croit guère alors à cette immortalité.

Nous pouvons encore rapprocher ce passage de la fin du
Gorgias, au moment où, ayant exposé un mythe sur la vie future,
Socrate s'excuse de s'être arrêté à cette question ; « car je
« sais bien, dit-il, que quelques-uns vont sourire et dire que
« ce ne sont là que contes de bonne femme ». — Il est donc
évident que, dans la société cultivée d'Athènes au ıv^e siècle, l'idée
de l'immortalité de l'âme tenait très peu de place; il y avait
bien quelques initiés aux mystères d'Eleusis qui y croyaient, et
aussi quelque vague croyance dans le peuple ; mais l'opinion
publique restait indifférente : une preuve en est que, dans les
oraisons funèbres les plus célèbres qui nous sont restées, il n'est
jamais question de la vie future. On parle bien des honneurs du
mort, de sa gloire, du souvenir impérissable et des regrets qu'il
laisse, mais jamais de l'immortalité possible de son âme, sauf une
fois, dans la plus récente de toutes ces oraisons funèbres, celle
composée par Hypéride, c'est-à-dire par un contemporain plus
jeune de Platon ; de sorte qu'on peut inférer que cette idée de
la vie future, apparaissant ainsi pour la première fois, vient
probablement de l'influence même de Platon et du mouvement
nouveau déterminé dans la société polie d'Athènes.

Socrate entreprend maintenant cette démonstration, sur
laquelle nous n'insisterons guère ; car une foule d'arguments, qui
pouvaient paraître très convaincants à une certaine époque et
à un certain public, risquent, en un autre temps et en un milieu
différent, de ne plus rencontrer, pour ainsi dire, les mêmes
résonances. Son principal argument, c'est que tout être ne périt
que par le vice qui lui est propre, le corps par la maladie et le
fer par la rouille. Quel est donc le vice de l'âme ? C'est l'injustice, le mal moral. Or on ne voit pas qu'il tue l'âme. Puisque
nous avons posé qu'un être ne peut périr que par le mal qui lui
est propre, on ne conçoit point, dès lors, ce qui pourrait faire
périr l'âme, si son propre mal ne peut la détruire. Ce raisonnement est intéressant ; mais, dès Aristote, visiblement, il n'avait
plus une très grande force.

Puis Platon arrive alors au mythe proprement dit, au récit
d'Er, fils d'Arménios Pamphylien. Selon la tradition, Er aurait
été laissé pour mort après une bataille. On le porta sur le bûcher
pour être brûlé avec les autres cadavres ; mais on attendit un certain nombre de jours avant de le livrer aux flammes, et, pendant
ce temps, son âme quitta son corps pour un autre monde. De
là les dieux le renvoyèrent sur la terre, afin qu'il informât les
hommes de ce qui se passait dans la vie future, et ce récit
remplit les dernières pages de la *République*.

D'après Clément d'Alexandrie (Cf. Stromata, V, 710), cet Er ne serait autre que Zoroastre. Le fait est curieux ; car ce serait la preuve que Platon aurait emprunté certains éléments de sa théorie de la vie future à des traditions venues de l'Orient. Ajoutons, cependant, qu'il y a autre chose dans ce mythe célèbre ; on y trouve des éléments grecs, notamment de l'orphisme, du pythagorisme, et nous accordons à Clément qu'il renferme aussi du zoroastrisme. Selon Clément, il aurait existé un écrit, perdu dans la suite, et qui commençait par ces mots : « Zoroastre, fils d'Arménios Pamphylien, ayant vécu « dans l'autre monde, raconte ce qu'il a vu... », c'est-à-dire presque exactement le récit d'Er, avec les mêmes mots.

Ce récit est long, complexe, et nous ne le suivrons pas dans le détail : cela nous entraînerait trop loin ; c'est d'ailleurs un récit charmant, un conte d'une grâce extrême et de beaucoup d'esprit. Bornons-nous à deux ou trois idées essentielles et qui se rattachent à l'ensemble de la doctrine platonicienne. Il ressort de ce mythe que les âmes sont immortelles : elles apparaissent dans ce monde un instant ; nous les y voyons à travers le corps, mais elles ont existé auparavant et elles existeront après. Les âmes ont existé avant : cette préexistence, sur laquelle Platon est revenu plus d'une fois, explique la théorie platonicienne de la réminiscence. Certaines âmes conservent la réminiscence des idées éternelles, grâce à laquelle elles peuvent, sous la réalité sensible, découvrir l'éternelle vérité.

La vie des âmes se divise en deux parties : une série de moments relativement courts, pendant lesquelles elles habitent des corps vivants, et une autre partie infiniment plus longue, celle de leurs migrations souterraines ou célestes, pendant lesquelles elles se préparent à de nouvelles incarnations terrestres. Cette vie est courte : elle est de cent ans au maximum, et le pèlerinage des âmes dure mille ans. Ce séjour de mille ans est une sorte de purgatoire, le châtiment étant ainsi décuplé pour les âmes coupables. Celles qui ont commis trop d'injustices sont brusquement rejetées dans l'Enfer, au moment où elles allaient remonter à la lumière pour une période plus longue ou infinie. Quand elles sont rappelées sur la terre, elles choisissent le corps mortel dans lequel elles rentreront, soit d'homme ou d'animal ; elles tirent au sort et choisissent, chacune restant responsable de son choix. Elles sont toutes pareilles, éternelles et toujours également nombreuses ; car, puisqu'aucune d'elles ne périt, leur nombre ne saurait ni augmenter ni diminuer, et il n'y a, à la disposition du démiurge, qu'un certain nombre d'âmes. Elles sont donc appelées à choisir leur nouvelle condition, et nous rencontrons ici un des passages les plus spirituels de ce récit.

Il y a là des âmes d'origines différentes : les unes, les plus nombreuses, reviennent de leur pèlerinage souterrain ; les autres reviennent des régions célestes. Or ce qu'il y a de curieux, c'est que ces dernières font parfois de plus mauvais choix que les autres, faute d'avoir été éprouvées par les souffrances de la vie ; tandis que les âmes qui avaient séjourné dans la région souterraine, ayant souffert et vu souffrir, ne choisissent pas ainsi à la hâte. Cette expérience et cette inexpérience, indépendamment du rang que le sort leur indique pour exprimer leur choix, font que beaucoup échangent une bonne condition pour une mauvaise ; les âmes raisonnables ne choisissent pas la condition d'êtres raisonnables, d'autres sont séduites par la condition des animaux, lion, cygne, oiseau, etc... Peu nombreuses sont les âmes véritablement sages, qui prennent le meilleur lot ; mais elles ne sauraient rendre personne responsable de leur choix. Elles se rendent ensuite sur les bords du Léthé ; elles boivent une certaine quantité de cette eau, pour oublier ce qu'elles ont vu dans leur existence précédente ; celles qui boivent plus que la quantité prescrite perdent jusqu'au souvenir de ces principes éternels qu'elles auraient dû conserver...

Ces pages terminent le dixième et dernier livre de la *Républi-que*. Nous avons vu, au cours de ces leçons, que ce dialogue renfermait nombre d'idées systématiques, paradoxales, et qui ne pourraient être acceptées à la lettre ; quelle sera cependant, en toute sincérité, et en deux mots notre impression sur cette grande œuvre ?

La plupart des paradoxes émis par Platon ne sont que l'exagération de deux ou trois idées grandes et. nobles, par exemple l'idée de la concorde, nécessaire à toute institution politique, ou encore cette autre idée que la raison, dans l'Etat comme chez l'individu, doit tenir la première place et que, d'une manière, ou d'une autre, c'est elle qu'il faut toujours cultiver et fortifier dans la cité, afin que la cité soit forte. Il y a bien d'autres choses dans cet admirable dialogue, cette théorie notamment, si haute et si belle, de la vertu qui se suffit à elle-même, de la justice condition première du bonheur, qui est, notons-le, l'idée fondamendale de la *République*. L'homme injuste ne peut pas avoir le bonheur : il est pauvre au milieu de ses richesses, il est comme un malade au milieu de ses passions insatiables ; tandis que l'homme que dirige la raison peut seul être heureux. Voilà quelques-unes des grandes idées fondamentales de ce dialogue, sans parler ici de toutes ses ingénieuses observations tant philosophiques que morales ou politiques, concernant les divers gouvernements possibles et les différents types d'âmes. Si l'on ajoute enfin à tout cela l'élan |poétique, la poésie infinie qui est partout dans l'œuvre de Platon, on pourra dire avec quelque justesse que la *République* renferme et concilie ces deux grandes choses, qui sont de l'invention de la Grèce, la philosophie raisonnante et l'imagination poétique.

Aussi, et malgré tous les paradoxes, ce livre reste une des grandes œuvres de la littérature grecque, et par conséquent de l'esprit humain, à côté d'Homère et d'Eschyle, à côté aussi de toutes les productions immortelles qui caractérisent cette admirable période, dont Platon est l'un des derniers et des plus grands représentants.

M. D. C.

L'apogée de la maison carolingienne
Charlemagne et Louis le Pieux

Cours de M. J. CALMETTE,

Professeur à l'Université de Dijon.

Charlemagne et la Germanie.

La question de Saxe. — La Saxe du viiiᵉ siècle n'était pas la région géographique que nous appelons aujourd'hui de ce nom, mais la région comprise entre le Rhin et l'Elbe, entre la mer du Nord et la forêt de Thuringe. Trois tribus l'habitaient : les Westphaliens, les Ostphaliens et les Angariens, ces derniers placés au centre, de part et d'autre du Weser. Aux confins du Danemark, vivait, en outre, une tribu saxonne, les Nordalbingiens, rattachés aux grandes tribus qui viennent d'être énumérées.

Cette Saxe du viiiᵉ siècle représentait la civilisation des Germains figée depuis l'époque romaine et réfractaire aux efforts des missionnaires. En elle subsistait la menace d'une nouvelle poussée barbare au prochain trop-plein de population. Rebelle à la civilisation chrétienne, mal contenue par la politique défensive des Mérovingiens et des Pippinides, la Saxe était à la fois un obstacle au développement de l'Etat franc en Germanie et un danger permanent pour la sécurité de cet État. A un point de vue plus général, la chrétienté même était mise en péril par l'existence d'un peuple idolâtre sur les bords du Rhin.

Au viiiᵉ siècle, la question saxonne était primordiale non seulement pour l'Etat franc, mais encore pour la civilisation chrétienne. Il s'agissait de savoir si l'Etat franc et la civilisation chrétienne auraient pour limite le Rhin ; il s'agissait, en d'autres termes, de savoir si l'Allemagne serait ou ne serait pas.

Telle est la question que Charlemagne a posée et résolue. Il a traité le problème par la seule méthode possible, c'est-à-dire par la conquête. Pour imposer à la Saxe la domination franque et le christianisme, il n'a reculé devant aucun moyen. Comme la politique de Charles en Italie, sa politique en Germanie a été consciente et systématique : elle a été caractérisée aussi par l'extension.

Les guerres de Saxe. — Au témoignage d'Eginhard, les guerres de Saxe furent les plus longues et les plus rudes de toutes celles que les Francs eurent à soutenir. L'auteur de la *Vita Karoli* était enfant, lorsque la lutte désespérée fut entreprise ; il était déjà d'âge mûr, lorsque cette lutte prit fin. L'obstination et l'acharnement des Saxons ont fait sur l'esprit du biographe de Charlemagne une impression profonde : il ne faut pas attribuer au seul souci de faire valoir son héros son insistance à nous représenter les Saxons comme de terribles adversaires. D'ailleurs, tout concourait à rendre difficile la conquête du pays : point d'unité politique ou religieuse, point de centre où l'on pût frapper. Marécages au nord, forêts au sud, partout accès difficile, une population clairsemée, mal fixée au sol, telle était la Saxe. Elle était rapprochée, il est vrai, du siège même de l'État franc. Cette circonstance était seule favorable à Charles ; toutes les autres étaient contre lui, y compris la pauvreté du pays, médiocrement apte à exciter le zèle intéressé des fidèles francs.

Charlemagne pourtant n'hésita pas. A la politique de ses prédécesseurs, il substitue une politique d'action énergique, qui lui est personnelle. Il décide la guerre à l'assemblée de juillet 772, sous prétexte que le tribut imposé aux Saxons par Pépin n'est pas régulièrement payé. Hardiment, il se porte jusqu'à Ehresbourg, au centre du pays des Angariens, et il y établit un fort ; puis il remonte un peu au nord, détruit une idole locale, l'Irminsul, s'avance jusqu'au Weser, se fait livrer des otages par les chefs angariens, et revient à Herstal.

Cette première expédition est très caractéristique. L'objet principal de Charles a été d'ordre stratégique : l'établissement d'une forteresse franque au cœur même de la Saxe. Son objet secondaire a été de frapper un grand coup dans le domaine religieux en détruisant l'Irminsul. Par là se trahit la double pensée de Charles : la conquête et la conversion du pays.

Mais la conquête de la Saxe était nécessairement plus longue et plus pénible que la conquête de la Lombardie. Une campagne vigoureuse peut amener la chute d'une domination régulière; mais, en Saxe, il s'agissait d'un pays sans institutions unitaires, d'une somme inorganique de tribus et de clans. L'établissement d'Ehrsbourg montrait avec quelle justesse Charles avait compris, dès l'abord, le caractère de l'œuvre qu'il assumait : il commençait par donner un point d'appui aux armées franques qu'il destinait à opérer dans le cadre fixé pour l'occupation.

Les guerres d'Italie retardèrent la reprise des opérations en Saxe. En 774, pourtant, Charles fait un second effort plus vigoureux que le premier : il s'agit de venger l'incendie de plusieurs

églises, que les Saxons ont allumé pour venger la destruction de
l'Irminsul. Dès lors les guerres de Saxe, véritables guerres de
religion, prennent un caractère étrange de sauvagerie. En 775,
les Francs pénètrent dans Sigisburg, place des Westphaliens sur la
Ruhr ; ils battent les Angariens ou les Westphaliens (car le point
est douteux) à Brunisberg ; ils atteignent pour la seconde fois le
Weser et, au retour, font un grand massacre de Westphaliens.
La seconde guerre d'Italie provoque en Saxe un soulèvement.
Mais Charles arrive à temps, et tout rentre subitement dans
l'ordre. Alors le roi franc inaugure le système de baptêmes en
masse. Il impose le baptême à « une innombrable foule »,
d'après l'expression des annales royales. Ehresbourg, qui a été
démolie. est rebâtie, et une nouvelle forteresse est installée sur le
Lippe, à Karlsburg. Charlemagne, cette fois, donnait son propre
nom à un château-fort de la Saxe : c'était prendre possession du
pays.

En 777, Charles pouvait avoir la conviction que la conquête
était en bonne voie. A Paderborn, il avait convoqué une assemblée
des Francs et des Saxons. Un véritable contrat fut passé entre
ceux-ci et le roi, au témoignage des annales : « Les Saxons se
remirent en la puissance du roi à cette condition que, s'ils violaient
la foi chrétienne et la fidélité due au roi, ils consentaient à la
perte de leur indépendance et de la liberté, » et Charles appliqua,
à Paderborn, le système des baptêmes en masse, faisant, en même
temps que de nouveaux sujets, de nouveaux chrétiens.

Mais le système des conversions forcées provoqua une recrudescence du sentiment national. Le chef du mouvement fut un
Westphalien de race noble, le fameux Witikind. Ce personnage
entre en scène brusquement, et aussitôt il personnifie la résistance,
tel un Vercingétorix ou un Abd-el-Kader saxon. Comme ses pareils
en histoire, il se fait remarquer par une activité dévorante, une
sorte d'omniprésence, une endurance sans limites et une incroyable
opiniâtreté. Il échoua finalement dans son projet, qui paraît avoir
été de devenir une sorte de roi saxon ; mais il réussit à être héros
et même roi dans la poésie épique. Bien mieux, le champion du
paganisme est devenu saint dans la légende, et la Saxe chrétienne
a honoré plus tard les reliques de celui qui avait le plus vigoureusement lutté pour le culte des idoles.

Le duel qui s'engage entre Charles et Witikind est très long et
très confus. C'est le perpétuel recommencement de luttes de ce
genre où l'habitant vaincu et dispersé retrouve toujours des armes
sur le sol natal pour combattre encore un peu plus loin. Ce qui
caractérise cette période de la guerre, c'est d'abord son extrême

sauvagerie ; c'est ensuite l'alternative des succès et des revers. Écrasés chaque fois que Charles est présent, les Saxons se relèvent et parfois regagnent du terrain lorsque Charles est absent. Ainsi, en 782, au lendemain d'une assemblée tenue à l'endroit où le Lippe prend sa source, et dans laquelle nombre de Saxons s'étaient soumis, une armée franque, commandée par trois grands officiers, le camérier Adalgise, le connétable Gilon et le comte palatin Worad, est presque détruite près du mont Sunthal, sur la rive droite du Weser. Cette prise d'armes est d'ailleurs vengée par le célèbre massacre de Verden. Si Witikind demeura introuvable, 4.500 de ses complices, livrés par leurs compatriotes, furent exécutés. Cette effrayante mesure fut complétée par le capitulaire de 782, dit *Capitulatio de partibus saxoniæ*, texte essentiel, qu'il faut analyser pour pénétrer vraiment la politique de Charles à l'égard de la Saxe.

Le grand capitulaire saxon de 782 comprend deux parties : la première énumère les crimes punis de mort, la seconde les délits passibles de peines pécuniaires. Le régime qui résulte de ces prescriptions est, comme on l'a dit avec raison, un véritable état de siège. D'abord le système de l'administration franque est implanté de toutes pièces en Saxe (1). Le ban royal est proclamé, c'est-à-dire que tout Saxon est réputé sujet de l'Etat franc. Il devra obéir au comte. La pratique du christianisme est obligatoire. Tous les enfants seront baptisés avant un an, sous peine d'une énorme amende. Tout adulte non baptisé, qui refuse le baptême ou refuse de se soumettre au jeûne du Carême, est passible de mort, tout comme s'il tuait un ministre de la religion. De même, tout culte païen est interdit sous peine de mort. Tout attentat contre les monuments ou les objets consacrés au culte chrétien est également puni de mort. Ainsi le mot de *mort* revient à chaque paragraphe dans cet acte législatif, dont on a dit avec justesse qu'il était écrit avec du sang.

Si la raison d'Etat obligeait, à ce moment, Charles à aller jusqu'au bout de la répression à moins de renoncer à la Saxe, il faut reconnaître que les mesures prises en 782 eurent pour résultat des soumissions nombreuses. Witikind tint encore trois ans ; mais la partie était perdue pour lui. En 783, 784, 785, Charles parcourt la Saxe ; il hiverne même a Ehresbourg en 784. Enfin Witikind abandonne la lutte. Le baptême du héros saxon marqua la fin de 785. Le jour où il entra dans l'Eglise, Witikind sortit de l'histoire : il

---

(1) Sur le régime carolingien, voir les leçons qui lui seront consacrées dans la suite de ce cours.

faut apparemment considérer comme une simple phrase d'édification l'affirmation d'un hagiographe qui raconte que les fils et les petits-fils du grand Saxon furent des chrétiens modèles.

Le baptême de Witikind fut suivi d'une pacification de la Saxe, qui dura sept années et qui paraissait être définitive. Sous la protection des Francs et du capitulaire de 782, les missionnaires font leur office. Willebrad meurt évêque de Brème en 789. Le régime franc fonctionne en Saxe, tandis que le christianisme y est pratiqué. Les Saxons sont compris dans les levées de Charlemagne, ils paient l'impôt ; ils figurent aux assemblées des Francs. Evidemment, les Saxons épuisés sont hors d'état de tenter un effort suprême. Mais voilà que sept ans de repos ont refait les forces du pays ; l'idée de l'indépendance n'est pas encore morte : une occasion suffit pour la réveiller.

En 793, des troupes franques ont été envoyées contre les Avars. Ces troupes, placées sous la conduite d'un parent de Charlemagne, Thierry, sont surprises par les Saxons au passage du Weser et taillées en pièces. Une révolte formidable éclate : les prêtres sont massacrés, les églises incendiées, les fonctionnaires francs poursuivis, les idoles redressées. Une nouvelle et dernière série de guerres saxonnes recommence en 794. Cette fois, Charlemagne adopte une méthode radicale : la dépopulation de la Saxe. Il opère, dans les cantons réfractaires, de véritables razzias, enlève des familles entières, les transporte en *Francia* à titre de colons ; tandis que, en revanche, il donne des terres en Saxe à ses fidèles.

Il est impossible d'assigner, à proprement parler, une date finale aux guerres de Saxe. Nous ne relevons plus de campagne proprement dite après 799 ; mais, en 804 encore, 10.000 personnes sont déportées en *Francia*, au témoignage d'Eginhard. Par ce système combiné d'extermination et de déportation, les guerres de Saxe cessèrent faute de combattants. L'indépendance saxonne finissait proprement comme un feu qui s'éteint. Il resta, assurément, des Saxons dans leur pays : ce furent les résignés. Ceux-là s'assimilèrent assez vite à la civilisation chrétienne. Une émigration intense aida à la transformation. A dire vrai, la Saxe chrétienne devait être l'un des germes de ce qui fut l'Allemagne du Moyen-Age.

La question de Bavière : Tassillon. — Un autre germe de ce qui devait devenir l'Allemagne du Moyen Age, c'était la Bavière carolingienne.

Parmi les questions que la mort de Pépin avait laissées en suspens, il n'en était guère d'aussi graves que la question de Bavière. Tassillon, duc national de ce pays, s'était conservé, malgré

le roi de France, une véritable indépendance de fait ; et Pépin,
détourné vers l'Aquitaine à la fin de sa carrière, avait dû laisser
dormir les affaires de Bavière, se réservant de les reprendre plus
tard. Puis Tassillon s'était fait un appui de Didier, roi des Lombards, dont il avait épousé la fille Litberge. Cette alliance avait
été l'une des fautes de Bertrade : pour elle, une entente entre le
fils de Pépin et Tassillon était le corollaire naturel des mariages
franco-lombards et servait la pacification générale qu'elle
rêvait (1). Il est curieux de remarquer que, malgré sa qualité de
gendre de Didier, Tassillon n'intervint pas pour le secourir lors
de la descente de Charlemagne en Italie. Du moins, aucune de nos
sources ne s'explique sur l'attitude du Bavarois lors des événements de 773. Faut-il supposer une action diplomatique de Charles
auprès de Tassillon, une démarche restée secrète et qui aurait eu
pour effet d'isoler Didier ? L'hypothèse serait d'autant plus séduisante qu'au lendemain de la capture de Didier, rien n'est changé
en Bavière. Tassillon agit toujours en maître dans son duché ;
dans ses actes, il s'intitule *prince* et compte ses années de règne ;
les formules de dotation fournissent le plus précieux critérium, en
pareille matière, à l'époque carolingienne (2). En 776, Tassillon
prend comme co-régent de ses Etats son fils Théoton ; il entreprend une guerre en Carinthie : à tous égards, on le voit agir en
prince régnant.

Cette situation persistante est très caractéristique. Visiblement,
Charlemagne a endormi la vigilance du Bavarois par une feinte
résignation. Pourtant, la chute du royaume lombard avait été
un coup mortel porté à l'indépendance bavaroise. Occupé en
Saxe, en Italie, Charles ne tient pas à se créer des complications
ailleurs ; il attend son heure. La longue patience de Charles à
l'égard de Tassillon qu'il ne reconnaît jamais comme indépendant
tout en le laissant tel, qu'il n'inquiète point, mais qu'il surveille et
guette, est un des traits les plus heureux de toute sa politique.

Tassillon fut dupe de la manœuvre. Evidemment, il se croyait
assuré de l'avenir. Il avait fondé un Etat bavarois qui troquerait
un jour son titre de duché contre le titre de royaume. La Bavière
a ses lois particulières, son droit spécial ; le duc a sa cour, son
armée, son fisc, sa diplomatie. Du Lech à l'Enns et du Fichtelge-
birge au confluent de l'Eisack et de l'Etsch, le Bavière de Tassillon
est le grand Etat oriental du monde orthodoxe, et déjà Tassillon

(1) Voir sur cette politique de Bertrade la leçon précédente.
(2) Opposer au cas de Tassillon celui d'Arechis et de Grimoald de Bénévent,
expliqué dans la précedente leçon.

dessine sa poussée vers l'Est : sa guerre de Carinthie est révélatrice à cet égard.

Or la question bavaroise, ainsi posée, était capitale pour l'Etat carolingien. Il s'agissait de savoir si le monde germanique serait franc ou bavarois, ou bien s'il était destiné à former un système dualiste, à se partager entre les Bavarois et les Francs. Si cette dernière possibilité passait à l'acte, c'était une Allemagne du Moyen Age constituée en deux puissances voisines et rivales, comme le fut l'Allemagne des temps modernes, disputée entre la Prusse et l'Autriche. Charlemagne allait-il se résigner à ce partage avec Tassillon ?

La soumission de la Bavière. — Comme lors de son entrée en scène dans la politique italienne, Charlemagne a fait, en Bavière, un coup de théâtre. Brusquement, son attitude change. En 781, une ambassade mixte, composée de deux évêques envoyés par le pape et de deux comtes envoyés par le roi de France, arrive en Bavière : elle somme Tassillon d'avoir à prêter à Charles le serment de fidélité prêté jadis à Pépin. Cet ultimatum effraye Tassillon ; car Charles, à cette heure, a les mains libres. Le Bavarois vient à Worms et, devant l'Assemblée des Francs, il prête le serment exigé ; en outre, il laisse douze otages qui sont emmenés au palais de Quiersy.

Pendant plusieurs années nos sources sont muettes sur Tassillon. Il reparaît, en 785, dans une mention énigmatique, celle d'un combat entre Francs et Bavarois sur les Alpes, à la frontière italienne. En 787 surgissent de nouvelles difficultés. Cette fois nous saisissons mieux le jeu de Tassillon : il cherche à profiler des embarras créés par la succession de Bénévent et tente, un peu tard, de réparer la faute lourde qu'il a commise, lorsqu'il s'est désintéressé du sort des Lombards ; il essaie alors de collaborer contre Charles avec les survivants de la famille de Didier. Charles ayant réglé avec autant de sagesse que de bonheur le sort de Bénévent (1), Tassillon, isolé, s'épouvante et implore la médiation pontificale entre lui et son seigneur. Mais le pape n'avait point l'autorité d'un arbitre : il se borne à prêcher la fidélité à Tassillon et à le renvoyer à Charles.

Le moment était venu d'en finir. Charlemagne fait signifier à Tassillon par le pape que, « sauf soumission absolue de sa part, le seigneur roi pourra, sans pécher, porter le fer et le feu en Bavière ». L'armée franque envahit le duché de trois côtés : par le Lech, par le Danube et par le Tyrol. Tassillon se sent perdu ; il

---

(1) Ainsi qu'il a été dit dans la leçon précédente.

se soumet. Il reconnaît que son infidélité lui a fait perdre le duché
que Pépin lui avait donné ; et une nouvelle inféodation, suivie
d'un nouveau serment, est accordée par Charles, à condition que
le bénéficiaire de cette générosité livre douze otages, parmi lesquels Théoton, son fils.

Toutefois cette soumission n'était qu'une feinte. Dès que les
armées franques ont évacué ses terres, Tassillon relève la tête.
Conscient de ses fautes antérieures, il met en jeu toute sa diplo-
matie.pour se liguer avec les Grecs et avec le duc de Bénévent.
Ses intrigues sont aussitôt dénoncées à Charles. Tassillon est
convoqué à l'Assemblée d'Ingelheim de 788 ; il y est presque
traîné par des commissaires royaux. Là, il est accusé de trahison
par des fidèles bavarois, stylés à cet effet. Un formidable réquisitoire s'élève contre le coupable : ses serments successifs et ses
parjures sont énumérés et flétris. La sentence était certaine
d'avance : c'était la mort. Charlemagne fit grâce pourtant, et se
contenta d'enfermer Tassillon et son fils dans un monastère. Le
duché de Bavière fut annexé à l'Etat franc. Le gouvernement en
fut donné à des comtes. Charlemagne vint en personne présider
à la réorganisation du païs et Tassillon ne reparaît, un instant,
dans l'histoire que pour sanctionner d'une renonciation formelle
les faits accomplis en 794, date à laquelle, en échange de sa
coopération tardive, sa grâce est confirmée par un précepte
royal.

La fin lamentable de Tassillon et l'annexion de son duché ont
fait une impression extraordinaire sur les contemporains. Le
monde franc avait paru se résigner à l'indépendance bavaroise
depuis Pépin : le brusque retour offensif de Charles fut, au sens
propre du terme, un événement sensationnel. Les Francs se pas-
sionnèrent pour la lutte et le triomphe complet du roi fut ressenti
dans tout le royaume. Nous en avons maintes preuves dans la
littérature historique du temps, notamment dans les *Annales
Laurissenses majores,* dont l'auteur est justement déterminé à
écrire par le succès du roi en Bavière : le drame qui s'est achevé
à Ingelheim apparaît à cet auteur comme le point culminant du
règne.

Aussi bien l'histoire doit-elle estimer cet événement comme une
date essentielle dans la carrière si prodigieusement remplie de
Charlemagne. Tassillon éliminé, c'est l'Allemagne aux Francs.
Désormais il n'y a pas, dans l'Occident chrétien, un seul Etat qui
puisse mettre en péril le développement pacifique et civilisateur
de l'Etat carolingien.

Les Avars. — Le séjour de Charlemagne à Ratisbonne, au cœur

des anciens Etats de Tassillon, en 791, n'avait pas été seulement
déterminé par le souci de présider à la réorganisation du duché
annexé. L'année même où Charles occupait définitivement la
Bavière, les Avars, barbares de race hunnique, s'avançaient
jusqu'au Frioul. Le monde occidental était donc menacé, comme
il l'avait été déjà, — comme il le sera plusieurs fois encore au
Moyen Age, — d'un coup de vent dévastateur comparable à celui
du xv⁰ siècle et dont la série s'achèvera par l'installation en Europe
des Turcs Ottomans.

L'histoire des Avars est fort obscure. Elle ressemble, en somme,
à l'histoire de toutes les tribus de même origine, qui se sont succédé à l'assaut de l'Occident depuis les Avars jusqu'aux Turcs.
Les Avars pénètrent en Europe au milieu du vi⁰ siècle par le sud
de la Russie actuelle, puis ils remontent le Danube. Alliés aux
Lombards, ils détruisent le royaume des Gépides en Pannonie, et,
pendant que les Lombards s'établissent en Italie, ils entre-
prennent de se tailler un Etat dans ce qui constitue aujourd'hui
la Bulgarie. Battus par les Grecs, ils reprennent leur marche vers
l'ouest et se heurtent à l'Etat bavarois en 788.

Tout d'abord, Charlemagne paraît avoir tenté de négocier avec
ces barbares. Il songeait sans doute à les établir sur ses frontières,
afin de protéger ses propres marches. Il est certain, en effet, que
des ambassadeurs du Rhin ou chefs des Avars parurent à l'assemblée de Worms en 790. Mais les pourparlers échouèrent, puisqu'en août 791 Charles réunit son armée à Ratisbonne et la dirige
contre les Avars.

La consolidation de la frontière orientale. — Tandis que les Francs
suivent le Danube sous la conduite personnelle de Charles, les
contingents italiens, commandés par le roi Pépin, s'avancent par
le Frioul. L'armée du Danube suit la vieille voie romaine ; elle est
ravitaillée par une flottille qui descend le fleuve. Pépin, pendant ce
temps, remporte un premier succès et bat les Avars le 23 août.
Arrivé, de son côté, à la frontière sur l'Enns, Charles fait halte et
ordonne trois jours de fêtes religieuses (1) : en entrant en terre
païenne, le champion de l'orthodoxie tenait à être sûr qu'il aurait
Dieu pour lui. Le 8 septembre, les Francs passaient l'Enns ; mais,
après une série de dévastations, il fallut revenir en arrière pour
dompter la Saxe, une dernière fois révoltée.

La lutte entre les Francs et les Avars devient alors très confuse. Tandis que Charles est occupé ailleurs, la guerre est di-

---

(1) Ces renseignements sont donnés par une lettre écrite à la reine, qui
était demeurée à Ratisbonne.

rigée par Pépin et par deux comtes, Gérold et Eric. Les opérations seront tantôt offensives et tantôt défensives. Au dire d'Eginhard, la guerre des Avars fut, après celle des Saxons, la plus dure du règne. Toutefois ; les Avars furent paralysés par des querelles intestines. La mort violente du Khan provoqua autour de la succession vacante une série de compétitions ardentes, et, parmi les prétendants, il s'en trouve un, Tudun, pour solliciter l'appui de Charles Ces dissensions, d'ailleurs fort mal connues, furent mises à profit en 795 par Eric, qui commandait au nom du roi Pépin. Eric parvint à forcer le camp retranché ou *Ring*, dans lequel les Avars gardaient leur trésor ; Charlemagne partagea le butin, que tous les contemporains déclarent d'une extrême abondance, entre le pape et ses fidèles. Tudun reçut le baptême et se soumit aux Francs.

La prise du Ring des Avars fut, parmi les faits d'armes du règne, l'un des plus retentissants, surtout, sans doute, parce que le butin fut énorme et que Charles se montra généreux. Mais l'événement avait une portée politique qui ne saurait être contestée. La guerre des Avars était virtuellement close. Une prise d'armes partielle fut, à vrai dire, tentée en 799 et coûta la vie aux deux comtes Eric et Gérold ; mais cette révolte n'eut pas de lendemain, et Charles fut désormais tranquille sur le sort de sa frontière orientale.

L'œuvre de Charles en Germanie. — A cette date, en effet, Charlemagne pouvait avoir conscience d'avoir assigné à l'Etat franc ses limites en Germanie. La Saxe est soumise, le Bavière est annexée, les Avars sont hors d'état de nuire. En ce qui concerne la Saxe, l'Etat franc atteint la Saale et l'Elbe, puis franchit le cours inférieur de ce fleuve pour atteindre l'Eider. Au delà de la Bavière, l'ancien domaine des Avars, entre la Drôme et le Danube, c'est-à-dire, en somme, la future Hongrie, fait partie sinon de l'empire franc proprement dit, du moins de sa zone d'influence, tandis que la limite administrative de l'Etat franc est formée par les marches de Frioul, de Carinthie et de Bavière orientale.

Ainsi on peut dire que l'Etat franc, en 799, embrasse, de la mer du Nord aux Alpes, du Rhône à la Saale, aux monts de Bohême et au Danube moyen, tout ce qui sera l'*Allemagne du Moyen-Age*. C'est, en effet, à la limite fixée par Charlemagne que s'arrêtera, au Moyen-Age, le monde occidental ; il n'est pas jusqu'au baptême de Tudun qui n'ait jeté les premiers germes de christianisme dans le- cadre de ce qui sera la Hongrie catholique.

Les guerres de Charlemagne en Germanie, si confuses qu'elles soient parfois dans le détail, comportent donc une signification d'ensemble très claire et très haute pour l'histoire générale. Peu d'événements militaires ont eu une telle portée, puisque, en domptant la Saxe, en occupant la Bavière, en arrêtant et en convertissant les Avars, Charlemagne façonnait cette grande chose : l'Allemagne de l'avenir. Dès lors, il est aisé de comprendre que les historiens allemands admirent Charlemagne avec une complaisance patriotique et s'acharnent à le revendiquer. Il n'est pas un *Allemand*, puisque l'Allemagne n'existait pas de son temps, mais il est, à dire vrai, le *créateur de l'Allemagne*. C'est la main de Charlemagne qui a dessiné sur la carte d'Europe, dans cette région presque vide qui s'étendait à son avènement au delà du Rhin, le cadre d'une future entité historique, faisant entrer du même coup la barbare et vague Germanie dans le système occidental et chrétien, c'est-à-dire, en dernière analyse, dans l'orbite de la civilisation.

(A suivre).

A nos lecteurs

Nous souhaitons de bonnes vacances à tous nos lecteurs et abonnés, et nous leur donnons rendez-vous pour novembre prochain. Avant la réouverture des cours de l'année scolaire 1910-1911, nous achèverons la publication des cours de MM. Lefranc, Gazier, Lichtenberger, Debidour et Calmette.

Sujets de devoirs

AGRÉGATION D'ANGLAIS.

Version.

SHAKESPEARE, *Merchant of Venice*, A. I, sec. 3, depuis : « This is signior Anthonio... », jusqu'à : « And thrift is blessing if men steal it not. »

Thème.

CHATEAUBRIAND, *Les Martyrs*, l. VI, depuis : « A l'aile opposée de l'armée... », jusqu'à : «... au rivage de l'Indus. »

Dissertation française.

Distinguish between the interpretation of Nature in Wordsworth and in Shelley.

Dissertation anglaise.

Parlant des *Lyrical Ballads*, Colleridge dit : « It was agreed that my endeavours should be directed to persons and characters supernatural, or at leas romantic ; yet so as to transfer from our inward nature a human interest and a semblance of truth sufficient to procure for these shadows of imagination that willing suspension of disbelief for the moment, which constitutes poetic faith. » Comment ce programme a-t-il été suivi ?

* * *

LICENCES ET CERTIFICATS DES LANGUES VIVANTES.

Allemand.

Version.

A. CROISET : *Démocraties antiques*, depuis p. 334 : « Comment l'accomplir... », jusqu'à la fin.

Version:

Schiller : *Die Blumen.*

Dissertation française.

Les personnages des drames de Schiller expriment-ils les sentiments de l'auteur ?

Dissertation allemande.

Fichtes Urteil über Pestalozzi.

Anglais.

Version.

Thackeray, *Esmond*, Bk. I, ch. xii, jusqu'à : «...speak plainly any more. »

Thème.

Victor Hugo, *Préface de Cromuell*, depuis : « C'est donc une des suprêmes beautés du drame que le grotesque... », jusqu'à : « ... depuis longtemps hors de cause. »

Composition française.

Guinevere.

Rédaction anglaise.

« The critic is no more than the clerk whose office it is to transcribe the rules laid down by those great judges, whose vast strength of genius hath placed them in the light of legislators in the several sciences over which they preside. » (Fielding, *Tom Jones*, Bk V, ch. i.) What do you think of the above opinion ?

AGRÉGATION DE PHILOSOPHIE.

Dissertation.

De l'idée de loi en psychologie.

**

Composition française.

On a écrit de Lamartine : « Il n'a pas aimé le métier de poète, l'art avisé et circonspect dans le détail. C'est un poète qui s'est peu soucié d'être versificateur... » (Faguet, *XIXe siècle*). Cela est-il tout à fait vrai des *Harmonies* ?

Thème latin.

J.-J. ROUSSÉAU, *Nouvelle Héloïse*, II, XIV (*Pages choisies*, éd. Rocheblave, p. 164), depuis : « Il y a ainsi un petit nombre d'hommes et de femmes qui pensent pour tous les autres..., », jusqu'à : «... une sorte de bon air dont bien des gens se font honneur. »

Version latine.

CICÉRON, *De Officiis*, lib. III, c. XIX, en entier.

Thème grec.

LA BRUYÈRE, *De la Chaire*, depuis : « La fonction de l'avocat est pénible, laborieuse... », jusqu'à : « J'ose dire qu'il est, dans son genre, ce qu'étaient dans le leur les premiers hommes apostoliques. »

**

Composition française.

Voltaire a écrit à Mme du Deffand (13 oct. 1759) : « Indépendamment des tableaux admirables qui se trouvent dans Lucrèce, et qui feront passer son livre à la dernière postérité, il y a un troisième chant dont les raisonnements n'ont jamais été éclaircis par les traducteurs et qui méritent bien d'être mis dans leur jour... Je mettrai, si je vis, ce troisième chant en vers, ou je ne pourrai.»
Expliquer le goût de Voltaire pour le troisième livre du *De Rerum Natura*.

Thème latin.

Flaubert, *Salammbô*, XII (l'*Aqueduc*), depuis : « Des vociféra-
tions s'élevaient, suivies d'un long silence... », jusqu'à : «... et
les autres désirant ne pas se réveiller. »

Version latine.

Sénèque, *Natur. quæst.*, lib. V, 18, depuis : « Quæ nos dementia
exagitat... », jusqu'à : «... in sua quemque terra jussisset. »

Thème grec.

La Bruyère, *De l'Homme*, depuis : « Ceux qui nous ravissent les
biens par la violence ou par l'injustice... », jusqu'à : «... contre
ceux qui nous raillent, nous improuvent et nous méprisent. »

AGRÉGATION D'HISTOIRE ET DE GÉOGRAPHIE.

I. Organisation militaire des Romains avant les réformes de
Marius.
II. Dagobert.
III. Les courants atmosphériques.

* *

AGRÉGATION DES LANGUES VIVANTES.

Allemand.

Thème.

Jules Verne, *Kéraban le Têtu*, depuis, p. 166 : « Trébi-
zonde... », jusqu'à : « Ce fut dans un hôtel... »

Version.

Annette v. Droste-Hülshoff : *Die Lerche* (1re moitié).

Dissertation française.

Le thème de la mort dans les poésies lyriques de Schiller.

Dissertation allemande.

Der deutsche Nationalgedanke bei Herder und bei Fichte.

Version.

WORDSWORTH, *Ode on Intimations of Immortality*, jusqu'à : « Where is it now, the glory and the dream ? » (Golden Treasury n° 338.)

Thème.

TAINE, *Litt. angl.*, I, pp. 28-29, depuis : « Ils viennent s'établir en Angleterre... », jusqu'à : «... qui fournit à l'imagination sa matière. »

Dissertation anglaise.

« As a describer of life and manners, Addison must be allowed to stand perhaps the first of the first rank. » (Johnson.) Do you think the statement still holds good ?

Dissertation française.

Comment les poètes anglais, de Pope à Wordsworth, ont-ils compris la nature ?

*
* *

Pédagogie.

De la nécessité de l'esprit de précision dans l'enseignement qui s'adresse aux jeunes filles. Montrez les étroits rapports qui existent entre la sincérité et la précision, et comment l'habitude de la précision donne, seule, aux femmes, cette probité intellectuelle qu'on leur dénie trop souvent.

Littérature.

L'évolution du valet dans la comédie, de Mascarille à Figaro.

* *
*

Allemand.

Thème.

JULES VERNE, *Kéraban le Têtu*, p. 220, depuis : « Du reste... »,
jusqu'à 221 : « Aucun feu... »

Version.

SCHILLER, *Die schlimmen Monarchen.*

Dissertation française.

Jusqu'à quel point est-il possible de traduire en français une
poésie lyrique allemande ?

Dissertation allemande.

Der Herzog Karl im Leben und in den Dichtungen Schillers.

Anglais.

Version.

SPENSER, *Faery Queen*, Bk. II, C. I, depuis : « With that a deadly
shrieke... », jusqu'à : «... the blossome of his age » (XXXVIII-
XLI).

Thème.

MICHELET, *l'Oiseau*, depuis : « La prairie, le beau tapis vert de
l'Angleterre... », jusqu'à : «... l'éternité des œuvres de la nature » (pp. 223-224).

Composition française.

Que pensez-vous des critiques que Fielding adresse à Richardson ?

Rédaction anglaise.

The definite article.

CERTIFICAT DES JEUNES FILLES.

Pédagogie.

Sous quelles réserves est-il permis de chercher, dans l'*Education des Filles* de Fénelon ou dans les *Entretiens et Instructions familières* de Mme de Maintenon, l'idéal féminin de la pédagogie au XVIIe siècle ?

Littérature.

On oppose, parfois, l'optimisme de Bossuet au pessimisme de Pascal : les deux ne vous paraissent-ils pas se ressembler sur bien des points ?

Bibliographie

Maurice de Guérin (*Les lettres et les idées depuis la Renaissance*), par M. Abel Lefranc, *professeur de langue et littérature françaises modernes au Collège de France*, Paris, Champion, 1910, 1 vol., br., 5 fr.

Nous sommes heureux d'annoncer la publication de ce nouvel et très intéressant ouvrage de M. Abel Lefranc à nos lecteurs, qui ont pu déjà, à maintes reprises, apprécier, dans la *Revue*, notamment à propos de ses remarquables leçons sur la Renaissance, tout le talent de l'éminent et sympathique professeur. Nous ne croyons pouvoir mieux faire, pour renseigner exactement le public sur le contenu du volume, que d'indiquer la matière des différents chapitres :

I. — Esquisse d'une vie de Guérin (1810-1839).

II. — L'histoire des œuvres de Guérin.

III. — Les années d'étude (1824-1832).

IV. — La Chênaie et Lamennais.

V. — Maurice en Bretagne. Le val de l'Arguenon (septembre 1833-janvier 1834).

VI. — Guérin poète.

VII. — L'épanouissement (1834-1837).

VIII. — Les dernières années. Le témoignage des *Memoranda* (1836-1839).

Nous souhaitons à ce livre tout le succès qu'il mérite. Nous sommes assurés, en tout cas, que les lettrés trouveront à sa lecture le plus grand profit et le plus vif intérêt.

N. F.

Table des Matières

XVIIIᵉ siècle.

XIXᵉ siècle.

LITTÉRATURE GRECQUE

LITTÉRATURE ANGLAISE